V&R

Konkordanz zum Evangelischen Gesangbuch

Mit Verzeichnis der Strophenanfänge,
Kanons, mehrstimmigen Sätze und Wochenlieder

erarbeitet und herausgegeben
im Auftrag der Evangelischen Kirche in Deutschland
von Ernst Lippold und Günter Vogelsang

Vandenhoeck & Ruprecht
in Göttingen

ISBN 3-525-50317-2

Erste Auflage dieser Sonderausgabe

Gesamtherstellung: Hubert & Co., Göttingen

Inhalt

7–8 Vorwort

9–10 Hinweise für die Benutzung

11–533 KONKORDANZ

13–33 A

34–60 B

61–64 C

65–78 D

79–111 E

112–137 F

138–193 G

194–250 H

251–253 I

254–262 J

263–282 K

283–315 L

316–335 M

336–349 N

350–354 O

355–360 P

361	Q
362–374	R
375–436	S
437–459	T
460–467	U
468–489	V
490–522	W
523–533	Z

534	Fehlliste
535–567	Verzeichnis der Strophenanfänge
568	Kanons
569	Mehrstimmige Sätze
570–572	Wochenlieder

Vorwort

Konkordanzen zur Bibel gibt es seit dem 13. Jahrhundert. Wie weit sich Konkordanzen zu Gesangbüchern zurückverfolgen lassen, ist den einschlägigen Nachschlagewerken nicht zu entnehmen. Aus unserem Jahrhundert sind zu nennen die Wort- und Sachkonkordanz zum Evangelischen Kirchengesangbuch von Friedrich Julius Arnold und Otto Schlißke, 1953 erschienen als Band I/1 im Handbuch zum Evangelischen Kirchengesangbuch, und die Konkordanz von Hermann Nörr und Ludwig Weck zum EKG und dem damaligen bayerischen „Übergangsgesangbuch". Älter ist die „Pforte zum heiligen Lied" von Julius Arnold, 1931, und die „Evangelische Liederkonkordanz zum Gebrauch für jedes Gesangbuch" von Georg Brock, 1924.

Einen Ansatz zu einer *Sach*konkordanz macht Philipp Wackernagel, der in seinem Standardwerk „Das deutsche Kirchenlied" ab Band 2 (1867) jedem Band eine sehr kurze „Zusammenstellung von Liedern nach Inhalt und Form" beifügt – mehr als eine Andeutung ist das allerdings nicht. Eine wirkliche Sachkonkordanz ist dagegen die „Lieder-Concordanz in einer Auswahl aus dem evangelisch-deutschen Liederschatz" von J. Fr. Wetzel, 1861, die zu bestimmten Begriffen treffende Liederstrophen (vollständig) zitiert, gedacht als Hilfsmittel für den Pfarrer bei der Auswahl von Liedern für Predigt und Gottesdienst.

Der früheste greifbare Plan zu einer *Wort*konkordanz zum Gesangbuch geht, wie Martin Rößler im Jahrbuch für Liturgie und Hymnologie 19 (1975) nachweist, auf Enoch Zobel 1690 zurück. Zobel findet, es „dürffte sehr nützlich und nöthig seyn, wenn die Worte der Lieder gebracht würden in solche Verbal-Concordanz, dergleichen die Biblische ist". Die Ausführung eines derartigen Planes übernahm Georg Serpilius. Seine „Neuverfertigte Liederkonkordantz über DC. Kirchen-und andre geistreiche Gesänge" (Dresden und Leipzig 1696) enthält neben dem Abdruck der von ihm gesammelten Lieder eine alphabetische Wort-Konkordanz für diese 600 Lieder. Wahrscheinlich ist dies das erste Werk dieser Art. Eine längere Tradition hat es jedoch nicht eröffnet. Dem stand entgegen, daß die zugrundeliegenden Lieder eine private Sammlung darstellten, nicht ein eingeführtes Gesangbuch. In der Zeit der regionalen oder lokalen Gesangbücher war für eine Konkordanz eine hinreichende Basis nicht gegeben.

Das Interesse richtete sich seit der Reformationszeit auf die Übereinstimmung der Gesangbücher mit der Bibel und auf die liturgische Zuordnung der Lieder zu den Gottesdiensten im Kirchenjahr; dafür gibt es Register und Hilfsbücher seit dem 16. Jahrhundert. Die Wortkonkordanz zum Gesangbuch ist erst sehr viel später in Gebrauch gekommen; sie ist ein junger Seitentrieb der Bibelkonkordanz, der sich erst in unserem Jahrhundert als lebenskräftig erwies.

Bücher, die nicht nur durch Register, sondern durch Konkordanzen erschlossen werden, haben nicht nur hinsichtlich ihres Inhalts, sondern auch hinsichtlich ihres Wortlauts einen besonderen Rang. Das gilt ohne Zweifel für die Lutherbibel, es gilt aber auch für das Erbe des deutschen Kirchenliedes, das nicht weniger fest in der Tradition der evangelischen Frömmigkeit verankert ist. Dies läßt sich, wie die Konkordanzen der neueren Zeit zeigen, auf das Gesangbuch im ganzen übertragen. Heute betrifft es das Evangelische Gesangbuch, das in den Jahren von 1993 bis 1996 in den 24 Gliedkirchen der Evangeli-

schen Kirche in Deutschland, darüber hinaus in der Evangelischen Kirche A. und H.B. Österreichs und in der Kirche Augsburgischer Konfession sowie der Reformierten Kirche im Elsaß und in Lothringen (Frankreich) eingeführt wurde oder wird.

Die vorliegende Konkordanz stellt zum ersten Mal ein vollständiges Verzeichnis des Wortbestandes der Lieder in einem Gesangbuch dar. Sie bezieht sich auf den Liederstammteil (Nr. 1 – 535) des Evangelischen Gesangbuchs. Die unterschiedlichen Regional-Liederteile, um die der Stammteil in verschiedenen Landeskirchen oder Verbänden von Landeskirchen ergänzt worden ist, konnten nicht berücksichtigt werden, ebensowenig natürlich der Wortbestand im Textteil des Gesangbuchs.

Zu den Liedern des EG-Stammteils will diese Konkordanz einen zuverlässigen Schlüssel anbieten. Sie ist gedacht für die Hand aller, die in ihrer beruflichen Praxis oder in ihrer wissenschaftlichen Arbeit mit dem Gesangbuch umgehen. Darüber hinaus will sie auch denen dienen, die sich schlicht aus Liebe und Interesse näher mit dem Gesangbuch beschäftigen möchten.

Das Gesangbuch ist – nächst der Bibel – der wichtigste Grundtext evangelischer Frömmigkeit. In der Regel werden evangelische Christen, die mit Bibel und Gesangbuch leben, mehr Gesangbuchstrophen als Bibelverse auswendig wissen. Eine Konkordanz, die den Wortlaut der Lieder nach Stichworten zur Verfügung stellt und auffindbar macht, die zugleich verwandte Stellen anzeigt und so die Breite des Glaubenszeugnisses im Gesangbuch erschließen hilft, will zu ihrem bescheidenen Teil dem dienen, dem auch das Gesangbuch selber dient: dem Lob Gottes im Munde des einzelnen und der Gemeinde.

Es gilt, Dank zu sagen für mannigfache Hilfe bei der Erarbeitung dieses Buches: Herrn Pfarrer i. R. Heinrich Riehm, Heidelberg, und Herrn Oberkirchenrat i. R. Walter Schulz, Schwerin, für ihre Mitarbeit bei der Planung und Ausführung der Arbeit, Herrn Vikar Wolfram Fromke, Hannover, für die Überprüfung der Stellenangaben, vor allem aber Herrn Verlagslektor Dr. Wolfgang Schulz, Göttingen, dessen Umsicht und Einsatz diesem Werk in besonderer Weise zugute gekommen ist.

Wir wünschen, daß diese Konkordanz eifrig und mit Gewinn benutzt wird!

Ernst Lippold
Günter Vogelsang

Hinweise für die Benutzung

1. Die Konkordanz verfolgt das Vollständigkeitsprinzip. Es liegt der gesamte Wortbestand des Liederstammteils des Evangelischen Gesangbuchs (Nr. 1 – 535) zugrunde. Bei jedem Stichwort sind die entsprechenden Stellen vollständig aufgezählt.
2. Kommt ein Stichwort in engem Zusammenhang zweimal vor, wird es zweimal gebucht (z. B. sein Geist spricht meinem Geiste), es sei denn, es handelt sich um eine bloße Wiederholung (Wach auf, wach auf) oder reziproke Wendungen (von Angesicht zu Angesicht, Hand in Hand).
3. Die alphabetische Reihenfolge folgt der des Duden, Umlaute werden wie die entsprechenden Vokale behandelt (ä = a).
4. Wörter, deren Wiedergabe in einer Konkordanz nicht sinnvoll ist, zum Beispiel die Artikel *der, die, das* oder die Konjunktion *und,* sind in der Fehlliste (S. 534) mit Angabe der Häufigkeit ihres Vorkommens aufgeführt.
5. Die Wörter (und Wortformen von) *sein, haben, werden, lassen, sollen* und *wollen* werden in der Konkordanz nur insoweit gelistet, als es sich um den Gebrauch als Vollverben handelt. Als Hilfsverben oder in hilfsverbähnlicher Funktion (*laß fahren, sollen singen, will vergelten*) sind sie in die Fehlliste verwiesen worden. Entsprechende Stellen sind über das jeweils zugeordnete Vollverb zu erschließen (*fahren, singen, vergelten*). *Lassen, sollen* und *wollen* sind jedoch stets gebucht worden, wenn das folgende Hauptverb *sein, haben* oder *werden* ist.
6. Substantive sind im Singular aufgeführt, nur ausnahmsweise tauchen Pluralformen auf, wenn sie eine besondere Bedeutung haben (*Heiden, Geister*).
7. Bei Verbformen gilt der Infinitiv als Stichwort. Substantivierte Infinitive sind beim Verbum gebucht, es sei denn, daß der substantivierte Infinitiv auf Grund seiner Bedeutung oder der Häufigkeit seines Vorkommens eigenständige Bedeutung hat (*Wohlgefallen, Tun*).
8. Reflexive Verben werden beim Stammwort gebucht, mit nachgestelltem *sich* (*begeben, sich*).
9. Adjektive sind in der Grundform (adverbiale Form) angegeben. Komparative und Superlative sind eigens gebucht, wenn sie in größerer Anzahl auftreten (*größer, größt, lieber/liebst*).
10. Bei den Stichworten ist öfter durch Querverweise auf Wörter ähnlicher Bedeutung verwiesen, so daß ganze Wortfelder und Sachzusammenhänge erschließbar werden.
11. Bei fremdsprachigen oder seltenen bzw. veralteten Wörtern ist gegebenenfalls in Klammern die Bedeutung angegeben: Laudato si (*ital. sei gelobt*), Schloße (*Hagel).* Fremdsprachige Liedertexte sind lediglich mit ihrem Anfangswort aufgenommen worden, deren Übersetzungen ins Deutsche wurden voll einbezogen.

12. Ein nicht leicht zu lösendes Problem bilden Stichworte mit sehr zahlreichen Stellen. Wenn zu einem Stichwort mehr als ca. 30 Stellen anzugeben waren, sind diese nach möglichst einfachen Kriterien in Gruppen und gegebenenfalls Untergruppen gegliedert worden. Die Untergliederung der Stichworte folgt im ganzen pragmatischen Gesichtspunkten, die dem beim einzelnen Stichwort vorliegenden Stellenmaterial auf möglichst einfache und übersichtliche Weise gerecht zu werden suchen. Für die Zuordnung zu den Untergruppen mußte, wenn es dafür mehrere mögliche Gesichtspunkte gab, ein nennenswerter Ermessensspielraum in Anspruch genommen werden.

13. Im Interesse der Klarheit und Übersichtlichkeit ist dabei formalen Ordnungsprinzipien in der Regel der Vorzug gegeben worden, das heißt, es wurden bestimmte Wortformen (z.B. Genitivverbindungen) oder Wortverbindungen (z.B. mein Gott) ausgegliedert. In nicht wenigen Fällen ist jedoch eine Gliederung nach Bedeutungsvarianten eines Wortes griffiger (z.B. bei lassen: *sein lassen, verlassen, veranlassen, zulassen usw.*). In vielen Fällen legt sich die Gliederung a) allgemein, b) von Gott, c) von Menschen nahe. Dabei umfaßt Gott auch Jesus Christus und den Heiligen Geist, es sei denn, diese haben eigene Gliederungsabschnitte.

14. Bei sehr großen Stichworten ist eine hinreichende Gliederung nur erreichbar, wenn man sowohl formale wie inhaltliche Gliederungskriterien heranzieht. Auf Überschneidungen, die sich dabei ergeben können, wird durch Querverweise innerhalb des Stichworts aufmerksam gemacht (z.B. bei Gott, Welt).

15. Auf eine mehrfache Nennung der gleichen Stellen in verschiedenen Gliederungsabschnitten eines Stichwortes wurde konsequent verzichtet.

16. Bei Stichworten, die mehr als 200 mal vorkommen, ist die Gliederung als Übersicht dem Stellenmaterial zusätzlich vorangestellt.

17. Bei jedem Stichwort und bei jedem Unterabschnitt wird die Zahl der gebuchten Stellen in Klammern angegeben. Dabei führen Wiederholungen und reziproke Wendungen (vgl. Ziffer 2) innerhalb einer gebuchten Stelle nicht zu einer Mehrfachzählung. Kommt die gleiche Stelle (Verszeile) in mehreren Strophen eines Liedes vor, wird sie entsprechend mehrfach gezählt.

18. In nicht wenigen Fällen ist es hilfreich, bei der Suche nach bestimmten Zusammenhängen auch das Verzeichnis der Strophenanfänge heranzuziehen.

19. Die Liste der im Evangelischen Gesangbuch (Liederstammteil) enthaltenen Kanons und mehrstimmigen Sätze wird nützlich sein, wenn das Gesangbuch für das mehrstimmige Singen gebraucht wird. Weitere Kanons und mehrstimmige Lieder finden sich in den Regionalteilen der EG-Ausgaben sowie im Textteil der Stammausgabe (Gemeinsames Gebet nach Taizé).

20. Die Wochenlieder, die der Liturgische Kalender im Textteil des Gesangbuchs nach den Sonntagen des Kirchenjahres angibt, sind in dieser Konkordanz in alphabetischer Reihenfolge aufgelistet.

KONKORDANZ

A

A und O (Anfang und Ende) (3) → *Anbeginn, Anfang, Ausgang*
35,1 du bist A und O
66,1 A und O, Anfang und Ende steht da
70,7 daß mein Schatz ist das A und O

Abba (kindl. Anrede für „Vater“) (3)
328,4 daher ich „Abba, lieber Vater!“ schrei
351,7 hilft mir das Abba schreien
386,8 im kindlichen Geiste das Abba nun klingt

Abend (19) → *West*
3,3 da sich die Welt zum Abend wandt
65,7 Gott ist bei uns am Abend und am Morgen
74,4 bleib auch am Abend dieser Welt
77,7 der Abend war kommen
151,1 der Abend ist gekommen
241,5 o würd es doch nur bald vor Abend licht
246,1 weil es nun Abend worden ist
289,2 so fern der Ost vom Abend
365,1 den Abend und den Morgen
393,1 der Abend kommt herbei
406,5 wenn es nun will Abend werden
449,4 Abend und Morgen sind seine Sorgen
470,2 des Abends auch beten vor dir
473,4 es will nun Abend werden
483 denn es will Abend werden
486,4 so will ich, wenn der Abend sinkt
487,1 Abend ward, bald kommt die Nacht
488,1 bleib bei mir, Herr! Der Abend bricht herein
527,5 eh sich der Abend zeiget

Abendhauch (1)
482,7 kalt ist der Abendhauch

Abendmahl (6) → *Brot, Gastmahl, Mahl, Nachtmahl, Wein*
147,2 und halten mit das Abendmahl
148,7 mit Gott wir werden halten das ewig Abendmahl
220 einst feiern wir das große Abendmahl mit dir
224,1 du hast zu deinem Abendmahl
256,3 beruft zum Abendmahl
257,4 und ziehn zum Abendmahl

Abendröte (1)
151,4 die Abendröte zeigt den schönen Tag von weitem

Abendschein (1)
514,2 du Abendschein, der prächtig loht

Abendzeit (2)
223,1 geht zu der Welten Abendzeit
494,6 und gib, daß ich zur Abendzeit

abermals (1)
239,1 abermals vernehmt es: Freuet euch

abfahren (1)
371,15 die hier mit Frieden abgefahren

abfallen (1)
243,3 daß sie so gar abfiel

abgeschieden (einsam) (3)
165,7 mache mich einfältig, innig, abgeschieden
252,6 abgeschieden, klein und stille
393,4 wir reisen abgeschieden

Abgötterei (1)
59,3 vor falscher Lehr, Abgötterei

Abgrund (7)
37,4 o daß mein Sinn ein Abgrund wär
66,6 Abgrund der Liebe, wer kann dich ergründen
97,5 denn die Erde jagt uns auf den Abgrund zu
251,4 der der Wunder Abgrund ist
354,4 o Abgrund, welcher alle Sünden
354,7 o Abgrund der Barmherzigkeit
396,3 Erd und Abgrund muß verstummen

abhauen (1)
472,3 bald sind sie abgehauen

abkehren (2)
67,4 und kehr ab unsre Sinne
513,3 wenn du dich abkehrst, müssen wir mit Beben

abkürzen (1)
393,9 der Weg kürzt immer ab

ablassen (3)
73,4 und laß nicht ab von deinem Lauf
133,5 es läßt nicht ab und dringet
231,4 du sollst von deim Tun lassen ab

ablegen (4) → *legen*
213,3 kommt, legt auf ewig ab
453,3 legt ab des Herzens Härtigkeit
477,4 legt ab das Kleid und Schuhe
529,10 das leg ich alles ab

ablesen (1)
149,3 danach wird man ablesen bald

ablohnen (1)
234,4 dem wird mit Ungnad abgelohnt

abmatten (1)
478,1 schläft alles, was sich abgematt'

abnehmen (2)
371,4 auch weiß er Zeit, dir's abzunehmen
473,4 der Tag nimmt ab. Ach schönste Zier

Abraham/Abram (9)
12,3 Zions Hilf und Abrams Lohn
137,3 gib uns Abrahams gewisse, feste Glaubenszuversicht
290,6 des Bunds, den er mit Abram machte
308,10 auch Abraham hast du geschworn
311,1-2 Abraham, Abraham, verlaß dein Land und deinen Stamm
311,3 Abraham, Abraham verläßt sein Land und seinen Stamm
317,5 alles, was Odem hat, lobe mit Abrahams Samen
397,3 in Abrahams Schoß tragen

abreißen (2)
7,1 reiß ab vom Himmel Tor und Tür
7,1 reiß ab, wo Schloß und Riegel für

absagen (4)
84,12 mit dir und dem absagen
200,3 hingegen sagt ich bis ins Grab... ab
254,1 der Ruhe abzusagen
393,11 und gründlich dem absagen

abscheiden (5) → *aushauchen, scheiden, sterben, verscheiden*
178.4 fröhlich abscheiden aus diesem Elend
204,4 daß sanft und still abscheide
367,3 von dieser Welt abscheiden
495,7 auf Christi Tod abscheiden
523,2 laß mich selig abscheiden

abseit (1)
242,1 bald abseit geht sonst die Fahrt

absondern (2)
127,5 daß sich absondre unser keins
255,4 und sondre ab, was unrein ist

absterben (3)
111,13 wenn mir gleich alle Welt stürb ab
384,3 unser Fleisch, ihm sterben ab
404,5 der Sündenwelt absterbe

abtragen (2)
152,2 am Kreuz hast abgetragen
353,7 hat die Schulden abgetragen

abtun (3)
76,1 und tat dabei all Krankheit ab
101,3 und hat die Sünd abgetan
526,5 wird von mir sein abgetan

abwehren (2)
143,4 beizeiten abzuwehren
512,4 mächtig hast du abgewehret

abweisen (1)
279,8 er hat noch nie mich abgewiesen

abwenden (8)
50,3 dein Elend wendet keiner ab
60,4 abwenden als ein gnäd'ger Gott
179,4 abwend all unsern Jamm'r und Not
343,4 in dieser Welt abwenden
367,2 wend ab all Ungerechtigkeit
423,5 wend ab in allen Gnaden
449,9 aus deinen Augen sein abgewandt
505,4 für abgewandten Schaden

abzwingen (1)
83,3 Gott seinen Sohn abzwingen

acht/Acht (5)
196,2 es aus der Acht nicht lassen
325,5 nimmt er's gleichfalls wohl in acht
377,1 o Herr, nimm gnädig uns in acht
396,3 Gottes Macht hält mich in acht
445,7 und mich halt in guter Acht

achten (11)
34,1 daß er uns so hoch geacht'
71,3 doch achtest du gar wenig
81,9 kein Kreuz nicht achten, keine Schmach und Plagen
112,4 wird nichts bei mir geacht'
308,7 wer niedrig ist und klein geacht'
365,6 die wir so groß geacht'
386,10 gib, daß ich nichts achte, nicht Leben noch Tod
388,3 als gefangen sind geacht'
389,5 und dieses achten für Gewinn
486,7 ich achte nicht der künft'gen Angst
527,2 den wir unsterblich achten

achtgeben (2)
73,3 gib acht auf diesen hellen Schein
392,8 Herr, rede nur, ich geb begierig acht

Acker (1)
98,1 Keim, der aus dem Acker in den Morgen dringt

Adam (3)
78,10 unsern alten Adam töt
92,2 das Adams Sünde um uns wand
202,7 von Adam her geerbet

Adamssinn (2)
388,1 wider unsern Adamssinn
404,3 den alten Adamssinn

ade (1)
517,12 ade, Welt, Gott gesegne dich

Adler (5)
165,7 wie ein' Adler schweben
289,1 verjüngt, dem Adler gleich
316,2 der dich auf Adelers Fittichen sicher geführet
317,2 der dich auf Adelers Fittichen sicher geführet
325,2 wie ein Adler sein Gefieder

Advent (6)
17,1–4 wir sagen euch an den lieben Advent
154,1+5 laß uns dich schaun im ewigen Advent

agios (griech. heilig) (1)
185.4 agios o Theos

Ägypten (2)
301,6 aus Ägyptens Dienstbarkeit
498,1 wie dem Volk in Ägyptenland

ahnen (2)
64,4 der Mensch ahnt nichts von seiner Frist
457,7 und oft nicht einmal ahnst

ähnlich (2)
113,7 bis unser Leib wird ähnlich dort
415,2 Dulder, mach uns dir im Dulden ähnlich

Ähre (1)
513,1 vor ihrem Schöpfer neigen die Ähren sich

All (Weltall) (1)
431,2 wenn der Gedanken Lauf das All durchmißt

allein/alleine (127) → *einzig*

a) von Gott (3)
264,1 die Kirche steht gegründet allein auf Jesus Christ
289,4 die Gottesgnad alleine
350,2 allein auf Jesu Wunden rot

aa) von der Anbetung (17)
29,3 gebt Gott allein im Himmel Preis und Ehre
61,2 das gescheh in dir allein
62,1 Jesu Name soll allein
127,5 suchen allein sein Ehre
134,3 die auf ihn alleine zielen
145,4 und suchen Gottes Ehr allein
179,1 allein Gott in der Höh sei Ehr
180.4 allein Gott in der Höh sei Ehr
217,1 bei dir alleine find ich Heil und Leben
232,1 allein zu dir, Herr Jesu Christ
345,2 und ihm allein vertrauen
367,1 allein zu dir steht mein Begier
386,10 drum auch, Jesu, du alleine
403,5 ist gefaßt in dir allein
445,5 nirgends als von dir allein
518,3 zu dir, Herr Christ, alleine
520,7 ihm sei Lob, Preis und Ehr allein

ab) von Gottes Sein, Wesen (23)
64,3 nur du allein wirst bleiben
64,6 der du allein der Ewge heißt
124,2 lehr uns Jesus Christ kennen allein
145,2 denn Christus ist allein der Mann
165,3 du allein sollst es sein
180.1 denn du bist allein heilig
180.1 du bist allein der Herr
180.1 du bist allein der Höchst, Jesu Christe
180.3 du bist allein heilig
180.3 du bist allein der Herr
180.3 du bist allein der Höchste, Jesus Christus
195,2 alleine Christus ist mein Trost
231,2 ich bin allein dein Gott, der Herr
252,1 Jesu, der du bist alleine
286,1 er ist's allein, der Wunder tut
299,5 er ist allein der gute Hirt
302,8 der Herr allein ist König
370,3 ist nicht mein, Gott allein
379,1 ist unser Gott allein
392,7 ich gebe mich; Gott soll hinfort allein
474,2 der du allein mein Helfer bist
486,2 du bist's allein, Herr, der stets wacht
518,1 das bist du, Herr, alleine

ac) von Gottes Taten (34)
9,2 er will allein erwerben
10,1 den Gott aus Gnad allein
23,3 der alle Ding erhält allein
60,3 wollst unser Herz und Sinn allein

61,3 kannst die Sünd' allein vergeben
101,7 und speisen die Seel allein
122,1 auf Christi Himmelfahrt allein
127,4 von dir allein muß sein gelehrt
141,4 sein Opfer Gott allein gefällt
178.4 uns Sünder allein hast erlöst
245,5 Gott, unser Hort, schützt sie alleine
251,7 und allein von deinem Brennen
266,5 dein Thron allein wird nicht zerstört
281,4 durch deines Gottes Huld allein
301,3 er tut Wunder, er allein
320,2 hat er allein uns geben
324,3 nicht von dir allein gegeben werd
343,4 du hast's allein in Händen
368,6 er weiß allein die rechte Zeit
421 denn du, unser Gott, alleine
424,2 du allein verteil die Gaben
445,3 da alleine Hilf und Rat
449,4 sind seine Werke und Taten allein
449,11 das weißt du alleine
475,4 du allein kannst mich erretten
480,3 Herr, rede du allein
481,2 allein für dich gegeben
481,4 daß du vergnügst alleine
487,2 einer wacht und trägt allein
488,3 denn des Versuchers Macht brichst du allein
497,2 des Höchsten Rat, der macht's allein
500,2 die du uns schaffst allein
518,2 das tust du, Herr, alleine
523,3 dein Nam und Kreuz allein

b) von Menschen (21)
30,2 hat uns gebracht alleine
32,4 daß dir allein ich lebe
41,6 den ich erwähle allein
82,7 aus reiner Lieb allein
88,3 aber laß mich nicht allein deine Marter sehen
195,1 allein auf Gottes Wort will ich
195,1 dem ich allein will trauen
196,2 daß wir nicht Hörer nur allein
247,2 die sich allein auf ihre Macht verlassen
273,3 wir haben Recht und Macht allein
308,4 dem, der dich herzlich fürcht' allein
331,11 auf dich hoffen wir allein
343,5 an deiner Gnad allein ich kleb
346,1 mein Herz allein bedacht soll sein
346,3 sucht ihn allein; denn wohl wird sein
355,4 auf dieses bet ich auch allein
368,7 und traue dem alleine
413,5 so solln wir nicht allein dem Freund
422,1 drum wir allein im Namen dein
503,15 allein und sonsten keinem mehr
514,3 singt euer Loblied ihm allein

c) von Gaben, Sachen (12)
64,5 und diese Gaben, Herr, allein
202,2 doch nicht allein schlicht Wasser
202,7 das Aug allein das Wasser sieht
267,5 unsre Konfession allein
342,6 es ist gerecht vor Gott allein
342,7 doch macht allein der Glaub gerecht
344,1 gib, daß nicht bet allein der Mund
350,2 drum soll auch dieses Blut allein
366,2 so ist dies unser Trost allein
472,2 allein die Güt des Herren
481,2 das Herz allein in dir auch ruht
501,3 allein an deinem Wort

d) im Sinne von: öde, einsam (16)
63,6 und ist es uns hienieden so öde, so allein
95,1 seht hin, er ist allein im Garten
137,6 dastehn, wenn auch ganz allein
168,4 wenn wir jetzt weitergehen, dann sind wir nicht allein
170,1+4 nie sind wir allein, stets sind wir die Deinen
170,2 keiner kann allein Segen sich bewahren
228,3 es segne euch der Herr, er läßt euch nicht allein
252,8 laß uns nimmermehr allein
254,3 mit größern Gnadentrieben als eins allein
376,1 ich mag allein nicht gehen
379,5 und bist nie mehr allein
425,1–3 laß uns nicht allein
430,2 und laß uns nicht allein

e) im Sinne von: jedoch (1)
136,6 allein wir glauben nicht

alleinlassen (6)
228,3 es segne euch der Herr, er läßt euch nicht allein
252,8 laß uns nimmermehr allein
425,1–3 laß uns nicht allein
430,2 und laß uns nicht allein

allemal (1)
354,2 dem allemal das Herze bricht

allenthalben (5)
274,4 vor mein' Feind' allenthalben
283,5 und allenthalben werd erkannt
330,4 die allenthalben um mich stehn
476,1 die dunkle Nacht dringt allenthalben zu
494,1 ist allenthalben recht und gut

allerbängst (1) → *bange, bangen*
85,9 wenn mir am allerbängsten

allerbest (3)
244,4 darüber auch das Allerbest
399,7 daß du noch hast das Allerbest
400,2 als meinen allerbesten Freund

allergeringst (1)
399,5 ist nicht im allerg'ringsten wert

allergewißt (1)
449,10 Gott ist das Süßte und Allergewißte

allergrößt (1)
400,7 auch in der allergrößten Not

allerhand (1)
373,1 Satan, der sinnet auf allerhand Ränke

allerheilsamst (1)
179,4 du allerheilsamst' Tröster

allerhöchst (8) → *Höchster*
126,2 des Allerhöchsten Gabe teu'r
139,2 das allerhöchste Gut
179,3 des allerhöchsten Vaters
180.1 Jesu Christe, du Allerhöchster
180.3 Jesus Christus, du Allerhöchster
284,1 deinen Namen, Allerhöchster, rühm ich gern
304,6 o Jesu Christe, Sohn des Allerhöchsten
369,1 wer Gott, dem Allerhöchsten, traut

allerliebst (2)
111,7 soll ihm das Allerliebste sein
505,4 o allerliebster Vater

allermeist (6)
124,1 um den rechten Glauben allermeist
127,4 erfüll die Herzen allermeist
178.4 tröst, stärk uns im Glauben allermeist
206,2 ja, es schallet allermeist
280,3 vor ihm sich fürchte allermeist
342,2 vom G'setz erfordert allermeist

allerorts (1)
265,1 der allerorts und allezeit

allertiefst (1)
330,1 vom allertiefsten Herzensgrund

allertreust (1)
361,1 der allertreusten Pflege

allerwegen (2)
361,4 Weg hast du allerwegen
374,3 ist sicher allerwegen

allesamt (5)
78,10 zieh uns allesamt zu dir
131,2 danach zu lieben allesamt
161,3 mach uns allesamt bereit
288,5 lobsingt und danket allesamt
422,3 und hilf uns gnädig allesamt

allewege (5)
134,3 ist uns allewege gut
196,5 dein Wort, o Herr, laß allweg sein
239,1 freuet euch im Herren allewege
343,3 dein Wort mein Speis laß allweg sein
359,1 freut euch allewege

allezeit/allzeit/allezeiten (60) → *für und für, immer, jederzeit*

a) von Gott (21)
59,2 bewahren ferner allezeit
71,4 dein Güt allzeit regieret
121,3 ist er doch allzeit bei uns noch
129,2 der uns allzeit behüt'
133,13 allzeit nach deinem Sinn
134,4 und vertritt uns allezeit
146,5 gib uns allzeit dein heilig Wort
179,2 allzeit geschieht, was du bedacht
183,1 er will uns allzeit ernähren
190.1 allzeit erfunden geduldig
204,2 beschirmst du mich allzeit
232,4 der uns allzeit behüte
232,4 der uns allzeit sein Hilfe leist
263,7 sei dem Höchsten allezeit
265,1 der allerorts und allezeit
295,2 dir sei Dank allezeit
345,1 der kann mich allzeit retten
361,12 uns allzeit deiner Pflege
364,1 was mein Gott will, gescheh allzeit
406,2 als bei dir, der allezeit
449,10 allzeit im Herzen dies heilige Wort

b) von Menschen (27)
10,4 dir allzeit dankbar sein
24,14 davon ich allzeit fröhlich sei
25,6 geduldig, fröhlich allezeit
60,1 dem Herrn im Herzen allezeit
84,7 allzeit an deinen Dienst und Ehr
89,1 laß mir vor Augen allzeit sein
112,4 bleib allzeit ohn Gefahr
116,5 dafür sei Dank und Lob allezeit
146,4 des trösten wir uns allezeit
205,2 damit es dein mög allzeit sein
245,1 die allezeit auf ihn vertrauet
253,3 wir tragen... allzeit das Sterben Jesu um
262,7 in dir bleiben allezeit
274,5 und ich werd bleiben allezeit

289,5 ihm allezeit anhangen
295,1 und leben allezeit
299,3 des will ich allzeit harren
308,6 das geht doch allzeit hinter sich
359,6 o so freu dich in dem Herrn, Kirche, allezeiten
369,1 und hoffet auf ihn allezeit
405,4 da du sollst bleiben allezeit
413,3 gutwillig ist sie allezeit
473,1 und allezeit in Lieb und Leid
516,7 und bleiben allezeit
517,8 und sehn dich allzeit wieder heim
520,5 hell wie die Sonne allezeit
526,4 um ihn sein mög allezeit

ba) singen, loben, rühmen (12)
75,3 darum wolln wir loben, danken allezeit
103,6 dir mögen singen allezeit
131,6 allzeit und unser Leben lang
158,4 sing ich dir allezeit
191 rühmt dich auf Erden allezeit
276,1 mein Mund soll allezeit
282,2 o selig, wer dort allezeit
318,1 den du allzeit sollst ehren
318,4 allzeit uns armen Sündern
335 ich will den Herrn loben allezeit
349,4 Lob und Dank allezeit
366,7 dich allzeit preisen hier und dort

allgebenedeit (hochgepriesen) (1)
184,1 aus Gott geboren... allmächtig, allgebenedeit

allgemein (1)
273,3 was wir setzen, gilt allgemein

allgewaltig (1) → *gewaltig*
279,3 Gott herrschet allgewaltig immer

allgütig (1) → *gütig*
513,2 ein Jahr, Allgüt'ger, ließest du es währen

Allherrscher (1) → *Herrscher*
143,3 sie singen dir, Allherrscher du

allhier (9)
11,6 und tröstet, steht allhier
29,2 gelobet seist du, Herr, allhie
61,4 daß ich noch allhier auf Erden
71,1 hilf, daß allhier auf Erden
202,2 der ist allhier der Täufer
438,2 denn wir allhier sind Pilgerleut
473,4 bei uns allhier auf Erden
523,1 dem, der ihm dient allhier
524,3 also ist allhier auf Erden

Allmacht (3)
218,3 der dein Allmacht sollt ergründen
301,4 der durch seiner Allmacht Ruf
423,1 durch deiner Allmacht Hände

allmächtig/Allmächtigkeit (13)
79,3 und reich uns dein allmächtig Hand
111,12 mein Heiland greift allmächtig drein
180.1 Gott, allmächtiger Vater
180.2 allmächt'ger Vater, höchster Herr
180.3 Gott, allmächtiger Vater
184,1 aus Gott geboren... allmächtig, allgebenedeit
199,1 und wird allmächtig gelten
204,2 durch dein Allmächtigkeit
255,6 allmächtig starker Gotteshauch
316,4 was der Allmächtige kann
317,4 was der Allmächtige kann
333,3 allmächtig ist Gott
493 verleihe uns der allmächtige, gnädige Gott

Alltag (1)
169,2 das wirkt im Alltag fort und fort

Allwissenheit (1)
369,3 wie sein Allwissenheit es fügt

allzugleich (1) → *zugleich*
399,5 da, da wird er uns allzugleich

allzumal (10)
11,10 und hol uns allzumal
82,3 die Schuld ist allzumal
146,1 verdienet haben allzumal
148,3 Propheten allzumal
191 die teuren Märt'rer allzumal
252,2 deinen Gliedern allzumal
293,1 preist ihn, ihr Völker allzumal
403,3 als die Engel allzumal
502,4 nach Vaters Weise sättigt er allzumal
510,3 und den Sternen allzumal

allzusammen (2)
294,4 gesegnet seid ihr allzusammen
447,4 daß Feuerflammen uns nicht allzusammen

allzusehr (1)
324,9 und schlägst nicht allzusehr

alsdann (5)
85,6 alsdann will ich dich fassen
234,3 alsdann will ich bekehren mich
371,4 alsdann will er dein Treuster werden
397,3 alsdann vom Tod erwecke mich
516,6 alsdann laß sanft und stille

also (29)
5,5 die also fest glauben
24,12 das hat also gefallen dir
28 also hat Gott die Welt geliebt
51,1+5 also liebt Gott die arge Welt
58,5 also auch und nicht minder läßt Gott
127,5 also mach uns auch alle eins
144,7 also der Krone der Klarheit
148,4 also wird Gott erlösen
241,6 und also segne deines Wortes Lauf
243,3 und also gar verstoßen
245,5 also wird nun Gottes Gemeine
251,7 also wird die Welt erkennen
283,5 nach Wunsch und also enden
289,3 also der Mensch vergehet
318,4 also hat sich auch Gott erzeigt
319,3 der sie also geschaffen hat
325,2 also hat auch hin und wieder... bedeckt
325,9 also wird auch nach der Pein
326,2 die alles also wohl bedacht
363,3 also wird diese schöne Welt
386,4 also ist auch mein Verlangen
386,9 nichts Süßes kann also mein Herze erlaben
386,9 nichts, nichts ist, das also mich innig erquickt
399,3 also, wenn mein Herz in der Not
477,3 also werd ich auch stehen
478,9 und also leb und sterb ich dir
524,3 also auch die Christen gehen
524,3 also ist allhier auf Erden

alsobald (1)
325,2 alsobald im Mutterleibe

alt/älter (24) → *Alte*
6,4 Herr Christ, dem alten Drachen wehr
12,2 was der alten Väter Schar
39,5 bricht den Kopf der alten Schlangen
58,2 vom alten bis zum neuen
59,1 das alte Jahr vergangen ist
59,4 der Sünd' im alten Jahr nicht denk
65,2 noch will das alte unsre Herzen quälen
67,5 den alten Menschen kränke
78,10 unsern alten Adam töt
94,5 der alten Todesmächte
101,7 der alte Sau'rteig nicht soll
106,2 die alte Schlange, Sünd und Tod
113,2 wie sträubte sich die alte Schlang
143,5 der alte Drache schlummert nicht
149,3 was alle Menschen, jung und alt
204,2 wenn ich nun älter werd
242,3 scheid, o Herr, und alte Treu
362,1 der alt böse Feind
378,4 es mag sein – die Welt ist alt
383,1 alte Kräfte kehren wieder
396,3 trotz dem alten Drachen
404,3 vertreib... den alten Adamssinn
429,1 niemand wird nach dem Alten sich sehnen
503,7 darüber jauchzet jung und alt

Altar (4)
137,6 Tempel und Altäre weiht
278,9 zum Altar Gottes will ich treten
282,2 bei deinem Altar Freude geben
447,1 und Preis und Dank zu seinem Altar bringen

Alte (8) → *alt*
30,1 wie uns die Alten sungen
31 wie uns die Alten sungen
133,10 die Alten mit Verstand
293,2 erscheinet Jung und Alten
338 Alte mit den Jungen sollen loben
363,1 ihr Jungen, Alten, Frau und Mann
423,9 die Alten heb und trage
529,4 so ging's den lieben Alten

Alter (2)
380,1 ja, ich will euch tragen bis zum Alter hin
495,6 hindurch ins Alter dringen

Amen (68)

a) im laufenden Text (19)
66,9 Amen, o Jesu, du wollst uns vollenden
70,7 Amen, Amen, komm du schöne Freudenkrone
138,1–3 Amen, Amen, das sei wahr
182,2 seine Gerechtigkeit, Amen
198,2 Halleluja, Ja und Amen
220 dein laß uns ewig sein! Amen, Amen
289,5 Amen, wir werden's erlangen
303,8 alles, was Odem hat, rufe Amen
304,6 daß sie dein' Namen ewig preisen, Amen
328,7 in ihm ist alles Ja und Amen
344,9 Amen, das ist: es werde wahr
344,9 so sprechen wir das Amen fein
345,5 Amen zu aller Stund
423,11 wir sprechen nun das Amen
443,7 darauf so sprech ich Amen
475,8 Amen, ja, das soll geschehen
506,6 und alle Welt sag Amen

b) als Schlußbekräftigung (38)
26 und den Menschen ein Wohlgefallen. Amen
89,5 und selig sterbe. Amen
144,7 teilhaftig werden. Amen
149,7 von allem Übel. Amen
174 Gott Heilger Geist, Amen
176 daß sie sehen die Wunder an deinem Gesetz. Amen
180.1 in der Herrlichkeit Gott des Vaters. Amen
180.2 im Licht des Vaters. Amen
180.3 wir preisen deine große Herrlichkeit. Amen
181.8 Halleluja, Amen
190.2 gib uns deinen Frieden. Amen
191 in Schanden laß uns nimmermehr. Amen
192 Kyrie eleison. Amen
208,2 wir glauben, du Dreiein'ger! Amen
238,2 sprich selbst das Amen auf den Bund
247,4 hilf, Helfer! Amen
249,5 durch Jesus Christus, Amen
273,6 bis an das Ende. Amen
275,7 durch Jesus Christus. Amen
280,3 nun sprecht von Herzen: Amen
281,5 gelobt sei Gott! Ja, Amen
317,5 Lobende, schließe mit Amen
320,8 durch Jesus Christus. Amen
342,9 lös uns vom Übel. Amen
345,5 ewiglich preisen. Amen
363,7 durch Jesus Christus! Amen
364,4 drauf sprech ich fröhlich: Amen
367,3 durch Jesus Christus. Amen
458 nach dieser Zeit das ewig Leben. Amen
461 und sättigest alles, was da lebet, mit Wohlgefallen. Amen
465 und segne, was du uns bescheret hast. Amen
466 uns in Gnaden zugewandt. Amen
471,5 erlös uns. Amen
480,1 o Jesu, Amen
489,1–2 preist den Herrn aller Welten. Amen
513,7 werden mit Freuden droben ernten. Amen
515,9 laudato si, o mi signore. Amen

ba) nach: in Ewigkeit, zu Ewigkeit (11)
177.1 und von Ewigkeit zu Ewigkeit. Amen
177.2 und von Ewigkeit zu Ewigkeit. Amen
177.3 und in Ewigkeit. Amen
183,3 uns ein Leben in Ewigkeit. Amen
184,5 ihn selber schaun in Ewigkeit. Amen
186 in Ewigkeit. Amen
187 in Ewigkeit. Amen
188 in Ewigkeit. Amen
316,5 lob ihn in Ewigkeit. Amen
453,5 vordem, jetzt und in Ewigkeit. Amen
470,3 von nun an bis in Ewigkeit. Amen

Amsel (1)
455,1 Frühlied der Amsel, Schöpferlob klingt

Amt (8)
78,3 Jesus richtet aus sein Amt
196,4 in unserm Amt und Stande
202,1 sein Werk und Amt zu erfüllen
254,1 nicht an dem Amt verzagen
288,5 Gott loben, das ist unser Amt
422,3 gedenke, Herr, jetzt an dein Amt
423,4 ihr Amt getreulich führen
495,3 und wenn in meinem Amt

Anbeginn (3) → *A und O, Anfang, Ausgang*
199,5 Gott steht am Anbeginn
204,1 von Anbeginn der Welt
232,1 von Anbeginn ist nichts erkorn

anbeten (27) → *beten*
37,4 bleib ich anbetend stehen
41,3 alles anbetet und schweiget
42,3 er betet an und er ermißt
42,5 dich, Gott, Messias, bet ich an
43,4 o beugt wie die Hirten anbetend die Knie
45,1–4 o lasset uns anbeten
52,3 und wir beteten es an
52,4 und sie beteten es an
142,4 sie brennen, leuchten, beten an
154,6 mit allen Heilgen beten wir dich an
165,1 lasset uns anbeten
179,2 wir loben, preisn, anbeten dich
180.1 wir loben dich, wir beten dich an
180.3 wir loben dich, wir beten dich an
279,2 dich bete jeder willig an
279,7 kommt, hört und betet mit mir an
282,4 und dort anbetend dich erhöhn
286,3 kommt, betet euren König an
328,3 und ich bet dich im Geist und Wahrheit an
333,5 betet ihn an
357,3 anbetend niederknien
480,1 der bete mit mir an den großen Namen
485,2 anbetend, Herr, wir singen
506,1 anbetend überlege

Anbetung (4) → *beten*
220 Anbetung dir! Einst feiern wir
281,3 Anbetung, Ehre, Dank und Ruhm
281,5 ihm sei Anbetung, Ehr und Macht
333,5 Anbetung dem Herrn

anbieten (1) → *anerbieten*
145,6 weil Gott dir noch sein Gnad anbeut

anbinden (1)
393,8 kommt, bindet fester an

Anblick (2)
85,4 den Anblick deiner Gnad
142,3 dein Anblick macht sie stark und rein

anblicken (3)
70,4 gar freundlich tust anblicken
283,1 mit Gnaden angeblicket
476,6 so blicke mich mit deinen Augen an

anbrechen (6)
33,1 brich an, du schönes Morgenlicht
262,1 brich in deiner Kirche an
263,1 brich in deiner Kirche an
331,7 wenn der letzte Tag anbricht
438,1 der Tag bricht an und zeiget sich
475,3 und die trübe Nacht bricht an

Andacht (5)
1,4 steckt auf mit Andacht, Lust und Freud
88,1 Geist und Andacht schenken
155,2 bereit das Herz zur Andacht fein
166,6 nichts laß meine Andacht stören
386,3 voller Andacht niederließ

andachtsvoll (1)
90,1 mit andachtsvollem Herzen

andere (53)

a) allgemein (29)
20,6 noch andre Namen wird er führen
36,12 dort im andern Leben
58,2 von einem Jahr zum andern
67,1 vor andern Sternen klar
73,10 der zeigt dir einen andern Weg
101,4 wie ein Tod den andern fraß
101,7 der Glaub will keins andern leben
113,6 ist dort vom andern Tode frei
167,4 bis Gott uns in der andern die Heimat hält bereit
217,2 all ander Speis und Trank ist ganz vergebens
246,7 daß wir nichts andres suchen mehr
267,2 die in andern Kirchen stehn
267,3 die mit andern Stimmen loben
283,5 den Krieg und alle andre Not
290,4 von einem Land zum andern Land
297,2 so geht doch Gott ein andre Bahn
330,1 ein Loblied nach dem andern an
346,1 such, wer da will, ein ander Ziel
354,6 wird alles andre weggerissen
382,1 mein Los ist Tod, hast du nicht andern Segen
384,3 sein Tod uns vom andern Tod
386,1 alles andre, wie's auch scheine
393,1 von einer Kraft zur andern
393,9 ein Tag, der folgt dem andern
426,1 alle anderen Berge und Höhn
476,7 mich zu dem Glanz des andern Lebens kommen
477,2 fahr hin; ein andre Sonne
481,5 ein Tag, der sagt dem andern
505,5 und aller andern Not

b) von Gott (3)
356,1 es ist in keinem andern Heil
362,2 und ist kein andrer Gott
421 es ist doch ja kein andrer nicht

c) von Menschen (21)
17,2 so nehmet euch eins um das andere an
82,7 laß mich an andern üben
95,3 wenn wir an andern schuldig werden
210,3 und Kraft, für andere dazusein
224,2 spricht einer hier dem andern gleich
231,7 daß auch dein Herz kein' andern mein
235,4 und hilf, daß wir durch dich den Weg zum andern finden
240,2 gib Augen, andrer Last zu sehn
248,5 andre traun auf ihre Kraft
253,4 so trägt ein Glied des andern Last
253,4 denn wer der andern Lasten faßt
273,2 der wählet dies, der andre das
358,4 die andern so begegnet
371,3 wie dir's und andern oft ergehe
393,7 eins freuet sich am andern
416 sondern daß ich andere tröste
416 sondern daß ich andere verstehe
416 sondern daß ich andere liebe
418,1 trag die Last der andern
451,9 mich gern an andrer Wohlergehn
529,11 mit andern leuchten soll

ändern (2)
234,6 eh morgen kommt, kann's ändern sich
497,8 und ändre meine Sinnen

anders (7)
134,2 daß wir anders nichts beginnen
354,1 wo anders als in Jesu Wunden
368,1 soll's anders wohl gelingen

371,13 es kann und mag nicht anders werden
388,3 willst und kannst ja anders nicht
517,10 da es denn anders nicht mag sein
530,2 es kann vor Nacht leicht anders werden

Andreas (1)
313,1 und Simon und Andreas rief

anerbieten (1) → *anbieten*
133,12 uns täglich anerbeut

Anfang (16) → *A und O, Anbeginn, Eingang, Ende, Ewigkeit, Himmel*
16,3 von Anfang an verkündet
64,6 und Anfang, Ziel und Mitte weißt
66,1 A und O, Anfang und Ende steht da
70,7 der Anfang und das Ende
150,7 wie von Anfang gesungen
175 Ausgang und Eingang, Anfang und Ende
177.1 wie es war im Anfang
177.2 wie es war im Anfang
177.3 wie im Anfang, so auch jetzt und alle Zeit
211,5 im Glauben einen Anfang setzt
245,1 die er von Anfang schön erbauet
273,6 wie es im Anfang war und nun
321,3 wie es im Anfang war
446,8 den Anfang, Mitt und Ende
455,1 Morgenlicht leuchtet, rein wie am Anfang
497,10 ist ja der Anfang etwas schwer

anfangen (21) → *anheben, beginnen*
15,3 bei Tal und Hügel fanget an
59,4 und fromm zu werden fangen an
61,6 dieses angefangne Jahr
78,2 fing bald in der Jugend an
110,3 die Bäum zu blühen fangen an
114,7 drum auf, mein Herz, fang an den Streit
127,2 Christus zu lehren fangn sie an
159,1 fröhlich wir nun all fangen an
159,3 fröhlich wir nun anfangen
169,1+5 so fangen wir nun an
218,1 fange herrlich an zu prangen
269,3 fangt wie die Jünger Jesu an
297,2 was Menschenkraft und -witz anfängt
314,1 alle Leute fangen auf der Straße an zu schrein
318,7 was er nun angefangen hat
342,8 was er in uns ang'fangen hat
372,1 wie er fängt seine Sachen an
494,1 in Gottes Namen fang ich an
497,3 es fängt so mancher weise Mann... an
497,9 was du selbst angefangen hast

anfechten/Anfechtung (10)
25,5 es mögen euch viel fechten an
38,3 wenn mich Not und Tod anficht
72,2 auch die, so heimlich ficht noch an
253,5 wenn meinen Nächsten Not anficht
275,3 anficht auf beiden Seiten
343,5 kommt nun Anfechtung her, so wehr
344,7 wenn uns der böse Geist anficht
345,2 ob mich mein Sünd anficht
364,4 wenn mich der böse Geist anficht
518,2 mitten in dem Tod anficht

anflehen (2)
241,3 dich herzinbrünstig hierum anzuflehn
387,5 im Gebet anflehen

angehen (4)
60,4 wollst uns auch dies angehend Jahr
61,1 hilf, das neue Jahr geht an
113,6 derselb ihn nicht angehet
527,9 und geh den Herren an

angehören (2)
91,7 und nicht vielmehr, weil ich dir angehöre
406,3 sollt ich dem nicht angehören

angenehm (1)
14,1 so ist's dem Herren angenehm

Angesicht (40) → *Antlitz, Gesicht*

a) Angesicht Gottes (25)
6,5 laß sehn dein herrlich Angesicht
16,4 von Gottes Angesichte
20,8 vor eines Herren Angesicht
142,3 stets schauen sie dein Angesicht
142,6 einst stehn vor deinem Angesicht
143,3 sie stehn vor Gottes Angesicht
144,6 wie Christus vor deim Angesicht
154,3 wenn wir von Angesicht dich werden sehn
155,3 und schauen dich von Angesicht
166,1 hier ist Gottes Angesicht
171,2 voll Wärme und Licht im Angesicht
230 verwirf mich nicht von deinem Angesicht
248,1 zu uns richt dein hilfreiches Angesicht
252,4 und vor deinem Angesicht
288,1 kommt vor sein heilig Angesicht
290,2 sucht doch sein freundlich Angesicht
322,9 und zeig uns drauf sein Angesicht
325,7 hätte mich sein Angesicht
326,9 so kommet vor sein Angesicht
379,1 von seinem Angesichte trennt uns

390,1 und laß von deinem Angesicht
390,3 von Angesicht zu Angesicht
481,1 dein holdes Angesichte
497,4 das sich von deinem Angesicht
529,11 hin vor dein Angesicht

b) Angesicht Jesu Christi (12)
50,5 und dich von Angesichte sehn
81,2 ins Angesicht geschlagen und verhöhnet
85,2 du edles Angesichte
94,3 die Schläge in sein Angesicht
140,3 uns leuchten laß sein Angesicht
256,1 von deinem heilgen Angesicht
258 und wenn ihr sucht sein Angesicht
346,5 wend von mir nicht dein Angesicht
388,1 bis dein treues Angesichte
389,3 und dein hell glänzend Angesicht
402,4 wo vor seinem Angesicht
402,4 mich erfreut sein Angesicht

c) Angesicht des Menschen (3)
112,5 mein Herz und Angesicht
404,1 wollst du mein Angesicht
513,4 im Schweiß des Angesichts der Arbeit Plagen

angreifen (3)
273,4 getrost und frisch sie greifen an
297,2 wenn sie's aufs klügste greifen an
443,7 greif an das Werk mit Freuden

angst [und bange] (2)
249,1 davon dir wird recht angst und bang
371,10 macht dir das Harren angst und bange

Angst (67) → *Ehrfurcht, Furcht*

a) von Jesus (12)
78,4 von Ängsten und Schmerzen
83,1 Angst, Wunden, Striemen, Kreuz und Tod
85,9 kraft deiner Angst und Pein
86,8 für dein Angst und tiefe Pein
87,5 dein Angst komm uns zugut
87,6 durch dein Kreuz, Angst und Pein
87,6 dein Leiden, Kreuz und Angst
88,2 deine Angst und Bande
89,1+5 Herr Jesu, deine Angst und Pein
95,1 du hast die Angst auf dich genommen
475,5 durch sein Angst und Todespein

b) von Menschen (15)
10,3 mit Angst zugrunde geht
85,9 so reiß mich aus den Ängsten
87,5 wenn wir in Ängsten liegen
137,8 mitten in der Angst der Welt
211,4 wo Angst bedrückt, mach Hoffnung frei
215,4 und vor Angst ist betrübet sehr
228,1 es schütze euch der Herr, er wird von Angst befrein
325,7 aus so mancher Angst genesen
341,3 die Angst mich zu verzweifeln trieb
360,4 und wohnen hinter Gittern unsrer Angst
430,3 in Ängsten und doch frei
486,2 mit jäher Angst erfüllen
486,7 ich achte nicht der künft'gen Angst
518,3 mitten in der Hölle Angst
529,3 hat mir manch Angst erweckt

ba) in Verbindung mit Not (22)
11,7 all Angst und Not zu stillen
106,2 die Höll, all Jammer, Angst und Not
143,1 die uns in Angst, Not und Gefahr
182,8 Not, Angst und Tod kann uns nicht besiegen mehr
243,2 will pflegen in aller Angst und Not
290,7 aus Angst und Not zur Ruhe führet
345,1 trau ich in Angst und Not
345,1 aus Trübsal, Angst und Nöten
361,9 in Angst und Nöten schweben
366,2 um Rettung aus der Angst und Not
371,2 Kreuz, Angst und Not kann er bald wenden
387,6 weil die Angst, Not und Gefahr
418,2 denen, die in Angst und Not
428,5 daß nicht Neid, Angst, Not und Schmerz
445,2 vor Gefahr, Angst, Not und Schmerzen
467,4 vor Schrecken, Angst und Feuersnot
473,2 nicht Angst, nicht Not
478,9 aus aller Angst und Not
500,3 all Trübsal, Angst und Not
516,3 Kreuz, Leiden, Angst und Not
520,5 hier war er krank in Angst und Not
525,3 Angst, Not, Müh, Arbeit überall

bb) in weiteren Verbindungen (18)
9,5 müßt haben Angst und Leid
16,1 auch deine Angst und Pein
51,4 und leucht' durch Angst und Plage
58,3 durch so viel Angst und Plagen
122,1 und allen Zweifel, Angst und Pein
148,4 von Trübsal, Angst und Spott
210,4 wenn Angst und Zweifel in mir wachsen
275,2 in Angst und Weh ich lieg und steh
322,5 und werf all Angst, Furcht, Sorg und Schmerz

351,12 kein Angst und Fährlichkeit
370,4 dringt herein Angst und Pein
373,5 wenn ich vor Angst und vor Zagen vergeh
378,5 Angst und Sorge wird's nicht wenden
418,2 stille Angst und Bangen
452,2 da schweigen Angst und Klage
524,3 in viel Ängsten und Gefahr
524,4 wir sind voller Angst und Plag
526,6 alle Schwachheit, Angst und Pein

ängsten (1)
322,7 was aber ängstet und bemüht

Angstgeschrei (1)
82,4 für deine Not und Angstgeschrei

Ängstlichkeit (1)
125,3 und wehr des Fleisches Ängstlichkeit

Angststein (1)
111,11 kein Angststein liegt so schwer auf mir

anhangen (anhängen) (4)
36,10 laß mich dir, meine Zier, unverrückt anhangen
249,3 und was dem tut anhangen
279,5 den Lenden Lasten angehängt
289,5 ihm allezeit anhangen

anheben (3) → *anfangen, beginnen*
325,5 kommt mein Gott und hebt mir an
437,3 in allem, das wir heben an
457,9 zu segnen hebt er täglich an

anhören (2) → *hören*
161,1 dich und dein Wort anzuhören
304,1 sein Lob ist schön und lieblich anzuhören

Anker (2)
8,3 der Anker haft' auf Erden
354,1 der meinen Anker ewig hält

anklagen/Anklage (5) → *verklagen*
78,5 durch erdicht' Anklagen
86,5 fälschlich lassen dich anklagen
97,3 denn die Erde klagt uns an
478,4 die mich bei dir klagt an
512,5 klagt uns vieler Sünden an

anklopfen (1)
182,3 klopft an, und euch wird die Türe aufgetan

Ankunft (1) → *anlangen*
141,1 durch ihn sein Ankunft macht bekannt

anlanden (1)
150,2 daß sie mit Heil anlände

anlangen (ankommen) (1) → *Ankunft*
150,6 wenn dann zuletzt ich angelanget bin

anlegen (3)
217,4 ach komm selbst, leg an deine Hände
251,3 legt es unter euch, ihr Glieder... an
477,4 wird Christus mir anlegen

Anliegen (1)
114,4 wirf dein Anliegen auf den Herrn

annehmen, sich annehmen (46) → *einnehmen, walten*

a) von Gott (38)
27,3 und nimmt an eines Knechts Gestalt
27,4 Fleisch und Blut nimmt er an
34,4 Jesu, nimm dich deiner Glieder... an
68,1 nimm heut an unsre Danksagung
68,3 angenommen unsre Menschheit
75,2 und hätt angenommen unser arm Gestalt
82,8 du werdest mich annehmen
83,1 es nimmet an Schmach, Hohn und Spott
83,2 geh hin, mein Kind, und nimm dich an
85,5 mein Hirte, nimm mich an
92,1 nimm unser Loblied an, o Held
94,3 nahm an die Dornenkrone
112,7 mein Haupt nimmt sich mein an
159,3 o Gott, nimm an zu Lob und Preis
179,3 nimm an die Bitt aus unsrer Not
180.1 nimm an unser Gebet
184,3 den Sohn, der annimmt unsre Not
200,4 nimm mich, dein Kind, zu Gnaden an
206,4 Hirte, nimm das Schäflein an
211,2 nimm dich des jungen Lebens an
214,1 Herr, du nahmest menschlichen Leib an
270,4 daß du seiner dich annimmst
302,7 die Waisen nimmt er an
318,9 o Gott, nimm an zu Lob und Dank
330,7 ach nimm das arme Lob auf Erden... an
331,6 hast die Menschheit angenommen
353,1–8 Jesus nimmt die Sünder an
353,8 mich hat er auch angenommen
405,1 hat angenommen Fleisch und Blut
441,8 nimm von uns an den Lobgesang
479,3 ach nimm es gnädig an

b) von Menschen (8)
5,3 und sein' Dienst annehmen
9,4 nehmt diesen König an

17,2 so nehmet euch eins um das andere an
39,2 wir, die unser Heil annehmen
56,4 nimm an des Christus Freundlichkeit
196,1 dasselb annehmen jederzeit
245,3 das sie im Glauben nehmen an
413,3 die Lieb nimmt sich des Nächsten an

anrichten (2)
12,4 richte du auch eine Bahn dir... an
80,3 nur deine Sünd hat dieses angerichtet

anrufen (10)
78,4 rief sein' lieben Vater an
128,3 aller, die dich rufen an
232,1 ich ruf dich an
279,7 rief ich ihn an mit meinem Munde
292,1 anrufen dich mit Lob und Dank
303,2 rufe man Gott um Hilfe an
304,4 den jungen Raben, die ihn tun anrufen
344,1 Brüder sein und dich rufen an
366,2 dich anrufen, o treuer Gott
525,1 ruf ich dich an, versag mir's nicht

anrühren (2)
136,1 rühr Herz und Lippen an
383,1 Herr, du hast mich angerührt

ansagen (6)
17,1-4 wir sagen euch an den lieben Advent
17,1 wir sagen euch an eine heilige Zeit
105,9 du lieber Engel, sag uns an

anschauen (13) → *ansehen, erblicken*
7,5 dich wollten wir anschauen gern
111,10 anschauen ewig voller Freud
112,3 das ist mir anzuschauen
148,3 den Heiland schauen an
232,3 mög inniglich anschauen
243,5 er wird herzlich anschauen
248,3 er mit Zittern sie anschau
262,3 schaue die Zertrennung an
263,3 schaue die Zertrennung an
282,5 du unser Schild, Gott, schau uns an
282,5 schau uns in dem Gesalbten an
378,4 schau dir's an und stehe fest
503,1 schau an der schönen Gärten Zier

Anschlag (2)
303,2 ihre Anschläge sind auch verloren
445,7 List und Anschlag von mir wende

ansehen (12) → *anschauen, besehen, erblicken, sehen*
37,4 ich sehe dich mit Freuden an
144,2 o Gott und Vater, sieh doch an
146,4 sieh an sein heilig Wunden rot
276,3 sieht Gott in Gnaden an
299,1 denn so du willst das sehen an
308,2 und angesehn mein Niedrigkeit
308,9 ein Wort, das hast du angesehn
331,9 sieh dein Volk in Gnaden an
342,1 der Glaub sieht Jesus Christus an
412,7 das sieht er, mein Erlöser, an
443,7 in Gnaden sehen an
484,2 sieh es, lieber Gott, nicht an

anstehen (1)
441,5 und wandeln, wie's dem wohl ansteht

ansteigen (1)
133,5 es steigt zum Himmel an

anstiften (1)
143,6 er stiftet uns zur Zwietracht an

anstimmen (3)
257,1 dir stimmen unsre Zungen... an
330,1 so stimmt ich damit um die Wette... an
331,2 stimmen dir ein Loblied an

Anstoß (1)
449,5 ohn allen Anstoß und glücklich ergehn

anstoßen (1)
422,2 recht große Not uns stößet an

antasten (1)
447,5 nicht angetast' und grausamlich verletzet

Antlitz (7) → *Angesicht, Gesicht*
140,4 sein Antlitz über uns erheb
153,4 und der Gott mit dem Antlitz des Menschen
238,1 Herr, vor dein Antlitz treten zwei
276,3 sein Antlitz ist gericht'
278,2 daß Gott mich sein Antlitz schauen läßt
280,1 sein Antlitz uns mit hellem Schein
521,3 sein Antlitz will ich schauen

antrauen (vermählen) (1)
264,1 ihr ewig angetraut

antun (1) → *anziehen, bekleiden*
142,4 mit Weisheit sind sie angetan

Antwort (2)
381,2+4 Gott, mein Gott, warum gibst du keine Antwort

anvertrauen, sich anvertrauen (6) → *ergeben, sich ergeben*
83,7 und dir, dem er mich anvertraut
259,1 seiner Wahrheit Schatz zu wahren anvertrauet

270,5+6 die ganze Welt hast du ihm anvertraut
302,2 wer dem sich anvertrauet
485,2 zu dir zurück wir bringen die anvertraute Zeit

anzeichnen (1)
149,5 werd angezeichnet funden

anzeigen (9)
23,7 sein groß Lieb zu zeigen an
24,12 die Wahrheit anzuzeigen mir
68,4 und zeigest an die enge Pfort
77,6 wie Johannes zeiget an
111,9 der Jüngste Tag wird's zeigen an
141,4 er zeigt ihn mit dem Finger an
232,2 und zeige deinem Vater an
245,2 und zeigen an das ewig Licht
290,1 und zeiget allen Völkern an

anziehen (3) → *antun, bekleiden*
377,1 zieh an die Macht, du Arm des Herrn
503,2 die ziehen sich viel schöner an
530,5 ich habe Jesus angezogen

anzünden (10) → *entzünden*
126,3 zünd uns ein Licht an im Verstand
131,2 zünd an in uns der Liebe Flamm
135,1 zündet Opfer an
217,3 doch den Glauben auch anzünde
251,6 zünde an die Liebesflamme
257,4 da zünd dein Feuer an
404,6 ach zünde deine Liebe... an
413,8 und solche Lieb in uns anzünd
416 daß ich ein Licht anzünde
440,2 zünd deine Lichter in uns an

Apostel (5)
137,1+9 der Apostel und Bekenner
137,7 gib uns der Apostel... Zeugenmut
148,3 die Märt'rer und Apostel
331,4 der Apostel heilger Chor

Arbeit (18)
68,8 hilf durch dein Mühe und Arbeit
112,5 all Arbeit ist verlorn
241,2 viel Knechte, die in treuer Arbeit stehn
254,1 wir wolln nach Arbeit fragen
361,4 dein Arbeit darf nicht ruhn
437,4 daß unsre Arbeit, Müh und Fleiß
438,6 und unsrer Arbeit deinen Lohn
451,9 nie Fleiß und Arbeit scheue
477,5 daß nun zum Ende die Arbeit kommen sei
477,5 und von der Sünden Arbeit frei
489,1 ruh dich aus nach deiner Arbeit
494,3 daß er von seiner Arbeit hat
494,4 bei meiner Arbeit merken
496 all Arbeit, Müh und Kunst
501,4 mein Arbeit hilf vollbringen
513,4 im Schweiß des Angesichts der Arbeit Plagen
525,3 Angst, Not, Müh, Arbeit überall
529,1 die schließt all Arbeit zu

Arbeiter (1)
192 treue Arbeiter in deine Ernte senden

Arbeitsstelle (1)
334,3 danke für meine Arbeitsstelle

Arche (1)
245,3 denn Gottes Arche schließt sie ein

arg (10)
51,1+5 also liebt Gott die arge Welt
109,4 er liegt im Staub, der arge Feind
144,5 ohn arge List und Heuchelei
246,3 wir sind arg, sicher, träg und kalt
385,3 und euer Herz von arger List
438,4 das arge Fleisch so zwing und treib
472,3 in dieser argen Welt
476,5 der argen Welt im Schlafen sicher sei
523,1 du arge, falsche Welt

Ärgernis (3)
91,5 ein Ärgernis und eine Torheit werden
192 allen Ärgernissen wehren
440,3 behüt uns, Herr, vor Ärgernis

arm (schwach) (56) → *Arme*

a) allgemein (22)
5,1 in armen Gebärden
20,7 dann wird die arme Erde allen
23,2 in unser armes Fleisch und Blut
50,2 du aber liegst im armen Stall
63,3 daß diese arme Erde nicht unsre Heimat ist
75,2 und hätt angenommen unser arm Gestalt
84,8 in diesem armen Leben
256,5 dein Senfkorn, arm und klein
284,2 deiner Ehre dient mein armes Lied zur Zier
289,1 errett' dein armes Leben
289,3 er kennt das arm Gemächte
330,7 ach nimm das arme Lob auf Erden
341,6 er ging in meiner armen G'stalt
361,6 hoff, o du arme Seele
364,3 mein arme Seel ich Gott befehl
371,7 was sorgst du für dein armes Leben
381,4 Gott, mein Gott, stärke meinen armen Glauben

397,2 in diesem armen Leben
399,1 so schreit zu dir mein arme Seel
470,2 unser armes Lied rühmet dich
479,3 verschmähe nicht dies arme Lied
503,9 auf dieser armen Erden

b) von Jesus Christus (4)
23,6 er ist auf Erden kommen arm
38,2 du bist arm und machst zugleich
52,3 arm in einer Krippen liegen
57,2 daß er ganz arm geworden ist

c) von Menschen, dem Herzen (22)
63,2 du armes Herz, warum
75,1 hilf uns armen Sündern zu der Seligkeit
77,8 dafür, wiewohl arm und schwach
78,3 für uns arme Sünder
87,3 der armen Sünder Teil
95,4 wir haben harte, arme Herzen
144,5 wir opfern uns dir arm und bloß
203,3 die man mir bringt, beid, arm und reich
222,2 mir armem Gast bereitet hast
224,1 ob reich, ob arm, dich irrt kein Kleid
252,1 segne mich, dein armes Glied
256,3 viel arme Gäste dir zu laden
307,1 selig sind, die da geistlich arm sind
308,7 die Reichen arm, die Armen reich
318,4 allzeit uns armen Sündern
369,6 den Reichen klein und arm zu machen
376,2 dein armes Kind: es will die Augen schließen
392,3 er ziehet mich; mein armes Herze, lauf
404,2 mein armes Herze laben
475,4 die mein armes Herz beladen
482,4 sind eitel arme Sünder
509,4 ist keins zu klein und arm

ca) von der Christenheit (8)
36,9 die ihr arm seid und elende
59,2 du wollst dein arme Christenheit
128,2 komm, Vater der armen Herd
193,2 beschirm dein arme Christenheit
214,3 daß dein arm Christenheit
217,1 dein arm Schäflein wollest du weiden
248,1 deiner armen Christenheit
344,2 das arm verführet Volk bekehr

Arm (21)

a) Gottes (16)
70,4 in dein Arme und erbarme dich in Gnaden
142,5 dein Arm sind sie, der Wunder schafft
212,2 legen wir dies Kind in deine Arme
248,4 deines Vaters starker Arm
259,2 durch seines Armes Schirmen
286,1 sein heilger Arm gibt Kraft und Mut
286,2 er trägt sein Volk auf seinen Armen
287,1 und mit seinem heiligen Arm
325,2 mich des Höchsten Arm bedeckt
351,12 aus deinem Arm und Schoß
372,6 in seinen Armen halten
375,2 löscht Jesu Arm die Feuerbrände
377,1 zieh an die Macht, du Arm des Herrn
486,1 dem, der in deinen Armen ruht
486,3 dein starker Arm ist ausgereckt
529,9 durch deinen Arm und Kraft

b) des Menschen (5)
11,7 mit eures Armes Macht
85,6 in meinen Arm und Schoß
206,3 nimm das Pfand von unsern Armen
212,1 unser Neugebornes auf den Armen
522,5 mein' Arm tu ich ausstrecken

Arme (Schwache, Leidende) (35) → *arm*

a) allgemein (19)
18,2 Arme, Reiche lädt er ein
58,12 der Armen Gut und Habe
158,2 o Jesu, Trost der Armen
231,8 den Armen in deinem Land
273,4 die Armen sind verstöret
273,4 und sein die Kraft der Armen
308,4 und hilfst dem Armen immerdar
308,7 die Reichen arm, die Armen reich
309,3 macht Arme reich, macht satt, wer darben muß
318,3 den Armen und Elenden
341,5 und sei das Heil dem Armen
369,6 den Armen aber groß und reich
371,5 hört bald und gern der Armen Bitten
379,4 läßt auch den Ärmsten nicht
412,7 was ich den Armen hier getan
415,3 lehr uns milde sein, du Freund der Armen
428,2 der du Arme liebst und Schwache
494,3 auch Armen Brot zu geben
513,5 und auch den Armen spenden von dem Segen

b) ich Armer, wir, ihr Armen (16)
9,5 ihr Armen und Elenden
10,4 ach mache du mich Armen
71,5 dein Güte schenk mir Armen
85,4 schau her, hier steh ich Armer
86,2 nur mich Armen zu erretten
123,7 sagt, ihr Armen, ihm die Not
144,2 uns Armen und Elenden
215,5 er spricht selber: Kommt, ihr Armen

247,2 ach kehre dich mit Gnaden zu uns Armen
256,5 was sind wir Armen, Herr, vor dir
273,1 verlassen sind wir Armen
289,3 so tut der Herr uns Armen
308,1 und hast mich Arme nicht veracht'
355,5 und führe durch den Tod mich Armen
406,2 für mich Armen hat bereit
411 ach, daß wir Armen nur so kleine Herzen haben

Armseligkeit (1)
37,8 durch Elend und Armseligkeit

Armut (5)
43,5 ach hier in der Krippe schon Armut und Not
256,2 denn Armut ist Gewinn
351,11 kein Armut, keine Pein
384,2 Armut hier macht dorten reich
443,3 vor Armut und vor Schanden

Art (7)
4,2 Gott von Art und Mensch, ein Held
23,5 der Sohn des Vaters, Gott von Art
30,1 von Jesse kam die Art
31 von Jesse kam die Art
77,7 herrlich, nach der Väter Art
299,4 so tu Israel rechter Art
475,2 und vor Sünden mancher Art

Arznei (1)
372,3 wird mir nicht Gift einschenken für Arzenei

Arzt (4)
215,5 kein Arzt ist dem Starken not
320,4 ein Arzt ist uns gegeben
372,3 er als mein Arzt und Wundermann
423,9 komm als ein Arzt der Kranken

Asche (2)
526,4 auch einmal zu Asche werden
527,1 muß Rauch und Asche werden

Atem (3) → *Odem*
382,3 du bist mein Atem, wenn ich zu dir bete
432,1 Gott gab uns Atem, damit wir leben
516,4 mein Atem geht schwer aus

atmen (1) → *aufatmen*
379,5 darfst in ihm atmen, weben

atomar (1)
431,2 führ uns an atomarer Nacht vorüber

Au (2)
450,2 laß die dürre Lebens-Au
507,1 Himmels Au, licht und blau

aufatmen (3) → *atmen*
229,1-3 Erde, atme auf

aufblähen, sich (1) → *sich blähen*
373,3 wenn sich die Kräfte der Lügen aufblähn

aufblicken (2)
51,4 drum blicket auf: die Nacht vergeht
457,1 nun blick zum Höchsten auf

aufbrechen (2) → *ausziehen*
395,3 wer aufbricht, der kann hoffen
455,3 Glanz, der zu mir aus Eden aufbricht

aufdecken (1)
297,2 der wird ihrn Rat aufdecken

aufdringen (1) → *aufgehen*
69,1 der Morgenstern ist aufgedrungen

auferbauen (2)
243,2 durch sein Wort auferbaut
243,5 dich herrlich auferbauen

auferlegen (1) →*auflegen*
532,2 was ihm an Schwerem auferlegt

auferstehen (28) → *auferwecken, erstehen*
8,6 und geistlich auferstehn
50,5 wenn wir mit dir einst auferstehn
97,1-6 laß uns auferstehn
102,1 der den Tod überwand, ist auferstanden
105,16 der Herr ist auferstanden heut
111,1 mein Heiland Christus aufersteht
113,6 mit Christus auferstehet
114,2 der geistlich auferstanden
114,4 weil er ist auferstanden
114,5 vom Tod heut auferstanden ist
114,9 vom Tode auferstanden
118 der Herr ist auferstanden
118 er ist wahrhaftig auferstanden
126,7 der von den Toten auferstand
149,2 darauf bald werden auferstehn
183,2 wieder auferstanden durch Gott
184,4 der niederfuhr und auferstand
192 durch dein Auferstehn und Himmelfahrt
384,4 weil er auferstanden ist
445,4 geistlich auferstehen mag
520,1 einst unverweslich auferstehn
520,2 wird aus der Erde auferstehn
526,6 himmlisch werd ich auferstehen

Auferstehung (1) → *Urständ*
189 und deine Auferstehung preisen wir

auferwecken (2) → *auferstehen*
115,1 von den Toten auferwecken
447,2 und aus dem Schlaf uns fröhlich auferwecket

auffahren (3)
119,1 gen Himmel aufgefahren ist
121,3 gen Himmel aufgefahren hoch
405,4 gen Himmel aufgefahren ist

Auffahrt (2) → *Himmelfahrt*
122,3 von deiner Auffahrt spüren
522,4 mein höchster Trost dein Auffahrt ist

aufführen (1)
373,1 mächtig aufführet, mir schädlich zu sein

Aufgang (2)
450,4 ach du Aufgang aus der Höh
456 vom Aufgang der Sonne

aufgeben (3)
77,5 da gab er auf seinen Geist
313,1 doch alles aufzugeben
521,1 mein' Geist will ich aufgeben

Aufgebot (1)
259,1 kommt her, des Königs Aufgebot

aufgehen (20) → *aufdringen*
7,5 o Sonn, geh auf, ohn deinen Schein
39,5 Jakobs Stern ist aufgegangen
73,3 gib acht auf diesen hellen Schein, der aufgegangen ist
111,1 frühmorgens, da die Sonn aufgeht
111,2 läßt du mir früh die Gnadensonn aufgehn
114,1 die Sonn ist aufgegangen
127,3 daß aufgeh rechter Glaube
147,2 ihr Licht wird hell, ihr Stern geht auf
151,8 geh auf, ersehnte Sonne
256,4 geh auf, denn es ist Zeit
262,1 gehe auf zu unsrer Zeit
262,5 und laß reiche Frucht aufgehn
263,1 gehe auf zu unsrer Zeit
441,5 in dessen Herzen hell aufgeht
449,4 so läßt er aufgehen
482,1 der Mond ist aufgegangen
501,4 die Blümlein laß aufgehen
508,4 er läßt die Sonn aufgehen
509,5 Sonn, Mond gehn auf und unter
524,6 der du ewiglich aufgehst

aufhalten (3)
113,3 den starken Held kann halten auf
392,3 ich halte Gott und meine Seele auf
393,11 was aufhält und beschwert

aufheben (3)
237,2 die Ferne und die Nähe sind aufgehoben hier
296,1 ich heb mein Augen sehnlich auf
300,2 hebt eure Hände auf und geht

aufhören (1)
241,8 drum hört der Glaub nie auf, zu dir zu flehn

aufleben (1)
176 denen wird das Herz aufleben

auflegen (1) → *auferlegen*
89,2 dir aufgelegt zu tragen

auflösen (1)
141,5 daß ich auflösen sollt sein Schuh

aufmachen, sich aufmachen (6)
16,3 macht euch zum Stalle auf
73,4 drum mache dich behende auf
151,1 es hat sich aufgemachet
151,8 komm bald und mach dich auf
223,5 des Himmels Tür uns aufgemacht
311,1 mach dich auf die lange Reise

aufmerken (1)
24,7 merk auf, mein Herz, und sieh dorthin

aufnehmen (15) → *fassen*
70,7 aufnehmen in das Paradeis
71,5 in dein Reich nimm mich auf
96,5 nimm unsren Geist, Herr, auf in deine Hände
144,5 o nimm uns auf in deinen Schoß
205,2 Herr Christe, nimm es gnädig auf
205,3 es werde aufgenommen
206,2 wird von dir nicht aufgenommen
225,3 und wer ihn aufgenommen
318,3 er nimmt sie als ein Vater auf
331,8 nimm uns nach vollbrachtem Lauf... auf
331,9 nimm es auf in Ewigkeit
382,2 nimmst du mich auf in dein gelobtes Land
445,6 nimm mich auf, dein Eigentum
516,4 Herr, nimm mein Seufzen auf
530,5 hast mich zum Kind genommen auf

aufreiben (1)
370,7 wollt ihn auch der Tod aufreiben

aufreißen (1)
7,1 o Heiland, reiß die Himmel auf

aufrichten (4) → *aufstellen*
94,1 das Kreuz ist aufgerichtet
133,10 richt auf des Rechtes Thron
302,6 die stellt er aufgericht'
360,4 wir richten Mauern auf, wir setzen Grenzen

aufrichtig (1)
318,8 daß unser Tun aufrichtig sei

aufschauen (2) → *aufsehen*
259,1 zum König aufgeschauet
312,4 aufschaun, umkehren, loslassen, was nicht hält

aufschließen (6) → *auftun, erschließen*
27,1 der heut schließt auf sein Himmelreich
27,6 heut schließt er wieder auf die Tür
67,2 den Himmel aufgeschlossen
257,4 schließ auf die hohen Pforten
382,3 schließ auf das Land, das keine Grenzen kennt
506,3 wer schließt den Schoß der Erde auf

aufschrecken (1)
65,2 ach Herr, gib unsern aufgeschreckten Seelen

aufschwingen, sich (1)
375,1 hat er zum Thron sich aufgeschwungen

aufsehen (1) → *aufschauen*
21 seht auf und erhebt eure Häupter

aufsetzen (1)
86,4 mir die Ehrenkron aufsetzen

Aufsicht (1)
303,6 sein Aufsicht ist des Fremden Trutz

aufstecken (1)
1,4 steckt auf mit Andacht, Lust und Freud

aufstehen (14)
59,5 am Jüngsten Tage aufzustehn
113,5 stehn wir auch auf, die Glieder
114,2 steh aus dem Grab der Sünden auf
114,7 der Feinde Macht, daß du aufstehst
147,1 steht auf, die Lampen nehmt
147,2 sie wachet und steht eilend auf
228,1 steht auf und eßt, der Weg ist weit
228,3 steht auf und geht, die Hoffnung wächst
311,3 steht er auf und zieht er fort
437,1 fröhlich vom Schlaf aufstehen wir
442,1 steht auf, ihr lieben Kinderlein
449,4 wenn wir aufstehen
450,3 daß wir, eh wir gar vergehn, recht aufstehn
511,3 stehn aus ihrem Bettlein auf

aufsteigen (2)
68,6 du stiegest auf zum höchsten Thron
444,1 die Röte aufsteiget

aufstellen (1) → *aufrichten*
50,2 das Kreuz ist dir schon aufgestellt

auftun, sich auftun (20) → *aufschließen*
127,2 auf tat sich ganz des Himmels Schrein
133,6 mir aufgetan die Pforten
148,3 den Himmel aufgetan
150,3 tu auf der Gnaden Pfort
155,2 tu auf den Mund zum Lobe dein
166,1 tut mir auf die schöne Pforte
182,3 klopft an, und euch wird die Türe aufgetan
231,8 du sollst auftun dein milde Hand
256,4 gib deine Türen aufgetan
257,1 den Himmel aufgetan
294,3 hoch tut euch auf, ihr heilgen Tore
353,2 ist hier völlig aufgetan
353,8 und den Himmel aufgetan
391,4 tu uns nach dem Lauf deine Türe auf
457,9 sein guter Schatz ist aufgetan
459,1 laßt uns auftun der Herzen Schrein
461 du tust deine milde Hand auf
508,1 der tut mit leisem Wehen sich... auf
508,4 und tut den Himmel auf
522,5 der wird die Himmelstür auftun

aufwachen (16) → *aufwecken, wecken*
69,2 wacht auf, singt uns der Wächter Stimme
69,2 wacht auf zu dieser Freudenzeit
111,5 in kurzem wach ich fröhlich auf
111,5 ich wach auf durch des Herren Stimm
114,1 wach auf, mein Herz, die Nacht ist hin
145,1 wach auf, wach auf, du deutsches Land
145,1 drum magst du wohl aufwachen
147,1 wachet auf, ruft uns die Stimme
147,1 wach auf, du Stadt Jerusalem
241,1 wach auf, du Geist der ersten Zeugen
244,1 wach auf, wach auf, 's ist hohe Zeit
316,1 Psalter und Harfe, wacht auf
317,1 Psalter und Harfe, wacht auf

387,2 aber wache erst recht auf
446,1 wach auf, mein Herz, und singe
471,3 fröhlich aufwachen und von dir nicht wanken

aufwachsen (1)
274,1 da aufwächst das wohlschmeckend Gras

aufwärts (3)
394,1 nun aufwärts froh den Blick gewandt
394,5 drum aufwärts froh den Blick gewandt
531,1 und gläubig aufwärts schauen

aufwecken (4) → *aufwachen, erwecken*
241,6 ja wecke dein Volk Israel bald auf
475,7 laß mich Krankheit nicht aufwecken
495,8 und meinen Leib weck auf
522,5 kein Mensch kann mich aufwecken

aufwühlen (1)
383,2 da im aufgewühlten Meer

Auge (61)
a) allgemein (13)
7,6 vor Augen steht der ewig Tod
84,9 ich will's vor Augen setzen
147,3 kein Aug hat je gespürt
165,1 schlag die Augen nieder
202,7 das Aug allein das Wasser sieht
254,2 und mit den Augen deuten
351,9 da Aug und Herze schauet
359,3 kündet eure Lindigkeit allen Augen, Ohren
441,3 das jedem klar vor Augen stellt
461 aller Augen warten auf dich, Herre
500,1 wie man vor Augen sieht
512,2 aller Augen sind erhoben
535 kein Aug hat je gespürt
b) Gottes Auge (12)
58,6 wo nicht dein Augen wachen
70,4 wenn du mich mit den Augen dein
84,12 was deine Augen hassen
256,5 und uns mit deinen Augen leiten
281,5 sein Auge hat uns stets bewacht
351,4 vor Gottes Augen stehen
449,9 aus deinen Augen sein abgewandt
476,6 so blicke mich mit deinen Augen an
477,7 du Aug und Wächter Israel'
484,1 Vater, laß die Augen dein
487,4 wenn dein Aug ob meinem wacht
512,3 über der dein Auge wacht
c) Auge des Menschen (24)
64,2 vor seinen Augen noch zerrinnt
89,1 laß mir vor Augen allzeit sein
176 öffne meine Augen
224,3 in dem, was unsre Augen sehn
236,2 Augen gabst du mir
240,2 gib Augen, andrer Last zu sehn
248,2 nichts wir sonst vor Augen sehn
259,3 und ob auch unser Auge nicht
296,1 ich heb mein Augen sehnlich auf
303,6 sehende Augen gibt er den Blinden
325,6 wo ich nur mein Aug hinkehre
366,3 und heben unser Aug und Herz
376,2 es will die Augen schließen
382,2 werd ich dich noch mit neuen Augen sehen
397,3 daß meine Augen sehen dich
432,1 er gab uns Augen, daß wir uns sehn
437,3 daß wir dich stets vor Augen han
449,2 mein Auge schauet, was Gott gebauet
453,2 er mache unser Auge frei
479,1 laß deine Augen, Herz und Sinn
482,3 weil unsre Augen sie nicht sehn
506,2 mein Auge sieht, wohin es blickt
526,5 dieser meiner Augen Licht
531,1 wie auch mein Auge weint

ca) im Schlafen, Sterben (12)
63,2 so manches Aug gebrochen
322,9 er drücke... uns unsre Augen zu
406,6 wird mein Auge dunkler, trüber
469,3 obschon die Augen schlafen ein
474,1 und tu in Fried mein Augen zu
477,7 mein Augen stehn verdrossen
478,7 drauf tu ich meine Augen zu
479,4 ihr müden Augen, schließt euch zu
484,1 schließe meine Augen zu
484,4 nasse Augen schließe zu
488,5 halt mir dein Kreuz vor, wenn mein Auge bricht
524,7 ob mir schon die Augen brechen

Augenblick (5)
11,9 in einem Augenblick
84,7 all Augenblick und Stunden
139,1 der alle Augenblick viel Guts an mir getan
234,7 und Buße tu den Augenblick
527,8 den Augenblick nur dein

Augenlicht (1)
85,2 wer hat dein Augenlicht

ausbauen (1)
255,7 und baue deinen Tempel aus

ausbleiben (1)
215,8 die Frucht soll auch nicht ausbleiben

ausbreiten (10) → *breiten*
81,7 wie kann ich g'nugsam solche Treu ausbreiten
108,3 mit Wort und Tat weit ausbreiten
127,4 daß wir sein Reich ausbreiten
160 daß wir dein Lob ausbreiten alle Stund
196,6 dein Wort sich weit ausbreiten
241,4 o breite, Herr, auf weitem Erdenkreis... aus
314,4 kommt und breitet Kleider... vor ihm aus
389,5 ausbreiten als dein Eigentum
423,1 breit deines Namens Ehre an allen Orten aus
477,8 breit aus die Flügel beide

ausbrennen (1)
399,3 durch Sommerhitz sehr ausgebrannt

ausbrüten (1)
282,2 sie brüten ihre Jungen aus

ausdenken (1)
81,7 keins Menschen Herz vermag es auszudenken

auserkoren (4) → *ausersehen, auserwählen, erkiesen/erkoren, erwählen*
24,2 von einer Jungfrau auserkorn
32,1 das hab ich auserkoren
49,2 das Kindlein auserkoren
312,7 Volk, auserkoren, damit du Rufer wirst

ausersehen (2) → *auserkoren, auserwählen, ersehen, erwählen*
16,3 den Gott selbst ausersah
182,5 ihr seid das Volk, das der Herr sich ausersehn

auserwählen (9) → *auserkoren, ausersehen, erkiesen/erkoren, erwählen*
70,3 an deinem auserwählten Leib
150,2 in Gottes treue Hände zum auserwählten Pfand
150,4 was in der Welt an Auserwählten war
204,1 hast du mich auserwählt
245,1 als seine auserwählte Stadt
308,8 durch deinen auserwählten Sohn
369,3 Gott, der uns sich hat auserwählt
478,8 so führ mich... zur Auserwählten Zahl
495,8 und führ ihn... zum auserwählten Hauf

ausführen (2)
281,4 Herr, führ an uns und unserm Haus... aus
494,1 und glücklich ausgeführet

ausfüllen (2)
324,12 du füllst des Lebens Mangel aus
497,12 mit Dorn und Hecken ausgefüllt

Ausgang (4) → *A und O, Anbeginn, Ende*
163 unsern Ausgang segne Gott
173 der Herr behüte deinen Ausgang und Eingang
175 Ausgang und Eingang
296,8 der Herr dein' Ausgang stets bewahr

ausgehen (6)
61,2 geh ich aus, wollst du mich leiten
92,5 der Geist der Kraft geht aus von dir
223,1 das Wort geht von dem Vater aus
257,3 noch gehn die Boten aus
441,1 von dir der Gnaden Glanz ausgeht
503,1 geh aus, mein Herz, und suche Freud

ausgießen (6)
136,1 gieß aus dein heilig Feuer
159,3 in unser Herz dein' Geist ausgieß
164 gieß aus auf uns den Geist
283,2 ach gieß aus deines Himmels Haus
429,5 ich gieße aus über die Menschen Geist aus der Höhe
512,4 gnädig hast du ausgegossen

aushalten (1)
393,10 halt' noch ein wenig aus

aushauchen (1) → *abscheiden, sterben*
529,10 und wenn ich ausgehauchet

auslöschen (4)
14,6 und lösch der Zwietracht Glimmen aus
246,1 laß ja bei uns auslöschen nicht
351,5 der, der hat ausgelöschet
473,4 laß doch dein Licht auslöschen nicht

ausmachen (1)
375,1 daß Jesus siegt, bleibt ewig ausgemacht

ausmessen (1)
529,10 wenn mein Ziel ausgemessen

ausrechnen (1)
144,3 von uns nicht auszurechnen

ausrecken (1) → *ausstrecken*
486,3 dein starker Arm ist ausgereckt

ausregnen (1)
7,2 ihr Wolken, brecht und regnet aus

ausrichten (7) → *tun*
73,2 und richte deine Sinne aus
78,3 Jesus richtet aus sein Amt
127,3 deiner Gemeind, dein Werk richt aus
168,5 und richten unser Leben nach seinem aus
437,4 was ein jeder ausrichten soll
438,5 denn unser Sorg richtet nichts aus
496 ohn dich nichts richtet aus

ausringen (1)
375,1 nachdem am Kreuz er ausgerungen

ausrufen (1)
271,1 der Himmel ruft ihn aus mit hellem Schall

ausruhen (3) → *ruhen*
63,4 die ruhen dort schon aus
266,2 wir ruhen aus in dieser Nacht
489,1 ruh dich aus nach deiner Arbeit

ausrüsten (1)
250,5 durch Liebesfeu'r sie auszurüsten

aussäen (2) → *ausstreuen*
298,3 was wir weinend ausgesät
526,6 irdisch werd ich ausgesät

aussagen (1) → *sagen*
11,5 die kein Mund kann aussagen

ausschlagen (2)
7,3 o Erd, schlag aus, schlag aus, o Erd
287,4 so greif doch zu und schlage sie nicht aus

ausschmücken (4) → *schmücken*
503,1 sich ausgeschmücket haben
506,2 der Himmel, prächtig ausgeschmückt
529,12 die mit Kronen du ausgeschmücket hast
530,7 mit Jesu Blut schön ausgeschmückt

ausschneien (1)
325,9 wenn der Winter ausgeschneiet

außen (1)
273,2 und gleißen schön von außen

aussenden (2)
142,5 du sendest sie als Boten aus
256,3 drum sende treue Zeugen aus

außer (1)
396,1 außer dir soll mir auf Erden

äußern, sich äußern (sich entäußern) (3)
27,3 er äußert sich all seiner G'walt
76,1 äußert und kam auf Erden
78,2 äußert sich der göttlich G'walt

äußerst (1)
86,1 in das äußerste Verderben

ausspannen (ausbreiten) (1)
533,1 die er zum Heil uns allen barmherzig ausgespannt

aussprechen (2) → *sprechen*
134,8 und nicht auszusprechen ist
144,3 die kein Mensch kann aussprechen

ausstehen (3) → *ertragen*
84,4 und was du ausgestanden
86,2 du, ach du hast ausgestanden
505,6 so ernten wir... nach ausgestandnem Leiden

ausstrecken (4) → *ausrecken*
92,4 die Hand gebunden ausgestreckt
443,7 und streck nun aus mein Hand
495,8 zu meinem Grab ausstrecken
522,5 mein' Arm tu ich ausstrecken

ausstreuen (2) → *aussäen*
510,1 unser Gott da ausgestreut
512,1 ist dein Segen ausgestreut

austeilen (3)
123,7 Heilsöl weiß er auszuteilen
438,5 teil uns dein' milden Segen aus
464,2 du teilst dich aus in deinem Tod

austreiben (1)
440,3 treib aus, o Licht, all Finsternis

austun (aussondern) (2)
83,2 der Kinder, die ich ausgetan
354,6 und scheine völlig ausgetan

ausziehen (2) → *aufbrechen*
395,1 sind Menschen ausgezogen
477,4 Kleid und Schuhe... die zieh ich aus

B

Bach/Bächlein (2)
83,5 mein Bach des Lebens soll sich dir
503,5 die Bächlein rauschen in dem Sand

Bad (2) → *Taufe*
202,1 da wollt er stiften uns ein Bad
205,2 durch dieses Bad der Heilgen Tauf

baden (1)
66,7 hier kann das Herze sich laben und baden

Bahn (29) → *Lauf, Weg*
9,4 und gehn die rechte Bahn
9,6 er ist schon auf der Bahn
10,2 macht alle Bahnen recht
12,4 richte du auch eine Bahn... Herzen an
14,3 der Welt hinaus und macht dir Bahn
15,3 ebnet, ebnet Gott die Bahn
59,4 hilf, daß wir fliehn der Sünde Bahn
90,2 dein Kreuzestod macht offne Bahn
129,3 führ uns auf ebner Bahn
135,1 machet ihm die Bahn
148,9 führ mich auf rechter Bahn
206,4 Himmelsweg, zeig ihm die Bahn
249,5 auf ebner Bahn zum Himmel führ
256,4 und mach uns Bahn
280,2 in rechter Bahn zu wallen
281,1 macht Bahn ihm, der da fähret
296,3 er führet dich auf rechter Bahn
297,2 so geht doch Gott ein andre Bahn
331,9 leit es auf der rechten Bahn
353,1 welche von der rechten Bahn
361,1 gibt Wege, Lauf und Bahn
370,8 und macht Bahn, da man kann
372,2 er führet mich auf rechter Bahn
372,6 es mag mich auf die rauhe Bahn
384,1 auf der Bahn, die er uns brach
385,4 ich kämpfe selbst, ich brech die Bahn
394,4 er uns vorauf, er bricht uns Bahn
408,2 gleich dem Sternlein in der Bahn
524,7 die recht Bahn zum Himmel führen

Bahre (1)
527,7 indessen wird die Bahre uns vor die Tür gebracht

bald (63)

a) allgemein (24)
5,6 bald und behende kommt ihr letztes Ende
101,2 davon kam der Tod so bald
143,6 zerrüttet Gottes Ordnung bald
149,3 danach wird man ablesen bald
151,1 bald ist es Mitternacht
152,4 die Zeit ist bald vergangen
212,5 unsre Zeit kommt bald an ihre Grenze
241,5 o würd es doch nur bald vor Abend licht
242,1 bald abseit geht sonst die Fahrt
255,1 und bald die ganze Welt erkennte
255,8 beleb... doch bald die ganze weite Welt
283,3 erschallen bald auf Erden
283,4 bald wiche guten Tagen
286,2 bald schaut der ganze Kreis der Erde
312,4 bald wird der Baum gefällt
393,9 bald fällt das Fleisch ins Grab
472,3 bald sind sie abgehauen
487,1 Abend ward, bald kommt die Nacht
488,2 wie bald verebbt der Tag, das Leben weicht
513,3 füllt sich mit reichen Gaben bald die Erde
528,1 wie ein Nebel bald entstehet
528,1 und auch wieder bald vergehet
528,4 wie ein Blümlein bald vergehet
528,5 die bald da, bald dorten stehet

b) von Gott (25)
6,1 bald wird erscheinen Gottes Sohn
9,6 er wird nun bald erscheinen
10,1 bald wird das Heil der Sünder
78,2 fing bald in der Jugend an
126,4 des Vaters Wort gibst du gar bald
128,6 Heilger Geist, und komme bald
141,3 ich bin's nicht, bald wird kommen er
149,7 und mach uns bald in Gnaden los
151,8 komm bald und mach dich auf
241,2 o daß dein Feuer bald entbrennte
241,4 breite... dein Reich bald aus
241,5 ach reiß, o Herr, den Himmel bald entzwei
241,6 ach führe bald dadurch mit Haufen
241,6 ja wecke dein Volk Israel bald auf
244,2 hilfst du nicht bald, so ist's geschehn
247,3 wenn du ein Wort sprichst, werden sie bald Freunde
255,1 o daß doch bald dein Feuer brennte
275,2 eil, bald mich zu erretten
298,2 rufe... bald ins Vaterland zurück
308,5 dem hast du bald ein End gemacht

323,3 hast du gar bald an sie gedacht
365,2 so find't sich Gott gar balde
369,6 der bald erhöhn, bald stürzen kann
371,2 Kreuz, Angst und Not kann er bald wenden
371,5 hört bald und gern der Armen Bitten

c) von Menschen (14)
6,2 und wollten gern bald bei dir sein
20,1 bald sieht es Licht, ein großes Licht
61,3 und ich bald Verzeihung find
66,5 öffnet ihm Tore und Türen fein bald
71,4 die Bösen stürzen bald
149,2 darauf bald werden auferstehn
282,1 und bald in deiner Gegenwart
289,3 ein bald verwelkt Geschlechte
343,3 das mich bald möcht verkehren
354,5 nur bald nach Gottes Herzen schaun
362,2 wir sind gar bald verloren
363,3 bald muß er auch gar sterben
393,5 und ziehen bald hinaus
495,2 gib, daß ich's tue bald

Ball (1) → *Erdenkreis/Erdkreis*
504,3 seht, wie Gott der Erde Ball

Balsamkraft (1)
130,4 laß uns dein edle Balsamkraft

Band/Bande (26) → *frei, los*
11,4 ich lag in schweren Banden
66,2 Jesus ist kommen, nun springen die Bande
84,4 die Geißeln und die Bande
86,2 Speichel, Schläge, Strick und Banden
87,1 für deine Band und Not
87,3 in deinen Banden ist die Freiheit uns gegeben
87,5 durch deine Bande, Herr
88,2 meine Seele sehen mach deine Angst und Bande
92,2 durch Leid am Kreuz gelöst das Band
92,4 zu lösen, was in Banden steckt
95,2 du ließest dich in Bande schlagen
114,9 rett uns... und aus des Todes Banden
136,5 sie werfen Satans Bande
281,2 er macht sein Volk aus Banden los
283,1 und des gefangnen Volkes Band gelöst
298,1 ihrer Bande ledig macht
365,2 von Ketten und von Banden
371,14 er wird uns reißen aus den Banden
388,1 o Durchbrecher aller Bande
392,3 ich fürcht sein Joch und doch in Banden lebe
392,5 laß los, laß los; brich alle Band entzwei
398,1 hilfest von Schanden, rettest von Banden
443,3 vor Ketten und vor Banden
449,5 Laster und Schande, des Satanas Bande
452,3 Gott löst mich aus den Banden
526,3 ich bin durch der Hoffnung Band

bange (9) → *allerbängst*
134,5 wird uns auch nach Troste bange
149,7 den Menschen wird auf Erden bang
212,2 bange vor der unbekannten Zukunft
213,3 der Sünde bange Säumnis
249,1 davon dir wird recht angst und bang
279,6 Gelübde, die in banger Stunde
371,10 macht dir das Harren angst und bange
379,4 was dir so bange macht
396,1 ist dem Herzen bange

bangen (4) → *allerbängst*
218,3 heilge Freude, tiefes Bangen, nimmt... gefangen
239,3 er weiß alles, was ihr hofft und bangt
379,4 er macht die Völker bangen
418,2 stille Angst und Bangen

Bann (1)
379,1 trennt uns der Sünde Bann

bannen (1)
359,3 keiner bannt den Sieger mehr

barmherzig/Barmherziger (10) → *sich erbarmen*
292,4 errette mich, Barmherziger
307,5 selig sind die Barmherzigen
308,4 du bist barmherzig insgemein
309,2 barmherzig ist er jeglichem Geschlecht
318,3 er ist barmherzig und sehr gut
412,8 der nicht barmherzig ist
518,1–3 heiliger, barmherziger Heiland
533,1 die er zum Heil uns allen barmherzig ausgespannt

Barmherzigkeit (30) → *Erbarmen, Erbarmung*
1,2 sein Zepter ist Barmherzigkeit
109,3 führ uns durch dein Barmherzigkeit
144,3 doch dein Barmherzigkeit ist mehr
146,4 und hoffen auf Barmherzigkeit
178.4 groß ist dein Barmherzigkeit
191 zeig uns deine Barmherzigkeit
232,3 gib mir durch dein Barmherzigkeit
234,4 Gott... bereit dem Sünder mit Barmherzigkeit
274,5 Gutes und viel Barmherzigkeit folgen mir

293,2 denn seine groß Barmherzigkeit
294,1 groß ist des Herrn Barmherzigkeit
307,5 denn sie werden Barmherzigkeit erlangen
308,8 gedenkest der Barmherzigkeit
309,4 er denkt wohl der Barmherzigkeit und Güte
318,6 sondern erzeigt Barmherzigkeit
341,4 er dacht an sein Barmherzigkeit
354,4 weil Christi Blut beständig schreit: Barmherzigkeit
354,5 findet sich... unendliche Barmherzigkeit
354,6 mir bleibet doch Barmherzigkeit
354,7 o Abgrund der Barmherzigkeit
355,1+3+5 und rühme die Barmherzigkeit
439,3 der du uns aus Barmherzigkeit
442,9 für deine groß Barmherzigkeit
449,4 über uns seiner Barmherzigkeit Schein
475,2 Vater der Barmherzigkeit
502,1 nun preiset alle Gottes Barmherzigkeit
502,5 drum preis und ehre seine Barmherzigkeit
518,2 es jammert dein Barmherzigkeit

Bau (1)
127,7 durch dich besteht des Vaters Bau

bauen (29) → *erbauen, sich verlassen*
16,5 der sich den Erdkreis baute
127,3 und was den Nächsten bauet
130,3 schaue, baue, was zerrissen und beflissen
130,3 und auf deinen Trost zu bauen
138,1–3 und auf dich laß uns bauen
195,1 mein Grund und Glauben bauen
247,4 vergebens ist's, auf Menschenhilfe bauen
248,3 eine Mauer um uns bau
279,3 es stürzet, wer auf Menschen baut
289,5 von Herzen auf ihn bauen
299,3 auf mein Verdienst nicht bauen
343,2 und nicht bauen auf all mein eigen Tun
345,2 auf Christus will ich bauen
350,2 ich bau im Leben und im Tod
357,3 der mir die Feste baut
360,3 wir bauen selbstgerecht den Turm der Zeit
364,1 wer Gott vertraut, fest auf ihn baut
369,1 der hat auf keinen Sand gebaut
372,3 drum will ich auf ihn bauen
398,1 wer dir vertrauet, hat wohl gebauet
429,2 denn ich will bauen die Stadt der Menschen
449,2 mein Auge schauet, was Gott gebauet
478,6 ich baue jetzt in meinem Sinn
497,3 er baut ein Schloß und festes Haus
503,4 der Storch baut und bewohnt sein Haus
527,10 er hat recht fest gebauet
534,1 zum Leben die Brücke, die du uns gebaut

Baugerüst (1)
254,1 und unsre Steine tragen aufs Baugerüst

Baum (15)
97,1+6 ward zum Baum des Lebens
110,3 die Bäum zu blühen fangen an
148,7 Früchte essen vom Baum des Lebens stets
151,4 man sieht die Bäume blühen
256,5 wächst ohne großen Schein doch zum Baume
312,4 bald wird der Baum gefällt
312,4 sonst wird der Baum gefällt
314,3 kommt und legt ihm Zweige von den Bäumen auf den Weg
427,3 du nährst die Vögel in den Bäumen
457,6 er segnet deiner Bäume Frucht
503,2 die Bäume stehen voller Laub
503,14 daß ich dir werd ein guter Baum
506,4 mich, ruft der Baum in seiner Pracht
515,4 sei gepriesen für deiner Bäume Schatten

Beben (3)
66,4 glaubt ihm, so macht er ein Ende des Bebens
117,2 Schuld, Krankheit, Flut und Beben
513,3 wenn du dich abkehrst, müssen wir mit Beben

bedecken (7) → *decken*
58,3 die alle Welt bedecken
92,4 hast du mit Gnad den Zorn bedeckt
304,3 er kann den Himmel mit Wolken bedecken
325,2 mich des Höchsten Arm bedeckt
447,2 in dieser Nacht so väterlich bedecket
476,6 Herr, wenn mich wird die lange Nacht bedecken
512,1 dein Geschenk bedeckt das Land

bedenken (25) → *erwägen*
37,2 da hast du schon bei dir bedacht
69,3 Christus im Himmel wohl bedachte

77,8 deinen Tod... fruchtbar nun bedenken
80,4 der dieses recht bedenket
82,1 so laß mich wohl bedenken
88,1 deine Passion will ich jetzt bedenken
88,4 Jesu, lehr bedenken mich
91,1 Herr, stärke mich, dein Leiden zu bedenken
145,1 bedenk, was Gott an dich gewandt
145,1 bedenk, was Gott dir hat gesandt
179,2 allzeit geschieht, was du bedacht
234,2 dies Wort bedenk, o Menschenkind
278,3 doch mein Herz hilft mir zu bedenken
288,3 er hat uns ferner wohl bedacht
325,5 hat er ja recht wohl bedacht
326,2 die preisen... die alles also wohl bedacht
326,9 Gott hat es alles wohl bedacht
346,1 mein Herz allein bedacht soll sein
372,3 er wird mich wohl bedenken
399,5 wenn wir das recht bedenken
405,3 bedenke, daß er Fried gemacht
427,3 hast alle Tage schon bedacht
491,1 will ich den Tag bedenken
527,8 auf, Herz, wach und bedenke
530,3 Herr, lehr mich stets mein End bedenken

bedrängen (2) → *drängen*
239,3 dürft ihr alles, was euch je bedrängt
278,6 daß Trauer mich drückt, bedrängt vom Feind

Bedränger (1)
301,10 den Bedrängern uns entriß

bedrohen (3)
14,4 es schweigt der Sturm, von dir bedroht
244,2 bedroh der Wellen wild Gebrüll
278,4 Fluten rauschen, Tiefen bedrohn

bedrücken (5)
169,3 wir sagen Gott, was uns bedrückt
211,4 wo Angst bedrückt, mach Hoffnung frei
287,2 Gott sähe nicht das, was dich bedrückt
312,6 und macht mit eurem Wandel bedrückten Menschen Mut
388,4 der uns noch so hart bedrückt

bedürfen (2) → *brauchen*
344,5 und was man b'darf zur Leibesnot
495,4 und, wenn ich Rat bedarf

beenden (1)
143,8 wenn du den Streit beendest

Beere (1)
227,5 eins laß uns sein wie Beeren einer Traube

Befehl (2)
206,1 weil du den Befehl gegeben
495,2 wozu mich dein Befehl... führet

befehlen (17) → *heißen*

a) im Sinne von: anvertrauen (15)
78,8 ich befehl nun meinen Geist
202,3 den will ich euch befohlen han
203,4 ich bitt, laß dir befohlen sein
249,2 ist Gottes, dem befiehl die Rach
275,6 Herr, meinen Geist befehl ich dir
309,1 den großen Gott, dem ich mein Heil befehle
361,1 befiehl du deine Wege
364,3 mein arme Seel ich Gott befehl
367,3 mein' Leib und Seel befehl ich dir
443,4 in dein Händ ich befehle
445,6 großer Gott, ich dir befehle
472,6 befehl ich dir, o Herr
484,3 alle Menschen... sollen dir befohlen sein
494,6 befehl ich, liebster Heiland, dir
522,1 befehl ich dir in deine Händ

b) im Sinne von: gebieten (2)
469,6 befiehl dem Engel, daß er komm
474,3 befiehl den lieben Engeln dein

befestigen (1)
66,3 sprenget des Feindes befestigte Schlösser

befinden, sich befinden (5)
77,2 der ihn unschuldig befand
302,6 und die sich schwach befinden
361,10 wird's aber sich befinden
475,5 die ich stets in mir befinde
526,3 wird in ihn gelegt befunden

befleißen, sich (2)
325,3 ob er sich gleich hoch befleißt
386,3 sich Maria dort befliß

beflissen (2)
130,3 was zerrissen und beflissen, dich zu schauen
198,2 laß mich eifrig sein beflissen

befördern (2)
60,5 Friede... befördert werd zu aller Zeit
404,4 befördre dein Erkenntnis... mein Seelenhort

befreien (18) → *entbinden, entfernen, lösen*
51,3 daß wir, von Schuld und Tod befreit
73,4 befreit von aller Last
86,5 zu befreien mich von Pein
103,6 damit von Sünden wir befreit
116,5 er ist erstanden, hat uns befreit
136,3 und mußt uns ganz befreien
144,1 uns woll vom Übel befreien
154,4 doch deine Treue hat uns schon befreit
184,5 bis wir, von Sünd und Fehl befreit
217,4 ihrer Bürde sie befreien
223,1 das Werk zu tun, das uns befreit
227,6 sie zu befreien aus der Macht des Bösen
228,1 es schütze euch der Herr, er wird von Angst befrein
301,6 er hat Israel befreit
382,3 sprich du das Wort, das tröstet und befreit
402,5 mich befreiet vom Gericht
405,3 befreit von Not und Plage
446,4 von Not bin ich befreiet

Befreier (1)
96,1 du bist der wahre Retter unsres Lebens, unser Befreier

befreunden, sich (1)
34,1 sich mit uns befreund't gemacht

Befriedigung (1)
282,2 du gibst Befriedigung und Leben

begaben (3)
85,5 dein Geist hat mich begabet
503,7 und mit so manchem Gut begabt
510,2 ist nur eine schön begabte, wunderreiche Kreatur

begeben, sich (3)
202,4 zu wohnen sich begeben
243,3 und ob sich's möcht begeben
361,9 als hätt... er deiner sich begeben

begegnen (12)
11,1 und wie begegn ich dir
130,4 begegnen aller Feinde Trutz
151,2 begegnet ihm im Reigen
151,5 begegnet ihm auf Erden
267,2 laß den Christen uns begegnen
281,3 und uns mit Huld begegnet
296,7 kein Übel muß begegnen dir
316,4 der dir mit Liebe begegnet
317,4 der dir mit Liebe begegnet
358,4 die andern so begegnet
410,1 wer ihm begegnet, der sieht auch den Vater
485,6 und jedem selbst begegne

begehen (7) → *tun*
77,1 kein Bös' hat begangen
127,1 die er heut hat begangen
144,1 die unser Fleisch begangen hat
202,7 auch von uns selbst begangen
233,1 sind mein begangne Sünden
250,3 und in Gemeinschaft dies begehen
283,1 die es zuvor begangen hat

begehren (17)
67,5 den Sinn und alls Begehren... hab zu dir
144,3 die suchen und begehren wir
145,4 wie du solchs selbst begehrest
231,10 Weib und Haus begehren nicht, noch etwas draus
244,5 dies alles unser Herz begehrt
252,7 die es, Herr, von mir begehren
317,1 meine geliebete Seele, das ist mein Begehren
328,6 als ich verstehe, bitte und begehr
346,3 die ihr das Heil begehret
355,1 mein stolzes Herz hat's nie begehrt
364,4 wer das begehrt, dem wird's gewährt
371,8 und dein Begehr und Notdurft stillen
423,11 in Demut jetzt begehrt
439,2 begehren, daß er uns auch wollt
440,2 gib uns, was wir von dir begehrn
446,2 hat Satan mein begehret
477,6 der Betten ihr begehrt

Begier/Begierde (10)
61,5 Jesus sei nur mein Begier
78,10 begnad unsers Geists Begier
81,10 fest die Begierden an das Kreuz zu heften
82,5 meiden die sündliche Begier
161,1 lenke Sinnen und Begier
367,1 allein zu dir steht mein Begier
373,2 wenn ich die Last der Begierden empfinde
400,1 ich will dich lieben... und immerwährender Begier
404,5 zu kreuz'gen mein Begier
523,1 hinauf steht mein Begier

begierig (1)
392,8 Herr, rede nur, ich geb begierig acht

begießen (2)
135,4 lasse Ströme fließen, die das Land begießen
423,3 auf Pflanzen und Begießen laß dein Gedeihen fließen

beginnen/Beginn (13) → *anfangen, anheben*
61,5 Jesus richte mein Beginnen
64,2 da alles, was der Mensch beginnt
130,7 führe unser Sinnen und Beginnen von der Erden
134,2 daß wir anders nichts beginnen
211,1 und alles Glück, das nun beginnt
218,5 Jesu, du mein ganz Beginnen
239,4 er sei mit euch heute zum Beginne
256,5 beginnest du still und geringe
404,7 mein Lassen und Beginnen ist böse
444,5 wird schärfen die Sinnen zu meinem Beginnen
449,5 laß mein Beginnen ohn allen Anstoß und glücklich ergehn
477,1 auf, auf, ihr sollt beginnen
528,2 wie ein Strom beginnt zu rinnen

beglänzen (1) → *bescheinen*
16,4 beglänzt von seinem Lichte

begleiten (5) → *geleiten*
84,13 begleiten zu der ewgen Ruh
136,7 mit deiner Kraft begleite das Zeugnis
169,2 begleitet uns an jedem Ort
393,7 die Engel selbst begleiten als Brüder unsre Reihn
423,10 die Sterbenden begleit mit deinen Engelscharen

beglücken (3)
213,3 mit Gott... vermählen, der wunderbar beglückt
383,3 meinen Morgen zu beglücken
414,3 gib Furcht und Demut, wann du mich beglückst

begnaden/begnadigen (3)
78,10 begnad unsers Geists Begier
93,4 die begnadigte Gemeinde
159,2 mit der... Lebenskron beschenken und begnaden

Begnadigung (1)
366,3 und flehen um Begnadigung

begraben (4)
116,2 er war begraben drei Tage lang
117,1 Christ, der begraben lag
365,6 tief in die Erd begraben
394,3 begraben sei die ganze Welt

begreifen (2) → *fassen*
277,2 was deine Güte ist, lehr mich begreifen
360,1 doch wir begreifen deine Großmut nicht

begrüßen (2)
452,1 begrüß das neue Licht
527,5 begrüßen diese Welt

behalten (12)
101,4 das Leben behielt den Sieg
104,1–3 der das Feld im Kampf mit Tod und Höll behält
112,2 der Feld und Mut behält
113,4 des Herren Rechte, die behält
246,2 behalten rein bis an das End
273,6 daß wir sein Wort behalten rein
289,4 die seinen Bund behalten
352,1 der behält ganz unverletzet
362,2 das Feld muß er behalten
375,2 das Feld behält der Herr am Ende

behaupten, sich (1)
360,3 wir wollen leben und uns selbst behaupten

behende (7)
5,6 bald und behende kommt ihr letztes Ende
73,4 drum mache dich behende auf
129,4 der stärket uns behende
149,2 auferstehn die Toten all behende
232,3 damit behend des Teufels List sich von mir wend
508,2 und bringt ihn dann behende in unser Feld und Brot
530,1 ach wie geschwinde und behende

beherrschen (1)
271,4 daß er beherrsche, was du hast gemacht

Beherrscher (1) → *Herrscher*
66,5 dieser Beherrscher kann Herzen bekehren

behüten (67) → *beschirmen, beschützen, bewachen, bewahren, hüten, schützen*

a) allgemein (5)
65,1 behütet und getröstet wunderbar
143,1 auf viele Weisen wunderbar behüten und bewahren
143,7 blieb keiner mehr behütet
342,1 sie können nicht behüten
374,3 und wer von ihm behütet ruht

b) von Gott (14)
59,1 so gnädiglich behüt' dies Jahr
129,2 der uns allzeit behüt'
232,4 der uns allzeit behüte
289,1 der Herr schafft Recht, behütet
296,3 der dich behütet, schläfet nicht
296,5 der fromme Gott behütet dich
309,4 daß er die Seinen väterlich behüte
437,1 behüt' hat vor des Teufels Macht
438,1 daß du uns die Nacht hast behüt'
443,2 aus Gnaden... behütet und bewacht
444,2 daß er uns die Nacht hat wollen behüten
445,2 hast behütet und bewacht
467,2 durch deine Engel hast behüt'
475,1 treu behütet hat in Gnaden

c) Bitte an Gott (23)
59,3 behüt uns, Herr, und steh uns bei
75,3 bitten, daß sie wollen behüten uns hinfort
124,1 daß er uns behüte an unserm Ende
148,9 Herr Christ, mich wohl behüte
171,1–4 bewahre uns, Gott, behüte uns, Gott
173 der Herr behüte deinen Ausgang und Eingang
174 es segne und behüte uns
192 und unsere Stadt segnen und behüten
211,2 daß es behütet wachsen kann
320,7 wollst uns hinfort behüten
423,1 behüte alle Stände
438,2 bitten dich auch: behüt uns heut
446,9 mich segne, mich behüte
468,1–4 behüt dies Kindelein
468,2 dein Kreuz behüt es, Gottes Sohn
472,1 uns gnädiglich behüten
472,6 behüt mich gnädiglich

ca) vor Teufel, Schaden, Unheil (25)
60,4 vor Leid behüten und Gefahr
79,3 behüt uns auch vor Sünd und Schand
125,2 o Herr, behüt vor fremder Lehr
140,2 und uns behüte seine Macht
146,1 behüt vor Krieg und teurer Zeit
146,5 behüt vors Teufels List und Mord
179,4 vor Teufels G'walt fortan behüt
191 behüt uns heut, o treuer Gott
192 behüt uns, lieber Herre Gott
203,4 behüte es vor allem Leid
205,4 vor Sünden uns behüte
275,5 b'hüt mich vor falscher Tücke
344,2 behüt uns, Herr, vor falscher Lehr
344,5 behüt uns, Herr, vor Unfried, Streit
367,2 behüt mich, Herr, vor falscher Lehr
397,2 behüt mich, Herr, vor falscher Lehr
437,2 Herr Christ, den Tag uns auch behüt
440,3 behüt uns, Herr, vor Ärgernis
443,3 du wollest auch behüten
453,1 vor allem Unheil er behüt
467,4 behüte uns, o lieber Gott
469,2 ach lieber Herr, behüt uns heut
469,4 behüt uns vor des Teufels List
500,2 behüt vor Reif und Schloß'
505,5 vor Feuer uns behüten

beide (15)
66,1 Gottheit und Menschheit vereinen sich beide
108,1 beid, groß und klein, von Herzen rein
126,6 dich, beider Geist, zu verstehn
133,1 hochgeliebter Geist... mit beiden gleichen Thrones
133,1 mit beiden gleich gepreist
203,3 die man mir bringt, beid, arm und reich
237,3 Gericht und Gnad, die beiden bist du
275,3 anficht auf beiden Seiten
365,5 welchs er uns beides schenkt
391,3 o so gib Geduld zu beiden
423,3 die beide Täter sein
423,4 und segne beide, Herrn und Knecht
455,1 Dank für das Wort, dem beides entspringt
471,2 schirm beid, Leib und Seel
477,8 breit aus die Flügel beide

beieinander (1)
221,2 wenn wir in Frieden beieinander wohnten

beilegen (3)
324,11 du hebst und legst es bei
325,5 sein Vermögen beizulegen
370,1 den mir schon Gottes Sohn beigelegt im Glauben

beisammenstehen (1)
276,2 laßt uns beisammen stehen

beiseiteschaffen (1)
315,5 den Lumpenrock schafft man beiseit

Beistand (5) → *Hilfe*
128,4 ohn dein Beistand, Hilf und Gunst
247,3 und schaff uns Beistand wider unsre Feinde
248,5 bleib ihr Helfer und Beistand
303,3 wer diesen Herrn zum Beistand hat
524,6 mich mit Beistand nicht verlasse

beistehen (24) → *helfen, retten*
59,3 behüt uns, Herr, und steh uns bei
61,6 stehe bei mir in Gefahr

130,3 steh uns stets bei mit deinem Rat
138,1 Gott der Vater steh uns bei
138,2 Jesus Christus steh uns bei
138,3 Heilig Geist, der steh uns bei
192 allen Kranken, Einsamen und Gefangenen beistehn
193,3 steh bei uns in der letzten Not
235,3 einander beizustehen
246,6 darum so steh du denen bei
265,4 steh deiner Kirche bei
275,3 mein Gott und Schirmer, steh mir bei
297,4 des Herren Name steht uns bei
318,8 o Vater, steh uns gnädig bei
324,8 und stehst uns... treulich bei
331,8 Herr, steh deinen Dienern bei
366,6 steh uns in unserm Elend bei
396,2 mir steht Jesus bei
404,8 und steh mir kräftig bei
438,2 steh uns bei, tu Hilf und bewahr
444,3 daß er uns beistehet
451,9 daß ich, dem Nächsten beizustehn
468,2 dein Engelschar, die steh ihm bei
475,3 stehe mir, o Vater, bei

beiwohnen (2)
146,3 wohn uns mit deiner Güte bei
344,3 der Heilig Geist uns wohne bei

beizeiten (2)
143,4 Satans böse List... beizeiten abzuwehren
530,4 laß mich beizeit' mein Haus bestellen

bejahen (1)
229,2 lehrt uns leben von Gott bejaht

bekannt (5)
71,1 dein Reich bekannt mög werden
71,2 weil du ihn' bist bekannt
126,3 das schwach Fleisch in uns, dir bekannt
248,5 sind sie dir doch all bekannt
280,1 bekannt den Heiden werden

bekannt machen (5)
135,5 wertes Pfand, mach uns bekannt
141,1 durch ihn sein Ankunft macht bekannt
263,2 mache deinen Ruhm bekannt
277,2 und deine Wahrheit mach mir bekannt
519,2 Herr... hast sehen lan und g'macht bekannt

Bekannte (1)
443,4 Verwandten, mein Freunde und Bekannten

bekehren, sich bekehren (12)
66,5 dieser Beherrscher kann Herzen bekehren
115,3 daß der Sünder sich bekehre
127,4 wer sich durch Buß zu Gott bekehrt
192 die Lästerer zur Wahrheit bekehren
234,3 alsdann will ich bekehren mich
234,6 heut lebst du, heut bekehre dich
244,10 bekehr den Feind zu Christi Lehr
245,4 solang er sich nicht will bekehrn
262,2 sich zu deinem Wort bekehrt
280,1 und sie zu Gott bekehren
344,2 das arm verführet Volk bekehr
447,10 die sich bekehren, gnädig dahin bringen

bekennen, sich bekennen (17)
34,3 ich bekenne, daß von dir
72,4 die nicht bekennen wollen frei
123,1 aller Zunge soll bekennen
136,1 den Herrn bekennen kann
137,7 laß die Wahrheit uns bekennen
154,1 Herr, mach uns stark im Mut, der dich bekennt
154,5 so mach uns stark im Mut, der dich bekennt
170,1+4 sondern überall uns zu dir bekennen
202,2 der sich zu ihm bekennet
204,1 den will ich auch bekennen
210,1 und in der Taufe bekenn ich dich
215,7 und bekennest mit dem Munde
326,8 ihr, die ihr Gottes Macht bekennt
353,5 und bekenne meine Sünden
355,3 das muß ich dir, mein Gott, bekennen
473,2 das muß ich frei bekennen

Bekenner (2)
137,1+9 der Apostel und Bekenner

Bekenntnis (1)
136,4 ein offenes Bekenntnis

beklagen (1)
80,1 ist das nicht zu beklagen

bekleiden (1) → *antun, anziehen*
525,5 bekleid't mit Christi Unschuld rein

bekommen (2) → *kriegen, schenken*
196,3 die Wurzel nicht bekommen
316,5 lob ihn mit allen, die seine Verheißung bekamen

bekümmern (1)
361,8 das dich bekümmert hat

Bekümmernis (1)
253,3 am Kreuz, an der Bekümmernis

belachen (1) → *lachen*
482,3 die wir getrost belachen

beladen (4)
217,4 die mühselig und beladen
224,1 stehn wir... mühselig und beladen
363,1 mit Sünden hart beladen
475,4 die mein armes Herz beladen

belasten, sich belasten (2)
211,4 wo Schuld belastet, Herr, verzeih
235,1 mit der wir uns belasten

beleben (2)
255,8 beleb, erleucht, erwärm, entflamme
330,3 zu Gottes Ruhm belebet sein

belegen (2)
86,3 lassen dich mit Fluch belegen
86,4 dich mit großem Schimpf belegt

belehren (1)
386,3 was Jesus, ihr Heiland, sie wollte belehren

beleidigen, sich beleidigen (2)
96,3 die uns beleidigt, die uns Unrecht taten
416 daß ich verzeihe, wo man sich beleidigt

belieben (3)
368,3 was ihm von mir beliebet
449,11 wohlan, so mach es, wie dir es beliebt
497,7 das laß auch mir... gefallen und belieben

Beliebung (1)
449,9 ich habe gestellet alles in deine Beliebung und Hand

belohnen (1)
16,5 als wollte er belohnen

bemalen (1)
327,2 die das große Rund bemalen

bemühen, sich bemühen (5)
11,7 ihr dürft euch nicht bemühen
281,1 zerstäubt all ihr Bemühen
322,7 was aber ängstet und bemüht
352,3 sollt ich mich bemühn um Sachen
447,9 vor deiner Zukunft uns bemühn auf Erden

bequemen, sich (1)
152,2 uns auch zum Kreuz bequemen

beraten (1)
9,4 wollt ihr beraten werden

Berater (3) → *Rat*
58,12 sei... der Irrenden Berater
423,8 den Müttern sei Berater
505,4 du mildester Berater

berauben (1)
342,7 wolltst ihn der Werk berauben

bereit (22)
123,2 ist zu seinem Dienst bereit
225,2 kommt, alles ist bereit
234,4 wahr ist's: Gott ist wohl stets bereit
234,7 zu meiner Heimfahrt sei bereit
269,5 bereit, zu neuem Dienst zu gehn
288,3 zu Schafen, die er ist bereit zu führen
289,4 die steht in seiner Furcht bereit
318,6 ist uns und allen er bereit
327,2 seid bereit, zu ehren
339 mein Herz ist bereit
352,5 wann Gott will, bin ich bereit
364,1 zu helfen dem er ist bereit
392,4 er ist bereit, daß er mich noch empfang
406,2 für mich Armen hat bereit
454,1+6 euren Mund zum Lob bereit
457,8 zum Segnen stets bereit
464,1 laß uns bereit sein, in der Not
490,4 das Herz zu deinem Dienst bereit
500,3 dein Hilf stets sei bereit
514,5 es Gott zu opfern still bereit
530,4 daß ich bereit sei für und für

bereit machen, sich bereit machen (11)
10,4 mache... Herr Jesu, selbst bereit
17,1 machet dem Herrn den Weg bereit
51,2 nimmt uns in Zucht, macht uns bereit
69,2 der Bräut'gam kommt, nun machet euch bereit
103,6 o mache unser Herz bereit
147,1 macht euch bereit zu der Hochzeit
161,3 mach uns allesamt bereit
219,2 o Jesu, mach uns selbst bereit
240,3 mach uns zu deinem Lob bereit
344,6 zu dienen mach uns all bereit
387,1 mache dich, mein Geist, bereit

bereiten (33)

a) allgemein (12)
10,3 das kann sich recht bereiten
24,10 von Edelstein und Gold bereit'
111,14 die Freude, die mir ist bereit'
143,7 bereitet er der Menschheit Weh

151,3 die Hochzeit ist bereit
183,3 nach diesem Elend ist bereit'
205,4 dir sei Lob, Ehr und Dank bereit'
222,3 bis nach der Zeit den Platz bereit'
254,2 die Liebe wird uns leiten, den Weg bereiten
275,7 sei Vater, Sohn und Geist bereit'
442,8 die deinen Christen ist bereit'
477,6 da man euch wird bereiten

b) von Gott (16)
24,4 die Gott der Vater hat bereit'
100,1 denn unser Heil hat Gott bereit'
125,3 o Herr, durch dein Kraft uns bereit
136,7 du Heilger Geist, bereite ein Pfingstfest nah und fern
148,5 die Hochzeit zu bereiten
220 Herr, du wollest uns bereiten
222,2 mir armem Gast bereitet hast
250,4 was Christi Leiden uns bereit'
256,1 bereite dir zum Ruhm deine Kinder
274,4 du b'reitest vor mir einen Tisch
295,4 durch deine Hand bereit'
303,5 Hungrigen will er zur Speis bereiten
316,3 lobe den Herren, der künstlich und fein dich bereitet
317,3 lobe den Herren, der künstlich und fein dich bereitet
405,4 die Stätt dir zu bereiten
506,5 den deine Hand so wunderbar bereitet

c) von Menschen (5)
10,2 bereitet doch fein tüchtig
151,2 bereitet Leib und Seel
155,2 bereit das Herz zur Andacht fein
308,11 sei Ehr und Preis von uns bereit'
363,5 wer sich in Christus nicht bereit'

bereithalten, sich bereithalten (2)
167,4 die Heimat hält bereit
452,4 der Herr hält sich bereit

bereitstehen (1)
289,4 die steht in seiner Furcht bereit

bereuen (1)
517,11 bereu dein Sünd und beßre dich

Berg (18)
7,3 daß Berg und Tal grün alles werd
54,1 und die Berge hallen wider
69,1 hoch über Berg und tiefe Tal
104,2 und sein Wort auf dem Berg hat zerstört
150,1 weit über Berg und Tale
217,1 auf Israels Bergen mit Freuden
231,1 hoch auf dem Berg Sinai
277,1 deine Gerechtigkeit steht wie die Berge
278,8 hin zu deinem heiligen Berg
286,4 ihr Berge, hüpft, der Herr erscheint
296,1 und seh die Berge hoch hinauf
304,3 er läßt Gras wachsen hoch auf dürren Bergen
379,3 den keine Meere fassen und keiner Berge Grat
426,1 da wird Gottes Berg überragen
426,1 alle anderen Berge und Höhn
498,3 so wird kein Berg noch tiefes Tal
503,3 Berg, Hügel, Tal und Felder
515,4 sei gepriesen für deine hohen Berge

bergen (3)
65,7 von guten Mächten wunderbar geborgen
284,3 und ich bin geborgen stets in deiner Hut
408,5 Liebe deckt und birgt mich lind

Bergwerk (1)
192 unsere Bergwerke erhalten und segnen

Bericht (1)
73,1 der Wunderstern gibt dir Bericht

Beruf (1)
443,7 in meim Beruf und Stand

berufen (3)
250,2 du willst auch die berufen lassen
256,3 wohl dem, den deine Wahl beruft zum Abendmahl
277,4 hilf mir gehorchen, wenn du mich berufen willst

beruhen (1)
302,4 die in der Treu beruhn

berühren (2)
165,6 Herr, berühren mein Gesichte
486,11 du hast die Lider mir berührt

beschämen (1)
349,3 darf mich nicht mehr beschämen

bescheiden (1)
371,8 ihr bescheidnes Körnlein weiset

bescheiden, sich bescheiden (7)

a) im Sinne von: zuteilen (5)
137,8 wenn das Los, das uns beschieden
254,4 als Last von ihm beschieden
356,2 dein Gnad sei uns beschieden

443,7 dazu mich Gott beschieden
486,1 ist wahre Rast beschieden

b) im Sinne von: sich zufrieden geben (2)
486,6 will ich mich ganz bescheiden
513,5 gab er uns wenig, uns dabei bescheiden

bescheinen (2) → *beglänzen*
16,1 der Morgenstern bescheinet
400,2 solange mich dein Glanz bescheint

beschenken (3)
159,2 mit der Freuden- und Lebenskron beschenken und begnaden
200,1 ich bin mit seinem Geist beschenkt
457,2 weil er, der dich beschenkt und liebt

bescheren (10)
24,6 zu sehn, was Gott uns hat beschert
55,2 ein ewger Friede sei beschert
344,8 bescher uns auch ein seligs End
347,2 dein Güt und Heil beschert
352,2 und mir manches Glück bescheret
365,4 durch ihn er uns bescheret
371,7 wird auch Unterhalt bescheren
399,6 was mir Gott wird bescheren dort
458 er woll uns ferner auch beschern
465 und segne, was du uns bescheret hast

beschirmen (4) → *behüten, beschützen, bewahren, schützen*
133,10 beschirm die Obrigkeiten
193,2 beschirm dein arme Christenheit
204,2 beschirmst du mich allzeit
486,3 beschirmt und sicher wohne

beschließen (3)
23,3 den aller Welt Kreis nie beschloß
89,5 fein sanft beschließe meine Not
451,10 wenn du es willst, beschließe

Beschluß (1)
134,5 o so mache den Beschluß

beschütten (2)
289,1 mit reichem Trost beschüttet
387,5 denn er will uns mit Füll seiner Gunst beschütten

beschützen (3) → *behüten, beschirmen, bewahren*
423,10 die Reisenden beschütze
472,1 der uns beschützet hat
475,3 mich umgebe und beschütze

Beschützer (1)
445,5 sei und bleibe... mein Beschützer und mein Hort

Beschwerde (4)
247,1 die, so in ihren Nöten und Beschwerden
323,1 in Trübsal und Beschwerden läßt du
500,3 daß uns bei den Beschwerden
524,3 unser Lauf voller Beschwerden

beschweren (8)
36,8 wer sich fühlt beschwert im Herzen
78,5 und im Rat beschweret hart
84,1 läßt willig sich beschweren
145,4 daß du niemand beschwerest
363,1 all die ihr seid beschweret nun
371,6 denn wenn du wirst zu hoch beschweret
393,11 was aufhält und beschwert
394,2 und euern Weg beschwert

beschwerlich (1)
296,6 sollen dir nicht beschwerlich sein

beseelen (2)
239,2 das in dieser Stunde euch beseelt
264,2 ein Geist, der sie beseelt

besehen (1) → *ansehen, sehen*
484,4 und die stille Welt besehn

beseufzen (1)
369,2 beseufzen unser Ungemach

besiegen (3) → *bezwingen*
143,6 will die Erde... zerstören und besiegen
153,3 wo Gewalttat und Elend besiegt sind
182,8 Not, Angst und Tod kann uns nicht besiegen mehr

besingen (3)
279,2 daß laut dein Ruhm besungen werde
281,4 und deinen Ruhm besingen
290,1 besinge deines Gottes Ruhm

besinnen, sich (2)
524,7 mein Verstand sich nicht besinnt
527,7 und, eh wir uns besinnen

Besitz (1)
200,5 und nimm Besitz von meinem Sinn

besitzen (5)
70,1 hast mir mein Herz besessen
307,3 denn sie werden das Erdreich besitzen
341,2 die Sünd hatt' mich besessen
399,4 der mir mein Herz besessen
527,4 was Menschen hier besitzen

bespeien (1)
85,2 wie bist du so bespeit

besser (7) → *best, gut*
88,6 bessern Dank ich dorten geb
282,5 ein Tag in deinem Haus ist besser
330,7 im Himmel soll es besser werden
388,4 sich auf etwas Bessers schickt
406,2 könnt ich's irgend besser haben
446,6 ich ja nichts Bessers habe
529,5 was will ich besser leben

bessern, sich bessern (3)
141,2 euer Leben ihr bessern müßt
280,3 das Land bringt Frucht und bessert sich
517,11 bereu dein Sünd und beßre dich

beständig/beständiglich (13) → *bleiben, treu*
5,5 die also fest glauben und beständig bleiben
12,1 der sein Wort beständig hält
66,8 selig, die ihm sich beständig ergeben
83,4 ich will mich dir... beständiglich verschreiben
125,3 in deim Dienst beständig bleiben
196,5 im Leben... beständig darauf trauen
240,2 die Treue laß beständig sein
273,6 im rechten Glaubn beständig sein
297,6 bis an das End beständig sein
343,4 beständig sein ans End gib mir
354,4 weil Christi Blut beständig schreit
404,6 beständig möge wallen
472,2 das da beständig bleibt

Beständigkeit (4)
130,3 gib uns Beständigkeit, daß wir
157 gib mir Beständigkeit
246,2 verleih uns, Herr, Beständigkeit
347,6 Beständigkeit verleihe

best (28) → *besser, gut*
62,5 auch des Landes bestes Teil
167,2 uns stets das Beste gibt
295,3 Herr, tu bei mir das Beste
299,2 auch in dem besten Leben
302,2 der hat das beste Teil
302,6 an ihm den besten Freund
303,3 findet am besten Rat und Tat
319,1 die beste Zeit im Jahr ist mein
341,4 er ließ's sein Bestes kosten
351,2 daß Gott, der Höchst und Beste
364,1 sein Will, der ist der beste
367,1 denn dein Will ist der beste
371,4 und zu deinem Besten schauen
371,9 wo ich such, ist nichts zum besten
386,2 da, da ist das beste, notwendige Teil
388,6 nach dem besten Bild gebild't
393,5 schmückt euer Herz aufs beste
412,3 und nichts zum Besten kehret
413,7 zum Besten deut' sie alle Ding
414,3 der mir zum Besten alles weislich fügt
415,4 lehr uns auch der Feinde Bestes suchen
424,2 jeder will das Beste haben
446,8 hilf selbst das Beste raten
446,8 ach Herr, zum besten wende
449,3 die besten Güter sind unsre Gemüter
449,10 Gott ist das Größte, das Schönste und Beste
497,6 der höchste Zweck, das beste Teil
523,5 schreib meinen Nam aufs beste

bestehen (25)
62,3 so wird alles wohl bestehen
64,3 wer ist hier, der vor dir besteht
81,10 weil's aber nicht besteht in eignen Kräften
127,6 durch dich besteht der neue Bund
127,7 durch dich besteht des Vaters Bau
146,2 und könnt kein Mensch vor dir bestehn
149,4 er wird fürwahr gar schlecht bestehn
253,4 dies königlich Gebot besteht
266,5 dein Reich besteht und wächst, bis allen
308,5 mag nicht vor deiner Hand bestehn
350,1 damit will ich vor Gott bestehn
352,6 ist doch nichts, das lang bestehet
357,1+5 ich weiß, was fest besteht
361,2 wenn dein Werk soll bestehn
365,6 nicht Ehr noch Gut bestehet
405,5 o denke, daß du da bestehst
432,1 daß wir auf ihr die Zeit bestehn
449,5 laß mich auf deinen Geboten bestehn
473,2 kein Ding auf Erd so fest besteht
495,3 womit ich kann bestehen
501,4 damit ich mög bestehen
525,5 weil ich so wohl bestehe
527,10 wird er doch dort bestehen
534,2 sei selber die Brücke und laß uns bestehn

bestellen (12)
4,1 Gott solch Geburt ihm bestellt
9,3 ist ihm sein Reich bestellt
10,1 das Herz in euch bestellt
142,1 hast du der Engel Schar bestellt
325,6 hat er mir zum Dienst bestellt

409,5 hat er uns bestellt zu des Reiches Erben
457,4 bleibt fortan wohl bestellt
467,4 dein Engel uns zur Wach bestell
487,1 denn sie weiß, es ist die Wacht über ihr bestellt
505,2 die uns das Feld bestellt
507,2 Gottes Welt, wohl bestellt
530,4 laß mich beizeit' mein Haus bestellen

bestimmen (1)
476,7 da du uns hast den großen Tag bestimmt

bestrahlen (1)
40,5 bestrahle mich mit deiner Gunst

bestreiten (1)
405,2 und dadurch hat bestritten

bestreuen (2)
14,1 bestreu den Pfad mit grünen Halmen
37,7 von oben her bestreuen

bestricken (1)
387,3 was dich drückt und bestrickt

besuchen (2)
39,4 zu besuchen aus der Höh
126,1 besuch das Herz der Menschen dein

beten (30) → *anbeten, Anbetung, bitten, flehen, Flehen, rufen*
43,3 die redlichen Hirten knien betend davor
43,5 o betet: Du liebes, du göttliches Kind
77,4 betet mit Wehklagen
78,4 in' Garten zu beten
127,1 und betet mit Verlangen
130,1 himmlisch Leben willst du geben, wenn wir beten
133,5 wie man recht beten soll
134,4 seufz auch in uns, wenn wir beten
135,3 gib uns Kraft zu beten
151,1 auf, betet, kämpft und wachet
178.8 send uns deinen Geist, der uns beten heißt
182,3 betet, und ihr sollt es nicht vergeblich tun
252,7 daß ich für sie beten soll
267,1 Herr, du hast darum gebetet
328,4 der lehret mich recht gläubig beten
344,1 gib, daß nicht bet allein der Mund
351,1 sooft ich ruf und bete
355,4 auf dieses bet ich auch allein
369,7 sing, bet und geh auf Gottes Wegen
373,5 wenn kein Vermögen zu beten sich findet
380,4 wer sah mich versagen, wo gebetet ward
382,3 du bist mein Atem, wenn ich zu dir bete
387,1 wache, fleh und bete
387,3 bete aber auch dabei
387,6 wachen, flehen, beten
388,4 seufzen, ringen, schreien, beten
414,4 ach, hilf mir beten, wachen, ringen
470,2 des Abends auch beten vor dir
497,10 ohn Unterlaß zu seufzen und zu beten
497,11 wer fleißig betet und dir traut

Beten (8) → *Gebet*
58,1 mit Singen und mit Beten
133,5 dein Beten wird erhöret
137,4 gib uns Moses Flehn und Beten
159,3 das Beten und das Singen
166,3 daß mein Singen und mein Beten
344,1 und willst das Beten von uns han
373,4 Jesu, hilf siegen im Wachen und Beten
457,11 die Hände, die zum Beten ruhn

Beter (4)
239,3 der Mensch tritt vor Gott als rechter Beter
241,7 daß treuer Lehrer viel und Beter sein
457,3 er weiß die Beter überall
457,11 und was der Beter Hände tun

Bethlehem (10)
8,4 zu Bethlehem geboren im Stall ein Kindelein
25,2 zu Bethlehem, in Davids Stadt
32,1 zu Bethlehem geboren ist uns ein Kindelein
43,1 zur Krippe her kommet, in Bethlehems Stall
45,1 o kommet, o kommet nach Bethlehem
48,2 lasset uns sehen in Bethlehems Stall
48,3 Bethlehems Hirtenvolk gar große Freud
53,2 und nach Bethlehem hin eilet
55,1 o Bethlehem, du kleine Stadt
55,3 o heilig Kind von Bethlehem

betören (1)
392,1 wie laß ich mich bezaubern und betören

betrachten (4)
43,3 Maria und Joseph betrachten es froh
76,2 o Menschenkind, betracht das recht
78,1 betracht, christliche Gemein
82,2 wenn man's betrachtet recht

betreffen (3)
362,1 die uns jetzt hat betroffen
399,7 hat stets das Kreuz betroffen
524,2 weil mich stets viel Kreuz betroffen

betrüben, sich betrüben (17) → *trüben*
70,5 drum mich auch nichts betrübet
84,10 die mich doch sehr betrüben
106,4 alls, was betrübet war zuvor
129,3 durch Sünd dich nicht betrüben
130,6 dich betrübe, Fried und Liebe müssen schweben
133,7 willst nicht, daß uns betrübe
215,4 und vor Angst ist betrübet sehr
251,3 denkt doch, wie es ihn betrübet
254,3 sich mit betrüben und unsre Lasten schieben
278 was betrübst du dich, meine Seele
322,4 der, ob wir ihn gleich hoch betrübt
344,6 daß sie uns nicht betrübe mehr
351,6 kein Unheil mich betrübt
396,6 muß auch ihr Betrüben lauter Freude sein
443,5 Leib und Seel nicht betrübe
449,11 hast niemals keinen zu sehr noch betrübt
477,9 soll heute nicht betrüben

Betrübnis (1)
475,1 vor Betrübnis, Schand und Schaden treu behütet

betrübt (15)
78,4 rief... an mit betrübtem Herzen
89,1+5 und dein betrübtes Leiden
111,13 lebt Christus, was bin ich betrübt
135,2 Tröster der Betrübten
151,5 und seid nicht mehr betrübt
192 allen Betrübten und Verzagten helfen und sie trösten
213,3 kommt her, betrübte Seelen
246,2 in dieser schwern, betrübten Zeit
353,4 kommet, ihr betrübten Sünder
353,5 ich Betrübter komme hier
361,7 was das Herze betrübt und traurig macht
371,3 der betrübten Herzen Sorgen
400,3 es ist mir leid, ich bin betrübt
471,4 tröste die Betrübten

Betrug (1) → *Trug*
240,2 von Zorn, Betrug und Lüge rein

betrügen (4) → *trügen*
39,4 uns, die Satan hat betrogen
342,5 dein Wort kann nicht betrügen
372,2 er wird mich nicht betrügen
446,3 trotz dem, der dich betrüge

betrüglich (1)
386,10 sieh, ob ich auf bösem, betrüglichem Stege

Bett/Bettlein (6)
24,13 mach dir ein rein sanft Bettelein
477,6 der Betten ihr begehrt
477,6 zur Ruh ein Bettlein in der Erd
477,9 ums Bett und seiner Engel Schar
484,1 über meinem Bette sein
511,3 stehn aus ihrem Bettlein auf

betten (2)
50,4 dich aber bettet keiner weich
486,8 in deine Huld mich bette

beugen, sich beugen (16)
3,4 sich beugen müssen alle Knie
41,3 sehet dies Wunder, wie tief sich der Höchste hier beuget
43,4 o beugt wie die Hirten anbetend die Knie
71,2 die Knie sie vor dir beugen
136,6 ach lasset uns gebeugter um Gottes Gnade flehn
137,6 daß wir nie vor ihnen beugen
165,1 und sich innigst vor ihm beuge
221,2 Gebeugte stärkten und die Schwachen schonten
271,8 die ganze Schöpfung soll sich vor ihm beugen
279,2 dir beuge sich der Kreis der Erde
303,6 erhebt, die tief gebeuget gehn
355,3 ich beuge mich und bin erfreut
358,2 und vor dem Wort sich beuget
375,4 denn alles muß vor dir sich beugen
453,3 des Fleisches Hoffart beugt und brecht
489,2 beugt sich über unseren Schlaf

Beute (1)
111,8 der große Schatz, die reiche Beut

bevor (4) → *ehe*
491,1–4 bevor die Sonne sinkt

bewachen (6) → *behüten, verwahren*
29,1 bei Mondenschein im weiten Feld bewachten
281,5 sein Auge hat uns stets bewacht
443,2 daß du mich... behütet und bewacht
445,2 daß du mich... hast behütet und bewacht
469,6 und uns bewach, dein Eigentum
492 Gott bewacht die Erden

bewaffnen (1)
14,3 bewaffnet mit des Glaubens Worten

bewahren (51) → *behüten, beschirmen, beschützen, erhalten*

a) allgemein (13)
36,12 ich will dich mit Fleiß bewahren
58,4 mit Fleiß bewahret werden
76,2 tu dich davor bewahren
143,1 behüten und bewahren
144,4 und sich darin bewahre
170,2 keiner kann allein Segen sich bewahren
196,4 bewahren deine Lehr und Huld
197,1 laß mich dein Wort bewahren rein
207,2 daß es, bewahrt vor Sünde
231,7 dein Eh' sollst du bewahren rein
290,7 sein Recht und sein Gesetz bewahr
309,2 wo Furcht des Herrn bewahrt sein heilig Recht
476,5 mich vor der Macht der Finsternis bewahren

b) von Gott (15)
29,4 er wird's indes bewahren
97,2 und die Welt bewahrt
183,1 Leib und Seel auch wohl bewahren
279,4 vor Straucheln unsern Fuß bewahrt
287,2 sieh auf dein Leben, er hat dich bewahrt
290,4 er schützte und bewahrte sie
296,4 bewahret dir dein Leib und Seel
296,7 in Gnad bewahrt er deine Seel
296,8 der Herr dein' Ausgang stets bewahr
320,2 dieselben zu bewahren
329,1 bewahrt Herz und Gemüte
426,2 Gott wird seine Welt bewahren
439,1 der uns die Nacht bewahret hat
439,3 bewahret hast in dieser Nacht
475,2 so getreulich hast bewahrt

c) als Bitte an Gott (23)
59,2 bewahren ferner allezeit
127,7 du selbst wollst uns bewahren
134,7 Herr, bewahr auch unsern Glauben
138,1-3 vor dem Teufel uns bewahr
171,1-4 bewahre uns, Gott, behüte uns, Gott
192 die Früchte auf dem Feld bewahren
203,5 durch deine Engel es bewahr
239,4 und bewahre euch in Jesus Christ
239,4 er bewahre euer Herz und Sinne
423,2 bewahr vor allen Rotten
423,5 bewahr des Landes Früchte
438,2 steh uns bei, tu Hilf und bewahr
439,2 bewahren heut in seiner Huld
445,5 kann ich recht bewahret sein
474,2 dein Engel uns bewahren
475,7 ach bewahre mich vor Schrecken
495,6 vor Sünd und Schanden mich bewahr
522,1 du wollst sie mir bewahren

bewähren (3)
273,5 das Silber... bewährt, wird lauter funden
273,5 es will durchs Kreuz bewähret sein
365,2 sein Macht und Gnad bewährt

Bewahrung (1)
277,5 dein Wort der Wahrheit ist unsre Bewahrung

bewegen, sich bewegen (11) → *erschüttern, rühren*
86,4 was hat dich dazu bewegt
91,1 die dich bewog, von aller Schuld des Bösen
154,2 dein Lebenshauch bewegt das Totenfeld
197,2 dein Wort bewegt des Herzens Grund
241,3 sich deiner Kinder Herz und Sinn bewegt
295,4 der stets beweget sich
330,3 bewegt und regt euch doch mit mir
330,6 solange sich mein Herz bewegt
354,7 solange sich ein Glied bewegt
358,4 wie er das Herz bewegt
496 durch mein Gebet bewegen

beweinen (1)
76,1 o Mensch, bewein dein Sünde groß

Beweis (1)
506,5 ist sich ein täglicher Beweis

beweisen (7)
5,4 sein Lieb zu beweisen
78,8 Gnad dem, der mir Hohn beweist
146,3 beweis an uns dein große Gnad
193,2 beweis dein Macht, Herr Jesu Christ
195,3 des Glaubens Frucht beweise
329,2 mir lebenslang bewiesen täglich neue
471,5 dein Will werd beweiset

bewirten (1)
217,1 komm, mit Gnaden mich bewirte

bewohnen (2) → *wohnen*
429,3 und diese Welt wird endlich bewohnbar für einen jeden
503,4 der Storch baut und bewohnt sein Haus

bewundern (1)
331,1 und bewundert deine Werke

Bewunderung (1)
506,1 so weiß ich, von Bewundrung voll

bewußt (5)
11,7 Angst... zu stillen, die ihm an euch bewußt
324,1 was mir von dir bewußt
351,8 Gott aber wohl bewußt
386,7 dein Leben sei, Jesu, mir einzig bewußt
505,6 da ihm kein Leid bewußt

bezahlen (13) → *zahlen*
81,4 die Schuld bezahlt der Herre, der Gerechte
82,3 bezahlt durch Christi teures Blut
96,2 für unsre Sünden mußtest du bezahlen
149,5 und meine Schuld bezahlet
195,2 bezahlt an seinem Leibe
214,2 und bezahlt unsre Schuld
223,4 bezahlt im Tod das Lösegeld
279,6 bezahl mit frohem Wohlgefallen
302,7 bezahlet er mit Grimm
326,9 bezahlet die gelobte Pflicht
342,4 du hast für mich bezahlet
350,4 bezahlt ein ewig Lösegeld
525,4 für mich bezahlt hat alle Schuld

bezaubern (1)
392,1 wie laß ich mich bezaubern und betören

bezeigen (1) → *erzeigen*
513,1 die Ähren sich, ihm Ehre zu bezeigen

bezeugen (5) → *verkünden, verkündigen, zeugen*
127,2 bezeugen Gottes Großtat hie
226,5 will den Tod des Herrn bezeugen
239,2 sei bezeugt, was euch von ihm geschah
271,8 Menschen- und Engelzungen es bezeugen
350,3 bezeugen mit getrostem Mut

bezwingen (8) → *besiegen*
33,3 und hast die Welt bezwungen
108,2 all unsre Feind hat bezwungen
113,4 durch Christi Sieg bezwungen seind
178.7 der den Tod bezwingt
257,1 der du den Feind bezwungen
371,6 laß dich dein Elend nicht bezwingen
489,2 der das Grauen, der den Tod bezwang
497,11 mit tapferm Mut bezwingen

Biene (5)
509,1–5 die Biene dir summt

Bienenschar (1)
503,6 die unverdroßne Bienenschar fliegt

bieten (1)
423,2 biet allen deinen Feinden Trutz

Bild (13)
56,3 zeigt dir zugleich dein neues Bild
74,3 du ewge Wahrheit, Gottes Bild
85,10 und laß mich sehn dein Bilde
88,1 in dem Bilde jetzt erschein
112,4 er bleibt ein totes Bild
140,4 daß uns sein Bild werd eingedrückt
202,3 gezeiget klar mit Bildern und mit Worten
386,7 auch nach deinem Bild erwacht
388,6 nach dem besten Bild gebild't
401,1 Liebe, die du mich zum Bilde... hast gemacht
477,4 das Bild der Sterblichkeit
515,6 sei gepriesen, er ist dein Bild der Liebe
523,3 erschein mir in dem Bilde

bilden (1)
388,6 nach dem besten Bild gebild't

billig (3)
84,7 das soll ich billig legen
297,2 soll uns billig nicht schrecken
302,8 ist's billig, daß ich mehre

binden (15)
78,5 Jesus da gefangen ward, gebunden geführet
84,4 an Füßen gebunden in der Höll
85,1 o Haupt, zum Spott gebunden
87,5 bind uns, wie dir's gefällt
92,4 die Hand gebunden ausgestreckt
95,2 dann führen sie ihn fest gebunden
114,7 in dir, weil er gebunden der Feinde Macht
235,4 die Dinge, die uns binden
292,2 mich banden Höllenangst und Tod
303,5 die hart Gebundnen macht er frei
393,3 und was euch sonst will binden
401,5 Liebe, die mich hat gebunden
419,3 daß ich nicht gebunden
419,3 daß ich nicht gebunden an mich selber bin
523,5 und bind mein Seel gar feste

bisher/bisherig (4)
329,2 hab Lob... für die bisher'ge Treue
352,2 der mich bisher hat ernähret

361,10 bisher getragen hast
529,10 wo ich bisher gesessen

Bitte (9)
134,4 so wird unsre Bitt erhört
158,3 hilf mir, das ist mein Bitt
179,3 nimm an die Bitt aus unsrer Not
205,1 Gott Vater, höre unsre Bitt
241,3 uns diese Bitt in unsern Mund gelegt
275,2 erhör mein Bitt, tu dich herfür
299,1 und meiner Bitt sie öffne
302,7 erfüllt der Witwen Bitte
505,2 und oft ohn unsre Bitte

bitten (56) → *beten, flehen, rufen*

a) allgemein (30)
32,4 bitt ich aus Herzensgrund
34,4 schenke, was man bitten kann
75,3 bitten, daß sie wollen behüten uns hinfort
144,1 bitten, daß er aus seiner Gnad
203,4 ich bitt, laß dir befohlen sein
204,3 das bitt ich inniglich
314,6 kommt und laßt uns bitten, statt das „Kreuzige“ zu schrein
320,7 wir bitten deine Güte
325,10 bitte, wollst mir Gnade geben
328,5 was mich dein Geist selbst bitten lehret
328,6 als ich verstehe, bitte und begehr
328,7 wohl mir, ich bitt in Jesu Namen
328,7 was ich von dir im Geist und Glauben bitt
343,1 ich bitt, erhör mein Klagen
344,9 was wir hiermit gebeten han
387,4 ja, er will gebeten sein
387,5 wenn wir gläubig bitten
397,1 ich bitt, wollst sein von mir nicht fern
401,6 und für meine Seele bitt'
422,2 den Vater bitt, daß er ja nit
444,3 ei bittet und flehet, daß er uns beistehet
472,5 ich bitt, daß du mir gnädig... seist
475,8 was dein Kind gebeten hat
530,1–7 ich bitt durch Christi Blut

b) mit direkter Anrede/Nennung Gottes (26)
3,5 wir bitten dich, o heilger Christ
59,2 wir bitten dich, ewigen Sohn
79,2 und bitten dich, wahr' Mensch und Gott
80,5 ich bitte dich mit Tränen
96,4 für diese alle wollen wir dich bitten
97,2 wollen wir Gott bitten
103,5 nun bitten wir dich, Jesu Christ
107,2 wir bitten dich durch deine Gnad
124,1 nun bitten wir den Heiligen Geist
192 wir bitten dich in unsern Nöten
211,2 wir bitten dich, Herr Jesu Christ
275,1 das bitt ich dich: erhalte mich
331,8 welche dich in Demut bitten
343,2 ich bitt noch mehr, o Herre Gott
359,4 bittet Gott mit Danken
364,4 noch eins, Herr, will ich bitten dich
366,4 allen, die darum bitten dich
430,2+3 gib Frieden, Herr, wir bitten
438,2 bitten dich auch: behüt uns heut
439,2 laßt uns Gott bitten diese Stund
443,2 demütig bitt ich dich
458 und bitten unsern lieben Herrn
469,4 wir bitten dich, Herr Jesu Christ
472,4 und bitte, Herr, um Gnad
491,4 will ich dich herzlich bitten

Bitten (das) (9)
92,1 weil unser Bitten dir gefällt
161,3 unser Bitten, Flehn und Singen
224,3 gib über Bitten und Verstehn
239,3 der im Bitten schon voll Freude dankt
241,8 du tust doch über Bitten und Verstehn
371,5 hört bald und gern der Armen Bitten
408,3 über Bitten und Verstehn muß sein Wille
487,3 tu mit Bitten dir Gewalt
505,5 zum Danken kommt das Bitten

bitter (23)
20,3 nie Krieg, Verrat und bittre Zeit
43,5 am Kreuze dort gar noch den bitteren Tod
65,3 und reichst du uns den schweren Kelch, den bittern
75,1 an dem Stamm des Kreuzes für uns bittern Tod
77,8 durch dein bitter Leiden
78,7 bittre Galle schmeckt sein Mund
86,8 für den herben, bittern Tod
87,1 für deinen bittern Tod
89,1 und deinen herben, bittern Tod
90,2 ich scheue nicht den bittern Tod
93,1 der in bittern Todesschmerzen das Geheimnis Gottes sah
179,4 durch große Mart'r und bittern Tod
202,1 ersäufen auch den bittern Tod
215,1 durch das bitter Leiden sein
325,8 ob sie mir gleich bitter seind
341,5 erwürg für ihn den bittern Tod
349,2 der hat... erworben durch seinen bittern Tod

370,8 schließt das Tor der bittern Leiden
372,5 der bitter ist nach meinem Wahn
413,7 kein' sauren Blick, kein bitter Wort gibt sie
486,8 vor allem, was mich bitter traf
497,10 der bittern Sorgen treten
518,1 in des bittern Todes Not

Bitterkeit (4)
50,5 dann erst ist ohne Bitterkeit
62,4 so wird alle Bitterkeit
242,3 hilf, daß alle Bitterkeit scheid
488,4 kein Unglück, keiner Trübsal Bitterkeit

blähen, sich (1) → *sich aufblähen*
413,6 sie eifert nicht noch bläht sie sich

blasen (1)
449,7 sobald das Lüftlein des Todes drein bläst

blaß (2)
15,5 die Blüte sein wird bleich und blaß
85,3 des blassen Todes Macht

Blatt (2)
330,3 ihr grünen Blätter in den Wäldern
508,3 von ihm sind Büsch und Blätter

blau (4)
455,2 grünende Frische, vollkommnes Blau
477,3 prangen am blauen Himmelssaal
507,1 Himmels Au, licht und blau
511,1 stehen an dem blauen Himmelszelt

bleiben (170) → *beständig, verbleiben*

a) allgemein (29)
4,4 der Glaub bleib immer im Schein
101,3 da bleibt nichts denn Tods Gestalt
104,2 Sünd und Schuld bleiben ohne Kraft
112,4 er bleibt ein totes Bild
200,4 bleibt dieser Bund wohl feste stehn
279,2 und alles dir bleib untertan
302,2 bleibt ewig unbetrübt
312,2 macht groß, was klein geblieben
320,3 die Seele muß auch bleiben
321,3 und ist und bleiben wird
350,3 so ist und bleibet das mein Sinn
354,6 mir bleibet doch Barmherzigkeit
357,1 ich weiß, was ewig bleibet
357,5 was in dem Grauen des Todes ewig bleibt
362,4 das Reich muß uns doch bleiben
370,7 und fein stille bleiben
371,10 bleibt gleich die Hilf in etwas lange
375,1 daß Jesus siegt, bleibt ewig ausgemacht
396,4 bleibt mir unbewußt
396,5 bleibet weit dahinten
442,6 vor dir die Nacht nicht bleiben mag
457,4 bleibt fortan wohl bestellt
469,1 vor dir die Nacht nicht bleiben mag
472,2 das da beständig bleibt
477,2 wo bist du, Sonne, blieben
477,7 wo bleibt dann Leib und Seel
485,3 dir sind wir... ein bleibend Eigentum
495,1 und rein Gewissen bleib
521,2 kein Bleiben ist auf Erden

b) von Gott (Wesen, Wort usw. (20)
15,5 doch Gottes Wort bleibt ewiglich
64,3 nur du allein wirst bleiben
64,4 du aber bleibest, der du bist
111,3 mein Heiland bleibt ins Todes Zwang
117,3 wär er geblieben, wo des Todes Wellen branden
212,5 aber deine Taufversprechen bleiben
223,1 und bleibt doch ewiglich zu Haus
285,2 du, Höchster, bleibest ewig
295,4 es bleibet ewiglich
295,4 dein Wahrheit bleibt zu aller Zeit
324,8 bleibst immer fromm und treu
324,13 ist selbst und bleibt dein Gut
331,1 so bleibst du in Ewigkeit
352,5 wie Gott will, so muß es bleiben
372,1 es bleibt gerecht sein Wille
379,3 er bleibt der Wunderbare
403,4 Jesus bleibt in Ewigkeit
457,9 und bleibt sich immer gleich
475,8 bleibe ja mein Schutz und Rat
527,9 der immer König bleibet

ba) von Gottes Nähe zu den Menschen (17)
7,4 wo bleibst du, Trost der ganzen Welt
83,4 sollst du mein Herze bleiben
289,4 steht fest und bleibt in Ewigkeit
322,4 doch bleibet guten Muts
326,5 er bleibet ihre Zuversicht
341,3 daß nichts denn Sterben bei mir blieb
341,7 und wo ich bleib, da sollst du sein
346,4 sollst du, Herr Jesu, bleiben
346,4 bleib du mein Preis, dein Wort mich speis
346,4 bleib du mein Ehr, dein Wort mich lehr
352,2 ist und bleibet ewig mein
374,5 er bleibet meine Zuversicht
379,2 und doch bleibt er nicht ferne
396,6 dennoch bleibst du auch im Leide
438,4 hilf, daß der Geist Zuchtmeister bleib

444,5 und bleiben bei mir
457,8 und dennoch bleibt er ohn Verdruß

c) Bitte um Gottes Nähe (31)
55,3 komm auch zu uns und bleib bei uns
56,5 bleib ihnen dennoch zugewandt
58,8 o Vater, und bleib mitten in unserm Kreuz
61,5 Jesus bleibe stets bei mir
64,6 bleib du uns gnädig zugewandt
70,7 komm du schöne Freudenkrone, bleib nicht lange
74,4 bleib bei uns, Herr, verlaß uns nicht
140,2 der Herr, der Schöpfer, bei uns bleib
168,6 bleib bei uns heut und morgen, Herr Jesu Christ
219,3 bleib du in uns, daß wir in dir
248,5 bleib ihr Helfer und Beistand
323,3 ach bleibe mir geneiget
347,1 ach bleib mit deiner Gnade
347,2 ach bleib mit deinem Worte
347,3 ach bleib mit deinem Glanze
347,4 ach bleib mit deinem Segen
347,5 ach bleib mit deinem Schutze
347,6 ach bleib mit deiner Treue
384,1 treuer Jesu, bleib bei mir
406,5 bleib mir nah auf dieser Erden
423,10 bleib der Verfolgten Stütze
443,5 dein' Engel laß auch bleiben
445,5 sei und bleibe du auch heute
462 bleib du bei uns, so hat's nicht Not
473,4 Herr Jesu Christ, bleib du bei mir
483 Herr, bleibe bei uns
488,1 hilf dem, der hilflos ist: Herr, bleib bei mir
488,2 unwandelbar bist du: Herr, bleib bei mir
488,3 in Licht und Dunkelheit, Herr, bleib bei mir
494,6 nun, Jesu, komm und bleib bei mir
532,3 bleib bei uns, Vater. Und zum Loben

ca) um Gottes Nähe in Schlaf, Tod, Ewigkeit (10)
19,3 o komm, o Herr, bleib bis ans End
74,4 bleib auch am Abend dieser Welt
246,1 ach bleib bei uns, Herr Jesu Christ
406,5 bleib auch, wenn mein Tag sich neigt
442,7 am End der Welt bleib nicht lang aus
487,3 bleib bei meinem Ruhn
488,1 bleib bei mir, Herr! Der Abend bricht herein
488,4 den Stachel nimmst du ihm: Herr, bleib bei mir
488,5 im Todesdunkel bleibe du mein Licht
488,5 im Leben und im Tod, Herr, bleib bei mir

d) von Menschen (14)
112,4 bleib allzeit ohn Gefahr
113,5 im Tod und Grabe der nicht bleibt
143,7 blieb keiner mehr behütet
202,6 der bleibt in seinen Sünden
245,4 wer den nicht geht, muß draußen bleiben
254,3 wir sind nicht einsam blieben
299,1 wer kann, Herr, vor dir bleiben
387,3 daß du schläfrig bleibest
406,1 bei dir, Jesu, will ich bleiben
472,4 wo sollt ich vor dir bleiben
475,2 daß ich unbeschädigt blieben
517,9 du hast doch hier kein Bleiben nicht
518,3 da wir mögen bleiben
529,6 doch denk ich nicht zu bleiben

da) von der Nachfolge (27)
5,5 und beständig bleiben
67,3 daß wir am Glauben bleiben
70,3 daß ich, o Herr, ein Gliedmaß bleib
75,3 und daß wir stets bleiben bei seinem heilgen Wort
112,6 ich hang und bleib auch hangen
124,2 daß wir an ihm bleiben, dem treuen Heiland
124,3 und im Frieden auf einem Sinn bleiben
125,3 in deim Dienst beständig bleiben
130,3 getreu dir bleiben für und für
157 laß mich dein sein und bleiben
182,9 in seiner Liebe zu bleiben
210,1–5 ich will dir folgen, will bei dir bleiben
219,3 auch bis ans Ende bleiben
254,3 wir sind am Stamm geblieben
354,7 bei diesem Grunde will ich bleiben
374,1 wird wohlbehalten bleiben
404,4 und in der Wahrheit bleibe
406,4 ja, Herr Jesu, bei dir bleib ich
440,4 und bleiben von dir ungetrennt
485,5 laß unsern Glauben bleiben
494,3 und bleibt auf seinen Wegen
503,14 und Pflanze möge bleiben
530,6 ich bleib in ihm und er in mir

db) allezeit, in Ewigkeit (22)
204,4 und bei dir ewig bleib
262,7 in dir bleiben allezeit
274,5 und ich werd bleiben allezeit
309,4 bleibt ewiglich zu seines Namens Ruhm
358,1 sind sie und bleiben sein
365,5 und bleibn in Ewigkeit
398,1 wer dir vertrauet... wird ewig bleiben
401,1–7 dein zu bleiben ewiglich
405,4 da du sollst bleiben allezeit

406,4 bei dir bleib ich, dir verschreib ich
408,6 sterb ich, bleib ich auch bei dir
516,7 laß mich leben und bleiben allezeit
522,3 von dir ich ungeschieden bleib
522,4 werd ich im Grab nicht bleiben
523,4 wer bleibt in deinem Schoß
530,7 ich bin und bleib in deinen Sorgen

bleich (1)
15,5 die Blüte sein wird bleich und blaß

blenden (1)
431,3 geblendet noch und schuldbedroht sehn wir

Blick (6)
63,5 wird uns... der klare Blick verbaut
271,3 wenn ich den Blick zu deinen Sternen wende
281,1 sein furchtbar majestät'scher Blick
394,1 nun aufwärts froh den Blick gewandt
394,5 drum aufwärts froh den Blick gewandt
413,7 kein' sauren Blick, kein bitter Wort gibt sie

blicken (3)
85,10 da will ich nach dir blicken
501,3 Herr, laß die Sonne blicken
506,2 mein Auge sieht, wohin es blickt

blind (7)
137,6 die verführte blinde Menge
236,2 der du Blinde heilst
250,2 die blind und lahm und elend sind
302,6 er ist das Licht der Blinden
303,6 sehende Augen gibt er den Blinden
376,2 es will die Augen schließen und glauben blind
441,4 damit, die wir geboren blind

Blindheit (1)
440,3 vor Blindheit und vor aller Schand

Blitz (2)
504,4 Blitz und Donner, Hagel, Wind
529,3 Blitz, Donner, Wind und Regen

blitzen (2)
58,5 wenn Not und Trübsal blitzen
396,2 ob es jetzt gleich kracht und blitzt

bloß (entblößt) (7)
27,2 er liegt dort elend, nackt und bloß
29,2 nackend, bloß und elende
35,1 liegt in der Krippen bloß
77,4 nackt und bloß an das Kreuz geschlagen
144,5 wir opfern uns dir arm und bloß
148,2 die Wort sind viel zu bloß
393,4 frei, bloß und wahrlich leer

bloß (nur) (2) → *schlicht*
137,3 die nicht bloß dem Gnadenbunde
412,4 Gott schuf die Welt nicht bloß für mich

blühen (8)
110,3 die Bäum zu blühen fangen an
133,9 laß blühen wie zuvor
151,4 man sieht die Bäume blühen
283,6 die Treue wird... auf Erden blühn
285,3 werden grünen und blühen und fruchtbar sein
501,1 weil alles grünt und blüht
503,13 daß ich dir stetig blühe
527,5 wie eine Rose blühet

Blume/Blümlein (21)
7,3 o Erd, herfür dies Blümlein bring
30,1 und hat ein Blümlein bracht
30,2 das Blümlein, das ich meine
30,3 das Blümelein so kleine
36,11 edle Blum, laß dich recht genießen
37,7 ich will mir Blumen holen
70,2 ei mein Blümlein, Hosianna
135,1 lasset Blumen streuen
165,6 wie die zarten Blumen
289,3 ein Blum und fallend Laub
302,8 ich eine welke Blum
330,3 ihr Blumen, laßt doch eure Zier
363,3 gleichwie die Blumen auf dem Feld
399,3 wie ein Blümlein in dürrem Land
403,4 schön sind die Blumen
427,3 du schmückst die Blumen auf dem Feld
472,3 wie Blümlein auf dem Feld
501,4 die Blümlein laß aufgehen
503,14 ich deines Gartens schöne Blum
514,4 ihr Blumen bunt, ihr Früchte treu
528,4 wie ein Blümlein bald vergehet

Blut (94) → *erlösen, Wunde*

a) allgemein (9)
36,2 das verbind't sich mit unserm Blute
87,4 zum Blute, Schmach und Hohn
143,5 nach Herz und Seele, Leib und Blut
200,5 es sei in mir kein Tropfen Blut
231,8 nicht wuchern jemands Schweiß und Blut
330,2 o daß mein Blut mit Jauchzen wallte
370,3 Gut und Blut, Leib, Seel und Leben
377,3 und widerstehen bis aufs Blut
475,6 Leib und Seele, Mut und Blut

aa) Fleisch und Blut (8)
23,2 in unser armes Fleisch und Blut
25,3 er ist geborn eu'r Fleisch und Blut
27,4 Fleisch und Blut nimmt er an
42,6 vereinest dich mit Fleisch und Blut
344,4 wehr und steu'r allem Fleisch und Blut
405,1 hat angenommen Fleisch und Blut
497,6 das gib mir ein; was Fleisch und Blut
524,4 unser eigen Fleisch und Blut

b) Christi Blut (38)
70,4 dein Wort, dein Geist, dein Leib und Blut
77,4 an dem er sein Blut vergoß
77,6 daraus Blut und Wasser rann
83,7 so soll dein Blut mein Purpur sein
85,1 o Haupt voll Blut und Wunden
101,5 des Blut zeichnet unsre Tür
114,10 die überwunden durch dein Blut
133,3 mit dessen Tod und Blute
137,7 zu verkünden Christi Blut
202,1 durch sein selbst Blut und Wunden
202,7 der Glaub... versteht des Blutes Jesu Christi
202,7 von Christi Blut gefärbet
234,5 von wegen Christi Blut und Tod
245,3 für sie ist Christi Blut vergossen
251,3 so vergoß er dort sein Blut
264,1 hat sich mit seinem Blute
341,8 vergießen wird er mir mein Blut
350,1 Christi Blut und Gerechtigkeit
350,2 drum soll auch dieses Blut allein
350,3 ich will die Gnad in Jesu Blut
351,3 ist Christus und sein Blut
351,6 löscht meines Heilands Blut
353,6 müssen sie kraft deines Bluts
354,4 weil Christi Blut beständig schreit
355,2 und macht durchs Blut des Sohns mich rein
370,11 und dein Blut mir zugut
386,8 in das Heilge durch dein Blut
484,2 deine Gnad und Jesu Blut
498,4 weil du dein Blut hast dran gewandt
530,1-7 ich bitt durch Christi Blut
530,7 mit Jesu Blut schön ausgeschmückt
530,8 aus Gnad durch Christi Blut

ba) erlöst, erkauft (17) → *bb)*
34,2 dich zu lösen durch sein Blut
87,3 dein Blut das Lösegeld
123,5 die Erlösung durch sein Blut
123,6 er hat sie mit Blut erkaufet
143,8 und rette uns, Herr, durch dein Blut
148,3 der durch sein Blut und Leiden
164 die du erkauft mit deinem Blut
195,2 mich durch sein Blut vom Tod erlöst
250,1 durch Christi Blut gewaschen sein
256,1 und uns erkauft mit seinem Blut
329,3 durch Christi Blut hilft mir mein Gott
331,8 kauftest durch dein Blut uns frei
397,1 der mich durch sein Blut hat erlöst
412,5 die Gott durch seines Sohnes Blut
469,5 erworben durch dein heilges Blut
520,7 der uns durch sein Blut hat erlöst
524,6 weil mich dein Blut hat erlöst

bb) teures Blut (11) → *ba)*
79,1 und hast uns durch dein teures Blut
82,3 bezahlt durch Christi teures Blut
91,9 ich bin versöhnt in deinem teuren Blute
139,2 erlöst hat mit seinem teuren Blut
158,3 am Kreuz dein teures Blut
191 die mit deim teu'rn Blut erlöset sein
216 sein teures Blut, das uns zugut
325,3 durch sein teures Blut gewinn
386,6 durch dein heilges, teures Blut
406,3 mit dem eignen teuren Blut
518,3 vergossen ist dein teures Blut

bc) im Abendmahl (11)
78,9 sein Blut zum Trank süße
213,6 den Wunderborn im Blut
214,1 mit seinem Fleische und mit seinem Blute
214,1 durch dein Fleisch und dein Blut
214,2 daß dein Blut an uns groß Wunder tat
215,2 und zu trinken sein Blut im Wein
218,4 uns wird Christi Blut gegeben
219,1 wir kommen, deinen Leib und Blut
223,3 sein Fleisch und Blut, getrennt im Tod
226,3 für den Bund in Christi Blut
530,6 ich hab sein Blut getrunken hier

Blüte (3) → *Flor*
15,5 die Blüte sein wird bleich und blaß
501,2 die Blüt zur Frucht vermehre
527,6 und recht zur Blüte kommen

bluten (3)
83,2 durch Sterben und durch Bluten
381,3 so schrie der Welten Christus, blutend am Kreuz
523,3 dich hast geblut' zu Tod

blutig (2)
66,6 stirbt es aus Liebe am blutigen Stamm
78,4 von ihm blutiger Schweiß rann

blutrot (1)
353,6 ob die Sünden blutrot wären

Blutvergießen (2)
58,10 und laß... auf so viel Blutvergießen
192 vor Krieg und Blutvergießen

Blutzeuge (1)
331,4 der Blutzeugen lichte Schar lobt und preist

Boden (1)
370,2 nackend lag ich auf dem Boden

Bogen (2)
248,6 der die Bogen macht zunicht
395,1 seit leuchtend Gottes Bogen am hohen Himmel stand

Bord (2)
8,1 bis an sein' höchsten Bord
199,3 dann an der Zeiten Bord

Born (2) → *Bronn, Brunnen*
64,4 und doch strömt deiner Gnade Born
213,5 ein Born der Liebe, quillet

böse (63) → *Frevel*
a) allgemein (23)
5,6 da wird er vom Bösen
77,1 kein Bös' hat begangen
84,11 wenn böse Zungen stechen
91,1 die dich bewog, von aller Schuld des Bösen
91,4 Gott ist gerecht, ein Rächer alles Bösen
115,4 bösen Lüsten widerstreben
148,4 vom Teufel, allem Bösen
171,3 sei mit uns vor allem Bösen
186 sondern erlöse uns von dem Bösen
187 sondern erlöse uns von dem Bösen
188 sondern erlöse uns von dem Bösen
192 vor bösem, schnellem Tod
320,7 du kannst's nicht böse meinen
361,10 die du zu keinem Bösen bisher getragen hast
371,14 dieses Leibs und allem Bösen
372,4 der mir nichts Böses gönnen kann
374,4 was böse scheint, ist gut gemeint
386,10 sieh, ob ich auf bösem, betrüglichem Stege
404,5 und alle bösen Lüste
443,3 vor bösem, schnellem Tod
481,3 und alle bösen Kräfte vertreibe
505,3 hat böses Tun verderbt
529,9 die Herberg ist zu böse
aa) von Leben, Zeit, Welt (13)
9,5 zu dieser bösen Zeit
65,2 noch drückt uns böser Tage schwere Last
114,3 tritt unter dich die böse Welt
148,4 von aller bösen Zeit
148,9 in dieser bösen Zeit
150,3 aus jenem bösen Leben
167,2 und auch in bösen Tagen
283,4 ach daß doch diese böse Zeit
344,8 es sind die Zeit und Tage bös
347,5 noch fäll die böse Welt
387,1 damit nicht die böse Zeit unverhofft eintrete
414,3 in gut und bösen Tagen sein vergnügt
523,1 dein sündlich böses Leben
b) vom bösen Feind, Geist, Satan (14)
19,2 und von des Bösen Tyrannei
66,3 fühlst du den Stärkeren, Satan, du Böser
133,11 vertreib den bösen Geist
143,4 um Satans böse List und Macht
227,6 sie zu befreien aus der Macht des Bösen
344,7 wenn uns der böse Geist anficht
347,1 nicht schade des bösen Feindes List
362,1 der alt böse Feind mit Ernst er's jetzt meint
364,4 wenn mich der böse Geist anficht
443,5 auf daß der bös Feind hier
445,2 daß des bösen Feindes List
445,7 der des bösen Feindes Macht
467,4 daß uns der böse Feind nicht fäll
469,2 in dieser Nacht vorm bösen Feind
c) von Menschen (13)
5,8 doch die Bösen kommen dahin
71,4 die Bösen stürzen bald
81,5 der Böse lebt, der wider Gott gehandelt
146,2 erbarm dich deiner bösen Knecht
149,1 zu richten Bös und Fromme
234,4 fährt fort in seinem bösen Sinn
242,2 wehr und straf der Bösen Grimm
250,4 so sind wir dennoch böse Knecht
278,7 errette von falschem, bösem Volk
282,5 zu wohnen in der Bösen Zelt
385,4 ein böser Knecht, der still mag stehn
404,7 ist böse und nicht gut
413,5 und regnen über Bös und Fromm

Bosheit (2)
84,10 mit Werken, so die Bosheit tut
234,1 von seiner Bosheit kehre sich

Bote (7) → *Zeuge*
142,5 du sendest sie als Boten aus
144,6 sprich uns durch deine Boten zu
191 der heiligen zwölf Boten Zahl

225,3 wird selber Bote sein
257,3 noch gehn die Boten aus
262,5 gib den Boten Kraft und Mut
263,5 gib den Boten Kraft und Mut

Botschaft (2) → *Evangelium, Kunde*
49,3 tun gute Botschaft bringen
55,3 singen die frohe Botschaft hell

Brand (1)
431,1 o rette uns jetzt vor dem Brand

branden (1)
117,3 wär er geblieben, wo des Todes Wellen branden

brauchen (8) → *bedürfen, gebrauchen*
215,6 was braucht ich für dich zu sterben
231,3 du sollst nicht brauchen zu Unehrn
393,4 wir brauchen's nur zur Not
395,2 wo er uns will und braucht
397,2 damit ich's brauch zum Lobe dein
447,3 daß unsre Sinnen wir noch brauchen können
453,3 und Trank und Speise brauchet recht
488,3 ich brauch zu jeder Stund dein Nahesein

brausen (2)
286,4 das Weltmeer brause aller Enden
514,1 laßt brausen hoch zum Himmel auf

Braut (6)
70,5 er ist mein Schatz, ich seine Braut
83,7 als eine wohlgeschmückte Braut
151,5 der Braut wird, weil sie überwunden
151,7 niederlassen die Braut im Freudensaal
264,1 und wählte sie zur Braut
525,5 wie eine Braut hergehe

Bräutigam (Christus) (11)
3,3 der Bräut'gam Christus ward gesandt
33,2 willkommen, süßer Bräutigam
69,2 der Bräut'gam kommt, nun machet euch bereit
70,1 mein König und mein Bräutigam
70,6 dem wunderschönen Bräut'gam mein
147,1 wohlauf, der Bräut'gam kommt
151,1 aufgemachet der Bräutigam mit Pracht
151,2 der Bräutigam ist nah
151,3 der Bräut'gam ist nicht weit
396,1 Gottes Lamm, mein Bräutigam
400,2 ich will dich lieben... als meinen Bräutigam

brechen (47)

a) allgemein (14)
7,2 ihr Wolken, brecht und regnet aus
66,3 bricht dem gewappneten Starken ins Haus
74,1 das durch die Finsternisse bricht
98,2 über Gottes Liebe brach die Welt den Stab
111,6 da er durchs Todes Kerker bricht
117,1 brach heut aus seiner Zelle
143,5 wie er in unser Leben bricht
268,1 Strahlen brechen viele aus einem Licht
374,5 was er verspricht, das bricht er nicht
384,1 auf der Bahn, die er uns brach
385,4 ich kämpfe selbst, ich brech die Bahn
388,5 der gebrochnen Freiheitsbahn
394,4 er uns vorauf, er bricht uns Bahn
504,2 wie es durch die Wolken bricht

b) Brot brechen (9)
225,2 wird selbst das Brot uns brechen
229,1 er bricht Brot und reicht uns den Wein
418,1+2 brich dem Hungrigen dein Brot
418,5 brich uns Hungrigen dein Brot
420,1-4 brich mit den Hungrigen dein Brot

c) im Sinne von: zerbrechen (24)
39,5 bricht den Kopf der alten Schlangen
63,2 so manches Aug gebrochen
83,4 und wenn mein Herz in Stücke bricht
84,11 mir Ehr und Namen brechen
85,6 wenn dir dein Herze bricht
127,7 brechen gar leicht von jedem Streich
137,3 alle Zweifel siegend bricht
256,2 drum brich den eignen Sinn
297,1 und selber bricht der Feinde List
322,9 er drücke, wenn das Herze bricht
354,2 dem allemal das Herze bricht
371,15 da sie den Grund, der nicht kann brechen
378,1 um dich her in Trümmer brechen
400,1+7 bis mir das Herze bricht
402,3 wenn der Lebensfaden bricht
449,7 alles in allen muß brechen und fallen
453,3 des Fleisches Hoffart beugt und brecht
488,3 denn des Versuchers Macht brichst du allein
488,5 halt mir dein Kreuz vor, wenn mein Auge bricht
516,4 wenn meine Kräfte brechen
524,7 ob mir schon die Augen brechen

534,1 daß Brücken brechen, denen wir vertraut
534,2 wenn Brücken brechen und wenn wir vergehn

breit (4) → *weit*
71,1 den Menschen weit und breit
191 ehrt die Welt weit und breit
308,2 des wird von nun an weit und breit
323,3 und preisen weit und breit

breiten (3) → *ausbreiten*
65,6 wenn sich die Stille nun tief um uns breitet
316,3 über dir Flügel gebreitet
317,3 über dir Flügel gebreitet

brennen (22)
17,1 sehet, die erste Kerze brennt
17,2 sehet, die zweite Kerze brennt
17,3 sehet, die dritte Kerze brennt
17,4 sehet, die vierte Kerze brennt
34,2 brennt in Liebe für und für
36,6 liebt den, der vor Liebe brennet
63,1 die Wunden brennend heiß
125,1 dein brennend Lieb entzünd in ihn'
127,3 brenn rein die sündige Natur
127,7 uns brennen wohl in deiner Glut
130,5 in unsern Herzen brennen
135,3 laß die Zungen brennen
142,4 sie brennen, leuchten, beten an
154,1+5 daß unser Licht vor allen Menschen brennt
234,6 dein Seel und Leib dort brennen muß
255,1 o daß doch bald dein Feuer brennte
255,2 zwar brennt es schon in heller Flamme
315,5 brennt wie Spreu
431,2 die Liebe, die in Christus brennt
489,2 heller als die Sonne brennt
526,5 werd in seiner Liebe brennen

Brennen (4)
127,4 mit deiner Liebe Brennen
251,7 und allein von deinem Brennen
351,11 kein Brennen, Hauen, Stechen soll trennen
449,6 geiziges Brennen, unchristliches Rennen... das tilge

bringen (119)

a) allgemein (32)
30,1 und hat ein Blümlein bracht
61,1 laß es neue Kräfte bringen
77,1 eilend zum Verhör gebracht
81,6 die dich gebracht auf diese Marterstraße
97,1 und bringt gute Frucht
135,4 hundertfältig Früchte bringe
148,6 die Musikkunst wird bringen
159,3 daß es viel Früchte bringe
203,2 da sie sind worden zu dir bracht
242,1 das brächt Freud dem Widerpart
266,4 die Sonne, die uns sinkt, bringt drüben
278,8 sie leiten und bringen mich zu dir
280,3 das Land bringt Frucht und bessert sich
343,5 daß mir's nicht bringt Gefähr
351,2 und was mir bringet Weh
352,3 die mir wahre Ruhe bringen
371,14 und aus der Qual uns sämtlich bringen
393,5 Gemach bringt Ungemach
442,2 du bringst uns Christus, unsern Herrn
443,5 und mich nicht bring zu Fall
444,1 die güldene Sonne bringt Leben und Wonne
449,1 bringt unsern Grenzen mit ihrem Glänzen
476,1 bringt Menschen, Vieh und alle Welt zur Ruh
480,1 Preis, Lob und Ehr gebracht
486,4 das mancher Erdentag noch bringt
497,2 daß sein Rat werd ins Werk gebracht
503,6 bringt täglich neue Stärk und Kraft
506,4 bringt, ruft auch der geringste Wurm
506,4 bringt meinem Schöpfer Ehre
506,4 bringt unserm Schöpfer Ehre
518,1 wer ist, der uns Hilfe bringt
527,7 uns vor die Tür gebracht

b) von Gott (24)
1,2 all unsre Not zum End er bringt
39,7 sei uns freundlich, bring uns alle
40,1 bringt Licht in meine Dunkelheit
65,5 die du in unsre Dunkelheit gebracht
66,2 bringet zu Ehren aus Sünde und Schande
72,1 und bringe sie zu deiner Herd
78,9 bringt viel Frücht zu Gottes Preis
89,4 mich wirst hinkünftig bringen
111,8 was er aus seinem Grab gebracht
112,8 er bringt mich an die Pforten
124,2 der uns bracht hat zum rechten Vaterland
133,5 bis der die Hilfe bringet
191 und all Christen zum Himmel bracht
252,2 Gnade, Kraft und Segen bringe
296,8 bring dich nach Haus in seim Geleit
329,1 bis hierher hat mich Gott gebracht
331,6 hast uns Gottes Gnad gebracht

361,3 und bringst zum Stand und Wesen
371,15 er wird uns bringen zu den Scharen
386,8 dein Eingang die völlige Freiheit mir bringt
400,5 daß mir dein Glanz hat Licht gebracht
447,10 die sich bekehren, gnädig dahin bringen
496 und bringe mir den Segen
497,9 und bring zum guten Ende

ba) Leben, Freude, Friede, Seligkeit (19)
1,1 der Heil und Leben mit sich bringt
1,3 bringt mit sich lauter Freud und Wonn
2,1 bringt mit sich lauter Freud und Wonn
2,2 all unsre Not zum End er bringt
9,2 er bringt kein zeitlich Gut
24,4 er bringt euch alle Seligkeit
33,1 und letztlich Frieden bringen
74,2 hast Sieg und Leben uns gebracht
101,1 und hat uns bracht das Leben
116,1–5 Jesus bringt Leben, Halleluja
162,1 mein Heil hat mir das Leben bracht
178.7 und das Leben bringt
248,7 der du Frieden bringen wirst
279,4 der uns vom Tod zum Leben bringet
508,2 und bringt ihn dann behende in unser Feld und Brot

c) von Engeln (4)
24,1 ich bring euch gute neue Mär
24,1 der guten Mär bring ich so viel
49,3 tun gute Botschaft bringen
53,2 brachten frohe Kunde

d) von Menschen (32)
29,2 Gold, Weihrauch, Myrrhen brachten sie mitte
30,2 hat uns gebracht alleine Marie
37,1 ich komme, bring und schenke dir
50,1 durch unsre Schuld auf dich gebracht
77,2 bracht man ihn mit harter Klag
83,5 mich selbst... zum Freudenopfer bringen
87,2 ach unsre Sünde bringt dich an das Kreuz hinan
145,4 du solltest bringen gute Frucht
165,2 unsre Opfer bringen
196,2 Frucht hundertfältig bringen
196,4 viel Früchte bringen in Geduld
203,3 die man mir bringt, beid, arm und reich
217,3 mich bring um die Seligkeit
229,3 Frucht zu bringen, wo Zweifel quält
239,3 in Gebet und Flehen vor ihn bringen
241,1 und aller Völker Scharen zu dir bringt
246,5 und bringen stets was Neues her
269,2 festliche Lieder vor ihn bringt
279,6 dort bring ich dir mein Opfer dar
281,4 dir ihre Gaben bringen
298,3 bringen jauchzend ihre Garben
330,6 ich will dir Freudenopfer bringen
360,4 wir brachten selbst uns in Gefangenschaft
386,6 nichts kann ich vor Gott ja bringen
407,3 nichts hab ich zu bringen
416 daß ich den Glauben bringe, wo der Zweifel drückt
439,6 das bringen wir in deinem Sohn
446,5 hier bring ich meine Gaben
479,3 bis ich es zu dir bringe
479,3 ich bringe, was ich kann
495,6 mein Leben höher bringen
497,3 und bringt's doch nicht zum Stande

da) Lob, Dank, Ehre (8)
300,2 bringt seinem Namen Preis und Ruhm
303,8 und bringe Lob mit frohem Mut
322,1 nun danket all und bringet Ehr
327,4 Halleluja bringe, wer den Herren kennet
328,1 dir will ich meine Lieder bringen
414,4 stets Dank und Ruhm und Ehre bringen
447,1 und Preis und Dank zu seinem Altar bringen
449,3 dem Schöpfer bringen Güter und Gaben

Bronn (1) → *Born, Brunnen*
148,5 aus Gottes Schatz und Bronne

Brot (55) → *Abendmahl, Speise*

a) allgemein (19)
182,6 zu einem Brote geworden
226,2 ruft nach Brot, um zu ernähren
227,4 aus vielen Körnern ist ein Brot geworden
229,3 gibt uns Wort und Brot für die Welt
278,2 Tag und Nacht sind Tränen mein Brot
312,6 teilt Brot und Mantel
418,1+2 brich dem Hungrigen dein Brot
418,5 brich uns Hungrigen dein Brot
420,1–4 brich mit den Hungrigen dein Brot
423,6 da man nach Brot vergebens ruft
424,1 schenkst uns Wasser, schenkst uns Brot
494,3 auch Armen Brot zu geben
508,2 und bring ihn dann behende in unser Feld und Brot
508,4 er gibt... und unsern Kindern Brot
524,5 unsre Tränen sind das Brot

b) tägliches Brot (11)
163 segne unser täglich Brot
186 unser tägliches Brot gib uns heute

187 unser tägliches Brot gib uns heute
188 unser täglich Brot, Herr, gib uns heute
240,1 du segnest unser täglich Brot
342,9 das täglich Brot noch heut uns werd
344,5 gib uns heut unser täglich Brot
382,3 sei du mein täglich Brot, so wahr du lebst
408,4 täglich gibt er mir das Brot
464,1 Herr, gib uns unser täglich Brot
464,2 Herr, du bist unser täglich Brot

c) Brot des Lebens, Abendmahl (25)
101,7 zum süßen Brot geladen
171,1 sei Quelle und Brot in Wüstennot
215,2 verborgen im Brot so klein
217,2 du bist selbst das Brot des Lebens
218,2 daß in diesem Brot und Weine
218,4 daß dies Brot nie wird verzehret
218,6 Jesu, wahres Brot des Lebens
221,1 wir sind, die wir von einem Brote essen
223,3 gab zwiefach sich in Wein und Brot
223,4 gibt sich als Brot zum Heil der Welt
224,3 nun segne, Herr, uns Brot und Wein
225,2 wird selbst das Brot uns brechen
225,3 der Herr in Brot und Wein
226,1+2 seht, das Brot, das wir hier teilen
228,1–3 er ist das Brot, er ist der Wein
229,1 er bricht Brot und reicht uns den Wein
229,1–3 er, der lebt, gebot: Teilt das Brot
407,1 Brot, von dem ich lebe
418,3 der da ist des Lebens Brot
427,4 er ist das Brot, das uns vereint

Brücke (4)
534,1 daß Brücken brechen, denen wir vertraut
534,1 zum Leben die Brücke, die du uns gebaut
534,2 wenn Brücken brechen und wenn wir vergehn
534,2 sei selber die Brücke und laß uns bestehn

Bruder (35) → *Geschwister, Schwester*

a) allgemein (2)
393,7 Engel selbst begleiten als Brüder unsre Reihn
514,6 den Odem mein, o Bruder Tod

b) von Jesus Christus (13)
6,1 der unser Bruder worden ist
25,3 eu'r Bruder ist das ewig Gut
33,3 daß du mein Bruder worden bist
42,6 wirst unser Freund und Bruder hier
57,3 daß er uns Bruder worden ist
121,2 weil unser Bruder Gottes Sohn
121,4 hilf uns, o Bruder Jesu Christ
223,4 der sich als Bruder zu uns stellt
341,6 er sollt mein Bruder werden
405,1 dein Bruder da zu werden
410,1 in unser Dunkel kam er als ein Bruder
515,7 sei gepriesen für Jesus, unsern Bruder
516,2 fahr ich... zu Christ, dem Bruder mein

c) von Menschen (20)
14,6 vereint als Brüder wieder wohnen
36,5 lasset fahrn, o liebe Brüder
37,5 was trauerst du, o Bruder mein
149,6 auf daß ich samt den Brüdern mein
221,1 Schwestern und Brüder
227,3 Schwestern und Brüder
251,1 er der Meister, wir die Brüder
251,3 daß ein jeder für die Brüder
269,1 Brüder und Schwestern, auf ihn schaut
344,1 Brüder sein und dich rufen an
384,4 trauter Freund, als deine Brüder
412,1 und haßt doch seine Brüder
412,2 und sieht die Brüder leiden
412,3 der liebt auch seinen Bruder nicht
412,4 denn wir sind alle Brüder
412,5 ich sollte Brüder hassen
412,6 mit meinen Brüdern tragen
412,7 und Gott in Brüdern nicht erfreun
449,6 in meines Bruders und Nähesten Haus
482,7 so legt euch denn, ihr Brüder

brüderlich (2)
214,3 in rechter Lieb und brüderlicher Treue
413,1 die brüderliche Lieb genannt

brummen (6)
396,3 ob sie noch so brummen
509,1–5 der Käfer dir brummt

Brunnen/Brunn/Brünnlein (13) → *Born, Bronn*
58,8 ein Brunnen unsrer Freuden
126,2 ein lebend Brunn, Lieb und Feu'r
140,1 Brunn alles Heils, dich ehren wir
148,7 vom Brunn der Lebensflüsse
166,6 wenn der Brunn des Lebens quillt
304,5 der Brunn des Lebens tut aus ihm entspringen
324,2 ich weiß, daß du der Brunn der Gnad
325,3 o du unergründ'ter Brunnen
370,11 Herr, mein Hirt, Brunn aller Freuden

389,3 o Brunnen unerschöpfter Güt
399,2 o frischer Quell, o Brünnelein
413,1 daraus ein schönes Brünnlein quillt
447,6 o treuer Hüter, Brunnen aller Güter

Brunnquell/Brunnenquell (3)
127,7 du, der lebend'ge Brunnenquell
219,1 du Brunnquell aller Gnaden
495,1 du Brunnquell guter Gaben

Brust (2)
213,2 erquicket jede Brust
509,2 singt dir aus voller Brust

brüsten, sich (1)
136,3 Unglaub und Torheit brüsten sich frecher

Buch (5)
149,3 ein Buch, darin geschrieben
149,5 daß ich im Buch der Seligkeit
149,6 und lies mich aus dem Buche frei
207,1 nun schreib ins Buch des Lebens
523,5 schreib... ins Buch des Lebens ein

bücken, sich bücken (3)
165,2 Tag und Nacht gebücket dienen
165,8 und vor dir mich bücken
393,5 sich dulden und sich bücken

Bund (18) → *Testament*
14,4 der neue Bund gestiftet werde
62,1 die in seinem Bunde stehn
127,6 durch dich besteht der neue Bund
144,7 und hilf, daß wir den neuen Bund
200,4 bleibt dieser Bund wohl feste stehn
200,6 halt mich in deines Bundes Schranken
205,3 damit jetzund in deinen Bund
226,3 für den Bund in Christi Blut
238,2 sprich selbst das Amen auf den Bund
239,1 daß er Hand in Hand zum Bund euch lege
239,4 sei in eurem Bund euch täglich näher
239,5 dann erfüllt sich erst der letzte Bund
251,2 und erneuert euren Bund
289,4 die seinen Bund behalten
290,3 er denket ewig seines Bunds
290,6 des Bunds, den er mit Abram machte
312,5 und glauben seinem Bund
377,4 die dir vertraun und deinem Bund

Bündelein (1)
523,5 und bind mein Seel gar feste ins schöne Bündelein

bunt (2)
424,2 unsre Welt ist wirr und bunt
514,4 ihr Blumen bunt, ihr Früchte treu

Bürde (3) → *Last*
76,1 trüg unsrer Sünden schwere Bürd
217,4 ihrer Bürde sie befreien
407,2 ohne dich, wer nähme meine Bürde, wer

Burg (3) → *Fels, Feste, Schloß*
275,3 sei mir ein Burg, darin ich frei
362,1 ein feste Burg ist unser Gott
378,1 daß die Burgen dieser Welt

Bürge (3)
84,6 du setzest dich zum Bürgen
257,1 zum Bürgen dargestellt
478,5 den setz ich dir zum Bürgen ein

Bürger (1)
62,5 Jesus, aller Bürger Heil

Bürgerrecht (1)
245,2 darin wir Bürgerrecht gewinnen

Busch (2)
325,6 in den Büschen, in der See
508,3 von ihm sind Büsch und Blätter

Buße (17) → *Reue, umkehren*
5,2 zur Buß sollen wenden
15,3 die Stimme ruft: Tut Buße gleich
51,2 daß Buße und Gottseligkeit... wohne
88,4 dies mit Buß und Reue
127,4 wer sich durch Buß zu Gott bekehrt
141,2 die Buß er predigt in der Wüst
141,2 tut rechte Buß ohn Heuchelei
144,2 verleih uns, daß wir Buße tun
145,4 in Lieb und Treu, in Buß und Zucht
145,6 tu rechte Buße in der Zeit
202,5 sich soll zur Buße kehren
234,3 denk nicht: Zur Buß ist noch wohl Zeit
234,6 so du nun stirbest ohne Buß
234,7 und Buße tu den Augenblick
249,4 in rechter Buß erkennen
512,5 unser Herz zur Buße führt
530,3 und ja nicht sparen meine Buß

büßen (8)
5,8 ihr Untugend büßen
61,3 laß mich büßen meine Sünd'
83,1 es geht und büßet in Geduld
84,4 ich bin's, ich sollte büßen
86,6 um zu büßen meine Schuld
86,7 deine Demut hat gebüßet
88,4 was du selber büßen mußt
104,1 an dem Kreuz selbst gebüßet hat

bußfertig (1)
217,3 gib mir ein recht bußfertig Herze

C

Cherub (5) → *Engel*

27,6 der Cherub steht nicht mehr dafür
123,4 über allen Cherubim
165,2 dem die Cherubinen... dienen
191 auch Cherubim und Seraphim
331,2 Cherubim und Seraphinen stimmen... an

Chor (21) → *Engel*

5,6 mit sich führen zu der Engel Chören
36,1 hört, hört, wie mit vollen Chören
41,1 frohlocket, ihr Engel, in Chören
43,3 hoch oben schwebt jubelnd der Engelein Chor
54,2 den uns die Chöre machen kund
123,4 sitzt er unter lichten Chören
123,10 und du Chor vor seinem Throne
142,4 ein großes Lob ertönt im Chor
147,3 an deiner Stadt; wir stehn im Chore
150,7 in Chören ohne Zahl
165,2 singen ihm... aller Engel hohe Chöre
294,3 laßt danken uns in hellem Chore
316,1 lob ihn, o Seele, vereint mit den himmlischen Chören
328,3 daß ich dir Psalmen sing im höhern Chor
330,7 da sing ich dir im höhern Chor
331,4 der Apostel heilger Chor
332,1 lobt froh den Herrn, ihr jugendlichen Chöre
332,2 aus unserm Chor ein Lied zu seinem Ruhme
333,6 lobsinget dem Herrn in frohen Chören
514,7 ihr Kreaturen, singt im Chor: Halleluja
535 an deiner Stadt; wir stehn im Chore

Christus/Christ/Christe/Christi (205) → *Messias*

„Jesus Christus" siehe unter: Jesus

„Herr Christus" usw. siehe unter: Herr (A)

a) Christus als Handelnder (Subjekt)
b) Christus, Gottes Sohn
c) Christus, der Herr
d) Christus im Akkusativ
e) in, an, mit, unter, von Christus (Dativ)
f) Christus, erbarme dich → h)
g) Christ (Kurzform des Namens)
h) Christe (als Anruf, im Vokativ) → f)
i) Christi (Genitiv)
ia) Christi Blut

a) Christus als Handelnder (Subjekt) (64)

3,3 der Bräut'gam Christus ward gesandt
34,1–4 Christus wehret allem Leide
34,1–4 Christus ist die Gnadensonne
36,1 Christus ist geboren
51,4 daß Christus Jesus kommen wird
53,1 Christus ward geboren
55,2 denn Christus ist geboren
69,3 Christus im Himmel wohl bedachte
75,2 wäre nicht gekommen Christus in die Welt
76,1 darum Christus seins Vaters Schoß
76,2 die Christus hat an uns getan
77,1 Christus, der uns selig macht
93,3 Christus durch des Sterbens Tor
100,1–5 gelobt sei Christus, Marien Sohn
101,7 Christus will die Kost uns sein
104,2 Christus hat alle Schrift erfüllt
111,1 mein Heiland Christus aufersteht
111,6 am Kreuz läßt Christus öffentlich
111,13 lebt Christus, was bin ich betrübt
112,2 ist Christus wieder frei
113,2 da Christus mit ihr kämpfte
113,3 lebendig Christus kommt herfür
116,5 Cristus versöhnt uns mit unserm Gott
141,3 man fagt ihn, ob er Christus wär
143,2 und Christus ist ihr Meister
144,6 wie Christus vor deim Angesicht
145,2 denn Christus ist allein der Mann
195,2 alleine Christus ist mein Trost
218,2 Christus sich mit mir vereine
229,2 Christus eint uns und gibt am Heil
253,1 so viele Christus nennet sein
253,4 worin uns Christus vorangeht
268,1 unser Licht heißt Christus
268,2 unser Stamm heißt Christus
268,3 Liebe schenkt uns Christus
269,1 Christus ist König, jubelt laut
320,4 Christus, für uns gestorben
345,3 und Christus ist mein Leben
351,3 ist Christus und sein Blut
351,3 was Christus mir gegeben
359,3 Christus mit dem lichten Heer
370,10 da mein Hirt Christus wird
381,3 so schrie der Welten Christus, blutend am Kreuz

385,1 mir nach, spricht Christus, unser Held
399,5 die Christus uns wird schenken
402,6 Christus läßt mich für und für
409,6 Christus ist erstanden: Leben für die Welt
410,1 Christus, das Licht der Welt
410,2 Christus, das Heil der Welt
413,2 Christus sie selbst das Zeichen nennt
477,4 wird Christus mir anlegen
516,1 Christus, der ist mein Leben
520,7 das helf uns Christus, unser Trost
526,7 sterbt ihr, Christus ruft euch wieder

b) Christus, Gottes Sohn (7)
15,1 nimmt von euch Christus, Gottes Sohn
144,2 und sie in Christus, deinem Sohn
145,2 Gott hat dir Christus, seinen Sohn
184,1 wir glauben Christum, Gottes Sohn
293,1 mitgeteilet... in Christus, seinem Sohne
349,2 neu geboren in Christus, Gottes Sohn
519,2 das macht Christus, wahr' Gottes Sohn

c) Christus, der Herr (11)
48,1 Christus, der Herr, ist heute geboren
127,4 die uns gab Christus, unser Herr
141,1 Christus dem Herrn zu Preis und Dank
182,7 Christus, der Herr, ist geboren
274,5 werd ich sein bei Christus, meinem Herren
410,3 Christus, der Herr der Welt
442,2 du bringst uns Christus, unsern Herrn
442,3 erkennen Christus, unsern Herrn
443,1 durch Christus, unsern Herren
524,1 weil dich nun Christus, der Herre ruft
524,8 weil dich nun Christus, dein Herre ruft

d) Christus im Akkusativ (15)
39,1 kommt und laßt uns Christus ehren
111,13 g'nug, daß ich Christus bei mir hab
127,2 Christus zu lehren fangn sie an
127,5 loben Christus mit jedermann
129,1 und uns auf Christus weist
130,5 Christus unsern Heiland nennen
131,3 an Christus niemand glauben kann
211,1 und uns durch Christus zu dir rufst
253,2 wir haben einen Christus nur
327,4 welcher Christus nennet
345,2 auf Christus will ich bauen
346,1 auf Christus sich zu gründen
365,7 dieweil ich Christus kenne
370,1 hab ich doch Christus noch
381,4 du hörtest doch auf Christus, schreiend am Kreuz

e) in, an, mit, unter, von Christus (Dativ) (11)
112,6 an Christus als ein Glied
113,6 mit Christus auferstehet
115,3 Gott verstößt in Christus nicht
149,4 von Christus in die Hölle
200,1 ich bin in Christus eingesenkt
212,4 eint im Glauben uns mit deinem Christus
239,5 Gott wird einst in Christus wiederkommen
240,3 wie du in Christus uns getan
250,3 die sämtlich unter Christus stehen
363,5 wer sich in Christus nicht bereit'
431,2 die Liebe, die in Christus brennt

f) Christus, erbarme dich (5) → *h)*
178.5 Christus, erbarme dich
178.6 Christus, erbarme dich
178.7 Christus, erbarme dich
178.8 Christus, erbarme dich
178.10 Christus, erbarme dich

g) Christ (Kurzform des Namens) (27)
3,5 wir bitten dich, o heilger Christ
44,1 Welt ging verloren, Christ ist geboren
44,2 Christ ist erschienen, uns zu versühnen
46,2 Christ, der Retter, ist da
46,3 Christ, in deiner Geburt
57,1-5 Christ ist geboren
99 Christ ist erstanden von der Marter alle
99 Christ will unser Trost sein
101,1 Christ lag in Todesbanden
104,2 Christ, dem Herrn, sich ergibt
105,1 erstanden ist der heilig Christ
105,17 und Christ soll unser Tröster sein
106,1 Christ, unser Herr, heut triumphiert
106,3 Christ hat das Leben wiederbracht
116,4 Christ hat das Leben wiedergebracht
117,1 Christ, der begraben lag
120 Christ fuhr gen Himmel
120 Christ fuhr mit Schallen
120 Christ will unser Trost sein
141,3 der Welt Heiland, der wahre Christ
202,1 Christ, unser Herr, zum Jordan kam
244,1 Christ, sei mit deiner Hilf nicht weit
516,2 fahr ich... zu Christ, dem Bruder mein

h) Christe (als Anruf, im Vokativ) (22) → *f)*
68,7 o Christe, versammle dein Heer
75,1 Ehre sei dir, Christe, der du littest Not

75,1–3 Christe eleison
77,8 o hilf, Christe, Gottes Sohn
92,1 Christe, du Schöpfer aller Welt
104,1 Christe, Lob und Preis und Ehr
158,1 o Christe, Morgensterne, leucht uns
178.1 Christe eleison
178.2 Christe eleison
178.2 Christe, erbarme dich
178.3 Christe eleison
178.3 Christe, erbarme dich
178.4 Christe, aller Welt Trost
178.13 Christe eleison
178.13 Christe, erbarme dich
178.14 Christe eleison
190.2 Christe, du Lamm Gottes
192 Christe eleison
192 Christe, erhöre uns
469,1 Christe, du bist der helle Tag

i) Christi (Genitiv) (24)
56,4 nimm an des Christus Freundlichkeit
93,4 sagt zu Christi Wegen: Ja
111,10 da werd ich Christi Herrlichkeit
113,4 durch Christi Sieg bezwungen seind
113,5 so jemand Christi Worten glaubt
113,7 wird ähnlich dort Christi verklärtem Leibe
122,1 auf Christi Himmelfahrt allein
123,8 zwar auch Kreuz drückt Christi Glieder
184,5 läßt Christen Christi Kirche sein
194,2 dadurch wir Christi Jünger sein
227,3 sind Christi Leib, sind seines Leibes Glieder
244,10 bekehr den Feind zu Christi Lehr
245,5 aus Christi Wohltat, Füll und Gnad
250,4 was Christi Leiden uns bereit'
254,3 und unsre Lasten schieben, die Christi sein
268,5 wir sind Glieder Christi
326,8 ihr, die ihr Christi Namen nennt
354,4 durch Christi Tod verschlungen hat
394,3 begraben sei... für euch in Christi Grab
472,5 um Christi willen seist
495,7 auf Christi Tod abscheiden
503,10 wird wohl in Christi Garten sein
520,4 er hat getragen Christi Joch
525,5 bekleid't mit Christi Unschuld rein

ia) Christi Blut (19)
82,3 bezahlt durch Christi teures Blut
137,7 zu verkünden Christi Blut
202,7 von Christi Blut gefärbet
218,4 uns wird Christi Blut gegeben
226,3 für den Bund in Christi Blut
234,5 von wegen Christi Blut und Tod
245,3 für sie ist Christi Blut vergossen
250,1 durch Christi Blut gewaschen sein
329,3 durch Christi Blut hilft mir mein Gott
350,1 Christi Blut und Gerechtigkeit
354,4 weil Christi Blut beständig schreit
530,1–7 ich bitt durch Christi Blut
530,8 aus Gnad durch Christi Blut

Christ/Christen (= Menschen) (45)

a) allgemein (26)
58,15 mir und der Christen Schare
111,8 drauf sich ein Christ so herzlich freut
114,2 und such, was droben, als ein Christ
114,4 es kann ein Christ bei Kreuzespein
133,12 kein Christ ergebe sich
138,1–3 mit allen rechten Christen
150,5 auch Christen insgemein
162,3 daß nun ein Christ heißt Gottes Kind
184,5 läßt Christen Christi Kirche sein
191 und all Christen zum Himmel bracht
202,2 und was ein Christe glauben soll
248,5 deine Christen traun auf dich
250,3 was jeder Christ von Herzen glaubt
250,5 erfüll die Herzen deiner Christen
267,2 laß den Christen uns begegnen
283,3 wo Christen wohnen, werden
304,6 gib du die Gnade allen frommen Christen
324,11 du zählst, wie oft ein Christe wein
342,4 so lerne jetzt ein frommer Christ
370,7 soll ein Christ, wo er ist
413,1 daran ein Christ recht wird erkannt
413,4 ein Christ seim Nächsten hilft aus Not
442,8 die deinen Christen ist bereit'
524,3 also auch die Christen gehen

b) Anrede (19)
6,1 ihr lieben Christen, freut euch nun
17,1–4 freut euch, ihr Christen, freuet euch sehr
27,1 lobt Gott, ihr Christen alle gleich
34,1 Freuet euch, ihr Christen alle
49,1–4 freut euch von Herzen, ihr Christen all
60,1 freut euch, ihr lieben Christen all
129,1 freut euch, ihr Christen alle
182,7 freut euch, ihr Christen, verkündigt, was geschehn
182,8 freut euch, ihr Christen, erstanden ist der Herr
182,9 freut euch, ihr Christen, nehmt wahr, was Gott verheißt

269,3 ihr Christen alle, Frau und Mann
341,1 nun freut euch, lieben Christen g'mein
385,1 mir nach, ihr Christen alle

Christenglaube (1)
232,3 den wahren Christenglauben

Christenheit (32)
23,7 des freu sich alle Christenheit
38,1 rühmt die ganze Christenheit
39,1 wertes Volk der Christenheit
44,1-3 freue, freue dich, o Christenheit
49,1-4 freu dich, du Christenheit
59,2 du wollst dein arme Christenheit
71,6 und mit der Christenheit dich... nenne
100,5 des freu sich alle Christenheit
110,2 die Christenheit auf Erden klingt
120 zu Trost der ganzen Christenheit
121,2 nun freu sich alle Christenheit
130,2 auch können alle Christenheit
136,2 gib uns... Waffen der ersten Christenheit
139,5 lobt und preist die ganze Christenheit
143,1 heut singt die liebe Christenheit
183,3 die ganz Christenheit auf Erden
191 die ganze werte Christenheit
193,2 beschirm dein arme Christenheit
203,4 und alle in der Christenheit
214,3 daß dein arm Christenheit
248,1 deiner armen Christenheit
262,2 weck die tote Christenheit
263,2 weck die tote Christenheit
265,1 nun singe Lob, du Christenheit
265,3 die Christenheit erneun
502,1 lob ihn mit Schalle, werteste Christenheit
502,5 sein Lob vermehre, werteste Christenheit

Christenkreuz (1)
325,9 Christenkreuz hat seine Maße

Christenleute (1)
276,2 ihr lieben Christenleut

Christenschar (1)
34,4 gib der ganzen Christenschar

Christenvolk (1)
255,5 des ganzen Christenvolkes Schar

christgläubig (1)
243,4 o du christgläub'ge Schar

christlich (8)
59,5 christlich zu leben, seliglich
61,4 und ich christlich könne leben
78,1 betracht, christliche Gemein
127,2 das sei der christlich Orden
192 und deine heilige christliche Kirche
243,1 frohlock, du christlich Schar
274,5 auf Erd in der christlichen G'mein
495,5 soweit es christlich ist

Cythara (1)
70,6 zwingt die Saiten in Cythara

D

dabei (13)
60,3 dabei erhalten stet und fest
76,1 und tat dabei all Krankheit ab
196,1 laß uns dabei verbleiben
202,2 sein heiligs Wort ist auch dabei
214,2 dabei wir sein solln gedenken
244,8 die uns dabei nicht lassen stehn
246,7 dabei erhalt uns, lieber Herr
358,6 und halt uns fest dabei
372,6 dabei will ich verbleiben
387,3 bete aber auch dabei
495,5 so gib auch dies dabei
503,5 die Wiesen liegen hart dabei
513,5 gab er uns wenig, uns dabei bescheiden

dadurch (15)
80,2 hat dadurch das Himmelreich... erworben
104,2 und dadurch Todes Trotz gestillt
130,4 dadurch gestärket werden
133,4 dadurch gesalbet ist
145,3 dadurch wird Gottes Reich gemehrt
145,5 dadurch wird Gottes Wort veracht'
164 dadurch die Liebe fließt in die Herzen
194,2 dadurch wir Christi Jünger sein
202,4 dadurch bei uns auf Erden zu wohnen
202,5 soll dadurch selig werden
214,2 zum Tod, daß wir dadurch leben
241,6 ach führe bald dadurch mit Haufen
252,5 laß sie dadurch werden kleiner
405,2 und dadurch hat bestritten
528,6 dadurch, eh wir uns versehen

dagegen (3)
14,5 dagegen sich die Welt empört
84,5 du wirst ein Fluch, dagegen verehrst du
477,4 die zieh ich aus, dagegen wird Christus

daheim (4)
407,3 und daheim ich bin
517,1 ich wollt, daß ich daheime wär
517,2 ich mein, daheim im Himmelreich
517,5 daheim ist Leben ohne Tod

daher (6)
69,1 er leucht' daher zu dieser Stunde
78,2 daher wir genesen
85,3 und daher bist du kommen
328,4 daher ich „Abba, lieber Vater!" schrei
526,4 ich bin Fleisch und muß daher
530,5 du bist mir auch daher gewogen

dahergehen (1)
439,1 es geht daher des Tages Schein

daherschleichen (1)
524,5 Sorg und Kummer daherschleichet

dahin (12) → *dahinfahren*
5,8 dahin, wo sie müssen ihr Untugend büßen
39,7 bring uns alle dahin, da mit süßem Schalle
114,5 die früh dahin aus Liebe gehn
278,2 werde ich endlich dahin kommen
289,2 ist unsre Sünd dahin
330,2 bis dahin, wo die Sonne steht
395,2 der wird uns dahin leiten
401,5 und mein Herz hat ganz dahin
402,4 wenn ich nun dahin gelanget
407,3 drum so will ich wallen meinen Pfad dahin
447,10 die sich bekehren, gnädig dahin bringen
449,12 dahin sind meine Gedanken gericht'

dahineilen (1)
491,1 die Zeit, sie eilt dahin

dahinfahren (7) → *dahin, hinfahren*
352,6 und fährt wie ein Strom dahin
362,4 laß fahren dahin
516,1 mit Fried fahr ich dahin
517,12 ich fahr dahin gen Himmelreich
519,1 mit Fried und Freud ich fahr dahin
521,1 ich fahr dahin mein Straßen
521,2 mit Fried und Freud ich fahr dahin

dahingeben, sich (1)
91,7 da du dich selbst für mich dahingegeben

dahingehen (2)
58,2 wir gehn dahin und wandern
83,1 es geht dahin, wird matt und krank

dahinten (5)
114,3 vergiß nun, was dahinten ist
386,2 laß, was irdisch ist, dahinten
393,3 laßt gar euch selbst dahinten
394,2 vergesset, was dahinten liegt
396,5 bleibet weit dahinten

Dämmerung (2)
452,1 schon an der Dämmrung Pforte
482,2 und in der Dämmrung Hülle

dämpfen (2)
113,2 und dennoch er sie dämpfte
351,2 und dämpfe Sturm und Wellen

danach (6)
8,6 danach mit ihm auch sterben
29,3 danach sangen die Engelein
68,5 danach erlittest du den Tod
76,2 Tag, Nacht danach tun streben
131,2 danach zu lieben allesamt
149,3 danach wird man ablesen bald

daneben (3)
145,2 kein Werk hilft sonst daneben
318,7 und tun daneben unsern Fleiß
343,2 die Hoffnung gib daneben

daniederliegen/darniederliegen (5)
106,4 da der Welt Fürst darniederlag
184,2 und stark macht, was daniederlag
375,2 noch hart darniederliegt
383,1 lange lag ich krank danieder
449,1 mein Haupt und Glieder, die lagen darnieder

Daniel (1)
6,3 die uns verkündet Daniel

Dank (68) → *Dank sagen*

a) allgemein (25)
12,1 Gott sei Dank durch alle Welt
88,6 bessern Dank ich dorten geb
96,6 Dank sei dem Vater, unsrem Gott im Himmel
169,4 vergeßt nur nicht den Dank
179,1 und Dank für seine Gnade
180.4 und Dank für seine Gnade
266,4 der Dank für deine Taten spricht
281,3 Anbetung, Ehre, Dank und Ruhm
319,2 des muß sie haben immer Dank
330,2 ach wär ein jeder Puls ein Dank
362,4 und kein' Dank dazu haben
383,2 Dank für deinen Trost, o Herr
383,2 Dank selbst für die schlimmen Stunden
414,4 stets Dank und Ruhm und Ehre bringen
415,2 wahren Dank für deine Huld verraten
455,1 Dank für die Lieder
455,1 Dank für den Morgen
455,1 Dank für das Wort, dem beides entspringt
455,2 Dank für die Spuren Gottes im Garten
455,3 Dank überschwenglich
455,3 Dank Gott am Morgen
499,3 deinen Dank ihm zu erzeigen
505,4 du hast viel Dank verdient
505,7 dir Dank und Ehre geben
509,4 zum Dank für Lebenswonne

aa) dir sei Dank (16)
86,1–7 tausendmal sei dir, liebster Jesu, Dank dafür
87,1 Herr Jesu, dir sei Dank
105,15 du lieber Engel, Dank sei dir
160 Gott Vater, dir sei Dank gesagt und Ehre
211,3 Dank sei dir, daß das Heil der Welt
227,1 Dank sei dir, Vater, für das ewge Leben
295,2 dir sei Dank allezeit
418,4 Dank sei dir, Herr Jesu Christ
463 Dank sei dir dafür
467,2 dir sei Dank, daß du uns den Tag

b) in Verbindung mit Lob, Preis (27)
29,4 Lob und Preis und Dank und Ehr
33,2 von Herzen sagen Preis und Dank
33,3 Lob, Preis und Dank, Herr Jesu Christ
81,11 Lob und Dank singen
82,4 o Jesu, Lob und Dank
108,3 singt Lob und Dank mit freiem Klang
116,2 ihm sei auf ewig Lob, Preis und Dank
116,5 dafür sei Dank und Lob allezeit
121,2 Gott Lob und Dank im höchsten Thron
131,6 wir sagen dir Lob, Ehr und Dank
141,1 Christus dem Herrn zu Preis und Dank
143,1 Gott Lob und Dank in Ewigkeit
148,8 sei Lob und Dank getan
205,4 dir sei Lob, Ehr und Dank bereit'
245,1 Preis, Lob und Dank sei Gott dem Herren
278,3 mit Frohlocken, Lob und voll Dank
292,1 anrufen dich mit Lob und Dank
297,4 Gott Lob und Dank, der nicht zugab
318,9 o Gott, nimm an zu Lob und Dank
329,2 hab Lob und Ehr, hab Preis und Dank
331,10 Ehre, Lob und Dank erweisen
349,4 Lob und Dank allezeit
373,6 so will ich ewig dir Lob und Dank singen
443,1 sag ich dir Lob und Dank

447,1 und Preis und Dank zu seinem Altar bringen
451,1 mein erst Gefühl sei Preis und Dank
475,2 Lob und Dank sei dir gesungen

dankbar (13)
10,4 dir allzeit dankbar sein
54,3 dankbar singen sie heut alle
65,3 so nehmen wir ihn dankbar ohne Zittern
76,2 so laßt uns nun ihm dankbar sein
86,8 will ich ewig dankbar sein
101,1 Gott loben und dankbar sein
278 dankbar werde ich ihm noch sein
290,6 und dankbar halte sein Gebot
325,1 sollt ich ihm nicht dankbar sein
424,1 gib auch, daß wir dankbar werden
425,3 laß uns dankbar sein
439,1 so laßt uns alle dankbar sein
449,3 dankbare Lieder sind Weihrauch und Widder

Dankbarkeit (3)
60,1 ja singt und spielt aus Dankbarkeit
83,5 in Dankbarkeit ergießen
89,4 drum will ich jetzt in Dankbarkeit

danken (108)
a) allgemein (21)
39,6 danken dir, o Jesulein
93,4 ja, wir danken deinen Schmerzen
109,1 des dankn wir ihm in Ewigkeit
109,5 dafür wir danken all zugleich
111,15 Herr Jesu, dankt dir alle Welt
113,1+8 Gott sei gedankt, der uns den Sieg
179,2 für deine Ehr wir danken
239,3 der im Bitten schon voll Freude dankt
285 das ist ein köstlich Ding, dem Herren danken
304,2 singt umeinander dem Herren mit Danken
315,6 die Freude, die nur danken kann
326,2 es danken dir die Himmelsheer
334,6 daß ich danken kann
359,4 bittet Gott mit Danken
405,5 ihm ewiglich zu danken
427,2 in Jesu Namen danken wir
444,3 zu danken dem Herrn
447,3 das haben wir zu danken seinem Segen
458 wir danken Gott für seine Gaben
505,5 zum Danken kommt das Bitten

aa) wir danken dir (17)
7,7 da wollen wir all danken dir
59,1 wir danken dir, Herr Jesu Christ
74,2 du Lebensquell, wir danken dir
79,1 wir danken dir, Herr Jesu Christ
107,1 wir danken dir, Herr Jesu Christ
121,1 wir danken dir, Herr Jesu Christ
141,6 wir danken dir, Herr Jesu Christ
143,8 wir danken dir, Herr Jesu Christ
168,1 wir sind jetzt deine Gäste und danken dir
191 Herr Gott, wir danken dir
211,1 wir danken dir für dieses Kind
266,2 und danken dir, wenn wir uns legen
366,7 können wir nachmals mit Freuden danken dir
427,1 wir danken dir für das, was lebt
438,1 wir danken dir, du höchstes Gut
462 wir danken dir, Herr Jesu Christ
505,4 Herr Gott, wir danken dir

ab) ich danke dir (17)
24,8 wie soll ich immer danken dir
34,3 Jesu, wie soll ich dir danken
85,8 ich danke dir von Herzen
86,8 nun, ich danke dir von Herzen
157 dafür will ich dir danken
172 und ich dir danke, daß du mir hilfst
278,9 daß ich dir, Gott, danke im Lied
291 ich will dir danken, Herr, unter den Völkern
292,5 ich danke dir von Herzensgrund
326,4 drum dank, ach Gott, drum dank ich dir
334,6 danke, ach Herr, ich will dir danken
383,1 Gott, du lebst. Ich danke dir
400,5 ich danke dir, du wahre Sonne
400,5 ich danke dir, du Himmelswonne
400,5 ich danke dir, du güldner Mund
445,2 Gott, ich danke dir von Herzen
491,3 will ich dir herzlich danken

b) in Verbindung mit loben, lobsingen (8) → *c)*
75,3 darum wolln wir loben, danken allezeit
280,2 so danken, Gott, und loben dich
280,3 es danke, Gott, und lobe dich
288,5 dankt unserm Gott, lobsinget ihm
288,5 lobsingt und danket allesamt
442,9 wir danken dir, wir loben dich
464,2 wir loben dich und danken dir
460 lobet den Herrn und dankt ihm seine Gaben

c) als Aufforderung (27) → *b)*
23,7 und dank ihm des in Ewigkeit
25,6 des danket Gott in Ewigkeit
43,4 erhebet die Hände und danket wie sie

70,6 jubilieret, triumphieret, dankt dem Herren
145,3 sollst du dem Herren danken
290,1 nun danket Gott, erhebt und preiset
293,1 dankt ihm zu aller Stunde
294,3 laßt danken uns in hellem Chore
301,1+12 danket Gott, denn er ist gut
301,9 dankt ihm, der in dieser Nacht
304,5 danket dem Herren, Schöpfer aller Dinge
321,1 nun danket alle Gott
322,1 nun danket all und bringet Ehr
326,4 ach danket, danket Gott mit mir
333,1 danket dem Herrn
333,1 wir danken dem Herrn
336 danket, danket dem Herrn
405,1-4 dank ihm für diese Liebe
481,1 und danket inniglich
508,1-4 drum dankt ihm, dankt und hofft auf ihn

d) danke (18)
334,1 danke für diesen guten Morgen
334,1 danke für jeden neuen Tag
334,1 danke, daß ich all meine Sorgen
334,2 danke für alle guten Freunde
334,2 danke, o Herr, für jedermann
334,2 danke, wenn auch dem größten Feinde
334,3 danke für meine Arbeitsstelle
334,3 danke für jedes kleine Glück
334,3 danke für alles Frohe, Helle
334,4 danke für manche Traurigkeiten
334,4 danke für jedes gute Wort
334,4 danke, daß deine Hand mich leiten will
334,5 danke, daß ich dein Wort verstehe
334,5 danke, daß deinen Geist du gibst
334,5 danke, daß in der Fern und Nähe
334,6 danke, dein Heil kennt keine Schranken
334,6 danke, ich halt mich fest daran
334,6 danke, ach Herr, ich will dir danken

Dankgesang (1)
331,4 schickt... neue Lob- und Dankgesänge

Dankgeschrei (1)
361,11 trägst davon mit Ruhm und Dankgeschreie

Dankopfer (1)
77,8 dir Dankopfer schenken

Dank sagen (7) → *Dank*
180.1 wir preisen dich, wir sagen dir Dank
180.3 wir sagen dir Dank um deiner großen Ehre willen
229,1 jubelt laut und sagt fröhlich Dank
294,1+4 nun saget Dank und lobt den Herren
319,4 und sagt ihm einen ewgen Dank
320,1 Dank sagen und ihn ehren

Danksagung (1)
68,1 nimm heut an unsre Danksagung

dannen (von dannen) (2)
5,7 wird von dannen kommen
516,2 mit Freud fahr ich von dannen

daran (13) → *dran*
78,7 ward daran geschlagen
84,9 mich stets daran ergötzen
112,8 daran mit güldnen Worten
149,5 daran ich denn auch zweifle nicht
316,4 denke daran, was der Allmächtige kann
317,4 denke daran, was der Allmächtige kann
334,6 danke, ich halt mich fest daran
342,5 daran ich keinen Zweifel trag
342,6 mit Gott der Glaub ist wohl daran
413,1 daran ein Christ recht wird erkannt
413,2 daran man seine Jünger kennt
443,7 und zweifle nicht daran
514,3 daran der Mensch sich wärmt und nährt

darauf (10) → *drauf*
7,4 darauf sie all ihr Hoffnung stellt
24,11 darauf du König groß und reich
149,2 darauf bald werden auferstehn
179,4 darauf wir uns verlassen
196,5 beständig darauf trauen
320,5 lehrt uns darauf vertrauen
374,2 und darauf wagt mein Herz es froh
387,2 denn es folget sonst darauf
439,6 darauf wir nun zu deinem Lob
443,7 darauf so sprech ich Amen

daraus (9) → *draus*
77,6 daraus Blut und Wasser rann
84,10 ich will daraus studieren
324,2 daraus uns allen früh und spat
374,1 soll mich daraus vertreiben
413,1 daraus ein schönes Brünnlein quillt
422,2 daraus uns niemand helfen kann
428,4 mach ein leichtes Zelt daraus
476,6 daraus ich Licht im Tode nehmen kann
514,4 daraus uns lauter Segen quillt

darben (1)
309,3 macht Arme reich, macht satt, wer darben muß

darbringen (1)
279,6 dort bring ich dir mein Opfer dar

darein (7) → *drein*
36,11 mich darein zu hüllen
83,7 ich will mich darein kleiden
241,2 o Herr der Ernte, siehe doch darein
273,1 ach Gott, vom Himmel sieh darein
324,18 und red ihm nicht darein
354,5 darein will ich mich gläubig senken
486,4 und mich darein versenken

dargeben, sich dargeben (2)
4,4 die Nacht gibt ein neu Licht dar
73,7 gib dich ihm selbst zum Opfer dar

darin/darinnen (22) → *drin*
5,9 darinnen verscheiden zur ewigen Freuden
41,5 innigst sich freuen darin
92,3 darin zu leiden williglich
111,4 darin ich Ruh und Frieden hab
127,6 und rufst darin dem Vater zu
130,6 verbunden sei... und sich darinnen übe
144,4 dein Gnad erwerb und sich darin bewahre
149,3 ein Buch, darin geschrieben
149,6 darinnen stehn die Deinen
202,6 darin er ist geboren
245,2 der Heilig Geist darin regieret
245,2 die führn das Predigtamt darinnen
245,2 darin wir Bürgerrecht gewinnen
250,1 darinnen sich viel Menschen finden
250,3 darin dein Lob dir wird gesungen
274,1 darin mir gar nicht mangeln wird
275,3 sei mir ein Burg, darin ich frei
303,4 und, was darinnen ist, gemacht
341,2 darin ich war geboren
349,4 hoff darin zu erlangen
365,5 darin man sein gedenkt
431,1 den Stoff, darin sich Feuer regt

darlegen, sich (1)
373,2 und sich mein tiefes Verderben darlegt

darnieder (3)
91,6 es schlägt den Stolz und mein Verdienst darnieder
327,3 wirf dich in den Staub darnieder
412,1 und reißt sie ganz darnieder

darob (1)
328,2 und dir darob im Herzen sing und spiel

darreichen (2) → *reichen*
77,5 ihm ward dargereicht zum Mund
413,4 was seine rechte Hand reicht dar

darrichten, sich (1)
517,3 wohlauf, mein Seel, und richt dich dar

darstellen, sich darstellen (5)
5,7 zu seinen Füßen sich darstellen müssen
56,1 stellt sich als Mensch den Menschen dar
78,6 Jesus ward früh dargestellt
257,1 und dich als den Gerechten zum Bürgen dargestellt
504,6 stellst du dich der Seele dar

darüber (9) → *drüber*
57,1-5 darüber freun wir uns
116,4 darüber freu sich alles, was lebt
244,4 darüber auch das Allerbest
326,3 darüber will er früh und spat
503,7 darüber jauchzet jung und alt

darum (22) → *deswegen, drum*
69,3 darum er Gottes Himmel gar verließ
75,3 darum wolln wir loben, danken allezeit
76,1 darum Christus seins Vaters Schoß äußert
113,2 so sieget sie doch darum nicht
136,3 darum mußt du uns rüsten
168,1 du hast uns, Herr, gerufen, und darum sind wir hier
179,1 darum daß nun und nimmermehr uns rühren kann
206,3 darum eilen wir zu dir
243,4 darum laß dich nicht schrecken
246,6 darum so steh du denen bei
267,1 Herr, du hast darum gebetet
273,4 darum spricht Gott: Ich muß auf sein
292,4 ich glaube, darum rede ich
299,3 darum auf Gott will hoffen ich
366,4 allen, die darum bitten dich
399,4 darum mir auch nichts mangeln wird
404,8 darum, du Gott der Gnaden
427,5 darum muß jeder zu dir rufen
442,2 darum du hoch zu loben bist
454,6 darum macht die Herzen weit
499,3 darum kannst auch du nicht schweigen
526,1 darum mich zufrieden geben

darunter (1)
386,1 darunter das Herze sich naget und plaget

dasein (1)
210,3 und Kraft, für andere dazusein

daselbst (2)
89,4 so will ich daselbst noch viel mehr
202,3 des Vaters Stimm... daselbst am Jordan hörte

dasselbe (4)
126,7 dem Tröster sei dasselb getan
196,1 dasselb annehmen jederzeit
368,3 dasselbe hab auch ich erkiest
467,3 dasselb verzeih uns gnädiglich

dastehen (4)
66,1 A und O, Anfang und Ende steht da
137,6 dastehn, wenn auch ganz allein
283,4 und seine Gnade stehet da
528,5 die bald da, bald dorten stehet

dauern (1)
357,2 ich weiß, was ewig dauert

David (13)
13,2+3 Hosianna, Davids Sohn
19,2 o komm, du Sohn aus Davids Stamm
20,7 und Davids Thron wird niemals fallen
25,2 zu Bethlehem, in Davids Stadt
29,2 ein Jungfrau ihn geboren hat in Davids Stadt
70,1 du Sohn Davids aus Jakobs Stamm
71,1 Herr Jesu, Davids Sohn
137,5 gib uns Davids Mut, zu streiten
381,1 so sang einst König David, hörtest du ihn
381,1 so schrie einst König David, halfest du ihm
381,2 so sang einst König David, so klage auch ich
381,4 so rufe ich mit David - höre auf uns

davon (16)
24,1 davon ich singn und sagen will
24,9 davon ein Rind und Esel aß
24,14 davon ich allzeit fröhlich sei
30,2 davon Jesaja sagt
101,2 davon kam der Tod so bald
101,5 davon wir sollen leben
149,1 wie Petrus davon schreibet
169,2 und davon leben wir
249,1 davon dir wird recht angst und bang
283,7 die werden davon leben
341,10 davon verdirbt der edle Schatz
343,2 voraus, wenn ich muß hier davon
366,6 sprich uns davon aus Gnaden los
371,7 davon sich See und Land muß laben
385,6 trägt auch die Kron des ewgen Lebens nicht davon
523,2 hilf mir, Herr Christ, davon

davontragen (1)
361,11 du hast und trägst davon

dawider (1)
447,5 dawider hat sein Engel sich gesetzet

decken (9) → *bedecken*
11,8 nein, Jesus will sie decken
282,6 er deckt uns, er ist gut und mild
351,6 weil mich mit Flügeln decket
373,4 wenn mich die Nacht mit Ermüdung will decken
396,2 Jesus will mich decken
408,5 Liebe deckt und birgt mich lind
428,4 das uns deckt kaum bis zum Morgen
454,4 Gottes Liebe deckt die Schuld
503,2 das Erdreich decket seinen Staub

Deich (1)
192 unsere Deiche und Schleusen in Obhut nehmen

Deine (das Deine) (1)
369,7 verricht das Deine nur getreu

Deinen (die Deinen) (9)
149,6 darinnen stehn die Deinen
152,1 und nennen uns die Deinen
170,1+4 nie sind wir allein, stets sind wir die Deinen
252,3 o wie lieb ich, Herr, die Deinen
252,6 laß die Deinen noch auf Erden
282,4 erquicke mich auch mit den Deinen
323,1 in Trübsal... läßt du die Deinen nicht
358,6 so laß uns als die Deinen... stehn

deinetwillen (1)
36,11 ich bin rein um deinetwillen

Demut (10)
10,3 ein Herz, das Demut liebet
41,5 und sich in Demut versenken
73,6 ach sinke... in tiefste Demut ein
86,7 deine Demut hat gebüßet
88,6 daß ich Demut von dir lern
331,8 welche dich in Demut bitten
386,5 worinnen die Demut und Einfalt regieret
414,3 gib Furcht und Demut, wann du mich beglückst

423,11 in Demut jetzt begehrt
453,1 voll Demut fleht zu Gott empor

demütig/demütiglich (2)
92,3 du kamst ins Fleisch demütiglich
443,2 demütig bitt ich dich

denken (31) → *gedenken, vermeinen, versehen*
59,4 der Sünd' im alten Jahr nicht denk
66,5 denkt doch, er will euch die Krone gewähren
83,3 du kannst – was nie kein Mensch gedacht
89,1 laß mich... solang ich lebe, denken
112,2 eh er's vermeint und denket
161,2 Gutes denken, tun und dichten
234,3 denk nicht: Zur Buß ist noch wohl Zeit
251,3 denkt doch, wie es ihn betrübet
252,8 denke, Jesu, wir sind dein
278,4 ich denke an dich im fernen Land
284,4 denk an Gott nur und vergiß nicht, wer dich hält
290,2 denkt an die Wunder, die er tat
290,3 er denket ewig seines Bunds
290,6 das tat der Herr, weil er gedachte
301,9 unsrer Niedrigkeit gedacht
309,4 er denkt wohl der Barmherzigkeit und Güte
316,4 denke daran, was der Allmächtige kann
317,4 denke daran, was der Allmächtige kann
323,3 hast du gar bald an sie gedacht
341,4 er dacht an sein Barmherzigkeit
353,4 glaubet's doch und denket dran
354,7 das will ich denken, tun und treiben
369,5 denk nicht in deiner Drangsalshitze
380,5 denkt der vor'gen Zeiten
380,6 denkt der frühern Jahre
405,5 o denke, daß du da bestehst
457,3 denk an den Tisch des Herrn
503,9 ach, denk ich, bist du hier so schön
527,6 und denken groß zu werden
529,2 solang ich denken kann
529,6 doch denk ich nicht zu bleiben

Denken (1)
354,2 das alles Denken übersteigt

dennoch (17)
9,5 seid dennoch wohlgemut
56,5 bleib ihnen dennoch zugewandt
78,6 dennoch mußt er leiden
93,3 dennoch dringt als Überwinder
113,2 und dennoch er sie dämpfte
250,4 so sind wir dennoch böse Knecht
283,7 Gerechtigkeit wird dennoch stehn
325,8 dennoch, wenn ich's recht erwäge
353,6 dennoch sich in schneeweiß kehren
370,3 ich will ihn dennoch fröhlich ehren
370,7 soll der Mut dennoch gut und fein stille bleiben
371,6 dennoch mußt du oben liegen
371,10 wird sie dennoch endlich kommen
386,1 und dennoch kein wahres Vergnügen erjaget
386,4 so will ich dir dennoch in Liebe nachlaufen
396,6 dennoch bleibst du auch im Leide
457,8 und dennoch bleibt er ohn Verdruß

Deo siehe Deus

dereinst (1)
199,4 dereinst nach diesen Tagen

derhalben (5) → *darum, deswegen*
1,1–2 derhalben jauchzt, mit Freuden singt
2,2 derhalben jauchzt, mit Freuden singt
77,2 ihn derhalben von sich sandt
149,6 derhalben mein Fürsprecher sei

derselbe (4) → *dieselbe*
113,6 derselb ihn nicht angehet
123,3 und demselben gleichet keiner
134,7 uns denselben möge rauben
342,5 demselben ist der Himmel erkauft

desgleichen (2)
108,2 desgleichen Sieg zu erlangen
273,5 man erwarten soll desgleichen alle Stunden

desto (1)
371,10 und was verzieht, ist desto süßer

deswegen (3) → *darum, derhalben*
250,2 deswegen schickst du auf die Straßen
354,3 deswegen kam der Sohn auf Erden
354,3 deswegen klopft er für und für

Deus (lat. Gott, im Dativ Deo) (8)
53,1–3 gloria in excelsis Deo
54,1–3 gloria in excelsis Deo
180.4 soli Deo gloria
181.7 jubilate Deo

deuten (4)
218,4 dies Geheimnis recht zu deuten
243,5 was er vorlängst gedeut'
254,2 und mit den Augen deuten
413,7 zum Besten deut' sie alle Ding

deutlich (1)
505,1 man kann es deutlich merken

deutsch (1)
145,1 wach auf, wach auf, du deutsches Land

Deutschland (1)
145,6 Deutschland, laß dich erweichen

Diamant/diamanten (2)
357,2 mit Diamanten mauert mir's Gott
357,4 der Fels... der diamanten ist

dichten (3)
161,2 Gutes denken, tun und dichten
371,11 deiner Feinde von dir dichten
471,3 laß uns... unser Tun und Dichten

Dieb (2)
77,1 wie ein Dieb gefangen
447,5 daß Dieb und Räuber unser Gut und Leiber

dienen (43)

a) allgemein (14)
62,1 denen heut zum Zeichen dienen
85,7 es dient zu meinen Freuden
166,5 daß es mir zum Leitstern dient
191 und was dienet deiner Ehr
284,2 deiner Ehre dient mein armes Lied zur Zier
303,5 was ihnen dient zur Lebenskraft
320,5 dient wider alles Unheil
367,2 was dienet mir zur Seligkeit
386,7 was dienet zum göttlichen Wandel und Leben
413,3 sie hilft und dienet jedermann
441,6 und dienen nicht zu deinem Lob
499,1+2 Halleluja, dienen ihm in Ewigkeit
506,6 wer wollte Gott nicht dienen

b) von Jesus Christus (1)
78,2 als ein Knecht zu dienen

c) von Engeln (6)
16,2 dem alle Engel dienen
40,1 das Kind, dem alle Engel dienen
165,2 Tag und Nacht gebücket dienen
289,4 seins Lobs und dient zugleich
331,2 alle Engel, die dir dienen
357,3 um den die Engel dienen

d) von Menschen (22)
11,2 und deinem Namen dienen
67,3 dir dienen im Geist so
82,7 gern dienen jedermann
93,4 ja, wir dienen dir von Herzen
114,7 und Gott im Glauben dienest
135,7 dem laß uns stets dienen
198,2 dir zu dienen früh und spat
205,4 gib, daß dafür wir dienen dir
207,2 dir dien in Freud und Schmerz
217,4 dir zu dienen Kraft verleih
231,5 und wo dein Hand ihn' dienen kann
252,4 ich umfasse, die dir dienen
290,6 damit es diene seinem Gott
290,7 o wer ihn kennet, dient ihm gern
337 freuet euch seiner und dienet ihm gern
344,6 zu dienen mach uns all bereit
412,4 drum diene deinem Nächsten gern
413,5 so solln wir nicht allein dem Freund dienen
499,3 Halleluja, diene ihm in Ewigkeit
503,15 hier und dort ewig dienen
506,6 und hoff auf ihn und dien ihm gern
523,1 dem, der ihm dient allhier

Diener (7)
107,2 daß wir dein treuen Diener sein
159,2 Gotts treue Diener, Erbn und Kind sie sind
191 nun hilf uns, Herr, den Dienern dein
192 alle Diener der Kirche im heilsamen Wort
231,1 durch Mose, seinen Diener treu
331,8 Herr, steh deinen Dienern bei
504,4 seines Willens Diener sind

Dienst (27)
5,3 und sein' Dienst annehmen
84,7 allzeit an deinen Dienst und Ehr
123,2 ist zu seinem Dienst bereit
125,3 in deim Dienst beständig bleiben
133,2 dir Ehr und Dienste leiste
133,12 und ja zum Dienst der Sünden
142,1 für hohe Dienste sie erwählt
143,4 zu Gottes Dienst und Ehren
159,2 die in seim Dienst sich üben
165,4 und im Geist dir Dienst erweisen
191 mit rechtem Dienst sie lobt und ehrt
268,4 Dienste leben viele aus einem Geist
269,4 im Dienst des Herrn ist niemand Feind
269,5 bereit, zu neuem Dienst zu gehn
271,5 gabst ihm zum Dienst die Schafe und die Stiere
288,1 kommt her, zu seinem Dienst euch stellt
300,1 zu seinem Dienste Tag und Nacht
302,1 zu Dienst und Willen stehn
325,1 die in seinem Dienst sich üben

325,6 hat er mir zum Dienst bestellt
388,4 von dem Dienst der Eitelkeiten
397,2 zu Nutz und Dienst des Nächsten mein
404,3 zu deinem Dienst ergebe
406,1 stets in deinem Dienste stehn
417,2 dieser größten Gabe ist kein Dienst zu klein
452,4 zu seinem Dienst geleit
490,4 das Herz zu deinem Dienst bereit

Dienstbarkeit (1)
301,6 befreit aus Ägyptens Dienstbarkeit

dieselbe (4) → *derselbe*
205,1 daß ihm dieselb nicht schade
232,2 derselben mach mich frei und los
279,7 so war oft zu derselben Stunde
320,2 dieselben zu bewahren

dieweil (6)
6,3 dieweil die Zeit erfüllet ist
55,2 dieweil die Menschen schlafen
243,2 dieweil du ihm vertraut
244,8 jedoch, dieweil dein Wort ist gut
365,7 dieweil ich Christus kenne
469,7 dieweil die Engel bei uns sein

Ding (45)

a) allgemein (37)
23,3 der alle Ding erhält allein
29,4 und diese Ding erfahren
37,5 du sollst ja guter Dinge sein
77,4 entzog solchen Dingen
127,4 auf göttlich Ding und irregeht
135,5 gib zu allen Dingen
165,5 aller Dinge Grund und Leben
232,3 vor allen Dingen lieben dich
235,4 die Dinge, die uns binden
239,3 sorget nichts! Vielmehr in allen Dingen
256,5 Heiland, deine größten Dinge
279,7 für große Dinge hat getan
285 das ist ein köstlich Ding, dem Herren danken
302,1 dem, welchem alle Dinge
308,2 weil du groß Ding an mir getan
309,2 und große Dinge sind an mir geschehen
321,1 der große Dinge tut
322,2 und große Dinge tut
325,1 denn ich seh in allen Dingen
325,1-9 alles Ding währt seine Zeit
368,1 er muß zu allen Dingen
393,9 von allen Dingen freier
399,7 in deinem Gott sei guter Ding
413,7 zum Besten deut' sie alle Ding
414,1 laß mich, o Herr, in allen Dingen
443,6 denn er all Ding vermag
468,4 geb dir, der alle Ding vermag
473,2 kein Ding auf Erd so fest besteht
529,12 und frei von schnöden Dingen

b) in Verbindung mit Schöpfung, Ursprung, schaffen (8)
3,6 und deinem Sohn, der all Ding schafft
24,9 ach Herr, du Schöpfer aller Ding
27,3 nimmt an... der Schöpfer aller Ding
67,4 du Schöpfer aller Dinge... regierst
178.4 aller Ding ein Schöpfer und Regierer
304,5 danket dem Herren, Schöpfer aller Dinge
324,13 dein Gott, der Ursprung aller Ding
446,1 singe dem Schöpfer aller Dinge

dona (lat. gib) (1)
435 dona nobis pacem

Donner (2)
504,4 Blitz und Donner, Hagel, Wind
529,3 Blitz, Donner, Wind und Regen

doppelt (1)
223,3 macht durch des Mahles doppelt Teil

Dorf (1)
457,4 er segnet dich in Dorf und Stadt

Dorne (10)
77,3 von Dornen zerrissen
78,6 mit Dornen gekrönet
81,2 du wirst gegeißelt und mit Dorn gekrönet
84,6 mit Dornen, die dich höhnen
86,4 gar mit Dornen dich gekrönet
95,4 seht, wie sie ihn mit Dornen krönen
98,3 unser Herz gefangen in Gestrüpp und Dorn
196,3 der Same, der in Dornen fällt
497,12 mit Dorn und Hecken ausgefüllt
524,3 unter spitzen Dornen gar

Dornenkrone (5) → *Ehrenkrone, Krone, krönen*
85,1 mit einer Dornenkron
87,4 durch deine Dornenkron
88,2 deine Geißel, Dornenkron
94,3 nahm an die Dornenkrone
96,2 gingst an das Kreuz und trugst die Dornenkrone

dort/dorten (79)

a) auf der Erde (16)
16,3 ihr sollt das Heil dort finden
25,1 das liegt dort in der Krippen hart
27,2 er liegt dort elend, nackt und bloß
43,5 am Kreuze dort gar noch den bitteren Tod
48,2 was wir dort finden, lasset uns künden
112,8 wer dort wird mit verhöhnt
112,8 wer dort mit sterben geht
251,3 so vergoß er dort sein Blut
279,6 dort bring ich dir mein Opfer dar
282,1 dort jauchzet Leib und Seel in mir
282,2 o selig, wer dort allezeit
312,3 dort an der Jordanfurt
386,3 sich Maria dort befliß
419,4 daß ich dort nicht fehle
482,3 seht ihr den Mond dort stehen
528,5 die bald da, bald dorten stehet

b) im Himmel, in der Ewigkeit (38)
16,5 kommt dort aus dem Gericht
35,4 nirgends mehr denn dort
36,12 dort im andern Leben
58,14 und dort zum Himmel führe
63,4 dort werden wir uns freuen
63,4 die ruhen dort schon aus
81,11 wann, o Herr Jesu, dort vor deinem Throne
88,6 bessern Dank ich dorten geb
105,14 dort werdet ihr den Heiland sehn
111,15 dort wollen wir mit größerm Fleiß
113,6 ist dort vom andern Tode frei
113,7 bis unser Leib wird ähnlich dort
123,2 alle Herrschaft dort im Himmel
135,7 bis wir dort, du werter Hort
142,6 bis wir mit ihnen dort im Licht
150,4 kommt dort gezogen schon
199,4 im ewgen Lichte dort
200,6 so lob ich dich dort für und für
233,5 mein Gott, dort von dir scheiden
234,6 dein Seel und Leib dort brennen muß
252,9 dort bei dir zusammenkommen
281,2 der Herr, der dort im Himmel wohnt
282,4 und dort anbetend dich erhöhn
322,9 dort in der ewgen Ruh
323,3 und dort in Ewigkeit
344,3 und dort hernach in Ewigkeit
346,5 dort ewig dir Lob sagen
370,10 dort, dort sind die edlen Gaben
384,2 dort teil deine Freud mit mir
384,4 dorten ewig auch bei dir
399,6 was mir Gott wird bescheren dort
503,9 dort in dem reichen Himmelszelt
513,7 auch unsre Seelen, Sabbat dort zu feiern
517,3 dort wartet dein der Engel Schar
520,5 dort wird er leuchten frei vom Tod
526,6 wird dort frisch und herrlich gehen
527,10 wird er doch dort bestehen
529,1 dort in der ewgen Ruh

ba) dort oben, droben (6)
33,3 und mög hernach dort oben
70,5 himmlisch Leben wird er geben mir dort oben
297,1 im Himmel hoch dort oben
398,2 dein Macht dort droben
444,2 den Höchsten dort oben
529,7 mein Heimat ist dort droben

bb) hier und dort (19)
3,6 so hier wie dort im Himmelreich
72,6 hier zeitlich und dort ewiglich
117,3 muß ich von hier nach dort
159,3 daß wir dich preisen hier und dort
255,2 jetzt hier, jetzt dort, in Ost und West
267,2 und sich dort – wie wir es hier tun
288,6 sein Gnad währt immer dort und hier
321,2 erlösen hier und dort
347,2 daß uns sei hier und dorte
357,4 die leuchten hier und dort
366,7 dich allzeit preisen hier und dort
367,2 und gib mir hier und dorte
384,2 Armut hier macht dorten reich
406,5 aber dort lebt, wer hier glaubt
442,9 hier zeitlich und dort ewiglich
457,12 dir hier und dort verbleib
458 daß wir satt werden hier und dort
480,3 hier und dort zu funkeln
503,15 hier und dort ewig dienen

dorthin (3)
24,7 merk auf, mein Herz, und sieh dorthin
63,4 wir sehnen uns... dorthin ins Vaterhaus
95,2 dorthin, wo man sein Urteil spricht

Drache (3) → *Satan, Schlange*
6,4 Herr Christ, dem alten Drachen wehr
143,5 der alte Drache schlummert nicht
396,3 Trotz dem alten Drachen

dran (8) → *daran*
27,4 und gibt uns... die klare Gottheit dran
36,4 was auf Erden wir getan, gibt sich dran
106,1 dran niemand g'nug sich freuen mag
202,4 daß wir nicht sollen zweifeln dran

342,7 dran wir den Glauben merken
344,9 auf daß wir ja nicht zweifeln dran
353,4 glaubet's doch und denket dran
498,4 weil du dein Blut hast dran gewandt

Drang (1)
259,1 daß freudig wir in Drang und Not

drängen (2) → *bedrängen*
244,1 läuft an mit Macht und drängt uns sehr
377,3 drängt uns der Feind auch um und um

Drangsal/Drangsalshitze (2)
134,3 wenn sich Not und Drangsal find't
369,5 denk nicht in deiner Drangsalshitze

dransetzen (1)
137,2 Leib und Leben dranzusetzen

drauf (15) → *darauf*
37,6 dies Kindlein drauf zu legen
111,4 drauf folgt der Sabbat in dem Grab
111,8 drauf sich ein Christ so herzlich freut
248,4 drauf wir hoffen Tag und Nacht
254,4 doch ist das Joch für jeden drauf eingericht'
289,5 drauf singen wir zur Stund
322,9 und zeig uns drauf sein Angesicht
364,4 drauf sprech ich fröhlich: Amen
393,11 drauf wollen wir's denn wagen
440,1 drauf jeder sich verlassen mag
472,2 drauf setz ich all mein Hoffen
478,7 drauf tu ich meine Augen zu
508,1 und träuft... Wuchs und Gedeihen drauf
523,3 drauf kann ich fröhlich sein
527,7 drauf müssen wir von hinnen

draus (5) → *daraus*
79,4 und schöpfen draus die Zuversicht
130,2 du Quell, draus alle Weisheit fließt
196,5 hilf, daß wir draus genießen
231,10 begehren nicht, noch etwas draus
245,1 und sammelt draus zu seinen Ehren

draußen (1)
245,4 wer den nicht geht, muß draußen bleiben

drehen, sich (2)
237,2 wie ich mich wend und drehe
528,5 wie sich eine Kugel drehet

drei (11)
77,3 um Drei hat der Gottessohn
78,7 hing mehr denn drei ganze Stund'
105,4 drei Frauen gehn des Morgens früh
111,3 nicht mehr als nur drei Tage lang
116,2 er war begraben drei Tage lang
202,4 all drei Person' getaufet han
223,6 dir, Herr, der drei in Einigkeit
263,7 der, wie er ist drei in ein
313,1 ruft mich und dich, zwei oder drei
313,2 fragt mich und dich, zwei oder drei
470,1 der du bist drei in Einigkeit

dreieinig (4)
208,2 wir glauben, du Dreiein'ger
276,5 o Herr, dreiein'ger Gott
321,3 ihm, dem dreiein'gen Gott
514,7 dreieinig, heilig, hochgepreist, Halleluja

Dreieinigkeit (4) → *Dreifaltigkeit*
119,5 der Heiligen Dreieinigkeit... sei Lob
155,4 der Heiligen Dreieinigkeit sei Lob
197,3 der Heiligen Dreieinigkeit sei Lob
205,4 o Heilige Dreieinigkeit, dir sei Lob

Dreifaltigkeit (3) → *Dreieinigkeit*
6,5 das Wesen der Dreifaltigkeit
100,5 und lobe die Dreifaltigkeit
469,7 du Heilige Dreifaltigkeit, wir loben dich

dreimal (1)
78,4 dreimal er da niederfiel

drein (5) → *darein*
4,4 Dunkel muß nicht kommen drein
341,2 ich fiel auch immer tiefer drein
378,5 faß ein Herz und gib dich drein
449,7 sobald das Lüftlein des Todes drein bläst
459,1 auf daß drein leucht ihr heller Schein

dreingreifen (eingreifen) (1)
111,12 mein Heiland greift allmächtig drein

drin/drinnen (6) → *darin*
165,5 drin wir immer schweben
374,1 und will drin stehen bleiben
445,1 und was drinnen ist, erhält
471,1 drin wir ruhen sollen
481,2 drin man nicht dein gedenket
514,5 ihr Herzen, drin die Liebe wohnt, Halleluja

dringen (23) → *hereindringen*
64,5 darf nicht mehr vor dich dringen
93,3 dennoch dringt als Überwinder
98,1 Keim, der aus dem Acker in den Morgen dringt
108,2 zum neuen Leben gedrungen

111,3 am dritten Tag durchs Grab er dringt
112,7 er dringt zum Saal der Ehren
113,2 mit List und Macht sie auf ihn drang
125,3 durch Tod und Leben zu dir dringen
131,5 und zu dir dringen seliglich
133,5 es läßt nicht ab und dringet
194,1 von Ohren so zu Herzen dring
221,3 ach dazu müsse deine Lieb uns dringen
259,3 in seinen Plan mag dringen
279,5 du ließest Menschen auf uns dringen
279,7 wenn Not von allen Seiten drang
318,9 laß's durch die Herzen dringen
332,3 das Loblied soll zu deinem Throne dringen
359,1 der ins Reich der Himmel drang
405,6 zu dir ins Leben dringen
476,1 die dunkle Nacht dringt allenthalben zu
495,6 hindurch ins Alter dringen
525,3 durch Tod ins Leben dringet
526,7 die auch durch die Gräber dringt

dritte (5)
17,3 sehet, die dritte Kerze brennt
98,3 hin ging die Nacht, der dritte Tag erschien
103,2 des Morgens früh am dritten Tag
111,3 am dritten Tag durchs Grab er dringt
405,3 der auch am dritten Tage

droben (11) → *oben*
114,2 und such, was droben, als ein Christ
114,3 und tracht nach dem, was droben
276,5 Ehr sei im Himmel droben
302,1 ich will den Herren droben
327,3 hier und ewig droben
327,4 endlich wirst du droben
390,3 laß sie nach dem, was droben, stehn
398,2 dein Macht dort droben
449,5 ich hab erhoben zu dir hoch droben
513,7 werden mit Freuden droben ernten
529,7 mein Heimat ist dort droben

Drohen (1)
137,7 aller Welt trotz Spott und Drohen

drüben (1)
266,4 die Sonne, die uns sinkt, bringt drüben

drüber (2) → *darüber*
127,2 all Welt sich drüber wundert
289,3 der Wind nur drüber wehet

drücken (9)
65,2 noch drückt uns böser Tage schwere Last
84,5 die Lasten, die mich drücken
85,10 dich fest an mein Herz drücken
129,4 wenn uns drückt Kreuzeslast
213,3 die Not und Jammer drückt
278,6 daß Trauer mich drückt, bedrängt vom Feind
387,3 was dich drückt und bestrickt
416 daß ich den Glauben bringe, wo der Zweifel drückt
504,6 drücke stets in meinen Sinn

drum (64) → *darum*

a) Aussage (32)
3,2 drum nahm er auf sich Schuld und Pein
70,5 drum mich auch nichts betrübet
71,2 drum man zu Recht dich preiset
82,4 drum sag ich dir von Herzen
89,4 drum will ich jetzt in Dankbarkeit
106,5 drum wollen wir auch fröhlich sein
114,8 drum wirst du überwinden
119,4 drum jauchzen wir mit großem Schalln
145,1 drum magst du wohl aufwachen
148,2 drum müssen wir solchs sparen
241,8 drum hört der Glaub nie auf, zu dir zu flehn
254,4 drum mag der Leib ermüden
271,7 drum stieg herab von seinem Himmelsthrone
292,1 drum will ich all mein Leben lang
294,2 drum rühm ich Gottes Taten gern
308,3 drum man dich willig preist und ehrt
326,4 drum dank, ach Gott, drum dank ich dir
328,6 drum bin ich voller Trost und Freudigkeit
342,3 drum schickt Gott seinen Sohn herein
350,2 drum soll auch dieses Blut allein
364,3 drum, muß ich Sünder von der Welt
366,5 drum kommen wir, o Herre Gott
370,4 sollt ich drum verzagen
372,1+6 drum laß ich ihn nur walten
372,3 drum will ich auf ihn bauen
398,2 drum wir dich ehren
407,3 drum so will ich wallen
422,1 drum wir allein im Namen dein
473,2 drum soll nicht Tod
505,1 drum preisen wir ihn hoch
522,4 drum fahr ich hin mit Freuden

b) Bitte an Gott (12)
40,5 drum, Jesu, schöne Weihnachtssonne
64,3 drum kehre jeden Tag zu dir
241,3 drum hör, o Herr, und sprich: Es soll geschehn

256,2 drum brich den eignen Sinn
256,3 drum sende treue Zeugen aus
386,10 drum auch, Jesu, du alleine
388,6 drum... mußt du uns auch machen rein
412,8 drum gib mir, Gott, durch deinen Geist
422,2 denn du; drum führ die Sach
494,4 drum komm, Herr Jesu, stärke mich
501,2 drum wollst du von uns wenden
524,6 drum, Herr Christ... sei von mir... nicht ferne

c) Aufforderung an Menschen (20)
51,4 drum blicket auf: die Nacht vergeht
73,4 drum mache dich behende auf
114,7 drum auf, mein Herz, fang an den Streit
151,4 drum schlafet nicht mehr ein
213,5+6 drum jauchze, meine Seele
213,6 drum jauchze deinem Herrn
254,3 drum gilt's gemeinsam lieben
276,4 mit Gnad, drum halt nur still
293,2 drum singet Halleluja
323,1 drum soll dich stündlich ehren
387,6 drum so laßt uns immerdar
394,5 drum aufwärts froh den Blick gewandt
399,7 drum sei getrost und glaube fest
412,4 drum diene deinem Nächsten gern
502,5 drum preis und ehre seine Barmherzigkeit
508,1–4 drum dankt ihm, dankt und hofft auf ihn

duften (1)
30,3 das duftet uns so süß

dulden, sich dulden (8) → *erdulden, erleiden, sich gedulden, leiden*
84,11 das Unrecht will ich dulden
355,4 auf dieses duld ich in der Not
359,6 mußt du dulden Kreuz und Not
365,7 obwohl ich hier schon dulde
393,5 sich dulden und sich bücken
396,6 duld ich schon hier Spott und Hohn
415,2 Dulder, mach uns dir im Dulden ähnlich
523,2 soll ich ja dulden Schmerzen

Dulder (1)
415,2 Dulder, mach uns dir im Dulden ähnlich

dunkel (23) → *finster*
17,3 weit in die dunkle Welt hinein
40,4 so darfst du nicht mehr dunkel sein
52,1+6 mitten in der dunklen Nacht
55,1 doch in den dunklen Gassen
55,2 die ganze dunkle Nacht
134,1 in dem dunklen Herzen sein
158,1 an diesem dunklen Ort
209,2 der in den dunklen Stunden mir verbunden
218,1 laß die dunkle Sündenhöhle
241,8 so dunkel jetzt dein Weg, o Heilger, ist
262,4 schaffe Licht in dunkler Nacht
263,4 schaffe Licht in dunkler Nacht
305,4 in das dunkle Leben leuchtet hell sein Schein
306,4 in das dunkle Leben leuchtet hell sein Schein
318,8 daß uns an diesem dunklen Ort
406,6 wird mein Auge dunkler, trüber
428,5 komm in unser dunkles Herz
446,2 heut, als die dunklen Schatten
452,5 wie dunkel auch der Tag
476,1 die dunkle Nacht dringt allenthalben zu
486,10 sind nun die dunklen Stunden da
507,4 dunkler Wald, grün gestalt'

Dunkel/das Dunkle (13) → *Finsternis*
4,4 Dunkel muß nicht kommen drein
16,4 hält euch kein Dunkel mehr
16,5 Gott will im Dunkel wohnen
19,1 vertreib das Dunkel unsrer Nacht
151,4 davor das Dunkle weicht
182,9 daß wir im Dunkel nicht treiben
259,3 er führt durch Dunkel uns zum Licht
266,1 und wird vom Dunkel überweht
383,2 gehst im Dunkeln nicht vorbei
410,1 in unser Dunkel kam er als ein Bruder
453,4 und Dunkel wieder uns umringt
480,3 beim tiefsten Stillesein zu mir im Dunkeln
528,3 Licht und Dunkel, Fried und Streiten

Dunkelheit (6) → *Finsternis*
40,1 bringt Licht in meine Dunkelheit
65,5 die du in unsre Dunkelheit gebracht
409,4 ihre Dunkelheiten hat er selbst erhellt
441,5 da fern ist alle Dunkelheit
488,3 in Licht und Dunkelheit, Herr, bleib bei mir
515,2 sei gepriesen für Licht und Dunkelheiten

dunkeln (2)
53,1 in das nächt'ge Dunkeln fällt ein strahlend Funkeln
485,4 wenn jetzt es um uns dunkelt

dünken (2)
233,5 handle mit mir, wie's dünket dir
497,9 was mir sonst fast unmöglich deucht

durchaus (2)
371,12 ich weiß durchaus von keinen Plagen
523,1 böses Leben durchaus mir nicht gefällt

Durchbrecher (2)
66,2 unser Durchbrecher ist nunmehr vorhanden
388,1 o Durchbrecher aller Bande

durchdringen (6)
74,2 denn du durchdrangst des Todes Nacht
133,3 der Tod durchdrang mein Leben
165,6 du durchdringest alles
241,1 ja deren Schall die ganze Welt durchdringt
252,2 ach dein Lebensgeist durchdringe
529,5 es muß ja durchgedrungen, es muß gelitten sein

durchfließen (3)
127,7 der Gottes Stadt durchfließet hell
140,5 durchfließ Herz, Sinn und Wandel wohl
213,4 mein Herz ist gar durchflossen

durchgehen (1) → *durchschreiten*
529,8 die Welt bin ich durchgangen

durchleuchten (1)
390,1 durchleuchtet und erfüllet sein

durchmessen (1)
431,2 das All durchmißt, das Element

durchreißen (1)
112,6 er reißet durch den Tod

durchschreiten (1) → *durchgehen*
117,3 seit Jesus ihn durchschritten

durchstreichen (1) → *löschen*
368,5 durchstreichen meine Schuld

durchströmen (1)
383,3 Lobgesang durchströmt die Welt

durchsüßen (1)
351,10 mein Jesus und sein Leuchten durchsüßet alles Leid

dürfen (25)
11,7 ihr dürft euch nicht bemühen
11,8 auch dürft ihr nicht erschrecken
20,2 ihr dürft euch jetzt nicht mehr verlassen wähnen
40,4 so darfst du nicht mehr dunkel sein
64,5 darf nicht mehr vor dich dringen
82,3 daß ich nicht mehr darf fürchten
111,14 mein Herz darf nicht entsetzen sich
112,7 und darf mich gar nicht kehren
117,2 er, den ihr lieben dürft
239,3 dürft ihr alles, was euch je bedrängt
281,2 und keiner darf sie kränken
309,3 wer niedrig stand, darf hoch in Ehren wohnen
349,3 darf mich nicht mehr beschämen
351,4 so dürft und könnt ich nicht
351,5 darf kein Gerichte scheuen
354,6 darf ich von keinem Troste wissen
361,4 dein Arbeit darf nicht ruhn
371,4 dessen Treue du darfst trauen
371,5 und was du keinem darfst erzählen
378,4 darf die Krone tragen
379,5 nun darfst du in ihm leben
379,5 darfst in ihm atmen, weben
380,3 ihr dürft stille ruhn
385,2 darf nicht im Finstern schweben
453,2 kein Hader darf uns heut entzwein

dürftig (1)
279,8 zwar elend, dürftig bin ich immer

dürr (4)
24,9 daß du da liegst auf dürrem Gras
304,3 er läßt Gras wachsen hoch auf dürren Bergen
399,3 wie ein Blümlein in dürrem Land
450,2 laß die dürre Lebens-Au

Dürre (1)
281,2 läßt Sünder in der Dürre

Durst (1)
83,6 im Durst soll's sein mein Wasserquell

dürsten (6)
66,7 komme, wen dürstet, und trinke, wer will
67,3 und dürsten stets nach dir
218,2 ach wie pfleget mich zu dürsten
278,1 meine Seele dürstet nach Gott
307,4 selig sind, die da hungern und dürsten nach der Gerechtigkeit
351,11 kein Hunger und kein Dürsten

durstig (1)
255,3 und machen Durst'ge freudetrunken

E

eben (10) → *gleich (a), schlicht*

a) allgemein (5)
5,3 denen wird er eben
183,3 hält in einem Sinn gar eben
274,5 im Haus des Herren eben
343,1 dein Wort zu halten eben
524,2 so hab ich gewünschet eben

b) im Sinne von: flach (5)
127,6 du leitest uns auf ebnem Weg
129,3 führ uns auf ebner Bahn
249,5 auf ebner Bahn zum Himmel führ
312,2 und eben jeden Pfad
312,2 macht eben jeden Pfad

Ebenbild (1)
415,4 o gestalt uns dir zum Ebenbilde

ebnen, sich ebnen (2)
14,4 da ebnen sich des Meeres Wogen
15,3 ebnet, ebnet Gott die Bahn

Echo (1)
383,4 soll sein Echo in mir wecken

edel (22)
24,8 sei mir willkommen, edler Gast
36,11 o mein Ruhm! Edle Blum
37,6 für edle Kinder großer Herrn
70,3 du leuchtend Kleinod, edler Stein
85,2 du edles Angesichte davor sonst schrickt
112,3 zusamt dem edlen Gut
125,2 du heiliges Licht, edler Hort
129,4 den Geist, den edlen Gast
130,4 laß uns dein edle Balsamkraft
150,4 was für ein edle Schar
198,1 Herr, dein Wort, die edle Gabe
224,3 deins Tisches edle Gaben
321,2 und edlen Frieden geben
324,6 den güldnen, werten, edlen Fried
325,4 seinen Geist, den edlen Führer
341,10 davon verdirbt der edle Schatz
351,9 erbauet ein edle neue Stadt
370,10 dort, dort sind die edlen Gaben
449,10 aus allen Schätzen der edelste Hort
497,4 verleihe mir das edle Licht
503,6 sucht hier und da ihr edle Honigspeise
513,7 die hier mit Tränen streuen edlen Samen

Edelstein (1)
24,10 von Edelstein und Gold bereit'

Eden (2) → *Garten, Paradies*
286,2 Gott will, daß sie ein Eden werde
455,3 Glanz, der zu mir aus Eden aufbricht

ehe (18) → *bevor*
37,2 eh ich dich kannt, erkoren
37,2 eh ich durch deine Hand gemacht
78,3 eh er ward zum Tod verdammt
112,2 eh er's vermeint und denket
150,3 eh ich bin kommen fort
199,2 eh wir zum Leben kamen
211,3 eh wir entscheiden Ja und Nein
234,6 eh morgen kommt, kann's ändern sich
234,7 eh mich der schnelle Tod hinrück
369,4 so kommt Gott, eh wir's uns versehn
401,2 eh ich noch geschaffen war
450,3 daß wir, eh wir gar vergehn
527,5 die, eh der Tag sich neiget
527,5 eh sich der Abend zeiget
527,6 doch eh wir zugenommen
527,7 und, eh wir uns besinnen
528,6 dadurch, eh wir uns versehen
534,1 und weise uns, eh wir gehen müssen

Ehe (1)
231,7 dein Eh' sollst du bewahren rein

eher (1)
400,3 daß ich nicht eher mein dich nannte

Ehrbarkeit (1)
244,6 all Zucht und Ehrbarkeit verlacht

Ehre (204) → *gloria, Lob, Preis, Ruhm*

a) allgemein
b) von Gott
ba) zu Ehren Gottes → bb)
bb) in Verbindung mit Lob, Preis, Dank, Ruhm → ba), bc)
bc) Ehre sei Gott → bb)
bd) König, Fürst der Ehren
be) Ehre des Namens
c) Gott die Ehre geben, bringen
d) Ehre, Ansehen des Menschen

a) allgemein (21)
24,12 wie aller Welt Macht, Ehr und Gut
36,11 du gibst g'nug Ehr und Schmuck

78,10 Jesu, weil du bist erhöht zu ewigen Ehren
85,1 mit höchster Ehr und Zier
86,7 muß zu Ehren mir gedeihen
112,7 er dringt zum Saal der Ehren
127,5 suchen allein sein Ehre
127,6 daß uns auch Leiden Ehre ist
150,5 schau ich in Ehren schweben
196,1 mit Sanftmut, Ehre, Lieb und Freud
239,5 holt der König dann mit Ehren ein
246,6 die Sach und Ehr, Herr Jesu Christ
256,2 und trägt mit Ehren deine Schmach
346,4 bleib du mein Ehr, dein Wort mich lehr
349,4 mit Freud und Ehren tragen
351,4 mein Jesus ist mein Ehre
396,4 weg, ihr eitlen Ehren
445,6 Herr, mein Schild, mein Ehr und Ruhm
477,4 den Rock der Ehr und Herrlichkeit
495,6 daß ich mit Ehren trag
527,9 verlache Welt und Ehre

b) von Gott (32)
36,3 seiner Macht und Ehren
84,7 allzeit an deinen Dienst und Ehr
108,3 und tut sein Ehr je mehr und mehr
111,3 mit Ehr sein Siegesfähnlein schwingt
115,3 lästert ihn und Gottes Ehre
123,4 gleicher Macht und gleicher Ehren
134,8 jener Herrlichkeit und Ehr
142,1 zu deines Reiches Glanz und Ehr
165,3 dir gebührt die Ehre
179,2 für deine Ehr wir danken
180.1 um deiner großen Ehre willen
180.3 wir sagen dir Dank um deiner großen Ehre willen
183,2 gleicher Gott von Macht und Ehren
185.2 alle Lande sind seiner Ehre voll
185.3 alle Lande sind seiner Ehre voll
191 und was dienet deiner Ehr
191 mit aller Ehr ins Vaters Reich
270,1 Erde und Himmel sind voll deiner Ehre
276,1 das Lob der Ehren sein
279,3 wir freuten uns der Macht und Ehre
281,3 sollt ihm... nicht Ruhm und Ehr gebühren
283,5 daß seine Ehr in unserm Land
284,2 deiner Ehre dient mein armes Lied zur Zier
291,2 und deine Ehre weit über alle Land
305,1 auch im Weltall ferne seine Ehre wohnt
306,1 auch im Weltall ferne seine Ehre wohnt
333,4 und alle Welt ist seiner Ehre voll
441,6 dein Ehr sie machen offenbar
497,6 sei deine Lieb und Ehre
503,15 so will ich dir und deiner Ehr
504,1 zeugen von des Schöpfers Ehr
504,5 rauschen sie des Schöpfers Ehr

ba) zu Ehren Gottes (21) → *bb)*
41,1 singet dem Herren, dem Heiland der Menschen, zu Ehren
81,9 ich werde dir zu Ehren alles wagen
91,7 weil ich dir angehöre, zu deiner Ehre
143,4 zu Gottes Dienst und Ehren
165,2 singen ihm zur Ehre
196,6 Gott Vater, laß zu deiner Ehr
203,6 zu deinen Ehrn und Wohlgefalln
245,1 und sammelt draus zu seinen Ehren
271,8 daß er ihr Herr zur Ehr des Vaters ist
279,1 jauchzt, alle Lande, Gott zu Ehren
288,2 der uns erschaffen ihm zur Ehr
289,4 dem großen Herrn zu Ehren
296,6 zu deinem Nutz und seiner Ehr
324,10 und dir zur Ehr gereicht
332,1 er höret gern ein Lied zu seiner Ehre
342,8 zu Ehren seiner Majestät
349,1 bin fröhlich Gott zu Ehren
404,3 und dir zu Ehren lebe
413,4 tut solchs zu Ehren seinem Gott
449,2 zu seinen Ehren und uns zu lehren
490,2 tönt stets ein Lied zu deiner Ehre

bb) in Verbindung mit Lob, Preis, Dank, Ruhm (35) → *ba), bc)*
1,5 sei ewig Preis und Ehr
27,6 Gott sei Lob, Ehr und Preis
29,4 Lob und Preis und Dank und Ehr
45,4 Herr Jesu, sei Ehre und Preis und Ruhm
78,1 ihm zu Lob und Ehren
100,2 dem sei Lob, Ehr zu aller Frist
104,1 Christe, Lob und Preis und Ehr
104,3 singen auch Lob und Ehr
131,6 wir sagen dir Lob, Ehr und Dank
148,8 Lob, Ehr, Preis, Kraft und Stärke
158,4 o Jesu, Lob und Ehre
160 Gott Vater, dir sei Dank gesagt und Ehre
167,1 zu seinem Lob und Ehrn
180.2 Gott in der Höh sei Preis und Ehr
205,4 dir sei Lob, Ehr und Dank bereit'
263,7 Kraft, Lob, Ehr und Herrlichkeit
275,7 Preis, Ehre, Ruhm und Herrlichkeit
281,3 Anbetung, Ehre, Dank und Ruhm

289,5 sei Lob und Preis mit Ehren
308,11 sei Ehr und Preis von uns bereit'
321,3 Lob, Ehr und Preis sei Gott
326,1 sei Lob und Ehr dem höchsten Gut
329,2 hab Lob und Ehr, hab Preis und Dank
331,10 Ehre, Lob und Dank erweisen
341,10 zu Lob und seinen Ehren
342,8 sei Lob und Ehr mit hohem Preis
356,1 ihm sei Lob, Preis und Ehre
356,2 dir sei Lob, Preis und Ehre
365,8 ihm sei Lob, Ehr und Preis
437,4 gereich zu deim Lob, Ehr und Preis
443,1 zu Lob und Preis und Ehren
497,14 dein soll sein aller Ruhm und Ehr
501,2 Herr, dir sei Lob und Ehre
519,4 Preis, Ehre, Freud und Wonne
520,7 ihm sei Lob, Preis und Ehr allein

bc) Ehre sei Gott (29) → *bb)*
24,15 Lob, Ehr sei Gott im höchsten Thron
26 Ehre sei Gott in der Höhe
45,3 Ehre sei Gott im Himmel und auf Erden
47,5 Ehr sei Gott im höchsten Thron
48,3 Ehre sei Gott
52,5 Ehr sei Gott! Auf Erden Frieden
75,1 Ehre sei dir, Christe, der du littest Not
155,4 Ehr sei dem Vater und den Sohn
177.1 Ehr sei dem Vater und dem Sohn
177.2 Ehr sei dem Vater und dem Sohn
177.3 Ehre sei dem Vater und dem Sohn
179,1 allein Gott in der Höh sei Ehr
180.1 Ehre sei Gott in der Höhe
180.3 Ehre sei Gott in der Höhe
180.4 allein Gott in der Höh sei Ehr
197,3 Ehr sei dem Vater und dem Sohn
232,4 Ehr sei Gott in dem höchsten Thron
273,6 Ehr sei Gott Vater und dem Sohn
276,5 Ehr sei im Himmel droben
281,5 ihm sei Anbetung, Ehr und Macht
291,3 Ehr sei dem Vater Gott
291,3 Ehr sei dem Sohne Gott
291,3 Ehr sei dem Heilgen Geist
410,1–4 Ehre sei Gott, dem Herrn
470,3 Gott Vater, dem sei ewig Ehr
514,7 sei die Ehre! Halleluja

bd) König, Fürst der Ehren (11)
29,1 euch ist geborn ein König der Ehrn
33,2 du König aller Ehren
41,6 König der Ehren, aus Liebe geworden zum Kinde
45,2 du König der Ehren, Herrscher der Heerscharen
66,5 Jesus ist kommen, der König der Ehren
70,6 groß ist der König der Ehren
71,1 o König aller Ehren
84,1 der große Fürst der Ehren
191 du König der Ehren, Jesu Christ
316,1 lobe den Herren, den mächtigen König der Ehren
317,1 lobe den Herren, den mächtigen König der Ehren

be) Ehre des Namens (9)
59,6 zu deines Namens Ruhm und Ehr
68,7 deinem Namen zu Lob und Ehr
242,2 Gott, erhöh deins Namens Ehr
244,3 ach Herr, um deines Namens Ehr
249,5 zu Ehren deinem Namen
283,7 zur Ehre seines Namens
356,2 Herr Christ, um deines Namens Ehr
364,4 zu Ehren deinem Namen
423,1 breit deines Namens Ehre

c) Gott die Ehre geben, bringen (35)
29,3 gebt Gott allein im Himmel Preis und Ehre
44,3 himmlische Heere jauchzen dir Ehre
66,2 bringet zu Ehren aus Sünde und Schande
123,1 dem man Ehre geben muß
133,2 dir Ehr und Dienste leiste
141,6 so tun wir dir die rechte Ehr
145,4 und suchen Gottes Ehr allein
280,3 dem alle Welt die Ehre tu
300,1 lobsinget seiner Ehr und Macht
301,2 preiset Gott und gebt ihm Ehr
312,5 dem Herrn die Ehre zollen
322,1 nun danket all und bringet Ehr
326,1–9 gebt unserm Gott die Ehre
410,4 gebt Gott die Ehre
414,4 stets Dank und Ruhm und Ehre bringen
480,1 Preis, Lob und Ehr gebracht
502,2 Psalter und Harfe ihm Ehre geben
505,7 dir Dank und Ehre geben
506,4 bringt meinem Schöpfer Ehre
506,4 bringt unserm Schöpfer Ehre
513,1 die Ähren sich, ihm Ehre zu bezeigen
514,1–6 singt ihm Ehre

d) Ehre, Ansehen des Menschen (11)
6,4 er tracht' nach Leib, Seel, Gut und Ehr
11,4 und hebst mich hoch zu Ehren
84,11 mir Ehr und Namen brechen
282,6 er wird uns Gnad und Ehre geben
309,3 wer niedrig stand, darf hoch in Ehren wohnen

362,4 Gut, Ehr, Kind und Weib
365,6 nicht Ehr noch Gut bestehet
367,2 Zucht, Ehr und Treu verleih mir, Herr
412,3 wer seines Nächsten Ehre schmäht
443,4 Gemahl, Gut, Ehr und Kind
472,6 mein Haus, mein Gut und Ehr

ehren (30) → *erheben, loben, preisen, rühmen*
39,1 kommt und laßt uns Christus ehren
123,6 die ihn ehrt als teures Haupt
123,11 ehret, liebet, lobet ihn
140,1 Brunn alles Heils, dich ehren wir
145,5 die Lüge tut man ehren
165,8 daß ich dich stets lieb und ehre
191 ehrt die Welt weit und breit
191 mit rechtem Dienst sie lobt und ehrt
191 und ehrn dein' Namen stetiglich
231,5 du sollst ehrn und gehorsam sein
244,10 daß er mit uns dich lob und ehr
264,2 einen heilgen Namen ehrt sie, ein heilges Mahl
281,1 jauchzt laut, die ihr ihn ehret
284,3 der du uns mit deiner Hände Schöpfung ehrst
308,3 drum man dich willig preist und ehrt
318,1 den du allzeit sollst ehren
319,4 den ehrt und lobt auch mein Gesang
320,1 Dank sagen und ihn ehren
323,1 drum soll dich stündlich ehren
326,7 o Gott, von nun an ehren
327,2 seid bereit, zu ehren einen solchen Herren
331,5 und sie ehrt den Heilgen Geist
346,3 dem, der ihn herzlich ehret
370,3 ich will ihn dennoch fröhlich ehren
398,2 drum wir dich ehren
403,1 dich will ich ich lieben, dich will ich ehren
447,1 lobet den Herren alle, die ihn ehren
448 alle, die ihn ehren
475,8 Jesu, den ich herzlich ehre
502,5 drum preis und ehre seine Barmherzigkeit

Ehrenburg (1)
150,3 o Ehrenburg, nun sei gegrüßet mir

Ehrenkleid (2)
219,2 schenk uns dein schönes Ehrenkleid
350,1 das ist mein Schmuck und Ehrenkleid

Ehrenkönig (3)
119,1 der Ehrenkönig Jesus Christ
256,3 o Herr Jesu, Ehrenkönig
350,5 du Ehrenkönig Jesu Christ

Ehrenkrone (4) → *Dornenkrone, Krone, krönen*
81,11 wird stehn auf meinem Haupt die Ehrenkrone
86,4 mir die Ehrenkron aufsetzen
361,11 den Sieg und Ehrenkron
500,4 empfangn die Ehrenkron

Ehrenthron (1)
90,1 als auf dem Ehrenthrone

Ehrentitel (1)
371,9 denn das ist Gottes Ehrentitel

Ehrfurcht (3) → *Angst, Furcht*
42,3 so steht mein Geist vor Ehrfurcht still
165,1 und in Ehrfurcht vor ihn treten
333,5 mit hoher Ehrfurcht

ehrlich (1)
70,1 schön und herrlich, groß und ehrlich

ei (7)
5,9 ei nun, Herre Jesu
36,6 ei so kommt und laßt uns laufen
70,2 ei meine Perl, du werte Kron
70,2 ei mein Blümlein
324,18 ei nun, so laß ihn ferner tun
325,10 ei so heb ich meine Hände
444,3 ei bittet und flehet

eia (6)
32,1 eia, eia, sein eigen will ich sein
32,2 eia, eia, und alles, was ich hab
32,3 eia, eia, je länger mehr und mehr
32,4 eia, eia, jetzt und zu aller Stund
35,4 eia, wärn wir da
70,5 eia, eia, himmlisch Leben wird er geben

Eid (2)
234,2 und zwar mit einem teuern Eid
243,2 bei seinem Eid geschworen

eidlich (1)
353,2 eidlich sich dazu erklärt

Eifer (1)
137,2 Eifer für des Herren Haus

eifern (1)
413,6 sie eifert nicht noch bläht sie sich

eifrig (1)
198,2 laß mich eifrig sein beflissen

eigen (25) → *Eigentum*
32,1 sein eigen will ich sein
34,3 nimm mich dir zu eigen hin

37,2 und hast mich dir zu eigen gar
56,2 bist du der eignen Rätsel müd
67,4 regierst... kräftig aus eigner Macht
81,10 weil's aber nicht besteht in eignen Kräften
135,5 unser Herz erwähle dir zum eignen Haus
202,6 nichts hilft sein eigen Heiligkeit
204,1–4 Herr Christ, dein bin ich eigen
223,2 da von dem eignen Jünger gar
256,2 drum brich den eignen Sinn
273,2 was eigen Witz erfindet
343,2 auf all mein eigen Tun
360,1 du gibst uns frei, wir laufen eigne Wege
386,4 schenke dich zu eigen mir
391,3 rühret eigner Schmerz
406,3 mit dem eignen teuren Blut
408,2 und sein eigen bin auch ich
409,1+8 und wir sind sein eigen
497,5 auf meinem eignen Willen
524,4 unser eigen Fleisch und Blut

Eigenheit (1)
388,5 uns selbst gefangen in der Lust und Eigenheit

Eigenliebe (2)
255,4 verzehre Stolz und Eigenliebe
373,2 Eigenlieb, Hoffart und Mißgunst sich regt

Eigennutz (1)
82,7 ohn Eigennutz und Heuchelschein

Eigentum (13) → *eigen*
83,4 hiermit zu deinem Eigentum
133,4 zum wahren Eigentum
165,3 dir zum Eigentum ergeben
200,3 dein Eigentum zu sein gewagt
256,1 nimm uns zum Eigentum
290,1 o Volk des Herrn, sein Eigentum
309,4 wie er verhieß: sein Volk, sein Eigentum
331,3 alles ist dein Eigentum
389,5 ausbreiten als dein Eigentum
445,6 nimm mich auf, dein Eigentum
469,6 und uns bewach, dein Eigentum
479,2 mein Schatz, mein Schutz, mein Eigentum
485,3 ein bleibend Eigentum

Eile (3)
36,8 der in Eil machet heil
370,6 Gott, mein Heil, wird in Eil
497,11 sein Sorgenstein wird in der Eil

eilen (18)
4,2 sein' Weg er zu laufen eilt
6,5 ach lieber Herr, eil zum Gericht
36,6 eilt mit großen Haufen
52,3 eilte jeder, daß er's sähe
53,2 und nach Bethlehem hin eilet
53,3 eilten sie geschwinde
66,9 eilet, ach eilet zum Gnadenpanier
77,1 eilend zum Verhör gebracht
147,2 sie wachet und steht eilend auf
150,1 und eilt aus dieser Welt
151,8 und eile deinen Lauf
206,3 darum eilen wir zu dir
241,4 laß eilend Hilf uns widerfahren
244,2 zugrund wir müssen eilends gehn
275,2 eil, bald mich zu erretten
415,3 o lehr uns eilen
477,4 der Leib eilt nun zur Ruhe
491,1 die Zeit, sie eilt dahin

einander (6)
124,3 daß wir uns von Herzen einander lieben
235,3 wir kennen dein Gebot, einander beizustehen
238,1 und so einander Lieb und Treu... zu weihn
240,3 lehr uns, einander zu vergeben
283,6 werden schön einander grüßen müssen
410,2 lieben wir einander

einbrechen (anbrechen) (1) → *einfallen*
151,1 die finstre Nacht bricht ein

einbringen (1)
505,1 der Segen eingebracht

eindrücken (1)
140,4 daß uns sein Bild werd eingedrückt

einen (3) → *vereinigen*
212,4 eint im Glauben uns mit deinem Christus
229,2 Christus eint uns und gibt am Heil
454,5 die sein Geist versöhnt und eint

einengen (1)
279,5 hast ringsumher uns eingeengt

einer/Eine/das Eine (10) → *eins*
42,7 durch eines Sünde fiel die Welt
123,3 Gott ist Herr, der Herr ist Einer
123,6 Jesus Christus ist der Eine
256,1 einer ist's, an dem wir hangen
358,3 die fröhlich auf dem einen... ruht
386,1 eins ist not! Ach Herr, dies Eine

386,1 erlang ich dies Eine, das alles ersetzt
386,3 wie, dies Eine zu genießen
386,10 und Jesus gewinne: dies Eine ist not
487,2 einer wacht und trägt allein

einerlei (1)
193,3 gib deim Volk einerlei Sinn auf Erd

einfallen (1) → *einbrechen*
488,1 es kommt die Nacht, die Finsternis fällt ein

Einfalt (2)
292,3 laß mich in Einfalt trauen dir
386,5 worinnen die Demut und Einfalt regieret

einfältig (4)
165,7 mache mich einfältig
252,6 sanft, einfältig, wie dein Wille
318,9 was wir einfältig singen
482,5 laß uns einfältig werden

Einfluß (1)
252,1 wollst mir neuen Einfluß geben

einführen (3) → *hineinführen*
166,1 führt in Gottes Haus mich ein
388,7 führ ins Paradies uns ein
478,8 so führ mich, Herr, in' Himmel ein

Eingang (5) → *Anfang, Pforte, Tor, Tür*
115,6 nun ist der Tod mir der Eingang in das Leben
163 unsern Eingang gleichermaßen
173 der Herr behüte deinen Ausgang und Eingang
175 Ausgang und Eingang, Anfang und Ende
386,8 dein Eingang die völlige Freiheit mir bringt

eingeboren (10) → *einig, einzig*
28 daß er seinen eingebornen Sohn gab
103,1 samt seinem eingebornen Sohn
107,3 samt seinem eingebornen Sohn
109,6 samt seinem eingebornen Sohn
179,3 o Jesu Christ, Sohn eingeborn
180.1 Herr, eingeborner Sohn, Jesu Christe, du Allerhöchster
180.3 Herr, eingeborner Sohn, Jesus Christus
331,5 deinem eingebornen Sohn
365,4 sein' eingebornen Sohn
443,1 dein' eingebornen Sohn

eingehen (10) → *hineingehen*
59,5 mit dir in' Himmel einzugehn
114,9 zum neuen Leben gehen ein
149,6 mit dir geh in den Himmel ein
158,4 mit dir eingeh zur Freud
219,3 eingehn zur Himmelsbürgerschaft
288,4 kommt, geht zu seinen Toren ein
350,1 wenn ich zum Himmel werd eingehn
386,8 du bist einmal eingegangen in das Heilge
405,5 und mit ihm in sein Reich eingehst
489,1 gehe ein in deinen Frieden

eingreifen (1)
111,12 mein Heiland greift allmächtig drein

einhauchen (1)
395,2 das Leben eingehaucht

Einheit (2)
265,5 der Einheit Zeugnis sei
267,1 hilf du selber uns zur Einheit

einhergehen (2)
283,6 Gerechtigkeit wird einhergehn
371,6 ob alle Fluten einhergingen

einhüllen (1)
142,3 dein heilger Odem hüllt sie ein

einig (14) → *eingeboren, einzig*
4,5 Lob sei Gott seim ein'gen Sohn
23,2 des ewgen Vaters einig Kind
24,15 der uns schenkt seinen ein'gen Sohn
67,1 Herr Christ, der einig Gotts Sohn
80,1 Gott des Vaters einigs Kind
191 deinen rechten und ein'gen Sohn
194,2 der einig Glaub ist diese Kraft
253,2 den einigen Erlöser
288,7 und Jesus Christ, sein ein'ger Sohn
308,11 Gott Vater und dem ein'gen Sohn
350,5 des Vaters ein'ger Sohn du bist
470,3 Gott Sohn, der ist der einig Herr
498,4 zum Himmel und der ein'ge Steg
525,4 dein ein'ger Sohn aus Lieb und Huld

einige (1)
303,6 wo er kann einige Fromme finden

Einigkeit (10)
156 versammelt hast in Einigkeit des Glaubens
214,3 leb in Fried und Einigkeit
223,6 dir, Herr, der drei in Einigkeit
243,6 erhalten in Lieb und Einigkeit
246,4 Fried, Einigkeit, Mut und Geduld
250,5 sie ausrüsten zur ungefärbten Einigkeit
265,2 ihr Einigkeit verleiht
276,2 erhöhen in Lieb und Einigkeit

344,6 in rechter Lieb und Einigkeit
470,1 der du bist drei in Einigkeit

einkehren (5)
10,1 bei allen kehren ein
130,1 o Heilger Geist, kehr bei uns ein
136,1 und kehre bei uns ein
239,1 ist der Segen stets noch eingekehrt
480,3 nun kehr ich ein

einladen, sich einladen (5) → *laden*
18,2 Arme, Reiche lädt er ein
135,1 denn der Geist der Gnaden hat sich eingeladen
169,1+5 Gott lädt uns alle zu sich ein
225 Gott selber lädt uns ein

einlegen (1)
37,9 komm, komm und lege bei mir ein

einmal (12)
52,2 und auf einmal war ein Leuchten
65,4 doch willst du uns noch einmal Freude schenken
85,9 wenn ich einmal soll scheiden
122,3 und dann einmal, wenn's dir gefällt
239,5 er, der nah war, wird noch einmal nahen
283,2 willst du... nun einmal wieder laben
303,4 was er uns einmal zugedacht
367,3 soll ich einmal nach deinem Rat
371,14 es wird einmal der Tod herspringen
386,8 du bist einmal eingegangen
457,7 und oft nicht einmal ahnst
526,4 auch einmal zu Asche werden

einnehmen (4) → *annehmen*
135,1 nehmt ihn ein, so wird sein Schein
354,3 und nahm hernach den Himmel ein
399,7 laß Schwermut dich nicht nehmen ein
477,8 und nimm dein Küchlein ein

einpflanzen (1)
219,2 und werden dir gepflanzet ein

einprägen, sich einprägen (2)
166,4 präge du im Herzen ein
241,7 und präge dich der Jugend selber ein

einrichten (2)
254,4 doch ist das Joch für jeden drauf eingericht'
328,5 das ist nach deinem Willen eingericht'

eins (8) → *einer, eins sein, eins machen*
17,2 so nehmet euch eins um das andere an
37,9 eins aber, hoff ich, wirst du mir... nicht versagen
84,8 eins aber will ich tun
238,3 erhalt sie eins in Freud und Schmerz
254,3 mit größern Gnadentrieben als eins allein
364,4 noch eins, Herr, will ich bitten dich
386,1 eins ist not! Ach Herr, dies Eine
393,7 eins freuet sich am andern

einsam (8) → *öde*
46,1 alles schläft, einsam wacht
192 allen Kranken, Einsamen und Gefangenen beistehn
254,3 wir sind nicht einsam blieben
420,1+3–5 teil mit den Einsamen dein Haus
487,2 der läßt keinen einsam sein

Einsamkeit (1)
83,6 in Einsamkeit mein Sprachgesell

einschenken (1)
372,3 wird mir nicht Gift einschenken

einschlafen (7)
151,4 drum schlafet nicht mehr ein
373,4 Hüter, du schläfst ja und schlummerst nicht ein
469,3 obschon die Augen schlafen ein
471,3 laß uns einschlafen mit guten Gedanken
478,7 und schlafe fröhlich ein
516,6 laß... o Herr, mich schlafen ein
522,5 so schlaf ich ein und ruhe fein

einschließen (2)
245,3 denn Gottes Arche schließt sie ein
479,4 schließt aber dies mit ein

einschreiben (1)
382,2 in dein Erbarmen fest mich eingeschrieben

einsenken (1)
200,1 ich bin in Christus eingesenkt

einsetzen (3)
78,3 setzt das heilig Nachtmahl ein
245,2 hat seine Hüter eingesetzt
478,5 den setz ich dir zum Bürgen ein

eins machen (einig machen) (2) → *eins sein*
43,6 und mach sie auf ewig mit deinem nur eins
127,5 also mach uns auch alle eins

einspinnen, sich (1)
430,2 der Glaube spinnt sich ein

eins sein (einig sein) (13)
41,4 eins mit dem Kinde zu sein
127,5 du eins bist in des Himmels Thron
227,5 eins laß uns sein wie Beeren einer Traube
238,1 um künftig eins zu sein
252,9 ewig eins in dir zu sein
262,7 laß uns eins sein, Jesu Christ
263,7 uns in ihm läßt eines sein
267,1 daß wir alle eines sein
268,1–5 und wir sind eins durch ihn

einst/einstens (29)
50,5 wenn wir mit dir einst auferstehn
52,1 wie wir einst den Stern gesehen
52,6 wie das Wunder einst geschehen
91,10 dein Kreuz, dies sei, wenn ich den Tod einst leide
93,4 ja, du machst einst alles neu
137,1 Geist, der einst der heilgen Männer
142,6 einst stehn vor deinem Angesicht
150,5 alle, die einst trugen des Kreuzes Joch
153,1 wenn einst Himmel und Erde vergehen
220 einst feiern wir das große Abendmahl mit dir
239,5 Gott wird einst in Christus wiederkommen
252,9 bis wir einst mit allen Frommen
253,5 auch einst Gemeinschaft haben
278,3 wie einst ich zum Hause Gottes zog
298,1 wenn der Herr einst die Gefangnen
312,1 kam einst zum Ufer
332,4 einst kommt die Zeit, wo wir auf tausend Weisen
354,7 so sing ich einstens höchst erfreut
377,2 bis einst wir dir lobsingen
380,1 und ihr sollt einst sagen
381,1 so sang einst König David, hörtest du ihn
381,1 so schrie einst König David, halfest du ihm
381,2 so sang einst König David, so klage auch ich
405,5 der einst wird wiederkommen
418,5 und hilf, daß an deinen Tisch wir einst alle kommen
500,4 bis wir... einst ewig selig werden
516,7 so wirst du mir einst geben
520,1 einst unverweslich auferstehn
530,3 und, wenn ich einstens sterben muß

einstellen, sich (5) → *kommen*
12,3 hat sich treulich eingestellt
36,6 stellt euch ein, groß und klein
37,8 du hast dich bei uns eingestellt
475,5 stell ich mich doch wieder ein
502,3 zur grünen Weiden stellet euch willig ein

einstimmen (7)
16,1 der stimme froh mit ein
43,4 stimmt freudig, ihr Kinder
43,4 stimmt freudig zum Jubel der Engel mit ein
305,3 stimmt mit ein, ihr Menschen
306,3 stimmt mit ein, ihr Menschen, preist ihn
330,3 und stimmet lieblich mit mir ein
330,6 so stimm ich doch mit Seufzen ein

Eintracht (3)
104,1 in Eintracht und aus Herzensgrund
192 den Völkern Frieden und Eintracht geben
265,3 der Eintracht uns erfreun

Eintrag (1)
251,3 wenn ihr euch selbst Eintrag tut

eintreten (3)
83,7 wenn endlich ich soll treten ein
325,9 tritt der schöne Sommer ein
387,1 damit nicht die böse Zeit unverhofft eintrete

einwickeln (1)
508,2 er wickelt seinen Segen gar zart und künstlich ein

einziehen (12)
1,3 da dieser König ziehet ein
1,5 ach zieh mit deiner Gnade ein
20,7 das Kind zieht als ein König ein
133,1 zieh ein zu deinen Toren
133,2 zieh ein, laß mich empfinden
166,2 zieh in meinem Herzen ein
314,1–6 Jesus zieht in Jerusalem ein

einzig (9) → *allein, eingeboren, einig*
51,1 Sohn und Held, den einzigen, gegeben
112,7 und darf mich gar nicht kehren an einzig Ungemach
302,2 wohl dem, der einzig schauet
355,4 dies soll mein einzig Rühmen sein
371,4 wenn gar kein einz'ger mehr auf Erden
371,8 der wird viel mehr dich einz'gen füllen
386,3 ihr Herze entbrannte, dies einzig zu hören

386,7 dein Leben sei, Jesu, mir einzig bewußt
527,9 der einzig ewig machen kann

eitel (6)
231,12 verdienen doch eitel Zorn
273,2 sie lehren eitel falsche List
396,4 weg, ihr eitlen Ehren
414,2 er sei kein eitler Traum und falscher Schein
453,2 und zeige, was da eitel sei
482,4 wir stolzen Menschenkinder sind eitel arme Sünder

Eitelkeit (7)
35,3 durch Sünd und Eitelkeit
130,7 die Eitelkeit, des Fleisches Lust
165,3 wir entsagen willig allen Eitelkeiten
346,4 durch Eitelkeit vertreiben
388,4 von dem Dienst der Eitelkeiten
388,5 in dem Tod der Eitelkeit
482,5 nicht Eitelkeit uns freun

Element (1)
431,2 das All durchmißt, das Element

elend (9)
9,5 ihr Armen und Elenden
27,2 er liegt dort elend, nackt und bloß
29,2 nackend, bloß und elende
36,9 die ihr arm seid und elende
144,2 uns Armen und Elenden
250,2 die blind und lahm und elend sind
276,1 daß Elende empfinden
279,8 zwar elend, dürftig bin ich immer
318,3 den Armen und Elenden

Elend (24) → *Jammer, Not, Verderben*
7,6 vom Elend zu dem Vaterland
24,8 und kommst ins Elend her zu mir
29,2 daß er all euer Elend von euch wende
37,8 durch Elend und Armseligkeit
50,3 dein Elend wendet keiner ab
78,8 beweist jetzt in meim Elende
84,3 das Elend, das dich schläget
89,3 bist in das Elend gangen
124,1 wenn wir heimfahrn aus diesem Elende
153,3 wo Gewalttat und Elend besiegt sind
178.4 fröhlich abscheiden aus diesem Elend
183,3 nach diesem Elend ist bereit'
243,5 anschauen dein' Jammer und Elend
318,8 weil wir sind im Elende
341,4 mein Elend übermaßen
366,6 steh uns in unserm Elend bei
371,6 laß dich dein Elend nicht bezwingen
372,6 Not, Tod und Elend treiben
396,4 Elend, Not, Kreuz, Schmach und Tod
399,1 aus dieser Welt Elende
418,1 die im Elend wandern
449,12 Kreuz und Elende, das nimmt ein Ende
477,5 vom Elend dieser Erden
520,4 sein Jammer, Trübsal und Elend

Elia (1)
137,6 gib Elias heilge Strenge

Eltern (3)
423,8 daß sich die Eltern ihrer freun
443,4 mein Eltern und Verwandten
495,7 bei seiner Eltern Grab

empfangen/empfahen (21)
11,1 wie soll ich dich empfangen
14,1 empfang ihn froh, Jerusalem
122,2 und große Gab empfangen
132 ihr werdet die Kraft des Heiligen Geistes empfangen
212,3 wartet auf die Kleinen und empfängt uns
213,2 empfangt die Himmelslust
213,3 empfanget das Geheimnis
220 laß uns, Leben zu empfahen
250,4 mit Glauben müssen wir empfangen
266,1 am Morgen hast du Lob empfangen
320,1 die wir empfangen haben
392,4 er ist bereit, daß er mich noch empfang
416 denn wer da hingibt, der empfängt
418,2 du hast's auch empfangen
452,4 was ich von ihm empfahe
458 die wir von ihm empfangen haben
460 die wir aus Gnad von ihm empfangen haben
494,6 erwünschten Lohn empfange
500,1 die wir von Gott empfangen
500,4 empfangn die Ehrenkron
514,6 du, der empfängt in letzter Not

empfehlen (1)
361,12 deiner Pflege und Treu empfohlen sein

empfinden (11)
34,3 so empfindet Herz und Sinn
36,8 wer empfind't seine Sünd
91,3 mein Herz erbebt; ich seh und ich empfinde
124,3 laß uns empfinden der Lieb Inbrunst
130,4 laß uns… empfinden und zur Ritterschaft
130,4 auf uns nieder, daß wir wieder Trost empfinden

133,2 zieh ein, laß mich empfinden
276,1 daß Elende empfinden
276,5 laß uns dein Güt empfinden
373,2 wenn ich die Last der Begierden empfinde
475,6 laß mich diese Nacht empfinden

empor (1)
453,1 voll Demut fleht zu Gott empor

empören (2)
14,4 du kommst, daß auf empörter Erde
14,5 dagegen sich die Welt empört

Empörer (1)
279,3 vor ihm gelingt's Empörern nimmer

emporführen (3)
93,3 führt zum Leben er empor
135,3 führ den Geist empor
452,1 führt mir den Tag empor

emporheben (3) → *erheben, heben*
151,3 hebt nun das Haupt empor
328,3 so hebt dein Geist mein Herz zu dir empor
514,7 hebt euer Herz zu Gott empor

emporschallen (1)
332,2 es schall empor zu seinem Heiligtume

emporschicken (1)
331,4 schickt zu deinem Thron empor

emporschweben (1)
78,10 daß empor wir schweben

emporsprießen (1)
47,2 sprießt aus Jesses Zweig empor

emporsteigen (1)
142,4 ihr „Heilig, Heilig" steigt empor

emporziehen (2)
123,8 und ihr Haupt zieht sie empor
166,3 zieh das Herze ganz empor

Ende (96) → *Anfang, Ausgang, Ewigkeit, Schluß, Unterlaß, Ziel*

a) allgemein (39)
9,5 die ihr an allen Enden
19,3 der Freien Lied ohn Ende preist
63,1 das Jahr geht still zu Ende
64,4 in Jahren ohne Ende
66,1 A und O, Anfang und Ende steht da
67,4 regierst von End zu Ende
70,7 der Anfang und das Ende
77,7 da der Tag sein Ende nahm
96,6 hat uns erworben Frieden ohne Ende
144,5 dein Joch zum Ende tragen
150,6 ohn End in Ewigkeit
151,8 o Jesu, mach ein Ende
175 Ausgang und Eingang, Anfang und Ende
239,5 seine Herrschaft wird ohn Ende sein
246,2 behalten rein bis an das End
250,5 noch fernerhin bis an das End
273,6 beständig sein bis an das Ende
297,6 bis an das End beständig sein
308,5 dem hast du bald ein End gemacht
318,8 und nehm ein löblich Ende
324,17 das nimmt ein gutes End
325,1 das ohn Ende hebt und trägt
325,10 weil denn weder Ziel noch Ende
343,4 beständig sein ans End gib mir
365,7 die ohne alles Ende
370,10 mich ohn Ende laben
375,2 das Feld behält der Herr am Ende
393,1 es ist das Ende gut
399,1 ein wahrer Gott ohn Ende
406,5 sprich: Mein Kind, hier geht's zu Ende
440,1 sie hat kein End den langen Tag
440,4 wir stehn im Glauben bis ans End
446,8 den Anfang, Mitt und Ende
460 jetzt an dem Tisch und sonst an allen Enden
477,5 sind froh, daß nun zum Ende
497,9 und bring zum guten Ende
505,1 die Ernt ist nun zu Ende
524,2 daß sein Weg ein End mög han
525,1 ist alles gut, wenn gut das End

aa) räumlich (8)
41,2 frohlocket, ihr Enden der Erden
66,9 Jesus ist kommen, sagt's aller Welt Enden
123,4 in der Welt und Himmel Enden
165,5 Meer ohn Grund und Ende
233,2 bis an der Erde Enden
286,4 das Weltmeer brause aller Enden
321,1 an uns und allen Enden
524,5 Müh sich find't an allem End

b) von Not, Krieg, Unglück (9)
1,2 all unsre Not zum End er bringt
2,2 all unsre Not zum End er bringt
66,4 glaubt ihm, so macht er ein Ende des Bebens
179,1 all Fehd hat nun ein Ende
248,6 daß der Krieg gewinnt ein End
283,3 und alles Unglücks Ende
361,12 mach End, o Herr, mach Ende

427,3 du machst ein Ende meinem Sorgen
449,12 Kreuz und Elende, das nimmt ein Ende

c) Ende der Welt, des Lebens (24)
19,3 o komm, o Herr, bleib bis ans End
51,3 ein neu Geschlecht am End der Zeit
84,13 die sollen mich am Ende in deinen Schoß und Hände
85,8 in dir mein Ende sei
124,1 daß er uns behüte an unserm Ende
149,2 an aller Welten Ende
219,3 auch bis ans Ende bleiben
289,3 sein End, das ist ihm nah
391,3 richte unsern Sinn auf das Ende hin
397,3 an meinem End die Seele mein
442,7 am End der Welt bleib nicht lang aus
495,7 laß mich an meinem End
513,7 am End nimm, Jesu, in die Himmelsscheuern
530,1 wer weiß, wie nahe mir mein Ende
530,1–7 mach's nur mit meinem Ende gut
530,3 Herr, lehr mich stets mein End bedenken
530,7 so komm mein End heut oder morgen
530,8 machst du's mit meinem Ende gut

ca) letztes, seliges Ende (16)
5,6 kommt ihr letztes Ende
109,5 zum sel'gen End Gott helf uns alln
146,5 ein selig End wollst uns verleihn
178.4 daß wir am letzten End fröhlich abscheiden
232,3 am letzten End dein Hilf mir send
275,6 hilf mir am letzten Ende
344,8 bescher uns auch ein seligs End
367,3 o Herr, ein seligs End gib mir
376,1+3 bis an mein selig Ende
472,6 gib mir ein selig Ende
474,3 an unserm letzten Ende
493 eine ruhige Nacht und ein seliges Ende
520,4 ist kommen an ein sel'ges End
522,1 mein Seel an meinem letzten End
529,9 komm, mach ein seligs Ende

zu Ende gehen (2)
63,1 das Jahr geht still zu Ende
406,5 sprich: Mein Kind, hier geht's zu Ende

enden, sich enden (11)
61,6 Jesu, laß mich fröhlich enden
199,5 und er wird alles enden
283,5 nach Wunsch und also enden
370,4 all mein Unglück enden
371,13 bis in das Grab, da wird sich's enden
388,2 daß du endest dieses Werk
478,1 nun sich der Tag geendet hat
481,1 nun sich der Tag geendet
512,3 soll nicht enden Saat und Ernte
521,2 der Tod das Leben endet
524,2 daß sich enden mög mein Leben

Endgericht (1)
379,4 er macht die Völker bangen vor Welt- und Endgericht

endlich (24) → *erst, zuerst*
36,12 mit dir will ich endlich schweben
41,3 sehet die Liebe, die endlich als Liebe sich zeiget
58,14 und endlich, was das meiste, füll uns
82,8 laß endlich deine Wunden
83,7 wenn endlich ich soll treten ein
91,10 wenn endlich, Herr, mich meine Sünden kränken
134,8 wenn wir endlich sollen sterben
194,3 und endlich bei dir finden Ruh
249,3 endlich werden zu Hohn und Spott
278,2 werde ich endlich dahin kommen
324,9 ja endlich nimmst du unsre Schuld
325,9 und muß endlich stillestehn
327,4 endlich wirst du droben ohne Sünd ihn loben
361,5 das muß doch endlich kommen
371,10 wird sie dennoch endlich kommen
392,1 Gott rufet noch. Sollt ich nicht endlich hören
392,2 Gott rufet noch. Sollt ich nicht endlich kommen
392,7 die Gnade soll im Herzen endlich siegen
429,3 und diese Welt wird endlich bewohnbar für einen jeden
445,7 der auch endlich mich zur Ruh trage
482,6 wollst endlich sonder Grämen
490,4 bis endlich allen das Herz zu deinem Dienst bereit
497,12 kommt endlich, Herr, durch deinen Geist
500,3 und endlich nicht verzagen

endlos (1)
56,5 kann unsre Nacht nicht endlos sein

eng (5)
24,10 zu sein ein enges Wiegelein
68,4 und zeigest an die enge Pfort
90,2 du gehst den engen Weg voran
527,3 dem hier die Welt zu enge
527,3 dem wird ein enges Grab zu weit

Engel (77) → *Cherub, Chor*

a) allgemein (13)
5,6 mit sich führen zu der Engel Chören
23,1 des freuet sich der Engel Schar
23,6 und seinen lieben Engeln gleich
24,15 des freuet sich der Engel Schar
43,2 viel schöner und holder, als Engel es sind
105,15 du lieber Engel, Dank sei dir
111,14 Gott und die Engel lieben mich
143,8 daß du der Herr der Engel bist
165,4 möcht ich wie die Engel
330,7 wenn ich bei deinen Engeln bin
351,12 kein Engel, keine Freuden
403,3 Jesus ist reiner als die Engel allzumal
502,2 viel tausend Engel um ihn schweben

b) Anbetung Gottes (27)
16,2 dem alle Engel dienen
29,1 und die Engel noch viel mehre
29,3 da die Engel singen alle
29,3 danach sangen die Engelein
35,4 da die Engel singen
36,1 alle Engel singen
39,7 dich der Engel Heer erhöht
40,1 das Kind, dem alle Engel dienen
41,1 jauchzet, ihr Himmel, frohlocket, ihr Engel, in Chören
43,3 hoch oben schwebt jubelnd der Engelein Chor
43,4 stimmt freudig zum Jubel der Engel mit ein
59,6 mit allen Engeln ewiglich
73,7 und singe mit der Engel Schar
142,1 hast du der Engel Schar bestellt
147,3 der Engel hoch um deinen Thron
148,6 die Engel werden singen
165,2 aller Engel hohe Chöre
191 all Engel und Himmelsheer
289,4 ihr starken Engel, waltet
322,1 dem, dessen Lob der Engel Heer
331,2 alle Engel, die dir dienen
357,3 um den die Engel dienen
447,10 da alle Engel ewig, ewig singen
503,11 so wollt ich nach der Engel Weis
524,8 mit den Engeln jubilieren
529,7 da aller Engel Schar
535 der Engel hoch um deinen Thron

c) Botenamt (Verkündigung an Menschen) (14)
25,1 vom Himmel kam der Engel Schar
29,1 heut sein die lieben Engelein
33,1 weil dir die Engel sagen
46,2 durch der Engel Halleluja
47,3 Engel zu den Hirten spricht
48,3 wahrlich, die Engel verkündigen heut
49,3 die Engel lieblich singen
53,1 und die Engel freudig singen
54,1 hört, der Engel helle Lieder
69,1 vor Freud singt uns der lieben Engel Schar
103,3 der Engel sprach: Nun fürcht' euch nicht
105,9 du lieber Engel, sag uns an
116,3 der Engel sagte: Fürchtet euch nicht
477,8 so laß die Englein singen

d) Begleiter, Beistand (23)
55,2 und Engel halten Wacht
142,6 laß deine Engel um uns sein
143,4 die Engel streiten Tag und Nacht
143,7 wo ihm nicht wehrt der Engel Schar
203,5 durch deine Engel es bewahr
258 und seiner heilgen Engel Wacht
393,7 die Engel selbst begleiten
397,3 ach Herr, laß dein lieb' Engelein
437,2 laß deine lieben Engelein
443,5 dein' Engel laß auch bleiben
445,7 deinen Engel zu mir sende
447,5 dawider hat sein Engel sich gesetzet
467,2 durch deine Engel hast behüt'
467,4 dein Engel uns zur Wach bestell
469,6 befiehl dem Engel, daß er komm
469,7 dieweil die Engel bei uns sein
471,2 send uns dein Engel
474,2 dein Engel uns bewahren
474,3 befiehl den lieben Engeln dein
476,5 vergönne, daß der lieben Engel Scharen
477,9 ums Bett und seiner Engel Schar
498,1 sein heilger Engel geh uns für
517,3 dort wartet dein der Engel Schar

Engelchor (2)
45,3 kommt, singet dem Herren, singt, ihr Engelchöre
151,3 zum frohen Engelchor

Engelschar (5)
53,2 und die Engelscharen bei den Hirten waren
139,5 und mit der Engelschar
143,1 für seine Engelscharen
423,10 mit deinen Engelscharen
468,2 dein Engelschar, die steh ihm bei

Engelzunge (3)
147,3 mit Menschen- und mit Engelzungen
271,8 Menschen- und Engelzungen es bezeugen
535 mit Menschen- und mit Engelzungen

entbehren (2)
442,4 wir können dein gar nicht entbehrn
517,1 und aller Welte Trost entbehr

entbinden (4) → *befreien, entfernen, erlösen, lösen*
5,1 daß er uns von Sünde freie und entbinde
361,10 so wird er dich entbinden
368,5 in Gnaden mich entbinden
386,8 daß ich nun der höllischen Herrschaft entbunden

entbrennen (3)
178.8 daß das Herz entbrennt, deinen Weg erkennt
241,2 o daß dein Feuer bald entbrennte
386,3 ihr Herze entbrannte, dies einzig zu hören

entfachen (1)
431,1 du hast der Sterne Glut entfacht

entfallen (2)
164 wenn uns entfallen will der Mut
518,3 laß uns nicht entfallen von des rechten Glaubens Trost

entfalten, sich (1)
165,6 wie die zarten Blumen willig sich entfalten

entfernen (1) → *befreien, entbinden*
450,4 und, entfernt von aller Plage

entflammen (2)
255,8 beleb, erleucht, erwärm, entflamme
286,3 sein Ruhm, sein Lob muß euch entflammen

entfliehen (4)
138,1–3 entfliehen Teufels Listen
384,1 in der Welt der Welt entfliehen

entgegen (2)
150,4 die Jesus mir, der Herre, entgegen hat gesandt
266,2 die Erde rollt dem Tag entgegen

entgegenfliegen (1)
375,2 Satans Pfeil… mit List entgegenfliegt

entgegenführen (1)
64,1 führ uns dem Ziel entgegen

entgegengehen (3)
147,1 ihr müsset ihm entgegengehn
241,1 und die getrost dem Feind entgegengehn
393,3 geht's der Natur entgegen

entgegenkommen (2)
382,1 ich möchte glauben, komm du mir entgegen
395,3 er selbst kommt uns entgegen

entgegenlaufen (1)
315,4 er ist's, der dir entgegenläuft

entgegenrollen (1)
266,2 die Erde rollt dem Tag entgegen

entgegensehen (1)
152,1 erhebt sein Haupt und siehet dir entgegen

entgegenstehen (1)
113,4 des Herren Rechte… was ihr entgegenstehet

entgegentragen (1)
14,1 trag ihm entgegen Friedenspalmen

entgehen (4)
81,5 der Mensch verdient den Tod und ist entgangen
297,4 ist unsre Seel entgangen
324,12 wenn uns die Erd entgeht
498,1 das entging Pharaonis Hand

Entgelt (1)
94,1 gibt sich… der Schöpfer selber zum Entgelt

enthüllen (1)
74,3 der du den Vater uns enthüllt

entlang (1)
54,1 klingen das weite Feld entlang

entnehmen (1) → *wegnehmen*
112,3 was mir will entnehmen meinen Mut

entreißen (5)
292,4 dem Tod entriß mich deine Hand
301,10 den Bedrängern uns entriß
374,5 soll je und je entreißen
386,7 entreiße mich aller vergänglichen Lust
486,6 dir zu entreißen meiden

entrinnen (1)
363,2 der wird der Höll entrinnen

entsagen (3)
41,6 ewig entsag ich der Sünde
83,1 entsaget allen Freuden
165,3 wir entsagen willig allen Eitelkeiten

entscheiden (2)
211,3 eh wir entscheiden Ja und Nein
430,1 Recht wird durch Macht entschieden

entschulden (1)
94,5 hat uns am Kreuz entschuldet

entschwinden (1)
490,3 kaum ist die Sonne uns entschwunden

entsetzen, sich (1)
111,14 mein Herz darf nicht entsetzen sich

entsprießen (1)
67,1 aus seim Herzen entsprossen

entspringen (5)
30,1 es ist ein Ros entsprungen
31 es ist ein Ros entsprungen
304,5 der Brunn des Lebens tut aus ihm entspringen
399,1 entsprungen aus des Vaters Schoß
455,1 Dank für das Wort, dem beides entspringt

entstehen (4)
325,5 will dem Leibe Not entstehen
450,3 erweck uns... bei entstandner Morgenröte
528,1 wie ein Nebel bald entstehet
528,6 es kann Glut und Flut entstehen

entsündigen (1)
133,2 entsünd'ge meinen Sinn

entziehen, sich entziehen (3)
59,3 entzieh uns nicht dein heilsam Wort
77,4 bis die Sonne ihren Schein entzog solchen Dingen
253,5 ich will mich der Gemeinschaft nicht der Heiligen entziehen

Entzücken (1)
91,4 dies kann mein Geist mit Schrecken und Entzücken

entzünden (7) → *anzünden*
70,3 dich, des Liebe mich entzündet
71,6 du wollst in mir entzünden
125,1 dein brennend Lieb entzünd in ihn'
156 und entzünd in ihnen das Feuer deiner göttlichen Liebe
255,3 und noch entzünden Himmelsfunken
297,6 laß unser Herz entzündet
481,1 erleuchte und entzünde mich

entzwei (1)
297,4 Strick ist entzwei, und wir sind frei

entzweibrechen (2)
392,5 laß los, laß los; brich alle Band entzwei
527,6 bricht uns des Todes Sturm entzwei

entzweien (1)
453,2 kein Hader darf uns heut entzwein

entzweireißen (2)
66,2 Stricke des Todes, die reißen entzwei
241,5 ach reiß, o Herr, den Himmel bald entzwei

erbarmen, sich (69) → *barmherzig*

a) allgemein (7)
23,6 daß er unser sich erbarm
66,8 hochgelobt sei der erbarmende Gott
158,2 du wirst dich mein erbarmen
215,5 laßt mich über euch erbarmen
234,3 Gott wird wohl mein erbarmen sich
289,3 wie sich ein Mann erbarmet
341,5 die Zeit ist hier zu erbarmen

b) als Bitte (20)
70,4 in dein Arme und erbarme dich in Gnaden
71,5 du wollst dich mein erbarmen
95,4 erbarme dich, Herr Jesus Christ
146,2 erbarm dich deiner bösen Knecht
179,3 erbarm dich unser aller
180.1 der du hinnimmst die Sünd der Welt: erbarm dich unser
180.1 der du sitzest zu der Rechten des Vaters: erbarm dich unser
180.3 der du hinnimmst die Sünde der Welt, erbarme dich unser
185.4 erbarm dich über uns
190.1,1–2 erbarm dich unser, o Jesu
190.2 erbarm dich unser
190.3 du nimmst hinweg die Sünde der Welt: erbarme dich unser
192 aller Menschen dich erbarmen
192 das der Welt Sünde trägt, erbarm dich über uns
203,5 erbarm dich seiner gnädiglich
247,2 laß dich's erbarmen
248,4 komm und unser dich erbarm
273,1 und laß dich des erbarmen
350,5 erbarme dich der ganzen Welt

ba) Herr, erbarme dich (Kyrie) (42)
178.2 Herr, erbarme dich
178.2 Christe, erbarme dich
178.2 Herr, erbarm dich über uns
178.3 Herre Gott, erbarme dich
178.3 Christe, erbarme dich
178.5 Herr, erbarme dich
178.5 Christus, erbarme dich
178.6 Herr, erbarme dich
178.6 Christus, erbarme dich

178.7 Herr, erbarme dich
178.7 Christus, erbarme dich
178.8 Herr, erbarme dich
178.8 Christus, erbarme dich
178.10 Herr, erbarme dich
178.10 Christus, erbarme dich
178.11 Herr, erbarme dich
178.13 Herr, erbarme dich
178.13 Christe, erbarme dich
192 Herr Gott Vater im Himmel, erbarm dich über uns
192 Herr Gott Sohn, der Welt Heiland, erbarm dich über uns
192 Herr Gott Heiliger Geist, erbarm dich über uns
236,1–6 Herr, erbarm dich mein, erbarm dich mein
262,1–7 erbarm dich, Herr
263,1–7 erbarm dich, Herr
331,11 Herr, erbarm, erbarme dich

Erbarmen (10) → *Barmherzigkeit, Erbarmung*
10,4 aus Güte und Erbarmen
206,3 und erzeige dein Erbarmen
286,2 der Herr gedenkt an sein Erbarmen
354,2 es ist das ewige Erbarmen
355,4 auf dies Erbarmen will ich glauben
355,5 Gott, der du reich bist an Erbarmen
355,5 reiß dein Erbarmen nicht von mir
376,2 in dein Erbarmen hülle mein schwaches Herz
382,2 in dein Erbarmen fest mich eingeschrieben
415,3 du Erbarmer, lehr auch uns Erbarmen

Erbarmer (2)
85,4 gib mir, o mein Erbarmer
415,3 du Erbarmer, lehr auch uns Erbarmen

erbärmlich (1)
86,3 dich erbärmlich richten zu

Erbarmung (7) → *Barmherzigkeit, Erbarmen*
81,8 womit doch dein Erbarmung zu vergleichen
137,4 Flehn und Beten um Erbarmung und Geduld
289,2 es mangelt an Erbarmung nicht
355,1 mir ist Erbarmung widerfahren
355,1 Erbarmung, deren ich nicht wert
355,2 Erbarmung ist's und weiter nichts
355,3 ich kann es nur Erbarmung nennen

erbauen (2) → *bauen*
245,1 die er von Anfang schön erbauet
351,9 und wie er hab erbauet

Erbe (13) → *Erbteil, Teil*
11,8 verbleib ihr Erb und Teil
23,5 macht uns zu Erben in seim Saal
134,8 so versichre... als des Himmelreiches Erben
150,3 mir Gott hat gegeben das Erb der Ewigkeit
159,2 Gotts treue Diener, Erbn und Kind sie sind
197,1 laß mich dein Kind und Erbe sein
200,2 du hast zu deinem Kind und Erben
205,2 zu deinem Glied und Erben
324,14 er ist dein Schatz, dein Erb und Teil
328,5 durch welchen ich dein Kind und Erbe bin
331,9 hilf uns, segne, Herr, dein Erbe
351,10 da ist mein Teil und Erbe
409,5 hat er uns bestellt zu des Reiches Erben

erbeben (2)
91,3 mein Herz erbebt; ich seh und ich empfinde
92,5 und doch erbebt die Erd vor dir

erben (5) → *ererben*
5,8 erben dann die Frommen
8,6 das ewig Leben erben
202,5 das Himmelreich soll erben
202,7 von Adam her geerbet
290,3 ich laß euch erben Kanaan

Erbgut (1)
523,2 setz mich in dein Erbgut

erbitten, sich erbitten (3)
58,8 laß ferner dich erbitten
361,2 es muß erbeten sein
428,3 sich von dir die Kraft erbitte

erblassen (2) → *erbleichen*
85,6 wenn dein Haupt wird erblassen
92,5 die stolze Welt erblaßt vor dir

erbleichen (3) → *erblassen*
85,2 wie bist du so erbleichet
92,3 in Todesschmerz dein Leib erblich
527,2 und dieser Mund erblichen

erblicken (6) → *anschauen, ansehen*
91,4 kann mein Geist... am Kreuz erblicken
165,8 laß mich dich erblicken
252,3 wenn ich Seelen hab erblicket
315,3 er ist's, der dich von fern erblickt
361,6 so wirst du schon erblicken
386,9 als wenn ich dich, Jesu, im Glauben erblickt

Erbsünde (1)
202,6 die Erbsünd macht's zur Nichtigkeit

Erbteil (2) → *Erbe, Teil*
191 und segne, das dein Erbteil ist
529,12 in meinem Erbteil ruhn

Erde (228) → *Welt*

a) allgemein
b) auf Erden
ba) von Gottes Handeln auf der Erde
bb) Friede auf Erden
bc) hier auf Erden
bd) von Menschen allgemein auf Erden
be) von Christenheit, Kirche, Nachfolge auf der Erde
c) Himmel und Erde → d)
ca) im Himmel und auf Erden
d) als Schöpfung, Natur → c)
e) als Ort der Vergänglichkeit

a) allgemein (29)
14,2 es wollen dir der Erde Herren
14,3 doch aller Erde Reiche werden
20,7 dann wird die arme Erde allen
41,2 frohlocket, ihr Enden der Erden
47,1 freu dich, Erd und Sternenzelt
52,2 und ein Singen ob der Erde
77,5 und die Erd erzittert
91,5 seh ich dein Kreuz den Klugen dieser Erden
92,5 und doch erbebt die Erd vor dir
94,2 er wollte, daß die Erde
97,3 denn die Erde klagt uns an
97,5 denn die Erde jagt uns
127,1 der kam mit Feuers Glut zur Erd
143,6 und will die Erde mit Gewalt
153,2 wenn die Herren der Erde gegangen
161,1 daß die Herzen von der Erden
233,2 bis an der Erde Enden
266,2 die Erde rollt dem Tag entgegen
266,3 des Morgens um die Erde geht
276,3 zu tilgen von der Erden
279,2 dir beuge sich der Kreis der Erde
286,2 bald schaut der ganze Kreis der Erde
286,2 rühm, Erde, Gottes Herrlichkeit
396,3 Erd und Abgrund muß verstummen
430,2 die Erde wartet sehr
431,1 vor dem Brand der Erde, den wir selbst gelegt
492 Gott bewacht die Erden
512,3 und solang die Erde stehet
515,6 sei gepriesen für jedes Volk der Erde

b) auf Erden (22)
8,3 der Anker haft' auf Erden
11,9 dem wahrlich alle Feind auf Erden viel zu wenig
14,4 du kommst, daß auf empörter Erde
16,2 wer schuldig ist auf Erden
22 willkommen auf Erden
95,3 wenn alles uns verklagt auf Erden
182,6 so wie die Körner, auf Erden weit verstreut
247,3 Herr, wehre der Gewalt auf dieser Erde
283,6 auf Erden blühn, Gerechtigkeit wird... schauen
305,2 lobt ihn, alle Tiere, die auf Erden sind
306,2 lobt ihn, alle Tiere, die auf Erden sind
362,1 auf Erd ist nicht seinsgleichen
365,5 die wir zubringn auf Erden
371,4 wenn gar kein einz'ger mehr auf Erden
371,13 was webt und lebet auf der Erden
399,5 all unser Leid auf dieser Erd
472,2 nichts ist auf dieser Erden
473,2 kein Ding auf Erd so fest besteht
503,9 läßt du's... gehn auf dieser armen Erden
509,1 kein Tierlein ist auf Erden
521,2 kein Bleiben ist auf Erden
524,4 Jammer g'nug find't sich auf Erden

ba) von Gottes Handeln auf der Erde (25)
14,6 o laß dein Licht auf Erden siegen
18,1 Gott kommt auf die Erde
23,6 er ist auf Erden kommen arm
71,1 hilf, daß allhier auf Erden
76,1 äußert und kam auf Erden
78,2 auf Erden erschienen
91,2 vereint mit Gott, ein Mensch gleich uns auf Erden
96,1 gütiger Jesus, Gotteslamm auf Erden
128,2 uns erleucht auf dieser Erd
133,9 dem Herzleid auf der Erd
165,8 laß mein' Geist auf Erden
170,3 wie du ihn versprichst uns zum Wohl auf Erden
193,3 gib deim Volk einerlei Sinn auf Erd
202,4 dadurch bei uns auf Erden
244,10 daß du groß Wunder tust auf Erd
280,1 und was ihm lieb auf Erden
280,2 daß du auf Erden Richter bist
290,3 o Israel, Gott herrscht auf Erden
304,3 und gibet Regen, wann er will, auf Erden
323,1 du bist doch, Herr, auf Erden
341,6 er kam zu mir auf Erden
342,9 sein Reich zukomm; sein Will auf Erd

354,3 deswegen kam der Sohn auf Erden
405,1 o Mensch, der auf die Erden
406,5 bleib mir nah auf dieser Erden

bb) Friede auf Erden (8)
26 Friede auf Erden, auf Erden
29,3 groß Friede wird auf Erden sein
47,4 Friede soll auf Erden sein
48,3 nun soll es werden Friede auf Erden
52,5 Ehr sei Gott! Auf Erden Frieden
180.1 und auf Erden Fried
180.2 den Menschen Fried auf Erden
180.3 und Friede auf Erden

bc) hier auf Erden (15)
5,1 hier auf diese Erden
58,4 die Kindlein hier auf Erden
61,4 daß ich noch allhier auf Erden
67,5 und hier auf dieser Erden
206,3 daß es dein Kind hier auf Erden
251,7 bis schon hier auf dieser Erden
302,1 hier preisen auf der Erd
417,1+2 Herr, laß alles, alles hier auf Erden Liebe, Liebe werden
419,1+5 daß ich nicht vergebens hier auf Erden bin
473,4 auslöschen nicht bei uns allhier auf Erden
482,5 und vor dir hier auf Erden
500,3 gib uns auch hier auf Erden
524,3 also ist allhier auf Erden

bd) von Menschen allgemein auf Erden (15)
9,4 ihr Mächtigen auf Erden
36,4 er nimmt auf sich, was auf Erden wir getan
149,3 auf Erden je getrieben
149,4 und nur auf Erden früh und spat
149,7 den Menschen wird auf Erden bang
232,1 auf Erden ward kein Mensch geborn
234,3 ich will erst fröhlich sein auf Erd
303,1 weil ich noch Stunden auf Erden zähle
324,3 was haben wir auf dieser ganzen Erd
351,3 ist nichts auf dieser Erd
427,1 solang es Menschen gibt auf Erden
500,4 solang wir sind auf Erden
527,6 so wachsen wir auf Erden
529,1 ich bin ein Gast auf Erden
530,2 solang ich leb auf dieser Erden

be) von Christenheit, Kirche, Nachfolge auf der Erde (20)
110,2 die Christenheit auf Erden klingt
127,3 nichts rede als dein Lob auf Erd
151,5 begegnet ihm auf Erden
183,3 die ganz Christenheit auf Erden
191 rühmt dich auf Erden allezeit
204,1 bekennen forthin auf dieser Erd
218,6 daß ich auch, wie jetzt auf Erden
232,1 mein Hoffnung steht auf Erden
245,1 sich eine ewge Kirch auf Erd
252,6 laß die Deinen noch auf Erden
255,9 und alle, die auf Erden wohnen
274,5 auf Erd in der christlichen G'mein
283,3 erschallen bald auf Erden
324,1 ich sing und mach auf Erden kund
326,2 und die auf Erden, Luft und Meer
330,7 ach nimm das arme Lob auf Erden
396,1 außer dir soll mir auf Erden
403,5 nichts soll mir werden lieber auf Erden
447,9 vor deiner Zukunft uns bemühn auf Erden
473,1 auf Erden du, Herr Jesu Christ

c) Himmel und Erde (30) → *d)*
49,2 hat Himmel und Erd erfreut
66,1 Himmel und Erde, erzählet's den Heiden
66,5 Himmel und Erde, rühmt seine Gewalt
127,1 jauchz, Erd, und Himmel, juble hell
148,1 den Himmel und die Erde wird Gott neu schaffen gar
153,1 wenn einst Himmel und Erde vergehen
183,1 Schöpfer Himmels und der Erden
185.1 voll sind Himmel und Erde seiner Herrlichkeit
191 geht über Himmel und Erden weit
213,1 der Erd und Himmel lenkt
270,1 Erde und Himmel sind voll deiner Ehre
296,2 Himmel und Erd hat er gemacht
297,4 des Gotts Himmels und Erden
297,6 den Himmel hast du und die Erd
300,3 der Himmel schuf und Erd und Meer
301,4 Erd und Himmel weise schuf
302,3 der Himmel und die Erde
303,4 dieser hat Himmel, Meer und die Erden
319,1 Himmel und Erden ist der voll
325,6 Himmel, Erd und ihre Heere
331,3 Himmel, Erde, Luft und Meere
354,1 wenn Erd und Himmel untergeht
397,1 nach Erd und Himmel frag ich nicht
403,5 alle die Schönheit Himmels und der Erden
429,1 neu will ich machen Himmel und Erde
429,4 ich schuf den Himmel, ich schuf die Erde

445,1 Gott des Himmels und der Erden
449,7 Himmel und Erden die müssen das werden
499,1 Erd und Himmel sollen singen
504,1 Himmel, Erde, Luft und Meer

ca) im Himmel und auf Erden (12)
3,4 im Himmel und auf Erden hie
42,1+9 im Himmel und auf Erden ist
45,3 Ehre sei Gott im Himmel und auf Erden
72,6 auf Erden und im Himmelreich
113,7 im Himmel und auf Erden
186 wie im Himmel, so auf Erden
187 wie im Himmel, so auf Erden
188 wie im Himmel, so auch auf Erden
257,2 im Himmel und auf Erden
344,4 auf Erden wie im Himmelreich
406,2 dem im Himmel und auf Erden

d) als Schöpfung, Natur (31) → *c)*
7,3 o Erd, schlag aus, schlag aus, o Erd
7,3 o Erd, herfür dies Blümlein bring
7,3 o Heiland, aus der Erden spring
42,8 und Erde, die ihn heute sieht
98,1 Korn, das in die Erde
106,4 die Sonn, die Erd, all Kreatur
153,5 grüßt schon die Erde, die ist
227,2 jedes Geschöpf lebt von der Frucht der Erde
229,1-3 Erde, atme auf
286,4 jauchzt, Erde, Menschen, jauchzt vereint
295,4 gleichwie der Grund der Erden
331,1 vor dir neigt die Erde sich
395,2 Gott will, daß ihr ein Segen für seine Erde seid
412,2 wer dieser Erde Güter hat
424,1 halten unsre liebe Erde
427,1 solang die Erde Früchte trägt
432,1 Gott hat uns diese Erde gegeben
432,2 Gott will nicht diese Erde zerstören
432,3 Gott will mit uns die Erde verwandeln
464,1 dein ist die Erde, die uns nährt
489,1+2 preist die Sonne, preiset die Erde
504,3 seht, wie Gott der Erde Ball
506,3 wer schließt den Schoß der Erde auf
510,1 freuet euch der schönen Erde
512,1 Herr, die Erde ist gesegnet
512,6 hilf, daß wir dies Gut der Erden
513,3 füllt sich mit reichen Gaben bald die Erde
514,4 du, Mutter Erde, gut und mild

e) als Ort der Vergänglichkeit (21)
5,7 erstehn von der Erden
14,3 dein Reich ist nicht von dieser Erden
63,3 daß diese arme Erde
130,7 unser Sinnen und Beginnen von der Erden
154,4 aber noch tragen wir der Erde Kleid
322,8 und wenn wir scheiden von der Erd
324,12 wenn uns die Erd entgeht
354,7 solange mich die Erde trägt
365,6 tief in die Erd begraben
370,2 wenn ich werd von der Erd
449,2 aus dieser Erden vergänglichem Schoß
477,5 vom Elend dieser Erden
477,6 zur Ruh ein Bettlein in der Erd
520,2 was Erde ist
520,2 was... von der Erd
520,2 und sich zur Erde wiedrum kehrt
520,2 wird aus der Erde auferstehn
525,3 ruht doch der Leib sanft in der Erd
526,4 mich erwecken aus der Erden
527,1 die Herrlichkeit der Erden
527,7 der Erde sagen: gute Nacht

Erdenau (1)
357,5 und selbst auf Erdenauen schon Himmelsblumen treibt

Erdenglück (1)
531,3 nach Erdenglück und Leiden

erdenken (1) → *erfinden, finden*
351,12 was man nur kann erdenken

Erdenkreis/Erdkreis (5) → *Ball*
16,5 der sich den Erdkreis baute
100,4 es singt der ganze Erdenkreis
241,4 o breite, Herr, auf weitem Erdenkreis
250,1 daß du auf diesem Erdenkreis
286,4 daß er richte den Erdkreis in Gerechtigkeit

Erdenleben (1)
402,2 hier in diesem Erdenleben

Erdenlust (1)
165,3 aller Erdenlust und Freuden

Erdennot (1)
374,1 nicht Erdennot, nicht Erdentand

Erdenreich (1)
490,4 so mögen Erdenreiche fallen

Erdenruhm (1)
488,2 die Lust verglimmt, der Erdenruhm verbleicht

Erdenrund (1)
271,1 das Erdenrund erklingt im Widerhall

Erdenstaub (1)
357,5 und in dem Erdenstaube

Erdentag (1)
486,4 das mancher Erdentag noch bringt

Erdental (2)
74,3 du kamst herab ins Erdental
510,3 wie sie leuchten über unserm Erdental

Erdentand (1)
374,1 nicht Erdennot, nicht Erdentand

Erdenweisheit (1)
239,4 als Vernunft und Erdenweisheit ist

Erdenzeit (1)
63,5 o das ist sichres Gehen durch diese Erdenzeit

erdichten (1)
78,5 durch erdicht' Anklagen

Erdreich (2)
307,3 denn sie werden das Erdreich besitzen
503,2 das Erdreich decket seinen Staub

erdrücken (2)
111,9 die Höll zerstört, den Tod erdrückt
399,3 lässet sich's nicht erdrücken

erdulden (4) → *dulden, erleiden, leiden*
81,3 was du erduldet
85,4 nun, was du, Herr, erduldet
87,2 was du für uns erduldet
94,5 der Sohn, der es erduldet

ererben (6) → *erben*
133,13 und nach dem Tod ererben
343,4 es mag niemand erwerben noch ererben
388,7 was dein Reich nicht kann ererben
469,5 sind wir doch dein ererbtes Gut
494,4 ererbe deinen Segen
505,3 sonst hätten noch ererbt

erfahren (7)
29,4 und diese Ding erfahren
42,8 jauchzt, Himmel, die ihr ihn erfuhrt
148,2 dann wollen wir erfahren
239,2 laßt die Lindigkeit, die ihr erfahren
290,4 sie haben seine Treu erfahren
386,10 prüf, erfahre, wie ich's meine
452,2 erfahre ich aufs neue

erfinden (8) → *erdenken, finden*
5,9 recht gläubig erfunden
114,6 hat uns zum Heil erfunden
190.1 allzeit erfunden geduldig
273,2 was eigen Witz erfindet
276,3 all, die erfunden werden
369,4 wenn er uns nur hat treu erfunden
386,8 da hast du die ewge Erlösung erfunden
495,4 auch guten Rat erfind

erflehen (1) → *flehen*
208,3 dein Sohn hat es für uns erfleht

erfordern (2) → *fordern*
342,2 vom G'setz erfordert allermeist
402,1 so erfordert meine Pflicht

erfreuen, sich erfreuen (22) → *ergötzen, erlaben, freuen*
49,2 hat Himmel und Erd erfreut
73,9 es wird erfreuet Herz und Sinn
135,7 bei den grünen Himmelsmaien ewig uns erfreuen
148,1 herzlich tut mich erfreuen
197,2 dein Wort ist's, das mein Herz erfreut
265,3 der Eintracht uns erfreun
281,4 in deiner Gnade sich erfreun
282,2 in deinem Lobe sich erfreut
286,2 wie unsers Gottes Huld erfreut
324,10 und gibst uns, was uns hoch erfreut
325,9 wer's erwarten kann, erfreuet
326,7 mein Geist und Leib erfreue dich
329,1 bis hierher hat er mich erfreut
363,6 Gott wird euch schon erfreuen
397,1 die ganze Welt erfreut mich nicht
402,4 mich erfreut sein Angesicht
403,2 der mein traurig Herz erfreut
404,1 nach deiner Gnad erfreuen
412,7 und Gott in Brüdern nicht erfreun
451,4 mich dieses Tags erfreue
475,3 so uns all erfreuen kann
512,1 unser Herz hast du erfreut

erfreut (4)
354,7 so sing ich einstens höchst erfreut
355,1 nun weiß ich das und bin erfreut
355,3 ich beuge mich und bin erfreut
355,5 da bin ich ewig recht erfreut

erfrischen (1) → *ermuntern, erquicken*
322,5 erfrische Geist und Sinn

erfüllen (46) → *füllen, tun*

a) allgemein (23)
6,3 dieweil die Zeit erfüllet ist
12,2 ist erfüllt in Herrlichkeit
29,4 das alle Welt mit seiner Gnad erfüllet
42,2 bis daß die Zeit erfüllet ward
77,6 die Schrift zu erfüllen
104,2 Christus hat alle Schrift erfüllt

115,2 Gott erfüllt, was er verspricht
119,3 nun ist erfüllt, was g'schrieben ist
127,1 das Haus erfüllt er überall
135,1 euch mit Licht und Heil erfüllen
150,6 erfüllet wird der Sinn
151,3 erfüllt ist euer Hoffen
161,2 uns mit hellem Licht erfüllet
302,7 erfüllt der Witwen Bitte
326,1 mit seinem reichen Trost erfüllt
331,3 sind erfüllt von deinem Ruhm
352,5 mein Verlangen zu erfüllen
359,2 all Stund euch kann erfüllen
390,1 durchleuchtet und erfüllet sein
423,11 nun, Herr, du wirst erfüllen
451,7 erfüllt mit Lieb und Ruhe
452,5 verheißen und erfüllen
486,2 mit jäher Angst erfüllen

b) Bitte an Gott (11)
72,2 erfülle mit dem Gnadenschein
125,1 erfüll mit deiner Gnaden Gut
127,4 erfüll die Herzen allermeist
133,11 erfülle die Gemüter mit reiner Glaubenszier
134,1 sie erfüll uns jederzeit
156 erfüll die Herzen deiner Gläubigen
206,5 und erfülle das Verlangen
250,5 erfüll die Herzen deiner Christen
325,4 daß er mir mein Herz erfülle
342,8 der woll mit Gnad erfüllen
390,2 ach Herr, mit ihm mein Herz erfüll

c) Gottes Werk, Willen, Gesetz erfüllen (12)
166,6 und dein Wille werd erfüllt
202,1 sein Werk und Amt zu erfüllen
221,2 dann würden wir den letzten heilgen Willen des Herrn erfüllen
239,5 dann erfüllt sich erst der letzte Bund
253,4 lernt das Gesetz erfüllen
303,4 alles muß pünktlich erfüllet werden
342,3 doch mußt das G'setz erfüllet sein
342,3 das ganz Gesetz hat er erfüllt
342,4 und wenn es nun erfüllet ist
404,8 gib, daß ich deinen Willen gedenke zu erfüllen
447,8 treib unsern Willen, dein Wort zu erfüllen
497,5 was recht ist, zu erfüllen

ergeben, sich ergeben (33) → *sich anvertrauen*
66,8 selig, die ihm sich beständig ergeben
83,1 ergibt sich auf die Würgebank
104,2 Christ, dem Herrn, sich ergibt
130,2 daß wir können Herz und Sinnen dir ergeben
133,12 kein Christ ergebe sich
165,1 kommt, ergebt euch wieder
165,3 dir zum Eigentum ergeben
252,3 die sich ganz ergeben dir
252,5 stärke, daß sie ganz ergeben
327,4 sich von Herzen ihm ergibet
345,2 ihm tu ich mich ergeben
345,3 dem tu ich mich ergeben
352,4 hab ich seiner Gnad ergeben
363,6 die ihr jetzt Gott ergeben seid
365,3 sei Gott dem Herrn ergeben
368,6 ihm hab ich mich ergeben
372,4 ich will mich ihm ergeben
389,5 wenn ich nur dir ergeben bin
401,1–7 Liebe, dir ergeb ich mich
401,4 Liebe, die sich ganz ergeben
402,2 was ich bin und hab, ergeben
404,3 zu deinem Dienst ergebe
414,3 und deinem Willen mich ergeben
472,3 dem hab ich mich ergeben
473,3 dir hab ich mich ergeben
516,1 ihm will ich mich ergeben
529,5 ich habe mich ergeben

ergehen (6) → *gelten*
89,2 laß Gnad vor Recht ergehen
360,5 laß deine Gnade, Herr, vor Recht ergehen
371,3 wie dir's und andern oft ergehe
391,2 soll's uns hart ergehn
412,8 ein unbarmherziges Gericht wird über den ergehen
449,5 ohn allen Anstoß und glücklich ergehn

ergießen, sich ergießen (3)
83,5 in Dankbarkeit ergießen
213,4 hat lieblich sich ergossen
399,2 ergossn mit reichen Gaben

ergötzen, sich ergötzen (12) → *erfreuen, erlaben, freuen*
11,1 damit, was dich ergötze
84,9 mich stets daran ergötzen
86,4 daß du möchtest mich ergötzen
133,11 und, was dein Herz ergötzet
370,5 in guten Tagen oft ergötzt; sollt ich jetzt
370,9 allda will... ewiglich ergötzen
372,5 weil doch zuletzt ich werd ergötzt
386,1 so werd ich mit Einem in allem ergötzt
386,9 meine Seele jetzt ergötzt
449,3 an welchen er sich am meisten ergötzt
503,3 ergötzt und füllt mit ihrem Schall
527,1 dies, was uns kann ergötzen

Ergötzen (1)
396,4 du bist mein Ergötzen

ergrauen (1)
380,2 ihr sollt nicht ergrauen

ergreifen (1) → *fassen*
392,8 ergreif mich wohl, daß ich dich nie verlasse

ergründen (3)
66,6 Abgrund der Liebe, wer kann dich ergründen
218,3 der dein Allmacht sollt ergründen
325,3 deine Tief ergründen können

erhaben (2)
70,1 hoch und sehr prächtig erhaben
289,2 sein Güt ist hoch erhaben

erhalten (45) → *bewahren, erlangen, ernähren, regieren*

a) allgemein (20)
23,3 der alle Ding erhält allein
24,5 das alle Welt erhält und trägt
42,4 damit der Sünder Gnad erhält
42,7 ein Mittler ist's, der sie erhält
243,6 er wird uns auch erhalten
245,5 gepflegt, erhalten in der Zeit
249,2 dich und sein Wort erhalten
280,2 die alles Volk erhalten
316,2 der dich erhält
317,2 der dich erhält
322,3 frisch und gesund erhält
326,3 das will er auch erhalten
369,1 den wird er wunderbar erhalten
372,1 mich wohl weiß zu erhalten
409,2 Gott ist's, der erhält
445,1 und was drinnen ist, erhält
451,3 du bist es, der es uns erhält
522,2 die werden mich erhalten
527,10 weil ihn die Stärke selbst erhält
529,7 und für und für erhält

b) Bitte an Gott (25)
60,3 dabei erhalten stet und fest
126,3 erhalt fest dein Kraft und Gunst
134,6 und erhalt in uns den Sieg
143,8 erhalte uns in deiner Hut
144,7 erhalt in unsers Herzens Grund
192 im heilsamen Wort und heiligen Leben erhalten
192 unsere Bergwerke erhalten und segnen
193,1 erhalt uns, Herr, bei deinem Wort
196,5 erhalt es bei uns klar und rein
198,1 diesen Schatz erhalte mir
208,3 erhalte uns bei deinem Namen
232,2 erhalt mich fest in dem, was du versprochen hast
238,3 erhalt sie eins in Freud und Schmerz
246,3 Herr Jesu, hilf, dein Kirch erhalt
246,4 erhalt uns nur bei deinem Wort
246,7 dabei erhalt uns, lieber Herr
250,5 erhalt uns, Herr, im rechten Glauben
275,1 das bitt ich dich: erhalte mich
320,8 erhalt uns in der Wahrheit
321,2 uns in seiner Gnad erhalten fort und fort
344,3 zerbrich, vor ihm dein Kirch erhalt
367,1 erhalt mich nur in deiner Huld
397,2 in allem Kreuz erhalte mich
400,6 erhalte mich auf deinen Stegen
505,5 erhalte deine Gaben

erharren (1) → *harren*
299,4 und seines Gotts erharre

erheben, sich erheben (34) → *ehren, emporheben, heben*

a) von Gott (11)
91,6 es stürzt mich tief, und es erhebt mich wieder
133,9 erhebe dich und steu're
140,4 sein Antlitz über uns erheb
270,4+5 du hast ihn herrlich erhoben zu dir
281,1 erhebet er sich, unser Gott
281,5 er, er erhebt uns wieder
291,2 Herr Gott, erhebe weit über den Himmel dich
298,2 Herr, erhebe deine Rechte
303,6 erhebt, die tief gebeuget gehn
342,2 erhob sich Zorn und große Not

b) von Menschen (23)
21 seht auf und erhebt eure Häupter
43,4 erhebet die Hände und danket wie sie
111,15 erheben deinen Ruhm und Preis
114,3 zu Jesus sei erhoben
152,1 wer an dich glaubt, erhebt sein Haupt
164 daß wir uns stets zu dir erheben
246,5 die sich mit G'walt erheben hoch
281,1 Herr ist sein Nam, erhebet ihn
286,3 erhebet ihn mit Lobgesang
290,1 nun danket Gott, erhebt und preiset
298,1 jauchzend werden wir erheben
301,11 alle Schöpfung ihn erhebt
310 meine Seele erhebt den Herren
323,3 den Kelch des Heils erheben
400,2 ich will dich lieben und erheben
438,4 erheb und fordre deinen Grimm
449,5 ich hab erhoben zu dir hoch droben
451,1 erheb ihn, meine Seele

506,1 nicht, wie ich dich erheben soll
506,6 erheb ihn ewig, o mein Geist
506,6 erhebe seinen Namen
512,2 aller Augen sind erhoben
532,3 nun sich das Herz zu dir erhoben

erhellen (6) → *erleuchten*
15,4 die Herrlichkeit des Herrn erhellt
16,5 und hat es doch erhellt
154,2 aber dein Glanz die Finsternis erhellt
178.6 Licht, das die Nacht erhellt
409,4 ihre Dunkelheiten hat er selbst erhellt
454,2 hat die Finsternis erhellt

erhöhen (15)
10,2 die Tal laßt sein erhöhet
39,7 dich der Engel Heer erhöht
78,10 Jesu, weil du bist erhöht
112,8 wird hier auch mit erhöht
113,4 die behält den Sieg und ist erhöhet
184,4 erhöht zu Gottes rechter Hand
242,2 Gott, erhöh deins Namens Ehr
276,2 des Herren Nam erhöhen
282,4 und dort anbetend dich erhöhn
330,4 die großen Wunder zu erhöhn
369,6 der bald erhöhn, bald stürzen kann
415,1 Liebe, du ans Kreuz für uns erhöhte
450,5 da die Lust, die uns erhöht
503,11 erhöhen deines Namens Preis
506,2 wer hat die Sonn an ihm erhöht

erholen, sich (1)
476,4 sich seiner Kraft fein sanft erholen mag

erhören (14) → *hören*
133,5 dein Beten wird erhöret
134,4 so wird unsre Bitt erhört
192 erhör uns, lieber Herre Gott
192 Christe, erhöre uns
273,4 ich hab ihr Klag erhöret
275,2 erhör mein Bitt, tu dich herfür
299,1 Herr Gott, erhör mein Rufen
328,5 und wird gewiß von dir erhöret
343,1 ich bitt, erhör mein Klagen
371,6 hat Gott, dein Fürst, dich schon erhöret
397,3 Herr Jesu Christ, erhöre mich
404,2 ach, Herr, erhöre mich
423,1 Herr, höre, Herr, erhöre
475,8 o du großer Gott, erhöre

erinnern (1)
127,4 und uns erinnern aller Lehr

erjagen, sich (1)
386,1 und dennoch kein wahres Vergnügen erjaget

erkalten (2) → *sterben*
85,8 und, wenn ich nun erkalte
442,5 daß nicht die Lieb in uns erkalt

erkämpfen (1)
257,1 erkämpft das Heil der Welt

erkaufen (8) → *erwerben*
63,3 ein Heimatrecht erkauft
100,4 der uns erkauft das Paradeis
123,6 er hat sie mit Blut erkaufet
164 die du erkauft mit deinem Blut
256,1 und uns erkauft mit seinem Blut
342,5 demselben ist der Himmel erkauft
406,3 mich erkauft von Tod und Sünden
412,5 so hoch erkaufen lassen

erkennen (33)

a) allgemein (16)
4,1 der Jungfrauen Kind erkannt
73,10 als du vorher erkannt
178.8 daß das Herz entbrennt, deinen Weg erkennt
231,11 erkennen sollst und lernen wohl
251,7 also wird die Welt erkennen
271,1 wie herrlich gibst du, Herr, dich zu erkennen
273,5 da wird sein Kraft erkannt und Schein
277,5 und wir erkennen erst in deinem Licht das Licht
283,5 und allenthalben werd erkannt
341,9 und lehren mich erkennen wohl
400,3 ach, daß ich dich so spät erkannte
413,1 daran ein Christ recht wird erkannt
413,2 an Werken wird erkannt ein Mann
442,3 erkennen Christus, unsern Herrn
457,10 hat er zuvor erkannt
506,5 dich zu erkennen leitet

b) Bitte (17)
3,1 daß wir erkennen Jesus Christ
71,6 hilf, daß ich dich erkenne
85,5 erkenne mich, mein Hüter
125,2 und lehr uns Gott recht erkennen
127,4 gib himmlisches Erkennen
135,5 wie wir Jesus recht erkennen
227,1 daß wir in Jesus Christus dich erkennen
227,5 in einem Glauben laß uns dich erkennen
248,4 daß dich alle Welt erkenn
249,4 in rechter Buß erkennen
255,1 und bald die ganze Welt erkennte
280,1 daß wir erkennen seine Werk
288,2 erkennt, daß Gott ist unser Herr
384,4 ach erkenn uns für und für

386,1 lehre mich erkennen doch
438,3 auf daß dein Werk in uns erkannt
451,7 das seine Pflicht erkenn und willig tue

Erkenntnis (3)
134,2 dein Erkenntnis werde groß
194,3 in dein'r Erkenntnis nehmen zu
404,4 befördre dein Erkenntnis

erkiesen/erkoren (15) → *auserkoren, auserwählen, erwählen*
37,2 eh ich dich kannt, erkoren
41,7 der du mich liebend erkoren
47,1-5 uns zum Heil erkoren ward er heut geboren
48,1 den Gott zum Heiland euch hat erkoren
134,8 die uns unser Gott erkiest
232,1 von Anbeginn ist nichts erkorn
243,2 dich hat er sich erkoren
264,2 erkorn aus allen Völkern
362,2 den Gott hat selbst erkoren
368,3 dasselbe hab auch ich erkiest
401,2 Liebe, die du mich erkoren

erklären, sich erklären (2)
200,2 du hast... mein lieber Vater, mich erklärt
353,2 eidlich sich dazu erklärt

erklingen (7) → *erschallen, ertönen*
108,1 mit hellem Ton frei erklingen
269,2 gemeinsam Gottes Lob erklingt
271,1 das Erdenrund erklingt im Widerhall
349,1 ganz lieblich soll erklingen
441,8 auf daß erklinge diese Weis
499,1 alle Welt soll hell erklingen
526,7 wenn die letzt Posaun erklingt

erlaben (1) → *erfreuen, ergötzen*
386,9 nichts Süßes kann also mein Herze erlaben

erlangen (15) → *erhalten*
68,8 daß es erlang die Seligkeit
86,5 daß ich möge Trost erlangen
108,2 desgleichen Sieg zu erlangen
122,2 mein Herz... sonst nirgends, Ruh erlangen
249,3 den Sieg wolln wir erlangen
250,4 im Glauben müssen wir erlangen
289,5 Amen, wir werden's erlangen
307,5 denn sie werden Barmherzigkeit erlangen
349,4 hoff darin zu erlangen die ewge Seligkeit
373,6 daß ich das Zeichen des Sieges erlang
386,1 erlang ich dies Eine, das alles ersetzt
386,6 die Kleider des Heils ich da habe erlangt
392,5 wo willst du Trost, wo willst du Ruh erlangen
468,2 daß es erlang der Heilgen Kron
518,1 daß wir Gnad erlangen

erlassen (1) → *vergeben*
322,4 die Straf erläßt, die Schuld vergibt

erleben (1)
95,1 du hast erlebt, wie schwer das ist

erleiden (2) → *dulden, erdulden, leiden*
68,5 danach erlittest du den Tod
117,3 er hat den Weg erlitten

erlesen (3) → *wählen*
302,2 das höchste Gut erlesen
361,3 und was du dann erlesen
396,5 das die Welt erlesen

erleuchten (18) → *erhellen, leuchten*
3,1 erleucht uns, die wir sind so fern
40,2 laß dich erleuchten, meine Seele
72,1 erleuchte, die dich kennen nicht
72,5 erleuchte, die da sind verblend't
73,6 und laß dein Herz erleuchten ganz
101,6 erleucht' unsre Herzen ganz
128,2 uns erleucht auf dieser Erd
131,4 erleucht uns durch dein göttlich Wort
133,6 erleuchtest uns im Leiden
196,6 erleuchten mög und leiten
251,5 in der Tat erleuchtet ist
255,8 beleb, erleucht, erwärm, entflamme
280,1 erleucht zum ewgen Leben
302,6 erleuchtet ihr Gesicht
389,3 erleuchten mein Herz und Gemüt
400,6 erleucht mir Leib und Seele ganz
406,6 dann erleuchte meinen Geist
481,1 erleuchte und entzünde mich

erliegen (2) → *unterliegen*
14,6 die Macht der Finsternis erliegen
292,3 wenn ich erliege, hilf du mir

erlösen (36) → *Blut, entbinden, erretten, lösen, retten, versöhnen*

a) allgemein (26)
5,6 ihre Seel erlösen
78,1 dich von deiner Missetat erlöst
82,5 daß ich erlöset bin
91,1 von aller Schuld des Bösen uns zu erlösen

91,4 Gott ist die Lieb und läßt die Welt erlösen
100,3 und uns erlöst vom ewgen Tod
116,1–5 der uns erlöst hat vom ewigen Tod
139,2 der mich erlöset hat
148,4 also wird Gott erlösen
178.4 uns Sünder allein hast erlöst
179,4 die Jesus Christ erlöset
191 zu erlösen das menschlich Geschlecht
191 die mit deim teu'rn Blut erlöset sein
195,2 mich durch sein Blut vom Tod erlöst
243,4 wie sie von ihren Sünden sollen werden erlöst
299,5 der Israel erlösen wird
397,1 der mich durch sein Blut hat erlöst
404,3 weil ich erlöset bin
405,2 und dich erlöst aus aller Not
520,3 durch seinen Sohn erlöset hat
520,7 der uns durch sein Blut hat erlöst
524,6 weil mich dein Blut hat erlöst

b) Bitte an Gott (10)
79,2 erlös uns von dem ewgen Tod
171,3 sei in uns, uns zu erlösen
186 sondern erlöse uns von dem Bösen
187 sondern erlöse uns von dem Bösen
188 sondern erlöse uns von dem Bösen
227,6 gedenke, Herr, die Kirche zu erlösen
321,2 uns aus aller Not erlösen hier und dort
344,8 von allem Übel uns erlös
344,8 erlös uns vom ewigen Tod
471,5 wollst die Schuld vergeben, erlös uns

Erlöser (8) → *Heiland, Retter*
7,7 unserm Erlöser, für und für
54,3 daß der Erlöser nun erschien
66,3 Jesus ist kommen, der starke Erlöser
68,1 der du unser Erlöser bist
253,2 den einigen Erlöser
347,2 bei uns, Erlöser wert
412,7 das sieht er, mein Erlöser, an
526,2 sein, wo mein Erlöser schwebt

erlöst (2)
151,7 wo die Erlösten weiden
264,3 hat selige Gemeinschaft mit der Erlösten Schar

Erlösung (6) → *Gnade, Heil, Rettung*
21 weil sich eure Erlösung naht
66,6 Sündern die ewge Erlösung zu finden
123,5 können wir Erlösung haben
123,5 die Erlösung durch sein Blut
386,8 da hast du die ewge Erlösung erfunden
388,4 beten um Erlösung von Natur

Erlösungsjahr (1)
375,3 die sehnend harrt auf das Erlösungsjahr

Erlösungszeit (1)
151,8 wir heben... nach der Erlösungszeit

ermangeln (1) → *fehlen, mangeln, verfehlen*
326,6 wenn Trost und Hilf ermangeln muß

ermessen (3) → *messen*
42,3 er betet an und er ermißt
218,6 deine Liebe recht ermessen
399,4 niemand kann sie ermessen

ermüden (2)
254,4 drum mag der Leib ermüden
423,6 mach alle Feind ermüden

Ermüdung (1)
373,4 wenn mich die Nacht mit Ermüdung will decken

ermuntern, sich ermuntern (8) → *erfrischen*
11,2 ermuntern meinen Sinn
114,1 ermuntre deinen Geist und Sinn
127,2 von seinem Geist ermuntert
151,1 ermuntert euch, ihr Frommen
322,2 ermuntert euch und singt mit Schall
325,7 und ermuntert mein Gemüt
326,7 mein ganzes Herz ermuntre sich
373,4 wollst du mich, Jesu, ermuntern und wecken

ernähren (10) → *erhalten, nähren*
78,10 den Geist tu ernähren
183,1 er will uns allzeit ernähren
204,2 hast du mich, Herr, ernährt
226,2 ruft nach Brot, um zu ernähren
302,5 ernährt und gibet Speisen
318,1 dein Leben kannst ernähren
324,16 versorget und ernährt
352,2 der mich bisher hat ernähret
365,4 was Leib und Seel ernähret
449,10 womit mein Leben ich kann ernähren

erneuen (11) → *neu, neuern, wiederbringen*
14,5 kommst, zu erneuen deinen Frieden
148,1 wenn Gott wird schön erneuen
149,2 verwandeln und erneuen
160 o Heilger Geist, erneu uns Herz und Mund
243,5 sein Kirche zu erneuen
264,1 sie, die des großen Gottes erneute Schöpfung ist
265,3 die Christenheit erneun
318,5 erneuet unsre Herzen

404,1 und meinen Geist erneuen
409,5 Gott erneut die Welt
446,4 dein Schutz hat mich erneuet

erneuern (3) → *neuern*
133,9 bring wieder und erneu're
251,2 und erneuert euren Bund
390,1 erneure mich, o ewigs Licht

erniedrigen, sich (2)
42,4 erniedrigst du dich, Herr der Welt
271,7 erniedrigte sich selbst bis in den Tod

Ernst (3)
10,1 mit Ernst, o Menschenkinder
82,5 mit allem Ernst zu meiden
362,1 mit Ernst er's jetzt meint

Ernte (8)
192 treue Arbeiter in deine Ernte senden
241,2 ach Herr, gib doch in deine Ernte
241,2 o Herr der Ernte, siehe doch darein
241,2 die Ernt ist groß, die Zahl der Knechte klein
256,3 die Ernt ist groß, der Schnitter wenig
505,1 die Ernt ist nun zu Ende
512,3 soll nicht enden Saat und Ernte
512,6 und du wirst die Ernte senden

ernten (5)
298,3 ernten werden wir mit Freuden
384,2 Tränensaat, die erntet Lachen
423,3 und ernte reiche Früchte ein
505,6 so ernten wir mit Freuden
513,7 werden mit Freuden droben ernten

erquicken, sich erquicken (19) → *erfrischen, laben*
34,4 und erquick uns alle wieder
70,4 mich innerlich erquicken
127,7 erquickest das Gemüte
133,3 der uns im Tod erquickt
139,3 der mir mein Herz erquickt
213,2 erquicket jede Brust
215,7 und die Speise dein Seel erquickt
252,3 du weißt, wie mich's oft erquicket
274,2 das mich erquickt so gute
282,4 erquicke mich auch mit den Deinen
283,1 gelöst und es erquicket
352,4 Hoffnung kann das Herz erquicken
354,6 was Seel und Leib erquicken kann
386,9 nichts, nichts ist, das also mich innig erquickt
393,6 uns locken und erquicken
399,2 erquick und laß die Seele mein
399,3 vom Tau sich tut erquicken
423,7 die Hungrigen erquicke
450,2 und erquick uns, deine Schar

Erquickungszeit (1)
151,4 verheißt Erquickungszeiten

erregen (1)
84,3 die haben dir erreget

erreichen (4)
81,8 ich kann's mit meinen Sinnen nicht erreichen
148,2 kein Zung kann je erreichen
218,4 kann dies Wunder nicht erreichen
402,3 mich auf dieser Welt erreichen

erretten (11) → *erlösen, retten*
16,2 er soll errettet werden
86,2 nur mich Armen zu erretten
102,3 er kann erretten alle, die zu ihm treten
275,2 eil, bald mich zu erretten
278,7 errette von falschem, bösem Volk
289,1 errett' dein armes Leben
292,2 errette mich, Barmherziger
343,4 die uns errett' vom Sterben
365,2 errett' von Sünd und Schanden
375,3 der Herr die Kreatur erretten
475,4 du allein kannst mich erretten

Errettung (2)
133,2 Hilf und Errettung schafft
354,6 ist die Errettung noch so weit

erringen (4)
54,2 welch ein Sieg ward denn errungen
318,9 des Lebens Kron erringen
359,1 der am Kreuz den Sieg errang
377,2 die Lebenskron erringen

erröten (1)
373,2 hilf mir, daß ich vor mir selbst mag erröten

ersäufen (2)
202,1 ersäufen auch den bittern Tod
297,3 wir wärn als die ein Flut ersäuft

erschaffen (9) → *schaffen, Schöpfung*
145,1 wozu er dich erschaffen
288,2 der uns erschaffen ihm zur Ehr
305,1–4 lobt ihn laut, der euch erschaffen hat
306 lobt ihn laut, der euch erschaffen hat
452,2 da er die Welt erschuf
454,2 Gottes Wort erschuf die Welt

Erschaffung (1) → *Schöpfung*
449,7 was sie vor ihrer Erschaffung gewest

erschallen (6) → *erklingen, erschwingen, klingen*
3,4 daß es in aller Welt erschallt
70,6 ganz freudenreich erschallen
136,5 erschallt dein kräftig Wort
259,1 sein Lob erschallen lassen
283,3 erschallen bald auf Erden
519,3 an allem Ort erschollen

erschauen (2) → *schauen, sehen*
315,6 hoch hebt das Fest der Heimkehr an, nie erschaut
377,3 schon unsre Not erschauen

erscheinen (43)

a) allgemein (15)
25,1 erschien den Hirten offenbar
29,1 erschienen bei der Nachte
62,1 da ein neues Jahr erschienen
94,4 das Ja erscheint im Nein
98,3 hin ging die Nacht, der dritte Tag erschien
106,1 erschienen ist der herrlich Tag
123,5 hört's: das Leben ist erschienen
123,9 weiß, daß eine Zeit erscheine
136,6 uns ist das Licht erschienen
250,2 daß jedermann erscheinen soll
256,4 ist ihnen kein Evangelium erschienen
282,4 vor Gott in Zion zu erscheinen
358,6 und wird der Tag erscheinen
372,4 da öffentlich erscheinet
386,2 wo alle vollkommene Fülle erscheinet

b) von Gott (28)
1,5 dein Freundlichkeit auch uns erschein
6,1 bald wird erscheinen Gottes Sohn
9,6 er wird nun bald erscheinen
16,2 Gott selber ist erschienen
40,1 dies ist die Nacht, da mir erschienen
42,4 erscheinst im Fleisch und wirst uns Heil
44,2 Christ ist erschienen, uns zu versühnen
51,2 erschienen ist die heilsam Gnad
54,3 daß der Erlöser nun erschien
56,1-5 weil Gott in tiefster Nacht erschienen
78,2 auf Erden erschienen
85,10 erscheine mir zum Schilde
88,1 in dem Bilde jetzt erschein
128,1 hoch vom Himmel uns erschein
146,3 mit Trost und Rettung uns erschein
149,6 wenn du nun wirst erscheinen
152,1 und lieben dein Erscheinen
192 allen, die in Not und Gefahr sind, mit Hilfe erscheinen
286,4 ihr Berge, hüpft, der Herr erscheint
293,2 erscheinet Jung und Alten
359,3 erscheint schon vor den Toren
399,2 die uns erschienen früh und spat
445,4 uns erscheint und dein Gericht
523,3 erschein mir in dem Bilde

erschließen (1) → *aufschließen*
216 den Himmel hat erschlossen

erschrecken (8) → *schrecken, verstören*
11,8 auch dürft ihr nicht erschrecken
20,3 kein Kind, das nachts erschrocken schreit
33,1 du Hirtenvolk, erschrecke nicht
105,8 erschrecket nicht! Was weinet ihr
351,6 kein Urteil mich erschrecket
383,4 muß mich nun nicht mehr erschrecken
445,4 ich davor erschrecke nicht
529,3 manch harter Sturm erschreckt

erschüttern (1) → *bewegen, rühren*
281,5 erschütternd strahlet hier dein Ruhm

erschwingen (1) → *erschallen, klingen*
444,3 die Stimmen erschwingen

ersehen (5) → *ausersehen, erwählen*
351,8 ersiehet seine Lust
368,3 als was er hat ersehen
400,4 daß ich dich hab ersehn
457,12 daß, was an Segen er ersah
486,10 zu meinem Heil ersehen

ersehnen (1)
151,8 geh auf, ersehnte Sonne

ersetzen (1)
386,1 erlang ich dies Eine, das alles ersetzt

erspähen (1)
170,3 hilf, daß wir ihn tun, wo wir ihn erspähen

ersprießlich (2)
361,4 ersprießlich ist, willst tun
501,2 laß sie ersprießlich sein

erst (10) → *endlich, zuerst*
46,2 Hirten erst kundgemacht
50,5 dann erst ist ohne Bitterkeit
63,2 der erst noch hold gesprochen
234,3 ich will erst fröhlich sein auf Erd
239,5 dann erfüllt sich erst der letzte Bund
277,5 und wir erkennen erst in deinem Licht das Licht
387,2 aber wache erst recht auf
494,3 wer erst nach Gottes Reiche tracht'

510,5 erst für Glanz und Wonne sein
517,4 du kommest denn erst wieder heim

erst, der Erste (13)
17,1 sehet, die erste Kerze brennt
77,2 in der ersten Stund am Tag
108,2 er ist der Erst, der stark und fest
136,2 Waffen der ersten Christenheit
199,1–2 Gott hat das erste Wort
241,1 wach auf, du Geist der ersten Zeugen
370,2 da ich nahm meinen ersten Odem
388,5 zeig doch nur die ersten Stufen
412,2 der ist ein Feind der ersten Pflicht
451,1 mein erst Gefühl sei Preis und Dank
455,2 so lag auf erstem Gras
455,2 so lag... erster Tau

erstatten (1)
81,8 deine Liebestaten im Werk erstatten

erstehen (36) → *auferstehen*

a) allgemein (4)
5,7 erstehn von der Erden
210,2 sterb und erstehe ich, Herr, mit dir
450,4 unser Leib verklärt ersteh
486,10 soll hell vor mir erstehen

b) von Jesus Christus (32)
99 Christ ist erstanden
99 wär er nicht erstanden
99 seit daß er erstanden ist
100,2 es ist erstanden Jesus Christ
101,1 der ist wieder erstanden
103,2 erstand er frei ohn alle Klag
103,4 er ist erstanden von dem Tod
103,5 weil du vom Tod erstanden bist
105,1 erstanden ist der heilig Christ
105,2 und wär er nicht erstanden
105,3 und seit daß er erstanden ist
105,10 er ist erstanden aus dem Grab
105,11 der von dem Tod erstanden ist
106,2 der heut vom Tod erstanden ist
106,5 zu Trost du uns erstanden bist
107,1 daß du vom Tod erstanden bist
108,1 denn Jesus Christ erstanden ist
109,1 der von dem Tod erstanden schon
113,5 weil nun das Haupt erstanden ist
116,1 er ist erstanden, Halleluja
116,3 er ist erstanden, wie er gesagt
116,5 er ist erstanden, hat uns befreit
117,1–3 doch nun ist er erstanden
162,2 vom Tod für mich erstanden ist
182,8 freut euch, ihr Christen, erstanden ist der Herr
210,2 wie du gestorben und erstanden
405,3 siegreich vom Tod erstanden ist
409,6 Christus ist erstanden: Leben für die Welt
515,8 sei gepriesen, er ist vom Tod erstanden
522,4 weil du vom Tod erstanden bist

ersterben (3) → *sterben*
78,9 Jesus ist das Weizenkorn, das im Tod erstorben
98,1 Liebe lebt auf, die längst erstorben schien
341,3 er war zum Gutn erstorben

ersticken (3)
133,3 und in der Tauf erstickt
196,3 verdirbet und ersticket
399,3 und läßt sich nicht ersticken

erstreben (1) → *streben*
407,1 Ziel, das ich erstrebe

erstrecken, sich (1) → *reichen*
71,4 dein Glanz erstreckt sich weit

erstreiten (1) → *streiten*
401,3 Liebe, die mir hat erstritten

ertönen (1) → *erklingen, tönen*
142,4 ein großes Lob ertönt im Chor

ertöten (1) → *töten*
67,5 ertöt uns durch dein Güte

ertragen (2) → *ausstehen*
89,3 ertrugest Schläge, Spott und Hohn
513,4 Herr, wir sind dein und wollen gern ertragen

erwachen (3)
386,7 auch nach deinem Bild erwacht
416 und wer stirbt, erwacht zum ewigen Leben
428,2 unser Menschenherz erwache

erwägen (1) → *bedenken*
325,8 dennoch, wenn ich's recht erwäge

erwählen (13) → *auserkoren, ausersehen, auserwählen, erkiesen/erkoren, ersehen*
41,6 den ich erwähle allein
135,5 unser Herz erwähle dir zum eignen Haus
142,1 für hohe Dienste sie erwählt
250,1 dir wollen eine Kirch erwählen
256,2 nicht wir haben dich erwählet
270,5 hast ihn erwählt dir zum Freund und Gehilfen

282,3 von Herzen deinen Weg erwählet
293,1 daß er euch auch erwählet hat
386,7 du bist ja, den ich erwähle
404,3 und laß mich dich erwählen
430,3 hast unsern Streit erwählt
497,6 was Fleisch und Blut erwählet, das verwehre
503,15 erwähle mich zum Paradeis

erwählt (2)
229,3 Jesus ruft uns. Wir sind erwählt
371,15 zu den Scharen der Erwählten und Getreuen

erwärmen (1)
255,8 beleb, erleucht, erwärm, entflamme

erwarten (5) → *warten*
65,7 erwarten wir getrost, was kommen mag
273,5 von Gotts Wort man erwarten soll
325,9 wer's erwarten kann, erfreuet
361,6 erwarte nur die Zeit
449,12 wird mich erwarten im himmlischen Garten

erwecken (14) → *aufwecken, wecken*
67,5 erweck uns durch dein Gnad
92,4 den Menschenschuld in Gott erweckt
200,5 erwecke mich zu neuer Treue
243,4 Gott wird dir Hilf erwecken
255,5 erwecke, läutre und vereine
365,6 will uns erwecken Gott
397,3 alsdann vom Tod erwecke mich
401,7 Liebe, die mich wird erwecken
450,3 und erweck uns Herz und Mut
495,8 wenn du die Toten wirst an jenem Tag erwecken
497,4 durch deine Kraft erwecket
503,8 erweckt mir alle Sinnen
526,4 mich erwecken aus der Erden
529,3 hat mir manch Angst erweckt

erweichen (2)
145,6 Deutschland, laß dich erweichen
324,10 wirst du gar leicht erweicht

erweisen, sich erweisen (11) → *weisen*
82,7 und, wie du mir erwiesen
165,4 und im Geist dir Dienst erweisen
265,1 sich gütig uns erweist
276,5 der uns sein Gnad erweist
290,1 die Gnaden, die er euch erweiset
323,2 und der auch mir erwiesen das
331,5 der uns seinen Trost erweist
331,10 Ehre, Lob und Dank erweisen
373,6 wo du, o Held, dich so mächtig erwiesen
412,7 als hätt ich's ihm erwiesen
438,3 in uns heilig erweiset werd

erwerben (29) → *erkaufen*
9,2 er will allein erwerben
35,3 so hat er uns erworben
36,4 Gnad und Fried erwirbet
78,1 erlöst, Gnad erworben
78,9 das Leben erworben
80,2 uns aus Lieb erworben
91,9 am Kreuz erworben
96,6 hat uns erworben Frieden ohne Ende
112,3 aus Lieb erworben ist
114,9 das du uns hast erworben
144,4 sondern daß er dein Gnad erwerb
149,6 den du uns hast erworben
178.7 der am Kreuze starb und uns Heil erwarb
195,2 die Seligkeit erworben
215,6 hättst du dir was ,konnt erwerben
252,8 teuer hast du uns erworben
320,4 der hat das Heil erworben
341,1 gar teu'r hat er's erworben
343,4 es mag niemand erwerben
345,4 hast mir das Heil erworben
346,2 die uns doch nichts erworben
349,2 der hat mir Heil erworben
365,8 erworben uns und Gnad
386,6 die höchste Gerechtigkeit ist mir erworben
388,6 ach wie teu'r sind wir erworben
469,5 erworben durch dein heilges Blut
521,3 des Vaters Huld erworben
522,3 mit deinem Tod erworben
527,4 und saurer Schweiß erwirbt

erwünschen (1) → *wünschen*
494,6 erwünschten Lohn empfange

erwürgen (3)
114,6 und das erwürgte Gotteslamm
255,2 dir, dem für uns erwürgten Lamme
341,5 erwürg für ihn den bittern Tod

Erz (1)
527,1 kein Fels, kein Erz kann stehn

erzählen (15) → *verkündigen*
52,1+6 immer werden wir's erzählen
57,1-5 uns wird erzählt von Jesus Christ
66,1 Himmel und Erde, erzählet's den Heiden
127,1 die Wunder Gotts mit Freud erzähl
213,5 verkünde und erzähle die tiefe Wundermacht

213,6 verkünde und erzähle die Gnade nah und fern
272 erzählen will ich von all seinen Wundern
279,7 die ihr Gott fürchtet, ich erzähle
371,5 und was du keinem darfst erzählen
497,14 ich will... so lang ich leb, erzählen

erzeigen, sich erzeigen (12) → *bezeigen, zeigen*
76,2 die Lieb erzeigen jedermann
204,1-3 dein Güte zu erzeigen
204,4 wirst mir dein Güt erzeigen
205,1 erzeig ihm deine Gnade
206,3 und erzeige dein Erbarmen
318,4 also hat sich auch Gott erzeigt
318,6 sondern erzeigt Barmherzigkeit
323,3 du hast mir Gnad erzeiget
326,6 die alle Welt erzeiget
499,3 deinen Dank ihm zu erzeigen

erzeugen (1)
299,4 der aus dem Geist erzeuget ward

erzittern (2)
77,5 und die Erd erzittert
396,2 laß die Welt erzittern

erzürnen (3)
443,2 ich hab erzürnet dich
467,3 womit wir heut erzürnet dich
518,1 die dich, Herr, erzürnet hat

Esel/Eselein/Eselin (4)
9,2 geritten auf einem Eselein
14,1 ihn trägt der lastbarn Es'lin Füllen
24,9 davon ein Rind und Esel aß
314,2 seht, er kommt geritten, auf dem Esel sitzt der Herr

essen (12)
24,9 davon ein Rind und Esel aß
70,2 himmlisch Manna, das wir essen
101,7 wir essen und leben wohl
148,7 wir werden Früchte essen
215,2 gab er uns sein' Leib zu essen
217,2 kein Hunger plaget den, der von dir isset
219,1 zu essen und zu trinken
221,1 wir sind, die wir von einem Brote essen
227,3 wir, die wir alle essen von dem Mahle
228,1 steht auf und eßt, der Weg ist weit
524,5 das wir essen früh und spät
530,6 ich habe Jesu Leib gegessen

Essen (1)
218,6 laß mich durch dies heilge Essen

Essig/Essigtrank (2)
77,5 ihm ward dargereicht zum Mund Essigtrank mit Gallen
81,2 du wirst mit Essig und mit Gall getränket

etwa (1)
254,2 ob's etwa Zeit zu streiten

etwas (9)
231,10 du sollst... begehren nicht, noch etwas draus
250,4 und will sich etwas Gutes finden
320,2 tut er nie etwas sparen
370,5 sollt ich jetzt nicht auch etwas tragen
371,10 bleibt gleich die Hilf in etwas lange
371,12 dem nicht etwas fehlen sollte
388,4 sich auf etwas Bessers schickt
495,5 willst du mir etwas geben
497,10 ist ja der Anfang etwas schwer

Evangelist (1)
241,4 die in der Kraft Evangelisten sein

Evangelium (5) → *Botschaft, Kunde*
70,2 dein süßes Evangelium
136,4 zu preisen und zu loben das Evangelium
145,2 sein liebes Evangelium
256,4 kein Evangelium erschienen
399,4 mit seinem Evangelio

ewig (196) → *himmlisch*

A: Adjektiv
a) allgemein
b) von Gott, seinem Wort usw.
c) Leben, Ruhe, Heil, Seligkeit
d) Freude, Wonne, Lust
e) Licht, Schein
f) Himmelreich, Paradies, Vaterland
g) Tod
B: Adverb
a) allgemein
b) auf Gott bezogen
c) von der Nachfolge des Menschen
ca) bei Gott sein, selig sein

A: Adjektiv (118)

a) allgemein (29)
23,2 verkleidet sich das ewig Gut
25,3 eu'r Bruder ist das ewig Gut
55,2 ein ewger Friede sei beschert
66,6 Sündern die ewge Erlösung zu finden
70,3 mein Gemüte, ewge Güte, bis es findet dich
74,3 du ewge Wahrheit, Gottes Bild

78,10 Jesu, weil du bist erhöht zu ewigen Ehren
123,5 und ein ewiges Versühnen
127,5 im ewgen Liebesbunde
148,2 die ewig Schönheit groß
148,7 wir werden halten das ewig Abendmahl
154,1+5 laß uns dich schaun im ewigen Advent
219,2 zum ewgen Himmelswesen
245,1 sich eine ewge Kirch auf Erd
318,5 von den ewigen Schätzen
319,4 und sagt ihm einen ewgen Dank
324,2 und ewge Quelle bist
325,3 daß er mich vom ewgen Feuer
350,4 bezahlt ein ewig Lösegeld
351,3 das ewge, wahre Gut
354,2 es ist das ewige Erbarmen
371,15 den ewgen Mund selbst hören sprechen
386,8 da hast du die ewge Erlösung erfunden
386,10 und leite mich, Höchster, auf ewigem Wege
393,9 gewandt zum ewgen Gut
479,2 scheint heller... die ewig Himmelskerz
520,7 von Satans Macht und ewger Pein
521,2 das Ewge muß mir werden

b) von Gott, seinem Wort usw. (21)
8,1 des Vaters ewigs Wort
13,3 du, des ewgen Vaters Kind
23,2 des ewgen Vaters einig Kind
30,2 aus Gottes ewgem Rat
45,4 dir, fleischgewordnes Wort des ewgen Vaters
59,2 wir bitten dich, ewigen Sohn
64,6 der du allein der Ewge heißt
92,6 des ewgen Vaters Glanz sich flicht
93,1 aus des Vaters ewger Huld
191 Gott Vaters ewger Sohn du bist
256,2 nach deinem ewgen Gnadenrat
331,6 du, des Vaters ewger Sohn
361,3 dein ewge Treu und Gnade
363,7 und was der ewig gütig Gott
449,8 sein Wort und Wille hat ewigen Grund
452,2 das Wort der ewgen Treue
469,5 das war des ewgen Vaters Rat
513,6 tu Rechnung, spricht der Ewge zum Haushalter
518,1-3 du ewiger Gott

c) Leben, Ruhe, Heil, Seligkeit (27)
1,5 den Weg zur ewgen Seligkeit
2,3 den Weg zur ewgen Seligkeit
8,6 das ewig Leben erben
39,3 seinen Sohn zum ewgen Leben
51,1 und hat das ewge Leben
51,5 hüt uns zum ewgen Leben
66,4 ewiges Leben, der freundliche Gott
84,13 begleiten zu der ewgen Ruh
108,1 das ewig Heil wird uns zuteil
133,13 des ewgen Lebens Haus
191 mit den Heilgen in ewgem Heil
227,1 Dank sei dir, Vater, für das ewge Leben
227,2 uns gegeben zum ewgen Leben
245,5 das freudenreiche ewge Leben
261 du hast Worte des ewigen Lebens
280,1 erleucht zum ewgen Leben
322,9 dort in der ewgen Ruh
349,4 die ewge Seligkeit
356,1 und Fried und ewges Leben
385,6 des ewgen Lebens nicht davon
416 und wer stirbt, erwacht zum ewigen Leben
423,10 zur ewgen Ruh und Herrlichkeit
442,8 ein Kind der ewgen Seligkeit
458 nach dieser Zeit das ewig Leben
522,3 ein ewig Leben hast du mir
522,5 uns führn zum ewgen Leben
529,1 dort in der ewgen Ruh

d) Freude, Wonne, Lust (13)
5,9 zur ewigen Freuden
35,3 die ewig Himmelsfreud
66,1 Jesus ist kommen, Grund ewiger Freude
96,6 Frieden ohne Ende, ewige Freude
108,3 zur ewgen Freude geleiten
128,7 hol uns heim zur ewgen Freud
148,9 zur ewgen Hochzeitsfreud
155,3 in ewger Freud und sel'gem Licht
399,5 mit ewger Wonne tränken
399,6 in ewger Freud zu wallen
401,3 ewge Lust und Seligkeit
529,11 ins Haus der ewgen Wonne
531,2 bis mir zur ewgen Freude

e) Licht, Schein (8)
11,10 zum ewgen Licht und Wonne
23,4 das ewig Licht geht da herein
55,1 das ewge Licht heut scheint
199,4 im ewgen Lichte dort
245,2 und zeigen an das ewig Licht
390,1 erneure mich, o ewigs Licht
390,3 bis ich dich schau, o ewigs Licht
441,1 du höchstes Licht, du ewger Schein

f) Himmelreich, Paradies, Vaterland (7)
13,2 gründe nun dein ewig Reich
73,10 zum ewgen Vaterland
123,3 dessen Reich ein ewig Reich

148,5 ins ewig Paradeis
345,4 das ewig Himmelreiche
457,9 des Himmels ewges Reich
521,1 ins ewig Vaterland

g) Tod (13)
7,6 vor Augen steht der ewig Tod
66,4 sein Tod verschlinget den ewigen Tod
79,2 erlös uns von dem ewgen Tod
100,3 und uns erlöst vom ewgen Tod
116,1–5 der uns erlöst hat vom ewigen Tod
144,4 auf daß uns nicht der ewge Tod
192 vor dem ewigen Tod
202,6 und ist verdammt zum ewgen Tod
344,8 erlös uns vom ewigen Tod

B: Adverb (78)

a) allgemein (20)
9,2 was ewig währen tut
140,5 o Segensbrunn, der ewig fließt
286,4 des sich die Unschuld ewig freut
302,2 bleibt ewig unbetrübt
324,12 mit dem, was ewig steht
354,1 der meinen Anker ewig hält
357,1 ich weiß, was ewig bleibet
357,2 ich weiß, was ewig dauert
357,5 des Todes ewig bleibt
363,5 ewig muß er verderben
368,4 nichts fehlen, was mir ewig nützt
375,1 daß Jesus siegt, bleibt ewig ausgemacht
394,2 was ewig euer Herz vergnügt
398,1 wird ewig bleiben
401,6 Liebe, die mich ewig liebet
447,10 da alle Engel ewig, ewig singen
490,2 der Morgen ewig weiterzieht
526,3 ewig von ihm trennen kann
527,1 was wir für ewig schätzen
528,8 wer Gott fürcht', wird ewig stehen

b) auf Gott bezogen (20)
1,5 sei ewig Preis und Ehr
13,3 ewig steht dein Friedensthron
43,6 und mach sie auf ewig mit deinem nur eins
70,5 du hast mich ewig vor der Welt
71,1 dein Reich soll ewig währen
114,10 und ewig in der Herrlichkeit
116,2 ihm sei auf ewig Lob, Preis und Dank
139,4 mein Gott, der ewig lebet
140,3 daß er uns ewig gnädig sei
183,2 der ewig bei dem Vater ist
223,6 sei ewig alle Herrlichkeit
264,1 ihr ewig angetraut
285,2 du, Höchster, bleibest ewig
290,3 er denket ewig seines Bunds
303,4 welcher uns ewig Treue hält
327,3 hier und ewig droben
352,2 ist und bleibet ewig mein
449,8 halten uns zeitlich und ewig gesund
470,3 Gott Vater, dem sei ewig Ehr
527,9 der einzig ewig machen kann

c) von der Nachfolge des Menschen (27)
30,4 da wir dich ewig loben
41,6 ewig entsag ich der Sünde
70,5 ewig soll mein Herz ihn loben
86,8 will ich ewig dankbar sein
89,4 dich ewig dafür loben
115,2 ewig herrschen, ewig leben
135,7 ewig uns erfreuen
148,6 ewig in Gottes Reich
152,4 wenn wir dir ewig singen
213,3 kommt, legt auf ewig ab
242,3 daß wir ewig lobsingen dir
248,7 dafür ewig preisen dich
276,5 ihn wolln wir ewig loben
304,6 daß sie dein' Namen ewig preisen
324,18 und ewig fröhlich sein
343,2 sonst wird's mich ewig reuen
346,5 dort ewig dir Lob sagen
355,5 da bin ich ewig recht erfreut
373,6 so will ich ewig dir Lob und Dank singen
374,5 ich will ihn ewig preisen
402,6 geh ihm ewig an der Seiten
404,6 dich ewig lieben kann
503,15 hier und dort ewig dienen
506,6 erheb ihn ewig, o mein Geist
523,4 der ist ewig genesen
523,5 so will ich ewig rühmen
524,8 ewig, ewig triumphieren

ca) bei Gott sein, selig sein (11)
82,8 daß ich dich ewig schau
111,10 anschauen ewig voller Freud
146,5 auf daß wir ewig bei dir sein
204,4 und bei dir ewig bleib
219,3 und ewig selig werden
220 dein laß uns ewig sein
252,9 ewig eins in dir zu sein
384,4 dorten ewig auch bei dir
393,10 da wird man ewig ruhn
500,4 einst ewig selig werden
516,2 und ewig bei ihm sei

Ewigkeit (112) → *Anfang, Ende, Himmel, Jüngster Tag, Zeit*

a) allgemein (30)
49,1 in alle Ewigkeit
67,2 vor Gott in Ewigkeit

177.1 und von Ewigkeit zu Ewigkeit
177.2 und von Ewigkeit zu Ewigkeit
177.3 und in Ewigkeit
183,3 uns ein Leben in Ewigkeit
186 die Herrlichkeit in Ewigkeit
187 die Herrlichkeit in Ewigkeit
188 die Herrlichkeit in Ewigkeit
256,3 heut, gestern und in Ewigkeit
293,2 und währet bis in Ewigkeit
294,1+4 von Ewigkeit zu Ewigkeit
325,1–9 Gottes Lieb in Ewigkeit
365,7 kommt doch die Ewigkeit
392,5 dein Geist wird sonst in Ewigkeit nicht frei
481,5 o Ewigkeit, so schöne
485,1 kehrt heim zur Ewigkeit
499,1+2 Halleluja, dienen ihm in Ewigkeit
507,7 Ewigkeit, lange Zeit
524,1 die in Ewigkeit auch währet

b) von Gott (15)

20,6 und Vater aller Ewigkeit
38,1 großer Held von Ewigkeit
45,2 Gott, wahrer Gott von Ewigkeit geboren
67,1 Vaters in Ewigkeit
134,1 wahrer Gott von Ewigkeit
178.4 Kyrie, Gott Vater in Ewigkeit
191 dich, Vater in Ewigkeit
331,1 so bleibst du in Ewigkeit
403,4 Jesus bleibt in Ewigkeit
408,1 sein ist auch die Ewigkeit
439,3 o starker Gott von Ewigkeit
441,7 du schönstes Licht in Ewigkeit
450,1 Morgenglanz der Ewigkeit
470,1 ein wahrer Gott von Ewigkeit
490,4 dein Reich, Herr, steht in Ewigkeit

ba) Lob, Ehr sei Gott (14)

4,5 Lob sie Gott... immer und in Ewigkeit
107,3 in Ewigkeit sei Lob und Preis
109,6 in Ewigkeit sei Lob und Preis
119,5 sei Lob und Preis in Ewigkeit
126,7 Gott Vater sei Lob... in Ewigkeit alle Stund
139,5 gelobet sei mein Gott... in alle Ewigkeit
155,4 sei Lob und Preis in Ewigkeit
197,3 sei Lob und Preis in Ewigkeit
291,3 Ehr sei dem Heilgen Geist, Gott in Ewigkeit
308,11 sei Ehr und Preis... von nun an bis in Ewigkeit
328,7 wohl mir, Lob dir jetzt und in Ewigkeit
453,5 Lob dem... vordem, jetzt und in Ewigkeit
470,3 Gott Vater, dem sei Ehr... von nun an bis in Ewigkeit
515,9 sei gepriesen, in Ewigkeit gepriesen

bb) von Gottes Handeln (20)

6,5 das helf uns Gott in Ewigkeit
38,3 schauen in der Ewigkeit
75,1 herrschest mit dem Vater in der Ewigkeit
148,1 wenn Gott wird schön erneuen alles zur Ewigkeit
150,3 Gott hat gegeben das Erb der Ewigkeit
173 der Herr behüte deinen Ausgang... von nun an bis in Ewigkeit
191 und heb sie hoch in Ewigkeit
239,4 er vollende euch in Ewigkeit
240,3 mach uns zu deinem Lob bereit, heut, morgen und in Ewigkeit
243,6 und unser freundlich walten hier und in Ewigkeit
245,5 und segnet sie in Ewigkeit
289,4 steht fest und bleibt in Ewigkeit
296,8 bring dich nach Haus... von nun an bis in Ewigkeit
301 waltet bis in Ewigkeit
331,9 nimm es auf in Ewigkeit
341,4 da jammert Gott in Ewigkeit
344,3 es komm dein Reich... und dort hernach in Ewigkeit
359,6 Gottes Sohn hebt aus dem Tod sein Volk in Ewigkeiten
472,2 die währt in Ewigkeit
476,3 in Ewigkeit bei dir verloschen sein

c) von der Nachfolge des Menschen (28)

23,7 und dank ihm des in Ewigkeit
25,6 des danket Gott in Ewigkeit
33,3 in Ewigkeit dich loben
68,8 Lob zu singen in Ewigkeit
71,6 dich meinen König nenne jetzt und in Ewigkeit
100,5 und lobe die Dreifaltigkeit von nun an bis in Ewigkeit
109,1 des dankn wir ihm in Ewigkeit
143,1 Gott Lob und Dank in Ewigkeit
150,6 das Hosianna feine ohn End in Ewigkeit
157 dafür will ich dir danken in alle Ewigkeit
193,2 daß sie dich lob in Ewigkeit
232,4 und folgen ihm in Ewigkeit
316,5 lob ihn in Ewigkeit. Amen

323,3 und preisen weit und breit... und dort in Ewigkeit
325,10 lob und lieb in Ewigkeit
332,4 dich... preisen von Ewigkeit zu Ewigkeit
386,6 worinnen mein Glaube in Ewigkeit prangt
393,1 zur Ewigkeit zu wandern
393,11 wir gehn durch Jesu Leiten hin in die Ewigkeiten
395,3 wer aufbricht, der kann hoffen in Zeit und Ewigkeit
406,4 dir verschreib ich mich für Zeit und Ewigkeit
414,4 dein Lob verkündigen in Ewigkeit
428,3 für den Weg... hin zu deiner Ewigkeit
442,9 wir danken dir... von nun an bis in Ewigkeit
469,7 wir loben dich in Ewigkeit
481,5 mein Leben sei ein Wandern zur großen Ewigkeit
485,2 das Lied der Ewigkeit
499,3 Halleluja, diene ihm in Ewigkeit

ca) bei Gott sein (5)
184,5 ihn selber schaun in Ewigkeit
262,7 in dir bleiben allezeit heute wie in Ewigkeit
365,5 und bleibn in Ewigkeit
524,8 sollst du sehn in Ewigkeit
533,3 und sein in Ewigkeit

ewiglich (45)

a) allgemein (4)
75,2 so hätten wir müssen verdammt sein ewiglich
195,1 das soll mein Schatz sein ewiglich
223,1 und bleibt doch ewiglich zu Haus
275,1 noch ewiglich zu Spotte

b) von Gott, Gottes Handeln (16)
15,5 doch Gottes Wort bleibt ewiglich
68,6 uns ewiglich zu vertreten
179,2 daß du, Gott Vater, ewiglich
233,5 nur wollst du mich nicht ewiglich
295,4 dein Wort... es bleibet ewiglich
303,7 der Herr ist König ewiglich
320,8 gib ewigliche Freiheit
333,1 und seine Güte währet ewiglich
333,1 sie währet ewiglich
336 seine Güt und Wahrheit währet ewiglich
351,11 du stehst mir ewiglich
376,1+3 bis an mein selig Ende und ewiglich
384,3 rettet... von der ewiglichen Not
480,2 und lasse ewiglich dich mit mir machen
524,6 der du ewiglich aufgehst

c) von der Nachfolge des Menschen (25)
7,7 wollen wir all loben dich zu aller Zeit und ewiglich
24,4 sollt leben nun und ewiglich
59,6 zu preisen dich mit allen Engeln ewiglich
72,6 hier zeitlich und dort ewiglich für solche Gnade preisen dich
121,4 und durch dich leben ewiglich
162,4 und dir lobsingen ewiglich
203,6 hernach auch lebe ewiglich
234,1 und lebe mit mir ewiglich
308,10 uns zugesagt... und unsern Kindern ewiglich
309,4 bleibt ewiglich zu seines Namens Ruhm
345,5 ewiglich preisen. Amen
370,9 ewiglich ergötzen
397,3 ich will dich preisen ewiglich
401,1–7 dein zu bleiben ewiglich
405,5 ihm ewiglich zu danken
442,9 wir loben dich hier zeitlich und dort ewiglich
470,2 rühmet dich jetzund, immer und ewiglich
517,2 da ich Gott schaue ewiglich
520,3 sein Seel lebt ewiglich in Gott

ewigreich (1)
321,2 der ewigreiche Gott woll uns bei unserm Leben

Exempel (1)
82,6 und folge dem Exempel

F

Fackel (1)
11,1 o Jesu, Jesu, setze mir selbst die Fakkel bei

Fahne/Fähnlein (2)
112,2 sein Fähnlein als ein Held
259,1 die seine Fahne fassen

fahren (18)
36,5 lasset fahrn, o liebe Brüder
120 Christ fuhr gen Himmel
120 Christ fuhr mit Schallen
121,1 daß du gen Himmel g'fahren bist
127,7 wenn wir von hinnen fahren
144,4 und zur Verdammnis fahre
184,2 der fährt, wohin er will und mag
281,1 macht Bahn ihm, der da fähret
289,2 sein' Zorn läßt er wohl fahren
308,9 daß du mit uns fährst gnädiglich
341,9 fahr ich von diesem Leben
361,7 laß fahren, was das Herze betrübt
423,10 daß sie in Frieden fahren
498,1 in Gottes Namen fahren wir
516,2 mit Freud fahr ich von dannen
524,1 sollst du fahren in die Freud
524,6 mög von hinnen fahren heut
528,2 so fährt unsre Zeit von hinnen

fährlich (1) → *gefährlich*
243,5 in dieser fährlichn Zeit

Fährlichkeit (1)
351,12 kein Angst und Fährlichkeit

Fahrt (3)
97,2 daß auf unsrer Fahrt
108,1 mit Freuden zart zu dieser Fahrt
242,1 bald abseit geht sonst die Fahrt

Fall (7)

a) allgemein (5)
200,4 wenn ich hab einen Fall getan
351,2 und daß in allen Fällen er mir zur Rechten steh
401,1 nach dem Fall hast wiederbracht
488,2 umringt von Fall und Wandel leben wir
530,4 und sage frisch in allen Fällen

b) im Sinne von: zu Fall bringen (2)
6,4 der Teufel brächt uns gern zu Fall
443,5 und mich nicht bring zu Fall

Falle (1)
449,5 Fallen und Tücke treib ferne zurücke

fallen (34)

a) allgemein (19)
16,4 noch manche Nacht wird fallen
20,7 und Davids Thron wird niemals fallen
53,1 fällt ein strahlend Funkeln
166,4 wenn dein Samkorn auf mich fällt
196,3 der Same, der in Dornen fällt
211,3 nicht mit uns selber steht und fällt
266,5 so sei es, Herr: die Reiche fallen
289,3 ein Blum und fallend Laub
303,7 und fallen selbst in ihren Strick
351,10 fällt doch mein Himmel nicht
357,1 wo alles wankt und fällt
378,1 es mag sein, daß alles fällt
383,3 Tau fällt, um das Land zu schmücken
449,7 alles in allen muß brechen und fallen
450,2 fall auf unser matt Gewissen
455,2 sanft fallen Tropfen, sonnendurchleuchtet
490,4 so mögen Erdenreiche fallen
527,5 verwelkt und unversehens fällt
527,10 und ob er hier gleich fällt

b) von Menschen (15)
42,7 durch eines Sünde fiel die Welt
218,5 hier fall ich zu deinen Füßen
244,9 wir fallen gern in deine Hand
271,6 am tiefsten in die Schuld und Schand gefallen
341,2 ich fiel auch immer tiefer drein
351,10 wenn ich gleich fall und sterbe
377,4 o laß getrost uns fallen
378,1 daß dich Gott nicht fallen läßt
393,8 sollt wo ein Schwacher fallen
393,9 bald fällt das Fleisch ins Grab
408,2 keins fällt je aus Gottes Plan
469,3 daß wir nicht falln in Sünd und Schand
502,2 was sich nur rühret, alles zu Fuß ihm fällt
528,8 das muß fallen und vergehen
533,1 du kannst nicht tiefer fallen

fällen (11)
50,2 dein Urteilsspruch ist längst gefällt
104,1 du hast nun den Feind gefällt
109,2 der seinen Feind gewaltig fällt

111,11 wo ist ein Feind, den er nicht fällt
113,4 des Herren Rechte mächtig fällt
312,4 bald wird der Baum gefällt
312,4 sonst wird der Baum gefällt
347,5 noch fäll die böse Welt
362,3 ein Wörtlein kann ihn fällen
439,4 daß nimmermehr ein Feind uns fällt
467,4 daß uns der böse Feind nicht fäll

falsch (20)
59,3 vor falscher Lehr, Abgötterei
71,6 daß falsche Lehr und Sünden
72,2 in ihrem Sinn ein falscher Wahn
127,5 durch falsche G'walt und Lehre
217,3 noch durch falsche Sicherheit
231,9 du sollst kein falscher Zeuge sein
273,2 sie lehren eitel falsche List
273,3 die falschen Schein uns lehren
275,5 mit Lügen und falschem Gedicht
275,5 b'hüt mich vor falscher Tücke
278,7 errette von falschem, bösem Volk
318,8 kein falscher Schein verblende
326,8 die falschen Götzen macht zu Spott
344,2 behüt uns, Herr, vor falscher Lehr
367,2 behüt mich, Herr, vor falscher Lehr
397,2 behüt mich, Herr, vor falscher Lehr
414,2 er sei kein eitler Traum und falscher Schein
517,10 so flieh der Welte falschen Schein
523,1 du arge, falsche Welt
527,2 ist nur ein falscher Wahn

fälschen (1)
246,5 zu fälschen deine rechte Lehr

fälschlich (2)
77,1 und fälschlich verklaget
86,5 fälschlich lassen dich anklagen

fangen, sich fangen (16) → *Gefangene*
3,2 da wir gefangen waren schwer
77,1 wie ein Dieb gefangen
78,5 Jesus da gefangen ward
81,5 Gott wird gefangen
98,3 unser Herz gefangen in Gestrüpp und Dorn
101,2 hielt uns in seim Reich gefangen
102,1 die Sünd hat er gefangen
283,1 und des gefangnen Volkes Band
297,4 daß ihr Schlund uns möcht fangen
302,5 und die da sind gefangen
325,8 die uns hart gefangen hält
341,2 dem Teufel ich gefangen lag
341,6 den Teufel wollt er fangen
388,3 als gefangen sind geacht'
388,5 haben wir uns selbst gefangen
392,5 gib dich, mein Herz, gib dich nun ganz gefangen

Farbe (1)
85,3 die Farbe deiner Wangen

färben (2)
202,7 von Christi Blut gefärbet
472,3 stehn sie gefärbet schön

fassen (26) → *aufnehmen, begreifen, ergreifen, umfassen*
36,7 faßt ihn wohl, er wird euch führen
37,4 daß ich dich möchte fassen
42,3 wenn ich dies Wunder fassen will
83,4 mit Liebesarmen fassen
85,6 alsdann will ich dich fassen
88,5 laß mich gläubig fassen
145,7 daß wir dein Warnung fassen
165,6 deine Strahlen fassen
167,3 wir wollen fröhlich fassen
196,2 daß wir das Wort recht fassen
217,3 den wahren Glauben, mit dem ich dich fasse
253,4 denn wer der andern Lasten faßt
259,1 die seine Fahne fassen
276,4 Gott faßt in seine Huld
297,5 Vernunft kann das nicht fassen
313,1 sich doch ein Herz zu fassen
342,6 der diesen Glauben fasset
363,2 und jeder, der sie willig faßt
370,12 du bist mein, weil ich dich fasse
371,3 und faßt zuhauf all unser Sehnen
371,10 was langsam schleicht, faßt man gewisser
378,5 faß ein Herz und gib dich drein
379,3 den keine Meere fassen
403,5 ist gefaßt in dir allein
405,6 mit wahrem Glauben fassen
531,1 noch kann ich es nicht fassen

fast (3)
213,5 der fast verzweifeln ließ
497,9 was mir sonst fast unmöglich deucht
529,8 daß ich's fast müde bin

Fehde (1) → *Krieg, Streit*
179,1 all Fehd hat nun ein Ende

Fehl (2) → *Mangel, Schuld, Sünde*
184,5 bis wir, von Sünd und Fehl befreit
344,6 ihr Schuld und Fehl vergeben gern

fehlen (15) → *ermangeln, mangeln, verfehlen*
36,5 was euch quält, was euch fehlt
217,1 was mir fehlt, kannst du mir geben

251,2 Festigkeit und Stärke fehlt
282,3 daß Trost und Kraft ihm nimmer fehlet
361,4 an Mitteln fehlt dir's nicht
364,2 auf daß uns gar nichts fehlet
368,4 nichts fehlen, was mir ewig nützt
369,3 der weiß auch sehr wohl, was uns fehlt
371,12 dem nicht etwas fehlen sollte
379,3 dem kein Geringstes fehlt
419,4 daß ich dort nicht fehle
430,3 du selbst bist, was uns fehlt
451,6 ein Vater, wenn ich fehle
511,1 daß ihm auch nicht eines fehlet
529,4 wenn's fehlt am guten Rat

feierlich (2)
279,1 und feierlich ihn zu verklären
279,6 so feierlich hab zugesagt

feiern (6)
101,6 so feiern wir das hoh Fest
220 einst feiern wir das große Abendmahl mit dir
226,5+6 seht, was wir hier heute feiern
278,3 zog... mitten in feiernder Schar
513,7 auch unsre Seelen, Sabbat dort zu feiern

feige (1)
259,2 wird er, zu Spott dem feigen Rat

fein (26)
10,2 bereitet doch fein tüchtig
24,2 ein Kindelein so zart und fein
66,5 öffnet ihm Tore und Türen fein bald
88,3 laß mich auch die Ursach fein
89,5 fein sanft beschließe meine Not
106,5 das Halleluja singen fein
128,5 wärm die kalten Herzen fein
145,4 in Gottes Furcht dich halten fein
145,5 die Lüge wird gar fein geschmückt
150,6 das Hosianna feine ohn End in Ewigkeit
155,2 bereit das Herz zur Andacht fein
196,4 in feinem, gutem Herzen
231,7 mit Zucht und Mäßigkeit fein
316,3 lobe den Herren, der künstlich und fein dich bereitet
317,3 lobe den Herren, der künstlich und fein dich bereitet
344,9 so sprechen wir das Amen fein
349,3 all Sünd ist nun vergeben und zugedecket fein
370,7 und fein stille bleiben
386,5 fein in solche Schranken fügt
393,3 so geht's gerad und fein
403,3 Jesus ist feiner
442,6 leucht uns in unsre Herzen fein
442,7 dein heilig Wort leucht uns so fein
469,2 und laß uns in dir ruhen fein
476,4 sich seiner Kraft fein sanft erholen mag
522,5 so schlaf ich ein und ruhe fein

Feind (89) → *Friede, Krieg*

a) allgemein (11)
109,2 der seinen Feind gewaltig fällt
111,10 ich werde sehn, wie alle Feind
111,11 wo ist ein Feind, den er nicht fällt
137,5 zu streiten mit den Feinden Israels
241,1 und die getrost dem Feind entgegengehn
269,4 im Dienst des Herrn ist niemand Feind
412,2 der ist ein Feind der ersten Pflicht
423,6 mach alle Feind ermüden
454,5 Gottes Wort ruft Freund und Feind
471,4 des Feinds Neid hinder
477,2 die Nacht, des Tages Feind

b) Feinde Gottes (19)
11,9 dem wahrlich alle Feind
38,2 ja auch deiner Feinde Schar
66,3 sprenget des Feindes befestigte Schlösser
91,6 macht mich aus Gottes Feinde zu Gottes Freunde
93,4 schweigen müssen nun die Feinde
106,1 sein Feind er all gefangen führt
113,3 die Feind nimmt er gefangen
113,4 Tod, Teufel, Höll und alle Feind
114,7 der Feinde Macht, daß du aufstehst
116,1 all seine Feind gefangen er führt
193,1 und steure deiner Feinde Mord
270,2 spotten der Übermacht all deiner Feinde
279,1 auch Feinde fühlen deine Stärke
281,1 wie seine Feinde fliehen
297,1 und selber bricht der Feinde List
346,1 all Feind zu überwinden
371,11 deiner Feinde von dir dichten
375,4 bis auch der letzte Feind wird schweigen
423,2 biet allen deinen Feinden Trutz

c) vom Satan (24)
104,1 du hast nun den Feind gefällt
109,4 nun kann uns kein Feind schaden mehr

109,4 er liegt im Staub, der arge Feind
112,2 der Feind trieb groß Geschrei
114,6 den Feind zur Schau getragen
124,4 wenn der Feind wird das Leben verklagen
126,5 des Feindes List treib von uns fern
127,7 daß uns der Feind nicht Schaden tut
149,5 denn du hast ja den Feind gericht'
257,1 der du den Feind bezwungen
259,2 ob auch der Feind mit großem Trutz
318,2 daß dir der Feind nicht obenlieg
331,9 daß der Feind es nicht verderbe
341,7 uns soll der Feind nicht scheiden
347,1 nicht schade des bösen Feindes List
359,2 mag der Feind mit Finsternis
362,1 der alt böse Feind mit Ernst er's jetzt meint
377,3 drängt uns der Feind auch um und um
439,4 daß nimmermehr ein Feind uns fällt
443,5 auf daß der bös Feind hier
445,2 daß des bösen Feindes List
445,7 der des bösen Feindes Macht
467,4 daß uns der böse Feind nicht fäll
469,2 in dieser Nacht vorm bösen Feind

d) von Menschen (35)
11,9 der Feind und ihrer Tück
71,5 mein' Feinden wollst du wehren
108,2 all unsre Feind hat bezwungen
130,4 begegnen aller Feinde Trutz
135,3 tröst uns... bei der Feinde Toben
136,4 trotz aller Feinde Toben
231,6 und auch dem Feind tun das Gut
243,2 dein Feinde niederlegen
244,9 gib uns den Feinden nicht zur Schand
244,10 bekehr den Feind zu Christi Lehr
247,3 und schaff uns Beistand wider unsre Feinde
248,3 daß dem Feinde davor grau
248,4 aller Feinde Rotten trenn
249,1 obschon die Feinde willens sein
274,4 vor mein' Feind' allenthalben
275,3 ob mich gar sehr der Feinde Heer
276,2 als in Gefahr mein Leben, den Feinden übergeben
278,6 daß Trauer mich drückt, bedrängt vom Feind
279,8 und schutzlos unter Feinden hier
297,1 wenn unsre Feinde toben
334,2 danke, wenn auch dem größten Feinde ich verzeihen kann
343,3 den Feinden mög vergeben
347,5 daß uns der Feind nicht trutze
351,1 was kann mir tun der Feinde
371,11 was kann dein Feind, der Mensch, groß machen
374,4 er ist doch nimmermehr mein Feind
387,4 Feind, Welt, Fleisch und Sünden
396,2 bin ich vor den Stürmen aller Feinde frei
412,3 sich freut, wenn sich sein Feind vergeht
413,5 dienen, sondern auch unserm Feind
415,4 lehr uns auch der Feinde Bestes suchen
475,2 auch die Feind hinweggetrieben
475,6 Freunde, Feind und Hausgenossen
495,4 gib, daß ich meinen Feind
514,5 die ihr den Feind verzeihend schont

feind sein (3)
76,2 auch laßt uns sein der Sünde feind
133,7 der Feindschaft bist du feind
430,3 wie feind er uns auch sei

Feindesliebe (1)
137,5 Feindeslieb und Freundestreue

Feindessinn (1)
428,1 wende Haß und Feindessinn

Feindschaft (3)
133,7 der Feindschaft bist du feind
143,6 zu Feindschaft, Mord und Kriegen
192 vor Gewalt und Feindschaft

Feld (33)

a) wörtlich (24) → *Flur*
29,1 im weiten Feld bewachten
54,1 klingen das weite Feld entlang
150,1 weit über Flur und Feld schwingt sich
192 die Früchte auf dem Feld bewahren
324,4 wer ist es, der uns unser Feld
330,3 ihr schwanken Gräslein in den Feldern
363,3 gleichwie die Blumen auf dem Feld
371,8 der Schaf und Rinder in den Feldern
403,2 schöner sind die Felder
424,3 fruchtbar mache jedes Feld
427,3 du schmückst die Blumen auf dem Feld
457,4 in Keller, Kammer, Feld
472,3 wie Blümlein auf dem Feld
477,1 Vieh, Menschen, Städt und Felder
489,1 und der Tau glänzt auf unserm Feld
500,1 das Feld ist voller Frücht
500,2 die Frücht im Feld vermehre
503,3 Berg, Hügel, Tal und Felder
504,3 Wälder, Felder, jedes Tier
505,2 die uns das Feld bestellt

508,2 bringt ihn... in unser Feld und Brot
513,1 das Feld ist weiß; vor ihrem Schöpfer neigen
515,3 sei gepriesen, du läßt die Felder reifen
515,4 sei gepriesen für Feld und Wald und Täler

b) bildlich (9)
63,4 und streuen die Tränensaat ins Feld
104,1-3 der das Feld im Kampf mit Tod und Höll behält
112,2 der Feld und Mut behält
135,4 schütte deinen Segen auf der Kirche Feld
135,6 mit uns will zu Felde liegen
362,2 das Feld muß er behalten
375,2 das Feld behält der Herr am Ende

Feldherr (1)
385,4 sieht er voran den Feldherrn gehn

Fell (1)
312,3 was liefst du umher in Fell und Gurt

Fels/Felsen (14) → *Burg*
77,5 und manch Fels zersplittert
83,3 vor dem die Felsen springen
98,2 wälzte ihren Felsen vor der Liebe Grab
130,5 o starker Fels und Lebenshort
137,5 auf den Herren, seinen Fels
196,3 in Fels und Steinen kann das Wort
275,4 du bist mein Stärk, mein Fels, mein Hort
278,5 sage zu Gott, meinem Fels
290,5 ließ springen aus dem Fels den Quell
357,4 der Fels, auf dem ich stehe
374,2 er ist ein Fels, ein sichrer Hort
385,3 ich bin der Seelen Fels und Hort
407,1 Fels, auf dem ich steh
527,1 kein Fels, kein Erz kann stehn

fern (40) → *nah, weit*

a) allgemein (30)
3,1 erleucht uns, die wir sind so fern
6,2 der Jüngste Tag ist nun nicht fern
16,1 der Tag ist nicht mehr fern
67,1 sein Glänzen streckt er ferne
71,6 sein meinem Herzen fern
114,4 und sorge nicht, er ist nicht fern
126,5 des Feindes List treib von uns fern
146,3 dein Zorn und Grimm fern von uns sei
150,4 da ich noch war so ferne
167,3 bis in das fernste Land
256,4 von deinem Himmelreiche fern
258 er sei euch nimmer fern
278,4 ich denke an dich im fernen Land
289,2 so fern der Ost vom Abend
305,1 auch im Weltall ferne seine Ehre wohnt
306,1 auch im Weltall ferne seine Ehre wohnt
315,3 er ist's, der dich von fern erblickt
322,7 gar ferne von uns stehn
371,5 er ist nicht fern, steht in der Mitten
379,2 und doch bleibt er nicht ferne
381,2 ein Schatten und kein Mensch mehr; ferne bist du
397,1 ich bitt, wollst sein von mir nicht fern
426,1 die Gott Fernen und die Frommen
441,5 da fern ist alle Dunkelheit
444,3 und weiche nicht fern
449,5 Fallen und Tücke treib ferne zurücke
471,2 treib, Herr, von uns fern die unreinen Geister
490,3 weckt ferne Menschen schon ihr Lauf
524,6 sei von mir auch jetzt nicht ferne
525,2 ach du bist doch von mir nicht fern

b) nah und fern (10)
15,6 und herrscht gewaltig fern und nah
46,2 tönt es laut von fern und nah
55,2 den Menschen nah und fern
69,4 du leuchtest vielen nah und fern
93,3 triumphieren fern und nah
136,7 bereite ein Pfingstfest nah und fern
213,6 erzähle die Gnade nah und fern
237,1 du fern und nah bei mir
375,2 wenn Satans Pfeil ihm auch von nah und fern
508,3 was nah ist und was ferne

Ferne (2)
237,2 die Ferne und die Nähe sind aufgehoben hier
334,5 danke, daß in der Fern und Nähe

ferner (11)
34,4 nimm dich... ferner noch in Gnaden an
58,8 laß ferner dich erbitten
59,2 bewahren ferner allezeit
263,6 ferner sehn in dieser Zeit
288,3 er hat uns ferner wohl bedacht
295,2 die Gnad auch ferner mir gewähr
324,18 ei nun, so laß ihn ferner tun
388,1 übe ferner dein Gerichte
423,2 laß dein Wort... noch ferner reichlich schallen
447,6 ach laß doch ferner über unser Leben
458 er woll uns ferner auch beschern

fernerhin (1)
250,5 noch fernerhin bis an das End

fernerweit (1)
329,3 hilf fernerweit, mein treuster Hort

Ferse (1)
113,2 ob sie ihn in die Ferse sticht

fertig (7)
9,6 halt' eure Lampen fertig
151,2 macht eure Lampen fertig
406,4 denn der ist zum Sterben fertig
420,2-5 such mit den Fertigen ein Ziel

Fessel (1)
14,4 und schlägst in Fessel Sünd und Tod

fest (58) → *festiglich*

a) allgemein (29)
11,5 so fest umfangen hast
60,3 dabei erhalten stet und fest
63,6 und mache fest das Herz
64,1 die Mitte fest gewiesen ist
72,5 mach feste, die im Zweifel stehn
73,5 das fest ist und gewiß
81,10 fest die Begierden an das Kreuz zu heften
85,10 dich fest an mein Herz drücken
95,2 dann führen sie ihn fest gebunden
108,2 er ist der Erst, der stark und fest
126,3 erhalt fest dein Kraft und Gunst
137,6 sondern fest als deine Zeugen dastehn
212,4 öffnet, die sonst fest verschlossen wären
232,2 erhalt mich fest in dem, was du versprochen hast
295,3 mein Herz hängt treu und feste
323,2 zu hangen fest an dir
357,2 mauert mir's Gott im Herzen fest
357,2 gar feste können sein
362,1 ein feste Burg ist unser Gott
364,1 wer Gott vertraut, fest auf ihn baut
382,2 in dein Erbarmen fest mich eingeschrieben
393,2 mit ganzer Wendung richte fest nach Jerusalem
393,8 kommt, bindet fester an
394,1+5 und vorwärts fest den Schritt
428,4 komm in unser festes Haus
497,3 er baut ein Schloß und festes Haus
523,5 und bind mein Seel gar feste
527,10 er hat recht fest gebauet

aa) in Verbindung mit: stehen (10)
198,2 fest bei deinem Worte stehn
200,4 bleibt dieser Bund wohl feste stehn
286,2 und seine Wahrheit stehet fest
289,4 steht fest und bleibt in Ewigkeit
357,1+5 ich weiß, was fest besteht
378,4 schau dir's an und stehe fest
391,2 laß uns feste stehn
432,3 er gab uns Füße, daß wir fest stehn
473,2 kein Ding auf Erd so fest besteht

b) vom Glauben, Vertrauen (19)
5,5 die also fest glauben
121,4 daß wir nur trauen fest auf dich
137,3 gib uns Abrahams gewisse, feste Glaubenszuversicht
138,1-3 halt uns bei festem Glauben
148,9 halt mich im Glauben feste
194,2 der fest an Jesus Christus haft'
195,2 hilf Gott, daß ich's fest glaube
244,4 daß wir im Glauben stark und fest
249,4 und glauben fest an Jesus Christ
289,5 daß wir ihm fest vertrauen
331,11 wie wir fest auf dich vertrauen
341,8 das halt mit festem Glauben
344,7 im Glauben fest und wohlgerüst'
346,4 an dich stets fest zu glauben
351,2 nun weiß und glaub ich feste
364,1 der an ihn glaubet feste
399,7 drum sei getrost und glaube fest

Fest (6)
54,3 an diesem Fest und grüßen ihn
101,6 so feiern wir das hoh Fest
135,1 schmückt das Fest mit Maien
305,3 seine Hoheit rühmen soll ein Fest euch sein
306,3 seine Hoheit rühmen soll ein Fest euch sein
315,6 hoch hebt das Fest der Heimkehr an

Feste (1) → *Burg*
357,3 der mir die Feste baut

festhalten (8) → *haften, kleben*
127,5 daß sie am Haupt fest halten an
148,9 halt mich im Glauben feste
204,3 daß ich halt fest an dir
252,8 halt uns fest, solang wir leben
334,6 danke, ich halt mich fest daran
358,6 und halt uns fest dabei
363,6 halt' fest am heilgen Gotteswort
378,1 halte du den Glauben fest

Festigkeit (1)
251,2 Festigkeit und Stärke fehlt

festiglich (1) → *fest*
248,5 auf dich traun sie festiglich

festlich (1)
269,2 festliche Lieder vor ihn bringt

feuchten (1) → *weinen*
351,10 muß ich auch gleich hier feuchten

Feuer (26) → *Geist (A) Glut, Heiliger Geist, Wasser*
126,2 ein lebend Brunn, Lieb und Feu'r
127,1 der kam mit Feuers Glut zur Erd
127,3 und unsre Zung ganz Feuer werd
127,4 komm, Feuer Gottes, Heilger Geist
136,1 gieß aus dein heilig Feuer
141,5 taufen wird er mit Feu'r und Geist
143,7 mit Feuer, Wasser, Wind und Schnee
146,1 vor Seuchen, Feu'r und großem Leid
149,1 wenn alles wird vergehn im Feu'r
156 und entzünd in ihnen das Feuer deiner göttlichen Liebe
192 vor Feuers- und Wassersnot
241,2 o daß dein Feuer bald entbrennte
255,1 o daß doch bald dein Feuer brennte
257,3 hinauszustreun dein Feuer
257,4 da zünd dein Feuer an
273,5 das Silber, durchs Feu'r siebenmal bewährt
279,5 wollten wir... verlieren im Feuer und in Wassersnot
325,3 daß er mich vom ewgen Feuer
378,3 lebend aus dem Feuer gehn
423,5 wend ab... so Feu'r- als Wasserschaden
431,1 den Stoff, darin sich Feuer regt
431,3 sehn wir nur Feuer des Gerichts
443,3 vor Feu'r und Wassersnot
475,7 wende Feu'r und Wassersnot
505,5 vor Feuer uns behüten
514,3 du Feuers Flamme auf dem Herd

Feuerbrand (1)
375,2 löscht Jesu Arm die Feuerbrände

Feuerflamme (2)
143,2 wie Feuerflammen hell und rein
447,4 daß Feuerflammen uns nicht allzusammen

Feuermeer (1)
255,6 dein Feuermeer ström nicht vergebens

Feuerschein (1)
409,3 Feuerschein und Wolke

Feuershitze (1)
351,4 vergehen wie Wachs in Feuershitz

Feuersnot (1)
467,4 vor Schrecken, Angst und Feuersnot

Feuerszorn (1)
133,9 so zerstöret durch Krieg und Feuerszorn

finden, sich finden (79) → *erdenken, erfinden*

a) allgemein (21)
101,2 kein Unschuld war zu finden
149,5 werd angezeichnet funden
182,3 suchet, und ihr werdet finden
194,3 und endlich bei dir finden Ruh
218,3 ist auch wohl ein Mensch zu finden
233,1 auf dieser Welt zu finden
239,1 wo in Gott der Mensch zum Menschen findet
250,2 zu laden alle, die man find't
273,5 bewährt, wird lauter funden
282,2 die Schwalb, der Sperling find't ein Haus
324,5 zu seinen Zeiten find't
325,6 find ich, was mich nährt und hält
326,6 die sonsten nirgends finden Ruh
352,3 die man in der Welt nicht find't
370,9 hier ist kein recht Gut zu finden
385,5 wer seine Seel zu finden meint
386,2 Seele, willst du dieses finden
387,2 möchte dich in Sünden unvermutet finden
416 wer sich selbst vergißt, der findet
497,13 was ich bei mir nicht hab und find
529,8 je wen'ger find ich Freud

aa) sich finden (12)
84,3 die sich wie Körnlein finden
134,3 wenn sich Not und Drangsal find't
250,1 darinnen sich viel Menschen finden
250,4 und will sich etwas Gutes finden
325,10 sich in Gottes Liebe find't
351,8 sich Furcht und Schrecken find't
354,5 da findet sich zu aller Zeit unendliche Barmherzigkeit
373,5 wenn kein Vermögen zu beten sich findet
495,4 find't sich Gefährlichkeit
524,4 Jammer g'nug find't sich auf Erden
524,5 Müh sich find't an allem End
532,2 nun sich das Herz in alles findet

b) von Gott (17)
36,8 sei getrost: hier wird gefunden
70,3 mein Gemüte, ewge Güte, bis es findet dich
85,7 mein Heil, mich finden soll

127,3 ach Herr, nun gib, daß uns auch find
165,5 dich nur sehn und finden
182,4 daß sie den Weg zu ihm findet
222,3 an deinem Tisch wir finden
235,4 und hilf, daß wir durch dich den Weg zum andern finden
302,6 die finden, wenn sie kommen
303,6 wo er kann einige Fromme finden
354,1 ich habe nun den Grund gefunden
361,1 der wird auch Wege finden
365,2 so find't sich Gott gar balde
400,4 ich suchte dich und fand dich nicht
406,3 wo ist solch ein Herr zu finden
445,3 o Herr Jesu, laß mich finden
486,9 in deinen Ratschluß findet

ba) von Jesus (12)
23,2 jetzt man in der Krippen find't
24,5 da findet ihr das Kind gelegt
29,2 da ihr ihn finden werdet
29,4 da fanden sie das Kindelein
38,1 das man in der Krippen find't
48,2 was wir dort finden, lasset uns künden
52,4 daß sie auch das Kindlein fanden
95,2 seht hin, sie haben ihn gefunden
103,3 ihr sucht Jesus, den find't ihr nicht
114,3 wo Jesus ist zu finden
114,5 und nicht im Grab zu finden
117,2 läg er noch immer, wo die Frauen ihn nicht fanden

bb) Heil, Trost, Gnade finden (17)
16,3 ihr sollt das Heil dort finden
37,5 und keinen Trost kann finden
61,3 und ich bald Verzeihung find
66,6 Sündern die ewge Erlösung zu finden
88,3 daß ich Gnade finde
217,1 bei dir alleine find ich Heil und Leben
234,2 hier findest du Trost, Heil und Gnad
243,3 daß es kein Gnad mehr find't
282,3 er findet auch in Not und Qual
303,3 findet am besten Rat und Tat
346,1 die Seligkeit zu finden
351,3 das machet, daß ich finde
353,5 auch bei dir Gnade zur Vergebung finden
366,1 und finden weder Hilf noch Rat
383,2 sinkend schon ich Halt gefunden
488,1 wo fänd ich Trost, wärst du, mein Gott, nicht hier
525,4 an dir, o Herr, ich Rettung find

Finger (3)
126,4 der Finger an Gotts rechter Hand
141,4 er zeigt ihn mit dem Finger an
504,3 zeigen Gottes Finger hier

finster (14) → *dunkel*
20,1 das Volk, das noch im Finstern wandelt
135,6 und in finstern Tagen sei du unser Licht
151,1 die finstre Nacht bricht ein
274,3 ob ich wandert im finstern Tal
385,2 darf nicht im Finstern schweben
442,4 sonst sitzen wir im Finstern gar
459,3 bei dem man auch im Finstern sieht
459,3 von finstrer Nacht nicht scheiden mag
467,1 die finstre Nacht bricht stark herein
467,1 laß uns im Finstern tappen nicht
475,3 ob ich gleich im Finstern sitze
476,3 daß ich nach dem, was finster ist, gestrebet
486,2 wenn mich die Schatten finstrer Nacht
501,3 laß... blicken ins finstre Herze mein

Finsternis (27) → *Dunkel/das Dunkle, Dunkelheit*
7,5 in Finsternis wir alle sein
14,6 die Macht der Finsternis erliegen
30,3 vertreibt's die Finsternis
73,5 aus aller Finsternis
74,1 das durch die Finsternisse bricht
74,4 führ uns durch Finsternis zum Licht
115,5 keine Macht der Finsternis
154,2 aber dein Glanz die Finsternis erhellt
161,2 ist mit Finsternis verhüllet
182,7 er läßt uns nicht in den Finsternissen stehn
184,3 das Licht aus Finsternissen schuf
279,8 und ist in Finsternis mein Licht
359,2 mag der Feind mit Finsternis
373,1 sieh, wie die Finsternis dringet herein
375,4 wie du uns führst durch alle Finsternis
383,3 aus der Finsternis wird Tag
416 daß ich ein Licht anzünde, wo die Finsternis regiert
426,3 uns durch alle Finsternis tragen
440,3 treib aus, o Licht, all Finsternis
441,6 die Werk der Finsternis sind grob
442,5 jag aus der Finsternis Gewalt
444,1 die Finsternis weicht
454,2 hat die Finsternis erhellt
476,5 mich vor der Macht der Finsternis bewahren
478,2 die Finsternis ist dir verhaßt
481,3 der Finsternis Geschäfte
488,1 es kommt die Nacht, die Finsternis fällt ein

Fisch/Fischlein (10)
271,5 des Himmels Vögel und der Fische Heer
302,3 der Fisch unzähl'ge Herde

509,1-5 das Fischlein dir springt
509,3 die Fischlein, die da schwimmen
511,2 wieviel Fischlein auch sich kühlen
515,5 sei gepriesen, du läßt die Fische spielen

Fischer (1)
313,1 Jesus, der zu den Fischern lief

Fittich (2) → *Flügel*
316,2 der dich auf Adelers Fittichen sicher geführet
317,2 der dich auf Adelers Fittichen sicher geführet

Flamme (10)
70,3 mir deiner Liebe Flamme
131,2 zünd an in uns der Liebe Flamm
255,2 zwar brennt es schon in heller Flamme
255,4 und mehre jener Flamme Triebe
255,7 laß leuchten deine heilgen Flammen
351,6 die Höll und ihre Flammen
415,1 durch deine Flammen schmelz... zusammen
431,2 du selbst bist Flamme, Gott, du bist
514,3 du Feuers Flamme auf dem Herd
516,5 wenn ihm die Flamm gebricht

flammen (1)
65,5 laß warm und hell die Kerzen heute flammen

flechten, sich (1)
92,6 des ewgen Vaters Glanz sich flicht

Fleck (1)
252,9 und, von allen Flecken rein

flehen (17) → *beten, bitten, erflehen, rufen*
96,4 nach deinem Vorbild laut zum Vater flehen
136,6 um Gottes Gnade flehn
137,4 für sie seufzen, weinen, flehn
146,2 wir flehn um Gnad und nicht um Recht
178.6 Heil, um das wir flehn
241,7 die für die ganze Kirche flehn und schrein
241,8 drum hört der Glaub nie auf, zu dir zu flehn
251,2 o so flehet um die Wette
366,3 und flehen um Begnadigung
387,1 wache, fleh und bete
387,6 wachen, flehen, beten
388,5 alle flehen wir dich an
412,8 die rettet, die ihn flehen
415,1 Liebe, die für ihre Mörder flehte
444,3 ei bittet und flehet
453,1 voll Demut fleht zu Gott empor
526,6 was hier kranket, seufzt und fleht

Flehen (8) → *beten, bitten, rufen*
122,3 Herr, höre doch mein Flehen
127,3 in Fried und Flehn dein sel'ger Wind
137,4 gib uns Moses Flehn und Beten
161,3 unser Bitten, Flehn und Singen
239,3 in Gebet und Flehen vor ihn bringen
276,3 läßt sie mit ihrem Flehen
423,11 so ist all unser Flehn gewährt
475,8 höre doch mein sehnlich Flehen

Fleisch (41)

a) allgemein (11)
15,5 alles, alles Fleisch ist Gras
15,5 das Gras verdorrt, das Fleisch verblich
87,5 durch dein Kreuz Fleisch und Welt
183,3 das Fleisch soll auch wieder leben
304,4 der allem Fleische gibet seine Speise
342,2 vom Fleisch wollt nicht heraus der Geist
344,4 wehr und steu'r allem Fleisch und Blut
393,3 die Fleisch und Sinnen pflegen
393,9 bald fällt das Fleisch ins Grab
497,6 was Fleisch und Blut erwählet, das verwehre
526,4 ich bin Fleisch und muß daher

b) von der Menschwerdung Jesu Christi (13)
8,3 das Wort will Fleisch uns werden
23,2 in unser armes Fleisch und Blut
25,3 er ist geborn eu'r Fleisch und Blut
27,4 Fleisch und Blut nimmt er an
29,3 hat euch zugut das Fleisch an sich genommen
41,4 Gott ist im Fleische: wer kann dies Geheimnis verstehen
42,4 erscheinst im Fleisch und wirst uns Heil
42,6 vereinest dich mit Fleisch und Blut
92,3 du kamst ins Fleisch demütiglich
214,1 mit seinem Fleische und mit seinem Blute
214,1 durch dein Fleisch und dein Blut
223,3 sein Fleisch und Blut, getrennt im Tod
405,1 hat angenommen Fleisch und Blut

c) von menschlicher Schwäche, Sünde (17)
84,12 was meinem Fleisch gelüst'
125,3 und wehr des Fleisches Ängstlichkeit
126,3 das schwach Fleisch in uns, dir bekannt

127,3 ob's unserm Fleisch auch grauet
130,7 die Eitelkeit, des Fleisches Lust
134,7 sagt das Fleisch gleich immer Nein
144,1 die unser Fleisch begangen hat
195,3 mein Fleisch dem Geist Gehorsam leist
318,5 ob's auch das Fleisch mag schmerzen
373,2 und durch dein Leiden mein sündlich' Fleisch töten
384,3 unser Fleisch, ihm sterben ab
387,4 Feind, Welt, Fleisch und Sünden
392,6 Fleisch, Welt, Vernunft, sag immer, was du willt
404,5 und nach dem Fleisch verderbe
438,4 das arge Fleisch so zwing und treib
453,3 des Fleisches Hoffart beugt und brecht
524,4 unser eigen Fleisch und Blut

fleischgeworden (1)
45,4 dir, fleischgewordnes Wort des ewgen Vaters

fleischlich (1)
127,4 der fleischlich Mensch sich nicht versteht

Fleiß (8)
36,12 ich will dich mit Fleiß bewahren
58,4 mit Fleiß bewahret werden
111,15 dort wollen wir mit größerm Fleiß
318,7 und tun daneben unsern Fleiß
437,4 daß unsre Arbeit, Müh und Fleiß
451,9 nie Fleiß und Arbeit scheue
495,2 gib, daß ich tu mit Fleiß
527,4 was Müh und Fleiß gewinnen

fleißig (1)
497,11 wer fleißig betet und dir traut

fliegen (3)
503,3 das Täublein fliegt aus seiner Kluft
503,6 fliegt hin und her, sucht hier und da
504,4 seht, wie fliegt der Vögel Schar

fliehen (15)
59,4 hilf, daß wir fliehn der Sünde Bahn
84,12 das will ich fliehn und lassen
98,2 Jesus ist tot. Wie sollte er noch fliehn
233,3 zu dir flieh ich
237,1 flieh ich von dir zu dir
253,5 so will ich ihn nicht fliehen
279,3 gebot dem Strom, vor uns zu fliehn
281,1 wie seine Feinde fliehen
370,2 als ein Schatten fliehen
385,3 zu fliehen und zu meiden
488,5 es tagt, die Schatten fliehn, ich geh zu dir
490,2 dein Lob, vor dem der Schatten flieht
514,2 du Wolke, die am Himmel flieht
517,10 so flieh der Welte falschen Schein
518,3 wo solln wir denn fliehen hin

fließen (16) → *herabfließen, quellen, rinnen*
49,4 der Gnadenbrunn tut fließen
58,10 die Freudenströme fließen
63,1 die Tränen, die geflossen
84,13 Tränen die dir geflossen zu
130,2 du Quell, draus alle Weisheit fließt
130,5 fließe, gieße deine Güte ins Gemüte
135,4 lasse Ströme fließen
140,5 o Segensbrunn, der ewig fließt
164 dadurch die Liebe fließt in die Herzen
213,4 was von dem Himmel fließt
217,2 laß mit Trost es fließen voll
324,2 viel Heil und Gutes fließt
327,1 deine Vatergüte hast du lassen fließen
423,3 laß dein Gedeihen fließen
503,13 mit Segen, der vom Himmel fleußt
532,1 der du aus Gottes Händen fließt

Flor (1) → *Blüte*
47,2 seht, der schönsten Rose Flor

Fluch (5)
11,10 zum Fluch dem, der ihm flucht
66,8 dieser verschlinget Fluch, Jammer und Tod
84,5 du wirst ein Fluch, dagegen
86,3 lassen dich mit Fluch belegen
91,3 ich seh und ich empfinde den Fluch der Sünde

fluchen (2)
11,10 zum Fluch dem, der ihm flucht
415,4 lehr uns segnen, die uns schmähn und fluchen

flüchtig (8) → *vergänglich*
528,1.3.5.7 ach wie flüchtig, ach wie nichtig
528,2.4.6.8 ach wie nichtig, ach wie flüchtig

Flug (1)
64,6 im Fluge unsrer Zeiten

Flügel (6) → *Fittich*
63,5 Herr, gib der Seele Flügel
316,3 über dir Flügel gebreitet
317,3 über dir Flügel gebreitet
351,6 weil mich mit Flügeln decket
471,2 unter deine Flügel
477,8 breit aus die Flügel beide

Flur (1) → *Feld (a)*
150,1 weit über Flur und Feld

Fluß (2)
117,3 der Fluß reißt mich nicht fort
457,8 gibt auch des Regens milden Fluß

Flut (10)
117,2 Schuld, Krankheit, Flut und Beben
133,3 als wie in einer Flute
202,7 und ist vor ihm ein rote Flut
245,3 des Todes Flut wird sie verschonen
259,2 uns durch die Fluten tragen
278,4 Fluten rauschen, Tiefen bedrohn
279,3 die uns hieß durch die Fluten ziehn
297,3 wir wärn als die ein Flut ersäuft
371,6 ob alle Fluten einhergingen
528,6 es kann Glut und Flut entstehen

folgen (29) → *nachfolgen, vorangehen*

a) allgemein (7)
82,6 und folge dem Exempel
111,4 drauf folgt der Sabbat in dem Grab
123,8 nur Geduld, es folgen Freuden
263,5 folgen ihrer Tränensaat
384,2 nach dem Leide folgen Freuden
387,2 denn es folget sonst darauf
393,9 ein Tag, der folgt dem andern

b) Gott folgen (22)
10,3 und folget Gottes Leiten
90,2 ich folge dir durch Tod und Leid
126,5 daß wir deim Leiten folgen gern
141,6 hilf, daß wir folgen seiner Lehr
147,2 wir folgen all zum Freudensaal
168,3 der uns das Hören lehrt und dir folgen heißt
202,3 und folget seinem Lehren
210,1–5 ich will dir folgen
232,4 und folgen ihm in Ewigkeit
269,3 getreu zu folgen Gottes Plan
375,4 wir folgen, Jesu, dir
384,1 gehe vor, ich folge dir
385,1 folgt meinem Ruf und Schalle
385,2 wer zu mir kommt und folget mir
385,5 wer nicht sein Kreuz nimmt und folgt mir
392,7 ich folge Gott, ich will ihm ganz genügen
393,2 kommt, folgt und trauet dem
525,2 gern will ich folgen, liebster Herr

Folgezeit (1)
369,5 die Folgezeit verändert viel

fordern (1) → *erfordern*
438,4 erheb und fordre deinen Grimm

fördern (1)
134,6 fördre in uns deine Werke

fort (12)
62,5 sei die Losung fort und fort
105,7 der Stein ist fort! Das Grab ist leer
113,7 hier sind wir still und warten fort
150,3 eh ich bin kommen fort
169,2 das wirkt im Alltag fort und fort
196,6 laß in uns wirken fort und fort
199,2 und ruft uns fort und fort
321,2 erhalten fort und fort
377,3 fort streiten wir in deiner Hut
377,4 so hilfst du fort noch allen
498,3 wenn du uns gnädig hilfest fort
503,12 mein Herze soll sich fort und fort

fortan (3)
179,4 vor Teufels G'walt fortan behüt
239,2 kündet fortan von dem Wunderbaren
457,4 bleibt fortan wohl bestellt

fortfahren (2)
234,4 fährt fort in seinem bösen Sinn
413,7 sie wird nicht müd, fährt immer fort

fortführen (1)
73,5 das führet dich zum Lichte fort

fortgehen (1)
282,4 und gehen fort von Kraft zu Kraft

forthin (4)
130,7 daß uns forthin sei unbewußt
204,1 den will... bekennen forthin auf dieser Erd
352,2 wird forthin mein Helfer sein
404,3 auf daß ich mich forthin

fortreißen (1)
117,3 der Fluß reißt mich nicht fort

fortwälzen (1)
105,6 wer wälzt uns fort den schweren Stein

fortwerfen (3)
55,3 wirf alle unsre Sünden fort
136,5 sie werfen Satans Bande und ihre Götzen fort
359,4 werft das stolze Sorgen fort

fortziehen (1)
311,3 steht er auf und zieht er fort

Frage (2)
311,3 ohne Klagen, ohne Fragen steht er auf
380,7 laßt nun euer Fragen

fragen (8)
97,5 doch der Himmel fragt uns
141,3 man fragt ihn, ob er Christus wär
254,1 wir wolln nach Arbeit fragen
313,2 fragt mich und dich, zwei oder drei
355,3 das rühm ich, wenn ein Mensch mich fragt
362,2 fragst du, wer der ist
452,5 fragt nicht, ob ich versag
527,2 fragt keiner, was man hier getan

Frau (5) → *Jungfrau*
48,1 kommet, ihr Hirten, ihr Männer und Fraun
105,4 drei Frauen gehn des Morgens früh
117,2 läg er noch immer, wo die Frauen ihn nicht fanden
269,3 ihr Christen alle, Frau und Mann
363,1 ihr Jungen, Alten, Frau und Mann

frech (4)
91,5 so sei's doch mir, trotz allen frechen Spottes
136,3 brüsten sich frecher jetzt als je
137,4 wenn durch freches Übertreten
281,1 seht, wie verstummt der Frechen Spott

frei (46) → *Band, los*

a) allgemein (9)
15,2 die Qual ist um, der Knecht ist frei
72,4 die nicht bekennen wollen frei
260,2 daß sie frei sein sollen
341,3 der frei Will haßte Gotts Gericht
392,5 dein Geist wird sonst in Ewigkeit nicht frei
393,4 frei, bloß und wahrlich leer
393,9 von allen Dingen freier
425,2 sind wir frei in jedem Land
527,6 von Schmerz und Sorgen frei

b) von Gottes Handeln (9)
93,2 als der Freie ward zum Knechte
103,2 erstand er frei ohn alle Klag
112,2 ist Christus wieder frei
149,6 und lies mich aus dem Buche frei
265,5 und in der Wahrheit frei
318,9 und gib dein Wort mit freiem Klang
362,1 er hilft uns frei aus aller Not
442,1 läßt sich frei sehen wie ein Held
476,2 hast unverletzt und frei hindurchgebracht

c) von der Nachfolge des Menschen (28)
19,3 der Freien Lied ohn Ende preist
24,14 zu springen, singen immer frei
36,9 kommt herbei, füllet frei
94,5 auch wir sind Söhne und sind frei
108,1 mit hellem Ton frei erklingen
108,3 singt Lob und Dank mit freiem Klang
108,3 nach unserm Tod, frei aller Not
113,6 ist dort vom andern Tode frei
134,4 frei mit aller Freudigkeit
136,4 es gilt ein frei Geständnis
140,3 daß wir ihn schaun und glauben frei
144,5 o hilf, daß wir getrost und frei
150,2 mit freiem Freudenmund
246,6 die sich auf dich verlassen frei
275,3 sei mir ein Burg, darin ich frei
297,4 Strick ist entzwei, und wir sind frei
352,1 einen freien Heldenmut
358,3 sich sonnet frei und kühn
360,2 und wir sind frei: zu hoffen und zu glauben
360,2 und wir sind frei zu Trotz und Widerstand
394,4 so steigt ihr frei mit ihm hinan
396,2 bin ich vor den Stürmen aller Feinde frei
430,3 in Ängsten und doch frei
473,2 das muß ich frei bekennen
477,5 und von der Sünden Arbeit frei
520,5 dort wird er leuchten frei vom Tod
523,5 und vor dir leben frei
529,12 und frei von schnöden Dingen

freien (befreien) (1)
5,1 daß er uns von Sünde freie und entbinde

freigeben (2)
360,1 du gibst uns frei, wir laufen eigne Wege
360,6 gib uns die Wege frei, die zu dir führen

Freiheit (17)
87,3 die Freiheit uns gegeben
150,5 in Freiheit überall
271,6 nach seiner Freiheit seufzt die Kreatur
298,1 den, der Freiheit uns gegeben
320,8 gib ewigliche Freiheit
360,1–6 Gott schenkt Freiheit, seine größte Gabe
360,3 doch deine Freiheit setzen wir aufs Spiel
386,8 dein Eingang die völlige Freiheit mir bringt
388,7 wenn die Freiheit bricht herein
425,2 gib uns Freiheit jeden Tag
425,2 laß für Frieden uns und Freiheit
429,3 Friede wird sein für alle Menschen, Friede und Freiheit

Freiheitsbahn (1)
388,5 der gebrochnen Freiheitsbahn

freikaufen (1)
331,8 kauftest durch dein Blut uns frei

freimachen (21)
19,2 von Schuld und Knechtschaft mach uns frei
55,3 und mach uns frei und fromm
66,2 er, der Sohn Gottes, der machet recht frei
95,2 dann mach uns frei, Herr Jesus Christ
137,7 die uns froh und frei gemacht
138,1-3 mach uns aller Sünden frei und helf uns selig sterben
211,4 wo Angst bedrückt, mach Hoffnung frei
217,4 mache mich von Sünden frei
232,2 derselben mach mich frei und los
241,5 und komm herab zur Hilf und mach uns frei
303,5 die hart Gebundnen macht er frei
331,6 von der Sünd uns frei gemacht
360,6 du machst uns frei, zu lieben und zu hoffen
366,6 mach uns von allen Plagen frei
387,3 denn der Herre muß dich frei... machen
388,6 machen... rein und frei und ganz vollkommen
400,5 daß du mich froh und frei gemacht
453,2 er mache unser Auge frei
518,2 wer will uns... frei und ledig machen

freisprechen (1)
353,7 der mich frei und ledig spricht

fremd (10)
125,2 o Herr, behüt vor fremder Lehr
127,2 in fremden Zungen reden sie
290,4 da sie noch fremd und wenig waren
302,7 er ist der Fremden Hütte
303,6 sein Aufsicht ist des Fremden Trutz
382,1 fremd wie dein Name sind mir deine Wege
391,3 kümmert uns ein fremdes Leiden
393,5 wir sind hier fremde Gäste
526,5 ich, ich selbst, ein Fremder nicht
529,6 in diesem fremden Zelt

fressen (2)
101,4 wie ein Tod den andern fraß
447,4 mit unsern Häusern unversehns gefressen

Freude (189) → *froh, fröhlich, Lust*

a) allgemein (34)
29,1 große Freud und gute Mär
34,1-4 Freude, Freude über Freude
37,8 noch nach des Leibes Freuden
48,3 Bethlehems Hirtenvolk gar große Freud
49,3 verkündigen große Freud
62,4 uns zur Freude werden müssen
83,1 entsaget allen Freuden
85,7 es dient zu meinen Freuden
123,8 nur Geduld, es folgen Freuden
147,3 kein Ohr hat mehr gehört solche Freude
150,6 von höchster Freud erfüllet wird der Sinn
218,3 heilge Freude, tiefes Bangen
239,5 freut euch. Doch die Freude aller Frommen
242,1 das brächt Freud dem Widerpart
276,4 doch wird's verkehrt in Freuden
283,2 nicht wieder Freude haben
305,1-4 singt das Lied der Freude über Gott
306 singt das Lied der Freude, der Freude über Gott
315,6 die Freude, die nur danken kann
323,2 nun, dies ist meine Freude
351,12 kein Engel, keine Freuden
392,1 die kurze Freud, die kurze Zeit vergeht
396,6 muß auch ihr Betrüben lauter Freude sein
503,1 geh aus, mein Herz, und suche Freud
510,1 denn sie ist wohl wert der Freud
528,3 ach wie flüchtig, ach wie nichtig ist der Menschen Freude
529,8 je wen'ger find ich Freud
535 kein Ohr hat mehr gehört solche Freude

b) mit Freuden (28)
5,5 die werden mit Freuden auch von hinnen scheiden
8,5 und wer dies Kind mit Freuden
37,4 ich sehe dich mit Freuden an
49,4 kommt her zu ihm mit Freud
108,1 mit Freuden zart zu dieser Fahrt
109,3 mit Freuden in dein Herrlichkeit
112,1 auf, auf, mein Herz, mit Freuden
122,3 mit Freuden scheiden aus der Welt
127,1 die Wunder Gotts mit Freud erzähl
148,3 da werden wir mit Freuden
159,1 will er's mit Freud uns lohnen
196,1 mit Sanftmut, Ehre, Lieb und Freud

217,1 auf Israels Bergen mit Freuden
250,5 mit Gnade, Segen, Fried und Freud
298,3 ernten werden wir mit Freuden
302,4 Gott hält sein Wort mit Freuden
349,4 mit Freud und Ehren tragen
366,7 nachmals mit Freuden danken dir
367,3 daß es gescheh mit Freuden
443,7 greif an das Werk mit Freuden
449,6 laß mich mit Freuden ohn alles Neiden
494,5 gescheh mit lauter Freuden
500,4 füll unser Herz mit Freuden
501,1 die loben Gott mit Freud
505,6 so ernten wir mit Freuden
513,7 werden mit Freuden droben ernten
516,2 mit Freud fahr ich von dannen
522,4 drum fahr ich hin mit Freuden

ba) mit Freuden singen, klingen (8)
1,1–2 derhalben jauchzt, mit Freuden singt
2,2 derhalben jauchzt, mit Freuden singt
139,5 mit Freuden lassen klingen
148,8 mit Freuden singen alle
294,2 mit Freuden singen die Gerechten
349,1 mit Freuden will ich singen
447,1 laßt uns mit Freuden seinem Namen singen

c) vor Freude, voller Freude (12)
36,1 dieser Zeit, da vor Freud
36,12 voller Freud ohne Zeit
69,1 vor Freud singt uns der lieben Engel Schar
69,2 vor Freuden auf der hohen Zinne
105,16 nun singet alle voller Freud
111,10 anschauen ewig voller Freud
147,2 das Herz tut ihr vor Freude springen
212,1 voller Freude über dieses Wunder
212,6 staunend, unerschrocken, voller Freude
239,3 der im Bitten schon voll Freude dankt
351,13 ist voller Freud und Singen
365,7 ist aller Freuden voll

d) in Verbindung mit Lust, Wonne, Jubel (20)
1,3 bringt mit sich lauter Freud und Wonn
1,4 steckt auf mit Andacht, Lust und Freud
2,1 bringt mit sich lauter Freud und Wonn
24,2 das soll eu'r Freud und Wonne sein
37,3 Licht, Leben, Freud und Wonne
81,6 ich lebte mit der Welt in Lust und Freuden
111,2 aufgehn: nach Trauern Freud und Wonn
114,4 in Freud und Wonne leben
128,3 füll das Herz mit Freud und Wonn
130,1 zu steter Freud und Wonne
148,5 da wird sein Freud und Wonne
165,3 aller Erdenlust und Freuden
218,5 Jesu, meine Freud und Wonne
283,6 die Treue wird mit Lust und Freud
429,2 Jubel wird sein in allen Ländern, Jubel und Freude
449,1 die güldne Sonne voll Freud und Wonne
516,7 des Himmels Wonn und Freud
519,4 Preis, Ehre, Freud und Wonne
520,5 in lauter Wonn und lauter Freud
531,3 führ mich zu Freud und Wonne

e) in Verbindung mit Friede, Trost (13)
11,3 zu meinem Trost und Freud
11,3 da Fried und Freude lacht
33,1 soll unser Trost und Freude sein
41,2 Friede und Freud wird uns verkündiget heut
91,10 wenn ich den Tod einst leide, mir Fried und Freude
113,7 Fried, Freude, Heil, Gerechtigkeit
130,6 Fried und Freude wirst du geben
265,2 der Frieden uns und Freude gibt
276,1 in Trübsal, Trost und Freud
386,9 volles G'nügen, Fried und Freude
519,1 mit Fried und Freud ich fahr dahin
521,2 mit Fried und Freud ich fahr dahin
524,6 hilf, daß ich mit Fried und Freud

f) in Verbindung mit Leid, Schmerz (16)
32,3 in Freuden und in Schmerzen
39,3 aus dem Leid ins Himmels Freud
63,1 leg ich nun Freud und Schmerz
136,7 daß wir in Freud und Schmerzen
196,2 in Lieb und Leid, in Freud und Schmerz
207,2 dir dien in Freud und Schmerz
209,4 er will durch Leid und Freuden
238,3 erhalt sie eins in Freud und Schmerz
240,1 dein ist die Freude und das Leid
279,4 durch Leiden führst du uns zu Freuden
346,5 hilf mir zur Freud nach diesem Leid
372,4 ich will mich ihm ergeben in Freud und Leid
376,2 und mach es gänzlich stille in Freud und Schmerz
384,2 nach dem Leide folgen Freuden
398,1 in dir ist Freude in allem Leide
406,4 so in Freude wie in Leid

g) Gott als Quelle der Freude (33)
9,6 verwandeln ganz in Freud
37,9 dich und all deine Freuden
43,1 der Vater im Himmel für Freude uns macht
58,8 ein Brunnen unsrer Freuden
65,4 doch willst du uns noch einmal Freude schenken
66,1 Jesus ist kommen, Grund ewiger Freude
96,6 hat uns erworben Frieden ohne Ende, ewige Freude
111,14 die Freude, die mir ist bereit'
133,6 du bist ein Geist der Freuden
148,6 in Gott der Freuden viel
152,3 bei dir auch Freude geben
210,3 gib meinem Leben große Freude
239,5 kenne auch der Freude tiefsten Grund
274,4 mit deinem Geist, der Freuden Öl
274,4 deiner geistlichen Freuden
278,9 zum Gott, der die Freude jubeln läßt
282,2 bei deinem Altar Freude geben
370,11 Herr, mein Hirt, Brunn aller Freuden
371,1 in ihm ruht aller Freuden Fülle
384,2 dort teil deine Freud mit mir
396,1+6 Jesu, meine Freude
403,1 meiner Seele Freud und Kron
410,1–3 welch ein Grund zur Freude
410,4 hier ist Grund zur Freude
416 daß ich Freude mache, wo der Kummer wohnt
425,3 gib uns Freude jeden Tag
430,3 und jedem Freude gönnten
477,8 o Jesu, meine Freude
508,4 er schenkt uns so viel Freude
529,11 du aber, meine Freude

h) (ewige) Seligkeit, Herrlichkeit (25)
5,8 seines Reiches Freuden erben dann die Frommen
5,9 darinnen verscheiden zur ewigen Freuden
35,4 wo ist der Freuden Ort
36,7 zu der wahren Freude
83,7 in deines Reiches Freuden
108,3 zu ewgen Freude geleiten
128,7 hol uns heim zur ewgen Freud
151,6 in Freuden ohne Leid
151,7 hier ist die Stadt der Freuden
155,3 in ewger Freud und sel'gem Licht
158,4 mit dir eingeh zur Freud
195,3 zur Seligkeit und Freude
204,4 zu dir ins Himmels Freude
256,3 da währt die Freud
361,6 die Sonn der schönsten Freud
397,3 in aller Freud, o Gottes Sohn
399,6 in ewger Freud zu wallen
449,12 Freude die Fülle und selige Stille
495,7 hinauf zu deinen Freuden
497,12 wo Freud und Wonne stehet
517,5 und ganze Freude ohne Not
524,1 sollst du fahren in die Freud
524,8 seine Freud und Herrlichkeit
529,5 geht nicht zur Freud hinein
531,2 bis mir zur ewgen Freude

Freudenbahn (1)
450,4 sich auf jener Freudenbahn freuen kann

Freudenfest (1)
255,2 ein herrlich Pfingst- und Freudenfest

Freudenhall (1)
50,2 die Welt ist heut voll Freudenhall

Freudenkrone (2)
70,7 komm du schöne Freudenkrone
159,2 mit der Freuden- und Lebenskron

Freudenlicht (2)
50,3 die Welt liegt heut im Freudenlicht
324,14 dein Glanz und Freudenlicht

Freudenmeister (1)
396,6 denn mein Freudenmeister, Jesus tritt herein

Freudenmund (1)
150,2 mit freiem Freudenmund

Freudenopfer (2)
83,5 zum Freudenopfer bringen
330,6 ich will dir Freudenopfer bringen

Freudenpsalm (1)
361,11 und du singst Freudenpsalmen

freudenreich (3)
70,6 ganz freudenreich erschallen
243,4 sehr freudenreichen Trost
245,5 das freudenreiche ewge Leben

Freudensaal (6)
11,10 in deinen Freudensaal
30,4 uns geleiten hin in den Freudensaal
133,6 zum güldnen Freudensaal
147,2 wir folgen all zum Freudensaal
150,7 sich regt der Freudensaal
151,7 die Braut im Freudensaal

Freudenschein (3)
70,4 von Gott kommt mir ein Freudenschein
73,6 von solchem Freudenschein
129,4 uns miteinander führe zu deinem Freudenschein

Freudensonne (3)
1,3 er ist die rechte Freudensonn
2,1 er ist die rechte Freudensonn
346,4 meins Herzens Kron, mein Freudensonn

Freudenspiel (1)
112,3 das ist mir anzuschauen ein rechtes Freudenspiel

Freudenstrom (1)
58,10 die Freudenströme fließen

Freudenstunde (2)
151,5 es sind die Freudenstunden
369,4 er kennt die rechten Freudenstunden

freudenvoll (1)
529,11 da ich stets freudenvoll

Freudenzeit (1)
69,2 wacht auf zu dieser Freudenzeit

freudetrunken (1)
255,3 und machen Durst'ge freudetrunken

freudig (9)
43,4 stimmt freudig, ihr Kinder
43,4 stimmt freudig zum Jubel der Engel mit ein
53,1 und die Engel freudig singen
61,6 freudig will ich dich umfassen
130,4 mit freudigen Gebärden
151,5 mit freudigen Gebärden
259,1 daß freudig wir in Drang und Not
377,4 und freudig dir von Herzensgrund
497,12 doch wer ihn freudig gehet

Freudigkeit (5)
63,5 vorwärts sehen mit sel'ger Freudigkeit
133,12 gib Freudigkeit und Stärke
134,4 frei mit aller Freudigkeit
328,6 drum bin ich voller Trost und Freudigkeit
451,10 und meinen Lauf mit Freudigkeit

freuen, sich (86) → *erfreuen, ergötzen*

a) allgemein (10)
23,1 des freuet sich der Engel Schar
24,15 des freuet sich der Engel Schar
106,1 dran niemand g'nug sich freuen mag
106,4 das freut sich heut an diesem Tag
142,3 und freuen sich in deinem Licht
162,3 da man sich nicht g'nug freuen mag
248,7 so wird dein Volk freuen sich
286,4 des sich die Unschuld ewig freut
313,2 daß der sich freuen sollte
497,2 und seines Gangs sich freue

b) von Menschen (19)
41,5 innigst sich freuen darin
63,4 dort werden wir uns freuen
111,8 drauf sich ein Christ so herzlich freut
152,4 wir freuen uns schon überdies
248,1 des sich freuet meine Seel
272 ich freue mich und bin fröhlich, Herr, in dir
279,3 wir freuten uns der Macht und Ehre
308,1 du bist mein Heil, des freu ich mich
310 und mein Geist freuet sich Gottes
349,1 ich freu mich in dem Herren
351,5 in ihm kann ich mich freuen
371,15 sich auch nun im Frieden freuen
374,4 freu ich mich seiner Pflege
393,7 eins freuet sich am andern
398,2 freuen uns alle zu dieser Stunde
412,3 sich freut, wenn sich sein Feind vergeht
450,4 sich auf jener Freudenbahn freuen kann
451,9 und ihrer Tugend freue
501,1 des sich die Menschen freuen

c) Aufruf zur Freude (18)
13,1 Tochter Zion, freue dich
23,7 des freu sich alle Christenheit
34,1 freue sich, wer immer kann
44,1–3 freue, freue dich, o Christenheit
47,1 freu dich, Erd und Sternenzelt
49,1 freu dich, du Christenheit
100,5 des freu sich alle Christenheit
116,4 darüber freu sich alles, was lebt
121,2 nun freu sich alle Christenheit
280,2 und alle Welt, die freue sich
359,6 o so freu dich in dem Herrn
477,5 Herz, freu dich, du sollst werden
502,1+5 freue dich, Israel, seiner Gnaden
524,1+8 freu dich sehr, o meine Seele

ca) im Plural (39)
6,1 ihr lieben Christen, freut euch nun
17,1–4 freut euch, ihr Christen, freuet euch sehr
18,2 freut euch auf die Stunde
19,1–3 freut euch, freut euch, der Herr ist nah

19,1-3 freut euch und singt Halleluja
29,3 freut euch heute mit Maria
34,1 freuet euch, ihr Christen alle
34,1 freuet euch mit großem Schalle
41,2 freuet euch, Hirten und Herden
47,3 freut euch sehr und fürcht' euch nicht
49,1-4 freut euch von Herzen, ihr Christen all
60,1 freut euch, ihr lieben Christen all
116,1 freut euch und singet, Halleluja
129,1 freut euch, ihr Christen alle
182,7 freut euch, ihr Christen, verkündigt, was geschehn
182,8 freut euch, ihr Christen, erstanden ist der Herr
182,9 freut euch, ihr Christen, nehmt wahr, was Gott verheißt
239,1 freuet euch im Herren allewege
239,1 abermals vernehmt es: Freuet euch
239,5 freut euch. Doch die Freude aller Frommen
323,2 es müssen, Herr, sich freuen
337 freuet euch seiner und dienet ihm gern
341,1 nun freut euch, lieben Christen g'mein
359,1 in dem Herren freuet euch
410,4 freut euch am Vater
410,4 freuet euch am Sohne
410,4 freut euch am Geiste
510,1 freuet euch der schönen Erde
510,3 freuet euch an Mond und Sonne

Freund (33) → *Gemeinschaft*

a) allgemein (10)
95,1 und keiner seiner Freunde wacht
95,3 und keiner unser Freund mehr ist
247,3 wenn du ein Wort sprichst, werden sie bald Freunde
269,2 groß ist der Herr, ihr Freunde, singt
334,2 danke für alle guten Freunde
413,5 so solln wir nicht allein dem Freund
443,4 mein Freunde und Bekannten
454,5 Gottes Wort ruft Freund und Feind
475,6 Freunde, Feind und Hausgenossen
525,2 verlassen meine liebsten Freund

b) von Gott (23)
37,5 rufst du mir zu: Ich bin dein Freund
41,2 Gott und der Sünder, die sollen zu Freunden nun werden
42,6 wirst unser Freund und Bruder hier
83,2 das Lämmlein ist der große Freund
85,8 o Jesu, liebster Freund
91,6 macht mich aus Gottes Feinde zu Gottes Freunde
133,7 ein Freund der Freundlichkeit
147,2 ihr Freund kommt vom Himmel prächtig
211,2 weil du ein Freund der Kinder bist
251,3 so hat uns der Freund geliebet
251,5 ach du holder Freund, vereine
270,5 hast ihn erwählt dir zum Freund und Gehilfen
302,6 an ihm den besten Freund
325,8 sind es Zeichen, daß mein Freund
351,1 hab ich das Haupt zum Freunde
351,2 mein Freund und Vater sei
371,11 ist Gott dein Freund und deiner Sachen
384,4 trauter Freund, als deine Brüder
400,2 als meinen allerbesten Freund
415,3 lehr uns milde sein, du Freund der Armen
475,8 der du Freund und Tröster heißt
479,3 o Jesu, meiner Seelen Freund
497,5 sei du mein Freund und treuer Rat

Freundestreue (1)
137,5 Feindeslieb und Freundestreue

freundlich (18)
15,2 freundlich, freundlich rede du
27,5 wie könnt es doch sein freundlicher
39,7 sei uns freundlich, bring uns alle
41,1 Gott will so freundlich und nah
66,4 ewiges Leben, der freundliche Gott
70,1 lieblich, freundlich, schön und herrlich
70,4 gar freundlich tust anblicken
70,4 nimm mich freundlich in dein Arme
243,6 und unser freundlich walten
290,2 sucht doch sein freundlich Angesicht
304,1 lobet den Herren, denn er ist sehr freundlich
316,3 der dir Gesundheit verliehen, dich freundlich geleitet
317,3 der dir Gesundheit verliehen, dich freundlich geleitet
333,1 denn er ist freundlich
336 denn er ist sehr freundlich
413,6 die Lieb ist freundlich, langmütig
468,3 Jesus soll freundlich bei dir sein
502,1 er läßt dich freundlich zu sich laden

Freundlichkeit (10)
1,5 dein Freundlichkeit auch uns erschein
40,1 des großen Gottes Freundlichkeit
56,4 nimm an des Christus Freundlichkeit
133,7 ein Freund der Freundlichkeit
222,3 dein Freundlichkeit verkünden

288,6 er ist voll Güt und Freundlichkeit
294,1+4 denn groß ist seine Freundlichkeit
425,3 für die kleinsten Freundlichkeiten
512,3 deine Huld und Freundlichkeit

Freundschaft (1)
495,5 in Fried und Freundschaft leben

Frevel (1) → *böse, Sünde*
378,3 es mag sein, daß Frevel siegt

freventlich (1)
242,1 der dich veracht so freventlich

Friede (122) → *Feind, Heil, Krieg, Ruhe*

a) allgemein (32)
18,1 kommt, daß Friede werde
33,1 und letztlich Frieden bringen
34,4 Frieden und ein seligs Jahr
71,4 daß sie im Frieden sitzen
97,2 Friede unsre Herzen und die Welt bewahrt
111,4 darin ich Ruh und Frieden hab
127,3 in Fried und Flehn dein sel'ger Wind
127,6 schaffst uns viel Fried und große Ruh
130,6 dich betrübe, Fried und Liebe müssen schweben
133,8 zu Fried und Liebesbanden
179,1 nun ist groß Fried ohn Unterlaß
214,3 leb in Fried und Einigkeit
244,3 halt uns im Fried bei deiner Lehr
254,4 wir gehn im Frieden, von Jesus ungeschieden
258 zieht in Frieden eure Pfade
262,6 suchen, was den Frieden schafft
283,6 und Friede wird sie küssen
344,5 daß wir in gutem Frieden stehn
359,5 Friede höher als Vernunft
422,3 im Fried noch länger schallen
423,4 daß Fried und Treu sich müssen
427,2 solang dein Wort zum Frieden ruft
428,1 auf den Weg des Friedens hin
431,3 zeig uns, was neuen Frieden schafft
451,2 lag ich und schlief in Frieden
474,1 und tu in Fried mein Augen zu
479,3 in meinem Herzen ist kein Fried
485,6 der Friede sei mit dir
486,1 und schlafe ganz mit Frieden
489,1 gehe ein in deinen Frieden
505,2 die Fried und Ruh gegeben
528,3 Licht und Dunkel, Fried und Streiten

aa) Friede auf Erden (8)
26 Friede auf Erden
29,3 groß Friede wird auf Erden sein
47,4 Friede soll auf Erden sein
48,3 nun soll es werden Friede auf Erden
52,5 Ehr sei Gott! Auf Erden Frieden
180.1 und auf Erden Fried
180.2 den Menschen Fried auf Erden
180.3 Ehre sei Gott in der Höhe und Friede auf Erden

ab) in Verbindung mit Freude (11)
11,3 da Fried und Freude lacht
41,2 Friede und Freud wird uns verkündiget heut
91,10 wenn ich den Tod einst leide, mir Fried und Freude
113,7 Fried, Freude, Heil, Gerechtigkeit
130,6 Fried und Freude wirst du geben
250,5 mit Gnade, Segen, Fried und Freud
265,2 der Frieden uns und Freude gibt
386,9 volles G'nügen, Fried und Freude
519,1 mit Fried und Freud ich fahr dahin
521,2 mit Fried und Freud ich fahr dahin
524,6 hilf, daß ich mit Fried und Freud

b) Friede Gottes (18)
14,5 kommst, zu erneuen deinen Frieden
20,3 er kommt mit Frieden. Nie mehr Klagen
36,4 Gnad und Fried erwirbet
56,4 trag seinen Frieden in die Zeit
165,7 sanft und still in deinem Frieden
171,3 sei Hilfe, sei Kraft, die Frieden schafft
206,4 Friedefürst, sei du sein Friede
222,1 im Frieden dein, o Herre mein
226,3 ist ein Zeichen für den Frieden
239,4 und der Friede Gottes, welcher höher
239,4 Gottes Friede sei euch zum Geleit
248,7 der du Frieden bringen wirst
248,7 wiederbracht den Fried bei Gott
322,6 er lasse seinen Frieden ruhn
326,5 ihr Segen, Heil und Frieden
328,2 daß ich den Frieden Gottes schmeck und fühl
405,3 bedenke, daß er Fried gemacht
434 der Friede des Herrn geleite euch

c) Bitte an Gott (25)
60,5 auch Friede, Treu, Gerechtigkeit
124,3 und im Frieden auf einem Sinn bleiben
126,5 den Fried schaff bei uns deine Gnad
137,8 schenk gleich Stephanus uns Frieden
140,4 und geb uns Frieden unverrückt
190.1,3 gib deinen Frieden, o Jesu
190.2 gib uns deinen Frieden
190.3 gib uns deinen Frieden
192 verleih uns steten Fried

246,4 Fried, Einigkeit, Mut und Geduld
248,7 gib uns Frieden gnädiglich
321,2 und edlen Frieden geben
356,2 halt uns in deinem Frieden
416 o Herr, mach mich zu einem Werkzeug deines Friedens
421 verleih uns Frieden gnädiglich
423,6 gib uns den lieben Frieden
425,1 gib uns Frieden jeden Tag
425,2 laß für Frieden uns und Freiheit
430,1+4 gib Frieden, Herr, gib Frieden
430,2+3 gib Frieden, Herr, wir bitten
430,4 dafür, daß Friede siegt
436 Herr, gib uns deinen Frieden
467,3 laß schlafen uns mit Fried und Ruh

d) unter Menschen, Völkern (13)
170,3 Frieden gabst du schon
170,3 Frieden muß noch werden
192 den Völkern Frieden und Eintracht geben
221,2 wenn wir in Frieden beieinander wohnten
247,3 daß Friede werde
283,3 daß Friede sollt an allem Ort
307,7 selig sind, die Frieden stiften
324,6 den güldnen, werten, edlen Fried
429,2 ich will bauen... die Stadt des Friedens
429,3 Friede wird sein für alle Menschen, Friede und Freiheit
429,6 dann wohnt das Recht unter den Menschen und schafft den Frieden
433 wir wünschen Frieden euch allen
433 wir wünschen Frieden, Frieden, Frieden aller Welt

e) in Ewigkeit (15)
55,2 ein ewger Friede sei beschert
63,6 o laß in deinem Frieden uns hier schon selig sein
96,4 daß wir mit allen Heilgen zu dir kommen in deinen Frieden
96,6 hat uns erworben Frieden ohne Ende
298,2 in des Friedens stille Hütten
324,18 so wirst du hier im Frieden ruhn
356,1 und Fried und ewges Leben
371,15 die hier mit Frieden abgefahren
371,15 sich auch nun im Frieden freuen
382,3 und das mich führt in deinen großen Frieden
423,10 daß sie in Frieden fahren
426,3 den kommenden Frieden sehn
449,2 wann sie mit Frieden von hinnen geschieden
495,5 in Fried und Freundschaft leben
516,1 mit Fried fahr ich dahin

Friedefürst (12)
13,1 ja er kommt, der Friedefürst
14,2 o Friedefürst von großer Macht
20,6 der Friedefürst wird uns regieren
42,5 Immanuel und Friedefürst
104,1 Friedefürst, Osterheld
206,4 Friedefürst, sei du sein Friede
248,7 Jesu, wahrer Friedefürst
255,8 als Heiland, Friedefürst und Held
312,7 und das heißt Friedefürst
312,7 du bist der Friedefürst
422,1 du Friedefürst, Herr Jesu Christ
422,3 daß du ein Friedfürst bist

Friedensbringer (1)
19,2 du Friedensbringer, Osterlamm

Friedensgabe (1)
404,2 laß deine Friedensgaben

Friedenspalme (1)
14,1 trag ihm entgegen Friedenspalmen

Friedenssteg (1)
73,10 den stillen Ruh- und Friedenssteg

Friedensthron (1)
13,3 ewig steht dein Friedensthron

Friedensüberbringer (1)
135,2 starker Gottesfinger, Friedensüberbringer

friedevoll (1)
505,5 gib friedevolle Zeit

friedlos (1)
430,1 hilf uns, die friedlos sind

friedsam (1)
127,1 das saß in friedsamer Gemein

frisch (15)
146,3 und straf uns nicht auf frischer Tat
217,1 und zum frischen Wasser führn
234,6 wer heut ist frisch, gesund und rot
273,4 getrost und frisch sie greifen an
274,4 machst mein Herz unverzaget frisch
278,1 wie der Hirsch lechzt nach frischem Wasser
322,3 frisch und gesund erhält
386,9 weil auf eine frische Weide
399,1 denn wie ein Hirsch nach frischer Quell
399,2 o frischer Quell, o Brünnelein

403,4 in der frischen Jugendzeit
440,1 all Morgen ist ganz frisch und neu
508,4 er macht uns frisch und rot
526,6 wird dort frisch und herrlich gehen
530,4 und sage frisch in allen Fällen

Frische (1)
455,2 grünende Frische, vollkommnes Blau

Frist (8)
64,4 der Mensch ahnt nichts von seiner Frist
80,4 o selig ist zu aller Frist
100,2 dem sei Lob, Ehr zu aller Frist
114,3 damit dein Herz zu jeder Frist
121,3 wahr' Gott und Mensch zu aller Frist
343,1 verleih mir Gnad zu dieser Frist
359,5 Licht... wird dir heut und jeder Frist
422,3 jetzt und zu aller Frist

fristen (1)
471,5 frist unser Leben, wollst die Schuld vergeben

froh (36) → *Freude, fröhlich*

a) allgemein (24)
11,3 und hast mich froh gemacht
14,1 empfang ihn froh, Jerusalem
43,3 Maria und Joseph betrachten es froh
53,2 brachten frohe Kunde
70,7 wie bin ich doch so herzlich froh
99 des solln wir alle froh sein
120 des solln wir alle froh sein
137,3 trauet froh und unbewegt
137,7 die uns froh und frei gemacht
151,3 zum frohen Engelchor
165,6 still und froh deine Strahlen fassen
258 getrost und froh bei Tag und Nacht
279,6 bezahl mit frohem Wohlgefallen
334,3 danke für alles Frohe, Helle
374,2 mein Herz es froh und unverzagt
394,1 nun aufwärts froh den Blick gewandt
394,5 drum aufwärts froh den Blick gewandt
399,4 macht er mein Herz im Leib so froh
400,5 daß du mich froh und frei gemacht
477,5 sind froh, daß nun zum Ende
494,3 da wird der Fromme froh und satt
498,3 froh kommen wir an unsern Ort
503,4 ist froh und kommt aus seiner Höh
512,2 machet alle froh und satt

b) vom Singen, Lobsingen (12)
16,1 der stimme froh mit ein
35,1 nun singet und seid froh
55,3 die Weihnachtsengel singen die frohe Botschaft hell
69,4 wir preisen dich heute hoch mit frohen Weisen
303,8 und bringe Lob mit frohem Mut
332,1 lobt froh den Herrn, ihr jugendlichen Chöre
332,1–3 lobt froh den Herrn, lobt froh den Herrn
333,6 lobsinget dem Herrn in frohen Chören
373,6 Jesu, mein Heiland, mit frohem Gesang
407,3 jauchz ich froh dir zu

fröhlich (71) → *Freude, froh*

a) allgemein (27)
24,14 davon ich allzeit fröhlich sei
43,6 wir geben sie gerne mit fröhlichem Sinn
44,1–3 o du fröhliche, o du selige, gnadenbringende Weihnachtszeit
110,1+6 in deiner Urständ fröhlich ist
111,5 in kurzem wach ich fröhlich auf
153,4 das ist die fröhliche Stadt
159,1 fröhlich wir nun all fangen an
159,3 fröhlich wir nun anfangen
166,1 meine Seele fröhlich sein
234,3 ich will erst fröhlich sein auf Erd
272 ich freue mich und bin fröhlich, Herr, in dir
319,2 macht alles fröhlich überall
324,18 und ewig fröhlich sein
349,1 bin fröhlich Gott zu Ehren
358,3 die fröhlich auf dem einen
364,4 drauf sprech ich fröhlich: Amen
370,3 ich will ihn dennoch fröhlich ehren
437,1 fröhlich vom Schlaf aufstehen wir
449,1 bin munter und fröhlich
478,7 und schlafe fröhlich ein
497,3 es fängt... ein gutes Werk zwar fröhlich an
511,2 daß sie nun so fröhlich sind
511,3 fröhlich sind im Tageslauf
523,3 drauf kann ich fröhlich sein

b) von Gottes Handeln (5)
112,2 schwingt fröhlich hier und da
148,5 er wird uns fröhlich leiten
285,2 du läßt uns fröhlich singen
447,2 und aus dem Schlaf uns fröhlich auferwecket
505,1 satt, reich und fröhlich macht

c) Bitte an Gott (13)
58,13 gib fröhliche Gedanken
59,5 zu sterben und hernach fröhlich

61,6 Jesu, laß mich fröhlich enden
125,3 nun hilf uns, fröhlich und getrost
133,13 so hilf uns fröhlich sterben
135,6 daß wir fröhlich siegen
178.4 fröhlich abscheiden aus diesem Elend
321,2 ein immer fröhlich Herz
322,5 er gebe uns ein fröhlich Herz
406,6 daß ich fröhlich zieh hinüber
471,3 fröhlich aufwachen und von dir nicht wanken
482,5 wie Kinder fromm und fröhlich sein
501,3 fröhlich im Geist zu sein

d) Aufruf (26)
24,6 des laßt uns alle fröhlich sein
25,3 des sollt ihr alle fröhlich sein
36,1 fröhlich soll mein Herze springen
39,1 singet fröhlich, laßt euch hören
45,1 herbei, o ihr Gläub'gen, fröhlich triumphieret
51,4 seid fröhlich, glaubet unbeirrt
100,1 wir wollen alle fröhlich sein
101,1 des wir sollen fröhlich sein
105,17 des solln wir alle fröhlich sein
106,5 drum wollen wir auch fröhlich sein
108,1 laßt uns zugleich fröhlich singen
167,1 wir wollen fröhlich singen
167,2 wir wollen fröhlich sagen
167,3 wir wollen fröhlich fassen
167,4 so wolln wir fröhlich wandern
169,1+5 der Gottesdienst soll fröhlich sein
229,1 jubelt laut und sagt fröhlich Dank
243,6 Gott solln wir fröhlich loben
254,1 nicht an dem Amt verzagen, uns fröhlich plagen
259,3 des wolln wir fröhlich singen
294,3 laßt jauchzen uns und fröhlich singen
326,9 und laßt uns fröhlich singen
327,3 singe fröhlich, singe
341,1 und laßt uns fröhlich springen
500,1 und laßt uns fröhlich sein

Fröhlichkeit (2)
83,6 in Fröhlichkeit mein Saitenspiel
528,3 so sind unsre Fröhlichkeiten

frohlocken (8)
41,1 jauchzet, ihr Himmel, frohlocket, ihr Engel, in Chören
41,2 jauchzet, ihr Himmel, frohlocket, ihr Enden der Erden
45,3 frohlocket, frohlocket, ihr Seligen
243,1 frohlock, du christlich Schar
278,3 mit Frohlocken, Lob und voll Dank
286,3 frohlocket, jauchzet, rühmet alle
288,1 kommt mit Frohlocken, säumet nicht
309,1 daß er mein Heiland ist, frohlockt mein Geist

fromm (39)

a) allgemein (3)
48,2 lasset uns preisen in frommen Weisen
130,2 die sich in fromme Seelen gießt
497,4 in fromme Seelen strecket

b) von Gott (7) → *treu*
81,5 der Fromme stirbt, der recht und richtig wandelt
149,1 zu richten Bös und Fromme
296,5 der fromme Gott behütet dich
324,8 bleibst immer fromm und treu
370,5 fromm ist Gott und schärft mit Maßen
446,1 dem frommen Menschenhüter
495,1 o Gott, du frommer Gott

c) von Menschen (29)
5,8 erben dann die Frommen
9,1 nun jauchzet, all ihr Frommen
55,3 und mach uns frei und fromm
59,4 und fromm zu werden fangen an
61,4 fromm und selig möge werden
71,4 du wollst die Frommen schützen
151,1 ermuntert euch, ihr Frommen
239,5 freut euch. Doch die Freude aller Frommen
252,9 bis wir einst mit allen Frommen
282,6 er selber ist der Frommen Leben
283,5 wenn wir nur fromm sind, wird sich Gott
302,6 er liebet alle Frommen
303,6 wo er kann einige Fromme finden
304,6 gib du die Gnade allen frommen Christen
323,1 der Frommen Zuversicht
342,4 so lerne jetzt ein frommer Christ
378,3 wo der Fromme niederliegt
387,1 über viele Frommen
393,10 wenn wir mit allen Frommen
409,7 nicht nur für die Frommen
413,5 und regnen über Bös und Fromm
418,5 Sündern wie den Frommen
426,1 die Gott Fernen und die Frommen
447,9 mit deinen Strafen, sondern fromm zu werden
447,10 Herr, du wirst kommen und all deine Frommen
449,2 und wo die Frommen dann sollen hinkommen
476,7 und laß hernach zugleich mit allen Frommen

482,5 wie Kinder fromm und fröhlich sein
494,3 da wird der Fromme froh und satt

frommen (2)
486,9 und daß sich alles, was mir frommt
487,4 wenn dein Trost mir frommt

Frommen (Nutzen) (3)
5,1 uns allen zu Frommen
371,10 glaube mir, es ist dein Frommen
471,1 Gott walt's zu Frommen

Frömmigkeit (2)
133,10 mit Frömmigkeit die Jugend
423,8 und ziehe... zur Frömmigkeit und Tugend

Fron (1)
15,1 der Sünde Last, des Todes Fron

Frost (3)
324,5 wer wärmet uns in Kält und Frost
501,2 Mehltau, Frost, Reif und Schloß'
512,3 Frost und Hitze, Tag und Nacht

Frucht (34)

a) allgemein, wörtlich (11)
192 die Früchte auf dem Feld bewahren
227,2 jedes Geschöpf lebt von der Frucht der Erde
283,7 das Land wird Früchte geben
423,5 bewahr des Landes Früchte
427,1 solang die Erde Früchte trägt
457,6 er segnet deiner Bäume Frucht
500,1 das Feld ist voller Frücht
500,2 die Frücht im Feld vermehre
501,2 die Blüt zur Frucht vermehre
512,4 ließest wachsen Frucht und Korn
514,4 ihr Blumen bunt, ihr Früchte treu

b) bildlich, übertragen (23)
78,9 bringt viel Frücht zu Gottes Preis
88,3 die Ursach fein und die Frucht verstehen
97,1 und bringt gute Frucht
97,6 ist von Früchten schwer
135,4 hundertfältig Früchte bringe
145,4 du solltest bringen gute Frucht
148,7 wir werden Früchte essen
159,3 daß es viel Früchte bringe
166,4 laß es mir zur Frucht gedeihn
195,3 des Glaubens Frucht beweise
196,2 Frucht hundertfältig bringen
196,4 viel Früchte bringen in Geduld
200,2 du hast die Frucht von deinem Sterben
208,3 der Frucht des Heils, die nie vergeht
215,8 die Frucht soll auch nicht ausbleiben
229,3 Frucht zu bringen, wo Zweifel quält
262,5 und laß reiche Frucht aufgehn
263,5 laß viel Früchte deiner Gnad
280,3 das Land bringt Frucht und bessert sich
298,3 jenseits reift die Frucht der Leiden
358,4 die seiner Liebe Frucht
414,2 daß man an seinen Früchten merke
423,3 und ernte reiche Früchte ein

fruchtbar (7)
77,8 sein Ursach fruchtbar nun bedenken
135,7 als ein fruchtbar Land
196,4 dem guten, fruchtbarn Lande
285,3 werden grünen und blühen und fruchtbar sein
424,3 fruchtbar mache jedes Feld
429,5 dann wird die Wüste fruchtbarer Garten
501,4 im Geist fruchtbar zu sein

früh (28) → *frühmorgens, spat*
1,3 mein Tröster früh und spat
78,6 Jesus ward früh dargestellt
103,2 des Morgens früh am dritten Tag
105,4 drei Frauen gehn des Morgens früh
111,2 läßt du mir früh die Gnadensonn aufgehn
114,5 die früh dahin aus Liebe gehn
149,4 und nur auf Erden früh und spat
198,2 dir zu dienen früh und spat
218,3 machet, daß ich früh vermerke
258 er sei euch nimmer fern spät und frühe
296,5 bist du gesichert früh und spat
303,1 werde gepriesen früh und spat
324,2 daraus uns allen früh und spat
326,3 darüber will er früh und spat
366,1 ob wir gleich sorgen früh und spat
368,2 nichts ist es spät und frühe... meine Mühe
380,6 denkt der frühern Jahre
395,2 der uns in frühen Zeiten
399,2 die uns erschienen früh und spat
441,1 und leuchtet schön so früh wie spät
452,5 er will mich früh umhüllen
481,4 laß früh und spät mir wichtig sein
492 laßt die Sorg bis morgen früh
502,4 er schaffet frühn und späten Regen
503,13 in meiner Seele früh und spat
511,3 weißt du, wieviel Kinder frühe stehn... auf
524,5 das wir essen früh und spät
530,2 als es am frühen Morgen war

Frühlied (1)
455,1 Frühlied der Amsel, Schöpferlob klingt

Frühlingsschein (1)
151,4 der schöne Frühlingsschein

Frühlingswetter (1)
508,3 das schöne Frühlingswetter

Frühlingszeit (1)
403,2 in der schönen Frühlingszeit

frühmorgens (1) → *früh*
111,1 frühmorgens, da die Sonn aufgeht

Frühopfer (1)
439,6 zum Frühopfer vor deinen Thron

fügen, sich fügen (6)
369,3 wie sein Allwissenheit es fügt
386,5 fein in solche Schranken fügt
414,3 der mir zum Besten alles weislich fügt
452,3 er will, daß ich mich füge
520,6 und fügen uns des Herrn Gebot
530,8 mir g'nüget, wie mein Gott es füget

fühlbar (2)
229,1 fühlbar will er uns nahe sein
251,4 uns so fühlbar nahe bist

fühlen, sich fühlen (10)
36,8 wer sich fühlt beschwert im Herzen
52,3 und wir fühlten Gottes Nähe
66,3 fühlst du den Stärkeren, Satan, du Böser
77,3 Geißeln fühlen müssen
134,3 laß uns stets dein Zeugnis fühlen
279,1 auch Feinde fühlen deine Stärke
328,2 daß ich den Frieden Gottes schmeck und fühl
376,3 wenn ich auch gleich nichts fühle
402,3 Hören, Schmecken, Fühlen weichen
478,4 zwar fühl ich wohl der Sünden Schuld

führen (124) → *leiten, regieren*

a) allgemein (19)
9,4 die zu dem Himmel führt
78,5 Jesus da gefangen ward, gebunden geführet
95,2 dann führen sie ihn fest gebunden
112,8 die in den Himmel führt
130,7 wir führen unsre Lebenszeit
143,4 führt Michael, der starke Held
245,2 die führn das Predigtamt darinnen
281,4 kannst du geführt und sicher sein
351,5 was mit sich führt den Tod
361,7 der alles führen soll
382,3 und das mich führt in deinen großen Frieden
385,5 wird sie nach Hause führen
386,5 und mich zu der Weisheit, die himmlisch ist, führet
423,4 ihr Amt getreulich führen
488,4 von deiner Hand geführt, fürcht ich kein Leid
495,2 in meinem Stande führet
503,4 die Glucke führt ihr Völklein aus
512,5 unser Herz zur Buße führt
529,6 die zu der Heimat führt

b) von Gott (14)
20,6 noch andre Namen wird er führen
127,6 und führst uns hier den rechten Steg
287,4 wie er dich so väterlich führt
316,2 der dich auf Adelers Fittichen sicher geführet
317,2 der dich auf Adelers Fittichen sicher geführet
341,6 gar heimlich führt er sein Gewalt
352,2 der mich wunderbar geführet
358,1 er führt sie aus und ein
361,7 und führet alles wohl
371,9 tritt er herzu, uns wohl zu führen
379,5 und führt dich himmelan
408,3 führt und schirmt mich Tag und Nacht
444,5 wird er mich wohl führen
486,11 der mich in diese Nacht geführt

ba) führen auf, aus, durch (19)
23,5 und führt uns aus dem Jammertal
24,3 der will euch führn aus aller Not
167,1–4 der uns führt aus aller Not
167,3 sie führt auf rechten Straßen
274,2 er führet mich auf rechter Straß
288,3 zu führen stets auf gute Weid
296,3 er führet dich auf rechter Bahn
301,7 führt' das Volk durchs Rote Meer
301,8 führte es mit starker Hand
359,4 führt euch durch alle Schranken
365,1 führt mich durch alle Straßen
372,2 er führet mich auf rechter Bahn
375,4 wie du uns führst durch alle Finsternis
388,1 uns führt aus dem Kerker hin
388,2 und es aus dem Treiben führest
391,4 führst du uns durch rauhe Wege

bb) führen zu, in (18)
5,6 und sie mit sich führen zu der Engel Chören
36,7 faßt ihn wohl, er wird euch führen

58,14 und dort zum Himmel führe
73,3 er führet dich zum Kindelein
73,5 das führet dich zum Lichte fort
81,10 zum Guten führe
217,1 und zum frischen Wasser führn
225,1 will alle zu sich führen
259,3 er führt durch Dunkel uns zum Licht
279,4 durch Leiden führst du uns zu Freuden
281,3 uns zu dem Leben führen
290,6 er führt an seiner treuen Hand
290,7 aus Angst und Not zur Ruhe führet
324,12 und führst uns in des Himmels Haus
365,8 zum Reich der Himmel führet
376,3 du führst mich doch zum Ziele
385,3 und führ euch zu der Himmelspfort
522,5 uns führn zum ewgen Leben

c) Bitte an Gott (25)
51,5 ach, Herr, führ deine Kirche nach
63,6 und führ uns heimatwärts
64,1 führ uns dem Ziel entgegen
64,6 und führe uns an deiner Hand
130,7 rühre, führe unser Sinnen und Beginnen
135,5 führ uns ein und aus
186 und führe uns nicht in Versuchung
187 und führe uns nicht in Versuchung
188 und führ uns, Herr, nicht in Versuchung
192 und deine... Kirche regieren und führen
206,5 führ die Seufzer himmelwärts
223,6 führ uns nach Haus mit starker Hand
235,1 und führe selbst die Hand, mit der wir nach dir tasten
241,6 ach führe bald dadurch mit Haufen
278,7 schaffe Recht, führe meine Sache
344,7 führ uns, Herr, in Versuchung nicht
376,1+3 so nimm denn meine Hände und führe mich
392,8 führ, wie du willst, ich bin in deiner Macht
422,2 denn du; drum führ die Sach
431,2 führ uns an atomarer Nacht vorüber
445,5 führe mich, o Herr, und leite
449,9 sonsten regiere mich, lenke und führe
472,5 ja der mich leit und führ
514,6 führ Gottes Kinder himmelan

ca) um Führung auf, aus, durch (9)
128,7 führ uns durch die Lebenszeit
129,3 führ uns auf ebner Bahn
130,3 und führ uns selbst auf rechtem Pfad
148,9 führ mich auf rechter Bahn
151,8 und führ uns aus dem Streit
227,4 so führ auch uns, o Herr, aus allen Orten
276,5 führ uns aus aller Not
331,9 führe es durch diese Zeit
450,5 führ uns durch das Tränenfeld

cb) um Führung zu, nach (20)
1,5 dein Heilger Geist uns führ und leit
2,3 dein Heilger Geist uns führ und leit
7,6 ach komm, führ uns mit starker Hand
74,4 führ uns durch Finsternis zum Licht
109,3 führ uns durch dein Barmherzigkeit
129,4 uns miteinander führe zu deinem Freudenschein
145,7 und führe uns zu seinem Reich
155,1 und uns den Weg zur Wahrheit führ
162,4 führ mich zur Himmelsehrenpfort
195,3 und führe mich auch aus dem Tod zur Seligkeit
249,5 auf ebner Bahn zum Himmel führ
298,2 führ uns, wenn wir treu gestritten
355,5 und führe durch den Tod mich Armen
356,2 führ uns zu deiner Herrlichkeit
391,1 führ uns an der Hand bis ins Vaterland
442,7 und führ uns in deins Vaters Haus
495,8 und führ ihn schön verklärt zum auserwählten Hauf
524,7 die recht Bahn zum Himmel führen
531,3 führ mich zum Himmelsthron
531,3 führ mich zu Freud und Wonne

Führer (2)
325,4 seinen Geist, den edlen Führer
407,1 Führer, dem ich traue

Fülle (14) → *Überfluß*
66,7 Gnade aus dieser unendlichen Füll
241,6 der Heiden Füll zu allen Toren ein
245,5 aus Christi Wohltat, Füll und Gnad
323,1 des Rühmens ist die Fülle
365,8 sein Sohn hat Guts die Fülle
371,1 in ihm ruht aller Freuden Fülle
386,2 wo alle vollkommene Fülle erscheinet
386,5 aller Weisheit höchste Fülle
387,5 denn er will uns mit Füll seiner Gunst beschütten
388,2 hierzu wohnt in dir die Fülle
388,6 wer aus deiner Füll sich füllt
428,5 Herr, mit deines Lichtes Fülle
449,12 Freude die Fülle und selige Stille
494,2 daß wir die Fülle haben

füllen, sich füllen (17) → *erfüllen, tun*
36,9 kommt herbei, füllet frei
58,14 füll uns mit deinem Geiste

65,3 des Leids, gefüllt bis an den höchsten Rand
126,1 mit Gnaden sie füll, denn du weißt
127,3 ganz das Gemüt und füll das Haus
128,3 füll das Herz mit Freud und Wonn
151,2 und füllet sie mit Öl
165,5 Luft, die alles füllet
175 füll du uns die Hände
224,2 die leeren Hände füllen
257,3 zu füllen dir dein Haus
371,8 der wird viel mehr dich einz'gen füllen
388,6 wer aus deiner Füll sich füllt
500,4 füll unser Herz mit Freuden
502,4 füllet uns alle mit seinem Segen
503,3 ergötzt und füllt mit ihrem Schall
513,3 füllt sich mit reichen Gaben bald die Erde

Füllen (Fohlen) (1)
14,1 ihn trägt der lastbarn Es'lin Füllen

fünf (1)
79,2 durch dein heilig fünf Wunden rot

funkeln (5)
53,1 fällt ein strahlend Funkeln
315,5 nun trägst du Schuh und Ring und Kleid funkelnd neu
480,3 ich sei dein Sternlein, hier und dort zu funkeln
485,4 und wenn das Irrlicht funkelt
523,3 funkelt all Zeit und Stunde

Fünklein (1)
507,6 wieviel zählst du Fünklein

für und für (29) → *allezeit, immer*
7,7 unserm Erlöser, für und für
34,2 brennt in Liebe für und für
37,9 daß ich dich möge für und für
64,3 nur Gottes Jahr währt für und für
82,5 mich reizen für und für
83,5 und deinem Namen für und für
104,1-3 Lob sei dir für und für
130,3 getreu dir bleiben für und für
133,11 mit Segen für und für
145,6 Gott warnet täglich für und für
147,3 das Halleluja für und für
164 im Tod und Leben für und für
165,4 laß mich dir für und für
200,6 so lob ich dich dort für und für
219,3 laß Sünd und Not uns für und für
264,3 dich preisen für und für
288,6 und seine Wahrheit für und für
323,3 so will ich für und für
354,3 deswegen klopft er für und für
361,9 und sollt'st du für und für
384,3 daß ich lebe für und für
384,4 ach erkenn uns für und für
402,6 Christus läßt mich für und für
404,5 auf daß ich für und für
529,7 und für und für erhält
530,4 daß ich bereit sei für und für
535 und singen dir das Halleluja für und für

Furcht (14) → *Angst, Ehrfurcht*
111,14 vertreibet Furcht und Traurigkeit
145,4 in Gottes Furcht dich halten fein
166,3 laß in Furcht mich vor dich treten
200,3 doch hab ich dir auch Furcht und Liebe
289,4 die steht in seiner Furcht bereit
309,2 wo Furcht des Herrn bewahrt sein heilig Recht
322,5 und werf all Angst, Furcht, Sorg und Schmerz
343,4 laß mich kein Lust noch Furcht von dir
351,8 sich Furcht und Schrecken find't
396,3 Trotz der Furcht dazu
414,3 gib Furcht und Demut, wann du mich beglückst
430,2 die Furcht wächst mehr und mehr
451,10 in deiner Furcht genieße
527,9 Furcht, Hoffen, Gunst und Lehre

furchtbar (1)
281,1 sein furchtbar majestät'scher Blick

fürchten, sich fürchten (25)
15,6 mit Macht, daß niemand fürchte sich
29,1 fürchtet euch nun nimmermehre
47,3 freut euch sehr und fürcht' euch nicht
48,1 fürchtet euch nicht
82,3 daß ich nicht mehr darf fürchten
95,1 er fürchtet sich in dieser Nacht
103,3 der Engel sprach: Nun fürcht' euch nicht
116,3 der Engel sagte: Fürchtet euch nicht
124,4 hilf, daß wir nicht fürchten Schand noch Tod
235,2 wir glauben deinem Wort und fürchten doch das Morgen
274,3 fürcht ich doch kein Unglücke
276,3 daß sie ihn fürchten nicht
279,7 die ihr Gott fürchtet, ich erzähle
280,3 vor ihm sich fürchte allermeist
283,4 all denen, die ihn fürchten
289,2 ob den', die fürchten ihn
289,3 wenn wir ihn kindlich fürchten rein

299,2 des muß dich fürchten jedermann
308,4 dem, der dich herzlich fürcht' allein
360,4 wir sind nur Menschen, die sich fürchten können
362,3 so fürchten wir uns nicht so sehr
392,3 ich fürcht sein Joch und doch in Banden lebe
488,4 von deiner Hand geführt, fürcht ich kein Leid
506,6 und alle Welt fürcht ihren Herrn
528,8 wer Gott fürcht', wird ewig stehen

füreinander (1)
240,2 laß uns doch füreinander stehn

fürgehen (1) → *vorangehen*
498,1 sein heilger Engel geh uns für

fürhalten (vorhalten) (1)
166,5 halte mir dein Wort stets für

Fürsprech/Fürsprecher (3)
149,6 derhalben mein Fürsprecher sei
366,4 der unser Heil und Fürsprech ist
373,4 der du versprochen, mein Fürsprech zu sein

Fürst (10)
66,4 Jesus ist kommen, der Fürste des Lebens
84,1 der große Fürst der Ehren
106,4 da der Welt Fürst darniederlag
303,2 Fürsten sind Menschen, vom Weib geboren
308,7 und machst ihn einem Fürsten gleich
351,11 kein Zorn der großen Fürsten
361,8 er ist ein weiser Fürst
362,3 der Fürst dieser Welt, wie sau'r er sich stellt
371,6 hat Gott, dein Fürst, dich schon erhöret
373,1 Jesu, hilf siegen, du Fürste des Lebens

Fürstentum (1)
123,2 Fürstentümer und Gewalten

fürwahr (6)
58,6 fürwahr, es ist vergebens
149,4 er wird fürwahr gar schlecht bestehn
325,9 das weiß ich fürwahr und lasse
341,4 es war bei ihm fürwahr kein Scherz
363,7 das hält und gibt er g'wiß fürwahr
442,8 wer an dich glaubt, der ist fürwahr

fürziehen (1) → *vorziehen*
198,1 denn ich zieh es aller Habe... für

Fuß (24)
5,7 und zu seinen Füßen
78,3 wusch ihn' ihre Füße
84,4 an Händen und an Füßen gebunden in der Höll
123,1 alles legt ihm Gott zu Fuß
137,3 Gott zu Füßen niederlegt
192 den Satan unter unsere Füße treten
196,5 die Leuchte unsern Füßen
198,2 und zugleich zu deinen Füßen
218,5 hier fall ich zu deinen Füßen
257,2 zu deinen Füßen sein
279,4 vor Straucheln unsern Fuß bewahrt
296,3 wird deinen Fuß nicht gleiten lan
361,1 da dein Fuß gehen kann
361,12 stärk unsre Füß und Hände
376,2 laß ruhn zu deinen Füßen
386,3 da sie sich zu Jesu Füßen
400,6 laß meinen Fuß in deinen Wegen
432,3 er gab uns Füße, daß wir fest stehn
447,3 und Händ und Füße, Zung und Lippen regen
477,5 das Haupt, die Füß und Hände
502,2 was sich nur rühret, alles zu Fuß ihm fällt
510,2 und doch ist sie seiner Füße
510,5 wenn am Schemel seiner Füße
529,4 an deren Fuß und Pfad

Futter (1)
304,4 dem Vieh sein Futter väterlicherweise

G

Gabe (62) → *Glück, Gnadengabe, Gut, Güte, Segen, Wohltat*

a) Gaben Gottes allgemein (29)

58,12 der Unversorgten Gabe
64,5 und diese Gaben, Herr, allein
70,1 groß und ehrlich, reich an Gaben
126,4 du bist mit Gaben siebenfalt
128,6 mit den Gaben siebenfalt
137,2 rüste du mit deinen Gaben
183,3 und mit Gaben zieret schöne
253,1 und eines Geistes Gaben
268,3 Gaben gibt es viele, Liebe vereint
320,1 für alle seine Gaben
344,3 mit seinen Gaben mancherlei
362,4 mit seinem Geist und Gaben
371,7 er hat ein Hand, voll aller Gaben
378,2 wie Gott will, sind Gottes Gaben
397,2 es ist ja, Herr, dein G'schenk und Gab
424,2 du allein verteil die Gaben
439,6 mögen genießen deiner Gab
443,4 als dein Geschenk und Gab
444,4 er gebe mir Gaben
457,2 die Gabe segnen will
458 wir danken Gott für seine Gaben
460 lobet den Herrn und dankt ihm seine Gaben
501,2 für solche Gaben dein
503,1 an deines Gottes Gaben
505,5 erhalte deine Gaben
505,7 in deinen Gaben sehn
512,2 deine Hilfe, Gab und Spende
513,2 nun du sie gibest, sammeln wir die Gabe
520,1 und zweifeln nicht: durch Gottes Gab

aa) große, gute, edle usw. (28)

36,9 hier sind alle guten Gaben
122,2 und große Gab empfangen
126,2 des Allerhöchsten Gabe teu'r
128,2 komm mit deinen Gaben wert
135,2 laß uns deine teuren Gaben
198,1 Herr, dein Wort, die edle Gabe
224,3 deins Tisches edle Gaben
243,6 durch seine milden Gaben
320,6 o Gott, wie große Gaben
328,6 und weiß, daß alle gute Gabe
360,1–6 Gott schenkt Freiheit, seine größte Gabe
370,10 dort, dort sind die edlen Gaben
398,1 durch dich wir haben himmlische Gaben
399,2 ergossn mit reichen Gaben
411 gibt am liebsten große Gaben
417,2 dieser größten Gabe ist kein Dienst zu klein
463 alle guten Gaben
495,1 du Brunnquell guter Gaben
508,1–4 alle gute Gabe kommt her von Gott dem Herrn
513,3 füllt sich mit reichen Gaben bald die Erde

b) Gaben des Menschen (5)

229,1 kommt mit Gaben und Lobgesang
281,4 dir ihre Gaben bringen
446,5 hier bring ich meine Gaben
446,6 denn du weißt, daß zur Gabe
449,3 dem Schöpfer bringen Güter und Gaben

gähnen (1)

50,3 vor deiner Krippe gähnt das Grab

Galiläa (1)

105,14 ihr sollt nach Galiläa gehn

Galle (4)

77,5 Essigtrank mit Gallen
78,7 bittre Galle schmeckt sein Mund
81,2 du wirst mit Essig und mit Gall getränket
449,11 willst du mich kränken, mit Galle tränken

Gang (5)

361,4 dein Gang ist lauter Licht
391,4 ordne unsern Gang
393,4 macht unsern Gang nur schwer
445,5 meinen Gang nach deinem Wort
497,2 und seines Gangs sich freue

ganz (145)

A: adjektivisch (70)

a) allgemein (17)

5,3 mit ganzem Vertrauen
55,2 die ganze dunkle Nacht
78,7 hing mehr denn drei ganze Stund'
89,4 zusamt dem ganzen Himmelsheer
104,3 mit dem ganzen Himmelsheer

125,2 und ihm aus ganzer Macht vertrauen
133,10 das Volk im ganzen Land
218,5 Jesu, du mein ganz Beginnen
223,3 den ganzen Menschen satt und heil
255,7 durch deines Vaters ganzes Haus
271,8 die ganze Schöpfung soll sich vor ihm beugen
302,3 mit ihrem ganzen Heer
326,3 in seinem ganzen Königreich
393,2 mit ganzer Wendung richte
475,1 da er mich den ganzen Tag
511,1 an der ganzen großen Zahl
517,5 und ganze Freude ohne Not

b) Welt, Erde (31)
7,4 wo bleibst du, Trost der ganzen Welt
66,6 Sünden der ganzen Welt träget dies Lamm
100,4 es singt der ganze Erdenkreis
110,1+6 die ganze Welt, Herr Jesu Christ
114,1 der ganzen Welt zur Wonne
133,8 hast selbst in Händen die ganze weite Welt
141,4 das trägt die Sünd der ganzen Welt
146,2 so müßt die ganze Welt vergehn
146,4 die sind ja für die ganze Welt
156 die Völker der ganzen Welt versammelt hast
241,1 ja deren Schall die ganze Welt durchdringt
255,1 und bald die ganze Welt erkennte
255,8 doch bald die ganze weite Welt
263,2 überall im ganzen Land
270,5+6 die ganze Welt hast du ihm anvertraut
286,2 bald schaut der ganze Kreis der Erde
324,3 auf dieser ganzen Erd
350,5 erbarme dich der ganzen Welt
360,1 die ganze Welt hast du uns überlassen
363,4 wenn einer hätt die ganze Welt
374,1 und wenn zerfällt die ganze Welt
375,1 sein wird die ganze Welt
394,3 begraben sei die ganze Welt
397,1 die ganze Welt erfreut mich nicht
441,3 er ist das Licht der ganzen Welt
442,1 und leuchtet in die ganze Welt
477,1 es schläft die ganze Welt
502,2 der Herr regieret über die ganze Welt
519,3 zu seinem Reich die ganze Welt heißen laden

c) Christenheit, Kirche (8)
34,4 gib der ganzen Christenschar
38,1 rühmt die ganze Christenheit
120 zu Trost der ganzen Christenheit
139,5 und preist die ganze Christenheit
183,3 die ganz Christenheit auf Erden
191 die ganze werte Christenheit
241,7 die für die ganze Kirche flehn und schrein
255,5 des ganzen Christenvolkes Schar

d) Leben, Herz, Seele, Wesen (14)
115,4 sein sei auch mein ganzes Leben
133,13 richt unser ganzes Leben
144,1 von ganzem Herzen schreien
149,3 in seinem ganzen Leben
250,1 ich lobe dich von ganzer Seelen
272 ich lobe meinen Gott von ganzem Herzen
297,3 mit ganzem Leib und Leben
302,2 sein Herz und ganzes Wesen
323,2 von ganzer Seel und jauchzen hell
325,10 hier in meinem ganzen Leben
326,7 mein ganzes Herz ermuntre sich
355,3 so ist mein ganzes Herz gesagt
367,2 in meinem ganzen Leben
529,2 was ist mein ganzes Wesen

B: adverbial (75)

a) allgemein (13)
65,7 und ganz gewiß an jedem neuen Tag
111,8 hier ist noch nicht ganz kundgemacht
217,2 all ander Speis und Trank ist ganz vergebens
244,2 so legt es sich und wird ganz still
328,4 mit Seufzern, die ganz unaussprechlich sind
352,3 und ganz unbeständig sind
359,5 hüten ganz in Jesus Christ
396,5 dir sei ganz, du Lasterleben
401,4 Liebe, die sich ganz ergeben
401,5 und mein Herz hat ganz dahin
440,1 all Morgen ist ganz frisch und neu
446,2 mich ganz umgeben hatten
503,5 und klingen ganz vom Lustgeschrei

b) von Gott (26)
9,6 verwandeln ganz in Freud
41,7 mach mich ganz eines mit dir
57,2 daß er ganz arm geworden ist
79,4 sondern ganz treulich bei uns stehn
85,3 ist hin und ganz vergangen
93,2 und der Größte ganz gering
101,6 erleucht' unsre Herzen ganz
127,2 auf tat sich ganz des Himmels Schrein
127,3 ganz das Gemüt und füll das Haus
127,3 und unsre Zung ganz Feuer werd
136,3 und mußt uns ganz befreien
148,1 ganz herrlich, schön und klar
166,3 zieh das Herze ganz empor

169,3 er hört uns ganz gewiß
179,2 ganz ungemessn ist deine Macht
212,3 staunend hören wir: Du bist ganz nahe
244,5 aus deinem Geist ganz neu geborn
252,6 ganz nach deinem Herzen werden
271,4 ganz nah ihn deiner Gottheit zugesellet
341,7 ich geb mich selber ganz für dich
342,3 das ganz Gesetz hat er erfüllt
372,6 ganz väterlich in seinen Armen halten
388,6 rein und frei und ganz vollkommen
392,6 Gott will mich ganz; nun länger nicht geteilet
400,6 erleucht mir Leib und Seele ganz
410,3 starb er ganz verlassen

c) von Menschen (28)
32,2 versenken will ich mich ganz hinab
65,4 und dann gehört dir unser Leben ganz
70,6 ganz freudenreich erschallen
73,6 und laß dein Herz erleuchten ganz
80,3 warest ganz vernichtet
93,1 ganz dem Mann von Golgatha
137,6 dastehn, wenn auch ganz allein
161,1 ganz zu dir gezogen werden
165,5 laß mich ganz verschwinden
231,2 du sollst mir ganz vertrauen dich
252,3 die sich ganz ergeben dir
252,5 stärke, daß sie ganz ergeben
267,4 ganz so, wie es dir gefällt
283,4 nicht möchten ganz verzagen
289,5 uns gründen ganz auf ihn
349,1 ganz lieblich soll erklingen
349,3 ich bin ganz neu geschmücket
352,1 der behält ganz unverletzet
353,6 ich bin ganz getrosten Muts
382,2 mein Unvermögen hält mich ganz gefangen
392,5 gib dich, mein Herz, gib dich nun ganz gefangen
392,7 ich folge Gott, ich will ihm ganz genügen
412,1 und reißt sie ganz darnieder
414,1 und laß mein Herz dir ganz geheiligt sein
485,3 dir sind wir ganz verschrieben
486,1 und schlafe ganz mit Frieden
486,6 will ich mich ganz bescheiden
530,8 ich glaub und bin es ganz gewiß

d) ganz und gar (8) → *gar*
128,4 vor Gott ganz und gar umsonst
138,1–3 dir uns lassen ganz und gar
252,5 ganz und gar in dich gewandt
370,5 kann mich nicht ganz und gar verlassen
401,2 und mir gleich wardst ganz und gar
529,7 der alles ganz und gar

gänzlich (6)
9,1 und gänzlich zu zerstören
158,2 das trau ich gänzlich dir
249,1 dich gänzlich zu verstören
297,5 die gänzlich sind verlassen
376,2 und mach es gänzlich stille
386,3 ihr Alles war gänzlich in Jesus versenkt

gar (72) → *ganz (B) d)*

a) allgemein (22) → *c)*
40,3 vielleicht noch in gar kurzer Zeit
48,3 Bethlehems Hirtenvolk gar große Freud
127,7 brechen gar leicht von jedem Streich
145,5 die Lüge wird gar fein geschmückt
213,4 mein Herz ist gar durchflossen
215,5 sein Kunst wird an ihm gar ein Spott
223,2 da von dem eignen Jünger gar
273,1 der Glaub ist auch verloschen gar
274,1 darin mir gar nicht mangeln wird
275,3 ob mich gar sehr der Feinde Heer
304,5 gar hoch vom Himmel her aus seinem Herzen
357,2 gar feste können sein
362,3 und wollt uns gar verschlingen
363,5 die weltlich Pracht ist gar umsonst
364,2 auf daß uns gar nichts fehlet
374,2 und läßt sich gar nicht grauen
397,3 gar sanft ohn alle Qual und Pein
438,4 daß es sich nicht gar ungestüm
475,4 und mich gar vergiftet hat
497,12 der Weg zum Guten ist gar wild
524,3 unter spitzen Dornen gar
524,7 das Gehör auch gar verschwind't

b) von Gott (25)
37,2 und hast mich dir zu eigen gar
43,5 am Kreuze dort gar noch den bitteren Tod
69,3 darum er Gottes Himmel gar verließ
70,4 gar freundlich tust anblicken
71,3 doch achtest du gar wenig
84,6 ja lässest dich gar würgen
86,6 gar den herben Tod geschmecket
126,4 des Vaters Wort gibst du gar bald
148,1 wird Gott neu schaffen gar
148,4 erlösen uns gar von aller Not
195,2 hat meine Sünd getragen gar
248,6 der die Wagen gar verbrennt

273,3 Gott wolle wehren allen gar
322,7 gar ferne von uns stehn
323,3 hast du gar bald an sie gedacht
324,10 wirst du gar leicht erweicht
341,1 gar teu'r hat er's erworben
341,6 gar heimlich führt er sein Gewalt
361,2 läßt Gott sich gar nichts nehmen
365,2 so find't sich Gott gar balde
405,2 ja gar am Kreuz gestorben ist
477,2 gar hell in meinem Herzen scheint
494,3 der wird von ihm gar reich gemacht
508,2 gar zart und künstlich ein
523,5 und bind mein Seel gar feste

c) von Menschen (25)
3,2 und sollten gar des Todes sein
49,1 sonst wärn wir gar verloren
86,4 gar mit Dornen dich gekrönet
112,7 und darf mich gar nicht kehren
114,8 noch gar der Hölle Rachen
148,8 ein neues Lied gar schön
149,4 er wird fürwahr gar schlecht bestehn
183,3 hält in einem Sinn gar eben
234,6 ist morgen krank, ja wohl gar tot
243,3 und also gar verstoßen
243,3 daß sie so gar abfiel
277,3 aber ich höre gar nicht mehr hin
362,2 wir sind gar bald verloren
363,3 bald muß er auch gar sterben
366,5 weil wir jetzt stehn verlassen gar
371,4 wenn gar kein einz'ger mehr auf Erden
371,5 magst du Gott gar kühnlich sagen
393,3 laßt gar euch selbst dahinten
396,3 in gar sichrer Ruh
442,4 wir können dein gar nicht entbehrn
442,4 sonst sitzen wir im Finstern gar
450,3 daß wir, eh wir gar vergehn
482,4 und wissen gar nicht viel
503,12 auch nicht gar stille schweigen
517,8 was das nicht ist, das schätz gar klein

Garbe (3)
298,3 bringen jauchzend ihre Garben
505,6 die Garben voller Lust
513,6 wie reife Garben wird nach kurzen Tagen

Garten (9) → *Eden, Paradies*
37,7 aus schönen Gärten will ich ihn
78,4 Jesus ging nach Gottes Will in' Garten zu beten
95,1 seht hin, er ist allein im Garten
429,5 dann wird die Wüste fruchtbarer Garten
449,12 wird mich erwarten im himmlischen Garten
455,2 Dank für die Spuren Gottes im Garten
503,1 schau an der schönen Gärten Zier
503,10 wird wohl in Christi Garten sein
503,14 ich deines Gartens schöne Blum

Gasse (2) → *Straße, Weg*
55,1 doch in den dunklen Gassen
151,7 hier sind die güldnen Gassen

Gast (19)
10,2 den Weg dem großen Gast
23,5 ein Gast in der Welt hier ward
24,8 sei mir willkommen, edler Gast
129,4 den Geist, den edlen Gast
133,1 sei meines Herzens Gast
168,1 wir sind jetzt deine Gäste und danken dir
218,1 will dich jetzt zu Gaste laden
218,6 mög dein Gast im Himmel werden
219,2 hilf, daß wir würd'ge Gäste sein
222,2 mir armem Gast bereitet hast
224,1 als Gäste uns geladen
256,3 viel arme Gäste dir zu laden
257,2 sind deine Gäste worden
393,5 wir sind hier fremde Gäste
457,3 und kommt zu Gaste gern
462 daß du unser Gast gewesen bist
465 komm, Herr Jesu, sei du unser Gast
529,1 ich bin ein Gast auf Erden
529,12 und nicht nur als ein Gast

Gastmahl (1) → *Abendmahl*
213,1 will Gastmahl mit euch halten

Gebärde (4)
5,1 in armen Gebärden
130,4 mit freudigen Gebärden
151,5 mit freudigen Gebärden
438,3 dein Name durch glaubreich Gebärd

gebären (65)

a) von Jesus Christus (37)
8,4 zu Bethlehem geboren
20,4 und ruft: Uns ist ein Kind geboren
24,2 euch ist ein Kindlein heut geborn
25,3 er ist geborn eu'r Fleisch und Blut
29,1 euch ist geborn ein König der Ehrn
29,2 ein Jungfrau ihn geboren hat
30,2 hat sie ein Kind geboren
32,1 zu Bethlehem geboren
36,1 Christus ist geboren
37,2 da bist du mir geboren

44,1 Christ ist geboren
45,1 sehet das Kindlein, uns zum Heil geboren
45,2 Gott, wahrer Gott von Ewigkeit geboren
47,1-5 ward er heut geboren, heute uns geboren
48,1 Christus, der Herr, ist heute geboren
49,1 der Heiland ist geboren
49,2 das in dem Stall geboren
52,2 daß das Kind geboren sei
53,1 Christus ward geboren
55,2 denn Christus ist geboren
57,1-5 Christ ist geboren
76,1 für uns er hier geboren ward
102,2 der ohn Sünden war geboren
161,3 Licht vom Licht, aus Gott geboren
182,7 Christus, der Herr, ist geboren
184,1 aus Gott geboren vor der Zeit
203,1 von einer Jungfrau rein geborn
312,7 ein Kind ist dir geboren
312,7 Kind, uns geboren, du bist der Friedefürst

aa) Mensch geboren (13)
23,1 daß du Mensch geboren bist
29,1-4 Gottes Sohn ist Mensch geborn
33,2 für uns bist Mensch geboren
42,5 Herr, der du Mensch geboren wirst
45,4 ja, dir, der du heute Mensch für uns geboren
57,1 daß er als Mensch geboren ist
67,2 für uns ein Mensch geboren
183,2 ist ein wahrer Mensch geboren
350,4 daß du ein Mensch geboren bist
401,2 Liebe, die du Mensch geboren

b) von Menschen (8)
37,2 da ich noch nicht geboren war
133,1 der du, da ich geboren
202,6 darin er ist geboren
232,1 auf Erden ward kein Mensch geborn
303,2 Fürsten sind Menschen, vom Weib geboren
341,2 darin ich war geboren
441,4 damit, die wir geboren blind
524,4 wenn wir nur geboren werden

c) von der neuen Geburt (7)
41,7 süßer Immanuel, werd auch in mir nun geboren
133,1 der du... mich neu geboren hast
206,2 nicht zuvor ist neu geboren
244,5 aus deinem Geist ganz neu geborn
297,5 da doch das Kreuz hat neu geborn
342,6 bist du aus Gott geboren
349,2 nun bin ich neu geboren

Gebein (1)
449,11 was schädlich und nichtig meinem Gebeine

geben, sich geben (440) → *schenken, verleihen*

a) allgemein
b) Gott gibt
ba) Leib, Seele, Sinne
bb) seinen Sohn
bc) seinen Geist, Wort, Gebot
bd) Leben, Kraft, Mut, Glaube
be) Freude, Gutes, Gnade, Friede, Freiheit
bf) Christi Leib und Blut, tägliches Brot, Nahrung, Segen
bg) Trost, ewiges Leben
c) Gott gibt sich
d) Bitte an Gott
da) um Gottes Geist, Wort, Erkenntnis, Weisheit
db) um Glaube, Geduld, Gehorsam
dc) um Gnade, Segen, Heil, Glück, Geleit
dd) um Kraft, Mut, Stärke
de) um Friede, Freiheit, Freude
df) um das tägliche Brot
dg) um das ewige Heil, ein seliges Ende, Hoffnung
e) von Menschen

a) allgemein (26)
4,4 die Nacht gibt ein neu Licht dar
23,4 gibt der Welt ein' neuen Schein
63,2 so kurzes Glück nur gibt
73,1 der Wunderstern gibt dir Bericht
110,5 und gibt der Welt ein' neuen Schein
123,1 dem man Ehre geben muß
123,2 geben ihm die Herrlichkeit
212,2 du willst taufen. Das gibt uns Gewißheit
268,3 Gaben gibt es viele, Liebe vereint
283,7 das Land wird Früchte geben
292,3 das gibt mir den getrosten Mut
315,2 weil es noch ein Zuhause gibt
330,4 soll sich mir zum Gehilfen geben
342,6 der Glaub gibt einen hellen Schein
360,6 das gibt uns Zuversicht für jeden Tag
396,5 gute Nacht gegeben
401,6 Liebe, die das Lösgeld gibet
413,3 sie lehrt, sie straft, sie gibt und leiht
413,7 kein bitter Wort gibt sie
427,1 solang es Menschen gibt auf Erden
444,4 es sei ihm gegeben
452,4 gibt sonst kein Herr dem Knecht

479,2 und gebet eure Strahlen
479,4 nun, matter Leib, gib dich zur Ruh
500,1 die Sonn gibt hellen Schein
502,2 Psalter und Harfe ihm Ehre geben

b) Gott gibt (57)
27,4 und gibt uns in seins Vaters Reich
36,11 du gibst g'nug Ehr und Schmuck
37,1 was du mir hast gegeben
113,1+8 durch Jesus Christ gegeben
115,2 über alle Welt gegeben
123,4 denn der Vater gab es ihm
182,7 Gott gibt die Welt nicht verloren
182,8 Gott hat den Sieg uns gegeben
206,1 weil du den Befehl gegeben
213,3 das Gott vom Himmel gab
217,1 was mir fehlt, kannst du mir geben
224,3 wie du versprachst zu geben
236,6 Menschen gabst du mir
271,5 gabst ihm zum Dienst die Schafe und die Stiere
287,4 auch heute gibt er dir seine Hand
313,3 er will uns alles geben
320,4 ein Arzt ist uns gegeben
324,3 das uns, o Vater, nicht von dir allein gegeben werd
324,10 und gibst uns, was uns hoch erfreut
325,2 da er mir mein Wesen gab
328,4 gibt Zeugnis meinem Geist, daß ich dein Kind
328,6 die gibst du und tust überschwenglich mehr
343,2 du kannst es mir wohl geben
343,4 und wem du's gibst, der hat's umsonst
351,3 was Christus mir gegeben
356,1 kein Name sonst gegeben
360,1–6 gibt er seinen Kindern
360,1 du gibst uns frei, wir laufen eigne Wege
361,1 gibt Wege, Lauf und Bahn
361,11 Gott gibt dir selbst die Palmen
363,1 ich will euch geben, was ich han
363,7 das hält und gibt er g'wiß fürwahr
368,1 mir selber geben Rat und Tat
368,3 ich nehm es, wie er's gibet
374,4 und gibt nur Liebesschläge
381,2+4 Gott, mein Gott, warum gibst du keine Antwort
387,4 wenn er was soll geben
406,2 alle Macht gegeben ist
409,2 was er selbst gegeben
411 gibt am liebsten große Gaben
432,1 Gott hat uns diese Erde gegeben
443,6 und was er sonst gegeben
449,10 willst du mir geben, womit mein Leben
457,8 gibt auch des Regens milden Fluß
472,6 was du mir hast gegeben
495,5 willst du mir etwas geben
508,4 er gibt den Kühen Weide
513,2 nun du sie gibest, sammeln wir die Gabe
513,5 gab er uns wenig, uns dabei bescheiden
513,5 gab er uns reichlich, unnütz nichts vergeuden

ba) Leib, Seele, Sinne (15)
139,1 mein' Leib und Seel gegeben
236,1 Ohren gabst du mir
236,2 Augen gabst du mir
236,3 Hände gabst du mir
236,4 Lippen gabst du mir
303,1 der Leib und Seel gegeben hat
303,6 sehende Augen gibt er den Blinden
320,2 den Leib... hat er allein uns geben
370,3 Leib, Seel... ist es, der's gegeben
432,1 Gott gab uns Atem, damit wir leben
432,1 er gab uns Augen, daß wir uns sehn
432,2 Gott gab uns Ohren, damit wir hören
432,3 Gott gab uns Hände, damit wir handeln
432,3 er gab uns Füße, daß wir fest stehn
481,2 weil du uns Herz und Leben allein für dich gegeben

bb) seinen Sohn (17)
10,1 den Gott... versprochen hat zu geben
20,5 man singt: Ein Sohn ist uns gegeben
28 daß er seinen eingebornen Sohn gab
29,2 sein' Sohn die göttlich Majestät euch geben hat
36,3 der uns gibt, was er liebt
36,3 Gott gibt, unserm Leid zu wehren, seinen Sohn
39,3 sehet, was hat Gott gegeben: seinen Sohn
51,1 seinen Sohn und Held, den einzigen, gegeben
51,5 seinen Sohn und Held zum Heiland hat gegeben
101,1 Christ... für unsre Sünd gegeben
101,5 das recht Osterlamm in heißer Lieb gegeben
145,2 aus lauter Gnad gegeben
215,3 in den Tod sein' Sohn geben hat
325,3 nein, er gibt ihn für mich hin
370,11 dein Leben... in den Tod gegeben
406,3 der sein Leben für mich gab
427,4 gibst deinen Sohn in unsre Hände

bc) seinen Geist, Wort, Gebot (13)
126,4 des Vaters Wort gibst du gar bald
127,4 aller Lehr... die uns gab Christus, unser Herr
139,3 des Vaters werter Geist, den mir der Sohn gegeben
208,2 zum Wasser gabst du Wort und Geist
231,1 die heilgen zehn Gebot, die uns gab unser Herre Gott
231,11 all die Gebot uns geben sind
318,5 er gibt uns seinen guten Geist
325,4 gibt er mir in seinem Wort
334,5 danke, daß deinen Geist du gibst
341,9 den Geist will ich dir geben
380,3 ist mein Wort gegeben
425,1 du hast uns dein Wort gegeben
432,2 er gab uns Worte, daß wir verstehn

bd) Leben, Kraft, Mut, Glaube (19)
58,1 bis hierher Kraft gegeben
127,7 du willst und gibst, daß man dir trau
139,3 der mir gibt neue Kraft
212,1 kommen wir zu dir: Du gabst uns Leben
216 unser GLaub und Lieb... die uns dein Gnad will geben
227,1 und für den Glauben, den du uns gegeben
236,5 Leben gabst du mir
281,5 den Schwachen Kraft und Stärke gibt
282,2 du gibst Befriedigung und Leben
286,1 sein heilger Arm gibt Kraft und Mut
305,4 er wird Kraft uns geben
306,4 er wird Kraft uns geben
324,6 wer gibt uns Leben und Geblüt
371,7 der dir das Leben hat gegeben
386,7 Leben, ist in dir, mein Heiland, mir alles gegeben
424,1 gibst das Leben, gibst den Tod
447,2 der unser Leben, das er uns gegeben
451,3 unser Leben... und mir's jetzt neu gegeben
494,2 er gibt uns Segen, Mut und Kraft

be) Freude, Gutes, Gnade, Friede, Freiheit (12)
87,3 die Freiheit uns gegeben
130,6 Fried und Freude wirst du geben
152,3 bei dir auch Freude geben
167,2 uns stets das Beste gibt
169,4 er, der uns täglich Gutes gibt
170,3 Frieden gabst du schon
213,6 dir gibt das höchste Gut
265,2 der Frieden uns und Freude gibt
282,2 bei deinem Altar Freude geben
282,6 er wird uns Gnad und Ehre geben
298,1 den, der Freiheit uns gegeben
505,2 die Fried und Ruh gegeben

bf) Christi Leib und Blut, tägliches Brot, Nahrung, Segen (20)
66,8 der uns den Ursprung des Segens gegeben
78,9 gibt sein' Leib zu einer Speis
170,2 weil du reichlich gibst, müssen wir nicht sparen
214,2 der heilig Leib, der ist für uns gegeben
215,2 gab er uns sein' Leib zu essen
218,4 uns wird Christi Blut gegeben
226,1 das Brot... ist uns von dem Herrn gegeben
227,2 hast du vom Himmel Speise uns gegeben
229,3 gibt uns Wort und Brot für die Welt
281,2 und ihnen eine Wohnung gibt
302,5 ernährt und gibet Speisen
304,3 und gibet Regen, wann er will, auf Erden
304,4 der allem Fleische gibet seine Speise
320,3 Nahrung gibt er dem Leibe
351,7 gibt Segen und Gedeihen
408,4 täglich gibt er mir das Brot
423,5 was deine milde Hand uns gab
461 und du gibest ihnen ihre Speise zu seiner Zeit
502,4 er gibet Speise reichlich und überall
512,2 daß du Speise gibst von oben

bg) Trost, ewiges Leben (11)
66,4 gibt uns... ewiges Leben
70,5 himmlisch Leben wird er geben mir dort oben
76,1 den Toten er das Leben gab
115,6 welchen Trost... wird er meiner Seele geben
130,1 himmlisch Leben willst du geben, wenn wir beten
150,3 und mir Gott hat gegeben das Erb der Ewigkeit
197,2 dein Wort gibt Trost und Seligkeit
245,5 auch nach dem Tod will er ihr geben... das freudenreiche ewge Leben
294,2 dem Tode aber nicht gegeben
318,3 und gibt, daß sie den rechten Lauf zur Seligkeit
516,7 so wirst du mir einst geben des Himmels Wonn und Freud

c) Gott gibt sich (16)
8,4 gibt sich für uns verloren
36,4 wir getan, gibt sich dran

82,2 es hat sich selbst der wahre Gott... gegeben in den Tod
86,1 der du dich für mich gegeben
94,1 gibt sich für ihre Sünde
94,2 dafür gab er zum Opfer sich
94,4 so gibt er sich uns allen
139,2 der sich für mich gegeben
183,1 der sich zum Vater geben hat
223,2 gab er als neues Testament den Seinen sich im Sakrament
223,3 gab zwiefach sich in Wein und Brot
223,4 gibt sich als Brot zum Heil der Welt
271,1 wie herrlich gibst du, Herr, dich zu erkennen
341,7 ich geb mich selber ganz für dich
402,1 weil er sich für mich gegeben
418,3 will sich täglich geben

d) Bitte an Gott (33)

58,15 das alles wollst du geben
127,3 ach Herr, nun gib, daß uns auch find
135,5 gib zu allen Dingen
137,7 gib, daß wir's nicht lassen können
144,6 gib Zeugnis dem Gewissen
146,2 uns geben wolltst nach unserm Tun
157 gib mir Beständigkeit
167,1 der geb, daß es gelinge
192 gesunde Kinder und Gedeihen geben
193,3 gib deim Volk einerlei Sinn auf Erd
207,3 uns allen wollst du geben
214,1 das gib uns, Herr Gott, zugute
214,3 der uns geb zu halten rechte Maß
224,3 gib über Bitten und Verstehn
224,3 gib dich uns selbst zum Leben
230 und gib mir einen neuen, gewissen Geist
241,2 ach Herr, gib doch in deine Ernte
244,3 gib deiner Kirche gute Ruh
256,4 gib deine Türen aufgetan
360,6 gib uns die Wege frei, die zu dir führen
386,10 gib, daß ich nichts achte, nicht Leben noch Tod
414,1 gib selbst das Wollen und Vollbringen
423,3 gib du getreue Lehrer
423,8 den Kleinen gib Gedeihn
440,2 gib uns, was wir von dir begehrn
444,4 er gebe mir Gaben
451,7 gib mir ein Herz voll Zuversicht
468,4 geb dir, der alle Ding vermag
494,4 gib dein Gedeihen selbst dazu
495,5 so gib auch dies dabei
497,6 das gib mir ein; was Fleisch und Blut
500,2 Herr, gib durch deinen Segen
505,7 gib, daß zu dir uns lenket

da) um Gottes Geist, Wort, Erkenntnis, Weisheit (18)

81,10 so gib mir deinen Geist, der mich regiere
124,2 du wertes Licht, gib uns deinen Schein
127,4 gib himmlisches Erkennen
134,2 gib in unser Herz und Sinnen
145,7 und gib uns deinen Geist dazu
146,5 gib uns allzeit dein heilig Wort
166,4 gib mir Licht in dem Verstande
192 deinen Geist und Kraft zum Worte geben
196,1 und gib uns deinen Heilgen Geist
240,2 gib Augen, andrer Last zu sehn
241,4 so gib dein Wort mit großen Scharen
244,5 aus deinem Geist... den gib uns, Herr, sonst ist's verlorn
297,6 gib, daß dein Licht uns helle werd
318,9 und gib dein Wort mit freiem Klang
328,1 ach gib mir deines Geistes Kraft dazu
389,4 gib Weisheit, Stärke, Rat, Verstand
472,5 gib mir den Heilgen Geist
497,5 gib mir Verstand aus deiner Höh

db) um Glaube, Geduld, Gehorsam (45)

58,9 gib mir und allen denen... ein Herz, das sich gedulde
63,5 Herr, gib der Seele Flügel
82,6 gib, o mein Herr und Gott, daß ich verleugne diese Welt
85,8 ach gib, daß ich mich halte zu dir und deiner Treu
88,6 gib auch, Jesu, daß ich gern dir das Kreuz nachtrage
104,3 gib, daß wir... deiner Wahrheit gehorsam sind
126,3 gib uns ins Herz der Lieb Inbrunst
128,6 gib dem Glauben Kraft und Halt
130,3 gib uns Beständigkeit, daß wir
130,7 gib, daß in reiner Heiligkeit wir führen unsre Lebenszeit
131,2 gib uns die Lieb zu deinem Wort
136,2 gib uns... Waffen der erste Christenheit
137,3 gib uns Abrahams gewisse, feste Glaubenszuversicht
137,4 gib uns Moses Flehn und Beten
137,5 gib uns Davids Mut, zu streiten
137,6 gib Elias heilge Strenge
137,7 gib uns der Apostel hohen, ungebeugten Zeugenmut
205,4 gib, daß dafür wir dienen dir
216 nun gib uns, so zu leben, daß unser Glaub und Lieb dich preist

217,3 gib mir ein recht bußfertig Herze
232,3 gib mir durch dein Barmherzigkeit den wahren Christenglauben
233,4 gib, Herr, Geduld
252,1 wollst mir neuen Einfluß geben deines Geistes
343,1 den rechten Glauben... den wollest du mir geben
344,1 gib, daß nicht bet allein der Mund
344,4 gib uns Geduld in Leidenszeit
367,1 sonst wie du willst; gib mir Geduld
386,5 gib nur, daß sich auch mein Wille... fügt
386,7 nun so gib, daß meine Seele... erwacht
391,3 o so gib Geduld zu beiden
404,8 gib, daß ich deinen Willen
405,6 gib, Jesu, gib, daß ich dich kann... fassen
412,8 drum gib mir, Gott... ein Herz, das dich durch Liebe preist
414,3 gib Furcht und Demut, wann du mich beglückst
424,1 gib auch, daß wir dankbar werden
450,3 gib, daß deiner Liebe Glut unsre kalten Werke töte
495,2 gib, daß ich tu mit Fleiß
495,2 gib, daß ich's tue bald
495,2 und wenn ich's tu, so gib
495,3 so gib den Worten Kraft
495,4 gib einen Heldenmut
495,4 gib, daß ich meinen Feind mit Sanftmut überwind
495,6 so gib Geduld; vor Sünd
503,13 gib, daß der Sommer deiner Gnad... viel Glaubesfrüchte ziehe
531,2 gib, daß mit dir ich lebe

dc) um Gnade, Segen, Heil, Glück, Geleit (27)

32,4 dazu dein Gnad mir gebe
61,1 wollest du aus Gnaden geben
61,4 Herr, du wollest Gnade geben
65,2 ach Herr, gib unsern aufgeschreckten Seelen das Heil
85,4 gib mir... den Anblick deiner Gnad
128,7 gib im Sterben dein Geleit
133,8 so gib doch deine Gnad
203,5 gib deinen Segen mildiglich
203,6 gib Gnad, daß es gerate wohl
214,3 Gott geb uns allen seiner Gnade Segen
240,1 nun gib uns gnädig das Geleit
244,9 gib uns den Feinden nicht zur Schand
246,3 gib Glück und Heil zu deinem Wort
246,4 gib deiner Kirche Gnad und Huld
249,4 ach Gott, gib indes deine Gnad
252,7 gib du jedem solchen Segen
280,1 und seinen Segen geben
304,6 gib du die Gnade allen frommen Christen
322,6 er gebe Glück zu unserm Tun
325,10 bitte, wollst mir Gnade geben
391,4 gib uns auch die nöt'ge Pflege
397,2 wollst mir dein Gnade geben
438,6 gib deinen Segen unserm Tun
447,7 gib, daß wir heute, Herr, durch dein Geleite
468,1 so gib auch diesem Kindelein dein Gnad
469,6 gib uns die lieben Wächter zu
500,3 gib uns... die geistlich Sommerzeit

dd) um Kraft, Mut, Stärke (20)

114,10 Herr Jesu, gib uns Kraft und Mut
134,5 und gib Mut, Geduld und Ruh
135,2 gib uns Kraft und Lebenssaft
135,3 gib uns Kraft zu beten
135,3 gib uns Mut, du höchstes Gut
210,1–5 gib du mir Kraft
211,5 gib auch den Mut zum nächsten Schritt
223,5 gib deiner Schar... Mut, Kraft und Hilf
262,5 gib den Boten Kraft und Mut
263,5 gib den Boten Kraft und Mut
414,2 gib meinem Glauben Mut und Stärke
414,2 und gebe mir zum Kampf und Siege Kraft
430,4 gib Mut zum Händereichen
431,3 für ihn zu leiden gib uns Kraft
447,8 und wo wir schwach sind, da gib du uns Stärke
495,1 gesunden Leib gib mir

de) um Friede, Freiheit, Freude (22)

34,4 gib der ganzen Christenschar Frieden
58,13 gib fröhliche Gedanken
133,12 gib Freudigkeit und Stärke
140,4 und geb uns Frieden unverrückt
190.1,3 gib deinen Frieden, o Jesu
190.2 gib uns deinen Frieden
190.3 gib uns deinen Frieden
192 den Völkern Frieden und Eintracht geben
210,3 gib meinem Leben große Freude
248,7 gib uns Frieden gnädiglich
321,2 und edlen Frieden geben
322,5 er gebe uns ein fröhlich Herz
423,6 gib uns den lieben Frieden
425,1 gib uns Frieden jeden Tag

425,2 gib uns Freiheit jeden Tag
425,3 gib uns Freude jeden Tag
430,1+4 gib Frieden, Herr, gib Frieden
430,2-3 gib Frieden, Herr, wir bitten
436 Herr, gib uns deinen Frieden
505,5 gib friedevolle Zeit

df) um das tägliche Brot (5)
186 unser tägliches Brot gib uns heute
187 unser tägliches Brot gib uns heute
188 unser täglich Brot, Herr, gib uns heute
344,5 gib uns heut unser täglich Brot
464,1 Herr, gib uns unser täglich Brot

dg) um das ewige Heil, ein seliges Ende, Hoffnung (11)
245,5 ewge Leben. Das gib auch uns, Herr unser Gott
320,8 gib ewigliche Freiheit
343,2 die Hoffnung gib daneben
343,4 beständig sein ans End gib mir
356,2 gib Hoffnung uns in dieser Zeit
367,2 und gib mir hier und dorte, was dienet mir zur Seligkeit
367,3 o Herr, ein seligs End gib mir
450,4 gib, daß auch am Jüngsten Tage
458 du wollst uns geben... das ewig Leben
472,6 gib mir ein selig Ende
494,6 und gib, daß ich zur Abendzeit erwünschten Lohn empfange

e) von Menschen (53)
29,3 gebt Gott allein im Himmel Preis und Ehre
29,4 dem gebt jetzt und immermehre
36,10 nun kann ich mich... wohl zufrieden geben
43,6 wir geben sie gerne mit fröhlichem Sinn
73,7 gib dich ihm selbst zum Opfer dar
84,8 nun, ich kann nicht viel geben
85,7 mein Leben von mir geben
88,6 daß ich dir geb Lieb um Lieb
88,6 bessern Dank ich dorten geb
123,7 gebt, ihr Sünder, ihm die Herzen
133,13 und wenn wir's sollen geben
150,2 die Seele geb von mir
200,5 ich gebe dir, mein Gott, aufs neue
206,5 ja den Namen, den wir geben
301,2 preiset Gott und gebt ihm Ehr
313,2 und was ihr liebhabt, geben
318,1 und gib Lob deinem Herren
318,7 nur geben wir uns seiner Gnad
326,1-9 gebt unserm Gott die Ehre
361,7 auf, auf, gib deinem Schmerze
371,1 gib dich zufrieden und sei stille
371,1-15 gib dich zufrieden
378,5 faß ein Herz und gib dich drein
392,3 Gott rufet noch. Wie, daß ich mich nicht gebe
392,5 gib dich, mein Herz, gib dich nun ganz gefangen
392,7 ich gebe mich; Gott soll hinfort allein
410,4 gebt Gott die Ehre
480,2 ich geb zum Opfer mich
494,3 auch Armen Brot zu geben
505,7 dir Dank und Ehre geben
523,1 Valet will ich dir geben

gebenedeien (3)
214,1 Gott sei gelobet und gebenedeiet
318,1 o gläubig Herz, gebenedei
472,1 Gott sei gebenedeiet

Geber (1)
446,1 dem Geber aller Güter

Gebet (13) → *Beten*
180.1 nimm an unser Gebet
239,2 ja, in euren Taten und Gebeten
239,3 in Gebet und Flehen vor ihn bringen
259,2 auf ihr Gebet und Klagen
266,3 ist immer ein Gebet und immer
278,5 zu ihm spreche ich mein Gebet
279,8 denn mein Gebet verwirft er nicht
282,4 hör mein Gebet, Herr Zebaoth
373,4 laß dein Gebet mich unendlich vertreten
387,5 im Gebet anflehen
446,5 sind mein Gebet und Lieder
496 durch mein Gebet bewegen
512,6 durch Gebet und Gottes Wort

gebieten (8)
116,4 was Gott geboten, ist nun vollbracht
229,1-3 er, der lebt, gebot: Teilt das Brot
251,6 Liebe, hast du es geboten
279,3 gebot dem Strom, vor uns zu fliehn
342,2 was Gott im G'setz geboten hat
368,6 sobald er mir gebeut

Geblüt (2)
324,6 wer gibt uns Leben und Geblüt
361,3 dem sterblichen Geblüt

Gebot (10) → *Gesetz, Satz*
231,1 dies sind die heilgen zehn Gebot
231,11 all die Gebot uns geben sind
235,3 wir kennen dein Gebot, einander beizustehen

253,4 dies königlich Gebot besteht
274,2 in seim Gebot ohn Unterlaß
290,6 und dankbar halte sein Gebot
295,3 so kann ich richtig laufen den Weg deiner Gebot
449,5 laß mich auf deinen Geboten bestehn
494,5 auf dein Gebot gehorsam sei
520,6 und fügen uns des Herrn Gebot

gebrauchen (1) → *brauchen*
529,10 und was ich hier gebrauchet

gebrechen (4)
103,3 denn ich weiß wohl, was euch gebricht
144,3 uns nimmermehr gebrechen
452,5 damit mir nichts gebricht
516,5 wenn ihm die Flamm gebricht

Gebrüll (1)
244,2 bedroh der Wellen wild Gebrüll

gebühren, sich gebühren (7)
165,3 dir gebührt die Ehre
245,2 die wachen stets, wie sich's gebühret
281,3 nicht Ruhm und Ehr gebühren
361,8 wenn er, wie ihm gebühret
479,1 tu, Seel, was dir gebühret
494,1 was mir zu tun gebühret
495,2 was mir zu tun gebühret

Geburt (6)
4,1 Gott solch Geburt ihm bestellt
42,8 den Tag der heiligsten Geburt
46,3 Christ, in deiner Geburt
55,2 des Herren heilige Geburt
68,4 du lehrest uns die neu Geburt
192 durch deine heilige Geburt

Gedächtnis (7)
83,5 in mein Gedächtnis schließen
329,2 in mein Gedächtnis schreib ich an
405,1-5 halt im Gedächtnis Jesus Christ

Gedanke (14)
58,13 gib fröhliche Gedanken
61,5 Jesus sei mir in Gedanken
67,5 und G'danken hab zu dir
168,3 Herr, sammle die Gedanken
240,2 halt uns in Worten und Gedanken
285,2 wie tief sind deine Gedanken
357,4 die Leuchte der Gedanken
431,2 sie wacht, wenn der Gedanken Lauf
449,8 seine Gedanken, sein Wort und Wille
449,12 dahin sind meine Gedanken gericht'
471,3 laß uns einschlafen mit guten Gedanken
478,6 weicht, nichtige Gedanken, hin
516,5 wenn mein Herz und Gedanken
526,1 mir auch für Gedanken macht

gedeihen (8)
58,2 wir leben und gedeihen
86,7 muß zu Ehren mir gedeihen
135,4 und verleih, daß es gedeih
166,4 laß es mir zur Frucht gedeihn
170,2 Segen kann gedeihn, wo wir alles teilen
326,4 und ließ mir Trost gedeihen
494,1 und kann uns auch gedeihen
497,2 daß Menschenrat gedeihe

Gedeihen (9)
192 gesunde Kinder und Gedeihen geben
244,3 Gesundheit und Gedeihn dazu
351,7 gibt Segen und Gedeihen
423,3 laß dein Gedeihen fließen
423,8 den Kleinen gib Gedeihn
494,2 ist er mit uns und sein Gedeihn
494,4 gib dein Gedeihen selbst dazu
508,1 doch Wachstum und Gedeihen
508,1 Wuchs und Gedeihen drauf

gedenken (28) → *denken*
41,5 hast du denn, Höchster, auch meiner noch wollen gedenken
42,1+9 sein werd in aller Welt gedacht
50,1 gedenken wir auch an dein Leid
65,4 dann wolln wir des Vergangenen gedenken
146,4 gedenk an deines Sohnes Tod
214,2 dabei wir sein solln gedenken
227,6 gedenke, Herr, die Kirche zu erlösen
252,7 sonderlich gedenke deren
270,3+4 was ist der Mensch, daß du seiner gedenkst
271,3 was ist der Mensch, daß du, Herr, sein gedenkst
281,2 will unser stets gedenken
286,2 der Herr gedenkt an sein Erbarmen
307 gedenk an uns, o Herr
308,6 was sie gedenken wider dich
308,8 gedenkest der Barmherzigkeit
318,1 gedenk, daß er dein Vater sei
325,8 der mich liebet, mein gedenke
365,5 darin man sein gedenkt
404,8 gib, daß ich deinen Willen gedenke zu erfüllen
422,3 gedenke, Herr, jetzt an dein Amt
478,3 gedenke, Herr, doch auch an mich
481,2 drin man nicht dein gedenket
486,4 des Leides nicht gedenken

487,3 dein gedenk ich nun
512,3 du gedenkst in deiner Treue
522,2 gedenken will ich an dein' Tod

Gedicht (Erdichtetes) (1)
275,5 mit Lügen und falschem Gedicht

Geduld (33)

a) von Gott (10)
83,1 es geht und büßet in Geduld
84,6 und leidest alles mit Geduld
86,6 hast gelitten mit Geduld
92,2 hat in Geduld mit starker Hand
225,1 er ruft uns in Geduld
244,6 zum Zorn gereizt oft dein Geduld
324,9 du strafst uns Sünder mit Geduld
360,2 dein Name ist unendliche Geduld
368,5 und haben noch mit mir Geduld
454,4 trägt die Sünder in Geduld

b) von Menschen (8)
123,8 nur Geduld, es folgen Freuden
151,6 die ihr Geduld getragen
152,2 wir warten deiner mit Geduld
231,6 Geduld haben und sanften Mut
372,2 an seiner Huld und hab Geduld
412,6 ich aber sollte nicht Geduld
413,6 glaubt, hofft, verträgt alls mit Geduld
529,3 und tragen mit Geduld

ba) Bitte an Gott (15)
87,4 hilf tragen mit Geduld
88,6 daß ich Demut von dir lern und Geduld in Plage
134,5 und gib Mut, Geduld und Ruh
136,3 du mußt uns Kraft verleihen, Geduld und Glaubenstreu
137,4 um Erbarmung und Geduld
196,4 viel Früchte bringen in Geduld
196,6 laß in uns wirken... Glaub, Lieb, Geduld und Hoffnung
233,4 gib, Herr, Geduld, vergiß die Schuld
246,4 gib deiner Kirche... Fried, Einigkeit, Mut und Geduld
344,4 gib uns Geduld in Leidenszeit
367,1 sonst wie du willst; gib mir Geduld
384,2 Hoffnung tröste die Geduld
391,3 o so gib Geduld zu beiden
414,3 gib... Geduld und Trost
495,6 so gib Geduld; vor Sünd und Schanden mich bewahr

gedulden, sich (1) → *dulden*
58,9 ein Herz, das sich gedulde

geduldig/geduldiglich (7)
25,6 geduldig, fröhlich allezeit
79,3 daß wir im Kreuz geduldig sein
82,6 hilf mir geduldig tragen
190.1 allzeit erfunden geduldig
345,4 der du geduldig bist
397,2 auf daß ich's trag geduldiglich
423,9 auf daß sie ihre Plage geduldig mögen überstehn

Gefahr/Gefähr (24) → *Gefährlichkeit*
59,1 daß du uns in so großer G'fahr
60,4 vor Leid behüten und Gefahr
61,6 stehe bei mir in Gefahr
109,4 ob er gleich murrt, ist's ohn Gefahr
112,4 bleib allzeit ohn Gefahr
143,1 die uns in Angst, Not und Gefahr
192 allen, die in Not und Gefahr sind
203,5 vor Unfall, Schaden und Gefahr
275,5 Herr, nimm mein wahr in dieser G'fahr
276,2 als in Gefahr mein Leben
296,8 sind Weg und Steg auch voll Gefahr
308,4 wenn er muß leiden groß Gefahr
324,8 und stehst uns, wenn wir in Gefahr geraten
330,5 auch in der größesten Gefahr
343,5 daß mir's nicht bringt Gefähr
366,5 in großer Trübsal und Gefahr
387,6 weil die Angst, Not und Gefahr
443,2 vor G'fahr und allem Schaden
445,2 vor Gefahr, Angst, Not und Schmerzen
451,6 sei mir ein Retter in Gefahr
467,2 vor Schaden, G'fahr und mancher Plag
477,9 kein Unfall noch Gefahr
512,4 Schaden, Unfall und Gefahr
524,3 in viel Ängsten und Gefahr

gefährlich (2) → *fährlich*
392,1 und meine Seel noch so gefährlich steht
393,1 es ist gefährlich stehen in dieser Wüstenei

Gefährlichkeit (1) → *Gefahr*
495,4 find't sich Gefährlichkeit

Gefährt (1)
1,2 Sanftmütigkeit ist sein Gefährt

gefallen (31) → *wohlgefallen*

a) allgemein (23)
5,5 dem Herren in allem trachten zu gefallen
24,12 das hat also gefallen dir

88,6 Jesu, dir gefallen
92,1 weil unser Bitten dir gefällt
94,4 so hat es Gott gefallen
111,7 kein groß Gepräng ihm hier gefällt
122,3 und dann einmal, wenn's dir gefällt
141,4 sein Opfer Gott allein gefällt
165,4 trachten zu gefallen
327,1 laß dir unser Lob gefallen
352,4 wenn es meinem Gott gefällt
358,4 ihm zu gefallen sucht
361,3 was deinem Rat gefällt
364,3 zu meinem Gott, wenn's ihm gefällt
365,4 es tut ihm nichts gefallen
396,5 mir gefällst du nicht
409,7 wann es ihm gefällt
497,7 was dir gefällt, das laß auch mir
497,7 gefallen und belieben
505,2 getan, was uns gefällt
523,1 durchaus mir nicht gefällt
525,5 bei Gott zu leben mir gefällt
529,8 die meinem Geist gefalle

aa) wie es gefällt (8)
87,5 bind uns, wie dir's gefällt
104,3 daß wir wandeln, wie dir's gefällt
267,4 ganz so, wie es dir gefällt
316,2 wie es dir selber gefällt
317,2 wie es dir selber gefällt
365,3 er schaff's, wie's ihm gefällt
443,6 er mach's, wie's ihm gefällt
449,9 wie dir's gefället; ich habe gestellet

Gefallen (1) → *Wohlgefallen*
202,3 an dem ich hab Gefallen

gefällig (2)
166,3 ein gefällig Opfer heißt
328,1 so wie es dir durch ihn gefällig ist

Gefangene (6) → *fangen*
66,3 führt die Gefangenen siegend heraus
192 allen Kranken, Einsamen und Gefangenen beistehn
260,1 er hat mich gesandt zu predigen den Gefangenen
260,1 und ich sende euch zu predigen den Gefangenen
298,1 wenn der Herr einst die Gefangnen
471,4 hilf den Gefangnen

gefangenführen (2)
106,1 sein Feind er all gefangen führt
116,1 all seine Feind gefangen er führt

gefangenhalten (6)
101,2 hielt uns in seim Reich gefangen
111,4 mit Schmach am Kreuz gefangen hält
154,4 uns hält gefangen Irrtum, Schuld und Leid
325,8 die uns hart gefangen hält
382,2 mein Unvermögen hält mich ganz gefangen
394,3 und was euch noch gefangen hält

gefangennehmen (2)
113,3 die Feind nimmt er gefangen
218,3 nimmt mein Herze jetzt gefangen

Gefangenschaft (1)
360,4 wir brachten selbst uns in Gefangenschaft

Gefängnis (2)
117,1 wär vorm Gefängnis noch der schwere Stein vorhanden
241,5 dein Volk aus dem Gefängnis nähme

Gefieder (1)
325,2 wie ein Adler sein Gefieder

Gefühl (1)
451,1 mein erst Gefühl sei Preis und Dank

gegen (1)
311,1 du sollst gegen allen Schein

Gegenwart (2)
282,1 und bald in deiner Gegenwart
359,2 dessen Heil und Gegenwart

gegenwärtig (4)
165,1+2 Gott ist gegenwärtig
165,4 und dich gegenwärtig sehen
224,3 du selbst willst gegenwärtig sein

gehaben, sich (1)
525,5 gehab dich wohl, du schnöde Welt

Geheimnis (9)
41,4 wer kann dies Geheimnis verstehen
93,1 das Geheimnis Gottes sah
93,1 das Geheimnis des Gerichtes
93,1 das Geheimnis neuen Lichtes
154,3 welch ein Geheimnis wird an uns geschehn
189 Geheimnis des Glaubens
213,3 empfanget das Geheimnis
218,3 das Geheimnis dieser Speise
218,4 dies Geheimnis recht zu deuten

gehen (155)

a) allgemein (37)
8,2 das Schiff geht still im Triebe
44,1 Welt ging verloren, Christ ist geboren
62,3 geht uns dieser Leitstern für

63,5 o das ist sichres Gehen
73,8 wo man zum Leben geht
123,8 und das Leiden geht zuvor
149,2 Posaunen wird man hören gehn
191 geht über Himmel und Erden weit
218,1 komm ans helle Licht gegangen
223,1 geht zu der Welten Abendzeit
241,2 o möcht es doch in alle Lande gehn
242,1 bald abseit geht sonst die Fahrt
266,3 des Morgens um die Erde geht
277 und deine Wahrheit, so weit die Wolken gehen
278,4 Wellen gehn über mich hin
283,7 und stets in vollem Schwange gehn
291,1 und deine Wahrheit, so weit die Wolken gehn
295,4 so weit der Himmel gehet
322,7 um, bei und mit uns gehn
342,3 der über uns ging alle
344,1 hilf, daß es geh von Herzensgrund
351,13 mein Herze geht in Sprüngen
361,12 so gehen unsre Wege
370,8 gehn zu Himmelsfreuden
390,3 auf dich laß meine Sinne gehn
391,2 denn durch Trübsal hier geht der Weg zu dir
430,1 das Unrecht geht im Schwange
459,1 ihr Glanz über die Welt weit geht
473,2 dein Lieb und Treu vor allem geht
475,1 und ihr Sinne, geht herfür
477,6 nun geht, ihr matten Glieder
487,1 schlafen geht die Welt
495,3 aus meinem Munde gehen
503,9 und läßt du's uns so lieblich gehn
511,1 weißt du, wieviel Wolken gehen
516,4 mein Atem geht schwer aus
520,2 wenn der Posaune Schall wird gehn

aa) es geht (17)
3,2 denn es ging dir zu Herzen sehr
111,7 was schlicht und niedrig geht herein
206,5 was vom Herzen ist gegangen
258,1 geht's unter Sonnenschein und Stürmen
308,6 das geht doch allzeit hinter sich
325,9 mir's nicht aus dem Sinne gehn
330,2 solang es noch im Laufe geht
368,7 es gehe, wie es gehe
387,5 es muß uns schon alles glücklich gehen
393,3 so geht's gerad und fein
393,3 es geht durchs Sterben nur
439,1 es geht daher des Tages Schein
497,1 was du regierst, das geht und steht
508,2 es geht durch unsre Hände
526,6 wird dort frisch und herrlich gehen
528,6 alles muß zu Trümmern gehen
529,4 so ging's den lieben Alten

b) von Gott (25)
4,2 er ging aus der Kammer sein
36,2 heute geht aus seiner Kammer
63,6 geh selber uns zur Seiten
74,1 du gingst vor aller Zeiten Lauf
78,4 Jesus ging nach Gottes Will
83,1 ein Lämmlein geht und trägt die Schuld
83,1 es geht und büßet in Geduld
83,1 es geht dahin, wird matt und krank
89,3 bist in das Elend gangen
90,2 du gehst den engen Weg voran
93,2 in des Todes Rachen ging
96,2 gingst an das Kreuz
112,6 wo mein Haupt durch ist gangen
199,1 und gehn von Ort zu Ort
209,4 der durch den Tod gegangen ist
209,4 ich möcht', daß er auch mit mir geht
233,3 geh nicht ins G'richt
256,1 der für uns in den Tod gegangen
297,2 so geht doch Gott ein andre Bahn
313,3 der durch die Welt geht und die Zeit
341,6 er ging in meiner armen G'stalt
374,4 ich weiß: die Wege, die er geht
376,1 wo du wirst gehn und stehen
379,5 will dir zur Seite gehen
498,2 und mit uns gehen aus und ein

c) von Menschen (35)
29,4 so laßt uns gahn und diese Ding erfahren
58,2 wir gehn dahin und wandern
63,4 hier gehen wir und streuen
72,5 versammle, die zerstreuet gehn
97,1–6 sieh, wohin wir gehn
105,4 drei Frauen gehn des Morgens früh
105,14 ihr sollt nach Galiläa gehn
105,15 getröstet gehen wir von hier
114,5 die früh dahin aus Liebe gehn
148,9 sonst möcht ich irre gahn
149,4 und mit dem Satan müssen gehn
153,2 wenn die Herren der Erde gegangen
165,8 wo ich geh, sitz und steh
237,2 geh ich von dir zu dir
261 Herr, wohin sollen wir gehen
282,3 geht hier sein Pfad durchs Tränental
303,6 erhebt, die tief gebeuget gehn
313,3 zu wem denn sollen wir sonst gehn
344,5 der Sorg und Geizens müßig gehn
361,1 da dein Fuß gehen kann

378,3 lebend aus dem Feuer gehn
385,4 sieht er voran den Feldherrn gehn
393,1+6 kommt, Kinder, laßt uns gehen
400,6 und laß mich nicht mehr irre gehn
457,7 er segnet, wenn du kommst und gehst
477,3 wenn mich wird heißen gehen
484,1 müde bin ich, geh zur Ruh
524,3 also auch die Christen gehen
534,1 und weise uns, eh wir gehen müssen

ca) begleitet (10)
65,1 und mit euch gehen in ein neues Jahr
114,5 geh mit Maria Magdalen
209,1 ich möcht', daß einer mit mir geht
209,2 ich wart', daß einer mit mir geht
209,3 es heißt, daß einer mit mir geht
376,1 ich mag allein nicht gehen
393,7 wir gehen Hand in Hand
402,6 geh ihm ewig an der Seiten
407,1 Stab, an dem ich geh
474,1 mit meinem Gott geh ich zur Ruh

cb) auf rechter Bahn, auf Gottes Wegen, Nachfolge (31)
9,4 und gehn die rechte Bahn
41,4 die ihr zum Vater wollt gehen
58,1 nun laßt uns gehn und treten
62,1 und auf seinen Wegen gehn
62,3 nur in Jesu Namen gehen
79,4 daß wir durchs Kreuz ins Leben gehn
83,7 des höchsten Vaters gehen
85,6 von dir will ich nicht gehen
112,8 wer dort mit sterben geht
114,7 und in ein neues Leben gehst
116,4 geht und verkündigt, daß Jesus lebt
214,3 daß wir gehn auf seinen Wegen
228,3 steht auf und geht, die Hoffnung wächst
245,4 wer den nicht geht, muß draußen bleiben
254,4 wir gehn im Frieden
267,2 mühen, deinen Weg zu gehn
269,5 bereit, zu neuem Dienst zu gehn
282,1 wie sehnet sich mein Herz zu gehen
300,2 hebt eure Hände auf und geht
315,1 ich will zu meinem Vater gehn
315,7 laßt uns zu unserm Vater gehn
369,7 sing, bet und geh auf Gottes Wegen
406,1 will auf deinen Wegen gehn
426,3 auf Jesu Weg zu gehn
432,3 wir können neu ins Leben gehn
444,4 mein Gehen und Stehn
444,4 laß richtig mich gehn
447,7 auf unsern Wegen unverhindert gehen
488,5 es tagt, die Schatten fliehn, ich geh zu dir
497,12 doch wer ihn freudig gehet
520,6 und gehen unsre Straßen nun

Gehilfe (2)
270,5 hast ihn erwählt dir zum Freund und Gehilfen
330,4 soll sich mir zum Gehilfen geben

Gehör (2)
72,4 den Tauben öffne das Gehör
524,7 das Gehör auch gar verschwind't

gehorchen (1)
277,4 hilf mir gehorchen, wenn du mich berufen willst

gehören (10)
37,6 für edle Kinder großer Herrn gehören güldne Wiegen
65,4 und dann gehört dir unser Leben ganz
93,1 nun gehören unsre Herzen
116,2 selig ist, wer zu Jesus gehört
256,1 unsre Herzen gehören dir, o Mann der Schmerzen
266,5 bis allen dein großer, neuer Tag gehört
302,8 jedoch weil ich gehöre gen Zion in sein Zelt
408,1 meinem Gott gehört die Welt
408,1 ihm gehört der Raum, die Zeit
409,2 Gott gehört die Welt

gehorsam (10)
90,1 und bist gehorsam bis zum Tod
91,2 und bis zum Tod am Kreuz gehorsam werden
104,3 deiner Wahrheit gehorsam sind
231,5 du sollst ehrn und gehorsam sein
233,4 schaff ein gehorsam Herze
341,6 der Sohn dem Vater g'horsam ward
344,4 gehorsam sein in Lieb und Leid
366,7 gehorsam sein nach deinem Wort
447,8 hilf uns gehorsam wirken deine Werke
494,5 auf dein Gebot gehorsam sei

Gehorsam (6) → *Glaube, Vertrauen*
137,1+9 des Gehorsams und der Zucht
195,3 mein Fleisch dem Geist Gehorsam leist
200,3 Treu und Gehorsam zugesagt
390,2 der dir mit Lust Gehorsam leist'
437,3 daß unser Herz in G'horsam leb

Geißel (3)
77,3 um Drei hat der Gottessohn Geißeln fühlen müssen
84,4 die Geißeln und die Bande
88,2 deine Geißel, Dornenkron

geißeln (2)
78,6 ward gegeißelt und verkleid't
81,2 du wirst gegeißelt und mit Dorn gekrönet

Geißelung (1)
87,1 für deine Geißelung

Geist (153)
A: von Gottes Geist (102) → *Feuer, Heiliger Geist, Herr (A) i)*

„Heiliger Geist" siehe unter: Heiliger Geist

a) allgemein (33)
123,6 mit dem Geiste sie getaufet
126,6 dich, beider Geist, zu verstehn
127,1 daß es mit Geist getaufet werd
129,4 den Geist, den edlen Gast
134,1 so wird Geist und Licht und Schein
135,3 führ den Geist empor
137,1 Geist, der einst der heilgen Männer
141,5 taufen wird er mit Feu'r und Geist
152,3 du bist uns zwar im Geiste nah
164 gieß aus auf uns den Geist
165,7 schauen mag in Geist und Wahrheit
182,5 ihr seid getauft durch den Geist zu einem Leib
184,5 den Geist, der heilig insgemein
195,3 mein Fleisch dem Geist Gehorsam leist
202,7 der Glaub im Geist die Kraft versteht
206,2 wer durch Wasser und durch Geist
208,2 zum Wasser gabst du Wort und Geist
208,3 Geist, Wort und Wasser mach zum Samen
218,4 Gottes Geist nur kann uns leiten
253,1 im Geist Gemeinschaft haben
253,1 und eines Geistes Gaben
264,2 ein Geist, der sie beseelt
268,4 Dienste leben viele aus einem Geist
268,4 Geist von Jesus Christus
299,4 der aus dem Geist erzeuget ward
328,3 und ich bet dich im Geist und Wahrheit an
341,9 den Geist will ich dir geben
386,4 denn dein Wort, o Jesu, ist Leben und Geist
401,4 Licht und Wahrheit, Geist und Wort
410,4 freut euch am Geiste: denn wir sind gerettet
429,5 ich gieße aus über die Menschen Geist aus der Höhe
438,4 hilf, daß der Geist Zuchtmeister bleib
453,5 dem Geist auch, der uns Trost verleiht

b) Gott Vater, Sohn und Geist (3)
265,1 dem Vater, Sohn und Geist
275,7 sei Vater, Sohn und Geist bereit'
276,5 Gott Vater, Sohn und Geist

c) dein, sein Geist (40)
58,14 füll uns mit deinem Geiste
70,4 dein Wort, dein Geist, dein Leib und Blut
81,10 so gib mir deinen Geist, der mich regiere
85,5 dein Geist hat mich begabet
127,2 von seinem Geist ermuntert
129,1 des Himmels seinen Geist
145,7 und gib uns deinen Geist dazu
159,3 in unser Herz dein' Geist ausgieß
161,2 wo nicht deines Geistes Hand
168,3 Herr, sammle... und schick uns deinen Geist
178.8 send uns deinen Geist
182,9 Wahrheit und Licht... durch seinen Geist
192 deinen Geist und Kraft zum Worte geben
194,3 daß wir durch deinen Geist je mehr
200,1 ich bin mit seinem Geist beschenkt
219,2 durch deines Geistes Stärke
241,5 o daß dein Geist, so wie dein Wort verspricht
241,7 die Werkstatt deines guten Geistes sein
244,5 aus deinem Geist ganz neu geborn
249,5 daß uns dein guter Geist regier
252,1 deines Geistes, dir zu leben
274,4 mit deinem Geist, der Freuden Öl
318,5 er gibt uns seinen guten Geist
325,4 seinen Geist, den edlen Führer
328,1 ach gib mir deines Geistes Kraft dazu
328,2 dein Geist in meinem Herzen wohne
328,3 so hebt dein Geist mein Herz zu dir empor
328,5 was mich dein Geist selbst bitten lehret
334,5 danke, daß deinen Geist du gibst
351,7 sein Geist wohnt mir im Herzen
351,9 sein Geist spricht meinem Geiste
358,5 durch seines Geistes Stärk
362,4 mit seinem Geist und Gaben
389,3 laß deines guten Geistes Licht
404,7 die dein Geist schafft und tut

412,8 drum gib mir, Gott, durch deinen Geist
454,5 die sein Geist versöhnt und eint
494,5 regiere mich durch deinen Geist
497,12 kommt endlich, Herr, durch deinen Geist
503,14 mach in mir deinem Geiste Raum

d) näher bestimmt (26)
92,5 der Geist der Kraft geht aus von dir
92,6 jetzt mit des Geistes Kraft und Licht
133,1 o hochgeliebter Geist
133,5 du bist ein Geist, der lehret
133,6 du bist ein Geist der Freuden
133,7 du bist ein Geist der Liebe
134,1 komm, o komm, du Geist des Lebens
134,6 o du Geist der Kraft und Stärke
134,6 du gewisser, neuer Geist
135,1 denn der Geist der Gnaden
135,2 Geist voll Rat und Tat
136,1 o komm, du Geist der Wahrheit
137,1+9 Geist des Glaubens
137,1+9 Geist der Stärke
137,9 Geist, du Geist der heilgen Männer
139,3 des Vaters werter Geist
139,4 und Gott der werte Geist
200,2 o guter Geist, mein Tröster sein
202,2 mit reichem Geist ohn Maßen
230 und gib mir einen neuen, gewissen Geist
241,1 wach auf, du Geist der ersten Zeugen
265,2 den Geist der Heiligkeit
390,2 schaff in mir, Herr, den neuen Geist
475,8 und mein Hort, du werter Geist

B: im allgemeinen Sinn (51)

a) allgemein (18)
67,3 dir dienen im Geist so
73,7 mit Geiste, Leib und Seel
78,10 den Geist tu ernähren
88,1 Geist und Andacht schenken
133,2 daß ich mit reinem Geiste
137,5 seinen königlichen Geist
165,4 und im Geist dir Dienst erweisen
166,3 heilige du Leib und Geist
182,5 seid eines Sinnes und Geistes
322,5 erfrische Geist und Sinn
328,7 was ich von dir im Geist und Glauben bitt
342,2 vom Fleisch wollt nicht heraus der Geist
386,8 im kindlichen Geiste das Abba nun klingt
388,4 ob auch schon der Geist zu Zeiten
501,3 fröhlich im Geist zu sein
501,4 im Geist fruchtbar zu sein
506,5 der Mensch, ein Geist, den sein Verstand
527,2 sobald der Geist gewichen

b) von Jesus (2)
77,5 da gab er auf seinen Geist
78,8 ich befehl nun meinen Geist

c) mein, dein, unser Geist (28)
37,1 nimm hin, es ist mein Geist und Sinn
42,3 so steht mein Geist vor Ehrfurcht still
78,10 begnad unsers Geists Begier
91,4 dies kann mein Geist mit Schrecken und Entzücken
96,5 nimm unsren Geist, Herr, auf in deine Hände
112,1 wenn von uns unser Geist gen Himmel ist gereist
114,1 ermuntre deinen Geist und Sinn
130,7 sei unsers Geistes Stärke
165,8 laß mein' Geist auf Erden
275,6 Herr, meinen Geist befehl ich dir
309,1 daß er mein Heiland ist, frohlockt mein Geist
310 und mein Geist freuet sich Gottes
325,3 wie will doch mein schwacher Geist
326,7 mein Geist und Leib erfreue dich
328,4 gibt Zeugnis meinem Geist, daß ich dein Kind
351,9 sein Geist spricht meinem Geiste
370,8 sondern reißt unsern Geist aus viel tausend Nöten
387,1 mache dich, mein Geist, bereit
392,5 dein Geist wird sonst in Ewigkeit nicht frei
404,1 und meinen Geist erneuen
406,6 dann erleuchte meinen Geist
414,1 nimm meinen Leib und Geist zum Opfer hin
476,4 schaff, daß mein Geist dich ungehindert schaue
503,13 hilf mir und segne meinen Geist
505,6 so nimm du unsern Geist
506,6 erheb ihn ewig, o mein Geist
521,1 mein' Geist will ich aufgeben
529,8 die meinem Geist gefalle

d) vom bösen Geist (3)
133,11 vertreib den bösen Geist
344,7 wenn uns der böse Geist anficht
364,4 wenn mich der böse Geist anficht

Geister (7)
143,2 als Gottes gute Geister
246,5 den stolzen Geistern wehre doch

251,4 daß der Vater aller Geister
251,6 o so mache doch die toten, trägen Geister lebensvoll
357,3 er heißt der Herr der Geister
373,3 lehre mich kämpfen und prüfen die Geister
471,2 treib, Herr, von uns fern die unreinen Geister

geistlich (9)
8,6 und geistlich auferstehn
114,2 der geistlich auferstanden
126,2 ein geistlich Salb an uns gewandt
274,4 deiner geistlichen Freuden
307,1 selig sind, die da geistlich arm sind
318,2 dich waffnet zum geistlichen Krieg
318,9 durch recht geistliche Ritterschaft
445,4 geistlich auferstehen mag
500,3 die geistlich Sommerzeit

Geiz (1)
428,2 daß von Geiz und Unverstand

Geizen (1)
344,5 der Sorg und Geizens müßig gehn

geizig (1)
449,6 geiziges Brennen, unchristliches Rennen

gelangen (2)
105,6 daß wir gelangn ins Grab hinein
402,4 wenn ich nun dahin gelanget

Geld (7)
71,3 vergänglich Gut und Geld
231,8 du sollst nicht stehlen Geld noch Gut
352,1 über alles Geld und Gut
363,4 Silber und Gold und alles Geld
424,3 ordne alles Gut und Geld
428,1 überwinde Macht und Geld
495,5 an Reichtum, Gut und Geld

Gelehrter (1)
363,5 dem G'lehrten hilft doch nicht sein Kunst

Geleit (6)
128,7 gib im Sterben dein Geleit
239,4 Gottes Friede sei euch zum Geleit
240,1 nun gib uns gnädig das Geleit
296,8 bring dich nach Haus in seim Geleit
447,7 gib, daß wir heute, Herr, durch dein Geleite
471,1 in seim G'leit und Segen

geleiten (14) → *begleiten, leiten*
30,4 laß dein Hilf uns geleiten hin in den Freudensaal
108,3 zur ewgen Freude geleiten
142,6 durch sie geleite groß und klein
193,3 g'leit uns ins Leben aus dem Tod
209,1+3 der mich zu allen Zeiten kann geleiten
209,4 er will durch Leid und Freuden mich geleiten
316,3 der dir Gesundheit verliehen, dich freundlich geleitet
317,3 der dir Gesundheit verliehen, dich freundlich geleitet
325,7 hätte mich sein Angesicht nicht geleitet
329,1 bis hierher hat er mich geleit'
434 der Friede des Herrn geleite euch
452,4 zu seinem Dienst geleit
522,1 so g'leit du mich, Herr Jesu Christ

Geleitsmann (1)
498,2 Herr, du wollst uns Geleitsmann sein

Geliebter (2)
135,2 Siegel der Geliebten
471,4 pfleg auch der Kranken durch deinen Geliebten

gelingen (16)
61,1 hilf, Herr Jesu, laß gelingen
135,4 alles ihm gelinge
161,3 laß, Herr Jesu, wohl gelingen
167,1 der geb, daß es gelinge
169,3 wenn uns mal nichts gelingt und glückt
279,3 vor ihm gelingt's Empörern nimmer
294,3 hilf, Herr, o hilf, laß wohl gelingen
341,7 es soll dir jetzt gelingen
362,3 es soll uns doch gelingen
368,1 soll's anders wohl gelingen
373,6 Jesu, hilf siegen und laß mir's gelingen
377,2 muß uns der Sieg gelingen
386,6 Jesu, laß es mir gelingen
475,2 daß mir ist mein Werk gelungen
494,2 und läßt das Werk gelingen
501,4 und laß mir wohl gelingen

geloben (3)
326,9 bezahlet die gelobte Pflicht
382,2 nimmst du mich auf in dein gelobtes Land
395,1 sind Menschen ausgezogen in das gelobte Land

gelten (15) → *ergehen*
24,12 vor dir nichts gilt, nichts hilft noch tut
136,4 es gilt ein frei Geständnis
198,1 wenn dein Wort nicht mehr soll gelten
199,1 und wird allmächtig gelten
202,1 es galt ein neues Leben

211,3 gilt schon für uns: gerettet sein
215,6 dieser Tisch auch dir nicht gilt
254,3 drum gilt's gemeinsam lieben
273,3 was wir setzen, gilt allgemein
299,2 bei dir gilt nichts denn Gnad und Gunst
341,3 mein guten Werk, die galten nicht
377,2 wohl gilt's zu streiten immerzu
392,6 meins Gottes Stimm mir mehr als deine gilt
452,2 nichts gilt mehr als sein Ruf
454,3 den Geplagten gilt sein Ruf

Gelübde (2)
279,6 Gelübde, die ich schuldig war
279,6 Gelübde, die in banger Stunde

gelüsten (1)
84,12 was meinem Fleisch gelüst'

Gemach (Gemächlichkeit) (1)
393,5 Gemach bringt Ungemach

Gemächte (Machwerk) (1)
289,3 er kennt das arm Gemächte

Gemahl (1)
443,4 Gemahl, Gut, Ehr und Kind

gemein (3) → *gemeinsam*
253,1 die haben alles Gut gemein
341,1 nun freut euch, lieben Christen g'mein
378,4 sind in ihr gemeine Plagen

Gemeinde/Gemeine (15) → *Gemeinschaft, Glied b), Herde, Kirche*
78,1 betracht, christliche Gemein
93,4 die begnadigte Gemeinde sagt... Ja
123,6 der gegründet die Gemeine
123,9 die geheiligte Gemeine weiß
127,1 das saß in friedsamer Gemein
127,3 deiner Gemeind, dein Werk richt aus
192 den Verfolgern deiner Gemeinde vergeben
245,5 also wird nun Gottes Gemeine
250,1 in einer heiligen Gemein
252,1 Haupt und König der Gemeine
259,3 zu wecken die Gemeine
274,5 auf Erd in der christlichen G'mein
289,4 bei seiner lieben G'meine
292,5 vor allem Volk in der Gemeind
331,5 singt die heilige Gemeinde

gemeinsam (2) → *gemein*
254,3 drum gilt's gemeinsam lieben
269,2 gemeinsam Gottes Lob erklingt

Gemeinschaft (8) → *Freund, Gemeinde, Kirche*
250,3 und in Gemeinschaft dies begehen
253,1 im Geist Gemeinschaft haben
253,3 Gemeinschaft an dem Leiden
253,5 ich will mich der Gemeinschaft nicht
253,5 hab ich Gemeinschaft an dem Leid
253,5 auch einst Gemeinschaft haben
264,3 hat selige Gemeinschaft
410,2 er schenkt Gemeinschaft zwischen Gott und Menschen

Gemüt (18) → *Herz, Sinn*
35,2 tröst mir mein Gemüte
70,3 nach dir wallt mir mein Gemüte
127,3 ganz das Gemüt und füll das Haus
127,7 erquickest das Gemüte
130,5 deine Güte ins Gemüte, daß wir können
133,11 erfülle die Gemüter
218,2 ach wie hungert mein Gemüte
325,7 und ermuntert mein Gemüt
326,1 dem Gott, der mein Gemüte
329,1 bewahrt Herz und Gemüte
370,10 eine Hand voller Sand, Kummer der Gemüter
389,3 erleuchten mein Herz und Gemüt
398,1 zu deiner Güte steht unser G'müte
449,3 die besten Güter sind unsre Gemüter
475,1 werde munter, mein Gemüte
503,7 das menschliche Gemüte
505,3 als Mund, Herz und Gemüte
512,5 unser Wissen und Gemüte klagt uns... an

gen (12)
112,1 gen Himmel ist gereist
114,2 gen Himmel, da dein Jesus ist
119,1 gen Himmel aufgefahren ist
120 Christ fuhr gen Himmel
121,1 daß du gen Himmel g'fahren bist
121,3 gen Himmel aufgefahren hoch
302,8 gen Zion in sein Zelt
341,9 gen Himmel zu dem Vater mein
405,4 gen Himmel aufgefahren ist
446,9 bis ich gen Himmel reise
517,11 als wolltst du morgn gen Himmelreich
517,12 ich fahr dahin gen Himmelreich

genau (1)
526,3 zu genau mit ihm verbunden

genehm (1)
452,3 Gott macht mich ihm genehm

genesen (3)
78,2 daher wir genesen
325,7 aus so mancher Angst genesen
523,4 der ist ewig genesen

genießen (16)
5,4 daß sie sein genießen
36,11 edle Blum, laß dich recht genießen
40,4 willst du genießen diesen Schein
78,9 derer wir genießen
144,6 den Trost laß uns genießen
158,3 das laß mich, Herr, genießen
196,5 hilf, daß wir draus genießen
215,8 daß er dein genießen kann
218,5 laß mich würdiglich genießen
386,3 wie, dies Eine zu genießen
386,4 was ist wohl, das man nicht in Jesus genießt
439,6 mögen genießen deiner Gab
450,2 lauter süßen Trost genießen
451,10 in deiner Furcht genieße
505,6 da er der Ruh genießt
527,8 was du zuvor genossen

genug (14)
36,11 du gibst g'nug Ehr und Schmuck
103,1 der für uns hat genug getan
106,1 dran niemand g'nug sich freuen mag
111,13 g'nug, daß ich Christus bei mir hab
145,1 du hast genug geschlafen
145,2 der für der Welt Sünd g'nug getan
162,3 da man sich nicht g'nug freuen mag
232,2 daß du hast g'nug für mich getan
342,1 der hat für uns genug getan
380,7 laßt nun euer Fragen, Hilfe ist genug
457,5 ihm kann es keinen Tag genug an Segensfülle sein
478,4 hat g'nug für mich getan
518,3 das g'nug für die Sünde tut
524,4 Jammer g'nug find't sich auf Erden

Genüge (3)
135,2 zur Genüge laben
452,3 hab nur in ihm Genüge
497,13 hast du zu aller G'nüge

genügen (4) → *zufrieden, sich zufriedengeben*
372,2 so laß ich mir genügen
386,9 volles G'nügen, Fried und Freude
392,7 ich folge Gott, ich will ihm ganz genügen
530,8 mir g'nüget, wie mein Gott es füget

genugsam (genügend) (1)
81,7 wie kann ich g'nugsam solche Treu ausbreiten

Gepränge (1)
111,7 kein groß Gepräng ihm hier gefällt

gerade (2)
312,2 was krumm ist, macht gerad
393,3 so geht's gerad und fein

geraten (6)
81,1 in was für Missetaten bist du geraten
203,6 gib Gnad, daß es gerate wohl
324,8 und stehst uns, wenn wir in Gefahr geraten, treulich bei
437,4 laß unser Werk geraten wohl
439,5 daß unser Werk gerate gut
495,2 daß es gerate wohl

gerecht (18)
1,2 er ist gerecht, ein Helfer wert
79,1 gemacht vor Gott gerecht und gut
81,4 die Schuld bezahlt der Herre, der Gerechte
86,2 du gerechter Gottessohn
91,4 Gott ist gerecht, ein Rächer alles Bösen
93,2 als für Sünder der Gerechte
123,10 rühmt, vollendete Gerechte
250,4 weil doch kein Mensch vor Gott gerecht
257,1 und dich als den Gerechten
276,4 viel muß der G'rechte leiden
294,2 mit Freuden singen die Gerechten
342,6 es ist gerecht vor Gott allein
342,7 doch macht allein der Glaub gerecht
346,2 uns macht gerecht der treue Knecht
372,1 es bleibt gerecht sein Wille
378,3 wirst du den Gerechten sehn
451,8 gottselig, züchtig und gerecht
452,4 und spricht mich selbst gerecht

Gerechtigkeit (22)
60,5 auch Friede, Treu, Gerechtigkeit
71,4 dein Güt allzeit regieret und dein Gerechtigkeit
113,7 Fried, Freude, Heil, Gerechtigkeit
114,6 hat uns... erfunden das Leben und Gerechtigkeit
162,2 und schenkt mir die Gerechtigkeit
182,2 seine Gerechtigkeit, Amen
256,4 Glanz der Gerechtigkeit
262,1 Sonne der Gerechtigkeit
263,1 Sonne der Gerechtigkeit
277,1 deine Gerechtigkeit steht wie die Berge
283,6 Gerechtigkeit wird einhergehn
283,6 Gerechtigkeit wird von dem Himmel schauen

283,7 Gerechtigkeit wird dennoch stehn
286,4 den Erdkreis in Gerechtigkeit
287,1 er offenbart seine Gerechtigkeit
294,3 ihr Tore der Gerechtigkeit
295,2 weil du mich lehrst die Rechte deiner Gerechtigkeit
307,4 die da hungern und dürsten nach der Gerechtigkeit
307,8 die um der Gerechtigkeit willen verfolgt werden
349,3 mit Heil und G'rechtigkeit
350,1 Christi Blut und Gerechtigkeit
386,6 die höchste Gerechtigkeit ist mir erworben

gereichen (dienen) (2)
324,10 und dir zur Ehr gereicht
437,4 gereich zu deim Lob, Ehr und Preis

gereuen (5) → *reuen*
214,3 daß uns die Speis nicht gereue
243,5 es tut ihn nicht gereuen
365,3 es kann mich nicht gereuen
393,2 es soll uns nicht gereuen
512,3 daß dich nimmermehr gereue

Gericht (22) → *Jüngstes Gericht*
6,5 ach lieber Herr, eil zum Gericht
16,5 kommt dort aus dem Gericht
50,3 dein aber harret das Gericht
93,1 das Geheimnis des Gerichtes
94,3 verdammen vor Gericht
97,4 gnädig sein Gericht
199,3 das Wort in dem Gerichte
233,3 geh nicht ins G'richt
237,3 Gericht und Gnad, die beiden
277,1 und dein Gericht ist tief wie das Meer
289,2 sein herrlich Recht und sein Gericht
302,4 den schützt er im Gericht
331,7 du wirst kommen zum Gericht
341,3 der frei Will haßte Gotts Gericht
351,5 darf kein Gerichte scheuen
370,5 sein Gericht, kann mich nicht
388,1 übe ferner dein Gerichte
402,5 mich befreiet vom Gericht
412,8 ein unbarmherziges Gericht
431,3 sehn wir nur Feuer des Gerichts
445,4 uns erscheint und dein Gericht
478,5 wenn ich muß vors Gericht

gering/geringst (11)
24,9 wie bist du worden so gering
27,3 wird niedrig und gering
93,2 und der Größte ganz gering
114,8 und den Geringen in der Welt
141,5 ich bin viel zu gering dazu
165,2 da auch wir Geringen unsre Opfer bringen
256,5 beginnest du still und geringe
287,2 seine Macht sei klein und gering
302,5 oft bei geringem Mahl
379,3 dem kein Geringstes fehlt
506,4 bringt, ruft auch der geringste Wurm

gern (38)

a) allgemein (7)
6,4 der Teufel brächt uns gern zu Fall
6,4 und wollt uns gern verschlingen all
36,6 schaut den Stern, der euch gern
63,3 was man so gern vergißt
290,7 o wer ihn kennet, dient ihm gern
327,2 lobet gern, Mond und Stern
412,3 und gern sie schmähen höret

b) von Gott (8)
83,1 und spricht: Ich will's gern leiden
252,6 und wie du sie gern willst sehn
296,2 er hilft uns ja von Herzen gern
332,1 er höret gern ein Lied zu seiner Ehre
371,5 hört bald und gern der Armen Bitten
377,1 noch hilfst du deinem Volke gern
457,3 und kommt zu Gaste gern
471,2 halt die Nachtwach gern

c) von Menschen (23)
6,2 und wollten gern bald bei dir sein
7,5 dich wollten wir anschauen gern
43,6 wir geben sie gerne mit fröhlichem Sinn
82,7 gern dienen jedermann
84,11 verzeihen gern und williglich
88,6 gib auch, Jesu, daß ich gern
96,3 daß allen denen wir auch gern vergeben
126,5 daß wir deim Leiten folgen gern
152,2 so können wir nun gern mit dir
244,9 wir fallen gern in deine Hand
254,1 wir wolln uns gerne wagen
284,1 deinen Namen, Allerhöchster, rühm ich gern
294,2 drum rühm ich Gottes Taten gern
337 freuet euch seiner und dienet ihm gern
344,6 ihr Schuld und Fehl vergeben gern
385,6 und wohlgemut, getrost und gern
393,8 doch auch wohl gern der Reinste
412,4 drum diene deinem Nächsten gern
451,9 mich gern an andrer Wohlergehn
506,6 und hoff auf ihn und dien ihm gern
513,4 Herr, wir sind dein und wollen gern ertragen

525,2 gern will ich folgen, liebster Herr
529,8 da wollt ich gerne hin

Gesang (7) → *Klang, Lied, Singen, Stimme*
50,5 das Herz uns zum Gesange weit
288,4 zu seinem Vorhof mit Gesang
319,1 viel gut Gesang, der lautet wohl
319,2 mit ihrem lieblichen Gesang
319,4 den ehrt und lobt auch mein Gesang
330,2 und jeder Odem ein Gesang
373,6 Jesu, mein Heiland, mit frohem Gesang

Geschäft (3)
91,3 welch wundervoll hochheiliges Geschäfte
302,3 das weisen die Geschäfte
481,3 der Finsternis Geschäfte und alle bösen Kräfte

geschehen (44)

a) allgemein (17)
16,3 seit eure Schuld geschah
52,1 wißt ihr noch, wie es geschehen
53,3 was da war geschehen
85,7 wie wohl geschähe mir
112,1 nimm wahr, was heut geschicht
152,4 was wird geschehn, wenn wir dich sehn
154,3 welch ein Geheimnis wird an uns geschehn
182,7 freut euch, ihr Christen, verkündigt, was geschehn
233,4 daß ich nur nicht, wie's wohl geschicht
244,2 hilfst du nicht bald, so ist's geschehn
244,7 verdiente Straf, so g'schieht uns recht
308,9 zu unsern Vätern ist geschehn
309,2 und große Dinge sind an mir geschehen
367,3 daß es gescheh mit Freuden
368,3 es kann mir nichts geschehen
453,1 daß, was auch diesen Tag geschieht
517,9 ob's morgen oder heut geschieht

b) von Gott, Gottes Willen (27)
8,6 wie an ihm ist geschehn
52,6 wie das Wunder einst geschehen
61,2 das gescheh in dir allein
93,2 vor dem Wunder, das geschah
179,2 allzeit geschieht, was du bedacht
186 dein Wille geschehe, wie im Himmel, so auf Erden
187 dein Wille geschehe, wie im Himmel, so auf Erden
188 dein Reich komme, dein Wille geschehe
239,2 sei bezeugt, was euch von ihm geschah
241,3 drum hör, o Herr, und sprich: Es soll geschehn
269,5 nach Gottes Willen wird geschehn
302,4 und was er spricht, geschicht
324,17 nein, was er tut und läßt geschehn
328,5 weil es im Namen deines Sohns geschicht
342,9 g'scheh wie im Himmelsthrone
344,4 dein Will gescheh, Herr Gott, zugleich
355,2 wo kam dies her, warum geschieht's
364,1 was mein Gott will, gescheh allzeit
364,2 was mein Gott will, das mir geschicht
369,4 und lässet uns viel Guts geschehn
400,4 nun aber ist's durch dich geschehn
408,3 muß sein Wille mir geschehn
446,4 dein Wort, das ist geschehen
457,11 geschieht nach seinem Rat
475,8 Amen, ja, das soll geschehen
494,5 gescheh mit lauter Freuden
505,7 o laß es doch geschehn

Geschenk (4) → *schenken*
397,2 es ist ja, Herr, dein G'schenk und Gab
443,4 als dein Geschenk und Gab
512,1 dein Geschenk bedeckt das Land
527,8 daß dieser Zeit Geschenke

Geschirr (1)
127,7 irden Geschirr sind wir und weich

Geschlecht (5)
25,6 ihr seid nun worden Gotts Geschlecht
51,3 ein neu Geschlecht am End der Zeit
191 zu erlösen das menschlich Geschlecht
289,3 ein bald verwelkt Geschlechte
309,2 barmherzig ist er jeglichem Geschlecht

Geschmeide (1)
349,4 dies köstliche Geschmeid

Geschöpf (6) → *Kreatur, Schöpfung*
126,1 daß sie dein Geschöpfe sein
227,2 jedes Geschöpf lebt von der Frucht der Erde
355,4 dies laß ich kein Geschöpf mir rauben
379,2 nicht missen in der Geschöpfe Schar
510,4 und doch sind sie nur Geschöpfe
514,1 Gottes Geschöpfe, kommt zuhauf

Geschrei (2)
112,2 der Feind trieb groß Geschrei
154,3 Leid und Geschrei und Schmerz muß dann vergehn

geschwind (3)
53,3 zu dem heilgen Kinde eilten sie geschwinde
449,6 nach Gut mit Sünde, das tilge geschwinde
530,1 ach wie geschwinde und behende

Geschwister (1) → *Bruder, Schwester*
265,3 er lasse uns Geschwister sein

Geselle (2)
25,4 Gotts Sohn ist worden eu'r Gesell
112,6 ich bin stets sein Gesell

Gesetz (8) → *Gebot, Satz*
176 daß sie sehen die Wunder an deinem Gesetz
253,4 lernt das Gesetz erfüllen
290,7 sein Recht und sein Gesetz bewahr
342,2 was Gott im G'setz geboten hat
342,2 vom G'setz erfordert allermeist
342,3 doch mußt das G'setz erfüllet sein
342,3 das ganz Gesetz hat er erfüllt
353,7 will mich das Gesetz verklagen

Gesicht (10) → *Angesicht, Antlitz*
20,1 heb in den Himmel dein Gesicht
95,3 man schlägt und spuckt ihm ins Gesicht
165,6 Herr, berühren mein Gesichte
222,1 hast mein Gesicht das sel'ge Licht
302,6 erleuchtet ihr Gesicht
393,2 ein jeder sein Gesichte mit ganzer Wendung richte
402,3 laß vergehen das Gesicht
449,1 schaue den Himmel mit meinem Gesicht
449,12 leuchtet der Sonnen gewünschtes Gesicht
450,1 deine Strahlen zu Gesichte

Gestalt (7)
27,3 und nimmt an eines Knechts Gestalt
75,2 und hätt angenommen unser arm Gestalt
78,2 lebt in menschlicher Gestalt
101,3 da bleibt nichts denn Tods Gestalt
109,2 zerstört, verheert ihm all Gestalt
341,6 er ging in meiner armen G'stalt
342,4 des Glaubens recht Gestalte

gestalten (3)
213,1 und wunderbar gestalten, was er in Liebe schenkt
415,4 o gestalt uns dir zum Ebenbilde
507,4 dunkler Wald, grün gestalt'

Geständnis (1)
136,4 es gilt ein frei Geständnis

gestehen (1)
526,4 das gesteh ich, doch wird er mich erwecken

Gestein (1)
98,3 im Gestein verloren Gottes Samenkorn

gestern (2)
256,3 heut, gestern und in Ewigkeit
360,5 von gestern und von morgen sprich uns los

Gestrüpp (1)
98,3 unser Herz gefangen in Gestrüpp und Dorn

gesund (10)
18,2 Groß und Klein, Kranke und Gesunde
192 gesunde Kinder und Gedeihen geben
197,2 dein Wort macht Leib und Seel gesund
234,6 wer heut ist frisch, gesund und rot
322,3 frisch und gesund erhält
400,5 daß du mich machst gesund
423,6 verleih gesunde Luft
424,2 halt uns Menschen doch gesund
449,8 halten uns zeitlich und ewig gesund
495,1 gesunden Leib gib mir

Gesundheit (4)
244,3 Gesundheit und Gedeihn dazu
316,3 der dir Gesundheit verliehen
317,3 der dir Gesundheit verliehen
513,4 schenk uns Gesundheit, neue Kraft und Stärke

Getreide (1)
325,6 Tier und Kräuter und Getreide

getreu/getreulich (14)
130,3 getreu dir bleiben für und für
136,1 daß jeglicher getreuer den Herrn bekennen kann
164 so halten wir getreu an dir
217,1 Herr Jesu Christe, mein getreuer Hirte
269,3 getreu zu folgen Gottes Plan
274,1 der Herr ist mein getreuer Hirt

369,7 verricht das Deine nur getreu
371,15 der Erwählten und Getreuen
372,3 Gott ist getreu
391,1 dir getreulich nachzueilen
423,3 gib du getreue Lehrer
423,4 ihr Amt getreulich führen
451,8 daß ich als ein getreuer Knecht
475,2 so getreulich hast bewahrt

getrost (21)
36,8 sei getrost: hier wird gefunden
65,7 erwarten wir getrost, was kommen mag
125,3 nun hilf uns, fröhlich und getrost
144,5 o hilf, daß wir getrost und frei
241,1 und die getrost dem Feind entgegengehn
243,1 lob Gott getrost mit Singen
258 getrost und froh bei Tag und Nacht
273,4 getrost und frisch sie greifen an
292,3 das gibt mir den getrosten Mut
303,3 und hofft getrost auf Jesus Christ
341,1 daß wir getrost und all in ein
350,3 bezeugen mit getrostem Mut
353,6 ich bin ganz getrosten Muts
354,5 dem will ich mich getrost vertraun
377,4 o laß getrost uns fallen
385,6 und wohlgemut, getrost und gern
399,7 drum sei getrost und glaube fest
406,2 könnt ich je getroster werden
482,3 die wir getrost belachen
519,1 getrost ist mir mein Herz und Sinn
526,7 seid getrost und hocherfreut

Getümmel (2)
123,2 hier im irdischen Getümmel
137,8 in dem rasenden Getümmel

gewahr werden (2)
330,5 ward deines Trostes ich gewahr
413,4 des wird die linke nicht gewahr

gewähren (10)
66,5 denkt doch, er will euch die Krone gewähren
200,2 mein treuer Heiland, mir gewährt
208,1 die Vatergnade neu gewährt
284,3 wunderbar ist's, wie du täglich Trost gewährst
295,2 die Gnad auch ferner mir gewähr
346,3 der euch das Heil gewähret
360,2 du läßt in deiner Liebe uns gewähren
364,4 wer das begehrt, dem wird's gewährt
423,11 so ist all unser Flehn gewährt
464,1 zu teilen, was du uns gewährt

Gewalt (23) → *Kraft, Macht, Stärke*
3,4 gezeigt hat er sein groß Gewalt
27,3 er äußert sich all seiner G'walt
66,5 Himmel und Erde, rühmt seine Gewalt
71,4 durch dein Macht und Gewalt
78,2 äußert sich der göttlich G'walt
101,2 und nahm über uns Gewalt
101,3 all sein Recht und sein Gewalt
109,2 dem Teufel hat er sein Gewalt
116,2 denn die Gewalt des Tods ist zerstört
123,2 Fürstentümer und Gewalten
127,5 durch falsche G'walt und Lehre
143,6 und will die Erde mit Gewalt zerstören
179,4 vor Teufels G'walt fortan behüt
192 vor Gewalt und Feindschaft
246,5 die sich mit G'walt erheben hoch
247,3 Herr, wehre der Gewalt auf dieser Erde
297,3 und mit Gewalt verschwemmet
302,4 und wer Gewalt muß leiden
341,6 gar heimlich führt er sein Gewalt
344,3 des Satans Zorn und groß Gewalt zerbrich
442,5 jag aus der Finsternis Gewalt
487,3 tu mit Bitten dir Gewalt
503,7 der Weizen wächset mit Gewalt

gewaltig (6) → *allgewaltig*
14,2 gewalt'ger Kämpfer ohne Speere
15,6 und herrscht gewaltig fern und nah
109,2 der seinen Feind gewaltig fällt
142,2 gewaltig ruft ihr strahlend Heer
309,3 Gewaltige stößt er von ihren Thronen
379,1 unsterblich und gewaltig ist unser Gott allein

Gewalttat (1)
153,3 wo Gewalttat und Elend besiegt sind

Gewand (2)
64,2 veralten wie Gewänder
510,4 weites, glänzendes Gewand

gewärtig sein (3)
9,6 und seid stets sein gewärtig
151,2 und seid des Heils gewärtig
406,4 deines Winks bin ich gewärtig

Gewicht (1)
254,4 als Last von ihm beschieden, hat sein Gewicht

Gewinn (6)
256,2 denn Armut ist Gewinn
345,3 ist Sterben mein Gewinn

362,4 sie haben's kein' Gewinn
389,5 und dieses achten für Gewinn
516,1 Sterben ist mein Gewinn
521,2 Sterben ist mein Gewinn

gewinnen (10) → *siegen*
14,2 doch du gewinnst ihn ohne Schlacht
154,6 und ruhn in dir, der unsern Sieg gewann
245,2 darin wir Bürgerrecht gewinnen
248,6 daß der Krieg gewinnt ein End
325,3 durch sein teures Blut gewinn
363,2 das Himmelreich gewinnen
378,5 streite, du gewinnst den Streit
386,10 und Jesus gewinne: dies Eine ist not
430,1 wer stark ist, der gewinnt
527,4 was Müh und Fleiß gewinnen

gewiß/gewißlich (23)
65,7 und ganz gewiß an jedem neuen Tag
73,5 das fest ist und gewiß
90,2 und bin gewiß in aller Not
115,5 Jesus lebt! Ich bin gewiß
134,6 du gewisser, neuer Geist
134,7 laß dein Wort gewisser sein
137,3 gib uns Abrahams gewisse, feste Glaubenszuversicht
149,1 es ist gewißlich an der Zeit
149,3 da denn gewiß ein jedermann
152,4 wir warten dein, du kommst gewiß
169,3 er hört uns ganz gewiß
195,2 das ist vor Gott gewißlich wahr
230 und gib mir einen neuen, gewissen Geist
292,3 ich bin gewiß: Du bist mir gut
328,3 so wird gewiß mein Singen recht getan
328,5 und wird gewiß von dir erhöret
342,7 die Werk, die kommen g'wißlich her
361,12 so gehen unsre Wege gewiß zum Himmel ein
363,7 das hält und gibt er g'wiß fürwahr
371,10 was langsam schleicht, faßt man gewisser
375,4 ja, Jesus siegt! Wir glauben es gewiß
473,3 und hält gewiß, was es verspricht
530,8 ich glaub und bin es ganz gewiß

Gewissen (8) → *Reue*
5,4 daß sie sein genießen in ihrem Gewissen
72,3 und ihr verwund't Gewissen heil
88,5 Jesu, mein Gewissen still
144,6 gib Zeugnis dem Gewissen
353,7 mein Gewissen quält mich nicht
450,2 fall auf unser matt Gewissen
495,1 und rein Gewissen bleib
522,2 mein G'wissen wird mich nagen

Gewissensschmerz (1)
36,8 wer empfind't seine Sünd und Gewissensschmerzen

Gewißheit (1)
212,2 du willst taufen. Das gibt uns Gewißheit

Gewitter (2)
305,2 preist ihn, ihr Gewitter, Hagel, Schnee und Wind
306,2 preist ihn, ihr Gewitter, Hagel, Schnee und Wind

gewogen sein (2)
39,4 seine Seel ist uns gewogen
530,5 du bist mir auch daher gewogen

gewöhnen (1)
481,5 mein Herz an dich gewöhne

Gezeiten (1)
515,2 sei gepriesen für Jahre und Gezeiten

Gideon (1)
249,2 er wird durch einen Gideon

gießen (6)
7,2 o Gott, ein' Tau vom Himmel gieß
70,3 gieß sehr tief in das Herz hinein
127,6 da du durch Lieb gegossen bist
130,2 die sich in fromme Seelen gießt
130,5 fließe, gieße deine Güte ins Gemüte
202,7 wie Menschen Wasser gießen

Gift (1)
372,3 wird mir nicht Gift einschenken

giftig (1)
66,7 holet für euren so giftigen Schaden

Gitter (1)
360,4 und wohnen hinter Gittern unsrer Angst

Glanz (30) → *Licht*
40,2 der Glanz in dieser kleinen Höhle
65,4 an dieser Welt und ihrer Sonne Glanz
71,4 dein Glanz erstreckt sich weit
73,6 ach sinke du vor seinem Glanz
92,6 des ewgen Vaters Glanz sich flicht
101,6 der durch seiner Gnaden Glanz erleucht'
125,1 o Herr, durch deines Lichtes Glanz
142,1 zu deines Reiches Glanz und Ehr
154,2 aber dein Glanz die Finsternis erhellt

161,3 o du Glanz der Herrlichkeit
206,3 tritt mit deinem Glanz herfür
241,6 es sei kein Ort ohn dessen Glanz und Schein
256,4 Glanz der Gerechtigkeit
305,4 Glanz und Licht wird sein
306,4 Glanz und Licht wird sein
324,14 dein Glanz und Freudenlicht
347,3 ach bleib mit deinem Glanze
351,4 mein Glanz und schönes Licht
358,3 in seiner Wahrheit Glanze
379,4 aus seinem Glanz und Lichte
400,2 solange mich dein Glanz bescheint
400,5 daß mir dein Glanz hat Licht gebracht
441,1 von dir der Gnaden Glanz ausgeht
453,1 schon bricht des Tages Glanz hervor
455,3 Glanz, der zu mir aus Eden aufbricht
459,1 ihr Glanz über die Welt weit geht
475,3 daß dein Glanz stets vor mir sei
476,1 die Sonn hat sich mit ihrem Glanz gewendet
476,7 mich zu dem Glanz des andern Lebens kommen
510,5 erst für Glanz und Wonne sein

glänzen (8) → *gleißen, leuchten, scheinen a), strahlen*
4,4 dein Krippen glänzt hell und klar
67,1 sein Glänzen streckt er ferne
143,2 sie glänzen wie der Sonnenschein
389,3 und dein hell glänzend Angesicht
442,5 leucht uns mit deinem Glänzen klar
449,1 bringt unsern Grenzen mit ihrem Glänzen
489,1 und der Tau glänzt auf unserm Feld
510,4 weites, glänzendes Gewand

Glaube (114) → *Gehorsam, Vertrauen*

a) allgemein (33)
4,4 der Glaub bleib immer im Schein
14,3 bewaffnet mit des Glaubens Worten
36,9 füllet frei eures Glaubens Hände
37,3 das werte Licht des Glaubens in mir zugericht'
72,4 was ihres Herzens Glaube sei
101,5 das hält der Glaub dem Tod für
101,7 der Glaub will keins andern leben
125,1 zum Glauben du versammelt hast
126,6 daß wir des Glaubens werden voll
129,1 des Glaubens Licht vermehret
137,1+9 Geist des Glaubens, Geist der Stärke
156 versammelt hast in Einigkeit des Glaubens
159,3 des Glaubens aus deim heilgen Wort
189 Geheimnis des Glaubens
195,1 mein Grund und Glauben bauen
195,3 des Glaubens Frucht beweise
198,1 worauf soll der Glaube ruhn
204,3 den Glauben schenkst du mir
227,1 und für den Glauben, den du uns gegeben
245,4 es ist kein Weg, denn nur der Glaube
264,2 ein Herr ist's und ein Glaube
265,4 ein Herr, ein Glaube sei
273,1 der Glaub ist auch verloschen gar
303,3 welcher vom Glauben sich nicht läßt trennen
342,4 des Glaubens recht Gestalte
342,6 der diesen Glauben fasset
342,6 mit Gott der Glaub ist wohl daran
342,7 dran wir den Glauben merken
374,5 und meines Glaubens Unterpfand
386,6 worinnen mein Glaube in Ewigkeit prangt
402,4 meiner Väter Glaube pranget
416 daß ich den Glauben bringe, wo der Zweifel drückt

aa) im, am, mit Glauben (28)
67,3 daß wir am Glauben bleiben
73,5 halt dich im Glauben an das Wort
114,7 und Gott im Glauben dienest
139,2 der mir im Glauben schenkt
148,9 halt mich im Glauben feste
178.4 tröst, stärk uns im Glauben allermeist
183,2 durch den Heilgen Geist im Glauben
206,4 auch im Glauben dich umgebe
211,5 im Glauben einen Anfang setzt
212,4 eint im Glauben uns mit deinem Christus
227,5 in einem Glauben laß uns dich erkennen
239,5 die sein Reich schon hier im Glauben sahen
244,4 daß wir im Glauben stark und fest
245,3 das sie im Glauben nehmen an
250,4 mit Glauben müssen wir empfangen
250,4 im Glauben müssen wir erlangen
259,3 er mache uns im Glauben kühn
276,3 all, die im Glauben stehen
320,5 der Heilig Geist im Glauben lehrt
328,7 was ich von dir im Geist und Glauben bitt
344,7 im Glauben fest und wohlgerüst'
358,2 am Glauben, der nicht schaut
365,8 im Glauben uns regieret
370,1 beigelegt im Glauben
374,3 ich halte ihm im Glauben still

386,9 als wenn ich dich, Jesu, im Glauben erblickt
423,9 und die im Glauben wanken
440,4 wir stehn im Glauben bis ans End

ab) in Verbindung mit Liebe (8)
196,6 Glaub, Lieb, Geduld und Hoffnung
216 daß unser Glaub und Lieb dich preist
245,2 durch Glauben, Lieb und Zuversicht
262,5 Glauben, Hoffnung, Liebesglut
297,6 in rechter Lieb des Glaubens dein
358,5 an Glauben, Hoffnung, Liebe
384,1 in der Lieb den Glauben weisen
407,2 Glauben, Hoffen, Lieben

b) rechter, wahrer, fester Glaube (17)
5,3 durch ein' rechten Glauben
122,3 daß mit dem wahren Glauben ich
124,1 um den rechten Glauben allermeist
125,2 denn Jesus mit rechtem Glauben
127,3 daß aufgeh rechter Glaube
138,1–3 halt uns bei festem Glauben
217,3 den wahren Glauben, mit dem ich dich fasse
250,5 erhalt uns, Herr, im rechten Glauben
273,6 im rechten Glaubn beständig sein
341,8 das halt mit festem Glauben
342,7 aus einem rechten Glauben
342,7 denn das nicht rechter Glaube wär
343,1 den rechten Glauben, Herr, ich mein
405,6 mit wahrem Glauben fassen
518,3 von des rechten Glaubens Trost

c) Bitte um Glauben, Stärkung des Glaubens (19)
3,5 und an dem Glauben nehmen zu
59,6 o Jesu, unsern Glauben mehr
128,6 gib dem Glauben Kraft und Halt
131,3 mehr' unsern Glauben immerfort
134,7 Herr, bewahr auch unsern Glauben
155,2 den Glauben mehr, stärk den Verstand
158,4 den Glauben in mir mehre
160 Herr Jesu Christ, den Glauben in uns mehre
166,5 stärk in mir den schwachen Glauben
195,3 hilf, daß mein Glaub dich preise
217,3 doch den Glauben auch anzünde
265,5 Herr, mache uns im Glauben treu
344,9 stärk unsern Glauben immerdar
356,2 den Glauben stärk, die Liebe mehr'
358,6 so hilf uns, Herr, zum Glauben
378,1 halte du den Glauben fest
381,4 Gott, mein Gott, stärke meinen armen Glauben
414,2 gib meinem Glauben Mut und Stärke
485,5 laß unsern Glauben bleiben

d) Wirkungen des Glaubens (9)
90,1 doch sieht mein Glaube wohl an dir
194,2 der einig Glaub ist diese Kraft
202,7 der Glaub im Geist die Kraft versteht
241,8 drum hört der Glaub nie auf, zu dir zu flehn
342,1 der Glaub sieht Jesus Christus an
342,6 der Glaub gibt einen hellen Schein
342,7 doch macht allein der Glaub gerecht
413,1 ein wahrer Glaube Gotts Zorn stillt
430,2 der Glaube spinnt sich ein

glauben (65) → *trauen, vertrauen*

a) allgemein (27)
5,5 die also fest glauben
16,2 wenn er dem Kinde glaubt
51,1 auf daß, wer glaubend bei ihm steht
90,2 wer glaubt, ist unverdorben
104,2 und von Herzen glaubt und liebt
113,5 so jemand Christi Worten glaubt
123,6 und sie lebet, weil sie glaubt
131,3 an Christus niemand glauben kann
152,1 wer an dich glaubt, erhebt sein Haupt
202,2 und was ein Christe glauben soll
202,5 wer glaubet und sich taufen läßt
202,6 wer nicht glaubt dieser großen Gnad
215,7 glaubst du das von Herzensgrunde
227,5 daß die Welt glaube
250,3 was jeder Christ von Herzen glaubt
331,7 steht... allen, welche glauben, offen
342,5 wer glaubt an mich und wird getauft
346,4 an dich stets fest zu glauben
351,9 was es geglaubet hat
360,2 und wir sind frei: zu hoffen und zu glauben
361,10 da du's am mindsten glaubst
364,1 der an ihn glaubet feste
375,4 und glaubend kämpfen wir
376,2 und glauben blind
406,5 aber dort lebt, wer hier glaubt
413,6 glaubt, hofft, verträgt alls mit Geduld
442,8 wer an dich glaubt, der ist fürwahr

b) ich glaube, wir glauben (28)
39,6 da wir... glauben und mit unserm Munde
117,1 so glaubten wir umsonst
123,11 ich will glauben, reden, rufen
136,6 allein wir glauben nicht
140,3 daß wir ihn schaun und glauben frei
183,1 wir glauben all an einen Gott
183,2 wir glauben auch an Jesus Christ
183,3 wir glauben an den Heilgen Geist
184,1 wir glauben Gott im höchsten Thron

184,1 wir glauben Christum, Gottes Sohn
184,2 wir glauben Gott, den Heilgen Geist
195,2 hilf Gott, daß ich's fest glaube
196,1 daß wir dem Worte glauben
208,2 wir glauben, du Dreiein'ger
235,2 wir glauben deinem Wort und fürchten doch das Morgen
236,5 glauben kann ich nicht
249,4 daß wir... glauben fest an Jesus Christ
253,1 ich glaube, daß die Heiligen
289,5 glaubn wir von Herzensgrund
292,4 ich glaube, darum rede ich
351,2 nun weiß und glaub ich feste
355,4 auf dies Erbarmen will ich glauben
357,1 ich weiß, woran ich glaube
357,5 so weiß ich, was ich glaube
375,4 ja, Jesus siegt! Wir glauben es gewiß
382,1 ich möchte glauben, komm du mir entgegen
404,4 damit ich an dich glaube
530,8 ich glaub und bin es ganz gewiß

c) Aufruf zum Glauben (10)
51,4 seid fröhlich, glaubet unbeirrt
66,4 glaubt ihm, so macht er ein Ende des Bebens
215,4 du sollst glauben und nicht wanken
312,5 und glauben seinem Bund
315,3 sieh und glaub
327,4 glaube mir: endlich wirst du droben
353,4 glaubet's doch und denket dran
371,10 glaube mir, es ist dein Frommen
384,1 lasset uns... glauben recht und leben rein
399,7 drum sei getrost und glaube fest

glaubensarm (1)
136,2 und glaubensarmen Zeit

Glaubenseinigkeit (1)
130,2 daß wir in Glaubenseinigkeit

Glaubensflügel (1)
135,6 trag... uns mit Glaubensflügeln

Glaubensfrucht (1)
503,13 viel Glaubensfrüchte ziehe

Glaubenshand (1) → *Hand*
526,3 meine starke Glaubenshand

Glaubensheiterkeit (1)
137,8 schenk uns Glaubensheiterkeit

Glaubenshoffnung (1)
263,5 Glaubenshoffnung, Liebesglut

Glaubenslauf (1)
114,2 vollführe deinen Glaubenslauf

Glaubenslicht (2)
40,4 dein Glaubens- und dein Liebeslicht
325,4 mit dem hellen Glaubenslicht

Glaubenslied (1)
327,3 singe deine Glaubenslieder

Glaubensmut (1)
137,2 Kraft und Glaubensmut zu haben

Glaubenstreue (1)
136,3 Geduld und Glaubenstreu

glaubensvoll (2)
85,10 da will ich glaubensvoll
220 mit glaubensvollem Herzen nahen

Glaubensweg (1)
154,6 sie gingen auf dem Glaubensweg voran

Glaubenszier (1)
133,11 erfülle die Gemüter mit reiner Glaubenszier

Glaubenszuversicht (1)
137,3 feste Glaubenszuversicht

gläubig (14)
5,9 recht gläubig erfunden
45,1 herbei, o ihr Gläub'gen, fröhlich triumphieret
88,5 laß mich gläubig fassen
92,1 du König, der die Gläub'gen hält
115,6 wenn sie gläubig zu ihm spricht
125,1 deiner Gläub'gen Herz, Mut und Sinn
145,4 so du recht gläubig wärest
156 erfüll die Herzen deiner Gläubigen
318,1 o gläubig Herz, gebenedei
328,4 der lehret mich recht gläubig beten
353,6 da ich gläubig sprechen kann
354,5 darein will ich mich gläubig senken
387,5 wenn wir gläubig bitten
531,1 und gläubig aufwärts schauen

glaubreich (1)
438,3 dein Name durch glaubreich Gebärd

gleich (70)

a) räumlich (1) → *eben*
10,2 was krumm ist, gleich und schlicht

b) zeitlich (1) → *sofort*
15,3 die Stimme ruft: Tut Buße gleich

c) im Sinne von: wenn auch (14)
111,13 wenn mir gleich alle Welt stürb ab
134,7 sagt das Fleisch gleich immer Nein
233,2 lief ich gleich weit zu dieser Zeit
351,1 gleich alles wider mich
351,10 wenn ich gleich fall und sterbe
351,10 muß ich auch gleich hier feuchten
371,10 bleibt gleich die Hilf in etwas lange
372,5 muß ich den Kelch gleich schmecken
376,3 wenn ich auch gleich nichts fühle
397,1 und wenn mir gleich mein Herz zerbricht
475,5 bin ich gleich von dir gewichen
520,4 und starb er gleich, so lebt er doch
522,3 wenn ich gleich sterb, so sterb ich dir
525,2 wenn ich gleich hier muß sterben

ca) im Sinne von: obgleich (16) → *ob, obwohl*
109,4 ob er gleich murrt, ist's ohn Gefahr
113,5 er lebt, ob er gleich stirbet
218,4 ob es gleich viel Tausend nähret
243,1 ob du gleich hier mußt tragen
322,4 der, ob wir ihn gleich hoch betrübt
325,3 ob er sich gleich hoch befleißt
325,8 ob sie mir gleich bitter seind
361,5 und ob gleich alle Teufel
366,1 ob wir gleich sorgen früh und spat
379,2 ob er gleich Mond und Sterne
396,2 ob es jetzt gleich kracht und blitzt
396,2 ob gleich Sünd und Hölle schrecken
475,3 ob ich gleich im Finstern sitze
505,2 ob wir gleich gottlos leben
527,10 und ob er hier gleich fällt
529,3 ob ich's gleich nicht verschuld't

d) vergleichend (38) → *gleichermaßen*
23,6 und seinen lieben Engeln gleich
27,1 lobt Gott, ihr Christen alle gleich
29,4 lobt, ihr Menschen alle gleiche
83,4 dich will ich stets, gleich wie du mich
91,2 vereint mit Gott, ein Mensch gleich uns auf Erden
91,8 ich will nicht Haß mit gleichem Haß vergelten
95,2 daß du uns gleich und hilflos bist
107,3 dem Heilgen Geist in gleicher Weis
109,6 dem Heilgen Geist in gleicher Weis
111,2 verschlossen, gleich als wär ich tot
123,3 nur der Sohn, der ist ihm gleich
123,4 gleicher Macht... sitzt er unter lichten Chören
123,4 gleicher Ehren sitzt er unter lichten Chören
133,1 mit beiden gleichen Thrones
133,1 mit beiden gleich gepreist
137,8 schenk gleich Stephanus uns Frieden
145,7 das helfe Gott uns allen gleich
148,6 all Heilgen Gottes gleich
183,2 gleicher Gott von Macht und Ehren
191 du sitzt zur Rechten Gottes gleich
196,4 ach hilf, Herr, daß wir werden gleich
224,2 spricht einer hier dem andern gleich
232,3 und meinen Nächsten gleich wie mich
253,2 ist allen gleich geschenket
289,1 verjüngt, dem Adler gleich
326,3 ist alles recht, ist alles gleich
344,1 der du uns alle heißest gleich
369,6 und ist dem Höchsten alles gleich
384,2 seinem Vorbild werden gleich
401,2 und mir gleich wardst ganz und gar
408,2 gleich dem Sternlein in der Bahn
412,1 den Nächsten liebe gleich als mich
439,2 herzlich singen mit gleichem Mund
509,5 sind sich an Größe gleich
520,6 uns kommt in gleicher Weis der Tod
524,3 denn gleich wie die Rosen stehen
529,5 in gleiches Glück und Leid
529,11 gleich wie die helle Sonne

gleichbleiben, sich (1)
457,9 und bleibt sich immer gleich

gleichen (2)
85,2 dem sonst kein Licht nicht gleichet
123,3 und demselben gleichet keiner

gleichermaßen (1) → *gleich d)*
163 unsern Eingang gleichermaßen

gleichfalls (2)
205,3 wollst gleichfalls zu uns kommen
325,5 nimmt er's gleichfalls wohl in acht

gleichmachen (1)
308,7 und machst ihn einem Fürsten gleich

gleichwie (5)
67,1 gleichwie geschrieben steht
260,1+2 gleichwie mich mein Vater gesandt hat
295,4 gleichwie der Grund der Erden
363,3 gleichwie die Blumen auf dem Feld

gleichwohl (1)
503,12 doch gleichwohl will ich, weil ich noch hier trage

gleißen (1) → *glänzen*
273,2 und gleißen schön von außen

gleiten (1)
296,3 wird deinen Fuß nicht gleiten lan

Glied (26)

a) Körperteil (3)
354,7 solange sich ein Glied bewegt
449,1 mein Haupt und Glieder, die lagen darnieder
477,6 nun geht, ihr matten Glieder

b) im übertragenen Sinn (23) → *Gemeinde, Kirche*
34,4 Jesu, nimm dich deiner Glieder
91,8 du Heiliger, du Herr und Haupt der Glieder
112,6 ich hang... an Christus als ein Glied
113,5 stehn wir auch auf, die Glieder
122,1 wird seine Glieder Jesus Christ
123,8 zwar auch Kreuz drückt Christi Glieder
205,2 zu deinem Glied und Erben
206,4 Haupt, mach es zu deinem Gliede
221,1 aus einem Kelche trinken, Jesu Glieder
227,3 sind Christi Leib, sind seines Leibes Glieder
251,1 er das Haupt, wir seine Glieder
251,3 legt es unter euch, ihr Glieder
251,7 kein getrenntes Glied mehr ist
252,1 segne mich, dein armes Glied
252,2 Segen bringe deinen Gliedern allzumal
253,4 so trägt ein Glied des andern Last
268,5 Glieder sind es viele, doch nur ein Leib
268,5 wir sind Glieder Christi
384,4 wir sind deines Leibes Glieder
412,4 sind eines Leibes Glieder
522,3 ich bin ein Glied an deinem Leib
526,2 lässet auch ein Haupt sein Glied
526,7 Jesus trägt euch, seine Glieder

Gliedmaß (1)
70,3 daß ich, o Herr, ein Gliedmaß bleib

glimmen (1)
14,6 und lösch der Zwietracht Glimmen aus

Glocke (1)
407,3 bis die Glocken schallen

gloria (lat. Ehre) (9) → *Ehre*
53,1–3 Gloria, Gloria, Gloria in excelsis Deo
54,1–3 Gloria in excelsis Deo
147,3 Gloria sei dir gesungen
180.4 soli Deo gloria
535 Gloria sei dir gesungen

Glück (22) → *Gabe*
61,1 neues Glück und neues Leben
63,2 so kurzes Glück nur gibt
91,6 lehrt mich mein Glück
91,9 unendlich Glück! Du littest uns zugute
112,5 das Unglück ist mein Glück
211,1 und alles Glück, das nun beginnt
246,3 gib Glück und Heil zu deinem Wort
248,5 auf ihr Glück und Ritterschaft
322,6 er gebe Glück zu unserm Tun
334,3 danke für jedes kleine Glück
352,2 und mir manches Glück bescheret
369,5 der sich mit stetem Glücke speist
371,12 wo ist ein Glück so klar und reine
378,2 manches Glück ist auf den Schein
451,10 daß ich das Glück der Lebenszeit
452,3 in seinem Wort mein Glück
497,1 von dir kommt Glück und Segen
497,8 ist's Werk von dir, so hilf zu Glück
528,5 ach wie nichtig ist der Menschen Glücke
528,5 so ist unser Glücke, sehet
529,5 in gleiches Glück und Leid
532,1 was es an Glück und Gut umschließt

Glucke (1)
503,4 die Glucke führt ihr Völklein aus

glücken (2)
169,3 wenn uns mal nichts gelingt und glückt
530,7 ich weiß, daß mir's mit Jesus glückt

glücklich (3)
387,5 alles glücklich gehen
449,5 ohn allen Anstoß und glücklich ergehn
494,1 und glücklich ausgeführet

glühen (2)
255,4 die dir nur glüht, Herr Jesu Christ
259,3 er lasse Herz und Zunge glühn

Glut (9) → *Feuer*
82,3 der Hölle Qual und Glut
125,3 du heilige Glut, süßer Trost
127,1 der kam mit Feuers Glut zur Erd
127,7 uns brennen wohl in deiner Glut
279,4 wie Silber rein wird in der Glut
431,1 du hast der Sterne Glut entfacht
450,3 gib, daß deiner Liebe Glut
518,2 vor der tiefen Hölle Glut
528,6 es kann Glut und Flut entstehen

Gnade (216) → *Erlösung, Güte, Heil, Huld, Rettung*

a) allgemein
aa) aus, von Gnaden
ab) in, zu Gnaden
ac) mit Gnaden
b) in Verbindung mit Heil, Güte, Segen usw.
c) der Gnade (Genitiv)
d) Gottes Gnade, Geschenk der Gnade
da) deine Gnade → ab), ac), b)
db) seine Gnade → ab), ac), b)
e) Gnade finden
ea) Bitte an Gott → da)

a) allgemein (14)
8,1 trägt Gottes Sohn voll Gnaden
35,3 o welch große Gnad
72,6 für solche Gnade preisen dich
78,1 dich von deiner Missetat erlöst, Gnad erworben
102,3 Tod, Sünd, Leben und auch Gnad
202,6 wer nicht glaubt dieser großen Gnad
213,6 die Gnade nah und fern
234,4 doch wer auf Gnade sündigt hin
237,3 Gericht und Gnad, die beiden
243,3 daß es kein Gnad mehr find't
245,1 und tröst' sich solcher großen Gnad
353,2 keiner Gnade sind wir wert
457,6 die Gnade schlummert nie
505,4 für viel und große Gnaden

aa) aus, von Gnaden (23)
10,1 den Gott aus Gnad allein
61,1 wollest du aus Gnaden geben
68,1–7 aus Genaden
145,2 aus lauter Gnad gegeben
147,2 von Gnaden stark
243,6 der sich aus großer Gnad
245,5 aus Christi Wohltat, Füll und Gnad
289,5 was er aus Gnaden uns verheißt
342,1 von Gnad und lauter Güte
366,6 sprich uns davon aus Gnaden los
443,2 daß du mich hast aus Gnaden
460 die wir aus Gnad von ihm empfangen haben
467,2 aus Gnad und väterlicher Güt
475,4 Herr, verzeihe mir aus Gnaden
520,3 der sie aus Gnad von Not und Tod
523,4 verbirg mein Seel aus Gnaden
530,8 aus Gnad durch Christi Blut

ab) in, zu Gnaden (24)
34,4 nimm dich... ferner noch in Gnaden an
70,4 in dein Arme und erbarme dich in Gnaden
82,3 ich bin bei Gott in Gnaden
149,7 und mach uns bald in Gnaden los
200,4 nimm mich, dein Kind, zu Gnaden an
217,4 du rufest alle, Herr, zu dir in Gnaden
253,1 weil sie in einer Gnade stehn
256,3 send auch uns hinaus in Gnaden
276,3 sieht Gott in Gnaden an
281,4 dein Heil, dein Werk in Gnaden aus
292,1 und dich in Gnaden zu mir kehrst
295,1 sind stets bei ihm in Gnad
296,7 in Gnad bewahrt er deine Seel
321,2 und uns in seiner Gnad
330,7 mein Gott, in allen Gnaden hin
331,9 sieh dein Volk in Gnaden an
355,2 und soll bei Gott in Gnaden sein
368,5 in Gnaden mich entbinden
423,5 wend ab in allen Gnaden
443,7 in Gnaden sehen an
449,9 laß meine Schulden in Gnad und Hulden
466 uns in Gnaden zugewandt
475,1 treu behütet hat in Gnaden
477,7 nimm sie zu deinen Gnaden

ac) mit Gnaden (16)
1,5 ach zieh mit deiner Gnade ein
11,10 mit Gnad und süßem Lichte
29,4 das alle Welt mit seiner Gnad erfüllet
72,3 von dir, das suche du mit Gnad
92,4 hast du mit Gnad den Zorn bedeckt
126,1 mit Gnaden sie füll, denn du weißt
217,1 komm, mit Gnaden mich bewirte
247,2 ach kehre dich mit Gnaden zu uns Armen
276,4 mit Gnad, drum halt nur still
283,1 mit Gnaden angeblicket
342,8 der woll mit Gnad erfüllen
347,1 ach bleib mit deiner Gnade
361,6 mit großen Gnaden rücken
496 wo du mit Gnaden bist
494,4 laß du mit deiner Gnade dich
519,3 vorgestellt mit groß Gnaden

b) in Verbindung mit Heil, Güte, Segen usw. (22)
1,4 voll Rat, voll Tat, voll Gnad
36,4 Gnad und Fried erwirbet
70,1 voll Gnad und Wahrheit von dem Herrn
145,3 für solche Gnad und Güte groß
155,1 mit Hilf und Gnad er uns regier
218,1 denn der Herr voll Heil und Gnaden
234,2 hier findest du Trost, Heil und Gnad
246,4 gib deiner Kirche Gnad und Huld
250,5 mit Gnade, Segen, Fried und Freud

252,2 Gnade, Kraft und Segen bringe
282,6 er wird uns Gnad und Ehre geben
293,2 sein Wahrheit, Gnad und Gütigkeit
299,2 bei dir gilt nichts denn Gnad und Gunst
318,5 er hilft uns hier mit Gnad und Heil
361,3 dein ewge Treu und Gnade
365,2 sein Macht und Gnad bewährt
365,8 Guts die Fülle erworben uns und Gnad
371,2 er ist voll Lichtes, Trosts und Gnaden
397,1 mit deiner Güt und Gnaden
399,2 voll Wahrheit und göttlicher Gnad
440,1 des Herren Gnad und große Treu
449,8 sein Heil und Gnaden, die nehmen nicht Schaden

c) der Gnade (Genitiv) (16)
61,3 laß dies sein ein Jahr der Gnaden
66,7 Jesus ist kommen, die Quelle der Gnaden
101,7 sein bei dem Wort der Gnaden
128,1 mit dem Licht der Gnaden dein
135,1 denn der Geist der Gnaden
150,3 tu auf der Gnaden Pfort
213,1 der süße Herr der Gnaden
219,1 du Brunnquell aller Gnaden
222,2 das reiche Mahl der Gnaden
251,4 welche Tiefen reicher Gnad
257,3 um mit dem Ruf der Gnaden
297,5 der Gnaden Tür steht nimmer zu
324,2 ich weiß, daß du der Brunn der Gnad
404,8 darum, du Gott der Gnaden
441,1 von dir der Gnaden Glanz ausgeht
441,8 o Sonn der Gnad ohn Niedergang

d) Gottes Gnade, Geschenk der Gnade (16)
51,2 erschienen ist die heilsam Gnad
52,5 Gottes Gnade allem Volk
115,3 Gnade hat er zugesagt
136,6 um Gottes Gnade flehn
137,5 Gottes Gnade sucht und preist
222,1 schenkst Gnad du ohne Maßen
234,5 Gnad hat dir zugesaget Gott
258 mit euch des großen Gottes Gnade
288,2 und nicht wir selbst: durch Gottes Gnad
289,2 die Gnad tut er nicht sparen
290,1 die Gnaden, die er euch erweiset
293,2 schenkt uns aus Gnad die Seligkeit
299,5 bei Gott ist viel mehr Gnade
323,3 du hast mir Gnad erzeiget
331,6 hast uns Gottes Gnad gebracht
533,2 es münden... doch ein in Gottes Gnade

da) deine Gnade (40) → *ab), ac), b)*
32,4 dazu dein Gnad mir gebe
64,4 und doch strömt deiner Gnade Born
67,5 erweck uns durch dein Gnad
68,8 Lob zu singen in Ewigkeit deiner Gnaden
85,4 den Anblick deiner Gnad
92,2 kein Maß hat deine Gnad gekannt
107,2 wir bitten dich durch deine Gnad
125,1 erfüll mit deiner Gnaden Gut
126,5 den Fried schaff bei uns deine Gnad
133,8 so gib doch deine Gnad
144,4 sondern daß er dein Gnad erwerb
146,3 beweis an uns dein große Gnad
158,2 dein Gnade schenken mir
205,1 erzeig ihm deine Gnade
216 die uns dein Gnad will geben
233,5 durch dein Gnad will ich's leiden
249,4 ach Gott, gib indes deine Gnad
263,5 laß viel Früchte deiner Gnad
281,4 in deiner Gnade sich erfreun
284,2 deine Gnade ist mein Lied
285,1 des Morgens deine Gnade
291,1 denn deine Gnade reicht
299,2 und deiner Gnade leben
343,5 an deiner Gnad allein ich kleb
347,4 dein Gnad und alls Vermögen
356,2 dein Gnad sei uns beschieden
360,5 laß deine Gnade, Herr, vor Recht ergehen
367,3 verleih mir, Herr, nur deine Gnad
397,2 wollst mir dein Gnade geben
404,1 nach deiner Gnad erfreuen
447,7 und überall in deiner Gnade stehen
451,8 durch deine Gnade lebe
468,1 dein Gnad und auch den Segen dein
475,5 aber deine Gnad und Huld
476,2 durch deine Gnad und hochgerühmte Macht
484,2 deine Gnad und Jesu Blut
500,4 von deiner Gnad und Treu
503,13 gib, daß der Sommer deiner Gnad
512,5 Herr, verleih, daß deine Gnade
525,4 ich tröst mich deiner Gnaden

db) seine Gnade (23) → *ab), ac), b)*
101,6 der durch seiner Gnaden Glanz erleucht'
144,1 bitten, daß er aus seiner Gnad
145,6 weil Gott dir noch sein Gnad anbeut
179,1 und Dank für seine Gnade
180.4 und Dank für seine Gnade
214,3 Gott geb uns allen seiner Gnade Segen
276,5 der uns sein Gnad erweist

283,4 und seine Gnade stehet da
288,6 sein Gnad währt immer dort und hier
293,1 und mitgeteilet seine Gnad
294,1+4 und seine Gnad und Güte währen
296,5 unter dem Schatten seiner Gnad
303,5 und seine Gnad ist mancherlei
318,6 mit seiner Gnad und Gütigkeit
318,7 nur geben wir uns seiner Gnad
352,1 und an seiner Gnad gelegen
352,4 hab ich seiner Gnad ergeben
358,5 als seiner Gnade Werk
359,4 sieh, es leuchtet seine Gnad
368,4 ich traue seiner Gnaden
502,1+5 freue dich, Israel, seiner Gnaden

e) Gnade finden (10)
42,4 damit der Sünder Gnad erhält
66,7 holet... Gnade aus dieser unendlichen Füll
88,3 daß ich Gnade finde
146,2 wir flehn um Gnad und nicht um Recht
328,5 und nehme von dir Gnad um Gnade hin
350,3 ich will die Gnad in Jesu Blut bezeugen
356,1 in dem uns Gnade wird zuteil
388,6 der hat Gnad um Gnad genommen
392,7 die Gnade soll im Herzen endlich siegen
518,1 daß wir Gnad erlangen

ea) Bitte an Gott (12) → *da)*
61,4 Herr, du wollest Gnade geben
78,8 Gnad dem, der mir Hohn beweist
89,2 laß Gnad vor Recht ergehen
122,3 ach Herr, laß diese Gnade mich
203,6 gib Gnad, daß es gerate wohl
295,2 die Gnad auch ferner mir gewähr
304,6 gib du die Gnade allen frommen Christen
325,10 bitte, wollst mir Gnade geben
343,1 verleih mir Gnad zu dieser Frist
353,5 Gnade zur Vergebung finden
440,2 laß uns an Gnad kein Mangel han
472,4 und bitte, Herr, um Gnad

gnadenbringend (3)
44,1–3 gnadenbringende Weihnachtszeit

Gnadenbrunn (1)
49,4 der Gnadenbrunn tut fließen

Gnadenbund (1)
137,3 die nicht bloß dem Gnadenbunde

Gnadenflut (1)
386,8 mich umströmt die Gnadenflut

Gnadengabe (2) → *Gabe*
406,2 soviel tausend Gnadengaben
529,1 ist Gottes Gnadengabe

Gnadenhand (1) → *Hand*
389,4 aus deiner milden Gnadenhand

Gnadenhort (1)
194,1 o Gott, du höchster Gnadenhort

Gnadenkind (1)
251,2 kommt, ach kommt, ihr Gnadenkinder

Gnadenlicht (1)
256,1 verbirg uns nicht das Gnadenlicht

Gnadenpanier (1)
66,9 eilet, ach eilet zum Gnadenpanier

Gnadenpforte (1)
353,2 sehet nur, die Gnadenpforte

Gnadenrat (1)
256,2 nach deinem ewgen Gnadenrat

gnadenreich (2)
59,4 ein gnadenreiches Jahr uns schenk
256,4 kein gnadenreicher Morgenstern

Gnadenreich (1)
509,5 in deinem Gnadenreich

Gnadenschein (5)
40,2 versäume nicht den Gnadenschein
62,3 und durch seinen Gnadenschein
72,2 erfülle mit dem Gnadenschein
255,5 und mach in deinem Gnadenscheine
476,3 laß alle Schuld durch deinen Gnadenschein

Gnadenschoß (1)
145,3 nicht laufen aus seim Gnadenschoß

Gnadensonne (10)
34,1–4 Christus ist die Gnadensonne
58,11 laß... die Gnadensonne scheinen
111,2 läßt du mir früh die Gnadensonn
128,3 o du sel'ge Gnadensonn
404,1 Herr Jesu, Gnadensonne
450,5 du verklärte Gnadensonne
531,2 die Gnadensonne scheint

Gnadenthron (2)
38,1 wunderbarer Gnadenthron
397,3 mein Heiland und mein Gnadenthron

Gnadentrieb (2)
254,3 mit größern Gnadentrieben
358,5 am Werk der Gnadentriebe

Gnadenwahl (1)
264,2 teilt sie kraft seiner Gnadenwahl

Gnadenwerk (1)
404,7 denn das sind Gnadenwerke

Gnadenwille (1)
369,3 wie unsers Gottes Gnadenwille

Gnadenwort (1)
129,2 lässet offenbaren... das himmlisch Gnadenwort

Gnadenzeichen (1)
62,5 und der Stadt ein Gnadenzeichen

Gnadenzeit (4)
9,1 zu dieser Gnadenzeit
33,3 stets preis in dieser Gnadenzeit
363,5 solange währt die Gnadenzeit
441,5 der Tag des Heils, die Gnadenzeit

gnädig (33) → *gnädiglich*

a) von Gott (9)
97,4 gnädig sein Gericht
316,3 hat nicht der gnädige Gott
317,3 hat nicht der gnädige Gott
318,4 vergibt uns gnädig alle Schuld
380,1 daß ich gnädig bin
447,10 die sich bekehren, gnädig dahin bringen
498,3 wenn du uns gnädig hilfest fort
512,4 gnädig hast du ausgegossen
521,1 legen in Gottes gnädig Hand

b) Bitte an Gott (24)
58,13 hilf gnädig allen Kranken
60,4 abwenden als ein gnäd'ger Gott
64,6 bleib du uns gnädig zugewandt
140,3 daß er uns ewig gnädig sei
191 sei uns gnädig, o Herre Gott
191 sei uns gnädig in aller Not
192 sei uns gnädig, verschon uns, lieber Herre Gott
192 sei uns gnädig, hilf uns, lieber Herre Gott
192 und uns gnädig schützen
205,2 Herr Christe, nimm es gnädig auf
224,2 Gott sei mir Sünder gnädig
240,1 nun gib uns gnädig das Geleit
275,2 dein gnädig Ohr neig her zu mir
280,1 es wolle Gott uns gnädig sein
299,1 dein gnädig' Ohren kehr zu mir
318,8 o Vater, steh uns gnädig bei
331,10 sei uns gnädig, Herre Gott
377,1 o Herr, nimm gnädig uns in acht
422,3 und hilf uns gnädig allesamt
443,3 mich gnädig diesen Tag
451,6 nimm meines Lebens gnädig wahr
472,5 ich bitt, daß du mir gnädig
479,3 ach nimm es gnädig an
493 verleihe uns der allmächtige, gnädige Gott

gnädiglich (12) → *gnädig*
59,1 so gnädiglich behüt' dies Jahr
203,5 erbarm dich seiner gnädiglich
248,7 gib uns Frieden gnädiglich
296,5 vor allem Unfall gnädiglich
308,9 daß du mit uns fährst gnädiglich
366,4 die du verheißest gnädiglich
404,2 und hilf mir gnädiglich
421 verleih uns Frieden gnädiglich
467,3 dasselb verzeih uns gnädiglich
472,1 uns gnädiglich behüten
472,6 behüt mich gnädiglich
478,3 und schenke du mir gnädiglich

Gold (4)
24,10 von Edelstein und Gold bereit'
29,2 Gold, Weihrauch, Myrrhen brachten sie mitte
36,9 und das Gold, da ihr sollt
363,4 Silber und Gold und alles Geld

golden (4) → *gülden*
55,1 du schläfst, und goldne Sternelein
63,3 in Zions goldnen Hallen
482,1 die goldnen Sternlein prangen
514,1 du Sonne hell mit goldnem Strahl

Golgatha (4)
93,1 ganz dem Mann von Golgatha
93,2 stehen wir auf Golgatha
93,3 liegen über Golgatha
93,4 vor dem Sieg von Golgatha

gönnen (6)
36,6 Licht und Labsal gönnet
102,2 daß Gott uns sein Huld gönnet
302,4 all denen Gutes gönnen
372,4 der mir nichts Böses gönnen kann
430,3 und jedem Freude gönnten
495,7 dem Leib ein Räumlein gönn

Gott (1064) → *Höchster, Jesus*

a) der dreieinige Gott → Vater
b) Gottes Gottheit → ea), ia), ib), ja)
c) Gottes Handeln

ca) Gottes Offenbarung
cb) Gottes Reden und Gebieten → jb)
cc) Gottes Schöpfung, Erhaltung, Neuschöpfung
cd) Gottes Herrschaft, Macht, Wille → jd)
ce) Gottes Gnade, Liebe, Vergebung → id), je)
cf) Gottes Hilfe, Bewahrung, Nähe
cg) Gottes Gaben → je)
ch) Gottes Gericht → ji)
d) Ehre sei Gott
da) Gott loben, jauchzen, preisen → k)
db) Gott danken → k)
e) Gott der Vater → a), Vater
ea) Gott der Herr, Fürst → b)
eb) Gott Jakobs
f) Gottes Sohn, Christus → a)
fa) Lamm Gottes
g) Gott, der Heilige Geist → a)
h) Präpositionale Verbindungen
ha) bei Gott
hb) mit Gott
hc) von Gott
hd) vor Gott
i) Adjektivische Verbindungen
ia) wahrer Gott → b)
ib) großer, heiliger, starker, ewiger Gott → b)
ic) treuer, frommer Gott
id) gnädiger, gütiger, lieber, freundlicher Gott → ce), je)
j) Genitivverbindungen
ja) Gottes Herrlichkeit, Name, Macht, Ruhm, Ehre → b) ib)
jb) Gottes Wort, Stimme, Mund → cb)
jc) Gottes Hand, Rechte, Finger
jd) Gottes Wille, Weisheit, Plan, Wege, Rat → cd)
je) Gottes Taten, Gaben, Gnade, Liebe → ce), cg)
jf) Gottes Reich, Stuhl, Thron, Stadt
jg) Gottes Haus, Altar, Arche
jh) Gottes Kinder, Gemeinde, Volk
ji) Gottes Zorn usw. → ch)
k) Anrede Gottes (Vokativ)
ka) o Gott, ach Gott
kb) mein Gott (als Anrede) → m)
kc) unser Gott (als Anrede) → n)
l) Gott nachfolgen → da), db)
m) mein Gott (als Aussage) → kb)
n) unser Gott (als Aussage) → kc)

a) der dreieinige Gott (22) → *Vater*

107,3 Gott Vater in dem höchsten Thron
109,6 Gott Vater in dem höchsten Thron
126,7 Gott Vater sei Lob und dem Sohn
131,1 von Gott dem Vater und dem Sohn
139,4 Gott Vater, Gott der Sohn und Gott der werte Geist
140,5 Gott Vater, Sohn und Heilger Geist
148,8 Gott Vater und dem Sohn
174 Gott Vater, Sohn, Gott Heilger Geist
180.1 in der Herrlichkeit Gott des Vaters
183,3 Gott mit Vater und dem Sohne
191 dich, Gott Vater im höchsten Thron
195,3 Gott Vater, Sohn und Heilger Geist
200,1+6 Gott Vater, Sohn und Heilger Geist
276,5 Gott Vater, Sohn und Geist
276,5 o Herr, dreiein'ger Gott
288,7 Gott Vater in dem höchsten Thron
289,5 Gott Vater, Sohn und Heilgem Geist
308,11 Gott Vater und dem ein'gen Sohn
321,3 ihm, dem dreiein'gen Gott
331,5 dich, Gott Vater auf dem Thron
342,8 Gott Vater, Sohn und Heilgem Geist

b) Gottes Gottheit (29) → *ea), ia), ib), ja)*

142,2 wer ist wie Gott – wer ist wie er
148,2 was Gott ist und vermag
153,4 und der Gott mit dem Antlitz des Menschen
191 heilig ist unser Gott
249,3 so wahr Gott Gott ist und sein Wort
278,2 weil man sagt: Wo ist dein Gott
278,6 mit ihrem: Wo ist dein Gott
281,3 dem Gott vollkommner Seligkeit
287,2 du meinst, Gott sei sehr verborgen
322,2 Gott, unserm höchsten Gut
327,3 er ist Gott Zebaoth, er nur ist zu loben
328,1 denn wo ist doch ein solcher Gott wie du
333,3 allmächtig ist Gott
351,2 daß Gott, der Höchst und Beste
351,8 Gott aber wohl bewußt
362,2 und ist kein andrer Gott
369,1 wer Gott, dem Allerhöchsten, traut
369,6 es sind ja Gott sehr leichte Sachen
369,6 Gott ist der rechte Wundermann
377,4 Herr, du bist Gott! In deine Hand
383,1 Gott, du lebst. Ich danke dir
386,2 wo Gott und die Menschheit in Einem vereinet
399,6 Gott selbst wird sein mein Speis und Trank
410,2 zwischen Gott und Menschen
411 Gott, weil er groß ist
449,8 alles vergehet, Gott aber stehet
449,10 Gott ist das Größte, das Schönste und Beste

506,3 o Gott der Macht und Herrlichkeit
528,7 ist als wie ein Gott gesessen

c) Gottes Handeln (35)
20,1 und steh und lausche, weil Gott handelt
34,1 Gott hat viel an uns getan
94,4 so hat es Gott gefallen
169,1+5 Gott lädt uns alle zu sich ein
202,2 was Gott selbst Taufe nennet
215,8 wie dein Gott hat an dir getan
225 Gott selber lädt uns ein
231,4 daß Gott sein Werk in dir hab
281,3 dem Gott, der Lasten auf uns legt
286,3 Gott macht, daß jeder jauchzen kann
287,2 Gott sähe nicht das, was dich bedrückt
297,2 so geht doch Gott ein andre Bahn
297,3 wo Gott hätt das zugeben
300,3 Gott heilge dich in seinem Haus
318,4 also hat sich auch Gott erzeigt
326,9 Gott hat es alles wohl bedacht
330,1 von dem, was Gott an mir getan
352,4 wenn es meinem Gott gefällt
357,2 mir's Gott im Herzen fest
361,2 läßt Gott sich gar nichts nehmen
369,3 Gott, der uns sich hat auserwählt
371,11 Gott wird's hören und recht richten
372,1–6 was Gott tut, das ist wohlgetan
392,6 Gott locket mich; nun länger nicht verweilet
395,3 auf die uns Gott gesandt
413,5 wie Gott läßt scheinen seine Sonn
443,7 dazu mich Gott beschieden
471,1 Gott walt's zu Frommen
505,3 doch hat Gott mehr getan

ca) Gottes Offenbarung (35)
4,1 Gott solch Geburt ihm bestellt
15,6 es kommt der Herr, eu'r Gott ist da
16,2 Gott selber ist erschienen
16,3 den Gott selbst ausersah
16,5 Gott will im Dunkel wohnen
17,4 Gott selber wird kommen, er zögert nicht
18,1 Gott kommt auf die Erde
25,3 daß Gott mit euch ist worden ein
36,2 Gott wird Mensch dir, Mensch, zugute
36,3 Gott gibt, unserm Leid zu wehren
39,3 sehet, was hat Gott gegeben
41,3 Gott wird ein Kind
41,4 Gott ist im Fleische
42,2 da sandte Gott von seinem Thron
48,1 den Gott zum Heiland euch hat erkoren
56,1–5 weil Gott in tiefster Nacht erschienen
127,6 ohn dich wird Gott niemandem kund
145,1 bedenk, was Gott dir hat gesandt
145,2 Gott hat dir Christus, seinen Sohn... gegeben
242,2 Gott, erhöh deins Namens Ehr
259,2 wie Gott zu unsern Vätern trat
278,2 daß Gott mich sein Antlitz schauen läßt
290,5 Gott zog des Tages vor dem Volke
342,3 drum schickt Gott seinen Sohn herein
362,2 den Gott hat selbst erkoren
365,2 so find't sich Gott gar balde
369,4 so kommt Gott, eh wir's uns versehn
379,1 Gott wohnt in einem Lichte
409,3 Gott ist in der Welt
426,1 werden kommen... die Gott Fernen und die Frommen
452,1 Gott hält sich nicht verborgen

cb) Gottes Reden und Gebieten (27) → *jb)*
10,1 den Gott aus Gnad allein
115,2 Gott erfüllt, was er verspricht
116,4 was Gott geboten, ist nun vollbracht
145,6 Gott warnet täglich für und für
182,9 nehmt wahr, was Gott verheißt
199,1–2 Gott hat das erste Wort
199,3–4 Gott hat das letzte Wort
202,2 Gott spricht und will, daß Wasser sei
231,3 ohn was Gott selbst red't und tut
234,1 so wahr ich lebe, spricht dein Gott
234,2 die Gott dir zugesaget hat
234,5 Gnad hat dir zugesaget Gott
243,3 Gott schwört bei seinem Leben
273,4 darum spricht Gott: Ich muß auf sein
283,3 ach daß uns doch Gott sagte zu
302,4 Gott hält sein Wort mit Freuden
342,2 was Gott im G'setz geboten hat
348 Gott verspricht: Ich will dich segnen
382,1 bist du der Gott, der Zukunft mir verheißt
392,1 Gott rufet noch. Sollt ich nicht endlich hören
392,2 Gott rufet noch. Sollt ich nicht endlich kommen
392,3 Gott rufet noch. Wie, daß ich mich nicht gebe
392,4 Gott rufet noch. Ob ich mein Ohr verstopfet
452,2 die Gott uns Menschen schwört
519,1 wie Gott mir verheißen hat

cc) Gottes Schöpfung, Erhaltung, Neuschöpfung (26)
3,1 Gott, heilger Schöpfer aller Stern
42,1+9 dies ist der Tag, den Gott gemacht

123,1 alles legt ihm Gott zu Fuß
148,1 wenn Gott wird schön erneuen
148,1 wird Gott neu schaffen gar
199,5 Gott steht am Anbeginn
211,1 Gott, der du alles Leben schufst
294,3 dies ist der Tag, den Gott gemacht
324,13 dein Gott, der Ursprung aller Ding
409,2 Gott ist's, der erhält
409,2 Gott gehört die Welt
409,5 Gott erneut die Welt
412,4 Gott schuf die Welt nicht bloß für mich
412,5 daß Gott mich schuf und mich versühnt
431,1 Gott, unser Ursprung, Herr des Raums
432,1 Gott gab uns Atem, damit wir leben
432,1 Gott hat uns diese Erde gegeben
432,2 Gott gab uns Ohren, damit wir hören
432,2 Gott will nicht diese Erde zerstören
432,3 Gott gab uns Hände, damit wir handeln
432,3 Gott will mit uns die Erde verwandeln
445,1 Gott des Himmels und der Erden
449,2 mein Auge schauet, was Gott gebauet
504,3 seht, wie Gott der Erde Ball
506,4 mich, ruft die Saat, hat Gott gemacht

cd) Gottes Herrschaft, Macht, Wille (17) → *jd)*
150,1 wollt Gott, ich wär in dir
159,1 weil Gott ihn ja will von uns han
279,3 Gott herrschet allgewaltig immer
281,5 Gott, machtvoll in dem Heiligtum
281,5 der Herr ist seines Volkes Gott
286,2 Gott will, daß sie ein Eden werde
290,3 o Israel, Gott herrscht auf Erden
290,7 o seht, wie Gott sein Volk regieret
294,2 Gott schafft den Sieg mit seiner Rechten
326,1 dem Gott, der alle Wunder tut
352,5 wie Gott will, so muß es bleiben
352,5 wann Gott will, bin ich bereit
354,3 Gott will, uns soll geholfen sein
361,5 Gott nicht zurücke gehn
361,7 Gott sitzt im Regimente
392,6 Gott will mich ganz; nun länger nicht geteilet
395,2 Gott will, daß ihr ein Segen

ce) Gottes Liebe, Vergebung, Heil (49) → *id), je)*
28 also hat Gott die Welt geliebt
36,3 sollt uns Gott nun können hassen
41,2 Gott und der Sünder, die sollen zu Freunden nun werden
51,1+5 also liebt Gott die arge Welt
83,2 den, den hat Gott zum Sündenfeind
83,3 Gott seinen Sohn abzwingen
88,5 wie kann Gott mich hassen
91,4 Gott ist die Lieb und läßt die Welt erlösen
100,1 denn unser Heil hat Gott bereit'
102,2 daß Gott uns sein Huld gönnet
111,14 Gott und die Engel lieben mich
115,3 Gott verstößt in Christus nicht
134,8 die uns unser Gott erkiest
145,6 weil Gott dir noch sein Gnad anbeut
148,4 also wird Gott erlösen
167,2 wie Gott uns herzlich liebt
179,1 ein Wohlgefalln Gott an uns hat
182,7 Gott gibt die Welt nicht verloren
214,2 daß uns Gott ist worden hold
224,2 Gott sei mir Sünder gnädig
234,3 Gott wird wohl mein erbarmen sich
234,4 Gott ist wohl stets bereit dem Sünder mit Barmherzigkeit
276,3 sieht Gott in Gnaden an
276,4 Gott faßt in seine Huld
280,1 es wolle Gott uns gnädig sein
303,7 Zion, dein Gott sorgt stets für dich
341,1 was Gott an uns gewendet hat
341,4 da jammert Gott in Ewigkeit
355,2 Gott hat mich mit sich selbst versühnet
355,5 Gott, der du reich bist an Erbarmen
361,6 Gott wird dich aus der Höhle... mit großen Gnaden rücken
371,1 in dem Gotte deines Lebens
409,1–8 Gott liebt diese Welt
412,1 Gott ist die Lieb und will, daß ich
412,5 die Gott durch seines Sohnes Blut... erkaufen lassen
443,7 Gott wird es alls zusammen in Gnaden sehen an
449,9 Gott, meine Krone, vergib und schone
449,10 Gott ist das Süßte und Allergewißte
452,3 Gott löst mich aus den Banden
452,3 Gott macht mich ihm genehm
511,3 Gott im Himmel hat an allen seine Lust

cf) Gottes Hilfe, Bewahrung, Nähe (48)
6,5 das helf uns Gott in Ewigkeit
41,1 Gott will so freundlich und nah
58,5 läßt Gott uns... in seinem Schoße sitzen
65,7 Gott ist bei uns am Abend und am Morgen
109,5 zum sel'gen End Gott helf uns alln
133,4 Gott schützt vom Heiligtum

134,7 du bist unser Schutz und Gott
145,7 das helfe Gott uns allen gleich
165,1+2 Gott ist gegenwärtig
165,1 Gott ist in der Mitte
167,4 bis Gott uns... die Heimat hält bereit
182,8 Gott hat den Sieg uns gegeben
195,2 hilf Gott, daß ich's fest glaube
211,5 Gott, der du durch die Taufe jetzt... einen Anfang setzt
229,3 Gott, der überall zu uns hält
239,1 neigt sich Gott zu euch vom Himmelreich
239,2 euer Gott ist unter euch getreten
243,1 Gott hilft dir immerdar
243,4 Gott wird dir Hilf erwecken
245,5 Gott, unser Hort, schützt sie alleine
273,3 Gott wolle wehren allen gar
278,7 denn du bist der Gott, der mich stärkt
283,5 wird sich Gott... zu uns wenden
287,3 doch da schickt dir Gott die Hilfe zu
296,1 wann mir mein Gott... mit seiner Hilf zustatten komm
296,6 Gott wendet alle Trübsal schwer
303,2 rufe man Gott um Hilfe an
326,1 dem Gott, der mein Gemüte mit... Trost erfüllt
326,1 dem Gott, der allen Jammer stillt
329,1 bis hierher hat mich Gott gebracht
351,1 ist Gott für mich, so trete
351,9 wie Gott dem Hilfe leiste
363,6 Gott wird euch schon erfreuen
364,2 Gott ist mein Trost, mein Zuversicht
370,5 Gott hat mich in guten Tagen oft ergötzt
370,6 Gott, mein Heil, wird... sie zuschanden machen
371,11 ist Gott dein Freund und deiner Sachen
372,3 Gott ist getreu
372,6 so wird Gott mich ganz väterlich in seinen Armen halten
378,1 daß dich Gott nicht fallen läßt
408,3 wo ich bin, hält Gott die Wacht
426,2 Gott wird seine Welt bewahren
446,2 Gott aber hat's gewehret
472,2 Gott läßt die Seinen nicht
474,1 denn Gott vons Himmels Throne über mich wacht
477,9 Gott laß euch selig schlafen
492 Gott bewacht die Erden

cg) Gottes Gaben (21) → *je)*
24,6 zu sehn, was Gott uns hat beschert
53,3 Gott im Himmel schenkt uns allen
129,1 Gott schenkt uns seinen Sohn
145,1 bedenk, was Gott an dich gewandt
150,3 und mir Gott hat gegeben
163 unsern Ausgang segne Gott
213,3 das Gott vom Himmel gab
214,3 Gott geb uns allen seiner Gnade Segen
360,1–6 Gott schenkt Freiheit, seine größte Gabe
361,11 Gott gibt dir selbst die Palmen
370,3 Gott allein ist es, der's gegeben
399,6 was mir Gott wird bescheren dort
494,2 Gott ist's, der das Vermögen schafft
505,1 woraus Gott alle Stände satt... macht
517,12 ade, Welt, Gott gesegne dich
523,1 da wird Gott herrlich lohnen

ch) Gottes Gericht (5) → *ji)*
91,4 Gott ist gerecht, ein Rächer alles Bösen
239,5 Gott wird einst in Christus wiederkommen
365,6 will uns erwecken Gott
370,5 fromm ist Gott und schärft mit Maßen
387,6 da uns Gott wird richten

d) Ehre sei Gott (17)
26 Ehre sei Gott in der Höhe
45,3 Ehre sei Gott im Himmel und auf Erden
47,5 Ehr sei Gott im höchsten Thron
48,3 Ehre sei Gott
52,5 Ehr sei Gott! Auf Erden Frieden
179,1 allein Gott in der Höh sei Ehr
180.1 Ehre sei Gott in der Höhe
180.2 Gott in der Höh sei Preis und Ehr
180.3 Ehre sei Gott in der Höhe
180.4 allein Gott in der Höh sei Ehr
232,4 Ehr sei Gott in dem höchsten Thron
273,6 Ehr sei Gott Vater und dem Sohn
291,3 Ehr sei dem Vater Gott, Ehr sei dem Sohne Gott
410,1–4 Ehre sei Gott, dem Herrn

da) Gott loben, jauchzen, preisen (57) → *k)*
4,5 Lob sei Gott dem Vater g'tan
4,5 Lob sei Gott seim ein'gen Sohn
24,15 Lob, Ehr sei Gott im höchsten Thron
27,1 lobt Gott, ihr Christen alle gleich
27,6 Gott sei Lob, Ehr und Preis
29,3 gebt Gott allein im Himmel Preis und Ehre
60,1 lobsinget Gott mit hellem Schall
97,4 wollen wir Gott loben
101,1 Gott loben und dankbar sein

103,1 gelobt sei Gott im höchsten Thron
121,2 Gott Lob und Dank im höchsten Thron
143,1 Gott Lob und Dank in Ewigkeit
162,1 Gott Lob, der Sonntag kommt herbei
167,1-4 lobet Gott, lobet Gott, der uns führt aus aller Not
182,4 und sie mit euch jeden Tag Gott lobt und preist
214,1 Gott sei gelobet und gebenedeiet
243,1 lob Gott getrost mit Singen
243,6 Gott solln wir fröhlich loben
245,1 Preis, Lob und Dank sei Gott dem Herren
272 ich lobe meinen Gott von ganzem Herzen
278,9 zum Gott, der die Freude jubeln läßt
279,1 jauchzt, alle Lande, Gott zu Ehren
279,8 gelobt sei Gott und hochgepriesen
281,1 lobsinget Gott, die ihr ihn seht
281,5 gelobt sei Gott! Ja, Amen
288,5 Gott loben, das ist unser Amt
293,1 lobt Gott von Herzensgrunde
294,2 gelobt sei Gott mit Jubelschall
297,4 Gott Lob und Dank, der nicht zugab
301,2 preiset Gott und gebt ihm Ehr
321,3 Lob, Ehr und Preis sei Gott
323,2 gelobt sei der Gott Israel'
349,1 bin fröhlich Gott zu Ehren
365,4 lobt Gott im Himmelsthron
410,4 gebt Gott die Ehre
413,4 tut solchs zu Ehren seinem Gott
437,1 Gott Lob, der uns heut diese Nacht
451,4 gelobet seist du, Gott der Macht
470,2 des Morgens, Gott, dich loben wir
472,1 Gott sei gebenedeiet
499,1 loben Gott zu dieser Zeit
499,2 loben Gott zu aller Zeit
499,3 lobe Gott zu aller Zeit
500,1 lobt Gott in allen Landen
501,1 die loben Gott mit Freud
504,2 jauchzen Gott bei stiller Nacht
506,2 preist dich, du Gott der Stärke
507,1-7 soll mein Gott gelobet sein

db) Gott danken (15) → *k)*
12,1 Gott sei Dank durch alle Welt
25,6 des danket Gott in Ewigkeit
113,1+8 Gott sei gedankt, der uns den Sieg
278,9 daß ich dir, Gott, danke im Lied
280,2 so danken, Gott, und loben dich
280,3 es danke, Gott, und lobe dich
290,1 nun danket Gott, erhebt und preiset
301,1+12 danket Gott, denn er ist gut
321,1 nun danket alle Gott
326,4 ach danket, danket Gott mit mir
359,4 bittet Gott mit Danken
455,3 Dank überschwenglich, Dank Gott am Morgen
458 wir danken Gott für seine Gaben

e) Gott der Vater (16) → *a), Vater*
24,4 die Gott der Vater hat bereit'
80,1 Gott des Vaters einigs Kind
138,1 Gott der Vater steh uns bei
144,2 o Gott und Vater, sieh doch an
160 Gott Vater, dir sei Dank gesagt und Ehre
178.4 Kyrie, Gott Vater in Ewigkeit
179,2 daß du, Gott Vater, ewiglich
180.1 Gott, allmächtiger Vater
180.3 Gott, allmächtiger Vater
191 Gott Vaters ewger Sohn du bist
196,6 Gott Vater, laß zu deiner Ehr
205,1 Gott Vater, höre unsre Bitt
208,1 Gott Vater, du hast deinen Namen
215,3 du sollst Gott den Vater preisen
470,3 Gott Vater, dem sei ewig Ehr
506,6 Gott unser Vater sei gepreist

ea) Gott der Herr, Fürst (31) → *b)*
63,1 was Gott der Herr nur weiß
123,3 Gott ist Herr, der Herr ist Einer
142,1 Gott, aller Schöpfung heilger Herr
155,3 heilig, heilig ist Gott der Herr
157 du treuer Gott und Herr
165,3 unser Gott und Herre
167,1 Gott, unserm lieben Herrn
179,3 Lamm Gottes, heilger Herr und Gott
231,2 ich bin allein dein Gott, der Herr
255,1 daß du bist König, Gott und Herr
281,5 der Herr ist Gott, der Herr ist Gott
282,6 denn Gott der Herr ist Sonn und Schild
288,2 erkennt, daß Gott ist unser Herr
293,1 lobt Gott den Herrn, ihr Heiden all
297,1 wo Gott der Herr nicht bei uns hält
300,1 lobt Gott, den Herrn der Herrlichkeit
309,1 der seinen Gott, den Herrn und Retter, preist
314,5 alle Leute rufen laut und loben Gott den Herrn
320,1 nun laßt uns Gott dem Herren
326,8 der Herr ist Gott, der Herr ist Gott
347,6 bei uns, mein Herr und Gott
371,6 hat Gott, dein Fürst, dich schon erhöret
397,1 Herr Jesu Christ, mein Gott und Herr
397,2 Herr Jesu Christ, mein Herr und Gott

412,4 wir haben einen Gott und Herrn
441,1 du Gott und treuer Herre mein
451,3 du bist es, Herr und Gott der Welt
482,6 du unser Herr und unser Gott
511,1 Gott der Herr hat sie gezählet
511,2 Gott der Herr rief sie mit Namen
531,1 will ich, mein Herr und Gott

eb) Gott Jakobs (3)
282,4 vernimm's, vernimm's, o Jakobs Gott
302,2 nach Jakobs Gott und Heil
303,3 des Hilfe der Gott Jakobs ist

f) Gottes Sohn, Christus (49) → *a)*
4,2 Gott von Art und Mensch, ein Held
5,1 Gottes Sohn ist kommen
6,1 bald wird erscheinen Gottes Sohn
8,1 trägt Gottes Sohn voll Gnaden
15,1 nimmt von euch Christus, Gottes Sohn
20,5 Sohn Gottes, der das Zepter hält
23,5 der Sohn des Vaters, Gott von Art
25,4 Gotts Sohn ist worden eu'r Gesell
29,1–4 Gottes Sohn ist Mensch geborn
29,4 Gottes Sohn vom Himmelreiche
35,2 Sohn Gottes in der Höh
38,1 Gottes und Marien Sohn
38,1 Gott und Mensch, ein kleines Kind
46,3 Gottes Sohn, o wie lacht
47,1 Gottes Sohn kam in die Welt
66,2 er, der Sohn Gottes, der machet recht frei
67,1 Herr Christ, der einig Gotts Sohn
70,2 wahr' Gottes und Marien Sohn
77,8 o hilf, Christe, Gottes Sohn
79,2 und bitten dich, wahr' Mensch und Gott
80,2 o große Not! Gotts Sohn liegt tot
81,5 Gott wird gefangen
101,3 Jesus Christus, Gottes Sohn
109,1 heut triumphieret Gottes Sohn
121,2 weil unser Bruder Gottes Sohn
141,5 wahrer Sohn Gotts er ist und heißt
147,2 nun komm... Herr Jesu, Gottes Sohn
149,1 daß Gottes Sohn wird kommen
152,1 wir warten dein, o Gottes Sohn
178.4 o Jesu, Gottes Sohn
180.2 Herr Jesus Christus, Gottes Sohn
183,2 gleicher Gott von Macht und Ehren
184,1 wir glauben Christum, Gottes Sohn
192 o Jesu Christ, Gottes Sohn
202,4 auch Gottes Sohn hier selber steht
349,2 in Christus, Gottes Sohn
359,6 Gottes Sohn hebt aus dem Tod
363,1 kommt her zu mir, spricht Gottes Sohn
370,1 den mir schon Gottes Sohn
397,3 in aller Freud, o Gottes Sohn
403,1 Gottes und Marien Sohn
413,8 wie du uns tust, o Gottes Sohn
468,2 dein Kreuz behüt es, Gottes Sohn
519,2 das macht Christus, wahr' Gottes Sohn
522,5 denn Jesus Christus, Gottes Sohn
523,2 o Jesu, Gottes Sohn

fa) Lamm Gottes (11) → *Gotteslamm*
33,2 willkommen, Jesu, Gottes Lamm
141,4 sprach: Siehe, das ist Gottes Lamm
179,3 Lamm Gottes, heilger Herr und Gott
180.1 Herr Gott, Lamm Gottes
180.3 Herr Gott, Lamm Gottes
190.1 o Lamm Gottes, unschuldig
190.2 Christe, du Lamm Gottes
190.3 Lamm Gottes, du nimmst hinweg die Sünde der Welt
190.4 siehe, das ist Gottes Lamm
396,1 Gottes Lamm, mein Bräutigam
400,2 ich will dich lieben, Gottes Lamm

g) Gott, der Heilige Geist (12) → *a)*
4,5 Lob sei Gott dem Heilgen Geist
126,1 komm, Gott Schöpfer, Heiliger Geist
178.4 Kyrie, Gott Heiliger Geist
180.2 du wohnst mit Gott dem Heilgen Geist
184,2 wir glauben Gott, den Heilgen Geist
193,3 Gott Heilger Geist, du Tröster wert
280,3 uns segne Gott der Heilig Geist
288,7 samt Gott, dem werten Heilgen Geist
291,3 Ehr sei dem Heilgen Geist, Gott in Ewigkeit
321,3 und Gott dem Heilgen Geist
365,8 auch Gott der Heilig Geist
474,3 Gott Heilger Geist, dein Hilf uns leist

h) Präpositionale Verbindungen (30)
81,5 der Böse lebt, der wider Gott gehandelt
92,4 den Menschenschuld in Gott erweckt
127,4 wer sich durch Buß zu Gott bekehrt
148,6 wird bringen in Gott der Freuden viel
161,3 Licht vom Licht, aus Gott geboren
183,2 wieder auferstanden durch Gott
184,1 aus Gott geboren vor der Zeit
239,1 wo in Gott der Mensch zum Menschen findet
245,3 die werden in Gott selig sein
278 und bist so unruhig, harre doch auf Gott

278,1 meine Seele dürstet nach Gott, nach dem lebendigen Gott
282,6 auf Gott vertraut; er hilft im Tod
284,4 denk an Gott nur und vergiß nicht, wer dich hält
296,3 setz nur auf Gott dein Zuversicht
299,3 darum auf Gott will hoffen ich
305,1–4 singt das Lied der Freude über Gott
306 singt das Lied der Freude, der Freude über Gott
342,6 bist du aus Gott geboren
352,1 wer auf Gott sein Hoffnung setzet
369,7 auf Gott setzt, den verläßt er nicht
371,6 halt an Gott, so wirst du siegen
399,7 in deinem Gott sei guter Ding
453,1 voll Demut fleht zu Gott empor
513,5 wir wollen kindlich zu Gott Hoffnung hegen
514,7 hebt euer Herz zu Gott empor
520,3 sein Seel lebt ewiglich in Gott
521,3 auf Gott steht mein Vertrauen

ha) bei Gott (9)
10,3 bei Gott am höchsten steht
36,4 und bei Gott für den Tod
82,3 ich bin bei Gott in Gnaden
89,3 bei Gott versöhnen möchtest
248,7 wiederbracht den Fried bei Gott
299,5 bei Gott ist viel mehr Gnade
351,1 und bin geliebt bei Gott
355,2 und soll bei Gott in Gnaden sein
525,5 bei Gott zu leben mir gefällt

hb) mit Gott (12)
40,4 mit Gott mußt du es treulich meinen
91,2 vereint mit Gott, ein Mensch gleich uns auf Erden
148,7 mit Gott wir werden halten
148,7 trinken zugleich mit Gott
162,3 da wir mit Gott versöhnet sind
213,3 mit Gott euch zu vermählen
245,4 zu sein mit Gott dem Herrn vereint
249,3 Gott ist mit uns und wir mit Gott
342,6 mit Gott der Glaub ist wohl daran
402,5 der mich hat mit Gott versöhnet
494,1 mit Gott wird alles wohlgetan
516,3 bin ich versöhnt mit Gott

hc) von Gott (13)
70,4 von Gott kommt mir ein Freudenschein
229,2 lehrt uns leben von Gott bejaht
256,5 dem es von Gott vertrauet ist
365,1 von Gott will ich nicht lassen
369,5 daß du von Gott verlassen seist
500,1 die wir von Gott empfangen
508,1–4 alle gute Gabe kommt her von Gott dem Herrn
508,2 kommt aber her von Gott
508,3 von Gott kommt alles her
533,3 wir sind von Gott umgeben

hd) vor Gott (20)
67,2 vor Gott in Ewigkeit
79,1 gemacht vor Gott gerecht und gut
116,1–5 laßt uns lobsingen vor unserem Gott
128,4 vor Gott ganz und gar umsonst
135,3 und vor Gott zu treten
195,2 das ist vor Gott gewißlich wahr
231,11 wie man vor Gott leben soll
239,3 der Mensch tritt vor Gott als rechter Beter
250,4 weil doch kein Mensch vor Gott gerecht
282,4 vor Gott in Zion zu erscheinen
295,1 vor Gott in Heiligkeit
342,2 vor Gott so mannigfalten
342,6 es ist gerecht vor Gott allein
349,3 vor Gott, dem Herren mein
350,1 damit will ich vor Gott bestehn
386,6 nichts kann ich vor Gott ja bringen

i) Adjektivische Verbindungen

ia) wahrer Gott (11) → *b)*
25,4 ihr habt mit euch den wahren Gott
30,3 wahr' Mensch und wahrer Gott
45,2 Gott, wahrer Gott von Ewigkeit geboren
82,2 es hat sich selbst der wahre Gott
108,2 und durch den Tod als wahrer Gott
121,3 wahr' Gott und Mensch zu aller Frist
134,1 wahrer Gott von Ewigkeit
281,4 sich dir, dem wahren Gotte, weihn
399,1 ein wahrer Gott ohn Ende
422,1 wahr' Mensch und wahrer Gott
470,1 ein wahrer Gott von Ewigkeit

ib) großer, heiliger, starker, ewiger Gott (25) → *b)*
38,2 du wirst klein, du großer Gott
121,1 o starker Gott Immanuel
131,1–6 o Heiliger Geist, o heiliger Gott
185.4 heiliger Herre Gott
185.4 heiliger starker Gott
185.4 heiliger unsterblicher Gott
244,9 die Sach ist dein, o starker Gott
309,1 den großen Gott, dem ich mein Heil befehle
321,2 der ewigreiche Gott
331,1 großer Gott, wir loben dich

424,1 deine Hände, großer Gott
439,3 o starker Gott von Ewigkeit
445,6 großer Gott, ich dir befehle
475,8 o du großer Gott, erhöre
518,1–3 heiliger Herre Gott, heiliger starker Gott
518,1–3 du ewiger Gott

ic) treuer, frommer Gott (12)
146,1 nimm von uns, Herr, du treuer Gott
191 behüt uns heut, o treuer Gott
200,4 mein treuer Gott, auf deiner Seite
276,2 half mir der treue Gott
295,3 wenn du mich leitest, treuer Gott
296,5 der fromme Gott behütet dich
364,1 er hilft aus Not, der treue Gott
364,3 du treuer Gott, Sünd, Höll und Tod
366,2 dich anrufen, o treuer Gott
495,1 o Gott, du frommer Gott
505,1 der treue Gott lebt noch
505,5 du wollest, treuer Gott, vor Feuer uns behüten

id) gnädiger, gütiger, lieber, freundlicher Gott (17) → *ce), je)*
60,4 abwenden als ein gnäd'ger Gott
66,4 ewiges Leben, der freundliche Gott
66,8 hochgelobt sei der erbarmende Gott
165,4 liebster Gott, in allem
316,3 hat nicht der gnädige Gott
317,3 hat nicht der gnädige Gott
345,1 auf meinen lieben Gott trau ich
363,7 und was der ewig gütig Gott
369,1 wer nur den lieben Gott läßt walten
408,5 lieber Gott, du bist so groß
408,6 bin ich dein, du lieber Gott
439,1 dem gütigen und milden Gott
467,4 behüte uns, o lieber Gott
484,2 sieh es, lieber Gott, nicht an
493 verleihe uns der allmächtige, gnädige Gott
503,11 ach süßer Gott, vor deinem Thron
509,1 dir, lieber Gott, zu klein

j) Genitivverbindungen (32)
16,4 von Gottes Angesichte kam euch
20,2 schon hört ihr Gottes Schritt
36,2 Gottes Held, der die Welt
52,3 und wir fühlten Gottes Nähe
64,3 nur Gottes Jahr währt für und für
74,3 du ewge Wahrheit, Gottes Bild
91,6 macht mich aus Gottes Feinde zu Gottes Freunde
93,1 das Geheimnis Gottes sah
98,3 im Gestein verloren Gottes Samenkorn
127,4 komm, Feuer Gottes, Heilger Geist
143,2 als Gottes gute Geister
143,3 sie stehn vor Gottes Angesicht
145,4 in Gottes Furcht dich halten fein
148,5 aus Gottes Schatz und Bronne
155,3 bis wir singen mit Gottes Heer
166,1 hier ist Gottes Angesicht
182,4 laßt Gottes Licht durch euch scheinen in der Welt
196,1 als Gottes, nicht der Menschen
218,4 Gottes Geist nur kann uns leiten
249,2 ist Gottes, dem befiehl die Rach
251,1 sucht in Gottes Herzen Ruh
264,1 sie, die des großen Gottes
299,4 und seines Gotts erharre
310 und mein Geist freuet sich Gottes
351,4 vor Gottes Augen stehen
354,5 nur bald nach Gottes Herzen schaun
395,1 seit leuchtend Gottes Bogen
412,1 der treibt mit Gottes Wahrheit Spott
426,1 da wird Gottes Berg überragen
455,2 dank für die Spuren Gottes im Garten
507,2 Gottes Welt, wohl bestellt
514,1 Gottes Geschöpfe, kommt zuhauf

ja) Gottes Herrlichkeit, Name, Macht, Ruhm, Ehre (26) → *b), ib)*
78,9 bringt viel Frücht zu Gottes Preis
90,1 daß Gottes Majestät und Zier
115,3 lästert ihn und Gottes Ehre
138,1–3 mit Gottes Kraft uns rüsten
143,4 zu Gottes Dienst und Ehren
145,4 und suchen Gottes Ehr allein
180.3 in der Herrlichkeit Gottes des Vaters
231,3 den Namen Gottes, deines Herrn
269,2 gemeinsam Gottes Lob erklingt
286,2 rühm, Erde, Gottes Herrlichkeit
290,1 besinge deines Gottes Ruhm
294,4 er, der da kommt in Gottes Namen
297,4 des Gotts Himmels und Erden
299,4 doch soll mein Herz an Gottes Macht
326,8 ihr, die ihr Gottes Macht bekennt
330,3 zu Gottes Ruhm belebet sein
349,4 will... prangen vor Gottes Majestät
371,9 denn das ist Gottes Ehrentitel
396,3 Gottes Macht hält mich in acht
454,3 Gottes Macht schützt, was er schuf
482,7 in Gottes Namen nieder
494,1 in Gottes Namen fang ich an
494,1 was man in Gottes Namen tut
498,1 in Gottes Namen fahren wir

jb) Gottes Wort, Stimme, Mund (19) → *cb)*
15,4 geredet hat es Gottes Mund
15,5 doch Gottes Wort bleibt ewiglich

76,2 weil uns Gotts Wort so helle scheint
104,2 wenn die Seel am Wort Gottes haft'
145,5 dadurch wird Gottes Wort veracht'
169,2 wir hören jetzt auf Gottes Wort
195,1 allein auf Gottes Wort will ich
195,1 was Gottes Wort klar spricht und richt'
273,2 in Gottes Wort gegründet
273,5 von Gotts Wort man erwarten soll
311,3 Richtung zeigt ihm Gottes Wort
312,1 nach Gottes Wort und Plan
392,6 meins Gottes Stimm mir mehr als deine gilt
426,1 zu fragen nach Gottes Wort
429,6 für alle Völker - Spruch unsers Gottes
442,4 Gotts Wort, du bist der Morgenstern
454,2 Gottes Wort erschuf die Welt
454,5 Gottes Wort ruft Freund und Feind
512,6 durch Gebet und Gottes Wort

jc) Gottes Hand, Rechte, Finger (15)
63,1 in Gottes treue Hände
68,6 zu Gottes Rechten als sein Sohn
119,2 er sitzt zu Gottes rechter Hand
126,4 der Finger an Gotts rechter Hand
150,2 in Gottes treue Hände
184,4 erhöht zu Gottes rechter Hand
191 du sitzt zur Rechten Gottes gleich
290,4 sie zogen unter Gottes Hand
378,5 stehn in Gottes Händen
408,2 Gottes Hände halten mich
504,3 zeigen Gottes Finger hier
510,4 von des höchsten Gottes Hand
521,1 legen in Gottes gnädig Hand
532,1 der du aus Gottes Händen fließt
533,1 als nur in Gottes Hand

jd) Gottes Wille, Weisheit, Plan, Wege, Rat (13) → *cd)*
10,3 und folget Gottes Leiten
30,2 aus Gottes ewgem Rat
78,4 Jesus ging nach Gottes Will
91,5 die Weisheit Gottes
143,6 zerrüttet Gottes Ordnung bald
269,3 getreu zu folgen Gottes Plan
269,5 nach Gottes Willen wird geschehn
364,3 hinfahrn nach Gottes Willen
369,7 sing, bet und geh auf Gottes Wegen
408,2 keins fällt je aus Gottes Plan
472,5 Gotts Steg und Weg verlier
479,4 denn das ist Gottes Wille
519,1 mit Fried und Freud ich fahr dahin in Gotts Wille

je) Gottes Taten, Gaben, Gnade, Liebe (46) → *ce), cg)*
40,1 des großen Gottes Freundlichkeit
42,3 daß Gottes Lieb unendlich ist
51,2 nun preiset alle Gottes Tat
52,5 Gottes Gnade allem Volk
57,5 daß er die Liebe Gottes ist
98,2 über Gottes Liebe brach die Welt den Stab
127,1 die Wunder Gotts mit Freud erzähl
127,2 bezeugen Gottes Großtat hie
136,6 um Gottes Gnade flehn
137,5 Gottes Gnade sucht und preist
239,4 und der Friede Gottes, welcher höher
239,4 Gottes Friede sei euch zum Geleit
258 mit euch des großen Gottes Gnade
279,2 kommt alle her, schaut Gottes Werke
281,4 durch deines Gottes Huld allein
283,4 doch ist ja Gottes Hilfe nah
286,2 wie unsers Gottes Huld erfreut
288,2 und nicht wir selbst: durch Gottes Gnad
294,2 drum rühm ich Gottes Taten gern
325,1-9 Gottes Lieb in Ewigkeit
325,10 sich in Gottes Liebe find't
328,2 daß ich den Frieden Gottes schmeck und fühl
331,6 hast uns Gottes Gnad gebracht
352,1 alles ist an Gottes Segen
369,3 wie unsers Gottes Gnadenwille
378,2 wie Gott will, sind Gottes Gaben
384,2 es kann leichtlich Gottes Huld
404,8 darum, du Gott der Gnaden
412,2 und hat die Liebe Gottes nicht
454 Gottes Güte, Gottes Treu
454,4 Gottes Liebe deckt die Schuld
475,1 daß ihr preiset Gottes Güte
502,1 nun preiset alle Gottes Barmherzigkeit
503,1 an deines Gottes Gaben
503,8 des großen Gottes großes Tun
520,1 und zweifeln nicht: durch Gottes Gab
529,1 ist Gottes Gnadengabe
533,2 doch ein in Gottes Gnade

jf) Gottes Reich, Stuhl, Thron, Stadt (13)
4,3 und wieder zu Gottes Stuhl
69,3 darum er Gottes Himmel gar verließ
127,7 der Gottes Stadt durchfließet hell
145,3 dadurch wird Gottes Reich gemehrt
148,6 ewig in Gottes Reich
148,7 auf Gottes Tisch und Saal
148,8 vor Gottes Stuhl und Thron
182,2 suchet zuerst Gottes Reich in dieser Welt

206,2 und in Gottes Reich nicht kommen
256,3 beruft zum Abendmahl im Reich Gottes
300,2 in eures Gottes Heiligtum
341,10 damit das Reich Gotts werd gemehrt
494,3 wer erst nach Gottes Reiche tracht'

jg) Gottes Haus, Altar, Arche (7)
166,1 führt in Gottes Haus mich ein
245,2 daß Gottes Haus sei unverletzt
245,3 denn Gottes Arche schließt sie ein
278,3 wie einst ich zum Hause Gottes zog
278,9 zum Altar Gottes will ich treten
282,5 zu stehn an meines Gottes Haus, ist größer
294,4 die ihr von Gottes Hause seid

jh) Gottes Kinder, Gemeinde, Volk (19)
11,8 schafft, daß bei Gottes Kindern
25,6 ihr seid nun worden Gotts Geschlecht
36,2 Gottes Kind, das verbind't
42,6 und Gottes Kinder werden wir
104,3 gib, daß wir, alle Gottes Kind'
109,4 wir aber Gottes Kinder seind
127,2 und durch die Tauf werd Gottes Kind
127,5 und halt zusammen Gottes Kind
134,3 daß wir Gottes Kinder sind
148,6 all Heilgen Gottes gleich
159,2 Gotts treue Diener, Erbn und Kind
162,3 daß nun ein Christ heißt Gottes Kind
245,3 und werden Gottes Hausgenossen
245,5 also wird nun Gottes Gemeine
294,1 du, Gottes Volk, sollst es verkünden
303,8 ihr Kinder Gottes, lobt und preist
307,7 denn sie werden Gottes Kinder heißen
353,4 macht aus Sündern Gottes Kinder
514,6 führ Gottes Kinder himmelan

ji) Gottes Zorn usw. (5) → *ch)*
76,2 wie Gottes Zorn die Sünde schlägt
102,2 trug für uns Gottes Zorn
145,6 denn Gottes Straf ist vor der Tür
341,3 der frei Will haßte Gotts Gericht
413,1 ein wahrer Glaube Gotts Zorn stillt

k) Anrede Gottes (Vokativ) (24)
38,2 daß du, Gott, bist wunderbar
42,5 dich, Gott, Messias, bet ich an
171,1-4 bewahre uns, Gott, behüte uns, Gott
230 schaffe in mir, Gott, ein reines Herze
250,3 du, Gott, hast dir aus vielen Zungen
278,1 so schreit meine Seele, Gott, zu dir
282,5 du unser Schild, Gott, schau uns an
326,7 man soll, Gott, deinen Lobgesang
339 mein Herz ist bereit, Gott
383,4 Gott, du lebst. Ich lobe dich
408,6 leb ich, Gott, bist du bei mir
412,8 drum gib mir, Gott, durch deinen Geist
431,2 du selbst bist Flamme, Gott, du bist
441,7 da du, Gott, strahlst voll Herrlichkeit
443,1 dir, Gott, in deinem Thron
445,2 Gott, ich danke dir von Herzen
482,5 Gott, laß dein Heil uns schauen
482,7 verschon uns, Gott, mit Strafen
484,3 Gott, laß ruhn in deiner Hand
506,3 Gott, deine Güte reicht so weit
525,1 mach's mit mir, Gott, nach deiner Güt

ka) o Gott, ach Gott (25)
7,2 o Gott, ein' Tau vom Himmel gieß
30,4 o Gott, uns das verleih
129,3 o Gott von großer Huld
159,3 o Gott, nimm an zu Lob und Preis
194,1 o Gott, du höchster Gnadenhort
220 sei mitten unter uns, o Gott
233,1 ach Gott und Herr, wie groß und schwer
233,3 ach Gott, zürn nicht
249,4 ach Gott, gib indes deine Gnad
273,1 ach Gott, vom Himmel sieh darein
275,6 o wahrer Gott, aus aller Not
279,1 o Gott, die du hervorgebracht
279,6 ich dir, o Gott, mit meinem Munde
282,1 o Gott des Lebens, auf zu dir
318,9 o Gott, nimm an zu Lob und Dank
320,6 o Gott, wie große Gaben
326,4 ach Gott, vernimm mein Schreien
326,4 drum dank, ach Gott, drum dank ich dir
326,7 o Gott, von nun an ehren
329,2 die du, o Gott, mir lebenslang
330,5 bist du es nicht, o reicher Gott
364,4 hilf, steu'r und wehr, ach Gott, mein Herr
440,2 o Gott, du schöner Morgenstern
463 kommt, o Gott, von dir
495,1 o Gott, du frommer Gott

kb) mein Gott (als Anrede) (40) → *m)*
38,3 Gott, mein Gott, verlaß mich nicht
78,8 hab dir doch, mein Gott, vertraut
82,6 gib, o mein Herr und Gott
134,5 ach mein Gott, mein Gott, wie lange
162,4 mein Gott, laß mir dein Lebenswort
200,5 ich gebe dir, mein Gott, aufs neue
233,5 mein Gott, dort von dir scheiden
266,1 der Tag, mein Gott, ist nun vergangen
275,1 in deiner Treu, mein Gotte
275,3 mein Gott und Schirmer, steh mir bei
275,6 mein Gott, mein Gott, weich nicht von mir

278,9 singe zur Harfe, mein Gott
282,1 ist deine Wohnung, o mein Gott
282,2 mein Herr, mein Gott, ich traue dir
323,3 dich hier, mein Gott, im Leben
324,7 ach Herr, mein Gott, das kommt von dir
330,7 mein Gott, in allen Gnaden hin
355,3 das muß ich dir, mein Gott, bekennen
381,1+3 Gott, mein Gott, warum hast du mich verlassen
381,2+4 Gott, mein Gott, warum gibst du keine Antwort
381,4 Gott, mein Gott, stärke meinen armen Glauben
404,1 mein Gott, versag mir's nicht
478,2 nur du, mein Gott, hast keine Rast
488,1 wo fänd ich Trost, wärst du, mein Gott, nicht hier
491,2 mein Gott, bei dir bin ich
497,1 ich weiß, mein Gott, daß all mein Tun
504,6 ach mein Gott, wie wunderbar
506,1 mein Gott, mein Herr und Vater
529,9 ach komm, mein Gott, und löse
530,1–7 mein Gott, mein Gott, ich bitt durch Christi Blut
530,8 mein Gott, mein Gott, aus Gnad durch Christi Blut
531,3 mein Gott, verlaß mich nicht

kc) unser Gott (als Anrede) (7) → *n)*
245,5 das gib auch uns, Herr unser Gott
247,1 Herr, unser Gott, laß nicht zuschanden werden
297,6 Herr, unser Gott, gegründet
421 denn du, unser Gott, alleine
425,1+3 denn nur du, unser Gott
425,2 denn durch dich, unsern Gott

l) Gott nachfolgen (41) → *da), db)*
15,3 ebnet, ebnet Gott die Bahn
97,2 wollen wir Gott bitten
114,7 und Gott im Glauben dienest
125,2 und lehr uns Gott recht erkennen
135,5 recht erkennen und Gott Vater nennen
135,7 daß wir Gott verwandt
137,3 Gott zu Füßen niederlegt
141,4 sein Opfer Gott allein gefällt
144,1 aus tiefer Not laßt uns zu Gott... schrein
169,3 wir sagen Gott, was uns bedrückt
169,4 wir singen Gott ein schönes Lied
176 die Gott suchen
183,1 wir glauben all an einen Gott
184,1 wir glauben Gott im höchsten Thron
278,5 sage zu Gott, meinem Fels
279,7 die ihr Gott fürchtet, ich erzähle
280,1 und sie zu Gott bekehren
290,6 damit es diene seinem Gott
295,1 die recht von Herzen suchen Gott
307,6 denn sie werden Gott schauen
363,6 die ihr jetzt Gott ergeben seid
364,1 wer Gott vertraut, fest auf ihn baut
364,3 mein arme Seel ich Gott befehl
365,3 sei Gott dem Herrn ergeben
371,5 magst du Gott gar kühnlich sagen
382,1 seit Menschen leben, rufen sie nach Gott
392,3 ich halte Gott und meine Seele auf
392,7 ich folge Gott, ich will ihm ganz genügen
392,7 Gott soll hinfort allein... mein Herr und Meister sein
396,6 denen, die Gott lieben
399,3 verschmacht', hält sich's an seinen Gott
412,1 so jemand spricht: Ich liebe Gott
412,7 und Gott in Brüdern nicht erfreun
439,2 laßt uns Gott bitten diese Stund
443,6 Gott will ich lassen raten
449,3 alles sei Gotte zum Opfer gesetzt
478,6 ich baue... Gott einen Tempel auf
506,6 wer wollte Gott nicht dienen
514,5 es Gott zu opfern still bereit
517,2 da ich Gott schaue ewiglich
528,8 wer Gott fürcht', wird ewig stehen

m) mein Gott (als Aussage) (34) → *kb)*
1,1 gelobet sei mein Gott, mein Schöpfer reich von Rat
1,2 gelobet sei mein Gott, mein Heiland groß von Tat
1,3 gelobet sei mein Gott, mein Tröster früh und spat
1,4 gelobet sei mein Gott, voll Rat, voll Tat, voll Gnad
2,1–3 gelobet sei mein Gott
139,1 mein Gott, mein Licht, mein Leben
139,2 mein Gott, mein Heil, mein Leben
139,3 mein Gott, mein Trost, mein Leben
139,4 mein Gott, der ewig lebet
139,5 gelobet sei mein Gott in alle Ewigkeit
162,1 heut hat mein Gott das Licht gemacht
275,4 mein starker Gott in aller Not
278 weil er mir hilft als mein Gott
303,1 will ich lobsingen meinem Gott
325,1 sollt ich meinem Gott nicht singen
325,5 kommt mein Gott und hebt mir an
325,7 wäre mein Gott nicht gewesen

329,3 durch Christi Blut hilft mir mein Gott
340 und meinen Gott loben
364,1 was mein Gott will, gescheh allzeit
364,2 was mein Gott will, das mir geschicht
364,3 zu meinem Gott, wenn's ihm gefällt
372,1 er ist mein Gott
400,7 ich will dich lieben, meinen Gott
408,1 meinem Gott gehört die Welt
408,1 meinem Gott das Himmelszelt
474,1 mit meinem Gott geh ich zur Ruh
477,3 mein Gott aus diesem Jammertal
478,7 mein Gott wacht jetzt in meiner Ruh
480,2 mein Herr und Gott ist hie
524,2 zu dem Herren, meinem Gott
530,8 mir g'nüget, wie mein Gott es füget

n) unser Gott (als Aussage) (24) → *kc)*
24,3 es ist der Herr Christ, unser Gott
96,6 Dank sei dem Vater, unsrem Gott im Himmel
116,5 Christus versöhnt uns mit unserm Gott
279,4 rühmt, Völker, unsern Gott; lobsinget
281,1 erhebet er sich, unser Gott
281,3 sei unserm Gott im Heiligtum
288,5 dankt unserm Gott, lobsinget ihm
298,3 unser Gott auf seinem Thron
304,1 es ist sehr köstlich, unsern Gott zu loben
304,2 lobt ihn mit Harfen, unsern Gott, mit Psalmen
326,1–9 gebt unserm Gott die Ehre
326,3 was unser Gott geschaffen hat
362,1 ein feste Burg ist unser Gott
371,14 da uns unser Gott wird lösen
379,1 ist unser Gott allein
510,1 unser Gott da ausgestreut

Götter (1)
231,2 kein Götter sollst du haben mehr

Gotterkenntnis (1)
74,3 mit deiner Gotterkenntnis Strahl

Gottesdienst (3)
159,1 den Gottesdienst mit Schalle
169,1+5 der Gottesdienst soll fröhlich sein

Gottesfinger (1)
135,2 starker Gottesfinger

Gottesfurcht (1)
133,10 mit Gottesfurcht und Tugend

Gottesgnade (1)
289,4 die Gottesgnad alleine steht fest

Gottesgüte (2)
127,7 du bist die Gottesgüte
501,1 aus lauter Gottesgüt

Gottesharfe (1)
123,10 der die Gottesharfen schlägt

Gotteshauch (1)
255,6 allmächtig starker Gotteshauch

Gotteshuld (1)
16,4 der Stern der Gotteshuld

Gotteskind (1)
114,10 von allen Gotteskindern

Gotteslamm (4) → *Gott fa)*
90,1 du hochgelobtes Gotteslamm
96,1 gütiger Jesus, Gotteslamm auf Erden
114,6 und das erwürgte Gotteslamm
192 o du Gotteslamm, das der Welt Sünde trägt

Gottessohn (6)
77,3 um Drei hat der Gottessohn
78,2 Jesus, wahrer Gottessohn auf Erden erschienen
86,2 du gerechter Gottessohn
88,2 deinen Tod, o Gottessohn
100,4 dem Gottessohne Lob und Preis
531,3 laß... scheiden mit dir, o Gottessohn

Gottesspeise (1)
213,2 die heilge Gottesspeise

Gottesstadt (1)
426,3 in die Gottesstadt, leuchtend und weit

gottesvergessen (1)
303,7 aber der Gottesvergeßnen Tritte kehrt er

Gotteswerk (2)
137,1+9 Schöpfer aller Gotteswerke

Gotteswort (1)
363,6 halt' fest am heilgen Gotteswort

Gotteszorn (1)
215,1 der von uns den Gotteszorn wandt

Gottheit (5)
27,4 gibt uns... die klare Gottheit dran
66,1 Gottheit und Menschheit vereinen sich beide
140,1 aus deiner Gottheit Heiligtum
271,4 ganz nah ihn deiner Gottheit zugesellet
401,1 zum Bilde deiner Gottheit hast gemacht

Gottheld (1)
20,6 er heißt Gottheld und Wunderrat

göttlich (23) → *himmlisch*
29,2 sein' Sohn die göttlich Majestät
43,5 o betet: Du liebes, du göttliches Kind
46,3 Lieb aus deinem göttlichen Mund
71,2 dazu das göttlich Wort
78,2 äußert sich der göttlich G'walt
127,4 auf göttlich Ding und irregeht
131,4 erleucht uns durch dein göttlich Wort
144,7 deinen göttlichen Samen
156 und entzünd in ihnen das Feuer deiner göttlichen Liebe
191 dein göttlich Macht und Herrlichkeit
194,1 verleih, daß uns dein göttlich Wort
195,1 dem göttlich Wort vergleichen
196,6 o Heilger Geist, dein göttlich Wort
246,1 dein göttlich Wort, das helle Licht
275,7 die göttlich Kraft mach uns sieghaft
308,7 an dem übst du dein göttlich Macht
386,7 was dienet zum göttlichen Wandel und Leben
399,2 voll Wahrheit und göttlicher Gnad
422,3 laß uns hinfort dein göttlich Wort
441,2 der ja die göttlich Wahrheit ist
470,1 laß leuchten uns dein göttlich Licht
472,6 in dein göttlichen Hände
513,3 wenn du, Herr, sprichst dein göttliches „Es werde"

gottlos (1)
505,2 ob wir gleich gottlos leben

gottselig/gottseliglich (3)
203,6 auf daß es hier gottseliglich
249,5 gottselig leben immerfort
451,8 gottselig, züchtig und gerecht

Gottseligkeit (2)
1,4 die Zweiglein der Gottseligkeit
51,2 daß Buße und Gottseligkeit

Götze (3)
136,5 sie werfen Satans Bande und ihre Götzen fort
137,6 wenn den Götzen dieser Zeit
326,8 die falschen Götzen macht zu Spott

Grab (43)

a) von Jesus Christus (21)
50,3 vor deiner Krippe gähnt das Grab
77,7 in ein Grab geleget
80,1 wird ins Grab getragen
80,4 wird ins Grab versenket
83,3 du streckest den in Grab und Sarg
98,2 wälzte ihren Felsen vor der Liebe Grab
103,2 da noch der Stein am Grabe lag
105,6 daß wir gelangn ins Grab hinein
105,7 der Stein ist fort! Das Grab ist leer
105,10 er ist erstanden aus dem Grab
105,13 wir sehen's wohl, das Grab ist leer
111,3 am dritten Tag durchs Grab er dringt
111,4 drauf folgt der Sabbat in dem Grab
111,8 was er aus seinem Grab gebracht
112,2 er war ins Grab gesenket
113,5 im Tod und Grabe der nicht bleibt
114,1 gebrochen aus dem Grab herfür
114,5 geh mit Maria Magdalen und Salome zum Grabe
114,5 und nicht im Grab zu finden
116,3 sehet, das Grab ist leer, wo er lag
394,3 für euch in Christi Grab

b) von Menschen (22)
80,5 hilf, daß ich mich bis ins Grab
114,2 steh aus dem Grab der Sünden auf
200,3 hingegen sagt ich bis ins Grab
303,2 wenn nun das Grab nimmt seinen Raub
371,13 bis in das Grab, da wird sich's enden
384,3 so wird er uns aus dem Grab
384,4 muß das Grab uns wiedergeben
393,9 bald fällt das Fleisch ins Grab
401,7 aus dem Grab der Sterblichkeit
406,3 Treue bis in Tod und Grab
476,6 und in die Ruh des tiefen Grabes stekken
495,7 bei seiner Eltern Grab
495,8 zu meinem Grab ausstrecken
513,6 der Tod uns mähen und zu Grabe tragen
520,1 nun legen wir den Leib ins Grab
520,6 wir lassen ihn im Grabe ruhn
522,4 werd ich im Grab nicht bleiben
526,7 die auch durch die Gräber dringt
527,3 dem wird ein enges Grab zu weit
529,1 hier reis ich bis zum Grabe
529,4 legt in des Grabes Schoß
529,10 so scharrt man mich ins Grab

Grabeshügel (1)
63,5 wird uns durch Grabeshügel... verbaut

Grad (1)
254,2 die Grad und Zeiten verheißner Seligkeiten

Gram (2)
11,6 bei denen Gram und Schmerze
213,4 getröstet ist der Gram

grämen, sich (3)
39,2 Sünd und Hölle mag sich grämen
324,15 und grämst dich Tag und Nacht
370,1 warum sollt ich mich denn grämen

Grämen (3)
361,2 mit Sorgen und mit Grämen
371,4 er weiß dein Leid und heimlich Grämen
482,6 wollst endlich sonder Grämen

Gras/Gräslein (10)
15,5 alles, alles Fleisch ist Gras
15,5 das Gras verdorrt, das Fleisch verblich
24,9 daß du da liegst auf dürrem Gras
274,1 da aufwächst das wohlschmeckend Gras
304,3 er läßt Gras wachsen hoch auf dürren Bergen
330,3 ihr schwanken Gräslein in den Feldern
455,2 so lag auf erstem Gras erster Tau
503,4 ins tiefe Gras gesprungen
507,3 wieviel zählst du Gräslein
512,4 ließest Gras und Kräuter sprossen

Grat (1)
379,3 und keiner Berge Grat

grau (1)
495,6 all meine grauen Haar

grauen (10)
112,3 nun soll mir nicht mehr grauen
127,3 ob's unserm Fleisch auch grauet
248,3 daß dem Feinde davor grau
259,1 und wo's den Herzen grauet
374,2 und läßt sich gar nicht grauen
377,3 wir lassen uns nicht grauen
406,6 graut mir vor dem kalten Tod
446,3 schlaf wohl, laß dir nicht grauen
497,11 wird alles, davor sonst ihm graut
526,2 warum sollte mir denn grauen

Grauen (3)
357,5 ich weiß, was in dem Grauen
370,7 unverzagt und ohne Grauen
489,2 der das Grauen, der den Tod bezwang

grausam/grausamlich (5)
113,1+8 wie grausam er sich stelle
143,7 das hart und grausam wütet
362,1 sein grausam Rüstung ist
447,5 nicht angetast' und grausamlich verletzet

greifen (1)
95,2 sie greifen ihn. Er wehrt sich nicht

Greis (1)
380,2 Kinder sein als Greis

Grenze (5)
212,5 unsre Zeit kommt bald an ihre Grenze
360,4 wir richten Mauern auf, wir setzen Grenzen
382,3 schließ auf das Land, das keine Grenzen kennt
423,6 auf unsre Grenzen schreiten
449,1 bringt unsern Grenzen mit ihrem Glänzen

Grimm (5) → *Zorn*
111,5 veracht den Tod mit seinem Grimm
146,3 dein Zorn und Grimm fern von uns sei
242,2 wehr und straf der Bösen Grimm
302,7 bezahlet er mit Grimm
438,4 erheb und fordre deinen Grimm

grob (2)
24,11 das ist grob Heu und Windelein
441,6 die Werk der Finsternis sind grob

grollen (1)
430,2 die Horizonte grollen

groß (216) → *größer, größt*

a) allgemein
b) von Gott
ba) großer Gott, König, Held usw.
bb) Gottes Macht, Kraft, Ehre, Name, Herrlichkeit
bc) Gottes Taten, Dinge, Wunder
bd) Gottes Gnade, Liebe, Barmherzigkeit
c) vom Leiden Jesu Christi
d) von Menschen
da) groß und klein
db) von Not, Elend

a) allgemein (37)
29,1 große Freud und gute Mär
29,3 groß Friede wird auf Erden sein
34,1 freuet euch mit großem Schalle
36,6 eilt mit großen Haufen
37,6 für edle Kinder großer Herrn
48,3 Bethlehems Hirtenvolk gar große Freud
49,3 verkündigen große Freud
51,4 kommen wird am großen Königstage
85,2 und scheut das große Weltgewichte
111,7 kein groß Gepräng ihm hier gefällt
111,8 der große Schatz, die reiche Beut
112,1 nun ein so großes Licht

112,2 der Feind trieb groß Geschrei
112,5 mit ihrem großen Zorn
137,2 in dem großen, heilgen Streit
142,4 ein großes Lob ertönt im Chor
148,2 die ewig Schönheit groß
150,7 das große Himmelsheer
179,1 nun ist groß Fried ohn Unterlaß
241,2 die Ernt ist groß, die Zahl der Knechte klein
256,3 die Ernt ist groß, der Schnitter wenig
256,5 wächst ohne großen Schein
259,2 ob auch der Feind mit großem Trutz
271,5 das seine Pfade zieht durchs große Meer
302,3 im großen wilden Meer
312,2 macht groß, was klein geblieben
327,2 großes Licht der Sonne
327,2 die das große Rund bemalen
344,3 des Satans Zorn und groß Gewalt
351,11 kein Zorn der großen Fürsten
351,12 es sei klein oder groß
362,1 groß Macht und viel List
371,11 was kann dein Feind, der Mensch, groß machen
375,3 ja, Jesus siegt! Seufzt eine große Schar
481,5 ein Wandern zur großen Ewigkeit
504,2 seht das große Sonnenlicht
511,1 an der ganzen großen Zahl

b) von Gott (11)
14,6 in deines großen Vaters Haus
70,1 schön und herrlich, groß und ehrlich
134,2 dein Erkenntnis werde groß
220 das große Abendmahl mit dir
290,2 der Herr ist groß in seinem Werke
333,4 groß ist der Herr; ja groß ist der Herr
382,3 und das mich führt in deinen großen Frieden
399,1 o Lebensbrünnlein tief und groß
408,5 lieber Gott, du bist so groß
411 Gott, weil er groß ist
449,2 wie sein Vermögen sei mächtig und groß

ba) großer Gott, König, Held usw. (27)
10,2 den Weg dem großen Gast
24,11 darauf du König groß und reich
38,1 großer Held von Ewigkeit
38,2 du wirst klein, du großer Gott
40,1 des großen Gottes Freundlichkeit
70,6 groß ist der König der Ehren
71,3 du bist ein großer König
81,7 ach großer König, groß zu allen Zeiten
83,2 das Lämmlein ist der große Freund
84,1 der große Fürst der Ehren
109,2 wie pflegt zu tun ein großer Held
111,15 für diesen Trost, o großer Held
149,7 komm doch, komm doch, du Richter groß
258 mit euch des großen Gottes Gnade
262,3 sammle, großer Menschenhirt
263,3 sammle, großer Menschenhirt
264,1 sie, die des großen Gottes
269,2 groß ist der Herr, ihr Freunde, singt
289,4 dem großen Herrn zu Ehren
294,3 dem großen Herrn der Herrlichkeit
309,1 den großen Gott, dem ich mein Heil befehle
331,1 großer Gott, wir loben dich
424,1 deine Hände, großer Gott
445,6 großer Gott, ich dir befehle
475,8 o du großer Gott, erhöre
503,8 des großen Gottes großes Tun
529,7 den großen Herrscher loben

bb) Gottes Macht, Kraft, Ehre, Name, Herrlichkeit (15)
3,4 gezeigt hat er sein groß Gewalt
14,2 o Friedefürst von großer Macht
109,1 mit großer Pracht und Herrlichkeit
142,5 groß ist in ihnen deine Kraft
149,1 in seiner großen Herrlichkeit
180.1 um deiner großen Ehre willen
180.3 wir preisen deine große Herrlichkeit
180.3 um deiner großen Ehre willen
304,2 denn er ist mächtig und von großen Kräften
308,3 dein große Macht stirbt nimmermehr
439,3 mit deiner großen Kraft und Macht
440,1 des Herren Gnad und große Treu
472,1 durch seine große Macht
480,1 der bete mit mir an den großen Namen
501,2 dein Macht und Güt ist groß

bc) Gottes Taten, Dinge, Wunder (28)
1,2 mein Heiland groß von Tat
11,4 du kommst und machst mich groß
111,11 o Wunder groß, o starker Held
127,6 schaffst uns viel Fried und große Ruh
210,3 gib meinem Leben große Freude
214,2 daß dein Blut an uns groß Wunder tat
221,3 du wollest, Herr, dies große Werk vollbringen
241,4 so gib dein Wort mit großen Scharen
244,10 daß du groß Wunder tust auf Erd
266,5 dein großer, neuer Tag gehört
279,7 für große Dinge hat getan
281,2 er macht es reich, er macht es groß

301,1+12 groß ist alles, was er tut
303,8 des, der so große Wunder tut
308,2 weil du groß Ding an mir getan
309,2 und große Dinge sind an mir geschehen
321,1 der große Dinge tut
322,2 und große Dinge tut
323,2 der große Wunder tut
329,2 der Herr hat Großes mir getan
330,4 die großen Wunder zu erhöhn
369,6 den Armen aber groß und reich
411 gibt am liebsten große Gaben
445,4 daß, wenn nun dein großer Tag
476,7 da du uns hast den großen Tag bestimmt
512,6 unaussprechlich reich und groß
529,12 von deinem großen Tun

bd) Gottes Gnade, Liebe, Barmherzigkeit (29)
11,4 und schenkst mir großes Gut
14,5 o Herr von großer Huld und Treue
23,7 sein groß Lieb zu zeigen an
35,3 groß ist des Vaters Huld
35,3 o welch große Gnad
81,6 o große Lieb, o Lieb ohn alle Maße
122,2 und große Gab empfangen
129,2 wie groß ist seine Güt
129,3 o Gott von großer Huld
145,3 für solche Gnad und Güte groß
146,3 beweis an uns dein große Gnad
178.4 groß ist dein Barmherzigkeit
202,6 wer nicht glaubt dieser großen Gnad
205,4 für diese große Güte
214,2 Herr, dein Lieb so groß dich zwungen hat
243,6 der sich aus großer Gnad
245,1 und tröst' sich solcher großen Gnad
293,2 denn seine groß Barmherzigkeit
294,1 denn groß ist seine Freundlichkeit
294,1 groß ist des Herrn Barmherzigkeit
294,4 denn groß ist seine Freundlichkeit
320,6 o Gott, wie große Gaben
329,1 durch seine große Güte
361,6 mit großen Gnaden rücken
442,9 für deine groß Barmherzigkeit
500,2 dein Güt und Macht ist groß
503,7 und rühmt die große Güte
505,4 für viel und große Gnaden
519,3 mit groß Gnaden

c) vom Leiden Jesu Christi (16)
8,5 groß Pein und Marter viel
77,5 großer Qual verfallen
78,4 niederfiel in sein' großen Nöten
78,6 in seim großen Herzeleid
78,7 selbst tragen in großer Ohnmacht und Not
78,7 in groß Pein und Schmerzen
80,2 o große Not! Gotts Sohn liegt tot
83,2 die Straf ist schwer, der Zorn ist groß
84,1 mit Schlägen, Hohn und großem Spott
86,4 dich mit großem Schimpf belegt
87,1 du großer Schmerzensmann
88,4 mit so großem Leiden
89,1 laß mich an deine große Not
94,1 der große Streit geschlichtet
112,1 wie kommt nach großem Leiden
179,4 durch große Mart'r und bittern Tod

d) von Menschen (14)
20,1 bald sieht es Licht, ein großes Licht
109,5 so singen wir mit großem Schalln
119,4 drum jauchzen wir mit großem Schalln
129,1 lobt ihn mit großem Schalle
148,3 bei ihm in großer Zahl
149,4 nach großem Gut getrachtet
150,1 so groß Verlangen hat
150,3 wie große Zeit hat mich verlangt nach dir
150,5 Propheten groß und Patriarchen hoch
191 loben dich, Herr, mit großem Schall
280,2 und sing mit großem Schalle
365,6 die wir so groß geacht'
527,6 und denken groß zu werden
529,5 als solche großen Leut

da) groß und klein (14)
18,2 Hirt und König, Groß und Klein
36,6 stellt euch ein, groß und klein
47,4 hört's, ihr Menschen groß und klein
58,11 laß Großen und auch Kleinen
108,1 beid, groß und klein, von Herzen rein
142,6 durch sie geleite groß und klein
305,3 preist ihn, groß und klein
306,3 preist ihn, groß und klein
311,2 alle Menschen, groß und klein
320,7 uns Große mit den Kleinen
331,5 loben Große, loben Kleine
358,1+5 die Großen und die Kleinen
484,3 alle Menschen, groß und klein

db) von Not, Elend (25)
11,5 und großen Jammerlast
36,7 die ihr schwebt in großem Leide
58,3 durch Krieg und große Schrecken
59,1 daß du uns in so großer G'fahr
76,1 o Mensch, bewein dein Sünde groß
82,3 mir... schaden der Sünden große Zahl

89,2 auch meine große Sündenlast
144,3 zwar unsre Schuld ist groß und schwer
146,1 die schwere Straf und große Not
146,1 vor Seuchen, Feu'r und großem Leid
228,2 kommt, schmeckt und seht, die Not ist groß
233,1 ach Gott und Herr, wie groß und schwer
248,2 schau, wie große Not und Qual
283,4 damit wir in dem großen Leid
289,1 und heilt dein Schwachheit groß
297,3 und über die groß Wasser läuft
299,5 wie groß auch sei der Schade
308,4 wenn er muß leiden groß Gefahr
342,2 erhob sich Zorn und große Not
366,5 in großer Trübsal und Gefahr
366,6 sieh nicht an unsre Sünde groß
422,2 recht große Not uns stößet an
518,2 unsre Klag und großes Leid
524,1 aus Trübsal und großem Leid
529,4 ihr Kreuz war immer groß

Größe (3)
218,3 Herr, die Größe deiner Werke
506,5 von deiner Güt und Größe
509,5 deine Wunder sind sich an Größe gleich

größer (8) → *groß, größt*
111,15 dort wollen wir mit größerm Fleiß
214,2 nicht größre Güte konnte er uns schenken
253,2 ist keiner klein noch größer
254,3 uns üben mit größern Gnadentrieben
267,5 denn dein Volk, Herr, ist viel größer
282,5 zu stehn an meines Gottes Haus, ist größer
369,2 nur größer durch die Traurigkeit
475,5 ist viel größer als die Sünde

Großmut (1)
360,1 doch wir begreifen deine Großmut nicht

Großtat (1)
127,2 bezeugen Gottes Großtat hie

größt (20) → *groß, größer*
7,6 hier leiden wir die größte Not
11,3 in ihrem größten Leid
93,2 und der Größte ganz gering
136,2 o du, den unser größter Regent uns zugesagt
198,1 und dem größten Reichtum für
256,5 Heiland, deine größten Dinge
330,5 auch in der größesten Gefahr
334,2 auch dem größten Feinde ich verzeihen kann
360,1-6 Gott schenkt Freiheit, seine größte Gabe
371,2 auch die Pein des größten Schmerzens
371,9 helfen, wenn die Not am größten
386,4 ob viel auch umkehrten zum größesten Haufen
417,2 dieser größten Gabe ist kein Dienst zu klein
449,10 Gott ist das Größte
501,3 die größte Lust zu haben

grün (15)
7,3 daß Berg und Tal grün alles werd
11,2 und grüne Zweige hin
14,1 bestreu den Pfad mit grünen Halmen
98,1-3 Liebe wächst wie Weizen, und ihr Halm ist grün
135,7 bei den grünen Himmelsmaien
284,4 wie ein Palmbaum grün und kräftig werd ich stehn
330,3 ihr grünen Blätter in den Wäldern
358,3 die immerdar ist grün
399,3 ja wie ein grüner Palmenbaum
501,1 mit Lust auf grüner Weid
502,3 zur grünen Weiden stellet euch willig ein
503,2 mit einem grünen Kleide
507,4 dunkler Wald, grün gestalt'

Grund (29)

a) im Sinne von: Ursache (7)
54,2 sagt mir doch eures Jubels Grund
66,1 Jesus ist kommen, Grund ewiger Freude
239,5 kenne auch der Freude tiefsten Grund
410,1-3 welch ein Grund zur Freude
410,4 hier ist Grund zur Freude

b) im Sinne von: Tiefe, Fundament (20)
96,3 lieber Herr Jesus, wandle uns von Grund auf
144,7 erhalt in unsers Herzens Grund
165,5 aller Dinge Grund und Leben
165,5 Meer ohn Grund und Ende
195,1 mein Grund und Glauben bauen
197,2 dein Wort bewegt des Herzens Grund
202,6 tief in der Höllen Grunde
295,4 gleichwie der Grund der Erden
346,1 sein heilger Mund hat Kraft und Grund
349,1 aus meines Herzens Grund
351,3 der Grund, da ich mich gründe

351,8 der an des Herzens Grunde
354,1 ich habe nun den Grund gefunden
354,1 der Grund, der unbeweglich steht
354,7 bei diesem Grunde will ich bleiben
371,15 da sie den Grund, der nicht kann brechen
373,5 so wollst du im Grunde der Seelen
443,1 aus meines Herzens Grunde
449,8 sein Wort und Wille hat ewigen Grund
523,3 in meines Herzens Grunde

c) im Sinne von: Talgrund (2)
325,6 in den Gründen, in der Höh
512,1 auf den Hügeln, in den Gründen

gründen, sich gründen (13)
13,2 gründe nun dein ewig Reich
14,3 dem, das du gründest, untertan
87,6 den Trost im Tode gründen
94,1 in diesem Zeichen gründe
122,1 ich meine Nachfahrt gründe
123,6 der gegründet die Gemeine
250,4 wir wolln uns nicht auf Werke gründen
264,1 die Kirche steht gegründet
273,2 in Gottes Wort gegründet
289,5 uns gründen ganz auf ihn
297,6 den Himmel... Herr, unser Gott, gegründet
346,1 auf Christus sich zu gründen
351,3 der Grund, da ich mich gründe

gründlich (1)
393,11 und gründlich dem absagen

grünen (10)
11,2 mein Herze soll dir grünen
110,3 jetzt grünet, was nur grünen kann
135,7 und im Guten grünen
166,5 und zum Trost im Herzen grünt
285,3 werden grünen und blühen und fruchtbar sein
455,2 grünende Frische, vollkommnes Blau
501,1 weil alles grünt und blüht
503,15 an Leib und Seele grünen
505,4 machst, daß uns Segen grünt
523,5 der', die im Himmel grünen

grüßen (10)
13,3 sei gegrüßet, König mild
49,4 tut alle das Kindlein grüßen
54,3 an diesem Fest und grüßen ihn
85,1 gegrüßet seist du mir
90,1 ich grüße dich am Kreuzesstamm
123,9 da sie ihren König grüßt
150,3 o Ehrenburg, nun sei gegrüßet mir
153,5 grüßt schon die Erde, die ist
283,6 einander grüßen müssen
455,3 wiedererschaffen grüßt uns sein Licht

gülden (13) → *golden*
37,6 gehören güldne Wiegen
71,3 trägst keine güldne Kron
112,8 daran mit güldnen Worten
133,6 zum güldnen Freudensaal
135,4 güldner Himmelsregen schütte deinen Segen
151,7 hier sind die güldnen Gassen
324,6 den güldnen, werten, edlen Fried
400,5 ich danke dir, du güldner Mund
444,1 die güldene Sonne bringt Leben und Wonne
449,1 die güldne Sonne voll Freud und Wonne
477,3 die güldnen Sternlein prangen
477,9 stell euch die güldnen Waffen
503,9 und güldnen Schlosse werden

Gunst (10)
39,4 Lieb und Gunst hat ihn gezogen
40,5 bestrahle mich mit deiner Gunst
108,3 so wird er uns aus Lieb und Gunst
124,3 du süße Lieb, schenk uns deine Gunst
126,3 erhalt fest dein Kraft und Gunst
128,4 ohn dein Beistand, Hilf und Gunst
299,2 bei dir gilt nichts denn Gnad und Gunst
343,4 durch Werke deine Gunst
387,5 seiner Gunst beschütten
527,9 Furcht, Hoffen, Gunst und Lehre

günstig (1)
302,6 und die ihm günstig sind

Gurt (1)
312,3 umher in Fell und Gurt

gut (124) → *besser, best, Gutes*

a) allgemein (29)
36,9 hier sind alle guten Gaben
97,1 und bringt gute Frucht
244,3 gib deiner Kirche gute Ruh
274,2 das mich erquickt so gute
323,2 das, was mir nütz und gut
324,17 das nimmt ein gutes End
361,3 was gut sei oder schade
374,4 was böse scheint, ist gut gemeint
387,5 doch wohl gut, es muß uns schon... gehen
393,1 es ist das Ende gut

449,11 was gut und tüchtig, was schädlich und nichtig
481,2 da hat man's nirgend gut
494,1 ist allenthalben recht und gut
497,1 auf rechten, guten Wegen
497,6 prüf alles wohl, und was mir gut
497,9 und bring zum guten Ende
514,4 du, Mutter Erde, gut und mild
523,1 im Himmel ist gut wohnen
525,1 ist alles gut, wenn gut das End
529,4 wenn's fehlt am guten Rat
530,1–7 mach's nur mit meinem Ende gut
530,8 machst du's mit meinem Ende gut
531,2 was gut und heilsam ist

b) von der Zeit (15)
18,1 seht, die gute Zeit ist nah
137,2 Menschengunst und gute Zeit
283,4 bald wiche guten Tagen
334,1 danke für diesen guten Morgen
361,7 und Sorgen gute Nacht
370,5 Gott hat mich in guten Tagen
396,5 gute Nacht, o Wesen
396,5 gute Nacht, ihr Sünden
396,5 gute Nacht, du Stolz und Pracht
396,5 gute Nacht gegeben
414,3 in gut und bösen Tagen sein vergnügt
468,4 ein gute Nacht und guten Tag
479,4 nun Jesu, Jesu, gute Nacht
487,4 weiß ich, daß auf gute Nacht guter Morgen kommt
527,7 der Erde sagen: gute Nacht

c) von Wort, Botschaft (7)
24,1 ich bring euch gute neue Mär
24,1 der guten Mär bring ich so viel
29,1 große Freud und gute Mär
49,3 tun gute Botschaft bringen
319,1 viel gut Gesang, der lautet wohl
334,4 danke für jedes gute Wort
360,6 denn uns verlangt nach deinem guten Wort

d) von Gott (37)
20,5 der gute Hirt, das Licht der Welt
65,3 aus deiner guten und geliebten Hand
81,4 der gute Hirte leidet für die Schafe
85,8 da du's so gut gemeint
133,3 du hast mich gut gemacht
134,3 ist uns allewege gut
244,8 jedoch, dieweil dein Wort ist gut
256,1 in deiner Liebe ruht sich's gut
265,4 du guter Hirt, Herr Jesus Christ
279,4 ja, alles, was du tust, ist gut
282,6 er deckt uns, er ist gut und mild
288,3 zu führen stets auf gute Weid
292,3 ich bin gewiß: Du bist mir gut
296,7 des Herren Schutz ist gut dafür
299,5 er ist allein der gute Hirt
301,1+12 danket Gott, denn er ist gut
318,3 er ist barmherzig und sehr gut
322,4 doch bleibet guten Muts
325,1 wie so gut er's mit mir mein'
328,6 und weiß, daß alle gute Gabe
362,1 ein gute Wehr und Waffen
365,4 er meint's gut mit uns allen
374,3 denn was er tut, ist immer gut
432,2 er schuf sie gut, er schuf sie schön
445,7 und mich halt in guter Acht
457,9 sein guter Schatz ist aufgetan
463 alle guten Gaben, alles, was wir haben
477,7 sei gut für allen Schaden
479,3 es ist doch herzlich gut gemeint
484,2 machen allen Schaden gut
491,4 in deine guten Hände
495,1 du Brunnquell guter Gaben
508,1–4 alle gute Gabe kommt her von Gott dem Herrn

da) von Geist, Mächten (8)
65,1 von guten Mächten treu und still umgeben
65,7 von guten Mächten wunderbar geborgen
143,2 als Gottes gute Geister
200,2 o guter Geist, mein Tröster sein
241,7 die Werkstatt deines guten Geistes sein
249,5 daß uns dein guter Geist regier
318,5 er gibt uns seinen guten Geist
389,3 laß deines guten Geistes Licht

e) von Menschen (28)
11,2 so gut es kann und weiß
37,5 du sollst ja guter Dinge sein
79,1 gemacht vor Gott gerecht und gut
145,4 du solltest bringen gute Frucht
166,4 mache mich zum guten Lande
196,4 werden gleich dem guten, fruchtbarn Lande
196,4 und sein an guten Werken reich
196,4 in feinem, gutem Herzen
231,3 du sollst nicht preisen recht noch gut
263,6 üben gute Ritterschaft
280,3 das Volk in guten Taten
287,3 den einen Menschen, der dich gut versteht
324,13 und habe guten Mut
334,2 danke für alle guten Freunde
341,3 mein guten Werk, die galten nicht

344,5 daß wir in gutem Frieden stehn
370,7 soll der Mut dennoch gut
393,6 ach ja, wir haben's gut
399,7 in deinem Gott sei guter Ding
404,7 mein Lassen... ist böse und nicht gut
439,5 daß unser Werk gerate gut
471,3 laß uns einschlafen mit guten Gedanken
489,1 schlafe einen guten Schlaf
495,4 auch guten Rat erfind
497,3 ein gutes Werk zwar fröhlich an
503,14 daß ich dir werd ein guter Baum
505,3 den wir auf guten Wegen
525,2 die's mit mir herzlich gut gemeint

Gut (66) → *Gabe, Habe*

a) allgemein (13)
125,1 erfüll mit deiner Gnaden Gut
222,2 ob solchem Gut jauchzt Sinn und Mut
253,1 die haben alles Gut gemein
274,1 darin mir gar nicht mangeln wird jemals an einem Gute
312,6 raubt niemandem sein Gut
318,2 und sein Gut mit dir teilet
324,13 ist selbst und bleibt dein Gut
363,4 dem Reichen hilft doch nicht sein Gut
412,5 ein Heil ist unser aller Gut
449,6 nach Gut mit Sünde, das tilge geschwinde
512,4 und das Gut steht unversehret
512,6 hilf, daß wir dies Gut der Erden
517,7 und such das Gut ob allem Gut

aa) in Verbindung mit Hab, Geld, Ehre usw. (17)
6,4 er tracht' nach Leib, Seel, Gut und Ehr
24,12 wie aller Welt Macht, Ehr und Gut
58,12 der Armen Gut und Habe
71,3 vergänglich Gut und Geld
143,5 er trachtet uns nach Hab und Gut
231,8 du sollst nicht stehlen Geld noch Gut
352,1 gelegen über alles Geld und Gut
362,4 Gut, Ehr, Kind und Weib
365,6 nicht Ehr noch Gut bestehet
370,3 Gut und Blut, Leib, Seel und Leben
424,3 ordne alles Gut und Geld
443,4 Gemahl, Gut, Ehr und Kind
447,5 daß Dieb und Räuber unser Gut und Leiber
472,6 mein Haus, mein Gut und Ehr
475,6 Weib und Kinder, Hab und Gut
495,5 an Reichtum, Gut und Geld
532,1 was es an Glück und Gut umschließt

ab) Güter (Plural) (10)
85,5 von dir, Quell aller Güter
133,11 die Häuser und die Güter
352,3 nein, ich will nach Gütern ringen
370,10 was sind dieses Lebens Güter
412,2 wer dieser Erde Güter hat
446,1 dem Geber aller Güter
447,6 o treuer Hüter, Brunnen aller Güter
449,3 dem Schöpfer bringen Güter und Gaben
449,3 die besten Güter sind unsre Gemüter
513,6 sein sind die Güter, wir nur die Verwalter

b) zeitliches, großes, ewiges Gut usw. (13)
9,2 er bringt kein zeitlich Gut
11,4 und schenkst mir großes Gut
23,2 verkleidet sich das ewig Gut
25,3 eu'r Bruder ist das ewig Gut
70,4 Herr Jesu, du mein trautes Gut
112,3 zusamt dem edlen Gut
149,4 nach großem Gut getrachtet
351,3 ich finde das ewge, wahre Gut
370,9 hier ist kein recht Gut zu finden
393,9 gewandt zum ewgen Gut
469,5 sind wir doch dein ererbtes Gut
495,5 daß von unrechtem Gut
503,7 und mit so manchem Gut begabt

ba) höchstes Gut (13)
9,5 der ist eu'r höchstes Gut
42,6 du unser Heil und höchstes Gut
135,3 gib uns Mut, du höchstes Gut
139,2 schenkt das allerhöchste Gut
179,4 o Heilger Geist, du höchstes Gut
213,6 dir gibt das höchste Gut
219,1 Herr Jesu Christ, du höchstes Gut
302,2 das höchste Gut erlesen
322,2 Gott, unserm höchsten Gut
326,1 sei Lob und Ehr dem höchsten Gut
386,6 als nur dich, mein höchstes Gut
400,3 du höchstes Gut und wahre Ruh
438,1 wir danken dir, du höchstes Gut

Güte (78) → *Gabe, Gnade, Huld*

a) allgemein (4)
17,3 nun tragt eurer Güte hellen Schein
283,6 die Güt und Treue werden schön
325,7 schaue neue Lieb und Güt
512,1 Güt und Milde hat geregnet

b) von Gott (20)
10,4 aus Güte und Erbarmen
70,3 nach dir wallt mir mein Gemüte, ewge Güte

145,3 für solche Gnad und Güte groß
205,4 für diese große Güte
214,2 nicht größre Güte konnte er uns schenken
232,4 dem Vater aller Güte
278,5 Güte schickt mir der Herr am Tage
288,6 er ist voll Güt und Freundlichkeit
309,4 er denkt wohl der Barmherzigkeit und Güte
326,1 dem Vater aller Güte
328,3 verleih mir, Höchster, solche Güte
342,1 von Gnad und lauter Güte
389,3 o Brunnen unerschöpfter Güt
454 Gottes Güte, Gottes Treu
467,2 aus Gnad und väterlicher Güt
472,2 allein die Güt des Herren
475,1 daß ihr preiset Gottes Güte
503,7 und rühmt die große Güte
505,3 aus unverdienter Güte
512,5 Herr, wir haben solche Güte

ba) deine Güte (38)
35,2 durch alle deine Güte
38,3 laß mir deine Güt und Treu
64,2 wenn deine Güte uns nicht lenkt
67,5 ertöt uns durch dein Güte
71,4 dein Güt allzeit regieret
71,5 dein Güte schenk mir Armen
107,2 und hilf uns durch die Güte dein
130,5 deine Güte ins Gemüte, daß wir können
146,3 wohn uns mit deiner Güte bei
148,9 ach Herr, durch deine Güte
158,3 tröst mich durch deine Güt
204,1–3 dein Güte zu erzeigen
204,4 wirst mir dein Güt erzeigen
218,2 Menschenfreund, nach deiner Güte
247,1 auf deine Güte hoffen
252,1 stärke mich durch deine Güt
276,5 laß uns dein Güt empfinden
277 Herr, deine Güte reicht, so weit der Himmel ist
277,2 was deine Güte ist, lehr mich begreifen
283,2 gieß... Herr, deine Güt und Segen aus
284,1 deine Güte, von der ich zu singen weiß
320,7 wir bitten deine Güte
330,6 ich will von deiner Güte singen
331,11 laß uns deine Güte schauen
347,2 dein Güt und Heil beschert
397,1 mit deiner Güt und Gnaden
398,1 zu deiner Güte steht unser G'müte
399,4 dein Güte unerschöpflich ist
437,2 vor Sünd und Schand durch deine Güt
447,6 dein Huld und Güte schweben
450,2 deiner Güte Morgentau
500,2 dein Güt und Macht ist groß
501,2 dein Macht und Güt ist groß
506,3 Gott, deine Güte reicht so weit
506,5 von deiner Güt und Größe
525,1 mach's mit mir, Gott, nach deiner Güt

bb) seine Güte (16)
97,4 streng ist seine Güte
129,2 wie groß ist seine Güt
279,8 wend't seine Güte nie von mir
289,2 dazu sein Güt ohn Maßen
289,2 sein Güt ist hoch erhaben
294,1+4 und seine Gnad und Güte währen
299,3 und seiner Güte trauen
322,7 er lasse seine Lieb und Güt
326,3 mit seiner Güte walten
329,1 durch seine große Güte
333,1 und seine Güte währet ewiglich
336 seine Güt und Wahrheit währet ewiglich
372,3 und seiner Güte trauen
472,1 er woll durch seine Güte
505,2 wir rühmen seine Güte

Gutes (25) → *gut*
81,10 der mich regiere, zum Guten führe
85,5 ist mir viel Guts getan
135,7 und im Guten grünen
139,1 viel Guts an mir getan
161,2 Gutes denken, tun und dichten
169,4 er, der uns täglich Gutes gibt
231,6 und auch dem Feind tun das Gut
231,10 du sollst ihm wünschen alles Gut
250,4 und will sich etwas Gutes finden
274,5 Gutes und viel Barmherzigkeit
283,7 der Herr wird uns viel Gutes tun
302,4 all denen Gutes gönnen
318,4 und Guts tut seinen Kindern
322,4 und tut uns alles Guts
324,2 viel Heil und Gutes fließt
333,2 vergiß es nie, was er dir Guts getan
341,2 es war kein Guts am Leben mein
341,3 er war zum Gutn erstorben
342,6 dem Nächsten wird die Lieb Guts tun
365,8 sein Sohn hat Guts die Fülle
369,4 und lässet uns viel Guts geschehn
441,8 zum Guten uns und dir zum Preis
494,2 was Gutes zu vollbringen
497,12 der Weg zum Guten ist gar wild
512,6 alles, was wir Gutes wirken

gütig (4) → *allgütig*
96,1 gütiger Jesus, Gotteslamm auf Erden
265,1 sich gütig uns erweist
363,7 und was der ewig gütig Gott
439,1 dem gütigen und milden Gott

Gütigkeit (4)
33,3 hilf, daß ich deine Gütigkeit
232,3 auf daß ich deine Gütigkeit
293,2 sein Wahrheit, Gnad und Gütigkeit
318,6 mit seiner Gnad und Gütigkeit

Guttat (1)
342,8 um dieser Guttat willen

gutwillig (2)
413,3 gutwillig ist sie allezeit
413,6 verzeiht gutwillig alle Schuld

H

Haar (6)
46,1 holder Knabe im lockigen Haar
112,4 die krümmen mir kein Haar
143,7 an Leib und Seele, Haut und Haar
364,2 sein Wort ist wahr, denn all mein Haar
379,3 auch deines Hauptes Haare
495,6 all meine grauen Haar

Habe (5) → *Gut*
58,12 der Armen Gut und Habe
143,5 er trachtet uns nach Hab und Gut
198,1 denn ich zieh es aller Habe... für
475,6 Weib und Kinder, Hab und Gut
513,2 von deiner Huld kommt alle unsre Habe

haben*) (145)

a) allgemein (27)
1,3 so diesen König bei sich hat
114,8 dein Jesus lebt, es hat kein Not
179,1 all Fehd hat nun ein Ende
225,1 sein Haus hat offne Türen
244,7 daß unsre Sünde haben soll
254,4 hat sein Gewicht
299,5 sein Hand zu helfen hat kein Ziel
303,8 alles, was Odem hat, rufe Amen
317,5 alles, was Odem hat, lobe mit Abrahams Samen
319,2 des muß sie haben immer Dank
325,9 Christenkreuz hat seine Maße
330,4 und einen Odem in sich hat
352,5 es hat alles seine Zeit
362,4 und kein' Dank dazu haben
362,4 sie haben's kein' Gewinn
363,4 wenn einer hätt die ganze Welt
378,2 laß es Weile haben
401,5 und mein Herz hat ganz dahin
440,1 sie hat kein End den langen Tag
441,7 die weder Nacht noch Tage hat
449,8 sein Wort und Wille hat ewigen Grund
462 bleib du bei uns, so hat's nicht Not
469,4 daß er an uns hab keine Macht
478,6 wo ihr habt euren Lauf
481,2 da hat man's nirgend gut
495,7 an ihrer Seite hab
524,2 daß sein Weg ein End mög han

b) von Gott (22)
71,3 hier hast du Spott und Hohn
89,2 die Wunden alle, die du hast
159,1 weil Gott ihn ja will von uns han
179,1 ein Wohlgefalln Gott an uns hat
199,1–2 Gott hat das erste Wort
199,3–4 Gott hat das letzte Wort
202,3 an dem ich hab Gefallen
231,4 daß Gott sein Werk in dir hab
261 du hast Worte des ewigen Lebens
318,4 er hat uns lieb und ist uns hold
329,2 hab Lob und Ehr, hab Preis und Dank
344,1 und willst das Beten von uns han
361,4 Weg hast du allerwegen
361,5 und was er haben will
363,1 ich will euch geben, was ich han
368,5 und haben noch mit mir Geduld
382,1 hast du nicht andern Segen
446,5 du willst ein Opfer haben
497,13 hast du zu aller G'nüge
511,3 Gott im Himmel hat an allen seine Lust

ba) Gott hat in Händen, Macht (13)
64,1 der du die Zeit in Händen hast
102,3 alls in Händen er hat
123,4 hat er alles in den Händen
133,8 du, Herr, hast selbst in Händen
137,7 habe du die Übermacht
343,4 du hast's allein in Händen
346,1 sein heilger Mund hat Kraft und Grund
368,1 der alles kann und hat
371,2 ja auch den Tod hat er in Händen
371,7 er hat ein Hand, voll aller Gaben
398,2 du hast's in Händen
425,1 hast die Menschen in der Hand
425,3 hast uns alle in der Hand

c) von Menschen (37)
9,5 müßt haben Angst und Leid
11,6 ihr habet die Hilfe vor der Tür
29,3 und ein Wohlgefallen han
67,5 und G'danken hab zu dir
88,4 sollt ich dazu haben Lust
95,4 wir haben harte, arme Herzen
123,5 können wir Erlösung haben
150,1 mein sehnend Herz so groß Verlangen hat

---
*) siehe auch Fehlliste und Vorwort

225,2 wir haben sein Versprechen
247,4 wir haben niemand, dem wir uns vertrauen
253,1 im Geist Gemeinschaft haben
253,3 wir haben alle überdies Gemeinschaft an dem Leiden
253,5 hab ich Gemeinschaft an dem Leid
253,5 auch einst Gemeinschaft haben
264,3 hat selige Gemeinschaft
273,3 wir haben Recht und Macht allein
283,2 nicht wieder Freude haben
324,3 was sind wir doch? Was haben wir
328,6 wohl mir, daß ich dies Zeugnis habe
330,1 o daß ich tausend Zungen hätte
343,4 und wem du's gibst, der hat's umsonst
361,11 du hast und trägst davon
371,12 hat er doch selbst auch wohl das Seine
386,5 so hab ich der Weisheit vollkommenen Preis
393,6 ach ja, wir haben's gut
397,2 mein Leib und Seel und was ich hab
402,2 was ich bin und hab, ergeben
407,3 nichts hab ich zu bringen
411 ach, daß wir Armen nur so kleine Herzen haben
412,2 und hat die Liebe Gottes nicht
440,2 laß uns an Gnad kein Mangel han
452,3 hab nur in ihm Genüge
452,4 wie wohl hat's hier der Sklave
497,13 was ich bei mir nicht hab und find
501,3 die größte Lust zu haben
517,9 du hast doch hier kein Bleiben nicht
529,1 und hab hier keinen Stand

ca) Gott, Christus, „dich" haben (14)
25,4 ihr habt mit euch den wahren Gott
73,4 bis du dies Kindlein hast
111,13 g'nug, daß ich Christus bei mir hab
231,2 kein Götter sollst du haben mehr
253,2 wir haben einen Christus nur
303,3 wer diesen Herrn zum Beistand hat
351,1 hab ich das Haupt zum Freunde
370,1 hab ich doch Christus noch
386,9 als wenn ich nur, Jesu, dich immer soll haben
397,1 wenn ich nur dich kann haben
398,2 wenn wir dich haben, kann uns nicht schaden
412,4 wir haben einen Gott und Herrn
418,4 daß wir dich noch haben
437,3 daß wir dich stets vor Augen han

cb) Leben, Ruhe, Frieden haben (9)
51,1 und hat das ewge Leben
111,4 darin ich Ruh und Frieden hab
149,2 die aber noch das Leben han
231,5 so wirst du langes Leben han
259,2 wir haben Ruh und sichern Schutz
288,2 ein jeder Mensch sein Leben hat
325,2 und das Leben, das ich hab
399,2 in dir das Leben haben
469,6 daß wir vorm Satan haben Ruh

cc) Mut, Vertrauen, Stärke, Geduld haben (8)
137,2 Kraft und Glaubensmut zu haben
231,6 Geduld haben und sanften Mut
232,1 zu dem ich mein Vertrauen han
256,2 der nicht von dir die Stärke hat
324,13 und habe guten Mut
351,5 hab einen Heldenmut
372,2 an seiner Huld und hab Geduld
428,3 daß, wer keinen Mut mehr hat

cd) alles, Gaben, Güter, Fülle haben (15)
32,2 und alles, was ich hab
253,1 die haben alles Gut gemein
302,2 der hat das beste Teil
320,6 im Himmel solln wir haben
398,1 durch dich wir haben himmlische Gaben
406,2 könnt ich's irgend besser haben
412,2 wer dieser Erde Güter hat
414,1 dein, Herr, ist alles, was ich hab und bin
424,2 jeder will das Beste haben
443,4 und alles, was ich hab
446,6 ich ja nichts Bessers habe
449,3 was wir nur haben
463 alle guten Gaben, alles, was wir haben
494,2 daß wir die Fülle haben
495,1 von dem wir alles haben

Hader (2)
179,3 du Stiller unsers Haders
453,2 kein Hader darf uns heut entzwein

haften (3) → *festhalten, kleben*
8,3 der Anker haft' auf Erden
104,2 wenn die Seel am Wort Gottes haft'
194,2 der fest an Jesus Christus haft'

Hagel (4)
305,2 preist ihn, ihr Gewitter, Hagel, Schnee und Wind
306,2 preist ihn, ihr Gewitter, Hagel, Schnee und Wind
423,5 treib Sturm und Hagel ab
504,4 Blitz und Donner, Hagel, Wind

halb (2)
30,1 wohl zu der halben Nacht
482,3 er ist nur halb zu sehen

Halle (1)
63,3 in Zions goldnen Hallen

Halleluja (hebr. lobet Gott) (224)

a) im laufenden Text
b) als Anfang, Zwischen- und Schlußbekräftigung
ba) Halleluja, Halleluja (mehrfach)
bb) Ehre sei Gott, der Dreieinigkeit
bc) zu Gottes Taten
bd) zu der Nachfolge des Menschen
be) zur Ehrung Gottes durch die Natur
bf) gegen Sünde, Tod, Teufel

a) im laufenden Text (28)
19,1–3 freut euch und singt Halleluja
46,2 durch der Engel Halleluja
47,3 Engel zu den Hirten spricht: Halleluja
101,1 und singen Halleluja
103,6 dir mögen singen allezeit: Halleluja
106,5 das Halleluja singen fein
138,1–3 so singen wir Halleluja
147,3 und singen dir das Halleluja für und für
150,6 das Halleluja reine man spielt in Heiligkeit
151,2 und singt: Halleluja
169,1–5 singt nun Halleluja
198,2 Halleluja, Ja und Amen
257,1 dir stimmen unsre Zungen ein Halleluja an
293,2 drum singet Halleluja
327,4 Halleluja bringe, wer den Herren kennet
327,4 Halleluja singe, welcher Christus nennet
330,7 viel tausend Halleluja vor
503,10 ihr Halleluja singen
514,7 ihr Kreaturen, singt im Chor: Halleluja
535 und singen dir das Halleluja für und für

b) als Anfang, Zwischen- und Schlußbekräftigung (18)
47,3 freut euch sehr und fürcht' euch nicht, Halleluja
47,4 hört's, ihr Menschen groß und klein, Halleluja
47,4 Friede soll auf Erden sein, Halleluja
101,7 der Glaub will keins andern leben. Halleluja
103,3 ihr sucht Jesus, den find't ihr nicht. Halleluja
111,4 darin ich Ruh und Frieden hab. Halleluja
111,7 soll ihm das Allerliebste sein. Halleluja
111,10 zur Höllenpein gestürzet seind. Halleluja
111,12 wer mich will halten, wird zuschand'. Halleluja
119,3 nun ist erfüllt, was g'schrieben ist, Halleluja
119,3 in Psalmen von dem Herren Christ. Halleluja
251,4 Halleluja, welche Höhen
398,1 nichts kann uns scheiden. Halleluja
514,1 Gottes Geschöpfe, kommt zuhauf! Halleluja
514,3 daran der Mensch sich wärmt und nährt, Halleluja
514,5 ihr, die ihr traget schweres Leid, Halleluja
514,6 du, der empfängt in letzter Not, Halleluja
514,7 hebt euer Herz zu Gott empor, Halleluja

ba) Halleluja, Halleluja (mehrfach) (77)
34 Halleluja, Halleluja
99 Halleluja, Halleluja! Des solln wir alle froh sein
100,1–5 Halleluja, Halleluja, gelobt sei Christus, Marien Sohn
105,1–17 Halleluja, Halleluja
109,1–6 Halleluja, Halleluja
110,1–6 Halleluja, Halleluja
120 Halleluja, Halleluja! Des solln wir alle froh sein
121,1–4 Halleluja, Halleluja
125,1–3 Halleluja, Halleluja
154,1–6 Halleluja, Halleluja
156 in Einigkeit des Glaubens. Halleluja, Halleluja
181.1 Halleluja, Halleluja
181.2 Halleluja, Halleluja
181.3 Halleluja, Halleluja
181.4 Halleluja, Halleluja
181.5 Halleluja, Halleluja
181.7 Jubilate Deo. Halleluja, Halleluja
181.8 Halleluja, Halleluja, Amen
182,1–6 Halleluja, Halleluja
269,1–5 Halleluja, Halleluja, Halleluja
303,1–8 Halleluja, Halleluja

bb) Ehre sei Gott, der Dreieinigkeit (8)
47,5 Ehr sei Gott im höchsten Thron, Halleluja
107,3 in Ewigkeit sei Lob und Preis! Halleluja

119,1 der Ehrenkönig Jesus Christ. Halleluja
119,5 der Heiligen Dreieinigkeit, Halleluja
119,5 sei Lob und Preis in Ewigkeit. Halleluja
514,7 Vater und Sohn und Heilgem Geist, Halleluja
514,7 dreieinig, heilig, hochgepreist, Halleluja
514,7 sei die Ehre! Halleluja

bc) zu Gottes Taten (36)
47,1 Gottes Sohn kam in die Welt, Halleluja
47,2 sprießt aus Jesses Zweig empor, Halleluja
47,5 der uns schenkt sein' lieben Sohn, Halleluja
101,6 der Sünden Nacht ist vergangen. Halleluja
103,1 der für uns hat genug getan. Halleluja
103,2 erstand er frei ohn alle Klag. Halleluja
103,5 verleihe, was uns selig ist. Halleluja
106,1 sein Feind er all gefangen führt. Halleluja
106,2 der heut vom Tod erstanden ist. Halleluja
106,3 Christ hat das Leben wiederbracht. Halleluja
106,5 zu Trost du uns erstanden bist. Halleluja
107,1 und uns zum Leben wiederbracht. Halleluja
111,1 Licht, Heil und Leben wiederbracht. Halleluja
111,2 aufgehn: nach Trauern Freud und Wonn. Halleluja
111,3 mit Ehr sein Siegesfähnlein schwingt. Halleluja
111,6 läßt er's die Menschen sehen nicht. Halleluja
111,11 er wälzt ihn von des Herzens Tür. Halleluja
111,14 vertreibet Furcht und Traurigkeit. Halleluja
116,1 er ist erstanden, Halleluja
116,1–5 Sünd ist vergeben, Halleluja
116,1–5 Jesus bringt Leben, Halleluja
118 er ist wahrhaftig auferstanden! Halleluja
119,1 gen Himmel aufgefahren ist, Halleluja
119,2 er sitzt zu Gottes rechter Hand, Halleluja
119,2 herrscht über Himml und alle Land. Halleluja
162,1 mein Heil hat mir das Leben bracht. Halleluja
162,2 schenkt... Trost, Leben, Heil und Seligkeit. Halleluja
514,6 den Weg, den Jesus ging voran, Halleluja

bd) zu der Nachfolge des Menschen (31)
48,2 lasset uns preisen in frommen Weisen. Halleluja
103,4 kommt, seht, wo er gelegen hat. Halleluja
107,2 daß wir dein treuen Diener sein. Halleluja
111,5 veracht den Tod mit seinem Grimm. Halleluja
111,8 drauf sich ein Christ so herzlich freut. Halleluja
111,13 g'nug, daß ich Christus bei mir hab. Halleluja
111,15 erheben deinen Ruhm und Preis. Halleluja
116,1 freut euch und singet, Halleluja
119,4 drum jauchzen wir mit großem Schalln, Halleluja
119,4 dem Herren Christ zum Wohlgefalln. Halleluja
147,1 steht auf, die Lampen nehmt! Halleluja
162,3 daß nun ein Christ heißt Gottes Kind. Halleluja
162,4 und dir lobsingen ewiglich. Halleluja
201 gehet hin in alle Welt, Halleluja
201 macht zu Jüngern alle Völker. Halleluja
272 ich freue mich und bin fröhlich, Herr, in dir. Halleluja
338 sollen loben den Namen des Herrn. Halleluja
398,1 wird ewig bleiben. Halleluja
398,2 freuen uns... zu dieser Stunde. Halleluja
398,2 loben... mit Herz und Munde. Halleluja
429 lobt und preist die herrlichen Taten des Herrn, Halleluja
499,3 Halleluja, diene ihm in Ewigkeit
514,1–6 singt ihm Ehre! Halleluja
514,5 ihr Herzen, drin die Liebe wohnt, Halleluja
514,5 die ihr den Feind verzeihend schont, Halleluja
514,5 es Gott zu opfern still bereit, Halleluja

be) zur Ehrung Gottes durch die Natur (18)
47,1 freu dich, Erd und Sternenzelt, Halleluja
47,2 seht, der schönsten Rose Flor, Halleluja
499,1–2 Halleluja, dienen ihm in Ewigkeit
514,1 laßt brausen hoch zum Himmel auf! Halleluja
514,1 du Sonne hell mit goldnem Strahl, Halleluja
514,1 Mond leuchtend hoch vom Himmelssaal, Halleluja
514,2 du Sturm, der durch die Welten zieht, Halleluja
514,2 du Wolke, die am Himmel flieht, Halleluja
514,2 du Sommers junges Morgenrot, Halleluja
514,2 du Abendschein, der prächtig loht, Halleluja
514,3 ihr Wasserbäche, klar und rein, Halleluja
514,3 singt euer Loblied ihm allein, Halleluja
514,3 du Feuers Flamme auf dem Herd, Halleluja
514,4 du, Mutter Erde, gut und mild, Halleluja
514,4 daraus uns lauter Segen quillt, Halleluja
514,4 ihr Blumen bunt, ihr Früchte treu, Halleluja
514,4 die Jahr um Jahr uns reifen neu, Halleluja

bf) gegen Sünde, Tod, Teufel (8)
101,2 hielt uns in seim Reich gefangen. Halleluja
101,3 den Stachel hat er verloren. Halleluja
101,4 ein Spott aus dem Tod ist worden. Halleluja
101,5 der Würger kann uns nicht rühren. Halleluja
106,4 da der Welt Fürst darniederlag. Halleluja
111,9 die Höll zerstört, den Tod erdrückt. Halleluja
514,6 den Odem mein, o Bruder Tod, Halleluja
514,6 führ Gottes Kinder himmelan, Halleluja

Halm (4)
14,1 bestreu den Pfad mit grünen Halmen
98,1–3 Liebe wächst wie Weizen, und ihr Halm ist grün

Halt (4)
128,6 gib dem Glauben Kraft und Halt
383,2 sinkend schon ich Halt gefunden
487,3 Jesu Christ, mein Hort und Halt
488,3 wer hilft mir sonst, wenn ich den Halt verlier

halten, sich halten (89)

a) allgemein (9)
16,4 hält euch kein Dunkel mehr
111,12 wer mich will halten, wird zuschand'
284,4 vergiß nicht, wer dich hält
312,4 loslassen, was nicht hält
324,6 wer hält mit seiner Hand
325,6 find ich, was mich nährt und hält
354,1 der meinen Anker ewig hält
370,9 was die Welt in sich hält
473,3 und hält gewiß, was es verspricht

b) von Gott (27)
12,1 der sein Wort beständig hält
20,5 Sohn Gottes, der das Zepter hält
92,1 du König, der die Gläub'gen hält
133,6 von Trauern hältst du nichts
183,3 hält in einem Sinn gar eben
213,1 will Gastmahl mit euch halten
218,1 will jetzt Herberg in dir halten
229,3 Gott, der überall zu uns hält
274,1 hält mich in seiner Hute
296,2 hält über uns die Hut und Wacht
297,1 wo Gott der Herr nicht bei uns hält
302,4 Gott hält sein Wort mit Freuden
303,4 welcher uns ewig Treue hält
303,6 Witwen und Waisen hält er Schutz
324,7 du hältst die Wach an unsrer Tür
342,4 durch den, der es konnt halten
363,7 das hält und gibt er g'wiß fürwahr
372,6 in seinen Armen halten
374,1 wen er hält, wird wohlbehalten bleiben
378,1 er hält sein Versprechen
396,3 Gottes Macht hält mich in acht
408,2 Gottes Hände halten mich
408,3 wo ich bin, hält Gott die Wacht
409,6 keine Macht ihn hält
424,1 halten unsre liebe Erde
449,8 halten uns zeitlich und ewig gesund
532,3 und nur von dir gehalten weiß

ba) als Bitte an Gott (11)
138,1–3 halt uns bei festem Glauben
157 halt mich bei deiner Lehr
200,6 halt mich in deines Bundes Schranken
242,1 Herr, nun selbst den Wagen halt
244,3 halt uns im Fried bei deiner Lehr
356,2 halt uns in deinem Frieden

424,2 halt uns Menschen doch gesund
469,3 halt über uns dein rechte Hand
471,2 halt die Nachtwach gern

c) von den Engeln (3)
55,2 und Engel halten Wacht
123,2 Mächte, die die Thronwacht halten
445,7 und mich halt in guter Acht

d) von Menschen (19)
147,2 und halten mit das Abendmahl
148,7 mit Gott wir werden halten
164 so halten wir getreu an dir
214,3 der uns geb zu halten rechte Maß
276,4 die halten seine Rechte
282,3 der dich für seine Stärke hält
285,3 die deine Rechte halten
290,6 und dankbar halte sein Gebot
295,1 und seine Zeugniss' halten
295,2 ich will dein Rechte halten
342,2 da man es nicht konnt halten
343,1 dein Wort zu halten eben
344,2 dein Wort bei uns hilf halten rein
371,7 wie du's halten wollst und nähren
393,4 viel sammeln, halten, handeln
473,1 in meinem Herzen halten
491,1 wir halten nichts in Händen
497,13 wohl halt und herrlich siege
529,4 wir uns noch täglich halten

da) als Aufforderung an Menschen (12)
9,6 halt' eure Lampen fertig
73,5 halt dich im Glauben an das Wort
145,3 dich halten, wie sein Wort dich lehrt
145,4 in Gottes Furcht dich halten fein
231,7 und halten keusch das Leben dein
341,8 das halt mit festem Glauben
371,6 halt an Gott, so wirst du siegen
405,1–5 halt im Gedächtnis Jesus Christ

e) sich halten (8)
85,8 ach gib, daß ich mich halte
282,6 Herr Zebaoth, an dich sich hält
341,7 er sprach zu mir: Halt dich an mich
350,5 und segne, was sich zu dir hält
374,1 wer sich an ihn... hält
399,3 verschmacht', hält sich's an seinen Gott
406,4 der sich lebend zu dir hält
452,1 Gott hält sich nicht verborgen

Hand (148) → *Glaubenshand, Gnadenhand, Mutterhand, Vaterhand*

a) allgemein (3)
286,4 die Ströme klatschen wie mit Händen
344,7 zur linken und zur rechten Hand
370,10 eine Hand voller Sand

b) von Gottes Hand (14)
61,6 trage stets mich auf den Händen
92,4 die Hand gebunden ausgestreckt
161,2 wo nicht deines Geistes Hand
258 wenn euch Jesu Hände schirmen
290,4 sie zogen unter Gottes Hand
371,7 er hat ein Hand, voll aller Gaben
391,1 führ uns an der Hand
394,1+5 wir gehn an unsers Meisters Hand
406,5 lege segnend dann die Hände
408,2 Gottes Hände halten mich
423,1 durch deiner Allmacht Hände
510,4 von des höchsten Gottes Hand
532,1 der du aus Gottes Händen fließt

ba) in Händen, in der Hand (13)
64,1 der du die Zeit in Händen hast
102,3 alls in Händen er hat
123,4 hat er alles in den Händen
133,8 du, Herr, hast selbst in Händen
343,4 du hast's allein in Händen
371,2 ja auch den Tod hat er in Händen
374,1 ich steh in meines Herren Hand
378,5 stehn in Gottes Händen
398,2 du hast's in Händen, kannst alles wenden
425,1 hast die Menschen in der Hand
425,3 hast uns alle in der Hand
508,1 steht in des Himmels Hand
533,1 als nur in Gottes Hand

bb) deine Hand (37)
37,2 eh ich durch deine Hand gemacht
64,6 und führe uns an deiner Hand
78,8 ich befehl... dir in deine Hände
84,13 in deinen Schoß und Hände
96,5 nimm unsren Geist, Herr, auf in deine Hände
203,2 du hast dein Händ auf sie gelegt
217,4 ach komm selbst, leg an deine Hände
244,9 wir fallen gern in deine Hand
252,5 ihre Seel in deine Hand
271,3 und zu dem Mond, den Werken deiner Hände
275,6 nimm mich in deine Hände
284,3 der du uns mit deiner Hände Schöpfung ehrst
285,2 von den Werken, die, Herr, deine Hand gemacht
292,4 dem Tod entriß mich deine Hand
295,4 durch deine Hand bereit'
308,5 mag nicht vor deiner Hand bestehn
334,4 danke, daß deine Hand mich leiten will
344,8 nimm unsre Seel in deine Händ

377,4 Herr, du bist Gott! In deine Hand
382,2 hast du mit Namen mich in deine Hand
388,3 denn wir sind in deinen Händen
424,1 deine Hände, großer Gott
440,3 und reich uns Tag und Nacht dein Hand
443,4 in dein Händ ich befehle
449,9 alles in deine Beliebung und Hand
466 segne, Herr, was deine Hand
484,3 Gott, laß ruhn in deiner Hand
488,4 von deiner Hand geführt, fürcht ich kein Leid
495,8 so tu auch deine Hand
497,9 durch Weisheit deiner Hände
501,2 es steht in deinen Händen
506,5 der Mensch, ein Leib, den deine Hand
512,1 von dem Wohltun deiner Hand
512,2 und du öffnest deine Hände
522,1 befehl ich dir in deine Händ
525,1 so nimm sie, Herr, in deine Händ
525,3 in deiner Hand sie unversehrt

bc) seine Hand (15)

111,12 führt mich heraus mit seiner Hand
120 er segnet' sie mit seiner Hand
145,6 und tut sein Hand dir reichen
287,4 auch heute gibt er dir seine Hand
297,2 es steht in seinen Händen
299,5 sein Hand zu helfen hat kein Ziel
302,3 die seine Hand gemacht
318,7 opfern uns seinen Händen
324,6 wer hält mit seiner Hand
345,1 steht alls in seinen Händen
365,1 er reicht mir seine Hand
372,2 es steht in seinen Händen
375,1 in seine Hand gestellt
446,7 auf seinen Händen trage
529,7 in seinen Händen träget

bd) starke, rechte, treue Hand usw. (28)

7,6 ach komm, führ uns mit starker Hand
58,7 Lob sei den starken Händen
63,1 in Gottes treue Hände
65,3 aus deiner guten und geliebten Hand
79,3 und reich uns dein allmächtig Hand
92,2 hat in Geduld mit starker Hand
119,2 er sitzt zu Gottes rechter Hand
126,4 der Finger an Gotts rechter Hand
146,5 leit uns mit deiner rechten Hand
150,2 in Gottes treue Hände
184,4 erhöht zu Gottes rechter Hand
199,5 in seinen starken Händen
223,6 führ uns nach Haus mit starker Hand
248,3 hilf mit deiner starken Hand
290,6 er führt an seiner treuen Hand
301,8 führte es mit starker Hand
303,7 kehrt er mit starker Hand zurück
374,5 daß nichts mich seiner starken Hand
413,4 was seine rechte Hand reicht dar
423,5 was deine milde Hand uns gab
438,3 regier du uns mit starker Hand
445,1 dessen starke Hand die Welt
445,6 unter deine starke Hand
461 du tust deine milde Hand auf
469,3 halt über uns dein rechte Hand
472,6 in dein göttlichen Hände
491,4 in deine guten Hände
521,1 legen in Gottes gnädig Hand

c) von Menschen (29)

36,9 füllet frei eures Glaubens Hände
43,4 erhebet die Hände und danket wie sie
64,4 in unsre leeren Hände
70,7 des klopf ich in die Hände
175 füll du uns die Hände
224,2 die leeren Hände füllen
231,5 und wo dein Hand ihn' dienen kann
231,8 du sollst auftun dein milde Hand
235,1 die Hand, mit der wir nach dir tasten
236,3 Hände gabst du mir
239,1 daß er Hand in Hand zum Bund euch lege
300,2 hebt eure Hände auf und geht
325,10 ei so heb ich meine Hände
361,11 in deine rechte Hand
376,1+3 so nimm denn meine Hände
382,1 ich steh vor dir mit leeren Händen, Herr
393,7 wir gehen Hand in Hand
427,4 gibst deinen Sohn in unsre Hände
432,3 Gott gab uns Hände, damit wir handeln
443,7 und streck nun aus mein Hand
457,10 die Werke deiner Hand
457,11 die Hände, die zum Beten ruhn
457,11 und was der Beter Hände tun
491,1 wir halten nichts in Händen
494,6 die Werke meiner Hände
498,1 das entging Pharaonis Hand
508,2 es geht durch unsre Hände
513,4 nur segne, Vater, unsrer Hände Werke

ca) in Verbindung mit Haupt, Mund, Herz, Fuß (9)

66,9 schwöret die Treue mit Herzen und Händen
84,4 an Händen und an Füßen
144,2 mit Herzen, Mund und Händen

151,8 wir heben Haupt und Hände
222,3 daß Hand und Mund zu jeder Stund
321,1 mit Herzen, Mund und Händen
361,12 stärk unsre Füß und Hände
447,3 und Händ und Füße, Zung und Lippen regen
477,5 das Haupt, die Füß und Hände

handeln (8)
20,1 und steh und lausche, weil Gott handelt
81,5 der Böse lebt, der wider Gott gehandelt
233,5 handle mit mir, wie's dünket dir
295,1 nach seinem Worte handeln
393,4 viel sammeln, halten, handeln
417,1–2 laß die Wurzel unsers Handelns Liebe sein
432,3 Gott gab uns Hände, damit wir handeln

Händereichen (1)
430,4 gib Mut zum Händereichen

hangen, hängen (13)
77,4 auch die bei ihm hingen
78,7 hing mehr denn drei ganze Stund'
83,3 mein Wollen hängt an deinem Mund
86,5 hast du ohne Trost gehangen
89,3 mußtest am Kreuze hangen
90,1 hier hängst du zwar in lauter Not
92,5 du hangst am Kreuze sterbend hier
112,6 ich hang und bleib auch hangen
256,1 einer ist's, an dem wir hangen
295,3 mein Herz hängt treu und feste
323,2 zu hangen fest an dir
386,4 laß mich treulich an dir hangen
388,5 ach so laß uns nicht stets hangen

Harfe (8)
147,3 mit Harfen und mit Zimbeln schön
278,9 daß ich dir... singe zur Harfe, mein Gott
285,1 mit Spielen auf der Harfe
304,2 lobt ihn mit Harfen, unsern Gott
316,1 Psalter und Harfe, wacht auf
317,1 Psalter und Harfe, wacht auf
502,2 Psalter und Harfe ihm Ehre geben
535 mit Harfen und mit Zimbeln schön

Harfenklang (1)
286,3 in Psalter- und in Harfenklang

harren (7) → *erharren*
42,2 die Völker haben dein geharrt
50,3 dein aber harret das Gericht
278 und bist so unruhig, harre doch auf Gott
299,3 des will ich allzeit harren
371,10 macht dir das Harren angst und bange
375,3 die sehnend harrt auf das Erlösungsjahr
486,7 ich harre deiner Treue

hart (17) → *scharf, schlimm, übel*
25,1 das liegt dort in der Krippen hart
34,2 in der Krippen Höhle harte lieget dir zugut
77,2 bracht man ihn mit harter Klag
78,5 und im Rat beschweret hart
86,4 man hat dich sehr hart verhöhnet
95,3 seht hin, wie sie ihn hart verklagen
95,4 wir haben harte, arme Herzen
97,6 hart auf deiner Schulter lag das Kreuz
143,7 das hart und grausam wütet
303,5 die hart Gebundnen macht er frei
325,8 die uns hart gefangen hält
363,1 mit Sünden hart beladen
375,2 das Volk des Herrn noch hart darniederliegt
388,4 der uns noch so hart bedrückt
391,2 soll's uns hart ergehn
503,5 die Wiesen liegen hart dabei
529,3 manch harter Sturm erschreckt

Härtigkeit (1)
453,3 legt ab des Herzens Härtigkeit

Haß (5)
78,5 auch verdammt aus Haß und Neid
91,8 ich will nicht Haß mit gleichem Haß vergelten
133,7 Zorn, Zank, Haß, Neid und Streit
428,1 wende Haß und Feindessinn
529,3 Verfolgung, Haß und Neiden

hassen, sich hassen (13)
10,2 laßt alles, was er haßt
36,3 sollt uns Gott nun können hassen
84,12 was deine Augen hassen
88,5 wie kann Gott mich hassen
145,7 daß wir das Unrecht hassen
231,6 nicht hassen noch selbst rächen dich
247,2 mache zuschanden alle, die dich hassen
281,1 schreckt, die ihn hassen, weit zurück
302,7 die aber, die ihn hassen
341,3 der frei Will haßte Gotts Gericht
412,1 und haßt doch seine Brüder
412,5 ich sollte Brüder hassen
416 daß ich Liebe übe, wo man sich haßt

hasten (1)
424,2 jeder hastet Stund um Stund

Hauen (1)
351,11 kein Brennen, Hauen, Stechen soll trennen mich

Haufe/Häuflein (6)
36,6 eilt mit großen Haufen
127,1 an seim trostlosen Häuflein klein
241,6 ach führe bald dadurch mit Haufen
249,1 verzage nicht, du Häuflein klein
386,4 ob viel auch umkehrten zum größesten Haufen
495,8 führ ihn... zum auserwählten Hauf

häufen, sich häufen (3)
11,6 sich häuft je mehr und mehr
50,4 wir häuften auf dich unsre Straf
137,4 unser Volk häuft Schuld auf Schuld

Haupt (34) → *Herr (A), Herrscher, König*
a) von Jesus Christus (21)
77,3 sein Haupt ward mit einer Kron
85,1 o Haupt voll Blut und Wunden
85,1 o Haupt, zum Spott gebunden
85,1 o Haupt, sonst schön gezieret
85,6 wenn dein Haupt wird erblassen
91,8 du Herr und Haupt der Glieder
112,6 wo mein Haupt durch ist gangen
112,7 mein Haupt nimmt sich mein an
113,5 weil nun das Haupt erstanden ist
122,1 denn weil das Haupt im Himmel ist
123,6 die ihn ehrt als teures Haupt
123,8 und ihr Haupt zieht sie empor
127,5 daß sie am Haupt fest halten an
206,4 Haupt, mach es zu deinem Gliede
250,3 als ihrem königlichen Haupt
251,1 er das Haupt, wir seine Glieder
252,1 Haupt und König der Gemeine
253,4 um seines Hauptes willen
351,1 hab ich das Haupt zum Freunde
384,4 Jesu, unser Haupt du bist
526,2 lässet auch ein Haupt sein Glied

b) vom Menschen (13)
16,2 verhüll nicht mehr sein Haupt
21 seht auf und erhebt eure Häupter
81,11 wird stehn auf meinem Haupt die Ehrenkrone
83,7 es soll sein meines Hauptes Kron
137,6 Haupt und Knie, auch nicht zum Schein
151,3 hebt nun das Haupt empor
151,8 wir heben Haupt und Hände
152,1 erhebt sein Haupt und siehet dir entgegen
274,4 mein Haupt tust du mir salben
379,3 auch deines Hauptes Haare
406,5 mir aufs müde, schwache Haupt
449,1 mein Haupt und Glieder, die lagen darnieder
477,5 das Haupt, die Füß und Hände sind froh

Haus (59) → *Schloß*

a) im eigentlichen Sinn, Wohnung (26)
66,3 bricht dem gewappneten Starken ins Haus
83,6 zu Haus und auch auf Reisen
127,1 das Haus erfüllt er überall
133,11 die Häuser und die Güter
135,5 dir zum eignen Haus
168,5 wir nehmen seine Worte und Taten mit nach Haus
225 ruf es in jedes Haus hinein
231,10 du sollst deins Nächsten Weib und Haus
282,2 die Schwalb, der Sperling find't ein Haus
296,8 bring dich nach Haus in seim Geleit
302,7 ihr Haus und wo sie saßen
393,5 sonst weder Leib noch Haus
418,1 führe in dein Haus hinein
420,1,3–5 teil mit den Einsamen dein Haus
428,4 komm in unser festes Haus
447,4 mit unsern Häusern unversehns gefressen
472,6 mein Haus, mein Gut und Ehr
496 komm in mein Haus und Herz
496 gesegnet wird das Haus
497,3 er baut ein Schloß und festes Haus
503,4 der Storch baut und bewohnt sein Haus
529,10 ist nicht mein rechtes Haus
530,4 laß mich beizeit' mein Haus bestellen

b) im Sinne von: Familie (7)
7,2 den König über Jakobs Haus
231,4 daß du und dein Haus ruhen mag
281,4 Herr, führ an uns und unserm Haus
283,2 auf uns und unsre Häuser
371,12 wo ist ein Haus, das könnte sagen
423,1 schütz Kirche, Obrigkeit und Haus
449,6 in meines Bruders und Nähesten Haus

c) im Sinne von: Gottes Haus, Kirche, Himmel (26)
14,6 in deines großen Vaters Haus
127,3 ganz das Gemüt und füll das Haus
133,13 des ewgen Lebens Haus
137,2 Eifer für des Herren Haus

166,1 führt in Gottes Haus mich ein
223,1 und bleibt doch ewiglich zu Haus
223,6 führ uns nach Haus mit starker Hand
225,1 sein Haus hat offne Türen
245,2 daß Gottes Haus sei unverletzt
250,2 daß nicht dein Haus will werden voll
255,7 durch deines Vaters ganzes Haus
256,3 zum Mahl in deines Vaters Haus
257,3 zu füllen dir dein Haus
274,5 im Haus des Herren eben
278,3 wie einst ich zum Hause Gottes zog
282,5 ein Tag in deinem Haus ist besser
282,5 auf der Schwelle... an meines Gottes Haus
283,2 ach gieß aus deines Himmels Haus
294,4 die ihr von Gottes Hause seid
300,3 Gott heilge dich in seinem Haus
324,12 und führst uns in des Himmels Haus
385,5 wird sie nach Hause führen
389,2 aus deinem Tempel, deinem Haus
393,10 so kommen wir nach Haus
442,7 und führ uns in deins Vaters Haus
529,11 ins Haus der ewgen Wonne

Hausgenosse (2)
245,3 und werden Gottes Hausgenossen
475,6 Freunde, Feind und Hausgenossen

Haushalter (1)
513,6 tu Rechnung, spricht der Ewge zum Haushalter

Haut (1)
143,7 an Leib und Seele, Haut und Haar

heben, sich heben (17) → *emporheben, erheben*
15,6 hebe deine Stimme, sprich
20,1 heb in den Himmel dein Gesicht
39,3 dieser kann und will uns heben
41,3 träget und hebet die Sünd
114,2 und laß dein Herz sich heben
114,4 dein Jesus wird ihn heben
151,8 wir heben Haupt und Hände
158,2 mein Herz heb ich zu dir
324,11 du hebst und legst es bei
325,1 das ohn Ende hebt und trägt
325,10 ei so heb ich meine Hände
359,6 Gottes Sohn hebt aus dem Tod
366,3 und heben unser Aug und Herz
380,3 will euch milde heben
384,3 in das Himmelsleben heben
423,9 die Alten heb und trage
529,7 auch alles hebt und leget

Hecke (1)
497,12 mit Dorn und Hecken ausgefüllt

Heer (20) → *Heerschar, Zebaoth*
11,6 du hochbetrübtes Heer
14,2 o mächt'ger Herrscher ohne Heere
39,7 dich der Engel Heer erhöht
44,3 himmlische Heere jauchzen dir Ehre
68,7 o Christe, versammle dein Heer
84,3 und deiner schweren Martern Heer
104,1 dir, o Herr aller Heer
110,2 das himmlisch Heer im Himmel singt
142,2 gewaltig ruft ihr strahlend Heer
143,4 des Himmels Heer durch alle Welt
155,3 bis wir singen mit Gottes Heer
271,5 des Himmels Vögel und der Fische Heer
275,3 ob mich gar sehr der Feinde Heer
301,7 er zerschlug Pharaos Heer
302,3 mit ihrem ganzen Heer
322,1 dem, dessen Lob der Engel Heer
325,6 Himmel, Erd und ihre Heere
359,3 Christus mit dem lichten Heer
373,1 wie sie ihr höllisches Heer nicht vergebens
506,2 wer ruft dem Heer der Sterne

Heerschar (1) → *Heer, Zebaoth*
45,2 du König der Ehren, Herrscher der Heerscharen

heften (1)
81,10 fest die Begierden an das Kreuz zu heften

hegen (1)
513,5 wir wollen kindlich zu Gott Hoffnung hegen

hehr (1)
331,4 der Propheten hehre Menge

Heiden (12) → *Volk*
4,1 nun komm, der Heiden Heiland
66,1 Himmel und Erde, erzählet's den Heiden
77,2 bracht man... Pilatus dem Heiden
78,6 früh dargestellt Pilatus dem Heiden
136,5 in aller Heiden Lande
241,6 ach führe... der Heiden Füll zu allen Toren ein
280,1 bekannt den Heiden werden
280,2 und loben dich die Heiden überalle
286,1 er selber offenbart den Heiden
293,1 lobt Gott den Herrn, ihr Heiden all
502,3 wohlauf, ihr Heiden, lasset das Trauern sein
519,4 er ist das Heil und selig Licht für die Heiden

Heidentum (1)
136,4 trotz allem Heidentum

Heil (109) → *Erlösung, Friede, Gnade, Rettung*

a) allgemein (38)
12,3 Jakobs Heil, der Jungfrau Sohn
16,3 ihr sollt das Heil dort finden
42,4 erscheinst im Fleisch und wirst uns Heil
45,1 sehet das Kindlein, uns zum Heil geboren
47,1-5 uns zum Heil erkoren, ward er heut geboren
65,2 das Heil, für das du uns geschaffen hast
114,6 hat uns zum Heil erfunden
136,7 das Heil ihr machen kund
140,1 Brunn alles Heils, dich ehren wir
150,2 daß sie mit Heil anlände
151,2 und seid des Heils gewärtig
178.6 Heil, um das wir flehn
178.7 der am Kreuze starb und uns Heil erwarb
208,3 der Frucht des Heils, die nie vergeht
218,5 mir zum Heil und dir zum Preise
223,5 der du am Kreuz das Heil vollbracht
229,2 Christus eint uns und gibt am Heil
282,6 Heil dem, der stets in dieser Welt
302,2 nach Jakobs Gott und Heil
320,4 der hat das Heil erworben
322,6 und Heil zu allem Stand
323,3 den Kelch des Heils erheben
342,1 es ist das Heil uns kommen her
345,4 hast mir das Heil erworben
346,2 uns wird das Heil durch ihn zuteil
346,3 die ihr das Heil begehret
346,3 der euch das Heil gewähret
349,2 der hat mir Heil erworben
356,1 es ist in keinem andern Heil
386,6 die Kleider des Heils ich da habe erlangt
412,5 ein Heil ist unser aller Gut
441,5 der Tag des Heils, die Gnadenzeit
519,2 und Heil in Not und Sterben
533,1 die er zum Heil uns allen

b) mein, unser Heil (22)
9,1 weil unser Heil ist kommen
11,3 da bist du, mein Heil, kommen
12,4 sei willkommen, o mein Heil
39,2 wir, die unser Heil annehmen
42,6 du unser Heil und höchstes Gut
84,2 mein Heil, und dich mit Plagen
84,7 ich bin, mein Heil, verbunden
85,7 mein Heil, mich finden soll
87,3 die Wunden unser Heil
88,1 wie du, unser Heil zu sein
91,9 du hast mein Heil, da du für mich gestorben
100,1 denn unser Heil hat Gott bereit'
139,2 mein Gott, mein Heil, mein Leben
162,1 mein Heil hat mir das Leben bracht
233,4 murrend mein Heil verscherze
275,4 mein Hilf, mein Heil, mein Leben
308,1 du bist mein Heil, des freu ich mich
309,1 den großen Gott, dem ich mein Heil befehle
322,8 sei er stets unser Heil
366,4 der unser Heil und Fürsprech ist
370,6 Gott, mein Heil, wird in Eil
486,10 zu meinem Heil ersehen

c) dein, sein Heil (10)
84,1 dein Heil sinkt in den Tod
115,4 Jesus lebt! Sein Heil ist mein
207,3 geben dein Heil, Herr Jesu Christ
255,5 dein Heil noch jedem offenbar
281,4 führ... dein Heil, dein Werk in Gnaden aus
287,1 der Herr läßt sein Heil verkündigen
324,14 dein Schirm und Schild, dein Hilf und Heil
334,6 danke, dein Heil kennt keine Schranken
449,8 sein Heil und Gnaden, die nehmen nicht Schaden
482,5 Gott, laß dein Heil uns schauen

d) in Verbindung mit Leben, Licht, Friede usw. (21)
1,1 der Heil und Leben mit sich bringt
1,4 ja, Heil und Leben mit zugleich
111,1 Licht, Heil und Leben wiederbracht
113,7 Fried, Freude, Heil, Gerechtigkeit
135,1 euch mit Licht und Heil erfüllen
162,2 Trost, Leben, Heil und Seligkeit
217,1 bei dir alleine find ich Heil und Leben
218,1 denn der Herr voll Heil und Gnaden
234,2 hier findest du Trost, Heil und Gnad
246,3 gib Glück und Heil zu deinem Wort
250,4 der Seelen Heil und Seligkeit
253,2 das Licht, das Heil, der Morgenstern
280,1 und Jesus Christus, Heil und Stärk
318,5 er hilft uns hier mit Gnad und Heil
324,2 viel Heil und Gutes fließt
326,5 ihr Segen, Heil und Frieden
347,2 dein Güt und Heil beschert
349,3 gesticket mit Heil und G'rechtigkeit
359,2 dessen Heil und Gegenwart
401,4 mir zum Heil und Seelenhort
519,4 er ist das Heil und selig Licht

e) in Verbindung mit Welt, Sünder, Armen (13)
10,1 bald wird das Heil der Sünder
42,2 das Heil der Welt, dich, seinen Sohn
62,5 Jesus, aller Bürger Heil
94,1 daß er das Heil der Welt
104,1-3 daß du bist sünd'ger Welt Heil und Held
211,3 dank sei dir, daß das Heil der Welt
223,4 gibt sich als Brot zum Heil der Welt
241,8 der du der Welten Heil und Richter bist
257,1 erkämpft das Heil der Welt
341,5 und sei das Heil dem Armen
410,2 Christus, das Heil der Welt

f) wahres, süßes, ewiges Heil usw. (5)
11,8 zu Trost und wahrem Heil
36,10 süßes Heil, laß dich umfangen
108,1 das ewig Heil wird uns zuteil
191 mit den Heilgen in ewgem Heil
386,2 mein Alles, mein seligstes Heil

Heiland (69) → *Erlöser, Retter*

a) allgemein (28)
6,3 du treuer Heiland Jesu Christ
7,1 o Heiland, reiß die Himmel auf
7,2 im Tau herab, o Heiland, fließ
7,3 o Heiland, aus der Erden spring
29,3 der Heiland ist gekommen
48,1 den Gott zum Heiland euch hat erkoren
49,1 der Heiland ist geboren
51,5 zum Heiland hat gegeben
53,2 frohe Kunde von des Heilands Stunde
89,2 ach liebster Heiland, schone mein
105,14 dort werdet ihr den Heiland sehn
114,1 den Heiland zu umfangen
124,2 daß wir an ihm bleiben, dem treuen Heiland
140,3 der Herr, der Heiland, unser Licht
213,1 der Heiland rufet euch
222,1 den Heiland, schauen lassen
251,1 lodern auf den Heiland zu
255,8 als Heiland, Friedefürst und Held
256,5 Heiland, deine größten Dinge
357,4 der Heiland und der Hort
377,2 mit dir, du starker Heiland du
398,1 du der wahre Heiland bist
494,6 befehl ich, liebster Heiland, dir
518,1-3 heiliger barmherziger Heiland
519,2 wahr' Gottes Sohn, der treu Heiland
532,2 komm, Heiland, der uns mild verbindet

aa) Heiland der Welt, der Menschen (7)
1,1 ein Heiland aller Welt zugleich
4,1 nun komm, der Heiden Heiland
41,1 singet... dem Heiland der Menschen
83,2 und Heiland meiner Seelen
109,3 der du der Sünder Heiland bist
141,3 der Welt Heiland, der wahre Christ
192 Herr Gott Sohn, der Welt Heiland

b) mein Heiland (24)
1,2 mein Heiland groß von Tat
1,5 komm, o mein Heiland Jesu Christ
37,7 daß meines Heilands Lager sei
37,9 mein Heiland, nicht versagen
41,7 komm doch, mein Heiland, denn ohne dich
111,1 mein Heiland Christus aufersteht
111,3 mein Heiland bleibt ins Todes Zwang
111,12 mein Heiland greift allmächtig drein
112,1 mein Heiland war gelegt
112,7 mein Heiland ist mein Schild
200,2 mein treuer Heiland, mir gewährt
292,4 und predige, mein Heiland, dich
309,1 daß er mein Heiland ist
310 freuet sich Gottes, meines Heilandes
351,6 löscht meines Heilands Blut
351,6 mein Heiland, der mich liebt
353,5 laß, mein Heiland, mich bei dir
355,5 durch meines Heilands Tod zu dir
373,6 Jesu, mein Heiland, mit frohem Gesang
386,7 ist in dir, mein Heiland, mir alles gegeben
397,3 mein Heiland und mein Gnadenthron
526,1 und mein Heiland, ist im Leben
526,2 Jesus, er mein Heiland, lebt
526,5 wird ihn, meinen Heiland, kennen

c) dein, unser, euer, ihr Heiland (10)
24,3 er will eu'r Heiland selber sein
25,2 der euer aller Heiland ist
34,2 wie dein Heiland kommt zu dir
78,1 deins Heilands und Herren
102,1 Jesus Christus, unser Heiland
116,1 denn unser Heiland hat triumphiert
130,5 Christus unsern Heiland nennen
215,1 Jesus Christus, unser Heiland
386,3 was Jesus, ihr Heiland, sie wollte belehren
442,2 der unser lieber Heiland ist

heilen (16) → *heilmachen*
72,3 und ihr verwund't Gewissen heil
86,3 um zu heilen meine Plagen
123,7 Wunden müssen Wunden heilen
170,2 schlimmen Schaden heilen, lieben und verzeihn
202,7 die allen Schaden heilen tut

222,2 heilt meiner Seele Schaden
236,1 der du Taube heilst
236,2 der du Blinde heilst
236,3 der du Lahme heilst
236,4 der du Stumme heilst
255,3 und heilen Sünd und Höllenschmerz
289,1 und heilt dein Schwachheit groß
318,2 und deine Wunden heilet
363,1 will heilen euren Schaden
449,8 heilen im Herzen die tödlichen Schmerzen
532,2 die Wunden heilt, uns trägt und pflegt

heilig (135) → *Heiliger Geist*

a) allgemein (20)
43,6 ach mache sie heilig und selig wie deins
93,2 nun in heilgem Stilleschweigen
105,10 heut an dem heilgen Ostertag
136,1 gieß aus dein heilig Feuer
137,2 in dem großen, heilgen Streit
137,4 nein, mit Moses heilgen Schmerzen
137,6 gib Elias heilge Strenge
139,5 dem wir das Heilig jetzt... lassen klingen
192 und deine heilige christliche Kirche regieren
192 und heiligen Leben erhalten
218,3 heilge Freude, tiefes Bangen
255,7 laß leuchten deine heilgen Flammen
258 und seiner heilgen Engel Wacht
278,8 hin zu deinem heiligen Berg
294,3 hoch tut euch auf, ihr heilgen Tore
385,2 mit heilgem Tugendleben
386,8 in das Heilge durch dein Blut
409,3 und das heilge Zelt
441,7 zuletzt hilf uns zur heilgen Stadt
498,1 sein heilger Engel geh uns für

b) von Gott (35)
3,1 Gott, heilger Schöpfer aller Stern
3,5 wir bitten dich, o heilger Christ
3,6 dem heilgen Tröster auch zugleich
53,3 zu dem heilgen Kinde
55,2 des Herren heilige Geburt
55,3 o heilig Kind von Bethlehem
69,4 o heilger Morgenstern, wir preisen
91,8 du Heiliger, du Herr und Haupt der Glieder
105,1 erstanden ist der heilig Christ
125,2 du heiliges Licht, edler Hort
125,3 du heilige Glut, süßer Trost
133,4 du bist das heilig Öle
142,1 Gott, aller Schöpfung heilger Herr
179,3 Lamm Gottes, heilger Herr und Gott
180.1 denn du bist allein heilig
180.3 du bist allein heilig
184,5 den Geist, der heilig insgemein
185.4 heiliger Herre Gott
185.4 heiliger starker Gott
185.4 heiliger unsterblicher Gott
191 heilig ist unser Gott
192 durch deine heilige Geburt
241,8 so dunkel jetzt dein Weg, o Heilger, ist
331,3 heilig, Herr Gott Zebaoth
331,3 heilig, Herr der Himmelsheere
514,7 dreieinig, heilig, hochgepreist
518,1–3 heiliger Herre Gott
518,1–3 heiliger starker Gott
518,1–3 heiliger barmherziger Heiland

ba) heilig, heilig (mehrfach), Heilige Dreieinigkeit (14) → *sanctus*
119,5 der Heiligen Dreieinigkeit
139,5 das Heilig, Heilig singen
142,4 ihr „Heilig, Heilig" steigt empor
143,3 ihr „Heilig, heilig, heilig" zu
155,3 heilig, heilig ist Gott der Herr
155,4 der Heiligen Dreieinigkeit
165,2 heilig, heilig, heilig! singen ihm zur Ehre
185.1 heilig, heilig, heilig ist Gott, der Herre Zebaoth
185.2 heilig, heilig, heilig ist Gott, der Herre Zebaoth
185.3 heilig, heilig, heilig ist der Herr Zebaoth
197,3 der Heiligen Dreieinigkeit
205,4 o Heilige Dreieinigkeit
331,2 heilig, heilig, heilig! zu
469,7 du Heilige Dreifaltigkeit

bb) vom Leiden Christi (7)
79,2 durch dein heilig fünf Wunden rot
82,1 am Stamm des heilgen Kreuzes
82,5 Herr, laß dein heilig Leiden
146,4 sieh an sein heilig Wunden rot
386,6 durch dein heilges, teures Blut
469,5 erworben durch dein heilges Blut
516,3 durch seine heilgen Wunden

bc) von Taufe und Abendmahl (9)
78,3 setzt das heilig Nachtmahl ein
205,2 durch dieses Bad der Heilgen Tauf
213,2 die heilge Gottesspeise
214,2 der heilig Leib, der ist für uns gegeben
218,6 laß mich durch dies heilge Essen
227,3 und die wir trinken aus der heilgen Schale

250,5 dein heilig Wort und Sakrament
264,2 ehrt sie, ein heilges Mahl
530,5 schon längst in meiner heilgen Tauf

bd) von Arm, Angesicht, Mund, Odem Gottes (6)
142,3 dein heilger Odem hüllt sie ein
256,1 von deinem heilgen Angesicht
286,1 sein heilger Arm gibt Kraft und Mut
287,1 und mit seinem heiligen Arm
288,1 kommt vor sein heilig Angesicht
346,1 sein heilger Mund hat Kraft und Grund

c) von Gottes Wort, Name, Willen, Recht (18)
75,3 stets bleiben bei seinem heilgen Wort
139,4 des Name heilig heißt
146,5 gib uns allzeit dein heilig Wort
159,3 des Glaubens aus deim heilgen Wort
202,2 sein heiligs Wort ist auch dabei
221,2 dann würden wir den letzten heilgen Willen
231,1 dies sind die heilgen zehn Gebot
264,2 und einen heilgen Namen ehrt sie
275,7 Lob seinem heilgen Namen
289,4 und treibt sein heiligs Wort
309,2 wo Furcht des Herrn bewahrt sein heilig Recht
333,4 sein Nam ist heilig
342,8 daß heilig werd sein Name
363,6 halt' fest am heilgen Gotteswort
404,4 Herr, durch dein heilig Wort
438,3 dein Nam... in uns heilig erweiset werd
442,7 dein heilig Wort leucht uns so fein
449,10 allzeit im Herzen dies heilige Wort

d) von der Zeit (8)
10,4 zu dieser heilgen Zeit
17,1 wir sagen euch an eine heilige Zeit
42,8 den Tag der heiligsten Geburt
46,1–3 stille Nacht, heilige Nacht
50,1 du Kind, zu dieser heilgen Zeit
61,4 daß dies Jahr mir heilig sei

e) von Menschen (18)
35,4 da die Engel singen mit den Heilgen all
96,4 daß wir mit allen Heilgen zu dir kommen
123,10 jauchz ihm, Menge heilger Knechte
137,1 Geist, der einst der heilgen Männer
137,9 Geist, du Geist der heilgen Männer
148,6 all Heilgen Gottes gleich
154,6 mit allen Heilgen beten wir dich an
191 der heiligen zwölf Boten Zahl
191 mit den Heilgen in ewgem Heil
250,1 in einer heiligen Gemein
253,1 ich glaube, daß die Heiligen
253,5 der Heiligen entziehen
273,1 wie wenig sind der Heilgen dein
331,4 der Apostel heilger Chor
331,5 singt die heilige Gemeinde
363,7 er helf uns zu der Heilgen Schar
414,4 dann werd ich heilig, rein und dir geweiht
468,2 daß es erlang der Heilgen Kron

heiligen (13)
123,9 die geheiligte Gemeine weiß
166,3 heilige du Leib und Geist
166,3 heilige du Mund und Ohr
186 geheiligt werde dein Name
187 geheiligt werde dein Name
188 geheiligt werde dein Name
200,1 zum Volk, das dir geheiligt heißt
231,4 du sollst heilgen den siebten Tag
281,5 kommt, heiligt seinen Namen
300,3 Gott heilge dich in seinem Haus
344,2 geheiligt werd der Name dein
414,1 und laß mein Herz dir ganz geheiligt sein
512,6 alles soll geheiligt werden

Heiliger Geist (81) → *Geist (A), heilig*

a) allgemein (17)
8,2 der Heilig Geist der Mast
68,3 durch deines Heilgen Geistes Kraft
120 den Tröster, den Heiligen Geist
124,1 nun bitten wir den Heiligen Geist
132 die Kraft des Heiligen Geistes empfangen
183,2 durch den Heilgen Geist im Glauben
183,3 wir glauben an den Heilgen Geist
184,2 wir glauben Gott, den Heilgen Geist
191 den Heilgen Geist und Tröster wert
202,4 der Heilig Geist herniederfährt
245,2 der Heilig Geist darin regieret
274,2 das ist sein werter Heilger Geist
280,3 uns segne Gott der Heilig Geist
320,5 der Heilig Geist im Glauben
331,5 und sie ehrt den Heilgen Geist
344,7 und durch des Heilgen Geistes Trost
365,8 auch Gott der Heilig Geist

b) in der Dreieinigkeit (31)
4,5 Lob sei Gott dem Heilgen Geist
75,3 und dem Heilgen Geist
107,3 dem Heilgen Geist in gleicher Weis
109,6 dem Heilgen Geist in gleicher Weis
140,5 Gott Vater, Sohn und Heilger Geist

148,8 des Heilgen Geistes Werke
155,4 dem Heilgen Geist in einem Thron
174 Gott Vater, Sohn, Gott Heilger Geist
177.1 und dem Heiligen Geist
177.2 und dem Heiligen Geist
177.3 und dem Heiligen Geist
180.1 mit dem Heilgen Geist in der Herrlichkeit
180.2 du wohnst mit Gott dem Heilgen Geist
180.3 mit dem Heiligen Geist in der Herrlichkeit
195,3 Gott Vater, Sohn und Heilger Geist
197,3 dem Heilgen Geist in einem Thron
200,1+6 Gott Vater, Sohn und Heilger Geist
201 und des Sohnes und des Heiligen Geistes
232,4 und Gott, dem werten Heilgen Geist
273,6 und auch dem Heilgen Geiste
288,7 samt Gott, dem werten Heilgen Geist
289,5 Gott Vater, Sohn und Heilgem Geist
291,3 Ehr sei dem Heilgen Geist, Gott in Ewigkeit
303,8 Vater und Sohn und Heilgen Geist
308,11 dem Heilgen Geist in einem Thron
321,3 und Gott dem Heilgen Geist
342,8 Gott Vater, Sohn und Heilgem Geist
445,1 Vater, Sohn und Heilger Geist
470,3 und dem Tröster, Heiligen Geist
514,7 Vater und Sohn und Heilgem Geist

c) Bitte um den Heiligen Geist (10)
1,5 dein Heilger Geist uns führ und leit
2,3 dein Heilger Geist uns führ und leit
138,3 Heilig Geist, der steh uns bei
155,1 dein' Heilgen Geist du zu uns send
171,4 dein Heiliger Geist, der Leben verheißt
196,1 und gib uns deinen Heilgen Geist
214,3 Herr, dein Heilig Geist uns nimmer laß
230 und nimm deinen Heiligen Geist nicht von mir
344,3 der Heilig Geist uns wohne bei
472,5 gib mir den Heilgen Geist

ca) Bitte an den Heiligen Geist (Vokativ) (23)
125,1 komm, Heiliger Geist, Herre Gott
126,1 komm, Gott Schöpfer, Heiliger Geist
127,4 komm, Feuer Gottes, Heilger Geist
128,1 Heilger Geist, du Tröster mein
128,6 Heilger Geist, und komme bald
130,1 o Heilger Geist, kehr bei uns ein
131,1-6 o Heiliger Geist, o heiliger Gott
136,7 du Heilger Geist, bereite
156,1 komm, Heiliger Geist, erfüll die Herzen
160 o Heilger Geist, erneu uns Herz und Mund
178.4 Kyrie, Gott Heiliger Geist
179,4 o Heilger Geist, du höchstes Gut
192 Herr Gott Heiliger Geist
193,3 Gott Heilger Geist, du Tröster wert
196,6 o Heilger Geist, dein göttlich Wort
205,3 und du, o werter Heilger Geist
474,3 Gott Heilger Geist, dein Hilf uns leist
532,1 komm, Tröster, Heilger Geist, und tröste

Heiligkeit (6)
1,2 sein Königskron ist Heiligkeit
130,7 gib, daß in reiner Heiligkeit
150,6 man spielt in Heiligkeit
202,6 nichts hilft sein eigen Heiligkeit
265,2 den Geist der Heiligkeit
295,1 vor Gott in Heiligkeit

heiliglich (2)
162,4 laß mich hier leben heiliglich
344,2 daß auch wir leben heiliglich

Heiligtum (11)
62,2 unser Herz zum Heiligtum
133,4 Gott schützt vom Heiligtum
140,1 aus deiner Gottheit Heiligtum
165,8 dir ein Heiligtum noch werden
281,2 und hier im Heiligtume thront
281,3 sei unserm Gott im Heiligtum
281,4 und werden in dein Heiligtum
281,5 Gott, machtvoll in dem Heiligtum
300,2 in eures Gottes Heiligtum
332,2 es schall empor zu seinem Heiligtume
377,3 du wirst aus deinem Heiligtum

Heiligung (1)
386,7 mir zur Heiligung gemacht

heilmachen (2) → *heilen*
36,8 der in Eil machet heil
223,3 macht... den ganzen Menschen satt und heil

heilsam (7)
51,2 erschienen ist die heilsam Gnad
59,3 entzieh uns nicht dein heilsam Wort
192 alle Diener der Kirche im heilsamen Wort
273,4 mein heilsam Wort soll auf den Plan
274,1 seines heilsamen Wortes
519,3 durch dein teuer heilsam Wort
531,2 was gut und heilsam ist

Heilsöl (1)
123,7 Heilsöl weiß er auszuteilen

Heilung (1)
87,6 die Heilung unsrer Sünden

Heim (1)
481,5 mein Heim ist nicht in dieser Zeit

Heimat (5)
63,3 nicht unsre Heimat ist
167,4 die Heimat hält bereit
406,6 wie man nach der Heimat reist
529,6 die zu der Heimat führt
529,7 mein Heimat ist dort droben

Heimatrecht (1)
63,3 ein Heimatrecht erkauft

heimatwärts (1)
63,6 und führ uns heimatwärts

heimbringen (1)
152,4 wenn du uns heim wirst bringen

heimfahren (1)
124,1 wenn wir heimfahrn aus diesem Elende

Heimfahrt (1)
234,7 zu meiner Heimfahrt sei bereit

heimgehen (2)
223,4 geht heim zum Thron als Siegesheld
508,1 und träuft, wenn heim wir gehen

heimholen (1)
128,7 hol uns heim zur ewgen Freud

Heimkehr (1)
315,6 hoch hebt das Fest der Heimkehr an

heimkehren (1)
485,1 kehrt heim zur Ewigkeit

heimkommen (3)
61,2 komm ich heim, steh mir zur Seiten
393,10 heim zu dem Vater kommen
517,4 du kommest denn erst wieder heim

heimlich (5)
72,2 auch die, so heimlich ficht noch an
275,5 viel Netz und heimlich Stricke
341,6 gar heimlich führt er sein Gewalt
371,4 er weiß dein Leid und heimlich Grämen
508,1 der tut... sich mild und heimlich auf

heimsehnen, sich (1)
517,8 und sehn dich allzeit wieder heim

heimstellen (anheimstellen) (3)
352,4 und ihm alles heimgestellt
365,3 ihm sei es heimgestellt
443,6 ihm hab ich heimgestellt mein Leib

heiß (6)
63,1 die Wunden brennend heiß
88,5 machen heiß die Hölle
101,5 in heißer Lieb gegeben
279,4 du läuterst uns durch heißes Leiden
371,3 er zählt den Lauf der heißen Tränen
511,2 in der heißen Sonnenglut

heißen (40) → *befehlen, nennen*

a) im Sinne von: einen Namen haben, nennen, bedeuten, genannt werden (27)
20,6 er heißt Gottheld und Wunderrat
64,6 der du allein der Ewge heißt
70,2 mein Herz heißt dich ein Himmelsblum
73,3 das heißet Jesus Christ
90,1 daß man dich Herr und König heißt
139,4 des Name heilig heißt
141,5 wahrer Sohn Gotts er ist und heißt
147,1 Mitternacht heißt diese Stunde
162,3 daß nun ein Christ heißt Gottes Kind
166,3 mein Beten ein gefällig Opfer heißt
183,3 der aller Schwachen Tröster heißt
200,1 zum Volk, das dir geheiligt heißt
202,5 ein neugeborner Mensch er heißt
208,2 das nun nach deinem Sohne heißt
248,3 Jesu, der du Jesus heißt
268,1 unser Licht heißt Christus
268,2 unser Stamm heißt Christus
307,7 denn sie werden Gottes Kinder heißen
312,1 Johannes hieß der Mann
312,7 und das heißt Friedefürst
354,4 das heißt die Wunde recht verbinden
357,3 er heißt der Herr der Geister
362,2 er heißt Jesus Christ
395,1 weil Leben heißt: sich regen
395,1 weil Leben wandern heißt
398,2 wie nur heißen mag die Not
475,8 der du Freund und Tröster heißt

b) im Sinne von: gebieten (12)
168,3 der uns das Hören lehrt und dir folgen heißt
178.8 send uns deinen Geist, der uns beten heißt
200,6 bis mich dein Wille sterben heißt
202,5 sein Jünger heißt der Herre Christ
279,3 die uns hieß durch die Fluten ziehn
318,5 daß wir vollbringen, was er heißt
344,1 der du uns alle heißest gleich

445,1 Sonn und Mond uns scheinen heißt
477,3 wenn mich wird heißen gehen
494,5 daß das, was du mich schaffen heißt
506,3 wer heißt die Himmel regnen
519,3 zu seinem Reich die ganze Welt heißen laden

c) im Sinne von: man sagt (1)
209,3 es heißt, daß einer mit mir geht

Held (27)
4,2 Gott von Art und Mensch, ein Held
10,1 der wunderstarke Held
12,3 der wohl zweigestammte Held
36,2 Gottes Held, der die Welt
38,1 großer Held von Ewigkeit
51,1+5 daß er ihr seinen Sohn und Held
70,5 Herr Gott Vater, mein starker Held
73,1 der Held sei vor der Tür
92,1 nimm unser Loblied an, o Held
104,1–3 daß du bist sünd'ger Welt Heil und Held
104,3 leite du, König, uns, und Held
109,2 wie pflegt zu tun ein großer Held
111,11 o Wunder groß, o starker Held
111,15 für diesen Trost, o großer Held
112,2 sein Fähnlein als ein Held
113,3 den starken Held kann halten auf
143,4 führt Michael, der starke Held
248,6 du bist ja der Held und Mann
255,8 als Heiland, Friedefürst und Held
347,5 bei uns, du starker Held
361,3 das treibst du, starker Held
373,6 wo du, o Held, dich so mächtig erwiesen
385,1 mir nach, spricht Christus, unser Held
442,1 läßt sich frei sehen wie ein Held

Heldenmut (3)
351,5 hab einen Heldenmut
352,1 einen freien Heldenmut
495,4 gib einen Heldenmut

helfen (215) → *beistehen, retten*

a) allgemein
b) von Gott
ba) Hilfe aus, in Not, Leid
bb) als Wunsch (Gott helfe)
c) als Bitte: hilf
ca) der Kirche, dem Reich Gottes
cb) in, aus Not, Krankheit
cc) in Kampf, Streit
cd) zum Hören, Glauben
ce) zum Beten, zur Anbetung
cf) zur Nachfolge, Liebe
cg) zur Seligkeit, zum ewigen Leben
d) von Menschen

a) allgemein (20)
24,12 vor dir nichts gilt, nichts hilft noch tut
40,4 sonst hilft dir diese Sonne nicht
105,7 wer hilft uns? Wo ist unser Herr
145,2 kein Werk hilft sonst daneben
145,3 geholfen auch den Kranken
145,5 man hilft ihr oft mit Schwören
202,6 nichts hilft sein eigen Heiligkeit
202,6 vermag sich selbst nicht helfen
233,1 da ist niemand, der helfen kann
278,3 doch mein Herz hilft mir zu bedenken
326,6 so kommt, so hilft der Überfluß
342,1 die Werk, die helfen nimmermehr
354,3 Gott will, uns soll geholfen sein
369,2 was helfen uns die schweren Sorgen
369,2 was hilft uns unser Weh und Ach
369,2 was hilft es, daß wir alle Morgen
413,3 sie hilft und dienet jedermann
422,2 daraus uns niemand helfen kann
488,3 wer hilft mir sonst, wenn ich den Halt verlier
527,3 es hilft kein weises Wissen

b) von Gott (28)
9,6 er ist's, der helfen kann
133,5 der allen helfen kann
172 und ich dir danke, daß du mir hilfst
243,1 Gott hilft dir immerdar
244,2 hilfst du nicht bald, so ist's geschehn
249,2 den er wohl weiß, dir helfen schon
249,4 zu helfen er ein Meister ist
278 weil er mir hilft als mein Gott
286,2 und hilft, wenn alles uns verläßt
290,7 er hilft, damit man immerdar
296,2 er hilft uns ja von Herzen gern
299,5 sein Hand zu helfen hat kein Ziel
318,5 er hilft uns hier mit Gnad und Heil
329,1–2 bis hierher mir geholfen
329,3 durch Christi Blut hilft mir mein Gott
329,3 er hilft, wie er geholfen
341,4 er wollt mir helfen lassen
346,2 hier ist der Mann, der helfen kann
351,7 hilft mir das Abba schreien
363,2 ich helf ihm tragen, was zu schwer
364,1 zu helfen dem er ist bereit
377,1 noch hilfst du deinem Volke gern
377,4 wie du geholfen unserm Land
377,4 so hilfst du fort noch allen
381,1 so schrie einst König David, halfest du ihm
486,2 zu helfen und zu stillen
498,3 wenn du uns gnädig hilfest fort

ba) Hilfe aus, in Not, Leid (16)
30,3 hilft uns aus allem Leide
60,2 zu helfen uns aus aller Not
215,1 half er uns aus der Höllen Pein
232,1 der mir aus Nöten helfen kann
243,1 er hilft aus allem Leid
276,2 in Gefahr... half mir der treue Gott
282,6 auf Gott vertraut; er hilft im Tod
308,4 und hilfst dem Armen immerdar
326,4 da half mein Helfer mir vom Tod
362,1 er hilft uns frei aus aller Not
364,1 er hilft aus Not, der treue Gott
365,2 er hilft aus aller Not
371,9 helfen, wenn die Not am größten
398,1 hilfest von Schanden, rettest von Banden
408,4 täglich hilft er in der Not
478,9 im Tod und Leben hilfst du mir

bb) als Wunsch (Gott helfe) (11)
6,5 das helf uns Gott in Ewigkeit
109,5 zum sel'gen End Gott helf uns alln
138,1–3 und helf uns selig sterben
145,7 das helfe Gott uns allen gleich
192 allen Betrübten und Verzagten helfen und sie trösten
231,12 das helf uns der Herr Jesus Christ
363,7 er helf uns zu der Heilgen Schar
520,7 das helf uns Christus, unser Trost
524,2 daß er mir helf aus der Not

c) als Bitte: hilf (29)
61,1 hilf, Herr Jesu, laß gelingen
61,1 hilf, das neue Jahr geht an
63,6 hilf du uns durch die Zeiten
141,6 hilf, daß wir folgen seiner Lehr
158,3 hilf mir, das ist mein Bitt
191 nun hilf uns, Herr, den Dienern dein
191 hilf deinem Volk, Herr Jesu Christ
192 hilf uns, lieber Herre Gott
238,2 hilf, daß ihr Ja von Herzensgrund
242,3 hilf, daß alle Bitterkeit
247,4 hilf, Helfer! Amen
248,3 hilf mit deiner starken Hand
294,3 hilf, Herr, o hilf, laß wohl gelingen
327,1 hilf uns noch, stärk uns doch
329,3 hilf fernerweit, mein treuster Hort
329,3 hilf mir zu allen Stunden
329,3 hilf mir an all und jedem Ort
329,3 hilf mir durch Jesu Wunden
331,9 hilf uns, segne, Herr, dein Erbe
404,2 und hilf mir gnädiglich
419,1+5 hilf, Herr meines Lebens
419,2 hilf, Herr meiner Tage
419,3 hilf, Herr meiner Stunden
422,3 und hilf uns gnädig allesamt
430,1 hilf uns, die friedlos sind
431,2 vorüber, hilf der Hoffnung auf
438,4 hilf, daß der Geist Zuchtmeister bleib
497,8 ist's Werk von dir, so hilf zu Glück

ca) der Kirche, dem Reich Gottes (4)
246,3 Herr Jesu, hilf, dein Kirch erhalt
248,2 hilf, ach hilf, schütz deine Lehr
267,1 hilf du selber uns zur Einheit
344,2 dein Wort bei uns hilf halten rein

cb) in, aus Not, Krankheit (22)
58,13 hilf gnädig allen Kranken
82,6 hilf mir geduldig tragen
124,4 hilf, daß wir nicht fürchten Schand noch Tod
135,6 hilf das Kreuz uns tragen
144,4 so hilf uns nun, o Herre Gott
195,3 hilf, Herre Christ, aus aller Not
196,5 hilf, daß wir draus genießen
214,1 hilf uns, Herr, aus aller Not
275,1 hilf, daß ich nicht zuschanden werd
275,2 hilf mir in meinen Nöten
276,5 und hilf uns überwinden
341,5 und hilf ihm aus der Sünden Not
343,5 hilf, o Herr Christ, dem Schwachen
346,5 hilf mir mein Leiden tragen
346,5 hilf mir zur Freud nach diesem Leid
347,6 hilf uns aus aller Not
424,3 hilf, daß in der weiten Welt
471,4 hilf den Gefangnen
488,1 hilf dem, der hilflos ist
495,4 das Kreuz hilf selber tragen
523,2 hilf mir, Herr Christ, davon
525,1 hilf mir in meinem Leiden

cc) in Kampf, Streit (20)
61,3 hilf, daß sie mir nimmer schaden
87,4 o hilf, daß wir auch uns zum Kampf
87,4 hilf tragen mit Geduld
87,5 hilf, daß wir kreuzigen
88,4 hilf, daß ich mit Sünde dich martre nicht
133,12 hilf kämpfen ritterlich
204,3 hilf du mir überwinden
292,3 wenn ich erliege, hilf du mir
344,7 hilf uns tun starken Widerstand
364,4 hilf, steu'r und wehr, ach Gott, mein Herr
373,1 Jesu, hilf siegen, du Fürste des Lebens
373,2 Jesu, hilf siegen. Wenn in mir die Sünde
373,3 Jesu, hilf siegen und laß mich nicht sinken

373,4 Jesu, hilf siegen im Wachen und Beten
373,5 Jesu, hilf siegen. Wenn alles verschwindet
373,6 Jesu, hilf siegen und laß mir's gelingen
377,1 wohlauf und hilf uns streiten
430,2 hilf, wenn wir weichen wollen
475,4 hilf mir, da des Satans Spiel
497,13 so hilf nur, daß ich meinen Stand

cd) zum Hören, Glauben (7)
71,6 hilf, daß ich dich erkenne
129,3 hilf, daß wir dein Wort hören
145,7 Herr Jesu Christe, hilf uns nun
195,2 hilf Gott, daß ich's fest glaube
206,4 Weinstock, hilf, daß diese Rebe
277,4 hilf mir dich hören, wenn du mich rufst
358,6 so hilf uns, Herr, zum Glauben

ce) zum Beten, zur Anbetung (7)
33,3 hilf, daß ich deine Gütigkeit
195,3 hilf, daß mein Glaub dich preise
277,4 wenn ich nichts hören kann, hilf mir dich rufen
344,1 hilf, daß es geh von Herzensgrund
414,4 ach, hilf mir beten, wachen, ringen
494,6 hilf, daß ich sie vollende
501,4 mein Arbeit hilf vollbringen zu Lob

cf) zur Nachfolge, Liebe (25)
59,4 hilf, daß wir fliehn der Sünde Bahn
77,8 o hilf, Christe, Gottes Sohn
107,2 und hilf uns durch die Güte dein
121,4 hilf uns, o Bruder Jesu Christ
125,3 nun hilf uns, fröhlich und getrost
144,5 o hilf, daß wir getrost und frei
170,3 hilf, daß wir ihn tun, wo wir ihn erspähen
196,4 ach hilf, Herr, daß wir werden gleich
196,6 hilf, Jesu, daß uns deine Lehr
212,6 hilf uns, daß wir aus der Taufe leben
218,6 hilf, daß ich doch nicht vergebens
234,7 hilf, o Herr Jesu, hilf du mir
235,4 und hilf, daß wir durch dich den Weg
249,5 hilf, daß wir auch nach deinem Wort
277,4 hilf mir gehorchen, wenn du mich berufen willst
373,2 hilf mir, daß ich vor mir selbst mag erröten
419,4 hilf, Herr meiner Seele
445,4 hilf, daß ich mit diesem Morgen
446,8 hilf selbst das Beste raten
447,8 hilf uns gehorsam wirken deine Werke
485,3 hilf, daß wir rein dich lieben
494,4 hilf mir in meinen Werken
495,3 hilf, daß ich rede stets
503,13 hilf mir und segne meinen Geist
512,6 hilf, daß wir dies Gut der Erden

cg) zur Seligkeit, zum ewigen Leben (17)
68,8 hilf durch dein Mühe und Arbeit
71,1 hilf, daß allhier auf Erden
75,1 hilf uns armen Sündern zu der Seligkeit
80,5 hilf, daß ich mich bis ins Grab
89,5 ach hilf, daß ich durch deinen Tod
133,13 so hilf uns fröhlich sterben
144,7 und hilf, daß wir den neuen Bund
148,9 hilf, daß ich mich stets rüste
149,5 o Jesu, hilf zur selben Zeit
219,2 hilf, daß wir würd'ge Gäste sein
275,6 hilf mir am letzten Ende
318,9 o hilf, daß wir mit deiner Kraft
346,5 hilf, daß ich mag nach dieser Klag
418,5 und hilf, daß an deinen Tisch
441,7 zuletzt hilf uns zur heilgen Stadt
498,4 hilf uns Pilgern ins Vaterland
524,6 hilf, daß ich mit Fried und Freud

d) von Menschen (9)
89,2 hab ich dir helfen schlagen
215,6 so du selber dir helfen willt
303,2 weil denn kein Mensch uns helfen kann
322,3 und, wo kein Mensch nicht helfen kann
325,5 nichts vermag, nichts helfen kann
363,4 dem Reichen hilft doch nicht sein Gut
363,5 dem G'lehrten hilft doch nicht sein Kunst
393,8 man trag, man helfe allen
413,4 ein Christ seim Nächsten hilft aus Not

Helfer (12) → *Tröster*
1,2 er ist gerecht, ein Helfer wert
143,3 als Helfer und Vertraute
247,4 hilf, Helfer! Amen
248,5 bleib ihr Helfer und Beistand
277,1 willst du, Herr, ein Helfer sein
281,2 will unsrer Witwen Helfer sein
322,3 sich selbst zum Helfer stellt
326,4 da half mein Helfer mir vom Tod
331,3 starker Helfer in der Not
352,2 wird forthin mein Helfer sein
474,2 der du allein mein Helfer bist
486,6 weil du der mächt'ge Helfer bist

hell (72)

a) allgemein (15)
4,4 dein Krippen glänzt hell und klar
127,7 der Gottes Stadt durchfließet hell

150,5 mit Klarheit hell umgeben
240,1 dein sind des Tages helle Stunden
282,3 von dir herab fließt mild und hell
290,5 und machte ihm die Nächte hell
318,8 o leucht uns mit deim hellen Wort
357,2 die Worte hell und rein
373,3 laß doch viel heller dann deine Kraft sehn
389,3 und dein hell glänzend Angesicht
395,3 das Land ist hell und weit
441,5 in dessen Herzen hell aufgeht
469,1 Christe, du bist der helle Tag
486,10 soll hell vor mir erstehen
511,2 in der hellen Wasserflut

b) von Licht, Flamme, Sternen usw. (26)
16,1 Lob gesungen dem hellen Morgenstern
55,2 verkündet hell der Stern
65,5 laß warm und hell die Kerzen heute flammen
143,2 wie Feuerflammen hell und rein
147,2 ihr Licht wird hell, ihr Stern geht auf
161,2 uns mit hellem Licht erfüllet
218,1 komm ans helle Licht gegangen
245,4 und hell das Licht des Tages scheint
246,1 dein göttlich Wort, das helle Licht
255,2 zwar brennt es schon in heller Flamme
297,6 gib, daß dein Licht uns helle werd
305,1 preist ihn, helle Sterne
306,1 preist ihn, helle Sterne
325,4 mit dem hellen Glaubenslicht
399,6 mein Klarheit, Licht und helle Sonn
437,1 die helle Sonn leucht' jetzt herfür
441,3 den hellen, schönen, lichten Tag
452,5 sein Wort will helle strahlen
459,2 hell leuchten läßt an allem Ort
459,3 ohne das Licht man hellen Tag
479,2 ihr hellen Sterne, leuchtet wohl
482,1 am Himmel hell und klar
489,2 heller als die Sonne brennt
514,1 du Sonne hell mit goldnem Strahl
520,5 hell wie die Sonne allezeit
529,11 gleich wie die helle Sonne

ba) heller Schein, hell scheinen (19)
17,3 nun tragt eurer Güte hellen Schein
29,1 heut sein die lieben Engelein in hellem Schein
30,3 mit seinem hellen Scheine
40,4 laß nur indessen helle scheinen
73,3 gib acht auf diesen hellen Schein
76,2 weil uns Gotts Wort so helle scheint
158,1 leucht uns mit hellem Schein
280,1 sein Antlitz uns mit hellem Schein
305,4 in das dunkle Leben leuchtet hell sein Schein
306,4 in das dunkle Leben leuchtet hell sein Schein
342,6 der Glaub gibt einen hellen Schein
371,1 scheint täglich hell zu deiner Wonne
441,2 mit seiner Lehr hell scheint und leucht'
442,1 der Morgenstern mit hellem Schein
459,1 auf daß drein leucht ihr heller Schein
477,2 gar hell in meinem Herzen scheint
479,2 scheint heller in mein Herz
500,1 die Sonn gibt hellen Schein
503,10 welch hohe Lust, welch heller Schein

c) von Klang, Schall, Ton (12)
54,1 hört, der Engel helle Lieder
55,3 singen die frohe Botschaft hell
60,1 lobsinget Gott mit hellem Schall
108,1 mit hellem Ton frei erklingen
127,1 jauchz, Erd, und Himmel, juble hell
147,1 sie rufen uns mit hellem Munde
213,5 jauchze... hell aus der Sündennacht
271,1 der Himmel ruft ihn aus mit hellem Schall
294,3 laßt danken uns in hellem Chore
323,2 von ganzer Seel und jauchzen hell
398,2 mit hellem Schalle, freuen uns alle
499,1 alle Welt soll hell erklingen

Helle (2)
117,1 ihr Menschen, kommt ins Helle
334,3 danke für alles Frohe, Helle

hellglänzend (1)
43,2 seht hier bei des Lichtleins hellglänzendem Strahl

hemmen (2)
262,4 hemme keine List noch Macht
263,4 hemme keine List noch Macht

henken (1)
81,2 ans Kreuz gehenket

her (11)
37,7 von oben her bestreuen
129,4 von oben her uns sende
202,7 von Adam her geerbet
275,2 dein gnädig Ohr neig her zu mir
304,5 gar hoch vom Himmel her aus seinem Herzen
326,5 leitet er die Seinen stetig hin und her
378,1 um dich her in Trümmer brechen
383,4 um mich her das Schöpfungslied
469,1 du leuchtest uns vom Vater her
503,6 fliegt hin und her, sucht hier und da
516,5 das hin und her tut wanken

herab (1)
7,1 herab, herab vom Himmel lauf

herabfließen (3) → *fließen*
7,2 im Tau herab, o Heiland, fließ
282,3 von dir herab fließt mild und hell
489,1 Mondlicht fließt herab vom Himmelszelt

herabkommen (3)
51,3 er kam herab in unsre Not
74,3 du kamst herab ins Erdental
241,5 und komm herab zur Hilf und mach uns frei

herabsenden (1)
60,2 herabgesandt vons Himmels Thron

herabsteigen (1)
271,7 drum stieg herab von seinem Himmelsthrone

heranströmen (1)
257,4 es strömt dein Volk heran

heranziehen (1)
14,4 und wo du kommst herangezogen

heraus (1)
342,2 vom Fleisch wollt nicht heraus der Geist

herausführen (4)
66,3 führt die Gefangenen siegend heraus
100,3 die Seinen all herausgeführt
111,12 führt mich heraus mit seiner Hand
279,5 doch kamst du, uns herauszuführen

heraushören (1)
277,3 denn deine Stimme höre ich nicht mehr heraus

herb (3)
86,6 gar den herben Tod geschmecket
86,8 für den herben, bittern Tod
89,1 und deinen herben, bittern Tod

herbei (1)
45,1 herbei, o ihr Gläub'gen, fröhlich triumphieret

herbeikommen (7)
36,9 kommt herbei, füllet frei
141,2 das Himmelreich kommt jetzt herbei
162,1 Gott Lob, der Sonntag kommt herbei
393,1 der Abend kommt herbei
426,1-3 auf, kommt herbei! Laßt uns wandeln

Herberge (2)
218,1 will jetzt Herberg in dir halten
529,9 die Herberg ist zu böse

herbringen (2)
72,5 bring her, die sich von uns getrennt
246,5 und bringen stets was Neues her

Herd (1)
514,3 du Feuers Flamme auf dem Herd

Herde (9) → *Gemeinde, Hirte, Kirche, Schar*
41,2 freuet euch, Hirten und Herden
52,2 stille war es um die Herde
53,2 bei den Herden nicht verweilet
72,1 und bringe sie zu deiner Herd
128,2 komm, Vater der armen Herd
133,9 die Wohlfahrt deiner Herd
221,3 daß unter einem Hirten eine Herde
257,4 o sammle deine Herden
302,3 der Fisch unzähl'ge Herde

herdringen (1)
76,1 bis sich die Zeit herdrange

hereinbrechen (4)
267,5 brich mit deinem Reich herein
388,7 wenn die Freiheit bricht herein
467,1 die finstre Nacht bricht stark herein
488,1 bleib bei mir, Herr! Der Abend bricht herein

hereindringen (3) → *dringen*
273,4 ihr Seufzen dringt zu mir herein
370,4 dringt herein Angst und Pein
373,1 sieh, wie die Finsternis dringet herein

hereingehen (2)
23,4 das ewig Licht geht da herein
111,7 was schlicht und niedrig geht herein

hereinkommen (2)
110,5 der Sonnenschein jetzt kommt herein
136,5 von allen Seiten kommen sie in das Reich herein

hereinschicken (1)
342,3 drum schickt Gott seinen Sohn herein

hereinschlagen (1)
343,3 wenn Unglück schlägt herein

hereintreten (1)
396,6 denn mein Freudenmeister, Jesus, tritt herein

herfürbrechen (2) → *hervorbrechen*
73,1 es bricht das Licht herfür
114,1 gebrochen aus dem Grab herfür

herfürbringen (2) → *hervorbringen*
7,3 o Erd, herfür dies Blümlein bring
479,1 und bring ein Lied herfür

herfürgehen (1) → *hervorgehen*
475,1 und ihr Sinne, geht herfür

herfürkommen (hervorkommen) (1)
113,3 lebendig Christus kommt herfür

herfürleuchten (hervorleuchten) (1)
437,1 die helle Sonn leucht' jetzt herfür

herfürtreten (hervortreten) (2)
85,9 so tritt du dann herfür
206,3 tritt mit deinem Glanz herfür

herfürtun, sich (sich hervortun) (1)
275,2 erhör mein Bitt, tu dich herfür

hergeben (1)
106,3 sein' Raub der Tod mußt geben her

hergehen (1)
525,5 wie eine Braut hergehe

herkommen (31)
4,3 sein Lauf kam vom Vater her
16,4 von Gottes Angesichte kam euch die Rettung her
24,1 vom Himmel hoch, da komm ich her
24,8 und kommst ins Elend her zu mir
49,1–4 kommt her zum Kindlein in dem Stall
49,4 kommt her zu ihm mit Freud
203,3 die Kinder lasset kommen her
213,1 kommt her, ihr seid geladen
213,2 kommt her, verzagte Sünder
213,2 kommt her, versöhnte Kinder
213,3 kommt her, betrübte Seelen
259,1 kommt her, des Königs Aufgebot
279,2 kommt alle her, schaut Gottes Werke
288,1 kommt her, zu seinem Dienst euch stellt
342,1 es ist das Heil uns kommen her
342,7 die Werk, die kommen g'wißlich her
343,5 kommt nun Anfechtung her, so wehr
353,4 kommet alle, kommet her
355,2 wo kam dies her, warum geschieht's
363,1 kommt her zu mir, spricht Gottes Sohn
407,2 ohne dich, wo käme Kraft und Mut mir her
508,1–4 alle gute Gabe kommt her von Gott dem Herrn
508,2 kommt aber her von Gott
508,3 von Gott kommt alles her
530,1 hin geht die Zeit, her kommt der Tod

herleuchten (1)
524,5 wenn die Morgenröt herleuchtet

hernach (nachher) (6)
33,3 und mög hernach dort oben
59,5 zu sterben und hernach fröhlich... aufzustehn
203,6 hernach auch lebe ewiglich
344,3 und dort hernach in Ewigkeit
354,3 und nahm hernach den Himmel ein
476,7 und laß hernach zugleich mit allen Frommen

herniederfahren (1)
202,4 der Heilig Geist herniederfährt

herniedersenden (1)
120 was sandt er uns hernieder

herniedersteigen (1)
406,5 und die Nacht herniedersteigt

Herodes (1)
77,2 ihn derhalben von sich sandt zum König Herodes

herprangen (1)
24,11 herprangst, als wär's dein Himmelreich

Herr (867)

A: von Gott → *Christus, Geist (A), Haupt, Herrscher, Jesus, König*

a) allgemein
aa) von Gottes Sein
ab) von Gottes Taten
b) des Herren (Genitiv)
ba) der Name des Herrn
c) dem Herrn (Dativ)
d) den Herrn (Akkusativ)
da) den Herrn loben
e) Herr, als Anrede (Vokativ) → ia), ib), ic), j)
ea) du, dir, dich, Herr
eb) ach Herr → ed)
ec) o Herr → ed)
ed) in Verbindung mit einer Bitte → eb), ec), ee)
ee) Herr, erbarme dich → ed)
f) in, von, zum Herrn usw.
g) lieber, heilger, dreieiniger Herr usw.
h) Herr der Herrlichkeit, voll Gnaden usw.
i) „Gott der Herr“, „Gott ist Herr“
ia) Herr Gott (Vater, Sohn, Heiliger Geist) → e), j)
ib) Gott und Herr, Herr und Gott → e)
ic) Herr, mein, unser Gott → e)
j) Herr Zebaoth, Herr Gott Zebaoth → e), ia)
k) Herr Christ(us)
ka) Christ(us), der Herr, mein, dein, unser Herr

l) Herr Jesus
m) Herr Jesus Christ(us)
n) Heiland und Herr
B: von Menschen

A: von Gott → Christus, Geist (A), Haupt, Herrscher, Jesus, König

a) allgemein (39)
15,1 tröstet, tröstet, spricht der Herr
15,6 es kommt der Herr, eu'r Gott ist da
29,4 die uns der Herr hat kundgetan
82,2 der Herr für seinen Knecht
91,8 du Heiliger, du Herr und Haupt der Glieder
101,6 das uns der Herr scheinen läßt
105,7 wer hilft uns? Wo ist unser Herr
105,12 wo euer Herr gelegen hat
105,13 wo aber ist denn unser Herr
123,1 Jesus sei der Herr zu nennen
127,2 daß er der Herr sei worden
139,1-4 gelobet sei der Herr
140,2 der Herr, der Schöpfer, bei uns bleib
140,4 der Herr, der Tröster, ob uns schweb
168,4 der Herr hat uns versprochen, bei uns zu sein
179,2 wohl uns solch eines Herren
182,5 ihr seid das Volk, das der Herr sich ausersehn
223,2 der Herr zum Tod verraten war
265,4 ein Herr, ein Glaube sei
281,1 Herr ist sein Nam, erhebet ihn
281,2 der Herr, der dort im Himmel wohnt
286,2 der Herr gedenkt an sein Erbarmen
286,4 ihr Berge, hüpft, der Herr erscheint
287,1 der Herr läßt sein Heil verkündigen
314,2 auf dem Esel sitzt der Herr
326,5 der Herr ist noch und nimmer nicht
358,1 es kennt der Herr die Seinen
358,3 daß er der Herr ist, ruht
358,5 so kennt der Herr die Seinen
375,2 das Feld behält der Herr am Ende
406,3 wo ist solch ein Herr zu finden
429,1+4 so spricht der Herr: Neu will ich machen
451,1 der Herr hört deinen Lobgesang
452,4 der Herr hält sich bereit
457,4 was dir der Herr gesegnet hat

aa) von Gottes Sein (19)
17,1-4 schon ist nahe der Herr
19,1-3 freut euch, freut euch, der Herr ist nah
180.1 du bist allein der Herr
180.3 du bist allein der Herr
264,2 ein Herr ist's und ein Glaube
269,2 groß ist der Herr, ihr Freunde, singt
271,8 daß er ihr Herr zur Ehr des Vaters ist
274,1 der Herr ist mein getreuer Hirt
290,2 der Herr ist groß in seinem Werke
302,8 der Herr allein ist König
303,7 der Herr ist König ewiglich
333,4 groß ist der Herr; ja groß ist der Herr
346,3 er ist der Herr, und keiner mehr
392,7 und unbedingt mein Herr und Meister sein

ab) von Gottes Taten (34)
11,9 der Herr wird sie zerstreuen
17,2 wie auch der Herr an uns getan
63,3 es hat der Herr uns allen... erkauft
81,4 die Schuld bezahlt der Herre, der Gerechte
105,16 der Herr ist auferstanden heut
118 der Herr ist auferstanden
149,2 die wird der Herr von Stunde an verwandeln
150,4 die Jesus mir, der Herre... gesandt
173 der Herr behüte deinen Ausgang und Eingang
182,6 so führt der Herr die zusammen, die er liebt
182,8 erstanden ist der Herr
225,3 will erkommen, der Herr in Brot und Wein
228,1 es schütze euch der Herr
228,2 es stärke euch der Herr
228,3 es segne euch der Herr
278,5 Güte schickt mir der Herr am Tage
279,7 hört, was der Herr an meiner Seele... getan
279,8 doch er, der Herr, verläßt mich nimmer
283,7 der Herr wird uns viel Gutes tun
286,1 der Herr schafft Ruh und Sicherheit
289,1 der Herr schafft Recht, behütet
289,3 so tut der Herr uns Armen
290,1 die Wunder, die der Herr getan
290,6 das tat der Herr, weil er gedachte
294,3 ein Wunder hat der Herr vollbracht
296,8 der Herr dein' Ausgang stets bewahr
298,1 wenn der Herr einst die Gefangnen
329,2 der Herr hat Großes mir getan
375,3 der Herr die Kreatur erretten
387,3 denn der Herre muß dich frei... machen
394,1+5 und unser Herr geht mit
395,1 auf die der Herr uns weist
502,2 der Herr regieret über die ganze Welt

b) des Herren (Genitiv) (36)

15,4 die Herrlichkeit des Herrn erhellt
20,8 vor eines Herren Angesicht
55,2 des Herren heilige Geburt
111,5 ich wach auf durch des Herren Stimm
113,4 des Herren Rechte, die behält
113,4 des Herren Rechte mächtig fällt
137,2 Eifer für des Herren Haus
149,4 des Herren Wort verachtet
185.1 der da kommt im Namen des Herren
185.2 der da kommt im Namen des Herren
185.3 der da kommt im Namen des Herrn
221,2 heilgen Willen des Herrn erfüllen
226,5 will den Tod des Herrn bezeugen
253,2 Wort, Tauf und Nachtmahl unsres Herrn
269,4 im Dienst des Herrn ist niemand Feind
274,5 im Haus des Herren eben
276,1 des Herren Ruhm verkünden
276,4 das ist des Herren Will
290,1 o Volk des Herrn, sein Eigentum
294,1 groß ist des Herrn Barmherzigkeit
296,7 des Herren Schutz ist gut dafür
309,2 wo Furcht des Herrn bewahrt sein heilig Recht
312,4 das Wort des Herren hören
374,1 ich steh in meines Herren Hand
375,2 ja, Jesus siegt, obschon das Volk des Herrn
377,1 zieh an die Macht, du Arm des Herrn
426,1–3 laßt uns wandeln im Lichte des Herrn
429 lobt und preist die herrlichen Taten des Herrn
434 der Friede des Herrn geleite euch
440,1 des Herren Gnad und große Treu
457,3 denk an den Tisch des Herrn
472,2 allein die Güt des Herren
513,1 das Lob des Herrn zu singen
520,6 und fügen uns des Herrn Gebot

ba) der Name des Herrn (5)

276,2 des Herren Nam erhöhen
290,7 gelobet sei der Nam des Herrn
297,4 des Herren Name steht uns bei
338 Alte... sollen loben den Namen des Herrn
456 sei gelobet der Name des Herrn

c) dem Herrn (Dativ) (26)

5,5 dem Herren in allem trachten zu gefallen
14,1 so ist's dem Herren angenehm
17,1 machet dem Herrn den Weg bereit
41,1 singet dem Herren... zu Ehren
42,8 sing ihm, dem Herrn, ein neues Lied
45,3 kommt, singet dem Herren
60,1 dem Herrn im Herzen allezeit
70,6 jubilieret, triumphieret, dankt dem Herren
108,3 unserm Herrn zu allen Zeiten
145,3 sollst du dem Herren danken
213,6 drum jauchze deinem Herrn
285 das ist ein köstlich Ding, dem Herren danken
286,1 singt, singt dem Herren neue Lieder
287 singet dem Herrn ein neues Lied, denn er tut Wunder
288,1 nun jauchzt dem Herren, alle Welt
304,2 singt umeinander dem Herren mit Danken
304,5 danket dem Herren, Schöpfer aller Dinge
312,5 dem Herrn die Ehre zollen
318,1 und gib Lob deinem Herren
333,1 danket dem Herrn! Wir danken dem Herrn
333,5 betet ihn an! Anbetung dem Herrn
333,6 singet dem Herrn! Lobsinget dem Herrn
336 danket, danket dem Herrn
340 ich will dem Herrn singen mein Leben lang
361,2 dem Herren mußt du trauen
444,3 zu danken dem Herrn

d) den Herrn (Akkusativ) (15)

73,2 zu suchen solchen Herrn
90,1 daß man dich Herr und König heißt
105,4 den Herrn zu salben kommen sie
136,1 den Herrn bekennen kann
181.6 lobsingt und preist den Herrn
276,1 rühmen den Herren mein
284,1 überall will ich verkünden: Lobt den Herrn
302,1 ich will den Herren droben
303,3 wer diesen Herrn zum Beistand hat
309,1 hoch hebt den Herrn mein Herz und meine Seele
310 meine Seele erhebt den Herren
327,2 zu ehren einen solchen Herren
327,4 wer den Herren kennet
506,6 und alle Welt fürcht ihren Herrn
527,9 und geh den Herren an

da) den Herrn loben (44)

127,1 und all den Herren loben
289,1 nun lob, mein Seel, den Herren
294,1+4 nun saget Dank und lobt den Herren
303,1 lobe den Herren, o meine Seele
304,1–6 lobet den Herren

304,1 lobet den Herren, denn er ist sehr freundlich
316,1 lobe den Herren, den mächtigen König der Ehren
316,2 lobe den Herren, der alles so herrlich regieret
316,3 lobe den Herren, der künstlich und fein dich bereitet
316,4 lobe den Herren, der sichtbar dein Leben gesegnet
316,5 lobe den Herren, was in mir ist, lobe den Namen
317,1 lobe den Herren, den mächtigen König der Ehren
317,2 lobe den Herren, der alles so herrlich regieret
317,3 lobe den Herren, der künstlich und fein dich bereitet
317,4 lobe den Herren, der deinen Stand sichtbar gesegnet
317,5 lobe den Herren, was in mir ist, lobe den Namen
332,1 lobt froh den Herrn, ihr jugendlichen Chöre
332,1–3 lobt froh den Herrn
333,2 lobet den Herrn! Ja, lobe den Herrn
335 ich will den Herrn loben allezeit
337 lobet und preiset, ihr Völker, den Herrn
337 all ihr Völker, lobet den Herrn
447,1–10 lobet den Herren
447,1 lobet den Herren alle, die ihn ehren
448 lobet den Herren alle, die ihn ehren
448 lobet den Herrn
460 lobet den Herrn und dankt ihm seine Gaben

e) Herr, als Anrede (Vokativ) (94) → *ia), ib), ic), j)*

42,5 Herr, der du Mensch geboren wirst
86,8 Herr, für alle deine Not
91,10 wenn endlich, Herr, mich meine Sünden kränken
115,6 Herr, Herr, meine Zuversicht
166,2 ich bin, Herr, zu dir gekommen
168,1 du hast uns, Herr, gerufen
179,3 Lamm Gottes, heilger Herr und Gott
180.1 Herr, eingeborner Sohn
180.3 Herr, eingeborner Sohn
196,1 Herr, für dein Wort sei hoch gepreist
200,5 der nicht, Herr, deinen Willen tut
204,2 hast du mich, Herr, ernährt
210,1 du hast mich, Herr, zu dir gerufen
210,2 sterb und erstehe ich, Herr, mit dir
214,1 Herr, du nahmest menschlichen Leib an
214,2 Herr, dein Lieb so groß dich zwungen hat
217,4 du rufest alle, Herr, zu dir in Gnaden
218,3 Herr, die Größe deiner Werke
224,1 nun stehn wir, Herr, in deinem Saal
238,1 Herr, vor dein Antlitz treten zwei
240,1 du hast uns, Herr, in dir verbunden
252,3 o wie lieb ich, Herr, die Deinen
252,7 die es, Herr, von mir begehren
256,2 folgt, Herr, dir nach
256,5 was sind wir Armen, Herr, vor dir
261 Herr, wohin sollen wir gehen
266,5 so sei es, Herr: die Reiche fallen
267,1 Herr, du hast darum gebetet
267,3 der für sie – wie auch für uns, Herr
267,5 denn dein Volk, Herr, ist viel größer
270,1+6 Herr, unser Herrscher, wie herrlich bist du
272 ich freue mich und bin fröhlich, Herr, in dir
275,1 in dich hab ich gehoffet, Herr
275,6 Herr, meinen Geist befehl ich dir
277 Herr, deine Güte reicht, so weit der Himmel ist
279,1 und zittern, Herr, vor deiner Macht
283,1 Herr, der du vormals hast dein Land
285,2 von den Werken, die, Herr, deine Hand gemacht
291 ich will dir danken, Herr, unter den Völkern
292,2 da rief ich deinen Namen, Herr
292,4 ich lebe, Herr, in deinem Land
295,4 dein Wort, Herr, nicht vergehet
299,1 wer kann, Herr, vor dir bleiben
308,6 das sind, Herr, deine Wundertat'
323,1 du bist doch, Herr, auf Erden
323,2 es müssen, Herr, sich freuen
323,3 Herr, du hast deinen Namen
324,1 Herr, meines Herzens Lust
331,1 Herr, wir preisen deine Stärke
343,1 den rechten Glauben, Herr, ich mein
360,5 wenn du uns richtest, Herr, sind wir verloren
367,1 Herr, wie du willst, so schick's mit mir
370,11 Herr, mein Hirt, Brunn aller Freuden
377,4 Herr, du bist Gott! In deine Hand
382,1 ich steh vor dir mit leeren Händen, Herr
383,1 Herr, du hast mich angerührt
397,2 es ist ja, Herr, dein G'schenk und Gab

404,4 Herr, durch dein heilig Wort
407,1–3 alles, Herr, bist du
414,1 dein, Herr, ist alles, was ich hab und bin
423,11 nun, Herr, du wirst erfüllen
428,1 Herr, mit deiner Liebe Werben
430,1 wir rufen: Herr, wie lange
445,6 Herr, mein Schild, mein Ehr und Ruhm
447,10 Herr, du wirst kommen und all deine Frommen
464,2 Herr, du bist unser täglich Brot
468,1–4 ach Jesu, Herre mein
472,4 und bitte, Herr, um Gnad
476,6 Herr, wenn mich wird die lange Nacht bedecken
485,2 anbetend, Herr, wir singen
486,1 ich liege, Herr, in deiner Hut
490,4 dein Reich, Herr, steht in Ewigkeit
497,12 kommt endlich, Herr, durch deinen Geist
501,2 Herr, dir sei Lob und Ehre
509,3 sind, Herr, vor dir nicht stumm
512,1 Herr, die Erde ist gesegnet
512,2 Herr, auf dich zu jeder Stund
512,5 Herr, wir haben solche Güte
513,4 Herr, wir sind dein und wollen gern ertragen
515,1–9 sei gepriesen, denn du bist wunderbar, Herr

ea) du, dir, dich, Herr (24)
29,2 gelobet seist du, Herr, allhie
85,4 nun, was du, Herr, erduldet
125,1 das sei dir, Herr, zu Lob gesungen
133,8 du, Herr, hast selbst in Händen
146,2 denn so du, Herr, den rechten Lohn
175 Anfang und Ende liegen bei dir, Herr
191 loben dich, Herr, mit großem Schall
191 auf dich hoffen wir, lieber Herr
223,6 dir, Herr, der drei in Einigkeit
264,3 zu dir, Herr, rufen wir
271,1 wie herrlich gibst du, Herr, dich zu erkennen
271,3 was ist der Mensch, daß du, Herr, sein gedenkst
277,1 Menschen und Tieren willst du, Herr, ein Helfer sein
278,4 du, Herr, kennst meiner Seele Trauer
308,8 das tust du, Herr, zu dieser Zeit
412,6 du Herr von meinen Tagen
461 aller Augen warten auf dich, Herre
486,2 du bist's allein, Herr, der stets wacht
513,3 wenn du, Herr, sprichst dein göttliches „Es werde“
515,6 sei gepriesen, denn du, Herr, schufst den Menschen
518,1 das bist du, Herr, alleine
518,1 die dich, Herr, erzürnet hat
518,2 das tust du, Herr, alleine
519,2 den du mich, Herr, hast sehen lan

eb) ach Herr (16) → *ed)*
24,9 ach Herr, du Schöpfer aller Ding
51,5 ach, Herr, führ deine Kirche nach
65,2 ach Herr, gib unsern aufgeschreckten Seelen
122,3 ach Herr, laß diese Gnade mich
127,3 ach Herr, nun gib, daß uns auch find
148,9 ach Herr, durch deine Güte
224,2 ach Herr, vor dir ist keiner reich
241,2 ach Herr, gib doch in deine Ernte
244,3 ach Herr, um deines Namens Ehr
334,6 danke, ach Herr, ich will dir danken
373,5 ach Herr, so wollst du im Grunde der Seelen
386,1 eins ist not! Ach Herr, dies Eine
390,2 ach Herr, mit ihm mein Herz erfüll
397,3 ach Herr, laß dein lieb' Engelein
404,2 ach, Herr, erhöre mich
446,8 ach Herr, zum besten wende

ec) o Herr (36) → *ed)*
1,5 dem Namen dein, o Herr
19,3 o komm, o Herr, bleib bis ans End
55,3 o Herr Immanuel
70,3 daß ich, o Herr, ein Gliedmaß bleib
97,6 hart auf deiner Schulter lag das Kreuz, o Herr
125,1 o Herr, durch deines Lichtes Glanz
125,2 o Herr, behüt vor fremder Lehr
125,3 o Herr, durch dein Kraft uns bereit
189 deinen Tod, o Herr, verkünden wir
196,5 dein Wort, o Herr, laß allweg sein
200,3 ich hab, o Herr, aus reinem Triebe
222,1 im Frieden dein, o Herre mein
222,3 o Herr, verleih, daß Lieb und Treu
227,4 so führ auch uns, o Herr, aus allen Orten
235,1+4 o Herr, nimm unsre Schuld
241,2 o Herr der Ernte, siehe doch darein
241,3 drum hör, o Herr, und sprich: Es soll geschehn
241,5 ach reiß, o Herr, den Himmel bald entzwei
242,3 scheid, o Herr, und alte Treu
307 gedenk an uns, o Herr
308,1 mein Seel, o Herr, muß loben dich
334,2 danke, o Herr, für jedermann
361,12 mach End, o Herr, mach Ende

367,3	o Herr, ein seligs End gib mir
377,1	o Herr, nimm gnädig uns in acht
383,2	dank für deinen Trost, o Herr
397,1	herzlich lieb hab ich dich, o Herr
414,1	laß mich, o Herr, in allen Dingen
416	o Herr, mach mich zu einem Werkzeug
445,5	führe mich, o Herr, und leite
472,6	befehl ich dir, o Herr
490,1	auch sie, o Herr, ist deine Zeit
515,9	sei gepriesen, o Herr, für Tod und Leben
516,6	o Herr, mich schlafen ein
525,4	an dir, o Herr, ich Rettung find

ed) in Verbindung mit einer Bitte (120) → *eb), ec), ee)*

59,3	behüt uns, Herr, und steh uns bei
61,2	wollest du, Herr, bei mir sein
61,3	und ich bald Verzeihung find, Herr
61,4	Herr, du wollest Gnade geben
63,5	Herr, gib der Seele Flügel
64,1	Herr, nimm auch dieses Jahres Last
64,5	und diese Gaben, Herr, allein laß
74,4	bleib bei uns, Herr, verlaß uns nicht
82,5	Herr, laß dein heilig Leiden
87,5	durch deine Bande, Herr, bind uns
91,1	Herr, stärke mich, dein Leiden zu bedenken
96,5	nimm unsren Geist, Herr, auf in deine Hände
122,3	Herr, höre doch mein Flehen
134,7	Herr, bewahr auch unsern Glauben
143,8	und rette uns, Herr, durch dein Blut
146,1	nimm von uns, Herr, du treuer Gott
154,1	Herr, mach uns stark im Mut
157	Herr, laß mich nur nicht wanken
158,3	das laß mich, Herr, genießen
165,2	Herr, vernimm unsre Stimm
165,6	Herr, berühren mein Gesichte
165,8	Herr, komm in mir wohnen
166,6	rede, Herr, so will ich hören
168,2	Herr, öffne unsre Herzen und unser Ohr
168,3	Herr, sammle die Gedanken
170,1+4	komm, Herr, segne uns
188	unser täglich Brot, Herr, gib uns heute
188	und führ uns, Herr, nicht in Versuchung
191	nun hilf uns, Herr, den Dienern dein
193,1	erhalt uns, Herr, bei deinem Wort
196,4	ach hilf, Herr, daß wir werden gleich
197,1	Herr, öffne mir die Herzenstür
198,1	Herr, dein Wort, die edle Gabe… erhalte mir
198,2	Herr, du wollest auf mich sehn
207,1	nun schreib… Herr, ihre Namen ein
210,5	Herr, sende mich wie deine Jünger
211,4	wo Schuld belastet, Herr, verzeih
214,1	hilf uns, Herr, aus aller Not
214,3	Herr, dein Heilig Geist uns nimmer laß
220	Herr, du wollest uns bereiten
221,3	du wollest, Herr, dies große Werk vollbringen
224,3	nun segne, Herr, uns Brot und Wein
227,6	gedenke, Herr, die Kirche zu erlösen
233,4	gib, Herr, Geduld, vergiß die Schuld
240,3	Herr, gib uns teil an deinem Leben
241,4	o breite, Herr, auf weitem Erdenkreis
242,1	Herr, nun selbst den Wagen halt
244,5	den gib uns, Herr, sonst ist's verlorn
246,2	verleih uns, Herr, Beständigkeit
247,3	Herr, wehre der Gewalt auf dieser Erde
250,5	erhalt uns, Herr, im rechten Glauben
265,5	Herr, mache uns im Glauben treu
267,4	laß… Herr, in unsre müde Welt
275,5	Herr, nimm mein wahr in dieser G'fahr
281,4	Herr, führ an uns und unserm Haus
283,2	gieß… Herr, deine Güt und Segen aus
294,3	hilf, Herr, o hilf, laß wohl gelingen
295,3	Herr, tu bei mir das Beste
298,2	Herr, erhebe deine Rechte
331,8	Herr, steh deinen Dienern bei
331,9	hilf uns, segne, Herr, dein Erbe
344,2	behüt uns, Herr, vor falscher Lehr
344,5	behüt uns, Herr, vor Unfried, Streit
344,6	all unsre Schuld vergib uns, Herr
344,7	führ uns, Herr, in Versuchung nicht
358,6	so hilf uns, Herr, zum Glauben
360,5	laß deine Gnade, Herr, vor Recht ergehen
364,4	noch eins, Herr, will ich bitten dich
364,4	laß mich, Herr, nicht verzagen
367,1	laß mich, Herr, nicht verderben
367,2	Zucht, Ehr und Treu verleih mir, Herr
367,2	behüt mich, Herr, vor falscher Lehr
367,3	verleih mir, Herr, nur deine Gnad
389,1	ein reines Herz, Herr, schaff in mir
390,2	schaff in mir, Herr, den neuen Geist
392,8	Herr, rede nur, ich geb begierig acht
397,2	behüt mich, Herr, vor falscher Lehr
404,7	nun, Herr, verleih mir Stärke
416	Herr, laß du mich trachten

417,1–2	Herr, laß alles, alles hier auf Erden
422,3	gedenke, Herr, jetzt an dein Amt
423,1	Herr, höre, Herr, erhöre
428,3	komm... Herr, mit deines Schweigens Mitte
428,5	komm... Herr, mit deines Lichtes Fülle
430,1+4	gib Frieden, Herr, gib Frieden
430,2+3	gib Frieden, Herr, wir bitten
436	Herr, gib uns deinen Frieden
440,3	behüt uns, Herr, vor Ärgernis
441,4	den Tag, Herr, deines lieben Sohns laß
447,7	gib, daß wir heute, Herr, durch dein Geleite
464,1	Herr, gib uns unser täglich Brot
466	segne, Herr, was deine Hand
471,2	treib, Herr, von uns fern
475,4	Herr, verzeihe mir aus Gnaden
478,3	gedenke, Herr, doch auch an mich
478,8	so führ mich, Herr, in' Himmel ein
480,3	Herr, rede du allein
483	Herr, bleibe bei uns
488,1	bleib bei mir, Herr! Der Abend bricht herein
488,1	hilf dem, der hilflos ist: Herr, bleib bei mir
488,2	unwandelbar bist du: Herr, bleib bei mir
488,3	in Licht und Dunkelheit, Herr, bleib bei mir
488,4	den Stachel nimmst du ihm: Herr, bleib bei mir
488,5	im Leben und im Tod, Herr, bleib bei mir
498,2	Herr, du wollst uns Geleitsmann sein
500,2	Herr, gib durch deinen Segen
501,3	Herr, laß die Sonne blicken
512,5	Herr, verleih, daß deine Gnade
516,4	Herr, nimm mein Seufzen auf
516,7	in dir, Herr, laß mich leben
525,1	so nimm sie, Herr, in deine Händ
530,3	Herr, lehr mich stets mein End bedenken
530,4	Herr, wie du willst, so schick's mit mir
534,1	Herr, lehre uns, daß wir sterben müssen
534,2	Herr, sei bei uns, wenn wir sterben müssen
534,2	Herr, schweige nicht, wenn wir schweigen müssen

ee) Herr, erbarme dich (30) → *ed)*

178.2	Herr, erbarme dich
178.2	Herr, erbarm dich über uns
178.5	Herr, erbarme dich
178.6	Herr, erbarme dich
178.7	Herr, erbarme dich
178.8	Herr, erbarme dich
178.10	Herr, erbarme dich
178.11	Herr, erbarme dich
178.13	Herr, erbarme dich
236,1–6	Herr, erbarm dich mein
262,1–7	erbarm dich, Herr
263,1–7	erbarm dich, Herr
331,11	Herr, erbarm, erbarme dich

f) in, von, zum Herrn usw. (17)

58,1	zum Herrn, der unserm Leben
70,1	voll Gnad und Wahrheit von dem Herrn
114,4	wirf dein Anliegen auf den Herrn
136,7	das Zeugnis von dem Herrn
137,5	auf den Herren, seinen Fels
226,1	ist uns von dem Herrn gegeben
239,1	freuet euch im Herren allewege
258	lebt wohl, lebt wohl im Herrn
290,2	fragt nach dem Herrn und seiner Stärke
294,2	gezüchtigt wurde ich vom Herrn
296,2	mein Hilfe kommt mir von dem Herrn
326,4	ich rief zum Herrn in meiner Not
349,1	ich freu mich in dem Herren
359,1	in dem Herren freuet euch
359,2	seid nur um den Herrn geschart
359,6	o so freu dich in dem Herrn
438,6	unsern Herren vor deinem Thron

g) lieber, heilger, dreieiniger Herr usw. (21)

6,2	komm, Jesu Christe, lieber Herr
6,5	ach lieber Herr, eil zum Gericht
142,1	Gott, aller Schöpfung heilger Herr
153,2	das ist der kommende Herr
167,1	Gott, unserm lieben Herrn
180.2	allmächt'ger Vater, höchster Herr
194,3	verschaff bei uns auch, lieber Herr
203,4	ach lieber Herr, dies Kindelein
246,7	dabei erhalt uns, lieber Herr
276,5	o Herr, dreiein'ger Gott
289,4	dem großen Herrn zu Ehren
308,3	du bist auch mächtig, lieber Herr
342,4	nicht mehr denn: Lieber Herre mein
347,4	bei uns, du reicher Herr
385,6	so laßt uns denn dem lieben Herrn
458	und bitten unsern lieben Herrn
458	ach, lieber Herr, du wollst uns geben
469,2	ach lieber Herr, behüt uns heut
470,3	Gott Sohn, der ist der einig Herr
472,4	vergib mir, lieber Herre
525,2	gern will ich folgen, liebster Herr

h) Herr der Herrlichkeit, voll Gnaden usw. (32)

1,1 es kommt der Herr der Herrlichkeit
9,1 der Herr der Herrlichkeit
14,5 o Herr von großer Huld und Treue
42,4 erniedrigst du dich, Herr der Welt
80,4 wie der Herr der Herrlichkeit
104,1 dir, o Herr aller Heer
143,8 daß du der Herr der Engel bist
193,2 der du Herr aller Herren bist
213,1 der süße Herr der Gnaden
218,1 denn der Herr voll Heil und Gnaden
248,4 aller Herren Herren nenn
281,3 sollt ihm, dem Herrn der Herrlichkeit
294,3 dem großen Herrn der Herrlichkeit
300,1 lobt Gott, den Herrn der Herrlichkeit
300,3 jauchzt, er ist aller Herren Herr
301,2 er ist aller Herren Herr
331,3 heilig, Herr der Himmelsheere
357,3 er heißt der Herr der Geister
379,1 Herr aller Herren sein
419,1+5 hilf, Herr meines Lebens
419,2 hilf, Herr meiner Tage
419,3 hilf, Herr meiner Stunden
419,4 hilf, Herr meiner Seele
431,1 Gott, unser Ursprung, Herr des Raums
431,3 wir preisen dich, du Herr des Lichts
476,2 ich preise dich, du Herr der Nächt und Tage
489,1+2 preist den Herrn aller Welten
499,1-3 vor dem Herrn der Herrlichkeit

i) „Gott der Herr“, „Gott ist Herr“ (28)

63,1 was Gott der Herr nur weiß
123,3 Gott ist Herr, der Herr ist Einer
155,3 heilig, heilig ist Gott der Herr
231,2 ich bin allein dein Gott, der Herr
231,3 den Namen Gottes, deines Herrn
245,1 Preis, Lob und Dank sei Gott dem Herren
245,4 zu sein mit Gott dem Herrn vereint
281,5 der Herr ist Gott, der Herr ist Gott
281,5 der Herr ist seines Volkes Gott
282,6 denn Gott der Herr ist Sonn und Schild
288,2 erkennt, daß Gott ist unser Herr
293,1 lobt Gott den Herrn, ihr Heiden all
297,1 wo Gott der Herr nicht bei uns hält
309,1 der seinen Gott, den Herrn und Retter, preist
314,5 alle Leute rufen laut und loben Gott den Herrn
320,1 nun laßt uns Gott dem Herren
326,8 der Herr ist Gott, der Herr ist Gott
349,3 vor Gott, dem Herren mein
410,1-4 Ehre sei Gott, dem Herrn
508,1-4 alle gute Gabe kommt her von Gott dem Herrn
511,1 Gott der Herr hat sie gezählet
511,2 Gott der Herr rief sie mit Namen

ia) Herr Gott (Vater, Sohn, Heiliger Geist) (46) → *e), g), j)*

70,5 Herr Gott Vater, mein starker Held
125,1 komm, Heiliger Geist, Herre Gott
144,4 so hilf uns nun, o Herre Gott
146,3 ach Herr Gott, durch die Treue dein
178.3 Herre Gott, erbarme dich
180.1 Herr Gott, himmlischer König
180.1 Herr Gott, Lamm Gottes
180.3 Herr Gott, himmlischer König
180.3 Herr Gott, Lamm Gottes
185.4 heiliger Herre Gott
191 Herr Gott, dich loben wir
191 Herr Gott, wir danken dir
191 täglich, Herr Gott, wir loben dich
191 sei uns gnädig, o Herre Gott
192 Herr Gott Vater im Himmel
192 Herr Gott Sohn, der Welt Heiland
192 Herr Gott Heiliger Geist
192 verschon uns, lieber Herre Gott
192 hilf uns, lieber Herre Gott
192 behüt uns, lieber Herre Gott
192 du wollst uns hören, lieber Herre Gott
192 erhör uns, lieber Herre Gott
214,1 das gib uns, Herr Gott, zugute
231,1 die uns gab unser Herre Gott
291,2 Herr Gott, erhebe weit über den Himmel dich
297,5 ach Herr Gott, wie reich tröstest du
299,1 Herr Gott, erhör mein Rufen
319,3 vielmehr der liebe Herre Gott
331,10 sei uns gnädig, Herre Gott
343,2 ich bitt noch mehr, o Herre Gott
344,4 dein Will gescheh, Herr Gott, zugleich
365,3 sei Gott dem Herrn ergeben
366,5 drum kommen wir, o Herre Gott
421 Herr Gott, zu unsern Zeiten
438,1 o Herre Gott, wir loben dich
438,5 versorg uns auch, o Herre Gott
439,5 wir opfern uns dir, Herre Gott
505,4 Herr Gott, wir danken dir
509,1-5 Herr Gott, du sollst gelobet sein
518,1-3 heiliger Herre Gott

ib) Gott und Herr, Herr und Gott (14) → *e)*

82,6 gib, o mein Herr und Gott
157 du treuer Gott und Herr
165,3 unser Gott und Herre

233,1 ach Gott und Herr, wie groß und schwer
255,1 daß du bist König, Gott und Herr
347,6 bei uns, mein Herr und Gott
397,1 Herr Jesu Christ, mein Gott und Herr
397,2 Herr Jesu Christ, mein Herr und Gott
412,4 wir haben einen Gott und Herrn
441,1 du Gott und treuer Herre mein
451,3 du bist es, Herr und Gott der Welt
480,2 mein Herr und Gott ist hie
482,6 du unser Herr und unser Gott
531,1 will ich, mein Herr und Gott

ic) Herr, mein, unser Gott; Gott, mein Herr (10) → *e), ib)*
19,1 laß uns dich schauen, unsern Herrn
183,2 seinen Sohn und unsern Herren
245,5 das gib auch uns, Herr unser Gott
247,1 Herr, unser Gott, laß nicht zuschanden werden
282,2 mein Herr, mein Gott, ich traue dir
297,6 Herr, unser Gott, gegründet
324,7 ach Herr, mein Gott, das kommt von dir
364,4 hilf, steu'r und wehr, ach Gott, mein Herr
506,1 mein Gott, mein Herr und Vater
524,2 zu dem Herren, meinem Gott

j) Herr Zebaoth, Herr Gott Zebaoth (13) → *e), ia)*
185.1 heilig, heilig, heilig ist Gott, der Herre Zebaoth
185.2 heilig, heilig, heilig ist Gott, der Herre Zebaoth
185.3 heilig, heilig, heilig ist der Herr Zebaoth
191 heilig ist unser Gott, der Herre Zebaoth
282,1 wie lieblich schön, Herr Zebaoth
282,2 Herr Zebaoth, du wirst auch mir
282,4 hör mein Gebet, Herr Zebaoth
282,6 Herr Zebaoth, an dich sich hält
323,1 vor dir, o Herre Zebaoth
330,5 du, du, o Herr Gott Zebaoth
331,3 heilig, Herr Gott Zebaoth
362,2 er heißt Jesus Christ, der Herr Zebaoth
478,9 du Herre Zebaoth

k) Herr Christ(us) (31)
6,4 Herr Christ, dem alten Drachen wehr
22 nun sei uns willkommen, Herre Christ
24,3 es ist der Herr Christ, unser Gott
67,1 Herr Christ, der einig Gotts Sohn
69,4 so leucht auch uns, Herr Christ, du Morgenstern
105,3 so loben wir den Herren Christ
119,3 in Psalmen von dem Herren Christ
119,4 dem Herren Christ zum Wohlgefalln
148,9 Herr Christ, mich wohl behüte
195,3 hilf, Herre Christ, aus aller Not
202,5 sein Jünger heißt der Herre Christ
204,1–4 Herr Christ, dein bin ich eigen
205,2 Herr Christe, nimm es gnädig auf
209,4 sie nennen ihn den Herren Christ
256,5 weil du, Herr Christ, sein Hüter bist
343,5 hilf, o Herr Christ, dem Schwachen
345,5 Herr Christ, zu allen Zeiten
356,2 Herr Christ, um deines Namens Ehr
365,4 schenkt uns den Herren Christ
413,8 o Herr Christ, deck zu unsre Sünd
437,2 Herr Christ, den Tag uns auch behüt
467,1 leucht uns, Herr Christ, du wahres Licht
485,5 Herr Christ, vergib sie du
498,4 Herr Christ, du bist der rechte Weg
518,3 zu dir, Herr Christ, alleine
523,2 hilf mir, Herr Christ, davon
523,3 wie du, Herr Christ, so milde
524,6 drum, Herr Christ, du Morgensterne

ka) Christ(us), der Herr, mein, dein, unser Herr (15)
48,1 Christus, der Herr, ist heute geboren
104,2 Christ, dem Herrn, sich ergibt
106,1 Christ, unser Herr, heut triumphiert
127,4 die uns gab Christus, unser Herr
141,1 Christus dem Herrn zu Preis und Dank
182,7 Christus, der Herr, ist geboren
202,1 Christ, unser Herr, zum Jordan kam
245,4 an Jesus Christus, unsern Herrn
274,5 bei Christus, meinem Herren
410,3 Christus, der Herr der Welt
442,2 du bringst uns Christus, unsern Herrn
442,3 erkennen Christus, unsern Herrn
443,1 durch Christus, unsern Herren
524,1 weil dich nun Christus, der Herre
524,8 weil dich nun Christus, dein Herre

l) Herr Jesus (32)
5,9 ei nun, Herre Jesu
10,4 Herr Jesu, selbst bereit
45,4 Herr Jesu, sei Ehre und Preis und Ruhm
61,1 hilf, Herr Jesu, laß gelingen
70,4 Herr Jesu, du mein trautes Gut
71,1 Herr Jesu, Davids Sohn
81,3 ich, mein Herr Jesu, habe dies verschuldet
81,11 wann, o Herr Jesu, dort vor deinem Throne

87,1 Herr Jesu, dir sei Dank
89,1+5 Herr Jesu, deine Angst und Pein
96,3 lieber Herr Jesus, wandle uns von Grund auf
111,15 Herr Jesu, dankt dir alle Welt
114,9 ach mein Herr Jesu, der du bist
114,10 Herr Jesu, gib uns Kraft und Mut
147,2 Herr Jesu, Gottes Sohn
161,3 laß, Herr Jesu, wohl gelingen
234,7 hilf, o Herr Jesu, hilf du mir
246,3 Herr Jesu, hilf, dein Kirch erhalt
256,3 o Herr Jesu, Ehrenkönig
256,4 komm, Herr Jesu, zieh uns voran
314,6 komm, Herr Jesus
327,4 wer den Herren Jesus liebet
346,4 sollst du, Herr Jesu, bleiben
403,1 schönster Herr Jesu, Herrscher
404,1 Herr Jesu, Gnadensonne
406,4 ja, Herr Jesu, bei dir bleib ich
445,3 o Herr Jesu, laß mich finden
465 komm, Herr Jesu, sei du unser Gast
479,4 Herr Jesu, ich bin dein
494,4 drum komm, Herr Jesu, stärke mich
522,2 Herr Jesu, und dein Wunden rot

m) Herr Jesus Christ(us) (60)
6,1 das ist der lieb Herr Jesus Christ
25,2 es ist der Herre Jesus Christ
33,3 Lob, Preis und Dank, Herr Jesu Christ
59,1 wir danken dir, Herr Jesu Christ
68,1 o lieber Herre Jesu Christ
79,1 wir danken dir, Herr Jesu Christ
82,1 o mein Herr Jesu Christ
95,1 dann sei uns nah, Herr Jesus Christ
95,2 dann mach uns frei, Herr Jesus Christ
95,3 dann sprich für uns, Herr Jesus Christ
95,4 erbarme dich, Herr Jesus Christ
105,5 sie suchen den Herrn Jesus Christ
105,11 zeig uns den Herren Jesus Christ
106,5 und loben dich, Herr Jesu Christ
107,1 wir danken dir, Herr Jesu Christ
109,3 o süßer Herre Jesu Christ
110,1+6 die ganze Welt, Herr Jesu Christ
121,1 wir danken dir, Herr Jesu Christ
133,4 dem Herren Jesus Christ
141,6 wir danken dir, Herr Jesu Christ
143,8 wir danken dir, Herr Jesu Christ
145,7 Herr Jesu Christe, hilf uns nun
155,1 Herr Jesu Christ, dich zu uns wend
160 Herr Jesu Christ, den Glauben in uns mehre
168,6 bleib bei uns heut und morgen, Herr Jesu Christ
180.2 Herr Jesus Christus, Gottes Sohn
191 hilf deinem Volk, Herr Jesu Christ
193,2 beweis dein Macht, Herr Jesu Christ
203,1 ach lieber Herre Jesu Christ
207,3 dein Heil, Herr Jesu Christ
211,2 wir bitten dich, Herr Jesu Christ
217,1 Herr Jesu Christe, mein getreuer Hirte
219,1 Herr Jesu Christ, du höchstes Gut
231,12 das helf uns der Herr Jesus Christ
232,1 allein zu dir, Herr Jesu Christ
246,1 ach bleib bei uns, Herr Jesu Christ
246,6 die Sach und Ehr, Herr Jesu Christ
255,4 die dir nur glüht, Herr Jesus Christ
265,4 du guter Hirt, Herr Jesu Christ
343,1 ich ruf zu dir, Herr Jesu Christ
345,4 o mein Herr Jesu Christ
347,1 bei uns, Herr Jesu Christ
351,13 ist mein Herr Jesus Christ
397,1 Herr Jesu Christ, mein Gott und Herr
397,2 Herr Jesu Christ, mein Herr und Gott
397,3 Herr Jesu Christ, erhöre mich
406,2 als bei dir, Herr Jesu Christ
418,4 dank sei dir, Herr Jesu Christ
422,1 du Friedefürst, Herr Jesu Christ
441,2 das ist der Herre Jesus Christ
462 wir danken dir, Herr Jesu Christ
468,1 ach lieber Herre Jesu Christ
469,4 wir bitten dich, Herr Jesu Christ
473,1 auf Erden du, Herr Jesu Christ
473,4 Herr Jesu Christ, bleib du bei mir
474,2 ich ruf zu dir, Herr Jesu Christ
496 laß dich, Herr Jesu Christ
522,1 so g'leit du mich, Herr Jesu Christ
531,2 o mein Herr Jesu Christ

n) Heiland und Herr (2)
78,1 deins Heilands und Herren
140,3 der Herr, der Heiland, unser Licht

B: von Menschen (8)
14,2 es wollen dir der Erde Herren
27,5 er wird ein Knecht und ich ein Herr
37,6 für edle Kinder großer Herrn
106,3 das Leben siegt und ward ihm Herr
153,2 wenn die Herren der Erde gegangen
271,6 statt Herr ist er der Sklave der Natur
423,4 und segne beide, Herrn und Knecht
452,4 gibt sonst kein Herr dem Knecht

herrlich (32)
6,5 laß sehn dein herrlich Angesicht
58,14 der uns hier herrlich ziere
70,1 schön und herrlich, groß und ehrlich
77,7 herrlich, nach der Väter Art
106,1 erschienen ist der herrlich Tag

113,1 so herrlich hat nach diesem Krieg
113,8 so herrlich hat in diesem Krieg
148,1 ganz herrlich, schön und klar
152,3 bei dir ein herrlich Leben
218,1 fange herrlich an zu prangen
241,8 du wirst dein herrlich Werk vollenden
243,5 dich herrlich auferbauen
255,2 ein herrlich Pfingst- und Freudenfest
270,1+6 Herr, unser Herrscher, wie herrlich bist du
270,4+5 du hast ihn herrlich erhoben zu dir
271,1 wie herrlich gibst du, Herr, dich zu erkennen
271,8 wie herrlich strahlt dein Name, Jesus Christ
289,2 sein herrlich Recht und sein Gericht
316,2 lobe den Herren, der alles so herrlich regieret
317,2 lobe den Herren, der alles so herrlich regieret
318,5 verheißt uns auch ein herrlich Teil
323,3 sehr herrlich in der Welt gemacht
349,4 will damit herrlich prangen
428,5 Menschenleben herrlich macht
429 lobt und preist die herrlichen Taten des Herrn
490,3 und herrlich neu steigt alle Stunden
497,13 wohl halt und herrlich siege
523,1 da wird Gott herrlich lohnen
526,6 wird dort frisch und herrlich gehen
529,12 da will ich herrlich singen

Herrlichkeit (60)

a) allgemein (5)
12,2 ist erfüllt in Herrlichkeit
37,8 suchst meiner Seele Herrlichkeit
115,5 keine Herrlichkeit, kein Leiden
351,12 kein Thron, kein Herrlichkeit
527,1 die Herrlichkeit der Erden

b) von Gott (30)
15,4 die Herrlichkeit des Herrn erhellt
38,1 dessen Macht und Herrlichkeit
109,1 mit großer Pracht und Herrlichkeit
111,10 da werd ich Christi Herrlichkeit anschauen
114,10 und ewig in der Herrlichkeit
123,2 geben ihm die Herrlichkeit
134,8 jener Herrlichkeit und Ehr
137,8 zeig uns Jesu Herrlichkeit
161,3 o du Glanz der Herrlichkeit
180.1 in der Herrlichkeit Gott des Vaters
180.3 in der Herrlichkeit Gottes des Vaters
186 Reich und die Kraft und die Herrlichkeit
187 Reich und die Kraft und die Herrlichkeit
188 und die Herrlichkeit in Ewigkeit
189 bis du kommst in Herrlichkeit
219,1 zu deiner Liebe Herrlichkeit
223,6 sei ewig alle Herrlichkeit
253,5 so laß mich an der Herrlichkeit
263,7 Kraft, Lob, Ehr und Herrlichkeit
275,7 Preis, Ehre, Ruhm und Herrlichkeit
279,1 rühmt seines Namens Herrlichkeit
286,2 rühm, Erde, Gottes Herrlichkeit
399,5 der übergroßen Herrlichkeit
401,7 mit dem Laub der Herrlichkeit
423,10 zur ewgen Ruh und Herrlichkeit
441,7 da du, Gott, strahlst voll Herrlichkeit
477,4 den Rock der Ehr und Herrlichkeit
494,6 zu deines Namens Herrlichkeit
510,1 o was hat für Herrlichkeiten
526,4 daß ich in der Herrlichkeit

ba) deine, seine Herrlichkeit (14)
9,6 in seiner Herrlichkeit
38,3 laß mich deine Herrlichkeit
109,3 mit Freuden in dein Herrlichkeit
149,1 in seiner großen Herrlichkeit
180.3 wir preisen deine große Herrlichkeit
185.1 voll sind Himmel und Erde seiner Herrlichkeit
191 dein göttlich Macht und Herrlichkeit
262,6 laß uns deine Herrlichkeit sehen
263,6 laß uns deine Herrlichkeit ferner sehn
286,1 sein Recht und seine Herrlichkeit
356,2 führ uns zu deiner Herrlichkeit
405,4 und sehen seine Herrlichkeit
523,4 zu deiner Herrlichkeit
524,8 seine Freud und Herrlichkeit

bb) Herr, Gott, König der Herrlichkeit (11)
1,1 es kommt der Herr der Herrlichkeit
9,1 der Herr der Herrlichkeit
80,4 wie der Herr der Herrlichkeit
178.7 Sieger im Todesstreit, König der Herrlichkeit
281,3 sollt ihm, dem Herrn der Herrlichkeit
294,3 dem großen Herrn der Herrlichkeit
300,1 lobt Gott, den Herrn der Herrlichkeit
499,1–3 vor dem Herrn der Herrlichkeit
506,3 o Gott der Macht und Herrlichkeit

Herrschaft (3)
123,2 alle Herrschaft dort im Himmel
239,5 seine Herrschaft wird ohn Ende sein
386,8 der höllischen Herrschaft entbunden

herrschen (10) → *regieren, walten*
15,6 und herrscht gewaltig fern und nah
75,1 herrschest mit dem Vater in der Ewigkeit
115,2 ewig herrschen, ewig leben
119,2 herrscht über Himml und alle Land
123,1+11 Jesus Christus herrscht als König
279,3 Gott herrschet allgewaltig immer
289,4 er herrscht im Himmelreich
290,3 o Israel, Gott herrscht auf Erden
416 daß ich die Wahrheit sage, wo der Irrtum herrscht

Herrscher (10) → *Allherrscher, Beherrscher, Haupt, Herr (A), König*
14,2 o mächt'ger Herrscher ohne Heere
45,2 du König der Ehren, Herrscher der Heerscharen
270,1+6 Herr, unser Herrscher, wie herrlich bist du
281,4 dann sehen Herrscher deinen Ruhm
303,4 er ist's, der Herrscher aller Welt
326,2 o Herrscher aller Thronen
327,1 Herrscher von uns allen
403,1 schönster Herr Jesu, Herrscher aller Herren
529,7 den großen Herrscher loben

herrühren (2)
34,3 daß von dir meine Seligkeit herrühr
217,1 da das Leben her tut rührn

herschauen (1)
85,4 schau her, hier steh ich Armer

hersenden (1)
12,1 zu uns hergesendet hat

herspringen (1)
371,14 es wird einmal der Tod herspringen

hervorbrechen (1) → *herfürbrechen*
453,1 schon bricht des Tages Glanz hervor

hervorbringen **(1)** → *herfürbringen*
279,1 o Gott, die du hervorgebracht

hervorgehen (1) → *herfürgehen, zeugen*
3,3 ging er hervor als klarer Schein

Herz (384) → *Gemüt, Sinn (b)*

a) allgemein
b) von Gott
c) von Menschen
ca) die Herzen (Plural) → ch), ci), cm)
cb) im Herzen, ins Herz
cc) von Herzen, zu Herzen
cd) mein Herz → cg), ch)
ce) meines Herzens
cf) mein Herz, als Anrede (Vokativ)
cg) dein Herz
ch) unser Herz → ca)
ci) sein, ihr, euer Herz → ca)
cj) armes, reines Herz
ck) krankes, kaltes, fröhliches Herz usw.
cl) in Verbindung mit Sinn, Sinne
cm) in Verbindung mit Mund, Lippen usw. → ca)

a) allgemein (3)
313,1 sich doch ein Herz zu fassen
322,9 er drücke, wenn das Herze bricht
378,5 faß ein Herz und gib dich drein

b) von Gott (25)
3,2 denn es ging dir zu Herzen sehr
41,5 du willst dich selber, dein Herze der Liebe, mir schenken
67,1 aus seim Herzen entsprossen
78,4 mit betrübtem Herzen
133,11 und, was dein Herz ergötzet
206,5 nun wir legen an dein Herz
251,1 sucht in Gottes Herzen Ruh
251,4 daß wir dem ins Herze sehen
252,6 ganz nach deinem Herzen werden
252,7 auf dein Herz will ich sie legen
276,3 zu seinem Herzen nahn
296,2 er hilft uns ja von Herzen gern
304,5 gar hoch vom Himmel her aus seinem Herzen
315,3 sein Herz hat er vorausgeschickt
318,2 er ist's, der dich von Herzen liebt
325,1 das sein treues Herze regt
354,2 dem allemal das Herze bricht
354,5 nur bald nach Gottes Herzen schaun
371,2 ungefärbten, treuen Herzens
388,3 dein Herz ist auf uns gericht'
399,1 dein lieb' Herz zu uns wende
481,3 und Schutz und Herze ein
510,5 o was muß an seinem Herzen
523,2 rat mir nach deinem Herzen
523,5 daß dein Herz treue sei

c) von Menschen (55)
10,1 das Herz in euch bestellt
10,3 ein Herz, das Demut liebet
10,3 ein Herz, das Hochmut übet
10,3 ein Herz, das richtig ist
50,5 das Herz uns zum Gesange weit
58,9 ein Herz, das sich gedulde
63,6 und mache fest das Herz
66,7 hier kann das Herze sich laben und baden

67,4 das Herz uns zu dir wende
81,7 keins Menschen Herz vermag es auszudenken
85,9 wird um das Herze sein
111,11 er wälzt ihn von des Herzens Tür
126,1 besuch das Herz der Menschen dein
128,3 füll das Herz mit Freud und Wonn
134,5 daß das Herz oft rufen muß
137,5 und ein Herz, das voller Reue
147,2 das Herz tut ihr vor Freude springen
152,3 das Herz schon hingenommen
155,2 bereit das Herz zur Andacht fein
166,3 zieh das Herze ganz empor
166,5 nimmer aus dem Herzen rauben
176 denen wird das Herz aufleben
178.8 daß das Herz entbrennt, deinen Weg erkennt
197,2 dein Wort bewegt des Herzens Grund
227,2 doch daß des Menschen Herz gesättigt werde
238,3 zusammen füge Herz und Herz
251,1 Herz und Herz vereint zusammen
313,3 er spricht das Herz an, heute
351,8 der an des Herzens Grunde
351,9 da Aug und Herze schauet
352,4 Hoffnung kann das Herz erquicken
358,4 wie er das Herz bewegt
361,7 laß fahren, was das Herze betrübt
370,12 aus dem Herzen lasse
371,5 und des Herzens stilles Klagen
386,1 darunter das Herze sich naget und plaget
396,1 ist dem Herzen bange
400,1+7 bis mir das Herze bricht
405,6 mög aus dem Herzen lassen
412,8 ein Herz, das dich durch Liebe preist
415,1 schmelz in Liebe Herz und Herz zusammen
430,4 hat sich das Herz geschieden
451,7 gib mir ein Herz voll Zuversicht
453,3 ringt um des Herzens Lauterkeit
453,3 legt ab des Herzens Härtigkeit
469,3 so laß das Herz doch wacker sein
477,5 Herz, freu dich, du sollst werden
481,2 das Herz allein in dir auch ruht
490,4 das Herz zu deinem Dienst bereit
527,8 auf, Herz, wach und bedenke
529,2 des Herzens zugebracht
532,1 nun sich das Herz von allem löste
532,2 nun sich das Herz in alles findet
532,3 nun sich das Herz zu dir erhoben

ca) die Herzen (Plural) (27) → *ch), ci), cm)*
1,3 wohl allen Herzen insgemein
17,4 auf, auf, ihr Herzen, und werdet licht
66,5 dieser Beherrscher kann Herzen bekehren
95,4 wir haben harte, arme Herzen
123,7 gebt, ihr Sünder, ihm die Herzen
127,4 erfüll die Herzen allermeist
128,5 wärm die kalten Herzen fein
136,7 o öffne du die Herzen
156 erfüll die Herzen deiner Gläubigen
161,1 daß die Herzen von der Erden
161,3 öffne Herzen, Mund und Ohren
164 dadurch die Liebe fließt in die Herzen
168,2 Herr, öffne unsre Herzen und unser Ohr
213,4 o Wonne kranker Herzen
224,1 du weißt die Not der Herzen
248,6 und der Menschen Herzen wend't
250,5 erfüll die Herzen deiner Christen
259,1 und wo's den Herzen grauet
318,9 laß's durch die Herzen dringen
371,3 der betrübten Herzen Sorgen
411 ach, daß wir Armen nur so kleine Herzen haben
441,2 bis er die Herzen zu sich zeucht
454,1 auf und macht die Herzen weit
454,6 darum macht die Herzen weit
459,1 laßt uns auftun der Herzen Schrein
484,4 müden Herzen sende Ruh
514,5 ihr Herzen, drin die Liebe wohnt

cb) im Herzen, ins Herz (21)
36,8 wer sich fühlt beschwert im Herzen
36,11 ich will dich ins Herze schließen
60,1 dem Herrn im Herzen allezeit
67,3 dein Süßigkeit im Herzen
70,3 gieß sehr tief in das Herz hinein
84,8 mir stets in meinem Herzen ruhn
126,3 gib uns ins Herz der Lieb Inbrunst
166,4 präge du im Herzen ein
166,5 und zum Trost im Herzen grünt
207,2 dein Wort recht tief ins Herz
276,1 im Herzen stets mir schwebe
328,2 und dir darob im Herzen sing und spiel
351,7 sein Geist wohnt mir im Herzen
357,2 mauert mir's Gott im Herzen fest
372,5 mit süßem Trost im Herzen
392,7 die Gnade soll im Herzen endlich siegen
413,2 in niemands Herz man sehen kann
441,5 in dessen Herzen hell aufgeht
446,6 du kannst ins Herze sehen
449,8 heilen im Herzen die tödlichen Schmerzen
449,10 allzeit im Herzen dies heilige Wort

cc) von Herzen, zu Herzen (32)

32,3 von Herzen will ich dich lieben sehr
33,2 von Herzen sagen Preis und Dank
49,1–4 freut euch von Herzen, ihr Christen all
58,9 die sich von Herzen sehnen
78,7 o Mensch, nimm's zu Herzen
81,9 nehmen zu Herzen
82,4 drum sag ich dir von Herzen
85,8 ich danke dir von Herzen
86,8 nun, ich danke dir von Herzen
89,4 von Herzen dir lobsingen
93,4 ja, wir dienen dir von Herzen
104,2 und von Herzen glaubt und liebt
108,1 beid, groß und klein, von Herzen rein
124,3 daß wir uns von Herzen einander lieben
125,2 von Herzen Vater ihn nennen
194,1 von Ohren so zu Herzen dring
206,5 was vom Herzen ist gegangen
232,2 und reuen mich von Herzen
250,3 was jeder Christ von Herzen glaubt
280,3 nun sprecht von Herzen: Amen
282,3 von Herzen deinen Weg erwählet
289,5 von Herzen auf ihn bauen
295,1 die recht von Herzen suchen Gott
318,6 die ihm von Herzen hulden
327,4 sich von Herzen ihm ergibet
366,7 auf daß von Herzen können wir
371,11 nimm nicht zu Herzen, was die Rotten
445,2 Gott, ich danke dir von Herzen
522,3 des tröst ich mich von Herzen

cd) mein Herz (64) → *cg), ch), cm)*

10,4 zieh in mein Herz hinein
11,2 mein Herze soll dir grünen
12,4 dir in meinem Herzen an
32,2 mein Herz will ich ihm schenken
36,1 fröhlich soll mein Herze springen
37,5 wann oft mein Herz im Leibe weint
41,6 dem ich... mein Herze in Liebe verbinde
70,1 hast mir mein Herz besessen
70,2 mein Herz heißt dich ein Himmelsblum
70,5 ewig soll mein Herz ihn loben
71,6 sein meinem Herzen fern
83,4 und wenn mein Herz in Stücke bricht
83,4 sollst du mein Herze bleiben
84,10 wie ich mein Herz soll zieren
85,10 dich fest an mein Herz drücken
88,1 Jesu, meinem Herzen
91,3 mein Herz erbebt; ich seh und ich empfinde
111,14 mein Herz darf nicht entsetzen sich
122,2 mein Herz auch nur im Himmel kann
139,3 der mir mein Herz erquickt
158,2 mein Herz heb ich zu dir
165,7 laß mein Herz überwärts
166,2 zieh in meinem Herzen ein
197,1 zieh mein Herz durch dein Wort zu dir
197,2 dein Wort ist's, das mein Herz erfreut
213,4 mein Herz ist gar durchflossen
218,3 nimmt mein Herze jetzt gefangen
274,4 machst mein Herz unverzaget frisch
278,3 doch mein Herz hilft mir zu bedenken
282,1 wie sehnet sich mein Herz zu gehen
295,3 mein Herz hängt treu und feste
299,3 auf ihn mein Herz soll lassen sich
299,4 doch soll mein Herz an Gottes Macht
325,4 daß er mir mein Herz erfülle
328,2 dein Geist in meinem Herzen wohne
328,3 so hebt dein Geist mein Herz zu dir empor
330,6 solange sich mein Herz bewegt
339 mein Herz ist bereit
346,1 mein Herz allein bedacht soll sein
351,13 mein Herze geht in Sprüngen
370,9 ich mein Herz auf den Schmerz
374,2 wagt mein Herz es froh und unverzagt
386,9 nichts Süßes kann also mein Herze erlaben
389,1 daß sie in meinem Herzen ruh
389,4 und mache dann mein Herz zugleich
390,2 ach Herr, mit ihm mein Herz erfüll
397,1 und wenn mir gleich mein Herz zerbricht
397,2 tröst mir mein Herz in Todesnot
399,3 also, wenn mein Herz in der Not
399,4 der mir mein Herz besessen
399,4 macht er mein Herz im Leib so froh
401,5 und mein Herz hat ganz dahin
414,1 und laß mein Herz dir ganz geheiligt sein
446,9 mein Herz sei deine Hütte
449,6 von meinem Herzen und wirf es hinaus
473,1 in meinem Herzen halten
477,2 gar hell in meinem Herzen scheint
479,2 scheint heller in mein Herz
479,3 in meinem Herzen ist kein Fried
481,1 mein Herz zu dir sich wendet
481,5 mein Herz an dich gewöhne
503,8 aus meinem Herzen rinnen
503,12 mein Herze soll sich fort und fort
529,9 mein Herz, wenn dein Herz will

ce) meines Herzens (12)
1,5 meins Herzens Tür dir offen ist
24,13 zu ruhen in meins Herzens Schrein
83,4 du sollst sein meines Herzens Licht
133,1 sei meines Herzens Gast
324,1 Herr, meines Herzens Lust
341,5 fahr hin, meins Herzens werte Kron
346,4 meins Herzens Kron, mein Freudensonn
349,1 aus meines Herzens Grund
396,1 Jesu, meine Freude, meines Herzens Weide
397,1 mein Teil und meines Herzens Trost
443,1 aus meines Herzens Grunde
523,3 in meines Herzens Grunde

cf) mein Herz, als Anrede (Vokativ) (12)
24,7 merk auf, mein Herz, und sieh dorthin
63,1 nun sei auch still, mein Herz
112,1 auf, auf, mein Herz, mit Freuden
114,1 wach auf, mein Herz, die Nacht ist hin
114,7 drum auf, mein Herz, fang an den Streit
289,1 vergiß es nicht, o Herze mein
324,13 wohlauf, mein Herze, sing und spring
392,5 gib dich, mein Herz, gib dich nun ganz gefangen
399,7 hüpf auf, mein Herz, spring, tanz und sing
446,1 wach auf, mein Herz, und singe
503,1 geh aus, mein Herz, und suche Freud
517,7 wohlauf, mein Herz und all mein Mut

cg) dein Herz (9)
11,6 das schreib dir in dein Herze
73,6 und laß dein Herz erleuchten ganz
85,6 wenn dir dein Herze bricht
114,2 und laß dein Herz sich heben
114,3 damit dein Herz zu jeder Frist
231,7 daß auch dein Herz kein' andern mein
231,10 wie dir dein Herz selber tut
361,1 und was dein Herze kränkt
361,10 er wird dein Herze lösen

ch) unser Herz (38) → *ca)*
5,9 richte unsre Herzen zu
35,1 unsers Herzens Wonne
43,6 so nimm unsre Herzen zum Opfer denn hin
51,2 in unsern Herzen wohne
55,3 in unsre Herzen komm
62,2 unser Herz zum Heiligtum
65,2 noch will das alte unsre Herzen quälen
93,1 nun gehören unsre Herzen
97,2 Friede unsre Herzen
98,3 unser Herz gefangen in Gestrüpp und Dorn
101,6 erleucht' unsre Herzen ganz
103,6 o mache unser Herz bereit
127,6 du neuerst unsre Herzen
127,6 in unser Herz ohn Klage
130,5 in unsern Herzen brennen
130,6 in unsre Herzen kräftiglich
133,11 aus unsern Herzen reißt
135,5 unser Herz erwähle
144,6 stell unser Herz durch sie zur Ruh
144,7 erhalt in unsers Herzens Grund
159,3 in unser Herz dein' Geist ausgieß
244,5 dies alles unser Herz begehrt
246,7 dein Wort ist unsers Herzens Trutz
255,6 ach zünd in unsern Herzen auch
256,1 unsre Leiber, unsre Herzen
297,6 laß unser Herz entzündet
298,1 dann wird unser Herz sich freun
318,5 erneuet unsre Herzen
324,10 wenn unser Herze seufzt und schreit
332,3 vom Preise voll laß unser Herz dir singen
354,3 so stark an unsers Herzens Tür
391,3 rühret eigner Schmerz irgend unser Herz
437,3 daß unser Herz in G'horsam leb
442,6 leucht uns in unsre Herzen fein
447,9 richt unsre Herzen
500,4 füll unser Herz mit Freuden
512,1 unser Herz hast du erfreut
512,5 unser Herz zur Buße führt

ci) sein, ihr, euer Herz (13) → *ca)*
1,4 eu'r Herz zum Tempel zubereit'
11,6 der eure Herzen labet
36,9 da ihr sollt euer Herz mit laben
72,4 was ihres Herzens Glaube sei
215,4 den' ihr Herz von Sünden schwer
239,2 segnend war er euren Herzen nah
273,2 ihr Herz nicht eines Sinnes ist
302,2 sein Herz und ganzes Wesen
385,3 und euer Herz von arger List
386,3 ihr Herze entbrannte, dies einzig zu hören
393,5 schmückt euer Herz aufs beste
394,2 was ewig euer Herz vergnügt
514,7 hebt euer Herz zu Gott empor

cj) armes, reines Herz (9)
63,2 du armes Herz, warum
115,4 reines Herzens will ich sein
165,7 mach mich reines Herzens
230 schaffe in mir, Gott, ein reines Herze

307,6 selig sind, die reinen Herzens sind
389,1 ein reines Herz, Herr, schaff in mir
392,3 er ziehet mich; mein armes Herze, lauf
404,2 mein armes Herze laben
475,4 die mein armes Herz beladen

ck) krankes, kaltes, fröhliches Herz usw. (23)
90,1 mit andachtsvollem Herzen
134,1 in dem dunklen Herzen sein
137,4 laß uns nicht mit kaltem Herzen
144,1 von ganzem Herzen schreien
150,1 mein sehnend Herz so groß Verlangen hat
196,4 in feinem, gutem Herzen
217,3 gib mir ein recht bußfertig Herze
220 mit glaubensvollem Herzen nahen
233,4 schaff ein gehorsam Herze
255,3 so manches kalte, tote Herz
272 ich lobe meinen Gott von ganzem Herzen
318,1 o gläubig Herz, gebenedei
321,2 ein immer fröhlich Herz
322,5 er gebe uns ein fröhlich Herz
326,7 mein ganzes Herz ermuntre sich
355,1 mein stolzes Herz hat's nie begehrt
355,3 so ist mein ganzes Herz gesagt
376,2 in dein Erbarmen hülle mein schwaches Herz
399,2 das matte Herz zu laben
403,2 der mein traurig Herz erfreut
428,5 komm in unser dunkles Herz
451,7 ein weises Herz, das seine Pflicht
501,3 ins finstre Herze mein

cl) in Verbindung mit Sinn, Sinne (12)
34,3 so empfindet Herz und Sinn
39,1 Herz und Sinnen zu ihm kehren
60,3 wollst unser Herz und Sinn allein
73,9 es wird erfreuet Herz und Sinn
122,2 da ist auch stets mein Herz und Sinn
130,2 daß wir können Herz und Sinnen dir ergeben
134,2 gib in unser Herz und Sinnen
140,5 durchfließ Herz, Sinn und Wandel wohl
239,4 er bewahre euer Herz und Sinne
241,3 sich deiner Kinder Herz und Sinn bewegt
359,5 das Herz und alle Sinne
519,1 getrost ist mir mein Herz und Sinn

cm) in Verbindung mit Mund, Lippen usw. (29) → *ca), cd)*
10,4 so werden Herz und Lippen
37,1 Herz, Seel und Mut, nimm alles hin
66,9 schwöret die Treue mit Herzen und Händen
112,5 mein Herz und Angesicht
125,1 deiner Gläub'gen Herz, Mut und Sinn
136,1 rühr Herz und Lippen an
143,5 nach Herz und Seele, Leib und Blut
144,2 mit Herzen, Mund und Händen
160 o Heilger Geist, erneu uns Herz und Mund
196,2 öffn uns die Ohren und das Herz
200,5 Leib, Seel und Herz zum Opfer hin
259,3 er lasse Herz und Zunge glühn
309,1 hoch hebt den Herrn mein Herz und meine Seele
321,1 mit Herzen, Mund und Händen
324,1 ich singe dir mit Herz und Mund
329,1 bewahrt Herz und Gemüte
365,5 lobt ihn mit Herz und Munde
366,3 und heben unser Aug und Herz
389,3 erleuchten mein Herz und Gemüt
390,1 mein Herz und Seel mit deinem Schein
398,2 lieben und loben... mit Herz und Munde
439,5 daß du unser Herz, Wort und Tat
450,3 und erweck uns Herz und Mut
479,1 laß deine Augen, Herz und Sinn
481,2 weil du uns Herz und Leben
496 komm in mein Haus und Herz
505,3 als Mund, Herz und Gemüte
505,7 mit Herzen, Mund und Leben
516,5 wenn mein Herz und Gedanken

herze (herzig) (1)
27,5 sein freundlicher, das herze Jesulein

Herzensbegier (1)
178.4 zu dir schreien wir aus Herzensbegier

Herzensfreude (1)
101,6 mit Herzensfreud und Wonne

Herzensgrund (21)
32,4 bitt ich aus Herzensgrund
39,6 da wir das von Herzensgrunde glauben
83,3 ja, Vater, ja von Herzensgrund
104,1 in Eintracht und aus Herzensgrund
138,1–3 aus Herzensgrund vertrauen
215,7 glaubst du das von Herzensgrunde
231,2 von Herzensgrund lieben mich
238,2 hilf, daß ihr Ja von Herzensgrund
251,2 Lieb und Treu aus Herzensgrund
289,5 glaubn wir von Herzensgrund
292,5 ich danke dir von Herzensgrund

293,1 lobt Gott von Herzensgrunde
295,2 von Herzensgrund ich spreche
330,1 vom allertiefsten Herzensgrund
343,3 verleih, daß ich aus Herzensgrund
344,1 hilf, daß es geh von Herzensgrund
345,5 sprech ich aus Herzensgrund
346,3 sucht ihn all Stund von Herzensgrund
377,4 und freudig dir von Herzensgrund

Herzenslust (1)
24,14 mit Herzenslust den süßen Ton

Herzensnot (1)
531,1 aufwärts schauen in meiner Herzensnot

Herzenssonne (1)
130,1 o komm, du Herzenssonne

Herzenstür (1)
197,1 Herr, öffne mir die Herzenstür

herzerquickend (1)
449,1 ein herzerquickendes, liebliches Licht

herzinbrünstig (1)
241,3 dich herzinbrünstig hierum anzuflehn

Herzkrüglein (1)
217,2 zu dir ich mein Herzkrüglein stelle

Herzleid/Herzeleid (5)
58,7 die alles Herzleid wenden
78,6 in seim großen Herzeleid
80,1 o Traurigkeit, o Herzeleid
133,9 dem Herzleid auf der Erd
529,8 das meist ist Herzeleid

herzlich (21)
70,7 wie bin ich doch so herzlich froh
85,7 und tut mir herzlich wohl
111,8 drauf sich ein Christ so herzlich freut
111,13 ich weiß, daß er mich herzlich liebt
139,5 den herzlich lobt und preist
148,1 herzlich tut mich erfreuen
167,2 wie Gott uns herzlich liebt
243,5 er wird herzlich anschauen
251,5 daß sie es so herzlich meine
302,1 ich will ihn herzlich loben
308,4 dem, der dich herzlich fürcht' allein
346,3 dem, der ihn herzlich ehret
358,6 die Liebe herzlich sei
397,1 herzlich lieb hab ich dich, o Herr
439,2 herzlich singen mit gleichem Mund
475,8 Jesu, den ich herzlich ehre
479,3 es ist doch herzlich gut gemeint
481,4 daß du mich herzlich liebest
491,3 will ich dir herzlich danken
491,4 will ich dich herzlich bitten
525,2 die's mit mir herzlich gut gemeint

herzlieb/herzliebst (4)
24,13 ach mein herzliebes Jesulein
60,3 du mein herzliebstes Jesulein
81,1 herzliebster Jesu, was hast du verbrochen
468,4 du herzeliebes Kindelein

Herzog (1)
90,2 o Herzog meiner Seligkeit

herzubringen (1)
504,1 bring auch jetzt dein Lob herzu

herzukommen (1)
315,7 er ruft... kommt herzu

herzutreten (2)
105,12 so tret't herzu und seht die Statt
371,9 tritt er herzu, uns wohl zu führen

Heu (4)
24,11 das ist grob Heu und Windelein
37,6 ach Heu und Stroh ist viel zu schlecht
37,7 nehmt weg das Stroh, nehmt weg das Heu
43,3 da liegt es, das Kindlein, auf Heu und auf Stroh

Heuchelei (4)
61,4 ohne Trug und Heuchelei
141,2 tut rechte Buß ohn Heuchelei
144,5 ohn arge List und Heuchelei
369,4 und merket keine Heuchelei

Heuchelschein (2)
82,7 ohn Eigennutz und Heuchelschein
386,10 tilge allen Heuchelschein

heute (86)

a) allgemein (25)
29,1 heut sein die lieben Engelein
41,2 wird uns verkündiget heut
42,8 und Erde, die ihn heute sieht
48,3 wahrlich, die Engel verkündigen heut
50,2 die Welt ist heut voll Freudenhall
50,3 die Welt liegt heut im Freudenlicht
50,4 die Welt ist heut an Liedern reich
54,3 dankbar singen sie heut alle
55,1 das ewge Licht heut scheint
106,4 das freut sich heut an diesem Tag
112,1 nimm wahr, was heut geschicht
234,6 wer heut ist frisch, gesund und rot
240,3 heut, morgen und in Ewigkeit
256,3 heut, gestern und in Ewigkeit
262,7 heute wie in Ewigkeit

269,4 was heute noch geschieden scheint
342,9 das täglich Brot noch heut uns werd
359,5 wird dir heut und jeder Frist
368,6 es sei heut oder morgen
446,2 heut, als die dunklen Schatten
453,2 kein Hader darf uns heut entzwein
477,9 soll heute nicht betrüben
517,6 da sind doch tausend Jahr wie heut
517,9 ob's morgen oder heut geschieht
530,7 so komm mein End heut oder morgen

b) von Gott (32)
5,2 er kommt auch noch heute
24,2 euch ist ein Kindlein heut geborn
27,1 der heut schließt auf sein Himmelreich
27,6 heut schließt er wieder auf die Tür
36,2 heute geht aus seiner Kammer
45,4 ja, dir, der du heute Mensch für uns geboren
47,1-5 ward er heut geboren, heute uns geboren
48,1 Christus, der Herr, ist heute geboren
62,1 denen heut zum Zeichen dienen
105,10 heut an dem heilgen Ostertag
105,16 der Herr ist auferstanden heut
106,1 Christ, unser Herr, heut triumphiert
106,2 der heut vom Tod erstanden ist
109,1 heut triumphieret Gottes Sohn
114,1 der heute durch des Todes Tür
114,5 vom Tod heut auferstanden ist
114,6 heut siegreich überwunden
117,1 brach heut aus seiner Zelle
127,1 die er heut hat begangen
162,1 heut hat mein Gott das Licht gemacht
239,4 er sei mit euch heute zum Beginne
287,4 auch heute gibt er dir seine Hand
313,1+2 vielleicht kommt er auch heut vorbei
313,3 er spricht das Herz an, heute
437,1 Gott Lob, der uns heut diese Nacht
459,2 das er uns heute durch sein Wort
476,2 daß du mich heut vor aller Not und Plage

ba) Bitte an Gott (13)
65,5 laß warm und hell die Kerzen heute flammen
68,1 nimm heut an unsre Danksagung
168,6 bleib bei uns heut und morgen, Herr Jesu Christ
186 unser tägliches Brot gib uns heute
187 unser tägliches Brot gib uns heute
188 unser täglich Brot, Herr, gib uns heute
191 behüt uns heut, o treuer Gott
344,5 gib uns heut unser täglich Brot
438,2 bitten dich auch: behüt uns heut
439,2 bewahren heut in seiner Huld
445,5 sei und bleibe du auch heute
447,7 gib, daß wir heute, Herr, durch dein Geleite
469,2 ach lieber Herr, behüt uns heut

c) von Menschen (16)
29,3 freut euch heute mit Maria
69,4 dich heute hoch mit frohen Weisen
104,1 singen wir heut mit einem Mund
143,1 heut singt die liebe Christenheit
226,5+6 seht, was wir hier heute feiern
234,6 heut lebst du, heut bekehre dich
234,7 daß ich noch heute komm zu dir
234,7 auf daß ich heut und jederzeit
315,1 ich will zu meinem Vater gehn heut am Tag
345,3 ich sterb heut oder morgen
363,3 heut ist der Mensch schön, jung und rank
426,3 wenn wir heute mutig wagen
467,3 womit wir heut erzürnet dich
484,2 hab ich Unrecht heut getan
524,6 mög von hinnen fahren heut

heutzutage (1)
250,2 du rufest auch noch heutzutage

hevenu (hebr. wir bringen) (1)
433 hevenu schalom alejchem

hienieden (5)
14,5 Not ist es, daß du selbst hienieden
63,4 wir sehnen uns hienieden
63,6 und ist es uns hienieden
254,4 was uns hienieden... beschieden
350,3 solang ich noch hienieden bin

hier (188)

a) allgemein (28)
3,4 im Himmel und auf Erden hie
55,1 wie stille liegst du hier
66,7 hier kann das Herze sich laben und baden
73,9 hier fallen alle Sorgen hin
112,8 wird hier auch mit gekrönt
112,8 wird hier auch mit erhöht
123,2 hier im irdischen Getümmel
183,3 hier all Sünd vergeben werden
218,4 nein, Vernunft, die muß hier weichen
224,2 spricht einer hier dem andern gleich
237,2 sind aufgehoben hier
251,7 bis schon hier auf dieser Erden

264,3 schon hier ist sie verbunden
357,1 wenn alles hier im Staube
361,5 hier wollten widerstehn
370,6 können mir nichts mehr hier tun
370,9 hier ist kein recht Gut zu finden
391,2 denn durch Trübsal hier
443,5 auf daß der bös Feind hier
452,4 wie wohl hat's hier der Sklave
503,6 fliegt hin und her, sucht hier und da
504,3 zeigen Gottes Finger hier
520,5 hier war er krank in Angst und Not
523,4 der ist wohl hier gewesen
524,4 plagen stets hier unsre Seele
526,6 was hier kranket, seufzt und fleht
527,2 fragt keiner, was man hier getan
527,3 dem hier die Welt zu enge

aa) hier ist, hier sind (22)
15,4 die Zeit ist hier, es schlägt die Stund
36,7 sehet, hier ist die Tür
36,9 hier sind alle guten Gaben
41,4 hier ist die Pforte des Lebens nun offen zu sehen
64,3 wer ist hier, der vor dir besteht
73,8 hier ist das Ziel, hier ist der Ort
73,8 hier ist des Paradieses Pfort
111,8 hier ist noch nicht ganz kundgemacht
151,7 hier ist die Stadt der Freuden
151,7 hier ist die sichre Pfort
151,7 hier sind die güldnen Gassen
151,7 hier ist das Hochzeitsmahl
166,1 hier ist lauter Trost und Licht
166,2 da ist lauter Himmel hier
213,2 hier ist der Liebesweg
302,3 hier sind die starken Kräfte
302,4 hier sind die treuen Sinnen
341,5 die Zeit ist hier zu erbarmen
353,1 hier ist, was sie retten kann
353,2 ist hier völlig aufgetan
410,4 hier ist Grund zur Freude
525,3 hier ist doch nur ein Tränental

b) von Gott (32)
5,1 ist kommen... hier auf diese Erden
9,3 er will hier seine Macht
23,5 ein Gast in der Welt hier ward
36,8 sei getrost: hier wird gefunden
41,3 sehet... wie tief sich der Höchste hier beuget
42,6 wirst unser Freund und Bruder hier
43,2 seht hier bei des Lichtleins hellglänzendem Strahl
43,5 auch hier in der Krippe schon Armut und Not
71,3 hier hast du Spott und Hohn
73,7 hier ist Immanuel
76,1 für uns er hier geboren ward
84,1 o Welt, sieh hier dein Leben
90,1 hier hängst du zwar in lauter Not
90,1 und daß du hier so würdig seist
92,5 du hangst am Kreuze sterbend hier
101,5 hier ist das recht Osterlamm
105,8 der, den ihr sucht, der ist nicht hier
111,7 kein groß Gepräng ihm hier gefällt
112,2 schwingt fröhlich hier und da sein Fähnlein
116,3 ihr suchet Jesus, hier ist er nicht
127,6 und führst uns hier den rechten Steg
166,1 hier ist Gottes Angesicht
202,4 auch Gottes Sohn hier selber steht
224,2 willst uns aus lauter Liebe hier
243,6 freundlich walten hier und in Ewigkeit
281,5 erschütternd strahlet hier dein Ruhm
318,5 er hilft uns hier mit Gnad und Heil
327,3 hier und ewig droben
346,2 hier ist der Mann, der helfen kann
480,2 mein Herr und Gott ist hie
488,1 wo fänd ich Trost, wärst du, mein Gott, nicht hier
503,9 ach, denk ich, bist du hier so schön

ba) Bitte an Gott (11)
7,4 komm, tröst uns hier im Jammertal
58,14 der uns hier herrlich ziere
63,6 uns hier schon selig sein
131,5 laß uns hier kämpfen ritterlich
135,7 laß uns hier indessen nimmermehr vergessen
162,4 laß mich hier leben heiliglich
203,6 auf daß es hier gottseliglich
206,3 daß es dein Kind hier auf Erden
417,1+2 Herr, laß alles, alles hier auf Erden Liebe, Liebe werden
500,3 gib uns auch hier auf Erden

c) von Menschen (22)
58,4 die Kindlein hier auf Erden
63,4 hier gehen wir und streuen
85,4 schau her, hier steh ich Armer
105,15 getröstet gehen wir von hier
113,7 hier sind wir still und warten fort
239,1 eure Liebe, die euch hier verbindet
252,2 wo sie hier zerstreuet wohnen
323,2 solang ich lebe hier
324,18 so wirst du hier im Frieden ruhn
352,6 soll ich hier noch länger leben
371,15 die hier mit Frieden abgefahren
393,5 wir sind hier fremde Gäste
414,3 laß mich, solang ich hier soll leben

419,1+5 daß ich nicht vergebens hier auf Erden bin
517,9 du hast doch hier kein Bleiben nicht
520,1 wird, was wir hier verweslich sä'n
527,4 was Menschen hier besitzen
529,1 und hab hier keinen Stand
529,1 hier reis ich bis zum Grabe
529,8 je länger ich hier walle
529,10 und was ich hier gebrauchet

ca) in Not, Elend, Tod (19)
7,6 hier leiden wir die größte Not
85,7 an deinem Kreuze hier
89,5 wenn ich von hier soll scheiden
96,5 daß wir zuletzt von hier getröstet scheiden
123,8 hier auf kurze Zeiten nieder
133,13 wenn's mit uns hier wird aus
234,2 hier findest du Trost, Heil und Gnad
243,1 ob du gleich hier mußt tragen
279,8 und schutzlos unter Feinden hier
282,3 geht hier sein Pfad durchs Tränental
343,2 voraus, wenn ich muß hier davon
351,10 muß ich auch gleich hier feuchten
353,5 ich Betrübter komme hier
365,7 obwohl ich hier schon dulde
396,6 duld ich schon hier Spott und Hohn
406,5 sprich: Mein Kind, hier geht's zu Ende
503,12 hier trage dieses Leibes Joch
513,7 die hier mit Tränen streuen edlen Samen
525,2 wenn ich gleich hier muß sterben

cb) in der Nachfolge (33)
16,5 wer hier dem Sohn vertraute
36,12 ich will dir leben hier
37,1 ich steh an deiner Krippen hier
67,3 daß wir hier mögen schmecken
67,5 und hier auf dieser Erden... G'danken hab zu dir
85,6 ich will hier bei dir stehen
113,6 wer täglich hier durch wahre Reu
125,3 daß wir hier ritterlich ringen
127,2 bezeugen Gottes Großtat hie
151,7 hier soll sich niederlassen
161,1 liebster Jesu, wir sind hier
168,1 du hast uns, Herr, gerufen, und darum sind wir hier
206,1 liebster Jesu, wir sind hier
218,5 hier fall ich zu deinen Füßen
226,1–2 seht, das Brot, das wir hier teilen
226,5–6 seht, was wir hier heute feiern
232,4 hier in der Zeit und folgen ihm in Ewigkeit
239,5 die sein Reich schon hier im Glauben sahen
302,1 hier preisen auf der Erd
323,3 dich hier, mein Gott, im Leben
325,10 hier in meinem ganzen Leben
384,3 laßt uns töten hier im Leben
384,4 Jesu, dir ich lebe hier
396,3 ich steh hier und singe
402,2 hier in diesem Erdenleben
412,7 was ich den Armen hier getan
446,5 hier bring ich meine Gaben
482,5 und vor dir hier auf Erden
527,10 und ob er hier gleich fällt
530,6 ich hab sein Blut getrunken hier
533,3 von Gott umgeben auch hier in Raum und Zeit

d) hier und dort (21)
3,6 so hier wie dort im Himmelreich
72,6 hier zeitlich und dort ewiglich
117,3 muß ich von hier nach dort
159,3 daß wir dich preisen hier und dort
255,2 jetzt hier, jetzt dort, in Ost und West
267,2 und sich dort – wie wir es hier tun
281,2 dort... und hier im Heiligtume thront
288,6 sein Gnad währt immer dort und hier
321,2 aus aller Not erlösen hier und dort
347,2 daß uns sei hier und dorte
357,4 die leuchten hier und dort
366,7 dich allzeit preisen hier und dort
367,2 und gib mir hier und dorte
384,2 Armut hier macht dorten reich
384,2 Jesu, hier leid ich mit dir
406,5 aber dort lebt, wer hier glaubt
442,9 hier zeitlich und dort ewiglich
457,12 dir hier und dort verbleib
458 daß wir satt werden hier und dort
480,3 ich sei dein Sternlein, hier und dort zu funkeln
503,15 hier und dort ewig dienen

Hierarchia (Rangordnung) (1)
29,3 in der himmlischen Hierarchia

hierher (8)
58,1 bis hierher Kraft gegeben
321,1 bis hierher hat getan
329,1 bis hierher hat mich Gott gebracht
329,1 bis hierher hat er Tag und Nacht
329,1 bis hierher hat er mich geleit'
329,1 bis hierher hat er mich erfreut
329,1+2 bis hierher mir geholfen

hiermit (4)
83,4 hiermit zu deinem Eigentum
122,1 hiermit stets überwinde

344,9 was wir hiermit gebeten han
468,4 hiermit sollst du gesegnet sein

hierum (1)
241,3 dich herzinbrünstig hierum anzuflehn

hierzu (1)
388,2 hierzu wohnt in dir die Fülle

Hilfe (48) → *Beistand*

a) allgemein (4)
326,6 wenn Trost und Hilf ermangeln muß
366,1 und finden weder Hilf noch Rat
371,10 bleibt gleich die Hilf in etwas lange
518,1 wer ist, der uns Hilfe bringt

b) von Gott (27)
11,6 ihr habet die Hilfe vor der Tür
12,3 Zions Hilf und Abrams Lohn
80,5 o Jesu, du mein Hilf und Ruh
128,4 ohn dein Beistand, Hilf und Gunst
131,3 es sei denn durch dein Hilf getan
133,5 bis der die Hilfe bringet
139,3 Rat, Trost und Hilfe schafft
232,4 der uns allzeit sein Hilfe leist
243,4 Gott wird dir Hilf erwecken
248,3 als ein Jesus Hilfe leist
273,6 der uns sein Hilfe leiste
275,4 mein Hilf, mein Heil, mein Leben
283,4 doch ist ja Gottes Hilfe nah
287,3 doch da schickt dir Gott die Hilfe zu
296,1 mit seiner Hilf zustatten komm
296,2 mein Hilfe kommt mir von dem Herrn
297,5 die deiner Hilfe warten
303,2 rufe man Gott um Hilfe an
303,3 des Hilfe der Gott Jakobs ist
308,8 Israel willst du Hilfe tun
324,14 dein Schirm und Schild, dein Hilf und Heil
351,9 wie Gott dem Hilfe leiste
363,2 mit meiner Hilf und Kraft wird er
380,7 laßt nun euer Fragen, Hilfe ist genug
423,7 wenn sie zu dir um Hilfe schrein
445,3 da alleine Hilf und Rat
512,2 deine Hilfe, Gab und Spende

c) Bitte an Gott (17)
30,4 laß dein Hilf uns geleiten
74,4 bleib... als Hilf und Hort uns zugesellt
133,2 Hilf und Errettung schafft
155,1 mit Hilf und Gnad er uns regier
171,3 sei Hilfe, sei Kraft, die Frieden schafft
192 allen, die in Not und Gefahr sind, mit Hilfe erscheinen
223,5 gib... Mut, Kraft und Hilf aus deinem Sieg
232,3 am letzten End dein Hilf mir send
241,4 laß eilend Hilf uns widerfahren
241,5 ach daß die Hilf aus Zion käme
241,5 und komm herab zur Hilf und mach uns frei
244,1 Christ, sei mit deiner Hilf nicht weit
438,2 steh uns bei, tu Hilf und bewahr
439,4 du wollest... an diesem Tag auch Hilfe tun
474,3 Gott Heilger Geist, dein Hilf uns leist
500,3 dein Hilf stets sei bereit
522,1 mit Hilf mich nicht verlasse

hilflos (2)
95,2 daß du uns gleich und hilflos bist
488,1 hilf dem, der hilflos ist: Herr, bleib bei mir

hilfreich (1)
248,1 dein hilfreiches Angesicht

Himmel (201) → *Anfang, Ewigkeit, Zeit*

a) allgemein
aa) der Himmel ruft, fragt, kommt, jauchzt usw.
b) am Himmel
c) im Himmel → g)
ca) Gott, Vater im Himmel
d) gen, nach dem, zum, in den Himmel
e) vom Himmel, aus dem Himmel
f) des Himmels, der Himmel (Genitiv) → g)
g) Himmel und Erde → c), f)
h) vom Öffnen, Offenstehen des Himmels

a) allgemein (24)
33,1 und laß den Himmel tagen
40,3 dein Himmel und dein Alles sein
42,8 jauchzt, Himmel, die ihr ihn erfuhrt
53,1 unterm Himmel hört man's klingen
69,3 darum er Gottes Himmel gar verließ
119,2 herrscht über Himml und alle Land
121,4 durch ihn der Himmel unser ist
166,2 da ist lauter Himmel hier
218,1 der den Himmel kann verwalten
256,2 denn Armut ist Gewinn für den Himmel
277 Herr, deine Güte reicht, so weit der Himmel ist
291,1 denn deine Gnade reicht, so weit der Himmel ist
291,2 Herr Gott, erhebe weit über den Himmel dich
295,4 so weit der Himmel gehet

304,3 er kann den Himmel mit Wolken bedecken
342,5 demselben ist der Himmel erkauft
354,3 und nahm hernach den Himmel ein
361,1 des, der den Himmel lenkt
370,1 wer will mir den Himmel rauben
388,1 lauter Lust und Himmel ist
449,1 schaue den Himmel mit meinem Gesicht
489,2 ihn, der alle Himmel kennt
506,3 wer heißt die Himmel regnen
529,1 der Himmel soll mir werden

aa) der Himmel ruft, fragt, kommt, jauchzt usw. (16)
41,1 jauchzet, ihr Himmel, frohlocket
41,2 jauchzet, ihr Himmel, frohlocket
97,3 doch der Himmel sagt uns
97,5 doch der Himmel fragt uns
153,1 der Himmel, der ist, ist nicht der Himmel, der kommt
153,2–5 der Himmel, der kommt
270,2+3 hoch wölbt dein Himmel sich auch über sie
271,1 der Himmel ruft ihn aus mit hellem Schall
327,2 Himmel, lobe prächtig
351,10 fällt doch mein Himmel nicht
357,3 auf den der Himmel schaut
506,2 der Himmel, prächtig ausgeschmückt, preist dich

b) am Himmel (7)
51,4 der Morgenstern am Himmel steht
72,3 laß sie am Himmel haben teil
395,1 am hohen Himmel stand
459,1 die Sonn hoch an dem Himmel steht
482,1 am Himmel hell und klar
484,4 laß den Mond am Himmel stehn
514,2 du Wolke, die am Himmel flieht

c) im Himmel (21) → *g)*
23,6 und in dem Himmel mache reich
29,3 in dem Himmel hoch mit Schall
29,3 gebt Gott allein im Himmel Preis und Ehre
69,3 Christus im Himmel wohl bedachte
71,1 im Himmel ist dein Thron
110,2 das himmlisch Heer im Himmel singt
122,1 denn weil das Haupt im Himmel ist
122,2 mein Herz auch nur im Himmel kann
123,2 alle Herrschaft dort im Himmel
191 laß uns im Himmel haben teil
206,3 und im Himmel möge werden
218,6 mög dein Gast im Himmel werden
276,5 Ehr sei im Himmel droben
281,2 der Herr, der dort im Himmel wohnt
297,1 im Himmel hoch dort oben
320,6 im Himmel solln wir haben
322,1 im Himmel stets vermeld't
330,7 im Himmel soll es besser werden
351,13 ist, was im Himmel ist
523,1 im Himmel ist gut wohnen
523,5 der', die im Himmel grünen

ca) Gott, Vater im Himmel (8)
43,1 der Vater im Himmel für Freude uns macht
53,3 Gott im Himmel schenkt uns allen
96,6 Dank sei dem Vater, unsrem Gott im Himmel
186 Vater unser im Himmel
187 Vater unser in dem Himmel
188 Vater unser, Vater im Himmel
192 Herr Gott Vater im Himmel
511,3 Gott im Himmel hat an allen

d) gen, nach dem, zum, in den Himmel (29)
9,4 die zu dem Himmel führt
20,1 heb in den Himmel dein Gesicht
58,14 und dort zum Himmel führe
59,5 mit dir in' Himmel einzugehn
112,1 gen Himmel ist gereist
112,8 die in den Himmel führt
114,2 gen Himmel, da dein Jesus ist
119,1 gen Himmel aufgefahren ist
120 Christ fuhr gen Himmel
121,1 daß du gen Himmel g'fahren bist
121,3 gen Himmel aufgefahren hoch
133,5 es steigt zum Himmel an
149,6 mit dir geh in den Himmel ein
191 und all Christen zum Himmel bracht
249,5 auf ebner Bahn zum Himmel führ
331,8 zu dir in den Himmel auf
341,9 gen Himmel zu dem Vater mein
350,1 wenn ich zum Himmel werd eingehn
361,12 gewiß zum Himmel ein
384,1 immerfort zum Himmel reisen
402,5 nicht nach Welt, nach Himmel nicht
405,4 gen Himmel aufgefahren ist
445,7 trage nach dem Himmel zu
446,9 bis ich gen Himmel reise
478,8 so führ mich, Herr, in' Himmel ein
482,6 laß uns in' Himmel kommen
498,4 zum Himmel und der ein'ge Steg
514,1 laßt brausen hoch zum Himmel auf
524,7 die recht Bahn zum Himmel führen

e) vom Himmel, aus dem Himmel (18)
7,1 herab, herab vom Himmel lauf
7,1 reiß ab vom Himmel Tor und Tür
7,2 o Gott, ein' Tau vom Himmel gieß
24,1 vom Himmel hoch, da komm ich her
25,1 vom Himmel kam der Engel Schar
68,2 und bist vom Himmel gestiegen
128,1 hoch vom Himmel uns erschein
147,2 ihr Freund kommt vom Himmel prächtig
213,3 das Gott vom Himmel gab
213,4 was von dem Himmel fließt
227,2 hast du vom Himmel Speise uns gegeben
264,1 vom Himmel kam er nieder
273,1 ach Gott, vom Himmel sieh darein
283,6 Gerechtigkeit wird von dem Himmel schauen
304,5 gar hoch vom Himmel her aus seinem Herzen
316,4 der aus dem Himmel mit Strömen der Liebe geregnet
317,4 der aus dem Himmel mit Strömen der Liebe geregnet
503,13 mit Segen, der vom Himmel fleußt

f) des Himmels, der Himmel (Genitiv) (27) → *g)*
39,3 aus dem Leid ins Himmels Freud
54,1 von des Himmels Lobgesang
60,2 herabgesandt vons Himmels Thron
114,3 und strebe nach des Himmels Zelt
123,4 in der Welt und Himmel Enden
127,2 auf tat sich ganz des Himmels Schrein
127,5 du eins bist in des Himmels Thron
129,1 des Himmels seinen Geist
131,1 du bist gesandt vons Himmels Thron
143,4 des Himmels Heer durch alle Welt
158,1 schein uns vons Himmels Throne
159,2 will sie auch in seins Himmels Thron
204,4 zu dir ins Himmels Freude
223,5 des Himmels Tür uns aufgemacht
271,5 des Himmels Vögel und der Fische Heer
283,2 ach gieß aus deines Himmels Haus
324,12 und führst uns in des Himmels Haus
359,1 der ins Reich der Himmel drang
365,8 zum Reich der Himmel führet
369,7 und trau des Himmels reichem Segen
405,1 vom Thron des Himmels kommen ist
457,9 des Himmels ewges Reich
474,1 denn Gott vons Himmels Throne
501,3 und weist des Himmels Pfort
507,1 Himmels Au, licht und blau
508,1 steht in des Himmels Hand
516,7 des Himmels Wonn und Freud

g) Himmel und Erde (40) → *c), f)*
3,4 im Himmel und auf Erden hie
42,1+9 im Himmel und auf Erden ist
45,3 Ehre sei Gott im Himmel und auf Erden
49,2 hat Himmel und Erd erfreut
66,1 Himmel und Erde, erzählet's den Heiden
66,5 Himmel und Erde, rühmt seine Gewalt
113,7 im Himmel und auf Erden
127,1 jauchz, Erd, und Himmel, juble hell
148,1 den Himmel und die Erde
153,1 wenn einst Himmel und Erde vergehen
183,1 Schöpfer Himmels und der Erden
185.1 voll sind Himmel und Erde seiner Herrlichkeit
186 wie im Himmel, so auf Erden
187 wie im Himmel, so auf Erden
188 wie im Himmel, so auch auf Erden
191 geht über Himmel und Erden weit
213,1 der Erd und Himmel lenkt
257,2 im Himmel und auf Erden
270,1 Erde und Himmel sind voll deiner Ehre
296,2 Himmel und Erd hat er gemacht
297,4 des Gotts Himmels und Erden
297,6 den Himmel hast du und die Erd
300,3 der Himmel schuf und Erd und Meer
301,4 Erd und Himmel weise schuf
302,3 der Himmel und die Erde
303,4 dieser hat Himmel, Meer und die Erden
319,1 Himmel und Erden ist der voll
325,6 Himmel, Erd und ihre Heere
331,3 Himmel, Erde, Luft und Meere
354,1 wenn Erd und Himmel untergeht
397,1 nach Erd und Himmel frag ich nicht
403,5 alle die Schönheit Himmels und der Erden
406,2 dem im Himmel und auf Erden
429,1 neu will ich machen Himmel und Erde
429,4 ich schuf den Himmel, ich schuf die Erde
445,1 Gott des Himmels und der Erden
449,7 Himmel und Erden die müssen das werden
499,1 Erd und Himmel sollen singen
504,1 Himmel, Erde, Luft und Meer

h) vom Öffnen, Offenstehen des Himmels (11)
7,1 o Heiland, reiß die Himmel auf
67,2 den Himmel aufgeschlossen

123,9 ihnen steht der Himmel offen
137,8 öffn im Sterben uns den Himmel
148,3 der... den Himmel aufgetan
216 den Himmel hat erschlossen
241,5 ach reiß, o Herr, den Himmel bald entzwei
257,1 der du... den Himmel aufgetan
353,8 mich hat er... und den Himmel aufgetan
399,7 der Himmel steht dir offen
508,4 und tut den Himmel auf

himmelan (3)
122,2 weil er gezogen himmelan
379,5 und führt dich himmelan
514,6 führ Gottes Kinder himmelan

Himmelfahrt (2) → *Auffahrt, Nachfahrt*
122,1 auf Christi Himmelfahrt allein
192 durch dein Auferstehn und Himmelfahrt

Himmelreich (29)
3,6 so hier wie dort im Himmelreich
15,3 denn nah ist euch das Himmelreich
24,4 daß ihr mit uns im Himmelreich
24,11 herprangst, als wär's dein Himmelreich
27,1 der heut schließt auf sein Himmelreich
29,4 Gottes Sohn vom Himmelreiche
72,6 auf Erden und im Himmelreich
80,2 hat dadurch das Himmelreich... erworben
109,5 und sehnen uns ins Himmelreich
134,8 als des Himmelreiches Erben
141,2 das Himmelreich kommt jetzt herbei
202,5 das Himmelreich soll erben
203,3 denn solcher ist das Himmelreich
206,1 denn das Himmelreich ist ihre
239,1 neigt sich Gott zu euch vom Himmelreich
256,4 von deinem Himmelreiche fern
262,4 deines Himmelreiches Lauf hemme keine List
263,4 deines Himmelreiches Lauf hemme keine List
289,4 er herrscht im Himmelreich
307,1+8 denn ihrer ist das Himmelreich
308,10 uns zugesagt das Himmelreich
344,1 Vater unser im Himmelreich
344,4 auf Erden wie im Himmelreich
345,4 das ewig Himmelreiche
363,2 das Himmelreich gewinnen
517,2 ich mein, daheim im Himmelreich
517,11 als wolltst du morgn gen Himmelreich
517,12 ich fahr dahin gen Himmelreich

Himmelsblume (2)
70,2 mein Herz heißt dich ein Himmelsblum
357,5 schon Himmelsblumen treibt

Himmelsbrot (3)
166,6 speise mich mit Himmelsbrot
279,5 und speistest uns mit Himmelsbrot
290,5 und speiste sie mit Himmelsbrot

Himmelsbürgerschaft (1)
219,3 eingehn zur Himmelsbürgerschaft

Himmelsehrenpforte (1)
162,4 führ mich zur Himmelsehrenpfort

Himmelserbe (2)
130,7 daß wir Himmelserben werden
163 und mach uns zu Himmelserben

Himmelsfreude (3)
35,3 erworben die ewig Himmelsfreud
370,8 gehn zu Himmelsfreuden
399,5 und wunderschönen Himmelsfreud

Himmelsfrucht (2)
137,1+9 Träger aller Himmelsfrucht

Himmelsfunke (1)
255,3 und noch entzünden Himmelsfunken

Himmelsglanz (1)
400,6 du starker Himmelsglanz

Himmelsgut (1)
389,4 an Himmelsgut und Segen reich

Himmelshalle (1)
52,5 und es sang aus Himmelshallen

Himmelsheer (6)
89,4 zusamt dem ganzen Himmelsheer
104,3 singen... mit dem ganzen Himmelsheer
150,7 wie... gesungen das große Himmelsheer
191 all Engel und Himmelsheer
326,2 es danken dir die Himmelsheer
331,3 heilig, Herr der Himmelsheere

Himmelshöhe (2)
178.6 Tau aus Himmelshöhn
394,4 steigt... hinan zu lichten Himmelshöhn

Himmelskerze (1)
479,2 die ewig Himmelskerz

Himmelsleben (1)
384,3 in das Himmelsleben heben

Himmelslehre (1)
161,1 auf die süßen Himmelslehren

Himmelslicht (3)
40,1 und dieses Welt- und Himmelslicht weicht... nicht
130,1 du Himmelslicht, laß deinen Schein
480,3 es leuchte dir der Himmelslichter Zier

Himmelslust (2)
85,5 mich begabet mit mancher Himmelslust
213,2 empfangt die Himmelslust

Himmelsmaie (1)
135,7 bei den grünen Himmelsmaien

Himmelsmorgenrot (1)
406,6 vor dem Himmelsmorgenrot

Himmelspforte (5)
108,2 durch sein rein Wort, zur Himmelspfort
131,5 du zeigst den Weg zur Himmelspfort
325,4 durch die Welt zur Himmelspfort
385,3 und führ euch zu der Himmelspfort
524,7 Leben, Weg und Himmelspfort

Himmelsregen (1)
135,4 güldner Himmelsregen, schütte deinen Segen

Himmelssaal (3)
35,4 klingen im hohen Himmelssaal
477,3 prangen am blauen Himmelssaal
514,1 Mond leuchtend hoch vom Himmelssaal

Himmelsschatz (1)
253,1 und alle Himmelsschätze

Himmelsscheuer (1)
513,7 am End nimm, Jesu, in die Himmelsscheuern

Himmelsspeise (2)
213,6 die sel'ge Himmelsspeise
218,5 diese deine Himmelsspeise

Himmelstau (1)
130,6 du süßer Himmelstau, laß dich

Himmelsthron (10)
9,3 im hohen Himmelsthrone
88,1 wollest mir vom Himmelsthron
178.6 komm vom Himmelsthron
271,7 drum stieg herab von seinem Himmelsthrone
296,1 wann mir mein Gott vom Himmelsthron
321,3 im höchsten Himmelsthrone
331,6 bist vom hohen Himmelsthron
342,9 g'scheh wie im Himmelsthrone
365,4 lobt Gott im Himmelsthron
531,3 führ mich zum Himmelsthron

Himmelstor (1)
331,7 durch dich steht das Himmelstor

Himmelstür (3)
129,4 mach auf die Himmelstüre
479,1 tritt an die Himmelstür
522,5 der wird die Himmelstür auftun

himmelsüß (1)
130,5 laß uns dein himmelsüßes Wort

Himmelswacht (1)
480,1 wird von der Himmelswacht

Himmelsweg (1)
206,4 Himmelsweg, zeig ihm die Bahn

Himmelswesen (1)
219,2 zum ewgen Himmelswesen

Himmelswonne (1)
400,5 ich danke dir, du Himmelswonne

Himmelszelt (7)
11,5 zu mir vom Himmelszelt
63,4 wir uns freuen im sei'gen Himmelszelt
324,4 wer hat das schöne Himmelszelt
408,1 meinem Gott das Himmelszelt
489,1 Mondlicht fließt herab vom Himmelszelt
503,9 dort in dem reichen Himmelszelt
511,1 an dem blauen Himmelszelt

himmelwärts (1)
206,5 führ die Seufzer himmelwärts

himmlisch (22) → *ewig, göttlich*
29,3 in der himmlischen Hierarchia
43,2 in reinlichen Windeln das himmlische Kind
44,3 himmlische Heere jauchzen dir Ehre
46,1 schlaf in himmlischer Ruh
48,2 was uns verheißen der himmlische Schall
70,2 himmlisch Manna, das wir essen
70,5 himmlisch Leben wird er geben mir dort oben
110,2 das himmlisch Heer im Himmel singt

127,4 gib himmlisches Erkennen
129,2 das himmlisch Gnadenwort
130,1 himmlisch Leben willst du geben, wenn wir beten
148,6 mit himmelischen Zungen
180.1 Herr Gott, himmlischer König
180.3 Herr Gott, himmlischer König
316,1 lob ihn, o Seele, vereint mit den himmlischen Chören
384,1 irdisch noch schon himmlisch sein
386,5 und mich zu der Weisheit, die himmlisch ist, führet
398,1 durch dich wir haben himmlische Gaben
442,6 mit deinem himmelischen Schein
449,12 wird mich erwarten im himmlischen Garten
523,4 wer kommt ins himmlisch Schloß
526,6 himmlisch werd ich auferstehen

hin (21)
30,4 geleiten hin in den Freudensaal
85,3 ist hin und ganz vergangen
114,1 wach auf, mein Herz, die Nacht ist hin
234,4 doch wer auf Gnade sündigt hin
278,4 Wellen gehn über mich hin
297,3 verschlungen hätten sie uns hin
311,3 auf das Wort hin will er's wagen
325,2 also hat auch hin und wieder
326,5 leitet er die Seinen stetig hin und her
380,1 ja, ich will euch tragen bis zum Alter hin
388,1 uns führt aus dem Kerker hin
391,3 auf das Ende hin
393,11 wir gehn... hin in die Ewigkeiten
428,3 hin zu deiner Ewigkeit
475,3 es ist hin der Sonne Prangen
478,6 weicht, nichtige Gedanken, hin
479,1 auf Jesus sein gerichtet hin
503,6 fliegt hin und her, sucht hier und da
516,5 das hin und her tut wanken
529,4 sie zogen hin und wieder
529,8 da wollt ich gerne hin

hinab (1)
32,2 versenken will ich mich ganz hinab

hinan (1)
87,2 bringt dich an das Kreuz hinan

hinansteigen (1)
394,4 so steigt ihr frei mit ihm hinan

hinauf (1)
523,1 hinauf steht mein Begier

hinaufnehmen (1)
495,7 nimm... hinauf zu deinen Freuden

hinaufsehen (1)
296,1 und seh die Berge hoch hinauf

hinausführen (1)
361,8 das Werk hinausgeführet

hinausgehen (1)
142,5 dein Wort geht in die Welt hinaus

hinaussenden (1)
256,3 send auch uns hinaus in Gnaden

hinausstreuen (1)
257,3 hinauszustreun dein Feuer

hinaustreiben (1)
389,2 treib all Unreinigkeit hinaus

hinaustreten (1)
529,10 so tret ich dann hinaus

hinauswerfen (1)
449,6 von meinem Herzen und wirf es hinaus

hinausziehen (2)
14,3 zieht deine Schar... hinaus
393,5 wir sind... und ziehen bald hinaus

hinbringen (2)
278,8 bringen... hin zu deinem heiligen Berg
278,8 bringen... hin zu dem Ort, wo du wohnst

hindern (2)
361,4 dein Werk kann niemand hindern
471,4 des Feinds Neid hinder

Hindernis (1)
137,3 die durch alle Hindernisse

Hinderung (1)
351,11 soll mir ein Hindrung sein

hindurch (1)
495,6 hindurch ins Alter dringen

hindurchbringen (1)
476,2 hast unverletzt und frei hindurchgebracht

hineilen (1)
53,2 und nach Bethlehem hin eilet

hineinbrechen (einbrechen) (1)
241,4 und brich in Satans Reich mit Macht hinein

hineinführen (1) → *einführen*
418,1 führe in dein Haus hinein

hineingehen (4) → *eingehen*
24,6 und mit den Hirten gehn hinein
41,4 gehet hinein, eins mit dem Kinde zu sein
245,4 kann doch hinein nicht jeder gehen
529,5 geht nicht zur Freud hinein

hineingelangen (1)
105,6 daß wir gelangn ins Grab hinein

hineingießen (1)
70,3 gieß sehr tief in das Herz hinein

hineinrufen (2)
225 ruf es in jedes Haus hinein
481,4 und rufst zu dir hinein

hineinsenken (1)
417,1 senke sie in unser Wesen tief hinein

hineinstrecken, sich (1)
40,2 streckt sich in alle Welt hinein

hineintragen (1)
17,3 tragt... weit in die dunkle Welt hinein

hineintreten (1)
418,3 tritt hinein in unsre Not

hineinziehen (1)
10,4 zieh in mein Herz hinein

hinfahren (9) → *dahinfahren*
36,12 dir will ich hinfahren
64,4 wir fahren hin durch deinen Zorn
281,1 fähret mit Hoheit durch die Wüste hin
341,5 fahr hin, meins Herzens werte Kron
364,3 hinfahrn nach Gottes Willen
477,2 fahr hin; ein andre Sonne
522,1 und soll hinfahrn mein Straße
522,4 drum fahr ich hin mit Freuden
522,5 so fahr ich hin zu Jesus Christ

hinfallen (2)
73,9 hier fallen alle Sorgen hin
135,4 wo dein Wort hinfällt

hinfliehen (1)
518,3 wo solln wir denn fliehen hin

hinfort (8)
36,7 er wird euch führen an den Ort, da hinfort
75,3 bitten, daß sie wollen behüten uns hinfort
238,3 daß nichts hinfort sie trennt
320,7 wollst uns hinfort behüten
347,1 daß uns hinfort nicht schade
392,7 ich gebe mich; Gott soll hinfort allein
422,3 laß uns hinfort dein göttlich Wort
502,5 uns soll hinfort kein Unfall schaden

hinführen (1)
206,1 daß man sie zu dir hinführe

hingeben (4)
133,13 geben ins Todes Rachen hin
200,5 gebe dir... Leib, Seel und Herz zum Opfer hin
325,3 nein, er gibt ihn für mich hin
416 denn wer da hingibt, der empfängt

hingegen (3)
200,3 hingegen sagt ich bis ins Grab
404,5 hingegen leb in dir
404,7 hingegen meine Sinnen

hingehen (6)
83,2 geh hin, mein Kind, und nimm dich an
98,3 hin ging die Nacht, der dritte Tag erschien
201 gehet hin in alle Welt
202,5 geht hin, all Welt zu lehren
477,6 geht hin und legt euch nieder
530,1 hin geht die Zeit, her kommt der Tod

hingelangen (1)
370,12 laß mich, laß mich hingelangen

hinhören (1)
277,3 aber ich höre gar nicht mehr hin

hinkehren (1)
325,6 wo ich nur mein Aug hinkehre

hinknien (1) → *knien*
255,9 knien vor den Thron des Lammes hin

hinkommen (3)
122,2 denn wo mein Schatz gekommen hin
449,2 und wo die Frommen dann sollen hinkommen
522,4 denn wo du bist, da komm ich hin

hinkünftig (1)
89,4 mich wirst hinkünftig bringen

hinlaufen (1)
315,2 weil es noch ein Zuhause gibt, lauf ich hin

hinnehmen (16)
34,3 nimm mich dir zu eigen hin
37,1 nimm hin, es ist mein Geist und Sinn

37,1 Herz, Seel und Mut, nimm alles hin
43,6 so nimm unsre Herzen zum Opfer denn hin
85,3 hat alles hingenommen
152,3 du hast... das Herz schon hingenommen
180.1 der du hinnimmst die Sünd der Welt
180.3 der du hinnimmst die Sünde der Welt
196,3 vom Teufel hingenommen
328,5 und nehme von dir Gnad um Gnade hin
330,7 nimm... mein Gott, in allen Gnaden hin
345,3 ob mich der Tod nimmt hin
351,7 nimmt allen Kummer hin
370,3 nehm er's hin; ich will ihn
392,8 ach nimm mich hin, du Langmut ohne Maße
414,1 nimm meinen Leib und Geist zum Opfer hin

hinnen/von hinnen (7)
5,5 auch von hinnen scheiden
127,7 wenn wir von hinnen fahren
195,3 wenn ich von hinnen scheide
449,2 wann sie mit Frieden von hinnen geschieden
524,6 mög von hinnen fahren heut
527,7 drauf müssen wir von hinnen
528,2 so fährt unsre Zeit von hinnen

hinraffen (1)
85,3 Todes Macht... hat alles hingerafft

hinreißen (2)
500,3 wenn uns hinreißt der Tod
527,3 wir werden hingerissen

hinrücken (1)
234,7 eh mich der schnelle Tod hinrück

hinsäen (1)
510,4 hingesät auf seines Thrones weites, glänzendes Gewand

hinsehen (3)
95,1 seht hin, er ist allein im Garten
95,2 seht hin, sie haben ihn gefunden
95,3 seht hin, wie sie ihn hart verklagen

hinstreuen (1)
11,2 streut dir Palmen und grüne Zweige hin

hinter (4)
308,6 das geht doch allzeit hinter sich
351,1 weicht alles hinter sich
360,4 und wohnen hinter Gittern unsrer Angst
404,2 und wirf sie hinter dich

hintragen (1)
112,1 da, wo man uns hinträgt

hintun (1)
105,9 wo habt ihr ihn denn hingetan

hinüberschauen (1)
63,5 daß sie hinüberschaut

hinüberziehen (1)
406,6 daß ich fröhlich zieh hinüber

hinunter (2)
165,5 ich senk mich in dich hinunter
467,1 hinunter ist der Sonne Schein

hinunterfahren (1)
4,3 fuhr hinunter zu der Höll

hinwegnehmen (1) → *tragen (c)*
190.3 Lamm Gottes, du nimmst hinweg die Sünde der Welt

hinwegtreiben (1)
475,2 auch die Feind hinweggetrieben

hinwenden (1)
428,1 wende... auf den Weg des Friedens hin

hinwerfen (3)
39,2 werfen allen Kummer hin
322,5 werf all Angst... ins Meeres Tiefe hin
324,15 nimm deine Sorg und wirf sie hin

hinziehen (3)
35,2 zieh mich hin zu dir
370,2 nackend werd ich auch hinziehen
529,11 ziehst mich... hin vor dein Angesicht

hinzufügen (1)
182,2 so wird euch alles von ihm hinzugefügt

Hirsch (3)
278,1 wie der Hirsch lechzt nach frischem Wasser
399,1 denn wie ein Hirsch nach frischer Quell
503,4 der schnelle Hirsch, das leichte Reh

Hirte (29) → *Herde*
18,2 Hirt und König, Groß und Klein
20,5 der gute Hirt, das Licht der Welt
24,6 und mit den Hirten gehn hinein
25,1 erschien den Hirten offenbar

29,1 den die Hirten lobeten sehre
29,1 den Hirten, die ihr' Schäfelein
29,4 die Hirten sprachen: Nun wohlan
41,2 freuet euch, Hirten und Herden
43,3 die redlichen Hirten knien betend davor
43,4 o beugt wie die Hirten anbetend die Knie
46,2 Hirten erst kundgemacht
47,3 Engel zu den Hirten spricht: Halleluja
48,1 kommet, ihr Hirten, ihr Männer und Fraun
53,2 und die Engelscharen bei den Hirten waren
54,2 Hirten, warum wird gesungen
81,4 der gute Hirte leidet für die Schafe
85,5 mein Hirte, nimm mich an
206,4 Hirte, nimm das Schäflein an
217,1 Herr Jesu Christe, mein getreuer Hirte
221,3 daß unter einem Hirten eine Herde
265,4 du guter Hirt, Herr Jesus Christ
274,1 der Herr ist mein getreuer Hirt
299,5 er ist allein der gute Hirt
353,3 suchet es ein treuer Hirte
370,10 da mein Hirt Christus wird
370,11 Herr, mein Hirt, Brunn aller Freuden
386,9 mein Hirt Jesus mich gesetzt
399,4 wenn mich versorgt der treue Hirt
503,5 der Schaf und ihrer Hirten

Hirtenvolk (2)
33,1 du Hirtenvolk, erschrecke nicht
48,3 Bethlehems Hirtenvolk gar große Freud

Hitze (2)
296,6 der Sonne Hitz, des Mondes Schein
512,3 Frost und Hitze, Tag und Nacht

hoch (68) → *höchst, höher*

a) adverbial (15)
10,2 macht niedrig, was hoch stehet
43,3 hoch oben schwebt jubelnd der Engelein Chor
69,1 hoch über Berg und tiefe Tal
246,5 die sich mit G'walt erheben hoch
270,2+3 hoch wölbt dein Himmel sich auch über sie
294,3 hoch tut euch auf, ihr heilgen Tore
304,5 gar hoch vom Himmel her aus seinem Herzen
309,3 wer niedrig stand, darf hoch in Ehren wohnen
315,6 hoch hebt das Fest der Heimkehr an
324,4 hoch über uns gesetzt
325,3 ob er sich gleich hoch befleißt
442,2 darum du hoch zu loben bist
459,1 die Sonn hoch an dem Himmel steht
514,1 Mond leuchtend hoch vom Himmelssaal

aa) von Gott (13)
11,4 und hebst mich hoch zu Ehren
34,1 daß er uns so hoch geacht'
70,1 hoch und sehr prächtig erhaben
85,1 jetzt aber hoch schimpfieret
121,3 gen Himmel aufgefahren hoch
128,1 hoch vom Himmel uns erschein
191 und heb sie hoch in Ewigkeit
196,1 Herr, für dein Wort sei hoch gepreist
231,1 hoch auf dem Berg Sinai
289,2 sein Güt ist hoch erhaben
297,1 im Himmel hoch dort oben
304,3 er läßt Gras wachsen hoch auf dürren Bergen
412,5 so hoch erkaufen lassen

ab) von Menschen (17)
1,1+4 macht hoch die Tür, die Tor macht weit
52,4 kamen reich und hoch geritten
69,4 dich heute hoch mit frohen Weisen
147,1 der Wächter sehr hoch auf der Zinne
147,3 der Engel hoch um deinen Thron
150,5 und Patriarchen hoch
296,1 und seh die Berge hoch hinauf
309,1 hoch hebt den Herrn mein Herz und meine Seele
322,4 der, ob wir ihn gleich hoch betrübt
324,10 und gibst uns, was uns hoch erfreut
371,6 denn wenn du wirst zu hoch beschweret
449,5 ich hab erhoben zu dir hoch droben
505,1 drum preisen wir ihn hoch
514,1 laßt brausen hoch zum Himmel auf
528,7 der in Purpur hoch vermessen
535 der Engel hoch um deinen Thron

b) adjektivisch (23)
9,3 im hohen Himmelsthrone
24,1 vom Himmel hoch, da komm ich her
29,3 in dem Himmel hoch mit Schall
35,4 im hohen Himmelssaal
65,6 all deiner Kinder hohen Lobgesang
69,2 vor Freuden auf der hohen Zinne
101,6 so feiern wir das hoh Fest
137,7 gib uns der Apostel hohen, ungebeugten Zeugenmut
140,1 dein hoher Segen auf uns komm
142,1 für hohe Dienste sie erwählt

165,2 ihm zur Ehre aller Engel hohe Chöre
191 singen immer mit hoher Stimm
219,2 zu diesem hohen Werke
241,7 laß jede hoh und niedre Schule
244,1 wach auf, wach auf, 's ist hohe Zeit
257,4 schließ auf die hohen Pforten
303,8 rühmet, ihr Menschen, den hohen Namen
331,6 bist vom hohen Himmelsthron
333,5 mit hoher Ehrfurcht
342,8 sei Lob und Ehr mit hohem Preis
395,1 am hohen Himmel stand
503,10 welch hohe Lust, welch heller Schein
515,4 sei gepriesen für deine hohen Berge

hochbegabt (1)
503,3 die hochbegabte Nachtigall ergötzt

hochbetrübt (2)
11,6 du hochbetrübtes Heer
58,13 den hochbetrübten Seelen

hocherfreut (2)
497,14 aus hocherfreuter Seelen
526,7 seid getrost und hocherfreut

hocherhaben (1)
323,1 du hocherhabner Zionsgott

hochgebaut (1)
150,1 Jerusalem, du hochgebaute Stadt

hochgeboren (1)
70,2 ein hochgeborner König

hochgeliebt (1)
133,1 o hochgeliebter Geist

hochgelobt (5)
66,8 hochgelobt sei der erbarmende Gott
90,1 du hochgelobtes Gotteslamm
114,10 sei hochgelobt in dieser Zeit
294,4 sei hochgelobt zu jeder Zeit
400,3 du hochgelobte Schönheit du

hochgepriesen/hochgepreist (2)
279,8 gelobt sei Gott und hochgepriesen
514,7 dreieinig, heilig, hochgepreist

hochgerühmt (1)
476,2 durch deine Gnad und hochgerühmte Macht

hochgesegnet (1)
39,6 o du hochgesegnete Stunde

hochheilig (3)
43,1 und seht, was in dieser hochheiligen Nacht
46,1 nur das traute, hochheilige Paar
91,3 welch wundervoll hochheiliges Geschäfte

Hochmut (1)
10,3 ein Herz, das Hochmut übet

höchst (55) → *hoch, höher*

a) allgemein (28)
7,4 o komm, ach komm vom höchsten Saal
8,1 bis an sein' höchsten Bord
10,3 bei Gott am höchsten steht
12,2 höchster Wunsch und Sehnen war
65,3 des Leids, gefüllt bis an den höchsten Rand
83,4 ich will mich dir, mein höchster Ruhm
83,7 vor den Thron des höchsten Vaters gehen
85,1 mit höchster Ehr und Zier
90,2 ach Jesu, deine höchste Treu
124,4 du höchster Tröster in aller Not
129,2 als unser höchster Hort
145,1 und dir vertraut sein höchstes Pfand
150,6 von höchster Freud erfüllet wird der Sinn
180.2 allmächt'ger Vater, höchster Herr
194,1 o Gott, du höchster Gnadenhort
271,4 und doch hast du am höchsten ihn gestellet
297,2 er sitzet an der höchsten Stätt
346,5 weich nicht von mir, mein höchste Zier
354,7 so sing ich einstens höchst erfreut
359,5 Licht von höchster Zinne
363,6 das ist eu'r Trost und höchster Hort
366,1 wenn wir in höchsten Nöten sein
386,5 aller Weisheit höchste Fülle
386,6 die höchste Gerechtigkeit ist mir erworben
441,1 du höchstes Licht, du ewger Schein
497,6 der höchste Zweck, das beste Teil
510,4 von des höchsten Gottes Hand
522,4 mein höchster Trost dein Auffahrt ist

b) höchstes Gut (12)
9,5 der ist eu'r höchstes Gut
42,6 du unser Heil und höchstes Gut
135,3 gib uns Mut, du höchstes Gut
179,4 o Heilger Geist, du höchstes Gut
213,6 dir gibt das höchste Gut
219,1 Herr Jesu Christ, du höchstes Gut
302,2 das höchste Gut erlesen
322,2 Gott, unserm höchsten Gut
326,1 sei Lob und Ehr dem höchsten Gut

386,6 als nur dich, mein höchstes Gut
400,3 du höchstes Gut und wahre Ruh
438,1 wir danken dir, du höchstes Gut

c) höchster Thron (15)
24,15 Lob, Ehr sei Gott im höchsten Thron
27,1 in seinem höchsten Thron
47,5 Ehr sei Gott im höchsten Thron
59,2 des Vaters in dem höchsten Thron
68,6 du stiegest auf zum höchsten Thron
103,1 gelobt sei Gott im höchsten Thron
107,3 Gott Vater in dem höchsten Thron
109,6 Gott Vater in dem höchsten Thron
121,2 Gott Lob und Dank im höchsten Thron
178.4 unser Mittler bist in dem höchsten Thron
184,1 wir glauben Gott im höchsten Thron
191 dich, Gott Vater im höchsten Thron
232,4 Ehr sei Gott in dem höchsten Thron
288,7 Gott Vater in dem höchsten Thron
321,3 im höchsten Himmelsthrone

Höchster (19) → *allerhöchst, Gott*
9,4 des Höchsten Zorn euch rührt
41,3 wie tief sich der Höchste hier beuget
41,5 hast du denn, Höchster, auch meiner noch wollen gedenken
180.1 du bist allein der Höchst, Jesu Christe
180.3 du bist allein der Höchste, Jesus Christus
263,7 sei dem Höchsten allezeit
285 und lobsingen deinem Namen, du Höchster
285,2 du, Höchster, bleibest ewig
325,2 mich des Höchsten Arm bedeckt
328,1 dir, dir, o Höchster, will ich singen
328,3 verleih mir, Höchster, solche Güte
351,2 daß Gott, der Höchst und Beste
368,1 laß ich den Höchsten raten
369,6 und ist dem Höchsten alles gleich
386,10 und leite mich, Höchster, auf ewigem Wege
444,2 den Höchsten dort oben
457,1 nun blick zum Höchsten auf
497,2 des Höchsten Rat, der macht's allein
503,8 und lasse, was dem Höchsten klingt

Hochzeit (3)
147,1 macht euch bereit zu der Hochzeit
148,5 die Hochzeit zu bereiten
151,3 die Hochzeit ist bereit

Hochzeitsfest (1)
257,2 Gäste worden bei deinem Hochzeitsfest

Hochzeitsfreude (1)
148,9 rüste zur ewgen Hochzeitsfreud

Hochzeitsmahl (1)
151,7 hier ist das Hochzeitsmahl

Hoffart (3)
308,5 der Menschen Hoffart muß vergehn
373,2 Eigenlieb, Hoffart und Mißgunst sich regt
453,3 des Fleisches Hoffart beugt und brecht

hoffen (39) → *sich verlassen, vertrauen*
a) allgemein (32)
37,9 eins aber, hoff ich, wirst du mir
42,5 auf den die Väter hoffend sahn
74,2 auf dich, Lebend'ger, hoffen wir
117,3 so hofften wir umsonst
123,9 welcher über alles Hoffen
144,3 und hoffen, du läßt es an dir
146,4 und hoffen auf Barmherzigkeit
151,3 erfüllt ist euer Hoffen
191 auf dich hoffen wir, lieber Herr
239,3 er weiß alles, was ihr hofft und bangt
247,1 bei Tag und Nacht auf deine Güte hoffen
248,4 drauf wir hoffen Tag und Nacht
275,1 in dich hab ich gehoffet, Herr
299,3 darum auf Gott will hoffen ich
303,3 und hofft getrost auf Jesus Christ
318,7 hoffend, er werd zu seinem Preis
331,7 wenn wir kindlich auf dich hoffen
331,11 auf dich hoffen wir allein
349,4 hoff darin zu erlangen die ewge Seligkeit
355,4 auf dieses hoff ich noch im Tod
360,2 und wir sind frei: zu hoffen und zu glauben
360,6 du machst uns frei, zu lieben und zu hoffen
369,1 und hoffet auf ihn allezeit
374,3 und hoff auf seinen Segen
395,3 wer aufbricht, der kann hoffen
399,7 in jener Welt zu hoffen
407,2 Glauben, Hoffen, Lieben, alles, Herr, bist du
413,6 glaubt, hofft, verträgt alls mit Geduld
451,6 auf dich hofft meine Seele
472,2 drauf setz ich all mein Hoffen
486,5 worauf die Menschen hoffen
527,9 Furcht, Hoffen, Gunst und Lehre

b) Aufforderung (7)
361,6 hoff, o du arme Seele
361,6 hoff und sei unverzagt

506,6 und hoff auf ihn und dien ihm gern
508,1–4 drum dankt ihm, dankt und hofft auf ihn

Hoffnung (22) → *Zuversicht*
7,4 darauf sie all ihr Hoffnung stellt
191 wie unsre Hoffnung zu dir steht
196,6 Glaub, Lieb, Geduld und Hoffnung
211,4 wo Angst bedrückt, mach Hoffnung frei
228,3 steht auf und geht, die Hoffnung wächst
232,1 mein Hoffnung steht auf Erden
262,5 Glauben, Hoffnung, Liebesglut
264,2 und eine Hoffnung teilt sie
343,2 die Hoffnung gib daneben
350,2 mein Trost und meine Hoffnung sein
352,1 wer auf Gott sein Hoffnung setzet
352,4 Hoffnung kann das Herz erquicken
356,2 gib Hoffnung uns in dieser Zeit
358,3 an ihrer Hoffnung Mut
358,5 an Glauben, Hoffnung, Liebe
358,6 laß nichts die Hoffnung rauben
364,2 mein Hoffnung und mein Leben
384,2 Hoffnung tröste die Geduld
416 daß ich die Hoffnung wecke
431,2 vorüber, hilf der Hoffnung auf
513,5 wir wollen kindlich zu Gott Hoffnung hegen
526,3 ich bin durch der Hoffnung Band

Höhe (31)
13,2 Hosianna in der Höh
26 Ehre sei Gott in der Höhe
35,2 Sohn Gottes in der Höh
39,4 zu besuchen aus der Höh
136,3 mit Waffen aus der Höh
179,1 allein Gott in der Höh sei Ehr
180.1 Ehre sei Gott in der Höhe
180.2 Gott in der Höh sei Preis und Ehr
180.3 Ehre sei Gott in der Höhe
180.4 allein Gott in der Höh sei Ehr
185.1 Hosianna in der Höhe
185.2 Hosianna in der Höhe
185.3 Hosianna in der Höhe
251,4 Halleluja, welche Höhen
284,4 wie die Zeder auf den Höhn
314,1–5 Hosianna in der Höh
325,6 in den Gründen, in der Höh
357,4 das ist das Licht der Höhe
368,7 dein Vater in der Höhe
371,3 er sieht und kennet aus der Höhe
426,1 überragen alle anderen Berge und Höhn
429,5 über die Menschen Geist aus der Höhe
450,4 ach du Aufgang aus der Höh
457,1+12 der Tag ist seiner Höhe nah
497,5 gib mir Verstand aus deiner Höh
503,4 ist froh und kommt aus seiner Höh

Hoheit (6)
9,4 und nur nach Hoheit trachtet
143,3 und spiegeln seiner Hoheit Licht
271,4 hast ihn gekrönt mit Hoheit und mit Pracht
281,1 mit Hoheit durch die Wüste hin
305,3 seine Hoheit rühmen soll ein Fest euch sein
306,3 seine Hoheit rühmen soll ein Fest euch sein

höher (5) → *hoch, höchst*
239,4 und der Friede Gottes, welcher höher
328,3 daß ich dir Psalmen sing im höhern Chor
330,7 da sing ich dir im höhern Chor
359,5 Friede höher als Vernunft
495,6 mein Leben höher bringen

Höhle (3)
34,2 daß er in der Krippen Höhle
40,2 der Glanz in dieser kleinen Höhle
361,6 Gott wird dich aus der Höhle

Hohn (15)
68,5 in viel Verachtung, Hohn und Spott
71,3 hier hast du Spott und Hohn
77,3 gekleidet zu Hohn und Spott
78,5 und zu Hohn gezieret
78,8 Gnad dem, der mir Hohn beweist
83,1 es nimmet an Schmach, Hohn und Spott
84,1 mit Schlägen, Hohn und großem Spott
85,1 voll Schmerz und voller Hohn
86,2 Lästerreden, Spott und Hohn
87,4 zum Blute, Schmach und Hohn
89,3 ertrugest Schläge, Spott und Hohn
94,3 schwieg still zu allem Hohne
95,4 du leidest Hohn und Spott und Schmerzen
249,3 endlich werden zu Hohn und Spott
396,6 duld ich schon hier Spott und Hohn

höhnen (2)
78,6 aufs schmählichst gehöhnet
84,6 mit Dornen, die dich höhnen

höhnisch (1)
145,5 die Wahrheit höhnisch auch verlacht

hold/holder (9)
43,2 viel schöner und holder, als Engel es sind
46,1 holder Knabe im lockigen Haar
63,2 der erst noch hold gesprochen
214,2 daß uns Gott ist worden hold
251,5 ach du holder Freund, vereine
289,2 den Schwachen ist er hold
318,4 er hat uns lieb und ist uns hold
481,1 dein holdes Angesichte
482,2 so traulich und so hold

holen (6)
11,10 und hol uns allzumal
37,7 ich will mir Blumen holen
66,7 holet für euren so giftigen Schaden
239,5 holt der König dann mit Ehren ein
327,3 was den Odem holet
427,4 du holst die Welt aus ihrem Tod

Hölle (39) → *Verdammnis*

a) allgemein (22)
4,3 fuhr hinunter zu der Höll
39,5 und zerstört der Höllen Reich
40,2 er treibet weg der Höllen Macht
82,3 der Hölle Qual und Glut
84,4 gebunden in der Höll
88,5 machen heiß die Hölle
93,3 ob der Hölle Lügenmächte triumphieren
100,3 er hat zerstört der Höllen Pfort
113,1+8 wo ist dein Sieg, o Hölle
113,3 zerbricht der Hölle Schloß und Tür
149,4 von Christus in die Hölle
202,6 tief in der Höllen Grunde
215,1 half er uns aus der Höllen Pein
325,4 und die Hölle selbst macht stille
341,3 zur Höllen mußt ich sinken
351,6 die Höll und ihre Flammen
363,2 der wird der Höll entrinnen
475,4 mich zur Hölle stürzen will
518,2 anficht uns der Hölle Rachen
518,2 vor der tiefen Hölle Glut
518,3 mitten in der Hölle Angst

b) in Verbindung mit Teufel, Sünde, Tod usw. (17)
25,4 laßt zürnen Teufel und die Höll
38,2 und machst Höll und Tod zu Spott
39,2 Sünd und Hölle mag sich grämen
104,1-3 im Kampf mit Tod und Höll behält
106,2 die Höll, all Jammer, Angst und Not
111,9 die Höll zerstört, den Tod erdrückt
112,4 die Höll und ihre Rotten
112,6 durch Sünd... er reißet durch die Höll
113,4 Tod, Teufel, Höll und alle Feind
114,8 noch gar der Hölle Rachen
364,3 du treuer Gott, Sünd, Höll und Tod
396,2 ob gleich Sünd und Hölle schrecken
405,2 Welt, Sünde, Teufel, Höll und Tod
524,4 Welt und Teufel, Sünd und Hölle
525,4 Tod, Teufel, Höll, die Welt und Sünd

Höllenangst (1)
292,2 mich banden Höllenangst und Tod

Höllenpein (1)
111,10 zur Höllenpein gestürzet seind

Höllenpfort (2)
249,3 muß Teufel, Welt und Höllenpfort
404,4 zu Trutz der Höllenpfort

Höllenschmerz (1)
255,3 und heilen Sünd und Höllenschmerz

höllisch (3)
373,1 wie sie ihr höllisches Heer
386,8 der höllischen Herrschaft entbunden
444,2 Schrecken und Wüten der höllischen Macht

Holz (1)
97,1 Holz auf Jesu Schulter

Honig (2)
20,7 ein Land voll Milch und Honig sein
70,2 ist lauter Milch und Honig

Honigspeise (1)
503,6 sucht hier und da ihr edle Honigspeise

hören (74) → *anhören, erhören, vernehmen*

a) allgemein (15)
53,1 unterm Himmel hört man's klingen
145,5 will niemand Wahrheit hören
147,2 Zion hört die Wächter singen
147,3 kein Ohr hat mehr gehört
148,6 da wird man hören klingen
149,2 Posaunen wird man hören gehn
202,3 daselbst am Jordan hörte
250,2 man höret immer deine Klage
312,4 das Wort des Herren hören
326,7 deinen Lobgesang an allen Orten hören
402,3 Hören, Schmecken, Fühlen weichen
412,3 und gern sie schmähen höret
501,1 die Vöglein hört man singen
524,1 die kein Ohr hat je gehöret
535 kein Ohr hat mehr gehört

b) Gott hört (23)
122,3 Herr, höre doch mein Flehen
130,2 höre, lehre, daß wir können Herz und Sinnen
169,3 er hört uns ganz gewiß
192 du wollst uns hören, lieber Herre Gott
205,1 Gott Vater, höre unsre Bitt
239,3 der als Vater hört, als König schenkt
241,3 drum hör, o Herr, und sprich: Es soll geschehn
282,4 hör mein Gebet, Herr Zebaoth
292,1 das ist mir lieb, daß du mich hörst
332,1 er höret gern ein Lied zu seiner Ehre
371,5 er hört die Seufzer deiner Seelen
371,5 hört bald und gern der Armen Bitten
371,11 Gott wird's hören und recht richten
371,15 den ewgen Mund selbst hören sprechen
381,1 so sang einst König David, hörtest du ihn
381,3 ein Spott den Leuten allen – hörtest du ihn
381,4 so rufe ich mit David – höre auf uns
381,4 du hörtest doch auf Christus
383,2 du hörst auch den stummen Schrei
423,1 Herr, höre, Herr, erhöre
451,1 der Herr hört deinen Lobgesang
475,8 höre doch mein sehnlich Flehen
509,3 du hörest ihre Stimmen

c) von Menschen (28)
20,2 schon hört ihr Gottes Schritt, ihr dürft
39,1 singet fröhlich, laßt euch hören
54,1 hört, der Engel helle Lieder
65,6 so laß uns hören jenen vollen Klang
129,3 hilf, daß wir dein Wort hören
130,2 laß deinen Trost uns hören
149,3 ein jedermann wird hören, was er hat getan
159,1 da wir jemals gehört sein Wort
166,6 rede, Herr, so will ich hören
168,3 der uns das Hören lehrt und dir folgen heißt
169,2 wir hören jetzt auf Gottes Wort
202,3 daß ihr ihn höret alle
212,3 staunend hören wir: Du bist ganz nahe
236,1 Ohren gabst du mir, hören kann ich nicht
262,2 daß sie deine Stimme hört
277,3 denn deine Stimme höre ich nicht mehr heraus
277,4 wenn ich nichts hören kann, hilf mir dich rufen
277,4 hilf mir dich hören, wenn du mich rufst
283,3 ach daß ich hören sollt das Wort
316,1 lasset den Lobgesang hören
317,1 lasset den Lobgesang hören
386,3 ihr Herze entbrannte, dies einzig zu hören
392,1 Gott rufet noch. Sollt ich nicht endlich hören
396,4 ich mag euch nicht hören
432,2 Gott gab uns Ohren, damit wir hören
449,10 so laß mich hören allzeit im Herzen dies heilige Wort
452,2 so, wie ein Jünger hört
495,8 laß hören deine Stimm

ca) Aufforderung an Menschen (8)
36,1 hört, hört, wie mit vollen Chören
47,4 hört's, ihr Menschen groß und klein
66,4 gibt uns, ach höret's doch ja nicht vergebens
123,5 hört's: das Leben ist erschienen
202,2 so hört und merket alle wohl
279,7 kommt, hört und betet mit mir an
279,7 hört, was der Herr an meiner Seele
363,6 höret und merkt, ihr lieben Leut

Hörer (2)
196,2 daß wir nicht Hörer nur allein
423,3 und unverdroßne Hörer

Horizont (1)
430,2 die Horizonte grollen

Horn (1)
512,4 ausgegossen deines Überflusses Horn

Hort (20)
59,3 das ist der Seelen Trost und Hort
62,5 Jesus, unser Trost und Hort
71,2 daß du bist unser Hort
74,4 als Hilf und Hort uns zugesellt
125,2 du heiliges Licht, edler Hort
129,2 als unser höchster Hort
135,7 bis wir dort, du werter Hort
245,5 Gott, unser Hort, schützt sie alleine
275,4 du bist mein Stärk, mein Fels, mein Hort
299,3 das ist mein Trost und treuer Hort
329,3 hilf fernerweit, mein treuster Hort
357,4 der Heiland und der Hort
363,6 das ist eu'r Trost und höchster Hort
374,2 er ist ein Fels, ein sichrer Hort
385,3 ich bin der Seelen Fels und Hort

442,3 Marien Sohn, den treuen Hort
445,5 mein Beschützer und mein Hort
449,10 aus allen Schätzen der edelste Hort
475,8 und mein Hort, du werter Geist
487,3 Jesu Christ, mein Hort und Halt

Hosianna/hosanna (hebr. hilf doch) (23)
12,4 dir Hosianna, o mein Teil
13,2+3 Hosianna, Davids Sohn
13,2 Hosianna in der Höh
50,5 das Herz uns zum Gesange weit. Hosianna
70,2 Hosianna! Himmlisch Manna, das wir essen
147,2 Herr Jesu, Gottes Sohn! Hosianna
150,6 das Hosianna feine
185.1 Hosianna in der Höhe
185.2 Hosianna in der Höhe
185.3 Hosianna in der Höhe
185.5 hosanna, hosanna, hosanna
314,1–6 Jesus zieht in Jerusalem ein, Hosianna
314,1–5 Hosianna, Hosianna, Hosianna in der Höh

Hügel (4)
15,3 bei Tal und Hügel fanget an
135,6 trag nach Zions Hügeln
503,3 Berg, Hügel, Tal und Felder
512,1 auf den Hügeln, in den Gründen

Huld (45) → *Gnade, Güte*

a) allgemein (35)
35,3 groß ist des Vaters Huld
58,9 nach dir und deiner Hulde
93,1 aus des Vaters ewger Huld
102,2 daß Gott uns sein Huld gönnet
129,3 o Gott von großer Huld
276,4 Gott faßt in seine Huld
281,3 und uns mit Huld begegnet
281,4 durch deines Gottes Huld allein
286,2 wie unsers Gottes Huld erfreut
290,4 und seine Huld verließ sie nie
301,1–12 seine Huld währt alle Zeit
333,3 und seine Huld ist jeden Morgen neu
365,2 wenn sich der Menschen Hulde
367,1 erhalt mich nur in deiner Huld
372,2 so laß ich mir genügen an seiner Huld
380,5 voller Huld zu leiten, ich am Werke war
384,2 es kann leichtlich Gottes Huld
408,4 täglich schenkt er seine Huld
415,2 wahren Dank für deine Huld verraten
439,2 bewahren heut in seiner Huld
478,4 ach, aber deines Sohnes Huld
486,8 in deine Huld mich bette
513,2 von deiner Huld kommt alle unsre Habe
521,3 des Vaters Huld erworben

b) in Verbindung mit Gnade, Liebe, Treue usw. (10)
11,8 mit seiner Lieb und Huld
14,5 o Herr von großer Huld und Treue
196,4 bewahren deine Lehr und Huld
213,1 an Huld und Liebe reich
246,4 gib deiner Kirche Gnad und Huld
447,6 bei Tag und Nacht dein Huld und Güte schweben
449,9 laß meine Schulden in Gnad und Hulden
475,5 aber deine Gnad und Huld ist viel größer
512,3 deine Huld und Freundlichkeit
525,4 dein ein'ger Sohn aus Lieb und Huld

hulden (huldigen) (1)
318,6 die ihm von Herzen hulden

Hülle (2)
14,1 dein König kommt in niedern Hüllen
482,2 und in der Dämmrung Hülle

hüllen, sich hüllen (3)
29,4 in Tüchelein gehüllet
36,11 mich darein zu hüllen
376,2 in dein Erbarmen hülle

hundertfältig (2)
135,4 hundertfältig Früchte bringe
196,2 Frucht hundertfältig bringen

hunderttausend (2)
40,1 weicht hunderttausend Sonnen nicht
150,7 mit hunderttausend Zungen

Hunger (5)
217,2 kein Hunger plaget den, der von dir isset
222,2 das Lebensbrot stillt Hungers Not
224,2 den Hunger uns zu stillen
351,11 kein Hunger und kein Dürsten
424,3 Kinder nicht aus Hunger sterben

hungern (4)
218,2 ach wie hungert mein Gemüte
226,2 alle Hungernden der Welt
307,4 selig sind, die da hungern und dürsten nach der Gerechtigkeit
428,2 Rettung dem, der hungern muß

Hungersnot (1)
302,5 gibet Speisen zur Zeit der Hungersnot

hungrig (10)
303,5 Hungrigen will er zur Speis bereiten
412,2 und macht die Hungrigen nicht satt
418,1+2 brich dem Hungrigen dein Brot
418,5 brich uns Hungrigen dein Brot
420,1-4 brich mit den Hungrigen dein Brot
423,7 die Hungrigen erquicke

hüpfen (2)
286,4 ihr Berge, hüpft, der Herr erscheint
399,7 hüpf auf, mein Herz, spring, tanz und sing

Hut (7) → *Schutz*
143,8 erhalte uns in deiner Hut
274,1 hält mich in seiner Hute
280,2 dein Wort die Hut und Weide ist
284,3 und ich bin geborgen stets in deiner Hut
296,2 hält über uns die Hut und Wacht
377,3 fort streiten wir in deiner Hut
486,1 ich liege, Herr, in deiner Hut

hüten, sich hüten (6) → *behüten*
51,5 hüt uns zum ewgen Leben
183,1 er sorget für uns, hüt' und wacht
234,3 doch hüte dich vor Sicherheit
341,10 und hüt dich vor der Menschen Satz
359,5 hüten ganz in Jesus Christ
364,2 er hüt' und wacht, stets für uns tracht'

Hüter (9)
58,6 ach Hüter unsres Lebens
77,7 allda mit Hütern verwahrt
85,5 erkenne mich, mein Hüter
245,2 hat seine Hüter eingesetzt
256,5 weil du, Herr Christ, sein Hüter bist
296,4 der treue Hüter Israel'
373,4 Hüter, du schläfst ja und schlummerst nicht ein
437,2 unsre Hüter und Wächter sein
447,6 o treuer Hüter, Brunnen aller Güter

Hütte (3)
298,2 in des Friedens stille Hütten
302,7 er ist der Fremden Hütte
446,9 mein Herz sei deine Hütte

I

Immanuel (6)
6,3 so komm, lieber Immanuel
41,7 süßer Immanuel, werd auch in mir nun geboren
42,5 Immanuel und Friedefürst
55,3 bleib bei uns, o Herr Immanuel
73,7 hier ist Immanuel
121,1 o starker Gott Immanuel

immer (54) → *allezeit, für und für, jederzeit, stets*

a) allgemein (18)
4,4 der Glaub bleib immer im Schein
4,5 immer und in Ewigkeit
63,2 warum denn immer scheiden
63,5 nur immer vorwärts sehen
134,7 sagt das Fleisch gleich immer Nein
191 singen immer mit hoher Stimm
266,2 daß deine Kirche immer wacht
266,3 ist immer ein Gebet und immer
266,4 und immer wird ein Mund sich üben
297,6 die Welt laß immer murren
319,2 des muß sie haben immer Dank
371,11 laß sie nur immer weidlich spotten
375,3 das zögert immer noch
387,6 weil... Gefahr immer näher treten
392,6 Fleisch, Welt, Vernunft, sag immer, was du willt
393,9 der Weg kürzt immer ab
413,7 sie wird nicht müd, fährt immer fort
440,4 damit, was immer sich zutrag

b) von Gott (16)
38,3 täglich werden immer neu
56,1 der immer schon uns nahe war
117,2 läg er noch immer, wo die Frauen ihn nicht fanden
226,1 immer will er bei uns sein
237,3 bist du und immer du
250,2 man höret immer deine Klage
279,3 Gott herrschet allgewaltig immer
288,6 sein Gnad währt immer dort und hier
324,8 bleibst immer fromm und treu
374,3 denn was er tut, ist immer gut
380,6 immer noch genaht
380,7 ich will euch tragen, wie ich immer trug
388,1 der du immer bei uns bist
457,9 und bleibt sich immer gleich
505,2 seine Güte... die immer noch geschont
527,9 der immer König bleibet

c) von Menschen (20)
24,8 wie soll ich immer danken dir
24,14 zu springen, singen immer frei
34,1 freue sich, wer immer kann
52,1+6 immer werden wir's erzählen
84,12 so viel mir immer möglich ist
112,7 ich folg ihm immer nach
165,4 immer vor dir stehen
165,5 drin wir immer schweben
238,2 daß ihr Ja... für immer sei gemeint
265,5 daß unsre Liebe immer neu
279,8 zwar elend, dürftig bin ich immer
321,2 ein immer fröhlich Herz
341,2 ich fiel auch immer tiefer drein
379,5 und immer bei ihm sein
386,9 als wenn ich nur, Jesu, dich immer soll haben
425,2 laß für Frieden uns und Freiheit immer tätig sein
470,2 jetzund, immer und ewiglich
529,4 ihr Kreuz war immer groß
529,12 da will ich immer wohnen

immerdar (14)
177.1 wie es war im Anfang, jetzt und immerdar
177.2 wie es war im Anfang, jetzt und immerdar
243,1 Gott hilft dir immerdar
288,7 sei nun und immerdar gepreist
290,7 er hilft, damit man immerdar
308,4 und hilfst dem Armen immerdar
321,3 so jetzt und immerdar
331,4 lobt und preist dich immerdar
335 sein Lob soll immerdar in meinem Munde sein
344,9 stärk unsern Glauben immerdar
358,3 die immerdar ist grün
387,6 drum so laßt uns immerdar wachen
442,4 du mußt uns leuchten immerdar
450,2 und erquick uns, deine Schar, immerdar

immerfort (4)
131,3 mehr' unsern Glauben immerfort
249,5 gottselig leben immerfort
384,1 immerfort zum Himmel reisen
512,6 treu verwalten immerfort

immermehr (1)
29,4 dem gebt jetzt und immermehre

immerwährend (1)
400,1 und immerwährender Begier

immerzu (1)
377,2 wohl gilt's zu streiten immerzu

Inbrunst (2)
124,3 laß uns empfinden der Lieb Inbrunst
126,3 gib uns ins Herz der Lieb Inbrunst

indem (1)
476,4 indem ich mich der trüben Nacht vertraue

indes (4)
29,4 er wird's indes bewahren
88,6 indes laß dies Lallen
249,4 ach Gott, gib indes deine Gnad
530,8 ich leb indes in dir vergnüget

indessen (3)
40,4 laß nur indessen helle scheinen
135,7 laß uns hier indessen
527,7 indessen wird die Bahre

innehalten (1)
528,2 und mit Laufen nicht hält innen

innere (1)
404,6 daß ich aus innerm Triebe

innerlich (1)
70,4 mich innerlich erquicken

innerst (1)
373,5 dich mit dem innersten Seufzen vermählen

innewerden (1)
244,10 und alle Welt des inne werd

innig/inniglich/innigst (8)
41,5 innigst sich freuen darin
165,1 und sich innigst vor ihm beuge
165,7 mache mich einfältig, innig, abgeschieden
204,3 das bitt ich inniglich
232,3 mög inniglich anschauen
242,2 die dich liebhaben inniglich
386,9 nichts, nichts ist, das also mich innig erquickt
481,1 mein Herz... und danket inniglich

insgemein (6)
1,3 wohl allen Herzen insgemein
114,9 daß wir zusammen insgemein
150,5 auch Christen insgemein
184,5 den Geist, der heilig insgemein
308,4 du bist barmherzig insgemein
366,2 daß wir zusammen insgemein dich anrufen

Instrument (2)
150,7 mit Instrumenten schön
284,2 und die schönsten Instrumente tönen mit

irden (1)
127,7 irden Geschirr sind wir und weich

irdisch (6)
11,4 wie irdisch Reichtum tut
123,2 hier im irdischen Getümmel ist... bereit
352,6 alles Irdische vergehet
384,1 irdisch noch schon himmlisch sein
386,2 laß, was irdisch ist, dahinten
526,6 irdisch werd ich ausgesät

irgend (2)
391,3 rühret eigner Schmerz irgend unser Herz
406,2 könnt ich's irgend besser haben

Irre (1)
281,2 ihnen... gibt nach einer langen Irre

irregehen (3)
127,4 auf göttlich Ding und irregeht
148,9 sonst möcht ich irre gahn
400,6 und laß mich nicht mehr irre gehn

irren (7)
58,12 der Irrenden Berater
67,4 daß sie nicht irrn von dir
192 alle Irrenden und Verführten wiederbringen
224,1 ob reich, ob arm, dich irrt kein Kleid
347,3 damit wir irren nicht
365,1 da ich sonst irrte sehr
498,3 kein Wasser irrn uns überall

irrig (1)
128,5 bring zurecht, die irrig sein

Irrlicht (1)
485,4 und wenn das Irrlicht funkelt

Irrtum (5)
5,2 von Irrtum und Torheit
72,2 die in Irrtum verführet sein
134,2 und mach uns von Irrtum los
154,4 uns hält gefangen Irrtum, Schuld und Leid
416 daß ich die Wahrheit sage, wo der Irrtum herrscht

Israel (16) → *Jakob, Volk c)*
137,5 mit den Feinden Israels
217,1 weiden auf Israels Bergen mit Freuden
241,6 ja wecke dein Volk Israel bald auf
248,1 treuer Wächter Israel'
290,3 o Israel, Gott herrscht auf Erden
296,4 der treue Hüter Israel'
297,1 wo er Israels Schutz nicht ist
299,4 so tu Israel rechter Art
299,5 der Israel erlösen wird
301,6 er hat Israel befreit
308,8 Israel willst du Hilfe tun
323,2 gelobt sei der Gott Israel'
477,7 du Aug und Wächter Israel'
502,1+5 freue dich, Israel, seiner Gnaden
519,4 er ist deins Volks Israel Preis, Ehre

J

Ja (7)
93,4 sagt zu Christi Wegen: Ja
94,4 das Ja erscheint im Nein
198,2 Halleluja, Ja und Amen
211,3 eh wir entscheiden Ja und Nein
238,2 hilf, daß ihr Ja von Herzensgrund
328,7 in ihm ist alles Ja und Amen
446,8 sprich Ja zu meinen Taten

jagen (2)
97,5 denn die Erde jagt uns
442,5 jag aus der Finsternis Gewalt

jäh (1)
486,2 mit jäher Angst erfüllen

Jahr (32)

a) allgemein (9)
64,3 nur Gottes Jahr währt für und für
64,4 in Jahren ohne Ende
319,1 die beste Zeit im Jahr ist mein
324,8 du nährest uns von Jahr zu Jahr
379,2 und zählt dir Tag und Jahr
512,4 und gesegnet ist das Jahr
514,4 die Jahr um Jahr uns reifen neu
515,2 sei gepriesen für Jahre und Gezeiten
527,7 wir rechnen Jahr auf Jahre

b) rückschauend (11)
59,1 das alte Jahr vergangen ist
59,1 so gnädiglich behüt' dies Jahr
59,4 der Sünd' im alten Jahr nicht denk
63,1 das Jahr geht still zu Ende
63,1 und was dies Jahr umschlossen
64,1 Herr, nimm auch dieses Jahres Last
64,2 die Jahre, die du uns geschenkt
204,2 in meinen jungen Jahren
380,6 denkt der frühern Jahre
513,2 ein Jahr, Allgüt'ger, ließest du es währen
517,6 da sind doch tausend Jahr wie heut

c) vorausblickend (12)
24,15 und singet uns solch neues Jahr
34,4 Frieden und ein seligs Jahr
58,2 wandern von einem Jahr zum andern
58,15 zum sel'gen neuen Jahre
59,4 ein gnadenreiches Jahr uns schenk
60,4 wollst uns auch dies angehend Jahr
61,1 hilf, das neue Jahr geht an
61,3 laß dies sein ein Jahr der Gnaden
61,4 daß dies Jahr mir heilig sei
61,6 dieses angefangne Jahr
62,1 da ein neues Jahr erschienen
65,1 und mit euch gehen in ein neues Jahr

Jahrmarkt (1)
313,3 ruft nicht, wie man beim Jahrmarkt schreit

Jahrtausend (1)
256,4 seit Jahrtausenden ist ihnen... erschienen

Jakob (7) → *Israel*
7,2 den König über Jakobs Haus
12,3 Jakobs Heil, der Jungfrau Sohn
39,5 Jakobs Stern ist aufgegangen
70,1 du Sohn Davids aus Jakobs Stamm
282,4 vernimm's, vernimm's, o Jakobs Gott
302,2 nach Jakobs Gott und Heil
303,3 des Hilfe der Gott Jakobs ist

Jammer (15) → *Elend, Not*
36,2 reißt aus allem Jammer
66,8 dieser verschlinget Fluch, Jammer und Tod
106,2 die Höll, all Jammer, Angst und Not
179,4 abwend all unsern Jamm'r und Not
213,3 die Not und Jammer drückt
213,5 und jeden Jammer stillet
217,2 alles Jammers er vergisset
241,8 du wirst der Menschheit Jammer wenden
243,5 anschauen dein' Jammer und Elend
245,1 der seiner Menschen Jammer wehrt
292,2 ich kam in Jammer und in Not
326,1 dem Gott, der allen Jammer stillt
482,2 wo ihr des Tages Jammer
520,4 sein Jammer, Trübsal und Elend
524,4 Jammer g'nug find't sich auf Erden

Jammerlast (1)
11,5 und großen Jammerlast

jämmerlich (1)
78,5 Jesus da gefangen ward... jämmerlich geschlagen

jammern (2)
341,4 da jammert Gott in Ewigkeit
518,2 es jammert dein Barmherzigkeit

Jammerpforte (1)
58,10 schließ zu die Jammerpforten

Jammertal (8)
7,4 komm, tröst uns hier im Jammertal
23,5 und führt uns aus dem Jammertal
30,4 aus diesem Jammertal
443,5 in diesem Jammertal laß... geleiten
477,3 mein Gott aus diesem Jammertal
478,8 in diesem Jammertal, so führ mich
524,1+8 ruft aus diesem Jammertal

jauchzen (39) → *jubeln*

a) allgemein (15)
20,4 der Tod ist tot. Das Volk jauchzt auf
44,3 himmlische Heere jauchzen dir Ehre
119,4 drum jauchzen wir mit großem Schalln
147,3 des jauchzen wir und singen dir
222,2 ob solchem Gut jauchzt Sinn und Mut
282,1 dort jauchzet Leib und Seel in mir
284,2 morgens jauchz ich: Deine Gnade ist mein Lied
286,3 Gott macht, daß jeder jauchzen kann
298,1 jauchzend werden wir erheben
298,3 bringen jauchzend ihre Garben
323,2 von ganzer Seel und jauchzen hell
407,3 jauchz ich froh dir zu
503,7 darüber jauchzet jung und alt
504,2 jauchzen Gott bei stiller Nacht
535 des jauchzen wir und singen dir

b) als Aufruf (24)
1,1+2 derhalben jauchzt, mit Freuden singt
2,2 derhalben jauchzt, mit Freuden singt
9,1 nun jauchzet, all ihr Frommen
13,1 jauchze laut, Jerusalem
35,1 jauchzt alle und sagt so
41,1 jauchzet, ihr Himmel, frohlocket
41,2 jauchzet, ihr Himmel, frohlocket
42,8 jauchzt, Himmel, die ihr ihn erfuhrt
123,10 jauchz ihm, Menge heilger Knechte
127,1 jauchz, Erd, und Himmel, juble hell
213,5+6 drum jauchze, meine Seele
213,6 drum jauchze deinem Herrn
279,1 jauchzt, alle Lande, Gott zu Ehren
279,4 jauchzt ihm, der uns sich offenbart
281,1 jauchzt laut, die ihr ihn ehret
286,3 frohlocket, jauchzet, rühmet alle
286,3 auf, alle Völker, jauchzt zusammen
286,4 jauchzt, Erde, Menschen, jauchzt vereint
288,1 nun jauchzt dem Herren, alle Welt
294,3 laßt jauchzen uns und fröhlich singen
300,3 jauchzt, er ist aller Herren Herr
327,3 jauchze, preise, klinge

Jauchzen (3)
151,3 mit Jauchzen und mit Schalle
151,6 mit Jauchzen triumphieren
330,2 o daß mein Blut mit Jauchzen wallte

jauchzenvoll (1)
326,9 mit jauchzenvollem Springen

je (20)
11,6 sich häuft je mehr und mehr
32,3 je länger mehr und mehr
108,3 und tut sein Ehr je mehr und mehr
134,8 so versichre uns je mehr
136,3 brüsten sich frecher jetzt als je
147,3 kein Aug hat je gespürt
148,2 kein Zung kann je erreichen
149,3 auf Erden je getrieben
194,3 daß wir durch deinen Geist je mehr
239,3 dürft ihr alles, was euch je bedrängt
243,3 mag auch verlassen ein Mutter je ihr Kind
374,5 mich seiner starken Hand soll je und je entreißen
379,5 den keiner je gesehen
406,2 könnt ich je getroster werden
408,2 keins fällt je aus Gottes Plan
497,14 ich will dein Tun je mehr und mehr
524,1 die kein Ohr hat je gehöret
529,8 je länger ich hier walle
529,8 je wen'ger find ich Freud
535 kein Aug hat je gespürt

jedermann (14)
20,8 und er kennt jedermann mit Namen
76,2 die Lieb erzeigen jedermann
82,7 gern dienen jedermann
127,5 loben Christus mit jedermann
143,6 verführt zu Unrecht jedermann
149,3 da denn gewiß ein jedermann wird hören
250,2 daß jedermann erscheinen soll
299,2 des muß dich fürchten jedermann
308,2 mich selig preisen jedermann
323,1 mein Mund vor jedermann
334,2 danke, o Herr, für jedermann
413,3 sie hilft und dienet jedermann
423,4 schaff jedermann sein Recht
495,5 laß mich mit jedermann

jederzeit (4) → *allezeit, immer*
134,1 sie erfüll uns jederzeit
196,1 dasselb annehmen jederzeit

234,7 auf daß ich heut und jederzeit
328,6 die ich von dir verlanget jederzeit

jedoch (2)
244,8 jedoch, dieweil dein Wort ist gut
302,8 jedoch weil ich gehöre gen Zion

jeglicher (3)
136,1 daß jeglicher getreuer... bekennen kann
309,2 barmherzig ist er jeglichem Geschlecht
369,5 und setzet jeglichem sein Ziel

jemals (2)
159,1 da wir jemals gehört sein Wort
274,1 nicht mangeln wird jemals an einem Gute

jemand (3)
113,5 so jemand Christi Worten glaubt
231,8 nicht wuchern jemands Schweiß und Blut
412,1 so jemand spricht: Ich liebe Gott

jenseits (1)
298,3 jenseits reift die Frucht der Leiden

Jerusalem (12)
13,1 jauchze laut, Jerusalem
14,1 empfang ihn froh, Jerusalem
147,1 wach auf, du Stadt Jerusalem
150,1 Jerusalem, du hochgebaute Stadt
151,7 Jerusalem, der Ort, wo die Erlösten weiden
314,1-6 Jesus zieht in Jerusalem ein
393,2 richte fest nach Jerusalem

Jesaja (2)
30,2 davon Jesaja sagt
143,3 wie es Jesaja schaute

Jesse (Isai) (4)
30,1 von Jesse kam die Art
31 von Jesse kam die Art
47,2 sprießt aus Jesses Zweig empor
70,1 die süße Wurzel Jesse

Jesulein (8)
24,7 es ist das liebe Jesulein
24,13 ach mein herzliebes Jesulein
27,5 das herze Jesulein
35,2 o liebstes Jesulein
39,6 danken dir, o Jesulein
60,3 du mein herzliebstes Jesulein
70,6 daß ich möge mit Jesulein
73,9 in diesem Jesulein

Jesus (363) → *Christus, Gott, Herr (A)*

"Herr Jesus" siehe unter: Herr (A)

„Christus Jesus" siehe unter: Christus

a) allgemein
b) Bezeichnungen für Jesus
c) in, mit, von, zu Jesus → e)
d) Jesu Weg und Werk
da) Jesus siegt, lebt
db) Jesus hilft, rettet
e) Verbundenheit mit Jesus → c)
f) Jesu (Genitiv)
g) Jesu als Anrede (Vokativ) → k)
ga) o Jesu
gb) ach Jesu, liebster, treuer Jesu
gc) Jesu, Gottes Lamm usw.
gd) Jesu, in Verbindung mit einer Bitte
h) Jesus Christus
i) Jesus Christ (Kurzform)
ia) durch, auf, in Jesus Christ usw.
j) Jesu Christ/Christi (Genitiv)
k) Jesu Christ/Christe (Vokativ) → g)

a) allgemein (14)
98,2 Jesus ist tot. Wie sollte er noch fliehn
103,3 ihr sucht Jesus, den find't ihr nicht
114,2 gen Himmel, da dein Jesus ist
114,3 wo Jesus ist zu finden
116,3 ihr suchet Jesus, hier ist er nicht
117,3 seit Jesus ihn durchschritten
125,2 denn Jesus mit rechtem Glauben
351,10 mein Jesus und sein Leuchten
386,5 ach wenn ich nur Jesus recht kenne und weiß
393,11 es soll nur Jesus sein
403,2 Jesus ist schöner, Jesus ist reiner
403,3 Jesus ist feiner, Jesus ist reiner
403,4 Jesus bleibt in Ewigkeit
514,6 den Weg, den Jesus ging voran

b) Bezeichnungen für Jesus (16)
62,5 Jesus, aller Bürger Heil
62,5 Jesus, unser Trost und Hort
78,2 Jesus, wahrer Gottessohn
78,9 Jesus ist das Weizenkorn
96,1 gütiger Jesus, Gotteslamm auf Erden
123,1 Jesus sei der Herr zu nennen
150,4 die Jesus mir, der Herre
178.6 komm vom Himmelsthron, Jesus, Menschensohn
248,3 Jesu, der du Jesus heißt
351,4 mein Jesus ist mein Ehre
386,3 was Jesus, ihr Heiland, sie wollte belehren
386,9 mein Hirt Jesus mich gesetzt

477,2 mein Jesus, meine Wonne
479,2 mein Jesus, meiner Seele Ruhm
515,7 sei gepriesen für Jesus, unsern Bruder
526,1 Jesus, meine Zuversicht

c) in, mit, von, zu Jesus (13) → *e)*
115,5 nichts soll mich von Jesus scheiden
116,2 selig ist, wer zu Jesus gehört
123,5 kommt in Jesus uns zugut
123,8 nichts kann sie von Jesus scheiden
254,4 von Jesus ungeschieden
384,1 lasset uns mit Jesus ziehen
384,2 lasset uns mit Jesus leiden
384,3 lasset uns mit Jesus sterben
384,4 lasset uns mit Jesus leben
386,3 ihr Alles war gänzlich in Jesus versenkt
386,4 was ist wohl, das man nicht in Jesus genießt
396,4 nicht von Jesus scheiden
530,7 ich weiß, daß mir's mit Jesus glückt

d) Jesu Weg und Werk (27)
66,1 Jesus ist kommen, Grund ewiger Freude
66,2 Jesus ist kommen, nun springen die Bande
66,3 Jesus ist kommen, der starke Erlöser
66,4 Jesus ist kommen, der Fürste des Lebens
66,5 Jesus ist kommen, der König der Ehren
66,6 Jesus ist kommen, ein Opfer für Sünden
66,7 Jesus ist kommen, die Quelle der Gnaden
66,8 Jesus ist kommen, die Ursach zum Leben
66,9 Jesus ist kommen, sagt's aller Welt Enden
77,5 Jesus schrie zur neunten Stund
77,6 ward Jesus in seine Seit... gestochen
77,7 ward Jesus vom Kreuzesstamm... genommen
78,3 Jesus richtet aus sein Amt
78,4 Jesus ging nach Gottes Will
78,5 Jesus da gefangen ward
78,6 Jesus ward früh dargestellt
78,7 Jesus, verurteilt zum Tod
78,8 Jesus rief am Kreuze laut
271,7 Jesus und ward zum wahren Menschensohne
313,1 Jesus, der zu den Fischern lief
313,2 Jesus, der durch die Straßen kam
314,1–6 Jesus zieht in Jerusalem ein

da) Jesus siegt, lebt (18)
114,7 weil Jesus überwunden
114,8 dein Jesus lebt, es hat kein Not
115,1 Jesus lebt, mit ihm auch ich
115,2 Jesus lebt! Ihm ist das Reich
115,3 Jesus lebt! Wer nun verzagt
115,4 Jesus lebt! Sein Heil ist mein
115,5 Jesus lebt! Ich bin gewiß
115,6 Jesus lebt! Nun ist der Tod
116,4 geht und verkündigt, daß Jesus lebt
375,1–4 ja, Jesus siegt
375,1 daß Jesus siegt, bleibt ewig ausgemacht
375,2 ja, Jesus siegt, obschon das Volk des Herrn
375,3 ja, Jesus siegt! Seufzt eine große Schar
375,4 ja, Jesus siegt! Wir glauben es gewiß
526,2 Jesus, er mein Heiland, lebt

db) Jesus hilft, rettet (26)
11,8 nein, Jesus will sie decken
114,4 dein Jesus wird ihn heben
116,1–5 Jesus bringt Leben
229,3 Jesus ruft uns. Wir sind erwählt
248,3 als ein Jesus Hilfe leist
251,2 bis sie Jesus wieder stählt
353,1–8 Jesus nimmt die Sünder an
353,3 Jesus, der uns nie vergißt
353,4 Jesus rufet euch, und er macht
396,2 mir steht Jesus bei
396,2 Jesus will mich decken
396,6 Jesus, tritt herein
406,3 der, was Jesus tat, mir tut
468,3 Jesus soll freundlich bei dir sein
526,7 Jesus trägt euch, seine Glieder

e) Verbundenheit mit Jesus (23) → *c)*
61,5 Jesus richte mein Beginnen
61,5 Jesus bleibe stets bei mir
61,5 Jesus zäume mir die Sinnen
61,5 Jesus sei nur mein Begier
61,5 Jesus sei mir in Gedanken
61,5 Jesus lasse nie mich wanken
62,1 Jesus soll die Losung sein
114,3 zu Jesus sei erhoben
135,3 wenn wir Jesus nennen
135,5 wie wir Jesus recht erkennen
386,10 und Jesus gewinne: dies Eine ist not
402,1–6 meinen Jesus laß ich nicht
402,2 Jesus laß ich nimmer nicht
402,5 Jesus wünscht sie und sein Licht
402,6 Jesus laß ich nicht von mir
403,5 als du, liebster Jesus mein
479,1 auf Jesus sein gerichtet hin
530,5 ich habe Jesus angezogen

f) Jesu (Genitiv) (29)

62,1 Jesu Name soll allein
62,2 Jesu Name, Jesu Wort
62,3 nur in Jesu Namen gehen
62,4 Jesu Nam sei Sonn und Schild
78,1 Jesu Kreuz, Leiden und Pein
97,1 Holz auf Jesu Schulter
137,8 zeig uns Jesu Herrlichkeit
221,1 das sollt ihr, Jesu Jünger, nie vergessen
221,1 aus einem Kelche trinken, Jesu Glieder
227,4 durch dein Wort zusammen in Jesu Namen
247,4 wir schrein in Jesu Namen
253,3 wir tragen... allzeit das Sterben Jesu um
258 wenn euch Jesu Hände schirmen
269,3 fangt wie die Jünger Jesu an
328,7 wohl mir, ich bitt in Jesu Namen
329,3 hilf mir durch Jesu Wunden
350,2 allein auf Jesu Wunden rot
350,3 ich will die Gnad in Jesu Blut
354,1 wo anders als in Jesu Wunden
375,2 löscht Jesu Arm die Feuerbrände
386,3 da sie sich zu Jesu Füßen
393,11 wir gehn durch Jesu Leiten
423,11 in unsres Jesu Namen
426,3 auf Jesu Weg zu gehn
427,2 in Jesu Namen danken wir
484,2 deine Gnad und Jesu Blut
530,3 die Seel in Jesu Wunden senken
530,6 ich habe Jesu Leib gegessen
530,7 mit Jesu Blut schön ausgeschmückt

g) Jesu als Anrede (Vokativ) (19) → *k)*

33,2 willkommen, Jesu, Gottes Lamm
34,3 Jesu, wie soll ich dir danken
78,10 Jesu, weil du bist erhöht
88,1 Jesu, deine Passion
248,3 Jesu, der du Jesus heißt
252,1 Jesu, der du bist alleine
373,6 Jesu, mein Heiland, mit frohem Gesang
375,4 wir folgen, Jesu, dir
384,2 Jesu, hier leid ich mit dir
384,3 Jesu, sterb ich, sterb ich dir
384,4 Jesu, dir ich lebe hier
386,7 dein Leben sei, Jesu, mir einzig bewußt
386,9 als wenn ich nur, Jesu, dich immer soll haben
386,9 als wenn ich dich, Jesu, im Glauben erblickt
389,2 dir öffn ich, Jesu, meine Tür
406,1 bei dir, Jesu, will ich bleiben
475,8 Jesu, den ich herzlich ehre
479,3 das ich dir, Jesu, singe
479,4 nun Jesu, Jesu, gute Nacht

ga) o Jesu (24)

11,1 o Jesu, Jesu, setze
30,4 o Jesu, bis zum Scheiden
37,1 o Jesu, du mein Leben
59,6 o Jesu, unsern Glauben mehr
66,9 Amen, o Jesu, du wollst uns vollenden
80,5 o Jesu, du mein Hilf und Ruh
82,4 o Jesu, Lob und Dank
85,8 o Jesu, liebster Freund
87,6 o Jesu, laß an uns
149,5 o Jesu, hilf zur selben Zeit
151,8 o Jesu, meine Wonne
151,8 o Jesu, mach ein Ende
158,2 o Jesu, Trost der Armen
158,4 o Jesu, Lob und Ehre
178.4 o Jesu, Gottes Sohn
190.1 erbarm dich unser, o Jesu
190.1 gib deinen Frieden, o Jesu
219,2 o Jesu, mach uns selbst bereit
220 wir sind, o Jesu, dein
386,4 denn dein Wort, o Jesu, ist Leben und Geist
477,8 o Jesu, meine Freude
479,3 o Jesu, meiner Seelen Freund
480,1 o Jesu, Amen
523,2 o Jesu, Gottes Sohn

gb) ach Jesu, liebster, treuer Jesu (17)

81,1 herzliebster Jesu, was hast du verbrochen
86,1–7 liebster Jesu, Dank dafür
90,2 ach Jesu, deine höchste Treu
161,1 liebster Jesu, wir sind hier
206,1 liebster Jesu, wir sind hier
384,1 treuer Jesu, bleib bei mir
386,4 liebster Jesu, nur nach dir
468,1–4 ach Jesu, Herre mein

gc) Jesu, mein Leben, Haupt, Zier usw. (13)

40,5 drum, Jesu, schöne Weihnachtssonne
86,1 Jesu, meines Lebens Leben
86,1 Jesu, meines Todes Tod
218,5 Jesu, meine Lebenssonne
218,5 Jesu, meine Freud und Wonne
218,5 Jesu, du mein ganz Beginnen
218,6 Jesu, wahres Brot des Lebens
248,7 Jesu, wahrer Friedefürst
384,4 Jesu, unser Haupt du bist
396,1+6 Jesu, meine Freude

396,1 Jesu, meine Zier
396,4 Jesu, meine Lust

gd) Jesu, in Verbindung mit einer Bitte (24)
34,4 Jesu, nimm dich deiner Glieder
61,6 Jesu, laß mich fröhlich enden
88,1 jetzt erschein, Jesu, meinem Herzen
88,4 Jesu, lehr bedenken mich
88,5 Jesu, mein Gewissen still
88,6 gib auch, Jesu, daß ich gern
88,6 Jesu, dir gefallen
164 Jesu, stärke deine Kinder
196,6 hilf, Jesu, daß uns deine Lehr
252,8 denke, Jesu, wir sind dein
373,1 Jesu, hilf siegen, du Fürste des Lebens
373,2 Jesu, hilf siegen. Wenn in mir die Sünde
373,3 Jesu, hilf siegen und laß mich nicht sinken
373,4 Jesu, hilf siegen im Wachen und Beten
373,4 wollst du mich, Jesu, ermuntern und wecken
373,5 Jesu, hilf siegen. Wenn alles verschwindet
373,6 Jesu, hilf siegen und laß mir's gelingen
386,6 Jesu, laß es mir gelingen
386,10 drum auch, Jesu, du alleine
391,1 Jesu, geh voran auf der Lebensbahn
391,4 ordne unsern Gang, Jesu, lebenslang
405,6 gib, Jesu, gib, daß ich dich kann
494,6 nun, Jesu, komm und bleib bei mir
513,7 am End nimm, Jesu, in die Himmelsscheuern

h) Jesus Christus (24)
101,3 Jesus Christus, Gottes Sohn
102,1 Jesus Christus, unser Heiland
123,1+11 Jesus Christus herrscht als König
123,6 Jesus Christus ist der Eine
138,2 Jesus Christus steh uns bei
180.3 Herr, eingeborner Sohn, Jesus Christus
180.3 du bist allein der Höchste, Jesus Christus
193,1 die Jesus Christus, deinen Sohn
194,2 der fest an Jesus Christus haft'
215,1 Jesus Christus, unser Heiland
227,1 daß wir in Jesus Christus dich erkennen
245,4 an Jesus Christus, unsern Herrn
249,5 durch Jesus Christus, Amen
268,4 Geist von Jesus Christus
275,7 durch Jesus Christus. Amen
280,1 und Jesus Christus, Heil und Stärk
320,8 durch Jesus Christus. Amen
342,1 der Glaub sieht Jesus Christus an
363,7 durch Jesus Christus! Amen
367,3 durch Jesus Christus. Amen
438,6 durch Jesus Christus, deinen Sohn
442,5 und Jesus Christus offenbar'
522,5 denn Jesus Christus, Gottes Sohn

i) Jesus Christ (Kurzform) (31)
3,1 daß wir erkennen Jesus Christ
10,3 zu dem kommt Jesus Christ
73,3 das heißet Jesus Christ
100,2 es ist erstanden Jesus Christ
104,1–3 Lob sei dir für und für, Jesus Christ
106,2 hat überwunden Jesus Christ
108,1 denn Jesus Christ erstanden ist
113,5 es war getötet Jesus Christ
114,5 so wirst du sehn, daß Jesus Christ
119,1 der Ehrenkönig Jesus Christ
122,1 wird seine Glieder Jesus Christ
124,2 lehr uns Jesus Christ kennen allein
126,6 dazu Jesus Christ, seinen Sohn
162,2 das ist der Tag, da Jesus Christ
179,4 die Jesus Christ erlöset
232,4 und Jesus Christ, seim lieben Sohn
267,3 deinen Namen, Jesus Christ
271,8 wie herrlich strahlt dein Name, Jesus Christ
288,7 und Jesus Christ, sein ein'ger Sohn
356,1 als nur der Name Jesus Christ
357,4 das ist der Jesus Christ
362,2 er heißt Jesus Christ
405,1–5 halt im Gedächtnis Jesus Christ
453,5 und seinem Sohne Jesus Christ
459,2 die rechte Sonn ist Jesus Christ

ia) durch, auf, in Jesus Christ usw. (19)
42,1+9 ihn preise, was durch Jesus Christ
57,1–5 uns wird erzählt von Jesus Christ
64,1 nun von dir selbst in Jesus Christ
112,3 so mir durch Jesus Christ... erworben ist
113,1+8 durch Jesus Christ gegeben
183,2 wir glauben auch an Jesus Christ
239,4 und bewahre euch in Jesus Christ
249,4 und glauben fest an Jesus Christ
264,1 gegründet allein auf Jesus Christ
303,3 und hofft getrost auf Jesus Christ
359,5 hüten ganz in Jesus Christ
522,5 so fahr ich hin zu Jesus Christ
521,3 wahrhaft durch Jesus Christ

j) Jesu Christ/Christi (Genitiv) (5)
99 so lobn wir den Vater Jesu Christ'
202,7 des Blutes Jesu Christi
328,1 daß ich es tu im Namen Jesu Christ

328,4 und ein Miterbe Jesu Christi sei
366,4 im Namen deins Sohns Jesu Christ

k) Jesu Christ/Christe (Vokativ) (21) → *g)*
1,5 komm, o mein Heiland Jesu Christ
6,2 komm, Jesu Christe, lieber Herr
6,3 du treuer Heiland Jesu Christ
23,1 gelobet seist du, Jesu Christ
72,1 o Jesu Christe, wahres Licht
103,5 nun bitten wir dich, Jesu Christ
121,4 hilf uns, o Bruder Jesu Christ
149,7 o Jesu Christ, du machst es lang
179,3 o Jesu Christ, Sohn eingeborn
180.1 Herr, eingeborner Sohn, Jesu Christe
180.1 du bist allein der Höchst, Jesu Christe
191 du König der Ehren, Jesu Christ
192 o Jesu Christ, Gottes Sohn
262,7 laß uns eins sein, Jesu Christ
304,6 o Jesu Christe, Sohn des Allerhöchsten
350,4 gelobet seist du, Jesu Christ
350,5 du Ehrenkönig Jesu Christ
398,1 o du süßer Jesu Christ
399,4 o Lebensbrünnlein, Jesu Christ
442,7 o Jesu Christ, wir warten dein
487,3 Jesu Christ, mein Hort und Halt

jetzt (74)

a) allgemein (28)
110,3 jetzt grünet, was nur grünen kann
110,4 es singen jetzt die Vögel all
110,4 jetzt singt und klingt die Nachtigall
110,5 der Sonnenschein jetzt kommt herein
111,4 jetzt ist der Tag, da mich die Welt
113,1+8 was kann uns jetzt der Teufel tun
136,3 brüsten sich frecher jetzt als je
141,2 das Himmelreich kommt jetzt herbei
145,5 die Wahrheit wird jetzt unterdrückt
177.1 jetzt und immerdar
177.2 jetzt und immerdar
177.3 wie im Anfang, so auch jetzt und alle Zeit
218,3 nimmt mein Herze jetzt gefangen
241,8 so dunkel jetzt dein Weg, o Heilger, ist
244,7 und ist vielleicht das Maß jetzt voll
248,2 trifft dein Volk jetzt überall
255,2 jetzt hier, jetzt dort, in Ost und West
321,3 so jetzt und immerdar
328,7 wohl mir, Lob dir jetzt und in Ewigkeit
362,1 die uns jetzt hat betroffen
362,1 mit Ernst er's jetzt meint
386,9 meine Seele jetzt ergötzt
396,2 ob es jetzt gleich kracht und blitzt
437,1 die helle Sonn leucht' jetzt herfür
453,5 vordem, jetzt und in Ewigkeit
485,4 wenn jetzt es um uns dunkelt
501,1 die Tier sieht man jetzt springen

b) von Gott (20)
14,5 o komme du auch jetzt aufs neue
23,2 jetzt man in der Krippen find't
85,1 jetzt aber hoch schimpfieret
88,1 in dem Bilde jetzt erschein
92,6 jetzt um dein Siegerangesicht
92,6 jetzt mit des Geistes Kraft und Licht
211,5 Gott, der du durch die Taufe jetzt
218,1 will dich jetzt zu Gaste laden
218,1 will jetzt Herberg in dir halten
248,4 laß jetzt sehen deine Macht
312,5 Täufer, was sollen wir tun, wenn er jetzt kommt
422,3 gedenke, Herr, jetzt an dein Amt
422,3 jetzt und zu aller Frist
431,1 o rette uns jetzt vor dem Brand
445,3 jetzt mit dieser Nacht vergehn
451,3 und mir's jetzt neu gegeben
472,1 auch jetzt in dieser Nacht
478,7 mein Gott wacht jetzt in meiner Ruh
512,5 jetzt an unsre Seelen rührt
524,6 sei von mir auch jetzt nicht ferne

c) von Menschen (26)
20,2 euch jetzt nicht mehr verlassen wähnen
29,4 dem gebt jetzt und immermehre
32,4 jetzt und zu aller Stund
71,6 jetzt und in Ewigkeit
78,8 jetzt in meim Elende
82,4 jetzt und mein Leben lang
88,1 will ich jetzt bedenken
89,4 drum will ich jetzt in Dankbarkeit
139,5 dem wir das Heilig jetzt
168,1 wir sind jetzt deine Gäste und danken dir
168,4 wenn wir jetzt weitergehen
169,2 wir hören jetzt auf Gottes Wort
218,6 daß ich auch, wie jetzt auf Erden
226,3+4 seht, der Kelch, den wir jetzt teilen
341,7 es soll dir jetzt gelingen
342,4 so lerne jetzt ein frommer Christ
349,1 jetzt und zu aller Stund
363,6 die ihr jetzt Gott ergeben seid
366,5 weil wir jetzt stehn verlassen gar
370,5 sollt ich jetzt nicht auch etwas tragen
423,11 in Demut jetzt begehrt
457,2 jetzt halte lauschend still
460 jetzt an dem Tisch und sonst an allen Enden

478,6 ich baue jetzt in meinem Sinn
504,1 bring auch jetzt dein Lob herzu

jetzund (2)
205,3 damit jetzund in deinen Bund
470,2 jetzund, immer und ewiglich

Joch (10)
144,5 dein Joch zum Ende tragen
150,5 trugen des Kreuzes Joch
254,4 doch ist das Joch für jeden
363,2 mein Joch ist sanft, leicht meine Last
375,3 noch unter Satans Joch
386,1 ist ja nur ein schweres Joch
392,3 ich fürcht sein Joch und doch in Banden lebe
401,5 an ihr Joch mit Leib und Sinn
503,12 hier trage dieses Leibes Joch
520,4 er hat getragen Christi Joch

Johannes (Evangelist) (1)
77,6 wie Johannes zeiget an

Johannes (der Täufer) (4) → *Sankt Johann, Täufer*
141,1 der Sankt Johann vorausgesandt
141,6 des Vorläufer Johannes ist
202,1 von Sankt Johann die Taufe nahm
312,1 Johannes hieß der Mann

Jordan (2)
202,1 Christ, unser Herr, zum Jordan kam
202,3 daselbst am Jordan hörte

Jordanfurt (1)
312,3 was riefst du dort an der Jordanfurt

Joseph (1)
43,3 Maria und Joseph betrachten es froh

Joseph (von Arimathäa) (1)
77,7 ward Jesus vom Kreuzesstamm durch Joseph genommen

Jubel (3)
43,4 stimmt freudig zum Jubel der Engel mit ein
54,2 sagt mir doch eures Jubels Grund
429,2 Jubel wird sein in allen Ländern, Jubel und Freude

Jubelharmonie (1)
255,9 der Liebe Jubelharmonien

Jubelklang (1)
150,7 mit Jubelklang, mit Instrumenten schön

jubeln (6) → *jauchzen*
43,3 hoch oben schwebt jubelnd der Engelein Chor
127,1 jauchz, Erd, und Himmel, juble hell
229,1 jubelt laut und sagt fröhlich Dank
269,1 Christus ist König, jubelt laut
278,9 zum Gott, der die Freude jubeln läßt
315,6 jubelt laut, jubelt laut

Jubelschall (1)
294,2 gelobt sei Gott mit Jubelschall

jubilate (lat. jubelt) (1)
181.7 jubilate Deo

jubilieren (3)
70,6 jubilieret, triumphieret, dankt dem Herren
398,2 wir jubilieren und triumphieren
524,8 mit den Engeln jubilieren

Juda (1)
114,6 es hat der Löw aus Judas Stamm

Jugend (6)
78,2 fing bald in der Jugend an
133,10 schmück... mit Frömmigkeit die Jugend
241,7 und präge dich der Jugend selber ein
324,16 hat er dich nicht von Jugend auf
423,8 und ziehe unsre Jugend
529,2 von meiner Jugend an

jugendlich (1)
332,1 lobt froh den Herrn, ihr jugendlichen Chöre

Jugendzeit (1)
403,4 in der frischen Jugendzeit

jung (12)
149,3 was alle Menschen, jung und alt
204,2 in meinen jungen Jahren hast du mich
211,2 nimm dich des jungen Lebens an
289,3 ob seiner jungen Kindlein klein
293,2 erscheinet Jung und Alten
304,4 den jungen Raben, die ihn tun anrufen
338 Alte mit den Jungen sollen loben
363,1 ihr Jungen, Alten, Frau und Mann
363,3 heut ist der Mensch schön, jung und rank
363,4 dem Jungen nicht sein stolzer Mut
503,7 darüber jauchzet jung und alt
514,2 du Sommers junges Morgenrot

(das) Junge (3)
282,2 sie brüten ihre Jungen aus
325,2 über seine Jungen streckt
503,4 das Schwälblein speist die Jungen

Jünger (12)
78,3 lehrt und rüst' die Jünger sein
120 von seinen Jüngern allen
194,2 dadurch wir Christi Jünger sein
201 macht zu Jüngern alle Völker
202,5 sein Jünger heißt der Herre Christ
210,5 Herr, sende mich wie deine Jünger
221,1 das sollt ihr, Jesu Jünger, nie vergessen
223,2 da von dem eignen Jünger gar
251,7 daß wir deine Jünger sein
269,3 fangt wie die Jünger Jesu an
413,2 daran man seine Jünger kennt
452,2 so, wie ein Jünger hört

Jungfrau (12) → *Frau, Maria*
4,1 der Jungfrauen Kind erkannt
12,3 Jakobs Heil, der Jungfrau Sohn
23,1 von einer Jungfrau, das ist wahr
24,2 von einer Jungfrau auserkorn
29,2 ein Jungfrau ihn geboren hat
76,1 von einer Jungfrau rein und zart
147,1 wo seid ihr klugen Jungfrauen
151,3 ihr klugen Jungfraun alle
183,2 von Maria, der Jungfrauen
191 der Jungfrau Leib nicht hast verschmäht
203,1 von einer Jungfrau rein geborn
341,6 von einer Jungfrau rein und zart

Jungfrauschaft (1) → *Maria*
68,3 hast in Marien Jungfrauschaft

Jüngster Tag (8) → *Ewigkeit, Jüngstes Gericht, Tag*
6,2 der Jüngste Tag ist nun nicht fern
59,5 am Jüngsten Tage aufzustehn
111,9 der Jüngste Tag wird's zeigen an
127,6 weckst uns am Jüngsten Tage
148,2 bis an den Jüngsten Tag
149,7 mit deinem Jüngsten Tage
397,3 ruh bis zum Jüngsten Tage
450,4 gib, daß auch am Jüngsten Tage

Jüngstes Gericht (1) → *Gericht, Jüngster Tag*
192 in unserer letzten Not, im Jüngsten Gericht

K

Käfer (5)
509,1–5 der Käfer dir brummt

kalt (8)
30,1 mitten im kalten Winter
128,5 wärm die kalten Herzen fein
137,4 laß uns nicht mit kaltem Herzen
246,3 wir sind arg, sicher, träg und kalt
255,3 so manches kalte, tote Herz
406,6 graut mir vor dem kalten Tod
450,3 unsre kalten Werke töte
482,7 kalt ist der Abendhauch

Kälte (1)
324,5 wer wärmet uns in Kält und Frost

Kammer/Kämmerlein (5)
3,3 aus seiner Mutter Kämmerlein
4,2 er ging aus der Kammer sein
36,2 heute geht aus seiner Kammer
457,4 in Keller, Kammer, Feld
482,2 als eine stille Kammer

Kampf (10)
87,3 dein Kampf ist unser Sieg
87,4 zum Kampf und Leiden wagen
104,1–3 im Kampf mit Tod und Höll behält
137,8 in den schwersten Kampf uns stellt
223,5 gib deiner Schar im Kampf und Krieg
377,1 wir sind im Kampfe Tag und Nacht
377,2 da wir nach allem Kampf und Streit
414,2 und gebe mir zum Kampf und Siege Kraft

kämpfen (9) → *ringen*
113,2 da Christus mit ihr kämpfte
117,2 so kämpften wir umsonst
131,5 laß uns hier kämpfen ritterlich
133,12 hilf kämpfen ritterlich
151,1 auf, betet, kämpft und wachet
373,3 lehre mich kämpfen und prüfen die Geister
375,4 und glaubend kämpfen wir
385,4 ich kämpfe selbst, ich brech die Bahn
385,6 wer nicht gekämpft, trägt auch die Kron

Kämpfer (1)
14,2 gewalt'ger Kämpfer ohne Speere

Kanaan (1)
290,3 ich laß euch erben Kanaan

kaum (2)
428,4 das uns deckt kaum bis zum Morgen
490,3 kaum ist die Sonne uns entschwunden

kehren, sich kehren (14)
39,1 Herz und Sinnen zu ihm kehren
41,1 zu den Verlornen sich kehren
64,3 drum kehre jeden Tag zu dir
112,7 und darf mich gar nicht kehren
202,5 sich soll zur Buße kehren
234,1 von seiner Bosheit kehre sich
247,2 ach kehre dich mit Gnaden zu uns Armen
292,1 und dich in Gnaden zu mir kehrst
299,1 dein gnädig' Ohren kehr zu mir
303,7 kehrt er mit starker Hand zurück
353,6 dennoch sich in schneeweiß kehren
370,3 will er's wieder zu sich kehren
412,3 und nichts zum Besten kehret
520,2 und sich zur Erde wiedrum kehrt

Keim (1)
98,1 Keim, der aus dem Acker in den Morgen dringt

Kelch (6)
65,3 und reichst du uns den schweren Kelch
221,1 aus einem Kelche trinken, Jesu Glieder
226,3+4 seht, der Kelch, den wir jetzt teilen
323,3 den Kelch des Heils erheben
372,5 muß ich den Kelch gleich schmecken

Keller (1)
457,4 er segnet dich... in Keller, Kammer, Feld

kennen (44)

a) allgemein (5)
90,2 den Seelen, die dich kennen
239,5 kenne auch der Freude tiefsten Grund
382,3 schließ auf das Land, das keine Grenzen kennt
413,2 daran man seine Jünger kennt
526,5 wird ihn, meinen Heiland, kennen

b) von Gott (21)
20,8 und er kennt jedermann mit Namen
56,2 es kommt, der alles kennt und sieht
92,2 kein Maß hat deine Gnad gekannt

209,1+3 der's Leben kennt, der mich versteht
252,2 die du kennest überall
252,7 wie es not; du kennst sie wohl
278,4 du, Herr, kennst meiner Seele Trauer
289,3 er kennt das arm Gemächte
334,6 danke, dein Heil kennt keine Schranken
358,1 es kennt der Herr die Seinen
358,1 und hat sie stets gekannt
358,2 er kennet seine Scharen
358,3 er kennt sie als die Seinen
358,4 er kennt sie an der Liebe
358,5 so kennt der Herr die Seinen
358,5 wie er sie stets gekannt
369,4 er kennt die rechten Freudenstunden
371,3 er sieht und kennet aus der Höhe
489,2 ihn, der alle Himmel kennt
511,3 kennt auch dich und hat dich lieb

c) von Menschen (18)
37,2 eh ich dich kannt, erkoren
72,1 erleuchte, die dich kennen nicht
124,2 lehr uns Jesus Christ kennen allein
126,6 lehr uns den Vater kennen wohl
129,2 nun können wir ihn kennen
131,4 lehr uns den Vater kennen schon
165,1 wer ihn kennt, wer ihn nennt
235,3 wir kennen dein Gebot
239,3 ihr kennt den Wundertäter
287,3 du kennst oftmals deinen Weg nicht
290,7 o wer ihn kennet, dient ihm gern
327,4 wer den Herren kennet
357,3 auch kenn ich wohl den Meister
357,3 ich weiß und kenne ihn
365,7 dieweil ich Christus kenne
386,5 ach wenn ich nur Jesus recht kenne und weiß
393,2 wir kennen ja den Treuen
519,4 zu 'rleuchten, die dich kennen nicht

Kenntnis (1)
67,3 laß uns... und Kenntnis nehmen zu

Kerker (2)
111,6 da er durchs Todes Kerker bricht
388,1 uns führt aus dem Kerker hin

Kerze (6)
17,1 sehet, die erste Kerze brennt
17,2 sehet, die zweite Kerze brennt
17,3 sehet, die dritte Kerze brennt
17,4 sehet, die vierte Kerze brennt
65,5 laß warm und hell die Kerzen heute flammen
212,5 wir verlöschen. Deine Kerze leuchtet

Kette (5)
365,2 von Ketten und von Banden
375,3 so wird zuletzt aus allen Ketten
388,4 schau doch aber unsre Ketten
443,3 vor Ketten und vor Banden
475,4 lösen von der Sünde Ketten

keusch (1)
231,7 und halten keusch das Leben dein

Kind (119)

a) allgemein (29)
20,3 kein Kind, das nachts erschrocken schreit
37,6 für edle Kinder großer Herrn
43,4 stimmt freudig, ihr Kinder
83,2 nimm dich an der Kinder, die ich ausgetan
93,3 und die sonst des Todes Kinder
137,2 auch uns schwache Kinder aus
192 gesunde Kinder und Gedeihen geben
203,2 du hast die Kinder nicht veracht'
203,3 die Kinder lasset kommen her
211,2 weil du ein Freund der Kinder bist
270,1+2 Kinder und Säuglinge künden dein Lob
270,4 des Menschen Kind, daß du seiner dich annimmst
271,2 der Kinder Lallen tut dich, Vater, kund
271,3 des Menschen Kind, daß du ihm Liebe schenkst
361,11 wohl dir, du Kind der Treue
362,4 Gut, Ehr, Kind und Weib
380,2 Kinder sein als Greis
408,5 wie im Mutterschoß ein Kind
424,3 Kinder nicht aus Hunger sterben
441,4 doch werden noch des Tages Kind'
442,3 ihr Kinder sollt bei diesem Stern
442,8 ein Kind der ewgen Seligkeit
443,4 Gemahl, Gut, Ehr und Kind
457,6 dein Kind, dein Land, dein Vieh
471,4 pfleg auch der Kinder
475,6 Weib und Kinder, Hab und Gut
482,5 wie Kinder fromm und fröhlich sein
511,3 weißt du, wieviel Kinder frühe

aa) dies, jedes Kind, unsere, ihre, seine Kinder (13)
83,1 der Welt und ihrer Kinder
84,2 wie wir und unsre Kinder
205,1 teil diesem Kind den Segen mit
207,2 ach präge jedem Kinde
208,2 so rufe dieses Kind mit Namen
211,1 wir danken dir für dieses Kind

211,4 so segne nun auch dieses Kind
212,2 legen wir dies Kind in deine Arme
243,3 kann... verlassen ein Mutter je ihr Kind
308,10 und unsern Kindern ewiglich
318,4 und Guts tut seinen Kindern
477,8 dies Kind soll unverletzet sein
508,4 und unsern Kindern Brot

b) von Christus (28)
4,1 der Jungfrauen Kind erkannt
8,5 und wer dies Kind mit Freuden umfangen
13,3 du, des ewgen Vaters Kind
16,2 wird nun ein Kind und Knecht
16,2 wenn er dem Kinde glaubt
20,4 und ruft: Uns ist ein Kind geboren
20,7 das Kind zieht als ein König ein
23,2 des ewgen Vaters einig Kind
24,5 da findet ihr das Kind gelegt
30,2 hat sie ein Kind geboren
36,2 Gottes Kind, das verbind't
38,1 Gott und Mensch, ein kleines Kind
40,1 das Kind, dem alle Engel dienen
41,3 Gott wird ein Kind
41,4 eins mit dem Kinde zu sein
41,6 König der Ehren, aus Liebe geworden zum Kinde
43,2 in reinlichen Windeln das himmlische Kind
43,5 o betet: Du liebes, du göttliches Kind
50,1 du Kind, zu dieser heilgen Zeit
52,2 daß das Kind geboren sei
53,3 zu dem heilgen Kinde eilten sie
53,3 mit dem Kind sein Wohlgefallen
55,3 o heilig Kind von Bethlehem
80,1 Gott des Vaters einigs Kind
83,2 geh hin, mein Kind, und nimm dich an
312,7 ein Kind ist dir geboren
312,7 Kind, uns geboren
468,1 weil du ein Kind gewesen bist

c) von Gottes Kindern (20)
11,8 schafft, daß bei Gottes Kindern
23,4 und uns des Lichtes Kinder macht
42,6 und Gottes Kinder werden wir
104,3 gib, daß wir, alle Gottes Kind'
109,4 wir aber Gottes Kinder seind
127,2 und durch die Tauf werd Gottes Kind
127,5 und halt zusammen Gottes Kind
134,3 daß wir Gottes Kinder sind
159,2 Gotts treue Diener, Erbn und Kind
162,3 daß nun ein Christ heißt Gottes Kind
213,2 kommt her, versöhnte Kinder
303,8 ihr Kinder Gottes, lobt und preist
307,7 denn sie werden Gottes Kinder heißen
353,4 macht aus Sündern Gottes Kinder
393,1+6 kommt, Kinder, laßt uns gehen
393,7 kommt, Kinder, laßt uns wandern
423,8 sei allen Kindern Vater
514,6 führ Gottes Kinder himmelan
530,5 hast mich zum Kind genommen auf

ca) deine, seine Kinder (29)
58,5 läßt Gott uns, seine Kinder
65,6 all deiner Kinder hohen Lobgesang
164 Jesu, stärke deine Kinder
183,1 daß wir seine Kinder werden
197,1 laß mich dein Kind und Erbe sein
200,2 du hast zu deinem Kind und Erben
200,4 nimm mich, dein Kind, zu Gnaden an
205,1 laß's sein dein Kind, nimm weg sein Sünd
206,3 daß es dein Kind hier auf Erden
241,3 sich deiner Kinder Herz und Sinn bewegt
252,6 mache deine Kinder schön
256,1 bereite dir zum Ruhm deine Kinder
325,10 zu dir, Vater, als dein Kind
328,4 gibt Zeugnis meinem Geist, daß ich dein Kind
328,5 durch welchen ich dein Kind und Erbe bin
360,1-6 gibt er seinen Kindern
361,4 was deinen Kindern ersprießlich ist
376,2 dein armes Kind: es will die Augen schließen
382,3 und laß mich unter deinen Kindern leben
406,5 sprich: Mein Kind, hier geht's zu Ende
412,4 mein Nächster ist sein Kind wie ich
446,3 du sprachst: Mein Kind, nun liege
475,8 was dein Kind gebeten hat
497,13 du bist mein Vater, ich dein Kind

Kindesbein (1)
321,1 und Kindesbeinen an unzählig viel zugut

Kindlein/Kindelein/Kinderlein (40)

a) von Christus (26)
8,4 im Stall ein Kindelein
23,3 er ist ein Kindlein worden klein
24,2 euch ist ein Kindlein heut geborn
24,2 ein Kindelein so zart und fein
24,7 wes ist das schöne Kindelein
25,1 sie sagten ihn': Ein Kindlein zart
27,2 und wird ein Kindlein klein

29,4 da fanden sie das Kindelein
32,1 geboren ist uns ein Kindelein
32,3 o Kindelein, von Herzen
35,2 o Kindlein zart und rein
37,6 dies Kindlein drauf zu legen
39,7 schönstes Kindlein in dem Stalle
43,3 da liegt es, das Kindlein, auf Heu und auf Stroh
45,1 sehet das Kindlein, uns zum Heil geboren
48,1 kommet, das liebliche Kindlein zu schaun
49,1–4 kommt her zum Kindlein in dem Stall
49,2 das Kindlein auserkoren
49,4 tut alle das Kindlein grüßen
52,4 daß sie auch das Kindlein fanden
73,3 er führet dich zum Kindelein
73,4 bis du dies Kindlein hast
203,1 der du ein Kindlein worden bist

b) von Menschen (14)
43,1 ihr Kinderlein, kommet, o kommet doch all
58,4 die Kindlein hier auf Erden
203,4 laß dir… ach lieber Herr, dies Kindelein
206,1 dieses Kindlein kommt zu dir
289,3 ob seiner jungen Kindlein klein
399,7 denn auch die liebsten Kinderlein
442,1 steht auf, ihr lieben Kinderlein
468,1 so gib auch diesem Kindelein
468,1–4 behüt dies Kindelein
468,3 nun schlaf, nun schlaf, mein Kindelein
468,4 du herzeliebes Kindelein

kindlich (6)
152,4 mit kindlichem Verlangen
289,3 wenn wir ihn kindlich fürchten rein
331,7 wenn wir kindlich auf dich hoffen
386,8 im kindlichen Geiste das Abba nun klingt
393,7 kommt, laßt uns kindlich sein
513,5 wir wollen kindlich zu Gott Hoffnung hegen

Kirche (31) → *Gemeinde, Gemeinschaft, Glied b), Herde*
51,5 ach, Herr, führ deine Kirche nach
133,9 die Kirchen, so zerstöret
135,4 auf der Kirche Feld
184,5 läßt Christen Christi Kirche sein
192 und deine heilige christliche Kirche regieren
192 alle Diener der Kirche im heilsamen Wort
227,4 zu einer Kirche durch dein Wort zusammen
227,6 gedenke, Herr, die Kirche zu erlösen
241,7 die für die ganze Kirche flehn und schrein
243,5 sein Kirche zu erneuen
244,3 gib deiner Kirche gute Ruh
245,1 sich eine ewge Kirch auf Erd
245,3 die recht in dieser Kirche wohnen
246,3 Herr Jesu, hilf, dein Kirch erhalt
246,4 gib deiner Kirche Gnad und Huld
246,7 und deiner Kirche wahrer Schutz
250,1 dir wollen eine Kirch erwählen
250,3 der Völker eine Kirch gemacht
262,1 brich in deiner Kirche an
263,1 brich in deiner Kirche an
264,1 die Kirche steht gegründet
265,2 der uns als seine Kirche liebt
265,4 steh deiner Kirche bei
266,2 daß deine Kirche immer wacht
267,1 denn die Kirche ist ja dein
267,2 die in andern Kirchen stehn
267,5 dein Volk ist nicht unsre Kirche
269,5 daß wir vereint die Kirche sehn
344,3 zerbrich, vor ihm dein Kirch erhalt
359,6 o so freu dich in dem Herrn, Kirche, allezeiten
423,1 schütz Kirche, Obrigkeit und Haus

Klage (10)
9,6 und all eu'r Klag und Weinen
77,2 bracht man ihn mit harter Klag
103,2 erstand er frei ohn alle Klag
127,6 in unser Herz ohn Klage
250,2 man höret immer deine Klage
273,4 ich hab ihr Klag erhöret
346,5 hilf, daß ich mag nach dieser Klag
452,2 da schweigen Angst und Klage
518,2 unsre Klag und großes Leid
524,5 ist nichts denn nur Klag und Weinen

klagen (12)
20,3 er kommt mit Frieden. Nie mehr Klagen
123,7 klagt, ihr Kranken, ihm die Schmerzen
148,4 von Trauern, Weh und Klagen
151,6 sollt nun nach Kreuz und Klagen
259,2 auf ihr Gebet und Klagen
311,3 ohne Klagen, ohne Fragen
343,1 ich bitt, erhör mein Klagen
366,5 und klagen dir all unsre Not
371,5 und des Herzens stilles Klagen
381,2 so sang einst König David, so klage auch ich

391,2 niemals über Lasten klagen
532,3 und zum Loben wird unser Klagen

Klang (4) → *Gesang, Stimme*
65,6 so laß uns hören jenen vollen Klang
108,3 singt Lob und Dank mit freiem Klang
288,4 mit Loben durch der Psalmen Klang
318,9 und gib dein Wort mit freiem Klang

klar (23)
3,3 ging er hervor als klarer Schein
4,4 dein Krippen glänzt hell und klar
7,5 o klare Sonn, du schöner Stern
19,1 durch deines klaren Lichtes Pracht
27,4 und gibt... die klare Gottheit dran
40,3 das Licht der klaren Seligkeit
63,5 der klare Blick verbaut
67,1 vor andern Sternen klar
108,2 auch seiner Schar verheißen klar
148,1 ganz herrlich, schön und klar
195,1 was Gottes Wort klar spricht und richt'
196,5 erhalt es bei uns klar und rein
202,3 solchs hat er uns gezeiget klar
241,3 dein Sohn hat ja mit klaren Worten
346,1 sein Wort sind wahr, sein Werk sind klar
371,12 wo ist ein Glück so klar und reine
441,3 das jedem klar vor Augen stellt
441,6 die Werk des Lichtes scheinen klar
442,5 leucht uns mit deinem Glänzen klar
442,8 du bist die liebe Sonne klar
482,1 am Himmel hell und klar
507,6 Sonnenschein, klar und rein
514,3 ihr Wasserbäche, klar und rein

Klarheit (8)
74,1 du gingst... in unerschaffner Klarheit auf
136,1 verbreite Licht und Klarheit
144,7 also der Krone der Klarheit teilhaftig werden
150,5 mit Klarheit hell umgeben
165,7 daß ich deine Klarheit schauen mag
251,5 alles, was von deiner Klarheit
399,6 mein Klarheit, Licht und helle Sonn
476,7 dem keine Nacht sein Licht und Klarheit nimmt

klatschen (1)
286,4 die Ströme klatschen wie mit Händen

kleben (2) → *festhalten, haften*
343,5 an deiner Gnad allein ich kleb
398,1 an dir wir kleben im Tod und Leben

Kleid (8)
154,4 aber noch tragen wir der Erde Kleid
224,1 ob reich, ob arm, dich irrt kein Kleid
314,4 kommt und breitet Kleider auf der Straße vor ihm aus
315,5 nun trägst du Schuh und Ring und Kleid
349,3 geschmücket mit einem schönen Kleid
386,6 die Kleider des Heils ich da habe erlangt
477,4 legt ab das Kleid und Schuhe
503,2 mit einem grünen Kleide

kleiden, sich kleiden (4)
77,3 gekleidet zu Hohn und Spott
83,7 ich will mich darein kleiden
412,2 läßt Nackende nicht kleiden
506,2 wer kleidet sie mit Majestät

klein/kleiner/kleinst (55)

a) allgemein (23)
24,10 so wär sie doch dir viel zu klein
30,3 das Blümelein so kleine
40,2 der Glanz in dieser kleinen Höhle
55,1 o Bethlehem, du kleine Stadt
127,1 an seim trostlosen Häuflein klein
215,2 verborgen im Brot so klein
241,2 die Ernt ist groß, die Zahl der Knechte klein
249,1 verzage nicht, du Häuflein klein
252,5 laß sie dadurch werden kleiner
252,6 abgeschieden, klein und stille
256,5 dein Senfkorn, arm und klein
262,6 und mit unsrer kleinen Kraft suchen
263,6 und mit unsrer kleinen Kraft suchen
324,11 kein Zähr- und Tränlein ist so klein
334,3 danke für jedes kleine Glück
393,11 Welt, du bist uns zu klein
417,2 dieser größten Gabe ist kein Dienst zu klein
425,3 für die kleinsten Freundlichkeiten
509,1 dir, lieber Gott, zu klein
509,4 der kleinen Mücklein Schwarm
509,4 ist keins zu klein und arm
517,4 denn alle Welt ist dir zu klein
517,8 was das nicht ist, das schätz gar klein

b) von Gott (5)
23,3 er ist ein Kindlein worden klein
27,2 und wird ein Kindlein klein
38,1 Gott und Mensch, ein kleines Kind
38,2 du wirst klein, du großer Gott
287,2 seine Macht sei klein und gering

c) von Menschen (10)
169,1+5 und keines ist dafür zu klein
212,3 wartet auf die Kleinen und empfängt uns
289,3 ob seiner jungen Kindlein klein
308,7 wer niedrig ist und klein geacht'
369,6 den Reichen klein und arm zu machen
393,8 ein jeder sei der Kleinste
411 ach, daß wir Armen nur so kleine Herzen haben
412,7 dem Kleinsten auch von diesen
423,8 den Kleinen gib Gedeihn

ca) groß und klein (17)
18,2 Hirt und König, Groß und Klein
36,6 stellt euch ein, groß und klein
47,4 hört's, ihr Menschen groß und klein
58,11 laß Großen und auch Kleinen
108,1 beid, groß und klein, von Herzen rein
142,6 durch sie geleite groß und klein
253,2 ist keiner klein noch größer
305,3 preist ihn, groß und klein
306,3 preist ihn, groß und klein
311,2 alle Menschen, groß und klein
312,2 macht groß, was klein geblieben
320,7 uns Große mit den Kleinen
331,5 loben Große, loben Kleine
351,12 es sei klein oder groß
358,1+5 die Großen und die Kleinen
484,3 alle Menschen, groß und klein

Kleinod (4)
62,5 dem kein Kleinod zu vergleichen
70,3 du leuchtend Kleinod, edler Stein
166,5 laß dein teures Kleinod mir
473,1 mein schönste Zier und Kleinod bist

klingen (20) → *erschallen, erschwingen, lauten, singen*
9,5 laßt eure Lieder klingen
35,4 und die Psalmen klingen
53,1 unterm Himmel hört man's klingen
54,1 klingen das weite Feld entlang
81,11 da will ich dir, wenn alles wird wohl klingen
110,2 die Christenheit auf Erden klingt
110,4 jetzt singt und klingt die Nachtigall
133,5 dein Singen klinget wohl
139,5 mit Freuden lassen klingen
148,6 da wird man hören klingen
327,1 laß die Stimme klingen
327,3 jauchze, preise, klinge
328,3 so klingt es schön in meinem Liede
386,8 im kindlichen Geiste das Abba nun klingt
407,3 dann mit neuem Klingen jauchz ich froh dir zu
455,1 Frühlied der Amsel, Schöpferlob klingt
503,5 und klingen ganz vom Lustgeschrei
503,8 und lasse, was dem Höchsten klingt
503,10 wie muß es da wohl klingen
513,1 sie rufen: Kommet, laßt die Sicheln klingen

klopfen (3)
70,7 des klopf ich in die Hände
354,3 deswegen klopft er für und für
392,4 er stehet noch an meiner Tür und klopfet

Kluft (2)
503,3 das Täublein fliegt aus seiner Kluft
509,2 die Schlange in den Klüften

klug/klügst (6) → *weise*
91,5 seh ich dein Kreuz den Klugen dieser Erden
147,1 wo seid ihr klugen Jungfrauen
151,3 ihr klugen Jungfraun alle
271,2 verborgen hast du dich den klugen Weisen
297,2 wenn sie's aufs klügste greifen an
357,1 und Trug die Klugen prellt

Knabe/Knäblein (2)
33,1 daß dieses schwache Knäbelein
46,1 holder Knabe im lockigen Haar

Knecht (25) → *Sklave*
15,2 die Qual ist um, der Knecht ist frei
16,2 wird nun ein Kind und Knecht
27,3 und nimmt an eines Knechts Gestalt
27,5 er wird ein Knecht und ich ein Herr
78,2 als ein Knecht zu dienen
81,4 bezahlt... für seine Knechte
82,2 der Herr für seinen Knecht
93,2 als der Freie ward zum Knechte
94,5 wir sind nicht mehr die Knechte
123,10 jauchz ihm, Menge heilger Knechte
146,2 erbarm dich deiner bösen Knecht
241,2 viel Knechte, die in treuer Arbeit stehn
241,2 die Ernt ist groß, die Zahl der Knechte klein
244,7 als einem ungetreuen Knecht
250,4 so sind wir dennoch böse Knecht
276,4 all seine treuen Knechte
298,2 rufe die verstoßnen Knechte
300,1 ihr, seine Knechte, steht geweiht

342,7 die Werk, die sind des Nächsten Knecht
346,2 uns macht gerecht der treue Knecht
385,4 ein böser Knecht, der still mag stehn
388,6 nicht der Menschen Knecht zu sein
423,4 und segne beide, Herrn und Knecht
451,8 daß ich als ein getreuer Knecht
452,4 gibt sonst kein Herr dem Knecht

Knechtschaft (1)
19,2 von Schuld und Knechtschaft mach uns frei

Knie (5)
3,4 sich beugen müssen alle Knie
29,2 sie fielen nieder auf ihre Kniee
43,4 o beugt wie die Hirten anbetend die Knie
71,2 die Knie sie vor dir beugen
137,6 Haupt und Knie, auch nicht zum Schein

knien (2) → *hinknien*
43,3 die redlichen Hirten knien betend davor
485,6 die Schar, die kniet vor dir

kommen (307) → *sich einstellen*
a) allgemein
aa) von der Zeit (Tag, Nacht, Ende)
b) von Gott
ba) Jesus/Christus, Gottes Sohn
bb) Gott, König, Herr
bc) Heil, Schatz, Heiland
bd) Gottes Reich, Gericht, Jüngster Tag → c)
c) Bitte an Gott → bd)
ca) komm, Herr, Jesus Christus
cb) komm, Heiliger Geist
d) von Engeln
e) von Menschen
ea) vom Weg des Glaubens
f) Aufforderung an Menschen
fa) als Anrede: ihr... (Vokativ)

a) allgemein (41)
4,4 Dunkel muß nicht kommen drein
8,1 es kommt ein Schiff, geladen
30,1 von Jesse kam die Art
31 von Jesse kam die Art
65,7 erwarten wir getrost, was kommen mag
69,2 der Bräut'gam kommt, nun machet euch bereit
70,4 von Gott kommt mir ein Freudenschein
82,5 daß mir nie komme aus dem Sinn
87,4 wenn's kommen soll mit uns
95,1 wenn über uns die Ängste kommen
101,2 davon kam der Tod so bald
112,1 wie kommt nach großem Leiden
140,1 dein hoher Segen auf uns komm
147,1 wohlauf, der Bräut'gam kommt
147,2 ihr Freund kommt vom Himmel prächtig
150,4 kommt dort gezogen schon
213,4 die mir von oben kam
214,1 der von deiner Mutter Maria kam
218,1 komm ans helle Licht gegangen
241,5 ach daß die Hilf aus Zion käme
296,2 mein Hilfe kommt mir von dem Herrn
297,4 wie ein Vogel des Stricks kommt ab
320,3 sind kommen von der Sünden
324,7 ach Herr, mein Gott, das kommt von dir
326,6 so kommt, so hilft der Überfluß
355,2 wo kam dies her, warum geschieht's
361,5 das muß doch endlich kommen
371,10 wird sie dennoch endlich kommen
387,1 zur Versuchung kommen
396,5 kommt nicht mehr ans Licht
407,2 ohne dich, wo käme
463 kommt, o Gott, von dir
477,5 die Arbeit kommen sei
497,1 von dir kommt Glück und Segen
503,4 ist froh und kommt aus seiner Höh
505,5 zum Danken kommt das Bitten
511,2 daß sie all ins Leben kamen
513,2 von deiner Huld kommt alle unsre Habe
520,4 ist kommen an ein sel'ges End
520,6 uns kommt in gleicher Weis der Tod
530,1 kann kommen meine Todesnot

aa) von der Zeit (Tag, Nacht, Ende) (18)
5,6 kommt ihr letztes Ende
77,7 der Abend war kommen
151,1 der Abend ist gekommen
212,5 unsre Zeit kommt bald an ihre Grenze
234,6 eh morgen kommt, kann's ändern sich
332,4 einst kommt die Zeit, wo wir auf tausend Weisen
365,7 kommt doch die Ewigkeit
372,4 es kommt die Zeit
457,3 der Mittag kommt. So tritt zum Mahl
471,1 die Nacht ist kommen
477,6 es kommen Stund und Zeiten
486,9 ich weiß, daß auch der Tag, der kommt
487,1 Abend ward, bald kommt die Nacht
487,4 guter Morgen kommt

488,1 es kommt die Nacht, die Finsternis fällt ein
505,6 kommt unser Lebensende
516,6 wenn kommt mein Stündelein
530,7 so komm mein End heut oder morgen

b) von Gott (37)
5,2 er kommt auch noch heute
9,2 er kommt zu uns geritten
11,4 du kommst und machst mich los
11,4 du kommst und machst mich groß
11,7 er kommt, er kommt mit Willen
11,8 er kommt, er kommt den Sündern
11,9 er kommt, er kommt, ein König
14,4 und wo du kommst herangezogen
14,4 du kommst, daß auf empörter Erde
14,5 kommst, zu erneuen deinen Frieden
18,1 kommt und ist für alle da
18,1 kommt, daß Friede werde
20,3 er kommt mit Frieden. Nie mehr Klagen
23,6 er ist auf Erden kommen arm
27,2 er kommt aus seines Vaters Schoß
56,2 es kommt, der alles kennt und sieht
66,1 Schöpfer, wie kommst du uns Menschen so nah
85,3 und daher bist du kommen
92,3 du kamst ins Fleisch demütiglich
127,1 der kam mit Feuers Glut zur Erd
141,3 ich bin's nicht, bald wird kommen er
185.1 gelobet sei, der da kommt im Namen des Herren
185.2 gelobet sei, der da kommt im Namen des Herren
185.3 gelobet sei, der da kommt im Namen des Herrn
225,3 zu jedem will er kommen
264,1 vom Himmel kam er nieder
279,5 doch kamst du, uns herauszuführen
294,4 er, der da kommt in Gottes Namen
312,5 Täufer, was sollen wir tun, wenn er jetzt kommt
313,1+2 vielleicht kommt er auch heut vorbei
314,2 seht, er kommt geritten, auf dem Esel sitzt der Herr
331,6 zu uns auf die Welt gekommen
341,6 er kam zu mir auf Erden
410,1 kam er als ein Bruder
418,4 und daß du gekommen bist
457,3 und kommt zu Gaste gern

ba) Jesus/Christus, Gottes Sohn (21)
5,1 Gottes Sohn ist kommen
10,3 zu dem kommt Jesus Christ
47,1 Gottes Sohn kam in die Welt
51,4 daß Christus Jesus kommen wird
66,1 Jesus ist kommen, Grund ewiger Freude
66,2 Jesus ist kommen, nun springen die Bande
66,3 Jesus ist kommen, der starke Erlöser
66,4 Jesus ist kommen, der Fürste des Lebens
66,5 Jesus ist kommen, der König der Ehren
66,6 Jesus ist kommen, ein Opfer für Sünden
66,7 Jesus ist kommen, die Quelle der Gnaden
66,8 Jesus ist kommen, die Ursach zum Leben
66,9 Jesus ist kommen, sagt's aller Welt Enden
75,2 wäre nicht gekommen Christus in die Welt
76,1 Christus... äußert und kam auf Erden
101,3 Jesus Christus, Gottes Sohn, an unser Statt ist kommen
202,1 Christ, unser Herr, zum Jordan kam
313,2 Jesus, der durch die Straßen kam
354,3 deswegen kam der Sohn auf Erden
405,1 Jesus Christ... vom Thron des Himmels kommen ist
409,4 kam sein Sohn zur Welt

bb) Gott, König, Herr (11)
1,1 es kommt der Herr der Herrlichkeit
1,4 so kommt der König auch zu euch
13,1 sieh, dein König kommt zu dir
13,1 ja er kommt, der Friedefürst
14,1 dein König kommt in niedern Hüllen
15,6 es kommt der Herr, eu'r Gott ist da
17,4 Gott selber wird kommen, er zögert nicht
18,1 Gott kommt auf die Erde
153,2 das ist der kommende Herr
325,5 kommt mein Gott und hebt mir an
369,4 so kommt Gott, eh wir's uns versehn

bc) Heil, Schatz, Heiland (5)
9,1 weil unser Heil ist kommen
11,3 da bist du, mein Heil, kommen
29,3 der Heiland ist gekommen
34,2 wie dein Heiland kommt zu dir
122,2 denn wo mein Schatz gekommen hin

bd) Gottes Reich, Gericht, Jüngster Tag (25) → *c)*
5,7 wird von dannen kommen
11,10 er kommt zum Weltgerichte
149,1 daß Gottes Sohn wird kommen

150,2 wann wirst du kommen schier
151,5 gekommen, und der Braut
152,1 du kommst uns ja zum Segen
152,3 doch sollst du sichtbar kommen
152,4 wir warten dein, du kommst gewiß
153,1 ist nicht der Himmel, der kommt
153,2–5 der Himmel, der kommt
184,4 und kommt am Tag, vorherbestimmt
186 dein Reich komme
187 dein Reich komme
188 dein Reich komme
189 bis du kommst in Herrlichkeit
267,4 laß dein Reich in Wahrheit kommen
286,4 er kommt, er naht sich, daß er richte
307 wenn du in dein Reich kommst
331,7 du wirst kommen zum Gericht
344,3 es komm dein Reich zu dieser Zeit
426,3 den kommenden Frieden sehn
447,10 Herr, du wirst kommen und all deine Frommen

c) Bitte an Gott (29) → *bd)*
7,4 o komm, ach komm vom höchsten Saal
7,4 komm, tröst uns hier im Jammertal
7,6 ach komm, führ uns mit starker Hand
11,10 ach komm, ach komm, o Sonne
14,5 o komme du auch jetzt aufs neue
19,1 o komm, o komm, du Morgenstern
37,9 komm, komm und lege bei mir ein
70,7 komm du schöne Freudenkrone, bleib nicht lange
128,2 komm, Vater der armen Herd
128,2 komm mit deinen Gaben wert
130,1 o komm, du Herzenssonne
147,2 nun komm, du werte Kron
149,7 komm doch, komm doch, du Richter groß
165,8 Herr, komm in mir wohnen
165,8 komm, du nahes Wesen
166,2 komme du nun auch zu mir
170,1+4 komm, Herr, segne uns, daß wir uns nicht trennen
217,4 ach komm selbst, leg an deine Hände
389,2 ach komm und wohne du bei mir
423,9 komm als ein Arzt der Kranken
428,1 komm in unsre stolze Welt
428,2 komm in unser reiches Land
428,3 komm in unsre laute Stadt
428,4 komm in unser festes Haus
428,5 komm in unser dunkles Herz
496 komm in mein Haus und Herz
529,9 ach komm, mein Gott, und löse
529,9 komm, mach ein seligs Ende

ca) komm, Herr, Jesus Christus (19)
1,5 komm, o mein Heiland Jesu Christ
4,1 nun komm, der Heiden Heiland
6,2 komm, Jesu Christe, lieber Herr
6,3 so komm, lieber Immanuel
19,2 o komm, du Sohn aus Davids Stamm
19,3 o komm, o Herr, bleib bis ans End
41,7 komm doch, mein Heiland
55,3 o heilig Kind... in unsre Herzen komm
55,3 komm auch zu uns und bleib bei uns, o Herr Immanuel
151,8 o Jesu... komm bald und mach dich auf
178.6 komm vom Himmelsthron, Jesus
217,1 Herr Jesu Christe... komm, mit Gnaden mich bewirte
248,4 komm und unser dich erbarm
256,4 komm, Herr Jesu, zieh uns voran
314,6 komm, Herr Jesus, auch zu uns
465 komm, Herr Jesu, sei du unser Gast
494,4 drum komm, Herr Jesu, stärke mich
494,6 nun, Jesu, komm und bleib bei mir
532,2 komm, Heiland, der uns mild verbindet

cb) komm, Heiliger Geist (10)
125,1 komm, Heiliger Geist, Herre Gott
126,1 komm, Gott Schöpfer, Heiliger Geist
127,4 komm, Feuer Gottes, Heilger Geist
128,6 Heilger Geist, und komme bald
134,1 komm, o komm, du Geist des Lebens
136,1 o komm, du Geist der Wahrheit
136,2 komm zu uns, werter Tröster
156 komm, Heiliger Geist, erfüll die Herzen
205,3 wollst gleichfalls zu uns kommen
532,1 komm, Tröster, Heilger Geist, und tröste

d) von Engeln (3)
25,1 vom Himmel kam der Engel Schar
45,3 kommt, singet dem Herren, singt, ihr Engelchöre
469,6 befiehl dem Engel, daß er komm

e) von Menschen (15)
5,8 doch die Bösen kommen dahin
29,2 zu dem die Könige kamen geritten
52,4 kamen reich und hoch geritten
105,4 den Herrn zu salben kommen sie
150,3 eh ich bin kommen fort
199,2 eh wir zum Leben kamen
206,2 und in Gottes Reich nicht kommen
292,2 ich kam in Jammer und in Not

312,1 kam einst zum Ufer
323,3 denn als die Schwachen kamen
354,2 wir kommen oder kommen nicht
370,2 da ich kam, da ich nahm
457,7 er segnet, wenn du kommst und gehst
482,4 und kommen weiter von dem Ziel
527,6 und recht zur Blüte kommen

ea) vom Weg des Glaubens (28)
16,5 kommt dort aus dem Gericht
37,1 ich komme, bring und schenke dir
70,4 auf dein Wort komm ich geladen
96,4 daß wir mit allen Heilgen zu dir kommen
130,1 zu dir kommen wir getreten
166,2 ich bin, Herr, zu dir gekommen
206,1 dieses Kindlein kommt zu dir
208,1 und uns, sooft wir zu dir kamen
212,1 kommen wir zu dir: Du gabst uns Leben
219,1 wir kommen, deinen Leib und Blut
234,7 daß ich noch heute komm zu dir
278,2 werde ich endlich dahin kommen
302,6 die finden, wenn sie kommen
353,5 ich Betrübter komme hier
353,8 daß ich selig zu ihm kommen
366,5 drum kommen wir, o Herre Gott
385,2 wer zu mir kommt und folget mir
392,2 Gott rufet noch. Sollt ich nicht endlich kommen
393,10 so kommen wir nach Haus
418,5 wir einst alle kommen
426,1 und die Völker werden kommen
476,7 mich zu dem Glanz des andern Lebens kommen
482,6 laß uns in' Himmel kommen
497,12 kommt endlich, Herr, durch deinen Geist
498,3 froh kommen wir an unsern Ort
516,2 auf daß ich zu ihm komme
522,4 denn wo du bist, da komm ich hin
523,4 wer kommt ins himmlisch Schloß

f) Aufforderung an Menschen (33)
36,6 ei so kommt und laßt uns laufen
39,1 kommt und laßt uns Christus ehren
43,1 zur Krippe her kommet, in Bethlehems Stall
66,7 komme, wen dürstet, und trinke, wer will
103,4 kommt, seht, wo er gelegen hat
165,1 kommt, ergebt euch wieder
213,3 kommt, legt auf ewig ab
225 komm, sag es allen weiter
225,2 kommt, alles ist bereit
228,2 kommt, schmeckt und seht, die Not ist groß
229,1 kommt mit Gaben und Lobgesang
279,7 kommt, hört und betet mit mir an
281,5 kommt, heiligt seinen Namen
286,3 kommt, betet euren König an
288,1 kommt her, zu seinem Dienst euch stellt
288,1 kommt mit Frohlocken, säumet nicht
288,1 kommt vor sein heilig Angesicht
288,4 kommt, geht zu seinen Toren ein
314,3 kommt und legt ihm Zweige... auf den Weg
314,4 kommt und breitet Kleider... vor ihm aus
314,6 kommt und laßt uns bitten
316,1 kommet zuhauf
317,1 kommet zuhauf
326,9 so kommet vor sein Angesicht
353,3 kommet alle, kommet her
353,3 kommet, ihr betrübten Sünder
393,1 kommt, stärket euren Mut
393,2 kommt, folgt und trauet dem
393,7 kommt, laßt uns kindlich sein
393,8 kommt, bindet fester an
393,9 kommt, laßt uns munter wandern
444,3 kommt, lasset uns singen
513,1 sie rufen: Kommet, laßt die Sicheln klingen

fa) als Anrede: ihr... (Vokativ) (12)
43,1 ihr Kinderlein, kommet, o kommet doch all
45,1 o kommet, o kommet nach Bethlehem
48,1 kommet, ihr Hirten, ihr Männer und Fraun
48,1 kommet, das liebliche Kindlein zu schaun
117,1 ihr Menschen, kommt ins Helle
215,5 er spricht selber: Kommt, ihr Armen
251,2 kommt, ach kommt, ihr Gnadenkinder
353,4 kommet, ihr betrübten Sünder
393,1+6 kommt, Kinder, laßt uns gehen
393,7 kommt, Kinder, laßt uns wandern
514,1 Gottes Geschöpfe, kommt zuhauf

Konfession (1)
267,5 unsre Konfession allein

König (66) → *Haupt, Herr (A), Herrscher*

a) von Gott (43)
1,1 ein König aller Königreich
1,3 so diesen König bei sich hat
1,3 da dieser König ziehet ein
1,4 so kommt der König auch zu euch
7,2 den König über Jakobs Haus
9,4 nehmt diesen König an

9,5 dem König Lob zu singen
11,9 er kommt, er kommt, ein König
13,1 sieh, dein König kommt zu dir
13,3 sei gegrüßet, König mild
14,1 dein König kommt in niedern Hüllen
20,7 das Kind zieht als ein König ein
24,11 darauf du König groß und reich
45,1–4 o lasset uns anbeten den König
70,1 mein König und mein Bräutigam
70,2 ein hochgeborner König
71,3 du bist ein großer König
71,6 dich meinen König nenne
81,7 ach großer König, groß zu allen Zeiten
90,1 daß man dich Herr und König heißt
92,1 du König, der die Gläub'gen hält
92,6 o König du, verlaß uns nicht
104,3 leite du, König, uns, und Held
123,1+11 Jesus Christus herrscht als König
123,9 da sie ihren König grüßt
239,3 der als Vater hört, als König schenkt
239,5 holt der König dann mit Ehren ein
252,1 Haupt und König der Gemeine
255,1 daß du bist König, Gott und Herr
259,1 kommt her, des Königs Aufgebot
259,1 zum König aufgeschauet
269,1 Christus ist König, jubelt laut
286,3 kommt, betet euren König an
302,8 der Herr allein ist König
303,7 der Herr ist König ewiglich
327,1 wunderbarer König
373,3 steh mir zur Rechten, o König und Meister
379,1 will König tausendfaltig
527,9 der immer König bleibet

aa) König der Ehren, himmlischer König (13)
29,1 euch ist geborn ein König der Ehrn
33,2 du König aller Ehren
41,6 König der Ehren, aus Liebe geworden zum Kinde
45,2 du König der Ehren, Herrscher der Heerscharen
66,5 Jesus ist kommen, der König der Ehren
70,6 groß ist der König der Ehren
71,1 o König aller Ehren
178.7 König der Herrlichkeit
180.1 Herr Gott, himmlischer König
180.3 Herr Gott, himmlischer König
191 du König der Ehren, Jesu Christ
316,1 lobe den Herren, den mächtigen König der Ehren
317,1 lobe den Herren, den mächtigen König der Ehren

b) von Menschen (10)
18,2 Hirt und König, Groß und Klein
29,2 zu dem die Könige kamen geritten
52,4 Könige aus Morgenlanden
77,2 sandt zum König Herodes
133,4 zum König, den in Nöten
137,1+9 Kön'ge und Prophetenschar
381,1 so sang einst König David, hörtest du ihn
381,1 so schrie einst König David, halfest du ihm
381,2 so sang einst König David, so klage auch ich

königlich (4)
4,2 dem königlichen Saal so rein
137,5 seinen königlichen Geist
250,3 als ihrem königlichen Haupt
253,4 dies königlich Gebot besteht

Königreich (2)
1,1 ein König aller Königreich
326,3 in seinem ganzen Königreich

Königskrone (1)
1,2 sein Königskron ist Heiligkeit

Königstag (1)
51,4 am großen Königstage

können (250) → *vermögen*

a) allgemein
aa) nicht können, nichts, niemand kann
ab) kein… kann
b) von Gott
ba) von Gottes Macht
bb) Gott hilft, bewahrt, erlöst
c) von Menschen
ca) verstehen, glauben können
cb) sehen, hören können
cc) rühmen, freuen, fröhlich sein können
cd) von der Nachfolge

a) allgemein (40)
10,3 das kann sich recht bereiten
11,2 so gut es kann und weiß
25,4 was kann euch tun die Sünd und Tod
34,4 schenke, was man bitten kann
65,5 führ, wenn es sein kann, wieder uns zusammen
66,7 hier kann das Herze sich laben und baden
82,3 was kann mir denn nun schaden
110,3 jetzt grünet, was nur grünen kann
112,7 es tobe, was da kann
113,1+8 was kann uns jetzt der Teufel tun

170,2 Segen kann gedeihn, wo wir alles teilen
234,6 eh morgen kommt, kann's ändern sich
262,1 daß die Welt es sehen kann
263,1 daß die Welt es sehen kann
299,1 wer kann, Herr, vor dir bleiben
315,6 die Freude, die nur danken kann
325,9 wer's erwarten kann, erfreuet
331,2 alles, was dich preisen kann
351,1 was kann mir tun der Feinde
351,12 was man nur kann erdenken
352,4 Hoffnung kann das Herz erquicken
353,1 hier ist, was sie retten kann
353,5 daß dies Wort mich trösten kann
354,6 was Seel und Leib erquicken kann
357,2 gar feste können sein
362,3 ein Wörtlein kann ihn fällen
370,8 und macht Bahn, da man kann
371,12 wo ist ein Haus, das könnte sagen
386,9 nichts Süßes kann also mein Herze erlaben
426,3 kann das Wort von den letzten Tagen
475,3 so uns all erfreuen kann
494,1 und kann uns auch gedeihen
501,3 das mich im Kreuz kann laben
505,1 man kann es deutlich merken
505,3 nach Würden rühmen kann
527,1 dies, was uns kann ergötzen
528,6 es kann Glut und Flut entstehen
530,1 kann kommen meine Todesnot
530,2 es kann vor Nacht leicht anders werden

aa) nicht können, nichts, niemand kann (59)

25,5 er will und kann euch lassen nicht
25,5 dem sei Trotz, der's nicht lassen kann
37,4 und kann mich nicht satt sehen
56,1–5 kann unsre Nacht nicht traurig sein
56,5 kann unsre Nacht nicht endlos sein
70,2 deiner kann ich nicht vergessen
101,2 den Tod niemand zwingen konnt
101,5 der Würger kann uns nicht rühren
112,5 sie zürnt und kann nichts machen
113,3 nichts ist, das... den starken Held kann halten auf
116,5 uns kann nicht schaden Sünd oder Tod
123,8 nichts kann sie von Jesus scheiden
148,2 man kann's mit nichts vergleichen
182,8 Not, Angst und Tod kann uns nicht besiegen mehr
196,3 in Fels und Steinen kann das Wort... nicht bekommen
218,4 kann dies Wunder nicht erreichen
233,1 da ist niemand, der helfen kann
236,1 hören kann ich nicht
236,2 sehen kann ich nicht
236,3 schaffen kann ich nicht
236,4 loben kann ich nicht
236,6 lieben kann ich nicht
240,3 daß nichts von dir uns scheiden kann
262,3 der sonst niemand wehren kann
277,4 wenn ich nichts hören kann, hilf mir dich rufen
297,5 Vernunft kann das nicht fassen
299,2 vor dir niemand sich rühmen kann
325,5 nichts vermag, nichts helfen kann
342,1 sie können nicht behüten
342,2 da man es nicht konnt halten
351,4 so dürft und könnt ich nicht
351,6 nichts, nichts kann mich verdammen
351,13 und kann nicht traurig sein
353,3 daß es nicht verderben kann
353,7 daß mich nichts verdammen kann
357,4 der nimmermehr kann wanken
361,4 dein Werk kann niemand hindern
365,3 es kann mich nicht gereuen
368,3 es kann mir nichts geschehen
370,6 können mir nichts mehr hier tun
370,11 niemand kann uns scheiden
371,13 es kann und mag nicht anders werden
371,13 kann das Unglück nicht vermeiden
371,15 da sie den Grund, der nicht kann brechen
388,7 was dein Reich nicht kann ererben
398,1 nichts kann uns scheiden
398,2 kann uns nicht schaden
399,4 niemand kann sie ermessen
413,2 in niemands Herz man sehen kann
422,2 daraus uns niemand helfen kann
480,1 und wer nicht schlafen kann
499,3 darum kannst auch du nicht schweigen
525,4 mir können nicht mehr schaden
527,4 kann vor dem Tod nichts nützen
531,1 noch kann ich es nicht fassen

ab) kein... kann (17)

11,5 die kein Mund kann aussagen
37,5 und keinen Trost kann finden
109,4 nun kann uns kein Feind schaden mehr
144,3 die kein Mensch kann aussprechen
146,2 und könnt kein Mensch vor dir bestehn
148,2 kein Zung kann je erreichen
170,2 keiner kann allein Segen sich bewahren
179,1 uns rühren kann kein Schade

263,3 der kein Mensch sonst wehren kann
303,2 weil denn kein Mensch uns helfen kann
322,3 und, wo kein Mensch nicht helfen kann
370,8 kann uns doch kein Tod nicht töten
379,1 dem keiner nahen kann
421 kein andrer nicht, der für uns könnte streiten
522,5 kein Mensch kann mich aufwecken
526,3 kein Todesbann ewig von ihm trennen kann
527,1 kein Fels, kein Erz, kann stehn

b) von Gott (15)
27,5 wie könnt es doch sein freundlicher
36,3 sollt uns Gott nun können hassen
66,5 dieser Beherrscher kann Herzen bekehren
88,5 wie kann Gott mich hassen
217,1 was mir fehlt, kannst du mir geben
303,6 wo er kann einige Fromme finden
320,7 du kannst's nicht böse meinen
342,4 durch den, der es konnt halten
342,5 dein Wort kann nicht betrügen
343,2 du kannst es mir wohl geben
372,4 der mir nichts Böses gönnen kann
388,3 willst und kannst ja anders nicht
457,5 ihm kann es keinen Tag genug
522,4 Todsfurcht kann sie vertreiben
530,6 nun kannst du meiner nicht vergessen

ba) von Gottes Macht (13)
133,8 kannst Menschenherzen wenden
218,1 der den Himmel kann verwalten
248,6 der den Kriegen steuern kann
304,3 er kann den Himmel mit Wolken bedecken
316,4 was der Allmächtige kann
317,4 was der Allmächtige kann
343,5 du kannst mich stärker machen
359,2 all Stund euch kann erfüllen
368,1 der alles kann und hat
369,6 der bald erhöhn, bald stürzen kann
384,2 es kann leichtlich Gottes Huld
446,6 du kannst ins Herze sehen
527,9 der einzig ewig machen kann

bb) Gott hilft, bewahrt, erlöst (21)
9,6 er ist's, der helfen kann
39,3 dieser kann und will uns heben
61,3 kannst die Sünd' allein vergeben
83,2 du kannst und sollst sie machen los
102,3 er kann erretten alle
133,5 der allen helfen kann
209,1+3 der mich zu allen Zeiten kann geleiten
214,2 nicht größre Güte konnte er uns schenken
218,4 Gottes Geist nur kann uns leiten
232,1 der mir aus Nöten helfen kann
281,3 er kann, er will, er wird in Not
328,4 denn der kann mich bei dir vertreten
343,5 du kannst machen
345,1 der kann mich allzeit retten
345,1 mein Unglück kann er wenden
346,2 hier ist der Mann, der helfen kann
370,5 sein Gericht, kann mich nicht
371,2 Kreuz, Angst und Not kann er bald wenden
398,2 kannst alles wenden
475,4 du allein kannst mich erretten

c) von Menschen (38)
37,4 und weil ich nun nichts weiter kann
83,5 das will ich stets, so tief ich kann
84,8 nun, ich kann nicht viel geben
86,5 daß ich könnte sicher sein
91,7 wie könnt ich noch nach meinem Willen leben
112,4 der Sünden kann ich spotten
122,2 mein Herz auch nur im Himmel kann
123,5 können wir Erlösung haben
137,7 gib, daß wir's nicht lassen können
202,5 der nicht mehr könne sterben
211,2 daß es behütet wachsen kann
212,6 du bist reicher, als wir sagen können
215,8 daß er dein genießen kann
243,3 kann und mag auch verlassen
245,4 kann doch hinein nicht jeder gehen
281,4 kannst du geführt und sicher sein
318,1 dein Leben kannst ernähren
355,3 ich kann es nur Erbarmung nennen
360,4 wir sind nur Menschen, die sich fürchten können
361,1 da dein Fuß gehen kann
371,11 was kann dein Feind, der Mensch, groß machen
386,6 nichts kann ich vor Gott ja bringen
395,3 wer aufbricht, der kann hoffen
397,1 wenn ich nur dich kann haben
406,2 könnt ich's irgend besser haben
406,2 könnt ich je getroster werden
430,3 damit wir leben könnten
445,5 kann ich recht bewahret sein
449,10 ich kann ernähren
476,6 daraus ich Licht im Tode nehmen kann
478,5 ich kann ja nicht verloren sein
479,3 ich bringe, was ich kann

495,3 womit ich kann bestehen
503,8 ich selber kann und mag nicht ruhn
513,3 in Staub uns wandeln, können wir nicht leben
516,4 und kann kein Wort mehr sprechen
524,7 meine Zung nicht mehr kann sprechen
533,1 du kannst nicht tiefer fallen

ca) verstehen, glauben können (11)
41,4 wer kann dies Geheimnis verstehen
66,6 Abgrund der Liebe, wer kann dich ergründen
81,8 ich kann's mit meinen Sinnen nicht erreichen
83,3 du kannst – was nie kein Mensch gedacht
129,2 nun können wir ihn kennen
131,3 an Christus niemand glauben kann
236,5 glauben kann ich nicht
325,3 deine Tief ergründen können
405,6 gib, Jesu, gib, daß ich dich kann
447,3 daß unsre Sinnen wir noch brauchen können
529,2 solang ich denken kann

cb) sehen, hören können (8)
40,3 in diesem Lichte kannst du sehen
53,3 konnten staunend sehen
91,4 dies kann mein Geist mit Schrecken und Entzücken
235,3 und können oft nur uns und unsre Nöte sehen
251,6 daß ein jeder sehen kann
371,12 wenn er's sehen könnt und wollte
379,5 noch künftig sehen kann
446,4 ich kann das Licht noch sehen

cc) rühmen, freuen, fröhlich sein können (8)
34,1 freue sich, wer immer kann
36,10 nun kann ich mich durch dich wohl zufrieden geben
114,4 es kann ein Christ bei Kreuzespein
286,3 Gott macht, daß jeder jauchzen kann
351,5 in ihm kann ich mich freuen
366,7 auf daß von Herzen können wir... danken dir
450,4 sich auf jener Freudenbahn freuen kann
523,3 drauf kann ich fröhlich sein

cd) von der Nachfolge (20)
61,1 daß aufs neu ich wandeln kann
61,4 und ich christlich könne leben
81,7 wie kann ich g'nugsam solche Treu ausbreiten
81,8 wie kann ich dir denn deine Liebestaten
130,2 auch können alle Christenheit... lehren
130,2 daß wir können Herz und Sinnen dir ergeben
130,5 daß wir können Christus unsern Heiland nennen
136,1 den Herrn bekennen kann
152,2 so können wir nun gern mit dir... zum Kreuz bequemen
231,5 und wo dein Hand ihn' dienen kann
251,3 auch das Leben lassen kann
295,3 so kann ich richtig laufen
323,1 solang er lallen kann
334,2 ich verzeihen kann
334,6 daß ich danken kann
353,6 da ich gläubig sprechen kann
353,8 und auf den Trost sterben kann
404,6 dich ewig lieben kann
432,3 wir können neu ins Leben gehn
442,4 wir können dein gar nicht entbehrn

Können (1) → *Kunst, Vermögen, Werk*
325,5 wenn mein Können, mein Vermögen nichts vermag

Kontinent (1)
515,1 sei gepriesen für Meer und Kontinente

Kopf (3)
39,5 bricht den Kopf der alten Schlangen
111,9 wie er der Schlangen Kopf zerknickt
113,2 der Kopf ist ihr zertreten

Korb (1)
457,5 er segnet dir auch Korb und Krug

Korn/Körnlein (7)
84,3 die sich wie Körnlein finden
98,1 Korn, das in die Erde, in den Tod versinkt
182,6 so wie die Körner, auf Erden weit verstreut
227,4 aus vielen Körnern ist ein Brot geworden
371,8 ihr bescheidnes Körnlein weiset
508,3 und Korn und Obst von ihm
512,4 ließest wachsen Frucht und Korn

Kost (3)
85,5 gelabet mit Milch und süßer Kost
101,7 Christus will die Kost uns sein
218,2 mich nach deiner Kost zu sehnen

kosten (2)
82,5 wie viel es dich gekostet
341,4 er ließ's sein Bestes kosten

köstlich (5)
252,3 o wie köstlich sind sie mir
284,1 das ist köstlich, dir zu sagen Lob und Preis
285 das ist ein köstlich Ding
304,1 es ist sehr köstlich, unsern Gott zu loben
349,4 tragen dies köstliche Geschmeid

krachen (1)
396,2 ob es jetzt gleich kracht und blitzt

kraft (3)
85,9 kraft deiner Angst und Pein
264,2 kraft seiner Gnadenwahl
353,6 müssen sie kraft deines Bluts

Kraft (104) → *Gewalt, Macht, Stärke*

a) allgemein (15)
104,2 Sünd und Schuld bleiben ohne Kraft
194,1 daß es sein Kraft und Schein vollbring
194,2 der einig Glaub ist diese Kraft
202,7 der Glaub im Geist die Kraft versteht
219,3 bis wir durch deines Nachtmahls Kraft
241,4 die in der Kraft Evangelisten sein
273,5 da wird sein Kraft erkannt und Schein
282,4 und gehen fort von Kraft zu Kraft
373,3 wenn sich die Kräfte der Lügen aufblähn
393,1 von einer Kraft zur andern
401,4 Liebe, die du Kraft und Leben
406,1 zuströmt Kraft und Lebenssaft
407,2 ohne dich, wo käme Kraft und Mut mir her
481,3 und alle bösen Kräfte vertreibe
503,6 bringt täglich neue Stärk und Kraft

b) von Gott (29)
3,6 Lob, Preis sei, Vater, deiner Kraft
58,1 bis hierher Kraft gegeben
67,4 du väterliche Kraft
85,3 von deines Leibes Kraft
133,2 die Kraft, die uns von Sünden
142,5 groß ist in ihnen deine Kraft
148,8 Lob, Ehr, Preis, Kraft und Stärke
186 und die Kraft und die Herrlichkeit
187 und die Kraft und die Herrlichkeit
188 denn dein ist das Reich und die Kraft
226,5 bis er wiederkommt in Kraft
256,5 auf deine Kraft vertrauen wir
263,7 Kraft, Lob, Ehr und Herrlichkeit
273,4 und sein die Kraft der Armen
275,4 mein Schild, mein Kraft – sagt mir dein Wort
275,7 die göttlich Kraft mach uns sieghaft
281,5 den Schwachen Kraft und Stärke gibt
286,1 sein heilger Arm gibt Kraft und Mut
302,3 hier sind die starken Kräfte
304,2 denn er ist mächtig und von großen Kräften
305,4 er wird Kraft uns geben
306,4 er wird Kraft uns geben
346,1 sein heilger Mund hat Kraft und Grund
363,2 mit meiner Hilf und Kraft wird er
406,1 meiner Seele Trieb und Kraft
439,3 mit deiner großen Kraft und Macht
494,2 er gibt uns Segen, Mut und Kraft
497,4 durch deine Kraft erwecket
529,9 durch deinen Arm und Kraft

ba) in Verbindung mit (dem Heiligen) Geist (9)
68,3 durch deines Heilgen Geistes Kraft
92,5 der Geist der Kraft geht aus von dir
92,6 jetzt mit des Geistes Kraft und Licht
132 ihr werdet die Kraft des Heiligen Geistes empfangen
134,1 Geist des Lebens... deine Kraft sei nicht vergebens
134,6 o du Geist der Kraft und Stärke
137,1 Geist, der... Trieb und Kraft und Zeugnis war
139,3 werter Geist... der mir gibt neue Kraft
182,9 Wahrheit und Licht und die Kraft, durch seinen Geist

c) Bitte an Gott (36)
61,1 laß es neue Kräfte bringen
114,10 Herr Jesu, gib uns Kraft und Mut
125,3 o Herr, durch dein Kraft uns bereit
126,3 erhalt fest dein Kraft und Gunst
128,6 gib dem Glauben Kraft und Halt
133,2 und schmecken deine Kraft
135,2 gib uns Kraft und Lebenssaft
135,3 gib uns Kraft zu beten
136,3 du mußt uns Kraft verleihen
136,7 mit deiner Kraft begleite
137,2 Kraft und Glaubensmut zu haben
138,1–3 mit Gottes Kraft uns rüsten
171,3 sei Hilfe, sei Kraft
192 deinen Geist und Kraft zum Worte geben
210,1–5 gib du mir Kraft
210,3 gib... und Kraft, für andere dazusein
217,4 dir zu dienen Kraft verleih
223,5 gib... Mut, Kraft und Hilf aus deinem Sieg
252,2 Gnade, Kraft und Segen bringe
262,5 gib den Boten Kraft und Mut
263,5 gib den Boten Kraft und Mut

318,9 o hilf, daß wir mit deiner Kraft
328,1 ach gib mir deines Geistes Kraft dazu
373,3 laß doch viel heller dann deine Kraft sehn
404,5 mit deiner Kraft mich rüste
404,7 verleih mir Kraft und Mut
414,2 und gebe mir zum Kampf und Siege Kraft
431,3 für ihn zu leiden gib uns Kraft
495,3 so gib den Worten Kraft
513,4 schenk uns Gesundheit, neue Kraft und Stärke

d) von Menschen (15)
81,10 weil's aber nicht besteht in eignen Kräften
91,3 sinn ich ihm nach, so zagen meine Kräfte
196,5 Kraft, Rat und Trost in aller Not
248,5 andre traun auf ihre Kraft
256,2 unsre Kraft ist schwach und nichtig
262,6 und mit unsrer kleinen Kraft
263,6 und mit unsrer kleinen Kraft
282,3 daß Trost und Kraft ihm nimmer fehlet
351,7 aus aller meiner Kraft
378,3 neue Kräfte kriegen
383,1 alte Kräfte kehren wieder
428,3 sich von dir die Kraft erbitte
476,4 sich seiner Kraft fein sanft erholen mag
497,4 und da der rechten Weisheit Kraft
516,4 wenn meine Kräfte brechen

kräftig/kräftiglich (10)
67,4 kräftig aus eigner Macht
82,8 mich trösten kräftiglich
130,1 bei uns und in uns kräftig sein
130,6 laß dich in unsre Herzen kräftiglich
135,3 tröst uns kräftiglich von oben
136,5 erschallt dein kräftig Wort
284,4 wie ein Palmbaum grün und kräftig werd ich stehn
387,4 durch ihn... kräftig überwinden
401,6 und mich kräftiglich vertritt
404,8 und steh mir kräftig bei

kraftlos (2)
113,4 ihr Zorn ist kraftlos worden
330,6 ja wenn der Mund wird kraftlos sein

krank (16)
18,2 Kranke und Gesunde
58,13 hilf gnädig allen Kranken
83,1 es geht dahin, wird matt und krank
123,7 klagt, ihr Kranken, ihm die Schmerzen
145,3 geholfen auch den Kranken
192 allen Kranken, Einsamen und Gefangenen beistehn
213,4 o Wonne kranker Herzen
215,4 daß's ein Speise sei den Kranken
234,6 ist morgen krank, ja wohl gar tot
363,3 sieh, morgen ist er schwach und krank
383,1 lange lag ich krank danieder
423,9 komm als ein Arzt der Kranken
471,4 pfleg auch der Kranken
482,7 und unsern kranken Nachbarn auch
520,5 hier war er krank in Angst und Not
526,6 was hier kranket, seufzt und fleht

kränken, sich kränken (11)
67,5 den alten Menschen kränke
82,1 wenn meine Sünd' mich kränken
91,10 wenn endlich, Herr, mich meine Sünden kränken
281,2 und keiner darf sie kränken
324,15 was kränkst du dich in deinem Sinn
354,5 und, wenn mich meine Sünden kränken
361,1 und was dein Herze kränkt
373,1 wie er mich sichte, verstöre und kränke
449,11 willst du mich kränken
522,2 mein Sünd' mich werden kränken sehr
529,9 und was mich kränkt, das wende

Krankheit (5)
60,4 auch Krankheit, Tod und Kriegesnot
76,1 und tat dabei all Krankheit ab
117,2 Schuld, Krankheit, Flut und Beben
148,4 von Krankheit, Schmerz und Leid
475,7 laß mich Krankheit nicht aufwecken

Kraut (2)
325,6 Tier und Kräuter und Getreide
512,4 ließest Gras und Kräuter sprossen

Kreatur (12) → *Geschöpf, Schöpfung*
106,4 die Sonn, die Erd, all Kreatur
127,3 mach uns zur neuen Kreatur
143,2 sind sie die schönste Kreatur
148,1 all Kreatur soll werden ganz herrlich
253,2 denn in der neuen Kreatur
271,6 nach seiner Freiheit seufzt die Kreatur
375,3 der Herr die Kreatur erretten
386,2 such's bei keiner Kreatur
388,4 da wir mit der Kreatur seufzen
393,3 verlaßt die Kreatur
510,2 wunderreiche Kreatur
514,7 ihr Kreaturen, singt im Chor

Kreis (3)
23,3 den aller Welt Kreis nie beschloß
279,2 dir beuge sich der Kreis der Erde
286,2 bald schaut der ganze Kreis der Erde

kreisen (1)
489,2 ihn, um den die Sterne kreisen

Kreuz (108)
a) allgemein (14)
36,7 euch kein Kreuz wird rühren
40,2 der Sünden und des Kreuzes Nacht
78,3 macht ihn' das Kreuz süße
81,10 fest die Begierden an das Kreuz zu heften
94,2 zum Stern des Kreuzes werde
253,3 am Kreuz, an der Bekümmernis
273,5 es will durchs Kreuz bewähret sein
297,5 da doch das Kreuz hat neu geborn
325,8 durch das Kreuze zu ihm lenke
371,2 Kreuz, Angst und Not kann er bald wenden
371,13 des Kreuzes Stab schlägt unsre Lenden
388,3 weil des Kreuzes Niedrigkeiten
396,4 Elend, Not, Kreuz, Schmach und Tod
524,4 lauter Kreuz sind unsre Tag

b) von Jesus Christus (19)
50,2 das Kreuz ist dir schon aufgestellt
75,1 an dem Stamm des Kreuzes für uns bittern Tod
77,3 und das Kreuz zu seinem Tod
77,4 an das Kreuz geschlagen
78,1 Jesu Kreuz, Leiden und Pein
78,7 mußt sein Kreuz selbst tragen
81,2 ans Kreuz gehenket
82,1 am Stamm des heilgen Kreuzes
83,1 Angst, Wunden, Striemen, Kreuz und Tod
84,1 am Stamm des Kreuzes schweben
87,2 bringt dich an das Kreuz hinan
94,1 das Kreuz ist aufgerichtet
96,2 gingst an das Kreuz und trugst die Dornenkrone
97,6 lag das Kreuz, o Herr
101,5 das ist an des Kreuzes Stamm
184,3 litt unser Kreuz, starb unsern Tod
190.1 am Stamm des Kreuzes geschlachtet
386,6 da du bist am Stamme des Kreuzes gestorben
415,1 Liebe, du ans Kreuz für uns erhöhte

ba) am Kreuz (30)
43,5 am Kreuze dort gar noch den bitteren Tod
76,1 wohl an dem Kreuze lange
78,8 Jesus rief am Kreuze laut
80,2 am Kreuz ist er gestorben
89,3 mußtest am Kreuze hangen
91,2 und bis zum Tod am Kreuz gehorsam werden
91,4 am Kreuz erblicken
91,9 am Kreuz erworben
92,2 durch Leid am Kreuz gelöst das Band
92,5 du hangst am Kreuze sterbend hier
94,2 und der am Kreuz verblich
94,5 hat uns am Kreuz entschuldet
100,2 der an dem Kreuz gestorben ist
104,1 an dem Kreuz selbst gebüßet hat
105,5 der an dem Kreuz gestorben ist
111,4 mit Schmach am Kreuz gefangen hält
111,6 am Kreuz läßt Christus öffentlich
152,2 am Kreuz hast abgetragen
158,3 am Kreuz dein teures Blut
178.7 der am Kreuze starb
183,2 am Kreuz gestorben und vom Tod
223,5 der du am Kreuz das Heil vollbracht
252,8 da du bist am Kreuz gestorben
345,4 für mich am Kreuz gestorben
349,2 weil er am Kreuz gestorben
359,1 der am Kreuz den Sieg errang
375,1 nachdem am Kreuz er ausgerungen
381,3 Christus, blutend am Kreuz
381,4 Christus, schreiend am Kreuz
405,2 ja gar am Kreuz gestorben ist

bb) dein Kreuz (12)
85,7 an deinem Kreuze hier
87,3 dein Kreuz ist unser Trost
87,5 durch dein Kreuz Fleisch und Welt
87,6 durch dein Kreuz, Angst und Pein
87,6 dein Leiden, Kreuz und Angst
91,5 seh ich dein Kreuz den Klugen dieser Erden
91,10 so laß dein Kreuz mir wieder Ruhe schenken
91,10 dein Kreuz, dies sei, wenn ich den Tod einst leide
192 durch dein Kreuz und deinen Tod
468,2 dein Kreuz behüt es, Gottes Sohn
488,5 halt mir dein Kreuz vor, wenn mein Auge bricht
523,3 dein Nam und Kreuz allein funkelt

c) von Menschen (26)
58,8 in unserm Kreuz und Leiden
79,3 daß wir im Kreuz geduldig sein
79,4 daß wir durchs Kreuz ins Leben gehn
81,9 kein Kreuz nicht achten, keine Schmach und Plagen
84,12 ich will ans Kreuz mich schlagen

87,4 des Kreuzes nicht verzagen
111,12 wie tief Kreuz, Trübsal oder Pein
117,2 trug euer Kreuz ins Leben
123,8 zwar auch Kreuz drückt Christi Glieder
151,6 sollt nun nach Kreuz und Klagen
152,2 uns auch zum Kreuz bequemen
233,2 wollt ledig sein des Kreuzes mein
252,5 die in Kreuz und Leiden leben
346,5 laß mich im Kreuz nicht zagen
359,6 mußt du dulden Kreuz und Not
369,2 wir machen unser Kreuz und Leid
385,1 nehmt euer Kreuz und Ungemach
385,5 wer nicht sein Kreuz nimmt und folgt mir
385,6 mit unserm Kreuz nachgehen
397,2 in allem Kreuz erhalte mich
399,7 hat stets das Kreuz betroffen
449,12 Kreuz und Elende, das nimmt ein Ende
501,3 das mich im Kreuz kann laben
516,3 Kreuz, Leiden, Angst und Not
524,2 weil mich stets viel Kreuz betroffen
529,4 ihr Kreuz war immer groß

ca) das Kreuz tragen (7)
51,5 und lehr uns tragen Kreuz und Schmach
82,6 mein Kreuz und meine Plagen... geduldig tragen
88,6 dir das Kreuz nachtrage
135,6 hilf das Kreuz uns tragen
150,5 trugen des Kreuzes Joch
370,4 schickt er mir ein Kreuz zu tragen
495,4 das Kreuz hilf selber tragen

Kreuzeshand (1)
485,6 dein Kreuzeshand nun segne

Kreuzeslast (1)
129,4 wenn uns drückt Kreuzeslast

Kreuzesnot (1)
85,10 in deiner Kreuzesnot

Kreuzespein (1)
114,4 es kann ein Christ bei Kreuzespein

Kreuzesschande (1)
88,2 deine Kreuzesschande

Kreuzesstamm (2)
77,7 ward Jesus vom Kreuzesstamm
90,1 ich grüße dich am Kreuzesstamm

Kreuzestod (1)
90,2 dein Kreuzestod macht offne Bahn

Kreuzgemeine (1)
254,3 wir sind am Stamm geblieben der Kreuzgemein

kreuzigen (4)
87,5 hilf, daß wir kreuzigen
314,6 kommt und laßt uns bitten, statt das „Kreuzige“ zu schrein
388,7 laß mit dir gekreuzigt sein
404,5 zu kreuz'gen mein Begier

Krieg (19) → *Fehde, Feind, Friede, Streit*
20,3 nie Krieg, Verrat und bittre Zeit
58,3 durch Krieg und große Schrecken
101,4 es war ein wunderlich Krieg
113,1 so herrlich hat nach diesem Krieg
113,8 so herrlich hat in diesem Krieg
133,9 so zerstöret durch Krieg und Feuerszorn
134,6 wappne uns in diesem Krieg
143,6 zu Feindschaft, Mord und Kriegen
146,1 behüt vor Krieg und teurer Zeit
192 vor Krieg und Blutvergießen
223,5 gib deiner Schar im Kampf und Krieg
248,6 der den Kriegen steuern kann
248,6 daß der Krieg gewinnt ein End
283,3 des Krieges Schluß, der Waffen Ruh
283,5 den Krieg und alle andre Not
318,2 dich waffnet zum geistlichen Krieg
422,2 uns stößet an von Krieg und Ungemach
426,2 und Krieg lernt keiner mehr
475,7 treibe weg des Krieges Schall

kriegen (1) → *bekommen, schenken*
378,3 neue Kräfte kriegen

Kriegesnot (1)
60,4 auch Krankheit, Tod und Kriegesnot

Krippe/Krippelein (20)
4,4 dein Krippen glänzt hell und klar
10,4 vom Stall und von der Krippen
23,2 jetzt man in der Krippen find't
24,5 die Krippe, Windelein so schlecht
24,7 was liegt doch in dem Krippelein
25,1 das liegt dort in der Krippen hart
27,2 in einem Krippelein
29,2 liegend in eim Krippelein
34,2 daß er in der Krippen Höhle
35,1 liegt in der Krippen bloß
36,5 nun er liegt in seiner Krippen
37,1 ich steh an deiner Krippen hier
37,6 soll in der Krippen liegen
37,9 so laß mich doch dein Kripplein sein
38,1 das man in der Krippen find't

43,1 zur Krippe her kommet, in Bethlehems Stall
43,2 o seht in der Krippe im nächtlichen Stall
43,5 ach hier in der Krippe schon Armut und Not
50,3 vor deiner Krippe gähnt das Grab
52,3 arm in einer Krippen liegen

Krone (24) → *Dornenkrone, Ehrenkrone*
9,3 kein Zepter, keine Krone
66,5 denkt doch, er will euch die Krone gewähren
70,2 ei meine Perl, du werte Kron
71,3 trägst keine güldne Kron
77,3 sein Haupt ward mit einer Kron
83,7 es soll sein meines Hauptes Kron
123,10 und ihr Zeugen mit der Krone
133,10 schmück wie mit einer Kron
142,2 du bist ihr Leben, ihre Kron
144,7 also der Krone der Klarheit
147,2 nun komm, du werte Kron
150,4 seh ich: sie sind die Kron
151,5 die Krone nun vertraut
318,9 des Lebens Kron erringen
341,5 fahr hin, meins Herzens werte Kron
346,4 meins Herzens Kron, mein Freudensonn
378,4 darf die Krone tragen
385,6 wer nicht gekämpft, trägt auch die Kron
399,6 mein Reichtum, Zierd und werte Kron
400,7 ich will dich lieben, meine Krone
403,1 meiner Seele Freud und Kron
449,9 Gott, meine Krone, vergib und schone
468,2 daß es erlang der Heilgen Kron
529,12 bei denen, die mit Kronen

krönen (9) → *Dornenkrone, Ehrenkrone*
78,6 mit Dornen gekrönet
81,2 du wirst gegeißelt und mit Dorn gekrönet
84,6 mir lässest du dich krönen
86,4 gar mit Dornen dich gekrönet
95,4 seht, wie sie ihn mit Dornen krönen
112,8 wird hier auch mit gekrönt
114,8 als ein gekrönter Siegesheld
271,4 hast ihn gekrönt mit Hoheit und mit Pracht
512,1 unser Warten ist gekrönet

Krug (1)
457,5 er segnet dir auch Korb und Krug

krumm (2)
10,2 was krumm ist, gleich und schlicht
312,2 was krumm ist, macht gerad

krümmen (1)
112,4 die krümmen mir kein Haar

Küchlein (Küken) (1)
477,8 und nimm dein Küchlein ein

Kugel (1)
528,5 wie sich eine Kugel drehet

Kuh (1)
508,4 er gibt den Kühen Weide

kühl (1)
406,6 als dem kühlen, scharfen Wehen

kühlen, sich (1)
511,2 wieviel Fischlein auch sich kühlen

kühn/kühnlich (3)
259,3 er mache uns im Glauben kühn
358,3 sich sonnet frei und kühn
371,5 magst du Gott gar kühnlich sagen

Kummer (11)
39,2 werfen allen Kummer hin
62,4 welcher allen Kummer stillt
135,1 und den Kummer stillen
169,3 wenn er uns einen Kummer schickt
324,11 und was sein Kummer sei
351,7 nimmt allen Kummer hin
361,6 da dich der Kummer plagt
370,10 Kummer der Gemüter
416 daß ich Freude mache, wo der Kummer wohnt
524,5 Sorg und Kummer daherschleichet
529,2 mit Kummer und mit Sorgen

kummerlos (1)
486,8 zu kummerlosem, tiefem Schlaf

kümmern (bekümmern) (1)
391,3 kümmert uns ein fremdes Leiden

Kümmernis (1)
530,8 und sterb ohn alle Kümmernis

kund sein (3)
11,1 mir kund und wissend sei
234,5 daß du mußt sterben, ist dir kund
239,2 kund sein allen Menschen, die ihr zählt

Kunde (2) → *Botschaft, Evangelium*
53,2 brachten frohe Kunde
490,3 die Kunde deiner Wunder auf

künden (8) → *verkünden, verkündigen*
48,2 was wir dort finden, lasset uns künden
51,3 sein wahres Leben künden
239,2 kündet fortan von dem Wunderbaren
270,1+2 Kinder und Säuglinge künden dein Lob
359,3 kündet eure Lindigkeit
485,3 rein künden deinen Ruhm
486,9 mir deine Nähe kündet

kundgeben, sich kundgeben (2)
222,1 wie mir dein Mund gegeben kund
243,6 der sich... uns kundgegeben hat

kundmachen (5)
46,2 Hirten erst kundgemacht
54,2 den uns die Chöre machen kund
111,8 hier ist noch nicht ganz kundgemacht
136,7 das Heil ihr machen kund
324,1 ich sing und mach auf Erden kund

kundtun (4)
29,4 die uns der Herr hat kundgetan
271,2 der Kinder Lallen tut dich, Vater, kund
290,3 die er den Vätern kundgetan
292,5 und tue deinen Namen kund

kundwerden (1)
127,6 ohn dich wird Gott niemandem kund

künftig (4) → *zukünftig*
238,1 um künftig eins zu sein
379,5 noch künftig sehen kann
486,7 ich achte nicht der künft'gen Angst
527,8 was künftig, wessen wird es sein

Kunst (5) → *Können, Werk*
128,4 ist all unser Tun und Kunst
215,5 sein Kunst wird an ihm gar ein Spott
363,5 dem G'lehrten hilft doch nicht sein Kunst
482,4 und suchen viele Künste
496 all Arbeit, Müh und Kunst

künstlich (kunstvoll) (3)
316,3 lobe den Herren, der künstlich und fein dich bereitet
317,3 lobe den Herren, der künstlich und fein dich bereitet
508,2 wickelt... gar zart und künstlich ein

kurz (8)
40,3 vielleicht noch in gar kurzer Zeit
63,2 so kurzes Glück nur gibt
111,5 in kurzem wach ich fröhlich auf
123,8 drückt... hier auf kurze Zeiten nieder
392,1 die kurze Freud, die kurze Zeit vergeht
393,5 muß sich schicken... den kurzen Pilgertag
497,8 in kurzem zu zerrinnen
513,6 wie reife Garben wird nach kurzen Tagen

kürzen (1)
298,2 kürze unsre Prüfungszeit

küssen (3)
8,5 umfangen, küssen will
283,6 und Friede wird sie küssen
423,4 in unserm Lande küssen

Kyrie/Kyrieleison/Kyrieleis (griech. Herr, erbarme dich) (65)
23,1–7 Kyrieleis
50,1–4 Kyrieleison
75,1–3 Kyrie eleison
97,1–6 Kyrie eleison
99 Kyrieleis
102,1–3 Kyrie eleison
120 Kyrieleis
124,1–4 Kyrieleis
178.1 Kyrie eleison
178.2 Kyrie eleison
178.3 Kyrie eleison
178.4 Kyrie, Gott Vater in Ewigkeit
178.4 Kyrie, Gott Heiliger Geist
178.9 Kyrie eleison
178.12 Kyrie eleison
178.13 Kyrie eleison
178.14 Kyrie eleison
192 Kyrie eleison
214,1–3 Kyrieleison
217,1–4 Kyrieleison
231,1–12 Kyrieleis
498,1–4 Kyrieleis
518,1–3 Kyrieleison

L

laben, sich laben (15) → *erquicken*
11,6 der eure Herzen labet
36,9 euer Herz mit laben
66,7 hier kann das Herze sich laben und baden
85,5 dein Mund hat mich gelabet
135,2 zur Genüge laben
224,3 und wunderbar uns laben
283,2 nun einmal wieder laben
370,10 mich ohn Ende laben
371,7 davon sich See und Land muß laben
399,2 das matte Herz zu laben
404,2 mein armes Herze laben
418,4 Leib und Seel zu laben
501,3 das mich im Kreuz kann laben
503,7 des, der so überfließend labt
505,5 daß wir uns damit laben

Labsal (2)
36,6 der euch gern Licht und Labsal gönnet
84,5 dein Schmerzen muß mein Labsal sein

lachen (11) → *belachen*
11,3 da Fried und Freude lacht
46,3 Gottes Sohn, o wie lacht
83,6 in Traurigkeit mein Lachen
112,5 die Welt ist mir ein Lachen
149,1 da wird das Lachen werden teu'r
170,1+4 Lachen oder Weinen wird gesegnet sein
298,1 unser Mund voll Lachens sein
351,13 die Sonne, die mir lachet
370,6 laß sie spotten, laß sie lachen
384,2 Tränensaat, die erntet Lachen

laden (15) → *einladen*
8,1 es kommt ein Schiff, geladen
70,4 auf dein Wort komm ich geladen
101,7 zum süßen Brot geladen
213,1 kommt her, ihr seid geladen
218,1 will dich jetzt zu Gaste laden
218,6 sei zu deinem Tisch geladen
219,1 wie du uns hast geladen
222,2 mit alln, die du geladen
224,1 du hast zu deinem Abendmahl als Gäste uns geladen
224,2 du aber ludest uns zu dir
250,2 zu laden alle, die man find't
256,3 viel arme Gäste dir zu laden
257,3 noch werden sie geladen
502,1 er läßt dich freundlich zu sich laden
519,3 zu seinem Reich die ganze Welt heißen laden

Lager (1)
37,7 daß meines Heilands Lager sei

lahm (2)
236,3 der du Lahme heilst
250,2 die blind und lahm und elend sind

lallen (3)
88,6 indes laß dies Lallen
271,2 der Kinder Lallen tut dich, Vater, kund
323,1 solang er lallen kann

Lamm/Lämmlein (20)
33,2 willkommen, Jesu, Gottes Lamm
36,4 unser Lamm zu werden
36,4 unser Lamm, das für uns stirbet
66,6 Sünden der ganzen Welt träget dies Lamm
83,1 ein Lämmlein geht und trägt die Schuld
83,2 das Lämmlein ist der große Freund
87,2 o unbeflecktes Lamm
141,4 sprach: Siehe, das ist Gottes Lamm
151,6 und vor des Lammes Thron
179,3 Lamm Gottes, heilger Herr und Gott
180.1 Herr Gott, Lamm Gottes
180.3 Herr Gott, Lamm Gottes
190.1 o Lamm Gottes, unschuldig
190.2 Christe, du Lamm Gottes
190.3 Lamm Gottes, du nimmst hinweg
190.4 siehe, das ist Gottes Lamm
255,2 dir, dem für uns erwürgten Lamme
255,9 knien vor den Thron des Lammes hin
396,1 Gottes Lamm, mein Bräutigam
400,2 ich will dich lieben, Gottes Lamm

Lampe (4)
9,6 halt' eure Lampen fertig
147,1 steht auf, die Lampen nehmt
151,1 zeigt eurer Lampen Schein
151,2 macht eure Lampen fertig

lan (2) →*lassen*
296,3 wird deinen Fuß nicht gleiten lan
519,2 den du mich, Herr, hast sehen lan

Land (66) → *Vaterland*

a) allgemein (35)

1,3 o wohl dem Land, o wohl der Stadt
8,3 da ist das Schiff am Land
60,5 auf daß dein Wort in diesem Land
62,5 auch des Landes bestes Teil
133,9 die Länder, so verheeret
133,10 das Volk im ganzen Land
136,5 in aller Heiden Lande
145,1 wach auf, wach auf, du deutsches Land
146,5 und segne unser Stadt und Land
167,3 bis in das fernste Land
231,8 den Armen in deinem Land
263,2 überall im ganzen Land
273,5 und leucht stark in die Lande
278,4 ich denke an dich im fernen Land
283,1 Herr, der du vormals hast dein Land
283,5 daß seine Ehr in unserm Land
290,4 von einem Land zum andern Land
292,4 ich lebe, Herr, in deinem Land
311,1–3 Abraham, Abraham, verlaß dein Land
311,3 Abraham, Abraham verläßt sein Land
322,6 auf unserm Volk und Land
358,1+5 in jedem Volk und Land
365,1 wo ich auch sei im Land
371,7 davon sich See und Land muß laben
377,4 wie du geholfen unserm Land
383,3 Tau fällt, um das Land zu schmücken
393,7 in diesem wilden Land
395,3 das Land ist hell und weit
423,4 in unserm Lande küssen
425,2 sind wir frei in jedem Land
428,2 komm in unser reiches Land
490,2 wie über Länder, über Meere

b) alle Land(e) (11)

119,2 herrscht über Himml und alle Land
120 und sandte sie in alle Land
126,4 mit Zungen in alle Land
133,8 verknüpf in allen Landen
185.2 alle Lande sind seiner Ehre voll
185.3 alle Lande sind seiner Ehre voll
241,2 o möcht es doch in alle Lande gehn
279,1 jauchzt, alle Lande, Gott zu Ehren
291,2 und deine Ehre weit über alle Land
429,2 Jubel wird sein in allen Ländern
500,1 lobt Gott in allen Landen

c) Acker, auch im übertragenen Sinn (11)

135,4 die das Land begießen
135,7 dienen... als ein fruchtbar Land
166,4 mache mich zum guten Lande
196,4 dem guten, fruchtbarn Lande
280,3 das Land bringt Frucht und bessert sich
283,7 das Land wird Früchte geben
399,3 wie ein Blümlein in dürrem Land
423,5 bewahr des Landes Früchte
457,6 dein Kind, dein Land, dein Vieh
508,1 wir streuen den Samen auf das Land
512,1 dein Geschenk bedeckt das Land

d) das verheißene Land (9)

20,7 ein Land voll Milch und Honig sein
290,6 sein Volk in das verheißne Land
301,8 durch die Wüste in sein Land
311,1 in ein Land, das ich dir weise
382,2 nimmst du mich auf in dein gelobtes Land
382,3 schließ auf das Land, das keine Grenzen kennt
395,1 sind Menschen ausgezogen in das gelobte Land
395,3 die Zukunft ist sein Land
450,5 in das Land der süßen Wonne

lang/lange (44)

a) allgemein (29)

70,7 komm du schöne Freudenkrone, bleib nicht lange
76,1 wohl an dem Kreuze lange
111,3 nicht mehr als nur drei Tage lang
116,2 er war begraben drei Tage lang
134,5 ach mein Gott, mein Gott, wie lange
141,3 der lang vor mir gewesen ist
149,7 o Jesu Christ, du machst es lang
151,4 er wird nicht lang verziehen
249,1 es wird nicht lange währen
281,2 nach einer langen Irre
282,5 als lang in stolzer Ruh der Welt zu wohnen
311,1 mach dich auf die lange Reise
352,6 ist doch nichts, das lang bestehet
371,10 bleibt gleich die Hilf in etwas lange
383,1 lange lag ich krank danieder
383,4 langer Nächte Unheilsschritt
387,2 denn es folget sonst darauf eine lange Strafe
392,2 ich hab so lang die treue Stimm vernommen
392,4 er wartet noch auf mich; wer weiß, wie lang
393,10 es wird nicht lang mehr währen
396,1 ach wie lang, ach lange ist dem Herzen bange
426,2 deren Stärke er lange vertraut
430,1 wir rufen: Herr, wie lange
440,1 sie hat kein End den langen Tag
442,7 am End der Welt bleib nicht lang aus

476,6 Herr, wenn mich wird die lange Nacht bedecken
507,7 Ewigkeit, lange Zeit
525,5 was wollt ich denn lang traurig sein
526,1 was die lange Todesnacht

b) vom Leben (9)
33,2 ich will dir all mein Leben lang
82,4 jetzt und mein Leben lang
131,6 allzeit und unser Leben lang
231,5 so wirst du langes Leben han
292,1 drum will ich mein all Leben lang
326,7 ich will dich all mein Leben lang
340 ich will dem Herrn singen mein Leben lang
443,1 dazu mein Leben lang
497,14 so lang ich leb, erzählen

c) länger (6)
32,3 je länger mehr und mehr
352,6 soll ich hier noch länger leben
392,6 Gott locket mich; nun länger nicht verweilet
392,6 Gott will mich ganz; nun länger nicht geteilet
422,3 im Fried noch länger schallen
529,8 je länger ich hier walle

Langmut (1)
392,8 ach nimm mich hin, du Langmut ohne Maße

langmütig (1)
413,6 die Lieb ist freundlich, langmütig

langsam (1)
371,10 was langsam schleicht, faßt man gewisser

längst (4)
50,2 dein Urteilsspruch ist längst gefällt
98,1 Liebe lebt auf, die längst erstorben schien
426,3 aus einer längst vergangnen Zeit
530,5 schon längst in meiner heilgen Tauf

Lärm (1)
428,3 für den Weg durch Lärm und Streit

lassen, sich lassen*) (139) → *verlassen*

a) im Sinne von: sein lassen, ablassen von, aufhören (14)
10,2 laßt alles, was er haßt
25,5 dem sei Trotz, der's nicht lassen kann
84,12 das will ich fliehn und lassen
127,2 und daß man lasse von der Sünd
137,7 gib, daß wir's nicht lassen können
145,7 daß wir von Sünden lassen
342,6 wenn er die Werk nicht lasset
343,5 ich weiß, du wirst's nicht lassen
357,2 ich weiß, was nimmer läßt
365,1 von Gott will ich nicht lassen
365,1 denn er läßt nicht von mir
380,7 laßt nun euer Fragen
491,2 will ich das Sorgen lassen
502,3 wohlauf, ihr Heiden, lasset das Trauern sein

b) im Sinne von: verlassen, loslassen, entlassen (33)
16,5 der läßt den Sünder nicht
25,5 er will und kann euch lassen nicht
83,4 aus meinem Sinn nicht lassen
178.8 laß uns als Waisen nicht
191 in Schanden laß uns nimmermehr
196,2 es aus der Acht nicht lassen
214,3 Herr, dein Heilig Geist uns nimmer laß
218,1 laß die dunkle Sündenhöhle
243,3 er dich nicht lassen will
251,3 auch das Leben lassen kann
281,2 läßt Sünder in der Dürre
323,1 läßt du die Deinen nicht
324,14 schafft Rat und läßt dich nicht
370,12 aus dem Herzen lasse
379,4 läßt auch den Ärmsten nicht
386,2 laß, was irdisch ist, dahinten
393,3 laßt gar euch selbst dahinten
397,1 in Schanden laß mich nimmermehr
402,1–6 meinen Jesus laß ich nicht
402,2 Jesus laß ich nimmer nicht
402,4 ich werd ihn auch lassen nicht
402,6 Jesus laß ich nicht von mir
405,6 mög aus dem Herzen lassen
472,2 Gott läßt die Seinen nicht
492 laßt die Sorg bis morgen früh
521,1 o Welt, ich muß dich lassen
526,2 lässet auch ein Haupt sein Glied
531,1 doch will ich dich nicht lassen

c) laßt uns, laß mich im Sinne von: wir wollen, ich will (11)
24,6 des laßt uns alle fröhlich sein
76,2 so laßt uns nun ihm dankbar sein
76,2 auch laßt uns sein der Sünde feind
157 laß mich dein sein und bleiben
165,4 laß mich dir für und für trachten zu gefallen
198,2 laß mich eifrig sein beflissen
297,6 laß unser Herz entzündet... sein

*) siehe auch Fehlliste und Vorwort

393,7 kommt, laßt uns kindlich sein
414,3 laß mich, solang ich hier soll leben
439,1 so laßt uns alle dankbar sein
500,1 und laßt uns fröhlich sein

d) im Sinne von: veranlassen, machen, helfen (65)
29,2 ein' Menschen lassen werden
61,3 laß dies sein ein Jahr der Gnaden
63,6 o laß in deinem Frieden
64,5 laß Wert und Maß der Tage sein
87,6 laß deine Wunden sein
87,6 o Jesu, laß an uns... nicht verloren sein
89,1 laß mir vor Augen allzeit sein
89,2 laß diese Schuld vergessen sein
89,5 laß meine letzte Zuflucht sein
130,1 und laß uns deine Wohnung sein
130,1 du Himmelslicht, laß deinen Schein
134,7 laß dein Wort gewisser sein
135,2 laß uns deine teuren Gaben
142,6 laß deine Engel um uns sein
144,3 du läßt es an dir uns nimmermehr gebrechen
165,8 laß mein' Geist auf Erden
166,2 laß es deinen Tempel sein
184,5 läßt Christen Christi Kirche sein
196,5 dein Wort, o Herr, laß allweg sein
197,1 laß mich dein Kind und Erbe sein
205,1 laß's sein dein Kind, nimm weg sein Sünd
207,1 und laß sie nicht vergebens
220 dein laß uns ewig sein
227,5 eins laß uns sein wie Beeren einer Traube
240,2 laß unsre Liebe ohne Wanken
240,2 die Treue laß beständig sein
241,7 laß jede hoh und niedre Schule
247,1 Herr, unser Gott, laß nicht zuschanden werden
248,5 laß sie werden nicht zuschand'
251,7 laß uns so vereinigt werden
252,5 laß sie dadurch werden kleiner
252,6 laß die Deinen noch auf Erden
253,5 so laß mich an der Herrlichkeit
262,7 laß uns eins sein, Jesu Christ
265,3 er lasse uns Geschwister sein
330,3 ihr Blumen, laßt doch eure Zier
331,11 laß uns nicht verloren sein
343,3 dein Wort mein Speis laß allweg sein
361,12 und laß bis in den Tod
388,7 laß mit dir gekreuzigt sein
388,7 laß uns nur nicht lässig sein
390,1 und laß von deinem Angesicht
399,2 erquick und laß die Seele mein
414,1 und laß mein Herz dir ganz geheiligt sein
414,2 und laß ihn in der Liebe tätig sein
417,1+2 laß die Wurzel unsers Handelns Liebe sein
417,1+2 Herr, laß alles, alles hier auf Erden Liebe, Liebe werden
425,2 laß für Frieden uns und Freiheit immer tätig sein
425,3 laß uns dankbar sein
437,2 laß deine lieben Engelein
440,2 laß uns an Gnad kein Mangel han
449,9 laß meine Schulden in Gnad und Hulden
464,1 laß uns bereit sein, in der Not
469,3 so laß das Herz doch wacker sein
476,3 laß alle Schuld durch deinen Gnadenschein
479,1 laß deine Augen, Herz und Sinn
481,4 laß früh und spät mir wichtig sein
482,5 laß uns einfältig werden
484,1 Vater, laß die Augen dein
487,2 der läßt keinen einsam sein
501,2 laß sie ersprießlich sein
509,1 du ließest alle werden
531,2 laß auch in allem Leide

e) im Sinne von: zulassen, erlauben, geschehen lassen (8)
37,9 so laß mich doch dein Kripplein sein
94,3 ließ sich als Missetäter
203,4 ich bitt, laß dir befohlen sein
263,7 uns in ihm läßt eines sein
276,3 läßt sie mit ihrem Flehen
378,2 laß es Weile haben
513,2 ein Jahr, Allgüt'ger, ließest du es währen
524,4 lassen uns bei keinem Mut

f) im Sinne von: überlassen, belassen (6)
138,1–3 dir uns lassen ganz und gar
162,4 mein Gott, laß mir dein Lebenswort
341,10 das laß ich dir zur Letze
491,3 die Zeit, die du mir läßt

g) im Sinne von: sich verlassen auf (2)
274,3 auf dein Wort ich mich lasse
299,3 auf ihn mein Herz soll lassen sich

Lassen (2)
163 segne unser Tun und Lassen
404,7 mein Lassen und Beginnen ist böse

lässig (nachlässig) (1)
388,7 laß uns nur nicht lässig sein

Last (26) → *Bürde*
8,2 es trägt ein teure Last
15,1 der Sünde Last, des Todes Fron
64,1 Herr, nimm auch dieses Jahres Last
65,2 noch drückt uns böser Tage schwere Last
73,4 befreit von aller Last
84,5 die Lasten, die mich drücken
85,4 ist alles meine Last
87,4 und unter unsrer Last
217,4 und die schwere Last von mir wende
232,2 so werd ich los der Sünden Last
240,2 gib Augen, andrer Last zu sehn
253,4 so trägt ein Glied des andern Last
253,4 denn wer der andern Lasten faßt
254,3 und unsre Lasten schieben
254,4 als Last von ihm beschieden
279,5 den Lenden Lasten angehängt
281,3 dem Gott, der Lasten auf uns legt
281,3 doch uns mit unsern Lasten trägt
361,10 von der so schweren Last
363,2 mein Joch ist sanft, leicht meine Last
373,2 wenn ich die Last der Begierden empfinde
388,5 denn die Last treibt uns zu rufen
391,2 niemals über Lasten klagen
399,3 unter der Last sich machet Raum
418,1 trag die Last der andern
453,4 wir ledig aller Last der Welt

lastbar (1)
14,1 ihn trägt der lastbarn Es'lin Füllen

lasten (aufliegen) (1)
360,5 auf unsern Schultern lastet schwere Schuld

Laster (1)
449,5 Laster und Schande, des Satanas Bande

Lästerer (1)
192 die Lästerer zur Wahrheit bekehren

Lasterleben (1)
396,5 dir sei ganz, du Lasterleben, gute Nacht gegeben

lästern (1)
115,3 lästert ihn und Gottes Ehre

Lästerrede (1)
86,2 Lästerreden, Spott und Hohn

Laub (3)
289,3 ein Blum und fallend Laub
401,7 umstecken mit dem Laub der Herrlichkeit
503,2 die Bäume stehen voller Laub

laudate (lat. lobt) (1)
181.6 laudate omnes gentes, laudate Dominum

laudato si (ital. sei gelobt) (1)
515 laudato si, o mi signore

Lauf (32) → *Bahn, Weg*
4,3 sein Lauf kam vom Vater her
16,3 das Heil dort finden, das aller Zeiten Lauf
20,4 das Unrecht stürzt in vollem Lauf
71,5 und segne meinen Lauf
73,4 und laß nicht ab von deinem Lauf
74,1 du gingst vor aller Zeiten Lauf
111,5 mein Ostertag ist schon im Lauf
151,8 geh auf... und eile deinen Lauf
229,1–3 Wort, nimm deinen Lauf
241,6 und also segne deines Wortes Lauf
262,4 deines Himmelreiches Lauf
263,4 deines Himmelreiches Lauf
318,3 und gibt, daß sie den rechten Lauf
324,16 wie manches schweren Unglücks Lauf
330,2 solang es noch im Laufe geht
331,8 nimm uns nach vollbrachtem Lauf
361,1 gibt Wege, Lauf und Bahn
371,3 er zählt den Lauf der heißen Tränen
391,4 tu uns nach dem Lauf deine Türe auf
414,4 so will ich dir, wenn ich den Lauf vollbracht
430,1 die Welt nimmt schlimmen Lauf
431,2 sie wacht, wenn der Gedanken Lauf
451,10 und meinen Lauf mit Freudigkeit
457,1 in jedes Tages Lauf
478,6 Gedanken... wo ihr habt euren Lauf
490,3 weckt ferne Menschen schon ihr Lauf
504,5 seht der Wasserwellen Lauf
506,3 wer mißt dem Winde seinen Lauf
508,4 er stellt des Mondes Lauf
524,3 unser Lauf voller Beschwerden

laufen (15)
4,2 sein' Weg er zu laufen eilt
7,1 herab, herab vom Himmel lauf
36,6 ei so kommt und laßt uns laufen
145,3 nicht laufen aus seim Gnadenschoß
233,2 lief ich gleich weit
241,6 ach laß dein Wort recht schnelle laufen

244,1 läuft an mit Macht und drängt uns sehr
295,3 so kann ich richtig laufen
297,3 und über die groß Wasser läuft
312,3 Täufer, was liefst du umher
313,1 Jesus, der zu den Fischern lief
360,1 du gibst uns frei, wir laufen eigne Wege
392,3 er ziehet mich; mein armes Herze, lauf
400,4 ich lief verirrt und war verblendet
528,2 und mit Laufen nicht hält innen

lauschen (2)
20,1 und steh und lausche, weil Gott handelt
457,2 jetzt halte lauschend still

laut (19)
13,1 jauchze laut, Jerusalem
36,1 alle Luft laute ruft
46,2 tönt es laut von fern und nah
78,8 Jesus rief am Kreuze laut
96,4 nach deinem Vorbild laut zum Vater flehen
229,1 jubelt laut und sagt fröhlich Dank
269,1 Christus ist König, jubelt laut
279,2 daß laut dein Ruhm besungen werde
281,1 jauchzt laut, die ihr ihn ehret
288,5 rühmt seinen Namen mit lauter Stimm
305,1–4 lobt ihn laut, der euch erschaffen hat
306 lobt ihn laut, der euch erschaffen hat
314,5 alle Leute rufen laut und loben Gott den Herrn
315,6 jubelt laut, jubelt laut
428,3 komm in unsre laute Stadt
457,2 wie laut dich auch der Tag umgibt

lauten (1) → *klingen*
319,1 viel gut Gesang, der lautet wohl

lauter (ungemischt; nichts als, nur) (25) → *rein*
1,3 bringt mit sich lauter Freud und Wonn
2,1 bringt mit sich lauter Freud und Wonn
70,2 ist lauter Milch und Honig
90,1 hier hängst du zwar in lauter Not
145,2 aus lauter Gnad gegeben
166,1 hier ist lauter Trost und Licht
166,2 da ist lauter Himmel hier
224,2 willst uns aus lauter Liebe hier
273,5 bewährt, wird lauter funden
325,1 ist doch nichts als lauter Lieben
342,1 kommen her von Gnad und lauter Güte
351,13 sieht lauter Sonnenschein
358,4 und die mit lauterm Triebe
361,4 dein Tun ist lauter Segen
361,4 dein Gang ist lauter Licht
374,4 sind lauter Wunderwege
388,1 lauter Lust und Himmel ist
396,6 muß auch ihr Betrüben lauter Freude sein
450,2 lauter süßen Trost genießen
494,5 gescheh mit lauter Freuden
497,3 doch nur auf lauterm Sande
501,1 aus lauter Gottesgüt
514,4 daraus uns lauter Segen quillt
520,5 in lauter Wonn und lauter Freud
524,4 lauter Kreuz sind unsre Tag

Lauterkeit (1) → *rein*
453,3 ringt um des Herzens Lauterkeit

läutern (2)
255,5 erwecke, läutre und vereine
279,4 du läuterst uns durch heißes Leiden

leben (137)

a) allgemein (12)
98,1 Liebe lebt auf, die längst erstorben schien
101,7 der Glaub will keins andern leben
116,4 darüber freu sich alles, was lebt
183,3 das Fleisch soll auch wieder leben
227,2 jedes Geschöpf lebt von der Frucht der Erde
268,4 Dienste leben viele aus einem Geist
270,6 alles Geschaffene, alles, was lebet
301,11 er speist alles, was da lebt
371,13 was webt und lebet auf der Erden
427,1 wir danken dir für das, was lebt
437,3 daß unser Herz in G'horsam leb
461 und sättigest alles, was da lebet, mit Wohlgefallen

b) von Gott (25)
65,1 so will ich diese Tage mit euch leben
78,2 lebt in menschlicher Gestalt
111,13 lebt Christus, was bin ich betrübt
113,5 und sieh, er lebet wieder
114,8 dein Jesus lebt, es hat kein Not
115,1 Jesus lebt, mit ihm auch ich
115,1 er, er lebt und wird auch mich
115,2 Jesus lebt! Ihm ist das Reich
115,3 Jesus lebt! Wer nun verzagt
115,4 Jesus lebt! Sein Heil ist mein
115,5 Jesus lebt! Ich bin gewiß
115,6 Jesus lebt! Nun ist der Tod
116,4 geht und verkündigt, daß Jesus lebt

139,4 mein Gott, der ewig lebet
182,8 er lebt, und wir sollen leben
229,1–3 er, der lebt, gebot: Teilt das Brot
234,1 so wahr ich lebe, spricht dein Gott
382,3 sei du mein täglich Brot, so wahr du lebst
383,1 Gott, du lebst. Ich danke dir
383,4 Gott, du lebst. Ich lobe dich
384,4 wo du lebst, da leben wir
505,1 der treue Gott lebt noch
526,2 Jesus, er mein Heiland, lebt

c) von Menschen allgemein (27)

58,2 wir leben und gedeihen
81,5 der Böse lebt, der wider Gott gehandelt
81,6 ich lebte mit der Welt in Lust und Freuden
91,7 wie könnt ich noch nach meinem Willen leben
234,5 ob du bis morgen leben sollt
234,6 heut lebst du, heut bekehre dich
252,5 die in Kreuz und Leiden leben
252,8 halt uns fest, solang wir leben
276,1 ich will, solang ich lebe
284,4 und dem Sturme trotzend leben in der Welt
294,2 nicht sterben werd ich, sondern leben
323,2 solang ich lebe hier
352,6 soll ich hier noch länger leben
360,3 wir wollen leben und uns selbst behaupten
382,1 seit Menschen leben, rufen sie nach Gott
387,4 wenn wir wollen leben
392,3 ich fürcht sein Joch und doch in Banden lebe
407,1 Brot, von dem ich lebe
414,3 laß mich, solang ich hier soll leben
430,3 damit wir leben könnten
432,1 Gott gab uns Atem, damit wir leben
476,3 vergib, wo ich bei Tage so gelebet
488,2 umringt von Fall und Wandel leben wir
505,2 ob wir gleich gottlos leben
513,3 in Staub uns wandeln, können wir nicht leben
530,2 solang ich leb auf dieser Erden
530,2 leb ich in steter Todsgefahr

d) von Menschen in der Nachfolge (34)

67,5 daß der neu' leben mag
89,1 solang ich lebe, denken
97,4 leben aus dem Licht
101,5 davon wir sollen leben
101,7 wir essen und leben wohl
113,5 er lebt, ob er gleich stirbet
114,4 in Freud und Wonne leben
123,6 und sie lebet, weil sie glaubt
169,2 und davon leben wir
212,6 hilf uns, daß wir aus der Taufe leben
214,2 zum Tod, daß wir dadurch leben
214,3 leb in Fried und Einigkeit
216 nun gib uns, so zu leben
229,2 lehrt uns leben von Gott bejaht
277,5 aus deinem Leben leben wir auch
283,7 die werden davon leben
292,4 ich lebe, Herr, in deinem Land
295,1 nach seinem Worte... und leben allezeit
299,2 und deiner Gnade leben
302,1 solang ich leben werd
368,6 zu sterben und zu leben
382,3 und laß mich unter deinen Kindern leben
384,3 daß ich lebe für und für
384,4 wo du lebst, da leben wir
402,1 unverrückt für ihn zu leben
406,5 aber dort lebt, wer hier glaubt
408,6 leb ich, Gott, bist du bei mir
427,5 den deine Liebe leben läßt
451,8 durch deine Gnade lebe
464,2 aus deiner Liebe leben wir
495,5 in Fried und Freundschaft leben
497,14 so lang ich leb, erzählen
520,4 und starb er gleich, so lebt er doch
529,5 was will ich besser leben

da) (in) Gott leben (18)

32,4 daß dir allein ich lebe
36,12 ich will dir leben hier
165,7 und in dir nur leben
200,6 so leb ich dir, so sterb ich dir
244,4 dir leben, dein lieb Völklein sein
252,1 deines Geistes, dir zu leben
258 lebt wohl, lebt wohl im Herrn
298,3 die ihm lebten, die ihm starben
343,1 den wollest du mir geben, dir zu leben
379,5 nun darfst du in ihm leben
384,4 Jesu, dir ich lebe hier
404,3 und dir zu Ehren lebe
404,5 hingegen leb in dir
478,9 und also leb und sterb ich dir
516,7 in dir, Herr, laß mich leben
520,3 sein Seel lebt ewiglich in Gott
530,8 ich leb indes in dir vergnüget
533,3 und werden in ihm leben

db) vor, bei, mit Gott, heilig, christlich, rein leben (16)

59,5 christlich zu leben, seliglich
61,4 und ich christlich könne leben

66,9 sprechet: wir leben und sterben mit dir
76,2 nach seinem Willen leben
162,4 laß mich hier leben heiliglich
231,11 wie man vor Gott leben soll
249,5 gottselig leben immerfort
341,5 und laß ihn mit dir leben
344,2 daß auch wir leben heiliglich
368,4 leb ich nach seinen Sätzen
384,1 glauben recht und leben rein
384,4 lasset uns mit Jesus leben
522,4 daß ich stets bei dir leb und bin
523,5 und vor dir leben frei
525,5 bei Gott zu leben mir gefällt
531,2 gib, daß mit dir ich lebe

dc) ewig leben (5)
24,4 sollt leben nun und ewiglich
115,2 ewig herrschen, ewig leben
121,4 und durch dich leben ewiglich
203,6 hernach auch lebe ewiglich
234,1 und lebe mit mir ewiglich

Leben (285)

a) allgemein
aa) im Blick auf Gott
b) im, ins, zum Leben
c) des Lebens (Genitiv)
d) Leben und Tod, Leben und Sterben
e) in Verbindung mit parallelen Begriffen
ea) Leib (Seele) und Leben → f)
f) mein Leben → ea)
fa) meines Lebens (Genitiv)
fb) mein ganzes Leben (lang)
g) dein, sein, euer, ihr Leben
h) unser Leben
i) armes, dunkles, böses Leben
j) neues, bestes, wahres usw. Leben
k) ewiges, himmlisches, anderes, herrliches Leben

a) allgemein (21)
101,4 das Leben behielt den Sieg
106,3 das Leben siegt und ward ihm Herr
124,4 wenn der Feind wird das Leben verklagen
149,2 die aber noch das Leben han
153,5 wenn die Liebe das Leben verändert
209,1+3 der's Leben kennt, der mich versteht
231,5 so wirst du langes Leben han
251,3 auch das Leben lassen kann
322,8 solange dieses Leben währt
330,4 ach alles, alles, was ein Leben
341,9 fahr ich von diesem Leben
395,1 weil Leben heißt: sich regen
395,1 weil Leben wandern heißt
443,2 womit in diesem Leben
472,3 so ist des Menschen Leben
488,2 wie bald verebbt der Tag, das Leben weicht
517,5 daheim ist Leben ohne Tod
521,2 der Tod das Leben endet
526,2 ich werd auch das Leben schauen
528,1 ist der Menschen Leben

aa) im Blick auf Gott (35)
67,2 das Leben wiederbracht
76,1 den Toten er das Leben gab
78,9 das Leben erworben
101,1 und hat uns bracht das Leben
106,3 Christ hat das Leben wiederbracht
116,1-5 Jesus bringt Leben
116,4 Christ hat das Leben wiedergebracht
123,3 dessen Leben unauflöslich
123,5 hört's: das Leben ist erschienen
162,1 mein Heil hat mir das Leben bracht
165,5 aller Dinge Grund und Leben
171,4 dein Heiliger Geist, der Leben verheißt
178.7 und das Leben bringt
207,3 du, der du selbst das Leben
211,1 Gott, der du alles Leben schufst
212,1 kommen wir zu dir: Du gabst uns Leben
217,1 da das Leben her tut rühren
220 laß uns, Leben zu empfahen
236,5 Leben gabst du mir
282,6 er selber ist der Frommen Leben
320,4 der selber ist das Leben
320,6 die Sünd, geschenkt das Leben
325,2 und das Leben, das ich hab
342,4 dein Tod wird mir das Leben sein
371,7 der dir das Leben hat gegeben
395,2 das Leben eingehaucht
399,2 in dir das Leben haben
405,3 sein Unschuld Leben wiederbracht
409,6 Leben für die Welt
424,1 gibst das Leben, gibst den Tod
427,4 du bist das Licht, schenkst uns das Leben

b) im, ins, zum Leben (29)
66,8 Jesus ist kommen, die Ursach zum Leben
68,4 und den schmalen Steig zum Leben
73,8 wo man zum Leben geht
79,4 daß wir durchs Kreuz ins Leben gehn
93,3 führt zum Leben er empor
107,1 und uns zum Leben wiederbracht
115,6 mir der Eingang in das Leben
117,2 trug euer Kreuz ins Leben

130,2 dir zum Lob und uns zum Leben
193,3 g'leit uns ins Leben aus dem Tod
199,2 eh wir zum Leben kamen
206,5 schreib ins Lebensbuch zum Leben
223,6 zum Leben in das Vaterland
224,3 gib dich uns selbst zum Leben
274,5 folgen mir nach im Leben
279,4 der uns vom Tod zum Leben bringet
281,3 uns zu dem Leben führen
299,2 auch in dem besten Leben
323,3 dich hier, mein Gott, im Leben
384,3 laßt uns töten hier im Leben
405,6 zu dir ins Leben dringen
409,2 er rief sie ins Leben
432,3 wir können neu ins Leben gehn
459,2 das Licht er zu dem Leben ist
511,2 daß sie all ins Leben kamen
518,1 mitten wir im Leben sind
525,3 durch Tod ins Leben dringet
526,1 und mein Heiland, ist im Leben
534,1 zum Leben die Brücke, die du uns gebaut

c) des Lebens (Genitiv) (23)

41,4 hier ist die Pforte des Lebens nun offen zu sehen
66,4 Jesus ist kommen, der Fürste des Lebens
83,5 mein Bach des Lebens soll sich dir
97,1+6 ward zum Baum des Lebens
125,2 laß leuchten uns des Lebens Wort
134,1 komm, o komm, du Geist des Lebens
148,7 Früchte essen vom Baum des Lebens stets
166,6 wenn der Brunn des Lebens quillt
207,1 nun schreib ins Buch des Lebens
217,2 du bist selbst das Brot des Lebens
218,6 Jesu, wahres Brot des Lebens
234,3 wann ich des Lebens müde werd
255,6 du unerschöpfter Quell des Lebens
282,1 o Gott des Lebens, auf zu dir
304,5 der Brunn des Lebens tut aus ihm entspringen
318,9 des Lebens Kron erringen
324,12 du füllst des Lebens Mangel aus
370,10 was sind dieses Lebens Güter
373,1 Jesu, hilf siegen, du Fürste des Lebens
418,3 der da ist des Lebens Brot
418,3 wird des Lebens Leben
523,5 ins Buch des Lebens ein

d) Leben und Tod, Leben und Sterben (18)

101,4 da Tod und Leben ,rungen
125,3 durch Tod und Leben zu dir dringen
164 im Tod und Leben für und für
196,5 daß wir im Leben und im Tod
204,4 dein bin ich eigen: im Leben und im Tod
205,2 mög allzeit sein im Leben und im Sterben
345,2 ergeben im Tod und auch im Leben
350,2 ich bau im Leben und im Tod
358,1 im Leben und im Sterben sind sie
367,1 so schick's mit mir im Leben und im Sterben
386,10 gib, daß ich nichts achte, nicht Leben noch Tod
398,1 an dir wir kleben im Tod und Leben
408,6 und im Leben und im Tod bin ich dein
422,1 du bist im Leben und im Tod
473,3 im Tod und auch im Leben
478,9 im Tod und Leben hilfst du mir
488,5 im Leben und im Tod, Herr, bleib bei mir
515,9 sei gepriesen, o Herr, für Tod und Leben

e) in Verbindung mit parallelen Begriffen (25)

1,1 der Heil und Leben mit sich bringt
1,4 ja, Heil und Leben mit zugleich
10,1 der Welt zum Licht und Leben
20,5 der Weg, die Wahrheit und das Leben
37,3 Licht, Leben, Freud und Wonne
74,2 hast Sieg und Leben uns gebracht
102,3 Tod, Sünd, Leben und auch Gnad
111,1 Licht, Heil und Leben wiederbracht
113,6 Unschuld und Leben wiederbracht
114,6 hat uns... erfunden das Leben und Gerechtigkeit
145,2 die Wahrheit und das Leben
162,2 Trost, Leben, Heil und Seligkeit
217,1 bei dir alleine find ich Heil und Leben
282,2 du gibst Befriedigung und Leben
313,3 die Wahrheit und das Leben
324,6 wer gibt uns Leben und Geblüt
372,4 er ist mein Licht und Leben
386,4 denn dein Wort, o Jesu, ist Leben und Geist
386,7 was dienet zum göttlichen Wandel und Leben
401,4 Liebe, die du Kraft und Leben
404,1 mit Leben, Licht und Wonne
444,1 die güldene Sonne bringt Leben und Wonne
481,2 weil du uns Herz und Leben
505,7 mit Herzen, Mund und Leben
524,7 Leben, Weg und Himmelspfort

ea) Leib (Seele) und Leben (9) → *f)*

137,2 Leib und Leben dranzusetzen
165,3 Seele, Leib und Leben

297,3 mit ganzem Leib und Leben
320,2 den Leib, die Seel, das Leben
352,4 meine Seele, Leib und Leben
365,3 mein Leib, mein Seel, mein Leben
370,3 Gut und Blut, Leib, Seel und Leben
443,6 mein Leib, mein Seel, mein Leben
521,1 dazu mein' Leib und Leben

f) mein Leben (28) → *ea)*
37,1 o Jesu, du mein Leben
61,3 Herr, in dir; denn du, mein Leben
85,7 ach möcht ich, o mein Leben
85,7 mein Leben von mir geben
133,3 der Tod durchdrang mein Leben
139,1 mein Gott, mein Licht, mein Leben
139,2 mein Gott, mein Heil, mein Leben
139,3 mein Gott, mein Trost, mein Leben
210,3 gib meinem Leben große Freude
275,4 mein Hilf, mein Heil, mein Leben
276,2 als in Gefahr mein Leben
341,2 es war kein Guts am Leben mein
341,8 dazu mein Leben rauben
341,8 den Tod verschlingt das Leben mein
345,3 und Christus ist mein Leben
351,3 an mir und meinem Leben
364,2 mein Hoffnung und mein Leben
382,2 von Zweifeln ist mein Leben übermannt
400,2 ich will dich lieben, o mein Leben
444,4 es sei ihm gegeben mein Leben und Streben
449,10 willst du mir geben, womit mein Leben
472,6 mein' Leib, mein Seel, mein Leben
481,5 mein Leben sei ein Wandern
495,6 mein Leben höher bringen
516,1 Christus, der ist mein Leben
519,2 daß er sei das Leben mein
524,2 daß sich enden mög mein Leben
529,6 mein Leben durch die Welt

fa) meines Lebens (Genitiv) (9)
36,10 du bist meines Lebens Leben
58,15 o meines Lebens Leben
86,1 Jesu, meines Lebens Leben
402,1 er ist meines Lebens Licht
406,1 du bist meines Lebens Leben
419,1+5 hilf, Herr meines Lebens
451,6 nimm meines Lebens gnädig wahr
529,11 du meines Lebens Licht

fb) mein ganzes Leben (lang) (9)
33,2 ich will dir all mein Leben lang
82,4 jetzt und mein Leben lang
115,4 sein sei auch mein ganzes Leben
292,1 drum will ich all mein Leben lang
325,10 hier in meinem ganzen Leben
326,7 ich will dich all mein Leben lang
340 ich will dem Herrn singen mein Leben lang
367,2 in meinem ganzen Leben
443,1 dazu mein Leben lang

g) dein, sein, euer, ihr Leben (21)
51,3 sein wahres Leben künden
56,3 er sieht dein Leben unverhüllt
84,1 o Welt, sieh hier dein Leben
96,2 bezahlen mit deinem Leben
141,2 euer Leben ihr bessern müßt
142,2 du bist ihr Leben, ihre Kron
149,3 in seinem ganzen Leben
168,6 er hat mit seinem Leben gezeigt, was Liebe ist
231,7 und halten keusch das Leben dein
240,3 Herr, gib uns teil an deinem Leben
243,3 Gott schwört bei seinem Leben
277,5 aus deinem Leben leben wir auch
287,2 sieh auf dein Leben, er hat dich bewahrt
288,2 ein jeder Mensch sein Leben hat
313,2 wollt ihr mir euer Leben
316,4 lobe den Herren, der sichtbar dein Leben gesegnet
318,1 dein Leben kannst ernähren
370,11 ich bin dein, weil du dein Leben
371,1 in dem Gotte deines Lebens
386,7 dein Leben sei, Jesu, mir einzig bewußt
406,3 der sein Leben für mich gab

h) unser Leben (16)
58,1 zum Herrn, der unserm Leben... gegeben
58,6 ach Hüter unsres Lebens
65,4 und dann gehört dir unser Leben ganz
87,3 dein Tod ist unser Leben
96,1 du bist der wahre Retter unsres Lebens
96,5 wenn sich die Tage unsres Lebens neigen
131,6 allzeit und unser Leben lang
133,13 richt unser ganzes Leben
143,5 wie er in unser Leben bricht
168,5 und richten unser Leben nach seinem aus
321,2 woll uns bei unserm Leben
447,2 der unser Leben, das er uns gegeben
447,6 ach laß doch ferner über unser Leben
451,3 und dein ist unser Leben
471,5 frist unser Leben
528,1 so ist unser Leben, sehet

i) armes, dunkles, böses Leben (8)
84,8 in diesem armen Leben
150,3 aus jenem bösen Leben
289,1 errett' dein armes Leben
305,4 in das dunkle Leben leuchtet hell sein Schein
306,4 in das dunkle Leben leuchtet hell sein Schein
371,7 was sorgst du für dein armes Leben
397,2 in diesem armen Leben
523,1 dein sündlich böses Leben

j) neues, bestes, wahres usw. Leben (11)
61,1 neues Glück und neues Leben
78,10 mit deim neuen Leben
108,2 zum neuen Leben gedrungen
114,2 und such ein neues Leben
114,7 und in ein neues Leben gehst
114,9 zum neuen Leben gehen ein
164 schaffe in uns neues Leben
192 im heilsamen Wort und heiligen Leben erhalten
202,1 es galt ein neues Leben
211,2 nimm dich des jungen Lebens an
343,3 schaff mir ein neues Leben

k) ewiges, himmlisches, anderes, herrliches Leben (23)
8,6 das ewig Leben erben
36,12 dort im andern Leben
39,3 seinen Sohn zum ewgen Leben
51,1 und hat das ewge Leben
51,5 hüt uns zum ewgen Leben
66,4 ewiges Leben, der freundliche Gott
70,5 himmlisch Leben wird er geben mir dort oben
130,1 himmlisch Leben willst du geben, wenn wir beten
133,13 des ewgen Lebens Haus
152,3 bei dir ein herrlich Leben
183,3 ist bereit' uns ein Leben in Ewigkeit
227,1 Dank sei dir, Vater, für das ewge Leben
227,2 uns gegeben zum ewgen Leben
245,5 das freudenreiche ewge Leben
261 du hast Worte des ewigen Lebens
280,1 erleucht zum ewgen Leben
356,1 und Fried und ewges Leben
385,6 des ewgen Lebens nicht davon
416 und wer stirbt, erwacht zum ewigen Leben
458 nach dieser Zeit das ewig Leben
476,7 mich zu dem Glanz des andern Lebens kommen
522,3 ein ewig Leben hast du mir
522,5 uns führn zum ewgen Leben

lebend (5)
126,2 ein lebend Brunn, Lieb und Feu'r
191 alles, das tot und lebend ist
378,3 lebend aus dem Feuer gehn
405,5 und sich, was tot und lebend ist
406,4 der sich lebend zu dir hält

lebendig (5)
74,2 auf dich, Lebend'ger, hoffen wir
113,3 lebendig Christus kommt herfür
127,7 du, der lebend'ge Brunnenquell
217,2 du bist die lebendige Quelle
278,1 nach dem lebendigen Gott

Lebens-Au (1)
450,2 laß die dürre Lebens-Au

Lebensbächlein (1)
402,6 zu dem Lebensbächlein leiten

Lebensbahn (2)
391,1 Jesu, geh voran auf der Lebensbahn
404,6 möge wallen auf rechter Lebensbahn

Lebensbaum (1)
96,1 du schöner Lebensbaum des Paradieses

Lebensbrot (2)
222,2 das Lebensbrot stillt Hungers Not
462 du bist das rechte Lebensbrot

Lebensbrünnlein (3)
399,1 o Lebensbrünnlein tief und groß
399,2 o Lebensbrünnlein, durch dein Wort
399,4 o Lebensbrünnlein, Jesu Christ

Lebensbuch (1)
206,5 schreib ins Lebensbuch zum Leben

Lebensende (2)
238,3 bis an ihr Lebensend
505,6 kommt unser Lebensende

Lebensfaden (1)
402,3 wenn der Lebensfaden bricht

Lebensfluß (1)
148,7 vom Brunn der Lebensflüsse

Lebensfürst (1)
218,2 nach dem Trank des Lebensfürsten

Lebensgeist (1)
252,2 ach dein Lebensgeist durchdringe

Lebenshauch (1)
154,2 dein Lebenshauch bewegt das Totenfeld

Lebenshort (1)
130,5 o starker Fels und Lebenshort

Lebenskraft (1)
303,5 was ihnen dient zur Lebenskraft

Lebenskrone (2)
159,2 mit der Freuden- und Lebenskron
377,2 die Lebenskron erringen

lebenslang (2)
329,2 die du, o Gott, mir lebenslang
391,4 ordne unsern Gang, Jesu, lebenslang

Lebenslicht (1)
404,1 wahrhaftes Lebenslicht

Lebenslust (1)
509,2 zischt dir in Lebenslust

Lebensquell (2)
74,2 du Lebensquell, wir danken dir
218,5 Lebensquell und Licht der Sinnen

Lebenssaft (2)
135,2 gib uns Kraft und Lebenssaft
406,1 zuströmt Kraft und Lebenssaft

Lebenssonne (2)
218,5 Jesu, meine Lebenssonne
531,3 du, meine Lebenssonne

lebensvoll (1)
251,6 so mache...trägen Geister lebensvoll

Lebenswonne (1)
509,4 zum Dank für Lebenswonne

Lebenswort (1)
162,4 mein Gott, laß mir dein Lebenswort

Lebenszeit (3)
128,7 führ uns durch die Lebenszeit
130,7 wir führen unsre Lebenszeit
451,10 daß ich das Glück der Lebenszeit

Lebetag (1)
83,4 mein Lebetage will ich dich

lechzen (1)
278,1 wie der Hirsch lechzt nach frischem Wasser

ledig (8)
224,2 und keiner los und ledig
233,2 wollt ledig sein des Kreuzes mein
298,1 ihrer Bande ledig macht
353,7 der mich frei und ledig spricht
453,4 wir ledig aller Last der Welt
472,5 mach mich von Sünden ledig
502,3 machet uns ledig von allen Sünden
518,2 wer will uns... frei und ledig machen

leer (8)
64,4 in unsre leeren Hände
105,7 der Stein ist fort! Das Grab ist leer
105,13 wir sehen's wohl, das Grab ist leer
116,3 sehet, das Grab ist leer, wo er lag
224,2 die leeren Hände füllen
309,3 die Reichen läßt er leer im Überfluß
382,1 ich steh vor dir mit leeren Händen, Herr
393,4 frei, bloß und wahrlich leer

legen, sich legen (26) → *ablegen, liegen*

a) allgemein (6)
24,5 da findet ihr das Kind gelegt
37,6 dies Kindlein drauf zu legen
77,7 in ein Grab geleget
112,1 mein Heiland war gelegt
244,2 so legt es sich und wird ganz still
526,3 wird in ihn gelegt befunden

b) von Gott (9)
83,3 leg auf, ich will dir's tragen
123,1 alles legt ihm Gott zu Fuß
203,2 du hast dein Händ auf sie gelegt
239,1 daß er Hand in Hand zum Bund euch lege
241,3 uns diese Bitt in unsern Mund gelegt
281,3 dem Gott, der Lasten auf uns legt
406,5 lege segnend dann die Hände
449,6 sehen den Segen, den du wirst legen
529,7 auch alles hebt und leget

c) von Menschen (11)
63,1 leg ich nun Freud und Schmerz
84,7 das soll ich billig legen
206,5 nun wir legen an dein Herz
212,2 legen wir dies Kind in deine Arme
252,7 auf dein Herz will ich sie legen
266,2 und danken dir, wenn wir uns legen
314,3 kommt und legt ihm Zweige von den Bäumen auf den Weg
431,1 rette...vor dem Brand der Erde, den wir selbst gelegt
449,4 wenn wir uns legen, so ist er zugegen
471,1 daß wir uns legen in seim G'leit
520,1 nun legen wir den Leib ins Grab

Lehre (21)
59,3 vor falscher Lehr, Abgötterei
68,7 regiere es mit treuer Lehr
71,6 daß falsche Lehr und Sünden
125,2 o Herr, behüt vor fremder Lehr
127,4 und uns erinnern aller Lehr

127,5 durch falsche G'walt und Lehre
129,3 und tun nach deinen Lehren
130,5 von deiner weisheitsreichen Lehr
141,6 hilf, daß wir folgen seiner Lehr
157 halt mich bei deiner Lehr
196,4 bewahren deine Lehr und Huld
196,6 hilf, Jesu, daß uns deine Lehr
244,3 halt uns im Fried bei deiner Lehr
244,10 bekehr den Feind zu Christi Lehr
246,5 zu fälschen deine rechte Lehr
248,2 hilf, ach hilf, schütz deine Lehr
344,2 behüt uns, Herr, vor falscher Lehr
367,2 behüt mich, Herr, vor falscher Lehr
397,2 behüt mich, Herr, vor falscher Lehr
441,2 mit seiner Lehr hell scheint und leucht'
527,9 Furcht, Hoffen, Gunst und Lehre

lehren (50)

a) von Gott, Gottes Wort, Gottes Liebe (21)
5,2 er kommt auch noch heute und lehret die Leute
68,4 du lehrest uns die neu Geburt
78,3 lehrt und rüst' die Jünger sein
91,6 lehrt mich mein Glück, macht mich aus Gottes Feinde
127,4 von dir allein muß sein gelehrt
129,1 der uns durchs Wort recht lehret
133,5 du bist ein Geist, der lehret
145,3 dich halten, wie sein Wort dich lehrt
168,3 der uns das Hören lehrt und dir folgen heißt
202,3 und folget seinem Lehren
229,2 lehrt uns leben von Gott bejaht
295,2 weil du mich lehrst die Rechte
295,3 an dem, was dein Wort lehrt
320,5 lehrt uns darauf vertrauen
328,4 der lehret mich recht gläubig beten
328,5 was mich dein Geist selbst bitten lehret
341,9 und lehren mich erkennen wohl
341,10 was ich getan hab und gelehrt
413,3 sie lehrt, sie straft, sie gibt und leiht
449,2 zu seinen Ehren und uns zu lehren
472,5 der mich weise und lehre

b) als Bitte an Gott (23)
3,5 lehr uns zuvor dein' Willen tun
40,5 und lehre mich die Weihnachtskunst
51,5 und lehr uns tragen Kreuz und Schmach
72,4 die Stummen richtig reden lehr
88,4 Jesu, lehr bedenken mich
124,2 lehr uns Jesus Christ kennen allein
125,2 und lehr uns Gott recht erkennen
126,6 lehr uns den Vater kennen wohl
130,2 höre, lehre, daß wir können Herz und Sinnen dir ergeben
131,4 lehr uns den Vater kennen schon
240,3 lehr uns, einander zu vergeben
277,2 was deine Güte ist, lehr mich begreifen
346,4 bleib du mein Ehr, dein Wort mich lehr
373,3 lehre mich kämpfen und prüfen die Geister
386,1 dies Eine lehre mich erkennen doch
415,3 du Erbarmer, lehr auch uns Erbarmen
415,3 lehr uns milde sein, du Freund der Armen
415,3 o lehr uns eilen
415,4 lehr uns auch der Feinde Bestes suchen
415,4 lehr uns segnen, die uns schmähn und fluchen
451,5 und lehre du mich selber tun
530,3 Herr, lehr mich stets mein End bedenken
534,1 Herr, lehre uns, daß wir sterben müssen

c) von Menschen (6)
127,2 Christus zu lehren fangn sie an
130,2 dein wahres Zeugnis lehren
202,5 geht hin, all Welt zu lehren
273,2 sie lehren eitel falsche List
273,3 die falschen Schein uns lehren
341,10 das sollst du tun und lehren

Lehrer (2)
241,7 daß treuer Lehrer viel und Beter sein
423,3 gib du getreue Lehrer

Leib (98)

a) allgemein (33)
37,5 wann oft mein Herz im Leibe weint
37,8 noch nach des Leibes Freuden
113,7 bis unser Leib wird ähnlich dort
137,2 Leib und Leben dranzusetzen
166,3 heilige du Leib und Geist
191 der Jungfrau Leib nicht hast verschmäht
253,3 an dem geplagten Leibe
254,4 drum mag der Leib ermüden
256,1 unsre Leiber, unsre Herzen gehören dir
297,3 mit ganzem Leib und Leben
325,5 will dem Leibe Not entstehen
326,7 mein Geist und Leib erfreue dich
362,4 nehmen sie den Leib

371,14 dieses Leibs und allem Bösen
393,5 sonst weder Leib noch Haus
397,3 der Leib in seim Schlafkämmerlein
399,4 macht er mein Herz im Leib so froh
401,5 an ihr Joch mit Leib und Sinn
414,1 nimm meinen Leib und Geist zum Opfer hin
447,5 daß Dieb und Räuber unser Gut und Leiber
450,4 unser Leib verklärt ersteh
476,4 und daß der Leib auf diesen schweren Tag
477,4 der Leib eilt nun zur Ruhe
479,4 nun, matter Leib, gib dich zur Ruh
495,1 gesunden Leib gib mir
495,7 dem Leib ein Räumlein gönn
495,8 und meinen Leib weck auf
503,12 hier trage dieses Leibes Joch
505,7 was du... des Leibes hast geschenket
506,5 der Mensch, ein Leib, den deine Hand
520,1 nun legen wir den Leib ins Grab
521,1 dazu mein' Leib und Leben
525,3 ruht doch der Leib sanft in der Erd

b) Jesu Leib (12)
70,4 dein Wort, dein Geist, dein Leib und Blut
78,9 gibt sein' Leib zu einer Speis
85,3 von deines Leibes Kraft
90,1 in diesem Leibe wohne
92,3 in Todesschmerz dein Leib erblich
113,7 Christi verklärtem Leibe
195,2 bezahlt an seinem Leibe
214,1 Herr, du nahmest menschlichen Leib an
214,2 der heilig Leib, der ist für uns gegeben
215,2 gab er uns sein' Leib zu essen
219,1 wir kommen, deinen Leib und Blut
530,6 ich habe Jesu Leib gegessen

c) im übertragenen Sinn (für: Kirche) (7)
70,3 an deinem auserwählten Leib
182,5 ihr seid getauft durch den Geist zu einem Leib
227,3 sind Christi Leib, sind seines Leibes Glieder
268,5 Glieder sind es viele, doch nur ein Leib
384,4 wir sind deines Leibes Glieder
412,4 sind eines Leibes Glieder
522,3 ich bin ein Glied an deinem Leib

d) Leib und Seele (30)
11,3 als Leib und Seele saßen
38,2 uns an Leib und Seele reich
84,7 was Leib und Seel vermögen
84,8 bis Leib und Seele scheiden
121,1 stärk uns an Leib, stärk uns an Seel
133,4 gesalbet ist mein Leib und meine Seele
139,1 mein' Leib und Seel gegeben
140,2 er segne uns nach Seel und Leib
151,2 bereitet Leib und Seel
183,1 Leib und Seel auch wohl bewahren
197,2 dein Wort macht Leib und Seel gesund
204,4 abscheide die Seel von meinem Leib
216 du hast uns Leib und Seel gespeist
234,6 dein Seel und Leib dort brennen muß
282,1 dort jauchzet Leib und Seel in mir
296,4 bewahret dir dein Leib und Seel
303,1 der Leib und Seel gegeben hat
320,3 Nahrung gibt er dem Leibe; die Seele muß auch bleiben
354,6 was Seel und Leib erquicken kann
365,4 was Leib und Seel ernähret
367,3 mein' Leib und Seel befehl ich dir
397,2 mein Leib und Seel und was ich hab
400,6 erleucht mir Leib und Seele ganz
418,4 Leib und Seel zu laben
443,5 Leib und Seel nicht betrübe
457,12 nun stärke Seel und Leib
471,2 schirm beid, Leib und Seel
475,7 noch an Leib und Seel verderben
477,7 wo bleibt dann Leib und Seel
503,15 an Leib und Seele grünen

da) in Verbindung mit Leben, Geist, Herz usw. (16)
6,4 er tracht' nach Leib, Seel, Gut und Ehr
73,7 mit Geiste, Leib und Seel
143,5 nach Herz und Seele, Leib und Blut
143,7 an Leib und Seele, Haut und Haar
165,3 Seele, Leib und Leben
200,5 Leib, Seel und Herz zum Opfer hin
320,2 den Leib, die Seel, das Leben
352,4 meine Seele, Leib und Leben
365,3 mein Leib, mein Seel, mein Leben
370,3 Gut und Blut, Leib, Seel und Leben
443,4 mein' Leib und meine Seele, Gemahl, Gut
443,6 mein Leib, mein Seel, mein Leben
445,6 meinen Leib und meine Seele samt den Sinnen
472,6 mein' Leib, mein Seel, mein Leben
475,6 Leib und Seele, Mut und Blut
495,1 in solchem Leib ein unverletzte Seel und rein Gewissen bleib

Leibesnot (1)
344,5 und was man b'darf zur Leibesnot

leiblich (1)
370,12 ich dich leiblich werd umfangen

leicht/leichtlich (10)
127,7 brechen gar leicht von jedem Streich
324,10 wirst du gar leicht erweicht
363,2 mein Joch ist sanft, leicht meine Last
369,6 es sind ja Gott sehr leichte Sachen
384,2 es kann leichtlich Gottes Huld
428,4 mach ein leichtes Zelt daraus
497,9 tritt du zu mir und mache leicht
503,4 der schnelle Hirsch, das leichte Reh
527,1 wird als ein leichter Traum vergehn
530,2 es kann vor Nacht leicht anders werden

Leid (63) → *Leiden, Not, Pein*

a) allgemein (21)
11,3 in ihrem größten Leid
36,3 Gott gibt, unserm Leid zu wehren
36,7 die ihr schwebt in großem Leide
50,1 gedenken wir auch an dein Leid
65,3 des Leids, gefüllt bis an den höchsten Rand
92,2 durch Leid am Kreuz gelöst das Band
153,3 das ist die Welt ohne Leid
183,1 kein Leid soll uns widerfahren
224,1 wir tragen unsrer Wege Leid
253,5 hab ich Gemeinschaft an dem Leid
283,4 damit wir in dem großen Leid
298,1 Leiden wie ein Traum der Nacht
298,3 jenseits reift die Frucht der Leiden
307,2 selig sind, die da Leid tragen
361,11 dem, der dein Leid gewandt
396,6 dennoch bleibst du auch im Leide
474,2 laß kein Leid widerfahren
486,4 des Leides nicht gedenken
488,4 von deiner Hand geführt, fürcht ich kein Leid
505,6 da ihm kein Leid bewußt
514,5 ihr, die ihr traget schweres Leid

b) alles Leid (18)
30,3 hilft uns aus allem Leide
34,1–4 Christus wehret allem Leide
62,4 alle Sorgen, alles Leid
121,2 und sing und spring ohn alles Leid
203,4 behüte es vor allem Leid
243,1 er hilft aus allem Leid
248,1 der du weißt um alles Leid
286,1 wo sind nun alle unsre Leiden
296,7 vor allem Leid und Ungefäll
351,10 durchsüßet alles Leid
365,3 er wendet alles Leid
398,1 in dir ist Freude in allem Leide
399,5 all unser Leid auf dieser Erd
475,2 daß du mich vor allem Leid
531,2 laß auch in allem Leide

c) in Verbindung mit Freude, Liebe, Angst, Tod usw. (24)
9,5 müßt haben Angst und Leid
39,3 aus dem Leid ins Himmels Freud
60,4 vor Leid behüten und Gefahr
90,2 ich folge dir durch Tod und Leid
146,1 vor Seuchen, Feu'r und großem Leid
148,4 von Krankheit, Schmerz und Leid
151,6 in Freuden ohne Leid mitleben
154,3 Leid und Geschrei und Schmerz muß dann vergehn
154,4 uns hält gefangen Irrtum, Schuld und Leid
196,2 in Lieb und Leid, in Freud und Schmerz
209,4 er will durch Leid und Freuden
240,1 dein ist die Freude und das Leid
274,3 in Leid, Verfolgung und Trübsal
344,4 gehorsam sein in Lieb und Leid
346,5 hilf mir zur Freud nach diesem Leid
369,2 wir machen unser Kreuz und Leid
371,4 er weiß dein Leid und heimlich Grämen
372,4 ich will mich ihm ergeben in Freud und Leid
384,2 nach dem Leide folgen Freuden
406,4 so in Freude wie in Leid
473,1 in Lieb und Leid in meinem Herzen halten
518,2 unsre Klag und großes Leid
524,1 aus Trübsal und großem Leid
529,5 in gleiches Glück und Leid

leid sein (2)
234,2 o selig, dem die Sünd ist leid
400,3 es ist mir leid, ich bin betrübt

leiden (44) → *dulden, erdulden, erleiden*

a) allgemein (3)
401,3 Liebe, die für mich gelitten
430,2 es wird so viel gelitten
529,5 es muß gelitten sein

b) von Christus (23)
37,8 an unsrer Statt zu leiden
43,5 was leidest du alles für unsere Sünd
51,3 er trug die Schmach und litt den Tod
75,1 Ehre sei dir, Christe, der du littest Not
76,2 daß er für uns litt solche Pein
77,2 da er sollte leiden

78,1 merk, was er gelitten hat
78,6 dennoch mußt er leiden
81,4 der gute Hirte leidet für die Schafe
81,6 und du mußt leiden
83,1 und spricht: Ich will's gern leiden
84,6 und leidest alles mit Geduld
86,6 hast gelitten mit Geduld
88,1 littest alle Schmerzen
91,9 unendlich Glück! Du littest uns zugute
92,3 darin zu leiden williglich
95,4 du leidest Hohn und Spott und Schmerzen
96,2 nur unsretwegen hattest du zu leiden
184,3 litt unser Kreuz, starb unsern Tod
331,8 hast den Tod für uns gelitten
341,8 das leid ich alles dir zugut
405,2 der für dich hat gelitten
430,3 du hast für uns gelitten

c) von Menschen (18)
7,6 hier leiden wir die größte Not
8,5 muß vorher mit ihm leiden
85,9 wenn ich den Tod soll leiden
91,10 wenn ich den Tod einst leide
130,3 auch wenn wir leiden müssen
233,5 durch dein Gnad will ich's leiden
276,4 viel muß der G'rechte leiden
289,1 die leidn in seinem Reich
302,4 und wer Gewalt muß leiden
303,5 zeigen sich welche, die Unrecht leiden
308,4 wenn er muß leiden groß Gefahr
371,13 alle Menschen müssen leiden
384,2 lasset uns mit Jesus leiden
384,2 Jesu, hier leid ich mit dir
396,4 soll mich, ob ich viel muß leiden
412,2 und sieht die Brüder leiden
431,3 für ihn zu leiden gib uns Kraft
529,3 hab ich doch müssen leiden

Leiden (39) → *Leid*

a) allgemein (7)
63,2 warum es so viel Leiden
112,1 wie kommt nach großem Leiden
115,5 keine Herrlichkeit, kein Leiden
123,8 und das Leiden geht zuvor
351,12 kein Lieben und kein Leiden
370,8 schließt das Tor der bittern Leiden
531,3 nach Erdenglück und Leiden

b) von Christus (16)
9,3 im Leiden hat vollbracht
76,2 mit seinem Leiden, Sterben
77,8 durch dein bitter Leiden
78,1 Jesu Kreuz, Leiden und Pein
82,5 Herr, laß dein heilig Leiden
84,8 es soll dein Tod und Leiden
85,7 wenn ich in deinem Leiden
87,6 dein Leiden, Kreuz und Angst
88,4 mit so großem Leiden
89,1+5 und dein betrübtes Leiden
91,1 Herr, stärke mich, dein Leiden zu bedenken
148,3 der durch sein Blut und Leiden
215,1 durch das bitter Leiden sein
250,4 was Christi Leiden uns bereit'
373,2 und durch dein Leiden mein sündlich' Fleisch töten

c) von Menschen (16)
58,8 in unserm Kreuz und Leiden
87,4 zum Kampf und Leiden wagen
127,6 daß uns auch Leiden Ehre ist
133,6 erleuchtest uns im Leiden
171,2 sei mit uns in allem Leiden
252,5 die in Kreuz und Leiden leben
253,3 Gemeinschaft an dem Leiden
279,4 du läuterst uns durch heißes Leiden
279,4 durch Leiden führst du uns zu Freuden
346,5 hilf mir mein Leiden tragen
385,6 in allem Leiden stehen
391,3 kümmert uns ein fremdes Leiden
505,6 nach ausgestandnem Leiden
516,3 Kreuz, Leiden, Angst und Not
523,2 verkürz mir alles Leiden
525,1 hilf mir in meinem Leiden

Leidenstag (1)
152,2 in unsern Leidenstagen

Leidenszeit (3)
137,5 sein Vertraun in Leidenszeiten
344,4 gib uns Geduld in Leidenszeit
405,4 der nach den Leidenszeiten

leihen (1)
413,3 sie lehrt, sie straft, sie gibt und leiht

leise (2)
55,1 ziehn leise über dir
508,1 der tut mit leisem Wehen

leisten (8)
133,2 dir Ehr und Dienste leiste
195,3 mein Fleisch dem Geist Gehorsam leist
232,4 der uns allzeit sein Hilfe leist
248,3 als ein Jesus Hilfe leist
273,6 der uns sein Hilfe leiste
351,9 wie Gott dem Hilfe leiste

390,2 der dir mit Lust Gehorsam leist'
474,3 Gott Heilger Geist, dein Hilf uns leist

leiten (35) → *führen, geleiten, regieren, vorangehen*
a) allgemein (4)
172 daß sie mich leiten zu deiner Wohnung
254,2 die Liebe wird uns leiten
278,8 sie leiten und bringen mich zu dir
506,5 dich zu erkennen leitet

b) von Gott (17)
10,3 und folget Gottes Leiten
126,5 daß wir deim Leiten folgen gern
127,6 du leitest uns auf ebnem Weg
148,5 er wird uns fröhlich leiten
218,4 Gottes Geist nur kann uns leiten
256,5 und uns mit deinen Augen leiten
295,3 wenn du mich leitest, treuer Gott
326,5 mit Mutterhänden leitet er
334,4 danke, daß deine Hand mich leiten will
341,9 und in der Wahrheit leiten
352,2 und noch leitet und regieret
380,5 voller Huld zu leiten
393,11 wir gehn durch Jesu Leiten
395,2 der wird uns dahin leiten
402,6 zu dem Lebensbächlein leiten
472,5 ja der mich leit und führ
486,11 der leitet mich auch morgen

c) Bitte an Gott (14)
1,5 dein Heilger Geist uns führ und leit
2,3 dein Heilger Geist uns führ und leit
61,2 geh ich aus, wollst du mich leiten
104,3 leite du, König, uns, und Held
127,4 in Wahrheit wollst uns leiten
146,5 leit uns mit deiner rechten Hand
192 alle, die uns regieren, leiten und schützen
196,6 erleuchten mög und leiten
252,4 leite sie in deinem Licht
331,9 leit es auf der rechten Bahn
345,5 du wollest selbst uns leiten
386,10 und leite mich, Höchster, auf ewigem Wege
439,5 wollest leiten nach deinem Mut
445,5 führe mich, o Herr, und leite

Leitstern (2)
62,3 geht uns dieser Leitstern für
166,5 daß es mir zum Leitstern dient

Lende (2)
279,5 den Lenden Lasten angehängt
371,13 des Kreuzes Stab schlägt unsre Lenden

lenken (9)
64,2 wenn deine Güte uns nicht lenkt
128,5 lenk uns nach dem Willen dein
161,1 lenke Sinnen und Begier
213,1 der Erd und Himmel lenkt
325,8 durch das Kreuze zu ihm lenke
351,12 der keines soll mich lenken
361,1 des, der den Himmel lenkt
449,9 sonsten regiere mich, lenke und führe
505,7 gib, daß zu dir uns lenket

Lenker (1)
485,1 du Lenker aller Zeit

Lerche (1)
503,3 die Lerche schwingt sich in die Luft

Lerchenschlag (1)
383,3 Sonne steigt und Lerchenschlag

lernen (6)
88,6 daß ich Demut von dir lern
231,11 erkennen sollst und lernen wohl
253,4 lernt das Gesetz erfüllen
287,4 du mußt nur zu sehen lernen
342,4 so lerne jetzt ein frommer Christ
426,2 und Krieg lernt keiner mehr

lesen (2)
112,8 der Reim gelesen wird
149,6 und lies mich aus dem Buche frei

Letze (Letztes, Abschied) (1)
341,10 das laß ich dir zur Letze

letzte (31)
5,6 kommt ihr letztes Ende
67,2 im letzten Teil der Zeit
79,2 und tröst uns in der letzten Not
82,8 in meiner letzten Stunden
85,6 im letzten Todesstoß
89,5 laß meine letzte Zuflucht sein
135,6 wenn der Tod, die letzte Not
178.4 daß wir am letzten End
192 in unserer letzten Not
193,3 steh bei uns in der letzten Not
199,3+4 Gott hat das letzte Wort
221,2 dann würden wir den letzten heilgen Willen
232,3 am letzten End dein Hilf mir send
239,5 dann erfüllt sich erst der letzte Bund
251,5 wie's dein letzter Wille war
275,6 hilf mir am letzten Ende
331,7 wenn der letzte Tag anbricht
344,8 und tröst uns in der letzten Not
364,3 in meiner letzten Stunden

375,4 bis auch der letzte Feind wird schweigen
402,3 laß das letzte Tageslicht
426,1+2 es wird sein in den letzten Tagen
426,3 kann das Wort von den letzten Tagen
474,3 an unserm letzten Ende
478,8 soll diese Nacht die letzte sein
503,15 und laß mich bis zur letzten Reis
514,6 du, der empfängt in letzter Not
522,1 mein Seel an meinem letzten End
526,7 wenn die letzt Posaun erklingt

letztlich (1)
33,1 und letztlich Frieden bringen

Leuchte (2) → *Licht, Strahl*
196,5 laß allweg sein die Leuchte unsern Füßen
357,4 die Leuchte der Gedanken, die leuchten

leuchten (51) → *erleuchten, glänzen, Licht, strahlen*
a) allgemein (13)
52,2 und auf einmal war ein Leuchten
142,4 sie brennen, leuchten, beten an
383,1 neue Tage leuchten mir
437,1 die helle Sonn leucht' jetzt herfür
449,12 leuchtet der Sonnen gewünschtes Gesicht
455,1 Morgenlicht leuchtet, rein wie am Anfang
459,1 auf daß drein leucht ihr heller Schein
479,2 ihr hellen Sterne, leuchtet wohl
480,3 es leuchte dir der Himmelslichter Zier
510,3 wie sie wandeln, wie sie leuchten
514,1 Mond leuchtend hoch vom Himmelssaal
520,5 dort wird er leuchten frei vom Tod
529,11 mit andern leuchten soll

b) von Gott, von Christus als Morgenstern (20)
35,1 und leucht' doch wie die Sonne
51,4 und leucht' durch Angst und Plage
69,1 er leucht' daher zu dieser Stunde
69,4 du leuchtest vielen nah und fern
69,4 so leucht auch uns, Herr Christ, du Morgenstern
70,1 wie schön leuchtet der Morgenstern
70,3 du leuchtend Kleinod, edler Stein
140,3 uns leuchten laß sein Angesicht
158,1 leucht uns mit hellem Schein
351,10 mein Jesus und sein Leuchten
357,4 die leuchten hier und dort
385,2 ich bin das Licht, ich leucht euch für
441,1 und leuchtet schön so früh wie spät
441,2 mit seiner Lehr hell scheint und leucht'
442,1 und leuchtet in die ganze Welt
450,5 leucht uns selbst in jener Welt
459,2 hell leuchten läßt an allem Ort
467,1 leucht uns, Herr Christ, du wahres Licht
469,1 du leuchtest uns vom Vater her
470,1 laß leuchten uns dein göttlich Licht

ba) von Gottes Wort, Tag, Wahrheit, Schein usw. (18)
23,4 es leucht' wohl mitten in der Nacht
125,2 laß leuchten uns des Lebens Wort
212,5 wir verlöschen. Deine Kerze leuchtet
255,7 laß leuchten deine heilgen Flammen
273,5 und leucht stark in die Lande
284,2 noch zur Nachtzeit leuchtet deine Wahrheit mir
305,4 in das dunkle Leben leuchtet hell sein Schein
306,4 in das dunkle Leben leuchtet hell sein Schein
318,8 o leucht uns mit deim hellen Wort
359,4 sieh, es leuchtet seine Gnad
395,1 seit leuchtend Gottes Bogen
426,3 in die Gottesstadt, leuchtend und weit
441,4 laß stetig leuchten über uns
442,3 der uns leuchtet mit seinem Wort
442,4 du mußt uns leuchten immerdar
442,5 leucht uns mit deinem Glänzen klar
442,6 leucht uns in unsre Herzen fein
442,7 dein heilig Wort leucht uns so fein

Leuchter (1)
136,6 daß er bei uns den Leuchter des Wortes lasse stehn

Leugner (1)
271,2 den Leugner widerlegt des Säuglings Mund

Leute (10)
5,2 und lehret die Leute
71,2 die Leut aus Morgenland
291 ich will dir lobsingen unter den Leuten
313,3 und sammelt seine Leute
314,1 alle Leute fangen auf der Straße an zu schrein
314,5 alle Leute rufen laut und loben Gott den Herrn
363,6 höret und merkt, ihr lieben Leut
381,3 ein Spott den Leuten allen – hörtest du ihn
388,3 ob wir wohl von allen Leuten
529,5 besser leben als solche großen Leut

licht (9)
17,4 auf, auf, ihr Herzen, und werdet licht
123,4 sitzt er unter lichten Chören
241,5 o würd es doch nur bald vor Abend licht
331,4 der Blutzeugen lichte Schar
359,3 Christus mit dem lichten Heer
394,4 zu lichten Himmelshöhn
440,4 zu wandeln als am lichten Tag
441,3 den hellen, schönen, lichten Tag
507,1 Himmels Au, licht und blau

Licht (172) → *Leuchte, leuchten*
a) allgemein (19)
85,2 dem sonst kein Licht nicht gleichet
266,4 den Menschen überm Meer das Licht
268,1 Strahlen brechen viele aus einem Licht
359,5 Licht von höchster Zinne
383,3 du hast mich ins Licht gestellt
396,5 kommt nicht mehr ans Licht
400,4 und liebte das geschaffne Licht
416 daß ich ein Licht anzünde, wo die Finsternis regiert
446,4 ich kann das Licht noch sehen
449,1 ein herzerquickendes, liebliches Licht
455,3 wiedererschaffen grüßt uns sein Licht
476,7 dem keine Nacht sein Licht und Klarheit nimmt
479,1 der lieben Sonne Licht und Pracht
479,2 ihr macht die Nacht des Lichtes voll
488,3 in Licht und Dunkelheit, Herr, bleib bei mir
515,2 sei gepriesen für Licht und Dunkelheiten
516,5 zergehen wie ein Licht
526,5 dieser meiner Augen Licht
528,3 Licht und Dunkel, Fried und Streiten

b) von Gott (33)
20,8 und alle, alle schaun ins Licht
23,4 und uns des Lichtes Kinder macht
40,1 bringt Licht in meine Dunkelheit
40,3 wird dieses Licht mit seinem Schein
73,1 es bricht das Licht herfür
74,1 du Morgenstern, du Licht vom Licht
126,3 zünd uns ein Licht an im Verstand
135,2 Licht auf unserm Pfad
136,6 uns ist das Licht erschienen
161,3 Licht vom Licht, aus Gott geboren
162,1 heut hat mein Gott das Licht gemacht
166,4 gib mir Licht in dem Verstande
178.6 Licht, das die Nacht erhellt
182,4 laßt Gottes Licht durch euch scheinen in der Welt
184,3 das Licht aus Finsternissen schuf
251,1 er das Licht und wir der Schein
262,4 schaffe Licht in dunkler Nacht
263,4 schaffe Licht in dunkler Nacht
278,8 sende Licht, sende deine Wahrheit
361,4 dein Gang ist lauter Licht
379,1 Gott wohnt in einem Lichte
385,2 ich bin das Licht, ich leucht euch für
400,5 daß mir dein Glanz hat Licht gebracht
427,4 du bist das Licht, schenkst uns das Leben
431,3 wir preisen dich, du Herr des Lichts
440,3 treib aus, o Licht, all Finsternis
441,6 die Werk des Lichtes scheinen klar
450,1 Licht vom unerschaffnen Lichte
459,2 das Licht er zu dem Leben ist
459,3 ohne das Licht man hellen Tag
469,1 und bist des Lichtes Prediger
476,6 daraus ich Licht im Tode nehmen kann
478,2 weil du bist selbst das Licht

ba) aus, im, zum Licht (13)
40,3 in diesem Lichte kannst du sehen
40,5 wie ich im Lichte wandeln soll
73,5 das führet dich zum Lichte fort
74,4 führ uns durch Finsternis zum Licht
97,4 leben aus dem Licht
142,6 bis wir mit ihnen dort im Licht
180.2 im Licht des Vaters
259,3 er führt durch Dunkel uns zum Licht
426,1–3 laßt uns wandeln im Lichte des Herrn
459,3 laßt wandeln uns in diesem Licht
531,3 führ mich zu... der Seligen im Licht

bb) dein, sein Licht (21)
14,6 o laß dein Licht auf Erden siegen
16,4 beglänzt von seinem Lichte
19,1 durch deines klaren Lichtes Pracht
40,5 dein Licht sei meine Weihnachtswonne
65,5 wir wissen es, dein Licht scheint in der Nacht
115,1 er verklärt mich in sein Licht
125,1 o Herr, durch deines Lichtes Glanz
142,3 und freuen sich in deinem Licht
172 sende dein Licht und deine Wahrheit
252,4 leite sie in deinem Licht
258 vergeßt uns nicht in seinem Licht
277,5 und wir erkennen erst in deinem Licht das Licht
283,2 und sollen wir an deinem Licht
297,6 gib, daß dein Licht uns helle werd
316,5 er ist dein Licht
317,5 er ist dein Licht
346,4 laß mich doch nicht von deinem Licht

402,5 Jesus wünscht sie und sein Licht
428,5 Herr, mit deines Lichtes Fülle
440,2 zünd deine Lichter in uns an
473,4 laß doch dein Licht auslöschen nicht

c) mein, unser, ihr Licht (15)
135,6 sei du unser Licht
139,1 mein Gott, mein Licht, mein Leben
140,3 der Herr, der Heiland, unser Licht
147,2 ihr Licht wird hell, ihr Stern geht auf
154,1+5 daß unser Licht vor allen Menschen brennt
251,7 nehme unser Licht den Schein
268,1 unser Licht heißt Christus
279,8 und ist in Finsternis mein Licht
370,12 und dich nicht, o mein Licht
372,4 er ist mein Licht und Leben
485,4 sei selber unser Licht
488,5 im Todesdunkel bleibe du mein Licht
524,6 ach sei du mein Licht und Straße
524,7 bist du doch mein Licht, mein Wort

d) Licht der Welt, meines Lebens usw. (mit Genitiv) (18)
20,5 der gute Hirt, das Licht der Welt
40,3 das Licht der klaren Seligkeit
83,4 du sollst sein meines Herzens Licht
128,1 mit dem Licht der Gnaden dein
129,1 des Glaubens Licht vermehret
133,6 mit deines Trostes Licht
143,3 und spiegeln seiner Hoheit Licht
178.8 zeig uns des Trösters Licht
218,5 Lebensquell und Licht der Sinnen
245,4 und hell das Licht des Tages scheint
302,6 er ist das Licht der Blinden
327,2 großes Licht der Sonne
357,4 das ist das Licht der Höhe
389,3 laß deines guten Geistes Licht
402,1 er ist meines Lebens Licht
410,1 Christus, das Licht der Welt
441,3 er ist das Licht der ganzen Welt
529,11 du meines Lebens Licht

e) in Verbindung mit Leben, Glanz, Trost usw. (20)
10,1 der Welt zum Licht und Leben
36,6 Licht und Labsal gönnet
37,3 Licht, Leben, Freud und Wonne
92,6 jetzt mit des Geistes Kraft und Licht
111,1 Licht, Heil und Leben wiederbracht
134,1 so wird Geist und Licht und Schein
135,1 euch mit Licht und Heil erfüllen
136,1 verbreite Licht und Klarheit
166,1 hier ist lauter Trost und Licht
171,2 voll Wärme und Licht im Angesicht
182,9 Wahrheit und Licht und die Kraft
253,2 das Licht, das Heil, der Morgenstern
305,4 Glanz und Licht wird sein
306,4 Glanz und Licht wird sein
371,2 er ist voll Lichtes, Trosts und Gnaden
379,4 aus seinem Glanz und Lichte
399,6 mein Klarheit, Licht und helle Sonn
401,4 Licht und Wahrheit, Geist und Wort
404,1 mit Leben, Licht und Wonne
452,5 mit seinem Wort und Licht

f) schönstes, helles, neues Licht usw. (26)
4,4 die Nacht gibt ein neu Licht dar
11,10 mit Gnad und süßem Lichte
20,1 bald sieht es Licht, ein großes Licht
37,3 o Sonne, die das werte Licht
72,1 o Jesu Christe, wahres Licht
93,1 das Geheimnis neuen Lichtes
112,1 nun ein so großes Licht
124,2 du wertes Licht, gib uns deinen Schein
125,2 du heiliges Licht, edler Hort
155,3 in ewger Freud und sel'gem Licht
161,2 uns mit hellem Licht erfüllet
165,6 laß dein schönstes Lichte
218,1 komm ans helle Licht gegangen
222,1 hast mein Gesicht das sel'ge Licht
246,1 dein göttlich Wort, das helle Licht
347,3 bei uns, du wertes Licht
351,4 mein Glanz und schönes Licht
400,1+7 ich will dich lieben, schönstes Licht
441,1 du höchstes Licht, du ewger Schein
441,7 du schönstes Licht in Ewigkeit
452,1 begrüß das neue Licht
467,1 leucht uns, Herr Christ, du wahres Licht
470,1 laß leuchten uns dein göttlich Licht
497,4 verleihe mir das edle Licht
519,4 er ist das Heil und selig Licht

g) ewiges Licht (7)
11,10 zum ewgen Licht und Wonne
23,4 das ewig Licht geht da herein
55,1 das ewge Licht heut scheint
199,4 im ewgen Lichte dort
245,2 und zeigen an das ewig Licht
390,1 erneure mich, o ewigs Licht
390,3 bis ich dich schau, o ewigs Licht

Lichtlein (1)
43,2 seht hier bei des Lichtleins hellglänzendem Strahl

Lid (1)
486,11 du hast die Lider mir berührt

lieb (97) → *liebste*

a) allgemein (16)
17,1–4 wir sagen euch an den lieben Advent
148,1 tut mich erfreuen die liebe Sommerzeit
234,1 mir ist nicht lieb des Sünders Tod
280,1 und was ihm lieb auf Erden
292,1 das ist mir lieb, daß du mich hörst
319,2 voran die liebe Nachtigall
325,7 daß ich alle liebe Morgen
423,6 gib uns den lieben Frieden
424,1 halten unsre liebe Erde
479,1 der lieben Sonne Licht und Pracht
500,2 den lieben Sonnenschein
503,1 in dieser lieben Sommerzeit
529,2 so manche liebe Nacht

b) von Gott (17)
6,3 so komm, lieber Immanuel
24,7 es ist das liebe Jesulein
37,6 o daß doch so ein lieber Stern
43,5 o betet: Du liebes, du göttliches Kind
134,3 denn des Vaters liebe Rut
145,2 sein liebes Evangelium
345,1 auf meinen lieben Gott trau ich
369,1 wer nur den lieben Gott läßt walten
399,1 dein lieb' Herz zu uns wende
408,5 lieber Gott, du bist so groß
408,6 bin ich dein, du lieber Gott
442,2 der unser lieber Heiland ist
442,6 sei uns willkommen, lieber Tag
442,8 du bist die liebe Sonne klar
467,4 behüte uns, o lieber Gott
484,2 sieh es, lieber Gott, nicht an
509,1 dir, lieber Gott, zu klein

ba) lieber Herr (25)
6,1 das ist der lieb Herr Jesus Christ
6,2 komm, Jesu Christe, lieber Herr
6,5 ach lieber Herr, eil zum Gericht
68,1 o lieber Herre Jesu Christ
96,3 lieber Herr Jesus, wandle uns von Grund auf
167,1 Gott, unserm lieben Herrn
191 auf dich hoffen wir, lieber Herr
192 verschon uns, lieber Herre Gott
192 hilf uns, lieber Herre Gott
192 behüt uns, lieber Herre Gott
192 du wollst uns hören, lieber Herre Gott
192 erhör uns, lieber Herre Gott
194,3 verschaff bei uns auch, lieber Herr
203,1 ach lieber Herre Jesu Christ
203,4 ach lieber Herr, dies Kindelein
246,7 dabei erhalt uns, lieber Herr
308,3 du bist auch mächtig, lieber Herr
319,3 vielmehr der liebe Herre Gott
342,4 nicht mehr denn: Lieber Herre mein
385,6 so laßt uns denn dem lieben Herrn
458 und bitten unsern lieben Herrn
458 ach, lieber Herr, du wollst uns geben
468,1 ach lieber Herre Jesu Christ
469,2 ach lieber Herr, behüt uns heut
472,4 vergib mir, lieber Herre

bb) lieber Vater (4)
78,4 rief sein' lieben Vater an
200,2 mein lieber Vater, mich erklärt
328,4 daher ich „Abba, lieber Vater!" schrei
399,5 in seines lieben Vaters Reich

bc) lieber Sohn (10)
24,6 mit seinem lieben Sohn verehrt
47,5 der uns schenkt sein' lieben Sohn
51,2 in seinem lieben Sohne
88,5 liebet mich sein lieber Sohn
131,4 dazu auch seinen lieben Sohn
202,3 er sprach: Das ist mein lieber Sohn
208,1 in deinem lieben Sohn verklärt
232,4 und Jesus Christ, seim lieben Sohn
341,5 er sprach zu seinem lieben Sohn
441,4 den Tag, Herr, deines lieben Sohns

c) von Engeln (9)
23,6 und seinen lieben Engeln gleich
29,1 heut sein die lieben Engelein
69,1 vor Freud singt uns der lieben Engel Schar
105,9 du lieber Engel, sag uns an
105,15 du lieber Engel, Dank sei dir
397,3 ach Herr, laß dein lieb' Engelein
437,2 laß deine lieben Engelein
474,3 befiehl den lieben Engeln dein
476,5 vergönne, daß der lieben Engel Scharen

d) von Menschen, der Christenheit (16)
6,1 ihr lieben Christen, freut euch nun
36,5 lasset fahrn, o liebe Brüder
60,1 freut euch, ihr lieben Christen all
143,1 heut singt die liebe Christenheit
148,3 die lieben Patriarchen
191 und die lieben Propheten all
218,1 schmücke dich, o liebe Seele
244,4 dir leben, dein lieb Völklein sein
276,2 ihr lieben Christenleut
289,4 bei seiner lieben G'meine
341,1 nun freut euch, lieben Christen g'mein
363,6 höret und merkt, ihr lieben Leut
442,1 steht auf, ihr lieben Kinderlein
469,6 gib uns die lieben Wächter zu

477,9 auch euch, ihr meine Lieben
529,4 so ging's den lieben Alten

Liebe (205)

a) allgemein
b) von Gott
ba) Gottes Liebe
bb) deine Liebe → be)
bc) seine Liebe → be)
bd) in, aus, durch, mit, vor Liebe
be) in Verbindung mit Treue, Huld, Güte usw. → bb), bc)
c) Liebe als handelndes Subjekt
d) von Menschen
da) in Verbindung mit Glaube, Leid, Einigkeit, Furcht usw.

a) allgemein (8)
20,4 die Liebe geht nicht mehr verloren
94,4 die Liebe will verborgen sein
351,3 das ist der Liebe wert
417,1+2 Herr, laß alles, alles hier auf Erden Liebe, Liebe werden
413,3 die Lieb nimmt sich des Nächsten an
413,6 die Lieb ist freundlich, langmütig
430,4 von dem, was Liebe sagt

b) von Gott (33)
8,2 das Segel ist die Liebe
41,3 sehet die Liebe, die endlich als Liebe sich zeiget
41,5 du willst dich selber, dein Herze der Liebe, mir schenken
66,6 Abgrund der Liebe, wer kann dich ergründen
81,6 o große Lieb, o Lieb ohn alle Maße
83,3 o Liebe, Liebe, du bist stark
91,1 mich in das Meer der Liebe zu versenken
91,4 Gott ist die Lieb und läßt die Welt erlösen
98,2 wälzte ihren Felsen vor der Liebe Grab
124,3 du süße Lieb, schenk uns deine Gunst
133,7 du bist ein Geist der Liebe
168,6 er hat mit seinem Leben gezeigt, was Liebe ist
213,5 ein Born der Liebe, quillet
253,4 besteht in einem Worte: Liebe
271,3 des Menschen Kind, daß du ihm Liebe schenkst
316,4 der aus dem Himmel mit Strömen der Liebe geregnet
317,4 der aus dem Himmel mit Strömen der Liebe geregnet
401,1-7 Liebe, dir ergeb ich mich
401,4 Liebe, die du Kraft und Leben
405,1-4 dank ihm für diese Liebe
412,1 Gott ist die Lieb und will, daß ich
415,1 Liebe, du ans Kreuz für uns erhöhte
431,2 die Liebe, die in Christus brennt
515,6 sei gepriesen, er ist dein Bild der Liebe

ba) Gottes Liebe (15)
42,3 daß Gottes Lieb unendlich ist
57,5 daß er die Liebe Gottes ist
98,2 über Gottes Liebe brach die Welt den Stab
325,1-9 Gottes Lieb in Ewigkeit
325,10 sich in Gottes Liebe find't
412,2 und hat die Liebe Gottes nicht
454,4 Gottes Liebe deckt die Schuld

bb) deine Liebe (27) *→ be)*
67,3 laß uns in deiner Liebe und Kenntnis nehmen zu
70,3 mir deiner Liebe Flamme
82,4 für deine Lieb und Treu
125,1 dein brennend Lieb entzünd in ihn'
127,4 mit deiner Liebe Brennen
130,5 deiner... Lehr und treuen Liebe trennen
130,6 und schenk uns deine Liebe
156 und entzünd in ihnen das Feuer deiner göttlichen Liebe
212,4 deine Liebe wirkt die neue Schöpfung
214,2 Herr, dein Lieb so groß dich zwungen hat
218,6 deine Liebe recht ermessen
219,1 zu deiner Liebe Herrlichkeit
221,3 ach dazu müsse deine Lieb uns dringen
227,6 als Zeugen deiner Liebe uns zu senden
256,1 in deiner Liebe ruht sich's gut
360,2 du läßt in deiner Liebe uns gewähren
404,6 ach zünde deine Liebe
427,5 den deine Liebe leben läßt
428,1 Herr, mit deiner Liebe Werben
431,3 nicht deine Liebe, die da loht
450,3 gib, daß deiner Liebe Glut
464,2 aus deiner Liebe leben wir
473,2 dein Lieb und Treu vor allem geht
473,2 von deiner Lieb mich trennen
486,8 in deine Liebe rette
497,6 sei deine Lieb und Ehre
531,1 auf deine Liebe trauen

bc) seine Liebe (10) → *be)*

5,4	sein Lieb zu beweisen
11,8	mit seiner Lieb und Huld
23,7	sein groß Lieb zu zeigen an
32,2	in seine Lieb versenken
182,9	in seiner Liebe zu bleiben
265,3	als seiner Liebe Widerschein
303,6	die läßt er seine Liebe sehn
322,7	er lasse seine Lieb und Güt
358,4	die seiner Liebe Frucht
526,5	werd in seiner Liebe brennen

bd) in, aus, durch, mit, vor Liebe (14)

34,2	brennt in Liebe für und für
36,6	liebt den, der vor Liebe brennet
41,6	aus Liebe geworden zum Kinde
66,6	stirbt es aus Liebe am blutigen Stamm
80,2	uns aus Lieb erworben
101,5	in heißer Lieb gegeben
112,3	aus Lieb erworben ist
127,6	da du durch Lieb gegossen bist
213,1	was er in Liebe schenkt
224,2	willst uns aus lauter Liebe hier
315,4	der dich mit Liebe überhäuft
316,4	der dir mit Liebe begegnet
317,4	der dir mit Liebe begegnet
415,1	schmelz in Liebe Herz und Herz zusammen

be) in Verbindung mit Treue, Huld, Güte usw. (13) → *bb), bc)*

11,7	ist voller Lieb und Lust
39,4	Lieb und Gunst hat ihn gezogen
84,9	der Lieb und unverfälschten Treu
108,3	so wird er uns aus Lieb und Gunst
126,2	ein lebend Brunn, Lieb und Feu'r
130,6	dich betrübe, Fried und Liebe müssen schweben
148,5	in rechter Lieb und Treu
213,1	an Huld und Liebe reich
288,6	voll Lieb und Treu zu jeder Zeit
325,7	schaue neue Lieb und Güt
358,5	an Glauben, Hoffnung, Liebe
388,2	aller Weisheit, Lieb und Stärk
525,4	dein ein'ger Sohn aus Lieb und Huld

c) Liebe als handelndes Subjekt (31)

46,3	o wie lacht Lieb aus deinem göttlichen Mund
70,3	dich, des Liebe mich entzündet
98,1	Liebe lebt auf, die längst erstorben schien
98,1-3	Liebe wächst wie Weizen
153,5	wenn die Liebe das Leben verändert
164	dadurch die Liebe fließt in die Herzen
229,2	wahre Liebe schenkt Wort und Tat
251,6	Liebe, hast du es geboten
254,2	die Liebe wird uns leiten
268,3	Gaben gibt es viele, Liebe vereint
268,3	Liebe schenkt uns Christus
269,4	die Macht der Liebe neu vereint
388,7	Liebe, zieh uns in dein Sterben
401,1	Liebe, die du mich zum Bilde
401,1	Liebe, die du mich so milde
401,2	Liebe, die du mich erkoren
401,2	Liebe, die du Mensch geboren
401,3	Liebe, die für mich gelitten
401,3	Liebe, die mir hat erstritten
401,4	Liebe, die sich ganz ergeben
401,5	Liebe, die mich hat gebunden
401,5	Liebe, die mich überwunden
401,6	Liebe, die mich ewig liebet
401,6	Liebe, die das Lösgeld gibet
401,7	Liebe, die mich wird erwecken
401,7	Liebe, die mich wird umstecken
408,5	Liebe deckt und birgt mich lind
415,1	Liebe, die für ihre Mörder flehte
506,1	die Liebe, die für alle wacht

d) von Menschen (33)

41,6	dem ich auch wieder mein Herze in Liebe verbinde
70,6	in steter Liebe wallen
76,2	die Lieb erzeigen jedermann
82,7	aus reiner Lieb allein
88,6	daß ich dir geb Lieb um Lieb
114,5	die früh dahin aus Liebe gehn
124,3	laß uns empfinden der Lieb Inbrunst
126,3	gib uns ins Herz der Lieb Inbrunst
131,2	gib uns die Lieb zu deinem Wort
131,2	zünd an in uns der Liebe Flamm
194,2	die Werk der Lieb sind dieser Schein
227,5	in einer Liebe dich den Vater nennen
239,1	eure Liebe, die euch hier verbindet
240,2	laß unsre Liebe ohne Wanken
251,6	daß man Liebe üben soll
255,9	der Liebe Jubelharmonien
259,3	und in der Liebe reine
265,5	daß unsre Liebe immer neu
342,6	dem Nächsten wird die Lieb Guts tun
358,4	er kennt sie an der Liebe
358,6	die Liebe herzlich sei
367,2	und Lieb zu deinem Worte
384,1	in der Lieb den Glauben weisen
386,4	so will ich dir dennoch in Liebe nachlaufen
412,8	ein Herz, das dich durch Liebe preist
413,1	die brüderliche Lieb genannt
413,8	und solche Lieb in uns anzünd

414,2 und laß ihn in der Liebe tätig sein
416 daß ich Liebe übe, wo man sich haßt
417,1+2 laß die Wurzel unsers Handelns Liebe sein
442,5 daß nicht die Lieb in uns erkalt
514,5 ihr Herzen, drin die Liebe wohnt

da) in Verbindung mit Glaube, Leid, Einigkeit, Furcht usw. (21)
145,4 in Lieb und Treu, in Buß und Zucht
196,1 mit Sanftmut, Ehre, Lieb und Freud
196,2 in Lieb und Leid, in Freud und Schmerz
196,6 Glaub, Lieb, Geduld und Hoffnung
200,3 doch hab ich dir auch Furcht und Liebe
214,3 in rechter Lieb und brüderlicher Treue
216 daß unser Glaub und Lieb dich preist
222,3 o Herr, verleih, daß Lieb und Treu
238,1 und so einander Lieb und Treu
243,6 er wird... erhalten in Lieb und Einigkeit
245,2 durch Glauben, Lieb und Zuversicht
251,2 Lieb und Treu aus Herzensgrund
276,2 des Herren Nam erhöhen in Lieb und Einigkeit
297,6 in rechter Lieb des Glaubens dein
341,1 mit Lust und Liebe singen
344,4 gehorsam sein in Lieb und Leid
344,6 in rechter Lieb und Einigkeit
356,2 den Glauben stärk, die Liebe mehr'
393,8 man pflanze Lieb und Ruh
451,7 erfüllt mit Lieb und Ruhe
473,1 in Lieb und Leid in meinem Herzen halten

lieben (98)

a) allgemein (7)
10,3 ein Herz, das Demut liebet
63,2 wo wir so sehr geliebt
65,3 aus deiner guten und geliebten Hand
317,1 meine geliebete Seele, das ist mein Begehren
351,12 kein Lieben und kein Leiden
401,6 Liebe, die mich ewig liebet
416 nicht, daß ich geliebet werde

b) von Gott (41)
11,5 als das geliebte Lieben
28 also hat Gott die Welt geliebt
36,3 der uns gibt, was er liebt
41,7 der du mich liebend erkoren
51,1+5 also liebt Gott die arge Welt
70,5 in deinem Sohn geliebet
88,5 liebet mich sein lieber Sohn
111,13 ich weiß, daß er mich herzlich liebt
111,14 Gott und die Engel lieben mich
159,2 sie sind, die er tut lieben
167,2 wie Gott uns herzlich liebt
169,4 zeigt uns damit, daß er uns liebt
182,6 so führt der Herr die zusammen, die er liebt
251,3 auf so treues Lieben an
251,3 so hat uns der Freund geliebet
251,4 der uns so geliebet hat
255,1 du unaussprechlich Liebender
265,2 der uns als seine Kirche liebt
281,2 er ist es, der Verlorne liebt
281,5 wie er sein Volk so zärtlich liebt
302,6 er liebet alle Frommen
315,2 ich weiß, daß mich mein Vater liebt
318,2 er ist's, der dich von Herzen liebt
325,1 ist doch nichts als lauter Lieben
325,8 der mich liebet, mein gedenke
334,5 du die Menschen liebst
351,6 mein Heiland, der mich liebt
400,4 und liebte das geschaffne Licht
407,2 Glauben, Hoffen, Lieben, alles, Herr, bist du
409,1-8 Gott liebt diese Welt
428,2 der du Arme liebst und Schwache
457,2 weil er, der dich beschenkt und liebt
481,4 daß du mich herzlich liebest

c) von Menschen (19)
82,7 und meinen Nächsten lieben
84,10 und wie ich die soll lieben
104,2 und von Herzen glaubt und liebt
124,3 daß wir uns von Herzen einander lieben
131,2 danach zu lieben allesamt
151,5 ihr, die ihr Zion liebt
170,2 schlimmen Schaden heilen, lieben und verzeihn
215,8 deinen Nächsten sollst du lieben
236,6 lieben kann ich nicht
252,3 o wie lieb ich, Herr, die Deinen
254,3 drum gilt's gemeinsam lieben
351,1 und bin geliebt bei Gott
360,6 du machst uns frei, zu lieben und zu hoffen
400,3 daß ich so spät geliebt
412,1 den Nächsten liebe gleich als mich
412,3 der liebt auch seinen Bruder nicht
412,6 und den nicht lieben, den du liebst
416 sondern daß ich andere liebe
494,5 und meinen Nächsten liebe

ca) Gott lieben (31)
11,10 dem, der ihn liebt und sucht
32,3 will ich dich lieben sehr

36,6 liebt den, der vor Liebe brennet
117,2 er, den ihr lieben dürft
123,11 ehret, liebet, lobet ihn
129,3 verleih, daß wir dich lieben
152,1 und lieben dein Erscheinen
165,8 daß ich dich stets lieb und ehre
231,2 von Herzensgrund lieben mich
232,3 vor allen Dingen lieben dich
302,2 den schönsten Schatz geliebt
325,10 dich... lob und lieb in Ewigkeit
327,4 wer den Herren Jesus liebet
396,6 denen, die Gott lieben
398,2 lieben und loben dein Macht dort droben
400,1 ich will dich lieben, meine Stärke
400,1 ich will dich lieben, meine Zier
400,1 ich will dich lieben mit dem Werke
400,1+7 ich will dich lieben, schönstes Licht
400,2 ich will dich lieben, o mein Leben
400,2 ich will dich lieben und erheben
400,2 ich will dich lieben, Gottes Lamm
400,7 ich will dich lieben, meine Krone
400,7 ich will dich lieben, meinen Gott
400,7 ich will dich lieben ohne Lohne
403,1 dich will ich lieben
404,6 dich ewig lieben kann
412,1 so jemand spricht: Ich liebe Gott
480,2 ich liebe dich, ich geb zum Opfer mich
485,3 hilf, daß wir rein dich lieben

Liebesarm (2)
83,4 mit Liebesarmen fassen
354,2 es sind die offnen Liebesarme

Liebesbahn (1)
393,8 auf unsrer Liebesbahn

Liebesband (1)
133,8 zu Fried und Liebesbanden

Liebesbund (1)
127,5 im ewgen Liebesbunde

Liebesfeuer (1)
250,5 durch Liebesfeu'r sie auszurüsten

Liebesflamme (3)
133,7 willst, daß durch Liebesflammen
251,1 lasset eure Liebesflammen
251,6 zünde an die Liebesflamme

Liebesgeist (1)
213,4 durchflossen vom süßen Liebesgeist

Liebesglut (2)
262,5 Glauben, Hoffnung, Liebesglut
263,5 Glaubenshoffnung, Liebesglut

Liebeshuld (1)
239,1 ist von seiner Liebeshuld verklärt

Liebeskette (1)
251,2 und wenn eurer Liebeskette

Liebeslicht (1)
40,4 dein Glaubens- und dein Liebeslicht

Liebesmacht (1)
83,3 o Wunderlieb, o Liebesmacht

Liebesschlag (1)
374,4 und gibt nur Liebesschläge

Liebestat (1)
81,8 wie kann ich dir denn deine Liebestaten

Liebestreue (1)
130,6 dem Nächsten stets mit Liebestreu

Liebesweg (1)
213,2 hier ist der Liebesweg

Liebeswerk (1)
505,1 an so viel Liebeswerken

liebevoll (1)
415,3 liebevoll der Nächsten Not zu teilen

liebhaben (6)
242,2 die dich liebhaben inniglich
313,2 und was ihr liebhabt, geben
318,4 er hat uns lieb und ist uns hold
397,1 herzlich lieb hab ich dich, o Herr
410,2 weil er uns lieb hat, lieben wir einander
511,3 kennt auch dich und hat dich lieb

lieblich (13)
37,7 auf lieblichen Violen
48,1 kommet, das liebliche Kindlein zu schaun
49,3 die Engel lieblich singen
70,1 lieblich, freundlich, schön und herrlich
213,4 hat lieblich sich ergossen
282,1 wie lieblich schön, Herr Zebaoth
304,1 sein Lob ist schön und lieblich anzuhören
319,2 mit ihrem lieblichen Gesang
330,3 und stimmet lieblich mit mir ein
349,1 ganz lieblich soll erklingen
449,1 ein herzerquickendes, liebliches Licht
501,1 wie lieblich ist der Maien
503,9 und läßt du's uns so lieblich gehn

Lieblichkeit (1)
83,5 ich will von deiner Lieblichkeit

liebste/lieber (26) → *lieb*
35,2 o liebstes Jesulein
60,2 daß er uns seinen liebsten Sohn
85,8 o Jesu, liebster Freund
86,1–7 liebster Jesu, Dank dafür
89,2 ach liebster Heiland, schone mein
137,3 auch das Liebste jede Stunde
139,2 des Vaters liebster Sohn
161,1 liebster Jesu, wir sind hier, dich... anzuhören
165,4 liebster Gott, in allem
206,1 liebster Jesu, wir sind hier, deinem... nachzuleben
313,3 und blieben wir auch lieber stehn
386,4 liebster Jesu, nur nach dir
396,1 nichts sonst Liebers werden
399,7 denn auch die liebsten Kinderlein
403,5 nichts soll mir werden lieber auf Erden
403,5 als du, liebster Jesus mein
411 gibt am liebsten große Gaben
494,6 befehl ich, liebster Heiland, dir
525,2 gern will ich folgen, liebster Herr
525,2 verlassen meine liebsten Freund

Lied (39) → *Gesang, Psalm, singen*
9,5 laßt eure Lieder klingen
19,3 der Freien Lied ohn Ende preist
42,8 sing ihm, dem Herrn, ein neues Lied
50,4 die Welt ist heut an Liedern reich
54,1 hört, der Engel helle Lieder
148,8 singen alle ein neues Lied gar schön
169,4 wir singen Gott ein schönes Lied
269,2 festliche Lieder vor ihn bringt
278,5 und nachts singe ich mein Lied für ihn
278,9 daß ich dir, Gott, danke im Lied
284,2 morgens jauchz ich: Deine Gnade ist mein Lied
284,2 deiner Ehre dient mein armes Lied zur Zier
286,1 singt, singt dem Herren neue Lieder
287 singet dem Herrn ein neues Lied
294,2 in neuen Liedern überall
305,1–4 singt das Lied der Freude über Gott
306 singt das Lied der Freude
328,1 dir will ich meine Lieder bringen
328,3 so klingt es schön in meinem Liede
332,1 er höret gern ein Lied zu seiner Ehre
332,2 aus unserm Chor ein Lied zu seinem Ruhme
349,1 soll erklingen ein neues Liedelein
399,6 mein Ruhm, mein Lied, mein Lobgesang
420,1.2.4.5 sing mit den Traurigen ein Lied
446,5 sind mein Gebet und Lieder
449,3 dankbare Lieder sind Weihrauch und Widder
455,1 Dank für die Lieder, Dank für den Morgen
470,2 unser armes Lied rühmet dich
479,1 und bring ein Lied herfür
479,3 verschmähe nicht dies arme Lied
485,2 wir singen das Lied der Ewigkeit
490,2 tönt stets ein Lied zu deiner Ehre
491,3 möcht ich dir Lieder singen

liegen (56) → *legen*

a) allgemein (20)
50,3 die Welt liegt heut im Freudenlicht
55,1 wie stille liegst du hier
93,3 liegen über Golgatha
97,6 lag das Kreuz, o Herr
103,2 da noch der Stein am Grabe lag
109,4 er liegt im Staub, der arge Feind
111,11 kein Angststein liegt so schwer auf mir
113,3 alls liegt da überwunden
135,6 mit uns will zu Felde liegen
154,2 tief liegt des Todes Schatten auf der Welt
165,3 da liegt unser Wille
175 liegen bei dir, Herr
199,5 liegt Ursprung, Ziel und Sinn
352,1 und an seiner Gnad gelegen
374,3 ist alles mir gelegen
386,5 in dir ja verborgen liegt
394,2 vergesset, was dahinten liegt
430,1 wer lügt, liegt obenauf
455,2 so lag auf erstem Gras erster Tau
503,5 die Wiesen liegen hart dabei

b) von Christus (21)
23,3 der liegt in Marien Schoß
24,7 was liegt doch in dem Krippelein
24,9 daß du da liegst auf dürrem Gras
25,1 das liegt dort in der Krippen hart
27,2 er liegt dort elend, nackt und bloß
29,2 liegend in eim Krippelein
34,2 harte lieget dir zugut
35,1 liegt in der Krippen bloß
36,5 nun er liegt in seiner Krippen
37,6 soll in der Krippen liegen
43,3 da liegt es, das Kindlein, auf Heu und auf Stroh
50,2 du aber liegst im armen Stall
52,3 arm in einer Krippen liegen

80,2 Gotts Sohn liegt tot
101,1 Christ lag in Todesbanden
103,4 kommt, seht, wo er gelegen hat
105,12 wo euer Herr gelegen hat
116,3 sehet, das Grab ist leer, wo er lag
117,1 Christ, der begraben lag
117,2 läg er noch immer, wo die Frauen ihn nicht fanden
354,1 da lag er vor der Zeit der Welt

c) von Menschen (15)
11,4 ich lag in schweren Banden
37,3 ich lag in tiefster Todesnacht
87,5 wenn wir in Ängsten liegen
111,2 wenn ich des Nachts oft lieg in Not
275,2 in Angst und Weh ich lieg und steh
341,2 dem Teufel ich gefangen lag
343,5 ich lieg im Streit und widerstreb
370,2 nackend lag ich auf dem Boden
371,6 dennoch mußt du oben liegen
383,1 lange lag ich krank danieder
408,5 und ich lieg in deinem Schoß
446,3 du sprachst: Mein Kind, nun liege
449,1 mein Haupt und Glieder, die lagen darnieder
451,2 lag ich und schlief in Frieden
486,1 ich liege, Herr, in deiner Hut

lind (2)
50,4 und singt dich ein zu lindem Schlaf
408,5 Liebe deckt und birgt mich lind

Linderung (1)
366,3 und aller Strafen Linderung

Lindigkeit (2)
239,2 laßt die Lindigkeit, die ihr erfahren
359,3 kündet eure Lindigkeit

linke (2)
344,7 zur linken und zur rechten Hand
413,4 des wird die linke nicht gewahr

Lippe (8)
10,4 so werden Herz und Lippen
36,5 spricht mit süßen Lippen
85,3 der roten Lippen Pracht ist hin
96,5 Lob auf den Lippen
136,1 rühr Herz und Lippen an
236,4 Lippen gabst du mir
447,3 und Händ und Füße, Zung und Lippen regen
453,2 er halte uns die Lippen rein

List (27)
113,2 mit List und Macht sie auf ihn drang
114,9 rett uns aus Satans Macht und List
126,5 des Feindes List treib von uns fern
138,1–3 entfliehen Teufels Listen
143,4 um Satans böse List und Macht
144,5 ohn arge List und Heuchelei
146,5 behüt vors Teufels List und Mord
192 vor des Teufels Trug und List
232,3 des Teufels List sich von mir wend
259,2 und mancher List will stürmen
262,4 hemme keine List noch Macht
263,4 hemme keine List noch Macht
273,2 sie lehren eitel falsche List
297,1 und selber bricht der Feinde List
347,1 nicht schade des bösen Feindes List
362,1 groß Macht und viel List
375,2 mit List entgegenfliegt
378,2 es mag sein, daß Trug und List
385,3 und euer Herz von arger List
387,1 denn es ist Satans List
443,3 vors Teufels List und Wüten
445,2 daß des bösen Feindes List
445,7 List und Anschlag von mir wende
469,4 behüt uns vor des Teufels List
476,5 auf daß ich vor der List und Tyrannei

Lob (124) → *Ehre, Preis*

a) Lob Gottes (18)
4,5 Lob sei Gott dem Vater g'tan
4,5 Lob sei Gott seim ein'gen Sohn
4,5 Lob sei Gott dem Heilgen Geist
58,7 Lob sei den starken Händen
104,1–3 Lob sei dir für und für, Jesus Christ
126,7 Gott Vater sei Lob und dem Sohn
130,2 dir zum Lob und uns zum Leben
162,1 Gott Lob, der Sonntag kommt herbei
266,1 am Morgen hast du Lob empfangen
275,7 Lob seinem heilgen Namen
276,1 das Lob der Ehren sein
328,7 wohl mir, Lob dir jetzt und in Ewigkeit
349,1 zu Lob dem Namen sein
437,1 Gott Lob, der uns heut diese Nacht
453,5 Lob dem, der unser Vater ist
501,4 zu Lob dem Namen dein

aa) dein, sein Lob (29) → *ab)*
33,2 ich will dein Lob vermehren
127,3 nichts rede als dein Lob auf Erd
140,5 mach uns deins Lobs und Segens voll
155,2 tu auf den Mund zum Lobe dein
160 daß wir dein Lob ausbreiten alle Stund
240,3 mach uns zu deinem Lob bereit
250,3 darin dein Lob dir wird gesungen
259,1 sein Lob erschallen lassen

270,1+2 Kinder und Säuglinge künden dein Lob
282,2 in deinem Lobe sich erfreut
286,3 sein Lob tön im Posaunenschalle
286,3 sein Ruhm, sein Lob muß euch entflammen
289,4 waltet seins Lobs und dient zugleich
289,4 sein Lob an allem Ort
292,5 die sich zu deinem Lob vereint
302,8 sein Lob vor aller Welt
304,1 sein Lob ist schön und lieblich anzuhören
319,4 seins Lobes sie nichts müde macht
335 sein Lob soll immerdar in meinem Munde sein
397,2 damit ich's brauch zum Lobe dein
398,2 dein Lob vermehren
414,4 dein Lob verkündigen in Ewigkeit
439,6 darauf wir nun zu deinem Lob
441,6 und dienen nicht zu deinem Lob
490,2 dein Lob, vor dem der Schatten flieht
502,5 sein Lob vermehre, werteste Christenheit
503,12 zu deinem Lobe neigen
504,1 bring auch jetzt dein Lob herzu

ab) Lob sagen, singen, bringen (17) → *aa), b)*
9,5 dem König Lob zu singen
16,1 so sei nun Lob gesungen
68,8 Lob zu singen in Ewigkeit
96,5 Lob auf den Lippen
125,1 das sei dir, Herr, zu Lob gesungen
142,4 ein großes Lob ertönt im Chor
265,1 nun singe Lob, du Christenheit
269,2 gemeinsam Gottes Lob erklingt
303,8 und bringe Lob mit frohem Mut
318,1 und gib Lob deinem Herren
322,1 dem, dessen Lob der Engel Heer... vermeld't
327,1 laß dir unser Lob gefallen
330,7 ach nimm das arme Lob auf Erden
346,5 dort ewig dir Lob sagen
454,1+6 euren Mund zum Lob bereit
513,1 vergeßt auch nicht, das Lob des Herrn zu singen

b) Lob und Dank (14) → *ab)*
81,11 Lob und Dank singen
82,4 o Jesu, Lob und Dank
108,3 singt Lob und Dank mit freiem Klang
116,5 dafür sei Dank und Lob allezeit
121,2 Gott Lob und Dank im höchsten Thron
143,1 Gott Lob und Dank in Ewigkeit
148,8 sei Lob und Dank getan
292,1 anrufen dich mit Lob und Dank
297,4 Gott Lob und Dank, der nicht zugab
318,9 o Gott, nimm an zu Lob und Dank
349,4 ihm sagen Lob und Dank allezeit
373,6 so will ich ewig dir Lob und Dank singen
443,1 sag ich dir Lob und Dank
475,2 Lob und Dank sei dir gesungen

c) Lob und Preis (13)
3,6 Lob, Preis sei, Vater, deiner Kraft
11,2 in stetem Lob und Preis
100,4 dem Gottessohne Lob und Preis
107,3 in Ewigkeit sei Lob und Preis
109,6 in Ewigkeit sei Lob und Preis
119,5 sei Lob und Preis in Ewigkeit
148,5 zu seinem Lob und Preis
150,6 der Mund von Lob und Preis
155,4 sei Lob und Preis in Ewigkeit
159,3 o Gott, nimm an zu Lob und Preis
197,3 sei Lob und Preis in Ewigkeit
250,1 zu deines Namens Lob und Preis
284,1 das ist köstlich, dir zu sagen Lob und Preis

d) in Verbindung mit Ehre, Dank usw. (33)
24,15 Lob, Ehr sei Gott im höchsten Thron
27,6 Gott sei Lob, Ehr und Preis
29,4 Lob und Preis und Dank und Ehr
33,3 Lob, Preis und Dank, Herr Jesu Christ
68,7 deinem Namen zu Lob und Ehr
78,1 ihm zu Lob und Ehren
100,2 dem sei Lob, Ehr zu aller Frist
104,1 Christe, Lob und Preis und Ehr
104,3 singen auch Lob und Ehr
116,2 ihm sei auf ewig Lob, Preis und Dank
131,6 wir sagen dir Lob, Ehr und Dank
148,8 Lob, Ehr, Preis, Kraft und Stärke
158,4 o Jesu, Lob und Ehre
167,1 zu seinem Lob und Ehrn
205,4 dir sei Lob, Ehr und Dank bereit'
245,1 Preis, Lob und Dank sei Gott dem Herren
263,7 Kraft, Lob, Ehr und Herrlichkeit
278,3 mit Frohlocken, Lob und voll Dank
289,5 sei Lob und Preis mit Ehren
321,3 Lob, Ehr und Preis sei Gott
326,1 sei Lob und Ehr dem höchsten Gut
329,2 hab Lob und Ehr, hab Preis und Dank
331,10 Ehre, Lob und Dank erweisen
341,10 zu Lob und seinen Ehren
342,8 sei Lob und Ehr mit hohem Preis
356,1 ihm sei Lob, Preis und Ehre

356,2 dir sei Lob, Preis und Ehre
365,8 ihm sei Lob, Ehr und Preis
437,4 gereich zu deim Lob, Ehr und Preis
443,1 zu Lob und Preis und Ehren
480,1 Preis, Lob und Ehr gebracht
501,2 Herr, dir sei Lob und Ehre
520,7 ihm sei Lob, Preis und Ehr allein

loben (198) → *ehren, preisen, rühmen*

a) Lob Gottes allgemein
b) gelobt sei → g)
c) lobt → g)
d) lobe (Aufforderung)
e) ich lobe, ich will (soll) loben
f) wir loben, wir wollen loben → g)
g) in Verbindung mit preisen, ehren, danken usw. → b), c), f)

a) Lob Gottes allgemein (36)
29,1 den die Hirten lobeten sehre
70,5 ewig soll mein Herz ihn loben
127,1 und all den Herren loben
127,5 loben Christus mit jedermann
139,4 den alles lobet, was in allen Lüften schwebet
191 loben dich, Herr, mit großem Schall
193,2 daß sie dich lob Ewigkeit
267,3 die mit andern Stimmen loben
288,4 mit Loben durch der Psalmen Klang
288,5 Gott loben, das ist unser Amt
304,1 es ist sehr köstlich, unsern Gott zu loben
308,1 mein Seel, o Herr, muß loben dich
317,5 lobende, schließe mit Amen
323,1 man lobt dich in der Stille
327,3 er nur ist zu loben
327,4 ohne Sünd ihn loben
331,5 dich... loben Große, loben Kleine
338 Alte mit den Jungen sollen loben den Namen des Herrn
442,2 darum du hoch zu loben bist
499,1 loben Gott zu dieser Zeit
499,2 loben Gott zu aller Zeit
501,1 die loben Gott mit Freud
507,1–7 sovielmal soll mein Gott gelobet sein
509,1–5 Herr Gott, du sollst gelobet sein
529,7 den großen Herrscher loben
532,3 bleib bei uns, Vater. Und zum Loben

b) gelobt sei (33) → *g)*
1,1 gelobet sei mein Gott, mein Schöpfer reich von Rat
1,2 gelobet sei mein Gott, mein Heiland groß von Tat
1,3 gelobet sei mein Gott, mein Tröster früh und spat
1,4 gelobet sei mein Gott, voll Rat, voll Tat, voll Gnad
2,1–3 gelobet sei mein Gott
8,4 gelobet muß es sein
23,1 gelobet seist du, Jesu Christ
29,2 gelobet seist du, Herr, allhie
58,7 gelobt sei deine Treue
100,1–5 gelobt sei Christus, Marien Sohn
103,1 gelobt sei Gott im höchsten Thron
139,1 gelobet sei der Herr, mein Gott, mein Licht, mein Leben
139,2 gelobet sei der Herr, mein Gott, mein Heil, mein Leben
139,3 gelobet sei der Herr, mein Gott, mein Trost, mein Leben
139,4 gelobet sei der Herr, mein Gott, der ewig lebet
139,4 gelobet sei der Herr, des Name heilig heißt
139,5 gelobet sei mein Gott in alle Ewigkeit
185.1 gelobet sei, der da kommt im Namen des Herren
185.2 gelobet sei, der da kommt im Namen des Herren
185.3 gelobet sei, der da kommt im Namen des Herrn
290,7 gelobet sei der Nam des Herrn
294,2 gelobt sei Gott mit Jubelschall
323,2 gelobt sei der Gott Israel'
350,4 gelobet seist du, Jesu Christ
451,4 gelobet seist du, Gott der Macht
451,4 gelobt sei deine Treue
456 sei gelobet der Name des Herrn

c) lobt (48) → *g)*
27,1 lobt Gott, ihr Christen alle gleich
29,4 lobt, ihr Menschen alle gleiche, Gottes Sohn
129,1 lobt ihn mit großem Schalle
167,1–4 lobet Gott, lobet Gott
284,1 überall will ich verkünden: Lobt den Herrn
293,1 lobt Gott den Herrn, ihr Heiden all
293,1 lobt Gott von Herzensgrunde
300,1 lobt Gott, den Herrn der Herrlich-keit
304,1–6 lobet den Herren
304,1 lobet den Herren, denn er ist sehr freundlich
304,2 lobt ihn mit Harfen, unsern Gott, mit Psalmen
305,1–4 lobt ihn laut, der euch erschaffen hat
305,2 lobt ihn, alle Tiere, die auf Erden sind
306 lobt ihn laut, der euch erschaffen hat
306,2 lobt ihn, alle Tiere, die auf Erden sind

327,2 lobet gern, Mond und Stern
332,1–3 lobt froh den Herrn
332,1 lobt froh den Herrn, ihr jugendlichen Chöre
333,2 lobet den Herrn
337 all ihr Völker, lobet den Herrn
365,4 lobt Gott im Himmelsthron
365,5 lobt ihn mit Herz und Munde
447,1–10 lobet den Herren
447,1 lobet den Herren alle, die ihn ehren
448 lobet den Herren alle, die ihn ehren
500,1 lobt Gott in allen Landen

d) lobe (Aufforderung) (22)
100,5 und lobe die Dreifaltigkeit
243,1 lob Gott getrost mit Singen
289,1 nun lob, mein Seel, den Herren
303,1 lobe den Herren, o meine Seele
316,1 lobe den Herren, den mächtigen König der Ehren
316,1 lob ihn, o Seele, vereint mit den himmlischen Chören
316,2 lobe den Herren, der alles so herrlich regieret
316,3 lobe den Herren, der künstlich und fein dich bereitet
316,4 lobe den Herren, der sichtbar dein Leben gesegnet
316,5 lobe den Herren, was in mir ist, lobe den Namen
316,5 lob ihn mit allen, die seine Verheißung bekamen
316,5 lob ihn in Ewigkeit
317,1 lobe den Herren, den mächtigen König der Ehren
317,2 lobe den Herren, der alles so herrlich regieret
317,3 lobe den Herren, der künstlich und fein dich bereitet
317,4 lobe den Herren, der deinen Stand sichtbar gesegnet
317,5 lobe den Herren, was in mir ist, lobe den Namen
317,5 alles, was Odem hat, lobe mit Abrahams Samen
327,2 Himmel, lobe prächtig deines Schöpfers Taten
333,2 ja, lobe den Herrn
499,3 lobe Gott zu aller Zeit
502,1 lob ihn mit Schalle, werteste Christenheit

e) ich lobe, ich will (soll) loben (11)
33,3 daß ich... mög... in Ewigkeit dich loben
89,4 so will ich... dich ewig dafür loben
200,6 so lob ich dich dort für und für
236,4 loben kann ich nicht
250,1 ich lobe dich von ganzer Seelen
272 ich lobe meinen Gott von ganzem Herzen
302,1 ich will ihn herzlich loben
303,1 ich will ihn loben bis in' Tod
335 ich will den Herrn loben allezeit
340 ich will... und meinen Gott loben
383,4 Gott, du lebst. Ich lobe dich

f) wir loben, wir wollen loben (20) → *g)*
7,7 da wollen wir all loben dich
30,4 da wir dich ewig loben
75,3 darum wolln wir loben, danken allezeit
97,4 wollen wir Gott loben
99 so lobn wir den Vater Jesu Christ'
101,1 wir sollen... Gott loben und dankbar sein
105,3 so loben wir den Herren Christ
106,5 drum wollen wir... loben dich, Herr Jesu Christ
180.1 wir loben dich, wir beten dich an
180.3 wir loben dich, wir beten dich an
191 Herr Gott, dich loben wir
191 täglich, Herr Gott, wir loben dich
243,6 Gott solln wir fröhlich loben
276,5 ihn wolln wir ewig loben
331,1 großer Gott, wir loben dich
438,1 o Herre Gott, wir loben dich
444,2 nun sollen wir loben den Höchsten
469,7 wir loben dich in Ewigkeit
470,2 des Morgens, Gott, dich loben wir
505,4 wohlan, dich loben wir

g) in Verbindung mit preisen, ehren, danken usw. (28) → *b), c), f)*
59,6 zu loben und zu preisen dich
123,11 ehret, liebet, lobet ihn
136,4 zu preisen und zu loben das Evangelium
139,5 den herzlich lobt und preist
179,2 wir loben, preisn, anbeten dich
182,4 und sie mit euch jeden Tag Gott lobt und preist
191 mit rechtem Dienst sie lobt und ehrt
214,1 Gott sei gelobet und gebenedeiet
244,10 daß er mit uns dich lob und ehr
279,8 gelobt sei Gott und hochgepriesen
280,2 so danken, Gott, und loben dich
280,3 es danke, Gott, und lobe dich
294,1+4 nun saget Dank und lobt den Herren
303,8 ihr Kinder Gottes, lobt und preist
305,1 preist ihn, helle Sterne, lobt ihn, Sonne, Mond

306,1 preist ihn, helle Sterne, lobt ihn, Sonne, Mond
314,5 alle Leute rufen laut und loben Gott den Herrn
319,4 den ehrt und lobt auch mein Gesang
325,10 lob und lieb in Ewigkeit
331,4 lobt und preist dich immerdar
337 lobet und preiset, ihr Völker, den Herrn
339 Gott, daß ich singe und lobe
398,2 lieben und loben dein Macht dort droben
429 lobt und preist die herrlichen Taten des Herrn
442,9 wir danken dir, wir loben dich
460 lobet den Herrn und dankt ihm seine Gaben
464,2 wir loben dich und danken dir

Lobgesang (15)
54,1 von des Himmels Lobgesang
65,6 all deiner Kinder hohen Lobgesang
141,1 wir wollen singn ein' Lobgesang
229,1 kommt mit Gaben und Lobgesang
279,7 auf meiner Zung ein Lobgesang
286,3 erhebet ihn mit Lobgesang
316,1 lasset den Lobgesang hören
317,1 lasset den Lobgesang hören
326,7 man soll, Gott, deinen Lobgesang
331,4 neue Lob- und Dankgesänge
333,6 denn er vernimmt auch unsern Lobgesang
383,3 Lobgesang durchströmt die Welt
399,6 mein Ruhm, mein Lied, mein Lobgesang
441,8 nimm von uns an den Lobgesang
451,1 der Herr hört deinen Lobgesang

löblich (1)
318,8 und nehm ein löblich Ende

Loblied (7)
92,1 nimm unser Loblied an, o Held
266,3 ein Loblied wach, das vor dir steht
330,1 so stimmt ich... ein Loblied nach dem andern an
331,2 stimmen dir ein Loblied an
332,3 das Loblied soll zu deinem Throne dringen
377,4 ihr Loblied lassen schallen
514,3 singt euer Loblied ihm allein

lobsingen (24)
60,1 lobsinget Gott mit hellem Schall
89,4 von Herzen dir lobsingen
116,1–5 laßt uns lobsingen vor unserem Gott
162,4 und dir lobsingen ewiglich
181.6 lobsingt, ihr Völker alle
181.6 lobsingt und preist den Herrn
242,3 daß wir ewig lobsingen dir
279,4 rühmt, Völker, unsern Gott; lobsinget
281,1 lobsinget Gott, die ihr ihn seht
281,1 lobsinget seiner Majestät
285 und lobsingen deinem Namen
288,5 dankt unserm Gott, lobsinget ihm
288,5 lobsingt und danket allesamt
291 ich will dir lobsingen unter den Leuten
300,1 lobsinget seiner Ehr und Macht
303,1 will ich lobsingen meinem Gott
333,6 lobsinget dem Herrn
377,2 bis einst wir dir lobsingen
451,1 lobsing ihm, meine Seele
453,4 lobsingen dem im Sternenzelt

locken (2)
392,6 Gott locket mich; nun länger nicht verweilet
393,6 uns locken und erquicken

lockig (1)
46,1 holder Knabe im lockigen Haar

lodern (1)
251,1 lodern auf den Heiland zu

lohen (2)
431,3 nicht deine Liebe, die da loht
514,2 du Abendschein, der prächtig loht

Lohn (7)
12,3 Zions Hilf und Abrams Lohn
146,2 denn so du, Herr, den rechten Lohn
298,3 er, er selbst ist unser Lohn
400,7 ich will dich lieben ohne Lohne
438,6 und unsrer Arbeit deinen Lohn
452,5 will vollen Lohn mir zahlen
494,6 erwünschten Lohn empfange

lohnen (belohnen) (2)
159,1 will er's mit Freud uns lohnen
523,1 da wird Gott herrlich lohnen

los (2) → *Band, frei*
224,2 und keiner los und ledig
260,1 daß sie los sein sollen

Los (2)
137,8 wenn das Los, das uns beschieden
382,1 mein Los ist Tod, hast du nicht andern Segen

löschen (2) → *durchstreichen, tilgen*
351,6 löscht meines Heilands Blut
375,2 löscht Jesu Arm die Feuerbrände

Lösegeld (5)
87,3 dein Blut das Lösegeld
146,4 die Zahlung und das Lösegeld
223,4 bezahlt im Tod das Lösegeld
350,4 bezahlt ein ewig Lösegeld
401,6 Liebe, die das Lösgeld gibet

lösen, sich lösen (12) → *befreien, entbinden, erlösen*
34,2 dich zu lösen durch sein Blut
92,2 durch Leid am Kreuz gelöst das Band
92,4 zu lösen, was in Banden steckt
276,4 löst sie von aller Schuld
283,1 gelöst und es erquicket
342,9 lös uns vom Übel
361,10 er wird dein Herze lösen
371,14 da uns unser Gott wird lösen
452,3 Gott löst mich aus den Banden
475,4 lösen von der Sünde Ketten
529,9 ach komm, mein Gott, und löse
532,1 nun sich das Herz von allem löste

loslassen (2)
312,4 loslassen, was nicht hält
392,5 laß los, laß los; brich alle Band entzwei

losmachen (6)
11,4 du kommst und machst mich los
83,2 du kannst und sollst sie machen los
134,2 und mach uns von Irrtum los
149,7 und mach uns bald in Gnaden los
232,2 derselben mach mich frei und los
281,2 er macht sein Volk aus Banden los

lossprechen (3)
220 und sprich uns los von Sünd und Tod
360,5 von gestern und von morgen sprich uns los
366,6 sprich uns davon aus Gnaden los

Losung (2)
62,1 Jesus soll die Losung sein
62,5 sei die Losung fort und fort

loswerden (1)
232,2 so werd ich los der Sünden Last

loszählen (1)
86,6 daß ich würde losgezählet

Löwe (1)
114,6 es hat der Löw aus Judas Stamm

Luft/Lüftlein (13)
36,1 alle Luft laute ruft
139,4 in allen Lüften schwebet
165,5 Luft, die alles füllet
326,2 und die auf Erden, Luft und Meer
331,3 Himmel, Erde, Luft und Meere
361,1 der Wolken, Luft und Winden
423,6 verleih gesunde Luft
449,7 sobald das Lüftlein des Todes drein bläst
503,3 die Lerche schwingt sich in die Luft
504,1 Himmel, Erde, Luft und Meer
504,4 in den Lüften Paar bei Paar
509,2 das Vöglein in den Lüften
528,4 wenn ein rauhes Lüftlein wehet

Luftgespinst (1)
482,4 wir spinnen Luftgespinste

Lüge (6)
145,5 die Lüge wird gar fein geschmückt
145,5 die Lüge tut man ehren
240,2 von Zorn, Betrug und Lüge rein
275,5 mit Lügen und falschem Gedicht
373,3 wenn sich die Kräfte der Lügen aufblähn
397,2 des Satans Mord und Lügen wehr

lügen (4)
231,9 nicht lügen auf den Nächsten dein
342,5 das wirst du nimmer lügen
430,1 wer lügt, liegt obenauf
430,4 zur Rede, die nicht lügt

Lügenmacht (1)
93,3 ob der Hölle Lügenmächte triumphieren

Lumpenrock (1)
315,5 den Lumpenrock schafft man beiseit

Lust (31) → *Freude, Wonne*
1,4 steckt auf mit Andacht, Lust und Freud
11,7 ist voller Lieb und Lust
37,8 du fragest nicht nach Lust der Welt
73,9 zur Lust wird alle Pein
81,6 ich lebte mit der Welt in Lust und Freuden
88,4 sollt ich dazu haben Lust
115,4 bösen Lüsten widerstreben
130,7 die Eitelkeit, des Fleisches Lust
150,2 da ich mit Lust
196,3 von Sorg und Lüsten dieser Welt
283,6 die Treue wird mit Lust und Freud
324,1 Herr, meines Herzens Lust
341,1 mit Lust und Liebe singen
343,4 laß mich kein Lust noch Furcht von dir
351,8 ersiehet seine Lust

386,7 entreiße mich aller vergänglichen Lust
388,1 lauter Lust und Himmel ist
388,5 gefangen in der Lust und Eigenheit
390,2 der dir mit Lust Gehorsam leist'
396,4 Jesu, meine Lust
399,6 mein Lust und Wohlgefallen
401,3 ewge Lust und Seligkeit
404,5 und alle bösen Lüste
413,8 daß wir mit Lust dem Nächsten tun
450,5 da die Lust, die uns erhöht
488,2 die Lust verglimmt, der Erdenruhm verbleicht
501,1 mit Lust auf grüner Weid
501,3 die größte Lust zu haben
503,10 welch hohe Lust, welch heller Schein
505,6 die Garben voller Lust
511,3 seine Lust, sein Wohlgefallen

Lustgeschrei (1)
503,5 und klingen ganz vom Lustgeschrei

M

machen, sich machen (205)

a) allgemein
b) von Gott
ba) groß, reich, gesund, Freude, Mut machen
bb) gut, rein, heil, frei, selig machen usw.
bc) zu Erben, Kindern, Freunden Gottes
bd) von Schöpfung und Erhaltung
c) Bitte an Gott
ca) um Hilfe in der Nachfolge
d) von Menschen
e) Aufforderung an Menschen

a) allgemein (31)

62,2 mache seines Namens Ruhm
88,5 machen heiß die Hölle
101,2 das macht alles unsre Sünd
112,5 sie zürnt und kann nichts machen
142,3 dein Anblick macht sie stark und rein
202,6 die Erbsünd macht's zur Nichtigkeit
218,3 machet, daß ich früh vermerke
255,3 und machen Durst'ge freudetrunken
319,2 macht alles fröhlich überall
319,4 seins Lobes sie nichts müde macht
351,3 das machet, daß ich finde
351,13 das, was mich singen machet
352,3 die nur Sorg und Unruh machen
361,7 was das Herze betrübt und traurig macht
362,3 das macht, er ist gericht'
371,10 macht dir das Harren angst und bange
379,4 was dir so bange macht
384,2 Armut hier macht dorten reich
388,3 uns veracht' und schnöd gemacht
393,4 macht unsern Gang nur schwer
399,3 unter der Last sich machet Raum
412,2 und macht die Hungrigen nicht satt
428,5 Menschenleben herrlich macht
447,4 das macht's, daß wir in seinem Schoß gesessen
479,1 die Welt hat sich zur Ruh gemacht
479,2 ihr macht die Nacht des Lichtes voll
479,4 so wird der Schluß recht wohl gemacht
497,2 des Höchsten Rat, der macht's allein
503,3 und macht sich in die Wälder
518,2 wer will uns... frei und ledig machen
526,1 mir auch für Gedanken macht

b) von Gott (29)

38,2 und machst Höll und Tod zu Spott
66,4 glaubt ihm, so macht er ein Ende des Bebens
90,2 dein Kreuzestod macht offne Bahn
90,2 macht, daß mir nichts unmöglich sei
149,7 o Jesu Christ, du machst es lang
290,5 und machte ihm die Nächte hell
290,6 des Bunds, den er mit Abram machte
308,5 dem hast du bald ein End gemacht
318,4 macht uns zu Überwindern
323,3 sehr herrlich in der Welt gemacht
325,4 und die Hölle selbst macht stille
326,9 und alles, alles recht gemacht
343,5 du kannst machen
351,5 macht schneeweiß, was ist rot
368,2 nach seinem Willen machen
369,6 den Reichen klein und arm zu machen
370,8 und macht Bahn, da man kann
374,3 und was er mit mir machen will
379,4 er macht die Völker bangen
405,3 bedenke, daß er Fried gemacht
414,4 dir, der du alles hast so wohl gemacht
427,3 du machst ein Ende meinem Sorgen
427,5 machst deinem Wesen uns verwandt
443,6 er mach's, wie's ihm gefällt
452,3 Gott macht mich ihm genehm
480,2 und lasse ewiglich dich mit mir machen
497,9 tritt du zu mir und mache leicht
519,2 das macht Christus, wahr' Gottes Sohn
519,2 den du mich, Herr, hast sehen lan und g'macht bekannt

ba) groß, reich, gesund, Freude, Mut usw. machen (22)

11,3 und hast mich froh gemacht
11,4 du kommst und machst mich groß
38,2 machst zugleich uns an Leib und Seele reich
43,1 der Vater im Himmel für Freude uns macht
69,3 wie er uns reich und selig machte
184,2 und stark macht, was daniederlag
197,2 dein Wort macht Leib und Seel gesund
274,2 der mich macht wohlgemute
274,4 machst mein Herz unverzaget frisch
281,2 er macht es reich, er macht es groß

286,3 Gott macht, daß jeder jauchzen kann
309,3 macht Arme reich, macht satt, wer darben muß
343,5 du kannst mich stärker machen
393,6 er will uns machen Mut
399,4 macht er mein Herz im Leib so froh
400,5 daß du mich froh und frei gemacht
400,5 daß du mich machst gesund
457,11 die macht er stark zur Tat
494,3 der wird von ihm gar reich gemacht
505,1 satt, reich und fröhlich macht
508,4 er macht uns frisch und rot
512,2 machet alle froh und satt

bb) gut, rein, heil, frei, selig usw. machen (17)
30,2 welches uns selig macht
36,8 der in Eil machet heil
77,1 Christus, der uns selig macht
78,3 macht ihn' das Kreuz süße
133,3 du hast mich gut gemacht
223,3 macht durch des Mahles doppelt Teil... satt und heil
298,1 ihrer Bande ledig macht
331,6 von der Sünd uns frei gemacht
355,2 und macht durchs Blut des Sohns mich rein
356,1 der selig macht und Retter ist
386,7 mir zur Heiligung gemacht
387,3 frei von dem allen machen
388,6 mußt du uns auch machen rein
484,2 machen allen Schaden gut
502,3 machet uns ledig von allen Sünden
527,9 der einzig ewig machen kann
530,8 machst du's mit meinem Ende gut

bc) zu Erben, Kindern, Freunden Gottes (7)
23,4 und uns des Lichtes Kinder macht
23,5 macht uns zu Erben in seim Saal
34,1 sich mit uns befreund't gemacht
91,6 macht mich aus Gottes Feinde zu Gottes Freunde
250,3 der Völker eine Kirch gemacht
288,3 und uns zu seinem Volk gemacht
353,4 macht aus Sündern Gottes Kinder

bd) von Schöpfung und Erhaltung (20)
37,2 eh ich durch deine Hand gemacht
42,1+9 dies ist der Tag, den Gott gemacht
162,1 heut hat mein Gott das Licht gemacht
271,4 daß er beherrsche, was du hast gemacht
271,5 machtest ihm untertan die wilden Tiere
285,2 von den Werken, die, Herr, deine Hand gemacht
294,3 dies ist der Tag, den Gott gemacht
296,2 Himmel und Erd hat er gemacht
301,5 der die Sterne hat gemacht
302,3 die seine Hand gemacht
302,5 macht schöne rote Wangen
303,4 dieser hat... und, was darinnen ist, gemacht
324,5 wer macht es, daß man Öl und Most
324,15 auf den, der dich gemacht
384,2 aus dem Regen Sonne machen
401,1 zum Bilde deiner Gottheit hast gemacht
429,1 neu will ich machen Himmel und Erde
505,4 machst, daß uns Segen grünt
506,4 mich, ruft die Saat, hat Gott gemacht

c) Bitte an Gott (14)
24,13 mach dir ein rein sanft Bettelein
129,4 mach auf die Himmelstüre
134,5 o so mache den Beschluß
151,8 o Jesu, mach ein Ende
208,3 Geist, Wort und Wasser mach zum Samen
244,9 mach uns vor ihnen nicht zu Spott
255,5 und mach in deinem Gnadenscheine
361,12 mach End, o Herr, mach Ende
376,2 und mach es gänzlich stille
423,6 mach alle Feind ermüden
424,3 fruchtbar mache jedes Feld
428,4 mach ein leichtes Zelt daraus
449,11 wohlan, so mach es, wie dir es beliebt
525,1 mach's mit mir, Gott, nach deiner Güt

ca) um Hilfe in der Nachfolge (39)
10,4 ach mache du mich Armen
23,6 und in dem Himmel mache reich
41,7 mach mich ganz eines mit dir
43,6 ach mache sie heilig und selig wie deins
43,6 und mach sie auf ewig mit deinem nur eins
88,2 meine Seele sehen mach
127,3 mach uns zur neuen Kreatur
127,5 also mach uns auch alle eins
136,2 und mach uns unverzagt
140,5 mach uns deins Lobs und Segens voll
154,1 Herr, mach uns stark im Mut, der dich bekennt
154,5 so mach uns stark im Mut, der dich bekennt
163 und mach uns zu Himmelserben
164 und mach aus denen Überwinder
165,7 mache mich einfältig
165,7 mach mich reines Herzens
166,4 mache mich zum guten Lande
206,4 Haupt, mach es zu deinem Gliede

251,6 o so mache doch die toten, trägen Geister lebensvoll
252,6 mache deine Kinder schön
256,4 und mach uns Bahn
259,3 er mache uns im Glauben kühn
265,5 Herr, mache uns im Glauben treu
275,7 die göttlich Kraft mach uns sieghaft
389,4 und mache dann mein Herz zugleich
404,8 und mach mich täglich neu
415,2 du Versöhner, mach auch uns versöhnlich
415,2 Dulder, mach uns dir im Dulden ähnlich
416 o Herr, mach mich zu einem Werkzeug deines Friedens
472,5 mach mich von Sünden ledig
503,14 mach in mir deinem Geiste Raum
529,9 komm, mach ein seligs Ende
530,1-7 mach's nur mit meinem Ende gut

d) von Menschen (9)
14,3 der Welt hinaus und macht dir Bahn
58,6 mit unserm Tun und Machen
61,2 was ich sinne, was ich mache
83,6 zu allen Zeiten machen
127,2 so machen sie sich auf den Plan
303,7 daß sie nur machen verkehrte Schritte
369,2 wir machen unser Kreuz und Leid
371,11 was kann dein Feind, der Mensch, groß machen
416 daß ich Freude mache, wo der Kummer wohnt

e) Aufforderung an Menschen (17)
1,1+4 macht hoch die Tür, die Tor macht weit
10,2 macht niedrig, was hoch stehet
10,2 macht seine Steige richtig
10,2 macht alle Bahnen recht
135,1 machet ihm die Bahn
151,2 macht eure Lampen fertig
201 macht zu Jüngern alle Völker
281,1 macht Bahn ihm, der da fähret
312,2 was krumm ist, macht gerad
312,2 macht groß, was klein geblieben
312,2 macht eben jeden Pfad
312,6 und macht mit eurem Wandel
312,6 macht allen Menschen Mut
326,8 die falschen Götzen macht zu Spott
454,1 auf und macht die Herzen weit
454,6 darum macht die Herzen weit

Macht (92) → *Gewalt, Kraft, Stärke*

a) allgemein (10)
65,1 von guten Mächten treu und still umgeben
65,7 von guten Mächten wunderbar geborgen
114,7 der Feinde Macht, daß du aufstehst
123,2 Mächte, die die Thronwacht halten
244,1 läuft an mit Macht und drängt uns sehr
262,4 hemme keine List noch Macht
263,4 hemme keine List noch Macht
269,4 die Macht der Liebe neu vereint
428,1 überwinde Macht und Geld
430,1 Recht wird durch Macht entschieden

b) von Gott (19)
14,2 o Friedefürst von großer Macht
15,6 sprich mit Macht, daß niemand fürchte sich
38,1 dessen Macht und Herrlichkeit
67,4 kräftig aus eigner Macht
123,4 gleicher Macht und gleicher Ehren
183,2 gleicher Gott von Macht und Ehren
279,3 wir freuten uns der Macht und Ehre
281,5 ihm sei Anbetung, Ehr und Macht
299,4 doch soll mein Herz an Gottes Macht
302,3 die unerschöpfte Macht
326,8 ihr, die ihr Gottes Macht bekennt
377,1 zieh an die Macht, du Arm des Herrn
396,3 Gottes Macht hält mich in acht
406,2 alle Macht gegeben ist
409,6 keine Macht ihn hält
431,1 du schufst aus unbegrenzter Macht
451,4 gelobet seist du, Gott der Macht
454,3 Gottes Macht schützt, was er schuf
506,3 o Gott der Macht und Herrlichkeit

ba) deine, seine Macht (29)
9,3 er will hier seine Macht
36,3 seiner Macht und Ehren
71,4 durch dein Macht und Gewalt
121,3 sein Macht und Reich unendlich ist
140,2 und uns behüte seine Macht
179,2 ganz ungemessn ist deine Macht
183,1 es steht alles in seiner Macht
191 dein göttlich Macht und Herrlichkeit
193,2 beweis dein Macht, Herr Jesu Christ
235,2 wir trauen deiner Macht
248,4 laß jetzt sehen deine Macht
257,2 ist alle Macht nun dein
279,1 und zittern, Herr, vor deiner Macht
287,2 seine Macht sei klein und gering
300,1 lobsinget seiner Ehr und Macht
308,3 dein große Macht stirbt nimmermehr
308,7 an dem übst du dein göttlich Macht
333,3 sein ist die Macht
365,2 sein Macht und Gnad bewährt
376,3 wenn ich auch gleich nichts fühle von deiner Macht

392,8 führ, wie du willst, ich bin in deiner Macht
398,2 lieben und loben dein Macht dort droben
439,3 mit deiner großen Kraft und Macht
450,1 und vertreib durch deine Macht
472,1 durch seine große Macht
476,2 durch deine Gnad und hochgerühmte Macht
500,2 dein Güt und Macht ist groß
501,2 dein Macht und Güt ist groß
506,1 wenn ich, o Schöpfer, deine Macht

c) von Menschen, der Welt (9)
11,7 wollet ziehen mit eures Armes Macht
24,12 wie aller Welt Macht, Ehr und Gut
125,2 und ihm aus ganzer Macht vertrauen
247,2 die sich allein auf ihre Macht verlassen
273,3 wir haben Recht und Macht allein
325,10 dich aus aller meiner Macht
362,2 mit unsrer Macht ist nichts getan
451,2 mich selbst zu schützen ohne Macht
497,2 es steht in keines Menschen Macht

d) von Tod, Hölle (25)
9,1 zerstören des Teufels Reich und Macht
14,6 die Macht der Finsternis erliegen
40,2 er treibet weg der Höllen Macht
85,3 des blassen Todes Macht
106,3 zerstöret ist nun all sein Macht
107,1 und hast dem Tod zerstört sein Macht
112,4 der Tod mit seiner Macht
113,2 mit List und Macht sie auf ihn drang
113,6 genommen ist dem Tod die Macht
114,9 rett uns aus Satans Macht und List
115,5 keine Macht der Finsternis
134,6 wenn des Satans Macht sich weist
143,4 um Satans böse List und Macht
191 du hast dem Tod zerstört sein Macht
227,6 sie zu befreien aus der Macht des Bösen
241,4 und brich in Satans Reich mit Macht hinein
325,4 das des Todes Macht zerbricht
362,1 groß Macht und viel List
437,1 behüt' hat vor des Teufels Macht
444,2 hat wollen behüten... der höllischen Macht
445,7 der des bösen Feindes Macht
469,4 daß er an uns hab keine Macht
476,5 mich vor der Macht der Finsternis bewahren
488,3 denn des Versuchers Macht brichst du allein
520,7 erlöst von Satans Macht und ewger Pein

Machtgebot (1)
290,5 tat Wunder durch sein Machtgebot

mächtig (15)
9,1 doch mächtig, zu verheeren
9,4 ihr Mächtigen auf Erden
14,2 o mächt'ger Herrscher ohne Heere
113,4 des Herren Rechte mächtig fällt
147,2 von Gnaden stark, von Wahrheit mächtig
304,2 denn er ist mächtig und von großen Kräften
308,3 du bist auch mächtig, lieber Herr
316,1 lobe den Herren, den mächtigen König der Ehren
317,1 lobe den Herren, den mächtigen König der Ehren
373,1 mächtig aufführet, mir schädlich zu sein
373,6 wo du, o Held, dich so mächtig erwiesen
445,2 mein nicht mächtig worden ist
449,2 wie sein Vermögen sei mächtig und groß
486,6 weil du der mächt'ge Helfer bist
512,4 mächtig hast du abgewehret

machtvoll (1)
281,5 Gott, machtvoll in dem Heiligtum

Magd (1)
30,2 Marie, die reine Magd

mähen (1)
513,6 der Tod uns mähen und zu Grabe tragen

Mahl (9) → *Abendmahl*
220 zu deines Mahles Seligkeiten
222,2 das reiche Mahl der Gnaden
223,3 macht durch des Mahles doppelt Teil
227,3 wir, die wir alle essen von dem Mahle
229,2 gibt... seines Mahles uns allen teil
256,3 zum Mahl in deines Vaters Haus
264,2 ehrt sie, ein heilges Mahl
302,5 oft bei geringem Mahl
457,3 der Mittag kommt. So tritt zum Mahl

mahnen (1)
226,4 mahnt uns, daß auch wir versöhnen

Mai (2)
363,4 er muß aus diesem Maien
501,1 wie lieblich ist der Maien

Maie (1)
135,1 schmückt das Fest mit Maien

Majestät (8)
9,3 und Majestät verhüllen
29,2 sein' Sohn die göttlich Majestät
90,1 daß Gottes Majestät und Zier
281,1 lobsinget seiner Majestät
300,2 geht zum Throne seiner Majestät
342,8 zu Ehren seiner Majestät
349,4 prangen vor Gottes Majestät
506,2 wer kleidet sie mit Majestät

majestätisch (2)
165,4 majestätisch Wesen
281,1 sein furchtbar majestät'scher Blick

mal (1)
169,3 wenn uns mal nichts gelingt und glückt

Mal (2)
133,6 ach ja, wie manches Mal
479,2 doch noch zu tausend Malen

malen, sich (1)
503,5 und malen sich an ihrem Rand

manch (28)
16,4 noch manche Nacht wird fallen
63,2 so manches Aug gebrochen
63,2 und mancher Mund nun stumm
77,5 und manch Fels zersplittert
85,5 begabet mit mancher Himmelslust
133,6 ach ja, wie manches Mal
143,5 und schlägt uns manche Wunde
255,3 so manches kalte, tote Herz
259,2 und mancher List will stürmen
324,16 wie manches schweren Unglücks Lauf
325,7 aus so mancher Angst genesen
334,4 danke für manche Traurigkeiten
351,9 spricht... manch süßes Trostwort zu
352,2 und mir manches Glück bescheret
378,2 manches Glück ist auf den Schein
467,2 vor Schaden, G'fahr und mancher Plag
475,1 vor so mancher schweren Plag
475,2 und vor Sünden mancher Art
482,3 so sind wohl manche Sachen
486,4 das mancher Erdentag noch bringt
495,6 durch manchen sauren Tritt
497,3 es fängt so mancher weise Mann
503,7 und mit so manchem Gut begabt
505,3 zwar manchen schönen Segen
529,2 hab ich so manchen Morgen
529,2 so manche liebe Nacht
529,3 manch harter Sturm erschreckt
529,3 hat mir manch Angst erweckt

mancherlei (5)
254,2 und mit den Augen deuten auf mancherlei
303,5 und seine Gnad ist mancherlei
344,3 mit seinen Gaben mancherlei
500,4 durch Wohltat mancherlei
501,4 laß aufgehen von Tugend mancherlei

Mangel (2) → *Fehl, Schuld, Sünde*
324,12 du füllst des Lebens Mangel aus
440,2 laß uns an Gnad kein Mangel han

mangeln (4) → *ermangeln, fehlen,*
274,1 darin mir gar nicht mangeln wird
282,6 nichts mangelt dem, der in der Not
289,2 es mangelt an Erbarmung nicht
399,4 darum mir auch nichts mangeln wird

Mann (18)
48,1 kommet, ihr Hirten, ihr Männer und Fraun
93,1 ganz dem Mann von Golgatha
137,1 Geist, der einst der heilgen Männer
137,9 Geist, du Geist der heilgen Männer
145,2 denn Christus ist allein der Mann
248,6 du bist ja der Held und Mann
251,6 stehen auch für einen Mann
256,1 gehören dir, o Mann der Schmerzen
269,3 ihr Christen alle, Frau und Mann
289,3 wie sich ein Mann erbarmet
302,7 wird selbst ihr Trost und Mann
312,1 Johannes hieß der Mann
313,2 den Mann vom Zoll zur Seite nahm
346,2 hier ist der Mann, der helfen kann
362,2 es streit' für uns der rechte Mann
363,1 ihr Jungen, Alten, Frau und Mann
413,2 an Werken wird erkannt ein Mann
497,3 es fängt so mancher weise Mann

Manna (2)
70,2 himmlisch Manna, das wir essen
83,6 soll mich dies Manna speisen

mannigfalt (2)
342,2 erhob sich... vor Gott so mannigfalten
505,7 daß wir dich mannigfalt... sehn

Mannigfaltigkeit (1)
156 der du in Mannigfaltigkeit der Zungen die Völker

Mantel (1)
312,6 teilt Brot und Mantel

Mär (3)
24,1 ich bring euch gute neue Mär
24,1 der guten Mär bring ich so viel
29,1 große Freud und gute Mär

Maria (Mutter Jesu) (17) → *Jungfrau, Jungfrauschaft*
23,3 der liegt in Marien Schoß
29,3 freut euch heute mit Maria
30,2 Marie, die reine Magd
38,1 Gottes und Marien Sohn
43,3 Maria und Joseph betrachten es froh
45,2 verschmähst nicht zu ruhn in Marien Schoß
68,3 hast in Marien Jungfrauschaft
70,2 wahr' Gottes und Marien Sohn
100,1-5 gelobt sei Christus, Marien Sohn
183,2 von Maria, der Jungfrauen
214,1 der von deiner Mutter Maria kam
403,1 Gottes und Marien Sohn
442,3 Marien Sohn, den treuen Hort

Maria (Schwester Marthas) (2)
198,2 sitzen, wie Maria tat
386,3 sich Maria dort befliß

Maria Magdalena (1)
114,5 geh mit Maria Magdalen

Marter (5)
8,5 leiden groß Pein und Marter viel
84,3 und deiner schweren Martern Heer
88,3 deine Marter sehen
99 Christ ist erstanden von der Marter alle
179,4 durch große Mart'r und bittern Tod

martern, sich martern (4)
82,2 es hat sich martern lassen
88,3 diese hat gemartert dich
88,4 martre nicht aufs neue
91,2 an unsrer Statt gemartert und zerschlagen

Marterstraße (1)
81,6 die dich gebracht auf diese Marterstraße

Märtyrer (2)
148,3 die Märt'rer und Apostel
191 die teuren Märt'rer allzumal

Maß (16)
36,3 was er liebt über alle Maßen
64,5 laß Wert und Maß der Tage sein
81,6 o große Lieb, o Lieb ohn alle Maße
82,2 o Wunder ohne Maßen
92,2 kein Maß hat deine Gnad gekannt
202,2 mit reichem Geist ohn Maßen
214,3 der uns geb zu halten rechte Maß
222,1 schenkst Gnad du ohne Maßen
244,7 und ist vielleicht das Maß jetzt voll
273,2 sie trennen uns ohn alle Maß
289,2 dazu sein Güt ohn Maßen
325,9 Christenkreuz hat seine Maße
364,1 er tröst' die Welt ohn Maßen
370,5 fromm ist Gott und schärft mit Maßen
392,8 ach nimm mich hin, du Langmut ohne Maße
529,6 da mich ohn alle Maße

Mäßigkeit (1)
231,7 mit Zucht und Mäßigkeit fein

Mast (1)
8,2 der Heilig Geist der Mast

matt (7)
83,1 es geht dahin, wird matt und krank
330,4 denn mein Vermögen ist zu matt
399,2 das matte Herz zu laben
450,2 fall auf unser matt Gewissen
477,6 nun geht, ihr matten Glieder
479,4 nun, matter Leib, gib dich zur Ruh
512,2 dein Vermögen wird nicht matt

Matthäus (1)
77,7 wie Matthäus zeiget

Mauer (3)
241,1 die auf der Mau'r als treue Wächter stehn
248,3 eine Mauer um uns bau
360,4 wir richten Mauern auf, wir setzen Grenzen

mauern (1)
357,2 mit Diamanten mauert mir's Gott im Herzen fest

Mäuselein (5)
509,1-5 auch pfeifet dir das Mäuselein

Meer (29)
14,4 da ebnen sich des Meeres Wogen
37,4 und meine Seel ein weites Meer
84,3 des Sandes an dem Meer
91,1 mich in das Meer der Liebe zu versenken
165,5 Meer ohn Grund und Ende
244,1 das wütend ungestüme Meer

266,4 den Menschen überm Meer das Licht
271,5 das seine Pfade zieht durchs große Meer
277,1 und dein Gericht ist tief wie das Meer
279,3 ins Trockne wandelt er die Meere
300,3 der Himmel schuf und Erd und Meer
301,7 führt' das Volk durchs Rote Meer
302,3 im großen wilden Meer
303,4 dieser hat Himmel, Meer und die Erden
322,5 werf... ins Meeres Tiefe hin
324,9 und wirfst sie in das Meer
326,2 und die auf Erden, Luft und Meer
331,3 Himmel, Erde, Luft und Meere
379,3 den keine Meere fassen
383,2 da im aufgewühlten Meer
490,2 wie über Länder, über Meere
497,10 und muß ich auch ins tiefe Meer
504,1 Himmel, Erde, Luft und Meer
504,5 von der Quelle bis zum Meer
506,4 dich preist der Sand am Meere
507,5 tiefes Meer, weit umher
508,3 der Sperling und das Meer
515,1 sei gepriesen für Meer und Kontinente
522,2 denn ihr' sind viel wie Sand am Meer

Meeresbrausen (1)
449,12 nach Meeresbrausen und Windessausen

Meereswelle (1)
524,3 wie die Meereswellen sind

Mehltau (1)
501,2 von uns wenden Mehltau, Frost, Reif und Schloß'

mehr (83)

a) allgemein (10)
78,7 hing mehr denn drei ganze Stund'
144,3 doch dein Barmherzigkeit ist mehr
248,2 täglich wird der Trübsal mehr
327,2 mehr als aller Menschen Staaten
328,6 die gibst du und tust überschwenglich mehr
343,2 ich bitt noch mehr, o Herre Gott
386,8 ja was soll ich mehr verlangen
392,6 meins Gottes Stimm mir mehr als deine gilt
412,5 hab ich dies mehr als sie verdient
505,3 doch hat Gott mehr getan

b) in Verbindung mit nicht, nichts (39)
19,3 bis daß uns nichts mehr von dir trennt
15,1 mein Volk, daß es nicht zage mehr
16,1 der Tag ist nicht mehr fern
16,2 verhüll nicht mehr sein Haupt
20,2 euch jetzt nicht mehr verlassen wähnen
20,4 die Liebe geht nicht mehr verloren
27,6 der Cherub steht nicht mehr dafür
40,4 so darfst du nicht mehr dunkel sein
64,5 darf nicht mehr vor dich dringen
82,3 daß ich nicht mehr darf fürchten
83,6 und wenn mir nichts mehr schmecken will
94,5 wir sind nicht mehr die Knechte
104,3 und nicht mehr zurücke gehn
111,3 nicht mehr als nur drei Tage lang
112,3 nun soll mir nicht mehr grauen
125,2 daß wir nicht Meister suchen mehr
150,1 und ist nicht mehr bei mir
151,4 drum schlafet nicht mehr ein
151,5 und seid nicht mehr betrübt
182,8 Not, Angst und Tod kann uns nicht besiegen mehr
198,1 wenn dein Wort nicht mehr soll gelten
202,5 der nicht mehr könne sterben
246,7 daß wir nichts andres suchen mehr
277,3 aber ich höre gar nicht mehr hin
277,3 denn deine Stimme höre ich nicht mehr heraus
342,4 nicht mehr denn: Lieber Herre mein
344,6 daß sie uns nicht betrübe mehr
349,3 darf mich nicht mehr beschämen
370,6 können mir nichts mehr hier tun
371,9 wenn ich und du ihn nicht mehr spüren
383,4 muß mich nun nicht mehr erschrecken
393,10 es wird nicht lang mehr währen
396,5 kommt nicht mehr ans Licht
400,6 und laß mich nicht mehr irre gehn
452,2 nichts gilt mehr als sein Ruf
486,7 der du nicht mehr von mir verlangst
524,5 wenn die Sonn nicht mehr tut scheinen
524,7 meine Zung nicht mehr kann sprechen
525,4 mir können nicht mehr schaden

c) in Verbindung mit kein, nie, niemand, nirgends (22)
16,4 hält euch kein Dunkel mehr
20,3 er kommt mit Frieden. Nie mehr Klagen
35,4 nirgends mehr denn dort
95,3 und keiner unser Freund mehr ist
109,4 nun kann uns kein Feind schaden mehr
143,7 blieb keiner mehr behütet
147,3 kein Ohr hat mehr gehört
231,2 kein Götter sollst du haben mehr

243,3 daß es kein Gnad mehr find't
251,7 kein getrenntes Glied mehr ist
346,3 er ist der Herr, und keiner mehr
359,3 keiner bannt den Sieger mehr
371,4 wenn gar kein einz'ger mehr auf Erden
379,5 und bist nie mehr allein
381,2 ein Schatten und kein Mensch mehr; ferne bist du
426,2 da wird niemand Waffen mehr tragen
426,2 und Krieg lernt keiner mehr
428,3 daß, wer keinen Mut mehr hat
478,1 und keine Sonn mehr scheint
503,15 allein und sonsten keinem mehr
516,4 und kann kein Wort mehr sprechen
535 kein Ohr hat mehr gehört

d) mehr und mehr, viel mehr, je mehr (12)
11,6 sich häuft je mehr und mehr
29,1 und die Engel noch viel mehre
32,3 je länger mehr und mehr
89,4 so will ich daselbst noch viel mehr
108,3 und tut sein Ehr je mehr und mehr
134,8 so versichre uns je mehr
150,7 mit Stimmen noch viel mehr
194,3 daß wir durch deinen Geist je mehr
299,5 bei Gott ist viel mehr Gnade
371,8 der wird viel mehr dich einz'gen füllen
430,2 die Furcht wächst mehr und mehr
497,14 ich will dein Tun je mehr und mehr

mehren (13)
59,6 o Jesu, unsern Glauben mehr
131,3 mehr' unsern Glauben immerfort
145,3 dadurch wird Gottes Reich gemehrt
155,2 den Glauben mehr, stärk den Verstand
158,4 den Glauben in mir mehre
160 Herr Jesu Christ, den Glauben in uns mehre
255,4 und mehre jener Flamme Triebe
289,1 sein Wohltat tut er mehren
289,5 der wolle in uns mehren
302,8 ist's billig, daß ich mehre
341,10 damit das Reich Gotts werd gemehrt
356,2 den Glauben stärk, die Liebe mehr'
449,4 segnen und mehren, Unglück verwehren

meiden (7)
77,8 Sünd und Unrecht meiden
82,5 mit allem Ernst zu meiden
88,4 und nicht wollen meiden
126,5 und meiden der Seelen Schad
385,3 zu fliehen und zu meiden
486,6 dir zu entreißen meiden
494,5 den Müßiggang zu meiden

meinen (20)
30,2 das Blümlein, das ich meine
40,4 mit Gott mußt du es treulich meinen
85,8 da du's so gut gemeint
231,7 daß auch dein Herz kein' andern mein
238,2 für immer sei gemeint
251,5 daß sie es so herzlich meine
252,3 die dich suchen, die dich meinen
287,2 du meinst, Gott sei sehr verborgen
320,7 du kannst's nicht böse meinen
325,1 wie so gut er's mit mir mein'
362,1 mit Ernst er's jetzt meint
365,4 er meint's gut mit uns allen
372,4 wie treulich er es meinet
374,4 ist gut gemeint
385,5 wer seine Seel zu finden meint
386,10 prüf, erfahre, wie ich's meine
479,3 es ist doch herzlich gut gemeint
517,2 ich mein, daheim im Himmelreich
525,2 die's mit mir herzlich gut gemeint
531,1 was deine Schickung meint

meist (3)
58,14 und endlich, was das meiste
449,3 an welchen er sich am meisten ergötzt
529,8 das meist ist Herzeleid

Meister/Meisterin (13)
125,2 daß wir nicht Meister suchen mehr
143,2 und Christus ist ihr Meister
249,4 zu helfen er ein Meister ist
251,1 er der Meister, wir die Brüder
251,4 daß du, unsichtbarer Meister
319,3 der Musika ein Meisterin
341,9 da will ich sein der Meister dein
357,3 auch kenn ich wohl den Meister
373,3 steh mir zur Rechten, o König und Meister
378,2 eine Weile Meister ist
392,7 und unbedingt mein Herr und Meister sein
394,1+5 wir gehn an unsers Meisters Hand

meistern (1)
273,3 wer ist, der uns sollt meistern

melden (2) → *vermelden*
78,6 ob der wohl sein Unschuld meld't
507,3 Sommerfeld, uns auch meld

Menge (4)
123,10 jauchz ihm, Menge heilger Knechte
137,6 die verführte blinde Menge

331,4 der Propheten hehre Menge
527,3 was nützt der Schlösser Menge

Mensch (170)

A: Singular (86)

a) allgemein (38)
20,8 dann stehen Mensch und Mensch zusammen
42,7 was zagt der Mensch, wenn der ihn schützt
64,2 da alles, was der Mensch beginnt
64,3 der Mensch, sein Tag, sein Werk vergeht
64,4 der Mensch ahnt nichts von seiner Frist
81,5 der Mensch verdient den Tod und ist entgangen
149,4 o weh dem Menschen, welcher hat
202,5 ein neugeborner Mensch er heißt
218,3 ist auch wohl ein Mensch zu finden
223,3 den ganzen Menschen satt und heil
227,2 doch daß des Menschen Herz gesättigt werde
239,1 wo in Gott der Mensch zum Menschen findet
239,3 der Mensch tritt vor Gott als rechter Beter
270,3+4 was ist der Mensch, daß du seiner gedenkst
270,4 des Menschen Kind, daß du seiner dich annimmst
271,3 was ist der Mensch, daß du, Herr, sein gedenkst
271,3 des Menschen Kind, daß du ihm Liebe schenkst
271,6 doch ach, der Mensch ist von den Wesen allen
282,3 wohl, wohl dem Menschen in der Welt
287,3 den einen Menschen, der dich gut versteht
288,2 ein jeder Mensch sein Leben hat
289,3 also der Mensch vergehet
355,3 das rühm ich, wenn ein Mensch mich fragt
363,3 heut ist der Mensch schön, jung und rank
371,11 was kann dein Feind, der Mensch, groß machen
412,7 und ich, ich sollt ein Mensch noch sein
472,3 so ist des Menschen Leben
506,5 der Mensch, ein Leib, den deine Hand
506,5 der Mensch, ein Geist, den sein Verstand
506,5 der Mensch, der Schöpfung Ruhm und Preis
509,1-5 zu dir, zu dir ruft Mensch und Tier
514,3 daran der Mensch sich wärmt und nährt
515,6 sei gepriesen, denn du, Herr, schufst den Menschen

aa) o Mensch (als Anrede) (4)
36,2 Gott wird Mensch dir, Mensch, zugute
76,1 o Mensch, bewein dein Sünde groß
78,7 o Mensch, nimm's zu Herzen
405,1 o Mensch, der auf die Erden

ab) kein Mensch (13)
81,7 keins Menschen Herz vermag es auszudenken
83,3 du kannst – was nie kein Mensch gedacht
144,3 die kein Mensch kann aussprechen
146,2 und könnt kein Mensch vor dir bestehn
232,1 auf Erden ward kein Mensch geborn
250,4 weil doch kein Mensch vor Gott gerecht
263,3 der kein Mensch sonst wehren kann
303,2 weil denn kein Mensch uns helfen kann
322,3 und, wo kein Mensch nicht helfen kann
342,5 nun sagst du, daß kein Mensch verzag
381,2 ein Schatten und kein Mensch mehr; ferne bist du
497,2 es steht in keines Menschen Macht
522,5 kein Mensch kann mich aufwecken

ac) alter, verlorener Mensch usw. (3)
67,5 den alten Menschen kränke
82,2 für mich verlornen Menschen
127,4 der fleischlich Mensch sich nicht versteht

b) von Gott (28)
3,1 der für uns Mensch geworden ist
4,2 Gott von Art und Mensch, ein Held
23,1 daß du Mensch geboren bist
29,1-4 Gottes Sohn ist Mensch geborn
29,2 ein' Menschen lassen werden
30,3 wahr' Mensch und wahrer Gott
33,2 für uns bist Mensch geboren
36,2 Gott wird Mensch dir, Mensch, zugute
38,1 Gott und Mensch, ein kleines Kind

42,5 Herr, der du Mensch geboren wirst
45,4 ja, dir, der du heute Mensch für uns geboren
56,1 stellt sich als Mensch den Menschen dar
57,1 daß er als Mensch geboren ist
67,2 für uns ein Mensch geboren
79,2 und bitten dich, wahr' Mensch und Gott
91,2 vereint mit Gott, ein Mensch gleich uns auf Erden
121,3 wahr' Gott und Mensch zu aller Frist
153,4 und der Gott mit dem Antlitz des Menschen
183,2 ist ein wahrer Mensch geboren
342,3 der selber Mensch ist worden
350,4 daß du ein Mensch geboren bist
379,3 ist dir als Mensch genaht
401,2 Liebe, die du Mensch geboren
422,1 wahr' Mensch und wahrer Gott
515,7 sei gepriesen, du selbst bist Mensch geworden

B: Plural Menschen (84)

a) allgemein (24)
29,3 die Menschen alle sehre
55,2 dieweil die Menschen schlafen
111,6 läßt er's die Menschen sehen nicht
202,7 wie Menschen Wasser gießen
236,6 Menschen gabst du mir
250,1 darinnen sich viel Menschen finden
279,3 es stürzet, wer auf Menschen baut
279,5 du ließest Menschen auf uns dringen
303,2 Fürsten sind Menschen, vom Weib geboren
334,5 du die Menschen liebst
360,4 wir sind nur Menschen, die sich fürchten können
382,1 seit Menschen leben, rufen sie nach Gott
395,1 sind Menschen ausgezogen
403,4 schöner sind die Menschen
425,1 hast die Menschen in der Hand
427,1 solang es Menschen gibt auf Erden
427,2 solang die Menschen Worte sprechen
429,5 ich gieße aus über die Menschen Geist aus der Höhe
476,1 bringt Menschen, Vieh und alle Welt zur Ruh
477,1 Vieh, Menschen, Städt und Felder
486,5 worauf die Menschen hoffen
490,3 weckt ferne Menschen schon ihr Lauf
501,1 des sich die Menschen freuen
527,4 was Menschen hier besitzen

b) der Menschen (Genitiv) (20)
41,1 singet... dem Heiland der Menschen, zu Ehren
56,5 schreckt dich der Menschen Widerstand
126,1 besuch das Herz der Menschen dein
196,1 als Gottes, nicht der Menschen
245,1 der seiner Menschen Jammer wehrt
248,6 und der Menschen Herzen wend't
308,5 der Menschen Hoffart muß vergehn
308,6 du machst zunicht der Menschen Rat
341,10 und hüt dich vor der Menschen Satz
365,2 wenn sich der Menschen Hulde
388,6 nicht der Menschen Knecht zu sein
429,2 denn ich will bauen die Stadt der Menschen
528,1 ist der Menschen Leben
528,2 sind der Menschen Tage
528,3 ist der Menschen Freude
528,4 ist der Menschen Schöne
528,5 ist der Menschen Glücke
528,6 sind der Menschen Schätze
528,7 ist der Menschen Prangen
528,8 sind der Menschen Sachen

c) den Menschen, uns Menschen (Dativ) (17)
26 und den Menschen ein Wohlgefallen
48,3 den Menschen allen ein Wohlgefallen
55,2 den Menschen nah und fern
56,1 stellt sich als Mensch den Menschen dar
66,1 Schöpfer, wie kommst du uns Menschen so nah
71,1 den Menschen weit und breit
149,7 den Menschen wird auf Erden bang
180.1 den Menschen ein Wohlgefallen
180.2 den Menschen Fried auf Erden
180.3 bei den Menschen seines Wohlgefallens
266,4 den Menschen überm Meer das Licht
277,1 Menschen und Tieren willst du, Herr, ein Helfer sein
312,6 macht... bedrückten Menschen Mut
410,2 schenkt Gemeinschaft zwischen Gott und Menschen
424,2 halt uns Menschen doch gesund
429,6 dann wohnt das Recht unter den Menschen
452,2 die Gott uns Menschen schwört

d) (ihr) Menschen (Vokativ) (8)
29,4 lobt, ihr Menschen alle gleiche
47,4 hört's, ihr Menschen groß und klein
117,1 ihr Menschen, kommt ins Helle
286,4 jauchzt, Erde, Menschen, jauchzt vereint

303,8 rühmet, ihr Menschen, den hohen Namen
305,3 stimmt mit ein, ihr Menschen, preist ihn, groß und klein
306,3 stimmt mit ein, ihr Menschen, preist ihn, groß und klein
322,1 ihr Menschen in der Welt

e) alle Menschen (15)
52,5 allen Menschen Wohlgefallen
93,1 über aller Menschen Schuld
149,3 was alle Menschen, jung und alt
154,1+5 daß unser Licht vor allen Menschen brennt
192 aller Menschen dich erbarmen
239,2 kund sein allen Menschen, die ihr zählt
311,2 alle Menschen, groß und klein
312,6 macht allen Menschen Mut
327,2 mehr als aller Menschen Staaten
371,13 alle Menschen müssen leiden
429,3 Friede wird sein für alle Menschen
429,4 schuf sie zur Wohnung für alle Menschen
472,2 steht allen Menschen offen
484,3 alle Menschen, groß und klein

Menschenfreund (1)
218,2 wie hungert... Menschenfreund, nach deiner Güte

Menschengunst (1)
137,2 Menschengunst und gute Zeit

Menschenherz (2)
133,8 kannst Menschenherzen wenden
428,2 unser Menschenherz erwache

Menschenhilfe (2)
247,4 vergebens ist's, auf Menschenhilfe bauen
248,3 Menschenhilf hat sich gewandt

Menschenhirte (2)
262,3 sammle, großer Menschenhirt
263,3 sammle, großer Menschenhirt

Menschenhüter (1)
446,1 singe... dem frommen Menschenhüter

Menschenkind (10)
10,1 mit Ernst, o Menschenkinder
76,2 o Menschenkind, betracht das recht
78,3 richtet aus... an den Menschenkindern
80,3 o Menschenkind, nur deine Sünd
101,2 zwingen konnt bei allen Menschenkindern
231,11 daß du dein Sünd, o Menschenkind
234,2 dies Wort bedenk, o Menschenkind
273,1 verloschen gar bei allen Menschenkindern
279,2 die er an Menschenkindern tat
482,4 wir stolzen Menschenkinder

Menschenkraft (1)
297,2 was Menschenkraft und -witz anfängt

Menschenleben (1)
428,5 die auch... Menschenleben herrlich macht

Menschenleid (1)
16,4 wird fallen auf Menschenleid und -schuld

Menschenrat (1)
497,2 daß Menschenrat gedeihe

Menschenscheu (1)
136,3 befreien von aller Menschenscheu

Menschenschuld (2)
16,4 wird fallen auf Menschenleid und -schuld
92,4 den Menschenschuld in Gott erweckt

Menschensohn (2)
178.6 komm vom Himmelsthron, Jesus, Menschensohn
271,7 Jesus und ward zum wahren Menschensohne

Menschentun (1)
497,8 ist's Menschentun, so treib zurück

Menschenwitz (1)
297,2 was Menschenkraft und -witz anfängt

Menschenzunge (3)
147,3 gesungen mit Menschen- und mit Engelzungen
271,8 Menschen- und Engelzungen es bezeugen
535 gesungen mit Menschen- und mit Engelzungen

Menschheit (11)
42,4 nimmst selbst an unsrer Menschheit teil
66,1 Gottheit und Menschheit vereinen sich beide
68,3 angenommen unsre Menschheit
96,6 er ist der Retter der verlornen Menschheit
143,7 bereitet er der Menschheit Weh

202,4 in seiner zarten Menschheit
241,8 du wirst der Menschheit Jammer wenden
271,7 und wendete der Menschheit Schand und Not
331,6 hast die Menschheit angenommen
386,2 wo Gott und die Menschheit in Einem vereinet
399,1 offenbart in unsrer Menschheit, rein und zart

menschlich (6)
78,2 lebt in menschlicher Gestalt
191 zu erlösen das menschlich Geschlecht
195,1 auch menschlich Weisheit will ich nicht
214,1 Herr, du nahmest menschlichen Leib an
449,7 menschliches Wesen, was ist's gewesen
503,7 begabt das menschliche Gemüte

merken (9)
24,5 so merket nun das Zeichen recht
78,1 merk, was er gelitten hat
202,2 so hört und merket alle wohl
342,7 dran wir den Glauben merken
363,6 höret und merkt, ihr lieben Leut
369,4 und merket keine Heuchelei
414,2 daß man an seinen Früchten merke
494,4 bei meiner Arbeit merken
505,1 man kann es deutlich merken

messen (1) → *ermessen*
506,3 wer mißt dem Winde seinen Lauf

Messias (hebr. Gesalbter) (1) → *Christus*
42,5 dich, Gott, Messias, bet ich an

Micha (1)
25,2 wie Micha das verkündet hat

Michael (1)
143,4 führt Michael, der starke Held

Milch (3)
20,7 ein Land voll Milch und Honig sein
70,2 ist lauter Milch und Honig
85,5 mit Milch und süßer Kost

mild (21)
13,3 sei gegrüßet, König mild
58,11 sprich deinen milden Segen
231,8 du sollst auftun dein milde Hand
243,6 durch seine milden Gaben
282,3 von dir herab fließt mild und hell
282,6 er deckt uns, er ist gut und mild
380,3 will euch milde heben
389,4 aus deiner milden Gnadenhand
401,1 Liebe, die du mich so milde
415,3 lehr uns milde sein, du Freund der Armen
423,5 was deine milde Hand uns gab
438,5 teil uns dein' milden Segen aus
439,1 dem gütigen und milden Gott
457,8 gibt auch des Regens milden Fluß
461 du tust deine milde Hand auf
494,3 reich gemacht durch seinen milden Segen
505,4 du mildester Berater machst
508,1 tut... sich mild und heimlich auf
514,4 du, Mutter Erde, gut und mild
523,3 wie du, Herr Christ, so milde
532,2 komm, Heiland, der uns mild verbindet

Milde (3)
415,4 mit deiner Milde
512,1 Güt und Milde hat geregnet
512,5 daß der Reichtum deiner Milde

mildiglich (1)
203,5 gib deinen Segen mildiglich

Million (2)
255,9 dann tönen dir von Millionen
256,4 sieh auf deine Millionen

minder (1) → *wenig*
58,5 also auch und nicht minder läßt Gott

mindst (1) → *wenig*
361,10 da du's am mindsten glaubst

missen (1)
379,2 mag er dich doch nicht missen

Missetat (23)
15,2 all Missetat vergeben sei
68,5 für unsre Sünd und Missetat
78,1 dich von deiner Missetat erlöst
80,3 da du durch die Missetat
81,1 was ist die Schuld, in was für Missetaten
87,2 ach das hat unsre Sünd und Missetat verschuldet
89,3 und unsre schwere Missetat
104,1 der für uns alle Missetat
107,2 nimm von uns unsre Missetat
144,1 und alle Sünd und Missetat
191 vor aller Sünd und Missetat
215,3 und für deine Missetat
217,4 all ihre Missetat willst du verzeihen
249,4 daß wir all Sünd und Missetat

283,1 der du die Sünd und Missetat
318,2 dir deine Missetat vergibt
349,2 gestorben für meine Missetat
378,4 Missetat und Mißgestalt
445,3 ist für meine Missetat
472,4 vergib... mein Sünd und Missetat
475,4 alle Sünd und Missetat
518,1 uns reuet unsre Missetat
520,3 von aller Sünd und Missetat

Missetäter (1)
94,3 ließ sich als Missetäter verdammen

Mißgestalt (1)
378,4 Missetat und Mißgestalt

Mißgunst (1)
373,2 Eigenlieb, Hoffart und Mißgunst sich regt

mißlingen (1)
243,1 dir soll es nicht mißlingen

miteinander (3)
129,4 uns miteinander führe
226,5+6 was wir miteinander tun

Miterbe (1)
328,4 und ein Miterbe Jesu Christi sei

mitgehen (4)
211,5 zeig uns den Weg und geh ihn mit
393,6 der Vater gehet mit
394,1+5 und unser Herr geht mit

mitleben (1)
151,6 sollt nun... mitleben und -regieren

Mitleid (1)
95,4 und keiner, der voll Mitleid ist

mitnehmen (3)
112,6 da nimmt er mich auch mit
168,5 wir nehmen seine Worte und Taten mit nach Haus
376,1 da nimm mich mit

mitregieren (1)
151,6 sollt nun... mitleben und -regieren

mitsterben (1)
151,6 und mitgestorben seid

Mittag (1)
457,3 der Mittag kommt. So tritt zum Mahl

Mitte (8)
9,2 und stellt sich in die Mitten
64,1 die Mitte fest gewiesen ist
64,6 und Anfang, Ziel und Mitte weißt
165,1 Gott ist in der Mitte
371,5 er ist nicht fern, steht in der Mitten
427,5 du, Vater, bist in unsrer Mitte
428,3 Herr, mit deines Schweigens Mitte
446,8 den Anfang, Mitt und Ende

mitteilen (2)
205,1 teil diesem Kind den Segen mit
293,1 und mitgeteilet seine Gnad

Mittel (3)
88,5 dich ins Mittel stelle
361,4 an Mitteln fehlt dir's nicht
371,9 sprich nicht: Ich sehe keine Mittel

mitten (12)
23,4 es leucht' wohl mitten in der Nacht
30,1 mitten im kalten Winter
52,1+6 mitten in der dunklen Nacht
58,8 o Vater, und bleib mitten in unserm Kreuz
137,8 mitten in der Angst der Welt
220 sei mitten unter uns, o Gott
278,3 mitten in feiernder Schar
387,3 mitten in dem Wachen
518,1 mitten wir im Leben sind
518,2 mitten in dem Tod anficht
518,3 mitten in der Hölle Angst

Mitternacht (3)
77,1 ward für uns zur Mitternacht
147,1 Mitternacht heißt diese Stunde
151,1 bald ist es Mitternacht

Mittler (6)
42,7 ein Mittler ist's, der sie erhält
76,1 er wollt der Mittler werden
178.4 unser Mittler bist in dem höchsten Thron
231,12 der unser Mittler worden ist
342,1 er ist der Mittler worden
521,3 und so mein Mittler worden ist

mögen (104)

a) allgemein (34) → *c)*
25,5 es mögen euch viel fechten an
27,5 das mag ein Wechsel sein
39,2 Sünd und Hölle mag sich grämen
39,2 Tod und Teufel mag sich schämen
65,7 erwarten wir getrost, was kommen mag
134,7 uns denselben möge rauben
145,1 drum magst du wohl aufwachen
232,1 kein Trost mag mir sonst werden
243,3 und ob sich's möcht begeben
275,4 wer mag mir widerstreben

297,4 daß ihr Schlund uns möcht fangen
308,5 mag nicht vor deiner Hand bestehn
318,5 ob's auch das Fleisch mag schmerzen
343,3 das mich bald möcht verkehren
351,11 die Welt, die mag zerbrechen
359,2 mag der Feind mit Finsternis
371,13 es kann und mag nicht anders werden
372,6 es mag mich auf die rauhe Bahn
378,1 es mag sein, daß alles fällt
378,2 es mag sein, daß Trug und List
378,3 es mag sein, daß Frevel siegt
378,4 es mag sein – die Welt ist alt
378,5 es mag sein, so soll es sein
387,2 möchte dich in Sünden unvermutet finden
398,2 wie nur heißen mag die Not
442,6 vor dir die Nacht nicht bleiben mag
459,3 von finstrer Nacht nicht scheiden mag
469,1 vor dir die Nacht nicht bleiben mag
490,4 so mögen Erdenreiche fallen
500,4 daß uns nichts möge scheiden
501,3 damit sich's möge schicken
517,10 da es denn anders nicht mag sein
524,2 daß sein Weg ein End mög han
524,2 daß sich enden mög mein Leben

b) von Gott, Gottes Wort (8)
71,1 dein Reich bekannt mög werden
86,4 daß du möchtest mich ergötzen
89,3 bei Gott versöhnen möchtest
184,2 der fährt, wohin er will und mag
196,6 erleuchten mög und leiten
241,2 o möcht es doch in alle Lande gehn
368,2 er mag's mit meinen Sachen... machen
379,2 mag er dich doch nicht missen

c) von Menschen (52) → *a)*
33,3 und mög hernach dort oben
37,9 daß ich dich möge für und für... tragen
61,4 fromm und selig möge werden
67,3 daß wir hier mögen schmecken
67,5 daß der neu' leben mag
70,6 daß ich möge mit Jesulein
80,5 mich... nach dir möge sehnen
86,5 daß ich möge Trost erlangen
103,6 dir mögen singen alleizeit
106,1 dran niemand g'nug sich freuen mag
122,3 mag meine Nachfahrt zieren
130,5 daß wir uns mögen nimmermehr... trennen
162,3 da man sich nicht g'nug freuen mag
165,7 schauen mag in Geist und Wahrheit
198,2 daß ich mög in deinem Namen
203,1 daß wir nicht möchten sein verlorn
205,2 damit es dein mög allzeit sein
206,3 dein Kind... und im Himmel möge werden
218,6 mög dein Gast im Himmel werden
231,4 daß du und dein Haus ruhen mag
232,3 mög inniglich anschauen
243,3 kann und mag auch verlassen
244,8 und es vertrieben möchten sehn
254,4 drum mag der Leib ermüden
259,3 in seinen Plan mag dringen
275,3 und ritterlich mög streiten
283,4 nicht möchten ganz verzagen
334,1 meine Sorgen auf dich werfen mag
343,2 daß ich dir mög vertrauen
343,3 den Feinden mög vergeben
343,4 es mag niemand erwerben
346,5 hilf, daß ich mag nach dieser Klag
371,5 magst du Gott gar kühnlich sagen
373,2 hilf mir, daß ich vor mir selbst mag erröten
376,1 ich mag allein nicht gehen
385,4 ein böser Knecht, der still mag stehn
396,4 ich mag euch nicht hören
404,6 beständig möge wallen
405,6 mög aus dem Herzen lassen
405,6 mich trösten mög und durch den Tod
423,9 geduldig mögen überstehn
439,6 wir... mögen genießen deiner Gab
440,1 drauf jeder sich verlassen mag
441,3 an dem er selig werden mag
445,4 geistlich auferstehen mag
476,4 sich seiner Kraft fein sanft erholen mag
501,4 damit ich mög bestehen
503,8 ich selber kann und mag nicht ruhn
503,14 und Pflanze möge bleiben
518,3 da wir mögen bleiben
524,6 mög von hinnen fahren heut
526,4 um ihn sein mög allezeit

ca) ich möchte (10)
37,4 daß ich dich möchte fassen
85,7 ach möcht ich, o mein Leben
86,1 nur daß ich nicht möchte sterben
148,9 sonst möcht ich irre gahn
165,4 möcht ich recht dich preisen
165,4 möcht ich wie die Engel
209,1 ich möcht', daß einer mit mir geht
209,4 ich möcht', daß er auch mit mir geht
382,1 ich möchte glauben, komm du mir entgegen
491,3 möcht ich dir Lieder singen

möglich (1)
84,12 so viel mir immer möglich ist

Möglichkeit (1)
83,5 mich selbst auch dir nach Möglichkeit

Mond (22)
40,3 wenn Sonne, Mond und Stern vergehen
270,3 seh ich die Sonne, den Mond und die Sterne
271,3 und zu dem Mond, den Werken deiner Hände
296,6 der Sonne Hitz, des Mondes Schein
301,5 Sonn und Mond für Tag und Nacht
305,1 preist ihn, helle Sterne, lobt ihn, Sonne, Mond
306,1 preist ihn, helle Sterne, lobt ihn, Sonne, Mond
327,2 lobet gern, Mond und Stern
379,2 ob er gleich Mond und Sterne
403,3 schön ist der Monde
444,1 der Monde verbleicht
445,1 Sonn und Mond uns scheinen heißt
482,1 der Mond ist aufgegangen
482,3 seht ihr den Mond dort stehen
484,4 laß den Mond am Himmel stehn
499,2 Sonne, Mond und Stern sich neigen
504,2 auch der Mond, der Sterne Pracht
508,4 er stellt des Mondes Lauf
509,5 Sonn, Mond gehn auf und unter
510,3 freuet euch an Mond und Sonne
514,1 Mond leuchtend hoch vom Himmelssaal
515,1 sei gepriesen für Sonne, Mond und Sterne

Mondenschein (2)
29,1 bei Mondenschein im weiten Feld bewachten
508,2 und Sonn- und Mondenschein

Mondlicht (1)
489,1 Mondlicht fließt herab vom Himmelszelt

Mord (6)
143,6 zu Feindschaft, Mord und Kriegen
146,5 behüt vors Teufels List und Mord
193,1 und steure deiner Feinde Mord
246,4 und wehr des Teufels Trug und Mord
278,6 wie ein Mord ist's, wenn sie mich schmähn
397,2 des Satans Mord und Lügen wehr

Mörder (1)
415,1 Liebe, die für ihre Mörder flehte

morgen (14)
168,6 bleib bei uns heut und morgen, Herr Jesu Christ
234,5 ob du bis morgen leben sollt
234,6 eh morgen kommt, kann's ändern sich
234,6 ist morgen krank, ja wohl gar tot
240,3 heut, morgen und in Ewigkeit
345,3 ich sterb heut oder morgen
360,5 von gestern und von morgen sprich uns los
363,3 sieh, morgen ist er schwach und krank
368,6 es sei heut oder morgen
486,11 der leitet mich auch morgen
492 laßt die Sorg bis morgen früh
517,9 ob's morgen oder heut geschieht
517,11 als wolltst du morgn gen Himmelreich
530,7 so komm mein End heut oder morgen

Morgen (32)
58,7 die alle Morgen neue
65,7 Gott ist bei uns am Abend und am Morgen
98,1 Keim, der aus dem Acker in den Morgen dringt
103,2 des Morgens früh am dritten Tag
105,4 drei Frauen gehn des Morgens früh
235,2 wir glauben deinem Wort und fürchten doch das Morgen
266,1 am Morgen hast du Lob empfangen
266,3 des Morgens um die Erde geht
285,1 des Morgens deine Gnade
299,4 und wieder an den Morgen
325,7 daß ich alle liebe Morgen schaue
333,3 und seine Huld ist jeden Morgen neu
334,1 danke für diesen guten Morgen
365,1 den Abend und den Morgen
369,2 was hilft es, daß wir alle Morgen
383,3 meinen Morgen zu beglücken
428,4 das uns deckt kaum bis zum Morgen
440,1 all Morgen ist ganz frisch und neu
444,1 der Morgen sich zeiget
445,4 hilf, daß ich mit diesem Morgen
449,4 Abend und Morgen sind seine Sorgen
452,1 er weckt mich alle Morgen
454 sind an jedem Morgen neu
455,1 Dank für die Lieder, Dank für den Morgen
455,3 mein ist die Sonne, mein ist der Morgen
455,3 Dank überschwenglich, Dank Gott am Morgen
470,2 des Morgens, Gott, dich loben wir
472,3 des Morgens in dem Taue
487,4 auf gute Nacht guter Morgen kommt

490,2 der Morgen ewig weiterzieht
529,2 hab ich so manchen Morgen
530,2 als es am frühen Morgen war

Morgenglanz (1)
450,1 Morgenglanz der Ewigkeit

Morgenland (2)
52,4 Könige aus Morgenlanden kamen
71,2 zeugen die Leut aus Morgenland

Morgenlicht (2)
33,1 brich an, du schönes Morgenlicht
455,1 Morgenlicht leuchtet, rein wie am Anfang

Morgenlied (1)
490,1 dich priesen unsre Morgenlieder

Morgenrot/Morgenröte (3)
450,3 bei entstandner Morgenröte
514,2 du Sommers junges Morgenrot
524,5 wenn die Morgenröt herleuchtet

morgens (1)
284,2 morgens jauchz ich: Deine Gnade ist mein Lied

Morgenstern (18)
16,1 Lob gesungen dem hellen Morgenstern
16,1 der Morgenstern bescheinet
19,1 o komm, o komm, du Morgenstern
51,4 der Morgenstern am Himmel steht
67,1 er ist der Morgensterne
69,1 der Morgenstern ist aufgedrungen
69,4 o heilger Morgenstern, wir preisen
69,4 so leucht auch uns, Herr Christ, du Morgenstern
70,1 wie schön leuchtet der Morgenstern
73,2 auf diesen Morgenstern
74,1 du Morgenstern, du Licht vom Licht
158,1 o Christe, Morgensterne, leucht uns
253,2 das Licht, das Heil, der Morgenstern
256,4 kein gnadenreicher Morgenstern
440,2 o Gott, du schöner Morgenstern
442,1 der Morgenstern mit hellem Schein
442,4 Gotts Wort, du bist der Morgenstern
524,6 drum, Herr Christ, du Morgensterne

Morgenstunde (1)
443,1 sag ich... in dieser Morgenstunde

Morgentau (1)
450,2 deiner Güte Morgentau

Morgenzeit (1)
450,1 schick uns diese Morgenzeit

Mose (3)
137,4 gib uns Moses Flehn und Beten
137,4 nein, mit Moses heilgen Schmerzen
231,1 durch Mose, seinen Diener treu

Most (1)
324,5 wer macht es, daß man Öl und Most

Mücklein (2)
509,4 der kleinen Mücklein Schwarm
511,2 weißt du, wieviel Mücklein spielen

müde (13)
15,2 und sprich dem müden Volke zu
56,2 bist du der eignen Rätsel müd
234,3 wann ich des Lebens müde werd
267,4 Herr, in unsre müde Welt
296,4 wird auch nicht müde von der Wacht
319,4 seins Lobes sie nichts müde macht
406,5 mir aufs müde, schwache Haupt
413,7 sie wird nicht müd, fährt immer fort
451,2 und Ruhe für die Müden
479,4 ihr müden Augen, schließt euch zu
484,1 müde bin ich, geh zur Ruh
484,4 müden Herzen sende Ruh
529,8 daß ich's fast müde bin

Mühe (12) → *Sorge b)*
68,8 hilf durch dein Mühe und Arbeit
363,6 laßt euch die Müh nicht reuen
368,2 um alle meine Mühe
437,4 daß unsre Arbeit, Müh und Fleiß
487,2 trägt allein ihre Müh und Plag
492 ruhet von des Tages Müh
496 all Arbeit, Müh und Kunst
511,3 daß sie ohne Sorg und Mühe
524,5 Müh sich find't an allem End
525,3 Angst, Not, Müh, Arbeit überall
527,4 was Müh und Fleiß gewinnen
529,2 als Müh und Not gewesen

mühen, sich (2)
267,2 sich... mühen, deinen Weg zu gehn
371,1 ohn ihn mühst du dich vergebens

mühselig (2)
217,4 die mühselig und beladen
224,1 mühselig und beladen

Mund (53)

a) von Gott (12)
15,4 geredet hat es Gottes Mund
46,3 Lieb aus deinem göttlichen Mund
77,5 ihm ward dargereicht zum Mund
78,7 bittre Galle schmeckt sein Mund
83,3 mein Wollen hängt an deinem Mund

85,5 dein Mund hat mich gelabet
222,1 wie mir dein Mund gegeben kund
290,2 und was sein Mund versprochen hat
290,3 und der Verheißung seines Munds
346,1 sein heilger Mund hat Kraft und Grund
371,15 den ewgen Mund selbst hören sprechen
400,5 ich danke dir, du güldner Mund

b) von Menschen (16)
11,5 die kein Mund kann aussagen
63,2 und mancher Mund nun stumm
104,1 singen wir heut mit einem Mund
136,7 der Welt und uns den Mund
147,1 sie rufen uns mit hellem Munde
150,6 der Mund von Lob und Preis
155,2 tu auf den Mund zum Lobe dein
215,7 und bekennest mit dem Munde
266,4 und immer wird ein Mund sich üben
271,2 den Leugner widerlegt des Säuglings Mund
330,1 und einen tausendfachen Mund
330,6 ja wenn der Mund wird kraftlos sein
344,1 gib, daß nicht bet allein der Mund
439,2 herzlich singen mit gleichem Mund
512,2 und versorgest jeden Mund
527,2 und dieser Mund erblichen

ba) mein, unser, euer Mund (13)
39,6 glauben und mit unserm Munde danken
140,1 und öffnen unsern Mund vor dir
241,3 uns diese Bitt in unsern Mund gelegt
276,1 mein Mund soll allezeit
279,6 ich dir, o Gott, mit meinem Munde
279,7 rief ich ihn an mit meinem Munde
298,1 unser Mund voll Lachens sein
323,1 mein Mund vor jedermann
335 sein Lob soll immerdar in meinem Munde sein
351,8 unaussprechlich sind mir zwar und meinem Munde
454,1+6 euren Mund zum Lob bereit
495,3 aus meinem Munde gehen

bb) in Verbindung mit Herz, Hand, Ohr usw. (12)
144,2 mit Herzen, Mund und Händen
160 o Heilger Geist, erneu uns Herz und Mund
161,3 öffne Herzen, Mund und Ohren
166,3 heilige du Mund und Ohr
222,3 daß Hand und Mund zu jeder Stund
321,1 mit Herzen, Mund und Händen
324,1 ich singe dir mit Herz und Mund
365,5 lobt ihn mit Herz und Munde
398,2 lieben und loben... mit Herz und Munde
503,10 mit unverdroßnem Mund und Stimm
505,3 als Mund, Herz und Gemüte
505,7 mit Herzen, Mund und Leben

münden (2)
237,1 Ursprung, in den ich münde
533,2 es münden alle Pfade

munter (3)
393,9 kommt, laßt uns munter wandern
449,1 bin munter und fröhlich
475,1 werde munter, mein Gemüte

murren (3)
109,4 ob er gleich murrt, ist's ohn Gefahr
233,4 murrend mein Heil verscherze
297,6 die Welt laß immer murren

Musik (1)
334,3 danke für alles Frohe, Helle und für die Musik

Musika (2)
70,6 und laßt die süße Musika
319,3 der Musika ein Meisterin

Musikkunst (1)
148,6 die Musikkunst wird bringen

müssen (145)

a) allgemein (36)
4,4 Dunkel muß nicht kommen drein
25,6 zuletzt müßt ihr doch haben recht
40,4 mit Gott mußt du es treulich meinen
62,4 uns zur Freude werden müssen
123,7 Wunden müssen Wunden heilen
130,6 dich betrübe, Fried und Liebe müssen schweben
141,2 euer Leben ihr bessern müßt
147,1 ihr müsset ihm entgegengehn
148,2 drum müssen wir solchs sparen
170,2 müssen wir nicht sparen
218,4 nein, Vernunft, die muß hier weichen
245,4 wer den nicht geht, muß draußen bleiben
283,6 einander grüßen müssen
287,4 du mußt nur zu sehen lernen
303,4 alles muß pünktlich erfüllet werden
309,3 macht satt, wer darben muß
319,2 des muß sie haben immer Dank
320,3 die Seele muß auch bleiben
323,2 es müssen, Herr, sich freuen

342,3 doch mußt das G'setz erfüllet sein
352,5 wie Gott will, so muß es bleiben
353,6 müssen sie kraft deines Bluts
361,5 das muß doch endlich kommen
362,4 das Reich muß uns doch bleiben
370,9 muß im Nu verschwinden
371,6 dennoch mußt du oben liegen
371,7 davon sich See und Land muß laben
377,2 muß uns der Sieg gelingen
380,2 müßt dem Vater trauen
387,5 doch wohl gut, es muß uns schon
393,4 man muß wie Pilger wandeln
393,5 ein Pilger muß sich schicken
423,4 daß Fried und Treu sich müssen
494,2 so muß der Zug gesegnet sein
495,3 ich reden soll und muß
510,5 o was muß an seinem Herzen

b) von Gottes Handeln an Menschen (18)
127,4 von dir allein muß sein gelehrt
136,3 darum mußt du uns rüsten
136,3 du mußt uns Kraft verleihen
136,3 und mußt uns ganz befreien
161,2 mußt du selbst in uns verrichten
170,3 Frieden gabst du schon, Frieden muß noch werden
221,3 ach dazu müsse deine Lieb uns dringen
273,4 darum spricht Gott: Ich muß auf sein
286,3 sein Ruhm, sein Lob muß euch entflammen
324,7 du, du mußt alles tun
362,2 das Feld muß er behalten
368,1 er muß zu allen Dingen
387,3 denn der Herre muß dich frei
388,3 ach so mußt du uns vollenden
388,6 mußt du uns auch machen rein
408,3 muß sein Wille mir geschehn
442,4 du mußt uns leuchten immerdar
521,2 das Ewge muß mir werden

c) von Jesu Leiden (10)
77,3 Geißeln fühlen müssen
77,3 mußt er selber tragen
78,6 dennoch mußt er leiden
78,7 mußt sein Kreuz selbst tragen
81,6 und du mußt leiden
84,5 dein Schmerzen muß mein Labsal sein
86,7 muß zu Ehren mir gedeihen
88,4 was du selber büßen mußt
89,3 mußtest am Kreuze hangen
96,2 für unsre Sünden mußtest du bezahlen

d) von der Anbetung Gottes (15)
3,4 sich beugen müssen alle Knie
8,4 gelobet muß es sein
123,1 dem man Ehre geben muß
250,4 mit Glauben müssen wir empfangen
250,4 im Glauben müssen wir erlangen
299,2 des muß dich fürchten jedermann
308,1 mein Seel, o Herr, muß loben dich
355,3 das muß ich dir, mein Gott, bekennen
361,2 dem Herren mußt du trauen
361,2 auf sein Werk mußt du schauen
361,2 es muß erbeten sein
375,4 denn alles muß vor dir sich beugen
427,5 darum muß jeder zu dir rufen
473,2 das muß ich frei bekennen
503,10 wie muß es da wohl klingen

e) vom Leiden der Menschen (24)
8,5 muß vorher mit ihm leiden
9,5 müßt haben Angst und Leid
130,3 auch wenn wir leiden müssen
154,3 Leid und Geschrei und Schmerz muß dann vergehn
190.1 sonst müßten wir verzagen
243,1 ob du gleich hier mußt tragen viel Widerwärtigkeit
276,4 viel muß der G'rechte leiden
296,7 kein Übel muß begegnen dir
302,4 und wer Gewalt muß leiden
308,4 wenn er muß leiden groß Gefahr
325,9 und muß endlich stillestehn
326,6 wenn Trost und Hilf ermangeln muß
351,10 muß ich auch gleich hier feuchten
359,6 mußt du dulden Kreuz und Not
371,13 alle Menschen müssen leiden
372,5 muß ich den Kelch gleich schmecken
383,4 muß mich nun nicht mehr erschrecken
396,4 soll mich, ob ich viel muß leiden
396,6 muß auch ihr Betrüben
428,2 Rettung dem, der hungern muß
497,10 und muß ich auch ins tiefe Meer
529,3 hab ich doch müssen leiden
529,5 es muß ja durchgedrungen
529,5 es muß gelitten sein

f) von Vergänglichkeit, Tod, Verdammnis (36)
5,7 sich darstellen müssen
5,8 dahin, wo sie müssen ihr Untugend büßen
75,2 so hätten wir müssen verdammt sein ewiglich
117,3 muß ich von hier nach dort
134,5 daß das Herz oft rufen muß
146,2 so müßt die ganze Welt vergehn
234,5 daß du mußt sterben, ist dir kund
234,6 dein Seel und Leib dort brennen muß
244,2 zugrund wir müssen eilends gehn
308,5 der Menschen Hoffart muß vergehn

341,3 zur Höllen mußt ich sinken
343,2 voraus, wenn ich muß hier davon
351,4 ich müßte stracks vergehen
363,3 bald muß er auch gar sterben
363,4 er muß aus diesem Maien
363,4 doch muß er an den Reihen
363,5 wir müssen alle sterben
363,5 ewig muß er verderben
364,3 drum, muß ich Sünder von der Welt
403,4 sie müssen sterben, müssen verderben
449,7 alles in allen muß brechen und fallen
449,7 die müssen das werden
478,5 wenn ich muß vors Gericht
513,3 wenn du dich abkehrst, müssen wir mit Beben
521,1 o Welt, ich muß dich lassen
525,2 wenn ich gleich hier muß sterben
526,4 ich bin Fleisch und muß daher
527,1 muß Rauch und Asche werden
527,7 drauf müssen wir von hinnen
528,6 alles muß zu Trümmern gehen
528,8 das muß fallen und vergehen
530,3 und, wenn ich einstens sterben muß
534,1 Herr, lehre uns, daß wir sterben müssen
534,1 und weise uns, eh wir gehen müssen
534,2 Herr, sei bei uns, wenn wir sterben müssen
534,2 Herr, schweige nicht, wenn wir schweigen müssen

g) von feindlichen Mächten (6)
93,4 schweigen müssen nun die Feinde
106,3 sein' Raub der Tod mußt geben her
149,4 und mit dem Satan müssen gehn
249,3 muß Teufel, Welt und Höllenpfort
384,4 muß das Grab uns wiedergeben
396,3 Erd und Abgrund muß verstummen

Müßiggang (1)
494,5 den Müßiggang zu meiden

müßiggehen (1)
344,5 der Sorg und Geizens müßig gehn

Mut (51)

a) allgemein (18)
135,3 gib uns Mut, du höchstes Gut
137,5 gib uns Davids Mut, zu streiten
154,1 Herr, mach uns stark im Mut, der dich bekennt
154,5 so mach uns stark im Mut, der dich bekennt
164 wenn uns entfallen will der Mut
211,5 gib auch den Mut zum nächsten Schritt
279,5 oft wollten wir den Mut verlieren
312,6 macht... bedrückten Menschen Mut
312,6 macht allen Menschen Mut
351,6 nichts nimmt mir meinen Mut
358,3 an ihrer Hoffnung Mut
377,2 nur Mut, die Stund ist nimmer weit
393,1 kommt, stärket euren Mut
393,6 er will uns machen Mut
393,9 nur noch ein wenig Mut
428,3 daß, wer keinen Mut mehr hat
430,4 gib Mut zum Händereichen
439,5 wollest leiten nach deinem Mut

b) in Verbindung mit Kraft, Herz, Geduld usw. (21)
37,1 Herz, Seel und Mut, nimm alles hin
112,2 der Feld und Mut behält
112,3 entnehmen meinen Mut zusamt dem edlen Gut
114,10 Herr Jesu, gib uns Kraft und Mut
125,1 deiner Gläub'gen Herz, Mut und Sinn
134,5 und gib Mut, Geduld und Ruh
222,2 ob solchem Gut jauchzt Sinn und Mut
223,5 Mut, Kraft und Hilf aus deinem Sieg
231,6 Geduld haben und sanften Mut
246,4 Fried, Einigkeit, Mut und Geduld
262,5 gib den Boten Kraft und Mut
263,5 gib den Boten Kraft und Mut
286,1 sein heilger Arm gibt Kraft und Mut
289,5 daß unser Mut und Sinn
404,7 verleih mir Kraft und Mut
407,2 ohne dich, wo käme Kraft und Mut mir her
414,2 gib meinem Glauben Mut und Stärke
450,3 und erweck uns Herz und Mut
475,6 Leib und Seele, Mut und Blut
494,2 er gibt uns Segen, Mut und Kraft
517,7 wohlauf, mein Herz und all mein Mut

c) guter, getroster, neuer usw. Mut (12)
84,10 zieren mit stillem, sanftem Mut
210,4 dann schenke du mir neuen Mut
292,3 das gibt mir den getrosten Mut
303,8 und bringe Lob mit frohem Mut
322,4 doch bleibet guten Muts
324,13 und habe guten Mut
350,3 bezeugen mit getrostem Mut
353,6 ich bin ganz getrosten Muts
363,4 dem Jungen nicht sein stolzer Mut
370,7 soll der Mut dennoch gut
497,11 mit tapferm Mut bezwingen
523,2 stärk meinen schwachen Mut

mutig (1)
426,3 wenn wir heute mutig wagen

Mutter (8)
3,3 aus seiner Mutter Kämmerlein
35,1 in seiner Mutter Schoß
58,4 denn wie von treuen Müttern
214,1 der von deiner Mutter Maria kam
231,5 gehorsam sein dem Vater und der Mutter dein
243,3 verlassen ein Mutter je ihr Kind
423,8 den Müttern sei Berater
514,4 du, Mutter Erde, gut und mild

Mutterhand (1) → *Hand*
326,5 mit Mutterhänden leitet er

Mutterleib (4)
139,1 schützt von Mutterleibe an
321,1 der uns von Mutterleib
322,3 der uns von Mutterleibe an
325,2 alsobald im Mutterleibe

Mutterschoß (1)
408,5 wie im Mutterschoß ein Kind

Myrrhe (1)
29,2 Gold, Weihrauch, Myrrhen brachten sie mitte

Myrte (1)
503,5 malen... mit schattenreichen Myrten

N

Nachbar (1)
482,7 und unsern kranken Nachbarn auch

nachdem (1)
375,1 nachdem am Kreuz er ausgerungen

Nachdruck (1)
495,3 und Nachdruck ohn Verdruß

nacheilen (1)
391,1 dir getreulich nachzueilen

Nachfahrt (2) → *Himmelfahrt*
122,1 ich meine Nachfahrt gründe
122,3 mag meine Nachfahrt zieren

nachfolgen (5) → *folgen, nachlaufen, nachleben, vorangehen*
112,7 ich folg ihm immer nach
256,2 wer in sich schwach, folgt, Herr, dir nach
274,5 folgen mir nach im Leben
384,1 seinem Vorbild folgen nach
385,1 auf euch, folgt meinem Wandel nach

nachfragen (7)
11,9 was fragt ihr nach dem Schreien
37,8 du fragest nicht nach Lust der Welt
290,2 fragt nach dem Herrn und seiner Stärke
308,1 daß du nicht fragst nach weltlich' Pracht
361,9 als frag er nichts nach dir
397,1 nach Erd und Himmel frag ich nicht
426,1 zu fragen nach Gottes Wort

nachgehen (1)
385,6 mit unserm Kreuz nachgehen

nachholen (1)
122,1 zur rechten Zeit nachholen

nachlaufen (1) → *nachfolgen*
386,4 so will ich dir dennoch in Liebe nachlaufen

nachleben (2) → *nachfolgen*
206,1 deinem Worte nachzuleben
313,1 und treu ihm nachzuleben

nachmals (1)
366,7 nachmals mit Freuden danken dir

nachsinnen (1)
91,3 sinn ich ihm nach, so zagen meine Kräfte

nächst (1)
211,5 gib auch den Mut zum nächsten Schritt

Nächste (26)
82,7 und meinen Nächsten lieben
84,11 dem Nächsten seine Schulden verzeihen
127,3 und was den Nächsten bauet
130,6 dem Nächsten stets mit Liebestreu
211,4 und die, die seine Nächsten sind
215,8 deinen Nächsten sollst du lieben
231,9 nicht lügen auf den Nächsten dein
231,10 du sollst deins Nächsten Weib und Haus
232,3 und meinen Nächsten gleich wie mich
253,5 wenn meinen Nächsten Not anficht
342,6 dem Nächsten wird die Lieb Guts tun
342,7 die Werk, die sind des Nächsten Knecht
343,1 meim Nächsten nütz zu sein
397,2 zu Nutz und Dienst des Nächsten mein
412,1 den Nächsten liebe gleich als mich
412,3 wer seines Nächsten Ehre schmäht
412,4 drum diene deinem Nächsten gern
412,4 mein Nächster ist sein Kind wie ich
413,3 die Lieb nimmt sich des Nächsten an
413,4 ein Christ seim Nächsten hilft aus Not
413,8 daß wir mit Lust dem Nächsten tun
415,3 liebevoll der Nächsten Not zu teilen
419,2 daß ich nicht zur Plage meinem Nächsten bin
449,6 in meines Bruders und Nähesten Haus
451,9 daß ich, dem Nächsten beizustehn
494,5 und meinen Nächsten liebe

nachstellen (1)
439,4 wenn unsern Seelen er nachstellt

Nacht (149)

a) allgemein (16)
4,4 die Nacht gibt ein neu Licht dar
112,5 die Nacht mein Sonnenblick
178.6 Licht, das die Nacht erhellt
290,5 und machte ihm die Nächte hell

298,1 Leiden wie ein Traum der Nacht
299,4 und ob es währt bis in die Nacht
373,4 wenn mich die Nacht mit Ermüdung will decken
376,3 auch durch die Nacht
438,1 daß du uns die Nacht hast behüt'
439,1 der uns die Nacht bewahret hat
444,2 daß er uns die Nacht hat wollen behüten
451,2 wer schafft die Sicherheit der Nacht
476,7 dem keine Nacht sein Licht und Klarheit nimmt
477,2 die Nacht hat dich vertrieben
479,2 ihr macht die Nacht des Lichtes voll
489,1 und gesegnet sei die Nacht

aa) des Nachts, zur Nacht, in der Nacht usw. (10)

16,1 auch wer zur Nacht geweinet
23,4 es leucht' wohl mitten in der Nacht
29,1 erschienen bei der Nachte
30,1 wohl zu der halben Nacht
50,1 das wir zu dieser späten Nacht
65,5 wir wissen es, dein Licht scheint in der Nacht
111,2 wenn ich des Nachts oft lieg in Not
285,1 und des Nachts deine Wahrheit verkündigen
443,2 in der vergangnen Nacht
530,2 es kann vor Nacht leicht anders werden

b) vom Kommen und Gehen der Nacht (15) → *f)*

16,1 die Nacht ist vorgedrungen
16,3 die Nacht ist schon im Schwinden
16,4 noch manche Nacht wird fallen
51,4 drum blicket auf: die Nacht vergeht
98,3 hin ging die Nacht, der dritte Tag erschien
114,1 wach auf, mein Herz, die Nacht ist hin
406,5 und die Nacht herniedersteigt
442,6 vor dir die Nacht nicht bleiben mag
469,1 vor dir die Nacht nicht bleiben mag
471,1 die Nacht ist kommen
472,1 die Nacht hat sich genaht
487,1 Abend ward, bald kommt die Nacht
488,1 es kommt die Nacht, die Finsternis fällt ein
490,1 der Tag ist um, die Nacht kehrt wieder
492 Nacht will es nun werden

c) Tag und Nacht (34)

11,7 noch sorgen Tag und Nacht
76,2 Tag, Nacht danach tun streben
140,2 vor allem Übel Tag und Nacht
143,4 die Engel streiten Tag und Nacht
165,2 Tag und Nacht gebücket dienen
241,1 die Tag und Nächte nimmer schweigen
248,4 drauf wir hoffen Tag und Nacht
278,2 Tag und Nacht sind Tränen mein Brot
296,4 er schläft nicht, weder Tag noch Nacht
300,1 zu seinem Dienste Tag und Nacht
301,5 Sonn und Mond für Tag und Nacht
319,4 dem singt und springt sie Tag und Nacht
324,15 und grämst dich Tag und Nacht
325,10 zu umfangen Tag und Nacht
329,1 bis hierher hat er Tag und Nacht
341,2 mein Sünd mich quälte Nacht und Tag
377,1 wir sind im Kampfe Tag und Nacht
408,3 führt und schirmt mich Tag und Nacht
440,3 und reich uns Tag und Nacht dein Hand
441,7 die weder Nacht noch Tage hat
445,1 der es Tag und Nacht läßt werden
468,4 ein gute Nacht und guten Tag geb dir
476,2 ich preise dich, du Herr der Nächt und Tage
477,2 die Nacht, des Tages Feind
480,1 dem Tag und Nacht wird von der Himmelswacht
487,2 weder Nacht noch Tag
489,1–2 preist den Tag und die Nacht
489,1–2 preist die Nacht und den Tag
499,2 Tag und Nacht sie nimmer schweigen
512,3 Frost und Hitze, Tag und Nacht
515,2 sei gepriesen für Nächte und für Tage
524,2 Tag und Nacht hab ich gerufen

ca) bei Tag und Nacht (6)

83,5 bei Nacht und Tage singen
97,3 denn die Erde klagt uns an bei Tag und Nacht
247,1 bei Tag und Nacht auf deine Güte hoffen
258 getrost und froh bei Tag und Nacht
447,6 bei Tag und Nacht dein Huld und Güte schweben
474,1 über mich wacht bei Tag und Nacht

d) diese, unsere, deine Nacht (24)

19,1 vertreib das Dunkel unsrer Nacht
40,1 dies ist die Nacht, da mir erschienen
56,1–5 kann unsre Nacht nicht traurig sein
56,5 kann unsre Nacht nicht endlos sein

95,1 er fürchtet sich in dieser Nacht
266,2 wir ruhen aus in dieser Nacht
301,9 dankt ihm, der in dieser Nacht
379,4 tritt er in deine Nacht
437,1 Gott Lob, der uns heut diese Nacht
439,3 bewahret hast in dieser Nacht
445,2 daß du mich in dieser Nacht
445,3 jetzt mit dieser Nacht vergehn
447,2 in dieser Nacht so väterlich bedecket
450,1 und vertreib durch deine Macht unsre Nacht
469,2 in dieser Nacht vorm bösen Feind
472,1 auch jetzt in dieser Nacht
475,6 laß mich diese Nacht empfinden
478,8 soll diese Nacht die letzte sein
486,11 der mich in diese Nacht geführt
489,2 preist ihn, der in unsern Nächten

e) gute, heilige, ruhige, liebe, gesegnete usw. Nacht (16)
43,1 und seht, was in dieser hochheiligen Nacht
46,1–3 stille Nacht, heilige Nacht
361,7 und Sorgen gute Nacht
396,5 gute Nacht, o Wesen
396,5 gute Nacht, ihr Sünden
396,5 gute Nacht, du Stolz und Pracht
396,5 gute Nacht gegeben
451,4 daß ich nach einer sanften Nacht
479,4 nun Jesu, Jesu, gute Nacht
487,4 weiß ich, daß auf gute Nacht
493 eine ruhige Nacht und ein seliges Ende
504,2 jauchzen Gott bei stiller Nacht
527,7 der Erde sagen: gute Nacht
529,2 so manche liebe Nacht

f) lange, tiefe, dunkle, trübe, schwarze usw. Nacht (22)
52,1+6 mitten in der dunklen Nacht
55,2 schlafen die ganze dunkle Nacht
56,1–5 weil Gott in tiefster Nacht erschienen
151,1 die finstre Nacht bricht ein
262,4 schaffe Licht in dunkler Nacht
263,4 schaffe Licht in dunkler Nacht
383,4 langer Nächte Unheilsschritt
428,5 die auch noch in tiefer Nacht
431,2 führ uns an atomarer Nacht vorüber
459,3 von finstrer Nacht nicht scheiden mag
467,1 die finstre Nacht bricht stark herein
475,3 und die trübe Nacht bricht an
476,1 die dunkle Nacht dringt allenthalben zu
476,4 indem ich mich der trüben Nacht vertraue
476,6 Herr, wenn mich wird die lange Nacht bedecken
478,3 in dieser schwarzen Nacht
486,2 wenn mich die Schatten finstrer Nacht

g) Nacht der Sünde, des Todes (6)
40,2 der Sünden und des Kreuzes Nacht
74,2 denn du durchdrangst des Todes Nacht
101,6 der Sünden Nacht ist vergangen
111,1 vertrieben ist der Sünden Nacht
375,1 denn alles ist nach seines Todes Nacht
445,3 laß die Nacht auch meiner Sünden

Nachtgebet (1)
266,1 zu dir steigt unser Nachtgebet

nächtig (1)
53,1 in das nächt'ge Dunkeln

Nachtigall (3)
110,4 jetzt singt und klingt die Nachtigall
319,2 voran die liebe Nachtigall
503,3 die hochbegabte Nachtigall ergötzt

nächtlich (1)
43,2 o seht in der Krippe im nächtlichen Stall

Nachtmahl (4) → *Abendmahl*
78,3 setzt das heilig Nachtmahl ein
219,3 bis wir durch deines Nachtmahls Kraft
253,2 Wort, Tauf und Nachtmahl unsres Herrn
320,5 sein Wort, sein Tauf, sein Nachtmahl

nachtragen (1) → *tragen*
88,6 daß ich gern dir das Kreuz nachtrage

nachts (2)
20,3 kein Kind, das nachts erschrocken schreit
278,5 und nachts singe ich mein Lied für ihn

Nachtwache (1)
471,2 halt die Nachtwach gern

Nachtzeit (1)
284,2 noch zur Nachtzeit leuchtet deine Wahrheit mir

nackt/nackend (7)
27,2 er liegt dort elend, nackt und bloß
29,2 nackend, bloß und elende
77,4 um Sechs ward er nackt und bloß
370,2 nackend lag ich auf dem Boden
370,2 nackend werd ich auch hinziehen
412,2 läßt Nackende nicht kleiden
428,4 der du nackt und ungeborgen

Nägelwunde (1)
88,2 Speer- und Nägelwunden

nagen, sich nagen (2)
386,1 darunter das Herze sich naget und plaget
522,2 mein G'wissen wird mich nagen

nah (46) → *fern*

a) allgemein (36)
15,3 denn nah ist euch das Himmelreich
17,1–4 schon ist nahe der Herr
18,1 seht, die gute Zeit ist nah
19,1–3 freut euch, freut euch, der Herr ist nah
41,1 Gott will so freundlich und nah
56,1 der immer schon uns nahe war
95,1 dann sei uns nah, Herr Jesus Christ
151,2 der Bräutigam ist nah
152,3 du bist uns zwar im Geiste nah
165,8 komm, du nahes Wesen
171,2 sei nahe in schweren Zeiten
212,3 staunend hören wir: Du bist ganz nahe
229,1 fühlbar will er uns nahe sein
239,2 segnend war er euren Herzen nah
239,5 er, der nah war, wird noch einmal nahen
240,1 du bist uns nah in aller Not
251,4 uns so fühlbar nahe bist
271,4 ganz nah ihn deiner Gottheit zugesellet
282,1 im Vorhof nah am Thron zu stehen
282,5 denn tausend, ohn dich nah zu sehn
283,4 doch ist ja Gottes Hilfe nah
289,3 sein End, das ist ihm nah
359,1 ist nah auf eurem Stege
379,2 ist jedem von uns nah
406,5 bleib mir nah auf dieser Erden
443,4 und die mir nahe sind
452,1 ist er mir nah und spricht
452,4 er ist mir täglich nahe
457,1+12 der Tag ist seiner Höhe nah
530,1 wer weiß, wie nahe mir mein Ende

b) nah und fern (10)
15,6 und herrscht gewaltig fern und nah
46,2 tönt es laut von fern und nah
55,2 den Menschen nah und fern
69,4 du leuchtest vielen nah und fern
93,3 triumphieren fern und nah
136,7 bereite ein Pfingstfest nah und fern
213,6 erzähle die Gnade nah und fern
237,1 du fern und nah bei mir
375,2 wenn Satans Pfeil ihm auch von nah und fern
508,3 was nah ist und was ferne

Nähe (4)
52,3 und wir fühlten Gottes Nähe
237,2 die Ferne und die Nähe
334,5 danke, daß in der Fern und Nähe
486,9 mir deine Nähe kündet

nahekommen (1)
66,1 Schöpfer, wie kommst du uns Menschen so nah

nahen, sich nahen (9)
21 weil sich eure Erlösung naht
220 mit glaubensvollem Herzen nahen
239,5 er, der nah war, wird noch einmal nahen
276,3 zu seinem Herzen nahn
286,4 er kommt, er naht sich, daß er richte
379,1 dem keiner nahen kann
379,3 ist dir als Mensch genaht
380,6 wie... euch das Wunderbare immer noch genaht
472,1 die Nacht hat sich genaht

näher (1)
239,4 sei in eurem Bund euch täglich näher

nähertreten (1)
387,6 Not und Gefahr immer näher treten

Nahesein (2)
481,3 vertreibe durch dein Nahesein
488,3 ich brauch zu jeder Stund dein Nahesein

nähren, sich nähren (10) → *ernähren*
218,4 ob es gleich viel Tausend nähret
324,8 du nährest uns von Jahr zu Jahr
325,6 find ich, was mich nährt und hält
343,3 damit mein Seel zu nähren
358,2 und durch das Wort sich nährt
371,7 wie du's halten wollst und nähren
427,3 du nährst die Vögel in den Bäumen
464,1 dein ist die Erde, die uns nährt
513,2 bis uns gereift die Saat, die uns soll nähren
514,3 daran der Mensch sich wärmt und nährt

Nahrung (1)
320,3 Nahrung gibt er dem Leibe

Name (124)

a) von Gott allgemein (25)
20,6 noch andre Namen wird er führen
62,4 soll der Name uns versüßen
139,4 des Name heilig heißt

185.1 gelobet sei, der da kommt im Namen des Herren
185.2 gelobet sei, der da kommt im Namen des Herren
185.3 gelobet sei, der da kommt im Namen des Herrn
201 taufet sie im Namen des Vaters
231,3 brauchen zu Unehrn den Namen Gottes, deines Herrn
264,2 und einen heilgen Namen ehrt sie
267,3 Name ohnegleichen ist
276,2 des Herren Nam erhöhen
290,7 gelobet sei der Nam des Herrn
294,4 er, der da kommt in Gottes Namen
297,4 des Herren Name steht uns bei
303,8 rühmet, ihr Menschen, den hohen Namen
316,5 lobe den Herren, was in mir ist, lobe den Namen
317,5 lobe den Herren, was in mir ist, lobe den Namen
338 Alte... sollen loben den Namen des Herrn
356,1 kein Name sonst gegeben
456 sei gelobet der Name des Herrn
480,1 der bete mit mir an den großen Namen
482,7 in Gottes Namen nieder
494,1 in Gottes Namen fang ich an
494,1 was man in Gottes Namen tut
498,1 in Gottes Namen fahren wir

b) von Gott: dein Name (28) → *d)*
155,2 daß uns dein Nam werd wohlbekannt
180.2 wir rühmen deinen Namen
186 geheiligt werde dein Name
187 geheiligt werde dein Name
188 geheiligt werde dein Name
191 und ehrn dein' Namen stetiglich
200,1 ich bin getauft auf deinen Namen
208,1 Gott Vater, du hast deinen Namen
244,4 dich preisen und den Namen dein
267,3 loben deinen Namen, Jesus Christ
271,1 schufst alles, deinen Namen uns zu nennen
271,8 wie herrlich strahlt dein Name, Jesus Christ
284,1 deinen Namen, Allerhöchster, rühm ich gern
292,2 da rief ich deinen Namen, Herr
292,5 und tue deinen Namen kund
304,6 daß sie dein' Namen ewig preisen
308,3 dein Nam ist alles Rühmens wert
320,8 zu preisen deinen Namen
323,3 Herr, du hast deinen Namen
331,10 dich und deinen Namen preisen
344,2 geheiligt werd der Name dein
345,5 auf daß wir deinen Namen ewiglich preisen
360,2 dein Name ist unendliche Geduld
373,6 wie wird dein Name da werden gepriesen
382,1 fremd wie dein Name sind mir deine Wege
438,3 dein Name durch glaubreich Gebärd
471,5 Vater, dein Name werd von uns gepreiset
523,3 dein Nam und Kreuz allein funkelt

ba) deines Namens (Genitiv) (10)
59,6 zu deines Namens Ruhm und Ehr
241,4 breite... dein Reich bald aus zu deines Namens Preis
242,2 Gott, erhöh deins Namens Ehr
244,3 ach Herr, um deines Namens Ehr
250,1 zu deines Namens Lob und Preis
356,2 Herr Christ, um deines Namens Ehr
389,5 so will ich deines Namens Ruhm ausbreiten
423,1 breit deines Namens Ehre... aus
494,6 zu deines Namens Herrlichkeit
503,11 erhöhen deines Namens Preis

bb) in, nach, bei deinem Namen (Dativ) (15)
1,5 dem Namen dein, o Herr, sei ewig Preis
11,2 und deinem Namen dienen
68,7 deinem Namen zu Lob und Ehr
83,5 und deinem Namen für und für
198,2 daß ich mög in deinem Namen
204,1 nennen nach deinem Namen wert
208,3 erhalte uns bei deinem Namen
249,5 zu Ehren deinem Namen
285 und lobsingen deinem Namen
344,2 nach deinem Namen würdiglich
344,9 auf dein Wort, in dem Namen dein
364,4 zu Ehren deinem Namen
422,1 drum wir allein im Namen dein
469,7 so schlafen wir im Namen dein
501,4 zu Lob dem Namen dein

c) von Gott: sein Name (22)
62,2 mache seines Namens Ruhm
272 und singen seinem Namen
274,2 um seines Namens willen
275,7 Lob seinem heilgen Namen
279,1 rühmt seines Namens Herrlichkeit
281,1 Herr ist sein Nam, erhebet ihn
281,5 kommt, heiligt seinen Namen

283,7 zur Ehre seines Namens
288,5 rühmt seinen Namen mit lauter Stimm
289,1 was in mir ist, den Namen sein
300,2 bringt seinem Namen Preis und Ruhm
309,4 sein Volk... bleibt ewiglich zu seines Namens Ruhm
323,2 sein Name sei gepriesen
333,4 sein Nam ist heilig
333,5 werd auch von uns sein Name stets genannt
342,8 daß heilig werd sein Name
349,1 zu Lob dem Namen sein
363,7 geschworn bei seinem Namen
447,1 laßt uns mit Freuden seinem Namen singen
457,10 wer sich nach seinem Namen nennt
506,6 erhebe seinen Namen
515,7 sei gepriesen, wir tragen seinen Namen

d) Jesu Name, deines Sohnes Name, in Jesu Namen (15) → *b)*
62,1 Jesu Name soll allein
62,2 Jesu Name, Jesu Wort
62,3 nur in Jesu Namen gehen
62,4 Jesu Nam sei Sonn und Schild
144,7 in deines Sohnes Namen
227,4 führ... zusammen in Jesu Namen
247,4 wir traun auf dich, wir schrein in Jesu Namen
326,8 ihr, die ihr Christi Namen nennt
328,1 daß ich es tu im Namen Jesu Christ
328,5 weil es im Namen deines Sohns geschicht
328,7 wohl mir, ich bitt in Jesu Namen
356,1 als nur der Name Jesus Christ
366,4 im Namen deins Sohns Jesu Christ
423,11 in unsres Jesu Namen
427,2 in Jesu Namen danken wir

e) von Menschen (9)
20,8 und er kennt jedermann mit Namen
84,11 mir Ehr und Namen brechen
199,2 rief er uns schon mit Namen
206,5 ja den Namen, den wir geben
207,1 nun schreib... Herr, ihre Namen ein
208,2 so rufe dieses Kind mit Namen
382,2 hast du mit Namen mich in deine Hand
511,2 Gott der Herr rief sie mit Namen
523,5 schreib meinen Nam aufs beste

Narzissus (1)
503,2 Narzissus und die Tulipan

naß (1)
484,4 nasse Augen schließe zu

Nation (1)
252,2 wohnen unter allen Nationen

Natur (6)
127,3 brenn rein die sündige Natur
143,2 von überirdischer Natur
271,6 statt Herr ist er der Sklave der Natur
386,2 schwing dich über die Natur
388,4 beten um Erlösung von Natur
393,3 geht's der Natur entgegen

Nebel (2)
482,1 der weiße Nebel wunderbar
528,1 wie ein Nebel bald entstehet

nehmen (82)

a) allgemein (21)
11,3 als mir das Reich genommen
77,7 da der Tag sein Ende nahm
101,2 und nahm über uns Gewalt
101,3 damit dem Tod genommen all sein Recht
113,6 genommen ist dem Tod die Macht
136,5 ach soll es uns genommen
184,4 da alle Welt ihr Urteil nimmt
229,1–3 Wort, nimm deinen Lauf
251,7 nehme unser Licht den Schein
303,2 wenn nun das Grab nimmt seinen Raub
318,8 und nehm ein löblich Ende
324,17 das nimmt ein gutes End
351,6 nichts nimmt mir meinen Mut
370,1 wer will mir den nehmen
430,1 die Welt nimmt schlimmen Lauf
449,8 sein Heil und Gnaden, die nehmen nicht Schaden
449,12 Kreuz und Elende, das nimmt ein Ende
476,7 dem keine Nacht sein Licht und Klarheit nimmt
526,6 Angst... wird von mir genommen sein

b) von Gott (16)
15,1 nimmt von euch Christus, Gottes Sohn
29,3 hat euch zugut das Fleisch an sich genommen
51,2 nimmt uns in Zucht, macht uns bereit
84,5 du nimmst auf deinen Rücken
166,2 wo du Wohnung hast genommen
202,1 von Sankt Johann die Taufe nahm
225,2 er nimmt sich für uns Zeit
241,5 dein Volk aus dem Gefängnis nähme

289,1 nimmt dich in seinen Schoß
313,2 den Mann vom Zoll zur Seite nahm
324,9 ja endlich nimmst du unsre Schuld
325,5 nimmt er's gleichfalls wohl in acht
361,2 läßt Gott sich gar nichts nehmen
407,2 ohne dich, wer nähme meine Bürde, wer
482,6 und wenn du uns genommen
488,4 den Stachel nimmst du ihm

c) Bitte an Gott (23)
64,1 Herr, nimm auch dieses Jahres Last
70,4 nimm mich freundlich in dein Arme
107,2 nimm von uns unsre Missetat
146,1 nimm von uns, Herr, du treuer Gott
192 unsere Deiche und Schleusen in Obhut nehmen
200,5 und nimm Besitz von meinem Sinn
206,3 nimm das Pfand von unsern Armen
230 und nimm deinen Heiligen Geist nicht von mir
235,1+4 o Herr, nimm unsre Schuld
256,1 nimm uns zum Eigentum
275,6 nimm mich in deine Hände
344,8 nimm unsre Seel in deine Händ
376,1+3 so nimm denn meine Hände
377,1 o Herr, nimm gnädig uns in acht
472,6 und nimm mich in dein Reich
477,7 nimm sie zu deinen Gnaden
482,6 wollst... aus dieser Welt uns nehmen
495,7 die Seele nimm zu dir
505,6 so nimm du unsern Geist
513,7 am End nimm, Jesu, in die Himmelsscheuern
525,1 so nimm sie, Herr, in deine Händ

d) von Menschen (17)
65,3 so nehmen wir ihn dankbar ohne Zittern
77,7 vom Kreuzesstamm durch Joseph genommen
78,7 o Mensch, nimm's zu Herzen
81,9 Todesschmerzen nehmen zu Herzen
147,1 steht auf, die Lampen nehmt
226,1–2 das Brot... das ein jeder von uns nimmt
226,3–4 der Kelch... den ein jeder von uns nimmt
324,15 nimm deine Sorg und wirf sie hin
362,4 nehmen sie den Leib
368,3 ich nehm es, wie er's gibet
370,2 da ich kam, da ich nahm meinen ersten Odem
371,11 nimm nicht zu Herzen, was die Rotten
385,5 wer nicht sein Kreuz nimmt und folgt mir
388,6 der hat Gnad um Gnad genommen
476,6 daraus ich Licht im Tode nehmen kann

e) auf sich nehmen (5)
3,2 drum nahm er auf sich Schuld und Pein
36,4 er nimmt auf sich, was auf Erden wir getan
82,1 Schuldenlast... auf dich genommen hast
95,1 du hast die Angst auf dich genommen
385,1 nehmt euer Kreuz und Ungemach auf euch

Neid (5)
78,5 auch verdammt aus Haß und Neid
130,6 kein Neid, kein Streit dich betrübe
133,7 Zorn, Zank, Haß, Neid und Streit
428,5 daß nicht Neid, Angst, Not und Schmerz
471,4 des Feinds Neid hinder

Neiden (2)
449,6 laß mich mit Freuden ohn alles Neiden
529,3 Verfolgung, Haß und Neiden

neigen, sich neigen (17)
92,3 vor dem die Sterne neigen sich
93,2 tief und tiefer wir uns neigen
96,5 wenn sich die Tage unsres Lebens neigen
239,1 neigt sich Gott zu euch vom Himmelreich
275,2 dein gnädig Ohr neig her zu mir
318,4 wie sich ein treuer Vater neigt
323,3 ach bleibe mir geneiget
326,6 der Schöpfer selbst, und neiget
331,1 vor dir neigt die Erde sich
354,2 des, der sich zu den Sündern neigt
406,5 bleib auch, wenn mein Tag sich neigt
472,1 der Tag hat sich geneiget
483 und der Tag hat sich geneiget
499,2 Sonne, Mond und Stern sich neigen
503,12 zu deinem Lobe neigen
513,1 vor ihrem Schöpfer neigen... sich
527,5 die, eh der Tag sich neiget

nein (10)
11,8 nein, Jesus will sie decken
94,4 das Ja erscheint im Nein
134,7 sagt das Fleisch gleich immer Nein
137,4 nein, mit Moses heilgen Schmerzen

211,3 eh wir entscheiden Ja und Nein
218,4 nein, Vernunft, die muß hier weichen
324,17 nein, was er tut und läßt geschehn
325,3 nein, er gibt ihn für mich hin
352,3 nein, ich will nach Gütern ringen
409,7 nein, für alle Welt

Nelke (1)
37,7 mit Rosen, Nelken, Rosmarin

nennen, sich nennen (29) → *heißen*
62,2 der nach ihm genannt ist, wallen
71,6 dich meinen König nenne
123,1 Jesus sei der Herr zu nennen
125,2 von Herzen Vater ihn nennen
126,2 denn du bist der Tröster genannt
129,2 und unsern Vater nennen
130,5 Christus unsern Heiland nennen
135,3 wenn wir Jesus nennen
135,5 und Gott Vater nennen
152,1 und nennen uns die Deinen
165,1 wer ihn kennt, wer ihn nennt
202,2 was Gott selbst Taufe nennet
204,1 und mich auch lassen nennen
209,4 sie nennen ihn den Herren Christ
227,1 dich erkennen und Vater nennen
227,5 in einer Liebe dich den Vater nennen
248,4 aller Herren Herren nenn
249,4 wie er sich selbst tut nennen
253,1 so viele Christus nennet sein
271,1 schufst alles, deinen Namen uns zu nennen
303,3 selig, ja selig ist der zu nennen
326,8 ihr, die ihr Christi Namen nennt
327,4 welcher Christus nennet
333,5 werd… sein Name stets genannt
355,3 ich kann es nur Erbarmung nennen
400,3 daß ich nicht eher mein dich nannte
413,1 die brüderliche Lieb genannt
413,2 Christus sie selbst das Zeichen nennt
457,10 wer sich nach seinem Namen nennt

Netz (2)
275,5 viel Netz und heimlich Stricke
313,1 die Netze zu verlassen

netzen (1)
324,4 mit Tau und Regen netzt

neu (101) → *erneuen*

a) allgemein (30)
14,5 o komme du auch jetzt aufs neue
38,3 täglich werden immer neu
58,7 die alle Morgen neue
61,1 daß aufs neu ich wandeln kann
88,4 martre nicht aufs neue
148,5 und täglich werden neu
199,4 er wird es neu uns sagen
200,5 ich gebe dir, mein Gott, aufs neue
208,1 die Vatergnade neu gewährt
226,6 will uns neu mit ihm verbünden
242,3 wiederkehr und werde neu
246,5 und bringen stets was Neues her
252,1 wollst mir neuen Einfluß geben
265,5 daß unsre Liebe immer neu
269,4 die Macht der Liebe neu vereint
269,5 bereit, zu neuem Dienst zu gehn
315,5 funkelnd neu, funkelnd neu
329,2 bewiesen täglich neue
333,3 und seine Huld ist jeden Morgen neu
349,3 ich bin ganz neu geschmücket
351,9 erbauet ein edle neue Stadt
369,7 so wird er bei dir werden neu
383,4 neue Quellen öffnen sich
451,3 und mir's jetzt neu gegeben
452,2 erfahre ich aufs neue
454 sind an jedem Morgen neu
481,3 ich schließe mich aufs neue
486,7 als daß ich stets aufs neue
490,3 und herrlich neu steigt alle Stunden
514,4 die Jahr um Jahr uns reifen neu

b) von der Zeit (Tag, Jahr usw.) (13)
24,15 und singet uns solch neues Jahr
58,2 vom alten bis zum neuen
58,15 zum sel'gen neuen Jahre
61,1 hilf, das neue Jahr geht an
62,1 da ein neues Jahr erschienen
65,1 und mit euch gehen in ein neues Jahr
65,7 und ganz gewiß an jedem neuen Tag
162,1 die Woche wird nun wieder neu
266,5 dein großer, neuer Tag gehört
334,1 danke für jeden neuen Tag
383,1 neue Tage leuchten mir
440,1 all Morgen ist ganz frisch und neu
443,6 an diesem neuen Tag

c) von Bund, Friede, Licht, Weg usw. (14)
4,4 die Nacht gibt ein neu Licht dar
14,4 der neue Bund gestiftet werde
23,4 gibt der Welt ein' neuen Schein
71,2 der neu Stern auf dich weiset
93,1 das Geheimnis neuen Lichtes
110,5 und gibt der Welt ein' neuen Schein
127,6 durch dich besteht der neue Bund
144,7 und hilf, daß wir den neuen Bund
223,2 gab er als neues Testament
395,1–3 vertraut den neuen Wegen
431,3 zeig uns, was neuen Frieden schafft
452,1 begrüß das neue Licht

d) Leben, Geburt, Schöpfung usw. (27)
51,3 ein neu Geschlecht am End der Zeit
56,3 zeigt dir zugleich dein neues Bild
61,1 neues Glück und neues Leben
67,5 daß der neu' leben mag
68,4 du lehrest uns die neu Geburt
78,10 mit deim neuen Leben
108,2 zum neuen Leben gedrungen
114,2 und such ein neues Leben
114,7 und in ein neues Leben gehst
114,9 zum neuen Leben gehen ein
127,3 mach uns zur neuen Kreatur
133,1 mich neu geboren hast
134,6 du gewisser, neuer Geist
148,1 wird Gott neu schaffen gar
164 schaffe in uns neues Leben
202,1 es galt ein neues Leben
206,2 nicht zuvor ist neu geboren
212,4 deine Liebe wirkt die neue Schöpfung
230 und gib mir einen neuen, gewissen Geist
244,5 aus deinem Geist ganz neu geborn
253,2 denn in der neuen Kreatur
297,5 da doch das Kreuz hat neu geborn
343,3 schaff mir ein neues Leben
349,2 nun bin ich neu geboren
382,2 werd ich dich noch mit neuen Augen sehen
390,2 schaff in mir, Herr, den neuen Geist
432,3 wir können neu ins Leben gehn

e) Mut, Treue, Kraft, Liebe (8)
61,1 laß es neue Kräfte bringen
139,3 der mir gibt neue Kraft
200,5 erwecke mich zu neuer Treue
210,4 dann schenke du mir neuen Mut
325,7 schaue neue Lieb und Güt
378,3 neue Kräfte kriegen
503,6 bringt täglich neue Stärk und Kraft
513,4 schenk uns Gesundheit, neue Kraft und Stärke

f) Lied, Gesang usw. (9)
24,1 ich bring euch gute neue Mär
42,8 sing ihm, dem Herrn, ein neues Lied
148,8 ein neues Lied gar schön
286,1 singt, singt dem Herren neue Lieder
287 singet dem Herrn ein neues Lied
294,2 in neuen Liedern überall
331,4 neue Lob- und Dankgesänge
349,1 soll erklingen ein neues Liedelein
407,3 dann mit neuem Klingen jauchz ich

neu machen (3)
93,4 ja, du machst einst alles neu
429,1 neu will ich machen Himmel und Erde
404,8 und mach mich täglich neu

neuern (1) → *erneuen, erneuern*
127,6 du neuerst unsre Herzen

neugeboren (2)
202,5 ein neugeborner Mensch er heißt
212,1 unser Neugebornes auf den Armen

neun (1)
77,5 Jesus schrie zur neunten Stund

nichtig (12)
256,2 unsre Kraft ist schwach und nichtig
449,11 was schädlich und nichtig meinem Gebeine
478,6 weicht, nichtige Gedanken, hin
486,5 wie du, wenn alles nichtig war
528,1.3.5.7 ach wie flüchtig, ach wie nichtig
528,2.4.6.8 ach wie nichtig, ach wie flüchtig

Nichtigkeit (2)
150,3 aus jener Nichtigkeit
202,6 die Erbsünd macht's zur Nichtigkeit

nichts (94)

a) allgemein (20)
101,3 da bleibt nichts denn Tods Gestalt
112,5 sie zürnt und kann nichts machen
113,3 nichts ist, das in dem Siegeslauf
148,2 man kann's mit nichts vergleichen
202,6 nichts hilft sein eigen Heiligkeit
232,1 von Anbeginn ist nichts erkorn
238,3 daß nichts hinfort sie trennt
319,4 seins Lobes sie nichts müde macht
352,6 ist doch nichts, das lang bestehet
355,2 Erbarmung ist's und weiter nichts
368,2 nichts ist es spät und frühe
370,6 können mir nichts mehr hier tun
371,9 wo ich such, ist nichts zum besten
452,2 nichts gilt mehr als sein Ruf
472,2 nichts ist auf dieser Erden
495,1 ohn den nichts ist, was ist
495,5 nichts untermenget sei
496 ohn dich nichts richtet aus
524,5 ist nichts denn nur Klag und Weinen
527,4 kann vor dem Tod nichts nützen

aa) Nichts (2)
199,1 es schuf aus Nichts die Welten
373,5 und ich mein Nichts und Verderben nur seh

b) auf Gott bezogen (12)
11,5 nichts, nichts hat dich getrieben
24,12 vor dir nichts gilt, nichts hilft noch tut
133,6 von Trauern hältst du nichts
157 von dir laß mich nichts treiben
299,2 bei dir gilt nichts denn Gnad und Gunst
325,1 ist doch nichts als lauter Lieben
358,6 laß nichts die Hoffnung rauben
361,2 läßt Gott sich gar nichts nehmen
361,9 als frag er nichts nach dir
365,4 es tut ihm nichts gefallen
372,4 der mir nichts Böses gönnen kann
388,2 daß du nichts von dem verlierest

ba) von der Nähe Gottes (10)
19,3 bis daß uns nichts mehr von dir trennt
90,2 nichts soll mich von dir trennen
115,5 nichts soll mich von Jesus scheiden
123,8 nichts kann sie von Jesus scheiden
240,3 daß nichts von dir uns scheiden kann
323,2 daß nichts von dir mich scheide
374,5 daß nichts mich seiner starken Hand
398,1 nichts kann uns scheiden
406,1 nichts soll mich von dir vertreiben
500,4 daß uns nichts möge scheiden

c) von Menschen (24)
64,4 der Mensch ahnt nichts von seiner Frist
70,5 drum mich auch nichts betrübet
112,4 wird nichts bei mir geacht'
169,3 wenn uns mal nichts gelingt und glückt
248,2 nichts wir sonst vor Augen sehn
325,5 nichts vermag, nichts helfen kann
341,3 daß nichts denn Sterben bei mir blieb
346,2 die uns doch nichts erworben
351,3 ist nichts auf dieser Erd
351,6 nichts, nichts kann mich verdammen
351,6 nichts nimmt mir meinen Mut
353,7 daß mich nichts verdammen kann
355,2 ich hatte nichts als Zorn verdienet
362,2 mit unsrer Macht ist nichts getan
364,2 auf daß uns gar nichts fehlet
368,3 es kann mir nichts geschehen
368,4 so wird mich nichts verletzen
368,4 nichts fehlen, was mir ewig nützt
386,9 nichts Süßes kann also mein Herze erlaben
412,3 und nichts zum Besten kehret
438,5 denn unser Sorg richtet nichts aus
452,5 damit mir nichts gebricht
491,1 wir halten nichts in Händen
517,6 und nichts, was dich verdrießt und reut

ca) von der Nachfolge (26)
37,4 und weil ich nun nichts weiter kann
81,9 nichts von Verfolgung, nichts von Todesschmerzen
83,6 und wenn mir nichts mehr schmecken will
90,2 macht, daß mir nichts unmöglich sei
127,3 nichts rede als dein Lob auf Erd
134,2 daß wir anders nichts beginnen
166,6 nichts laß meine Andacht stören
239,3 sorget nichts! Vielmehr in allen Dingen
239,3 sorget nichts! Ihr kennt den Wundertäter
246,7 daß wir nichts andres suchen mehr
277,2 denn ich verstehe nichts, wenn du es mir nicht sagst
277,4 wenn ich nichts hören kann, hilf mir dich rufen
282,6 nichts mangelt dem, der in der Not
352,5 ich hab ihm nichts vorzuschreiben
376,3 wenn ich auch gleich nichts fühle
386,6 nichts kann ich vor Gott ja bringen
386,9 nichts, nichts ist, das also mich innig erquickt
386,10 gib, daß ich nichts achte, nicht Leben noch Tod
390,2 und nichts sonst, als was du willst, will
396,1 nichts sonst Liebers werden
399,4 darum mir auch nichts mangeln wird
403,5 nichts soll mir werden lieber auf Erden
407,3 nichts hab ich zu bringen
446,6 ich ja nichts Bessers habe
482,5 auf nichts Vergänglichs trauen
513,5 gab er uns reichlich, unnütz nichts vergeuden

nie (29) → *nimmer*
20,3 er kommt mit Frieden. Nie mehr Klagen
20,3 nie Krieg, Verrat und bittre Zeit
23,3 den aller Welt Kreis nie beschloß
61,5 Jesus lasse nie mich wanken
82,5 daß mir nie komme aus dem Sinn
83,3 du kannst – was nie kein Mensch gedacht
137,6 daß wir nie vor ihnen beugen
170,1+4 nie sind wir allein, stets sind wir die Deinen
208,3 der Frucht des Heils, die nie vergeht
218,4 daß dies Brot nie wird verzehret
221,1 das sollt ihr, Jesu Jünger, nie vergessen

241,8 drum hört der Glaub nie auf, zu dir zu flehn
279,8 er hat noch nie mich abgewiesen
279,8 wend't seine Güte nie von mir
290,4 und seine Huld verließ sie nie
315,6 hoch hebt das Fest der Heimkehr an, nie erschaut
320,2 tut er nie etwas sparen
333,2 vergiß es nie, was er dir Guts getan
346,2 bei dem nie was verdorben
353,3 Jesus, der uns nie vergißt
355,1 mein stolzes Herz hat's nie begehrt
379,5 und bist nie mehr allein
392,8 ergreif mich wohl, daß ich dich nie verlasse
405,6 und nie, was du an mir getan
450,5 da die Lust, die uns erhöht, nie vergeht
451,9 nie Fleiß und Arbeit scheue
457,6 die Gnade schlummert nie
480,2 du schläfst, mein Wächter, nie

nieder (2) → *niedrig*
14,1 dein König kommt in niedern Hüllen
241,7 laß jede hoh und niedre Schule

niederdrücken (1)
123,8 drückt... hier auf kurze Zeiten nieder

niederfahren (1)
184,4 der niederfuhr und auferstand

niederfallen (3)
29,2 sie fielen nieder auf ihre Kniee
78,4 dreimal er da niederfiel
281,5 wir fallen vor dir nieder

Niedergang (2)
441,8 o Sonn der Gnad ohn Niedergang
456 vom Aufgang der Sonne bis zu ihrem Niedergang

niederknien (1)
357,3 die Seraphinen anbetend niederknien

niederkommen (1)
264,1 vom Himmel kam er nieder

niederlassen, sich niederlassen (3)
130,4 laß dich reichlich auf uns nieder
151,7 hier soll sich niederlassen die Braut
386,3 voller Andacht niederließ

niederlegen, sich niederlegen (5)
137,3 Gott zu Füßen niederlegt
243,2 dein Feinde niederlegen
477,6 geht hin und legt euch nieder
482,7 so legt euch... in Gottes Namen nieder
529,4 bis daß der Tod sie nieder legt

niederliegen (1)
378,3 wo der Fromme niederliegt

niederschlagen (1)
165,1 schlag die Augen nieder

niedersehen (1)
457,1 der schützend auf dich niedersah

niederwerfen (1)
117,2 was euch auch niederwirft

niedrig (5) → *nieder*
10,2 macht niedrig, was hoch stehet
27,3 wird niedrig und gering
111,7 was schlicht und niedrig geht herein
308,7 wer niedrig ist und klein geacht'
309,3 wer niedrig stand, darf hoch in Ehren wohnen

Niedrigkeit (4)
301,9 unsrer Niedrigkeit gedacht
308,2 und angesehn mein Niedrigkeit
309,2 er hat auf meine Niedrigkeit gesehen
388,3 weil des Kreuzes Niedrigkeiten

niemals (4)
20,7 und Davids Thron wird niemals fallen
324,17 er hat noch niemals was versehn
391,2 niemals über Lasten klagen
449,11 hast niemals keinen zu sehr noch betrübt

niemand (23)
15,6 mit Macht, daß niemand fürchte sich
101,2 den Tod niemand zwingen konnt
106,1 dran niemand g'nug sich freuen mag
127,6 ohn dich wird Gott niemandem kund
131,3 an Christus niemand glauben kann
145,4 daß du niemand beschwerest
145,5 will niemand Wahrheit hören
203,3 zu mir, ihn' niemand solches wehr
233,1 da ist niemand, der helfen kann
247,4 wir haben niemand, dem wir uns vertrauen
262,3 der sonst niemand wehren kann
269,4 im Dienst des Herrn ist niemand Feind
299,2 vor dir niemand sich rühmen kann
302,4 die niemand Unrecht tun
312,6 raubt niemandem sein Gut
343,4 es mag niemand erwerben
361,4 dein Werk kann niemand hindern

370,11 niemand kann uns scheiden
399,4 niemand kann sie ermessen
413,2 in niemands Herz man sehen kann
422,2 daraus uns niemand helfen kann
426,2 da wird niemand Waffen mehr tragen
429,1 niemand wird nach dem Alten sich sehnen

nimmer (20) → *nie*
24,13 daß ich nimmer vergesse dein
61,3 hilf, daß sie mir nimmer schaden
166,5 nimmer aus dem Herzen rauben
200,6 laß diesen Vorsatz nimmer wanken
214,3 Herr, dein Heilig Geist uns nimmer laß
215,2 daß wir nimmer des vergessen
241,1 die Tag und Nächte nimmer schweigen
258 er sei euch nimmer fern
279,3 vor ihm gelingt's Empörern nimmer
279,8 doch er, der Herr, verläßt mich nimmer
282,3 daß Trost und Kraft ihm nimmer fehlet
285,3 sie werden nimmer vergehen
289,3 so ist es nimmer da
297,5 der Gnaden Tür steht nimmer zu
326,5 der Herr ist noch und nimmer nicht
342,5 das wirst du nimmer lügen
357,2 ich weiß, was nimmer läßt
377,2 nur Mut, die Stund ist nimmer weit
402,2 Jesus laß ich nimmer nicht
499,2 Tag und Nacht sie nimmer schweigen

nimmermehr (17)
29,1 fürchtet euch nun nimmermehre
130,5 daß wir uns mögen nimmermehr
135,7 nimmermehr vergessen
144,3 uns nimmermehr gebrechen
179,1 darum daß nun und nimmermehr
191 in Schanden laß uns nimmermehr
252,8 laß uns nimmermehr allein
295,2 verlaß mich nimmermehr
308,3 dein große Macht stirbt nimmermehr
342,1 die Werk, die helfen nimmermehr
357,4 der nimmermehr kann wanken
374,4 er ist doch nimmermehr mein Feind
397,1 in Schanden laß mich nimmermehr
439,4 daß nimmermehr ein Feind uns fällt
472,5 auf daß ich nimmermehre
512,3 daß dich nimmermehr gereue
527,10 wird er... bestehen und nimmermehr vergehen

nirgend/nirgends (5)
35,4 nirgends mehr denn dort
122,2 sonst nirgends, Ruh erlangen
326,6 die sonsten nirgends finden Ruh
445,5 nirgends als von dir allein
481,2 da hat man's nirgend gut

nit (nicht) (1)
422,2 den Vater bitt, daß er ja nit

Noah (1)
512,3 an dein Wort zu Noahs Zeit

Nord (2) → *Süd*
257,2 bis die von Süd und Norden
426,1 von Ost, West, Süd und Nord

Not (161) → *Elend, Jammer, Leid, Pein, Qual*

a) allgemein (32)
75,1 der du littest Not
86,6 du hast dich in Not gestecket
90,1 hier hängst du zwar in lauter Not
111,2 wenn ich des Nachts oft lieg in Not
114,8 dein Jesus lebt, es hat kein Not
123,7 sagt, ihr Armen, ihm die Not
133,4 zum König, den in Nöten
224,1 du weißt die Not der Herzen
232,1 der mir aus Nöten helfen kann
253,5 wenn meinen Nächsten Not anficht
279,7 wenn Not von allen Seiten drang
281,3 er kann, er will, er wird in Not
282,6 nichts mangelt dem, der in der Not
316,3 in wieviel Not hat nicht der gnädige Gott
317,3 in wieviel Not hat nicht der gnädige Gott
325,5 will dem Leibe Not entstehen
331,3 starker Helfer in der Not
355,4 auf dieses duld ich in der Not
364,1 er hilft aus Not, der treue Gott
372,1 der in der Not mich wohl weiß zu erhalten
393,4 wir brauchen's nur zur Not
398,2 wie nur heißen mag die Not
399,3 also, wenn mein Herz in der Not
408,4 täglich hilft er in der Not
413,4 ein Christ seim Nächsten hilft aus Not
415,3 liebevoll der Nächsten Not zu teilen
446,4 von Not bin ich befreiet
462 bleib du bei uns, so hat's nicht Not
464,1 laß uns bereit sein, in der Not
517,5 und ganze Freude ohne Not
518,2 wer will uns aus solcher Not
524,2 daß er mir helf aus der Not

b) alle Not (31)
24,3 der will euch führn aus aller Not
60,2 zu helfen uns aus aller Not
71,5 rett mich aus aller Not
90,2 und bin gewiß in aller Not
103,4 hat überwunden alle Not
108,3 nach unserm Tod, frei aller Not
124,4 du höchster Tröster in aller Not
131,1 du Tröster wert in aller Not
139,3 der mir in aller Not
148,4 erlösen uns gar von aller Not
166,6 tröste mich in aller Not
167,1–4 der uns führt aus aller Not
191 sei uns gnädig in aller Not
195,3 hilf, Herre Christ, aus aller Not
196,5 Kraft, Rat und Trost in aller Not
214,1 hilf uns, Herr, aus aller Not
240,1 du bist uns nah in aller Not
275,4 mein starker Gott in aller Not
275,6 o wahrer Gott, aus aller Not hilf mir
276,5 führ uns aus aller Not
283,5 den Krieg und alle andre Not
321,2 und uns aus aller Not erlösen
347,6 hilf uns aus aller Not
362,1 er hilft uns frei aus aller Not
365,2 er hilft aus aller Not
405,2 und dich erlöst aus aller Not
405,6 daß dessen ich in aller Not
505,5 und aller andern Not

c) unsere, meine, deine Not (19)
1,2 all unsre Not zum End er bringt
2,2 all unsre Not zum End er bringt
51,3 er kam herab in unsre Not
68,2 du hast gesehen unsre Not
86,8 Herr, für alle deine Not
89,5 fein sanft beschließe meine Not
179,3 nimm an die Bitt aus unsrer Not
184,3 den Sohn, der annimmt unsre Not
192 wir bitten dich in unsern Nöten
235,3 und können oft nur uns und unsre Nöte sehen
275,2 hilf mir in meinen Nöten
276,2 ich rief in meiner Not
326,4 ich rief zum Herrn in meiner Not
361,12 mit aller unsrer Not
366,5 und klagen dir all unsre Not
377,3 schon unsre Not erschauen
418,3 tritt hinein in unsre Not
523,3 zu Trost in meiner Not
533,2 trotz aller unsrer Not

d) große, tiefe, letzte, usw. Not (19)
7,6 hier leiden wir die größte Not
78,4 niederfiel in sein' großen Nöten
79,2 und tröst uns in der letzten Not
80,2 o große Not! Gotts Sohn liegt tot
89,1 laß mich an deine große Not
135,6 wenn der Tod, die letzte Not
144,1 aus tiefer Not laßt uns zu Gott
192 in unserer letzten Not
193,3 steh bei uns in der letzten Not
228,2 kommt, schmeckt und seht, die Not ist groß
299,1 aus tiefer Not schrei ich zu dir
344,8 und tröst uns in der letzten Not
366,1 wenn wir in höchsten Nöten sein
370,8 aus viel tausend Nöten
371,9 helfen, wenn die Not am größten
384,3 von der ewiglichen Not
400,7 auch in der allergrößten Not
422,2 recht große Not uns stößet an
514,6 du, der empfängt in letzter Not

e) in Verbindung mit Angst, Tod (30)
11,7 all Angst und Not zu stillen
38,3 wenn mich Not und Tod anficht
82,4 für deine Not und Angstgeschrei
106,2 die Höll, all Jammer, Angst und Not
131,6 verlaß uns nicht in Not und Tod
143,1 die uns in Angst, Not und Gefahr
182,8 Not, Angst und Tod kann uns nicht besiegen mehr
204,4 auch in des Todes Not
243,2 in aller Angst und Not
290,7 aus Angst und Not zur Ruhe führet
345,1 trau ich in Angst und Not
345,1 aus Trübsal, Angst und Nöten
361,9 in Angst und Nöten schweben
366,2 um Rettung aus der Angst und Not
371,2 Kreuz, Angst und Not kann er bald wenden
372,6 Not, Tod und Elend treiben
387,2 und die Not samt dem Tod
387,6 weil die Angst, Not und Gefahr
396,4 Elend, Not, Kreuz, Schmach und Tod
418,2 denen, die in Angst und Not
428,5 daß nicht Neid, Angst, Not und Schmerz
445,2 vor Gefahr, Angst, Not und Schmerzen
473,2 nicht Angst, nicht Not
478,9 aus aller Angst und Not
500,3 all Trübsal, Angst und Not
516,3 Kreuz, Leiden, Angst und Not
518,1 nicht versinken in des bittern Todes Not
520,3 der sie aus Gnad von Not und Tod
520,5 hier war er krank in Angst und Not
525,3 Angst, Not, Müh, Arbeit überall

f) in Verbindung mit Elend, Plage, Pein usw. (30)
43,5 ach hier in der Krippe schon Armut und Not
58,5 wenn Not und Trübsal blitzen
78,7 in großer Ohnmacht und Not
87,1 für deine Band und Not
112,6 durch Welt, durch Sünd, durch Not
134,3 wenn sich Not und Drangsal find't
146,1 die schwere Straf und große Not
179,4 abwend all unsern Jamm'r und Not
192 allen, die in Not und Gefahr sind
200,2 du willst in aller Not und Pein
213,3 die Not und Jammer drückt
219,3 laß Sünd und Not uns für und für
222,2 das Lebensbrot stillt Hungers Not
225,1 auch die mit Not und Schuld
247,1 die, so in ihren Nöten und Beschwerden
248,2 schau, wie große Not und Qual
259,1 daß freudig wir in Drang und Not
271,7 und wendete der Menschheit Schand und Not
282,3 er findet auch in Not und Qual
292,2 ich kam in Jammer und in Not
341,5 und hilf ihm aus der Sünden Not
342,2 erhob sich Zorn und große Not
359,6 mußt du dulden Kreuz und Not
369,1 in aller Not und Traurigkeit
405,3 befreit von Not und Plage
476,2 daß du mich heut vor aller Not und Plage
519,2 und Heil in Not und Sterben
524,1+8 und vergiß all Not und Qual
529,2 als Müh und Not gewesen

not sein (6)
14,5 not ist es, daß du selbst hienieden kommst
215,5 kein Arzt ist dem Starken not
252,7 wie es not; du kennst sie wohl
386,1 eins ist not! Ach Herr, dies Eine
386,10 und Jesus gewinne: dies Eine ist not
438,5 auf diesen Tag, wie's uns ist not

Notdurft (Bedarf) (1)
371,8 und dein Begehr und Notdurft stillen

Nothelfer (3)
60,3 daß du der recht Nothelfer bist
346,2 such, wer da will, Nothelfer viel
422,1 ein starker Nothelfer du bist

nötig (2)
391,4 gib uns auch die nöt'ge Pflege
419,4 daß ich dort nicht fehle, wo ich nötig bin

notwendig (1)
386,2 da, da ist das beste, notwendige Teil

Nu (4)
363,3 in einem Nu verderben
370,9 muß im Nu verschwinden
407,2 ohne dich, zerstieben würden mir im Nu
477,7 im Nu sind sie geschlossen

nunmehr (1)
66,2 unser Durchbrecher ist nunmehr vorhanden

Nutz (3)
296,6 zu deinem Nutz und seiner Ehr
397,2 zu Nutz und Dienst des Nächsten mein
423,2 zu unsrer Seelen Nutz

nütz/nützlich (4)
323,2 das, was mir nütz und gut
343,1 meim Nächsten nütz zu sein
365,4 denn was mir nützlich ist
369,4 er weiß wohl, wann es nützlich sei

nützen (3)
368,4 nichts fehlen, was mir ewig nützt
527,3 was nützt der Schlösser Menge
527,4 kann vor dem Tod nichts nützen

O

ob (51) → *gleich ca)*

a) allgemein (28)
93,3 doch ob tausend Todesnächte
93,3 ob der Hölle Lügenmächte triumphieren
113,2 ob sie ihn in die Ferse sticht
127,3 ob's unserm Fleisch auch grauet
141,3 man fragt ihn, ob er Christus wär
224,1 ob reich, ob arm, dich irrt kein Kleid
234,5 ob du bis morgen leben sollt
243,3 und ob sich's möcht begeben
254,2 ob's etwa Zeit zu streiten
254,2 ob's Rasttag sei
259,2 ob auch der Feind mit großem Trutz
259,3 und ob auch unser Auge nicht
274,3 ob ich wandert im finstern Tal
275,3 ob mich gar sehr der Feinde Heer anficht
299,4 und ob es währt bis in die Nacht
299,5 ob bei uns ist der Sünden viel
318,5 ob's auch das Fleisch mag schmerzen
345,2 ob mich mein Sünd anficht
345,3 ob mich der Tod nimmt hin
353,6 ob die Sünden blutrot wären
371,6 ob alle Fluten einhergingen
386,4 ob viel auch umkehrten zum größesten Haufen
386,10 sieh, ob ich auf bösem, betrüglichem Stege
392,4 Gott rufet noch. Ob ich mein Ohr verstopfet
396,3 ob sie noch so brummen
396,4 soll mich, ob ich viel muß leiden
452,5 fragt nicht, ob ich versag
517,9 ob's morgen oder heut geschieht

b) im Sinne von: oberhalb (über) (7)
52,2 und ein Singen ob der Erde
140,4 der Herr, der Tröster, ob uns schweb
222,2 ob solchem Gut jauchzt Sinn und Mut
289,2 ob den', die fürchten ihn
289,3 ob seiner jungen Kindlein klein
487,4 wenn dein Aug ob meinem wacht
517,7 und such das Gut ob allem Gut

c) in Verbindung mit gleich (16)
109,4 ob er gleich murrt, ist's ohn Gefahr
113,5 er lebt, ob er gleich stirbet
218,4 ob es gleich viel Tausend nähret
243,1 ob du gleich hier mußt tragen
322,4 der, ob wir ihn gleich hoch betrübt
325,3 ob er sich gleich hoch befleißt
325,8 ob sie mir gleich bitter seind
361,5 und ob gleich alle Teufel
366,1 ob wir gleich sorgen früh und spat
379,2 ob er gleich Mond und Sterne
396,2 ob es jetzt gleich kracht und blitzt
396,2 ob gleich Sünd und Hölle schrecken
475,3 ob ich gleich im Finstern sitze
505,2 ob wir gleich gottlos leben
527,10 und ob er hier gleich fällt
529,3 ob ich's gleich nicht verschuld't

oben (11) → *droben*
33,3 und mög hernach dort oben
37,7 von oben her bestreuen
43,3 hoch oben schwebt jubelnd der Engelein Chor
70,5 himmlisch Leben wird er geben mir dort oben
129,4 von oben her uns sende den Geist
135,3 tröst uns kräftiglich von oben
213,4 die mir von oben kam
297,1 im Himmel hoch dort oben
371,6 dennoch mußt du oben liegen
444,2 nun sollen wir loben den Höchsten dort oben
512,2 daß du Speise gibst von oben

obenauf (1)
430,1 wer lügt, liegt obenauf

obenliegen (1)
318,2 daß dir der Feind nicht obenlieg

Obhut (1)
192 unsre Deiche und Schleusen in Obhut nehmen

Obrigkeit (3)
133,10 beschirm die Obrigkeiten
423,1 schütz Kirche, Obrigkeit und Haus
505,5 regier die Obrigkeit

obschon (7)
123,11 ob ich schon noch Pilgrim bin
249,1 obschon die Feinde willens sein
327,1 ob wir schon dich oft verließen
375,2 ja, Jesus siegt, obschon das Volk des Herrn
388,4 ob auch schon der Geist zu Zeiten
469,3 obschon die Augen schlafen ein
524,7 ob mir schon die Augen brechen

Obst (1)
508,3 und Korn und Obst von ihm

obwohl (4) → *gleich ca)*
78,6 ob der wohl sein Unschuld meld't
245,4 obwohl die Pforten offen stehen
365,7 obwohl ich hier schon dulde
388,3 ob wir wohl von allen Leuten

öde (1) → *einsam*
63,6 ist es uns hienieden so öde, so allein

Odem (8) → *Atem*
142,3 dein heilger Odem hüllt sie ein
303,8 alles, was Odem hat, rufe Amen
317,5 alles, was Odem hat, lobe mit Abrahams Samen
327,3 was den Odem holet
330,2 und jeder Odem ein Gesang
330,4 und einen Odem in sich hat
370,2 da ich nahm meinen ersten Odem
514,6 den Odem mein, o Bruder Tod

oder (17)
111,12 wie tief Kreuz, Trübsal oder Pein
116,5 uns kann nicht schaden Sünd oder Tod
170,1+4 Lachen oder Weinen wird gesegnet sein
218,6 oder mir vielleicht zum Schaden
313,1 ruft mich und dich, zwei oder drei
313,2 fragt mich und dich, zwei oder drei
345,3 ich sterb heut oder morgen
351,12 es sei klein oder groß
354,2 wir kommen oder kommen nicht
361,3 was gut sei oder schade
368,6 es sei heut oder morgen
398,2 Teufel, Welt, Sünd oder Tod
400,6 nicht straucheln oder stillestehn
413,7 gibt sie. Was man sag oder sing
517,9 ob's morgen oder heut geschieht
530,7 so komm mein End heut oder morgen

offen (8)
1,5 meins Herzens Tür dir offen ist
41,4 hier ist die Pforte des Lebens nun offen zu sehen
90,2 dein Kreuzestod macht offne Bahn
136,4 ein offenes Bekenntnis
151,3 wohlan, die Tür ist offen
225,1 sein Haus hat offne Türen
354,2 es sind die offnen Liebesarme
523,4 in deiner offnen Seit

offenbar (5)
25,1 erschien den Hirten offenbar
38,2 aller Welt wird offenbar
137,9 auch bei uns werd offenbar
202,3 des Vaters Stimm man offenbar... hörte
273,3 dazu ihr Zung stolz offenbar

offenbar machen (2)
255,5 mach... dein Heil noch jedem offenbar
441,6 dein Ehr sie machen offenbar

offenbaren, sich offenbaren (7)
29,1 wolln wir euch offenbaren
129,2 er lässet offenbaren
279,4 jauchzt ihm, der uns sich offenbart
286,1 er selber offenbart den Heiden
287,1 er offenbart seine Gerechtigkeit
399,1 der du dich uns hast offenbart
442,5 und Jesus Christus offenbar'

offenstehen (8)
73,8 die wieder offen steht
123,9 ihnen steht der Himmel offen
245,4 obwohl die Pforten offen stehen
331,7 durch dich steht das Himmelstor... offen
395,3 die Tore stehen offen
399,7 der Himmel steht dir offen
445,3 deine Wunden offen stehn
472,2 steht allen Menschen offen

öffentlich (2)
111,6 am Kreuz läßt Christus öffentlich
372,4 da öffentlich erscheinet

öffnen, sich öffnen (18)
66,5 öffnet ihm Tore und Türen fein bald
72,4 den Tauben öffne das Gehör
136,7 o öffne du die Herzen
137,8 öffn im Sterben uns den Himmel
140,1 und öffnen unsern Mund vor dir
161,3 öffne Herzen, Mund und Ohren
168,2 Herr, öffne unsre Herzen und unser Ohr
176 öffne meine Augen
196,2 öffn uns die Ohren und das Herz
197,1 Herr, öffne mir die Herzenstür
212,4 öffnet, die sonst fest verschlossen wären
299,1 und meiner Bitt sie öffne
383,4 neue Quellen öffnen sich
389,2 dir öffn ich, Jesu, meine Tür
404,4 und öffne mein Verständnis
444,5 und öffnen die Tür
512,2 und du öffnest deine Hände
515,9 sei gepriesen, du öffnest uns die Zukunft

oft (20)
37,5 wann oft mein Herz im Leibe weint
62,2 und so oft wir an den Ort
111,2 wenn ich des Nachts oft lieg in Not
134,5 daß das Herz oft rufen muß
145,5 man hilft ihr oft mit Schwören
218,2 ach wie pfleg ich oft mit Tränen
235,2 und sind doch oft in Sorgen
235,3 und können oft nur uns und unsre Nöte sehen
244,6 zum Zorn gereizt oft dein Geduld
252,3 du weißt, wie mich's oft erquicket
279,5 du hast uns oft verstrickt in Schlingen
279,5 oft wollten wir den Mut verlieren
279,7 so war oft zu derselben Stunde
302,5 oft bei geringem Mahl
324,11 du zählst, wie oft ein Christe wein
327,1 ob wir schon dich oft verließen
370,5 Gott hat mich in guten Tagen oft ergötzt
371,3 wie dir's und andern oft ergehe
457,7 und oft nicht einmal ahnst
505,2 und oft ohn unsre Bitte getan

oftmals (1)
287,3 du kennst oftmals deinen Weg nicht

ohne (100) → *sonder*

a) allgemein (30)
7,5 o Sonn, geh auf, ohn deinen Schein
19,3 der Freien Lied ohn Ende preist
36,12 voller Freud ohne Zeit
60,5 zunehm und wachs ohn Widerstand
61,4 ohne Trug und Heuchelei
64,4 in Jahren ohne Ende
82,7 ohn Eigennutz und Heuchelschein
104,2 Sünd und Schuld bleiben ohne Kraft
109,4 ob er gleich murrt, ist's ohn Gefahr
112,4 bleib allzeit ohn Gefahr
141,2 tut rechte Buß ohn Heuchelei
144,5 ohn arge List und Heuchelei
179,1 nun ist groß Fried ohn Unterlaß
240,2 laß unsre Liebe ohne Wanken
241,6 es sei kein Ort ohn dessen Glanz und Schein
253,3 wir tragen, doch nicht ohne Ruhm
256,5 wächst ohne großen Schein
327,4 ohne Sünd ihn loben
331,2 rufen dir stets ohne Ruh
351,2 ich rühm's auch ohne Scheu
361,5 so wird doch ohne Zweifel
380,2 ohne daß ich's weiß
400,7 ich will dich lieben ohne Lohne
449,5 ohn allen Anstoß und glücklich ergehn
449,6 laß mich mit Freuden ohn alles Neiden
451,2 mich selbst zu schützen ohne Macht
459,3 ohne das Licht man hellen Tag
495,3 und Nachdruck ohn Verdruß
505,2 und oft ohn unsre Bitte getan
527,3 ohn einen Unterscheid

b) von Gott (35)
9,1 zwar ohne stolze Pracht
14,2 o mächt'ger Herrscher ohne Heere
14,2 gewalt'ger Kämpfer ohne Speere
14,2 doch du gewinnst ihn ohne Schlacht
41,7 komm doch, mein Heiland, denn ohne dich bin ich verloren
86,5 hast du ohne Trost gehangen
96,6 hat uns erworben Frieden ohne Ende
102,2 der ohn Sünden war geboren
103,2 erstand er frei ohn alle Klag
127,6 ohn dich wird Gott niemandem kund
127,6 in unser Herz ohn Klage
128,4 ohn dein Beistand, Hilf und Gunst
179,2 regierst ohn alles Wanken
202,2 mit reichem Geist ohn Maßen
222,1 schenkst Gnad du ohne Maßen
231,3 ohn was Gott selbst red't und tut
239,5 seine Herrschaft wird ohn Ende sein
274,1 er weidet mich ohn Unterlaß
274,2 in seim Gebot ohn Unterlaß
282,5 denn tausend, ohn dich nah zu sehn
318,1 dieweil du keine Stund ohn ihn
371,1 ohn ihn mühst du dich vergebens
385,5 wird sie ohn mich verlieren
392,8 ach nimm mich hin, du Langmut ohne Maße
399,1 ein wahrer Gott ohn Ende
407,2 ohne dich, wo käme Kraft und Mut mir her
407,2 ohne dich, wer nähme meine Bürde, wer
407,2 ohne dich, zerstieben würden mir im Nu
441,8 o Sonn der Gnad ohn Niedergang
449,8 Gott aber stehet ohn alles Wanken
457,8 und dennoch bleibt er ohn Verdruß
495,1 ohn den nichts ist, was ist
496 ohn dich nichts richtet aus
497,10 so treib mich nur, ohn Unterlaß
509,3 ohn dich kommt keines um

c) von Leid, Qual, Pein (12)
50,5 dann erst ist ohne Bitterkeit
65,3 so nehmen wir ihn dankbar ohne Zittern
77,2 ohn Ursach des Todes

121,2 und sing und spring ohn alles Leid
151,6 in Freuden ohne Leid mitleben
153,3 das ist die Welt ohne Leid
311,3 ohne Klagen, ohne Fragen
370,7 unverzagt und ohne Grauen
397,3 gar sanft ohn alle Qual und Pein
486,11 ich schlafe ohne Sorgen
511,3 daß sie ohne Sorg und Mühe
517,5 und ganze Freude ohne Not

d) vom Ende (8)
150,6 ohn End in Ewigkeit
165,5 Meer ohn Grund und Ende
234,6 so du nun stirbest ohne Buß
325,1 das ohn Ende hebt und trägt
365,7 die ohne alles Ende
370,10 mich ohn Ende laben
517,5 daheim ist Leben ohne Tod
530,8 und sterb ohn alle Kümmernis

e) von Maß, Zahl (15)
81,6 o große Lieb, o Lieb ohn alle Maße
82,2 o Wunder ohne Maßen
146,1 die wir mit Sünden ohne Zahl
150,7 in Chören ohne Zahl
273,2 sie trennen uns ohn alle Maß
289,2 dazu sein Güt ohn Maßen
364,1 er tröst' die Welt ohn Maßen
507,1–7 ohne Zahl, sovielmal
529,6 da mich ohn alle Maße

ohnegleichen (1)
267,3 Name ohnegleichen ist

Ohnmacht (1)
78,7 in großer Ohnmacht und Not

Ohr (16)
147,3 kein Ohr hat mehr gehört
161,3 öffne Herzen, Mund und Ohren
166,3 heilige du Mund und Ohr
168,2 Herr, öffne unsre Herzen und unser Ohr
194,1 von Ohren so zu Herzen dring
196,2 öffn uns die Ohren und das Herz
206,2 dieses Wort in unsern Ohren
236,1 Ohren gabst du mir
275,2 dein gnädig Ohr neig her zu mir
299,1 dein gnädig' Ohren kehr zu mir
359,3 kündet eure Lindigkeit allen Augen, Ohren
392,4 Gott rufet noch. Ob ich mein Ohr verstopfet
432,2 Gott gab uns Ohren, damit wir hören
452,1 er weckt mir selbst das Ohr
524,1 die kein Ohr hat je gehöret
535 kein Ohr hat mehr gehört

Öl (4)
133,4 du bist das heilig Öle
151,2 und füllet sie mit Öl
274,4 mit deinem Geist, der Freuden Öl
324,5 wer macht es, daß man Öl und Most

Opfer (16)
9,2 stellt sich... für uns zum Opfer ein
43,6 so nimm unsre Herzen zum Opfer denn hin
66,6 Jesus ist kommen, ein Opfer für Sünden
73,7 gib dich ihm selbst zum Opfer dar
94,2 dafür gab er zum Opfer sich
135,1 zündet Opfer an
141,4 sein Opfer Gott allein gefällt
165,2 unsre Opfer bringen
166,3 ein gefällig Opfer heißt
200,5 ich gebe... Leib, Seel und Herz zum Opfer hin
279,6 dort bring ich dir mein Opfer dar
394,2 ist wohl des Opfers wert
414,1 nimm meinen Leib und Geist zum Opfer hin
446,5 du willst ein Opfer haben
449,3 alles sei Gotte zum Opfer gesetzt
480,2 ich geb zum Opfer mich

opfern, sich opfern (5)
76,1 daß er für uns geopfert würd
144,5 wir opfern uns dir arm und bloß
318,7 opfern uns seinen Händen
439,5 wir opfern uns dir, Herre Gott
514,5 es Gott zu opfern still bereit

Orden (1)
127,2 das sei der christlich Orden

ordnen, sich ordnen (3)
360,3 nach unserm Willen soll die Welt sich ordnen
391,4 ordne unsern Gang
424,3 ordne alles Gut und Geld

Ordnung (1)
143,6 zerrüttet Gottes Ordnung bald

Ort (31)
14,3 zieht deine Schar nach allen Orten
35,4 wo ist der Freuden Ort
36,7 an den Ort, da hinfort
58,10 und laß an allen Orten
62,2 und so oft wir an den Ort
73,8 hier ist das Ziel, hier ist der Ort

151,7 Jerusalem, der Ort
158,1 an diesem dunklen Ort
159,1 zu jeder Stund an allem Ort
166,1 ach wie wird an diesem Orte
169,2 begleitet uns an jedem Ort
199,1 und gehn von Ort zu Ort
227,4 so führ auch uns, o Herr, aus allen Orten
241,3 o siehe, wie an allen Orten
241,6 es sei kein Ort ohn dessen Glanz und Schein
246,3 schaff, daß es schall an allem Ort
278,8 hin zu dem Ort, wo du wohnst
283,3 daß Friede sollt an allem Ort
289,4 sein Lob an allem Ort
318,8 daß uns an diesem dunklen Ort
326,7 an allen Orten hören
329,3 hilf mir an all und jedem Ort
334,4 danke, daß deine Hand mich leiten will an jedem Ort
351,8 und wenn an meinem Orte
357,2 wodurch die schwächsten Orte
399,2 hast du dich uns an allem Ort
423,1 breit... an allen Orten aus
459,2 hell leuchten läßt an allem Ort
498,3 froh kommen wir an unsern Ort
503,12 an diesem und an allem Ort
519,3 an allem Ort erschollen

Ost (4) → *West*
255,2 jetzt hier, jetzt dort, in Ost und West
257,2 bis die von Ost und West
289,2 so fern der Ost vom Abend
426,1 von Ost, West, Süd und Nord

Osterbeute (1)
113,7 das ist die reiche Osterbeut

Osterheld (1)
104,1 Friedefürst, Osterheld

Osterlamm (2)
19,2 du Friedensbringer, Osterlamm
101,5 hier ist das recht Osterlamm

österlich (1)
100,1 in dieser österlichen Zeit

Ostertag (3)
105,10 heut an dem heilgen Ostertag
111,5 mein Ostertag ist schon im Lauf
117,1 der schöne Ostertag

P

Paar (2)
46,1 nur das traute, hochheilige Paar
504,4 in den Lüften Paar bei Paar

Palmbaum/Palmenbaum (2)
284,4 wie ein Palmbaum grün und kräftig werd ich stehn
399,3 ja wie ein grüner Palmenbaum

Palme (5)
11,2 dein Zion streut dir Palmen
123,10 und du Schar, die Palmen trägt
298,3 und des Sieges Palme weht
361,11 Gott gibt dir selbst die Palmen
503,11 und trüge meine Palmen

Paradies (10) → *Eden, Garten*
27,6 zum schönen Paradeis
69,3 und wieder brächt ins Paradies
70,7 aufnehmen in das Paradeis
73,8 hier ist des Paradieses Pfort
96,1 du schöner Lebensbaum des Paradieses
100,4 der uns erkauft das Paradeis
148,5 ins ewig Paradeis
150,6 im schönen Paradeis
388,7 führ ins Paradies uns ein
503,15 erwähle mich zum Paradeis

Passion (2) → *Pein*
88,1 Jesu, deine Passion
88,5 dich und deine Passion

Patriarch (2)
148,3 die lieben Patriarchen
150,5 Propheten groß und Patriarchen hoch

Pein (28) → *Leid, Not, Passion, Qual*
3,2 drum nahm er auf sich Schuld und Pein
8,5 groß Pein und Marter viel
16,1 auch deine Angst und Pein
73,9 zur Lust wird alle Pein
76,2 daß er für uns litt solche Pein
78,1 Jesu Kreuz, Leiden und Pein
78,7 in groß Pein und Schmerzen
79,3 uns trösten deiner schweren Pein
82,4 für deine Pein und Schmerzen
85,9 kraft deiner Angst und Pein
86,5 zu befreien mich von Pein
86,8 für dein Angst und tiefe Pein
87,6 durch dein Kreuz, Angst und Pein
89,1+5 Herr Jesu, deine Angst und Pein
111,12 wie tief Kreuz, Trübsal oder Pein
122,1 und allen Zweifel, Angst und Pein
150,5 und der Tyrannen Pein
200,2 du willst in aller Not und Pein
215,1 half er uns aus der Höllen Pein
325,9 also wird auch nach der Pein
351,11 kein Armut, keine Pein
361,2 und mit selbsteigner Pein
370,4 dringt herein Angst und Pein
371,2 auch die Pein des größten Schmerzens
397,3 gar sanft ohn alle Qual und Pein
520,7 von Satans Macht und ewger Pein
526,6 alle Schwachheit, Angst und Pein

Perle (3)
70,2 ei meine Perl, du werte Kron
147,3 von zwölf Perlen sind die Tore
535 von zwölf Perlen sind die Tore

Person (1)
202,4 all drei Person' getaufet han

Pestilenz (1)
475,7 Pestilenz und schnellen Tod

Petrus (1)
149,1 wie Petrus davon schreibet

Pfad (14) → *Weg*
14,1 bestreu den Pfad mit grünen Halmen
130,3 und führ uns selbst auf rechtem Pfad
135,2 Licht auf unserm Pfad
258 zieht in Frieden eure Pfade
271,5 das seine Pfade zieht durchs große Meer
282,3 geht hier sein Pfad durchs Tränental
298,2 ach, der Pfad ist steil und weit
312,2 und eben jeden Pfad
312,2 macht eben jeden Pfad
359,4 über eurem schmalen Pfad
380,6 wie auf eurem Pfad
407,3 drum so will ich wallen meinen Pfad dahin
529,4 an deren Fuß und Pfad
533,2 es münden alle Pfade

Pfand (4)
135,5 wertes Pfand, mach uns bekannt
145,1 und dir vertraut sein höchstes Pfand
150,2 zum auserwählten Pfand
206,3 nimm das Pfand von unsern Armen

pfeifen (5)
509,1–5 auch pfeifet dir das Mäuselein

Pfeil (1)
375,2 wenn Satans Pfeil ihm auch von nah und fern

Pfingstfest (2)
136,7 ein Pfingstfest nah und fern
255,2 ein herrlich Pfingst- und Freudenfest

Pflanze (2)
358,3 die wunderbare Pflanze
503,14 und Pflanze möge bleiben

pflanzen (2)
393,8 man pflanze Lieb und Ruh
423,3 auf Pflanzen und Begießen

Pflaster (1)
20,3 weil Stiefel auf das Pflaster schlagen

Pflege (4)
361,1 der allertreusten Pflege
361,12 uns allzeit deiner Pflege
374,4 freu ich mich seiner Pflege
391,4 gib uns auch die nöt'ge Pflege

pflegen (12)

a) im Sinne von: die Gewohnheit haben (4)
109,2 wie pflegt zu tun ein großer Held
218,2 ach wie pfleg ich oft mit Tränen
218,2 ach wie pfleget mich zu dürsten
497,8 was du nicht wirkst, das pflegt von selbst

b) im Sinne von: umsorgen, betreuen (8)
191 wart und pfleg ihr' zu aller Zeit
243,2 daß er deiner will pflegen
245,5 gepflegt, erhalten in der Zeit
393,3 die Fleisch und Sinnen pflegen
471,1 der Ruh zu pflegen
471,4 pfleg auch der Kranken
471,4 pfleg auch der Kinder
532,2 die Wunden heilt, uns trägt und pflegt

Pflicht (4)
326,9 bezahlet die gelobte Pflicht
402,1 so erfordert meine Pflicht
412,2 der ist ein Feind der ersten Pflicht
451,7 ein weises Herz, das seine Pflicht erkenn

pflügen (1)
508,1 wir pflügen, und wir streuen

Pflugschar (1)
426,2 Schwerter werden zu Pflugscharen

Pforte (13) → *Eingang, Tor, Tür*
41,4 hier ist die Pforte des Lebens nun offen zu sehen
68,4 und zeigest an die enge Pfort
73,8 hier ist des Paradieses Pfort
100,3 er hat zerstört der Höllen Pfort
112,8 er bringt mich an die Pforten
133,6 mir aufgetan die Pforten
150,3 tu auf der Gnaden Pfort
151,7 hier ist die sichre Pfort
166,1 tut mir auf die schöne Pforte
245,4 obwohl die Pforten offen stehen
257,4 schließ auf die hohen Pforten
452,1 schon an der Dämmrung Pforte
501,3 und weist des Himmels Pfort

Phantasie (1)
480,2 weg, Phantasie! Mein Herr und Gott ist hie

Pharao (2)
301,7 er zerschlug Pharaos Heer
498,1 das entging Pharaonis Hand

Pilatus (2)
77,2 bracht man... Pilatus dem Heiden
78,6 ward früh dargestellt Pilatus dem Heiden

Pilger/Pilgrim (5)
123,11 ob ich schon noch Pilgrim bin
393,3 noch schlechte Pilger sein
393,4 man muß wie Pilger wandeln
393,5 ein Pilger muß sich schicken
498,4 hilf uns Pilgern ins Vaterland

Pilgerleute (1)
438,2 denn wir allhier sind Pilgerleut

Pilgerpfad (1)
393,2 gereuen der schmale Pilgerpfad

Pilgerschaft (2)
282,4 wir wandern in der Pilgerschaft
414,2 er stärke mich in meiner Pilgerschaft

Pilgertag (1)
393,5 muß sich schicken... den kurzen Pilgertag

Plage (25)
11,5 in ihren tausend Plagen
51,4 und leucht' durch Angst und Plage
58,3 durch so viel Angst und Plagen
81,3 was ist doch wohl die Ursach solcher Plagen
81,9 kein Kreuz nicht achten, keine Schmach und Plagen

82,6 mein Kreuz und meine Plagen
84,2 mein Heil, und dich mit Plagen
86,3 um zu heilen meine Plagen
87,1 für alle deine Plagen
88,6 und Geduld in Plage
149,7 von wegen vieler Plage
366,6 mach uns von allen Plagen frei
371,12 ich weiß durchaus von keinen Plagen
378,4 sind in ihr gemeine Plagen
405,3 befreit von Not und Plage
419,2 daß ich nicht zur Plage meinem Nächsten bin
423,9 auf daß sie ihre Plage
449,11 und soll von Plagen ich auch was tragen
450,4 und, entfernt von aller Plage
467,2 vor Schaden, G'fahr und mancher Plag
475,1 vor so mancher schweren Plag
476,2 daß du mich heut vor aller Not und Plage
487,2 trägt allein ihre Müh und Plag
513,4 im Schweiß des Angesichts der Arbeit Plagen
524,4 wir sind voller Angst und Plag

plagen, sich plagen (8)
86,8 für dein tausendfaches Plagen
217,2 kein Hunger plaget den, der von dir isset
253,3 an dem geplagten Leibe
254,1 uns fröhlich plagen
361,6 da dich der Kummer plagt
386,1 darunter das Herze sich naget und plaget
454,3 den Geplagten gilt sein Ruf
524,4 plagen stets hier unsre Seele

Plan (8)
127,2 so machen sie sich auf den Plan
259,3 in seinen Plan mag dringen
269,3 getreu zu folgen Gottes Plan
273,4 mein heilsam Wort soll auf den Plan
312,1 nach Gottes Wort und Plan
362,4 er ist bei uns wohl auf dem Plan
408,2 keins fällt je aus Gottes Plan
486,5 mir Plan und Rat getroffen

planen (1)
457,7 er segnet, was du planst

Platz (2)
222,3 bis nach der Zeit den Platz bereit'
259,1 für ihn wir treten auf den Platz

Posaune (3)
149,2 Posaunen wird man hören gehn
520,2 wenn der Posaune Schall wird gehn
526,7 wenn die letzt Posaun erklingt

Posaunenschall (1)
286,3 sein Lob tön im Posaunenschalle

Pracht (15)
9,1 zwar ohne stolze Pracht
19,1 durch deines klaren Lichtes Pracht
85,3 der roten Lippen Pracht ist hin
109,1 mit großer Pracht und Herrlichkeit
151,1 es hat sich aufgemachet der Bräutigam mit Pracht
250,3 in einer wunderschönen Pracht
271,4 hast ihn gekrönt mit Hoheit und mit Pracht
308,1 daß du nicht fragst nach weltlich' Pracht
308,5 wer sich verläßt auf seine Pracht
363,5 die weltlich Pracht ist gar umsonst
365,6 mit ihrem Stolz und Pracht
396,5 gute Nacht, du Stolz und Pracht
479,1 der lieben Sonne Licht und Pracht
504,2 auch der Mond, der Sterne Pracht
506,4 mich, ruft der Baum in seiner Pracht

prächtig (6)
70,1 hoch und sehr prächtig erhaben
147,2 ihr Freund kommt vom Himmel prächtig
327,2 Himmel, lobe prächtig
351,10 mir prächtig zugericht'
506,2 der Himmel, prächtig ausgeschmückt
514,2 du Abendschein, der prächtig loht

prägen (1)
207,2 ach präge jedem Kinde

prangen (10)
71,3 prangst nicht auf stolzem Rosse
113,3 trägt weg den Raub mit Prangen
218,1 fange herrlich an zu prangen
349,4 will damit herrlich prangen
386,6 worinnen mein Glaube in Ewigkeit prangt
402,4 meiner Väter Glaube pranget
475,3 es ist hin der Sonne Prangen
477,3 die güldnen Sternlein prangen
482,1 die goldnen Sternlein prangen
528,7 wie nichtig ist der Menschen Prangen

predigen (5)
141,2 die Buß er predigt in der Wüst
260,1 er hat mich gesandt zu predigen den Gefangenen

260,2 er hat mich gesandt zu predigen den Zerschlagenen
292,4 und predige, mein Heiland, dich
506,4 dich predigt Sonnenschein und Sturm

Prediger (2)
312,1 ein Prediger und Rufer
469,1 und bist des Lichtes Prediger

Predigtamt (1)
245,2 die führn das Predigtamt darinnen

Preis (58) → *Ehre, Lob*

a) allgemein (13)
70,7 er wird mich doch zu seinem Preis
78,9 bringt viel Frücht zu Gottes Preis
218,5 mir zum Heil und dir zum Preise
241,4 dein Reich bald aus zu deines Namens Preis
257,3 es ist kein Preis zu teuer
318,7 hoffend, er werd zu seinem Preis
332,3 vom Preise voll laß unser Herz dir singen
346,4 bleib du mein Preis, dein Wort mich speis
386,5 so hab ich der Weisheit vollkommenen Preis
441,8 zum Guten uns und dir zum Preis
471,3 zu deim Preis richten
503,11 erhöhen deines Namens Preis
532,3 wird unser Klagen. Dir sei Preis

b) in Verbindung mit Lob (31)
3,6 Lob, Preis sei, Vater, deiner Kraft
11,2 in stetem Lob und Preis
27,6 Gott sei Lob, Ehr und Preis
29,4 Lob und Preis und Dank und Ehr
33,3 Lob, Preis und Dank, Herr Jesu Christ
100,4 dem Gottessohne Lob und Preis
104,1 Christe, Lob und Preis und Ehr
107,3 in Ewigkeit sei Lob und Preis
109,6 in Ewigkeit sei Lob und Preis
116,2 ihm sei auf ewig Lob, Preis und Dank
119,5 sei Lob und Preis in Ewigkeit
148,5 zu seinem Lob und Preis
148,8 Lob, Ehr, Preis, Kraft und Stärke
150,6 der Mund von Lob und Preis
155,4 sei Lob und Preis in Ewigkeit
159,3 o Gott, nimm an zu Lob und Preis
197,3 sei Lob und Preis in Ewigkeit
245,1 Preis, Lob und Dank sei Gott dem Herren
250,1 zu deines Namens Lob und Preis
284,1 das ist köstlich, dir zu sagen Lob und Preis
289,5 sei Lob und Preis mit Ehren
321,3 Lob, Ehr und Preis sei Gott
329,2 hab Lob und Ehr, hab Preis und Dank
342,8 sei Lob und Ehr mit hohem Preis
356,1 ihm sei Lob, Preis und Ehre
356,2 dir sei Lob, Preis und Ehre
365,8 ihm sei Lob, Ehr und Preis
437,4 gereich zu deim Lob, Ehr und Preis
443,1 zu Lob und Preis und Ehren
480,1 Preis, Lob und Ehr gebracht
520,7 ihm sei Lob, Preis und Ehr allein

c) in Verbindung mit Dank, Ehre, Ruhm usw. (14) → *b)*
1,5 sei ewig Preis und Ehr
29,3 im Himmel Preis und Ehre
33,2 von Herzen sagen Preis und Dank
45,4 Herr Jesu, sei Ehre und Preis und Ruhm
111,15 erheben deinen Ruhm und Preis
141,1 Christus dem Herrn zu Preis und Dank
180.2 Gott in der Höh sei Preis und Ehr
275,7 Preis, Ehre, Ruhm und Herrlichkeit
300,2 bringt seinem Namen Preis und Ruhm
308,11 sei Ehr und Preis von uns bereit'
447,1 und Preis und Dank zu seinem Altar bringen
451,1 mein erst Gefühl sei Preis und Dank
506,5 der Mensch, der Schöpfung Ruhm und Preis
519,4 Preis, Ehre, Freud und Wonne

preisen (124) → *ehren, loben, rühmen*

a) Gott preisen (39)
19,3 dich der Freien Lied ohn Ende preist
33,3 deine Gütigkeit stets preis in dieser Gnadenzeit
69,4 o heilger Morgenstern, wir preisen dich
71,2 drum man zu Recht dich preiset
72,6 für solche Gnade preisen dich
93,4 ja, wir preisen deine Treu
137,5 Gottes Gnade sucht und preist
159,3 daß wir dich preisen hier und dort
165,4 möcht ich recht dich preisen
189 und deine Auferstehung preisen wir
195,3 hilf, daß mein Glaub dich preise
216 daß unser Glaub und Lieb dich preist
244,4 dich preisen und den Namen dein
248,7 dafür ewig preisen dich
264,3 dich preisen für und für
271,2 und lässest die Unmündigen dich preisen

302,1 den Herren droben hier preisen auf der Erd
304,6 daß sie dein' Namen ewig preisen
308,3 drum man dich willig preist und ehrt
309,1 der seinen Gott, den Herrn und Retter, preist
320,8 zu preisen deinen Namen
323,3 und preisen weit und breit dich hier
326,2 die preisen deine Schöpfermacht
331,1 Herr, wir preisen deine Stärke
331,2 alles, was dich preisen kann
331,10 dich und deinen Namen preisen
332,4 o Seligkeit! – dich, unsern Vater, preisen
345,5 deinen Namen ewiglich preisen
366,7 dich allzeit preisen hier und dort
374,5 ich will ihn ewig preisen
397,3 ich will dich preisen ewiglich
412,8 ein Herz, das dich durch Liebe preist
431,3 wir preisen dich, du Herr des Lichts
475,1 daß ihr preiset Gottes Güte
476,2 ich preise dich, du Herr der Nächt und Tage
490,1 dich priesen unsre Morgenlieder
505,1 drum preisen wir ihn hoch
506,2 preist dich, du Gott der Stärke
506,4 dich preist der Sand am Meere

aa) in Verbindung mit loben, danken, ehren usw. (8) → *c)*
59,6 zu loben und zu preisen dich
136,4 zu preisen und zu loben das Evangelium
139,5 den herzlich lobt und preist
179,2 wir loben, preisn, anbeten dich
180.1 wir preisen dich, wir sagen dir Dank
180.3 wir loben dich... wir preisen deine große Herrlichkeit
182,4 und sie mit euch jeden Tag Gott lobt und preist
331,4 lobt und preist dich immerdar

ab) Gott wird gepriesen, gepreist (8)
133,1 mit beiden gleich gepreist
196,1 Herr, für dein Wort sei hoch gepreist
205,3 samt Vater und dem Sohn gepreist
288,7 sei nun und immerdar gepreist
303,1 werde gepriesen früh und spat
373,6 wie wird dein Name da werden gepriesen
471,5 dein Name werd von uns gepreiset
506,6 Gott unser Vater sei gepreist

ac) sei gepriesen (37)
323,2 sein Name sei gepriesen
515,1–9 sei gepriesen, denn du bist wunderbar, Herr
515,1 sei gepriesen, du hast die Welt geschaffen
515,1 sei gepriesen für Sonne, Mond und Sterne
515,1 sei gepriesen für Meer und Kontinente
515,2 sei gepriesen für Licht und Dunkelheiten
515,2 sei gepriesen für Nächte und für Tage
515,2 sei gepriesen für Jahre und Gezeiten
515,3 sei gepriesen für Wolken, Wind und Regen
515,3 sei gepriesen, du läßt die Quellen springen
515,3 sei gepriesen, du läßt die Felder reifen
515,4 sei gepriesen für deine hohen Berge
515,4 sei gepriesen für Feld und Wald und Täler
515,4 sei gepriesen für deiner Bäume Schatten
515,5 sei gepriesen, du läßt die Vögel singen
515,5 sei gepriesen, du läßt die Fische spielen
515,5 sei gepriesen für alle deine Tiere
515,6 sei gepriesen, denn du, Herr, schufst den Menschen
515,6 sei gepriesen, er ist dein Bild der Liebe
515,6 sei gepriesen für jedes Volk der Erde
515,7 sei gepriesen, du selbst bist Mensch geworden
515,7 sei gepriesen für Jesus, unsern Bruder
515,7 sei gepriesen, wir tragen seinen Namen
515,8 sei gepriesen, er hat zu uns gesprochen
515,8 sei gepriesen, er ist für uns gestorben
515,8 sei gepriesen, er ist vom Tod erstanden
515,9 sei gepriesen, o Herr, für Tod und Leben
515,9 sei gepriesen, du öffnest uns die Zukunft
515,9 sei gepriesen, in Ewigkeit gepriesen

b) von Maria (1)
308,2 mich selig preisen jedermann

c) Aufruf an Menschen (27)
42,1+9 ihn preise, was durch Jesus Christ
48,2 lasset uns preisen in frommen Weisen
51,2 nun preiset alle Gottes Tat
181.6 lobsingt und preist den Herrn
215,3 du sollst Gott den Vater preisen
231,3 du sollst nicht preisen recht noch gut
290,1 nun danket Gott, erhebt und preiset
293,1 preist ihn, ihr Völker allzumal

301,2 preiset Gott und gebt ihm Ehr
303,8 ihr Kinder Gottes, lobt und preist
305,3 ihr Menschen, preist ihn, groß und klein
306,3 ihr Menschen, preist ihn, groß und klein
327,3 jauchze, preise, klinge
337 lobet und preiset, ihr Völker, den Herrn
429 lobt und preist die herrlichen Taten des Herrn
489,1-2 preist den Tag und die Nacht
489,1-2 preist die Nacht und den Tag
489,1-2 preist die Sonne, preiset die Erde
489,1-2 preist den Herrn aller Welten
489,2 preist ihn, der in unsern Nächten
502,1 nun preiset alle Gottes Barmherzigkeit
502,5 drum preis und ehre seine Barmherzigkeit

d) Aufruf an die Natur (4)
305,1 preist ihn, helle Sterne, lobt ihn, Sonne, Mond
305,2 preist ihn, ihr Gewitter, Hagel, Schnee und Wind
306,1 preist ihn, helle Sterne, lobt ihn, Sonne, Mond
306,2 preist ihn, ihr Gewitter, Hagel, Schnee und Wind

prellen (1)
357,1 und Trug die Klugen prellt

Priester (1)
133,4 zum Priester und Propheten

Prophet (8)
133,4 zum Priester und Propheten
148,3 Propheten allzumal
150,5 Propheten groß und Patriarchen hoch
191 und die lieben Propheten all
312,3 wie ein Prophet? Was riefst du
331,4 der Propheten hehre Menge
426,1 so hat es der Prophet gesehn
426,2 so hat es der Prophet geschaut

Prophetenschar (2)
137,1+9 Kön'ge und Prophetenschar

prophezeien (1)
12,2 und was sie geprophezeit

prüfen (3) → *sichten*
373,3 lehre mich kämpfen und prüfen die Geister
386,10 prüf, erfahre, wie ich's meine
497,6 prüf alles wohl, und was mir gut

Prüfungszeit (1)
298,2 kürze unsre Prüfungszeit

Psalm (7) → *Lied*
11,2 und ich will dir in Psalmen ermuntern meinen Sinn
35,4 und die Psalmen klingen
119,3 in Psalmen von dem Herren Christ
288,4 mit Loben durch der Psalmen Klang
304,2 lobt ihn mit Harfen, unsern Gott, mit Psalmen
328,3 daß ich dir Psalmen sing im höhern Chor
503,11 mit tausend schönen Psalmen

Psalter (5)
285,1 auf den zehn Saiten und Psalter
286,3 in Psalter- und in Harfenklang
316,1 Psalter und Harfe, wacht auf
317,1 Psalter und Harfe, wacht auf
502,2 Psalter und Harfe ihm Ehre geben

Puls (1)
330,2 ach wär ein jeder Puls ein Dank

pünktlich (1)
303,4 alles muß pünktlich erfüllet werden

Purpur (3)
37,6 Samt, Seide, Purpur wären recht
83,7 so soll dein Blut mein Purpur sein
528,7 der in Purpur hoch vermessen

Q

Qual (11) → *Not, Pein*
15,2 die Qual ist um, der Knecht ist frei
77,5 großer Qual verfallen
82,3 der Hölle Qual und Glut
95,1 weil Qual und Sterben auf ihn warten
248,2 schau, wie große Not und Qual
282,3 er findet auch in Not und Qual
302,5 die reißt er aus der Qual
371,14 und aus der Qual uns sämtlich bringen
397,3 gar sanft ohn alle Qual und Pein
524,1+8 und vergiß all Not und Qual

quälen, sich quälen (9)
36,5 was euch quält, was euch fehlt
58,13 die sich mit Schwermut quälen
65,2 noch will das alte unsre Herzen quälen
86,6 hast du wollen sein gequälet
114,4 quält dich ein schwerer Sorgenstein
229,3 Frucht zu bringen, wo Zweifel quält
341,2 mein Sünd mich quälte Nacht und Tag
353,7 mein Gewissen quält mich nicht
416 daß ich die Hoffnung wecke, wo Verzweiflung quält

Quelle (15)
66,7 Jesus ist kommen, die Quelle der Gnaden
85,5 von dir, Quell aller Güter
130,2 du Quell, draus alle Weisheit fließt
171,1 sei Quelle und Brot in Wüstennot
217,2 du bist die lebendige Quelle
255,6 du unerschöpfter Quell des Lebens
290,5 ließ springen aus dem Fels den Quell
324,2 und ewge Quelle bist
371,1 er ist dein Quell und deine Sonne
383,4 neue Quellen öffnen sich
399,1 denn wie ein Hirsch nach frischer Quell
399,2 o frischer Quell, o Brünnelein
407,1 Quell, an dem ich ruh
504,5 von der Quelle bis zum Meer
515,3 sei gepriesen, du läßt die Quellen springen

quellen (4) → *fließen*
166,6 wenn der Brunn des Lebens quillt
213,5 ein Born der Liebe, quillet
413,1 daraus ein schönes Brünnlein quillt
514,4 daraus uns lauter Segen quillt

R

Rabe (1)
304,4 den jungen Raben, die ihn tun anrufen

Rache (1)
249,2 ist Gottes, dem befiehl die Rach

Rachen (4)
93,2 in des Todes Rachen ging
114,8 noch gar der Hölle Rachen
133,13 sollen geben ins Todes Rachen hin
518,2 anficht uns der Hölle Rachen

rächen, sich rächen (2)
91,8 wenn man mich schilt, nicht rächend wiederschelten
231,6 nicht hassen noch selbst rächen dich

Rächer (1)
91,4 Gott ist gerecht, ein Rächer alles Bösen

Rand (2)
65,3 des Leids, gefüllt bis an den höchsten Rand
503,5 und malen sich an ihrem Rand

rank (1)
363,3 heut ist der Mensch schön, jung und rank

Rank (1)
373,1 Satan, der sinnet auf allerhand Ränke

rasen (1)
137,8 in dem rasenden Getümmel

Rast (2) → *Ruhe*
478,2 nur du, mein Gott, hast keine Rast
486,1 ist wahre Rast beschieden

Rasttag (1)
254,2 ob's Rasttag sei

Rat (35) → *Berater*

a) allgemein (11)
12,1 und der Sünder Trost und Rat
78,5 und im Rat beschweret hart
259,2 wird er, zu Spott dem feigen Rat
297,2 der wird ihrn Rat aufdecken
303,3 findet am besten Rat und Tat
308,6 du machst zunicht der Menschen Rat
366,1 und finden weder Hilf noch Rat
486,5 mir Plan und Rat getroffen
495,4 und, wenn ich Rat bedarf
497,2 daß sein Rat werd ins Werk gebracht
529,4 wenn's fehlt am guten Rat

b) von Gott (24)
1,1 mein Schöpfer reich von Rat
1,4 voll Rat, voll Tat, voll Gnad
30,2 aus Gottes ewgem Rat
89,3 auf daß du für uns schafftest Rat
130,3 steh uns stets bei mit deinem Rat
134,2 Weisheit, Rat, Verstand und Zucht
135,2 Geist voll Rat und Tat
139,3 Rat, Trost und Hilfe schafft
196,5 Kraft, Rat und Trost in aller Not
324,14 schafft Rat und läßt dich nicht
361,3 was deinem Rat gefällt
361,8 mit wunderbarem Rat
367,3 soll ich einmal nach deinem Rat
368,1 mir selber geben Rat und Tat
368,7 der weiß zu allen Sachen Rat
389,4 gib Weisheit, Stärke, Rat, Verstand
445,3 da alleine Hilf und Rat
457,11 geschieht nach seinem Rat
469,5 das war des ewgen Vaters Rat
475,8 bleibe ja mein Schutz und Rat
495,4 auch guten Rat erfind
497,2 des Höchsten Rat, der macht's allein
497,5 sei du mein Freund und treuer Rat
516,6 schlafen ein nach deinem Rat und Willen

raten (4)
368,1 laß ich den Höchsten raten
443,6 Gott will ich lassen raten
446,8 hilf selbst das Beste raten
523,2 rat mir nach deinem Herzen

Ratschluß (1)
486,9 in deinen Ratschluß findet

Rätsel (1)
56,2 bist du der eignen Rätsel müd

Raub (3)
106,3 sein' Raub der Tod mußt geben her
113,3 trägt weg den Raub mit Prangen
303,2 wenn nun das Grab nimmt seinen Raub

rauben (8)
134,7 uns denselben möge rauben
166,5 nimmer aus dem Herzen rauben

250,5 ach laß uns nicht die Schätze rauben
312,6 raubt niemandem sein Gut
341,8 dazu mein Leben rauben
355,4 dies laß ich kein Geschöpf mir rauben
358,6 laß nichts die Hoffnung rauben
370,1 wer will mir den Himmel rauben

Räuber (1)
447,5 daß Dieb und Räuber unser Gut und Leiber

Rauch (1)
527,1 muß Rauch und Asche werden

rauh (3)
372,6 es mag mich auf die rauhe Bahn
391,4 führst du uns durch rauhe Wege
528,4 wenn ein rauhes Lüftlein wehet

Raum/Räumlein (7)
360,1 in diesem unermeßlich weiten Raum
399,3 unter der Last sich machet Raum
408,1 ihm gehört der Raum, die Zeit
431,1 Gott, unser Ursprung, Herr des Raums
495,7 dem Leib ein Räumlein gönn
503,14 mach in mir deinem Geiste Raum
533,3 umgeben auch hier in Raum und Zeit

rauschen (3)
278,4 Fluten rauschen, Tiefen bedrohn
503,5 die Bächlein rauschen in dem Sand
504,5 rauschen sie des Schöpfers Ehr

Rebe (4)
133,3 ich war ein wilder Reben
206,4 Weinstock, hilf, daß diese Rebe
218,4 und daß mit dem Saft der Reben
406,1 wie der Weinstock seinen Reben

rechnen (1)
527,7 wir rechnen Jahr auf Jahre

Rechnung (1)
513,6 tu Rechnung, spricht der Ewge zum Haushalter

recht (121)

A: adjektivisch (74) → *richtig, wahr*

a) allgemein (37)
24,14 das rechte Susaninne schön
37,6 Samt, Seide, Purpur wären recht
112,3 anzuschauen ein rechtes Freudenspiel
122,1 zur rechten Zeit nachholen
124,2 der uns bracht hat zum rechten Vaterland
138,1–3 mit allen rechten Christen
141,2 tut rechte Buß ohn Heuchelei
141,6 so tun wir dir die rechte Ehr
145,6 tu rechte Buße in der Zeit
146,2 denn so du, Herr, den rechten Lohn
148,5 in rechter Lieb und Treu
148,6 klingen die rechten Saitenspiel
162,3 das ist der rechte Sonnentag
191 mit rechtem Dienst sie lobt und ehrt
214,3 in rechter Lieb und brüderlicher Treue
214,3 der uns geb zu halten rechte Maß
215,7 so du bist recht wohlgeschickt
217,3 gib mir ein recht bußfertig Herze
239,3 der Mensch tritt vor Gott als rechter Beter
249,1 davon dir wird recht angst und bang
249,4 in rechter Buß erkennen
299,4 so tu Israel rechter Art
318,3 und gibt, daß sie den rechten Lauf
318,9 durch recht geistliche Ritterschaft
319,3 zu sein die rechte Sängerin
326,3 ist alles recht, ist alles gleich
344,6 in rechter Lieb und Einigkeit
368,6 er weiß allein die rechte Zeit
369,4 er kennt die rechten Freudenstunden
370,9 hier ist kein recht Gut zu finden
422,2 recht große Not uns stößet an
494,1 ist allenthalben recht und gut
497,4 und da der rechten Weisheit Kraft
497,5 was recht ist, zu erfüllen
529,10 ist nicht mein rechtes Haus

b) von Gott (9)
1,3 er ist die rechte Freudensonn
2,1 er ist die rechte Freudensonn
60,3 daß du der recht Nothelfer bist
101,5 hier ist das recht Osterlamm
191 deinen rechten und ein'gen Sohn
362,2 es streit' für uns der rechte Mann
369,6 Gott ist der rechte Wundermann
459,2 die rechte Sonn ist Jesus Christ
462 du bist das rechte Lebensbrot

c) von Glauben, Lehre (13)
5,3 durch ein' rechten Glauben
124,1 um den rechten Glauben allermeist
125,2 denn Jesus mit rechtem Glauben
127,3 daß aufgeh rechter Glaube
246,5 zu fälschen deine rechte Lehr
250,5 erhalt uns, Herr, im rechten Glauben
273,6 im rechten Glaubn beständig sein
297,6 in rechter Lieb des Glaubens dein
342,4 des Glaubens recht Gestalte
342,7 aus einem rechten Glauben
342,7 denn das nicht rechter Glaube wär
343,1 den rechten Glauben, Herr, ich mein
518,3 von des rechten Glaubens Trost

d) von Steg, Pfad, Straße, Weg (15)
9,4 und gehn die rechte Bahn
127,6 und führst uns hier den rechten Steg
130,3 und führ uns selbst auf rechtem Pfad
148,9 führ mich auf rechter Bahn
167,3 sie führt auf rechten Straßen
274,2 er führet mich auf rechter Straß
280,2 in rechter Bahn zu wallen
296,3 er führet dich auf rechter Bahn
331,9 leit es auf der rechten Bahn
353,1 welche von der rechten Bahn
372,2 er führet mich auf rechter Bahn
404,6 möge wallen auf rechter Lebensbahn
497,1 auf rechten, guten Wegen
498,4 Herr Christ, du bist der rechte Weg
524,7 die recht Bahn zum Himmel führen

B: adverbial (47) → *sehr*

a) allgemein (34)
5,9 daß wir... recht gläubig erfunden
10,3 das kann sich recht bereiten
24,5 so merket nun das Zeichen recht
76,2 o Menschenkind, betracht das recht
80,4 der dieses recht bedenket
82,2 wenn man's betrachtet recht
129,3 das ist recht wohlgetan
133,5 wie man recht beten soll
135,5 wie wir Jesus recht erkennen
145,4 so du recht gläubig wärest
165,4 möcht ich recht dich preisen
196,2 daß wir das Wort recht fassen
217,3 laß mich recht trauern über meine Sünde
218,6 deine Liebe recht ermessen
231,3 du sollst nicht preisen recht noch gut
244,7 verdiente Straf, so g'schieht uns recht
245,3 die recht in dieser Kirche wohnen
287,3 und du weißt nicht recht, was du sollst
295,1 die recht von Herzen suchen Gott
325,8 dennoch, wenn ich's recht erwäge
328,3 so wird gewiß mein Singen recht getan
354,4 das heißt die Wunde recht verbinden
355,5 da bin ich ewig recht erfreut
384,1 glauben recht und leben rein
386,5 ach wenn ich nur Jesus recht kenne und weiß
387,2 aber wache erst recht auf
399,5 wenn wir das recht bedenken
413,1 daran ein Christ recht wird erkannt
445,5 kann ich recht bewahret sein
450,3 daß wir, eh wir gar vergehn, recht aufstehn
453,3 und Trank und Speise brauchet recht
479,4 so wird der Schluß recht wohl gemacht
527,6 und recht zur Blüte kommen
527,10 er hat recht fest gebauet

b) von Gott (13)
36,11 laß dich recht genießen
66,2 er, der Sohn Gottes, der machet recht frei
81,5 der Fromme stirbt, der recht und richtig wandelt
125,2 und lehr uns Gott recht erkennen
129,1 der uns durchs Wort recht lehret
207,2 dein Wort recht tief ins Herz
218,4 dies Geheimnis recht zu deuten
241,6 ach laß dein Wort recht schnelle laufen
325,5 hat er ja recht wohl bedacht
326,9 und alles, alles recht gemacht
328,4 der lehret mich recht gläubig beten
371,11 Gott wird's hören und recht richten
380,4 tragen recht nach Retterart

Recht (23)
16,2 zur Sühne für sein Recht
71,2 drum man zu Recht dich preiset
89,2 laß Gnad vor Recht ergehen
101,3 all sein Recht und sein Gewalt
133,10 richt auf des Rechtes Thron
146,2 wir flehn um Gnad und nicht um Recht
273,3 wir haben Recht und Macht allein
276,4 die halten seine Rechte
278,7 schaffe Recht, führe meine Sache
285,3 die deine Rechte halten
286,1 sein Recht und seine Herrlichkeit
286,4 und zwischen Recht und Unrecht schlichte
289,1 der Herr schafft Recht, behütet
289,2 sein herrlich Recht und sein Gericht
290,7 sein Recht und sein Gesetz bewahr
295,2 weil du mich lehrst die Rechte deiner Gerechtigkeit
295,2 ich will dein Rechte halten
303,5 er ist's, der ihnen Recht verschafft
309,2 wo Furcht des Herrn bewahrt sein heilig Recht
360,5 laß deine Gnade, Herr, vor Recht ergehen
423,4 schaff jedermann sein Recht
429,6 dann wohnt das Recht unter den Menschen
430,1 Recht wird durch Macht entschieden

Rechte (rechte Seite, rechte Hand) (21)

a) von Gott (17)

68,6 zu Gottes Rechten als sein Sohn
113,4 des Herren Rechte, die behält
113,4 des Herren Rechte mächtig fällt
119,2 er sitzt zu Gottes rechter Hand
126,4 der Finger an Gotts rechter Hand
146,5 leit uns mit deiner rechten Hand
180.1 der du sitzest zu der Rechten des Vaters
184,4 erhöht zu Gottes rechter Hand
191 du sitzt zur Rechten Gottes gleich
286,1 seht, seine Rechte sieget wieder
287,1 er sieget mit seiner Rechten
294,2 Gott schafft den Sieg mit seiner Rechten
298,2 Herr, erhebe deine Rechte
328,7 der mich zu deiner Rechten selbst vertritt
358,6 zu deiner Rechten stehn
413,4 was seine rechte Hand reicht dar
469,3 halt über uns dein rechte Hand

b) von Menschen (4)

344,7 zur linken und zur rechten Hand
351,2 er mir zur Rechten steh
361,11 in deine rechte Hand
373,3 steh mir zur Rechten, o König und Meister

rechten (1)

378,2 rechte nicht um Mein und Dein

rechthaben (1)

25,6 zuletzt müßt ihr doch haben recht

rechtmachen (1)

10,2 macht alle Bahnen recht

Rede (1)

430,4 zur Rede, die nicht lügt

reden (14) → *sagen, sprechen*

15,2 freundlich, freundlich rede du
15,4 geredet hat es Gottes Mund
72,4 die Stummen richtig reden lehr
123,11 ich will glauben, reden, rufen
127,2 in fremden Zungen reden sie
127,3 nichts rede als dein Lob auf Erd
166,6 rede, Herr, so will ich hören
231,3 ohn was Gott selbst red't und tut
292,4 ich glaube, darum rede ich
324,18 und red ihm nicht darein
392,8 Herr, rede nur, ich geb begierig acht
480,3 Herr, rede du allein
495,3 hilf, daß ich rede stets
495,3 ich reden soll und muß

redlich (1)

43,3 die redlichen Hirten knien betend davor

regen, sich regen (8)

150,7 sich regt der Freudensaal
325,1 das sein treues Herze regt
330,3 bewegt und regt euch doch mit mir
330,6 solange sich die Zunge regt
373,2 Eigenlieb, Hoffart und Mißgunst sich regt
395,1 weil Leben heißt: sich regen
431,1 den Stoff, darin sich Feuer regt
447,3 und Händ und Füße, Zung und Lippen regen

Regen (10)

304,3 und gibet Regen, wann er will, auf Erden
324,4 mit Tau und Regen netzt
384,2 aus dem Regen Sonne machen
457,8 gibt auch des Regens milden Fluß
457,8 wenn Regen an der Zeit
500,2 dazu den sanften Regen
502,4 er schaffet frühn und späten Regen
508,2 er sendet Tau und Regen
515,3 sei gepriesen für Wolken, Wind und Regen
529,3 Blitz, Donner, Wind und Regen

Regent (2)

136,2 o du, den unser größter Regent uns zugesagt
361,7 bist du doch nicht Regente

regieren (29) → *erhalten, führen, herrschen, leiten, walten*

20,6 der Friedefürst wird uns regieren
67,4 regierst von End zu Ende
68,7 regiere es mit treuer Lehr
71,4 dein Güt allzeit regieret
81,10 so gib mir deinen Geist, der mich regiere
151,6 sollt nun... mitleben und -regieren
155,1 mit Hilf und Gnad er uns regier
179,2 regierst ohn alles Wanken
192 und deine heilige christliche Kirche regieren und führen
192 alle, die uns regieren, leiten und schützen
245,2 der Heilig Geist darin regieret
249,5 daß uns dein guter Geist regier
290,7 o seht, wie Gott sein Volk regieret
316,2 lobe den Herren, der alles so herrlich regieret

317,2 lobe den Herren, der alles so herrlich regieret
328,2 und meine Sinne und Verstand regier
351,7 regiert mir meinen Sinn
352,2 und noch leitet und regieret
365,8 im Glauben uns regieret
386,5 worinnen die Demut und Einfalt regieret
416 daß ich ein Licht anzünde, wo die Finsternis regiert
423,4 laß alle, die regieren
438,3 regier du uns mit starker Hand
449,9 sonsten regiere mich, lenke und führe
494,5 regiere mich durch deinen Geist
497,1 was du regierst, das geht und steht
502,2 der Herr regieret über die ganze Welt
505,5 regier die Obrigkeit
524,7 du wirst selig mich regieren

Regierer (2)
178.4 aller Ding ein Schöpfer und Regierer
325,4 daß er werde mein Regierer

Regiment (2)
324,17 er hat... in seinem Regiment
361,7 Gott sitzt im Regimente

regnen (5)
316,4 der aus dem Himmel mit Strömen der Liebe geregnet
317,4 der aus dem Himmel mit Strömen der Liebe geregnet
413,5 und regnen über Bös und Fromm
506,3 wer heißt die Himmel regnen
512,1 Güt und Milde hat geregnet

Reh (1)
503,4 der schnelle Hirsch, das leichte Reh

reich (41)

a) allgemein (30)
18,2 Arme, Reiche lädt er ein
50,4 die Welt ist heut an Liedern reich
52,4 kamen reich und hoch geritten
111,8 der große Schatz, die reiche Beut
113,7 das ist die reiche Osterbeut
196,4 und sein an guten Werken reich
203,3 die man mir bringt, beid, arm und reich
222,2 das reiche Mahl der Gnaden
224,1 ob reich, ob arm, dich irrt kein Kleid
224,2 ach Herr, vor dir ist keiner reich
251,4 welche Tiefen reicher Gnad
262,5 und laß reiche Frucht aufgehn
282,3 auf ihn der reiche Segensquell
289,1 mit reichem Trost beschüttet
308,7 die Reichen arm, die Armen reich
309,3 die Reichen läßt er leer im Überfluß
363,4 dem Reichen hilft doch nicht sein Gut
369,6 den Reichen klein und arm zu machen
369,6 den Armen aber groß und reich
369,7 und trau des Himmels reichem Segen
384,2 Armut hier macht dorten reich
389,4 an Himmelsgut und Segen reich
399,2 ergossn mit reichen Gaben
423,3 und ernte reiche Früchte ein
428,2 komm in unser reiches Land
494,3 der wird von ihm gar reich gemacht
503,9 dort in dem reichen Himmelszelt
510,2 reich geschmückter Schemel nur
512,6 unaussprechlich reich und groß
513,3 füllt sich mit reichen Gaben bald die Erde

b) von Gott (11)
1,1 mein Schöpfer reich von Rat
24,11 darauf du König groß und reich herprangst
70,1 groß und ehrlich, reich an Gaben
202,2 mit reichem Geist ohn Maßen
212,6 du bist reicher, als wir sagen können
213,1 an Huld und Liebe reich
297,5 ach Herr Gott, wie reich tröstest du
326,1 mit seinem reichen Trost erfüllt
330,5 bist du es nicht, o reicher Gott
347,4 bei uns, du reicher Herr
355,5 Gott, der du reich bist an Erbarmen

Reich (64)

a) allgemein (3)
11,3 als mir das Reich genommen
14,3 doch aller Erde Reiche werden
266,5 so sei es, Herr: die Reiche fallen

b) von Gottes Reich (31)
5,8 seines Reiches Freuden
9,3 ist ihm sein Reich bestellt
27,4 und gibt uns in seins Vaters Reich
30,4 in deines Vaters Reich
111,7 sein Reich ist nicht von dieser Welt
115,2 Jesus lebt! Ihm ist das Reich
121,3 sein Macht und Reich unendlich ist
123,3 dessen Reich ein ewig Reich
127,4 daß wir sein Reich ausbreiten
136,5 kommen sie in das Reich herein
145,3 dadurch wird Gottes Reich gemehrt
145,7 und führe uns zu seinem Reich
148,6 ewig in Gottes Reich
182,2 suchet zuerst Gottes Reich in dieser Welt

191 mit aller Ehr ins Vaters Reich
206,2 und in Gottes Reich nicht kommen
239,5 die sein Reich schon hier im Glauben sahen
256,3 beruft zum Abendmahl im Reich Gottes
289,1 die leidn in seinem Reich
341,10 damit das Reich Gotts werd gemehrt
342,9 sein Reich zukomm; sein Will auf Erd
359,1 der ins Reich der Himmel drang
362,4 das Reich muß uns doch bleiben
365,8 zum Reich der Himmel führet
379,3 hat selbst sein Reich verlassen
399,5 in seines lieben Vaters Reich
405,5 und mit ihm in sein Reich eingehst
409,5 bestellt zu des Reiches Erben
457,9 des Himmels ewges Reich
494,3 wer erst nach Gottes Reiche tracht'
519,3 zu seinem Reich die ganze Welt heißen laden

ba) dein Reich (25)
13,2 gründe nun dein ewig Reich
14,3 dein Reich ist nicht von dieser Erden
71,1 dein Reich soll ewig währen
71,1 dein Reich bekannt mög werden
71,2 von deinem Reich auch zeugen
71,5 in dein Reich nimm mich auf
83,7 treten ein in deines Reiches Freuden
142,1 zu deines Reiches Glanz und Ehr
186 dein Reich komme, dein Wille geschehe
186 denn dein ist das Reich und die Kraft
187 dein Reich komme
187 denn dein ist das Reich
188 dein Reich komme
188 denn dein ist das Reich
241,4 dein Reich bald aus zu deines Namens Preis
266,5 dein Reich besteht und wächst, bis allen
267,4 laß dein Reich in Wahrheit kommen
267,5 brich mit deinem Reich herein
307 wenn du in dein Reich kommst
344,3 es komm dein Reich zu dieser Zeit
388,7 was dein Reich nicht kann ererben
451,8 nach deinem Reiche strebe
471,5 dein Reich zukomme
472,6 und nimm mich in dein Reich
490,4 dein Reich, Herr, steht in Ewigkeit

c) vom Satan (5)
9,1 zerstören des Teufels Reich und Macht
39,5 und zerstört der Höllen Reich
101,2 hielt uns in seim Reich gefangen
133,12 den Satans Reich und Werke
241,4 und brich in Satans Reich mit Macht hinein

reich machen (6)
23,6 und in dem Himmel mache reich
38,2 machst... uns an Leib und Seele reich
69,3 wie er uns reich und selig machte
281,2 er macht es reich, er macht es groß
309,3 macht Arme reich, macht satt, wer darben muß
505,1 satt, reich und fröhlich macht

reichen (10) → *darreichen, sich erstrecken*
65,3 und reichst du uns den schweren Kelch, den bittern
79,3 und reich uns dein allmächtig Hand
145,6 und tut sein Hand dir reichen
229,1 er bricht Brot und reicht uns den Wein
277 Herr, deine Güte reicht, so weit der Himmel ist
291,1 denn deine Gnade reicht, so weit der Himmel ist
365,1 er reicht mir seine Hand
440,3 und reich uns Tag und Nacht dein Hand
506,3 Gott, deine Güte reicht so weit
506,3 so weit die Wolken reichen

reichlich (7)
108,1 welchs er läßt reichlich verkünden
130,4 laß dich reichlich auf uns nieder
170,2 weil du reichlich gibst, müssen wir nicht sparen
347,4 in uns reichlich vermehr
423,2 noch ferner reichlich schallen
502,4 er gibet Speise reichlich und überall
513,5 gab er uns reichlich, unnütz nichts vergeuden

Reichtum (6)
11,4 wie irdisch Reichtum tut
123,7 Reichtum schenkt er nach dem Tod
198,1 und dem größten Reichtum für
399,6 mein Reichtum, Zierd und werte Kron
495,5 geben an Reichtum, Gut und Geld
512,5 daß der Reichtum deiner Milde

reif (1)
513,6 wie reife Garben wird nach kurzen Tagen

Reif (2)
500,2 behüt vor Reif und Schloß'
501,2 Mehltau, Frost, Reif und Schloß'

reifen (4)
298,3 jenseits reift die Frucht der Leiden
513,2 bis uns gereift die Saat, die uns soll nähren
514,4 die Jahr um Jahr uns reifen neu
515,3 sei gepriesen, du läßt die Felder reifen

Reigen/Reihen (Tanz) (2)
151,2 begegnet ihm im Reigen
363,4 doch muß er an den Reihen

Reihe (1)
393,7 begleiten als Brüder unsre Reihn

Reim (1)
112,8 der Reim gelesen wird

rein (53) → *lauter, Lauterkeit*

a) allgemein (11)
4,2 dem königlichen Saal so rein
24,13 mach dir ein rein sanft Bettelein
143,2 wie Feuerflammen hell und rein
150,6 das Halleluja reine
274,2 zum reinen Wasser er mich weist
279,4 wie Silber rein wird in der Glut
371,12 wo ist ein Glück so klar und reine
455,1 Morgenlicht leuchtet, rein wie am Anfang
495,1 und rein Gewissen bleib
507,6 Sonnenschein, klar und rein
514,3 ihr Wasserbäche, klar und rein

b) von Gott, seinem Wort (21) → *c)*
35,2 o Kindlein zart und rein
82,7 aus reiner Lieb allein
108,2 durch sein rein Wort, zur Himmelspfort
127,3 weh rein vom Sündenstaube
127,3 brenn rein die sündige Natur
133,11 erfülle... mit reiner Glaubenszier
158,1 mit deinem reinen Wort
165,7 mach mich reines Herzens
196,5 erhalt es bei uns klar und rein
197,1 laß mich dein Wort bewahren rein
203,1 von einer Jungfrau rein geborn
230 schaffe in mir, Gott, ein reines Herze
246,2 behalten rein bis an das End
259,3 und in der Liebe reine
273,6 daß wir sein Wort behalten rein
389,1 ein reines Herz, Herr, schaff in mir
399,1 offenbart in unsrer Menschheit, rein und zart
403,2+3 Jesus ist reiner
481,4 so wesentlich, so reine
525,5 bekleid't mit Christi Unschuld rein

c) von Menschen (21) → *b)*
30,2 Marie, die reine Magd
36,11 ich bin rein um deinetwillen
76,1 von einer Jungfrau rein und zart
108,1 beid, groß und klein, von Herzen rein
115,4 reines Herzens will ich sein
130,7 gib, daß in reiner Heiligkeit
133,2 daß ich mit reinem Geiste
200,3 ich hab, o Herr, aus reinem Triebe
231,7 dein Eh' sollst du bewahren rein
252,5 und von allen Schlacken reiner
252,9 und, von allen Flecken rein
289,3 wenn wir ihn kindlich fürchten rein
307,6 selig sind, die reinen Herzens sind
341,6 von einer Jungfrau rein und zart
357,2 die Worte hell und rein
384,1 glauben recht und leben rein
388,6 rein und frei und ganz vollkommen
393,8 doch auch wohl gern der Reinste
414,4 dann werd ich heilig, rein und dir geweiht
485,3 hilf, daß wir rein dich lieben
485,3 rein künden deinen Ruhm

reinhalten (3)
240,2 halt uns... von Zorn, Betrug und Lüge rein
344,2 dein Wort bei uns hilf halten rein
453,2 er halte uns die Lippen rein

reinigen (1)
385,3 zu rein'gen und zu scheiden

reinlich (1)
43,2 in reinlichen Windeln das himmlische Kind

reinmachen (4)
24,3 von allen Sünden machen rein
142,3 dein Anblick macht sie stark und rein
355,2 und macht durchs Blut des Sohns mich rein
388,6 mußt du uns auch machen rein

reinwaschen (1)
351,5 der ist's, der mich rein wäschet

Reis (Zweiglein) (1)
503,6 in seinem schwachen Reise

Reise (3)
83,6 zu Haus und auch auf Reisen
311,1 mach dich auf die lange Reise
503,15 und laß mich bis zur letzten Reis

reisen (7)
112,1 unser Geist gen Himmel ist gereist
384,1 immerfort zum Himmel reisen

393,4 wir reisen abgeschieden
406,6 wie man nach der Heimat reist
423,10 die Reisenden beschütze
446,9 bis ich gen Himmel reise
529,1 hier reis ich bis zum Grabe

reißen (12)
36,2 reißt aus allem Jammer
66,2 Stricke des Todes, die reißen entzwei
85,9 so reiß mich aus den Ängsten
112,6 er reißet durch den Tod
112,6 er reißet durch die Höll
133,11 aus unsern Herzen reißt
241,5 ach reiß, o Herr, den Himmel bald entzwei
302,5 die reißt er aus der Qual
355,5 reiß dein Erbarmen nicht von mir
370,8 sondern reißt unsern Geist
371,14 er wird uns reißen aus den Banden
412,1 und reißt sie ganz darnieder

reiten (4)
9,2 er kommt zu uns geritten
29,2 zu dem die Könige kamen geritten
52,4 kamen reich und hoch geritten
314,2 seht, er kommt geritten, auf dem Esel sitzt der Herr

reizen (3)
82,5 mich reizen für und für
134,4 reiz uns, daß wir zu ihm treten
244,6 zum Zorn gereizt oft dein Geduld

rennen (1)
449,6 geiziges Brennen, unchristliches Rennen

retten (17) → *beistehen, erlösen, erretten, helfen*
30,3 rettet von Sünd und Tod
46,3 da uns schlägt die rettende Stund
71,5 rett mich aus aller Not
114,9 rett uns aus Satans Macht und List
143,8 und rette uns, Herr, durch dein Blut
211,3 gilt schon für uns: gerettet sein
231,9 sein Unschuld sollst auch retten du
302,5 zu retten aus dem Tod
331,10 rett aus Sünden, rett aus Tod
345,1 der kann mich allzeit retten
353,1 hier ist, was sie retten kann
384,3 rettet und vom Seelverderben
398,1 rettest von Banden
410,4 denn wir sind gerettet
412,8 die rettet, die ihn flehen
431,1 o rette uns jetzt vor dem Brand
486,8 in deine Liebe rette

Retter (6) → *Erlöser, Heiland*
46,2 Christ, der Retter, ist da
96,1 du bist der wahre Retter unsres Lebens
96,6 er ist der Retter der verlornen Menschheit
309,1 der seinen Gott, den Herrn und Retter, preist
356,1 der selig macht und Retter ist
451,6 sei mir ein Retter in Gefahr

Retterart (1)
380,4 tragen recht nach Retterart

Rettung (5) → *Erlösung, Gnade, Heil*
16,4 kam euch die Rettung her
146,3 mit Trost und Rettung uns erschein
366,2 um Rettung aus der Angst und Not
428,2 Rettung dem, der hungern muß
525,4 an dir, o Herr, ich Rettung find

Reue (5) → *Buße, Gewissen*
88,4 dies mit Buß und Reue
113,6 wer täglich hier durch wahre Reu
137,5 und ein Herz, das voller Reue
144,5 durch Reue tief geschlagen
366,3 zu dir in wahrer Reu und Schmerz

reuen (6) → *gereuen*
216 daß durch dein Treu die Sünd uns reu
232,2 und reuen mich von Herzen
343,2 sonst wird's mich ewig reuen
363,6 laßt euch die Müh nicht reuen
517,6 und nichts, was dich verdrießt und reut
518,1 uns reuet unsre Missetat

richten (26)

a) im Sinne von: ausrichten (auf) (16)
61,5 Jesus richte mein Beginnen
133,13 richt unser ganzes Leben
248,1 schläfst noch schlummerst, zu uns richt
275,5 mir hat die Welt trüglich gericht'
276,3 sein Antlitz ist gericht'
298,2 richt auf uns den Vaterblick
388,3 dein Herz ist auf uns gericht'
391,3 richte unsern Sinn
393,2 mit ganzer Wendung richte
402,2 alles ist auf ihn gericht'
447,9 richt unsre Herzen, daß wir ja nicht scherzen
449,12 dahin sind meine Gedanken gericht'
471,3 zu deim Preis richten
479,1 auf Jesus sein gerichtet hin

481,1 zum Segen auf mich richte
517,3 wohlauf, mein Seel, und richt dich dar

b) im Sinne von: urteilen, verurteilen (10)
16,5 so richtet er die Welt
149,1 zu richten Bös und Fromme
149,5 denn du hast ja den Feind gericht'
195,1 was Gottes Wort klar spricht und richt'
286,4 er kommt, er naht sich, daß er richte
360,5 wenn du uns richtest, Herr, sind wir verloren
362,3 das macht, er ist gericht'
371,11 Gott wird's hören und recht richten
387,6 da uns Gott wird richten
405,5 zu richten vorgenommen

Richter (5)
3,5 der du zukünftig Richter bist
149,7 komm doch, komm doch, du Richter groß
191 ein Richter du zukünftig bist
241,8 der du der Welten Heil und Richter bist
280,2 daß du auf Erden Richter bist

richtig (6) → *recht (A)*
10,2 macht seine Steige richtig
10,3 ein Herz, das richtig ist
72,4 die Stummen richtig reden lehr
81,5 der Fromme stirbt, der recht und richtig wandelt
295,3 so kann ich richtig laufen
444,4 laß richtig mich gehn

Richtung (1)
311,3 Richtung zeigt ihm Gottes Wort

Riegel (2)
7,1 reiß ab, wo Schloß und Riegel für
259,3 läßt Schloß und Riegel springen

Rind (2)
24,9 davon ein Rind und Esel aß
371,8 der Schaf und Rinder in den Feldern

Ring (1)
315,5 nun trägst du Schuh und Ring und Kleid

ringen (9) → *kämpfen*
101,4 da Tod und Leben ,rungen
125,3 daß wir hier ritterlich ringen
341,7 da will ich für dich ringen
352,3 nein, ich will nach Gütern ringen
375,1 nachdem am Kreuz er ausgerungen
388,4 seufzen, ringen, schreien, beten
414,4 ach, hilf mir beten, wachen, ringen
453,3 ringt um des Herzens Lauterkeit
529,5 wer nicht hat wohl gerungen

ringsumher (1)
279,5 hast ringsumher uns eingeengt

rinnen (4) → *fließen*
77,6 daraus Blut und Wasser rann
78,4 von ihm blutiger Schweiß rann
503,8 aus meinem Herzen rinnen
528,2 wie ein Strom beginnt zu rinnen

ritterlich (4)
125,3 daß wir hier ritterlich ringen
131,5 laß uns hier kämpfen ritterlich
133,12 hilf kämpfen ritterlich
275,3 und ritterlich mög streiten

Ritterschaft (4)
130,4 laß uns... empfinden und zur Ritterschaft
248,5 auf ihr Glück und Ritterschaft
263,6 üben gute Ritterschaft
318,9 durch recht geistliche Ritterschaft

Rock (1)
477,4 anlegen den Rock der Ehr und Herrlichkeit

Rose (6)
30,1 es ist ein Ros entsprungen
31 es ist ein Ros entsprungen
37,7 mit Rosen, Nelken, Rosmarin
47,2 seht, der schönsten Rose Flor
524,3 denn gleich wie die Rosen stehen
527,5 wie eine Rose blühet

Rosmarin (1)
37,7 mit Rosen, Nelken, Rosmarin

Roß (1)
71,3 prangst nicht auf stolzem Rosse

rot (11)
79,2 durch dein heilig fünf Wunden rot
85,3 der roten Lippen Pracht ist hin
146,4 sieh an sein heilig Wunden rot
202,7 und ist vor ihm ein rote Flut
234,6 wer heut ist frisch, gesund und rot
301,7 führt' das Volk durchs Rote Meer
302,5 macht schöne rote Wangen
350,2 allein auf Jesu Wunden rot
351,5 macht schneeweiß, was ist rot
508,4 er macht uns frisch und rot
522,2 Herr Jesu, und dein Wunden rot

Röte (1)
444,1 die Röte aufsteiget

Rotte (6)
112,4 die Höll und ihre Rotten
248,4 aller Feinde Rotten trenn
351,1 was kann mir tun... und Widersacher Rott
370,6 Satan, Welt und ihre Rotten
371,11 nimm nicht zu Herzen, was die Rotten
423,2 bewahr vor allen Rotten

rücken (2)
361,6 aus der Höhle... mit großen Gnaden rücken
523,4 rück sie aus allem Schaden

Rücken (1)
84,5 du nimmst auf deinen Rücken

Ruf (7)
184,3 den Vater, dessen Wink und Ruf
257,3 um mit dem Ruf der Gnaden
301,4 der durch seiner Allmacht Ruf
385,1 folgt meinem Ruf und Schalle
406,4 auch des Rufs aus dieser Welt
452,2 nichts gilt mehr als sein Ruf
454,3 den Geplagten gilt sein Ruf

rufen (86) → *beten, bitten, flehen, Flehen*

a) allgemein (15)
36,1 alle Luft laute ruft
142,2 gewaltig ruft ihr strahlend Heer
226,2 ruft nach Brot, um zu ernähren
303,8 alles, was Odem hat, rufe Amen
423,6 da man nach Brot vergebens ruft
506,2 wer ruft dem Heer der Sterne
506,4 bringt, ruft auch der geringste Wurm
506,4 mich, ruft der Baum in seiner Pracht
506,4 mich, ruft die Saat, hat Gott gemacht
509,1-5 zu dir, zu dir ruft Mensch und Tier
513,1 sie rufen: Kommet, laßt die Sicheln klingen

b) von Gott (23)
37,5 rufst du mir zu: Ich bin dein Freund
78,8 Jesus rief am Kreuze laut
97,1-6 ruf uns aus den Toten
112,2 und ruft Viktoria
236,5 der du Tote rufst
301,3 alles rief er in das Sein
313,3 ruft nicht, wie man beim Jahrmarkt schreit
392,1-4 Gott rufet noch
409,2 er rief sie ins Leben
427,2 solang dein Wort zum Frieden ruft
454,5 Gottes Wort ruft Freund und Feind
511,2 Gott der Herr rief sie mit Namen
524,1+8 ruft aus diesem Jammertal
526,7 sterbt ihr, Christus ruft euch wieder

ba) in die Nachfolge (19)
36,5 ruft zu sich mich und dich
168,1 du hast uns, Herr, gerufen
199,2 rief er uns schon mit Namen
199,2 und ruft uns fort und fort
208,2 so rufe dieses Kind mit Namen
210,1 du hast mich, Herr, zu dir gerufen
211,1 und uns durch Christus zu dir rufst
213,1 der Heiland rufet euch
217,4 du rufest alle, Herr, zu dir in Gnaden
225,1 er ruft uns in Geduld
229,3 Jesus ruft uns. Wir sind erwählt
250,2 du rufest auch noch heutzutage
277,4 hilf mir dich hören, wenn du mich rufst
298,2 rufe die verstoßnen Knechte
313,1 ruft mich und dich, zwei oder drei
313,1 und Simon und Andreas rief
315,7 er ruft, bis alle ihn verstehn
353,4 Jesus rufet euch, und er
393,2 der uns gerufen hat

c) von Menschen (29)
15,3 die Stimme ruft: Tut Buße gleich
20,4 und ruft: Uns ist ein Kind geboren
123,11 ich will glauben, reden, rufen
134,5 daß das Herz oft rufen muß
147,1 wachet auf, ruft uns die Stimme
147,1 sie rufen uns mit hellem Munde
247,1 und zu dir rufen
264,3 zu dir, Herr, rufen wir
276,2 ich rief in meiner Not
277,4 wenn ich nichts hören kann, hilf mir dich rufen
292,2 da rief ich deinen Namen, Herr
299,1 Herr Gott, erhör mein Rufen
312,3 Täufer, was riefst du dort an der Jordanfurt
314,5 alle Leute rufen laut und loben Gott den Herrn
326,4 ich rief zum Herrn in meiner Not
343,1 ich ruf zu dir, Herr Jesu Christ
351,1 sooft ich ruf und bete
381,4 so rufe ich mit David – höre auf uns
382,1 seit Menschen leben, rufen sie nach Gott
388,5 denn die Last treibt uns zu rufen
427,5 darum muß jeder zu dir rufen
430,1 wir rufen: Herr, wie lange

474,2 ich ruf zu dir, Herr Jesu Christ
509,1–5 zu dir, zu dir ruft Mensch und Tier
524,2 Tag und Nacht hab ich gerufen

Rufer (2)
312,1 ein Prediger und Rufer
312,7 damit du Rufer wirst

Ruhe (53) → *Friede, Rast*

a) allgemein (9)
144,6 stell unser Herz durch sie zur Ruh
254,1 wir wolln... der Ruhe abzusagen
282,5 als lang in stolzer Ruh der Welt
283,3 des Krieges Schluß, der Waffen Ruh
331,2 rufen dir stets ohne Ruh
393,8 man pflanze Lieb und Ruh
451,2 und Ruhe für die Müden
476,1 bringt Menschen, Vieh und alle Welt zur Ruh
479,1 die Welt hat sich zur Ruh gemacht

b) Ruhe als Gabe Gottes (31)
46,1 schlaf in himmlischer Ruh
80,5 o Jesu, du mein Hilf und Ruh
86,3 um zu setzen mich in Ruh
91,10 so laß dein Kreuz mir wieder Ruhe schenken
122,2 sonst nirgends, Ruh erlangen
127,6 schaffst uns viel Fried und große Ruh
134,5 und gib Mut, Geduld und Ruh
237,3 mein Weg und meine Ruh
244,3 gib deiner Kirche gute Ruh
251,1 sucht in Gottes Herzen Ruh
259,2 wir haben Ruh und sichern Schutz
286,1 der Herr schafft Ruh und Sicherheit
290,7 aus Angst und Not zur Ruhe führet
326,6 die sonsten nirgends finden Ruh
351,9 der bei ihm suchet Ruh
352,3 die mir wahre Ruhe bringen
392,5 wo willst du Trost, wo willst du Ruh erlangen
396,3 in gar sichrer Ruh
400,3 du höchstes Gut und wahre Ruh
451,7 erfüllt mit Lieb und Ruhe
467,3 laß schlafen uns mit Fried und Ruh
469,6 daß wir vorm Satan haben Ruh
471,1 der Ruh zu pflegen
474,1 mit meinem Gott geh ich zur Ruh
475,6 empfinden eine sanft und süße Ruh
478,7 mein Gott wacht jetzt in meiner Ruh
479,4 nun, matter Leib, gib dich zur Ruh
484,1 müde bin ich, geh zur Ruh
484,4 müden Herzen sende Ruh
485,5 bleiben in deines Todes Ruh
505,2 die Fried und Ruh gegeben

c) in Grab und Ewigkeit (13)
84,13 begleiten zu der ewgen Ruh
111,4 darin ich Ruh und Frieden hab
152,3 bei dir auch Ruh... geben
194,3 und endlich bei dir finden Ruh
322,9 dort in der ewgen Ruh
423,10 zur ewgen Ruh und Herrlichkeit
445,7 der auch endlich mich zur Ruh trage
476,6 und in die Ruh des tiefen Grabes stecken
477,4 der Leib eilt nun zur Ruhe
477,6 zur Ruh ein Bettlein in der Erd
495,7 auf daß er seine Ruh an ihrer Seite hab
505,6 da er der Ruh genießt
529,1 dort in der ewgen Ruh

ruhen (40) → *ausruhen*

a) allgemein (8)
198,1 worauf soll der Glaube ruhn
256,3 da ruht der Streit
358,3 daß er der Herr ist, ruht
389,1 daß sie in meinem Herzen ruh
397,3 ruh bis zum Jüngsten Tage
457,11 die Hände, die zum Beten ruhn
477,1 nun ruhen alle Wälder
497,1 und Werk in deinem Willen ruhn

b) von Gott, bei Gott (19)
24,13 zu ruhen in meins Herzens Schrein
45,2 verschmähst nicht zu ruhn in Marien Schoß
84,8 mir stets in meinem Herzen ruhn
154,6 und ruhn in dir, der unsern Sieg gewann
170,3 die mit Tränen säen, werden in ihm ruhn
256,1 in deiner Liebe ruht sich's gut
283,7 und die in seinem Schoße ruhn
322,6 er lasse seinen Frieden ruhn
324,7 und läßt uns sicher ruhn
361,4 dein Arbeit darf nicht ruhn
371,1 in ihm ruht aller Freuden Fülle
374,3 und wer von ihm behütet ruht
376,2 laß ruhn zu deinen Füßen
407,1 Quell, an dem ich ruh
451,5 laß deinen Segen auf mir ruhn
469,2 und laß uns in dir ruhen fein
481,2 das Herz allein in dir auch ruht
484,3 Gott, laß ruhn in deiner Hand
486,1 dem, der in deinen Armen ruht

c) von Menschen (13)
231,4 daß du und dein Haus ruhen mag
324,18 so wirst du hier im Frieden ruhn

380,3 ihr dürft stille ruhn
393,10 da wird man ewig ruhn
471,1 drin wir ruhen sollen
487,3 bleib bei meinem Ruhn
492 ruhet von des Tages Müh
497,5 auf daß ich ja nicht ruh und steh
503,8 ich selber kann und mag nicht ruhn
520,6 wir lassen ihn im Grabe ruhn
522,5 so schlaf ich ein und ruhe fein
525,3 ruht doch der Leib sanft in der Erd
529,12 in meinem Erbteil ruhn

Ruhestatt (1)
388,2 führest zu der süßen Ruhestatt

Ruhesteg (1)
73,10 den stillen Ruh- und Friedenssteg

Ruhetag (1)
371,14 es ist ein Ruhetag vorhanden

ruhig (2)
482,7 und laß uns ruhig schlafen
493 eine ruhige Nacht und ein seliges Ende

Ruhm (37) → *Ehre*

a) allgemein (4)
253,3 wir tragen, doch nicht ohne Ruhm
361,11 trägst davon mit Ruhm und Dankgeschreie
506,5 der Mensch, der Schöpfung Ruhm und Preis
527,2 der Ruhm, nach dem wir trachten

b) Ruhm Gottes (21)
36,11 o mein Ruhm! Edle Blum
45,4 Herr Jesu, sei Ehre und Preis und Ruhm
59,6 zu deines Namens Ruhm und Ehr
62,2 mache seines Namens Ruhm
83,4 ich will mich dir, mein höchster Ruhm
256,1 bereite dir zum Ruhm deine Kinder
263,2 mache deinen Ruhm bekannt
275,7 Preis, Ehre, Ruhm und Herrlichkeit
281,3 Anbetung, Ehre, Dank und Ruhm
281,3 nicht Ruhm und Ehr gebühren
281,4 dann sehen Herrscher deinen Ruhm
281,5 erschütternd strahlet hier dein Ruhm
286,3 sein Ruhm, sein Lob muß euch entflammen
309,4 bleibt ewiglich zu seines Namens Ruhm
330,3 zu Gottes Ruhm belebet sein
331,3 sind erfüllt von deinem Ruhm
399,6 mein Ruhm, mein Lied, mein Lobgesang
445,6 Herr, mein Schild, mein Ehr und Ruhm
479,2 mein Jesus, meiner Seele Ruhm
497,14 dein soll sein aller Ruhm und Ehr
503,14 verleihe, daß zu deinem Ruhm

ba) Rühmung durch Menschen (12)
111,15 erheben deinen Ruhm und Preis
276,1 des Herren Ruhm verkünden
279,2 daß laut dein Ruhm besungen werde
281,4 und deinen Ruhm besingen
290,1 besinge deines Gottes Ruhm
300,2 bringt seinem Namen Preis und Ruhm
302,8 zu rühmen seinen Ruhm
323,1 und deinen Ruhm vermehren
332,2 aus unserm Chor ein Lied zu seinem Ruhme
389,5 so will ich deines Namens Ruhm
414,4 stets Dank und Ruhm und Ehre bringen
485,3 rein künden deinen Ruhm

rühmen, sich rühmen (31) → *ehren, loben, preisen*
38,1 rühmt die ganze Christenheit
66,5 Himmel und Erde, rühmt seine Gewalt
123,10 rühmt, vollendete Gerechte
180.2 wir rühmen deinen Namen
191 rühmt dich auf Erden allezeit
276,1 rühmen den Herren mein
279,1 rühmt seines Namens Herrlichkeit
279,4 rühmt, Völker, unsern Gott; lobsinget
284,1 deinen Namen, Allerhöchster, rühm ich gern
286,2 rühm, Erde, Gottes Herrlichkeit
286,3 frohlocket, jauchzet, rühmet alle
288,5 rühmt seinen Namen mit lauter Stimm
294,2 drum rühm ich Gottes Taten gern
299,2 vor dir niemand sich rühmen kann
302,8 zu rühmen seinen Ruhm
303,8 rühmet, ihr Menschen, den hohen Namen
305,3 seine Hoheit rühmen soll ein Fest euch sein
306,3 seine Hoheit rühmen soll ein Fest euch sein
308,3 dein Nam ist alles Rühmens wert
323,1 des Rühmens ist die Fülle
351,2 ich rühm's auch ohne Scheu
355,1+3+5 und rühme die Barmherzigkeit
355,3 das rühm ich, wenn ein Mensch mich fragt

355,4 dies soll mein einzig Rühmen sein
470,2 unser armes Lied rühmet dich
503,7 und rühmt die große Güte
505,2 wir rühmen seine Güte
505,3 nach Würden rühmen kann
523,5 so will ich ewig rühmen

rühren, sich rühren (8) → *bewegen, erschüttern*
9,4 des Höchsten Zorn euch rührt
36,7 euch kein Kreuz wird rühren
101,5 der Würger kann uns nicht rühren
130,7 rühre, führe unser Sinnen und Beginnen von der Erden
179,1 uns rühren kann kein Schade
391,3 rühret eigner Schmerz
502,2 was sich nur rühret, alles zu Fuß ihm fällt
512,5 jetzt an unsre Seelen rührt

rund (1)
482,3 und ist doch rund und schön

Rund (1)
327,2 die das große Rund bemalen

rüsten, sich rüsten (8)
78,3 lehrt und rüst' die Jünger sein
136,3 darum mußt du uns rüsten
137,2 rüste du mit deinen Gaben
138,1-3 mit Gottes Kraft uns rüsten
148,9 hilf, daß ich mich stets rüste
404,5 mit deiner Kraft mich rüste

Rüstung (2)
362,1 sein grausam Rüstung ist
426,2 vor Rüstung und Spieß und Speer

Rute (1)
134,3 denn des Vaters liebe Rut

S

Saal (7)
4,2 dem königlichen Saal so rein
7,4 o komm, ach komm vom höchsten Saal
23,5 macht uns zu Erben in seim Saal
112,7 er dringt zum Saal der Ehren
127,1 zerteilt man Zungen sah im Saal
148,7 nicht veralten auf Gottes Tisch und Saal
224,1 nun stehn wir, Herr, in deinem Saal

Saat (3) → *Same, Samenkorn*
506,4 mich, ruft die Saat, hat Gott gemacht
512,3 soll nicht enden Saat und Ernte
513,2 bis uns gereift die Saat, die uns soll nähren

Sabbat (2)
111,4 drauf folgt der Sabbat in dem Grab
513,7 auch unsre Seelen, Sabbat dort zu feiern

Sache (15)
144,6 all unsre Sachen hab geschlicht'
244,9 die Sach ist dein, o starker Gott
246,6 die Sach und Ehr, Herr Jesu Christ
249,2 tröste dich nur, daß deine Sach
278,7 schaffe Recht, führe meine Sache
297,1 und unsrer Sach er nicht zufällt
352,3 sollt ich mich bemühn um Sachen
368,2 er mag's mit meinen Sachen... machen
368,7 der weiß zu allen Sachen Rat
369,6 es sind ja Gott sehr leichte Sachen
371,11 ist Gott dein Freund und deiner Sachen
372,1 wie er fängt seine Sachen an
422,2 denn du; drum führ die Sach
482,3 so sind wohl manche Sachen
528,8 sind der Menschen Sachen

säen (4)
170,3 die mit Tränen säen, werden in ihm ruhn
262,5 wo sie unter Tränen sä'n
512,6 ist gesät in deinen Schoß
520,1 wird, was wir hier verweslich sä'n

Saft (2)
218,4 und daß mit dem Saft der Reben
503,6 des süßen Weinstocks starker Saft

sagen (52) → *aussagen, reden, sprechen*

a) allgemein (12)
66,9 Jesus ist kommen, sagt's aller Welt Enden
97,3 doch der Himmel sagt uns
134,7 sagt das Fleisch gleich immer Nein
278,2 weil man sagt: Wo ist dein Gott
355,3 so ist mein ganzes Herz gesagt
371,12 wo ist ein Haus, das könnte sagen
392,6 Fleisch, Welt, Vernunft, sag immer, was du willt
409,3 Feuerschein und Wolke... sagen seinem Volke
413,7 was man sag oder sing, zum Besten deut' sie
430,4 von dem, was Liebe sagt
481,5 ein Tag, der sagt dem andern
506,6 und alle Welt sag Amen

b) von Gott, Gottes Wort, der Schrift usw. (14)
24,1 davon ich singn und sagen will
25,1 sie sagten ihn': Ein Kindlein zart
30,2 davon Jesaja sagt
33,1 weil dir die Engel sagen
77,1 wie denn die Schrift saget
83,3 mein Wirken ist dein Sagen
116,3 der Engel sagte: Fürchtet euch nicht
116,3 er ist erstanden, wie er gesagt
199,4 er wird es neu uns sagen
203,2 sie schön umfangen und gesagt
275,4 mein Schild, mein Kraft – sagt mir dein Wort
277,2 denn ich verstehe nichts, wenn du es mir nicht sagst
342,5 nun sagst du, daß kein Mensch verzag
374,2 er hat's gesagt, und darauf wagt

c) von Menschen (17)
35,1 jauchzt alle und sagt so
54,2 sagt mir doch eures Jubels Grund
93,4 sagt zu Christi Wegen: Ja
95,3 und will von ihm nur Schlechtes sagen
123,7 sagt, ihr Armen, ihm die Not
167,2 wir wollen fröhlich sagen
169,3 wir sagen Gott, was uns bedrückt
212,6 du bist reicher, als wir sagen können
278,5 sage zu Gott, meinem Fels
329,3 damit sag ich bis in den Tod
353,1 saget doch dies Trostwort allen
371,5 magst du Gott gar kühnlich sagen

380,1 und ihr sollt einst sagen
399,6 ja daß ich's sag mit einem Wort
416 daß ich die Wahrheit sage, wo der Irrtum herrscht
527,7 der Erde sagen: gute Nacht
530,4 und sage frisch in allen Fällen

ca) Dank und Lob sagen (9)
33,2 von Herzen sagen Preis und Dank
82,4 drum sag ich dir von Herzen... Lob und Dank
131,6 wir sagen dir Lob, Ehr und Dank
160 Gott Vater, dir sei Dank gesagt und Ehre
284,1 das ist köstlich, dir zu sagen Lob und Preis
319,4 und sagt ihm einen ewgen Dank
346,5 dort ewig dir Lob sagen
349,4 dafür will ich ihm sagen Lob und Dank
443,1 sag ich dir Lob und Dank

Saite (3)
70,6 zwingt die Saiten in Cythara
279,1 sei Stimm und Saite ihm geweiht
285,1 auf den zehn Saiten und Psalter

Saitenspiel (2)
83,6 in Fröhlichkeit mein Saitenspiel
148,6 klingen die rechten Saitenspiel

Sakrament (5)
5,4 schenken in den Sakramenten
223,2 den Seinen sich im Sakrament
243,5 auferbauen durch Wort und Sakrament
246,2 daß wir dein Wort und Sakrament
250,5 dein heilig Wort und Sakrament

Salbe (1)
126,2 ein geistlich Salb an uns gewandt

salben (4)
105,4 den Herrn zu salben kommen sie
133,4 du bist das heilig Öle, dadurch gesalbet ist
274,4 mein Haupt tust du mir salben
282,5 schau uns in dem Gesalbten an

Salbungsgabe (1)
114,5 mit ihrer Salbungsgabe

Salome (1)
114,5 und Salome zum Grabe

Salomo (1)
503,2 als Salomonis Seide

Same (8) → *Saat, Samenkorn, Wort*
144,7 deinen göttlichen Samen
196,3 am Weg der Same wird sofort
196,3 der Same, der in Dornen fällt
200,1 ich bin gezählt zu deinem Samen
208,3 Geist, Wort und Wasser mach zum Samen
317,5 alles, was Odem hat, lobe mit Abrahams Samen
508,1 wir pflügen, und wir streuen den Samen auf das Land
513,7 die hier mit Tränen streuen edlen Samen

Samenkorn (2) → *Saat, Same*
98,3 im Gestein verloren Gottes Samenkorn
166,4 wenn dein Samkorn auf mich fällt

sammeln (8) → *versammeln*
168,3 Herr, sammle die Gedanken und schick uns deinen Geist
245,1 und sammelt draus zu seinen Ehren
257,4 o sammle deine Herden
262,3 sammle, großer Menschenhirt
263,3 sammle, großer Menschenhirt
313,3 und sammelt seine Leute
393,4 viel sammeln, halten, handeln
513,2 nun du sie gibest, sammeln wir die Gabe

samt (8) → *zusamt*
103,1 samt seinem eingebornen Sohn
107,3 samt seinem eingebornen Sohn
109,6 samt seinem eingebornen Sohn
149,6 auf daß ich samt den Brüdern mein
205,3 samt Vater und dem Sohn gepreist
288,7 samt Gott, dem werten Heilgen Geist
387,2 und die Not samt dem Tod
445,6 samt den Sinnen und Verstand

Samt/Sammet (2)
24,11 der Sammet und die Seiden dein
37,6 Samt, Seide, Purpur wären recht

sämtlich (2)
250,3 die sämtlich unter Christus stehen
371,14 und aus der Qual uns sämtlich bringen

sanctus (lat. heilig) (1) → *heilig*
185.5 sanctus, sanctus, sanctus

Sand (8)
84,3 des Sandes an dem Meer
357,1 wie Sand und Staub verweht
369,1 der hat auf keinen Sand gebaut
370,10 eine Hand voller Sand

497,3 doch nur auf lauterm Sande
503,5 die Bächlein rauschen in dem Sand
506,4 dich preist der Sand am Meere
522,2 denn ihr' sind viel wie Sand am Meer

sanft (19)
24,13 mach dir ein rein sanft Bettelein
84,10 soll zieren mit stillem, sanftem Mut
89,5 fein sanft beschließe meine Not
165,7 sanft und still in deinem Frieden
204,4 daß sanft und still abscheide die Seel
231,6 Geduld haben und sanften Mut
252,6 sanft, einfältig, wie dein Wille
363,2 mein Joch ist sanft, leicht meine Last
397,3 gar sanft ohn alle Qual und Pein
451,4 daß ich nach einer sanften Nacht
455,2 sanft fallen Tropfen, sonnendurchleuchtet
475,6 empfinden eine sanft und süße Ruh
476,4 sich seiner Kraft fein sanft erholen mag
479,4 und schlafe sanft und stille
482,6 durch einen sanften Tod
500,2 dazu den sanften Regen
516,6 alsdann laß sanft und stille
519,1 sanft und stille, wie Gott mir verheißen hat
525,3 ruht doch der Leib sanft in der Erd

Sanftmut (2)
196,1 mit Sanftmut, Ehre, Lieb und Freud
495,4 mit Sanftmut überwind

sanftmütig (1)
307,3 selig sind die Sanftmütigen

Sanftmütigkeit (1)
1,2 Sanftmütigkeit ist sein Gefährt

Sängerin (1)
319,3 zu sein die rechte Sängerin

Sankt Johann (2) → *Johannes (der Täufer)*
141,1 der Sankt Johann vorausgesandt
202,1 von Sankt Johann die Taufe nahm

Sarg (1)
83,3 du streckest den in Grab und Sarg

Satan/Satanas (28) → *Drache, Teufel*
33,1 dazu den Satan zwingen
39,4 uns, die Satan hat betrogen
66,3 fühlst du den Stärkeren, Satan, du Böser
114,9 rett uns aus Satans Macht und List
133,12 den Satans Reich und Werke
134,6 wenn des Satans Macht sich weist
136,5 sie werfen Satans Bande... fort
143,4 um Satans böse List und Macht
149,4 und mit dem Satan müssen gehn
192 den Satan unter unsere Füße treten
200,3 sagt ich... des Satans schnöden Werken ab
241,4 und brich in Satans Reich mit Macht hinein
344,3 des Satans Zorn und groß Gewalt zerbrich
370,6 Satan, Welt und ihre Rotten
373,1 Satan, der sinnet auf allerhand Ränke
375,2 wenn Satans Pfeil ihm auch von nah und fern
375,3 noch unter Satans Joch
387,1 denn es ist Satans List
396,2 laß den Satan wettern
397,2 des Satans Mord und Lügen wehr
443,5 den Satan zu vertreiben
446,2 hat Satan mein begehret
449,5 Laster und Schande, des Satanas Bande
469,2 und vor dem Satan sicher sein
469,6 daß wir vorm Satan haben Ruh
475,4 hilf mir, da des Satans Spiel
477,8 will Satan mich verschlingen
520,7 erlöst von Satans Macht und ewger Pein

satt (9) → *sättigen*
37,4 und kann mich nicht satt sehen
223,3 den ganzen Menschen satt und heil
307,4 denn sie sollen satt werden
309,3 macht Arme reich, macht satt, wer darben muß
412,2 und macht die Hungrigen nicht satt
458 daß wir satt werden hier und dort
494,3 da wird der Fromme froh und satt
505,1 satt, reich und fröhlich macht
512,2 machet alle froh und satt

sättigen (3) → *satt*
227,2 doch daß des Menschen Herz gesättigt werde
461 und sättigest alles, was da lebet, mit Wohlgefallen
502,4 nach Vaters Weise sättigt er allzumal

Satz (2) → Gebot, Gesetz
341,10 und hüt dich vor der Menschen Satz
368,4 leb ich nach seinen Sätzen

sauer (5)
362,3 wie sau'r er sich stellt
393,6 bei uns stehen bei jedem sauren Tritt

413,7 kein' sauren Blick, kein bitter Wort
495,6 durch manchen sauren Tritt
527,4 und saurer Schweiß erwirbt

Sauerteig (1)
101,7 der alte Sau'rteig nicht soll sein

Säugling (3)
270,1+2 Kinder und Säuglinge künden dein Lob
271,2 den Leugner widerlegt des Säuglings Mund

säumen (3) → *versäumen*
73,1 auf, Seele, auf und säume nicht
288,1 kommt mit Frohlocken, säumet nicht
388,7 doch wohlan, du wirst nicht säumen

Säumnis (1)
213,3 legt... ab der Sünde bange Säumnis

Schächer (1)
77,6 die Schächer zerbrochen

Schade/Schaden (23)
66,7 holet für euren so giftigen Schaden
126,5 und meiden der Seelen Schad
127,7 daß uns der Feind nicht Schaden tut
170,2 schlimmen Schaden heilen, lieben und verzeihn
179,1 uns rühren kann kein Schade
202,7 die allen Schaden heilen tut
203,5 vor Unfall, Schaden und Gefahr
218,6 oder mir vielleicht zum Schaden
222,2 heilt meiner Seele Schaden
299,5 wie groß auch sei der Schade
363,1 will heilen euren Schaden'
368,4 die mich vor allem Schaden
371,2 wo er steht, tut dir keinen Schaden
388,1 bei dem Schaden, Spott und Schande
443,2 vor G'fahr und allem Schaden
449,8 sein Heil und Gnaden, die nehmen nicht Schaden
467,2 vor Schaden, G'fahr und mancher Plag
475,1 vor Betrübnis, Schand und Schaden
477,7 sei gut für allen Schaden
484,2 machen allen Schaden gut
505,4 dich loben wir für abgewandten Schaden
512,4 Schaden, Unfall und Gefahr
523,4 rück sie aus allem Schaden

schaden (10)
61,3 hilf, daß sie mir nimmer schaden
82,3 was kann mir denn nun schaden
109,4 nun kann uns kein Feind schaden mehr
116,5 uns kann nicht schaden Sünd oder Tod
205,1 daß ihm dieselb nicht schade
347,1 daß uns hinfort nicht schade
361,3 was gut sei oder schade
398,2 kann uns nicht schaden
502,5 uns soll hinfort kein Unfall schaden
525,4 mir können nicht mehr schaden

schädlich (3)
373,1 mächtig aufführet, mir schädlich zu sein
385,3 ich zeig euch das, was schädlich ist
449,11 was schädlich und nichtig meinem Gebeine

Schaf/Schäflein (10)
29,1 den Hirten, die ihr' Schäfelein
81,4 der gute Hirte leidet für die Schafe
206,4 Hirte, nimm das Schäflein an
217,1 dein arm Schäflein wollest du weiden
242,2 weck die Schaf mit deiner Stimm
271,5 gabst ihm zum Dienst die Schafe und die Stiere
288,3 zu Schafen, die er ist bereit zu führen
353,3 wenn ein Schaf verloren ist
371,8 der Schaf und Rinder in den Feldern
503,5 der Schaf und ihrer Hirten

schaffen (64) → *erschaffen, Schöpfung*

a) allgemein (32)
11,8 schafft, daß bei Gottes Kindern
89,3 auf daß du für uns schafftest Rat
126,5 den Fried schaff bei uns deine Gnad
127,6 schaffst uns viel Fried und große Ruh
133,2 Hilf und Errettung schafft
139,3 Rat, Trost und Hilfe schafft
142,5 dein Arm sind sie, der Wunder schafft
171,3 sei Hilfe, sei Kraft, die Frieden schafft
236,3 schaffen kann ich nicht
246,3 schaff, daß es schall an allem Ort
247,3 und schaff uns Beistand wider unsre Feinde
262,4 schaffe Licht in dunkler Nacht
262,6 suchen, was den Frieden schafft
263,4 schaffe Licht in dunkler Nacht
278,7 schaffe Recht, führe meine Sache
286,1 der Herr schafft Ruh und Sicherheit
289,1 der Herr schafft Recht, behütet
294,2 Gott schafft den Sieg mit seiner Rechten
324,14 schafft Rat und läßt dich nicht
351,7 dem, was er in mir schafft
365,3 er schaff's, wie's ihm gefällt

404,7 die dein Geist schafft und tut
423,4 schaff jedermann sein Recht
428,2 schaff aus unserm Überfluß
429,6 dann wohnt das Recht... und schafft den Frieden
431,3 zeig uns, was neuen Frieden schafft
451,2 wer schafft die Sicherheit der Nacht
476,4 schaff, daß mein Geist dich ungehindert schaue
494,2 Gott ist's, der das Vermögen schafft
494,5 daß das, was du mich schaffen heißt
500,2 die du uns schaffst allein
502,4 er schaffet frühn und späten Regen

b) von Gottes Schöpfung (26)
3,6 und deinem Sohn, der all Ding schafft
65,2 das Heil, für das du uns geschaffen hast
148,1 wird Gott neu schaffen gar
184,3 das Licht aus Finsternissen schuf
199,1 es schuf aus Nichts die Welten
211,1 Gott, der du alles Leben schufst
270,6 alles Geschaffene, alles, was lebet
271,1 schufst alles, deinen Namen uns zu nennen
284,3 du schufst alle deine Werke uns zugut
300,3 der Himmel schuf und Erd und Meer
301,4 Erd und Himmel weise schuf
319,3 der sie also geschaffen hat
326,3 was unser Gott geschaffen hat
365,8 der uns geschaffen hat
368,7 der dich geschaffen hat
400,4 und liebte das geschaffne Licht
401,2 eh ich noch geschaffen war
412,4 Gott schuf die Welt nicht bloß für mich
412,5 daß Gott mich schuf und mich versühnt
429,4 ich schuf den Himmel, ich schuf die Erde
429,4 schuf sie zur Wohnung für alle Menschen
431,1 du schufst aus unbegrenzter Macht
432,2 er schuf sie gut, er schuf sie schön
454,3 Gottes Macht schützt, was er schuf
515,1 sei gepriesen, du hast die Welt geschaffen
515,6 sei gepriesen, denn du, Herr, schufst den Menschen

c) von der Neuschöpfung im Geist (6)
164 schaffe in uns neues Leben
230 schaffe in mir, Gott, ein reines Herze
233,4 schaff ein gehorsam Herze
343,3 schaff mir ein neues Leben
389,1 ein reines Herz, Herr, schaff in mir
390,2 schaff in mir, Herr, den neuen Geist

Schale (1)
227,3 und die wir trinken aus der heilgen Schale

Schall (25)
29,3 in dem Himmel hoch mit Schall
34,1 freuet euch mit großem Schalle
39,7 dahin, da mit süßem Schalle
48,2 was uns verheißen der himmlische Schall
54,3 sie verkünden uns mit Schalle
60,1 lobsinget Gott mit hellem Schall
109,5 so singen wir mit großem Schalln
119,4 drum jauchzen wir mit großem Schalln
120 Christ fuhr mit Schallen
129,1 lobt ihn mit großem Schalle
148,8 wir werden stets mit Schalle
150,7 daß von dem Schall und von dem süßen Ton
151,3 mit Jauchzen und mit Schalle
159,1 fangen an den Gottesdienst mit Schalle
191 loben dich, Herr, mit großem Schall
241,1 ja deren Schall die ganze Welt durchdringt
271,1 der Himmel ruft ihn aus mit hellem Schall
280,2 und sing mit großem Schalle
322,2 ermuntert euch und singt mit Schall
385,1 folgt meinem Ruf und Schalle
398,2 dein Lob vermehren mit hellem Schalle
475,7 treibe weg des Krieges Schall
502,1 lob ihn mit Schalle, werteste Christenheit
503,3 ergötzt und füllt mit ihrem Schall
520,2 wenn der Posaune Schall wird gehn

schallen (8)
62,2 soll bei uns in Zion schallen
206,2 ja, es schallet allermeist
246,3 schaff, daß es schall an allem Ort
330,2 o daß doch meine Stimme schallte
377,4 ihr Loblied lassen schallen
407,3 bis die Glocken schallen
422,3 im Fried noch länger schallen
423,2 noch ferner reichlich schallen

schalom (hebr. Friede, Heil) (3)
433 hevenu schalom alejchem
434 schalom chaverim
434 der Friede des Herrn geleite euch, Schalom

schämen, sich (2)
5,3 die sich sein nicht schämen
39,2 Tod und Teufel mag sich schämen

Schande (20) → *Schimpf, Spott*
11,4 ich stand in Spott und Schanden
66,2 bringet zu Ehren aus Sünde und Schande
79,3 behüt uns auch vor Sünd und Schand
124,4 hilf, daß wir nicht fürchten Schand noch Tod
191 in Schanden laß uns nimmermehr
231,9 und seine Schand decken zu
244,9 gib uns den Feinden nicht zur Schand
271,6 am tiefsten in die Schuld und Schand gefallen
271,7 und wendete der Menschheit Schand und Not
365,2 errett' von Sünd und Schanden
388,1 bei dem Schaden, Spott und Schande
397,1 in Schanden laß mich nimmermehr
398,1 hilfest von Schanden
437,2 vor Sünd und Schand durch deine Güt
440,3 vor Blindheit und vor aller Schand
443,3 vor Armut und vor Schanden
449,5 Laster und Schande, des Satanas Bande
469,3 daß wir nicht falln in Sünd und Schand
475,1 vor Betrübnis, Schand und Schaden
495,6 und Schanden mich bewahr

schändlich (1)
85,2 so schändlich zugericht'

Schar (37) → *Herde*

a) allgemein (6)
241,4 so gib dein Wort mit großen Scharen
363,7 er helf uns zu der Heilgen Schar
371,15 er wird uns bringen zu den Scharen
375,3 ja, Jesus siegt! Seufzt eine große Schar
379,2 nicht missen in der Geschöpfe Schar
504,4 seht, wie fliegt der Vögel Schar

b) von Engeln (11)
23,1 des freuet sich der Engel Schar
24,15 des freuet sich der Engel Schar
25,1 vom Himmel kam der Engel Schar
69,1 vor Freud singt uns der lieben Engel Schar
73,7 und singe mit der Engel Schar
142,1 hast du der Engel Schar bestellt
143,7 wo ihm nicht wehrt der Engel Schar
476,5 vergönne, daß der lieben Engel Scharen
477,9 ums Bett und seiner Engel Schar
517,3 dort wartet dein der Engel Schar
529,7 da aller Engel Schar

c) von Menschen (20)
12,2 was der alten Väter Schar
14,3 zieht deine Schar nach allen Orten
38,2 ja auch deiner Feinde Schar
58,15 mir und der Christen Schare
108,2 auch seiner Schar verheißen klar
123,10 und du Schar, die Palmen trägt
150,4 was für ein edle Schar kommt dort
223,5 gib deiner Schar im Kampf und Krieg
241,1 und aller Völker Scharen zu dir bringt
243,1 frohlock, du christlich Schar
243,4 o du christgläub'ge Schar
251,5 vereine deine dir geweihte Schar
255,5 vereine des ganzen Christenvolkes Schar
264,3 mit der Erlösten Schar
278,3 mitten in feiernder Schar
331,4 der Blutzeugen lichte Schar
358,2 er kennet seine Scharen
380,5 wie, der Väter Schar
450,2 und erquick uns, deine Schar
485,6 die Schar, die kniet vor dir

scharen, sich (1)
359,2 seid nur um den Herrn geschart

scharf (3) → *hart*
81,1 daß man ein solch scharf Urteil hat gesprochen
136,2 die scharf geschliffnen Waffen
406,6 als dem kühlen, scharfen Wehen

schärfen (2)
370,5 fromm ist Gott und schärft mit Maßen
444,5 wird schärfen die Sinnen

scharren (1)
529,10 so scharrt man mich ins Grab

Schatten (11)
20,2 wo Tod den schwarzen Schatten wirft
154,2 tief liegt des Todes Schatten auf der Welt
296,5 unter dem Schatten seiner Gnad
326,2 in deinem Schatten wohnen
370,2 als ein Schatten fliehen
381,2 ein Schatten und kein Mensch mehr
446,2 heut, als die dunklen Schatten
486,2 wenn mich die Schatten finstrer Nacht
488,5 es tagt, die Schatten fliehn, ich geh zu dir

490,2 dein Lob, vor dem der Schatten flieht
515,4 sei gepriesen für deiner Bäume Schatten

schattenreich (1)
503,5 mit schattenreichen Myrten

Schatz (21)
70,5 er ist mein Schatz, ich seine Braut
70,7 daß mein Schatz ist das A und O
111,8 der große Schatz, die reiche Beut
122,2 denn wo mein Schatz gekommen hin
137,2 eine Welt mit ihren Schätzen
148,5 aus Gottes Schatz und Bronne
195,1 das soll mein Schatz sein ewiglich
198,1 diesen Schatz erhalte mir
250,5 ach laß uns nicht die Schätze rauben
259,1 er hat uns seiner Wahrheit Schatz
302,2 den schönsten Schatz geliebt
318,2 und deinen Schatz zerteile
318,5 von den ewigen Schätzen
324,14 er ist dein Schatz, dein Erb und Teil
341,10 davon verdirbt der edle Schatz
370,9 allda will in süßen Schätzen
396,4 weg mit allen Schätzen
449,10 aus allen Schätzen der edelste Hort
457,9 sein guter Schatz ist aufgetan
479,2 mein Schatz, mein Schutz, mein Eigentum
528,6 sind der Menschen Schätze

schätzen (2)
517,8 was das nicht ist, das schätz gar klein
527,1 was wir für ewig schätzen

Schau (1)
114,6 den Feind zur Schau getragen

schauen (50) → *erschauen, sehen*

a) allgemein (18)
48,1 kommet, das liebliche Kindlein zu schaun
143,3 wie es Jesaja schaute
150,5 schau ich in Ehren schweben
279,2 kommt alle her, schaut Gottes Werke
283,6 wird von dem Himmel schauen
286,2 bald schaut der ganze Kreis der Erde
325,7 schaue neue Lieb und Güt
331,11 laß uns deine Güte schauen
351,9 da Aug und Herze schauet
358,2 am Glauben, der nicht schaut
370,7 stets sich lassen schauen
374,2 und Wunder sollen schauen
426,2 so hat es der Prophet geschaut
446,3 du sollst die Sonne schauen
449,1 schaue den Himmel mit meinem Gesicht
449,2 mein Auge schauet, was Gott gebauet
482,5 Gott, laß dein Heil uns schauen
526,2 ich werd auch das Leben schauen

b) von Gott (6)
85,4 schau her, hier steh ich Armer
130,3 schaue, baue, was zerrissen und beflissen, dich zu schauen
248,2 schau, wie große Not und Qual
279,3 da er auf alle Völker schaut
371,4 und zu deinem Besten schauen
388,4 schau doch aber unsre Ketten

c) (auf) Gott schauen (26)
19,1 laß uns dich schauen, unsern Herrn
20,8 und alle, alle schaun ins Licht
36,6 schaut den Stern, der euch gern
38,3 schauen in der Ewigkeit
82,8 daß ich dich ewig schau
140,3 daß wir ihn schaun und glauben frei
142,3 stets schauen sie dein Angesicht
154,1+5 laß uns dich schaun im ewigen Advent
155,3 und schauen dich von Angesicht
165,7 schauen mag in Geist und Wahrheit
184,5 ihn selber schaun in Ewigkeit
222,1 den Heiland, schauen lassen
269,1 Brüder und Schwestern, auf ihn schaut
278,2 daß Gott mich sein Antlitz schauen läßt
302,2 wohl dem, der einzig schauet nach Jakobs Gott und Heil
307,6 denn sie werden Gott schauen
354,5 nur bald nach Gottes Herzen schaun
357,3 auf den der Himmel schaut
361,2 auf sein Werk mußt du schauen
390,3 bis ich dich schau, o ewigs Licht
407,1 Stern, auf den ich schaue
476,4 schaff, daß mein Geist dich ungehindert schaue
517,2 da ich Gott schaue ewiglich
521,3 sein Antlitz will ich schauen
531,1 und gläubig aufwärts schauen

scheiden (33) → *abscheiden, sterben, trennen*
5,5 auch von hinnen scheiden
5,8 da wird er sie scheiden
30,4 o Jesu, bis zum Scheiden
63,2 warum denn immer scheiden
63,4 und wissen's: die geschieden
84,8 bis Leib und Seele scheiden
85,9 wenn ich einmal soll scheiden
85,9 so scheide nicht von mir
89,5 wenn ich von hier soll scheiden
96,5 daß wir zuletzt von hier getröstet scheiden

115,5 nichts soll mich von Jesus scheiden
122,3 mit Freuden scheiden aus der Welt
123,8 nichts kann sie von Jesus scheiden
195,3 wenn ich von hinnen scheide
233,5 mein Gott, dort von dir scheiden
240,3 daß nichts von dir uns scheiden kann
242,3 hilf, daß alle Bitterkeit scheid
269,4 was heute noch geschieden scheint
322,8 und wenn wir scheiden von der Erd
323,2 daß nichts von dir mich scheide
326,5 von seinem Volk geschieden
341,7 uns soll der Feind nicht scheiden
370,11 niemand kann uns scheiden
385,3 zu rein'gen und zu scheiden
396,4 nicht von Jesus scheiden
398,1 nichts kann uns scheiden
430,4 hat sich das Herz geschieden
449,2 mit Frieden von hinnen geschieden
459,3 von finstrer Nacht nicht scheiden mag
500,4 daß uns nichts möge scheiden
525,1 wenn sich mein Seel will scheiden
529,11 du ziehst mich, wenn ich scheide
531,3 zuletzt laß mich auch scheiden

Schein (50) → *Licht*

a) allgemein (21)
4,4 der Glaub bleib immer im Schein
17,3 nun tragt eurer Güte hellen Schein
29,1 heut sein die lieben Engelein in hellem Schein
77,4 bis die Sonne ihren Schein
151,1 zeigt eurer Lampen Schein
194,1 daß es sein Kraft und Schein vollbring
194,2 die Werk der Lieb sind dieser Schein
241,6 es sei kein Ort ohn dessen Glanz und Schein
251,1 er das Licht und wir der Schein
251,7 nehme unser Licht den Schein
256,5 wächst ohne großen Schein
273,5 da wird sein Kraft erkannt und Schein
296,6 der Sonne Hitz, des Mondes Schein
342,6 der Glaub gibt einen hellen Schein
439,1 es geht daher des Tages Schein
442,1 der Morgenstern mit hellem Schein
449,4 über uns seiner Barmherzigkeit Schein
467,1 hinunter ist der Sonne Schein
500,1 die Sonn gibt hellen Schein
503,10 welch hohe Lust, welch heller Schein
510,5 und am Thron schon solcher Schein

b) von Gott, vom Licht im übertragenen Sinn (20)
3,3 ging er hervor als klarer Schein
7,5 o Sonn, geh auf, ohn deinen Schein
23,4 gibt der Welt ein' neuen Schein
30,3 mit seinem hellen Scheine
40,3 wird dieses Licht mit seinem Schein
40,4 willst du genießen diesen Schein
73,3 gib acht auf diesen hellen Schein
110,5 und gibt der Welt ein' neuen Schein
124,2 du wertes Licht, gib uns deinen Schein
130,1 du Himmelslicht, laß deinen Schein
134,1 so wird Geist und Licht und Schein
135,1 nehmt ihn ein, so wird sein Schein
158,1 leucht uns mit hellem Schein
280,1 sein Antlitz uns mit hellem Schein
305,4 in das dunkle Leben leuchtet hell sein Schein
306,4 in das dunkle Leben leuchtet hell sein Schein
390,1 mein Herz und Seel mit deinem Schein
441,1 du höchstes Licht, du ewger Schein
442,6 mit deinem himmelischen Schein
459,1 auf daß drein leucht ihr heller Schein

c) im Sinne von: bloßer Schein, Anschein (9)
136,1 verbanne Trug und Schein
137,6 Haupt und Knie, auch nicht zum Schein
273,3 die falschen Schein uns lehren
311,1 du sollst gegen allen Schein
318,8 kein falscher Schein verblende
373,3 und mit dem Scheine der Wahrheit sich schminken
378,2 manches Glück ist auf den Schein
414,2 er sei kein eitler Traum und falscher Schein
517,10 so flieh der Welte falschen Schein

scheinen (25)

a) im Sinne von: hell sein, leuchten (19) → *glänzen*
40,4 laß nur indessen helle scheinen
55,1 das ewge Licht heut scheint
58,11 die Gnadensonne scheinen
65,5 wir wissen es, dein Licht scheint in der Nacht
76,2 weil uns Gotts Wort so helle scheint
101,6 das uns der Herr scheinen läßt
158,1 schein uns vons Himmels Throne
182,4 laßt Gottes Licht durch euch scheinen in der Welt
245,4 und hell das Licht des Tages scheint
371,1 scheint täglich hell zu deiner Wonne
413,5 wie Gott läßt scheinen seine Sonn
441,2 mit seiner Lehr hell scheint und leucht'

441,6 die Werk des Lichtes scheinen klar
445,1 Sonn und Mond uns scheinen heißt
477,2 gar hell in meinem Herzen scheint
478,1 und keine Sonn mehr scheint
479,2 scheint heller in mein Herz
524,5 wenn die Sonn nicht mehr tut scheinen
531,2 die Gnadensonne scheint

b) im Sinne von: scheinbar (6)
98,1 Liebe lebt auf, die längst erstorben schien
269,4 was heute noch geschieden scheint
354,6 und scheine völlig ausgetan
374,4 was böse scheint, ist gut gemeint
385,5 wer sie um mich verlieren scheint
386,1 alles andre, wie's auch scheine

schelten (2)
91,8 wenn man mich schilt, nicht rächend wiederschelten
91,8 schaltst auch nicht wieder

Schemel (2)
510,2 reich geschmückter Schemel nur
510,5 wenn am Schemel seiner Füße

schenken (63) → *bekommen, geben, Geschenk, kriegen, verleihen*

a) allgemein (7)
32,2 mein Herz will ich ihm schenken
37,1 ich komme, bring und schenke dir
77,8 dir Dankopfer schenken
81,7 was dir zu schenken
229,2 wahre Liebe schenkt Wort und Tat
253,2 ist allen gleich geschenket
386,3 und wurde ihr alles in Einem geschenkt

b) von Gott (37)
24,15 der uns schenkt seinen ein'gen Sohn
27,1 und schenkt uns seinen Sohn
41,5 du willst dich selber, dein Herze der Liebe, mir schenken
47,5 der uns schenkt sein' lieben Sohn
53,3 Gott im Himmel schenkt uns allen
59,4 ein gnadenreiches Jahr uns schenk
64,2 die Jahre, die du uns geschenkt
65,4 doch willst du uns noch einmal Freude schenken
124,3 du süße Lieb, schenk uns deine Gunst
129,1 Gott schenkt uns seinen Sohn
130,6 und schenk uns deine Liebe
137,8 schenk gleich Stephanus uns Frieden
137,8 schenk uns Glaubensheiterkeit
222,1 schenkst Gnad du ohne Maßen
239,3 der als Vater hört, als König schenkt
271,3 des Menschen Kind, daß du ihm Liebe schenkst
274,4 und schenkest voll ein meiner Seel
293,2 schenkt uns aus Gnad die Seligkeit
320,6 die Sünd, geschenkt das Leben
328,7 daß du mir schenkest solche Seligkeit
360,1–6 Gott schenkt Freiheit, seine größte Gabe
365,4 schenkt uns den Herren Christ
365,5 welchs er uns beides schenkt
388,2 was er dir geschenket hat
408,4 täglich schenkt er seine Huld
424,1 schenkst uns Wasser, schenkst uns Brot
427,4 du bist das Licht, schenkst uns das Leben
469,5 als er uns dir geschenket hat
478,3 und schenke du mir gnädiglich
505,7 zum Unterhalt des Leibes hast geschenket
508,4 er schenkt uns so viel Freude
513,4 schenk uns Gesundheit, neue Kraft und Stärke

c) von Jesus Christus (19)
5,4 denn er tut ihn' schenken
11,4 und schenkst mir großes Gut
34,4 schenke, was man bitten kann
71,5 dein Güte schenk mir Armen
88,1 Geist und Andacht schenken
91,10 so laß dein Kreuz mir wieder Ruhe schenken
123,7 Reichtum schenkt er nach dem Tod
139,2 der mir im Glauben schenkt
158,2 dein Gnade schenken mir
162,2 und schenkt mir die Gerechtigkeit
204,3 den Glauben schenkst du mir
210,4 dann schenke du mir neuen Mut
213,1 was er in Liebe schenkt
214,2 nicht größre Güte konnte er uns schenken
219,2 schenk uns dein schönes Ehrenkleid
268,3 Liebe schenkt uns Christus
386,4 schenke dich zu eigen mir
399,5 die Christus uns wird schenken
410,2 er schenkt Gemeinschaft

Scherz (1)
341,4 es war bei ihm fürwahr kein Scherz

scherzen (2)
217,3 daß ich mit der Sünde nicht scherze
447,9 richt unsre Herzen, daß wir ja nicht scherzen

Scheu (1)
351,2 ich rühm's auch ohne Scheu

scheuen (5)
85,2 davor sonst schrickt und scheut
90,2 ich scheue nicht den bittern Tod
114,8 scheu weder Teufel, Welt noch Tod
351,5 darf kein Gerichte scheuen
451,9 nie Fleiß und Arbeit scheue

schicken, sich schicken (15)
168,3 Herr, sammle die Gedanken und schick uns deinen Geist
169,3 wenn er uns einen Kummer schickt
250,2 deswegen schickst du auf die Straßen
278,5 Güte schickt mir der Herr am Tage
287,3 doch da schickt dir Gott die Hilfe zu
352,4 was ich wünsche, wird sich schicken
367,1 Herr, wie du willst, so schick's mit mir
370,4 schickt er mir ein Kreuz zu tragen
370,4 der es schickt, der wird es wenden
388,4 sich auf etwas Bessers schickt
393,5 ein Pilger muß sich schicken
414,3 Geduld und Trost, wann du mir Trübsal schickst
450,1 schick uns diese Morgenzeit
501,3 damit sich's möge schicken
530,4 Herr, wie du willst, so schick's mit mir

Schicksal (1)
533,2 durch Schicksal, Schuld und Tod

Schickung (1)
531,1 was deine Schickung meint

schieben (1) → *tragen*
254,3 und unsre Lasten schieben

schier (1)
150,2 wann wirst du kommen schier

schießen (1) → *verschießen*
327,2 schieße deine Strahlen

Schiff (3)
8,1 es kommt ein Schiff, geladen
8,2 das Schiff geht still im Triebe
8,3 da ist das Schiff am Land

Schild (9) → *Schirm, Schutz*
62,4 Jesu Nam sei Sonn und Schild
85,10 erscheine mir zum Schilde
112,7 mein Heiland ist mein Schild
275,4 mein Schild, mein Kraft – sagt mir dein Wort
282,5 du unser Schild, Gott, schau uns an
282,6 denn Gott der Herr ist Sonn und Schild
324,14 dein Schirm und Schild, dein Hilf und Heil
445,6 Herr, mein Schild, mein Ehr und Ruhm
488,4 was ist der Tod, bist du mir Schild und Zier

Schimmer (1)
266,3 denn unermüdlich, wie der Schimmer

Schimpf (1) → *Schande*
86,4 dich mit großem Schimpf belegt

schimpfieren (1)
85,1 jetzt aber hoch schimpfieret

Schirm (1) → *Schild*
324,14 dein Schirm und Schild, dein Hilf und Heil

schirmen (5)
258 wenn euch Jesu Hände schirmen
259,2 durch seines Armes Schirmen
396,2 unter deinem Schirmen
408,3 führt und schirmt mich Tag und Nacht
471,2 schirm beid, Leib und Seel

Schirmer (1)
275,3 mein Gott und Schirmer, steh mir bei

Schlacht (1)
14,2 doch du gewinnst ihn ohne Schlacht

schlachten (1)
190.1 am Stamm des Kreuzes geschlachtet

Schlacke (1)
252,5 und von allen Schlacken reiner

Schlaf (12)
50,4 und singt dich ein zu lindem Schlaf
262,2 aus dem Schlaf der Sicherheit
263,2 aus dem Schlaf der Sicherheit
437,1 fröhlich vom Schlaf aufstehen wir
447,2 und aus dem Schlaf uns fröhlich auferwecket
452,4 daß er ihn aus dem Schlafe
486,3 und ich, was auch den Schlaf noch schreckt
486,8 zu kummerlosem, tiefem Schlaf
489,1 schlafe einen guten Schlaf
489,2 beugt sich über unseren Schlaf
519,1 der Tod ist mein Schlaf worden
524,5 und der Schlaf von uns sich wend't

schlafen (31) → *schlummern*

a) allgemein (26)
46,1 alles schläft, einsam wacht
46,1 schlaf in himmlischer Ruh
55,1 du schläfst, und goldne Sternelein ziehn
55,2 dieweil die Menschen schlafen
61,2 wenn ich schlafe, wenn ich wache
145,1 du hast genug geschlafen
325,7 wenn ich schlafe, wacht sein Sorgen
365,6 wenn wir geschlafen haben
446,3 schlaf wohl, laß dir nicht grauen
451,2 lag ich und schlief in Frieden
467,3 laß schlafen uns mit Fried und Ruh
468,2 es schlaf, es wach und wo es sei
468,3 nun schlaf, nun schlaf, mein Kindelein
469,7 so schlafen wir im Namen dein
476,5 der argen Welt im Schlafen sicher sei
477,1 es schläft die ganze Welt
477,9 Gott laß euch selig schlafen
478,1 schläft alles, was sich abgematt'
479,4 und schlafe sanft und stille
480,1 nun schläfet man
480,1 und wer nicht schlafen kann
482,7 und laß uns ruhig schlafen
486,1 und schlafe ganz mit Frieden
486,11 ich schlafe ohne Sorgen
487,1 schlafen geht die Welt
489,1 schlafe einen guten Schlaf

b) von Gott (5)
248,1 der du nicht schläfst noch schlummerst
296,3 der dich behütet, schläfet nicht
296,4 er schläft nicht, weder Tag noch Nacht
478,2 du schläfst noch schlummerst nicht
480,2 du schläfst, mein Wächter, nie

schlaff (1)
136,2 gib uns in dieser schlaffen und glaubensarmen Zeit

Schlafkämmerlein (1)
397,3 der Leib in seim Schlafkämmerlein

schläfrig (1)
387,3 daß du schläfrig bleibest

Schlag (6)
84,1 mit Schlägen, Hohn und großem Spott
86,2 Speichel, Schläge, Strick und Banden
88,2 deine Schläge, deine Schmach
89,3 ertrugest Schläge, Spott und Hohn
94,3 die Schläge in sein Angesicht
325,8 seine Strafen, seine Schläge

schlagen (27)
14,4 und schlägst in Fessel Sünd und Tod
15,4 die Zeit ist hier, es schlägt die Stund
20,3 weil Stiefel auf das Pflaster schlagen
46,3 da uns schlägt die rettende Stund
76,2 wie Gottes Zorn die Sünde schlägt
77,3 ward er sehr geschlagen
77,4 an das Kreuz geschlagen
78,5 jämmerlich geschlagen
78,7 ward daran geschlagen
81,2 ins Angesicht geschlagen und verhöhnet
81,3 ach, meine Sünden haben dich geschlagen
84,2 wer hat dich so geschlagen
84,3 das Elend, das dich schläget
84,12 ich will ans Kreuz mich schlagen
86,3 du hast lassen Wunden schlagen
86,5 du hast wollen sein geschlagen
87,1 vom Vater so geschlagen
89,2 hab ich dir helfen schlagen
91,6 es schlägt den Stolz und mein Verdienst darnieder
95,2 du ließest dich in Bande schlagen
95,3 man schlägt und spuckt ihm ins Gesicht
95,4 wie sie ihn schlagen und verhöhnen
123,10 der die Gottesharfen schlägt
143,5 und schlägt uns manche Wunde
144,5 durch Reue tief geschlagen
324,9 und schlägst nicht allzusehr
371,13 des Kreuzes Stab schlägt unsre Lenden

Schlange (5) → *Drache*
39,5 bricht den Kopf der alten Schlangen
106,2 die alte Schlange, Sünd und Tod
111,9 wie er der Schlangen Kopf zerknickt
113,2 wie sträubte sich die alte Schlang
509,2 die Schlange in den Klüften zischt

schlecht (5) → *schlicht*
24,5 die Krippe, Windelein so schlecht
37,6 ach Heu und Stroh ist viel zu schlecht
95,3 und will von ihm nur Schlechtes sagen
149,4 er wird fürwahr gar schlecht bestehn
393,3 noch schlechte Pilger sein

schleichen (1)
371,10 was langsam schleicht, faßt man gewisser

schleifen (1)
136,2 die scharf geschliffnen Waffen

Schleuse (1)
192 unsere Deiche und Schleusen in Obhut nehmen

schlicht (3) → *bloß (nur), eben, schlecht*
10,2 was krumm ist, gleich und schlicht
111,7 was schlicht und niedrig geht herein
202,2 doch nicht allein schlicht Wasser

schlichten (3)
94,1 der große Streit geschlichtet
144,6 all unsre Sachen hab geschlicht'
286,4 und zwischen Recht und Unrecht schlichte

schließen (8)
36,11 ich will dich ins Herze schließen
83,5 in mein Gedächtnis schließen
317,5 Lobende, schließe mit Amen
370,8 schließt das Tor der bittern Leiden
376,2 es will die Augen schließen
475,6 sein in deinen Schutz geschlossen
477,7 im Nu sind sie geschlossen
481,3 ich schließe mich aufs neue

schlimm/schlimmste (4) → *hart, übel*
170,2 schlimmen Schaden heilen, lieben und verzeihn
374,4 ja wenn's am schlimmsten mit mir steht
383,2 Dank selbst für die schlimmen Stunden
430,1 die Welt nimmt schlimmen Lauf

Schlinge (1)
279,5 du hast uns oft verstrickt in Schlingen

Schloß (9) → *Burg, Haus, Tür*
7,1 reiß ab, wo Schloß und Riegel für
66,3 sprenget des Feindes befestigte Schlösser
71,3 sitzt nicht im steinern Schlosse
113,3 zerbricht der Hölle Schloß und Tür
259,3 läßt Schloß und Riegel springen
497,3 er baut ein Schloß und festes Haus
503,9 und güldnen Schlosse werden
523,4 wer kommt ins himmlisch Schloß
527,3 was nützt der Schlösser Menge

Schloße (Hagel) (2)
500,2 behüt vor Reif und Schloß'
501,2 Mehltau, Frost, Reif und Schloß'

schlummern (5) → *schlafen*
143,5 der alte Drache schlummert nicht
248,1 der du nicht schläfst noch schlummerst
373,4 Hüter, du schläfst ja und schlummerst nicht ein
457,6 die Gnade schlummert nie
478,2 du schläfst noch schlummerst nicht

Schlund (1)
297,4 daß ihr Schlund uns möcht fangen

Schluß (2) → *Ende*
283,3 des Krieges Schluß, der Waffen Ruh
479,4 so wird der Schluß recht wohl gemacht

Schmach (11)
51,3 er trug die Schmach und litt den Tod
51,5 und lehr uns tragen Kreuz und Schmach
81,9 kein Kreuz nicht achten, keine Schmach und Plagen
82,6 sollt's auch sein Schmach und Spott
83,1 es nimmet an Schmach, Hohn und Spott
87,4 zum Blute, Schmach und Hohn
88,2 deine Schläge, deine Schmach
111,4 mit Schmach am Kreuz gefangen hält
256,2 und trägt mit Ehren deine Schmach
396,4 Elend, Not, Kreuz, Schmach und Tod
443,3 vor Sünden und vor Schmach

schmähen (5)
243,2 die schmähen dich mit Spott
278,6 wie ein Mord ist's, wenn sie mich schmähn
412,3 wer seines Nächsten Ehre schmäht
412,3 und gern sie schmähen höret
415,4 lehr uns segnen, die uns schmähn und fluchen

schmählich (1)
78,6 aufs schmählichst gehöhnet

schmal (3)
68,4 und den schmalen Steig zum Leben
359,4 es leuchtet... über eurem schmalen Pfad
393,2 es soll uns nicht gereuen der schmale Pilgerpfad

schmecken (9)
67,3 daß wir hier mögen schmecken
78,7 bittre Galle schmeckt sein Mund
83,6 und wenn mir nichts mehr schmecken will
86,6 gar den herben Tod geschmecket
133,2 und schmecken deine Kraft
228,2 kommt, schmeckt und seht, die Not ist groß

328,2 daß ich den Frieden Gottes schmeck und fühl
372,5 muß ich den Kelch gleich schmecken
402,3 Hören, Schmecken, Fühlen weichen

Schmerz (42)

a) allgemein (29)
11,6 bei denen Gram und Schmerze sich häuft
32,3 in Freuden und in Schmerzen
63,1 leg ich nun Freud und Schmerz
123,7 klagt, ihr Kranken, ihm die Schmerzen
127,6 und tröstest uns in Schmerzen
136,7 daß wir in Freud und Schmerzen
137,4 nein, mit Moses heilgen Schmerzen
148,4 von Krankheit, Schmerz und Leid
154,3 Leid und Geschrei und Schmerz muß dann vergehn
196,2 in Lieb und Leid, in Freud und Schmerz
207,2 dir dien in Freud und Schmerz
213,4 verwunden sind die Schmerzen
224,1 viel Sorgen, Schuld und Schmerzen
238,3 erhalt sie eins in Freud und Schmerz
322,5 und werf all Angst, Furcht, Sorg und Schmerz
351,7 vertreibet Sorg und Schmerzen
361,7 auf, auf, gib deinem Schmerze
366,3 zu dir in wahrer Reu und Schmerz
370,9 will... ich mein Herz auf den Schmerz
371,2 auch die Pein des größten Schmerzens
372,5 da weichen alle Schmerzen
376,2 mach es gänzlich stille in Freud und Schmerz
391,3 rühret eigner Schmerz
428,5 daß nicht Neid, Angst, Not und Schmerz
445,2 vor Gefahr, Angst, Not und Schmerzen
449,8 heilen im Herzen die tödlichen Schmerzen
522,3 bleib in Todesnot und Schmerzen
523,2 soll ich ja dulden Schmerzen
527,6 von Schmerz und Sorgen frei

b) von Jesus Christus (13)
78,4 von Ängsten und Schmerzen
78,7 in groß Pein und Schmerzen
82,4 für deine Pein und Schmerzen
84,5 dein Schmerzen muß mein Labsal sein
85,1 voll Schmerz und voller Hohn
85,8 für deines Todes Schmerzen
86,8 für die Wunden, für die Schmerzen
88,1 littest alle Schmerzen
90,1 vergehst in tausend Schmerzen
93,4 ja, wir danken deinen Schmerzen
95,4 du leidest Hohn und Spott und Schmerzen
232,2 durch deinen Tod und Schmerzen
256,1 gehören dir, o Mann der Schmerzen

schmerzen (1)
318,5 ob's auch das Fleisch mag schmerzen

Schmerzensmann (1)
87,1 du großer Schmerzensmann

schminken, sich (1)
373,3 und mit dem Scheine der Wahrheit sich schminken

Schmuck (2) → *Zierde*
36,11 du gibst g'nug Ehr und Schmuck
350,1 das ist mein Schmuck und Ehrenkleid

schmücken, sich schmücken (9) → *ausschmükken, zieren*
133,10 schmück wie mit einer Kron
135,1 schmückt das Fest mit Maien
145,5 die Lüge wird gar fein geschmückt
218,1 schmücke dich, o liebe Seele
349,3 ich bin ganz neu geschmücket
383,3 Tau fällt, um das Land zu schmücken
393,5 schmückt euer Herz aufs beste
427,3 du schmückst die Blumen auf dem Feld
510,2 reich geschmückter Schemel nur

Schnee (4)
143,7 mit Feuer, Wasser, Wind und Schnee
305,2 preist ihn, ihr Gewitter, Hagel, Schnee und Wind
306,2 preist ihn, ihr Gewitter, Hagel, Schnee und Wind
508,3 und Schnee und Ungestüm

schneeweiß (2)
351,5 macht schneeweiß, was ist rot
353,6 dennoch sich in schneeweiß kehren

schnell (6)
192 vor bösem, schnellem Tod
234,7 eh mich der schnelle Tod hinrück
241,6 ach laß dein Wort recht schnelle laufen
443,3 vor bösem, schnellem Tod
475,7 Pestilenz und schnellen Tod
503,4 der schnelle Hirsch, das leichte Reh

Schnitter (1)
256,3 die Ernt ist groß, der Schnitter wenig

schnöde (5)
200,3 sagt ich... des Satans schnöden Werken ab
325,8 und mich von der schnöden Welt
388,3 uns veracht' und schnöd gemacht
525,5 gehab dich wohl, du schnöde Welt
529,12 und frei von schnöden Dingen

schon (56)

a) allgemein (31)
16,3 die Nacht ist schon im Schwinden
63,4 die ruhen dort schon aus
63,6 laß... uns hier schon selig sein
111,5 mein Ostertag ist schon im Lauf
123,11 ob ich schon noch Pilgrim bin
150,4 kommt dort gezogen schon
152,4 wir freuen uns schon überdies
153,5 grüßt schon die Erde, die ist
211,3 gilt schon für uns: gerettet sein
239,3 der im Bitten schon voll Freude dankt
239,5 die sein Reich schon hier im Glauben sahen
251,7 bis schon hier auf dieser Erden
254,2 wir sehen schon von weitem
255,2 zwar brennt es schon in heller Flamme
264,3 schon hier ist sie verbunden
327,1 ob wir schon dich oft verließen
357,5 schon Himmelsblumen treibt
361,6 so wirst du schon erblicken
365,7 obwohl ich hier schon dulde
383,2 sinkend schon ich Halt gefunden
384,1 irdisch noch schon himmlisch sein
387,5 doch wohl gut, es muß uns schon
388,4 ob auch schon der Geist zu Zeiten
396,6 duld ich schon hier Spott und Hohn
452,1 schon an der Dämmrung Pforte
453,1 schon bricht des Tages Glanz hervor
490,3 weckt ferne Menschen schon ihr Lauf
503,11 o wär ich da! O stünd ich schon
510,5 und am Thron schon solcher Schein
524,7 ob mir schon die Augen brechen
530,5 schon längst in meiner heilgen Tauf

b) von Gott (25)
9,6 er ist schon auf der Bahn
17,1–4 schon ist nahe der Herr
20,2 schon hört ihr Gottes Schritt
37,2 da hast du schon bei dir bedacht
43,5 ach hier in der Krippe schon Armut und Not
50,2 das Kreuz ist dir schon aufgestellt
56,1 der immer schon uns nahe war
109,1 der von dem Tod erstanden schon
131,4 lehr uns den Vater kennen schon
152,3 das Herz schon hingenommen
154,4 doch dein Treue hat uns schon befreit
170,3 Frieden gabst du schon, Frieden muß noch werden
199,2 rief er uns schon mit Namen
249,2 den er wohl weiß, dir helfen schon
283,5 schon wieder zu uns wenden
352,5 er weiß schon nach seinem Willen
359,3 erscheint schon vor den Toren
363,6 Gott wird euch schon erfreuen
370,1 den mir schon Gottes Sohn beigelegt
371,6 hat Gott, dein Fürst, dich schon erhöret
377,3 schon unsre Not erschauen
427,3 hast alle Tage schon bedacht

schön (91)

a) allgemein (15)
33,1 brich an, du schönes Morgenlicht
71,6 dein Wort, den schönen Stern
117,1 der schöne Ostertag
143,2 sind sie die schönste Kreatur
166,1 tut mir auf die schöne Pforte
273,2 und gleißen schön von außen
282,1 wie lieblich schön, Herr Zebaoth
283,6 die Güt und Treue werden schön
349,3 mit einem schönen Kleid
363,3 heut ist der Mensch schön, jung und rank
363,3 also wird diese schöne Welt
403,4 schöner sind die Menschen
413,1 daraus ein schönes Brünnlein quillt
505,3 zwar manchen schönen Segen
523,5 ins schöne Bündelein

b) von Gott, auch in bildlicher Rede (38)
7,5 o klare Sonn, du schöner Stern
24,7 wes ist das schöne Kindelein
37,3 wie schön sind deine Strahlen
39,7 schönstes Kindlein in dem Stalle
40,5 drum, Jesu, schöne Weihnachtssonne
43,2 viel schöner und holder, als Engel es sind
47,2 seht, der schönsten Rose Flor
70,1 wie schön leuchtet der Morgenstern
70,1 schön und herrlich, groß und ehrlich
70,7 komm du schöne Freudenkrone
71,4 doch bist du schön gezieret
85,1 o Haupt, sonst schön gezieret
96,1 du schöner Lebensbaum des Paradieses
148,1 wenn Gott wird schön erneuen
148,1 ganz herrlich, schön und klar
165,6 laß dein schönstes Lichte

183,3 und mit Gaben zieret schöne
203,2 sie schön umfangen und gesagt
219,2 schenk uns dein schönes Ehrenkleid
245,1 die er von Anfang schön erbauet
252,6 mache deine Kinder schön
302,2 den schönsten Schatz geliebt
302,5 macht schöne rote Wangen
304,1 sein Lob ist schön und lieblich anzuhören
324,4 wer hat das schöne Himmelszelt
351,4 mein Glanz und schönes Licht
400,1+7 ich will dich lieben, schönstes Licht
403,1 schönster Herr Jesu
403,2 Jesus ist schöner
432,2 er schuf sie gut, er schuf sie schön
440,2 o Gott, du schöner Morgenstern
441,1 und leuchtet schön so früh wie spät
449,10 Gott ist das Größte, das Schönste und Beste
473,1 mein schönste Zier und Kleinod bist
473,4 der Tag nimmt ab. Ach schönste Zier
495,8 und führ ihn schön verklärt
530,7 mit Jesu Blut schön ausgeschmückt

c) von Lobgesang, Lied (10)
24,14 das rechte Susaninne schön
147,3 mit Harfen und mit Zimbeln schön
148,8 singen alle ein neues Lied gar schön
150,7 mit Instrumenten schön
169,4 wir singen Gott ein schönes Lied
284,2 und die schönsten Instrumente tönen mit
302,1 wohlauf und singe schön
328,3 so klingt es schön in meinem Liede
503,11 mit tausend schönen Psalmen
535 mit Harfen und mit Zimbeln schön

d) Natur, Gestirne (20)
37,7 aus schönen Gärten will ich ihn
151,4 der schöne Frühlingsschein
325,9 tritt der schöne Sommer ein
403,2 schön sind die Wälder
403,2 schöner sind die Felder
403,2 in der schönen Frühlingszeit
403,3 schön ist der Monde
403,3 schöner ist die Sonne
403,3 schön sind auch die Sterne all
403,4 schön sind die Blumen
442,2 sei uns willkommen, schöner Stern
472,3 stehn sie gefärbet schön
482,3 und ist doch rund und schön
503,1 schau an der schönen Gärten Zier
503,2 die ziehen sich viel schöner an
503,9 ach, denk ich, bist du hier so schön
503,14 ich deines Gartens schöne Blum
508,3 das schöne Frühlingswetter
510,1 freuet euch der schönen Erde
510,2 ist nur eine schön begabte

e) Paradies, Ewigkeit (8)
27,6 zum schönen Paradeis
150,2 o schöner Tag und noch viel schönre Stund
150,6 ich angelanget bin im schönen Paradeis
151,4 den schönen Tag von weitem
361,6 erblicken die Sonn der schönsten Freud
441,3 den hellen, schönen, lichten Tag
441,7 du schönstes Licht in Ewigkeit
481,5 o Ewigkeit, so schöne

Schöne (2)
528,4 ist der Menschen Schöne
528,4 so ist unsre Schöne, sehet

schonen (7)
89,2 ach liebster Heiland, schone mein
94,3 er schonte den Verräter
221,2 Gebeugte stärkten und die Schwachen schonten
234,4 und seiner Seele selbst nicht schont
449,9 Gott, meine Krone, vergib und schone
505,2 die immer noch geschont
514,5 die ihr den Feind verzeihend schont

Schönheit (3)
148,2 erreichen die ewig Schönheit groß
400,3 du hochgelobte Schönheit du
403,5 alle die Schönheit Himmels und der Erden

schöpfen (1)
79,4 und schöpfen draus die Zuversicht

Schöpfer (28)
1,1 mein Schöpfer reich von Rat
3,1 Gott, heilger Schöpfer aller Stern
24,9 ach Herr, du Schöpfer aller Ding
27,3 der Schöpfer aller Ding
66,1 Schöpfer, wie kommst du uns Menschen so nah
67,4 du Schöpfer aller Dinge
92,1 Christe, du Schöpfer aller Welt
94,1 der Schöpfer selber zum Entgelt
126,1 komm, Gott Schöpfer, Heiliger Geist
137,1+9 Schöpfer aller Gotteswerke
139,1 mein Schöpfer, der mir hat
140,2 der Herr, der Schöpfer, bei uns bleib
178.4 aller Ding ein Schöpfer und Regierer
183,1 Schöpfer Himmels und der Erden

304,5 danket dem Herren, Schöpfer aller Dinge
326,6 der Schöpfer selbst, und neiget
327,2 lobe prächtig deines Schöpfers Taten
446,1 und singe dem Schöpfer aller Dinge
449,3 dem Schöpfer bringen Güter und Gaben
477,1 was eurem Schöpfer wohlgefällt
485,1 du Schöpfer aller Wesen
504,1 zeugen von des Schöpfers Ehr
504,5 rauschen sie des Schöpfers Ehr
506,1 wenn ich, o Schöpfer, deine Macht
506,4 bringt meinem Schöpfer Ehre
506,4 bringt unserm Schöpfer Ehre
513,1 das Feld ist weiß; vor ihrem Schöpfer neigen

Schöpferlob (1)
455,1 Frühlied der Amsel, Schöpferlob klingt

Schöpfermacht (1)
326,2 die preisen deine Schöpfermacht

Schöpfung (7) → *erschaffen, Erschaffung, Geschöpf, Kreatur, schaffen*
142,1 Gott, aller Schöpfung heilger Herr
212,4 deine Liebe wirkt die neue Schöpfung
264,1 sie, die des großen Gottes erneute Schöpfung ist
271,8 die ganze Schöpfung soll sich vor ihm beugen
284,3 der du uns mit deiner Hände Schöpfung ehrst
301,11 alle Schöpfung ihn erhebt
506,5 der Mensch, der Schöpfung Ruhm und Preis

Schöpfungslied (1)
383,4 um mich her das Schöpfungslied

Schoß (23)
23,3 der liegt in Marien Schoß
27,2 er kommt aus seines Vaters Schoß
35,1 in seiner Mutter Schoß
42,7 der in des Vaters Schoße sitzt
45,2 verschmähst nicht zu ruhn in Marien Schoß
58,5 in seinem Schoße sitzen
76,1 darum Christus seins Vaters Schoß
84,13 in deinen Schoß und Hände begleiten
85,6 dich fassen in meinen Arm und Schoß
144,5 o nimm uns auf in deinen Schoß
283,7 und die in seinem Schoße ruhn
289,1 nimmt dich in seinen Schoß
351,12 mich lenken aus deinem Arm und Schoß
369,5 und daß ihm der im Schoße sitze
397,3 in Abrahams Schoß tragen
399,1 entsprungen aus des Vaters Schoß
408,5 und ich lieg in deinem Schoß
447,4 das macht's, daß wir in seinem Schoß gesessen
449,2 aus dieser Erden vergänglichem Schoß
506,3 wer schließt den Schoß der Erde auf
512,6 ist gesät in deinen Schoß
523,4 wer bleibt in deinem Schoß
529,4 sie nieder legt in des Grabes Schoß

Schranke (4)
200,6 halt mich in deines Bundes Schranken
334,6 danke, dein Heil kennt keine Schranken
359,4 führt euch durch alle Schranken
386,5 fein in solche Schranken fügt

schrecken, sich schrecken (9) → *erschrecken*
56,5 schreckt dich der Menschen Widerstand
85,2 davor sonst schrickt und scheut
243,4 darum laß dich nicht schrecken
281,1 schreckt, die ihn hassen, weit zurück
297,2 soll uns billig nicht schrecken
372,5 laß ich mich doch nicht schrecken
378,4 nur wer sich nicht schrecken läßt
396,2 ob gleich Sünd und Hölle schrecken
486,3 und ich, was auch den Schlaf noch schreckt

Schrecken (7)
58,3 durch Krieg und große Schrecken
91,4 dies kann mein Geist mit Schrecken und Entzücken
115,1 Tod, wo sind nun deine Schrecken
351,8 sich Furcht und Schrecken find't
444,2 behütenvor Schrecken und Wüten
467,4 vor Schrecken, Angst und Feuersnot
475,7 ach bewahre mich vor Schrecken

Schrei (1)
383,2 du hörst auch den stummen Schrei

schreiben (10)
11,6 das schreib dir in dein Herze
67,1 gleichwie geschrieben steht
119,3 nun ist erfüllt, was g'schrieben ist
149,1 wie Petrus davon schreibet
149,3 ein Buch, darin geschrieben
206,5 schreib ins Lebensbuch zum Leben
207,1 nun schreib ins Buch des Lebens
312,2 so steht geschrieben

329,2 in mein Gedächtnis schreib ich an
523,5 schreib meinen Nam aufs beste

schreien (27)
11,9 was fragt ihr nach dem Schreien
20,3 kein Kind, das nachts erschrocken schreit
77,5 Jesus schrie zur neunten Stund
144,1 von ganzem Herzen schreien
151,2 die Wächter Zions schreien
178.4 zu dir schreien wir aus Herzensbegier
241,7 die für die ganze Kirche flehn und schrein
247,4 wir traun auf dich, wir schrein in Jesu Namen
278,1 so schreit meine Seele, Gott, zu dir
299,1 aus tiefer Not schrei ich zu dir
313,3 ruft nicht, wie man beim Jahrmarkt schreit
314,1 alle Leute fangen auf der Straße an zu schrein
314,6 kommt und laßt uns bitten, statt das „Kreuzige" zu schrein
323,2 die unaufhörlich schreien
324,10 wenn unser Herze seufzt und schreit
326,4 ach Gott, vernimm mein Schreien
328,4 daher ich „Abba, lieber Vater!" schrei
351,7 hilft mir das Abba schreien
354,4 weil Christi Blut beständig schreit
381,1 so schrie einst König David, halfest du ihm
381,3 so schrie der Welten Christus, blutend am Kreuz
381,4 du hörtest doch auf Christus, schreiend am Kreuz
387,4 er verlanget unser Schreien
388,4 seufzen, ringen, schreien, beten
399,1 so schreit zu dir mein arme Seel
422,1 zu deinem Vater schreien
423,7 wenn sie zu dir um Hilfe schrein

Schrein (verschließbarer Behälter) (4)
24,13 zu ruhen in meins Herzens Schrein
127,2 auf tat sich ganz des Himmels Schrein
457,5 und Truhe, Trog und Schrein
459,1 laßt uns auftun der Herzen Schrein

schreiten (3)
64,6 damit wir sicher schreiten
237,3 von dir zu dir mein Schreiten
423,6 auf unsre Grenzen schreiten

Schrift (5)
71,3 wie uns die Schrift vermeld't
77,1 wie denn die Schrift saget
77,6 die Schrift zu erfüllen
101,4 die Schrift hat verkündet das
104,2 Christus hat alle Schrift erfüllt

Schritt (7)
20,2 schon hört ihr Gottes Schritt, ihr dürft
211,5 gib auch den Mut zum nächsten Schritt
303,7 daß sie nur machen verkehrte Schritte
359,2 mit Finsternis euren Schritt umhüllen
376,1 nicht einen Schritt
394,1+5 und vorwärts fest den Schritt

Schuh (3)
141,5 daß ich auflösen sollt sein Schuh
315,5 nun trägst du Schuh und Ring und Kleid
477,4 legt ab das Kleid und Schuhe

Schuld (62) → *Fehl, Mangel, Schulden, Sünde*

a) allgemein (19)
16,3 seit eure Schuld geschah
16,4 wird fallen auf Menschenleid und -schuld
64,5 die wir in Schuld verbringen
81,1 was ist die Schuld, in was für Missetaten
93,1 über aller Menschen Schuld
95,2 wenn wir in unsrer Schuld verzagen
104,2 Sünd und Schuld bleiben ohne Kraft
117,2 Schuld, Krankheit, Flut und Beben
137,4 unser Volk häuft Schuld auf Schuld
144,3 zwar unsre Schuld ist groß und schwer
154,4 uns hält gefangen Irrtum, Schuld und Leid
224,1 viel Sorgen, Schuld und Schmerzen
225,1 auch die mit Not und Schuld
271,6 am tiefsten in die Schuld und Schand gefallen
360,5 auf unsern Schultern lastet schwere Schuld
475,5 ich verleugne nicht die Schuld
478,4 zwar fühl ich wohl der Sünden Schuld
485,5 die Schuld will uns vertreiben
533,2 durch Schicksal, Schuld und Tod

b) von der Vergebung (27)
3,2 drum nahm er auf sich Schuld und Pein
11,8 erschrecken vor eurer Sünden Schuld
35,3 der Sohn tilgt unsre Schuld
50,1 durch unsre Schuld auf dich gebracht
51,3 daß wir, von Schuld und Tod befreit

81,4 die Schuld bezahlt der Herre, der Gerechte
82,3 die Schuld ist allzumal bezahlt
83,1 ein Lämmlein geht und trägt die Schuld
84,6 für mich und meine Schuld
86,6 um zu büßen meine Schuld
91,1 die dich bewog, von aller Schuld des Bösen
149,5 und meine Schuld bezahlet
152,2 wir trösten uns, daß du die Schuld
214,2 und bezahlt unsre Schuld
228,2 es stärke euch der Herr, er wird euch Schuld verzeihn
276,4 löst sie von aller Schuld
289,2 straft nicht nach unsrer Schuld
318,4 vergibt uns gnädig alle Schuld
322,4 die Straf erläßt, die Schuld vergibt
324,9 ja endlich nimmst du unsre Schuld
344,6 ihr Schuld und Fehl vergeben gern
408,4 und vergibt mir meine Schuld
412,6 vergibst mir täglich so viel Schuld
413,6 verzeiht gutwillig alle Schuld
454,4 Gottes Liebe deckt die Schuld
457,10 er segnet, welche Schuld auch trennt
525,4 für mich bezahlt hat alle Schuld

c) Bitte um Vergebung (16)
19,2 von Schuld und Knechtschaft mach uns frei
89,2 laß diese Schuld vergessen sein
129,3 vergib uns unsre Schuld
186 und vergib uns unsere Schuld
187 und vergib uns unsre Schuld
188 und vergib uns unsere Schuld
211,4 wo Schuld belastet, Herr, verzeih
233,4 vergiß die Schuld
235,1+4 o Herr, nimm unsre Schuld
342,9 woll unsrer Schuld verschonen
344,6 all unsre Schuld vergib uns, Herr
368,5 durchstreichen meine Schuld
471,5 wollst die Schuld vergeben
472,4 mein Sünd und auch mein Schuld
476,3 laß alle Schuld durch deinen Gnadenschein

schuldbedroht (1)
431,3 geblendet noch und schuldbedroht

Schulden (4) → *Schuld*
37,5 ich zahle deine Schulden
84,11 dem Nächsten seine Schulden verzeihen
353,7 hat die Schulden abgetragen
449,9 laß meine Schulden in Gnad und Hulden

Schuldenlast (1)
82,1 und alle meine Schuldenlast

schuldig sein (4)
16,2 wer schuldig ist auf Erden
95,3 wenn wir an andern schuldig werden
133,2 die ich dir schuldig bin
279,6 Gelübde, die ich schuldig war

Schuldiger (3)
186 wie auch wir vergeben unsern Schuldigern
187 wie auch wir vergeben unsern Schuldigern
344,6 wie wir auch unsern Schuldigern

Schuldner (2)
188 wie auch wir vergeben unseren Schuldnern
342,9 wie wir auch unsern Schuldnern tun

Schule (1)
241,7 laß jede hoh und niedre Schule

Schulter (3)
97,1 Holz auf Jesu Schulter
97,6 hart auf deiner Schulter lag das Kreuz
360,5 auf unsern Schultern lastet schwere Schuld

schütten (1)
135,4 schütte deinen Segen

Schutz (16) → *Hut, Schild, Wehr*
83,6 im Streite soll es sein mein Schutz
130,4 auf daß wir unter deinem Schutz
134,7 du bist unser Schutz und Gott
246,7 und deiner Kirche wahrer Schutz
259,2 wir haben Ruh und sichern Schutz
296,7 des Herren Schutz ist gut dafür
297,1 wo er Israels Schutz nicht ist
303,6 Witwen und Waisen hält er Schutz
347,5 ach bleib mit deinem Schutze
446,4 dein Schutz hat mich erneuet
474,2 durch deinen Schutz vors Teufels Trutz
475,6 sein in deinen Schutz geschlossen
475,8 bleibe ja mein Schutz und Rat
478,3 den Schutz von deiner Wacht
479,2 mein Schatz, mein Schutz, mein Eigentum
481,3 schließe mich... und Schutz und Herze ein

schützen (19) → *behüten, beschirmen*
42,7 was zagt der Mensch, wenn der ihn schützt

71,4 du wollst die Frommen schützen
133,4 Gott schützt vom Heiligtum
139,1 mein Vater, der mich schützt
192 alle, die uns regieren, leiten und schützen
192 und uns gnädig schützen
228,1 es schütze euch der Herr, er wird von Angst befrein
245,5 Gott, unser Hort, schützt sie alleine
248,2 hilf, ach hilf, schütz deine Lehr
290,4 er schützte und bewahrte sie
302,4 den schützt er im Gericht
324,5 wer schützt uns vor dem Wind
330,5 wer schützet mich auf meinen Wegen
368,4 vor allem Übel schützt
423,1 schütz Kirche, Obrigkeit und Haus
451,2 mich selbst zu schützen ohne Macht
454,3 Gottes Macht schützt, was er schuf
457,1 der schützend auf dich niedersah
475,7 schütze mich vor Überfall

Schutzherr (1)
471,2 sei selbst unser Schutzherr

schutzlos (1)
279,8 und schutzlos unter Feinden hier

schwach (26)
33,1 daß dieses schwache Knäbelein
77,8 dafür, wiewohl arm und schwach
114,8 er ist noch bei den Schwachen
115,4 er verläßt den Schwachen nicht
126,3 das schwach Fleisch in uns, dir bekannt
137,2 auch uns schwache Kinder aus
166,5 stärk in mir den schwachen Glauben
183,3 der aller Schwachen Tröster heißt
221,2 Gebeugte stärkten und die Schwachen schonten
256,2 unsre Kraft ist schwach und nichtig
256,2 wer in sich schwach
281,5 den Schwachen Kraft und Stärke gibt
289,2 den Schwachen ist er hold
302,6 und die sich schwach befinden
323,3 denn als die Schwachen kamen
325,3 wie will doch mein schwacher Geist
343,5 hilf, o Herr Christ, dem Schwachen
357,2 wodurch die schwächsten Orte
363,3 sieh, morgen ist er schwach und krank
376,2 in dein Erbarmen hülle mein schwaches Herz
393,8 sollt wo ein Schwacher fallen
406,5 mir aufs müde, schwache Haupt
428,2 der du Arme liebst und Schwache
447,8 und wo wir schwach sind, da gib du uns Stärke
503,6 in seinem schwachen Reise
523,2 stärk meinen schwachen Mut

Schwachheit (3)
289,1 und heilt dein Schwachheit groß
526,5 nur die Schwachheit um und an
526,6 alle Schwachheit, Angst und Pein

Schwalbe/Schwälblein (2)
282,2 die Schwalb, der Sperling find't ein Haus
503,4 das Schwälblein speist die Jungen

Schwang (2)
283,7 und stets in vollem Schwange gehn
430,1 das Unrecht geht im Schwange

schwanger (1)
192 allen Schwangeren und Stillenden gesunde Kinder... geben

schwank (1)
330,3 ihr schwanken Gräslein in den Feldern

Schwarm (1)
509,4 der kleinen Mücklein Schwarm

schwarz (3)
20,2 wo Tod den schwarzen Schatten wirft
478,3 in dieser schwarzen Nacht
482,1 der Wald steht schwarz und schweiget

schweben (17)
36,7 die ihr schwebt in großem Leide
36,12 mit dir will ich endlich schweben
43,3 hoch oben schwebt jubelnd der Engelein Chor
84,1 am Stamm des Kreuzes schweben
130,6 dich betrübe, Fried und Liebe müssen schweben
139,4 in allen Lüften schwebet
140,4 der Herr, der Tröster, ob uns schweb
150,5 schau ich in Ehren schweben
165,5 drin wir immer schweben
165,7 wie ein' Adler schweben
252,8 und in dieser Wüste schweben
276,1 im Herzen stets mir schwebe
361,9 in Angst und Nöten schweben
385,2 darf nicht im Finstern schweben
447,6 bei Tag und Nacht dein Huld und Güte schweben
502,2 viel tausend Engel um ihn schweben
526,2 sein, wo mein Erlöser schwebt

schweigen (15)
14,4 es schweigt der Sturm, von dir bedroht
41,3 alles anbetet und schweiget

93,4 schweigen müssen nun die Feinde
94,3 schwieg still zu allem Hohne
95,4 und er, er schweigt zu allem still
165,1 alles in uns schweige
241,1 die Tag und Nächte nimmer schweigen
375,4 bis auch der letzte Feind wird schweigen
428,3 Herr, mit deines Schweigens Mitte
452,2 da schweigen Angst und Klage
482,1 der Wald steht schwarz und schweiget
499,2 Tag und Nacht sie nimmer schweigen
499,3 darum kannst auch du nicht schweigen
503,12 auch nicht gar stille schweigen
534,2 Herr, schweige nicht, wenn wir schweigen müssen

Schweiß (4)
78,4 von ihm blutiger Schweiß rann
231,8 nicht wuchern jemands Schweiß und Blut
513,4 im Schweiß des Angesichts der Arbeit Plagen
527,4 und saurer Schweiß erwirbt

Schwelle (1)
282,5 ja auf der Schwelle nur zu stehn

schwer (46)

a) allgemein (13)
58,4 in schweren Ungewittern
65,3 und reichst du uns den schweren Kelch, den bittern
95,1 du hast erlebt, wie schwer das ist
97,6 ist von Früchten schwer
105,6 wer wälzt uns fort den schweren Stein
117,1 wär vorm Gefängnis noch der schwere Stein vorhanden
257,3 es ist kein Weg zu schwer
363,2 ich helf ihm tragen, was zu schwer
385,4 fällt's euch zu schwer? Ich geh voran
393,4 macht unsern Gang nur schwer
476,4 und daß der Leib auf diesen schweren Tag
497,10 ist ja der Anfang etwas schwer
516,4 mein Atem geht schwer aus

b) von Last, Sorge (20)
14,5 zu uns, die wir sind schwer verstört
65,2 noch drückt uns böser Tage schwere Last
84,5 viel schwerer als ein Stein
111,11 kein Angststein liegt so schwer auf mir
114,4 quält dich ein schwerer Sorgenstein
137,8 in den schwersten Kampf uns stellt
171,2 sei nahe in schweren Zeiten
209,2 der auch im Schweren zu mir steht
217,4 und die schwere Last von mir wende
246,2 in dieser schwern, betrübten Zeit
296,6 Gott wendet alle Trübsal schwer
324,16 wie manches schweren Unglücks Lauf
361,10 dein Herze lösen von der so schweren Last
365,3 in meiner schweren Zeit
369,2 was helfen uns die schweren Sorgen
386,1 ist ja nur ein schweres Joch
391,2 und auch in den schwersten Tagen
475,1 vor so mancher schweren Plag
514,5 ihr, die ihr traget schweres Leid
532,2 was ihm an Schwerem auferlegt

c) von Schuld, Strafe (13)
3,2 da wir gefangen waren schwer
11,4 ich lag in schweren Banden
76,1 trüg unsrer Sünden schwere Bürd
79,3 uns trösten deiner schweren Pein
83,2 die Straf ist schwer, der Zorn ist groß
84,3 und deiner schweren Martern Heer
89,3 und unsre schwere Missetat
144,3 zwar unsre Schuld ist groß und schwer
146,1 die schwere Straf und große Not
215,4 den' ihr Herz von Sünden schwer
232,2 mein Sünd' sind schwer und übergroß
233,1 ach Gott und Herr, wie groß und schwer
360,5 auf unsern Schultern lastet schwere Schuld

schwerfallen (1)
385,4 fällt's euch zu schwer? Ich geh voran

Schwermut (3)
58,13 die sich mit Schwermut quälen
148,4 von Schwermut, Sorg und Zagen
399,7 laß Schwermut dich nicht nehmen ein

Schwert (2)
248,6 der da Spieß und Schwert zerbricht
426,2 Schwerter werden zu Pflugscharen

Schwester (3) → *Bruder, Geschwister*
221,1 aus einem Kelche trinken, Jesu Glieder, Schwestern und Brüder
227,3 sind seines Leibes Glieder, Schwestern und Brüder
269,1 Brüder und Schwestern, auf ihn schaut

schwimmen (1)
509,3 die Fischlein, die da schwimmen

schwinden (2) → *vergehen*
16,3 die Nacht ist schon im Schwinden
298,1 o dann schwinden die vergangnen Leiden

schwingen, sich schwingen (6)
111,3 mit Ehr sein Siegesfähnlein schwingt
112,2 schwingt fröhlich hier und da
150,1 schwingt es sich über alle
386,2 schwing dich über die Natur
503,3 die Lerche schwingt sich in die Luft
525,3 die Seel zu dir sich schwinget

schwören (9)
66,9 schwöret die Treue mit Herzen und Händen
145,5 man hilft ihr oft mit Schwören
243,2 bei seinem Eid geschworen
243,3 Gott schwört bei seinem Leben
251,2 schwöret unserm Überwinder
308,10 auch Abraham hast du geschworn
363,7 geschworn bei seinem Namen
406,3 sollt ich ihm nicht Treue schwören
452,2 die Gott uns Menschen schwört

sechs (1)
77,4 um Sechs ward er nackt und bloß

See (2)
325,6 in den Büschen, in der See
371,7 davon sich See und Land muß laben

Seele (170)

a) allgemein (27)
59,3 das ist der Seelen Trost und Hort
63,5 Herr, gib der Seele Flügel
71,1 mög werden zur Seelen Seligkeit
73,1 auf, Seele, auf und säume nicht
90,2 den Seelen, die dich kennen
101,7 und speisen die Seel allein
104,2 wenn die Seel am Wort Gottes haft'
126,5 und meiden der Seelen Schad
134,5 sprich der Seele tröstlich zu
150,2 die Seele geb von mir
250,4 wir erlangen der Seelen Heil und Seligkeit
252,3 wenn ich Seelen hab erblicket
316,1 lob ihn, o Seele, vereint mit den himmlischen Chören
316,5 Seele, vergiß es ja nicht
317,5 Seele, vergiß es ja nicht
320,3 die Seele muß auch bleiben
368,7 so sei nun, Seele, deine
373,5 ach Herr, so wollst du im Grunde der Seelen
383,1 aber nun – die Seele spürt
385,3 ich bin der Seelen Fels und Hort
386,2 Seele, willst du dieses finden
424,3 keine Seele laß verderben
479,1 tu, Seel, was dir gebühret
495,7 die Seele nimm zu dir
504,6 stellst du dich der Seele dar
525,3 die Seel zu dir sich schwinget
530,3 die Seel in Jesu Wunden senken

aa) fromme, betrübte Seele usw. (10)
58,13 den hochbetrübten Seelen
130,2 die sich in fromme Seelen gießt
213,3 kommt her, betrübte Seelen
218,1 schmücke dich, o liebe Seele
250,1 ich lobe dich von ganzer Seelen
323,2 von ganzer Seel und jauchzen hell
361,6 hoff, o du arme Seele
495,1 ein unverletzte Seel
497,4 in fromme Seelen strecket
497,14 aus hocherfreuter Seelen

ab) deine, ihre, seine, unsere Seele (22)
5,6 ihre Seel erlösen
39,4 seine Seel ist uns gewogen
65,2 ach Herr, gib unsern aufgeschreckten Seelen
72,1 daß ihre Seel auch selig werd
135,5 wohn in unsrer Seele
215,7 und die Speise dein Seel erquickt
219,1 und unsrer Seelen Seligkeit zu essen
234,4 und seiner Seele selbst nicht schont
252,5 ergeben ihre Seel in deine Hand
296,7 in Gnad bewahrt er deine Seel
297,4 ist unsre Seel entgangen
344,8 nimm unsre Seel in deine Händ
371,5 er hört die Seufzer deiner Seelen
385,5 wer seine Seel zu finden meint
423,2 zu unsrer Seelen Nutz
439,4 wenn unsern Seelen er nachstellt
467,3 und rechn es unsrer Seel nicht zu
469,4 der stets nach unsrer Seele tracht'
512,5 jetzt an unsre Seelen rührt
513,7 auch unsre Seelen, Sabbat dort zu feiern
520,3 sein Seel lebt ewiglich in Gott
524,4 plagen stets hier unsre Seele

b) meine Seele (47)
11,1 o meiner Seelen Zier
37,4 und meine Seel ein weites Meer
37,8 suchst meiner Seele Herrlichkeit
83,2 und Heiland meiner Seelen

84,4 das hat verdienet meine Seel
88,2 meine Seele sehen mach
115,6 wird er meiner Seele geben
166,1 meine Seele fröhlich sein
217,2 so wird meiner Seele wohl
222,2 heilt meiner Seele Schaden
248,1 des sich freuet meine Seel
274,4 und schenkest voll ein meiner Seel
278,1 so schreit meine Seele, Gott, zu dir
278,1 meine Seele dürstet nach Gott
278,4 du, Herr, kennst meiner Seele Trauer
279,7 hört, was der Herr an meiner Seele
309,1 hoch hebt den Herrn mein Herz und meine Seele
310 meine Seele erhebt den Herren
325,5 meiner Seele Wohlergehen
343,3 damit mein Seel zu nähren
345,3 mein Seel wird er versorgen
364,3 mein arme Seel ich Gott befehl
386,7 nun so gib, daß meine Seele
386,9 meine Seele jetzt ergötzt
390,1 mein Herz und Seel mit deinem Schein
392,1 und meine Seel noch so gefährlich steht
392,3 ich halte Gott und meine Seele auf
397,3 an meinem End die Seele mein
399,1 so schreit zu dir mein arme Seel
399,2 erquick und laß die Seele mein
401,6 und für meine Seele bitt'
402,5 meine Seel sich wünscht und sehnet
403,1 meiner Seele Freud und Kron
404,3 vertreib aus meiner Seelen
404,6 zünde... in meiner Seele an
406,1 meiner Seele Trieb und Kraft
419,4 hilf, Herr meiner Seele
445,4 und für meine Seele sorgen
451,6 auf dich hofft meine Seele
479,2 mein Jesus, meiner Seele Ruhm
479,3 o Jesu, meiner Seelen Freund
497,7 o meiner Seelen Sonn und Zier
503,13 in meiner Seele früh und spat
522,1 mein Seel an meinem letzten End
523,4 verbirg mein Seel aus Gnaden
523,5 und bind mein Seel gar feste
525,1 wenn sich mein Seel will scheiden

ba) Aufforderung an meine Seele (19) → *c)*
34,2 siehe, siehe, meine Seele
40,2 laß dich erleuchten, meine Seele
213,5+6 drum jauchze, meine Seele
278 was betrübst du dich, meine Seele
289,1 nun lob, mein Seel, den Herren
289,4 mein Seel soll auch vermehren
302,1 du meine Seele, singe
303,1 lobe den Herren, o meine Seele
308,1 mein Seel, o Herr, muß loben dich
317,1 meine geliebete Seele, das ist mein Begehren
327,3 o du meine Seele singe
333,2 ja, lobe den Herrn auch meine Seele
451,1 erheb ihn, meine Seele
451,1 lobsing ihm, meine Seele
504,1 meine Seele, singe du
517,3 wohlauf, mein Seel, und richt dich dar
524,1+8 freu dich sehr, o meine Seele

c) in Verbindung mit Leib (29) → *ba)*
11,3 als Leib und Seele saßen
38,2 uns an Leib und Seele reich
84,7 was Leib und Seel vermögen
84,8 bis Leib und Seele scheiden
121,1 stärk uns an Leib, stärk uns an Seel
133,4 mein Leib und meine Seele
139,1 mein' Leib und Seel gegeben
140,2 er segne uns nach Seel und Leib
151,2 bereitet Leib und Seel
183,1 Leib und Seel auch wohl bewahren
197,2 dein Wort macht Leib und Seel gesund
204,4 abscheide die Seel von meinem Leib
216 du hast uns Leib und Seel gespeist
234,6 dein Seel und Leib dort brennen muß
282,1 dort jauchzet Leib und Seel in mir
296,4 bewahret dir dein Leib und Seel
303,1 der Leib und Seel gegeben hat
354,6 was Seel und Leib erquicken kann
365,4 was Leib und Seel ernähret
367,3 mein' Leib und Seel befehl ich dir
397,2 mein Leib und Seel und was ich hab
400,6 erleucht mir Leib und Seele ganz
418,4 Leib und Seel zu laben
443,5 Leib und Seel nicht betrübe
457,12 nun stärke Seel und Leib
471,2 schirm beid, Leib und Seel
475,7 noch an Leib und Seel verderben
477,7 wo bleibt dann Leib und Seel
503,15 an Leib und Seele grünen

ca) in Verbindung mit Leib, Geist, Leben usw. (16)
6,4 er tracht' nach Leib, Seel, Gut und Ehr
37,1 Herz, Seel und Mut, nimm alles hin
73,7 mit Geiste, Leib und Seel
143,5 nach Herz und Seele, Leib und Blut
143,7 an Leib und Seele, Haut und Haar
165,3 Seele, Leib und Leben
200,5 ich gebe... Leib, Seel und Herz zum Opfer hin
320,2 den Leib, die Seel, das Leben

352,4 meine Seele, Leib und Leben
365,3 mein Leib, mein Seel, mein Leben
370,3 Gut und Blut, Leib, Seel und Leben
443,4 mein' Leib und meine Seele
443,6 mein Leib, mein Seel, mein Leben
445,6 meinen Leib und meine Seele
472,6 mein' Leib, mein Seel, mein Leben
475,6 Leib und Seele, Mut und Blut

Seelenangst (1)
87,1 für deine Seelenangst

Seelenhort (2)
401,4 ergeben mir zum Heil und Seelenhort
404,4 in mir, mein Seelenhort

Seelennot (1)
86,1 gegeben in die tiefste Seelennot

Seelenschaden (1)
404,8 wend allen Seelenschaden

Seelverderben (1)
384,3 rettet und vom Seelverderben

Segel (1)
8,2 das Segel ist die Liebe

Segen (65) → *Gabe*

a) allgemein (22)
62,3 alles voller Segen sein
66,8 der uns den Ursprung des Segens gegeben
84,5 verehrst du mir den Segen
86,3 ach du hast zu meinem Segen
94,4 der Segen im Versiegen
152,1 du kommst uns ja zum Segen
252,4 wünsch ich Zion tausend Segen
311,2 ich versprech dir meinen Segen
326,5 ihr Segen, Heil und Frieden
330,5 wer überströmet mich mit Segen
348 und du sollst ein Segen sein
352,1 alles ist an Gottes Segen
361,4 dein Tun ist lauter Segen
374,3 und hoff auf seinen Segen
382,1 mein Los ist Tod, hast du nicht andern Segen
395,2 Gott will, daß ihr ein Segen
447,3 das haben wir zu danken seinem Segen
457,6 er segnet, was den Segen sucht
457,12 daß, was an Segen er ersah
471,1 in seim G'leit und Segen
494,2 er gibt uns Segen, Mut und Kraft
508,2 er wickelt seinen Segen

b) Segensgüter (16)
170,2 keiner kann allein Segen sich bewahren
170,2 Segen kann gedeihn, wo wir alles teilen
239,1 ist der Segen stets noch eingekehrt
351,7 gibt Segen und Gedeihen
369,7 und trau des Himmels reichem Segen
449,6 sehen den Segen, den du wirst legen
494,3 durch seinen milden Segen
494,4 ererbe deinen Segen
497,1 von dir kommt Glück und Segen
502,4 füllet uns alle mit seinem Segen
505,1 der Segen eingebracht
505,3 zwar manchen schönen Segen
505,4 machst, daß uns Segen grünt
512,1 ist dein Segen ausgestreut
513,5 und auch den Armen spenden von dem Segen
514,4 daraus uns lauter Segen quillt

c) Bitte an Gott (27)
58,11 sprich deinen milden Segen
64,1 und wandle sie in Segen
133,11 erfülle... mit Segen für und für
135,4 schütte deinen Segen
140,1 dein hoher Segen auf uns komm
140,5 mach uns deins Lobs und Segens voll
171,1 sei um uns mit deinem Segen
171,4 sei mit uns durch deinen Segen
203,5 gib deinen Segen mildiglich
205,1 teil diesem Kind den Segen mit
214,3 Gott geb uns allen seiner Gnade Segen
250,5 erfüll... mit Gnade, Segen, Fried und Freud
252,2 Gnade, Kraft und Segen bringe
252,7 gib du jedem solchen Segen
280,1 und seinen Segen geben
283,2 gieß... Herr, deine Güt und Segen aus
347,4 ach bleib mit deinem Segen
389,4 mache... an Himmelsgut und Segen reich
438,5 teil uns dein' milden Segen aus
438,6 gib deinen Segen unserm Tun
451,5 laß deinen Segen auf mir ruhn
468,1 gib... dein Gnad und auch den Segen dein
475,6 decke mich mit Segen zu
481,1 zum Segen auf mich richte
496 und bringe mir den Segen
500,2 Herr, gib durch deinen Segen
503,13 segne... mit Segen, der vom Himmel fleußt

Segensbrunn (1)
140,5 o Segensbrunn, der ewig fließt

Segensfülle (1)
457,5 an Segensfülle sein

Segensquell (1)
282,3 auf ihn der reiche Segensquell

segnen (68)

a) allgemein (14)
13,2 sei gesegnet deinem Volk
170,1+4 Lachen oder Weinen wird gesegnet sein
294,4 gesegnet seid ihr allzusammen
311,2 solln in dir gesegnet sein
358,4 Liebe... die segnet, wie er segnet
415,4 lehr uns segnen, die uns schmähn und fluchen
468,4 hiermit sollst du gesegnet sein
489,1 und gesegnet sei die Nacht
494,2 so muß der Zug gesegnet sein
496 gesegnet wird das Haus
506,3 mit Vorrat uns zu segnen
512,1 Herr, die Erde ist gesegnet
512,4 und gesegnet ist das Jahr

b) von Gott (21)
120 er segnet' sie mit seiner Hand
239,2 segnend war er euren Herzen nah
240,1 du segnest unser täglich Brot
245,5 und segnet sie in Ewigkeit
281,3 der Tag für Tag uns segnet
316,4 lobe den Herren, der sichtbar dein Leben gesegnet
317,4 lobe den Herren, der deinen Stand sichtbar gesegnet
348 Gott verspricht: Ich will dich segnen
358,4 die segnet, wie er segnet und trägt
449,4 segnen und mehren, Unglück verwehren
457,2 die Gabe segnen will
457,4 er segnet dich in Dorf und Stadt
457,4 was dir der Herr gesegnet hat
457,5 er segnet dir auch Korb und Krug
457,6 er segnet deiner Bäume Frucht
457,6 er segnet, was den Segen sucht
457,7 er segnet, wenn du kommst und gehst
457,7 er segnet, was du planst
457,8 zum Segnen stets bereit
457,9 zu segnen hebt er täglich an
457,10 er segnet, welche Schuld auch trennt

c) Bitte an Gott (33)
71,5 und segne meinen Lauf
140,2 er segne uns nach Seel und Leib
146,5 und segne unser Stadt und Land
163 unsern Ausgang segne Gott
163 segne unser täglich Brot
163 segne unser Tun und Lassen
163 segne uns mit sel'gem Sterben
170,1+4 komm, Herr, segne uns
174 es segne und behüte uns
191 und segne, das dein Erbteil ist
192 und unsere Stadt segnen und behüten
192 unsere Bergwerke erhalten und segnen
211,4 so segne nun auch dieses Kind
224,3 nun segne, Herr, uns Brot und Wein
228,3 es segne euch der Herr, er läßt euch nicht allein
241,6 und also segne deines Wortes Lauf
252,1 segne mich, dein armes Glied
280,3 uns segne Vater und der Sohn
280,3 uns segne Gott der Heilig Geist
300,3 und segne dich von Zion aus
331,9 hilf uns, segne, Herr, dein Erbe
350,5 und segne, was sich zu dir hält
406,5 lege segnend dann die Hände
423,4 und segne beide, Herrn und Knecht
443,6 er segne meine Taten
446,9 mich segne, mich behüte
465 und segne, was du uns bescheret hast
466 segne, Herr, was deine Hand
485,6 dein Kreuzeshand nun segne
503,13 hilf mir und segne meinen Geist
513,4 nur segne, Vater, unsrer Hände Werke
517,12 ade, Welt, Gott gesegne dich

sehen (182) → *ansehen, besehen, erschauen, schauen*

a) allgemein (30)
41,4 hier ist die Pforte des Lebens nun offen zu sehen
42,8 und Erde, die ihn heute sieht
63,5 nur immer vorwärts sehen
90,1 doch sieht mein Glaube wohl an dir
127,1 zerteilt man Zungen sah im Saal
151,4 man sieht die Bäume blühen
202,7 das Aug allein das Wasser sieht
239,5 die sein Reich schon hier im Glauben sahen
244,8 es vertrieben möchten sehn
262,1 daß die Welt es sehen kann
263,1 daß die Welt es sehen kann
269,1 die Welt soll sehn, wem ihr vertraut
282,5 denn tausend, ohn dich nah zu sehn
303,6 sehende Augen gibt er den Blinden
351,13 sieht lauter Sonnenschein
358,6 da dich die Welt wird sehn

379,5 den keiner je gesehen
379,5 noch künftig sehen kann
385,4 sieht er voran den Feldherrn gehn
410,1 der sieht auch den Vater
413,2 in niemands Herz man sehen kann
442,1 läßt sich frei sehen wie ein Held
459,3 bei dem man auch im Finstern sieht
482,3 er ist nur halb zu sehen
482,3 weil unsre Augen sie nicht sehn
500,1 wie man vor Augen sieht
501,1 die Tier sieht man jetzt springen
506,2 mein Auge sieht, wohin es blickt
524,8 sollst du sehn in Ewigkeit
527,5 wenn man die Sonne siehet

b) sieh, siehe (30) → *e), f)*
13,1 sieh, dein König kommt zu dir
24,7 merk auf, mein Herz, und sieh dorthin
34,2 siehe, siehe, meine Seele
84,1 o Welt, sieh hier dein Leben
97,1–6 sieh, wohin wir gehn
113,5 und sieh, er lebet wieder
141,4 sprach: Siehe, das ist Gottes Lamm
144,2 o Gott und Vater, sieh doch an
146,4 sieh an sein heilig Wunden rot
190.4 siehe, das ist Gottes Lamm
241,2 o Herr der Ernte, siehe doch darein
241,3 o siehe, wie an allen Orten
256,4 sieh auf deine Millionen
273,1 ach Gott, vom Himmel sieh darein
281,4 mein Volk, sieh seine Werke
287,2 sieh auf dein Leben, er hat dich bewahrt
315,3 sieh und glaub
359,4 sieh, es leuchtet seine Gnad
363,3 sieh, morgen ist er schwach und krank
366,6 sieh nicht an unsre Sünde groß
373,1 sieh, wie die Finsternis dringet herein
386,10 sieh, ob ich auf bösem, betrüglichem Stege
419 siehe, ich bin bei euch alle Tage
484,2 sieh es, lieber Gott, nicht an
503,1 und siehe, wie sie mir und dir

c) sehet, seht (Aufforderung) (39) → *f)*
15,4 sehet, sehet, alle Welt
17,1 sehet, die erste Kerze brennt
17,2 sehet, die zweite Kerze brennt
17,3 sehet, die dritte Kerze brennt
17,4 sehet, die vierte Kerze brennt
18,1 seht, die gute Zeit ist nah
36,7 sehet, hier ist die Tür
39,3 sehet, was hat Gott gegeben
41,1 sehet doch da: Gott will so freundlich und nah
41,3 sehet dies Wunder, wie tief sich der Höchste hier beuget
41,3 sehet die Liebe, die endlich als Liebe sich zeiget
43,1 und seht, was in dieser hochheiligen Nacht
43,2 o seht in der Krippe im nächtlichen Stall
43,2 seht hier bei des Lichtleins hellglänzendem Strahl
45,1 sehet das Kindlein, uns zum Heil geboren
47,2 seht, der schönsten Rose Flor
95,4 seht, wie sie ihn mit Dornen krönen
103,4 kommt, seht, wo er gelegen hat
105,12 so tret't herzu und seht die Statt
116,3 sehet, das Grab ist leer, wo er lag
226,1+2 seht, das Brot, das wir hier teilen
226,3+4 seht, der Kelch, den wir jetzt teilen
226,5+6 seht, was wir hier heute feiern
228,2 kommt, schmeckt und seht, die Not ist groß
281,1 seht, wie verstummt der Frechen Spott
286,1 seht, seine Rechte sieget wieder
290,7 o seht, wie Gott sein Volk regieret
314,2 seht, er kommt geritten, auf dem Esel sitzt der Herr
353,2 sehet nur, die Gnadenpforte
504,2 seht das große Sonnenlicht
504,3 seht, wie Gott der Erde Ball
504,4 seht, wie fliegt der Vögel Schar
504,5 seht der Wasserwellen Lauf
528,1 so ist unser Leben, sehet
528,4 so ist unsre Schöne, sehet
528,5 so ist unser Glücke, sehet

d) von Gott (16)
56,2 es kommt, der alles kennt und sieht
56,3 er sieht dein Leben unverhüllt
68,2 du hast gesehen unsre Not
93,1 das Geheimnis Gottes sah
111,6 läßt er's die Menschen sehen nicht
198,2 Herr, du wollest auf mich sehn
252,6 und wie du sie gern willst sehn
287,2 Gott sähe nicht das, was dich bedrückt
303,6 die läßt er seine Liebe sehn
309,2 er hat auf meine Niedrigkeit gesehen
358,2 als säh er ihn, vertraut
361,3 o Vater, weiß und sieht
371,3 er sieht und kennet aus der Höhe
379,2 und Sonnen werden sah
380,4 wer sah mich versagen
446,6 du kannst ins Herze sehen

e) Bitte an Gott (10) → *b)*
6,5 laß sehn dein herrlich Angesicht
85,10 und laß mich sehn dein Bilde
88,2 meine Seele sehen mach
88,3 laß mich... deine Marter sehen
176 daß sie sehen die Wunder an deinem Gesetz
240,2 gib Augen, andrer Last zu sehn
248,4 laß jetzt sehen deine Macht
262,6 laß uns... sehen auch in dieser Zeit
263,6 laß uns... ferner sehn in dieser Zeit
373,3 laß doch viel heller dann deine Kraft sehn

f) von Menschen (39) → *b), c)*
24,6 zu sehn, was Gott uns hat beschert
40,3 in diesem Lichte kannst du sehen
42,5 auf den die Väter hoffend sahn
48,2 lasset uns sehen in Bethlehems Stall
52,1 wie wir einst den Stern gesehen
52,6 und wie wir den Stern gesehen
53,3 konnten staunend sehen
91,3 mein Herz erbebt; ich seh und ich empfinde
91,5 seh ich dein Kreuz den Klugen dieser Erden
105,13 wir sehen's wohl, das Grab ist leer
111,10 ich werde sehn, wie alle Feind
114,5 so wirst du sehn, daß Jesus Christ
150,4 seh ich: sie sind die Kron
224,3 in dem, was unsre Augen sehn
235,3 und können oft nur uns und unsre Nöte sehen
236,2 sehen kann ich nicht
248,2 nichts wir sonst vor Augen sehn
251,6 daß ein jeder sehen kann
252,9 uns in dir, dich in uns sehen
254,2 wir sehen schon von weitem
269,5 daß wir vereint die Kirche sehn
270,3 seh ich die Sonne, den Mond und die Sterne
281,4 dann sehen Herrscher deinen Ruhm
287,4 du mußt nur zu sehen lernen
325,1 denn ich seh in allen Dingen
371,9 sprich nicht: Ich sehe keine Mittel
371,12 wenn er's sehen könnt und wollte
373,5 und ich mein Nichts und Verderben nur seh
378,3 wirst du den Gerechten sehn
412,2 und sieht die Brüder leiden
426,1 so hat es der Prophet gesehn
426,3 den kommenden Frieden sehn
431,3 sehn wir nur Feuer des Gerichts
432,1 er gab uns Augen, daß wir uns sehn
446,4 ich kann das Licht noch sehen
449,6 sehen den Segen, den du wirst legen
482,3 seht ihr den Mond dort stehen
486,10 was du, als ich den Weg nicht sah
528,8 alles, alles, was wir sehen

fa) (auf) Gott sehen (18)
20,1 bald sieht es Licht, ein großes Licht
37,4 und kann mich nicht satt sehen
50,5 und dich von Angesichte sehn
52,3 eilte jeder, daß er's sähe
105,14 dort werdet ihr den Heiland sehn
152,4 wenn wir dich sehn
154,3 wenn wir von Angesicht dich werden sehn
165,4 und dich gegenwärtig sehen
165,5 dich nur sehn und finden
251,4 daß wir dem ins Herze sehen
281,1 lobsinget Gott, die ihr ihn seht
296,1 und seh die Berge hoch hinauf
382,2 werd ich dich noch mit neuen Augen sehen
397,3 daß meine Augen sehen dich
405,4 und sehen seine Herrlichkeit
414,1 auf deinen Willen sehn und dir mich weihn
505,7 dich mannigfalt in deinen Gaben sehn
519,2 den du mich, Herr, hast sehen lan

sehnen, sich sehnen (14)
12,2 höchster Wunsch und Sehnen war
58,9 die sich von Herzen sehnen
63,4 wir sehnen uns hienieden
80,5 nach dir möge sehnen
109,5 und sehnen uns ins Himmelreich
150,1 mein sehnend Herz so groß Verlangen hat
218,2 mich nach deiner Kost zu sehnen
282,1 wie sehnet sich mein Herz zu gehen
371,3 und faßt zuhauf all unser Sehnen
375,3 die sehnend harrt auf das Erlösungsjahr
402,5 meine Seel sich wünscht und sehnet
429,1 niemand wird nach dem Alten sich sehnen
517,8 und sehn dich allzeit wieder heim
524,2 wie sich sehnt ein Wandersmann

sehnlich (3)
39,5 stillt das sehnliche Verlangen
296,1 ich heb mein Augen sehnlich auf
475,8 höre doch mein sehnlich Flehen

sehr (40) → *recht (B)*
3,2 denn es ging dir zu Herzen sehr
17,1–4 freut euch, ihr Christen, freuet euch sehr

29,1 den die Hirten lobeten sehre
29,3 sich freun die Menschen alle sehre
32,3 will ich dich lieben sehr
47,3 freut euch sehr und fürcht' euch nicht
63,2 wo wir so sehr geliebt
70,1 hoch und sehr prächtig erhaben
70,3 gieß sehr tief in das Herz hinein
77,3 ward er sehr geschlagen
84,7 verbunden... dir überhoch und sehr
84,10 die mich doch sehr betrüben
86,4 man hat dich sehr hart verhöhnet
122,2 nach ihm mich sehr verlanget
144,2 die wir sehr übel han getan
147,1 der Wächter sehr hoch auf der Zinne
215,4 und vor Angst ist betrübet sehr
243,4 verkünden sehr freudenreichen Trost
244,1 läuft an mit Macht und drängt uns sehr
275,3 ob mich gar sehr der Feinde Heer anficht
287,2 du meinst, Gott sei sehr verborgen
304,1 lobet den Herren, denn er ist sehr freundlich
304,1 es ist sehr köstlich, unsern Gott zu loben
318,3 er ist barmherzig und sehr gut
323,3 sehr herrlich in der Welt gemacht
336 denn er ist sehr freundlich
362,3 so fürchten wir uns nicht so sehr
365,1 da ich sonst irrte sehr
369,3 der weiß auch sehr wohl, was uns fehlt
369,6 es sind ja Gott sehr leichte Sachen
399,3 durch Sommerhitz sehr ausgebrannt
430,2 die Erde wartet sehr
449,11 hast niemals keinen zu sehr noch betrübt
472,4 ich hab gesündigt sehre
522,2 mein Sünd' mich werden kränken sehr
524,1+8 freu dich sehr, o meine Seele

Seide (3)
24,11 der Sammet und die Seiden dein
37,6 Samt, Seide, Purpur wären recht
503,2 als Salomonis Seide

sein*) (90)
24,7 wes ist das schöne Kindelein
41,4 Gott ist im Fleische: wer kann dies Geheimnis verstehen
64,3 wer ist hier, der vor dir besteht
64,4 du aber bleibest, der du bist
84,9 ich sei auch, wo ich sei

*) siehe auch Fehlliste und Vorwort

111,4 jetzt ist der Tag, da mich die Welt
111,11 wo ist ein Feind, den er nicht fällt
113,1+8 o Tod, wo ist dein Stachel nun
113,1+8 wo ist dein Sieg, o Hölle
113,3 nichts ist, das in dem Siegeslauf
114,2 gen Himmel, da dein Jesus ist
115,1 Tod, wo sind nun deine Schrecken
116,3 ihr suchet Jesus, hier ist er nicht
122,2 da ist auch stets mein Herz und Sinn
141,3 der lang vor mir gewesen ist
141,5 wahrer Sohn Gotts er ist und heißt
142,2 wer ist wie Gott – wer ist wie er
147,1 wo seid ihr klugen Jungfrauen
148,2 was Gott ist und vermag
150,4 was in der Welt an Auserwählten war
153,1 der Himmel, der ist
153,5 grüßt schon die Erde, die ist
183,2 der ewig bei dem Vater ist
200,5 es sei in mir kein Tropfen Blut
202,2 Gott spricht und will, daß Wasser sei
233,1 da ist niemand, der helfen kann
241,6 es sei kein Ort ohn dessen Glanz und Schein
245,4 es ist kein Weg, denn nur der Glaube
251,7 kein getrenntes Glied mehr ist
254,1 wir wolln nach Arbeit fragen, wo welche ist
264,3 verbunden mit dem, der ist und war
265,4 daß über allem, was da ist
265,4 daß über allem ... ein Herr, ein Glaube sei
273,3 wer ist, der uns sollt meistern
278,2 weil man sagt: Wo ist dein Gott
278,6 mit ihrem: Wo ist dein Gott
279,7 so war oft zu derselben Stunde... ein Lobgesang
286,1 wo sind nun alle unsre Leiden
289,1 was in mir ist, den Namen sein
299,5 ob bei uns ist der Sünden viel
299,5 bei Gott ist viel mehr Gnade
315,2 wie ich bin, wie ich bin
316,5 lobe den Herren, was in mir ist, lobe den Namen
317,5 lobe den Herren, was in mir ist, lobe den Namen
321,3 wie es im Anfang war und ist und bleiben wird
325,7 wäre mein Gott nicht gewesen
328,1 denn wo ist doch ein solcher Gott wie du
331,1 wie du warst vor aller Zeit
340 und meinen Gott loben, solange ich bin
341,2 es war kein Guts am Leben mein

344,9 Amen, das ist: es werde wahr
351,4 wenn der nicht in mir wäre
351,13 was mich singen machet, ist, was im Himmel ist
353,1 hier ist, was sie retten kann
356,1 es ist in keinem andern Heil
362,1 auf Erd ist nicht seinsgleichen
365,1 wo ich auch sei im Land
370,7 soll ein Christ, wo er ist
378,2 manches Glück ist auf den Schein
392,2 ich war nicht, wie ich sollt
402,2 was ich bin und hab, ergeben
408,3 wo ich bin, hält Gott die Wacht
409,3 Gott ist in der Welt
414,1 dein, Herr, ist alles, was ich hab und bin
416 daß ich verbinde, da, wo Streit ist
421 es ist doch ja kein andrer nicht
445,3 da alleine Hilf und Rat ist für meine Missetat
449,7 menschliches Wesen, was ist's gewesen
449,7 was sie vor ihrer Erschaffung gewest
462 daß du unser Gast gewesen bist
468,1 weil du ein Kind gewesen bist
468,2 es schlaf, es wach und wo es sei
469,5 das war des ewgen Vaters Rat
472,2 nichts ist auf dieser Erden
479,3 in meinem Herzen ist kein Fried
485,1 die Woche, die gewesen, kehrt heim zur Ewigkeit
488,4 was ist der Tod, bist du mir Schild und Zier
495,1 ohn den nichts ist, was ist
500,4 solang wir sind auf Erden
504,6 was du bist und was ich bin
508,3 von ihm sind Büsch und Blätter
518,1 wer ist, der uns Hilfe bringt
521,2 kein Bleiben ist auf Erden
522,4 denn wo du bist, da komm ich hin
523,4 der ist wohl hier gewesen
524,5 ist nichts denn nur Klag und Weinen
529,2 was ist... als Müh und Not gewesen
530,2 als es am frühen Morgen war

Sein (1)
301,3 alles rief er in das Sein

Seinen, die (9)
100,3 die Seinen all herausgeführt
223,2 gab... den Seinen sich im Sakrament
309,4 daß er die Seinen väterlich behüte
326,5 leitet... die Seinen stetig hin und her
358,1 es kennt der Herr die Seinen
358,3 er kennt sie als die Seinen
358,5 so kennt der Herr die Seinen
410,3 und wir sind die Seinen
472,2 Gott läßt die Seinen nicht

seinesgleichen (1)
362,1 auf Erd ist nicht seinsgleichen

seit (7)
16,3 seit eure Schuld geschah
99 seit daß er erstanden ist
105,3 und seit daß er erstanden ist
117,3 seit Jesus ihn durchschritten
256,4 seit Jahrtausenden ist ihnen
382,1 seit Menschen leben, rufen sie nach Gott
395,1 seit leuchtend Gottes Bogen

Seite (18)
61,2 komm ich heim, steh mir zur Seiten
63,6 geh selber uns zur Seiten
77,6 ward Jesus in seine Seit
83,7 an deiner Seite stehen
133,10 steh treulich uns zur Seiten
136,5 von allen Seiten kommen sie in das Reich herein
200,4 mein treuer Gott, auf deiner Seite
275,3 anficht auf beiden Seiten
279,7 wenn Not von allen Seiten drang
313,2 den Mann vom Zoll zur Seite nahm
377,1 und steh uns an der Seiten
379,5 will dir zur Seite gehen
385,4 ich steh euch an der Seite
402,6 geh ihm ewig an der Seiten
406,6 bleib mir dann zur Seite stehen
486,5 zur Seite warst und wunderbar
495,7 an ihrer Seite hab
523,4 in deiner offnen Seit

selben (1)
149,5 o Jesu, hilf zur selben Zeit

selber (37)

a) von Gott (29)
5,4 sich selber zur Speisen
16,2 Gott selber ist erschienen
17,4 Gott selber wird kommen, er zögert nicht
24,3 er will eu'r Heiland selber sein
41,5 du willst dich selber, dein Herze der Liebe, mir schenken
63,6 geh selber uns zur Seiten
77,3 mußt er selber tragen
88,4 was du selber büßen mußt
94,1 gibt sich... der Schöpfer selber zum Entgelt

101,6 er ist selber die Sonne
184,5 ihn selber schaun in Ewigkeit
202,4 auch Gottes Sohn hier selber steht
214,1 der uns selber hat gespeiset
215,5 er spricht selber: Kommt, ihr Armen
225 Gott selber lädt uns ein
241,7 und präge dich der Jugend selber ein
267,1 hilf du selber uns zur Einheit
282,6 er selber ist der Frommen Leben
286,1 er selber offenbart den Heiden
297,1 und selber bricht der Feinde List
320,4 der selber ist das Leben
341,7 ich geb mich selber ganz für dich
342,3 der selber Mensch ist worden
364,2 er selber hat gezählet
368,1 mir selber geben Rat und Tat
451,5 und lehre du mich selber tun
485,4 sei selber unser Licht
495,4 das Kreuz hilf selber tragen
534,2 sei selber die Brücke und laß uns bestehn

b) von Menschen (8)
211,3 nicht mit uns selber steht und fällt
215,6 so du selber dir helfen willt
225,3 wird selber Bote sein
231,10 wie dir dein Herz selber tut
316,2 wie es dir selber gefällt
317,2 wie es dir selber gefällt
419,3 daß ich nicht gebunden an mich selber bin
503,8 ich selber kann und mag nicht ruhn

selbst (102)

a) allgemein (8)
145,4 wie du solchs selbst begehrest
234,4 und seiner Seele selbst nicht schont
303,7 und fallen selbst in ihren Strick
325,4 und die Hölle selbst macht stille
357,5 und selbst auf Erdenauen
383,2 Dank selbst für die schlimmen Stunden
393,7 die Engel selbst begleiten
497,8 was du nicht wirkst, das pflegt von selbst

b) von Gott (34)
14,5 Not ist es, daß du selbst hienieden
16,3 den Gott selbst ausersah
64,1 nun von dir selbst in Jesus Christ
133,8 du, Herr, hast selbst in Händen
161,2 mußt du selbst in uns verrichten
202,2 was Gott selbst Taufe nennet
231,3 ohn was Gott selbst red't und tut
243,4 und dein selbst nehmen wahr
281,3 vom Tode selbst und durch den Tod
294,1 er will sich selbst mit uns verbünden
298,3 er, er selbst ist unser Lohn
302,7 wird selbst ihr Trost und Mann
322,3 sich selbst zum Helfer stellt
324,13 ist selbst und bleibt dein Gut
326,6 der Schöpfer selbst, und neiget
328,5 was mich dein Geist selbst bitten lehret
355,2 Gott hat mich mit sich selbst versühnet
361,11 Gott gibt dir selbst die Palmen
362,2 den Gott hat selbst erkoren
371,15 den ewgen Mund selbst hören sprechen
374,5 ist, was er selbst verheißen
379,3 hat selbst sein Reich verlassen
385,4 ich kämpfe selbst, ich brech die Bahn
393,6 er selbst will bei uns stehen
395,3 er selbst kommt uns entgegen
409,2 was er selbst gegeben
409,4 hat er selbst erhellt
430,3 du selbst bist, was uns fehlt
431,2 du selbst bist Flamme, Gott
452,1 er weckt mir selbst das Ohr
452,4 und spricht mich selbst gerecht
478,2 weil du bist selbst das Licht
497,9 was du selbst angefangen hast
527,10 weil ihn die Stärke selbst erhält

ba) Bitte an Gott (15)
64,2 sei du selbst der Vollender
127,7 du selbst wollst uns bewahren
130,3 und führ uns selbst auf rechtem Pfad
135,3 sprich du selbst uns vor
235,1 und führe selbst die Hand, mit der wir nach dir tasten
238,2 sprich selbst das Amen auf den Bund
242,1 Herr, nun selbst den Wagen halt
345,5 du wollest selbst uns leiten
414,1 gib selbst das Wollen und Vollbringen
446,8 hilf selbst das Beste raten
450,5 leucht uns selbst in jener Welt
471,2 sei selbst unser Schutzherr
471,4 sei selbst ihr Vormünder
485,6 und jedem selbst begegne
494,4 gib dein Gedeihen selbst dazu

c) von Jesus Christus (25)
10,4 Herr Jesu, selbst bereit
11,1 Jesu, setze mir selbst die Fackel bei
42,4 nimmst selbst an unsrer Menschheit teil
70,5 dein Sohn hat mich ihm selbst vertraut
78,7 mußt sein Kreuz selbst tragen

82,2 es hat sich selbst der wahre Gott
91,7 da du dich selbst für mich dahingegeben
104,1 an dem Kreuz selbst gebüßet hat
202,1 durch sein selbst Blut und Wunden
207,3 du, der du selbst das Leben
210,5 und gehe du mir selbst voran
217,2 du bist selbst das Brot des Lebens
217,4 ach komm selbst, leg an deine Hände
219,2 o Jesu, mach uns selbst bereit
224,3 du selbst willst gegenwärtig sein
224,3 gib dich uns selbst zum Leben
225,2 wird selbst das Brot uns brechen
249,4 wie er sich selbst tut nennen
251,5 die du selbst im Wesen bist
256,2 du selbst hast unsre Zahl gezählet
271,7 erniedrigte sich selbst bis in den Tod
328,7 der mich zu deiner Rechten selbst vertritt
399,6 Gott selbst wird sein mein Speis und Trank
413,2 Christus sie selbst das Zeichen nennt
515,7 sei gepriesen, du selbst bist Mensch geworden

d) von Menschen (20)
73,7 gib dich ihm selbst zum Opfer dar
83,5 mich selbst auch dir nach Möglichkeit
85,4 ich hab es selbst verschuldet
96,3 selbst sich verfehlten
202,6 vermag sich selbst nicht helfen
202,7 auch von uns selbst begangen
231,6 nicht hassen noch selbst rächen dich
251,3 wenn ihr euch selbst Eintrag tut
288,2 und nicht wir selbst: durch Gottes Gnad
360,3 wir wollen leben und uns selbst behaupten
360,4 wir brachten selbst uns in Gefangenschaft
369,3 und sei doch in sich selbst vergnügt
371,12 hat er doch selbst auch wohl das Seine
373,2 hilf mir, daß ich vor mir selbst mag erröten
388,5 haben wir uns selbst gefangen
393,3 laßt gar euch selbst dahinten
416 wer sich selbst vergißt, der findet
431,1 Brand der Erde, den wir selbst gelegt
451,2 mich selbst zu schützen ohne Macht
526,5 ich, ich selbst, ein Fremder nicht

selbsteigen (1)
361,2 und mit selbsteigner Pein

selbstgerecht (1)
360,3 wir bauen selbstgerecht den Turm der Zeit

selig (73)

a) allgemein (16)
34,4 Frieden und ein seligs Jahr
44,1–3 o du fröhliche, o du selige
58,15 zum sel'gen neuen Jahre
63,5 mit sel'ger Freudigkeit
80,4 o selig ist zu aller Frist
116,2 selig ist, wer zu Jesus gehört
213,6 die sel'ge Himmelsspeise
222,1 hast mein Gesicht das sel'ge Licht
282,2 o selig, wer dort allezeit
308,2 mich selig preisen jedermann
365,5 das ist ein sel'ge Stunde
368,3 und was mir selig ist
386,2 mein Ein und mein Alles, mein seligstes Heil
441,3 an dem er selig werden mag

b) Gott macht selig (14)
30,2 welches uns selig macht
43,6 ach mache sie heilig und selig wie deins
69,3 wie er uns reich und selig machte
77,1 Christus, der uns selig macht
103,5 verleihe, was uns selig ist
127,3 in Fried und Flehn dein sel'ger Wind
128,3 o du sel'ge Gnadensonn
257,4 daß viele selig werden
264,3 hat selige Gemeinschaft
356,1 der selig macht und Retter ist
472,6 gib mir ein selig Ende
477,9 Gott laß euch selig schlafen
519,4 er ist das Heil und selig Licht
524,7 du wirst selig mich regieren

c) von Menschen (18)
45,3 frohlocket, frohlocket, ihr Seligen
61,4 fromm und selig möge werden
66,8 selig, die ihm sich beständig ergeben
159,2 o selig über selig sind
202,5 soll dadurch selig werden
234,2 o selig, dem die Sünd ist leid
245,3 die werden in Gott selig sein
303,3 selig, ja selig ist der zu nennen
307,1 selig sind, die da geistlich arm sind
307,2 selig sind, die da Leid tragen
307,3 selig sind die Sanftmütigen
307,4 selig sind, die da hungern und dürsten nach der Gerechtigkeit
307,5 selig sind die Barmherzigen
307,6 selig sind, die reinen Herzens sind

307,7 selig sind, die Frieden stiften
307,8 selig sind, die um der Gerechtigkeit willen verfolgt werden
341,8 da bist du selig worden
402,6 selig, wer mit mir so spricht

d) von der ewigen Seligkeit (25)
63,4 uns freuen im sel'gen Himmelszelt
63,6 uns hier schon selig sein
72,1 daß ihre Seel auch selig werd
89,5 beschließe meine Not und selig sterbe
109,5 zum sel'gen End Gott helf uns alln
138,1-3 und helf uns selig sterben
146,5 ein selig End wollst uns verleihn
155,3 in ewger Freud und sel'gem Licht
163 segne uns mit sel'gem Sterben
219,3 und ewig selig werden
344,8 bescher uns auch ein seligs End
353,8 daß ich selig zu ihm kommen
365,5 wir sollen selig werden
367,3 o Herr, ein seligs End gib mir
376,1+3 bis an mein selig Ende
449,12 Freude die Fülle und selige Stille
493 eine ruhige Nacht und ein seliges Ende
500,4 einst ewig selig werden
520,4 ist kommen an ein sel'ges End
523,2 laß mich selig abscheiden
529,9 komm, mach ein seligs Ende
531,3 der Seligen im Licht

Seligkeit (31)
1,5 den Weg zur ewgen Seligkeit
2,3 den Weg zur ewgen Seligkeit
24,4 er bringt euch alle Seligkeit
34,3 meine Seligkeit herrühr
40,3 das Licht der klaren Seligkeit
68,8 daß es erlang die Seligkeit
71,1 bekannt mög werden zur Seelen Seligkeit
75,1 hilf uns armen Sündern zu der Seligkeit
89,4 und wenn du zu der Seligkeit
90,2 o Herzog meiner Seligkeit
144,2 zur Seligkeit vollenden
149,5 daß ich im Buch der Seligkeit
162,2 Trost, Leben, Heil und Seligkeit
195,2 die Seligkeit erworben
195,3 zur Seligkeit und Freude
197,2 dein Wort gibt Trost und Seligkeit
217,3 mich bring um die Seligkeit
219,1 und unsrer Seelen Seligkeit
220 zu deines Mahles Seligkeiten
250,4 der Seelen Heil und Seligkeit
254,2 verheißner Seligkeiten
281,3 dem Gott vollkommner Seligkeit
293,2 schenkt uns aus Gnad die Seligkeit
318,3 den rechten Lauf zur Seligkeit vollenden
328,7 daß du mir schenkest solche Seligkeit
332,4 o Seligkeit! - dich, unsern Vater, preisen
346,1 die Seligkeit zu finden
349,4 erlangen die ewge Seligkeit
367,2 was dienet mir zur Seligkeit
401,3 ewge Lust und Seligkeit
442,8 ein Kind der ewgen Seligkeit

seliglich (2)
59,5 christlich zu leben, seliglich zu sterben
131,5 und zu dir dringen seliglich

senden (34)
3,3 der Bräut'gam Christus ward gesandt
8,3 der Sohn ist uns gesandt
42,2 da sandte Gott von seinem Thron
77,2 ihn derhalben von sich sandt
120 was sandt er uns hernieder
120 und sandte sie in alle Land
129,1 er sendet auch vom Thron
129,4 von oben her uns sende den Geist
131,1 du bist gesandt vons Himmels Thron
143,8 und uns die Wächter sendest
145,1 bedenk, was Gott dir hat gesandt
150,4 entgegen hat gesandt
155,1 dein' Heilgen Geist du zu uns send
172 sende dein Licht und deine Wahrheit
178.8 send uns deinen Geist
192 treue Arbeiter in deine Ernte senden
210,5 Herr, sende mich wie deine Jünger
227,6 als Zeugen deiner Liebe uns zu senden
232,3 am letzten End dein Hilf mir send
260 so sende ich euch
260,1-2 gleichwie mich mein Vater gesandt hat
260,1-2 er hat mich gesandt zu predigen
260,1-2 und ich sende euch zu predigen
278,8 sende Licht, sende deine Wahrheit
395,3 auf die uns Gott gesandt
445,7 deinen Engel zu mir sende
446,7 dein Werk an mir und senden
471,2 send uns dein Engel
484,4 müden Herzen sende Ruh
508,2 er sendet Tau und Regen
512,6 und du wirst die Ernte senden

Senfkorn (1)
256,5 dein Senfkorn, arm und klein

senken, sich senken (5)
112,2 er war ins Grab gesenket
165,5 ich senk mich in dich hinunter
354,5 darein will ich mich gläubig senken

417,1 senke sie in unser Wesen tief hinein
530,3 die Seel in Jesu Wunden senken

Seraph (4)
191 auch Cherubim und Seraphim
331,2 Cherubim und Seraphinen
357,3 vor dem die Seraphinen
503,10 da so viel tausend Seraphim

setzen, sich setzen (19)
11,1 o Jesu, Jesu, setze
25,5 setzt ihr auf ihn eu'r Zuversicht
84,6 du setzest dich zum Bürgen
84,9 ich will's vor Augen setzen
86,3 um zu setzen mich in Ruh
211,5 im Glauben einen Anfang setzt
273,3 was wir setzen, gilt allgemein
296,3 setz nur auf Gott dein Zuversicht
324,4 hoch über uns gesetzt
352,1 wer auf Gott sein Hoffnung setzet
360,3 doch deine Freiheit setzen wir aufs Spiel
360,4 wir richten Mauern auf, wir setzen Grenzen
369,5 und setzet jeglichem sein Ziel
369,7 auf Gott setzt, den verläßt er nicht
386,9 mein Hirt Jesus mich gesetzt
447,5 dawider hat sein Engel sich gesetzet
449,3 alles sei Gotte zum Opfer gesetzt
472,2 drauf setz ich all mein Hoffen
523,2 setz mich in dein Erbgut

Seuche (2)
146,1 vor Seuchen, Feu'r und großem Leid
344,5 vor Seuchen und vor teurer Zeit

seufzen (14)
84,13 dein Seufzen und dein Stöhnen
134,4 seufz auch in uns, wenn wir beten
137,4 für sie seufzen, weinen, flehn
271,6 nach seiner Freiheit seufzt die Kreatur
273,4 ihr Seufzen dringt zu mir herein
324,10 wenn unser Herze seufzt und schreit
330,6 so stimm ich doch mit Seufzen ein
351,8 so seufzt und spricht er Worte
373,5 dich mit dem innersten Seufzen vermählen
375,3 ja, Jesus siegt! Seufzt eine große Schar
388,4 seufzen, ringen, schreien, beten
497,10 zu seufzen und zu beten
516,4 Herr, nimm mein Seufzen auf
526,6 was hier kranket, seufzt und fleht

Seufzer (3)
206,5 führ die Seufzer himmelwärts
328,4 mit Seufzern, die ganz unaussprechlich sind
371,5 er hört die Seufzer deiner Seelen

Sichel (1)
513,1 sie rufen: Kommet, laßt die Sicheln klingen

sicher (20)
63,5 o das ist sichres Gehen
64,6 damit wir sicher schreiten
86,5 daß ich könnte sicher sein
151,7 hier ist die sichre Pfort
246,3 wir sind arg, sicher, träg und kalt
259,2 wir haben Ruh und sichern Schutz
281,4 kannst du geführt und sicher sein
316,2 der dich auf Adelers Fittichen sicher geführet
317,2 der dich auf Adelers Fittichen sicher geführet
324,7 und läßt uns sicher ruhn
374,2 er ist ein Fels, ein sichrer Hort
374,3 ist sicher allerwegen
396,3 in gar sichrer Ruh
428,4 denn wer sicher wohnt, vergißt
429,6 für alle Völker – Spruch unsers Gottes – sichere Zukunft
469,2 und vor dem Satan sicher sein
474,1 damit ich sicher wohne
476,5 der argen Welt im Schlafen sicher sei
486,3 beschirmt und sicher wohne
505,2 daß jeder sicher wohnt

Sicherheit (6)
217,3 noch durch falsche Sicherheit
234,3 doch hüte dich vor Sicherheit
262,2 aus dem Schlaf der Sicherheit
263,2 aus dem Schlaf der Sicherheit
286,1 der Herr schafft Ruh und Sicherheit
451,2 wer schafft die Sicherheit der Nacht

sichern (1)
296,5 bist du gesichert früh und spat

sichtbar (3)
152,3 doch sollst du sichtbar kommen
316,4 lobe den Herren, der sichtbar dein Leben gesegnet
317,4 lobe den Herren, der deinen Stand sichtbar gesegnet

sichten (1) → *prüfen*
373,1 wie er mich sichte, verstöre und kränke

siebenfalt (2)
126,4 du bist mit Gaben siebenfalt
128,6 komme bald mit den Gaben siebenfalt

siebenmal (1)
273,5 das Silber, durchs Feu'r siebenmal bewährt

siebt (1)
231,4 du sollst heilgen den siebten Tag

Sieg (25)
54,2 welch ein Sieg ward denn errungen
74,2 hast Sieg und Leben uns gebracht
87,3 dein Kampf ist unser Sieg
93,4 vor dem Sieg von Golgatha
94,4 der Sieg im Unterliegen
101,4 das Leben behielt den Sieg
108,2 desgleichen Sieg zu erlangen
113,1+8 wo ist dein Sieg, o Hölle
113,1+8 Gott sei gedankt, der uns den Sieg
113,4 behält den Sieg und ist erhöhet
113,4 durch Christi Sieg bezwungen seind
134,6 und erhalt in uns den Sieg
154,6 und ruhn in dir, der unsern Sieg gewann
182,8 Gott hat den Sieg uns gegeben
223,5 Mut, Kraft und Hilf aus deinem Sieg
249,3 den Sieg wolln wir erlangen
294,2 Gott schafft den Sieg mit seiner Rechten
298,3 und des Sieges Palme weht
359,1 der am Kreuz den Sieg errang
361,11 den Sieg und Ehrenkron
373,6 daß ich das Zeichen des Sieges erlang
377,2 muß uns der Sieg gelingen
414,2 und gebe mir zum Kampf und Siege Kraft

Siegel (2)
84,9 der Unschuld und ein Siegel der Lieb
135,2 Siegel der Geliebten

siegen (25) → *gewinnen*
14,6 o laß dein Licht auf Erden siegen
66,3 führt die Gefangenen siegend heraus
87,5 laß uns im Tode siegen
106,3 das Leben siegt und ward ihm Herr
113,2 so sieget sie doch darum nicht
135,6 daß wir fröhlich siegen
137,3 alle Zweifel siegend bricht
286,1 seht, seine Rechte sieget wieder
287,1 er sieget mit seiner Rechten
371,6 halt an Gott, so wirst du siegen
373,1–6 Jesu, hilf siegen
375,1 daß Jesus siegt, bleibt ewig ausgemacht
375,1–4 ja, Jesus siegt
378,3 es mag sein, daß Frevel siegt
392,7 die Gnade soll im Herzen endlich siegen
430,4 dafür, daß Friede siegt
497,13 wohl halt und herrlich siege

Sieger (2)
178.7 Sieger im Todesstreit
359,3 keiner bannt den Sieger mehr

Siegerangesicht (1)
92,6 jetzt um dein Siegerangesicht

Siegesfähnlein (1)
111,3 mit Ehr sein Siegesfähnlein schwingt

Siegesheld (2)
114,8 als ein gekrönter Siegesheld
223,4 geht heim zum Thron als Siegesheld

Siegeskrone (1)
151,6 triumphieren in eurer Siegeskron

Siegeslauf (1)
113,3 nichts ist, das in dem Siegeslauf

sieghaft (1)
275,7 die göttlich Kraft mach uns sieghaft

siegreich (2)
114,6 heut siegreich überwunden
405,3 siegreich vom Tod erstanden ist

Silber (3)
273,5 das Silber, durchs Feu'r siebenmal bewährt
279,4 wie Silber rein wird in der Glut
363,4 Silber und Gold und alles Geld

Simon (1)
313,1 und Simon und Andreas rief

Sinai (1)
231,1 hoch auf dem Berg Sinai

singen (179) → *klingen*

a) allgemein (16)
20,5 man singt: Ein Sohn ist uns gegeben
30,1 wie uns die Alten sungen
31 wie uns die Alten sungen
50,4 und singt dich ein zu lindem Schlaf
54,2 Hirten, warum wird gesungen
69,2 wacht auf, singt uns der Wächter Stimme
100,4 es singt der ganze Erdenkreis
147,2 Zion hört die Wächter singen
147,3 Gloria sei dir gesungen
150,7 wie von Anfang gesungen
280,2 und sing mit großem Schalle

327,1 laß die Zunge singen
332,3 vom Preise voll laß unser Herz dir singen
413,7 was man sag oder sing
499,1 Erd und Himmel sollen singen
535 Gloria sei dir gesungen

aa) von Vögeln, Kreatur (13)
110,4 es singen jetzt die Vögel all
110,4 jetzt singt und klingt die Nachtigall
319,1 da singen alle Vögelein
319,4 dem singt und springt sie Tag und Nacht
501,1 die Vöglein hört man singen
509,1–5 der Vogel dir singt
509,2 singt dir aus voller Brust
514,7 ihr Kreaturen, singt im Chor
515,5 sei gepriesen, du läßt die Vögel singen

b) von den Engeln (20)
24,1 davon ich singn und sagen will
24,15 und singet uns solch neues Jahr
29,3 da die Engel singen alle
29,3 danach sangen die Engelein
35,4 da die Engel singen
36,1 da vor Freud alle Engel singen
45,3 kommt, singet dem Herren, singt, ihr Engelchöre
49,3 die Engel lieblich singen
52,5 und es sang aus Himmelshallen
53,1 und die Engel freudig singen
54,3 dankbar singen sie heut alle
55,3 die Weihnachtsengel singen
69,1 vor Freud singt uns der lieben Engel Schar
110,2 das himmlisch Heer im Himmel singt
143,3 sie singen dir, Allherrscher du
148,6 die Engel werden singen
165,2 singen ihm zur Ehre
191 singen immer mit hoher Stimm
447,10 da alle Engel ewig, ewig singen
477,8 so laß die Englein singen

c) von Menschen: Gott zu Ehren (32)
24,14 zu springen, singen immer frei
83,5 bei Nacht und Tage singen
103,6 dir mögen singen allezeit
109,5 so singen wir mit großem Schalln
139,5 das Heilig, Heilig singen
152,4 wenn wir dir ewig singen
155,3 bis wir singen mit Gottes Heer
167,1 wir wollen fröhlich singen
272 und singen seinem Namen
278,9 singe zur Harfe, mein Gott
284,1 deine Güte, von der ich zu singen weiß
285,2 du läßt uns fröhlich singen
289,5 drauf singen wir zur Stund
294,2 mit Freuden singen die Gerechten
318,9 was wir einfältig singen
324,1 ich singe dir mit Herz und Mund
324,1 ich sing und mach auf Erden kund
325,1 sollt ich meinem Gott nicht singen
328,1 dir, dir, o Höchster, will ich singen
328,2 und dir darob im Herzen sing und spiel
330,6 ich will von deiner Güte singen
331,5 singt die heilige Gemeinde
339 Gott, daß ich singe und lobe
340 ich will dem Herrn singen mein Leben lang
341,1 mit Lust und Liebe singen
351,13 das, was mich singen machet
354,7 so sing ich einstens höchst erfreut
381,1 so sang einst König David, hörtest du ihn
381,2 so sang einst König David, so klage auch ich
396,3 ich steh hier und singe
479,3 das ich dir, Jesu, singe
503,8 ich singe mit, wenn alles singt

ca) Lob, Ehr, Gloria, Dank (13) → *d)*
9,5 dem König Lob zu singen
16,1 so sei nun Lob gesungen
33,3 sei dir von mir gesungen
68,8 Lob zu singen in Ewigkeit
104,1 singen wir heut mit einem Mund
104,3 singen auch Lob und Ehr
125,1 das sei dir, Herr, zu Lob gesungen
143,1 heut singt die liebe Christenheit
158,4 Lob und Ehre sing ich dir allezeit
250,3 darin dein Lob dir wird gesungen
349,1 mit Freuden will ich singen
373,6 so will ich ewig dir Lob und Dank singen
475,2 Lob und Dank sei dir gesungen

d) Aufruf an Menschen (43) → *e), f)*
1,1+2 derhalben jauchzt, mit Freuden singt
2,2 derhalben jauchzt, mit Freuden singt
35,1 nun singet und seid froh
39,1 singet fröhlich, laßt euch hören
41,1 singet dem Herren, dem Heiland der Menschen, zu Ehren
60,1 ja singt und spielt aus Dankbarkeit
70,6 singet, springet, jubilieret, triumphieret
73,7 und singe mit der Engel Schar

81,11 will ich dir... Lob und Dank singen
105,16 nun singet alle voller Freud
108,1 laßt uns zugleich fröhlich singen
108,3 singt Lob und Dank mit freiem Klang
121,2 und sing und spring ohn alles Leid
141,1 wir wollen singn ein' Lobgesang
259,3 des wolln wir fröhlich singen
265,1 nun singe Lob, du Christenheit
269,2 groß ist der Herr, ihr Freunde, singt
294,3 laßt jauchzen uns und fröhlich singen
302,1 du meine Seele, singe
302,1 wohlauf und singe schön
304,2 singt umeinander dem Herren mit Danken
322,2 ermuntert euch und singt mit Schall
324,13 wohlauf, mein Herze, sing und spring
326,9 und laßt uns fröhlich singen
327,3 singe fröhlich, singe
333,6 singet dem Herrn! Lobsinget dem Herrn
369,7 sing, bet und geh auf Gottes Wegen
399,7 hüpf auf, mein Herz, spring, tanz und sing
439,2 herzlich singen mit gleichem Mund
444,3 kommt, lasset uns singen
446,1 wach auf, mein Herz, und singe
447,1 laßt uns mit Freuden seinem Namen singen
449,3 lasset uns singen, dem Schöpfer bringen
504,1 meine Seele, singe du
513,1 vergeßt auch nicht, das Lob des Herrn zu singen
514,1–6 singt ihm Ehre
529,12 da will ich herrlich singen

e) Halleluja (21)
19,1–3 freut euch und singt Halleluja
101,1 wir sollen... und singen Halleluja
106,5 das Halleluja singen fein
116,1 freut euch und singet, Halleluja
138,1–3 so singen wir Halleluja
147,3 und singen dir das Halleluja für und für
151,2 und singt: Halleluja
169,1–5 singt nun Halleluja
293,2 drum singet Halleluja
327,4 Halleluja singe, welcher Christus nennet
330,7 da sing ich dir im höhern Chor... Halleluja vor
503,10 ihr Halleluja singen
535 und singen dir das Halleluja für und für

f) Lieder, Psalmen (21)
42,8 sing ihm, dem Herrn, ein neues Lied
148,8 mit Freuden singen alle ein neues Lied
169,4 wir singen Gott ein schönes Lied
278,5 und nachts singe ich mein Lied für ihn
286,1 singt, singt dem Herren neue Lieder
287 singet dem Herrn ein neues Lied, denn er tut Wunder
305,1–4 singt das Lied der Freude über Gott
306 singt das Lied der Freude, der Freude über Gott
327,3 singe deine Glaubenslieder
328,3 daß ich dir Psalmen sing im höhern Chor
361,11 und du singst Freudenpsalmen
420,1–2,4,5 sing mit den Traurigen ein Lied
485,2 anbetend, Herr, wir singen das Lied
491,3 möcht ich dir Lieder singen
514,3 singt euer Loblied ihm allein

Singen (9) → *Gesang, Lied*
52,2 und ein Singen ob der Erde
58,1 mit Singen und mit Beten
133,5 dein Singen klinget wohl
159,3 das Beten und das Singen
161,3 unser Bitten, Flehn und Singen
166,3 daß mein Singen und mein Beten
243,1 lob Gott getrost mit Singen
328,3 so wird gewiß mein Singen recht getan
351,13 ist voller Freud und Singen

sinken (12)
73,6 ach sinke du vor seinem Glanz
84,1 dein Heil sinkt in den Tod
266,4 die Sonne, die uns sinkt, bringt drüben
341,3 zur Höllen mußt ich sinken
373,3 Jesu, hilf siegen und laß mich nicht sinken
383,2 sinkend schon ich Halt gefunden
453,4 auf daß, wenn dann die Sonne sinkt
486,4 so will ich, wenn der Abend sinkt
491,1–4 bevor die Sonne sinkt

Sinn (48) → *Gemüt, Herz*

a) allgemein (31)
11,2 ich will... ermuntern meinen Sinn
37,4 o daß mein Sinn ein Abgrund wär
41,5 sollt nicht mein Sinn innigst sich freuen darin
43,6 wir geben sie gerne mit fröhlichem Sinn
67,5 den Sinn und alls Begehren
72,2 in ihrem Sinn ein falscher Wahn
82,5 daß mir nie komme aus dem Sinn

83,4 dich aus meinem Sinn nicht lassen
124,3 und im Frieden auf einem Sinn bleiben
130,6 daß unser Sinn verbunden sei
133,2 entsünd'ge meinen Sinn
133,13 allzeit nach deinem Sinn
150,6 erfüllet wird der Sinn
183,3 hält in einem Sinn gar eben
193,3 gib deim Volk einerlei Sinn auf Erd
199,5 liegt Ursprung, Ziel und Sinn
200,5 und nimm Besitz von meinem Sinn
234,4 fährt fort in seinem bösen Sinn
256,2 drum brich den eignen Sinn
297,3 auf uns so zornig ist ihr Sinn
318,1 mit aller Sorg in deinem Sinn
324,15 was kränkst du dich in deinem Sinn
325,9 lasse mir's nicht aus dem Sinne gehn
350,3 so ist und bleibet das mein Sinn
351,7 regiert mir meinen Sinn
361,9 als hätt in seinem Sinn
387,4 und durch ihn unsern Sinn
391,3 richte unsern Sinn auf das Ende hin
401,5 gebunden an ihr Joch mit Leib und Sinn
478,6 ich baue jetzt in meinem Sinn
504,6 drücke stets in meinen Sinn

b) in Verbindung mit Geist, Herz, Mut (17)
34,3 so empfindet Herz und Sinn
37,1 nimm hin, es ist mein Geist und Sinn
60,3 wollst unser Herz und Sinn allein
73,9 es wird erfreuet Herz und Sinn
114,1 ermuntre deinen Geist und Sinn
122,2 da ist auch stets mein Herz und Sinn
125,1 deiner Gläub'gen Herz, Mut und Sinn
140,5 durchfließ Herz, Sinn und Wandel wohl
182,5 seid eines Sinnes und Geistes
222,2 ob solchem Gut jauchzt Sinn und Mut
239,4 er bewahre euer Herz und Sinne
241,3 sich deiner Kinder Herz und Sinn bewegt
273,2 ihr Herz nicht eines Sinnes ist
289,5 daß unser Mut und Sinn
322,5 erfrische Geist und Sinn
479,1 laß deine Augen, Herz und Sinn
519,1 getrost ist mir mein Herz und Sinn

Sinne (fünf Sinne) (24)
39,1 Herz und Sinnen zu ihm kehren
61,5 Jesus zäume mir die Sinnen
67,4 und kehr ab unsre Sinne
73,2 und richte deine Sinne aus
81,8 ich kann's mit meinen Sinnen nicht erreichen
124,4 daß in uns die Sinne nicht verzagen
130,2 daß wir können Herz und Sinnen dir ergeben
134,2 gib in unser Herz und Sinnen
161,1 lenke Sinnen und Begier
218,5 Lebensquell und Licht der Sinnen
302,4 hier sind die treuen Sinnen
328,2 und meine Sinne und Verstand regier
359,5 hüten... das Herz und alle Sinne
390,3 auf dich laß meine Sinne gehn
393,3 die Fleisch und Sinnen pflegen
404,7 hingegen meine Sinnen
444,5 wird schärfen die Sinnen
445,6 samt den Sinnen und Verstand
447,3 daß unsre Sinnen wir noch brauchen können
449,5 ich hab erhoben... all meine Sinnen
475,1 und ihr Sinne, geht herfür
477,1 ihr aber, meine Sinnen
497,8 und ändre meine Sinnen
503,8 erweckt mir alle Sinnen

sinnen (4)
61,2 was ich sinne, was ich mache
130,7 führe unser Sinnen und Beginnen von der Erden
143,5 sinnt er zu jeder Stunde
373,1 Satan, der sinnet auf allerhand Ränke

sitzen (23)
11,3 als Leib und Seele saßen
42,7 der in des Vaters Schoße sitzt
58,5 in seinem Schoße sitzen
71,3 sitzt nicht im steinern Schlosse
71,4 daß sie im Frieden sitzen
119,2 er sitzt zu Gottes rechter Hand
123,4 sitzt er unter lichten Chören
127,1 das saß in friedsamer Gemein
165,8 wo ich geh, sitz und steh
180.1 der du sitzest zu der Rechten des Vaters
191 du sitzt zur Rechten Gottes gleich
198,2 sitzen, wie Maria tat
241,7 ja sitze du nur auf dem Stuhle
297,2 er sitzet an der höchsten Stätt
302,7 ihr Haus und wo sie saßen
314,2 seht... auf dem Esel sitzt der Herr
361,7 Gott sitzt im Regimente
369,5 und daß ihm der im Schoße sitze
442,4 sonst sitzen wir im Finstern gar
447,4 das macht's, daß wir in seinem Schoß gesessen
475,3 ob ich gleich im Finstern sitze
528,7 ist als wie ein Gott gesessen
529,10 wo ich bisher gesessen

Sklave (2) → Knecht
271,6 statt Herr ist er der Sklave der Natur
452,4 wie wohl hat's hier der Sklave

sobald (3)
368,6 sobald er mir gebeut
449,7 sobald das Lüftlein des Todes drein bläst
527,2 sobald der Geist gewichen

sofort (1) → *gleich b)*
196,3 am Weg der Same wird sofort... hingenommen

Sohn (185)

a) Sohn (Gottes) (19)
8,3 der Sohn ist uns gesandt
13,2+3 Hosianna, Davids Sohn
16,5 wer hier dem Sohn vertraute
19,2 o komm, du Sohn aus Davids Stamm
20,5 man singt: Ein Sohn ist uns gegeben
35,3 der Sohn tilgt unsre Schuld
59,2 wir bitten dich, ewigen Sohn
70,1 du Sohn Davids aus Jakobs Stamm
71,1 Herr Jesu, Davids Sohn
94,5 der Sohn, der es erduldet
123,3 nur der Sohn, der ist ihm gleich
184,3 den Sohn, der annimmt unsre Not
304,6 o Jesu Christe, Sohn des Allerhöchsten
328,2 zieh mich, o Vater, zu dem Sohne
341,6 der Sohn dem Vater g'horsam ward
354,3 deswegen kam der Sohn auf Erden
355,2 und macht durchs Blut des Sohns mich rein
409,5 durch des Sohnes Sterben

aa) „Sohn des Vaters“ (5)
23,5 der Sohn des Vaters, Gott von Art
180.1 Lamm Gottes, ein Sohn des Vaters
180.3 Lamm Gottes, ein Sohn des Vaters
191 Gott Vaters ewger Sohn du bist
331,6 du, des Vaters ewger Sohn

ab) eingeborener (einiger) Sohn (18) → *e)*
4,5 Lob sei Gott seim ein'gen Sohn
24,15 der uns schenkt seinen ein'gen Sohn
28 daß er seinen eingebornen Sohn gab
67,1 Herr Christ, der einig Gotts Sohn
103,1 samt seinem eingebornen Sohn
107,3 samt seinem eingebornen Sohn
109,6 samt seinem eingebornen Sohn
179,3 o Jesu Christ, Sohn eingeborn
180.1 Herr, eingeborner Sohn
180.3 Herr, eingeborner Sohn
191 deinen rechten und ein'gen Sohn
288,7 und Jesus Christ, sein ein'ger Sohn
308,11 Gott Vater und dem ein'gen Sohn
331,5 deinem eingebornen Sohn
350,5 des Vaters ein'ger Sohn du bist
365,4 sein' eingebornen Sohn
443,1 dein' eingebornen Sohn
525,4 dein ein'ger Sohn aus Lieb und Huld

ac) lieber Sohn (12) → *e)*
24,6 mit seinem lieben Sohn verehrt
47,5 der uns schenkt sein' lieben Sohn
51,2 in seinem lieben Sohne
60,2 daß er uns seinen liebsten Sohn
88,5 liebet mich sein lieber Sohn
131,4 dazu auch seinen lieben Sohn
139,2 des Vaters liebster Sohn
202,3 er sprach: Das ist mein lieber Sohn
208,1 in deinem lieben Sohn verklärt
232,4 und Jesus Christ, seim lieben Sohn
341,5 er sprach zu seinem lieben Sohn
441,4 den Tag, Herr, deines lieben Sohns

b) Gottes Sohn (39)
5,1 Gottes Sohn ist kommen
6,1 bald wird erscheinen Gottes Sohn
8,1 trägt Gottes Sohn voll Gnaden
15,1 nimmt von euch Christus, Gottes Sohn
20,5 Sohn Gottes, der das Zepter hält
25,4 Gotts Sohn ist worden eu'r Gesell
29,1-4 Gottes Sohn ist Mensch geborn
29,4 Gottes Sohn vom Himmelreiche
35,2 Sohn Gottes in der Höh
46,3 Gottes Sohn, o wie lacht Lieb
47,1 Gottes Sohn kam in die Welt
66,2 er, der Sohn Gottes, der machet recht frei
77,8 o hilf, Christe, Gottes Sohn
80,2 Gotts Sohn liegt tot
101,3 Jesus Christus, Gottes Sohn
109,1 heut triumphieret Gottes Sohn
121,2 weil unser Bruder Gottes Sohn
141,5 wahrer Sohn Gotts er ist und heißt
147,2 Herr Jesu, Gottes Sohn
149,1 daß Gottes Sohn wird kommen
152,1 wir warten dein, o Gottes Sohn
178.4 o Jesu, Gottes Sohn
180.2 Herr Jesus Christus, Gottes Sohn
184,1 wir glauben Christum, Gottes Sohn
192 o Jesu Christ, Gottes Sohn
202,4 auch Gottes Sohn hier selber steht
349,2 neu geboren in Christus, Gottes Sohn
359,6 Gottes Sohn hebt aus dem Tod
363,1 kommt her zu mir, spricht Gottes Sohn
370,1 den mir schon Gottes Sohn

397,3 in aller Freud, o Gottes Sohn
413,8 wie du uns tust, o Gottes Sohn
468,2 dein Kreuz behüt es, Gottes Sohn
519,2 das macht Christus, wahr' Gottes Sohn
522,5 denn Jesus Christus, Gottes Sohn
523,2 o Jesu, Gottes Sohn

ba) Gottes und Marien Sohn (10)
12,3 Jakobs Heil, der Jungfrau Sohn
38,1 Gottes und Marien Sohn
70,2 wahr' Gottes und Marien Sohn
100,1–5 gelobt sei Christus, Marien Sohn
403,1 Gottes und Marien Sohn
442,3 Marien Sohn, den treuen Hort

c) dein Sohn (21)
3,6 und deinem Sohn, der all Ding schafft
70,5 in deinem Sohn geliebet
70,5 dein Sohn hat mich ihm selbst vertraut
144,2 und sie in Christus deinem Sohn
144,7 in deines Sohnes Namen
146,4 gedenk an deines Sohnes Tod
193,1 die Jesus Christus, deinen Sohn
208,2 das nun nach deinem Sohne heißt
208,3 dein Sohn hat es für uns erfleht
216 für die dein Sohn vergossen
233,3 dein Sohn hat mich versühnet
241,3 dein Sohn hat ja mit klaren Worten
308,8 durch deinen auserwählten Sohn
328,5 weil es im Namen deines Sohns geschicht
366,4 im Namen deins Sohns Jesu Christ
427,4 gibst deinen Sohn in unsre Hände
438,6 durch Jesus Christus, deinen Sohn
439,4 du wollest uns durch deinen Sohn
439,6 das bringen wir in deinem Sohn
475,5 hat uns doch dein Sohn verglichen
478,4 ach, aber deines Sohnes Huld

d) sein Sohn (23)
27,1 und schenkt uns seinen Sohn
29,2 sein' Sohn die göttlich Majestät
36,3 seinen Sohn aus dem Thron
39,3 seinen Sohn zum ewgen Leben
42,2 das Heil der Welt, dich, seinen Sohn
51,1+5 daß er ihr seinen Sohn und Held
68,6 zu Gottes Rechten als sein Sohn
83,3 Gott seinen Sohn abzwingen
126,6 dazu Jesus Christ, seinen Sohn
129,1 Gott schenkt uns seinen Sohn
145,2 Gott hat dir Christus, seinen Sohn
183,2 seinen Sohn und unsern Herren
215,3 in den Tod sein' Sohn geben hat
293,1 in Christus, seinem Sohne
325,3 sein Sohn ist ihm nicht zu teuer
342,3 drum schickt Gott seinen Sohn herein
365,8 sein Sohn hat Guts die Fülle
387,5 wenn wir ihn durch seinen Sohn
409,4 kam sein Sohn zur Welt
412,5 die Gott durch seines Sohnes Blut
453,5 und seinem Sohne Jesus Christ
520,3 durch seinen Sohn erlöset hat

e) Gott Vater, Sohn und Heiliger Geist (37) *→ ab), ac)*
75,3 dem Vater und Sohne und dem Heiligen Geist
126,7 Gott Vater sei Lob und dem Sohn
127,5 wie mit dem Vater und dem Sohn
131,1 von Gott dem Vater und dem Sohn
133,1 des Vaters und des Sohnes
139,3 den mir der Sohn gegeben
139,4 Gott Vater, Gott der Sohn
140,5 Gott Vater, Sohn und Heilger Geist
148,8 Gott Vater und dem Sohn
155,4 Ehr sei dem Vater und dem Sohn
174 es segne und behüte uns Gott Vater, Sohn
177.1 Ehr sei dem Vater und dem Sohn
177.2 Ehr sei dem Vater und dem Sohn
177.3 Ehre sei dem Vater und dem Sohn
183,3 Gott mit Vater und dem Sohne
192 Herr Gott Sohn, der Welt Heiland
195,3 Gott Vater, Sohn und Heilger Geist
197,3 Ehr sei dem Vater und dem Sohn
200,1+6 Gott Vater, Sohn und Heilger Geist
201,1 und des Sohnes und des Heiligen Geistes
205,3 samt Vater und dem Sohn gepreist
265,1 dem Vater, Sohn und Geist
273,6 Ehr sei Gott Vater und dem Sohn
275,7 sei Vater, Sohn und Geist bereit'
276,5 Gott Vater, Sohn und Geist
280,3 uns segne Vater und der Sohn
289,5 Gott Vater, Sohn und Heilgem Geist
291,3 Ehr sei dem Sohne Gott
303,8 Vater und Sohn und Heilgen Geist
321,3 dem Vater und dem Sohne
328,2 damit dein Sohn mich wieder zieh zu dir
342,8 Gott Vater, Sohn und Heilgem Geist
410,4 freuet euch am Sohne
445,1 Vater, Sohn und Heilger Geist
470,3 Gott Sohn, der ist der einig Herr
514,7 Vater und Sohn und Heilgem Geist

f) von Menschen (1)
94,5 auch wir sind Söhne und sind frei

solange (28)
89,1 solang ich lebe, denken
245,4 solang er sich nicht will bekehrn
252,8 halt uns fest, solang wir leben
276,1 ich will, solang ich lebe
302,1 solang ich leben werd
322,8 solange dieses Leben währt
323,1 solang er lallen kann
323,2 solang ich lebe hier
330,2 solang es noch im Laufe geht
330,6 solange sich die Zunge regt
330,6 solange sich mein Herz bewegt
340 solange ich bin
350,3 solang ich noch hienieden bin
354,7 solange mich die Erde trägt
354,7 solange sich ein Glied bewegt
363,5 solange währt die Gnadenzeit
400,2 solange mich dein Glanz bescheint
414,3 laß mich, solang ich hier soll leben
427,1 solang es Menschen gibt auf Erden
427,1 solang die Erde Früchte trägt
427,1 solang bist du uns allen Vater
427,2 solang die Menschen Worte sprechen
427,2 solang dein Wort zum Frieden ruft
427,2 solang hast du uns nicht verlassen
500,4 solang wir sind auf Erden
512,3 und solang die Erde stehet
529,2 solang ich denken kann
530,2 solang ich leb auf dieser Erden

soli Deo gloria (lat. allein Gott die Ehre) (1)
180.4 soli Deo gloria

sollen*) (99)

a) allgemein (25)
41,2 Gott und der Sünder, die sollen zu Freunden nun werden
47,4 Friede soll auf Erden sein
101,7 der alte Sau'rteig nicht soll
111,7 soll ihm das Allerliebste sein
148,1 all Kreatur soll werden
169,1+5 der Gottesdienst soll fröhlich sein
244,7 daß unsre Sünde haben soll
283,3 daß Friede sollt an allem Ort
296,6 sollen dir nicht beschwerlich sein
305,3 seine Hoheit rühmen soll ein Fest euch sein
306,3 seine Hoheit rühmen soll ein Fest euch sein
335 sein Lob soll immerdar in meinem Munde sein
346,1 mein Herz allein bedacht soll sein

*) siehe auch Fehlliste und Vorwort

350,2 drum soll auch dieses Blut allein
351,11 soll mir ein Hindrung sein
355,4 dies soll mein einzig Rühmen sein
396,1 außer dir soll mir auf Erden
403,5 nichts soll mir werden lieber auf Erden
476,1 und, was sie soll, auf diesen Tag vollendet
477,5 Herz, freu dich, du sollst werden
478,8 soll diese Nacht die letzte sein
497,14 dein soll sein aller Ruhm und Ehr
512,6 alles soll geheiligt werden
529,1 der Himmel soll mir werden

aa) es soll, es sollte (11)
48,3 nun soll es werden Friede auf Erden
82,6 sollt's auch sein Schmach und Spott
83,6 im Streite soll es sein mein Schutz
83,6 im Durst soll's sein mein Wasserquell
83,7 es soll sein meines Hauptes Kron
84,9 es soll mir sein ein Spiegel
136,5 ach soll es uns genommen
330,7 im Himmel soll es besser werden
354,3 Gott will, uns soll geholfen sein
378,5 es mag sein, so soll es sein
393,11 es soll nur Jesus sein

b) von Gott (27)
24,2 das soll eu'r Freud und Wonne sein
33,1 soll unser Trost und Freude sein
41,6 du sollst es sein, den ich erwähle allein
62,1 Jesus soll die Losung sein
83,4 du sollst sein meines Herzens Licht
83,7 so soll dein Blut mein Purpur sein
105,17 und Christ soll unser Tröster sein
165,3 du allein sollst es sein
180.2 du sollst verherrlicht werden
195,1 das soll mein Schatz sein ewiglich
273,4 mein heilsam Wort soll auf den Plan
341,6 er sollt mein Bruder werden
386,10 sollst mein Ein und Alles sein
392,7 ich gebe mich; Gott soll hinfort allein
468,3 Jesus soll freundlich bei dir sein
507,1–7 soll mein Gott gelobet sein
509,1–5 Herr Gott, du sollst gelobet sein

c) von Menschen (19)
16,2 er soll errettet werden
25,3 des sollt ihr alle fröhlich sein
37,5 du sollst ja guter Dinge sein
202,5 wer glaubet... soll dadurch selig werden
231,2 kein Götter sollst du haben mehr
231,9 du sollst kein falscher Zeuge sein
243,4 wie sie... sollen werden erlöst

260,1 den Gefangenen, daß sie los sein sollen
260,2 den Zerschlagenen, daß sie frei sein sollen
287,3 und du weißt nicht recht, was du sollst
307,2 denn sie sollen getröstet werden
307,4 denn sie sollen satt werden
311,1 du sollst gegen allen Schein
311,2 solln in dir gesegnet sein
341,7 und wo ich bleib, da sollst du sein
348 und du sollst ein Segen sein
468,4 hiermit sollst du gesegnet sein
477,8 dies Kind soll unverletzet sein
484,3 alle Menschen... sollen dir befohlen sein

ca) ich soll, sollte, wir sollen, sollten (17)
3,2 und sollten gar des Todes sein
88,4 sollt ich dazu haben Lust
99 des solln wir alle froh sein
101,1 des wir sollen fröhlich sein
105,17 des solln wir alle fröhlich sein
120 des solln wir alle froh sein
283,2 und sollen wir an deinem Licht
308,10 daß wir nicht sollten sein verlorn
320,6 im Himmel solln wir haben
325,1 sollt ich ihm nicht dankbar sein
354,3 wir sollen nicht verloren werden
355,2 und soll bei Gott in Gnaden sein
365,5 wir sollen selig werden
386,9 als wenn ich nur, Jesus, dich immer soll haben
392,2 ich wußt es wohl: ich war nicht, wie ich sollt
412,7 und ich, ich sollt ein Mensch noch sein
495,2 zu der Zeit, da ich soll

Sommer (4)
325,9 tritt der schöne Sommer ein
500,1 der Sommer ist vorhanden
503,13 gib, daß der Sommer deiner Gnad
514,2 du Sommers junges Morgenrot

Sommerfeld (1)
507,3 Sommerfeld, uns auch meld

Sommerhitze (1)
399,3 durch Sommerhitz sehr ausgebrannt

Sommerzeit (3)
148,1 tut mich erfreuen die liebe Sommerzeit
500,3 die geistlich Sommerzeit
503,1 geh aus... in dieser lieben Sommerzeit

sonder (1) → *ohne*
482,6 wollst endlich sonder Grämen

sonderlich (1)
252,7 sonderlich gedenke deren

sondern (18)
79,4 sondern ganz treulich bei uns stehn
137,6 sondern fest als deine Zeugen dastehn
144,4 sondern daß er dein Gnad erwerb
170,1+4 sondern überall uns zu dir bekennen
186 sondern erlöse uns von dem Bösen
187 sondern erlöse uns von dem Bösen
188 sondern erlöse uns von dem Bösen
196,2 des Wortes, sondern Täter sein
246,6 nicht unser, sondern dein ja ist
294,2 nicht sterben werd ich, sondern leben
318,6 sondern erzeigt Barmherzigkeit
370,8 sondern reißt unsern Geist
413,5 dienen, sondern auch unserm Feind
416 sondern daß ich andere tröste
416 sondern daß ich andere verstehe
416 sondern daß ich andere liebe
447,9 mit deinen Strafen, sondern fromm zu werden

Sonne (85)

a) allgemein (28)
40,1 weicht hunderttausend Sonnen nicht
65,4 an dieser Welt und ihrer Sonne Glanz
77,4 bis die Sonne ihren Schein
106,4 die Sonn, die Erd, all Kreatur
130,1 Sonne, Wonne, himmlisch Leben willst du geben
165,6 und der Sonne stille halten
262,1 Sonne der Gerechtigkeit
263,1 Sonne der Gerechtigkeit
327,2 großes Licht der Sonne
330,2 bis dahin, wo die Sonne steht
361,6 die Sonn der schönsten Freud
384,2 aus dem Regen Sonne machen
413,5 wie Gott läßt scheinen seine Sonn
444,1 die güldene Sonne bringt Leben und Wonne
446,3 du sollst die Sonne schauen
449,1 die güldne Sonne voll Freud und Wonne
449,12 leuchtet der Sonnen gewünschtes Gesicht
489,1+2 preist die Sonne, preiset die Erde
489,2 heller als die Sonne brennt
500,1 die Sonn gibt hellen Schein
501,3 Herr, laß die Sonne blicken
506,2 wer hat die Sonn an ihm erhöht
509,4 vor dir tanzt in der Sonne

520,5 hell wie die Sonne allezeit
524,5 wenn die Sonn nicht mehr tut scheinen
527,5 wenn man die Sonne siehet
529,11 gleich wie die helle Sonne

b) in Verbindung mit Mond, Sterne, Himmel (15)
40,3 wenn Sonne, Mond und Stern vergehen
270,3 seh ich die Sonne, den Mond und die Sterne
296,6 der Sonne Hitz, des Mondes Schein
301,5 Sonn und Mond für Tag und Nacht
305,1 preist ihn, helle Sterne, lobt ihn, Sonne, Mond
306,1 preist ihn, helle Sterne, lobt ihn, Sonne, Mond
379,2 Mond und Sterne und Sonnen werden sah
403,3 schön ist der Monde, schöner ist die Sonne
445,1 Sonn und Mond uns scheinen heißt
459,1 die Sonn hoch an dem Himmel steht
499,2 Sonne, Mond und Stern sich neigen
509,5 Sonn, Mond gehn auf und unter
510,3 freuet euch an Mond und Sonne
514,1 du Sonne hell mit goldnem Strahl... Mond leuchtend
515,1 sei gepriesen für Sonne, Mond und Sterne

c) Auf- und Niedergang (21)
111,1 frühmorgens, da die Sonn aufgeht
114,1 die Sonn ist aufgegangen
266,4 die Sonne, die uns sinkt, bringt drüben
383,3 Sonne steigt und Lerchenschlag
437,1 die helle Sonn leucht' jetzt herfür
453,4 auf daß, wenn dann die Sonne sinkt
455,3 mein ist die Sonne, mein ist der Morgen
456 vom Aufgang der Sonne bis zu ihrem Niedergang
467,1 hinunter ist der Sonne Schein
470,1 die Sonn mit dem Tag von uns weicht
475,3 es ist hin der Sonne Prangen
476,1 die Sonn hat sich mit ihrem Glanz gewendet
477,2 wo bist du, Sonne, blieben
478,1 und keine Sonn mehr scheint
479,1 der lieben Sonne Licht und Pracht hat nun den Tag vollführet
490,3 kaum ist die Sonne uns entschwunden
491,1–4 bevor die Sonne sinkt
508,4 er läßt die Sonn aufgehen

d) von Gott (21)
7,5 o klare Sonn, du schöner Stern
7,5 o Sonn, geh auf, ohn deinen Schein
11,10 ach komm, ach komm, o Sonne
35,1 und leucht' doch wie die Sonne
37,3 du warest meine Sonne
37,3 die Sonne, die mir zugebracht
37,3 o Sonne, die das werte Licht
40,4 sonst hilft dir diese Sonne nicht
62,4 Jesu Nam sei Sonn und Schild
101,6 er ist selber die Sonne
151,8 geh auf, ersehnte Sonne
282,6 denn Gott der Herr ist Sonn und Schild
351,13 die Sonne, die mir lachet
371,1 er ist dein Quell und deine Sonne
399,6 mein Klarheit, Licht und helle Sonn
400,5 ich danke dir, du wahre Sonne
441,8 o Sonn der Gnad ohn Niedergang
442,8 du bist die liebe Sonne klar
459,2 die rechte Sonn ist Jesus Christ
477,2 fahr hin; ein andre Sonne
497,7 o meiner Seelen Sonn und Zier

sonnen, sich (1)
358,3 sich sonnet frei und kühn

Sonnenblick (2)
112,5 die Nacht mein Sonnenblick
393,6 mit süßen Sonnenblicken uns locken

sonnendurchleuchtet (1)
455,2 sanft fallen Tropfen, sonnendurchleuchtet

Sonnenglut (1)
511,2 spielen in der heißen Sonnenglut

sonnenlicht (1)
150,5 mit sonnenlichtem Strahl

Sonnenlicht (1)
504,2 seht das große Sonnenlicht

Sonnenschein (8)
110,5 der Sonnenschein jetzt kommt herein
143,2 sie glänzen wie der Sonnenschein
258 geht's unter Sonnenschein und Stürmen
351,13 sieht lauter Sonnenschein
500,2 gib... den lieben Sonnenschein
506,4 dich predigt Sonnenschein und Sturm
507,6 Sonnenschein, klar und rein
508,2 und Sonn- und Mondenschein

Sonnentag (1)
162,3 das ist der rechte Sonnentag

Sonntag (1)
162,1 Gott Lob, der Sonntag kommt herbei

sonst/sonsten (49)

a) allgemein (22)
40,4 sonst hilft dir diese Sonne nicht
72,3 und was sich sonst verlaufen hat
85,2 davor sonst schrickt und scheut
85,2 dem sonst kein Licht nicht gleichet
122,2 sonst nirgends, Ruh erlangen
145,2 kein Werk hilft sonst daneben
242,1 bald abseit geht sonst die Fahrt
244,5 den gib uns, Herr, sonst ist's verlorn
262,3 der sonst niemand wehren kann
312,4 sonst wird der Baum gefällt
356,1 kein Name sonst gegeben
365,5 denn sonst verdirbt all Zeit
387,2 denn es folget sonst darauf
390,2 und nichts sonst, als was du willst, will
392,5 dein Geist wird sonst in Ewigkeit nicht frei
393,3 und was euch sonst will binden
396,1 nichts sonst Liebers werden
452,4 gibt sonst kein Herr dem Knecht
460 jetzt an dem Tisch und sonst an allen Enden
488,3 wer hilft mir sonst, wenn ich den Halt verlier
497,9 was mir sonst fast unmöglich deucht
497,11 wird alles, davor sonst ihm graut

b) von Gott (7)
9,4 sonst, wo ihr ihn verachtet
85,1 o Haupt, sonst schön gezieret
87,2 was hast du sonst getan
212,4 öffnet, die sonst fest verschlossen wären
367,1 sonst wie du willst; gib mir Geduld
443,6 und was er sonst gegeben
449,9 sonsten regiere mich, lenke und führe

c) von Menschen (20)
49,1 sonst wärn wir gar verloren
93,3 und die sonst des Todes Kinder
94,2 die sonst verlorengingen
148,9 sonst möcht ich irre gahn
190.1 sonst müßten wir verzagen
232,1 kein Trost mag mir sonst werden
248,2 nichts wir sonst vor Augen sehn
263,3 der kein Mensch sonst wehren kann
295,3 sonst ich zuschanden werd
313,3 zu wem denn sollen wir sonst gehn
326,6 die sonsten nirgends finden Ruh
342,3 sonst wärn wir all verdorben
343,2 sonst wird's mich ewig reuen
351,5 wie sonst ein Sünder tut
365,1 da ich sonst irrte sehr
393,5 sonst weder Leib noch Haus
423,7 die sonst verirret sein
442,4 sonst sitzen wir im Finstern gar
503,15 allein und sonsten keinem mehr
505,3 sonst hätten noch ererbt

sooft (2)
208,1 und uns, sooft wir zu dir kamen
351,1 sooft ich ruf und bete

Sorge (29)

a) von Gottes Fürsorge (3)
325,7 wenn ich schlafe, wacht sein Sorgen
449,4 Abend und Morgen sind seine Sorgen
530,7 ich bin und bleib in deinen Sorgen

b) von Menschen, sich sorgen (26) → *Mühe*
62,4 alle Sorgen, alles Leid
73,9 hier fallen alle Sorgen hin
148,4 von Schwermut, Sorg und Zagen
196,3 von Sorg und Lüsten dieser Welt verdirbet
224,1 viel Sorgen, Schuld und Schmerzen
235,2 und sind doch oft in Sorgen
318,1 mit aller Sorg in deinem Sinn
322,5 und werf all Angst, Furcht, Sorg und Schmerz
324,15 nimm deine Sorg und wirf sie hin
334,1 danke, daß ich all meine Sorgen
344,5 der Sorg und Geizens müßig gehn
351,7 vertreibet Sorg und Schmerzen
352,3 die nur Sorg und Unruh machen
361,7 und Sorgen gute Nacht
368,2 mein Sorgen ist umsonst
369,2 was helfen uns die schweren Sorgen
371,3 der betrübten Herzen Sorgen
378,5 Angst und Sorge wird's nicht wenden
438,5 denn unser Sorg richtet nichts aus
486,11 ich schlafe ohne Sorgen
492,1 laßt die Sorg bis morgen früh
497,10 der bittern Sorgen treten
511,3 daß sie ohne Sorg und Mühe
524,5 Sorg und Kummer daherschleichet
527,6 von Schmerz und Sorgen frei
529,2 mit Kummer und mit Sorgen

sorgen (15)
11,7 noch sorgen Tag und Nacht
114,4 und sorge nicht, er ist nicht fern
183,1 er sorget für uns, hüt' und wacht
239,3 sorget nichts! Vielmehr in allen Dingen

239,3 sorget nichts! Ihr kennt den Wundertäter
299,4 verzweifeln nicht noch sorgen
303,7 Zion, dein Gott sorgt stets für dich
359,4 werft das stolze Sorgen fort
361,2 mit Sorgen und mit Grämen
366,1 ob wir gleich sorgen früh und spat
368,6 dafür laß ich ihn sorgen
371,7 was sorgst du für dein armes Leben
427,3 du machst ein Ende meinem Sorgen
445,4 und für meine Seele sorgen
491,2 will ich das Sorgen lassen

Sorgenstein (2)
114,4 quält dich ein schwerer Sorgenstein
497,11 sein Sorgenstein wird in der Eil

soviel (8)
406,2 soviel tausend Gnadengaben
507,1–7 ohne Zahl, sovielmal

soweit (1)
495,5 soweit es christlich ist

sparen (5)
148,2 drum müssen wir solchs sparen
170,2 weil du reichlich gibst, müssen wir nicht sparen
289,2 die Gnad tut er nicht sparen
320,2 tut er nie etwas sparen
530,3 und ja nicht sparen meine Buß

spat/spät (19) → *früh*
1,3 mein Tröster früh und spat
50,1 das wir zu dieser späten Nacht
149,4 und nur auf Erden früh und spat
198,2 dir zu dienen früh und spat
258 er sei euch nimmer fern spät und frühe
296,5 bist du gesichert früh und spat
303,1 werde gepriesen früh und spat
324,2 daraus uns allen früh und spat
326,3 darüber will er früh und spat
366,1 ob wir gleich sorgen früh und spat
368,2 nichts ist es spät und frühe
399,2 die uns erschienen früh und spat
400,3 ach, daß ich dich so spät erkannte
400,3 daß ich so spät geliebt
441,1 und leuchtet schön so früh wie spät
481,4 laß früh und spät mir wichtig sein
502,4 er schaffet frühn und späten Regen
503,13 in meiner Seele früh und spat
524,5 das wir essen früh und spät

Speer (4)
14,2 gewalt'ger Kämpfer ohne Speere
77,6 mit dem Speer gestochen
88,2 Speer- und Nägelwunden
426,2 vor Rüstung und Spieß und Speer

Speichel (1)
86,2 Speichel, Schläge, Strick und Banden

Speise (19) → *Brot*
5,4 schenken... sich selber zur Speisen
78,9 gibt sein' Leib zu einer Speis
148,7 die Speis wird nicht veralten
214,3 daß uns die Speis nicht gereue
215,4 daß's ein Speise sei den Kranken
215,7 und die Speise dein Seel erquickt
217,2 all ander Speis und Trank ist ganz vergebens
218,3 das Geheimnis dieser Speise
227,2 hast du vom Himmel Speise uns gegeben
302,5 ernährt und gibet Speisen
303,5 Hungrigen will er zur Speis bereiten
304,4 der allem Fleische gibet seine Speise
343,3 dein Wort mein Speis laß allweg sein
399,6 Gott selbst wird sein mein Speis und Trank
446,9 dein Wort sei meine Speise
453,3 und Trank und Speise brauchet recht
461 und du gibest ihnen ihre Speise zu seiner Zeit
502,4 er gibet Speise reichlich und überall
512,2 daß du Speise gibst von oben

speisen (15)
83,6 soll mich dies Manna speisen
101,7 und speisen die Seel allein
166,6 speise mich mit Himmelsbrot
214,1 der uns selber hat gespeiset
215,3 daß er dich so wohl wollt speisen
216,1 du hast uns Leib und Seel gespeist
279,5 und speistest uns mit Himmelsbrot
290,5 und speiste sie mit Himmelsbrot
301,11 er speist alles, was da lebt
346,4 bleib du mein Preis, dein Wort mich speis
369,5 der sich mit stetem Glücke speist
371,8 alle Tage tränkt und speiset
423,7 wollst du mit Troste speisen
458 und speisen uns mit seinem Wort
503,4 das Schwälblein speist die Jungen

Spende (1)
512,2 deine Hilfe, Gab und Spende

spenden (1)
513,5 und auch den Armen spenden von dem Segen

Sperling (2)
282,2 die Schwalb, der Sperling find't ein Haus
508,3 der Sperling und das Meer

sperren (1)
14,2 den Weg zu deinem Throne sperren

Spiegel (1)
84,9 es soll mir sein ein Spiegel

spiegeln (1)
143,3 und spiegeln seiner Hoheit Licht

Spiel (2)
360,3 doch deine Freiheit setzen wir aufs Spiel
475,4 hilf mir, da des Satans Spiel

spielen (6)
60,1 ja singt und spielt aus Dankbarkeit
150,6 man spielt in Heiligkeit
285,1 mit Spielen auf der Harfe
328,2 und dir darob im Herzen sing und spiel
511,2 weißt du, wieviel Mücklein spielen
515,5 sei gepriesen, du läßt die Fische spielen

Spieß (2)
248,6 der da Spieß und Schwert zerbricht
426,2 vor Rüstung und Spieß und Speer

spinnen (1)
482,4 wir spinnen Luftgespinste

spitz (1)
524,3 stehen unter spitzen Dornen gar

Spott (31) → *Schande*

a) allgemein (21)
11,4 ich stand in Spott und Schanden
38,2 und machst Höll und Tod zu Spott
82,6 sollt's auch sein Schmach und Spott
91,5 so sei's doch mir, trotz allen frechen Spottes
101,4 ein Spott aus dem Tod ist worden
134,7 daß kein Teufel, Tod noch Spott
137,7 aller Welt trotz Spott und Drohen
148,4 von Trübsal, Angst und Spott
215,5 sein Kunst wird an ihm gar ein Spott
243,2 die schmähen dich mit Spott
244,9 mach uns vor ihnen nicht zu Spott
249,3 endlich werden zu Hohn und Spott
253,3 an Spott und Traurigkeiten
259,2 wird er, zu Spott dem feigen Rat
275,1 noch ewiglich zu Spotte
281,1 seht, wie verstummt der Frechen Spott
326,8 die falschen Götzen macht zu Spott
343,2 daß ich nicht wieder werd zu Spott
388,1 bei dem Schaden, Spott und Schande
396,6 duld ich schon hier Spott und Hohn
412,1 der treibt mit Gottes Wahrheit Spott

b) von Jesu Leiden (10)
68,5 in viel Verachtung, Hohn und Spott
71,3 hier hast du Spott und Hohn
77,3 gekleidet zu Hohn und Spott
83,1 es nimmet an Schmach, Hohn und Spott
84,1 mit Schlägen, Hohn und großem Spott
85,1 o Haupt, zum Spott gebunden
86,2 Lästerreden, Spott und Hohn
89,3 ertrugest Schläge, Spott und Hohn
95,4 du leidest Hohn und Spott und Schmerzen
381,3 ein Spott den Leuten allen – hörtest du ihn

spotten (7)
77,4 die Zuschauer spott'ten sein
112,4 der Sünden kann ich spotten
270,2 spotten der Übermacht all deiner Feinde
370,6 können mir... tun, als meiner spotten
370,6 laß sie spotten, laß sie lachen
371,11 laß sie nur immer weidlich spotten
423,2 die deiner Wahrheit spotten

Sprachgesell (1)
83,6 in Einsamkeit mein Sprachgesell

sprachlos (4)
420,1–3,5 sprich mit den Sprachlosen ein Wort

sprechen (76) → *aussprechen, reden, sagen*

a) allgemein (8)
47,3 Engel zu den Hirten spricht: Halleluja
81,1 daß man ein solch scharf Urteil hat gesprochen
95,2 dorthin, wo man sein Urteil spricht
95,3 und keiner ist, der für ihn spricht
103,3 der Engel sprach: Nun fürcht' euch nicht
115,6 wenn sie gläubig zu ihm spricht
266,4 der Dank für deine Taten spricht
297,5 sie spricht: Es ist nun alls verlorn

b) von Gott (32)
15,1 tröstet, tröstet, spricht der Herr
58,11 sprich deinen milden Segen

134,5 sprich der Seele tröstlich zu
135,3 sprich du selbst uns vor
144,6 sprich uns durch deine Boten zu
195,1 was Gottes Wort klar spricht und richt'
202,2 Gott spricht und will, daß Wasser sei
202,3 er sprach: Das ist mein lieber Sohn
215,5 er spricht selber: Kommt, ihr Armen
234,1 so wahr ich lebe, spricht dein Gott
238,2 sprich selbst das Amen auf den Bund
241,3 drum hör, o Herr, und sprich: Es soll geschehn
247,3 wenn du ein Wort sprichst, werden sie bald Freunde
273,4 darum spricht Gott: Ich muß auf sein
302,4 und was er spricht, geschicht
313,3 er spricht das Herz an, heute
341,5 er sprach zu seinem lieben Sohn
351,8 so seufzt und spricht er Worte
351,9 sein Geist spricht meinem Geiste
368,5 nicht stracks das Urteil sprechen
371,15 den ewgen Mund selbst hören sprechen
382,3 sprich du das Wort, das tröstet und befreit
429,1 so spricht der Herr: Neu will ich machen Himmel und Erde
429,4 so spricht der Herr: Ich schuf den Himmel, ich schuf die Erde
446,3 du sprachst: Mein Kind, nun liege
446,8 sprich Ja zu meinen Taten
452,1 ist er mir nah und spricht
452,2 er spricht wie an dem Tage
452,4 und spricht mich selbst gerecht
513,3 wenn du, Herr, sprichst dein göttliches „Es werde"
513,6 tu Rechnung, spricht der Ewge zum Haushalter
515,8 sei gepriesen, er hat zu uns gesprochen

c) von Jesus Christus (9)
36,5 spricht mit süßen Lippen
63,2 der erst noch hold gesprochen
83,1 und spricht: Ich will's gern leiden
95,3 dann sprich für uns, Herr Jesus Christ
341,7 er sprach zu mir: Halt dich an mich
353,7 der mich frei und ledig spricht
363,1 kommt her zu mir, spricht Gottes Sohn
385,1 mir nach, spricht Christus, unser Held
406,5 sprich: Mein Kind, hier geht's zu Ende

d) von Menschen (27) → *a)*
15,2 und sprich dem müden Volke zu
15,6 hebe deine Stimme, sprich
29,4 die Hirten sprachen: Nun wohlan
66,9 sprechet: wir leben und sterben mit dir
141,4 sprach: Siehe, das ist Gottes Lamm
224,2 spricht einer hier dem andern gleich
273,3 spricht: Trotz! Wer will's uns wehren
278,5 zu ihm spreche ich mein Gebet
279,1 sprecht: Wunderbar sind deine Werke
280,3 nun sprecht von Herzen: Amen
295,2 von Herzensgrund ich spreche
344,9 so sprechen wir das Amen fein
345,5 sprech ich aus Herzensgrund
353,6 da ich gläubig sprechen kann
364,4 drauf sprech ich fröhlich: Amen
371,9 sprich nicht: Ich sehe keine Mittel
402,6 selig, wer mit mir so spricht
412,1 so jemand spricht: Ich liebe Gott
420,1–3,5 sprich mit den Sprachlosen ein Wort
423,11 wir sprechen nun das Amen
427,2 solang die Menschen Worte sprechen
443,7 darauf so sprech ich Amen
516,4 und kann kein Wort mehr sprechen
524,7 meine Zung nicht mehr kann sprechen

sprengen (1)
66,3 sprenget des Feindes befestigte Schlösser

Spreu (1)
315,5 brennt wie Spreu

sprießen (1)
47,2 sprießt aus Jesses Zweig empor

springen (25)
7,3 o Heiland, aus der Erden spring
24,14 zu springen, singen immer frei
36,1 fröhlich soll mein Herze springen
66,2 Jesus ist kommen, nun springen die Bande
70,6 singet, springet, jubilieret
83,3 vor dem die Felsen springen
121,2 und sing und spring ohn alles Leid
147,2 das Herz tut ihr vor Freude springen
259,3 läßt Schloß und Riegel springen
290,5 ließ springen aus dem Fels den Quell
319,4 dem singt und springt sie Tag und Nacht
324,13 wohlauf, mein Herze, sing und spring
326,9 mit jauchzenvollem Springen
341,1 und laßt uns fröhlich springen
396,3 tobe, Welt, und springe

399,7 hüpf auf, mein Herz, spring, tanz und sing
497,11 in tausend Stücke springen
501,1 die Tier sieht man jetzt springen
503,4 ins tiefe Gras gesprungen
509,1-5 das Fischlein dir springt
515,3 sei gepriesen, du läßt die Quellen springen

sprossen (1)
512,4 ließest Gras und Kräuter sprossen

Spruch (1)
429,6 für alle Völker - Spruch unsers Gottes - sichere Zukunft

Sprung (1)
351,13 mein Herze geht in Sprüngen

spucken (1)
95,3 man schlägt und spuckt ihm ins Gesicht

Spur (1)
455,2 Dank für die Spuren Gottes im Garten

spüren (5)
122,3 laß... von deiner Auffahrt spüren
147,3 kein Aug hat je gespürt
371,9 wenn ich und du ihn nicht mehr spüren
383,1 aber nun - die Seele spürt
535 kein Aug hat je gespürt

Staat (1)
327,2 mehr als aller Menschen Staaten

Stab (4)
98,2 über Gottes Liebe brach die Welt den Stab
274,3 dein Stab und Stecken trösten mich
371,13 des Kreuzes Stab schlägt unsre Lenden
407,1 Stab, an dem ich geh

Stachel (4)
101,3 den Stachel hat er verloren
113,1+8 o Tod, wo ist dein Stachel nun
488,4 den Stachel nimmst du ihm

Stadt (21)
1,3 o wohl dem Land, o wohl der Stadt
25,2 zu Bethlehem, in Davids Stadt
29,2 ein Jungfrau ihn geboren hat in Davids Stadt
55,1 o Bethlehem, du kleine Stadt
62,5 und der Stadt ein Gnadenzeichen
127,7 der Gottes Stadt durchfließet hell
146,5 und segne unser Stadt und Land
147,1 wach auf, du Stadt Jerusalem
147,3 an deiner Stadt; wir stehn im Chore
150,1 Jerusalem, du hochgebaute Stadt
151,7 hier ist die Stadt der Freuden
153,4 das ist die fröhliche Stadt
192 und unsere Stadt segnen und behüten
245,1 als seine auserwählte Stadt
351,9 ein edle neue Stadt
428,3 komm in unsre laute Stadt
429,2 die Stadt der Menschen, die Stadt des Friedens
441,7 zuletzt hilf uns zur heilgen Stadt
457,4 er segnet dich in Dorf und Stadt
477,1 Vieh, Menschen, Städt und Felder
535 an deiner Stadt; wir stehn im Chore

stählen (1)
251,2 bis sie Jesus wieder stählt

Stall (13)
8,4 im Stall ein Kindelein
10,4 vom Stall und von der Krippen
16,3 macht euch zum Stalle auf
39,7 schönstes Kindlein in dem Stalle
43,1 zur Krippe her kommet, in Bethlehems Stall
43,2 o seht in der Krippe im nächtlichen Stall
48,2 lasset uns sehen in Bethlehems Stall
49,1-4 kommt her zum Kindlein in dem Stall
49,2 das in dem Stall geboren
50,2 du aber liegst im armen Stall

Stamm (18)
19,2 o komm, du Sohn aus Davids Stamm
66,6 stirbt es aus Liebe am blutigen Stamm
70,1 du Sohn Davids aus Jakobs Stamm
70,3 ein Zweig an deinem Stamme
75,1 an dem Stamm des Kreuzes
82,1 am Stamm des heilgen Kreuzes
84,1 am Stamm des Kreuzes schweben
101,5 das ist an des Kreuzes Stamm
114,6 es hat der Löw aus Judas Stamm
190.1 am Stamm des Kreuzes geschlachtet
251,6 wir, als die von einem Stamme
254,3 wir sind am Stamm geblieben
268,2 Zweige wachsen viele aus einem Stamm
268,2 unser Stamm heißt Christus
311,1-2 verlaß dein Land und deinen Stamm
311,3 verläßt sein Land und seinen Stamm
386,6 da du bist am Stamme des Kreuzes gestorben

Stand/Stände (11)
196,4 in unserm Amt und Stande
317,4 lobe den Herren, der deinen Stand sichtbar gesegnet
322,6 und Heil zu allem Stand
361,3 und bringst zum Stand und Wesen
423,1 behüte alle Stände
443,7 beschieden in meim Beruf und Stand
495,2 in meinem Stande führet
497,3 und bringt's doch nicht zum Stande
497,13 so hilf nur, daß ich meinen Stand
505,1 woraus Gott alle Stände
529,1 und hab hier keinen Stand

stark (59) → *stärker*

a) allgemein (21)
66,3 bricht dem gewappneten Starken ins Haus
83,3 o Liebe, Liebe, du bist stark
127,1 mit starkem Sturmestoben
142,3 dein Anblick macht sie stark und rein
143,4 führt Michael, der starke Held
154,1 Herr, mach uns stark im Mut, der dich bekennt
154,5 so mach uns stark im Mut, der dich bekennt
184,2 und stark macht, was daniederlag
215,5 kein Arzt ist dem Starken not
244,4 daß wir im Glauben stark und fest
273,5 und leucht stark in die Lande
289,4 ihr starken Engel, waltet
302,3 hier sind die starken Kräfte
343,5 du kannst mich stärker machen
344,7 hilf uns tun starken Widerstand
354,3 so stark an unsers Herzens Tür
430,1 wer stark ist, der gewinnt
457,11 die macht er stark zur Tat
467,1 die finstre Nacht bricht stark herein
503,6 des süßen Weinstocks starker Saft
526,3 meine starke Glaubenshand

b) von Gott (23)
66,3 Jesus ist kommen, der starke Erlöser
70,5 Herr Gott Vater, mein starker Held
108,2 er ist der Erst, der stark und fest
111,11 o Wunder groß, o starker Held
113,3 den starken Held kann halten auf
121,1 o starker Gott Immanuel
130,5 o starker Fels und Lebenshort
135,2 starker Gottesfinger, Friedensüberbringer
147,2 von Gnaden stark, von Wahrheit mächtig
185.4 heiliger starker Gott
244,9 die Sach ist dein, o starker Gott
255,6 allmächtig starker Gotteshauch
275,4 mein starker Gott in aller Not
331,3 starker Helfer in der Not
347,5 bei uns, du starker Held
361,3 das treibst du, starker Held
377,2 mit dir, du starker Heiland du
400,6 du starker Himmelsglanz
422,1 ein starker Nothelfer du bist
439,3 o starker Gott von Ewigkeit
518,1–3 heiliger starker Gott

ba) von der Hand, dem Arm Gottes (15)
7,6 ach komm, führ uns mit starker Hand
58,7 Lob sei den starken Händen
92,2 hat in Geduld mit starker Hand
167,3 fassen die starke Vaterhand
199,5 in seinen starken Händen
223,6 führ uns nach Haus mit starker Hand
248,3 hilf mit deiner starken Hand
248,4 deines Vaters starker Arm
301,8 führte es mit starker Hand
303,7 kehrt er mit starker Hand zurück
374,5 daß nichts mich seiner starken Hand
438,3 regier du uns mit starker Hand
445,1 dessen starke Hand die Welt
445,6 unter deine starke Hand
486,3 dein starker Arm ist ausgereckt

Stärke (31) → *Gewalt, Kraft, Macht*
130,7 sei unsers Geistes Stärke
133,12 gib Freudigkeit und Stärke
134,6 o du Geist der Kraft und Stärke
137,1+9 Geist des Glaubens, Geist der Stärke
148,8 Lob, Ehr, Preis, Kraft und Stärke
219,2 durch deines Geistes Stärke
251,2 Festigkeit und Stärke fehlt
256,2 der nicht von dir die Stärke hat
275,4 du bist mein Stärk, mein Fels, mein Hort
279,1 auch Feinde fühlen deine Stärke
279,2 wie wunderbar ist seine Stärke
280,1 und Jesus Christus, Heil und Stärk
281,4 nur du bist unsre Stärke
281,5 den Schwachen Kraft und Stärke gibt
282,3 der dich für seine Stärke hält
285,3 denn du bist ihre Stärke
290,2 fragt nach dem Herrn und seiner Stärke
331,1 Herr, wir preisen deine Stärke
358,5 durch seines Geistes Stärk
388,2 aller Weisheit, Lieb und Stärk
389,4 gib Weisheit, Stärke, Rat, Verstand
400,1 ich will dich lieben, meine Stärke
404,7 nun, Herr, verleih mir Stärke

414,2 gib meinem Glauben Mut und Stärke
426,2 deren Stärke er lange vertraut
447,8 und wo wir schwach sind, da gib du uns Stärke
503,6 bringt täglich neue Stärk und Kraft
506,2 preist dich, du Gott der Stärke
513,4 schenk uns Gesundheit, neue Kraft und Stärke
527,10 weil ihn die Stärke selbst erhält

stärken (24)
91,1 Herr, stärke mich, dein Leiden zu bedenken
121,1 stärk uns an Leib, stärk uns an Seel
129,4 der stärket uns behende
130,4 dadurch gestärket werden
155,2 den Glauben mehr, stärk den Verstand
164 Jesu, stärke deine Kinder
166,5 stärk in mir den schwachen Glauben
178.4 tröst, stärk uns im Glauben allermeist
221,2 Gebeugte stärkten und die Schwachen schonten
228,2 es stärke euch der Herr
252,1 stärke mich durch deine Güt
252,4 stärke sie in deinen Wegen
252,5 stärke, daß sie ganz ergeben
278,7 denn du bist der Gott, der mich stärkt
327,1 hilf uns noch, stärk uns doch
344,9 stärk unsern Glauben immerdar
356,2 den Glauben stärk, die Liebe mehr'
361,12 stärk unsre Füß und Hände
381,4 Gott, mein Gott, stärke meinen armen Glauben
393,1 kommt, stärket euren Mut
414,2 er stärke mich in meiner Pilgerschaft
457,12 nun stärke Seel und Leib
494,4 drum komm, Herr Jesu, stärke mich
523,2 stärk meinen schwachen Mut

stärker (2) → *stark*
66,3 fühlst du den Stärkeren, Satan, du Böser
393,8 so greift der Stärkre zu

statt (2)
271,6 statt Herr ist er der Sklave der Natur
314,6 kommt und laßt uns bitten, statt das „Kreuzige“ zu schrein

Statt (5)
37,8 an unsrer Statt zu leiden
87,2 was du an unsrer Statt
91,2 an unsrer Statt gemartert und zerschlagen
101,3 an unser Statt ist kommen
105,12 so tret't herzu und seht die Statt

Stätte (2)
297,2 er sitzet an der höchsten Stätt
405,4 die Stätt dir zu bereiten

stattfinden (1)
354,4 da findet kein Verdammen statt

stattgeben (1)
526,7 gebt nicht statt der Traurigkeit

Staub/Stäublein (11)
109,4 er liegt im Staub, der arge Feind
289,3 und weiß, wir sind nur Staub
303,2 und kehren um zu ihrem Staub
315,3 er ist's, der dich von fern erblickt, tief im Staub
327,3 wirf dich in den Staub darnieder
357,1 wenn alles hier im Staube
357,1 wie Sand und Staub verweht
357,5 nicht mit als Staub verweht
503,2 das Erdreich decket seinen Staub
507,2 wieviel zählst du Stäublein
513,3 in Staub uns wandeln, können wir nicht leben

staunen (3)
53,3 konnten staunend sehen
212,3 staunend hören wir: Du bist ganz nahe
212,6 staunend, unerschrocken, voller Freude

stechen (4)
77,6 mit dem Speer gestochen
84,11 wenn böse Zungen stechen
113,2 ob sie ihn in die Ferse sticht
351,11 kein Brennen, Hauen, Stechen

stecken, sich stecken (3)
86,6 du hast dich in Not gestecket
92,4 zu lösen, was in Banden steckt
476,6 und in die Ruh des tiefen Grabes stekken

Stecken (1)
274,3 dein Stab und Stecken trösten mich

Steg (8)
127,6 und führst uns hier den rechten Steg
296,8 sind Weg und Steg auch voll Gefahr
359,1 ist nah auf eurem Stege
386,10 sieh, ob ich auf bösem, betrüglichem Stege
400,6 erhalte mich auf deinen Stegen
472,5 Gotts Steg und Weg verlier

498,2 und zeigen alle Steig und Steg
498,4 zum Himmel und der ein'ge Steg

stehen (148)

a) allgemein (38)
7,6 vor Augen steht der ewig Tod
10,2 macht niedrig, was hoch stehet
10,3 bei Gott am höchsten steht
20,1 und steh und lausche, weil Gott handelt
29,4 das Vieh laßt stahn
81,11 wird stehn auf meinem Haupt die Ehrenkrone
136,6 des Wortes lasse stehn
183,1 es steht alles in seiner Macht
191 wie unsre Hoffnung zu dir steht
200,4 bleibt dieser Bund wohl feste stehn
211,3 nicht mit uns selber steht und fällt
232,1 mein Hoffnung steht auf Erden
264,1 die Kirche steht gegründet
266,3 ein Loblied wach, das vor dir steht
277,1 deine Gerechtigkeit steht wie die Berge
283,7 Gerechtigkeit wird dennoch stehn
286,2 und seine Wahrheit stehet fest
289,4 steht fest und bleibt in Ewigkeit
297,5 der Gnaden Tür steht nimmer zu
302,1 zu Dienst und Willen stehn
309,3 wer niedrig stand, darf hoch in Ehren wohnen
322,7 gar ferne von uns stehn
324,12 mit dem, was ewig steht
330,4 die allenthalben um mich stehn
354,1 der Grund, der unbeweglich steht
367,1 allein zu dir steht mein Begier
390,3 laß sie nach dem, was droben, stehn
393,1 es ist gefährlich stehen
398,1 zu deiner Güte steht unser G'müte
477,7 mein Augen stehn verdrossen
497,1 was du regierst, das geht und steht
497,2 es steht in keines Menschen Macht
497,12 wo Freud und Wonne stehet
512,4 und das Gut steht unversehret
521,3 auf Gott steht mein Vertrauen
523,1 hinauf steht mein Begier
528,8 wer Gott fürcht', wird ewig stehen
529,8 zu dem steht mein Verlangen

aa) es steht geschrieben (4)
67,1 gleichwie geschrieben steht
149,6 darinnen stehn die Deinen
312,2 so steht geschrieben: Was krumm ist, macht gerad
312,2 so steht geschrieben: Macht eben jeden Pfad

b) von Gott (21)
11,6 und tröstet, steht allhier
13,3 ewig steht dein Friedensthron
61,2 komm ich heim, steh mir zur Seiten
79,4 sondern ganz treulich bei uns stehn
133,10 steh treulich uns zur Seiten
199,5 Gott steht am Anbeginn
202,4 auch Gottes Sohn hier selber steht
209,2 der auch im Schweren zu mir steht
248,2 wo du nicht bei uns wirst stehn
351,2 er mir zur Rechten steh
351,11 du stehst mir ewiglich
371,2 wo er steht, tut dir keinen Schaden
371,5 er ist nicht fern, steht in der Mitten
373,3 steh mir zur Rechten, o König und Meister
376,1 wo du wirst gehn und stehen
377,1 und steh uns an der Seiten
385,4 ich steh euch an der Seite
392,4 er stehet noch an meiner Tür und klopfet
393,6 er selbst will bei uns stehen
449,8 alles vergehet, Gott aber stehet
490,4 dein Reich, Herr, steht in Ewigkeit

ba) in Gottes Händen (6)
297,2 es steht in seinen Händen
345,1 steht alls in seinen Händen
372,2 es steht in seinen Händen
378,5 stehn in Gottes Händen
501,2 es steht in deinen Händen
508,1 steht in des Himmels Hand

c) von Engeln (3)
27,6 der Cherub steht nicht mehr dafür
142,2 sie stehen weit um deinen Thron
143,3 sie stehn vor Gottes Angesicht

d) von Menschen (25)
62,1 die in seinem Bunde stehn
93,2 stehen wir auf Golgatha
165,8 wo ich geh, sitz und steh
182,7 er läßt uns nicht in den Finsternissen stehn
240,2 laß uns doch füreinander stehn
241,1 die auf der Mau'r als treue Wächter stehn
241,2 viel Knechte, die in treuer Arbeit stehn
244,8 die uns dabei nicht lassen stehn
251,6 stehen auch für einen Mann
267,2 die in andern Kirchen stehn
267,4 laß uns zueinander stehen
276,3 all, die im Glauben stehen
284,4 wie ein Palmbaum grün und kräftig werd ich stehn

313,3 und blieben wir auch lieber stehn
344,5 daß wir in gutem Frieden stehn
378,4 schau dir's an und stehe fest
391,2 laß uns feste stehn
396,3 ich steh hier und singe
407,1 Fels, auf dem ich steh
432,3 er gab uns Füße, daß wir fest stehn
440,4 wir stehn im Glauben bis ans End
444,4 mein Gehen und Stehn
449,1 aber nun steh ich, bin munter und fröhlich
477,3 also werd ich auch stehen
497,5 auf daß ich ja nicht ruh und steh

da) in Schuld, Leid, Anfechtung (13)
11,4 ich stand in Spott und Schanden
72,5 mach feste, die im Zweifel stehn
85,4 schau her, hier steh ich Armer
133,12 zu stehen in dem Streit
137,4 unter den Verdorbnen stehn
224,1 nun stehn wir, Herr, in deinem Saal, mühselig
275,2 in Angst und Weh ich lieg und steh
342,9 laß uns nicht in Versuchung stehn
357,4 der Fels, auf dem ich stehe
366,5 weil wir jetzt stehn verlassen gar
374,4 ja wenn's am schlimmsten mit mir steht
385,6 in allem Leiden stehen
392,1 und meine Seel noch so gefährlich steht

db) vor, bei Gott anbetend stehen (25)
37,1 ich steh an deiner Krippen hier
42,3 so steht mein Geist vor Ehrfurcht still
51,1 auf daß, wer glaubend bei ihm steht
83,7 an deiner Seite stehen
85,6 ich will hier bei dir stehen
104,3 daß wir stets bei dir stehn
142,6 einst stehn vor deinem Angesicht
147,3 an deiner Stadt; wir stehn im Chore
165,4 immer vor dir stehen
198,2 fest bei deinem Worte stehn
250,3 die sämtlich unter Christus stehen
252,9 da vor deinem Throne stehen
253,1 weil sie in einer Gnade stehn
282,1 im Vorhof nah am Thron zu stehen
282,4 bis wir vor deinem Throne stehn
282,5 ja auf der Schwelle nur zu stehn
300,1 ihr, seine Knechte, steht geweiht
351,4 vor Gottes Augen stehen
358,6 zu deiner Rechten stehn
374,1 ich steh in meines Herren Hand
382,1 ich steh vor dir mit leeren Händen, Herr
406,1 stets in deinem Dienste stehn
447,7 und überall in deiner Gnade stehen
503,11 o wär ich da! O stünd ich schon
535 an deiner Stadt; wir stehn im Chore

e) von Sonne, Mond, Natur (13)
51,4 der Morgenstern am Himmel steht
330,2 bis dahin, wo die Sonne steht
395,1 am hohen Himmel stand
459,1 die Sonn hoch an dem Himmel steht
472,3 stehn sie gefärbet schön
482,1 der Wald steht schwarz und schweiget
482,3 seht ihr den Mond dort stehen
484,4 laß den Mond am Himmel stehn
503,2 die Bäume stehen voller Laub
511,1 weißt du, wieviel Sternlein stehen
512,3 und solang die Erde stehet
524,3 denn gleich wie die Rosen stehen
527,1 kein Fels, kein Erz kann stehn

stehenbleiben (4)
37,4 bleib ich anbetend stehen
313,3 und blieben wir auch lieber stehn
374,1 und will drin stehen bleiben
406,6 bleib mir dann zur Seite stehen

stehenlassen (2)
346,3 ach sucht doch den, laßt alles stehn
362,4 das Wort sie sollen lassen stahn

stehlen (1)
231,8 du sollst nicht stehlen Geld noch Gut

Steig (3)
10,2 macht seine Steige richtig
68,4 und den schmalen Steig zum Leben
498,2 und zeigen alle Steig und Steg

steigen (6)
68,2 und bist vom Himmel gestiegen
266,1 zu dir steigt unser Nachtgebet
383,3 Sonne steigt und Lerchenschlag
482,1 und aus den Wiesen steiget
490,3 und herrlich neu steigt alle Stunden
504,5 wie sie steigen auf und ab

steil (1)
298,2 ach, der Pfad ist steil und weit

Stein (9)
70,3 du leuchtend Kleinod, edler Stein
84,5 viel schwerer als ein Stein
103,2 da noch der Stein am Grabe lag
105,6 wer wälzt uns fort den schweren Stein
105,7 der Stein ist fort! Das Grab ist leer
117,1 wär vorm Gefängnis noch der schwere Stein vorhanden

196,3 in Fels und Steinen kann das Wort
254,1 und unsre Steine tragen
357,2 die Steine sind die Worte

steinern (1)
71,3 sitzt nicht im steinern Schlosse

stellen, sich stellen (23)
7,4 darauf sie all ihr Hoffnung stellt
9,2 und stellt sich in die Mitten
88,5 dich ins Mittel stelle
113,1+8 wie grausam er sich stelle
137,8 in den schwersten Kampf uns stellt
144,6 stell unser Herz durch sie zur Ruh
217,2 zu dir ich mein Herzkrüglein stelle
223,4 der sich als Bruder zu uns stellt
271,4 und doch hast du am höchsten ihn gestellet
288,1 kommt her, zu seinem Dienst euch stellt
302,6 die stellt er aufgericht'
322,3 sich selbst zum Helfer stellt
362,3 wie sau'r er sich stellt
368,2 ich stell's in seine Vatergunst
375,1 in seine Hand gestellt
383,3 du hast mich ins Licht gestellt
409,1+8 wohin er uns stellt
441,3 das jedem klar vor Augen stellt
449,9 ich habe gestellet
477,9 stell euch die güldnen Waffen
508,4 er stellt des Mondes Lauf

Stephanus (1)
137,8 schenk gleich Stephanus uns Frieden

Steppe (1)
429,5 dann wird die Steppe, dann wird die Wüste fruchtbarer Garten

sterben (79) → *abscheiden, aushauchen, erkalten, ersterben, scheiden, verscheiden*

a) allgemein (2)
308,3 dein große Macht stirbt nimmermehr
527,4 dies alles stirbt uns, wenn man stirbt

b) von Jesus Christus (31)
36,4 unser Lamm, das für uns stirbet
66,6 stirbt es aus Liebe am blutigen Stamm
75,2 und für unsre Sünde gestorben williglich
78,1 bis er ist gestorben
79,1 daß du für uns gestorben bist
80,2 am Kreuz ist er gestorben
81,5 der Fromme stirbt, der recht und richtig wandelt
82,1 wie du gestorben bist
90,2 da du für mich gestorben
91,9 du hast mein Heil, da du für mich gestorben
92,5 du hangst am Kreuze sterbend hier
100,2 der an dem Kreuz gestorben ist
105,5 der an dem Kreuz gestorben ist
178.7 der am Kreuze starb
183,2 am Kreuz gestorben und vom Tod
184,3 litt unser Kreuz, starb unsern Tod
195,2 der für mich ist gestorben
210,2 wie du gestorben und erstanden
215,6 was braucht ich für dich zu sterben
252,8 da du bist am Kreuz gestorben
320,4 Christus, für uns gestorben
345,4 für mich am Kreuz gestorben
346,2 der für uns ist gestorben
349,2 weil er am Kreuz gestorben
386,6 da du bist am Stamme des Kreuzes gestorben
388,6 drum, so wahr du bist gestorben
401,3 und gestorben in der Zeit
405,2 ja gar am Kreuz gestorben ist
410,3 starb er ganz verlassen
515,8 sei gepriesen, er ist für uns gestorben
521,3 der für mich ist gestorben

c) von Menschen (18)
86,1 nur daß ich nicht möchte sterben
134,8 wenn wir endlich sollen sterben
144,4 du willst nicht, daß der Sünder sterb
200,6 bis mich dein Wille sterben heißt
234,5 daß du mußt sterben, ist dir kund
234,6 so du nun stirbest ohne Buß
345,3 ich sterb heut oder morgen
351,10 wenn ich gleich fall und sterbe
363,3 bald muß er auch gar sterben
363,5 wir müssen alle sterben
403,4 sie müssen sterben, müssen verderben
423,10 die Sterbenden begleit
424,3 Kinder nicht aus Hunger sterben
475,7 laß mich nicht in Sünden sterben
525,2 wenn ich gleich hier muß sterben
530,3 und, wenn ich einstens sterben muß
534,1 Herr, lehre uns, daß wir sterben müssen
534,2 Herr, sei bei uns, wenn wir sterben müssen

ca) im Glauben, selig sterben (28)
8,6 danach mit ihm auch sterben
59,5 seliglich zu sterben und hernach fröhlich
66,9 sprechet: wir leben und sterben mit dir
85,10 wer so stirbt, der stirbt wohl
89,5 beschließe meine Not und selig sterbe

112,8 wer dort mit sterben geht
113,5 er lebt, ob er gleich stirbet
133,13 so hilf uns fröhlich sterben
138,1-3 und helf uns selig sterben
200,6 so leb ich dir, so sterb ich dir
202,5 der nicht mehr könne sterben
210,2 sterb und erstehe ich, Herr, mit dir
254,4 von Jesus ungeschieden, und sterben nicht
294,2 nicht sterben werd ich, sondern leben
298,3 die ihm lebten, die ihm starben
353,8 und auf den Trost sterben kann
368,6 zu sterben und zu leben
384,3 lasset uns mit Jesus sterben
384,3 Jesu, sterb ich, sterb ich dir
408,6 sterb ich, bleib ich auch bei dir
416 und wer stirbt, erwacht zum ewigen Leben
478,9 und also leb und sterb ich dir
520,4 und starb er gleich, so lebt er doch
522,3 wenn ich gleich sterb, so sterb ich dir
526,7 sterbt ihr, Christus ruft euch wieder
530,8 und sterb ohn alle Kümmernis

Sterben (24)
9,2 durch seinen Tod und Sterben
76,2 mit seinem Leiden, Sterben
82,4 für dein unschuldig Sterben
83,2 durch Sterben und durch Bluten
93,3 Christus durch des Sterbens Tor
95,1 weil Qual und Sterben auf ihn warten
128,7 gib im Sterben dein Geleit
137,8 öffn im Sterben uns den Himmel
163 segne uns mit sel'gem Sterben
200,2 du hast die Frucht von deinem Sterben
205,2 im Leben und im Sterben
253,3 wir tragen... allzeit das Sterben Jesu um
341,3 daß nichts denn Sterben bei mir blieb
343,4 die uns errett' vom Sterben
345,3 ist Sterben mein Gewinn
358,1 im Leben und im Sterben
367,1 im Leben und im Sterben
388,7 Liebe, zieh uns in dein Sterben
393,3 es geht durchs Sterben nur
406,4 denn der ist zum Sterben fertig
409,5 durch des Sohnes Sterben
516,1 Sterben ist mein Gewinn
519,2 und Heil in Not und Sterben
521,2 Sterben ist mein Gewinn

sterblich (1)
361,3 dem sterblichen Geblüt

Sterblichkeit (2)
401,7 aus dem Grab der Sterblichkeit
477,4 das Bild der Sterblichkeit

Stern (43)

a) im wörtlichen Sinn (33)
3,1 Gott, heilger Schöpfer aller Stern
40,3 wenn Sonne, Mond und Stern vergehen
52,1 wie wir einst den Stern gesehen
52,6 und wie wir den Stern gesehen
55,1 du schläfst, und goldne Sternelein
55,2 verkündet hell der Stern
67,1 vor andern Sternen klar
71,2 der neu Stern auf dich weiset
92,3 vor dem die Sterne neigen sich
270,3 seh ich die Sonne, den Mond und die Sterne
271,3 wenn ich den Blick zu deinen Sternen wende
301,5 der die Sterne hat gemacht
305,1 preist ihn, helle Sterne, lobt ihn, Sonne, Mond
306,1 preist ihn, helle Sterne, lobt ihn, Sonne, Mond
327,2 lobet gern, Mond und Stern
379,2 ob er gleich Mond und Sterne
403,3 schön sind auch die Sterne all
408,2 gleich dem Sternlein in der Bahn
431,1 du hast der Sterne Glut entfacht
442,2 sei uns willkommen, schöner Stern
442,3 ihr Kinder sollt bei diesem Stern
477,3 die güldnen Sternlein prangen
479,2 ihr hellen Sterne, leuchtet wohl
482,1 die goldnen Sternlein prangen
489,2 ihn, um den die Sterne kreisen
499,2 Sonne, Mond und Stern sich neigen
504,2 auch der Mond, der Sterne Pracht
506,2 wer ruft dem Heer der Sterne
507,1 wieviel zählst du Sternlein
508,3 der Strohhalm und die Sterne
510,3 und den Sternen allzumal
511,1 weißt du, wieviel Sternlein stehen
515,1 sei gepriesen für Sonne, Mond und Sterne

b) im übertragenen Sinn (10)
7,5 o klare Sonn, du schöner Stern
16,4 der Stern der Gotteshuld
36,6 schaut den Stern, der euch gern
37,6 o daß doch so ein lieber Stern
39,5 Jakobs Stern ist aufgegangen
71,6 dein Wort, den schönen Stern
94,2 zum Stern des Kreuzes werde

147,2 ihr Licht wird hell, ihr Stern geht auf
407,1 Stern, auf den ich schaue
480,3 ich sei dein Sternlein, hier

Sternensitz (1)
351,4 und vor dem Sternensitz

Sternenzelt (2)
47,1 freu dich, Erd und Sternenzelt
453,4 lobsingen dem im Sternenzelt

stet (7)
11,2 in stetem Lob und Preis
60,3 dabei erhalten stet und fest
70,6 in steter Liebe wallen
130,1 zu steter Freud und Wonne
192 verleih uns steten Fried
369,5 der sich mit stetem Glücke speist
530,2 leb ich in steter Todsgefahr

stetig/stetiglich (6) → *unverrückt*
191 und ehrn dein' Namen stetiglich
274,3 denn du bist bei mir stetiglich
283,5 ja stetig bei uns wohne
326,5 die Seinen stetig hin und her
441,4 laß stetig leuchten über uns
503,13 daß ich dir stetig blühe

stets (78) → *immer*

a) allgemein (18)
84,8 mir stets in meinem Herzen ruhn
122,2 da ist auch stets mein Herz und Sinn
142,3 stets schauen sie dein Angesicht
239,1 ist der Segen stets noch eingekehrt
246,5 und bringen stets was Neues her
276,1 im Herzen stets mir schwebe
283,7 und stets in vollem Schwange gehn
295,4 der stets beweget sich
322,1 im Himmel stets vermeld't
331,2 rufen dir stets ohne Ruh
399,7 hat stets das Kreuz betroffen
469,4 der stets nach unsrer Seele tracht'
474,3 daß sie stets um und bei uns sein
475,3 daß dein Glanz stets vor mir sei
475,5 die ich stets in mir befinde
490,2 tönt stets ein Lied zu deiner Ehre
524,2 weil mich stets viel Kreuz betroffen
524,4 plagen stets hier unsre Seele

b) von Gott (23)
61,5 Jesus bleibe stets bei mir
61,6 trage stets mich auf den Händen
130,3 steh uns stets bei mit deinem Rat
166,5 halte mir dein Wort stets für
167,2 uns stets das Beste gibt
234,4 wahr ist's: Gott ist wohl stets bereit
281,2 will unser stets gedenken
281,5 sein Auge hat uns stets bewacht
288,3 zu führen stets auf gute Weid
293,2 tut über uns stets walten
296,8 der Herr dein' Ausgang stets bewahr
303,7 Zion, dein Gott sorgt stets für dich
322,8 sei er stets unser Heil
358,1 und hat sie stets gekannt
358,5 wie er sie stets gekannt
364,2 er hüt' und wacht, stets für uns tracht'
380,4 stets will ich euch tragen
425,1 stets bei uns zu sein
457,8 zum Segnen stets bereit
481,4 daß du mich stets umgibest
486,2 du bist's allein, Herr, der stets wacht
500,3 dein Hilf stets sei bereit
504,6 drücke stets in meinen Sinn

c) von Menschen (37)
9,6 und seid stets sein gewärtig
33,3 stets preis in dieser Gnadenzeit
67,3 und dürsten stets nach dir
75,3 und daß wir stets bleiben bei seinem heilgen Wort
77,8 daß wir dir stets untertan
83,4 dich will ich stets, gleich wie du mich
83,5 das will ich stets, so tief ich kann
84,9 mich stets daran ergötzen
104,3 daß wir stets bei dir stehn
112,6 ich bin stets sein Gesell
122,1 hiermit stets überwinde
130,6 dem Nächsten stets mit Liebestreu
134,3 laß uns stets dein Zeugnis fühlen
135,7 dem laß uns stets dienen
148,7 vom Baum des Lebens stets
148,8 wir werden stets mit Schalle
148,9 hilf, daß ich mich stets rüste
164 daß wir uns stets zu dir erheben
165,8 daß ich dich stets lieb und ehre
170,1+4 nie sind wir allein, stets sind wir die Deinen
245,2 die wachen stets, wie sich's gebühret
282,6 Heil dem, der stets in dieser Welt
284,3 und ich bin geborgen stets in deiner Hut
295,1 sind stets bei ihm in Gnad
333,5 werd auch von uns sein Name stets genannt
346,4 an dich stets fest zu glauben
370,7 stets sich lassen schauen
388,5 ach so laß uns nicht stets hangen
406,1 stets in deinem Dienste stehn
414,4 stets Dank und Ruhm und Ehre bringen
437,3 daß wir dich stets vor Augen han
486,7 als daß ich stets auf neue

495,3 hilf, daß ich rede stets
522,4 daß ich stets bei dir leb und bin
529,11 da ich stets freudenvoll
530,3 Herr, lehr mich stets mein End bedenken

steuern (5) → *wehren*
133,9 erhebe dich und steu're
193,1 und steure deiner Feinde Mord
248,6 der den Kriegen steuern kann
344,4 wehr und steu'r allem Fleisch und Blut
364,4 hilf, steu'r und wehr, ach Gott, mein Herr

sticken (1)
349,3 gezieret und gesticket mit Heil

Stiefel (1)
20,3 weil Stiefel auf das Pflaster schlagen

Stier (1)
271,5 gabst ihm zum Dienst die Schafe und die Stiere

stiften (3)
14,4 der neue Bund gestiftet werde
202,1 da wollt er stiften uns ein Bad
307,7 selig sind, die Frieden stiften

still (34)
8,2 das Schiff geht still im Triebe
46,1-3 stille Nacht, heilige Nacht
52,2 stille war es um die Herde
55,1 wie stille liegst du hier
63,1 das Jahr geht still zu Ende
63,1 nun sei auch still, mein Herz
65,1 von guten Mächten treu und still umgeben
73,10 den stillen Ruh – und Friedenssteg
84,10 mit stillem, sanftem Mut
113,7 hier sind wir still und warten fort
165,6 laß mich so still und froh
165,7 sanft und still in deinem Frieden
204,4 daß sanft und still abscheide
244,2 so legt es sich und wird ganz still
252,6 abgeschieden, klein und stille
256,5 beginnest du still und geringe
298,2 in des Friedens stille Hütten
325,4 und die Hölle selbst macht stille
370,7 und fein stille bleiben
371,1 gib dich zufrieden und sei stille
371,5 und des Herzens stilles Klagen
376,2 und mach es gänzlich stille
380,3 ihr dürft stille ruhn
479,4 und schlafe sanft und stille
482,2 wie ist die Welt so stille
482,2 als eine stille Kammer
484,4 und die stille Welt besehn
503,12 auch nicht gar stille schweigen
504,2 jauchzen Gott bei stiller Nacht
514,5 es Gott zu opfern still bereit
516,6 alsdann laß sanft und stille
519,1 sanft und stille, wie Gott mir verheißen hat

Stille (4)
65,6 wenn sich die Stille nun tief um uns breitet
323,1 man lobt dich in der Stille
449,12 Freude die Fülle und selige Stille
490,1 dir sei die Stille nun geweiht

stillen (17)
11,7 all Angst und Not zu stillen
39,5 stillt das sehnliche Verlangen
62,4 welcher allen Kummer stillt
88,5 Jesu, mein Gewissen still
104,2 und dadurch Todes Trotz gestillt
112,7 der alles Toben stillt
135,1 und den Kummer stillen
192 allen Schwangeren und Stillenden gesunde Kinder und Gedeihen geben
213,5 und jeden Jammer stillet
222,2 das Lebensbrot stillt Hungers Not
224,2 den Hunger uns zu stillen
326,1 dem Gott, der allen Jammer stillt
342,3 damit seins Vaters Zorn gestillt
371,8 und dein Begehr und Notdurft stillen
413,1 ein wahrer Glaube Gotts Zorn stillt
418,2 stille Angst und Bangen
486,2 zu helfen und zu stillen

Stiller (1)
179,3 du Stiller unsers Haders

Stillesein (1)
480,3 beim tiefsten Stillesein

stillhalten (8)
165,6 und der Sonne stille halten
234,1 daß er von Sünden halte still
276,4 mit Gnad, drum halt nur still
364,3 will ich ihm halten stille
369,3 man halte nur ein wenig stille
372,1 will ich ihm halten stille
374,3 ich halte ihm im Glauben still
457,2 jetzt halte lauschend still

stillschweigen (3)
93,2 nun in heilgem Stilleschweigen
94,3 schwieg still zu allem Hohne
95,4 und er, er schweigt zu allem still

stillstehen (4)
42,3 so steht mein Geist vor Ehrfurcht still
325,9 und muß endlich stillestehn
385,4 ein böser Knecht, der still mag stehn
400,6 nicht straucheln oder stillestehn

Stimme (24) → *Gesang, Klang*
15,3 die Stimme ruft: Tut Buße gleich
15,6 hebe deine Stimme, sprich mit Macht
69,2 wacht auf, singt uns der Wächter Stimme
111,5 ich wach auf durch des Herren Stimm
147,1 wachet auf, ruft uns die Stimme
150,7 mit Stimmen noch viel mehr
165,2 Herr, vernimm unsre Stimm
191 singen immer mit hoher Stimm
202,3 des Vaters Stimm man offenbar
242,2 weck die Schaf mit deiner Stimm
262,2 daß sie deine Stimme hört
267,3 die mit andern Stimmen loben
277,3 täglich umgeben mich Worte und Stimmen
277,3 denn deine Stimme höre ich nicht mehr heraus
279,1 sei Stimm und Saite ihm geweiht
288,5 rühmt seinen Namen mit lauter Stimm
327,1 laß die Stimme klingen
330,2 o daß doch meine Stimme schallte
392,2 ich hab so lang die treue Stimm vernommen
392,6 meins Gottes Stimm mir mehr als deine gilt
444,3 die Stimmen erschwingen
495,8 laß hören deine Stimm
503,10 mit unverdroßnem Mund und Stimm
509,3 du hörest ihre Stimmen

Stoff (1)
431,1 den Stoff, darin sich Feuer regt

stöhnen (1)
84,13 dein Seufzen und dein Stöhnen

stolz (11)
9,1 zwar ohne stolze Pracht
71,3 prangst nicht auf stolzem Rosse
92,5 die stolze Welt erblaßt vor dir
246,5 den stolzen Geistern wehre doch
273,3 dazu ihr Zung stolz offenbar
282,5 als lang in stolzer Ruh der Welt
355,1 mein stolzes Herz hat's nie begehrt
359,4 werft das stolze Sorgen fort
363,4 dem Jungen nicht sein stolzer Mut
428,1 komm in unsre stolze Welt
482,4 wir stolzen Menschenkinder

Stolz (5)
86,7 meinen Stolz und Übermut
91,6 es schlägt den Stolz und mein Verdienst darnieder
255,4 verzehre Stolz und Eigenliebe
365,6 mit ihrem Stolz und Pracht
396,5 gute Nacht, du Stolz und Pracht

Storch (1)
503,4 der Storch baut und bewohnt sein Haus

stören (1)
166,6 nichts laß meine Andacht stören

stoßen (1)
309,3 Gewaltige stößt er von ihren Thronen

stracks (2)
351,4 ich müßte stracks vergehen
368,5 nicht stracks das Urteil sprechen

Strafe (13) → *Sünde, Zorn*
50,4 wir häuften auf dich unsre Straf
81,4 wir wunderbarlich ist doch diese Strafe
83,2 zur Straf und Zornesruten
83,2 die Straf ist schwer, der Zorn ist groß
145,6 denn Gottes Straf ist vor der Tür
146,1 die schwere Straf und große Not
244,7 verdiente Straf, so g'schieht uns recht
322,4 die Straf erläßt, die Schuld vergibt
325,8 seine Strafen, seine Schläge
366,3 und aller Strafen Linderung
387,2 eine lange Strafe
447,9 mit deinen Strafen, sondern fromm zu werden
482,7 verschon uns, Gott, mit Strafen

strafen (5)
146,3 und straf uns nicht auf frischer Tat
242,2 wehr und straf der Bösen Grimm
289,2 straft nicht nach unsrer Schuld
324,9 du strafst uns Sünder mit Geduld
413,3 sie lehrt, sie straft, sie gibt und leiht

Strafgericht (1)
136,6 solch strenges Strafgericht

Strahl (10) → *Leuchte*
37,3 wie schön sind deine Strahlen
43,2 seht hier bei des Lichtleins hellglänzendem Strahl
74,3 mit deiner Gotterkenntnis Strahl
150,5 mit sonnenlichtem Strahl
165,6 deine Strahlen fassen
268,1 Strahlen brechen viele aus einem Licht

327,2 schieße deine Strahlen
450,1 deine Strahlen zu Gesichte
479,2 und gebet eure Strahlen
514,1 du Sonne hell mit goldnem Strahl

strahlen (6) → *glänzen, leuchten*
53,1 fällt ein strahlend Funkeln
142,2 gewaltig ruft ihr strahlend Heer
271,8 wie herrlich strahlt dein Name, Jesus Christ
281,5 erschütternd strahlet hier dein Ruhm
441,7 da du, Gott, strahlst voll Herrlichkeit
452,5 sein Wort will helle strahlen

Straße (13) → *Gasse, Weg*
167,3 sie führt auf rechten Straßen
222,1 laß ziehn mich meine Straßen
250,2 deswegen schickst du auf die Straßen
274,2 er führet mich auf rechter Straß
313,2 Jesus, der durch die Straßen kam
314,1 alle Leute fangen auf der Straße an zu schrein
314,4 kommt und breitet Kleider auf der Straße vor ihm aus
365,1 führt mich durch alle Straßen
520,6 und gehen unsre Straßen nun
521,1 ich fahr dahin mein Straßen
522,1 und soll hinfahrn mein Straße
524,6 ach sei du mein Licht und Straße
529,6 ich wandre meine Straße

sträuben, sich (1)
113,2 wie sträubte sich die alte Schlang

straucheln (2)
279,4 vor Straucheln unsern Fuß bewahrt
400,6 nicht straucheln oder stillestehn

streben (6) → *erstreben*
76,2 Tag, Nacht danach tun streben
114,3 und strebe nach des Himmels Zelt
444,4 mein Leben und Streben
451,8 nach deinem Reiche strebe
476,3 daß ich nach dem, was finster ist, gestrebet
531,2 daß nur nach dem ich strebe

strecken, sich strecken (5)
40,2 streckt sich in alle Welt hinein
67,1 sein Glänzen streckt er ferne
83,3 du streckest den in Grab und Sarg
325,2 über seine Jungen streckt
497,4 in fromme Seelen strecket

Streich (1)
127,7 brechen gar leicht von jedem Streich

Streit (19) → *Fehde, Krieg*
83,6 im Streite soll es sein mein Schutz
94,1 der große Streit geschlichtet
114,6 weil er nach überwundnem Streit
114,7 drum auf, mein Herz, fang an den Streit
130,6 kein Neid, kein Streit dich betrübe
133,7 Zorn, Zank, Haß, Neid und Streit
133,12 zu stehen in dem Streit
137,2 in dem großen, heilgen Streit
143,8 wenn du den Streit beendest
151,8 und führ uns aus dem Streit
256,3 da ruht der Streit
343,5 ich lieg im Streit und widerstreb
344,5 behüt uns, Herr, vor Unfried, Streit
377,2 da wir nach allem Kampf und Streit
378,5 streite, du gewinnst den Streit
385,4 bin alles in dem Streite
416 daß ich verbinde, da, wo Streit ist
428,3 für den Weg durch Lärm und Streit
430,3 hast unsern Streit erwählt

streiten (14) → *erstreiten*
137,5 gib uns Davids Mut, zu streiten
143,4 die Engel streiten Tag und Nacht
254,2 ob's etwa Zeit zu streiten
256,5 aber du wirst für uns streiten
275,3 und ritterlich mög streiten
298,2 führ uns, wenn wir treu gestritten
362,2 es streit' für uns der rechte Mann
377,1 wohlauf und hilf uns streiten
377,2 wohl gilt's zu streiten immerzu
377,3 fort streiten wir in deiner Hut
378,5 streite, du gewinnst den Streit
393,7 uns auf dem Weg nicht streiten
421 der für uns könnte streiten
528,3 Licht und Dunkel, Fried und Streiten

streng (2)
97,4 streng ist seine Güte
136,6 solch strenges Strafgericht

Strenge (1)
137,6 gib Elias heilge Strenge

streuen (5)
11,2 dein Zion streut dir Palmen
63,4 hier gehen wir und streuen
135,1 lasset Blumen streuen
508,1 wir pflügen, und wir streuen
513,7 die hier mit Tränen streuen edlen Samen

Strick (6)
66,2 Stricke des Todes, die reißen entzwei
86,2 Speichel, Schläge, Strick und Banden

275,5 viel Netz und heimlich Stricke
297,4 wie ein Vogel des Stricks kommt ab
297,4 Strick ist entzwei, und wir sind frei
303,7 und fallen selbst in ihren Strick

Strieme (1)
83,1 Angst, Wunden, Striemen, Kreuz und Tod

Stroh (3)
37,6 ach Heu und Stroh ist viel zu schlecht
37,7 nehmt weg das Stroh, nehmt weg das Heu
43,3 da liegt es, das Kindlein, auf Heu und auf Stroh

Strohhalm (1)
508,3 der Strohhalm und die Sterne

Strom (8)
135,4 lasse Ströme fließen
279,3 gebot dem Strom, vor uns zu fliehn
286,4 die Ströme klatschen wie mit Händen
316,4 der aus dem Himmel mit Strömen der Liebe geregnet
317,4 der aus dem Himmel mit Strömen der Liebe geregnet
352,6 und fährt wie ein Strom dahin
527,8 ist als ein Strom verschossen
528,2 wie ein Strom beginnt zu rinnen

strömen (3)
64,4 und doch strömt deiner Gnade Born
255,6 dein Feuermeer ström nicht vergebens
257,4 es strömt dein Volk heran

Stück (2)
83,4 und wenn mein Herz in Stücke bricht
497,11 in tausend Stücke springen

studieren (2)
84,10 ich will daraus studieren
444,5 in meinem Studieren wird er mich wohl führen

Stufe (2)
123,11 ich auch auf der tiefsten Stufen
388,5 zeig doch nur die ersten Stufen

Stuhl (4)
4,3 und wieder zu Gottes Stuhl
123,3 dessen Stuhl ist unumstößlich
148,8 vor Gottes Stuhl und Thron
241,7 ja sitze du nur auf dem Stuhle

stumm (5)
63,2 und mancher Mund nun stumm
72,4 die Stummen richtig reden lehr
236,4 der du Stumme heilst
383,2 du hörst auch den stummen Schrei
509,3 sind, Herr, vor dir nicht stumm

Stunde/Stündlein (60)

a) allgemein (28)
15,4 die Zeit ist hier, es schlägt die Stund
18,2 freut euch auf die Stunde
53,2 von des Heilands Stunde
69,1 er leucht' daher zu dieser Stunde
78,7 hing mehr denn drei ganze Stund'
84,7 verbunden all Augenblick und Stunden
147,1 Mitternacht heißt diese Stunde
149,2 die wird der Herr von Stunde an
234,5 verborgen ist des Todes Stund
239,2 das in dieser Stunde euch beseelt
279,7 so war oft zu derselben Stunde
289,5 drauf singen wir zur Stund
303,1 weil ich noch Stunden auf Erden zähle
318,1 dieweil du keine Stund ohn ihn
325,2 und noch diese Stunde treibe
343,3 verzeih mir auch zu dieser Stund
377,2 nur Mut, die Stund ist nimmer weit
398,2 freuen uns alle zu dieser Stunde
419,3 hilf, Herr meiner Stunden
424,2 jeder hastet Stund um Stund
439,2 laßt uns Gott bitten diese Stund
449,7 in einer Stunde geht es zugrunde
477,6 es kommen Stund und Zeiten
491,2 zu keiner Stund vergessen
507,7 wieviel zählst du Stündlein
516,6 wenn kommt mein Stündelein
522,1 wenn mein Stündlein vorhanden ist
528,3 wie sich wechseln Stund und Zeiten

b) alle, jede Stunde (19)
5,9 daß wir, alle Stunden recht gläubig erfunden
32,4 jetzt und zu aller Stund
126,7 in Ewigkeit alle Stund
137,3 auch das Liebste jede Stunde
143,5 sinnt er zu jeder Stunde
159,1 zu jeder Stund an allem Ort
160 daß wir dein Lob ausbreiten alle Stund
222,3 daß Hand und Mund zu jeder Stund
273,5 desgleichen alle Stunden
293,1 dankt ihm zu aller Stunde
329,3 hilf mir zu allen Stunden
345,5 Amen zu aller Stund
346,3 sucht ihn all Stund von Herzensgrund
349,1 jetzt und zu aller Stund
359,2 all Stund euch kann erfüllen

488,3 ich brauch zu jeder Stund dein Nahesein
490,3 und herrlich neu steigt alle Stunden
512,2 Herr, auf dich zu jeder Stund
523,3 funkelt all Zeit und Stunde

c) helle, bange Stunde usw. (13)
39,6 o du hochgesegnete Stunde
46,3 da uns schlägt die rettende Stund
77,2 in der ersten Stund am Tag
77,5 Jesus schrie zur neunten Stund
82,8 in meiner letzten Stunden
150,2 und noch viel schönre Stund
209,2 der in den dunklen Stunden
240,1 dein sind des Tages helle Stunden
279,6 Gelübde, die in banger Stunde
364,3 in meiner letzten Stunden
365,5 das ist eine sel'ge Stunde
383,2 Dank selbst für die schlimmen Stunden
486,10 sind nun die dunklen Stunden da

stündlich (2)
323,1 drum soll dich stündlich ehren
379,2 will stündlich von dir wissen

Sturm (10)
14,4 es schweigt der Sturm, von dir bedroht
258 geht's unter Sonnenschein und Stürmen
396,2 bin ich vor den Stürmen aller Feinde frei
284,4 und dem Sturme trotzend leben in der Welt
351,2 und dämpfe Sturm und Wellen
423,5 treib Sturm und Hagel ab
506,4 dich predigt Sonnenschein und Sturm
514,2 du Sturm, der durch die Welten zieht
527,6 bricht uns des Todes Sturm entzwei
529,3 manch harter Sturm erschreckt

stürmen (1)
259,2 und mancher List will stürmen

Sturmestoben (1)
127,1 mit starkem Sturmestoben

stürzen (8)
20,4 das Unrecht stürzt in vollem Lauf
71,4 die Bösen stürzen bald
91,6 es stürzt mich tief, und es erhebt mich wieder
111,10 zur Höllenpein gestürzet seind
193,1 wollen stürzen von deinem Thron
279,3 es stürzet, wer auf Menschen baut
369,6 der bald erhöhn, bald stürzen kann
475,4 mich zur Hölle stürzen will

Stütze (1)
423,10 bleib der Verfolgten Stütze

suchen (52)

a) allgemein (9)
137,5 Gottes Gnade sucht und preist
251,1 sucht in Gottes Herzen Ruh
346,1 such, wer da will, ein ander Ziel
346,2 such, wer da will, Nothelfer viel
358,4 ihm zu gefallen sucht
457,6 er segnet, was den Segen sucht
503,1 geh aus, mein Herz, und suche Freud
503,6 fliegt hin und her, sucht hier und da
517,7 und such das Gut ob allem Gut

b) von Gott (6)
9,3 sucht er auf dieser Welt
37,8 suchst meiner Seele Herrlichkeit
72,3 von dir, das suche du mit Gnad
134,2 als nur, was dein Wille sucht
237,1 und suchst du meine Sünde
353,3 suchet treulich das Verirrte

c) von Menschen (37)
11,10 dem, der ihn liebt und sucht
73,2 zu suchen solchen Herrn
103,3 ihr sucht Jesus, den find't ihr nicht
105,5 sie suchen den Herrn Jesus Christ
105,8 der, den ihr sucht, der ist nicht hier
114,2 und such ein neues Leben
114,2 und such, was droben, als ein Christ
116,3 ihr suchet Jesus, hier ist er nicht
125,2 daß wir nicht Meister suchen mehr
127,5 suchen allein sein Ehre
144,3 die suchen und begehren wir
145,4 und suchen Gottes Ehr allein
176 die Gott suchen, denen wird das Herz aufleben
182,2 suchet zuerst Gottes Reich in dieser Welt
182,3 suchet, und ihr werdet finden
246,7 daß wir nichts andres suchen mehr
249,1 und suchen deinen Untergang
252,3 die dich suchen, die dich meinen
258 und wenn ihr sucht sein Angesicht
262,6 suchen, was den Frieden schafft
290,2 sucht doch sein freundlich Angesicht
290,2 den, der ihn sucht, verläßt er nicht
295,1 die recht von Herzen suchen Gott
346,3 ach sucht doch den, laßt alles stehn
346,3 sucht ihn all Stund von Herzensgrund
346,3 sucht ihn allein; denn wohl wird sein

351,9 der bei ihm suchet Ruh
353,3 suchet es ein treuer Hirte
371,9 wo ich such, ist nichts zum besten
386,2 such's bei keiner Kreatur
400,4 ich suchte dich und fand dich nicht
415,4 lehr uns auch der Feinde Bestes suchen
420,2–5 such mit den Fertigen ein Ziel
482,4 und suchen viele Künste

Süd (2) → Nord
257,2 bis die von Süd und Norden
426,1 von Ost, West, Süd und Nord

Sühne (1)
16,2 zur Sühne für sein Recht

Sühner (1)
83,2 und Sühner wollen wählen

summen (5)
509,1–5 die Biene dir summt

Sünde (199) → *Fehl, Frevel, Mangel, Schuld, Strafe*

a) allgemein
b) mit, von, vor Sünde
c) meine Sünde
d) deine, ihre, seine, unsere, eure Sünde
e) Sünde der Welt, alle Sünde, der Menschen, in Sünde → d)
f) in Verbindung mit Hölle, Teufel, Tod, Not, Welt → b)
g) in Verbindung mit Missetat, Schande, Schuld, usw. → b)
h) der Sünde (Genitiv)

a) allgemein (35)
41,3 träget und hebet die Sünd
41,6 ewig entsag ich der Sünde
42,7 durch eines Sünde fiel die Welt
59,4 der Sünd' im alten Jahr nicht denk
61,3 kannst die Sünd' allein vergeben
66,6 Jesus ist kommen, ein Opfer für Sünden
76,2 auch laßt uns sein der Sünde feind
76,2 wie Gottes Zorn die Sünde schlägt
89,1 die Sünde zu vermeiden
91,2 die Sünde tragen
101,3 und hat die Sünd abgetan
102,1 die Sünd hat er gefangen
102,2 der ohn Sünden war geboren
112,4 der Sünden kann ich spotten
116,1–5 Sünd ist vergeben, Halleluja
127,5 nimm weg der Trennung Sünde
129,3 durch Sünd dich nicht betrüben
216 daß durch dein Treu die Sünd uns reu
234,2 o selig, dem die Sünd ist leid
280,2 und läßt die Sünd nicht walten
299,2 die Sünde zu vergeben
299,5 ob bei uns ist der Sünden viel
320,6 vergeben die Sünd, geschenkt das Leben
327,4 ohne Sünd ihn loben
341,2 die Sünd hatt' mich besessen
353,6 ob die Sünden blutrot wären
373,2 wenn in mir die Sünde... sich regt
396,5 gute Nacht, ihr Sünden
475,5 ist viel größer als die Sünde
512,5 klagt uns vieler Sünden an
518,3 das g'nug für die Sünde tut

b) mit, von, vor Sünde (37)
5,1 daß er uns von Sünde freie und entbinde
5,2 wie sie sich von Sünden
24,3 von allen Sünden machen rein
30,3 rettet von Sünd und Tod
79,3 behüt uns auch vor Sünd und Schand
88,4 hilf, daß ich mit Sünde dich
103,6 damit von Sünden wir befreit
127,2 und daß man lasse von der Sünd
133,2 die Kraft, die uns von Sünden
145,7 daß wir von Sünden lassen
146,1 die wir mit Sünden ohne Zahl
184,5 bis wir, von Sünd und Fehl befreit
191 vor aller Sünd und Missetat
192 vor allen Sünden, vor Verirrung und allem Übel
202,1 zu waschen uns von Sünden
205,4 vor Sünden uns behüte
207,2 daß es, bewahrt vor Sünde
215,4 den' ihr Herz von Sünden schwer
217,3 daß ich mit der Sünde nicht scherze
217,4 mache mich von Sünden frei
220 und sprich uns los von Sünd und Tod
234,1 daß er von Sünden halte still
243,4 wie sie von ihren Sünden
250,1 die da von allen ihren Sünden
320,3 sind kommen von der Sünden
331,6 von der Sünd uns frei gemacht
363,1 mit Sünden hart beladen
365,2 errett' von Sünd und Schanden
406,3 mich erkauft von Tod und Sünden
437,2 vor Sünd und Schand durch deine Güt
443,3 vor Sünden und vor Schmach
449,6 unchristliches Rennen nach Gut mit Sünde
472,5 mach mich von Sünden ledig
475,2 und vor Sünden mancher Art

495,6 so gib Geduld; vor Sünd und Schanden
502,3 machet uns ledig von allen Sünden
520,3 von aller Sünd und Missetat

c) meine Sünde (23)

61,3 laß mich büßen meine Sünd'
81,3 ach, meine Sünden haben dich geschlagen
82,1 wenn meine Sünd' mich kränken
84,3 ich, ich und meine Sünden
88,3 ich und meine Sünde
88,5 wenn mir meine Sünde will machen
91,10 wenn endlich, Herr, mich meine Sünden kränken
195,2 hat meine Sünd getragen gar
217,3 laß mich recht trauern über meine Sünde
232,2 mein Sünd' sind schwer und übergroß
233,1 sind mein begangne Sünden
237,1 und suchst du meine Sünde
341,2 mein Sünd mich quälte Nacht und Tag
345,2 ob mich mein Sünd anficht
353,5 und bekenne meine Sünden
354,5 und, wenn mich meine Sünden kränken
368,5 er wolle meiner Sünden
404,2 vergib mir meine Sünden
443,2 wollst mir mein Sünd vergeben
445,3 laß die Nacht auch meiner Sünden
472,4 vergib... mein Sünd und Missetat
472,4 mein Sünd und auch mein Schuld
522,2 mein Sünd' mich werden kränken sehr

d) deine, ihre, seine, unsere, eure Sünde (31)

5,3 ihre Sünd vergeben
11,8 erschrecken vor eurer Sünden Schuld
36,8 wer empfind't seine Sünd
37,5 ein Tilger deiner Sünden
43,5 was leidest du alles für unsere Sünd
55,3 wirf alle unsre Sünden fort
68,5 für unsre Sünd und Missetat
75,2 und für unsre Sünde gestorben williglich
76,1 o Mensch, bewein dein Sünde groß
76,1 trüg unsrer Sünden schwere Bürd
80,3 o Menschenkind, nur deine Sünd
87,2 ach das hat unsre Sünd
87,2 ach unsre Sünde bringt
87,6 die Heilung unsrer Sünden
94,1 gibt sich für ihre Sünde
96,2 für unsre Sünden mußtest du bezahlen
101,1 für unsre Sünd gegeben
101,2 das macht alles unsre Sünd
202,6 der bleibt in seinen Sünden
205,1 laß's sein dein Kind, nimm weg sein Sünd
231,11 daß du dein Sünd, o Menschenkind
234,2 verzweifle nicht in deiner Sünd
244,7 daß unsre Sünde haben soll
289,1 hat dir dein Sünd vergeben
289,2 ist unsre Sünd dahin
299,5 aus seinen Sünden allen
341,8 mein Unschuld trägt die Sünde dein
366,6 sieh nicht an unsre Sünde groß
413,8 o Herr Christ, deck zu unsre Sünd
517,11 bereu dein Sünd und beßre dich
518,3 unsre Sünd' uns treiben

e) Sünde der Welt, alle Sünde, der Menschen, in Sünde (23) → *d)*

51,1 in Sünde nicht verloren geht
66,6 Sünden der ganzen Welt träget dies Lamm
68,2 da wir in Sünden waren tot
83,1 die Sünden aller Sünder
92,2 das Adams Sünde um uns wand
138,1-3 mach uns aller Sünden frei
141,4 das trägt die Sünd der ganzen Welt
145,2 der für der Welt Sünd g'nug getan
180.1 der du hinnimmst die Sünd der Welt
180.3 der du hinnimmst die Sünde der Welt
183,3 hier all Sünd vergeben werden
190.1 all Sünd hast du getragen
190.2 der du trägst die Sünd der Welt
190.3 du nimmst hinweg die Sünde der Welt
190.4 das der Welt Sünde trägt
192 das der Welt Sünde trägt
202,5 daß sie verlorn in Sünden ist
349,2 in Sünd war ich verloren
349,3 all Sünd ist nun vergeben
354,4 o Abgrund, welcher alle Sünden
475,4 alle Sünd und Missetat

f) in Verbindung mit Hölle, Teufel, Tod, Not, Welt (23) → *b)*

14,4 und schlägst in Fessel Sünd und Tod
25,4 was kann euch tun die Sünd und Tod
39,2 Sünd und Hölle mag sich grämen
60,2 zu tilgen Teufel, Sünd und Tod
71,5 dem Teufel, Sünd und Tod
102,3 Tod, Sünd, Leben und auch Gnad
106,2 die alte Schlange, Sünd und Tod
112,6 durch Welt, durch Sünd, durch Not
116,5 uns kann nicht schaden Sünd oder Tod
144,4 der ewge Tod in Sünden widerfahre
204,3 den Teufel, Welt und Sünden
219,3 laß Sünd und Not uns für und für
255,3 und heilen Sünd und Höllenschmerz

331,10 rett aus Sünden, rett aus Tod
364,3 du treuer Gott, Sünd, Höll und Tod
387,2 samt dem Tod möchte dich in Sünden... finden
387,4 Feind, Welt, Fleisch und Sünden
396,2 ob gleich Sünd und Hölle schrecken
398,2 Teufel, Welt, Sünd oder Tod
405,2 Welt, Sünde, Teufel, Höll und Tod
475,7 laß mich nicht in Sünden sterben
524,4 Welt und Teufel, Sünd und Hölle
525,4 Tod, Teufel, Höll, die Welt und Sünd

g) in Verbindung mit Missetat, Schande, Schuld, usw. (10) → *b)*
35,3 durch Sünd und Eitelkeit
66,2 bringet zu Ehren aus Sünde und Schande
71,6 daß falsche Lehr und Sünden
77,8 Sünd und Unrecht meiden
104,2 Sünd und Schuld bleiben ohne Kraft
144,1 und alle Sünd und Missetat
249,4 daß wir all Sünd und Missetat
283,1 der du die Sünd und Missetat
299,1 was Sünd und Unrecht ist getan
469,3 daß wir nicht falln in Sünd und Schand

h) der Sünde (Genitiv) (17)
15,1 der Sünde Last, des Todes Fron
40,2 der Sünden und des Kreuzes Nacht
59,4 hilf, daß wir fliehn der Sünde Bahn
82,3 der Sünden große Zahl
91,3 ich seh... den Fluch der Sünde
101,6 der Sünden Nacht ist vergangen
111,1 vertrieben ist der Sünden Nacht
114,2 steh aus dem Grab der Sünden auf
133,12 und ja zum Dienst der Sünden
213,3 der Sünde bange Säumnis
232,2 so werd ich los der Sünden Last
341,5 und hilf ihm aus der Sünden Not
379,1 trennt uns der Sünde Bann
389,1 schließ zu der Sünde Tor und Tür
475,4 lösen von der Sünde Ketten
477,5 und von der Sünden Arbeit frei
478,4 zwar fühl ich wohl der Sünden Schuld

Sündenfeind (1)
83,2 den, den hat Gott zum Sündenfeind

Sündenhöhle (1)
218,1 laß die dunkle Sündenhöhle

Sündenkette (1)
86,2 zu erretten von des Teufels Sündenketten

Sündenlast (1)
89,2 auch meine große Sündenlast

Sündennacht (1)
213,5 hell aus der Sündennacht

Sündenschlaf (1)
387,2 wache... auf von dem Sündenschlafe

Sündenstaub (1)
127,3 weh rein vom Sündenstaube

Sündenwelt (1)
404,5 der Sündenwelt absterbe

Sünder (42)
10,1 bald wird das Heil der Sünder
11,8 er kommt, er kommt den Sündern zu Trost
12,1 und der Sünder Trost und Rat
16,5 der läßt den Sünder nicht
24,8 den Sünder nicht verschmähet hast
41,2 Gott und der Sünder, die sollen zu Freunden nun werden
42,4 damit der Sünder Gnad erhält
66,6 Sündern die ewge Erlösung zu finden
75,1 hilf uns armen Sündern zu der Seligkeit
78,3 für uns arme Sünder
83,1 die Sünden aller Sünder
84,2 du bist ja nicht ein Sünder
87,3 der armen Sünder Teil
93,2 als für Sünder der Gerechte
109,3 der du der Sünder Heiland bist
115,3 daß der Sünder sich bekehre
123,7 gebt, ihr Sünder, ihm die Herzen
144,4 du willst nicht, daß der Sünder sterb
178.4 uns Sünder allein hast erlöst
213,2 kommt her, verzagte Sünder
224,2 Gott sei mir Sünder gnädig
234,1 mir ist nicht lieb des Sünders Tod
234,4 dem Sünder mit Barmherzigkeit
281,2 läßt Sünder in der Dürre
318,4 erzeigt allzeit uns armen Sündern
324,9 du strafst uns Sünder mit Geduld
351,5 wie sonst ein Sünder tut
353,1–8 Jesus nimmt die Sünder an
353,4 kommet, ihr betrübten Sünder
353,4 macht aus Sündern Gottes Kinder
354,2 des, der sich zu den Sündern neigt
364,3 drum, muß ich Sünder von der Welt
418,5 Sündern wie den Frommen
454,4 trägt die Sünder in Geduld
482,4 sind eitel arme Sünder

sündig (4)
104,1–3 daß du bist sünd'ger Welt Heil und Held
127,3 brenn rein die sündige Natur

sündigen (2)
234,4 doch wer auf Gnade sündigt hin
472,4 ich hab gesündigt sehre

sündlich (4)
82,5 die sündliche Begier
349,2 sündlich war all mein Tun
373,2 und durch dein Leiden mein sündlich' Fleisch töten
523,1 dein sündlich böses Leben

Susaninne (1)
24,14 das rechte Susaninne schön

süß (40)

a) allgemein (21)
11,10 mit Gnad und süßem Lichte
24,14 mit Herzenslust den süßen Ton
39,7 dahin, da mit süßem Schalle
70,6 und laßt die süße Musika
78,3 macht ihn' das Kreuz süße
85,5 mit Milch und süßer Kost
150,7 und von dem süßen Ton
161,1 auf die süßen Himmelslehren
213,4 durchflossen vom süßen Liebesgeist
213,5 die unermeßlich süß
351,9 spricht... manch süßes Trostwort zu
370,9 allda will in süßen Schätzen
371,10 und was verzieht, ist desto süßer
372,5 mit süßem Trost im Herzen
386,9 nichts Süßes kann also mein Herze erlaben
388,2 führest zu der süßen Ruhestatt
393,6 mit süßen Sonnenblicken
450,2 lauter süßen Trost genießen
450,5 in das Land der süßen Wonne
475,6 eine sanft und süße Ruh
503,6 des süßen Weinstocks starker Saft

b) von Gott (19)
30,3 das duftet uns so süß
33,2 willkommen, süßer Bräutigam
36,5 spricht mit süßen Lippen
36,10 süßes Heil, laß dich umfangen
41,7 süßer Immanuel, werd auch in mir nun geboren
70,1 die süße Wurzel Jesse
70,2 dein süßes Evangelium
78,9 sein Blut zum Trank süße
101,7 zum süßen Brot geladen
109,3 o süßer Herre Jesu Christ
124,3 du süße Lieb, schenk uns deine Gunst
125,3 du heilige Glut, süßer Trost
130,6 du süßer Himmelstau, laß dich
133,6 hast du mit süßen Worten
213,1 der süße Herr der Gnaden
341,1 und seine süße Wundertat
398,1 o du süßer Jesu Christ
449,10 Gott ist das Süßte und Allergewißte
503,11 ach süßer Gott, vor deinem Thron

Süßigkeit (1)
67,3 schmecken dein Süßigkeit im Herzen

T

Tag (178) → *Jüngster Tag*

a) allgemein (37)
64,5 laß Wert und Maß der Tage sein
65,1 so will ich diese Tage mit euch leben
77,2 in der ersten Stund am Tag
106,4 das freut sich heut an diesem Tag
199,4 dereinst nach diesen Tagen
240,1 dein sind des Tages helle Stunden
245,4 und hell das Licht des Tages scheint
254,1 wir wolln uns gerne wagen, in unsern Tagen
266,2 die Erde rollt dem Tag entgegen
278,5 Güte schickt mir der Herr am Tage
281,3 der Tag für Tag uns segnet
282,5 ein Tag in deinem Haus ist besser
290,5 Gott zog des Tages vor dem Volke
315,1 ich will zu meinem Vater gehn heut am Tag
379,2 und zählt dir Tag und Jahr
412,6 du Herr von meinen Tagen
419,2 hilf, Herr meiner Tage
426,3 werden wir in unsern Tagen
437,2 Herr Christ, den Tag uns auch behüt
438,5 auf diesen Tag, wie's uns ist not
439,4 an diesem Tag auch Hilfe tun
441,4 doch werden noch des Tages Kind'
443,3 behüten mich gnädig diesen Tag
446,7 der mich an diesem Tage
451,4 mich dieses Tags erfreue
453,1 daß, was auch diesen Tag geschieht
457,2 wie laut dich auch der Tag umgibt
457,5 ihm kann es keinen Tag genug
467,2 dir sei Dank, daß du uns den Tag
475,1 da er mich den ganzen Tag
476,3 vergib, wo ich bei Tage so gelebet
481,5 ein Tag, der sagt dem andern
482,2 wo ihr des Tages Jammer
491,1 will ich den Tag bedenken
492 ruhet von des Tages Müh
524,4 lauter Kreuz sind unsre Tag
528,2 sind der Menschen Tage

aa) dritter Tag, drei Tage, siebter Tag usw. (6)
103,2 des Morgens früh am dritten Tag
111,3 nicht mehr als nur drei Tage lang
111,3 am dritten Tag durchs Grab er dringt
116,2 er war begraben drei Tage lang
231,4 du sollst heilgen den siebten Tag
405,3 der auch am dritten Tage

ab) alle Tage, jeder Tag (12)
64,3 drum kehre jeden Tag zu dir
182,4 und sie mit euch jeden Tag Gott lobt und preist
331,10 alle Tage wollen wir
360,6 das gibt uns Zuversicht für jeden Tag
371,8 alle Tage tränkt und speiset
419 siehe, ich bin bei euch alle Tage
419 alle Tage bin ich bei euch
425,1 gib uns Frieden jeden Tag
425,2 gib uns Freiheit jeden Tag
425,3 gib uns Freude jeden Tag
427,3 hast alle Tage schon bedacht
457,1 in jedes Tages Lauf

b) näher bezeichnete Tage (35)
42,1+9 dies ist der Tag, den Gott gemacht
42,8 den Tag der heiligsten Geburt
65,2 noch drückt uns böser Tage schwere Last
65,7 und ganz gewiß an jedem neuen Tag
106,1 erschienen ist der herrlich Tag
111,4 jetzt ist der Tag, da mich die Welt
135,6 und in finstern Tagen
150,2 o schöner Tag und noch viel schönre Stund
151,4 zeigt den schönen Tag von weitem
162,2 das ist der Tag, da Jesus Christ
167,2 und auch in bösen Tagen
184,4 und kommt am Tag, vorherbestimmt
266,5 dein großer, neuer Tag gehört
283,4 bald wiche guten Tagen
294,3 dies ist der Tag, den Gott gemacht
334,1 danke für jeden neuen Tag
344,8 es sind die Zeit und Tage bös
370,5 Gott hat mich in guten Tagen
383,1 neue Tage leuchten mir
391,2 und auch in den schwersten Tagen
414,3 in gut und bösen Tagen sein vergnügt
440,1 sie hat kein End den langen Tag
440,4 zu wandeln als am lichten Tag
441,3 den hellen, schönen, lichten Tag
441,4 den Tag, Herr, deines lieben Sohns
442,6 sei uns willkommen, lieber Tag
443,6 an diesem neuen Tag
452,2 er spricht wie an dem Tage
452,5 wie dunkel auch der Tag
459,3 ohne das Licht man hellen Tag
468,4 ein gute Nacht und guten Tag geb dir
469,1 Christe, du bist der helle Tag

476,4 und daß der Leib auf diesen schweren Tag
513,6 wie reife Garben wird nach kurzen Tagen

c) in Verbindung mit Nacht (42)

11,7 noch sorgen Tag und Nacht
16,1 die Nacht ist vorgedrungen, der Tag ist nicht mehr fern
76,2 Tag, Nacht danach tun streben
83,5 bei Nacht und Tage singen
97,3 denn die Erde klagt uns an bei Tag und Nacht
98,3 hin ging die Nacht, der dritte Tag erschien
140,2 vor allem Übel Tag und Nacht
143,4 die Engel streiten Tag und Nacht
165,2 Tag und Nacht gebücket dienen
241,1 die Tag und Nächte nimmer schweigen
247,1 bei Tag und Nacht auf deine Güte hoffen
248,4 drauf wir hoffen Tag und Nacht
258 getrost und froh bei Tag und Nacht
278,2 Tag und Nacht sind Tränen mein Brot
296,4 er schläft nicht, weder Tag noch Nacht
300,1 zu seinem Dienste Tag und Nacht
301,5 Sonn und Mond für Tag und Nacht
319,4 dem singt und springt sie Tag und Nacht
324,15 und grämst dich Tag und Nacht
325,10 zu umfangen Tag und Nacht
329,1 bis hierher hat er Tag und Nacht
341,2 mein Sünd mich quälte Nacht und Tag
377,1 wir sind im Kampfe Tag und Nacht
408,3 führt und schirmt mich Tag und Nacht
440,3 und reich uns Tag und Nacht dein Hand
441,7 die weder Nacht noch Tage hat
445,1 der es Tag und Nacht läßt werden
447,6 bei Tag und Nacht dein Huld und Güte schweben
474,1 über mich wacht bei Tag und Nacht
476,2 ich preise dich, du Herr der Nächt und Tage
477,2 die Nacht, des Tages Feind
480,1 dem Tag und Nacht wird von der Himmelswacht
487,2 weder Nacht noch Tag
489,1+2 preist den Tag und die Nacht
489,1+2 preist die Nacht und den Tag
490,1 der Tag ist um, die Nacht kehrt wieder
499,2 Tag und Nacht sie nimmer schweigen
512,3 Frost und Hitze, Tag und Nacht
515,2 sei gepriesen für Nächte und für Tage
524,2 Tag und Nacht hab ich gerufen

d) von Anfang und Ende, Tageslauf (29)

6,2 kein Tag vergeht, wir warten dein
64,3 der Mensch, sein Tag, sein Werk vergeht
77,7 da der Tag sein Ende nahm
96,5 wenn sich die Tage unsres Lebens neigen
257,4 wo noch nicht Tag geworden
266,1 der Tag, mein Gott, ist nun vergangen
383,3 aus der Finsternis wird Tag
393,9 ein Tag, der folgt dem andern
406,5 bleib auch, wenn mein Tag sich neigt
438,1 der Tag bricht an und zeiget sich
439,1 es geht daher des Tages Schein
452,1 führt mir den Tag empor
453,1 schon bricht des Tages Glanz hervor
457,1+12 der Tag ist seiner Höhe nah
470,1 die Sonn mit dem Tag von uns weicht
472,1 der Tag hat sich geneiget
473,4 der Tag nimmt ab. Ach schönste Zier
475,3 dieser Tag ist nun vergangen
476,1 und, was sie soll, auf diesen Tag vollendet
477,3 der Tag ist nun vergangen
478,1 nun sich der Tag geendet hat
479,1 hat nun den Tag vollführet
481,1 nun sich der Tag geendet
483 und der Tag hat sich geneiget
486,9 ich weiß, daß auch der Tag, der kommt
488,2 wie bald verebbt der Tag, das Leben weicht
491,4 nimm du den Tag zurück
527,5 die, eh der Tag sich neiget

e) von Ende, Ewigkeit, Jüngstem Tag (17)

6,2 der Jüngste Tag ist nun nicht fern
59,5 fröhlich am Jüngsten Tage aufzustehn
111,9 der Jüngste Tag wird's zeigen an
127,6 weckst uns am Jüngsten Tage
148,2 bis an den Jüngsten Tag
149,7 mit deinem Jüngsten Tage
331,7 wenn der letzte Tag anbricht
358,6 und wird der Tag erscheinen
397,3 ruh bis zum Jüngsten Tage
426,1–2 es wird sein in den letzten Tagen
426,3 kann das Wort von den letzten Tagen
441,5 der Tag des Heils, die Gnadenzeit

445,4 daß, wenn nun dein großer Tag
450,4 gib, daß auch am Jüngsten Tage
476,7 da du uns hast den großen Tag bestimmt
495,8 an jenem Tag erwecken

tagen (2)
33,1 und laß den Himmel tagen
488,5 es tagt, die Schatten fliehn, ich geh zu dir

Tageslauf (1)
511,3 fröhlich sind im Tageslauf

Tageslicht (1)
402,3 laß das letzte Tageslicht

täglich (34)

a) allgemein (22)
38,3 täglich werden immer neu
113,6 wer täglich hier durch wahre Reu
133,12 Werke uns täglich anerbeut
145,6 Gott warnet täglich für und für
148,5 und täglich werden neu
169,4 er, der uns täglich Gutes gibt
191 täglich, Herr Gott, wir loben dich
239,4 sei in eurem Bund euch täglich näher
248,2 täglich wird der Trübsal mehr
277,3 täglich umgeben mich Worte und Stimmen
284,3 wunderbar ist's, wie du täglich Trost gewährst
329,2 bewiesen täglich neue
371,1 scheint täglich hell zu deiner Wonne
404,8 und mach mich täglich neu
408,4 täglich hilft er in der Not
408,4 täglich schenkt er seine Huld
412,6 vergibst mir täglich so viel Schuld
452,4 er ist mir täglich nahe
457,9 zu segnen hebt er täglich an
503,6 bringt täglich neue Stärk und Kraft
506,5 ist sich ein täglicher Beweis
529,4 wir uns noch täglich halten

b) von Brot (12)
163 segne unser täglich Brot
186 unser tägliches Brot gib uns heute
187 unser tägliches Brot gib uns heute
188 unser täglich Brot, Herr, gib uns heute
240,1 du segnest unser täglich Brot
342,9 das täglich Brot noch heut uns werd
344,5 gib uns heut unser täglich Brot
382,3 sei du mein täglich Brot, so wahr du lebst
408,4 täglich gibt er mir das Brot
418,3 des Lebens Brot, will sich täglich geben
464,1 Herr, gib uns unser täglich Brot
464,2 Herr, du bist unser täglich Brot

Tal (10)
7,3 daß Berg und Tal grün alles werd
10,2 die Tal laßt sein erhöhet
15,3 bei Tal und Hügel fanget an
20,2 die ihr noch wohnt im Tal der Tränen
69,1 hoch über Berg und tiefe Tal
150,1 weit über Berg und Tale
274,3 ob ich wandert im finstern Tal
498,3 so wird kein Berg noch tiefes Tal
503,3 Berg, Hügel, Tal und Felder
515,4 sei gepriesen für Feld und Wald und Täler

tanzen (2)
399,7 hüpf auf, mein Herz, spring, tanz und sing
509,4 vor dir tanzt in der Sonne

tapfer (1)
497,11 mit tapferm Mut bezwingen

tappen (1)
467,1 laß uns im Finstern tappen nicht

tasten (1)
235,1 mit der wir nach dir tasten

Tat (27) → *Werk*
1,2 mein Heiland groß von Tat
1,4 voll Rat, voll Tat, voll Gnad
51,2 nun preiset alle Gottes Tat
108,3 mit Wort und Tat weit ausbreiten
111,9 was er für Taten hat getan
135,2 Geist voll Rat und Tat
146,3 und straf uns nicht auf frischer Tat
168,2 du legst uns deine Worte und deine Taten vor
168,5 wir nehmen seine Worte und Taten mit nach Haus
229,2 wahre Liebe schenkt Wort und Tat
239,2 ja, in euren Taten und Gebeten
251,5 in der Tat erleuchtet ist
266,4 der Dank für deine Taten spricht
280,3 das Volk in guten Taten
294,2 drum rühm ich Gottes Taten gern
303,3 findet am besten Rat und Tat
327,2 lobe prächtig deines Schöpfers Taten
368,1 in allen meinen Taten
368,1 mir selber geben Rat und Tat
415,2 daß Wort und Taten
429 lobt und preist die herrlichen Taten des Herrn

439,5 daß du unser Herz, Wort und Tat
443,6 er segne meine Taten
446,8 sprich Ja zu meinen Taten
449,4 sind seine Werke und Taten allein
457,11 die macht er stark zur Tat
497,7 in Werk und Tat verüben

Täter (2)
196,2 des Wortes, sondern Täter sein
423,3 die beide Täter sein

tätig (2)
414,2 und laß ihn in der Liebe tätig sein
425,2 immer tätig sein

Tau (Niederschlag) (10)
7,2 o Gott, ein' Tau vom Himmel gieß
7,2 im Tau herab, o Heiland, fließ
178.6 Tau aus Himmelshöhn, Heil, um das wir flehn
324,4 mit Tau und Regen netzt
383,3 Tau fällt, um das Land zu schmücken
399,3 vom Tau sich tut erquicken
455,2 so lag auf erstem Gras erster Tau
472,3 des Morgens in dem Taue
489,1 und der Tau glänzt auf unserm Feld
508,2 er sendet Tau und Regen

taub (2)
72,4 den Tauben öffne das Gehör
236,1 der du Taube heilst

Taubenbild (1)
202,4 in Taubenbild verkleidet

Täublein (1)
503,3 das Täublein fliegt aus seiner Kluft

Taufe (11) → *Bad*
127,2 und durch die Tauf werd Gottes Kind
133,3 und in der Tauf erstickt
202,1 von Sankt Johann die Taufe nahm
202,2 was Gott selbst Taufe nennet
205,2 durch dieses Bad der Heilgen Tauf
210,1 und in der Taufe bekenn ich dich
211,5 Gott, der du durch die Taufe jetzt
212,6 hilf uns, daß wir aus der Taufe leben
253,2 Wort, Tauf und Nachtmahl unsres Herrn
320,5 sein Wort, sein Tauf, sein Nachtmahl
530,5 schon längst in meiner heilgen Tauf

taufen (12)
63,3 die wir auf ihn getauft
123,6 mit dem Geiste sie getaufet
127,1 daß es mit Geist getaufet werd
141,5 taufen wird er mit Feu'r und Geist
182,5 ihr seid getauft durch den Geist zu einem Leib
200,1 ich bin getauft auf deinen Namen
201 taufet sie im Namen des Vaters
202,4 wenn wir getaufet werden
202,4 all drei Person' getaufet han
202,5 wer glaubet und sich taufen läßt
212,2 du willst taufen. Das gibt uns Gewißheit
342,5 wer glaubt an mich und wird getauft

Täufer (4) → *Johannes (der Täufer), Sankt Johann*
202,2 der ist allhier der Täufer
312,3 Täufer, was liefst du umher in Fell und Gurt
312,3 Täufer, was riefst du dort an der Jordanfurt
312,5 Täufer, was sollen wir tun, wenn er jetzt kommt

Taufversprechen (1)
212,5 aber deine Taufversprechen bleiben

tausend (27)
11,5 in ihren tausend Plagen
84,13 und die viel tausend Tränen
86,1–7 tausend-, tausendmal sei dir
90,1 vergehst in tausend Schmerzen
93,3 doch ob tausend Todesnächte
198,1 mir ist's nicht um tausend Welten
218,4 ob es gleich viel Tausend nähret
252,4 wünsch ich Zion tausend Segen
282,5 denn tausend, ohn dich nah zu sehn
302,5 er weiß viel tausend Weisen
330,1 o daß ich tausend Zungen hätte
330,7 viel tausend Halleluja vor
332,4 einst kommt die Zeit, wo wir auf tausend Weisen
370,8 aus viel tausend Nöten
406,2 soviel tausend Gnadengaben
479,2 doch noch zu tausend Malen
497,11 in tausend Stücke springen
502,2 viel tausend Engel um ihn schweben
503,10 da so viel tausend Seraphim
503,11 mit tausend schönen Psalmen
517,6 da sind doch tausend Jahr wie heut

tausendfach (2)
86,8 für dein tausendfaches Plagen
330,1 und einen tausendfachen Mund

tausendfaltig (1)
379,1 will König tausendfaltig

Teil (15) → *Erbe, Erbteil*
11,8 verbleib ihr Erb und Teil
12,4 dir Hosianna, o mein Teil
62,5 auch des Landes bestes Teil
67,2 im letzten Teil der Zeit
87,3 der armen Sünder Teil
223,3 macht durch des Mahles doppelt Teil
302,2 der hat das beste Teil
318,5 verheißt uns auch ein herrlich Teil
322,8 verbleib er unser Teil
324,14 er ist dein Schatz, dein Erb und Teil
351,10 da ist mein Teil und Erbe
361,9 und tun an seinem Teile
386,2 da, da ist das beste, notwendige Teil
397,1 mein Teil und meines Herzens Trost
497,6 der höchste Zweck, das beste Teil

teilen (19)
170,2 Segen kann gedeihn, wo wir alles teilen
226,1+2 seht, das Brot, das wir hier teilen
226,3+4 seht, der Kelch, den wir jetzt teilen
229,1–3 er, der lebt, gebot: Teilt das Brot
264,2 und eine Hoffnung teilt sie
312,6 teilt Brot und Mantel
318,2 und sein Gut mit dir teilet
384,2 dort teil deine Freud mit mir
392,6 Gott will mich ganz; nun länger nicht geteilet
415,3 liebevoll der Nächsten Not zu teilen
420,1,3–5 teil mit den Einsamen dein Haus
464,1 zu teilen, was du uns gewährt

teilgeben (2)
229,2 gibt am Heil seines Mahles uns allen teil
240,3 Herr, gib uns teil an deinem Leben

teilhaben (2)
72,3 laß sie am Himmel haben teil
191 laß uns im Himmel haben teil

teilhaftig (2)
113,7 der wir teilhaftig werden
144,7 der Krone der Klarheit teilhaftig werden

teilnehmen (1)
42,4 nimmst selbst an unsrer Menschheit teil

Tempel (8)
1,4 eu'r Herz zum Tempel zubereit'
77,5 des Tempels Vorhang zerreißt
137,6 Tempel und Altäre weiht
166,2 laß es deinen Tempel sein
255,7 und baue deinen Tempel aus
279,6 ich will zu deinem Tempel wallen
389,2 aus deinem Tempel, deinem Haus
478,6 ich baue... Gott einen Tempel auf

Testament (1) → *Bund*
223,2 gab er als neues Testament

teuer (kostbar, kostspielig) (28)
8,2 es trägt ein teure Last
79,1 und hast uns durch dein teures Blut
82,3 bezahlt durch Christi teures Blut
91,9 ich bin versöhnt in deinem teuren Blute
123,6 die ihn ehrt als teures Haupt
126,2 des Allerhöchsten Gabe teu'r
135,2 laß uns deine teuren Gaben
139,2 mit seinem teuren Blut
146,1 behüt vor Krieg und teurer Zeit
149,1 da wird das Lachen werden teu'r
158,3 am Kreuz dein teures Blut
166,5 laß dein teures Kleinod mir
191 die teuren Märt'rer allzumal
191 die mit deim teu'rn Blut erlöset sein
216 sein teures Blut, das uns zugut
234,2 und zwar mit einem teuern Eid
252,8 teuer hast du uns erworben
257,3 es ist kein Preis zu teuer
325,3 sein Sohn ist ihm nicht zu teuer
325,3 durch sein teures Blut gewinn
341,1 gar teu'r hat er's erworben
344,5 vor Seuchen und vor teurer Zeit
386,6 durch dein heilges, teures Blut
388,6 ach wie teu'r sind wir erworben
406,3 mit dem eignen teuren Blut
423,6 laß keine teuren Zeiten
518,3 vergossen ist dein teures Blut
519,3 durch dein teuer heilsam Wort

Teufel (41) → *Satan*

a) allgemein (28)
6,4 der Teufel brächt uns gern zu Fall
9,1 des Teufels Reich und Macht
86,2 von des Teufels Sündenketten
104,2 hat zerstört des Teufels Werk
109,2 dem Teufel hat er sein Gewalt zerstört
113,1+8 was kann uns jetzt der Teufel tun
138,1–3 vor dem Teufel uns bewahr
138,1–3 entfliehen Teufels Listen
146,5 behüt vors Teufels List und Mord
148,4 vom Teufel, allem Bösen
179,4 vor Teufels G'walt fortan behüt
192 vor des Teufels Trug und List
196,3 vom Teufel hingenommen
232,3 des Teufels List sich von mir wend

246,4 und wehr des Teufels Trug und Mord
341,2 dem Teufel ich gefangen lag
341,6 den Teufel wollt er fangen
361,5 und ob gleich alle Teufel
362,3 und wenn die Welt voll Teufel wär
437,1 behüt' hat vor des Teufels Macht
443,3 vors Teufels List und Wüten
469,4 behüt uns vor des Teufels List
474,2 vors Teufels Trutz

b) in Verbindung mit Tod, Hölle, Welt (13)
25,4 laßt zürnen Teufel und die Höll
39,2 Tod und Teufel mag sich schämen
60,2 zu tilgen Teufel, Sünd und Tod
71,5 dem Teufel, Sünd und Tod
113,4 Tod, Teufel, Höll und alle Feind
114,8 scheu weder Teufel, Welt noch Tod
134,7 daß kein Teufel, Tod noch Spott
204,3 den Teufel, Welt und Sünden
249,3 muß Teufel, Welt und Höllenpfort
398,2 kann uns nicht schaden Teufel, Welt
405,2 bestritten Welt, Sünde, Teufel, Höll und Tod
524,4 Welt und Teufel, Sünd und Hölle ...plagen
525,4 Tod, Teufel, Höll,...mir können nicht mehr schaden

Thron (66)

a) allgemein (5)
14,6 daß wir, die Völker und die Thronen
20,7 und Davids Thron wird niemals fallen
133,10 richt auf des Rechtes Thron
309,3 Gewaltige stößt er von ihren Thronen
351,12 kein Thron, kein Herrlichkeit

b) Gottes Thron (32)
14,2 den Weg zu deinem Throne sperren
36,3 seinen Sohn aus dem Thron
42,2 da sandte Gott von seinem Thron
60,2 herabgesandt vons Himmels Thron
71,1 im Himmel ist dein Thron
89,3 du hast verlassen deinen Thron
127,5 du eins bist in des Himmels Thron
129,1 er sendet auch vom Thron
131,1 du bist gesandt vons Himmels Thron
133,1 mit beiden gleichen Thrones
152,1 wir wissen dich auf deinem Thron
155,4 dem Heilgen Geist in einem Thron
158,1 schein uns vons Himmels Throne
159,2 will sie auch in seins Himmels Thron
193,1 wollen stürzen von deinem Thron
197,3 dem Heilgen Geist in einem Thron
223,4 geht heim zum Thron als Siegesheld
266,5 dein Thron allein wird nicht zerstört
282,1 im Vorhof nah am Thron zu stehen
298,3 unser Gott auf seinem Thron
300,2 zum Throne seiner Majestät
308,11 dem Heilgen Geist in einem Thron
326,2 o Herrscher aller Thronen
331,4 schickt zu deinem Thron empor
331,5 dich, Gott Vater auf dem Thron
332,3 das Loblied soll zu deinem Throne dringen
375,1 hat er zum Thron sich aufgeschwungen
405,1 vom Thron des Himmels kommen ist
443,1 dir, Gott, in deinem Thron
474,1 denn Gott vons Himmels Throne
510,4 hingesät auf seines Thrones
510,5 und am Thron schon solcher Schein

ba) höchster Thron (14)
24,15 Lob, Ehr sei Gott im höchsten Thron
27,1 in seinem höchsten Thron
47,5 Ehr sei Gott im höchsten Thron
59,2 des Vaters in dem höchsten Thron
68,6 du stiegest auf zum höchsten Thron
103,1 gelobt sei Gott im höchsten Thron
107,3 Gott Vater in dem höchsten Thron
109,6 Gott Vater in dem höchsten Thron
121,2 Gott Lob und Dank im höchsten Thron
178.4 unser Mittler bist in dem höchsten Thron
184,1 wir glauben Gott im höchsten Thron
191 dich, Gott Vater im höchsten Thron
232,4 Ehr sei Gott in dem höchsten Thron
288,7 Gott Vater in dem höchsten Thron

bb) vor dem, um den Thron Gottes (15)
81,11 wann, o Herr Jesu, dort vor deinem Throne
83,7 in welcher ich will vor den Thron
123,10 und du Chor vor seinem Throne
142,2 sie stehen weit um deinen Thron
147,3 der Engel hoch um deinen Thron
148,8 vor Gottes Stuhl und Thron
151,6 und vor des Lammes Thron
252,9 da vor deinem Throne stehen
255,9 knien vor den Thron des Lammes hin
282,4 bis wir vor deinem Throne stehn
438,6 unsern Herren vor deinem Thron
439,6 zum Frühopfer vor deinen Thron
500,4 bis wir vor deinem Thron
503,11 ach süßer Gott, vor deinem Thron
535 der Engel hoch um deinen Thron

thronen (1)
281,2 und hier im Heiligtume thront

Thronwacht (1)
123,2 Mächte, die die Thronwacht halten

tief (47)

a) allgemein (24)
41,3 wie tief sich der Höchste hier beuget
56,1–5 weil Gott in tiefster Nacht erschienen
65,6 wenn sich die Stille nun tief um uns breitet
69,1 hoch über Berg und tiefe Tal
154,2 tief liegt des Todes Schatten auf der Welt
202,6 tief in der Höllen Grunde
213,5 erzähle die tiefe Wundermacht
277,1 und dein Gericht ist tief wie das Meer
285,2 wie tief sind deine Gedanken
365,6 tief in die Erd begraben
399,1 o Lebensbrünnlein tief und groß
428,5 die auch noch in tiefer Nacht
476,6 und in die Ruh des tiefen Grabes stekken
480,3 beim tiefsten Stillesein
486,8 zu kummerlosem, tiefem Schlaf
497,10 und muß ich auch ins tiefe Meer
498,3 so wird kein Berg noch tiefes Tal
503,4 ins tiefe Gras gesprungen
507,5 tiefes Meer, weit umher
518,2 vor der tiefen Hölle Glut

b) von menschlichen Gefühlen, Verhalten, Umständen (23)
37,3 ich lag in tiefster Todesnacht
70,3 gieß sehr tief in das Herz hinein
73,6 sinke... in tiefste Demut ein
83,5 das will ich stets, so tief ich kann
86,1 in die tiefste Seelennot
86,8 für dein Angst und tiefe Pein
91,6 es stürzt mich tief, und es erhebt mich wieder
93,2 tief und tiefer wir uns neigen
111,12 wie tief Kreuz, Trübsal oder Pein
123,11 ich auch auf der tiefsten Stufen
144,1 aus tiefer Not laßt uns zu Gott
144,5 durch Reue tief geschlagen
207,2 dein Wort recht tief ins Herz
218,3 heilge Freude, tiefes Bangen
239,5 kenne auch der Freude tiefsten Grund
271,6 am tiefsten in die Schuld und Schand gefallen
299,1 aus tiefer Not schrei ich zu dir
303,6 erhebt, die tief gebeuget gehn
315,3 der dich von fern erblickt, tief im Staub
341,2 ich fiel auch immer tiefer drein
373,2 und sich mein tiefes Verderben darlegt
417,1 senke sie in unser Wesen tief hinein
533,1 du kannst nicht tiefer fallen

Tiefe (5)
212,3 der das Weltall trägt mit seinen Tiefen
251,4 welche Tiefen reicher Gnad
278,4 Fluten rauschen, Tiefen bedrohn
322,5 ins Meeres Tiefe hin
325,3 deine Tief ergründen können

Tier (14)
271,5 machtest ihm untertan die wilden Tiere
277,1 Menschen und Tieren willst du, Herr, ein Helfer sein
305,2 lobt ihn, alle Tiere, die auf Erden sind
306,2 lobt ihn, alle Tiere, die auf Erden sind
325,6 Tier und Kräuter und Getreide
501,1 die Tier sieht man jetzt springen
504,3 Wälder, Felder, jedes Tier
509,1 kein Tierlein ist auf Erden
509,1–5 zu dir, zu dir ruft Mensch und Tier
515,5 sei gepriesen für alle deine Tiere

tilgen (5) → *löschen, tragen c)*
35,3 der Sohn tilgt unsre Schuld
60,2 zu tilgen Teufel, Sünd und Tod
276,3 zu tilgen von der Erden
386,10 tilge allen Heuchelschein
449,6 nach Gut mit Sünde, das tilge geschwinde

Tilger (1)
37,5 ein Tilger deiner Sünden

Tisch (9)
148,7 auf Gottes Tisch und Saal
215,6 dieser Tisch auch dir nicht gilt
218,6 sei zu deinem Tisch geladen
222,3 an deinem Tisch wir finden
224,3 deins Tisches edle Gaben
274,4 du b'reitest vor mir einen Tisch
418,5 und hilf, daß an deinen Tisch
457,3 denk an den Tisch des Herrn
460 jetzt an dem Tisch und sonst an allen Enden

toben (6)
112,7 es tobe, was da kann
112,7 der alles Toben stillt
135,3 bei der Feinde Toben
136,4 trotz aller Feinde Toben
297,1 wenn unsre Feinde toben
396,3 tobe, Welt, und springe

Tochter (1)
13,1 Tochter Zion, freue dich

Tod (270) → *sterben*

a) allgemein
b) in Verbindung mit Teufel, Hölle, Sünde
c) in Verbindung mit Leben
d) von Jesus
da) zum Tod, in den Tod
db) durch den Tod
e) von der Überwindung, Zerstörung des Todes
ea) Folgen für den Glauben
eb) von der Auferstehung Jesu
f) Bitte um Bewahrung vor dem Tod und im Tode
g) von Hoffnung und Vertrauen, Gewißheit
h) ewiger Tod

a) allgemein (36)
3,2 und sollten gar des Todes sein
20,2 wo Tod den schwarzen Schatten wirft
85,9 wenn ich den Tod soll leiden
98,1 Korn, das in die Erde, in den Tod versinkt
101,2 den Tod niemand zwingen konnt
101,2 davon kam der Tod so bald
108,3 nach unserm Tod, frei aller Not
114,9 und aus des Todes Banden
117,3 wär er geblieben, wo des Todes Wellen branden
133,13 ins Todes Rachen hin
154,2 tief liegt des Todes Schatten auf der Welt
202,1 ersäufen auch den bittern Tod
234,5 verborgen ist des Todes Stund
234,7 eh mich der schnelle Tod hinrück
238,1 bis in den Tod zu weihn
245,3 des Todes Flut wird sie verschonen
245,5 auch nach dem Tod will er ihr geben
303,1 ich will ihn loben bis in' Tod
341,2 im Tod war ich verloren
365,6 wir werden nach dem Tod
370,7 wollt ihn auch der Tod aufreiben
372,6 Not, Tod und Elend treiben
382,1 mein Los ist Tod, hast du nicht andern Segen
387,2 und die Not samt dem Tod
388,5 in dem Tod der Eitelkeit
406,6 graut mir vor dem kalten Tod
449,7 sobald das Lüftlein des Todes drein bläst
472,4 den Tod hätt ich verschuld't
513,6 der Tod uns mähen und zu Grabe tragen
518,1 mit dem Tod umfangen
520,6 uns kommt in gleicher Weis der Tod
527,4 kann vor dem Tod nichts nützen
527,6 bricht uns des Todes Sturm entzwei
528,7 dessen wird im Tod vergessen
529,4 bis daß der Tod sie nieder legt
530,1 hin geht die Zeit, her kommt der Tod

b) in Verbindung mit Teufel, Hölle, Sünde (27)
14,4 und schlägst in Fessel Sünd und Tod
25,4 was kann euch tun die Sünd und Tod
30,3 rettet von Sünd und Tod
38,2 und machst Höll und Tod zu Spott
39,2 Tod und Teufel mag sich schämen
60,2 zu tilgen Teufel, Sünd und Tod
71,5 dem Teufel, Sünd und Tod
102,3 Tod, Sünd, Leben und auch Gnad
104,1–3 der das Feld im Kampf mit Tod und Höll behält
106,2 die alte Schlange, Sünd und Tod
111,9 die Höll zerstört, den Tod erdrückt
113,4 Tod, Teufel, Höll und alle Feind
114,8 scheu weder Teufel, Welt noch Tod
116,5 uns kann nicht schaden Sünd oder Tod
134,7 daß kein Teufel, Tod noch Spott
220 und sprich uns los von Sünd und Tod
234,1 mir ist nicht lieb des Sünders Tod
292,2 mich banden Höllenangst und Tod
331,10 rett aus Sünden, rett aus Tod
364,3 du treuer Gott, Sünd, Höll und Tod
398,2 Teufel, Welt, Sünd oder Tod
405,2 Welt, Sünde, Teufel, Höll und Tod
406,3 mich erkauft von Tod und Sünden
518,2 mitten in dem Tod anficht uns der Hölle Rachen
525,4 Tod, Teufel, Höll, die Welt und Sünd

c) in Verbindung mit Leben (29)
87,3 dein Tod ist unser Leben
101,4 da Tod und Leben 'rungen
125,3 durch Tod und Leben zu dir dringen
133,3 der Tod durchdrang mein Leben
164 im Tod und Leben für und für
193,3 g'leit uns ins Leben aus dem Tod
196,5 daß wir im Leben und im Tod
204,4 im Leben und im Tod
214,2 zum Tod, daß wir dadurch leben
279,4 der uns vom Tod zum Leben bringet
281,3 vom Tode selbst und durch den Tod
282,6 auf Gott vertraut; er hilft im Tod
341,8 den Tod verschlingt das Leben mein
342,4 dein Tod wird mir das Leben sein
345,2 im Tod und auch im Leben

350,2 ich bau im Leben und im Tod
386,10 gib, daß ich nichts achte, nicht Leben noch Tod
398,1 an dir wir kleben im Tod und Leben
405,6 durch den Tod zu dir ins Leben dringen
408,6 und im Leben und im Tod
422,1 du bist im Leben und im Tod
424,1 gibst das Leben, gibst den Tod
473,3 im Tod und auch im Leben
478,9 im Tod und Leben hilfst du mir
488,5 im Leben und im Tod, Herr, bleib bei mir
515,9 sei gepriesen, o Herr, für Tod und Leben
517,5 daheim ist Leben ohne Tod
521,2 der Tod das Leben endet
525,3 durch Tod ins Leben dringet

d) von Jesus (23)
43,5 am Kreuze dort gar noch den bitteren Tod
51,3 er trug die Schmach und litt den Tod
68,5 danach erlittest du den Tod
75,1 an dem Stamm des Kreuzes für uns bittern Tod
77,2 ohn Ursach des Todes
78,9 das im Tod erstorben
83,1 Angst, Wunden, Striemen, Kreuz und Tod
84,8 es soll dein Tod und Leiden
85,3 des blassen Todes Macht
86,6 gar den herben Tod geschmecket
86,8 für den herben, bittern Tod
87,1 für deinen bittern Tod
87,6 laß uns auf deinen Tod
88,2 deinen Tod, o Gottessohn
89,1 und deinen herben, bittern Tod
111,3 mein Heiland bleibt ins Todes Zwang
133,3 mit dessen Tod und Blute
146,4 gedenk an deines Sohnes Tod
189 deinen Tod, o Herr, verkünden wir
223,3 sein Fleisch und Blut, getrennt im Tod
226,5 will den Tod des Herrn bezeugen
331,8 hast den Tod für uns gelitten
523,3 dich hast geblut' zu Tod

da) zum Tod, in den Tod (14)
77,3 und das Kreuz zu seinem Tod
78,3 eh er ward zum Tod verdammt
78,7 Jesus, verurteilt zum Tod
82,2 gegeben in den Tod
84,1 dein Heil sinkt in den Tod
90,1 und bist gehorsam bis zum Tod
91,2 und bis zum Tod am Kreuz gehorsam werden
93,2 in des Todes Rachen ging
215,3 in den Tod sein' Sohn geben hat
223,2 der Herr zum Tod verraten war
256,1 der für uns in den Tod gegangen
271,7 erniedrigte sich selbst bis in den Tod
370,11 in den Tod gegeben
485,5 in deines Todes Ruh

db) durch den Tod (9)
9,2 durch seinen Tod und Sterben
89,5 ach hilf, daß ich durch deinen Tod
90,2 ich folge dir durch Tod und Leid
179,4 durch große Mart'r und bittern Tod
209,4 der durch den Tod gegangen ist
232,2 durch deinen Tod und Schmerzen
248,7 weil du hast durch deinen Tod
349,2 durch seinen bittern Tod
354,4 durch Christi Tod verschlungen hat

e) von der Überwindung, Zerstörung des Todes (23)
51,3 daß wir, von Schuld und Tod befreit
66,2 Stricke des Todes, die reißen entzwei
66,8 dieser verschlinget Fluch, Jammer und Tod
67,2 den Tod für uns zerbrochen
74,2 denn du durchdrangst des Todes Nacht
101,3 damit dem Tod genommen
101,3 da bleibt nichts denn Tods Gestalt
101,4 es hat den Tod verschlungen
101,4 wie ein Tod den andern fraß
101,4 ein Spott aus dem Tod ist worden
102,1 der den Tod überwand
104,2 und dadurch Todes Trotz gestillt
106,3 sein' Raub der Tod mußt geben her
107,1 und hast dem Tod zerstört sein Macht
111,5 veracht den Tod mit seinem Grimm
112,6 er reißet durch den Tod
113,6 genommen ist dem Tod die Macht
116,2 denn die Gewalt des Tods ist zerstört
178.7 der den Tod bezwingt
191 du hast dem Tod zerstört sein Macht
341,5 erwürg für ihn den bittern Tod
351,5 was mit sich führt den Tod
359,6 Gottes Sohn hebt aus dem Tod

ea) Folgen für den Glauben (31)
15,1 der Sünde Last, des Todes Fron
36,4 und bei Gott für den Tod
77,8 deinen Tod und sein Ursach
81,5 der Mensch verdient den Tod und ist entgangen
85,8 für deines Todes Schmerzen
85,10 zum Trost in meinem Tod

86,1 Jesu, meines Todes Tod
86,7 dein Tod meinen Tod versüßet
87,5 laß uns im Tode siegen
87,6 den Trost im Tode gründen
90,2 ich scheue nicht den bittern Tod
91,10 wenn ich den Tod einst leide
93,3 und die sonst des Todes Kinder
101,5 das hält der Glaub dem Tod für
112,4 der Tod mit seiner Macht
113,1+8 o Tod, wo ist dein Stachel nun
115,1 Tod, wo sind nun deine Schrecken
115,6 Jesus lebt! Nun ist der Tod
123,7 Reichtum schenkt er nach dem Tod
133,3 der uns im Tod erquickt
133,13 und nach dem Tod ererben
182,8 Not, Angst und Tod kann uns nicht besiegen mehr
184,3 litt unser Kreuz, starb unsern Tod
223,4 bezahlt im Tod das Lösegeld
234,5 von wegen Christi Blut und Tod
375,1 denn alles ist nach seines Todes Nacht
464,2 du teilst dich aus in deinem Tod
495,7 auf Christi Tod abscheiden
522,2 gedenken will ich an dein' Tod
522,3 mit deinem Tod erworben

eb) von der Auferstehung Jesu (17)
103,4 er ist erstanden von dem Tod
103,5 weil du vom Tod erstanden bist
105,11 der von dem Tod erstanden ist
106,2 der heut vom Tod erstanden ist
107,1 daß du vom Tod erstanden bist
108,2 und durch den Tod als wahrer Gott
109,1 der von dem Tod erstanden schon
111,6 da er durchs Todes Kerker bricht
113,5 im Tod und Grabe der nicht bleibt
114,1 der heute durch des Todes Tür
114,5 vom Tod heut auferstanden ist
114,9 vom Tode auferstanden
162,2 vom Tod für mich erstanden ist
183,2 und vom Tod wieder auferstanden
405,3 siegreich vom Tod erstanden ist
515,8 sei gepriesen, er ist vom Tod erstanden
522,4 weil du vom Tod erstanden bist

f) Bitte um Bewahrung vor dem Tod und im Tode (17)
38,3 verlaß mich nicht, wenn mich Not und Tod anficht
60,4 auch Krankheit, Tod und Kriegesnot abwenden
131,6 verlaß uns nicht in Not und Tod
135,6 verlaß uns nicht, wenn der Tod
192 vor bösem, schnellem Tod
192 durch dein Kreuz und deinen Tod
195,3 und führe mich auch aus dem Tod
355,5 und führe durch den Tod mich Armen
355,5 durch meines Heilands Tod zu dir
361,12 und laß bis in den Tod
397,3 alsdann vom Tod erwecke mich
443,3 du wollest auch behüten... vor bösem, schnellem Tod
475,7 wende... Pestilenz und schnellen Tod
476,6 blicke... daraus ich Licht im Tode nehmen kann
482,6 wollst... nehmen durch einen sanften Tod
514,6 den Odem mein, o Bruder Tod... führ
518,1 laß uns nicht versinken in des bittern Todes Not

g) von Hoffnung und Vertrauen, Gewißheit (28)
20,4 der Tod ist tot. Das Volk jauchzt auf
124,4 hilf, daß wir nicht fürchten Schand noch Tod
195,2 mich durch sein Blut vom Tod erlöst
204,4 auch in des Todes Not
274,5 und nach dem Tode werd ich sein
292,4 dem Tod entriß mich deine Hand
294,2 dem Tode aber nicht gegeben
302,5 zu retten aus dem Tod
325,4 das des Todes Macht zerbricht
326,4 da half mein Helfer mir vom Tod
329,3 damit sag ich bis in den Tod
345,3 ob mich der Tod nimmt hin
355,4 auf dieses hoff ich noch im Tod
365,2 und wenn's auch wär der Tod
370,8 kann uns doch kein Tod nicht töten
371,2 ja auch den Tod hat er in Händen
371,14 es wird einmal der Tod herspringen
396,4 Elend, Not, Kreuz, Schmach und Tod
406,3 Treue bis in Tod und Grab
427,4 du holst die Welt aus ihrem Tod
473,2 drum soll nicht Tod, nicht Angst, nicht Not
488,4 was ist der Tod, bist du mir Schild und Zier
489,2 der das Grauen, der den Tod bezwang
500,3 wenn uns hinreißt der Tod
519,1 der Tod ist mein Schlaf worden
520,3 der sie aus Gnad von Not und Tod
520,5 dort wird er leuchten frei vom Tod
533,2 durch Schicksal, Schuld und Tod

h) ewiger Tod (16)
7,6 vor Augen steht der ewig Tod
66,4 sein Tod verschlinget den ewigen Tod
79,2 erlös uns von dem ewgen Tod
100,3 und uns erlöst vom ewgen Tod

113,6 ist dort vom andern Tode frei
116,1–5 der uns erlöst hat vom ewigen Tod
144,4 auf daß uns nicht der ewge Tod
192 vor dem ewigen Tod
202,6 und ist verdammt zum ewgen Tod
344,8 erlös uns vom ewigen Tod
357,5 des Todes ewig bleibt
384,3 sein Tod uns vom andern Tod rettet

Todesbande (2)
101,1 Christ lag in Todesbanden
409,6 in den Todesbanden

Todesbann (1)
526,3 daß mich auch kein Todesbann

Todesdunkel (1)
488,5 im Todesdunkel bleibe du mein Licht

Todesfurcht (1)
522,4 Todsfurcht kann sie vertreiben

Todesgefahr (1)
530,2 leb ich in steter Todsgefahr

Todeskampf (1)
87,5 durch deinen Todeskampf

Todesmacht (1)
94,5 der alten Todesmächte

Todesnacht (4)
37,3 ich lag in tiefster Todesnacht
93,3 doch ob tausend Todesnächte liegen
257,1 der du in Todesnächten erkämpft
526,1 was die lange Todesnacht

Todesnot (4)
115,6 welchen Trost in Todesnot
397,2 tröst mir mein Herz in Todesnot
522,3 ungeschieden bleib in Todesnot und Schmerzen
530,1 kann kommen meine Todesnot

Todespein (2)
129,4 tröst uns in Todespein
475,5 durch sein Angst und Todespein

Todesrachen (1)
396,3 Trotz dem Todesrachen

Todesschatten (1)
256,4 die noch im Todesschatten wohnen

Todesschmerz (3)
81,9 nichts von Verfolgung, nichts von Todesschmerzen
92,3 in Todesschmerz dein Leib erblich
93,1 der in bittern Todesschmerzen

Todesstoß (1)
85,6 wird erblassen im letzten Todesstoß

Todesstreit (1)
178.7 Sieger im Todesstreit, König der Herrlichkeit

tödlich (2)
320,3 wiewohl tödliche Wunden sind kommen
449,8 heilen im Herzen die tödlichen Schmerzen

Ton (3)
24,14 mit Herzenslust den süßen Ton
108,1 mit hellem Ton frei erklingen
150,7 und von dem süßen Ton sich regt

tönen (5) → *ertönen*
46,2 tönt es laut von fern und nah
255,9 dann tönen dir von Millionen
284,2 und die schönsten Instrumente tönen mit
286,3 sein Lob tön im Posaunenschalle
490,2 tönt stets ein Lied zu deiner Ehre

Tor (16) → *Eingang, Pforte, Tür*
1,1+4 macht hoch die Tür, die Tor macht weit
7,1 reiß ab vom Himmel Tor und Tür
66,5 öffnet ihm Tore und Türen fein bald
93,3 Christus durch des Sterbens Tor
133,1 zieh ein zu deinen Toren
147,3 von zwölf Perlen sind die Tore
241,6 führe… der Heiden Füll zu allen Toren ein
288,4 kommt, geht zu seinen Toren ein
294,3 hoch tut euch auf, ihr heilgen Tore
294,3 ihr Tore der Gerechtigkeit
359,3 erscheint schon vor den Toren
370,8 schließt das Tor der bittern Leiden
389,1 schließ zu der Sünde Tor und Tür
395,3 die Tore stehen offen
535 von zwölf Perlen sind die Tore

Tor (törichter Mensch) (1)
129,2 uns, die wir Toren waren

Torheit (3)
5,2 von Irrtum und Torheit
91,5 ein Ärgernis und eine Torheit werden
136,3 Unglaub und Torheit brüsten sich

tot (15) → *Tote*
20,4 der Tod ist tot. Das Volk jauchzt auf
68,2 da wir in Sünden waren tot
80,2 Gotts Sohn liegt tot

98,2 Jesus ist tot. Wie sollte er noch fliehn
111,2 verschlossen, gleich als wär ich tot
112,4 er bleibt ein totes Bild
130,7 und seine toten Werke
191 alles, das tot und lebend ist
234,6 ist morgen krank, ja wohl gar tot
251,6 o so mache doch die toten, trägen Geister lebensvoll
255,3 so manches kalte, tote Herz
262,2 weck die tote Christenheit
263,2 weck die tote Christenheit
393,4 wer will, der trag sich tot
405,5 und sich, was tot und lebend ist

Tote (13) → *tot*
5,7 wenn die Toten werden erstehn von der Erden
76,1 den Toten er das Leben gab
97,1-6 ruf uns aus den Toten
115,1 von den Toten auferwecken
126,7 der von den Toten auferstand
149,2 auferstehn die Toten all behende
236,5 der du Tote rufst
495,8 wenn du die Toten wirst... erwecken

töten, sich töten (8) → *ertöten*
78,10 unsern alten Adam töt
111,6 vor allem Volke töten sich
113,5 es war getötet Jesus Christ
231,6 du sollst nicht töten zorniglich
370,8 kann uns doch kein Tod nicht töten
373,2 und durch dein Leiden mein sündlich' Fleisch töten
384,3 laßt uns töten hier im Leben
450,3 unsre kalten Werke töte

Totenfeld (1)
154,2 dein Lebenshauch bewegt das Totenfeld

trachten (12)
5,5 in allem trachten zu gefallen
6,4 er tracht' nach Leib, Seel, Gut und Ehr
9,4 und nur nach Hoheit trachtet
114,3 und tracht nach dem, was droben
143,5 er trachtet uns nach Hab und Gut
149,4 nach großem Gut getrachtet
165,4 trachten zu gefallen
364,2 er hüt' und wacht, stets für uns tracht'
416 Herr, laß du mich trachten
469,4 der stets nach unsrer Seele tracht'
494,3 wer erst nach Gottes Reiche tracht'
527,2 der Ruhm, nach dem wir trachten

träge (2)
246,3 wir sind arg, sicher, träg und kalt
251,6 o so mache doch die toten, trägen Geister lebensvoll

tragen (101) → *nachtragen, schieben*

a) allgemein (11)
8,1 trägt Gottes Sohn voll Gnaden
8,2 es trägt ein teure Last
14,1 ihn trägt der lastbarn Es'lin Füllen
354,7 solange mich die Erde trägt
358,4 und trägt, wie er sie trägt
397,3 in Abrahams Schoß tragen
426,3 uns durch alle Finsternis tragen
427,1 solang die Erde Früchte trägt
445,7 trage nach dem Himmel zu
446,7 auf seinen Händen trage
513,6 der Tod uns mähen und zu Grabe tragen

b) von Gott (15)
212,3 der das Weltall trägt mit seinen Tiefen
259,2 uns durch die Fluten tragen
281,3 doch uns mit unsern Lasten trägt
286,2 er trägt sein Volk auf seinen Armen
294,1 und wird uns tragen durch die Zeit
325,1 das ohn Ende hebt und trägt
379,4 und trägt nach dir Verlangen
380,1+7 ja, ich will euch tragen
380,4 stets will ich euch tragen
380,7 wie ich immer trug
423,9 die Alten heb und trage
454,4 trägt die Sünder in Geduld
487,2 einer wacht und trägt allein
529,7 in seinen Händen träget

c) von Jesus Christus, dem Lamm Gottes (30) → *hinwegnehmen*
24,5 das alle Welt erhält und trägt
41,3 träget und hebet die Sünd
51,3 er trug die Schmach und litt den Tod
61,6 trage stets mich auf den Händen
66,6 Sünden der ganzen Welt träget dies Lamm
71,3 trägst keine güldne Kron
76,1 trüg unsrer Sünden schwere Bürd
77,3 mußt er selber tragen
78,7 mußt sein Kreuz selbst tragen
80,1 wird ins Grab getragen
83,1 ein Lämmlein geht und trägt die Schuld
83,3 leg auf, ich will dir's tragen
85,4 was du getragen hast
89,2 dir aufgelegt zu tragen
91,2 gemartert und zerschlagen, die Sünde tragen

96,2 gingst an das Kreuz und trugst die Dornenkrone
102,2 trug für uns Gottes Zorn
114,6 den Feind zur Schau getragen
117,2 trug euer Kreuz ins Leben
135,6 trag nach Zions Hügeln
141,4 das trägt die Sünd der ganzen Welt
190.1 all Sünd hast du getragen
190.2 der du trägst die Sünd der Welt
190.4 das der Welt Sünde trägt
192 o du Gotteslamm, das der Welt Sünde trägt
195,2 hat meine Sünd getragen gar
341,8 mein Unschuld trägt die Sünde dein
363,2 ich helf ihm tragen, was zu schwer
526,7 Jesus trägt euch, seine Glieder
532,2 die Wunden heilt, uns trägt und pflegt

d) von Menschen (27)
14,1 trag ihm entgegen Friedenspalmen
17,3 nun tragt eurer Güte hellen Schein
37,9 in, bei und an mir tragen
56,4 trag seinen Frieden in die Zeit
123,10 und du Schar, die Palmen trägt
151,6 die ihr Geduld getragen
154,4 aber noch tragen wir der Erde Kleid
253,4 so trägt ein Glied des andern Last
254,1 und unsre Steine tragen aufs Baugerüst
256,2 und trägt mit Ehren deine Schmach
307,2 selig sind, die da Leid tragen
315,5 nun trägst du Schuh und Ring und Kleid
342,5 daran ich keinen Zweifel trag
349,4 mit Freud und Ehren tragen
361,10 bisher getragen hast
370,5 sollt ich jetzt nicht auch etwas tragen
378,4 darf die Krone tragen
385,6 wer nicht gekämpft, trägt auch die Kron
393,4 wer will, der trag sich tot
393,8 man trag, man helfe allen
412,6 mit meinen Brüdern tragen
418,1 trag die Last der andern
426,2 da wird niemand Waffen mehr tragen
495,6 daß ich mit Ehren trag
503,11 und trüge meine Palmen
515,7 sei gepriesen, wir tragen seinen Namen
529,3 und tragen mit Geduld

da) vom Elend, Leid, Kreuz, usw. des Menschen (18)
51,5 und lehr uns tragen Kreuz und Schmach
82,6 hilf mir geduldig tragen
87,4 hilf tragen mit Geduld
135,6 hilf das Kreuz uns tragen
144,5 dein Joch zum Ende tragen
150,5 trugen des Kreuzes Joch
224,1 wir tragen unsrer Wege Leid
243,1 ob du gleich hier mußt tragen
253,3 wir tragen, doch nicht ohne Ruhm
346,5 hilf mir mein Leiden tragen
370,4 schickt er mir ein Kreuz zu tragen
397,2 auf daß ich's trag geduldiglich
449,11 und soll von Plagen ich auch was tragen
495,4 das Kreuz hilf selber tragen
500,3 damit wir willig tragen all Trübsal
503,12 hier trage dieses Leibes Joch
514,5 ihr, die ihr traget schweres Leid
520,4 er hat getragen Christi Joch

Träger (2)
137,1+9 Träger aller Himmelsfrucht

Träne/Tränlein (13)
20,2 die ihr noch wohnt im Tal der Tränen
63,1 die Tränen, die geflossen
80,5 ich bitte dich mit Tränen
84,13 und die viel tausend Tränen
170,3 die mit Tränen säen, werden in ihm ruhn
218,2 ach wie pfleg ich oft mit Tränen
262,5 wo sie unter Tränen sä'n
278,2 Tag und Nacht sind Tränen mein Brot
324,11 kein Zähr- und Tränlein ist so klein
351,10 feuchten mit Tränen meine Zeit
371,3 er zählt den Lauf der heißen Tränen
513,7 die hier mit Tränen streuen edlen Samen
524,5 unsre Tränen sind das Brot

Tränenfeld (1)
450,5 führ uns durch das Tränenfeld

Tränenland (1)
150,4 in meinem Tränenland

Tränensaat (3)
63,4 streuen die Tränensaat ins Feld
263,5 folgen ihrer Tränensaat
384,2 Tränensaat, die erntet Lachen

Tränental (2)
282,3 geht hier sein Pfad durchs Tränental
525,3 hier ist doch nur ein Tränental

Trank (5)
78,9 sein Blut zum Trank süße
217,2 all ander Speis und Trank ist ganz vergebens

218,2 nach dem Trank des Lebensfürsten
399,6 Gott selbst wird sein mein Speis und Trank
453,3 und Trank und Speise brauchet recht

tränken (4)
81,2 du wirst mit Essig und mit Gall getränket
371,8 alle Tage tränkt und speiset
399,5 mit ewger Wonne tränken
449,11 willst du mich kränken, mit Galle tränken

Traube (1)
227,5 eins laß uns sein wie Beeren einer Traube

trauen (32) → *glauben, sich verlassen, vertrauen*
82,8 weil ich auf dein Verdienst nur trau
121,4 daß wir nur trauen fest auf dich
127,7 du willst und gibst, daß man dir trau
137,3 trauet froh und unbewegt
158,2 das trau ich gänzlich dir
195,1 dem ich allein will trauen
196,5 beständig darauf trauen
235,2 wir trauen deiner Macht
247,4 wir traun auf dich, wir schrein in Jesu Namen
248,5 andre traun auf ihre Kraft
248,5 deine Christen traun auf dich
248,5 auf dich traun sie festiglich
282,2 mein Herr, mein Gott, ich traue dir
292,3 laß mich in Einfalt trauen dir
299,3 und seiner Güte trauen
345,1 trau ich in Angst und Not
361,2 dem Herren mußt du trauen
368,4 ich traue seiner Gnaden
368,7 und traue dem alleine
369,1 wer Gott, dem Allerhöchsten, traut
369,7 und trau des Himmels reichem Segen
371,4 dessen Treue du darfst trauen
372,3 und seiner Güte trauen
374,2 verlassen und ihm trauen
377,3 und wollen dir nur trauen
380,2 müßt dem Vater trauen
393,2 kommt, folgt und trauet dem
407,1 Führer, dem ich traue
482,5 auf nichts Vergänglichs trauen
497,11 wer fleißig betet und dir traut
527,10 wohl dem, der auf ihn trauet
531,1 auf deine Liebe trauen

Trauer (2)
278,4 du, Herr, kennst meiner Seele Trauer
278,6 daß Trauer mich drückt, bedrängt vom Feind

Trauergeist (1)
396,6 weicht, ihr Trauergeister

trauern (6)
37,5 was trauerst du, o Bruder mein
111,2 aufgehn: nach Trauern Freud und Wonn
133,6 von Trauern hältst du nichts
148,4 von Trauern, Weh und Klagen
217,3 laß mich recht trauern über meine Sünde
502,3 wohlauf, ihr Heiden, lasset das Trauern sein

träufen (1)
508,1 und träuft, wenn heim wir gehen

traulich (1)
482,2 so traulich und so hold

Traum (3)
298,1 Leiden wie ein Traum der Nacht
414,2 er sei kein eitler Traum und falscher Schein
527,1 wird als ein leichter Traum vergehn

träumen (2)
388,7 werden wir doch als wie träumen
468,3 er wolle, daß dir träume wohl

traurig (15)
55,1 für alle, die da traurig sind
56,1–5 kann unsre Nacht nicht traurig sein
351,13 und kann nicht traurig sein
361,7 betrübt und traurig macht
403,2 der mein traurig Herz erfreut
420,1.2.4.5 sing mit den Traurigen ein Lied
478,7 wer wollt doch traurig sein
525,5 was wollt ich denn lang traurig sein

Traurigkeit (8)
80,1 o Traurigkeit, o Herzeleid
83,6 in Traurigkeit mein Lachen
111,14 vertreibet Furcht und Traurigkeit
253,3 an Spott und Traurigkeiten
334,4 danke für manche Traurigkeiten
369,1 in aller Not und Traurigkeit
369,2 nur größer durch die Traurigkeit
526,7 gebt nicht statt der Traurigkeit

traut (3)
46,1 nur das traute, hochheilige Paar
70,4 Herr Jesu, du mein trautes Gut
384,4 trauter Freund, als deine Brüder

treffen (3)
248,2 trifft dein Volk jetzt überall
486,5 mir Plan und Rat getroffen
486,8 vor allem, was mich bitter traf

treiben (27)
11,5 nichts, nichts hat dich getrieben
64,3 weil wir im Winde treiben
112,2 der Feind trieb groß Geschrei
126,5 des Feindes List treib von uns fern
149,3 auf Erden je getrieben
157 von dir laß mich nichts treiben
182,9 daß wir im Dunkel nicht treiben
219,3 nicht wieder von dir treiben
289,4 und treibt sein heiligs Wort
325,2 und noch diese Stunde treibe
341,3 die Angst mich zu verzweifeln trieb
354,7 das will ich denken, tun und treiben
357,1 wo Wahn die Weisen treibet
357,5 schon Himmelsblumen treibt
361,3 das treibst du, starker Held
372,6 Not, Tod und Elend treiben
387,3 und sein Werk nicht treibest
388,5 denn die Last treibt uns zu rufen
412,1 der treibt mit Gottes Wahrheit Spott
423,5 treib Sturm und Hagel ab
438,4 das arge Fleisch so zwing und treib
447,8 treib unsern Willen, dein Wort zu erfüllen
471,2 treib, Herr, von uns fern die unreinen Geister
497,10 so treib mich nur, ohn Unterlaß
503,14 und laß mich Wurzel treiben
518,3 unsre Sünd' uns treiben
529,6 so will ich zwar nun treiben

Treiben (1)
388,2 und es aus dem Treiben führest

trennen, sich trennen (20) → *scheiden*
19,3 bis daß uns nichts mehr von dir trennt
72,5 bring her, die sich von uns getrennt
90,2 nichts soll mich von dir trennen
130,5 und treuen Liebe trennen
133,8 was sich getrennet hat
170,1+4 komm, Herr, segne uns, daß wir uns nicht trennen
223,3 sein Fleisch und Blut, getrennt im Tod
226,4 und verbinden, was getrennt
238,3 daß nichts hinfort sie trennt
248,4 aller Feinde Rotten trenn
251,7 kein getrenntes Glied mehr ist
255,7 schmelz alles, was sich trennt, zusammen
273,2 sie trennen uns ohn alle Maß
303,3 welcher vom Glauben sich nicht läßt trennen
351,11 soll trennen mich und dich
379,1 trennt uns der Sünde Bann
457,10 er segnet, welche Schuld auch trennt
473,2 von deiner Lieb mich trennen
526,3 ewig von ihm trennen kann

Trennung (1)
127,5 nimm weg der Trennung Sünde

treten (22)
5,2 treten zu der Wahrheit
58,1 nun laßt uns gehn und treten
102,3 alle, die zu ihm treten
114,3 tritt unter dich die böse Welt
130,1 zu dir kommen wir getreten
134,4 reiz uns, daß wir zu ihm treten
135,3 und vor Gott zu treten
165,1 und in Ehrfurcht vor ihn treten
166,3 laß in Furcht mich vor dich treten
192 den Satan unter unsere Füße treten
238,1 Herr, vor dein Antlitz treten zwei
239,2 euer Gott ist unter euch getreten
239,3 der Mensch tritt vor Gott als rechter Beter
259,1 für ihn wir treten auf den Platz
259,2 wie Gott zu unsern Vätern trat
278,9 zum Altar Gottes will ich treten
351,1 ist Gott für mich, so trete gleich alles wider mich
379,4 tritt er in deine Nacht
457,3 der Mittag kommt. So tritt zum Mahl
479,1 tritt an die Himmelstür
497,9 tritt du zu mir und mache leicht
497,10 der bittern Sorgen treten

treu (71) → *beständig, fromm b)*

a) allgemein (9)
65,1 von guten Mächten treu und still umgeben
68,7 regiere es mit treuer Lehr
130,5 und treuen Liebe trennen
244,6 dein treue Warnung auch veracht'
251,3 legt... auf so treues Lieben an
295,3 mein Herz hängt treu und feste
299,3 das ist mein Trost und treuer Hort
302,4 hier sind die treuen Sinnen
514,4 ihr Blumen bunt, ihr Früchte treu

b) von Gott, seiner Hand, Stimme (26)
63,1 in Gottes treue Hände
146,1 nimm von uns, Herr, du treuer Gott
150,2 in Gottes treue Hände
157 du treuer Gott und Herr

191 behüt uns heut, o treuer Gott
200,4 mein treuer Gott, auf deiner Seite
248,1 treuer Wächter Israel'
276,2 half mir der treue Gott
290,6 er führt an seiner treuen Hand
295,3 wenn du mich leitest, treuer Gott
296,4 der treue Hüter Israel'
324,8 bleibst immer fromm und treu
325,1 das sein treues Herze regt
329,3 hilf fernerweit, mein treuster Hort
364,1 er hilft aus Not, der treue Gott
364,3 du treuer Gott, Sünd, Höll und Tod
366,2 dich anrufen, o treuer Gott
371,2 ungefärbten, treuen Herzens
371,4 alsdann will er dein Treuster werden
392,2 ich hab so lang die treue Stimm vernommen
393,2 wir kennen ja den Treuen
447,6 o treuer Hüter, Brunnen aller Güter
475,1 treu behütet hat in Gnaden
497,5 sei du mein Freund und treuer Rat
505,1 der treue Gott lebt noch
505,5 du wollest, treuer Gott

c) von Jesus Christus (12)
6,3 du treuer Heiland Jesu Christ
124,2 daß wir an ihm bleiben, dem treuen Heiland
200,2 mein treuer Heiland, mir gewährt
346,2 uns macht gerecht der treue Knecht
353,3 suchet es ein treuer Hirte
384,1 treuer Jesu, bleib bei mir
388,1 bis dein treues Angesichte uns führt
399,4 wenn mich versorgt der treue Hirt
441,1 du Gott und treuer Herre mein
442,3 Marien Sohn, den treuen Hort
519,2 der treu Heiland
523,5 daß dein Herz treue sei

d) von Menschen (24)
58,4 denn wie von treuen Müttern
107,2 daß wir dein treuen Diener sein
159,2 Gotts treue Diener, Erbn und Kind
192 treue Arbeiter in deine Ernte senden
210,1–5 und will dir treu sein
231,1 durch Mose, seinen Diener treu
241,1 die auf der Mau'r als treue Wächter stehn
241,2 viel Knechte, die in treuer Arbeit stehn
241,7 daß treuer Lehrer viel und Beter sein
254,2 nur treu, nur treu
256,3 drum sende treue Zeugen aus
265,5 Herr, mache uns im Glauben treu
276,4 all seine treuen Knechte
298,2 führ uns, wenn wir treu gestritten
313,1 und treu ihm nachzuleben
318,4 wie sich ein treuer Vater neigt
361,10 daß du ihm treu verbleibst
369,4 wenn er uns nur hat treu erfunden
393,9 nur noch ein wenig treuer
512,6 treu verwalten immerfort

Treue (53)

a) allgemein (9)
60,5 auch Friede, Treu, Gerechtigkeit
148,5 in rechter Lieb und Treu
242,3 und alte Treu wiederkehr
283,6 die Güt und Treue werden schön
283,6 die Treue wird mit Lust und Freud
302,4 die in der Treu beruhn
367,2 Zucht, Ehr und Treu verleih mir, Herr
371,4 dessen Treue du darfst trauen
423,4 daß Fried und Treu sich müssen

b) von Gott (21)
58,7 gelobt sei deine Treue
146,3 ach Herr Gott, durch die Treue dein
154,4 doch deine Treue hat uns schon befreit
216 daß durch dein Treu die Sünd uns reu
275,1 in deiner Treu, mein Gotte
288,6 voll Lieb und Treu zu jeder Zeit
290,4 sie haben seine Treu erfahren
303,4 welcher uns ewig Treue hält
329,2 für die bisher'ge Treue
331,11 deine Treue zeige sich
347,6 ach bleib mit deiner Treue
361,3 dein ewge Treu und Gnade
361,12 und Treu empfohlen sein
404,8 du Vater aller Treu
440,1 des Herren Gnad und große Treu
451,4 gelobt sei deine Treue
452,2 das Wort der ewgen Treue
454 Gottes Güte, Gottes Treu
486,7 ich harre deiner Treue
500,4 von deiner Gnad und Treu
512,3 du gedenkst in deiner Treue

c) von Jesus Christus (10)
14,5 o Herr von großer Huld und Treue
38,3 laß mir deine Güt und Treu
81,7 wie kann ich g'nugsam solche Treu ausbreiten
82,4 für deine Lieb und Treu
84,9 der Lieb und unverfälschten Treu
85,8 mich halte zu dir und deiner Treu
90,2 ach Jesu, deine höchste Treu
93,4 ja, wir preisen deine Treu

115,5 seine Treue wanket nicht
473,2 dein Lieb und Treu vor allem geht

d) von Menschen (13)
66,9 schwöret die Treue mit Herzen und Händen
145,4 in Lieb und Treu, in Buß und Zucht
200,3 Treu und Gehorsam zugesagt
200,5 erwecke mich zu neuer Treue
214,3 in rechter Lieb und brüderlicher Treue
222,3 o Herr, verleih, daß Lieb und Treu
238,1 und so einander Lieb und Treu
240,2 die Treue laß beständig sein
251,2 Lieb und Treu aus Herzensgrund
361,11 wohl dir, du Kind der Treue
406,3 sollt ich ihm nicht Treue schwören
406,3 Treue bis in Tod und Grab
494,5 auch, daß ich dir mit aller Treu

treulich (8)
12,3 hat sich treulich eingestellt
40,4 mit Gott mußt du es treulich meinen
79,4 sondern ganz treulich bei uns stehn
133,10 steh treulich uns zur Seiten
324,8 und stehst uns, wenn wir in Gefahr geraten, treulich bei
353,3 suchet treulich das Verirrte
372,4 wie treulich er es meinet
386,4 laß mich treulich an dir hangen

Trieb (Antrieb) (7)
8,2 das Schiff geht still im Triebe
137,1 Trieb und Kraft und Zeugnis war
200,3 ich hab, o Herr, aus reinem Triebe
255,4 und mehre jener Flamme Triebe
358,4 und die mit lauterm Triebe
404,6 daß ich aus innerm Triebe
406,1 meiner Seele Trieb und Kraft

trinken (7)
66,7 komme, wen dürstet, und trinke, wer will
148,7 trinken zugleich mit Gott
215,2 und zu trinken sein Blut im Wein
219,1 zu essen und zu trinken
221,1 aus einem Kelche trinken, Jesu Glieder
227,3 und die wir trinken aus der heilgen Schale
530,6 ich hab sein Blut getrunken hier

Tritt (3)
303,7 aber der Gottesvergeßnen Tritte
393,6 bei jedem sauren Tritt
495,6 durch manchen sauren Tritt

triumphieren (9)
45,1 herbei, o ihr Gläub'gen, fröhlich triumphieret
70,6 jubilieret, triumphieret, dankt dem Herren
93,3 triumphieren fern und nah
106,1 Christ, unser Herr, heut triumphiert
109,1 heut triumphieret Gottes Sohn
116,1 denn unser Heiland hat triumphiert
151,6 mit Jauchzen triumphieren
398,2 wir jubilieren und triumphieren
524,8 ewig, ewig triumphieren

trocken (1)
279,3 ins Trockne wandelt er die Meere

Trog (1)
457,5 und Truhe, Trog und Schrein

Tropfen/Tröpflein (3)
200,5 es sei in mir kein Tropfen Blut
455,2 sanft fallen Tropfen, sonnendurchleuchtet
507,5 wieviel zählst du Tröpflein

Trost (79)

a) allgemein (4)
37,5 und keinen Trost kann finden
232,1 kein Trost mag mir sonst werden
326,6 wenn Trost und Hilf ermangeln muß
392,5 wo willst du Trost, wo willst du Ruh erlangen

b) von Gott (40)
7,4 wo bleibst du, Trost der ganzen Welt
11,3 zu meinem Trost und Freud
11,8 zu Trost und wahrem Heil
12,1 und der Sünder Trost und Rat
33,1 soll unser Trost und Freude sein
59,3 das ist der Seelen Trost und Hort
62,5 Jesus, unser Trost und Hort
85,10 zum Trost in meinem Tod
86,5 hast du ohne Trost gehangen
99 Christ will unser Trost sein
106,5 zu Trost du uns erstanden bist
120 zu Trost der ganzen Christenheit
120 Christ will unser Trost sein
125,3 du heilige Glut, süßer Trost
130,2 laß deinen Trost uns hören
133,6 mit deines Trostes Licht
139,3 mein Gott, mein Trost, mein Leben
146,3 mit Trost und Rettung uns erschein
158,2 o Jesu, Trost der Armen
162,2 Trost, Leben, Heil und Seligkeit
166,1 hier ist lauter Trost und Licht
178.4 Christe, aller Welt Trost

178.6 Trost der verlornen Welt
196,5 Kraft, Rat und Trost in aller Not
197,2 dein Wort gibt Trost und Seligkeit
234,2 hier findest du Trost, Heil und Gnad
299,3 das ist mein Trost und treuer Hort
302,7 wird selbst ihr Trost und Mann
331,5 der uns seinen Trost erweist
344,7 und durch des Heilgen Geistes Trost
361,9 mit seinem Trost verziehn
363,6 das ist eu'r Trost und höchster Hort
371,2 er ist voll Lichtes, Trosts und Gnaden
397,1 mein Teil und meines Herzens Trost
423,7 wollst du mit Troste speisen
453,5 dem Geist auch, der uns Trost verleiht
472,2 mein' Trost, mein Zuversicht
518,3 von des rechten Glaubens Trost
520,7 das helf uns Christus, unser Trost
522,4 mein höchster Trost dein Auffahrt ist

d) von Erfahrungen des Menschen (35)
86,5 daß ich möge Trost erlangen
87,3 dein Kreuz ist unser Trost
87,6 den Trost im Tode gründen
111,15 für diesen Trost, o großer Held
115,6 welchen Trost in Todesnot
130,3 und auf deinen Trost zu bauen
130,4 daß wir wieder Trost empfinden
134,5 wird uns auch nach Troste bange
139,3 Rat, Trost und Hilfe schafft
144,6 den Trost laß uns genießen
166,5 und zum Trost im Herzen grünt
195,2 alleine Christus ist mein Trost
217,2 laß mit Trost es fließen voll
243,4 sehr freudenreichen Trost
276,1 in Trübsal Trost und Freud
282,3 daß Trost und Kraft ihm nimmer fehlet
284,3 wunderbar ist's, wie du täglich Trost gewährst
289,1 mit reichem Trost beschüttet
326,1 mit seinem reichen Trost erfüllt
326,4 und ließ mir Trost gedeihen
328,6 drum bin ich voller Trost und Freudigkeit
330,5 ward deines Trostes ich gewahr
350,2 mein Trost und meine Hoffnung sein
353,8 und auf den Trost sterben kann
354,6 darf ich von keinem Troste wissen
364,2 Gott ist mein Trost, mein Zuversicht
366,2 so ist dies unser Trost allein
372,5 mit süßem Trost im Herzen
383,2 Dank für deinen Trost, o Herr
414,3 Geduld und Trost, wann du mir Trübsal schickst
450,2 lauter süßen Trost genießen
487,4 wenn dein Trost mir frommt
488,1 wo fänd ich Trost, wärst du, mein Gott, nicht hier
517,1 und aller Welte Trost entbehr
523,3 zu Trost in meiner Not

trösten, sich trösten (40)

a) allgemein (5)
65,1 behütet und getröstet wunderbar
213,4 getröstet ist der Gram
307,2 denn sie sollen getröstet werden
353,5 daß dies Wort mich trösten kann
384,2 Hoffnung tröste die Geduld

b) Gottes Handeln (23)
7,4 komm, tröst uns hier im Jammertal
11,6 und tröstet, steht allhier
15,1 tröstet, tröstet, spricht der Herr
35,2 tröst mir mein Gemüte
79,2 und tröst uns in der letzten Not
127,6 und tröstest uns in Schmerzen
129,4 tröst uns in Todespein
135,3 tröst uns kräftiglich von oben
158,3 tröst mich durch deine Güt
166,6 tröste mich in aller Not
178.4 tröst, stärk uns im Glauben allermeist
192 allen Betrübten und Verzagten helfen und sie trösten
274,3 dein Stab und Stecken trösten mich
297,5 ach Herr Gott, wie reich tröstest du
341,9 der dich in Trübnis trösten soll
344,8 und tröst uns in der letzten Not
364,1 er tröst' die Welt ohn Maßen
382,3 sprich du das Wort, das tröstet und befreit
397,2 tröst mir mein Herz in Todesnot
405,6 mich trösten mög und durch den Tod
471,4 tröste die Betrübten
529,6 mein Vater trösten wird
532,1 komm, Tröster, Heilger Geist, und tröste

c) von Menschen (12)
79,3 uns trösten deiner schweren Pein
82,8 mich trösten kräftiglich
96,5 daß wir zuletzt von hier getröstet scheiden
105,15 getröstet gehen wir von hier
146,4 des trösten wir uns allezeit
152,2 wir trösten uns, daß du die Schuld
245,1 und tröst' sich solcher großen Gnad
249,2 tröste dich nur, daß deine Sach
416 nicht, daß ich getröstet werde
416 sondern daß ich andere tröste

522,3 des tröst ich mich von Herzen
525,4 ich tröst mich deiner Gnaden

Tröster (24) → *Helfer*
1,3 mein Tröster früh und spat
3,6 dem heilgen Tröster auch zugleich
105,1 der aller Welt ein Tröster ist
105,17 und Christ soll unser Tröster sein
120 den Tröster, den Heiligen Geist
124,4 du höchster Tröster in aller Not
126,2 denn du bist der Tröster genannt
126,7 dem Tröster sei dasselb getan
128,1 Heilger Geist, du Tröster mein
131,1 du Tröster wert in aller Not
135,2 Tröster der Betrübten
136,2 komm zu uns, werter Tröster
140,4 der Herr, der Tröster, ob uns schweb
178.8 zeig uns des Trösters Licht
179,4 du allerheilsamst' Tröster
183,3 der aller Schwachen Tröster heißt
184,2 den Tröster, der uns unterweist
191 den Heilgen Geist und Tröster wert
193,3 Gott Heilger Geist, du Tröster wert
200,2 o guter Geist, mein Tröster sein
232,1 ich weiß, daß du mein Tröster bist
470,3 und dem Tröster, Heiligen Geist
475,8 der du Freund und Tröster heißt
532,1 komm, Tröster, Heilger Geist, und tröste

tröstlich (1)
134,5 sprich der Seele tröstlich zu

trostlos (1)
127,1 an seim trostlosen Häuflein klein

Trostwort (2)
351,9 spricht... manch süßes Trostwort zu
353,1 saget doch dies Trostwort allen

trotz (6)
91,5 so sei's doch mir, trotz allen frechen Spottes
136,4 trotz aller Feinde Toben
136,4 trotz allem Heidentum
137,7 aller Welt trotz Spott und Drohen
446,3 trotz dem, der dich betrüge
533,2 trotz aller unsrer Not

Trotz (7)
25,5 dem sei Trotz, der's nicht lassen kann
104,2 und dadurch Todes Trotz gestillt
273,3 spricht: Trotz! Wer will's uns wehren
360,2 und wir sind frei zu Trotz und Widerstand
396,3 Trotz dem alten Drachen
396,3 Trotz dem Todesrachen
396,3 Trotz der Furcht dazu

trotzen (1)
284,4 und dem Sturme trotzend leben in der Welt

trotzig (1)
430,4 denn trotzig und verzagt

trüb (3)
406,6 wird mein Auge dunkler, trüber
475,3 und die trübe Nacht bricht an
476,4 indem ich mich der trüben Nacht vertraue

trüben (1) → *betrüben*
112,5 die Trübsal trübt mir nicht mein Herz

Trübnis (1)
341,9 der dich in Trübnis trösten soll

Trübsal (Bedrängnis) (19)
58,5 wenn Not und Trübsal blitzen
111,12 wie tief Kreuz, Trübsal oder Pein
112,5 die Trübsal trübt mir nicht mein Herz
125,3 die Trübsal uns nicht wegtreiben
148,4 von Trübsal, Angst und Spott
248,2 täglich wird der Trübsal mehr
274,3 in Leid, Verfolgung und Trübsal
276,1 in Trübsal Trost und Freud
296,6 Gott wendet alle Trübsal schwer
323,1 in Trübsal und Beschwerden
345,1 retten aus Trübsal, Angst und Nöten
366,5 in großer Trübsal und Gefahr
391,2 denn durch Trübsal hier
414,3 Geduld und Trost, wann du mir Trübsal schickst
488,4 kein Unglück, keiner Trübsal Bitterkeit
500,3 all Trübsal, Angst und Not
520,4 sein Jammer, Trübsal und Elend ist kommen
524,1 aus Trübsal und großem Leid
529,9 der Trübsal ist zu viel

Trug (6) → *Betrug*
61,4 ohne Trug und Heuchelei
136,1 verbanne Trug und Schein
192 vor des Teufels Trug und List
246,4 und wehr des Teufels Trug und Mord
357,1 und Trug die Klugen prellt
378,2 es mag sein, daß Trug und List

trügen (1) → *betrügen*
473,3 dein Wort ist wahr und trüget nicht

trüglich (1)
275,5 mir hat die Welt trüglich gericht'

Truhe (1)
457,5 und Truhe, Trog und Schrein

Trümmer (2)
378,1 um dich her in Trümmer brechen
528,6 alles muß zu Trümmern gehen

Trutz (Herausforderung, Anmaßung; Vertrauen, Kühnheit) (7)
130,4 begegnen aller Feinde Trutz
246,7 dein Wort ist unsers Herzens Trutz
259,2 ob auch der Feind mit großem Trutz
303,6 sein Aufsicht ist des Fremden Trutz
404,4 bleibe zu Trutz der Höllenpfort
423,2 biet allen deinen Feinden Trutz
474,2 vors Teufels Trutz dein Engel uns bewahren

trutzen (1)
347,5 daß uns der Feind nicht trutze

Tüchelein (1)
29,4 in Tüchelein gehüllet

tüchtig (3)
10,2 bereitet doch fein tüchtig
256,2 und keiner ist zum Werke tüchtig
449,11 was gut und tüchtig, was schädlich und nichtig

Tücke (5)
11,9 der Feind und ihrer Tück
274,3 in dieser Welte Tücke
275,5 b'hüt mich vor falscher Tücke
443,5 sein Tück an mir nicht übe
449,5 Fallen und Tücke treib ferne zurücke

Tugend (5)
133,10 mit Gottesfurcht und Tugend
423,8 zur Frömmigkeit und Tugend
451,9 und ihrer Tugend freue
468,3 und werdest aller Tugend voll
501,4 von Tugend mancherlei

Tugendleben (1)
385,2 mit heilgem Tugendleben

Tulipan (Tulpe) (1)
503,2 Narzissus und die Tulipan

tun (198) → *ausrichten, begehen, erfüllen, füllen, verrichten*

a) allgemein
b) von Gott
ba) tut schenken usw. (mit Infinitiv)
bb) (an) mir, dir, uns, für mich, uns
bc) Wunder, Taten
c) von Menschen
ca) Gottes Willen, Buße, Gutes tun usw.

a) allgemein (35)
4,5 Lob sei Gott dem Vater g'tan
9,2 was ewig währen tut
11,4 wie irdisch Reichtum tut
24,12 vor dir nichts gilt, nichts hilft noch tut
25,4 was kann euch tun die Sünd und Tod
49,3 tun gute Botschaft bringen
49,4 der Gnadenbrunn tut fließen
84,10 mit Werken, so die Bosheit tut
109,2 wie pflegt zu tun ein großer Held
113,1+8 was kann uns jetzt der Teufel tun
126,7 dem Tröster sei dasselb getan
145,5 die Lüge tut man ehren
147,2 das Herz tut ihr vor Freude springen
148,8 sei Lob und Dank getan
198,1 aber um dein Wort zu tun
202,7 die allen Schaden heilen tut
217,1 da das Leben her tut rührn
223,1 das Werk zu tun, das uns befreit
249,3 und was dem tut anhangen
280,3 dem alle Welt die Ehre tu
293,2 tut über uns stets walten
299,1 was Sünd und Unrecht ist getan
304,4 den jungen Raben, die ihn tun anrufen
342,6 dem Nächsten wird die Lieb Guts tun
351,1 was kann mir tun der Feinde
362,2 mit unsrer Macht ist nichts getan
362,3 tut er uns doch nicht
371,2 wo er steht, tut dir keinen Schaden
393,10 wie wohl, wie wohl wird's tun
399,3 vom Tau sich tut erquicken
505,2 getan, was uns gefällt
516,5 das hin und her tut wanken
524,5 wenn die Sonn nicht mehr tut scheinen
527,2 fragt keiner, was man hier getan

b) von Gott (37)
87,2 was hast du sonst getan
131,3 es sei denn durch dein Hilf getan
145,2 der für der Welt Sünd g'nug getan
231,3 ohn was Gott selbst red't und tut
241,8 du tust doch über Bitten und Verstehn
279,4 ja, alles, was du tust, ist gut
290,6 das tat der Herr, weil er gedachte
295,3 Herr, tu bei mir das Beste
302,4 die niemand Unrecht tun
308,8 das tust du, Herr, zu dieser Zeit
308,8 Israel willst du Hilfe tun
318,4 und Guts tut seinen Kindern
324,7 du, du mußt alles tun

324,17 nein, was er tut und läßt geschehn
324,18 ei nun, so laß ihn ferner tun
328,6 die gibst du und tust überschwenglich mehr
341,10 was ich getan hab und gelehrt
361,4 ersprießlich ist, willst tun
361,8 ihn, ihn laß tun und walten
361,9 und tun an seinem Teile
372,1–6 was Gott tut, das ist wohlgetan
374,3 denn was er tut, ist immer gut
377,1 wie du getan vorzeiten
380,3 will ich es auch tun
404,7 die dein Geist schafft und tut
438,2 steh uns bei, tu Hilf und bewahr
439,4 an diesem Tag auch Hilfe tun
505,3 doch hat Gott mehr getan
512,5 nicht verdient, die du getan
513,6 tu Rechnung, spricht der Ewge zum Haushalter
518,2 das tust du, Herr, alleine
518,3 das g'nug für die Sünde tut

ba) tut schenken usw. (mit Infinitiv) (15)
5,4 denn er tut ihn' schenken
70,4 gar freundlich tust anblicken
78,10 den Geist tu ernähren
145,6 und tut sein Hand dir reichen
159,2 sie sind, die er tut lieben
243,5 es tut ihn nicht gereuen
249,4 wie er sich selbst tut nennen
274,4 mein Haupt tust du mir salben
289,1 sein Wohltat tut er mehren
289,2 die Gnad tut er nicht sparen
304,5 der Brunn des Lebens tut aus ihm entspringen
320,2 tut er nie etwas sparen
365,1 tut er mich wohl versorgen
365,4 es tut ihm nichts gefallen
495,8 so tu auch deine Hand… ausstrecken

bb) (an) mir, dir, uns, für mich, uns (27)
17,2 wie auch der Herr an uns getan
23,7 das hat er alles uns getan
34,1 Gott hat viel an uns getan
76,2 die Christus hat an uns getan
82,7 was du an mir getan
83,5 und was du mir zugut getan
85,5 ist mir viel Guts getan
85,7 und tut mir herzlich wohl
103,1 der für uns hat genug getan
139,1 viel Guts an mir getan
215,8 wie dein Gott hat an dir getan
232,2 daß du hast g'nug für mich getan
240,3 wie du in Christus uns getan
283,7 der Herr wird uns viel Gutes tun
289,3 so tut der Herr uns Armen
308,2 weil du groß Ding an mir getan
321,1 unzählig viel zugut bis hierher hat getan
322,4 und tut uns alles Guts
329,2 der Herr hat Großes mir getan
330,1 von dem, was Gott an mir getan
333,2 vergiß es nie, was er dir Guts getan
342,1 der hat für uns genug getan
405,6 und nie, was du an mir getan
406,3 der, was Jesus tat, mir tut
413,8 wie du uns tust, o Gottes Sohn
475,1 die er hat getan an mir
478,4 hat g'nug für mich getan

bc) Wunder, Taten (19)
111,9 was er für Taten hat getan
214,2 daß dein Blut an uns groß Wunder tat
236,6 der du Wunder tust
244,10 daß du groß Wunder tust auf Erd
279,2 Werke, die er an Menschenkindern tat
279,7 für große Dinge hat getan
286,1 er ist's allein, der Wunder tut
287 singet dem Herrn… denn er tut Wunder
290,1 die Wunder, die der Herr getan
290,2 denkt an die Wunder, die er tat
290,5 tat Wunder durch sein Machtgebot
301,1 groß ist alles, was er tut
301,3 er tut Wunder, er allein
301,12 groß ist alles, was er tut
303,8 des, der so große Wunder tut
321,1 der große Dinge tut
322,2 und große Dinge tut
323,2 der große Wunder tut
326,1 dem Gott, der alle Wunder tut

c) von Menschen (26)
36,4 was auf Erden wir getan
49,4 tut alle das Kindlein grüßen
76,2 Tag, Nacht danach tun streben
76,2 tu dich davor bewahren
96,3 die uns Unrecht taten
108,3 und tut sein Ehr je mehr und mehr
127,7 daß uns der Feind nicht Schaden tut
144,2 die wir sehr übel han getan
144,6 tu uns durch sie zu wissen
148,1 herzlich tut mich erfreuen
149,3 wird hören, was er hat getan
182,3 betet, und ihr sollt es nicht vergeblich tun
200,4 wenn ich hab einen Fall getan
226,6 daß wir tun, was er getan
231,10 wie dir dein Herz selber tut
251,3 wenn ihr euch selbst Eintrag tut
312,5 Täufer, was sollen wir tun, wenn er jetzt kommt

328,1 daß ich es tu im Namen Jesu Christ
344,4 das wider deinen Willen tut
344,7 hilf uns tun starken Widerstand
351,5 wie sonst ein Sünder tut
370,6 können mir ...tun, als meiner spotten
479,1 tu, Seel, was dir gebühret
484,2 hab ich Unrecht heut getan
487,3 tu mit Bitten dir Gewalt
522,5 mein' Arm tu ich ausstrecken

ca) Gottes Willen, Buße, Gutes tun usw. (39)
3,5 lehr uns zuvor dein' Willen tun
15,3 die Stimme ruft: Tut Buße gleich
84,8 eins aber will ich tun
129,3 und tun nach deinen Lehren
141,2 tut rechte Buß ohn Heuchelei
141,6 so tun wir dir die rechte Ehr
144,2 verleih uns, daß wir Buße tun
145,6 tu rechte Buße in der Zeit
161,2 Gutes denken, tun und dichten
170,3 hilf, daß wir ihn tun, wo wir ihn erspähen
198,2 sitzen, wie Maria tat
200,5 der nicht, Herr, deinen Willen tut
226,5+6 was wir miteinander tun
226,6 daß wir tun, was er getan
231,6 und auch dem Feind tun das Gut
234,7 und Buße tu den Augenblick
267,2 und sich dort – wie wir es hier tun
299,4 so tu Israel rechter Art
318,7 und tun daneben unsern Fleiß
328,3 so wird gewiß mein Singen recht getan
341,10 das sollst du tun und lehren
342,9 wie wir auch unsern Schuldnern tun
345,2 ihm tu ich mich ergeben
345,3 dem tu ich mich ergeben
354,7 das will ich denken, tun und treiben
412,7 was ich den Armen hier getan
413,4 tut solchs zu Ehren seinem Gott
413,8 daß wir mit Lust dem Nächsten tun
451,5 und lehre du mich selber tun
451,7 seine Pflicht erkenn und willig tue
457,11 und was der Beter Hände tun
494,1 was mir zu tun gebühret
494,1 was man in Gottes Namen tut
494,4 daß ich in allem, was ich tu
495,2 gib, daß ich tu mit Fleiß
495,2 was mir zu tun gebühret
495,2 gib, daß ich's tue bald
495,2 und wenn ich's tu, so gib

Tun (22)
58,6 mit unserm Tun und Machen
128,4 ist all unser Tun und Kunst
146,2 uns geben wollst nach unserm Tun
163 segne unser Tun und Lassen
202,6 all sein Tun ist verloren
231,4 du sollst von deim Tun lassen ab
231,12 es ist mit unserm Tun verlorn
254,1 der Ruhe abzusagen, die's Tun vergißt
299,2 es ist doch unser Tun umsonst
318,8 daß unser Tun aufrichtig sei
322,6 er gebe Glück zu unserm Tun
333,3 sein Tun ist weise
343,2 auf all mein eigen Tun
349,2 sündlich war all mein Tun
361,4 dein Tun ist lauter Segen
438,6 gib deinen Segen unserm Tun
471,3 unser Tun und Dichten
497,1 ich weiß, mein Gott, daß all mein Tun
497,14 ich will dein Tun je mehr und mehr
503,8 des großen Gottes großes Tun
505,3 hat böses Tun verderbt
529,12 von deinem großen Tun

Tür (31) → *Eingang, Pforte, Schloß, Tor*
1,1+4 macht hoch die Tür, die Tor macht weit
1,5 meins Herzens Tür dir offen ist
7,1 reiß ab vom Himmel Tor und Tür
11,6 die Hilfe vor der Tür
27,6 heut schließt er wieder auf die Tür
36,7 sehet, hier ist die Tür
57,4 daß er die Tür zum Vater ist
66,5 öffnet ihm Tore und Türen fein bald
73,1 der Held sei vor der Tür
101,5 des Blut zeichnet unsre Tür
111,11 er wälzt ihn von des Herzens Tür
113,3 zerbricht der Hölle Schloß und Tür
114,1 der heute durch des Todes Tür gebrochen
145,6 denn Gottes Straf ist vor der Tür
151,3 wohlan, die Tür ist offen
182,3 klopft an, und euch wird die Türe aufgetan
223,5 des Himmels Tür uns aufgemacht
225,1 sein Haus hat offne Türen
256,4 gib deine Türen aufgetan
262,4 tu der Völker Türen auf
263,4 tu der Völker Türen auf
297,5 der Gnaden Tür steht nimmer zu
324,7 du hältst die Wach an unsrer Tür
354,3 so stark an unsers Herzens Tür
389,1 schließ zu der Sünde Tor und Tür
389,2 dir öffn ich, Jesu, meine Tür
391,4 tu uns nach dem Lauf deine Türe auf
392,4 er stehet noch an meiner Tür und klopfet

444,5 und öffnen die Tür
527,7 uns vor die Tür gebracht

Turm (1)
360,3 wir bauen selbstgerecht den Turm der Zeit

Tyrann (1)
150,5 und der Tyrannen Pein

Tyrannei (3)
19,2 und von des Bösen Tyrannei
94,5 und ihrer Tyrannei
476,5 auf daß ich vor der List und Tyrannei

U

übel (2) → *hart, schlimm*
84,2 wer hat dich... so übel zugericht'
144,2 die wir sehr übel han getan

Übel (11)
140,2 vor allem Übel Tag und Nacht
144,1 uns woll vom Übel befreien
149,7 mach... los von allem Übel
192 vor Verirrung und allem Übel
296,7 kein Übel muß begegnen dir
342,9 lös uns vom Übel
344,8 von allem Übel uns erlös
368,4 vor allem Übel schützt
438,2 daß uns kein Übel widerfahr
474,3 all Übel von uns wende
475,6 alles Übel laß verschwinden

Übeltat (1)
84,2 von Übeltaten weißt du nicht

üben, sich üben (13)
10,3 ein Herz, das Hochmut übet
82,7 laß mich an andern üben
130,6 und sich darinnen übe
159,2 die in seim Dienst sich üben
251,6 daß man Liebe üben soll
254,3 wir wolln uns üben
263,6 üben gute Ritterschaft
266,4 und immer wird ein Mund sich üben
308,7 an dem übst du dein göttlich Macht
325,1 die in seinem Dienst sich üben
388,1 übe ferner dein Gerichte
416 daß ich Liebe übe, wo man sich haßt
443,5 sein Tück an mir nicht übe

über (79)

a) allgemein (20)
7,2 den König über Jakobs Haus
34,1–4 Freude, Freude über Freude
34,1–4 Wonne, Wonne über Wonne
123,9 welcher über alles Hoffen
123,9 über alles Wünschen ist
150,1 schwingt es sich über alle
159,2 o selig über selig sind
212,1 voller Freude über dieses Wunder
224,3 gib über Bitten und Verstehn
241,8 du tust doch über Bitten und Verstehn
265,4 daß über allem, was da ist
325,2 sein Gefieder über seine Jungen streckt
352,1 über alles Geld und Gut
408,3 über Bitten und Verstehn

aa) von Welt, Natur, Himmel (19) → *b)*
55,1 Sternelein ziehn leise über dir
69,1 hoch über Berg und tiefe Tal
93,3 Todesnächte liegen über Golgatha
115,2 über alle Welt gegeben
119,2 herrscht über Himml und alle Land
150,1 weit über Berg und Tale
150,1 weit über Flur und Feld
191 geht über Himmel und Erden weit
266,4 den Menschen überm Meer das Licht
270,2+3 hoch wölbt dein Himmel sich auch über sie
324,4 das schöne Himmelszelt hoch über uns gesetzt
359,4 über eurem schmalen Pfad
386,2 schwing dich über die Natur
459,1 ihr Glanz über die Welt weit geht
487,1 es ist die Wacht über ihr bestellt
490,2 wie über Länder, über Meere
510,3 leuchten über unserm Erdental
511,1 weithin über alle Welt

b) von Gott (26)
36,3 was er liebt über alle Maßen
98,2 über Gottes Liebe brach die Welt den Stab
123,4 über allen Cherubim
140,4 sein Antlitz über uns erheb
178.2 Herr, erbarm dich über uns
185.4 erbarm dich über uns
192 erbarm dich über uns
215,5 laßt mich über euch erbarmen
291,2 Herr Gott, erhebe weit über den Himmel dich
291,2 und deine Ehre weit über alle Land
293,2 tut über uns stets walten
296,2 hält über uns die Hut und Wacht
305,1–4 singt das Lied der Freude über Gott
306 singt das Lied der Freude, der Freude über Gott
316,3 über dir Flügel gebreitet
317,3 über dir Flügel gebreitet
429,5 ich gieße aus über die Menschen Geist
449,4 über uns seiner Barmherzigkeit Schein
469,3 halt über uns dein rechte Hand
474,1 über mich wacht bei Tag und Nacht
484,1 über meinem Bette sein

502,2 der Herr regieret über die ganze Welt
512,3 über der dein Auge wacht

c) von Menschen (14)
93,1 über aller Menschen Schuld
95,1 wenn über uns die Ängste kommen
101,2 und nahm über uns Gewalt
217,3 laß mich recht trauern über meine Sünde
278,4 Wellen gehn über mich hin
297,3 und über die groß Wasser läuft
342,3 der über uns ging alle
387,1 über viele Frommen
391,2 niemals über Lasten klagen
412,8 wird über den ergehen
413,5 und regnen über Bös und Fromm
441,4 laß stetig leuchten über uns
447,6 ach laß doch ferner über unser Leben
489,2 beugt sich über unseren Schlaf

überall (20)
127,1 das Haus erfüllt er überall
150,5 in Freiheit überall
170,1+4 sondern überall uns zu dir bekennen
229,3 Gott, der überall zu uns hält
248,2 trifft dein Volk jetzt überall
252,2 die du kennest überall
263,2 überall im ganzen Land
280,2 loben dich die Heiden überalle
284,1 überall will ich verkünden: Lobt den Herrn
294,2 in neuen Liedern überall
319,2 macht alles fröhlich überall
322,2 der seine Wunder überall
325,6 überall ist meine Weide
447,7 und überall in deiner Gnade stehen
457,3 er weiß die Beter überall
498,3 kein Wasser irrn uns überall
502,4 er gibet Speise reichlich und überall
504,3 hat gezieret überall
525,3 Angst, Not, Müh, Arbeit überall

überdies (2)
152,4 wir freuen uns schon überdies
253,3 wir haben alle überdies Gemeinschaft

Überfall (1)
475,7 schütze mich vor Überfall

überfließend (1)
503,7 des, der so überfließend labt

Überfluß (4) → *Fülle*
309,3 die Reichen läßt er leer im Überfluß
326,6 so kommt, so hilft der Überfluß
428,2 schaff aus unserm Überfluß
512,4 ausgegossen deines Überflusses Horn

übergeben (1)
276,2 den Feinden übergeben

übergroß (2)
232,2 mein Sünd' sind schwer und übergroß
399,5 der übergroßen Herrlichkeit

überhäufen (1)
315,4 der dich mit Liebe überhäuft

überhoch (1)
84,7 verbunden... dir überhoch und sehr

überirdisch (1)
143,2 von überirdischer Natur

überlassen (1)
360,1 die ganze Welt hast du uns überlassen

überlegen (1)
506,1 die Liebe... anbetend überlege

Übermacht (2)
137,7 habe du die Übermacht
270,2 spotten der Übermacht all deiner Feinde

übermannen (1)
382,2 von Zweifeln ist mein Leben übermannt

übermaßen (1)
341,4 mein Elend übermaßen

Übermut (3)
86,7 gebüßet meinen Stolz und Übermut
244,8 so wehr all derer Übermut
318,3 die sich von allem Übermut

überragen (1)
426,1 da wird Gottes Berg überragen

überschreiten (1)
200,4 wenn aber ich ihn überschreite

überschwenglich (2)
328,6 die gibst du und tust überschwenglich mehr
455,3 Dank überschwenglich, Dank Gott am Morgen

überstehen (1)
423,9 geduldig mögen überstehn

übersteigen (1)
354,2 das alles Denken übersteigt

überströmen (1)
330,5 wer überströmet mich mit Segen

übertreten (1)
137,4 wenn durch freches Übertreten

überwärts (1)
165,7 laß mein Herz überwärts

überwehen (1)
266,1 und wird vom Dunkel überweht

überwinden (24)
102,1 der den Tod überwand
103,4 hat überwunden alle Not
106,2 hat überwunden Jesus Christ
113,3 alls liegt da überwunden
114,6 heut siegreich überwunden
114,6 weil er nach überwundnem Streit
114,7 weil Jesus überwunden
114,7 er wird auch überwinden weit
114,8 drum wirst du überwinden
114,10 die überwunden durch dein Blut
114,10 daß wir auch überwinden
122,1 allen Zweifel... hiermit stets überwinde
130,4 alles Unglück überwinden
133,12 damit wir überwinden
151,5 wird, weil sie überwunden
204,3 hilf du mir überwinden
276,5 und hilf uns überwinden
346,1 all Feind zu überwinden
364,3 Sünd... hast du mir überwunden
387,4 Feind... kräftig überwinden
401,5 Liebe, die mich überwunden
428,1 überwinde Macht und Geld
495,4 mit Sanftmut überwind
516,3 ich hab nun überwunden

Überwinder (5)
93,3 dennoch dringt als Überwinder
114,10 von allen Überwindern
164 und mach aus denen Überwinder
251,2 schwöret unserm Überwinder
318,4 macht uns zu Überwindern

Ufer (1)
312,1 kam einst zum Ufer

umbringen (1)
133,3 du hast ihn umgebracht

umeinander (1)
304,2 singt umeinander dem Herren mit Danken

umfangen (8)
8,5 umfangen, küssen will
11,5 so fest umfangen hast
36,10 süßes Heil, laß dich umfangen
114,1 den Heiland zu umfangen
203,2 sie schön umfangen und gesagt
325,10 zu umfangen Tag und Nacht
370,12 ich dich leiblich werd umfangen
518,1 mit dem Tod umfangen

umfassen (2) → *fassen*
61,6 freudig will ich dich umfassen
252,4 ich umfasse, die dir dienen

umgeben (9)
65,1 von guten Mächten treu und still umgeben
150,5 mit Klarheit hell umgeben
206,4 auch im Glauben dich umgebe
277,3 täglich umgeben mich Worte und Stimmen
446,2 dunklen Schatten... mich ganz umgeben hatten
457,2 wie laut dich auch der Tag umgibt
475,3 mich umgebe und beschütze
481,4 daß du mich stets umgibest
533,3 wir sind von Gott umgeben

umher (1)
507,5 tiefes Meer, weit umher

umherlaufen (1)
312,3 Täufer, was liefst du umher in Fell und Gurt

umhüllen (2)
359,2 mit Finsternis euren Schritt umhüllen
452,5 er will mich früh umhüllen

umkehren (3) → *Buße*
303,2 und kehren um zu ihrem Staub
312,4 aufschaun, umkehren
386,4 ob viel auch umkehrten zum größesten Haufen

umkommen (1)
509,3 ohn dich kommt keines um

umringen (2)
453,4 und Dunkel wieder uns umringt
488,2 umringt von Fall und Wandel leben wir

umschanzen (1)
347,3 dein Wahrheit uns umschanze

umschließen (2)
63,1 und was dies Jahr umschlossen
532,1 was es an Glück und Gut umschließt

umsonst (8)
117,1 so glaubten wir umsonst
117,2 so kämpften wir umsonst

117,3 so hofften wir umsonst
128,4 vor Gott ganz und gar umsonst
299,2 es ist doch unser Tun umsonst
343,4 und wem du's gibst, der hat's umsonst
363,5 die weltlich Pracht ist gar umsonst
368,2 mein Sorgen ist umsonst

umstecken (1)
401,7 Liebe, die mich wird umstecken mit dem Laub

umstoßen (1)
343,5 daß sie mich nicht umstoße

umströmen (1)
386,8 mich umströmt die Gnadenflut

unaufhörlich (1)
323,2 die unaufhörlich schreien

unauflöslich (1)
123,3 dessen Leben unauflöslich

unaussprechlich (4)
255,1 du unaussprechlich Liebender
328,4 mit Seufzern, die ganz unaussprechlich sind
351,8 die unaussprechlich sind
512,6 unaussprechlich reich und groß

unbarmherzig (1)
412,8 ein unbarmherziges Gericht

unbedingt (1)
392,7 und unbedingt mein Herr und Meister sein

unbefleckt (1)
87,2 o unbeflecktes Lamm

unbegrenzt (1)
431,1 du schufst aus unbegrenzter Macht

unbeirrt (1)
51,4 seid fröhlich, glaubet unbeirrt

unbekannt (1)
212,2 bange vor der unbekannten Zukunft

unbeschädigt (1)
475,2 daß ich unbeschädigt blieben

unbeständig (1)
352,3 und ganz unbeständig sind

unbetrübt (1)
302,2 sein Herz... bleibt ewig unbetrübt

unbewegt (2)
137,3 trauet froh und unbewegt
354,1 der Grund, der unbeweglich steht

unbewußt (2)
130,7 daß uns forthin sei unbewußt
396,4 bleibt mir unbewußt

unchristlich (1)
449,6 geiziges Brennen, unchristliches Rennen

Unehre (1)
231,3 du sollst nicht brauchen zu Unehrn

unendlich (7)
42,3 daß Gottes Lieb unendlich ist
66,7 Gnade aus dieser unendlichen Füll
91,9 unendlich Glück! Du littest uns zugute
121,3 sein Macht und Reich unendlich ist
354,5 unendliche Barmherzigkeit
360,2 dein Name ist unendliche Geduld
373,4 laß dein Gebet mich unendlich vertreten

unerforscht (1)
218,3 und die unerforschte Weise

unergründet (1)
325,3 o du unergründ'ter Brunnen

unermeßlich (2)
213,5 die unermeßlich süß
360,1 in diesem unermeßlich weiten Raum

unermüdlich (1)
266,3 denn unermüdlich, wie der Schimmer

unerschaffen (2)
74,1 du gingst... in unerschaffner Klarheit auf
450,1 Licht vom unerschaffnen Lichte

unerschöpflich (1)
399,4 dein Güte unerschöpflich ist

unerschöpft (3)
255,6 du unerschöpfter Quell des Lebens
302,3 die unerschöpfte Macht
389,3 o Brunnen unerschöpfter Güt

unerschrocken (1)
212,6 staunend, unerschrocken, voller Freude

Unfall (7) → *Ungefäll*
183,1 allem Unfall will er wehren
203,5 vor Unfall, Schaden und Gefahr
296,5 vor allem Unfall gnädiglich
477,9 kein Unfall noch Gefahr
498,2 wehren dem Unfall auf dem Weg
502,5 uns soll hinfort kein Unfall schaden
512,4 Schaden, Unfall und Gefahr

Unfriede (1)
344,5 behüt uns, Herr, vor Unfried, Streit

ungebeugt (1)
137,7 gib uns der Apostel hohen, ungebeugten Zeugenmut

ungeborgen (1)
428,4 der du nackt und ungeborgen

Ungefäll (1) → *Unfall*
296,7 vor allem Leid und Ungefäll

ungefärbt (2)
250,5 auszurüsten zur ungefärbten Einigkeit
371,2 ungefärbten, treuen Herzens

ungehindert (1)
476,4 schaff, daß mein Geist dich ungehindert schaue

Ungemach (5) → *Unglück*
112,7 nicht kehren an einzig Ungemach
369,2 beseufzen unser Ungemach
385,1 nehmt euer Kreuz und Ungemach
393,5 Gemach bringt Ungemach
422,2 von Krieg und Ungemach

ungemessen (1)
179,2 ganz ungemessn ist deine Macht

Ungerechtigkeit (2)
318,6 nach unsrer Ungerechtigkeit
367,2 wend ab all Ungerechtigkeit

ungeschieden (2)
254,4 von Jesus ungeschieden
522,3 von dir ich ungeschieden bleib

ungestüm (3)
244,1 das wütend ungestüme Meer
438,4 daß es sich nicht gar ungestüm erheb
524,3 und der ungestüme Wind

Ungestüm (1)
508,3 und Schnee und Ungestüm

ungetrennt (1)
440,4 und bleiben von dir ungetrennt

ungetreu (1)
244,7 als einem ungetreuen Knecht

Ungewitter (1)
58,4 in schweren Ungewittern

Unglaube (1)
136,3 Unglaub und Torheit brüsten

Unglück (12) → *Verderben*
112,5 das Unglück ist mein Glück
130,4 alles Unglück überwinden
274,3 fürcht ich doch kein Unglücke
283,3 und alles Unglücks Ende
324,16 wie manches schweren Unglücks Lauf
343,3 wenn Unglück schlägt herein
345,1 mein Unglück kann er wenden
370,4 wie er soll all mein Unglück enden
371,13 kann das Unglück nicht vermeiden
372,2 er wird mein Unglück wenden
449,4 segnen und mehren, Unglück verwehren
488,4 kein Unglück, keiner Trübsal Bitterkeit

Ungnade (1)
234,4 dem wird mit Ungnad abgelohnt

Unheil (5)
320,5 dient wider alles Unheil
351,6 kein Unheil mich betrübt
453,1 vor allem Unheil er behüt
486,3 daß Unheil mich verschone
500,2 und allem Unheil wehre

Unheilsschritt (1)
383,4 langer Nächte Unheilsschritt

unmöglich (2)
90,2 macht, daß mir nichts unmöglich sei
497,9 was mir sonst fast unmöglich deucht

unmündig (1)
271,2 und lässest die Unmündigen dich preisen

unnütz/unnützlich (2)
495,3 laß kein unnützlich Wort
513,5 gab er uns reichlich, unnütz nichts vergeuden

unrecht (1)
495,5 daß von unrechtem Gut

Unrecht (12)
20,4 das Unrecht stürzt in vollem Lauf
77,8 Sünd und Unrecht meiden
84,11 das Unrecht will ich dulden
96,3 die uns beleidigt, die uns Unrecht taten
143,6 verführt zu Unrecht jedermann
145,7 daß wir das Unrecht hassen
286,4 und zwischen Recht und Unrecht schlichte
299,1 was Sünd und Unrecht ist getan
302,4 die niemand Unrecht tun
303,5 zeigen sich welche, die Unrecht leiden
430,1 das Unrecht geht im Schwange
484,2 hab ich Unrecht heut getan

unrein (2)
255,4 und sondre ab, was unrein ist
471,2 treib, Herr, von uns fern die unreinen Geister

Unreinigkeit (1)
389,2 treib all Unreinigkeit hinaus

Unruhe (1)
352,3 die nur Sorg und Unruh machen

unruhig (1)
278 und bist so unruhig, harre doch auf Gott

Unschuld (9)
78,6 ob der wohl sein Unschuld meld't
84,9 es soll mir sein ein Spiegel der Unschuld
101,2 kein Unschuld war zu finden
113,6 Unschuld und Leben wiederbracht
231,9 sein Unschuld sollst auch retten du
286,4 des sich die Unschuld ewig freut
341,8 mein Unschuld trägt die Sünde dein
405,3 sein Unschuld Leben wiederbracht
525,5 bekleid't mit Christi Unschuld rein

unschuldig (3)
77,2 der ihn unschuldig befand
82,4 für dein unschuldig Sterben
190.1 o Lamm Gottes, unschuldig

unsertwillen (1)
77,6 wie Johannes zeiget an, nur um unsertwillen

unsichtbar (3)
65,6 der Welt, die unsichtbar sich um uns weitet
251,4 daß du, unsichtbarer Meister
358,2 und doch dem Unsichtbaren... vertraut

unsretwegen (1)
96,2 nur unsretwegen hattest du zu leiden

unsterblich (3)
185.4 heiliger unsterblicher Gott
379,1 unsterblich und gewaltig ist unser Gott allein
527,2 den wir unsterblich achten

unter (28)
53,1 unterm Himmel hört man's klingen
87,4 und unter unsrer Last
114,3 tritt unter dich die böse Welt
123,4 sitzt er unter lichten Chören
130,4 auf daß wir unter deinem Schutz
137,4 unter den Verdorbnen stehn
192 den Satan unter unsere Füße treten
220 sei mitten unter uns, o Gott
221,3 daß unter einem Hirten eine Herde
239,2 euer Gott ist unter euch getreten
250,3 die sämtlich unter Christus stehen
251,3 legt es unter euch, ihr Glieder
252,2 wohnen unter allen Nationen
258 geht's unter Sonnenschein und Stürmen
262,5 wo sie unter Tränen sä'n
279,8 und schutzlos unter Feinden hier
290,4 sie zogen unter Gottes Hand
291 ich will dir danken, Herr, unter den Völkern
291 ich will dir lobsingen unter den Leuten
296,5 unter dem Schatten seiner Gnad
375,3 noch unter Satans Joch
382,3 und laß mich unter deinen Kindern leben
396,2 unter deinem Schirmen
399,3 unter der Last sich machet Raum
429,6 dann wohnt das Recht unter den Menschen
445,6 ich dir befehle unter deine starke Hand
471,2 unter deine Flügel
524,3 Rosen stehen unter spitzen Dornen gar

unterdrücken (1)
145,5 die Wahrheit wird jetzt unterdrückt

Untergang (1)
249,1 und suchen deinen Untergang

untergehen (2)
354,1 wenn Erd und Himmel untergeht
509,5 Sonn, Mond gehn auf und unter

Unterhalt (2)
371,7 wird auch Unterhalt bescheren
505,7 was du zum Unterhalt des Leibes hast geschenket

Unterlaß (4) → *Ende*
179,1 nun ist groß Fried ohn Unterlaß
274,1 er weidet mich ohn Unterlaß
274,2 in seim Gebot ohn Unterlaß
497,10 so treib mich nur, ohn Unterlaß

unterlassen (1)
11,3 was hast du unterlassen

Unterliegen (2) → *erliegen*
94,4 der Sieg im Unterliegen
378,3 doch nach jedem Unterliegen

untermengen (1)
495,5 nichts untermenget sei

Unterpfand (1)
374,5 und meines Glaubens Unterpfand

Unterschied (1)
527,3 ohn einen Unterscheid

untertan (5)
14,3 dem, das du gründest, untertan
77,8 daß wir dir stets untertan
245,3 sind ihm auch willig untertan
271,5 machtest ihm untertan die wilden Tiere
279,2 und alles dir bleib untertan

untertänig (2)
123,1 alles wird ihm untertänig
123,11 alles sei ihm untertänig

unterweisen (1)
184,2 den Tröster, der uns unterweist

Untugend (1)
5,8 dahin, wo sie müssen ihr Untugend büßen

unumstößlich (1)
123,3 dessen Stuhl ist unumstößlich

unverdient (1)
505,3 hat Gott mehr getan aus unverdienter Güte

unverdorben (1)
90,2 wer glaubt, ist unverdorben

unverdrossen (3)
423,3 und unverdroßne Hörer
503,6 die unverdroßne Bienenschar fliegt hin
503,10 mit unverdroßnem Mund und Stimm

unverfälscht (1)
84,9 ein Siegel der Lieb und unverfälschten Treu

unvergänglich (1)
113,6 und unvergänglich Wesen

unverhindert (1)
447,7 auf unsern Wegen unverhindert gehen

unverhofft (1)
387,1 damit nicht die böse Zeit unverhofft eintrete

unverhüllt (1)
56,3 er sieht dein Leben unverhüllt

unverletzt (5)
245,2 daß Gottes Haus sei unverletzt
352,1 der behält ganz unverletzet
476,2 hast unverletzt und frei hindurchgebracht
477,8 dies Kind soll unverletzet sein
495,1 ein unverletzte Seel

Unvermögen (1)
382,2 mein Unvermögen hält mich ganz gefangen

unvermutet (1)
387,2 möchte dich in Sünden unvermutet finden

unverrückt (3) → *stetig*
36,10 unverrückt anhangen
140,4 und geb uns Frieden unverrückt
402,1 unverrückt für ihn zu leben

unversehens (2)
447,4 mit unsern Häusern unversehns gefressen
527,5 verwelkt und unversehens fällt

unversehrt (2)
512,4 und das Gut steht unversehret
525,3 in deiner Hand sie unversehrt

unversorgt (1)
58,12 der Unversorgten Gabe

Unverstand (1)
428,2 daß von Geiz und Unverstand

unverweslich (1)
520,1 einst unverweslich auferstehn

unverzagt (6)
11,6 seid unverzagt, ihr habet die Hilfe
136,2 und mach uns unverzagt
274,4 machst mein Herz unverzaget frisch
361,6 hoff und sei unverzagt
370,7 unverzagt und ohne Grauen
374,2 wagt mein Herz es froh und unverzagt

unwandelbar (1)
488,2 unwandelbar bist du: Herr, bleib bei mir

unzählig (2)
302,3 der Fisch unzähl'ge Herde
321,1 unzählig viel zugut

Ursache (6)
66,8 Jesus ist kommen, die Ursach zum Leben
77,2 ohn Ursach des Todes

77,8 deinen Tod und sein Ursach
81,3 was ist doch wohl die Ursach solcher Plagen
88,3 laß mich auch die Ursach fein
88,3 ach die Ursach war auch ich

Ursprung (5)
66,8 der uns den Ursprung des Segens gegeben
199,5 liegt Ursprung, Ziel und Sinn
237,1 Ursprung, in den ich münde
324,13 dein Gott, der Ursprung aller Ding
431,1 Gott, unser Ursprung, Herr des Raums

Urständ (2) → *Auferstehung*
110,1+6 in deiner Urständ fröhlich ist

Urteil (5)
81,1 daß man ein solch scharf Urteil hat gesprochen
95,2 dorthin, wo man sein Urteil spricht
184,4 da alle Welt ihr Urteil nimmt
351,6 kein Urteil mich erschrecket
368,5 nicht stracks das Urteil sprechen

Urteilsspruch (1)
50,2 dein Urteilsspruch ist längst gefällt

V

Valet (1)
523,1 Valet will ich dir geben

Vater (212)

a) allgemein
b) vom dreieinigen Gott → Gott
c) von Gott Vater → Gott
ca) als Anrede, Bitte
d) von Christus, dem Sohn, Kind Gottes → Christus
e) vom Reich, Haus, Bau Gottes
f) vom Wort, Willen Gottes
g) von Huld, Güte, Barmherzigkeit Gottes

a) allgemein (12)
12,2 was der alten Väter Schar
42,5 auf den die Väter hoffend sahn
77,7 herrlich, nach der Väter Art
231,5 dem Vater und der Mutter dein
259,2 wie Gott zu unsern Vätern trat
290,3 die er den Vätern kundgetan
308,9 zu unsern Vätern ist geschehn
311,1 Vater meines Volkes sein
315,1 ich will zu meinem Vater gehn
315,2 ich weiß, daß mich mein Vater liebt
318,4 wie sich ein treuer Vater neigt
402,4 meiner Väter Glaube pranget

b) vom dreieinigen Gott (41) *→ Gott*
4,5 Lob sei Gott dem Vater g'tan
75,3 dem Vater und Sohne und dem Heiligen Geist
107,3 Gott Vater in dem höchsten Thron
109,6 Gott Vater in dem höchsten Thron
126,7 Gott Vater sei Lob und dem Sohn
127,5 wie mit dem Vater und dem Sohn
131,1 von Gott dem Vater und dem Sohn
133,1 des Vaters und des Sohnes
139,3 des Vaters werter Geist
139,4 Gott Vater, Gott der Sohn
140,5 Gott Vater, Sohn und Heilger Geist
148,8 Gott Vater und dem Sohn
155,4 Ehr sei dem Vater und dem Sohn
174 es segne und behüte uns Gott Vater
177.1 Ehr sei dem Vater und dem Sohn
177.2 Ehr sei dem Vater und dem Sohn
177.3 Ehre sei dem Vater und dem Sohn
180.1 in der Herrlichkeit Gott des Vaters
180.3 in der Herrlichkeit Gottes des Vaters
183,3 Gott mit Vater und dem Sohne
195,3 Gott Vater, Sohn und Heilger Geist
197,3 Ehr sei dem Vater und dem Sohn
200,1+6 Gott Vater, Sohn und Heilger Geist
201 taufet sie im Namen des Vaters
205,3 samt Vater und dem Sohn gepreist
265,1 dem Vater, Sohn und Geist
273,6 Ehr sei Gott Vater und dem Sohn
275,7 sei Vater, Sohn und Geist bereit'
276,5 Gott Vater, Sohn und Geist
280,3 uns segne Vater und der Sohn
288,7 Gott Vater in dem höchsten Thron
289,5 Gott Vater, Sohn und Heilgem Geist
291,3 Ehr sei dem Vater Gott
303,8 Vater und Sohn und Heilgen Geist
308,11 Gott Vater und dem ein'gen Sohn
321,3 dem Vater und dem Sohne
342,8 Gott Vater, Sohn und Heilgem Geist
445,1 Vater, Sohn und Heilger Geist
470,3 Gott Vater, dem sei ewig Ehr
514,7 Vater und Sohn und Heilgem Geist

c) von Gott Vater (53) *→ Gott*
20,6 und Vater aller Ewigkeit
24,4 die Gott der Vater hat bereit'
41,4 die ihr zum Vater wollt gehen
42,7 der in des Vaters Schoße sitzt
43,1 der Vater im Himmel für Freude uns macht
59,2 des Vaters in dem höchsten Thron
67,1 der einig Gotts Sohn, Vaters in Ewigkeit
83,7 des höchsten Vaters gehen
96,6 Dank sei dem Vater, unsrem Gott im Himmel
99 so lobn wir den Vater Jesu Christ'
125,2 von Herzen Vater ihn nennen
127,6 und rufst darin dem Vater zu
129,2 und unsern Vater nennen
131,4 lehr uns den Vater kennen schon
134,3 denn des Vaters liebe Rut
135,5 und Gott Vater nennen
138,1 Gott der Vater steh uns bei
139,1 mein Vater, der mich schützt
144,1 als Vater uns verzeihen
179,3 des allerhöchsten Vaters
180.1 der du sitzest zu der Rechten des Vaters
180.2 im Licht des Vaters
183,1 der sich zum Vater geben hat
184,3 den Vater, dessen Wink und Ruf

191 dich, Gott Vater im höchsten Thron
202,3 des Vaters Stimm man offenbar
215,3 du sollst Gott den Vater preisen
227,1 dich erkennen und Vater nennen
227,5 in einer Liebe dich den Vater nennen
239,3 der als Vater hört, als König schenkt
251,4 daß der Vater aller Geister
271,8 daß er ihr Herr zur Ehr des Vaters ist
281,2 will unsrer Waisen Vater sein
315,7 laßt uns zu unserm Vater gehn
318,1 gedenk, daß er dein Vater sei
318,3 er nimmt sie als ein Vater auf
328,4 daher ich „Abba, lieber Vater!“ schrei
351,2 mein Freund und Vater sei
368,7 dein Vater in der Höhe
380,2 müßt dem Vater trauen
393,6 der Vater gehet mit
393,10 heim zu dem Vater kommen
410,1 der sieht auch den Vater
410,4 freut euch am Vater
423,8 sei allen Kindern Vater
427,1 solang bist du uns allen Vater
451,6 ein Vater, wenn ich fehle
453,5 Lob dem, der unser Vater ist
469,5 das war des ewgen Vaters Rat
497,13 du bist mein Vater, ich dein Kind
502,4 nach Vaters Weise sättigt er allzumal
506,6 Gott unser Vater sei gepreist
529,6 mein Vater trösten wird

ca) als Anrede, Bitte (41)
3,6 Lob, Preis sei, Vater, deiner Kraft
58,8 o Vater, und bleib mitten
58,12 sei der Verlaßnen Vater
70,5 Herr Gott Vater, mein starker Held
128,2 komm, Vater der armen Herd
144,2 o Gott und Vater, sieh doch an
160 Gott Vater, dir sei Dank gesagt und Ehre
178.4 Kyrie, Gott Vater in Ewigkeit
179,2 daß du, Gott Vater, ewiglich
180.1 Gott, allmächtiger Vater
180.2 allmächt'ger Vater, höchster Herr
180.3 Gott, allmächtiger Vater
186 Vater unser im Himmel
187 Vater unser in dem Himmel
188 Vater unser, Vater im Himmel
191 dich, Vater in Ewigkeit
192 Herr Gott Vater im Himmel
196,6 Gott Vater, laß zu deiner Ehr
200,2 mein lieber Vater, mich erklärt
205,1 Gott Vater, höre unsre Bitt
208,1 Gott Vater, du hast deinen Namen
227,1 Dank sei dir, Vater, für das ewge Leben
271,2 der Kinder Lallen tut dich, Vater, kund
283,2 willst du, o Vater, uns denn nicht
318,8 o Vater, steh uns gnädig bei
324,3 das uns, o Vater, nicht von dir
325,10 zu dir, Vater, als dein Kind
328,2 zieh mich, o Vater, zu dem Sohne
331,5 dich, Gott Vater auf dem Thron
332,4 o Seligkeit! – dich, unsern Vater, preisen
344,1 Vater unser im Himmelreich
361,3 o Vater, weiß und sieht
404,8 du Vater aller Treu
427,5 du, Vater, bist in unsrer Mitte
471,5 Vater, dein Name werd von uns gepreiset
475,3 stehe mir, o Vater, bei
484,1 Vater, laß die Augen dein
505,4 o allerliebster Vater
506,1 mein Gott, mein Herr und Vater
513,4 nur segne, Vater, unsrer Hände Werke
532,3 bleib bei uns, Vater

d) von Christus, dem Sohn, Kind Gottes (42)
→ *Christus*
4,3 sein Lauf kam vom Vater her
4,3 und kehrt wieder zum Vater
13,3 du, des ewgen Vaters Kind
23,2 des ewgen Vaters einig Kind
23,5 der Sohn des Vaters, Gott von Art
27,2 er kommt aus seines Vaters Schoß
29,1–4 hat versöhnt des Vaters Zorn
57,4 daß er die Tür zum Vater ist
74,3 der du den Vater uns enthüllt
75,1 herrschest mit dem Vater in der Ewigkeit
76,1 darum Christus seins Vaters Schoß
78,4 rief sein' lieben Vater an
80,1 Gott des Vaters einigs Kind
83,3 ja, Vater, ja von Herzensgrund
87,1 vom Vater so geschlagen
92,6 des ewgen Vaters Glanz sich flicht
96,4 nach deinem Vorbild laut zum Vater flehen
123,4 denn der Vater gab es ihm
126,6 lehr uns den Vater kennen wohl
139,2 des Vaters liebster Sohn
180.1 ein Sohn des Vaters
180.3 Lamm Gottes, ein Sohn des Vaters
183,2 der ewig bei dem Vater ist
191 Gott Vaters ewger Sohn du bist

232,2 und zeige deinem Vater an
248,4 deines Vaters starker Arm
251,7 wie du mit dem Vater bist
260 gleichwie mich mein Vater gesandt hat
262,7 wie du mit dem Vater bist
331,6 du, des Vaters ewger Sohn
331,7 du stellst uns dem Vater vor
341,6 der Sohn dem Vater g'horsam ward
341,9 gen Himmel zu dem Vater mein
342,3 damit seins Vaters Zorn gestillt
350,5 des Vaters ein'ger Sohn du bist
399,1 entsprungen aus des Vaters Schoß
422,1 zu deinem Vater schreien
422,2 den Vater bitt, daß er ja nit
469,1 du leuchtest uns vom Vater her

e) vom Reich, Haus, Bau Gottes (9)
14,6 in deines großen Vaters Haus
27,4 und gibt uns in seins Vaters Reich
30,4 in deines Vaters Reich
127,7 durch dich besteht des Vaters Bau
191 mit aller Ehr ins Vaters Reich
255,7 durch deines Vaters ganzes Haus
256,3 zum Mahl in deines Vaters Haus
399,5 in seines lieben Vaters Reich
442,7 und führ uns in deins Vaters Haus

f) vom Wort, Willen Gottes (8)
8,1 des Vaters ewigs Wort
9,3 bis er des Vaters Willen
45,4 dir, fleischgewordnes Wort des ewgen Vaters
126,4 des Vaters Wort gibst du gar bald
202,1 nach seines Vaters Willen
223,1 das Wort geht von dem Vater aus
365,8 das ist des Vaters Wille
388,2 ist's doch deines Vaters Wille

g) von Huld, Güte, Barmherzigkeit Gottes (6)
35,3 groß ist des Vaters Huld
93,1 aus des Vaters ewger Huld
232,4 dem Vater aller Güte
326,1 dem Vater aller Güte
475,2 Vater der Barmherzigkeit
521,3 des Vaters Huld erworben

Vaterauge (1)
326,6 neiget die Vateraugen denen zu

Vaterblick (1)
298,2 richt auf uns den Vaterblick

Vatergnade (1)
208,1 die Vatergnade neu gewährt

Vatergunst (1)
368,2 ich stell's in seine Vatergunst

Vatergüte (1)
327,1 deine Vatergüte hast du lassen fließen

Vaterhand (2) → *Hand*
167,3 wir wollen fröhlich fassen die starke Vaterhand
505,6 nimm... in deine Vaterhände

Vaterhaus (2)
63,4 dorthin ins Vaterhaus
73,2 geh weg aus deinem Vaterhaus

Vaterherz (1)
341,4 er wandt zu mir das Vaterherz

Vaterland (11) → *Land*
7,6 vom Elend zu dem Vaterland
73,10 zum ewgen Vaterland
124,2 der uns bracht hat zum rechten Vaterland
150,2 mit Heil anlände in jenem Vaterland
223,6 zum Leben in das Vaterland
298,2 bald ins Vaterland zurück
324,6 edlen Fried in unserm Vaterland
391,1 führ uns an der Hand bis ins Vaterland
498,4 hilf uns Pilgern ins Vaterland
521,1 ins ewig Vaterland
529,1 da ist mein Vaterland

väterlich (7)
67,4 du väterliche Kraft
283,1 hast väterlich verziehen
287,4 wie er dich so väterlich führt
309,4 daß er die Seinen väterlich behüte
372,6 so wird Gott mich ganz väterlich
447,2 in dieser Nacht so väterlich bedecket
467,2 aus Gnad und väterlicher Güt

väterlicherweise (1)
304,4 dem Vieh sein Futter väterlicherweise

Vatertreue (1)
481,3 in deine Vatertreue

verachten (11)
9,4 sonst, wo ihr ihn verachtet
85,6 verachte mich doch nicht
111,5 veracht den Tod mit seinem Grimm
145,5 dadurch wird Gottes Wort veracht'
149,4 des Herren Wort verachtet
190.1 wiewohl du warest verachtet
203,2 du hast die Kinder nicht veracht'
242,1 der dich veracht so freventlich
244,6 dein treue Warnung auch veracht'
308,1 und hast mich Arme nicht veracht'
388,3 uns veracht' und schnöd gemacht

Verachtung (1)
68,5 in viel Verachtung, Hohn und Spott

veralten (2)
64,2 veralten wie Gewänder
148,7 die Speis wird nicht veralten

verändern (2)
153,5 wenn die Liebe das Leben verändert
369,5 die Folgezeit verändert viel

verbannen (1)
136,1 verbanne Trug und Schein

verbauen (1)
63,5 der klare Blick verbaut

verbergen, sich verbergen (14)
78,2 und verbarg ihr Wesen
94,4 die Liebe will verborgen sein
213,2+6 die auf verborgne Weise
215,2 verborgen im Brot so klein
234,5 verborgen ist des Todes Stund
256,1 verbirg uns nicht das Gnadenlicht
271,2 verborgen hast du dich den klugen Weisen
287,2 du meinst, Gott sei sehr verborgen
371,3 ist ihm wahrlich nicht verborgen
386,5 in dir ja verborgen liegt
452,1 Gott hält sich nicht verborgen
486,6 und, was bei dir verborgen ist
523,4 verbirg mein Seel aus Gnaden

verbinden (16) → *verbünden*
36,2 Gottes Kind, das verbind't
41,6 dem ich auch wieder mein Herze in Liebe verbinde
84,7 ich bin, mein Heil, verbunden
88,2 der mich dir verbunden
130,6 daß unser Sinn verbunden sei
209,2 der in den dunklen Stunden mir verbunden
222,3 in dir uns all verbinden
226,4 und verbinden, was getrennt
239,1 eure Liebe, die euch hier verbindet
240,1 du hast uns, Herr, in dir verbunden
251,5 ja verbinde in der Wahrheit
264,3 schon hier ist sie verbunden
354,4 das heißt die Wunde recht verbinden
416 daß ich verbinde, da, wo Streit ist
526,3 zu genau mit ihm verbunden
532,2 komm, Heiland, der uns mild verbindet

verbleiben (6) → *bleiben*
11,8 verbleib ihr Erb und Teil
196,1 laß uns dabei verbleiben
322,8 verbleib er unser Teil
361,10 daß du ihm treu verbleibst
372,6 dabei will ich verbleiben
457,12 dir hier und dort verbleib

verbleichen (4)
15,5 das Gras verdorrt, das Fleisch verblich
94,2 und der am Kreuz verblich
444,1 der Monde verbleicht
488,2 die Lust verglimmt, der Erdenruhm verbleicht

verblenden (3)
72,5 erleuchte, die da sind verblend't
318,8 kein falscher Schein verblende
400,4 ich lief verirrt und war verblendet

verbrechen (1)
81,1 herzliebster Jesu, was hast du verbrochen

Verbrechen (1)
368,5 er wird auf solch Verbrechen

verbreiten (1)
136,1 verbreite Licht und Klarheit

verbrennen (1)
248,6 der die Wagen gar verbrennt

verbringen (1)
64,5 die wir in Schuld verbringen

verbünden, sich verbünden (4) → *verbinden*
16,3 nun hat sich euch verbündet
51,3 und wollt sich uns verbünden
226,6 will uns neu mit ihm verbünden
294,1 er will sich selbst mit uns verbünden

verdammen (8) → *verurteilen*
75,2 so hätten wir müssen verdammt sein ewiglich
78,3 eh er ward zum Tod verdammt
78,5 auch verdammt aus Haß und Neid
94,3 verdammen vor Gericht
202,6 und ist verdammt zum ewgen Tod
351,6 nichts, nichts kann mich verdammen
353,7 daß mich nichts verdammen kann
354,4 da findet kein Verdammen statt

Verdammnis (1) → *Hölle*
144,4 und zur Verdammnis fahre

verdecken (1) → *verhüllen*
78,5 verdeckt, verspott' und verspeit

verderben (28) → *verlorengehen*
35,3 wir warn all verdorben
137,4 unter den Verdorbnen stehn

138,1–3 und laß uns nicht verderben
196,3 von Sorg und Lüsten dieser Welt verdirbet und ersticket
248,2 wir verderben, wir vergehn
301,10 der uns nicht verderben ließ
318,6 da wir verderben sollten
331,9 daß der Feind es nicht verderbe
341,3 es war mit ihn' verdorben
341,10 davon verdirbt der edle Schatz
342,3 sonst wärn wir all verdorben
346,2 bei dem nie was verdorben
353,3 daß es nicht verderben kann
358,1 er läßt sie nicht verderben
363,3 in einem Nu verderben
363,5 ewig muß er verderben
365,5 denn sonst verdirbt all Zeit
367,1 laß mich, Herr, nicht verderben
403,4 sie müssen sterben, müssen verderben
404,5 und nach dem Fleisch verderbe
424,3 keine Seele laß verderben
428,1 laß die Völker nicht verderben
472,3 verderben und vergehn
475,7 noch an Leib und Seel verderben
505,3 hat böses Tun verderbt
525,2 du läßt mich nicht verderben

Verderben (3) → *Elend, Unglück*
86,1 in das äußerste Verderben
373,2 und sich mein tiefes Verderben darlegt
373,5 und ich mein Nichts und Verderben nur seh

verdienen (13)
81,5 der Mensch verdient den Tod und ist entgangen
84,4 das hat verdienet meine Seel
85,4 der Zorn verdienet hat
136,6 o wahrlich, wir verdienen
146,1 verdienet haben allzumal
231,12 verdienen doch eitel Zorn
233,3 wie ich's wohl hab verdienet
244,7 verdiente Straf, so g'schieht uns recht
308,9 wir haben's nicht verdient um dich
355,2 ich hatte nichts als Zorn verdienet
412,5 hab ich dies mehr als sie verdient
505,4 du hast viel Dank verdient
512,5 wir haben solche Güte nicht verdient

Verdienst (4)
82,8 weil ich auf dein Verdienst nur trau
91,6 es schlägt den Stolz und mein Verdienst darnieder
217,3 mich auf dein Verdienst verlasse
299,3 auf mein Verdienst nicht bauen

verdorren (1)
15,5 das Gras verdorrt, das Fleisch verblich

verdrießen (2)
477,7 mein Augen stehn verdrossen
517,6 und nichts, was dich verdrießt und reut

Verdruß (2)
457,8 und dennoch bleibt er ohn Verdruß
495,3 und Nachdruck ohn Verdruß

verebben (1)
488,2 wie bald verebbt der Tag, das Leben weicht

verehren (2)
24,6 mit seinem lieben Sohn verehrt
84,5 verehrst du mir den Segen

vereinen, sich vereinen (19)
14,6 vereint als Brüder wieder wohnen
42,6 vereinest dich mit Fleisch und Blut
66,1 Gottheit und Menschheit vereinen sich beide
91,2 vereint mit Gott, ein Mensch gleich uns auf Erden
218,2 Christus sich mit mir vereine
238,2 der sie vor dir vereint
245,4 zu sein mit Gott dem Herrn vereint
251,1 Herz und Herz vereint zusammen
251,5 ach du holder Freund, vereine
255,5 erwecke, läutre und vereine
268,3 Gaben gibt es viele, Liebe vereint
269,4 die Macht der Liebe neu vereint
269,5 daß wir vereint die Kirche sehn
286,4 jauchzt, Erde, Menschen, jauchzt vereint
292,5 die sich zu deinem Lob vereint
316,1 lob ihn, o Seele, vereint mit den himmlischen Chören
386,2 wo Gott und die Menschheit in Einem vereinet
427,4 er ist das Brot, das uns vereint
531,2 mit dir mich sein vereint

vereinigen, sich vereinigen (2) → *einen*
251,7 laß uns so vereinigt werden
252,4 ich verein'ge mich mit ihnen

verfahren (1)
422,2 im Zorn mit uns verfahre

verfallen (2)
77,5 großer Qual verfallen
353,1 auf verkehrten Weg verfallen

verfehlen, sich verfehlen (2) → *ermangeln, fehlen*
64,5 was wir versäumt, was wir verfehlt
96,3 die uns Unrecht taten, selbst sich verfehlten

verfluchen (1)
97,1 von der Welt verflucht

verfolgen (2)
307,8 die um der Gerechtigkeit willen verfolgt werden
423,10 bleib der Verfolgten Stütze

Verfolger (1)
192 den Verfolgern deiner Gemeinde vergeben

Verfolgung (3)
81,9 nichts von Verfolgung, nichts von Todesschmerzen
274,3 in Leid, Verfolgung und Trübsal
529,3 Verfolgung, Haß und Neiden

verführen (5)
72,2 die in Irrtum verführet sein
137,6 die verführte blinde Menge
143,6 verführt zu Unrecht jedermann
192 alle Irrenden und Verführten wiederbringen
344,2 das arm verführet Volk bekehr

vergänglich (4) → *flüchtig*
71,3 vergänglich Gut und Geld
386,7 entreiße mich aller vergänglichen Lust
449,2 aus dieser Erden vergänglichem Schoß
482,5 auf nichts Vergänglichs trauen

vergeben (40) → *erlassen, verzeihen*

a) von Gott (33)
5,3 ihre Sünd vergeben
15,2 all Missetat vergeben sei
61,3 kannst die Sünd' allein vergeben
116,1–5 Sünd ist vergeben, Halleluja
129,3 vergib uns unsre Schuld
183,3 hier all Sünd vergeben werden
186 und vergib uns unsere Schuld
187 und vergib uns unsre Schuld
188 und vergib uns unsere Schuld
192 den Verfolgern deiner Gemeinde vergeben
289,1 hat dir dein Sünd vergeben
299,2 die Sünde zu vergeben
318,2 dir deine Missetat vergibt
318,4 vergibt uns gnädig alle Schuld
320,6 durch ihn ist uns vergeben
322,4 die Straf erläßt, die Schuld vergibt
344,6 all unsre Schuld vergib uns, Herr
349,3 all Sünd ist nun vergeben
404,2 vergib mir meine Sünden
408,4 und vergibt mir meine Schuld
410,3 doch er vergab uns
412,6 vergibst mir täglich so viel Schuld
412,6 dem nicht verzeihn, dem du vergibst
443,2 wollst mir mein Sünd vergeben
449,9 Gott, meine Krone, vergib und schone
471,5 wollst die Schuld vergeben
472,4 vergib mir, lieber Herre
476,3 vergib, wo ich bei Tage so gelebet
485,5 Herr Christ, vergib sie du

b) von Menschen (7)
96,3 daß allen denen wir auch gern vergeben
186 wie auch wir vergeben unsern Schuldigern
187 wie auch wir vergeben unsern Schuldigern
188 wie auch wir vergeben unseren Schuldnern
240,3 lehr uns, einander zu vergeben
343,3 den Feinden mög vergeben
344,6 ihr Schuld und Fehl vergeben gern

vergebens (13)
58,6 fürwahr, es ist vergebens
66,4 gibt uns, ach höret's doch ja nicht vergebens
134,1 deine Kraft sei nicht vergebens
207,1 und laß sie nicht vergebens
217,2 all ander Speis und Trank ist ganz vergebens
218,6 hilf, daß ich doch nicht vergebens
247,4 vergebens ist's, auf Menschenhilfe bauen
255,6 dein Feuermeer ström nicht vergebens
371,1 ohn ihn mühst du dich vergebens
373,1 wie sie ihr höllisches Heer nicht vergebens
419,1+5 daß ich nicht vergebens hier auf Erden bin
423,6 da man nach Brot vergebens ruft

vergeblich (1)
182,3 betet, und ihr sollt es nicht vergeblich tun

Vergebung (1) → *Sünde*
353,5 bei dir Gnade zur Vergebung finden

vergehen (46) → *schwinden*

a) allgemein (32)
40,3 wenn Sonne, Mond und Stern vergehen
65,4 dann wolln wir des Vergangenen gedenken

85,3 ist hin und ganz vergangen
90,1 vergehst in tausend Schmerzen
99 so wär die Welt vergangen
105,2 so wär die Welt vergangen
146,2 so müßt die ganze Welt vergehn
149,1 wenn alles wird vergehn im Feu'r
153,1 wenn einst Himmel und Erde vergehen
154,3 Leid und Geschrei und Schmerz muß dann vergehn
208,3 der Frucht des Heils, die nie vergeht
248,2 wir verderben, wir vergehn
285,3 sie werden nimmer vergehen
289,3 also der Mensch vergehet
295,4 dein Wort, Herr, nicht vergehet
298,1 o dann schwinden die vergangnen Leiden
308,5 der Menschen Hoffart muß vergehn
351,4 ich müßte stracks vergehen
352,6 alles Irdische vergehet
365,6 auch wenn die Welt vergehet
373,5 wenn ich vor Angst und vor Zagen vergeh
402,3 laß vergehen das Gesicht
449,8 alles vergehet, Gott aber stehet
450,3 daß wir, eh wir gar vergehn
450,5 da die Lust, die uns erhöht, nie vergeht
472,3 verderben und vergehn
527,1 wird als ein leichter Traum vergehn
527,10 wird er... und nimmermehr vergehen
528,1 und auch wieder bald vergehet
528,4 wie ein Blümlein bald vergehet
528,8 das muß fallen und vergehen
534,2 wenn Brücken brechen und wenn wir vergehn

b) von der Zeit (14) → *vorig*
6,2 kein Tag vergeht, wir warten dein
51,4 drum blicket auf: die Nacht vergeht
59,1 das alte Jahr vergangen ist
64,3 der Mensch, sein Tag, sein Werk vergeht
101,6 der Sünden Nacht ist vergangen
152,4 die Zeit ist bald vergangen
266,1 der Tag, mein Gott, ist nun vergangen
392,1 die kurze Freud, die kurze Zeit vergeht
426,3 aus einer längst vergangnen Zeit
443,2 in der vergangnen Nacht
445,3 jetzt mit dieser Nacht vergehn
475,3 dieser Tag ist nun vergangen
477,3 der Tag ist nun vergangen
500,1 der Winter ist vergangen

vergehen, sich (1)
412,3 sich freut, wenn sich sein Feind vergeht

vergelten (3)
91,8 ich will nicht Haß mit gleichem Haß vergelten
318,6 hat er uns nicht vergolten
323,3 nun, wie vergelt ich's dir

vergessen (34)

a) allgemein (5)
63,3 daß nicht vergessen werde
63,3 was man so gern vergißt
254,1 der Ruhe abzusagen, die's Tun vergißt
429,1 niemand wird nach dem Alten sich sehnen, es ist vergessen
528,7 dessen wird im Tod vergessen

b) von Gott (6)
89,2 laß diese Schuld vergessen sein
233,4 gib, Herr, Geduld, vergiß die Schuld
278,6 warum hast du mich so vergessen
353,3 Jesus, der uns nie vergißt
491,2 bin ich zu keiner Stund vergessen
530,6 nun kannst du meiner nicht vergessen

c) von Menschen (23)
24,13 daß ich nimmer vergesse dein
70,2 deiner kann ich nicht vergessen
114,3 vergiß nun, was dahinten ist
135,7 laß uns hier indessen nimmermehr vergessen
169,4 vergeßt nur nicht den Dank
215,2 daß wir nimmer des vergessen
217,2 alles Jammers er vergisset
221,1 das sollt ihr, Jesu Jünger, nie vergessen
258 vergeßt uns nicht in seinem Licht
284,4 denk an Gott nur und vergiß nicht, wer dich hält
289,1 vergiß es nicht, o Herze mein
316,5 Seele, vergiß es ja nicht
317,5 Seele, vergiß es ja nicht
333,2 vergiß es nie, was er dir Guts getan
394,2 vergesset, was dahinten liegt
399,4 daß ich sein nicht vergesse
405,1 vergiß nicht, daß er dir zugut
416 wer sich selbst vergißt, der findet
428,4 denn wer sicher wohnt, vergißt
482,2 Tages Jammmer verschlafen und vergessen sollt
513,1 vergeßt auch nicht, das Lob des Herrn zu singen
524,1+8 und vergiß all Not und Qual

vergeuden (1)
513,5 gab er uns reichlich, unnütz nichts vergeuden

vergießen (7)
77,4 an dem er sein Blut vergoß
158,3 du hast für mich vergossen
216 für die dein Sohn vergossen
245,3 für sie ist Christi Blut vergossen
251,3 so vergoß er dort sein Blut
341,8 vergießen wird er mir mein Blut
518,3 vergossen ist dein teures Blut

vergiften (2)
36,8 machet heil die vergift'ten Wunden
475,4 und mich gar vergiftet hat

vergleichen (5)
62,5 dem kein Kleinod zu vergleichen
81,8 womit doch dein Erbarmung zu vergleichen
148,2 man kann's mit nichts vergleichen
195,1 dem göttlich Wort vergleichen
475,5 hat uns doch dein Sohn verglichen

verglimmen (1)
488,2 die Lust verglimmt, der Erdenruhm verbleicht

vergnügen, vergnügt sein (5) → *sich zufriedengeben*
369,3 und sei doch in sich selbst vergnügt
394,2 was ewig euer Herz vergnügt
414,3 in gut und bösen Tagen sein vergnügt
481,4 daß du vergnügst alleine
530,8 ich leb indes in dir vergnüget

Vergnügen (1)
386,1 und dennoch kein wahres Vergnügen erjaget

vergönnen (1)
476,5 vergönne, daß der lieben Engel Scharen

verhalten, sich (1)
361,8 und wird sich so verhalten

verhaßt (1)
478,2 die Finsternis ist dir verhaßt

verheeren (3)
9,1 doch mächtig, zu verheeren
109,2 zerstört, verheert ihm all Gestalt
133,9 die Länder, so verheeret

verheißen (16) → *versprechen*
19,3 bis dich, wie es dein Wort verheißt
48,2 was uns verheißen der himmlische Schall
108,2 auch seiner Schar verheißen klar
151,4 verheißt Erquickungszeiten
171,4 dein Heiliger Geist, der Leben verheißt
182,9 nehmt wahr, was Gott verheißt
254,2 Zeiten verheißner Seligkeiten
289,5 was er aus Gnaden uns verheißt
290,6 sein Volk in das verheißne Land
309,4 wie er verhieß: sein Volk, sein Eigentum
318,5 verheißt uns auch ein herrlich Teil
366,4 die du verheißest gnädiglich
374,5 ist, was er selbst verheißen
382,1 bist du der Gott, der Zukunft mir verheißt
452,5 verheißen und erfüllen
519,1 wie Gott mir verheißen hat

Verheißung (2)
290,3 und der Verheißung seines Munds
316,5 lob ihn mit allen, die seine Verheißung bekamen

verherrlichen (3) → *verklären*
180.2 du sollst verherrlicht werden
279,2 die er an uns verherrlicht hat
290,3 er will von dir verherrlicht werden

verhöhnen (5)
77,1 verhöhnt, verspeit und verlacht
81,2 ins Angesicht geschlagen und verhöhnet
86,4 man hat dich sehr hart verhöhnet
95,4 wie sie ihn schlagen und verhöhnen
112,8 wer dort wird mit verhöhnt

Verhör (1)
77,1 eilend zum Verhör gebracht

verhüllen (4) → *verdecken*
9,3 und Majestät verhüllen
16,2 verhüll nicht mehr sein Haupt
161,2 ist mit Finsternis verhüllet
428,5 deine Wahrheit uns verhülle

verirren, sich verirren (6)
262,3 alles, was sich hat verirrt
263,3 alles, was sich hat verirrt
353,3 suchet treulich das Verirrte
400,4 ich lief verirrt und war verblendet
423,7 die sonst verirret sein
485,4 laß uns verirren nicht

Verirrung (1)
192 vor Verirrung und allem Übel

verjüngen (1)
289,1 verjüngt, dem Adler gleich

verkehren (5)
276,4 doch wird's verkehrt in Freuden
303,7 daß sie nur machen verkehrte Schritte
343,3 das mich bald möcht verkehren
353,1 auf verkehrten Weg verfallen
365,2 und Wohltat all verkehrt

verklagen (5) → *anklagen*
77,1 und fälschlich verklaget
95,3 seht hin, wie sie ihn hart verklagen
95,3 wenn alles uns verklagt auf Erden
124,4 wenn der Feind wird das Leben verklagen
353,7 will mich das Gesetz verklagen

verklären, sich verklären (9) → *verherrlichen*
113,7 Christi verklärtem Leibe
115,1 er verklärt mich in sein Licht
165,8 dich in mir verkläre
208,1 in deinem lieben Sohn verklärt
239,1 ist von seiner Liebeshuld verklärt
279,1 und feierlich ihn zu verklären
450,4 unser Leib verklärt ersteh
450,5 du verklärte Gnadensonne
495,8 und führ ihn schön verklärt

verkleiden, sich verkleiden (3)
23,2 verkleidet sich das ewig Gut
78,6 ward gegeißelt und verkleid't
202,4 der Heilig Geist... in Taubenbild verkleidet

verknüpfen (1)
133,8 verknüpf in allen Landen

verkünden (17) → *bezeugen, künden, verkündigen, zeugen*
6,3 die uns verkündet Daniel
16,3 von Anfang an verkündet
25,2 wie Micha das verkündet hat
54,3 sie verkünden uns mit Schalle
55,2 verkündet hell der Stern
101,4 die Schrift hat verkündet das
108,1 welchs er läßt reichlich verkünden
137,7 zu verkünden Christi Blut
189 deinen Tod, o Herr, verkünden wir
213,5 verkünde und erzähle die tiefe Wundermacht
213,6 verkünde und erzähle die Gnade nah und fern
222,3 dein Freundlichkeit verkünden
243,4 er wird seim Volk verkünden
276,1 des Herren Ruhm verkünden
284,1 überall will ich verkünden: Lobt den Herrn
294,1 du, Gottes Volk, sollst es verkünden
502,3 da läßt er uns sein Wort verkünden

verkündigen (8) → *bezeugen, erzählen, künden, verkünden*
41,2 wird uns verkündiget heut
48,3 wahrlich, die Engel verkündigen heut
49,3 verkündigen große Freud
116,4 geht und verkündigt, daß Jesus lebt
182,7 freut euch, ihr Christen, verkündigt, was geschehn
285,1 und des Nachts deine Wahrheit verkündigen
287,1 der Herr läßt sein Heil verkündigen
414,4 dein Lob verkündigen in Ewigkeit

verkürzen (1)
523,2 verkürz mir alles Leiden

verlachen (4)
77,1 verhöhnt, verspeit und verlacht
145,5 die Wahrheit höhnisch auch verlacht
244,6 all Zucht und Ehrbarkeit verlacht
527,9 verlache Welt und Ehre

verlangen (8)
122,2 nach ihm mich sehr verlanget
150,3 hat mich verlangt nach dir
328,6 die ich von dir verlanget jederzeit
360,6 denn uns verlangt nach deinem guten Wort
386,8 ja was soll ich mehr verlangen
387,4 er verlanget unser Schrein
396,1 und verlangt nach dir
486,7 der du nicht mehr von mir verlangst

Verlangen (11)
11,1 o aller Welt Verlangen
39,5 stillt das sehnliche Verlangen
70,7 deiner wart ich mit Verlangen
127,1 und betet mit Verlangen
150,1 mein sehnend Herz so groß Verlangen hat
152,4 mit kindlichem Verlangen
206,5 und erfülle das Verlangen
352,5 mein Verlangen zu erfüllen
379,4 und trägt nach dir Verlangen
386,4 also ist auch mein Verlangen
529,8 zu dem steht mein Verlangen

verlassen (43) → *lassen*

a) von Gott (26)
38,3 Gott, mein Gott, verlaß mich nicht
69,3 darum er Gottes Himmel gar verließ

74,4 bleib bei uns, Herr, verlaß uns nicht
78,8 ach, ich bin verlassen
79,4 daß du uns wirst verlassen nicht
89,3 du hast verlassen deinen Thron
92,6 o König du, verlaß uns nicht
115,4 er verläßt den Schwachen nicht
131,6 verlaß uns nicht in Not und Tod
135,6 und verlaß uns nicht
279,8 doch er, der Herr, verläßt mich nimmer
290,2 den, der ihn sucht, verläßt er nicht
290,4 und seine Huld verließ sie nie
295,2 verlaß mich nimmermehr
364,1 den will er nicht verlassen
369,5 daß du von Gott verlassen seist
369,7 auf Gott setzt, den verläßt er nicht
370,5 kann mich nicht ganz und gar verlassen
379,3 hat selbst sein Reich verlassen
381,1+3 Gott, mein Gott, warum hast du mich verlassen
410,3 starb er ganz verlassen
427,2 solang hast du uns nicht verlassen
522,1 mit Hilf mich nicht verlasse
524,6 mich mit Beistand nicht verlasse
531,3 mein Gott, verlaß mich nicht

b) von Menschen (17)
20,2 euch jetzt nicht mehr verlassen wähnen
58,12 sei der Verlaßnen Vater
61,6 wenn ich soll die Welt verlassen
243,3 kann und mag auch verlassen
273,1 verlassen sind wir Armen
286,2 wenn alles uns verläßt
297,5 die gänzlich sind verlassen
311,1–2 Abraham, Abraham, verlaß dein Land
311,3 Abraham, Abraham, verläßt sein Land
313,1 die Netze zu verlassen
327,1 ob wir schon dich oft verließen
366,5 weil wir jetzt stehn verlassen gar
385,1 verleugnet euch, verlaßt die Welt
392,8 ergreif mich wohl, daß ich dich nie verlasse
393,3 verlaßt die Kreatur
525,2 verlassen meine liebsten Freund

verlassen, sich (8) → *bauen, hoffen, trauen, vertrauen*
179,4 darauf wir uns verlassen
217,3 mich auf dein Verdienst verlasse
246,6 die sich auf dich verlassen frei
247,2 die sich allein auf ihre Macht verlassen
308,5 wer sich verläßt auf seine Pracht
352,6 ich verlasse mich auf ihn
374,2 die sich auf sein wahrhaftig Wort verlassen
440,1 drauf jeder sich verlassen mag

verlaufen (1)
72,3 und was sich sonst verlaufen hat

verleihen (31) → *geben, schenken*
30,4 o Gott, uns das verleih
103,5 verleihe, was uns selig ist
129,3 verleih, daß wir dich lieben
135,4 und verleih, daß es gedeih
136,3 du mußt uns Kraft verleihen
144,2 verleih uns, daß wir Buße tun
146,5 ein selig End wollst uns verleihn
192 verleih uns steten Fried
194,1 verleih, daß uns dein göttlich Wort
217,4 dir zu dienen Kraft verleih
222,3 o Herr, verleih, daß Lieb und Treu
246,2 verleih uns, Herr, Beständigkeit
264,3 verleih, daß wir mit ihnen dich preisen
265,2 ihr Einigkeit verleiht
316,3 der dir Gesundheit verliehen, dich freundlich geleitet
317,3 der dir Gesundheit verliehen, dich freundlich geleitet
328,3 verleih mir, Höchster, solche Güte
343,1 verleih mir Gnad zu dieser Frist
343,3 verleih, daß ich aus Herzensgrund
347,6 Beständigkeit verleihe
367,2 Zucht, Ehr und Treu verleih mir, Herr
367,3 verleih mir, Herr, nur deine Gnad
404,7 nun, Herr, verleih mir Stärke
404,7 verleih mir Kraft und Mut
421 verleih uns Frieden gnädiglich
423,6 verleih gesunde Luft
453,5 dem Geist auch, der uns Trost verleiht
493 verleihe uns der allmächtige, gnädige Gott
497,4 verleihe mir das edle Licht
503,14 verleihe, daß zu deinem Ruhm
512,5 Herr, verleih, daß deine Gnade

verletzen (2) → *versehren*
368,4 so wird mich nichts verletzen
447,5 nicht angetast' und grausamlich verletzet

verleugnen, sich verleugnen (3)
82,6 daß ich verleugne diese Welt
385,1 verleugnet euch, verlaßt die Welt
475,5 ich verleugne nicht die Schuld

Verleumder (1)
412,3 nicht dem Verleumder widerspricht

verlieren (42)

a) allgemein (15)
53,1 als die Welt verloren
87,6 dein Leiden... ja nicht verloren sein
98,3 im Gestein verloren Gottes Samenkorn
101,3 den Stachel hat er verloren
112,5 all Arbeit ist verlorn
178.6 Trost der verlornen Welt
202,5 daß sie verlorn in Sünden ist
231,12 es ist mit unserm Tun verlorn
244,5 den gib uns, Herr, sonst ist's verlorn
297,5 sie spricht: Es ist nun alls verlorn
303,2 ihre Anschläge sind auch verloren
353,3 wenn ein Schaf verloren ist
385,5 wird sie ohn mich verlieren
385,5 wer sie um mich verlieren scheint
388,2 daß du nichts von dem verlierest

b) von Menschen (27)
33,2 daß du, da wir verloren
41,1 zu den Verlornen sich kehren
41,7 denn ohne dich bin ich verloren
49,1 sonst wärn wir gar verloren
67,2 daß wir nicht wärn verloren
78,9 und uns, die wir warn verlorn
82,2 für mich verlornen Menschen
96,6 er ist der Retter der verlornen Menschheit
179,3 Versöhner derer, die verlorn
183,2 für uns, die wir warn verloren
202,6 all sein Tun ist verloren
203,1 daß wir nicht möchten sein verlorn
279,5 oft wollten wir den Mut verlieren
281,2 er ist es, der Verlorne liebt
297,1 so ist's mit uns verloren
308,10 daß wir nicht sollten sein verlorn
331,11 laß uns nicht verloren sein
341,2 im Tod war ich verloren
342,2 es war mit uns verloren
342,5 daß er nicht werd verloren
349,2 in Sünd war ich verloren
354,3 wir sollen nicht verloren werden
360,5 wenn du uns richtest, Herr, sind wir verloren
362,2 wir sind gar bald verloren
472,5 Gotts Steg und Weg verlier
478,5 ich kann ja nicht verloren sein
488,3 wer hilft mir sonst, wenn ich den Halt verlier

verlorengeben, sich verloren geben (2)
8,4 gibt sich für uns verloren
182,7 Gott gibt die Welt nicht verloren

verlorengehen (5) → *verderben*
20,4 die Liebe geht nicht mehr verloren
44,1 Welt ging verloren, Christ ist geboren
51,1 in Sünde nicht verloren geht
94,2 die sonst verlorengingen
200,4 so laß mich nicht verlorengehn

verlöschen (3)
212,5 wir verlöschen. Deine Kerze leuchtet
273,1 der Glaub ist auch verloschen gar
476,3 in Ewigkeit bei dir verloschen sein

vermählen, sich (2)
213,3 mit Gott euch zu vermählen
373,5 dich mit dem innersten Seufzen vermählen

vermehren (10)
33,2 ich will dein Lob vermehren
129,1 des Glaubens Licht vermehret
134,4 und die Zuversicht vermehrt
289,4 mein Seel soll auch vermehren sein Lob
323,1 und deinen Ruhm vermehren
347,4 alls Vermögen in uns reichlich vermehr
398,2 drum wir dich ehren, dein Lob vermehren
500,2 die Frücht im Feld vermehre
501,2 die Blüt zur Frucht vermehre
502,5 sein Lob vermehre, werteste Christenheit

vermeiden (2)
89,1 die Sünde zu vermeiden
371,13 kann das Unglück nicht vermeiden

vermeinen (1) → *denken*
112,2 eh er's vermeint und denket

vermelden (2) → *melden*
71,3 wie uns die Schrift vermeld't
322,1 im Himmel stets vermeld't

vermerken (1)
218,3 machet, daß ich früh vermerke

vermessen sein (1)
528,7 der in Purpur hoch vermessen ist

vermögen (7) → *können*
81,7 keins Menschen Herz vermag es auszudenken
84,7 was Leib und Seel vermögen

148,2 was Gott ist und vermag
202,6 vermag sich selbst nicht helfen
325,5 mein Vermögen nichts vermag, nichts helfen kann
443,6 denn er all Ding vermag
468,4 geb dir, der alle Ding vermag

Vermögen (8) → *Können*
325,5 wenn mein Können, mein Vermögen
325,5 sein Vermögen beizulegen
330,4 denn mein Vermögen ist zu matt
347,4 dein Gnad und alls Vermögen
373,5 wenn kein Vermögen zu beten sich findet
449,2 wie sein Vermögen sei mächtig und groß
494,2 Gott ist's, der das Vermögen schafft
512,2 dein Vermögen wird nicht matt

vernehmen (8) → *hören*
5,7 wie dann wird vernommen
165,2 Herr, vernimm unsre Stimm
239,1 abermals vernehmt es: Freuet euch
282,4 vernimm's, vernimm's, o Jakobs Gott
326,4 ach Gott, vernimm mein Schreien
333,6 denn er vernimmt auch unsern Lobgesang
392,2 ich hab so lang die treue Stimm vernommen
452,3 wenn ich nur ihn vernehm

vernichten (2)
80,3 warest ganz vernichtet
387,6 und die Welt vernichten

Vernunft (5)
218,4 nein, Vernunft, die muß hier weichen
239,4 höher als Vernunft und Erdenweisheit ist
297,5 Vernunft kann das nicht fassen
359,5 Friede höher als Vernunft
392,6 Fleisch, Welt, Vernunft, sag immer, was du willt

Verrat (1)
20,3 nie Krieg, Verrat und bittre Zeit

verraten (3)
223,2 der Herr zum Tod verraten war
410,3 von uns verraten, starb er ganz verlassen
415,2 wahren Dank für deine Huld verraten

Verräter (1)
94,3 er schonte den Verräter

verrichten (2) → *tun*
161,2 mußt du selbst in uns verrichten
369,7 verricht das Deine nur getreu

versagen (6)
37,9 mein Heiland, nicht versagen
364,4 du wirst mir's nicht versagen
380,4 wer sah mich versagen
404,1 mein Gott, versag mir's nicht
452,5 fragt nicht, ob ich versag
525,1 ruf ich dich an, versag mir's nicht

versammeln (4) → *sammeln*
68,7 o Christe, versammle dein Heer
72,5 versammle, die zerstreuet gehn
125,1 zum Glauben du versammelt hast
156 die Völker der ganzen Welt versammelt hast

versäumen (2) → *säumen, versehen*
40,2 versäume nicht den Gnadenschein
64,5 was wir versäumt, was wir verfehlt

verschaffen (2)
194,3 verschaff bei uns auch, lieber Herr
303,5 er ist's, der ihnen Recht verschafft

verscheiden (1) → *abscheiden, sterben*
5,9 darinnen verscheiden zur ewigen Freuden

verschenken (1)
481,2 die Zeit ist wie verschenket

verscherzen (1)
233,4 murrend mein Heil verscherze

verschießen (1) → *schießen*
527,8 ist als ein Strom verschossen

verschlafen (1)
482,2 des Tages Jammer verschlafen und vergessen sollt

verschließen (3)
111,2 verschlossen, gleich als wär ich tot
136,5 für uns verschlossen sein
212,4 öffnet, die sonst fest verschlossen wären

verschlingen (9)
6,4 und wollt uns gern verschlingen all
66,4 sein Tod verschlinget den ewigen Tod
66,8 dieser verschlinget Fluch, Jammer und Tod
101,4 es hat den Tod verschlungen
297,3 verschlungen hätten sie uns hin
341,8 den Tod verschlingt das Leben mein

354,4 durch Christi Tod verschlungen hat
362,3 und wollt uns gar verschlingen
477,8 will Satan mich verschlingen

verschmachten (1)
399,3 verschmacht', hält sich's an seinen Gott

verschmähen (5)
24,8 den Sünder nicht verschmähet hast
45,2 verschmähst nicht zu ruhn in Marien Schoß
191 der Jungfrau Leib nicht hast verschmäht
446,6 die wirst du nicht verschmähen
479,3 verschmähe nicht dies arme Lied

verschonen (5)
192 verschon uns, lieber Herre Gott
245,3 des Todes Flut wird sie verschonen
342,9 woll unsrer Schuld verschonen
482,7 verschon uns, Gott, mit Strafen
486,3 daß Unheil mich verschone

verschreiben, sich verschreiben (3)
83,4 hiermit zu deinem Eigentum beständiglich verschreiben
406,4 bei dir bleib ich, dir verschreib ich mich
485,3 dir sind wir ganz verschrieben

verschulden (7)
81,3 ich, mein Herr Jesu, habe dies verschuldet
85,4 ich hab es selbst verschuldet
87,2 ach das hat unsre Sünd und Missetat verschuldet
244,6 haben das Widerspiel verschuld't
365,7 wie ich auch wohl verschulde
472,4 den Tod hätt ich verschuld't
529,3 ob ich's gleich nicht verschuld't

verschwemmen (vom Wasser: wegreißen) (1)
297,3 und mit Gewalt verschwemmet

verschwinden (6)
165,5 laß mich ganz verschwinden
370,9 muß im Nu verschwinden
373,5 Jesu, hilf siegen. Wenn alles verschwindet
404,2 laß allen Zorn verschwinden
475,6 alles Übel laß verschwinden
524,7 das Gehör auch gar verschwind't

versehen, sich versehen (3) → *denken, versäumen*
324,17 er hat noch niemals was versehn
369,4 so kommt Gott, eh wir's uns versehn
528,6 dadurch, eh wir uns versehen

versehren (1) → *verletzen*
71,5 daß sie mich nicht versehren

versenken, sich versenken (6)
32,2 in seine Lieb versenken will ich
41,5 und sich in Demut versenken
80,4 wird ins Grab versenket
91,1 mich in das Meer der Liebe zu versenken
386,3 ihr Alles war gänzlich in Jesus versenkt
486,4 und mich darein versenken

versichern (2)
82,8 und des versichern mich
134,8 so versichre uns je mehr

versiegen (1)
94,4 der Segen im Versiegen

versinken (2)
98,1 Korn, das in die Erde, in den Tod versinkt
518,1 laß uns nicht versinken in des bittern Todes Not

versöhnen (14) → *erlösen*
29,1–4 hat versöhnt des Vaters Zorn
89,3 bei Gott versöhnen möchtest
91,9 ich bin versöhnt in deinem teuren Blute
102,2 trug für uns Gottes Zorn, hat uns versöhnet
116,5 Christus versöhnt uns mit unserm Gott
162,3 da wir mit Gott versöhnet sind
213,2 kommt her, versöhnte Kinder
226,4 mahnt uns, daß auch wir versöhnen
402,5 der mich hat mit Gott versöhnet
454,5 die sein Geist versöhnt und eint
516,3 bin ich versöhnt mit Gott

Versöhner (2)
179,3 Versöhner derer, die verlorn
415,2 du Versöhner, mach auch uns versöhnlich

versöhnlich (1)
415,2 du Versöhner, mach auch uns versöhnlich

versorgen (6)
324,16 hat er dich nicht von Jugend auf versorget und ernährt
345,3 mein Seel wird er versorgen
365,1 tut er mich wohl versorgen
399,4 wenn mich versorgt der treue Hirt

438,5 versorg uns auch, o Herre Gott
512,2 und versorgest jeden Mund

verspeien (3)
77,1 verhöhnt, verspeit und verlacht
78,5 verdeckt, verspott' und verspeit
86,7 dein Verspotten, dein Verspeien

verspotten (3)
78,5 verdeckt, verspott' und verspeit
86,7 dein Verspotten, dein Verspeien
95,4 wie jeder ihn verspotten will

versprechen (14) → *verheißen*
10,1 den Gott... versprochen hat zu geben
115,2 Gott erfüllt, was er verspricht
168,4 der Herr hat uns versprochen, bei uns zu sein
170,3 wie du ihn versprichst uns zum Wohl auf Erden
224,3 wie du versprachst zu geben
232,2 in dem, was du versprochen hast
241,5 o daß dein Geist, so wie dein Wort verspricht
290,2 und was sein Mund versprochen hat
311,2 ich versprech dir meinen Segen
348 Gott verspricht: Ich will dich segnen
363,7 in seinem Wort versprochen hat
373,4 der du versprochen, mein Fürsprech zu sein
374,5 was er verspricht, das bricht er nicht
473,3 und hält gewiß, was es verspricht

Versprechen (2)
225,2 wir haben sein Versprechen
378,1 er hält sein Versprechen

verspüren (2)
316,2 hast du nicht dieses verspüret
317,2 hast du nicht dieses verspüret

Verstand (12)
126,3 zünd uns ein Licht an im Verstand
133,10 schmücke... die Alten mit Verstand
134,2 Weisheit, Rat, Verstand und Zucht
155,2 den Glauben mehr, stärk den Verstand
161,2 unser Wissen und Verstand
166,4 gib mir Licht in dem Verstande
328,2 und meine Sinne und Verstand regier
389,4 gib Weisheit, Stärke, Rat, Verstand
445,6 samt den Sinnen und Verstand
497,5 gib mir Verstand aus deiner Höh
506,5 der Mensch, ein Geist, den sein Verstand
524,7 mein Verstand sich nicht besinnt

Verständnis (1)
404,4 und öffne mein Verständnis

verstehen, sich verstehen auf (17)
41,4 Gott ist im Fleische: wer kann dies Geheimnis verstehen
88,3 und die Frucht verstehen
126,6 dich, beider Geist, zu verstehn
127,4 der fleischlich Mensch sich nicht versteht
202,7 der Glaub im Geist die Kraft versteht
209,1+3 der's Leben kennt, der mich versteht
277,2 denn ich verstehe nichts, wenn du es mir nicht sagst
287,3 den einen Menschen, der dich gut versteht
315,1 er wird ein jedes Wort verstehn
315,7 er ruft, bis alle ihn verstehn
328,6 als ich verstehe, bitte und begehr
334,5 danke, daß ich dein Wort verstehe
416 nicht, daß ich verstanden werde
416 sondern daß ich andere verstehe
432,2 er gab uns Worte, daß wir verstehn
457,7 er weiß auch, daß du's nicht verstehst

Verstehen (3)
224,3 gib über Bitten und Verstehn
241,8 du tust doch über Bitten und Verstehn
408,3 über Bitten und Verstehn

verstopfen (1)
392,4 Gott rufet noch. Ob ich mein Ohr verstopfet

verstören (4) → *erschrecken*
14,5 zu uns, die wir sind schwer verstört
249,1 dich gänzlich zu verstören
273,4 die Armen sind verstöret
373,1 wie er mich sichte, verstöre und kränke

verstoßen (6)
78,8 wollst mich nicht verstoßen
115,3 Gott verstößt in Christus nicht
233,3 zu dir flieh ich; verstoß mich nicht
243,3 und also gar verstoßen
278,7 warum verstößt du mich so
298,2 rufe die verstoßnen Knechte

verstreuen (1)
182,6 so wie die Körner, auf Erden weit verstreut

verstricken (1)
279,5 du hast uns oft verstrickt in Schlingen

verstummen (2)
281,1 seht, wie verstummt der Frechen Spott
396,3 Erd und Abgrund muß verstummen

Versucher (1)
488,3 denn des Versuchers Macht brichst du allein

Versuchung (6)
186 und führe uns nicht in Versuchung
187 und führe uns nicht in Versuchung
188 und führ uns, Herr, nicht in Versuchung
342,9 laß uns nicht in Versuchung stehn
344,7 führ uns, Herr, in Versuchung nicht
387,1 über viele Frommen zur Versuchung kommen

versühnen (5)
44,2 Christ ist erschienen, uns zu versühnen
123,5 und ein ewiges Versühnen
233,3 dein Sohn hat mich versühnet
355,2 Gott hat mich mit sich selbst versühnet
412,5 daß Gott mich schuf und mich versühnt

versüßen (2)
62,4 soll der Name uns versüßen
86,7 dein Tod meinen Tod versüßet

verteilen (1)
424,2 du allein verteil die Gaben

vertragen (1)
413,6 glaubt, hofft, verträgt alls mit Geduld

vertrauen, sich vertrauen (34) → *glauben, hoffen, trauen, sich verlassen*
16,5 wer hier dem Sohn vertraute
70,5 dein Sohn hat mich ihm selbst vertraut
78,8 hab dir doch, mein Gott, vertraut
125,2 und ihm aus ganzer Macht vertrauen
138,1–3 aus Herzensgrund vertrauen
145,1 und dir vertraut sein höchstes Pfand
151,5 die Krone nun vertraut
231,2 du sollst mir ganz vertrauen dich
243,2 dieweil du ihm vertraut
245,1 die allezeit auf ihn vertrauet
247,4 wir haben niemand, dem wir uns vertrauen
256,5 auf deine Kraft vertrauen wir
256,5 dem es von Gott vertrauet ist
269,1 die Welt soll sehn, wem ihr vertraut
282,6 auf Gott vertraut; er hilft im Tod
289,5 daß wir ihm fest vertrauen
320,5 lehrt uns darauf vertrauen
331,11 wie wir fest auf dich vertrauen
343,2 daß ich dir mög vertrauen
345,2 und ihm allein vertrauen
354,5 dem will ich mich getrost vertraun
358,2 dem Unsichtbaren, als säh er ihn, vertraut
364,1 wer Gott vertraut, fest auf ihn baut
365,3 auf ihn will ich vertrauen
377,4 die dir vertraun und deinem Bund
395,1–3 vertraut den neuen Wegen
398,1 wer dir vertrauet, hat wohl gebauet
426,2 deren Stärke er lange vertraut
476,4 indem ich mich der trüben Nacht vertraue
534,1 daß Brücken brechen, denen wir vertraut

Vertrauen (4) → *Gehorsam, Glaube, Zuversicht*
5,3 durch... Glauben mit ganzem Vertrauen
137,5 sein Vertraun in Leidenszeiten
232,1 zu dem ich mein Vertrauen han
521,3 auf Gott steht mein Vertrauen

vertraut (1)
143,3 als Helfer und Vertraute

vertreiben (19)
19,1 vertreib das Dunkel unsrer Nacht
30,3 vertreibt's die Finsternis
111,1 vertrieben ist der Sünden Nacht
111,14 vertreibet Furcht und Traurigkeit
133,11 vertreib den bösen Geist
244,8 und es vertrieben möchten sehn
346,4 durch Eitelkeit vertreiben
351,7 vertreibet Sorg und Schmerzen
374,1 soll mich daraus vertreiben
389,1 vertreibe sie und laß nicht zu
404,3 vertreib aus meiner Seelen
406,1 nichts soll mich von dir vertreiben
443,5 den Satan zu vertreiben
450,1 und vertreib durch deine Macht unsre Nacht
477,2 die Nacht hat dich vertrieben
481,3 vertreibe durch dein Nahesein
485,5 die Schuld will uns vertreiben
522,4 Todsfurcht kann sie vertreiben
527,9 den keine Zeit vertreibet

vertreten (6)
68,6 uns ewiglich zu vertreten
134,4 und vertritt uns allezeit
328,4 denn der kann mich bei dir vertreten
328,7 der mich zu deiner Rechten selbst vertritt

373,4 laß dein Gebet mich unendlich vertreten
401,6 und mich kräftiglich vertritt

verüben (1)
497,7 laß mich nicht in Werk und Tat verüben

verurteilen (1) → *verdammen*
78,7 Jesus, verurteilt zum Tod

verwahren (1) → *bewachen*
77,7 allda mit Hütern verwahrt

verwalten (2)
218,1 der den Himmel kann verwalten
512,6 treu verwalten immerfort

Verwalter (1)
513,6 sein sind die Güter, wir nur die Verwalter

verwandeln (3)
9,6 er wird... verwandeln ganz in Freud
149,2 verwandeln und erneuen
432,3 Gott will mit uns die Erde verwandeln

verwandt (4)
135,7 daß wir Gott verwandt
427,5 machst deinem Wesen uns verwandt
443,4 mein Eltern und Verwandten
484,3 alle, die mir sind verwandt

verwehen (2)
357,1 wie Sand und Staub verweht
357,5 nicht mit als Staub verweht

verwehren (2) → *wehren*
449,4 segnen und mehren, Unglück verwehren
497,6 was Fleisch und Blut erwählet, das verwehre

verweilen (3)
53,2 bei den Herden nicht verweilet
391,1 und wir wollen nicht verweilen
392,6 Gott locket mich; nun länger nicht verweilet

verwelken (2)
289,3 ein bald verwelkt Geschlechte
527,5 verwelkt und unversehens fällt

verwerfen (2)
230 verwirf mich nicht von deinem Angesicht
279,8 denn mein Gebet verwirft er nicht

verwerflich (1)
501,4 und nicht verwerflich sei

verweslich (1)
520,1 wird, was wir hier verweslich sä'n

verwinden (1)
213,4 verwunden sind die Schmerzen

verwunden (1)
72,3 und ihr verwund't Gewissen heil

verzagen (23) → *zagen, Zagen*
87,4 des Kreuzes nicht verzagen
95,2 wenn wir in unsrer Schuld verzagen
115,3 Jesus lebt! Wer nun verzagt
124,4 daß in uns die Sinne nicht verzagen
144,5 und laß uns nicht verzagen
190.1 sonst müßten wir verzagen
192 allen Betrübten und Verzagten helfen
213,2 kommt her, verzagte Sünder
243,1 sollst du doch nicht verzagen
249,1 verzage nicht, du Häuflein klein
254,1 nicht an dem Amt verzagen
279,6 an allem, nicht an dir verzagt
283,4 nicht möchten ganz verzagen
342,5 nun sagst du, daß kein Mensch verzag
343,1 laß mich doch nicht verzagen
345,2 will ich verzagen nicht
364,4 laß mich, Herr, nicht verzagen
370,4 sollt ich drum verzagen
430,4 denn trotzig und verzagt
495,4 so laß mich nicht verzagen
500,3 und endlich nicht verzagen
518,2 laß uns nicht verzagen
522,2 doch will ich nicht verzagen

verzehren (3)
11,4 das sich nicht läßt verzehren
218,4 daß dies Brot nie wird verzehret
255,4 verzehre Stolz und Eigenliebe

verzeihen (17) → *vergeben*
84,11 dem Nächsten... verzeihen gern und williglich
144,1 als Vater uns verzeihen
170,2 schlimmen Schaden heilen, lieben und verzeihn
211,4 wo Schuld belastet, Herr, verzeih
217,4 all ihre Missetat willst du verzeihen
228,2 es stärke euch der Herr, er wird euch Schuld verzeihn
283,1 hast väterlich verziehen
315,4 der dich mit Liebe überhäuft und verzeiht

334,2 danke, wenn auch dem größten Feinde ich verzeihen kann
343,3 verzeih mir auch zu dieser Stund
412,6 dem nicht verzeihn, dem du vergibst
413,6 verzeiht gutwillig alle Schuld
416 daß ich verzeihe, wo man sich beleidigt
416 wer verzeiht, dem wird verziehen
467,3 dasselb verzeih uns gnädiglich
475,4 Herr, verzeihe mir aus Gnaden
514,5 die ihr den Feind verzeihend schont

Verzeihung (1)
61,3 und ich bald Verzeihung find

verziehen (verzögern) (3)
151,4 er wird nicht lang verziehen
361,9 mit seinem Trost verziehn
371,10 und was verzieht, ist desto süßer

verzweifeln (4)
213,5 der fast verzweifeln ließ
234,2 verzweifle nicht in deiner Sünd
299,4 verzweifeln nicht noch sorgen
341,3 die Angst mich zu verzweifeln trieb

Verzweiflung (1)
416 daß ich die Hoffnung wecke, wo Verzweiflung quält

Vesperzeit (1)
77,6 da man hatt' zur Vesperzeit

Vieh (5)
29,4 das Vieh laßt stahn
304,4 dem Vieh sein Futter väterlicherweise
457,6 dein Kind, dein Land, dein Vieh
476,1 bringt Menschen, Vieh und alle Welt zur Ruh
477,1 Vieh, Menschen, Städt und Felder

viel (93)

a) allgemein (24)
69,4 du leuchtest vielen nah und fern
84,8 nun, ich kann nicht viel geben
84,12 so viel mir immer möglich ist
227,4 aus vielen Körnern ist ein Brot geworden
241,2 viel Knechte, die in treuer Arbeit stehn
241,7 daß treuer Lehrer viel und Beter sein
250,1 darinnen sich viel Menschen finden
250,3 du, Gott, hast dir aus vielen Zungen
253,1 so viele Christus nennet sein
256,3 viel arme Gäste dir zu laden
257,4 daß viele selig werden
268,1 Strahlen brechen viele aus einem Licht
268,2 Zweige wachsen viele aus einem Stamm
268,3 Gaben gibt es viele, Liebe vereint
268,4 Dienste leben viele aus einem Geist
268,5 Glieder sind es viele, doch nur ein Leib
346,2 such, wer da will, Nothelfer viel
369,5 die Folgezeit verändert viel
386,4 ob viel auch umkehrten zum größesten Haufen
387,1 über viele Frommen
393,4 viel sammeln, halten, handeln
482,4 und wissen gar nicht viel
503,13 viel Glaubensfrüchte ziehe
522,2 denn ihr' sind viel wie Sand am Meer

b) als Steigerungsform (27)
11,9 auf Erden viel zu wenig
24,10 so wär sie doch dir viel zu klein
29,1 und die Engel noch viel mehre
37,6 ach Heu und Stroh ist viel zu schlecht
43,2 viel schöner und holder, als Engel es sind
84,5 viel schwerer als ein Stein
84,13 und die viel tausend Tränen
89,4 so will ich daselbst noch viel mehr
141,5 ich bin viel zu gering dazu
148,2 die Wort sind viel zu bloß
150,2 und noch viel schönre Stund
150,7 mit Stimmen noch viel mehr
218,4 ob es gleich viel Tausend nähret
267,5 denn dein Volk, Herr, ist viel größer
299,5 bei Gott ist viel mehr Gnade
302,5 er weiß viel tausend Weisen
302,8 ach ich bin viel zu wenig
321,1 unzählig viel zugut
330,7 viel tausend Halleluja vor
370,8 aus viel tausend Nöten
371,8 der wird viel mehr dich einz'gen füllen
373,3 laß doch viel heller dann deine Kraft sehn
475,5 ist viel größer als die Sünde
502,2 viel tausend Engel um ihn schweben
503,2 die ziehen sich viel schöner an
503,10 da so viel tausend Seraphim
529,9 der Trübsal ist zu viel

c) vom Positiven (21)
24,1 der guten Mär bring ich so viel
34,1 Gott hat viel an uns getan
78,9 bringt viel Frücht zu Gottes Preis
85,5 ist mir viel Guts getan
127,6 schaffst uns viel Fried und große Ruh
139,1 viel Guts an mir getan

143,1 auf viele Weisen wunderbar
148,6 wird bringen in Gott der Freuden viel
159,3 daß es viel Früchte bringe
196,4 viel Früchte bringen in Geduld
263,5 laß viel Früchte deiner Gnad folgen
274,5 Gutes und viel Barmherzigkeit
283,7 der Herr wird uns viel Gutes tun
319,1 viel gut Gesang, der lautet wohl
324,2 viel Heil und Gutes fließt
369,4 und lässet uns viel Guts geschehn
412,6 vergibst mir täglich so viel Schuld
505,1 an so viel Liebeswerken
505,4 du hast viel Dank verdient
505,4 für viel und große Gnaden
508,4 er schenkt uns so viel Freude

d) vom Negativen (21)
8,5 groß Pein und Marter viel
25,5 es mögen euch viel fechten an
58,3 durch so viel Angst und Plagen
58,10 auf so viel Blutvergießen
63,2 warum es so viel Leiden
68,5 in viel Verachtung, Hohn und Spott
82,5 wie viel es dich gekostet
149,7 von wegen vieler Plage
224,1 viel Sorgen, Schuld und Schmerzen
243,1 mußt tragen viel Widerwärtigkeit
275,5 viel Netz und heimlich Stricke
276,4 viel muß der G'rechte leiden
299,5 ob bei uns ist der Sünden viel
362,1 groß Macht und viel List
365,7 schon dulde viel Widerwärtigkeit
396,4 soll mich, ob ich viel muß leiden
430,2 es wird so viel gelitten
482,4 und suchen viele Künste
512,5 klagt uns vieler Sünden an
524,2 weil mich stets viel Kreuz betroffen
524,3 in viel Ängsten und Gefahr

vielleicht (5)
40,3 vielleicht noch in gar kurzer Zeit
218,6 oder mir vielleicht zum Schaden
244,7 und ist vielleicht das Maß jetzt voll
313,1+2 vielleicht kommt er auch heut vorbei

vielmal (1)
24,10 und wär die Welt vielmal so weit

vielmehr (4)
91,7 und nicht vielmehr, weil ich dir angehöre
234,1 vielmehr ist dies mein Wunsch und Will
239,3 sorget nichts! Vielmehr in allen Dingen
319,3 vielmehr der liebe Herre Gott

vierte (1)
17,4 sehet, die vierte Kerze brennt

Viktoria (1)
112,2 und ruft Viktoria

Viole (Veilchen) (1)
37,7 auf lieblichen Violen

Vogel/Vöglein (15)
110,4 es singen jetzt die Vögel all
271,5 des Himmels Vögel und der Fische Heer
297,4 wie ein Vogel des Stricks kommt ab
319,1 da singen alle Vögelein
371,8 der allen Vöglein in den Wäldern
427,3 du nährst die Vögel in den Bäumen
501,1 die Vöglein hört man singen
504,4 seht, wie fliegt der Vögel Schar
509,1–5 der Vogel dir singt
509,2 das Vöglein in den Lüften
515,5 sei gepriesen, du läßt die Vögel singen

Volk (84) → *Heiden*

a) allgemein (23)
15,2 und sprich dem müden Volke zu
20,1 das Volk, das noch im Finstern wandelt
20,4 der Tod ist tot. Das Volk jauchzt auf
39,1 wertes Volk der Christenheit
52,5 Gottes Gnade allem Volk
111,6 vor allem Volke töten sich
125,1 das Volk aus aller Welt Zungen
133,10 das Volk im ganzen Land
150,4 was für ein Volk, was für ein edle Schar
182,5 ihr seid das Volk, das der Herr sich ausersehn
200,1 zum Volk, das dir geheiligt heißt
264,2 doch als ein Volk gezählt
278,7 errette von falschem, bösem Volk
280,2 die alles Volk erhalten
280,3 das Volk in guten Taten
283,1 und des gefangnen Volkes Band
292,5 vor allem Volk in der Gemeind
294,1 du, Gottes Volk, sollst es verkünden
344,2 das arm verführet Volk bekehr
358,1+5 in jedem Volk und Land
375,2 ja, Jesus siegt, obschon das Volk des Herrn
515,6 sei gepriesen für jedes Volk der Erde

aa) dein, sein, unser Volk (24) → *c)*
13,2 sei gesegnet deinem Volk
15,1 mein Volk, daß es nicht zage mehr

137,4 unser Volk häuft Schuld auf Schuld
191 hilf deinem Volk, Herr Jesu Christ
193,3 gib deim Volk einerlei Sinn auf Erd
241,5 dein Volk aus dem Gefängnis nähme
243,4 er wird seim Volk verkünden
248,2 trifft dein Volk jetzt überall
248,7 so wird dein Volk freuen sich
257,4 es strömt dein Volk heran
267,5 dein Volk ist nicht unsre Kirche
267,5 denn dein Volk, Herr, ist viel größer
281,2 er macht sein Volk aus Banden los
281,4 mein Volk, sieh seine Werke
281,5 der Herr ist seines Volkes Gott
281,5 wie er sein Volk so zärtlich liebt
286,2 er trägt sein Volk auf seinen Armen
288,3 und uns zu seinem Volk gemacht
322,6 auf unserm Volk und Land
326,5 von seinem Volk geschieden
331,9 sieh dein Volk in Gnaden an
359,6 sein Volk in Ewigkeiten
377,1 noch hilfst du deinem Volke gern
497,14 vor deinem Volk und aller Welt

b) im Plural (25)
14,6 daß wir, die Völker und die Thronen
42,2 die Völker haben dein geharrt
156 die Völker der ganzen Welt versammelt hast
181.6 lobsingt, ihr Völker alle
192 den Völkern Frieden und Eintracht geben
201 macht zu Jüngern alle Völker
241,1 und aller Völker Scharen zu dir bringt
250,3 der Völker eine Kirch gemacht
257,2 bis alle Völker werden
257,4 dir aus der Völker Zahl
262,4 tu der Völker Türen auf
263,4 tu der Völker Türen auf
264,2 erkorn aus allen Völkern
279,3 da er auf alle Völker schaut
279,4 rühmt, Völker, unsern Gott; lobsinget
286,3 auf, alle Völker, jauchzt zusammen
290,1 und zeiget allen Völkern an
291 ich will dir danken, Herr, unter den Völkern
293,1 preist ihn, ihr Völker allzumal
337 lobet und preiset, ihr Völker, den Herrn
337 all ihr Völker, lobet den Herrn
379,4 er macht die Völker bangen
426,1 und die Völker werden kommen
428,1 laß die Völker nicht verderben
429,6 für alle Völker – Spruch unsers Gottes – sichere Zukunft

c) vom Volk Israel (12) → *Israel*
241,6 ja wecke dein Volk Israel bald auf
290,1 o Volk des Herrn, sein Eigentum
290,5 Gott zog des Tages vor dem Volke
290,6 sein Volk in das verheißne Land
290,7 o seht, wie Gott sein Volk regieret
301,7 führt' das Volk durchs Rote Meer
309,4 wie er verhieß: sein Volk, sein Eigentum
311,1 Vater meines Volkes sein
312,7 Volk, auserkoren, damit du Rufer wirst
409,3 sagen seinem Volke: Gott ist in der Welt
498,1 wie dem Volk in Ägyptenland
519,4 er ist deins Volks Israel Preis

Völkermeer (1)
257,3 ins weite Völkermeer

Völkerstamm (1)
255,8 und zeig dich jedem Völkerstamme

Völklein (2)
244,4 dir leben, dein lieb Völklein sein
503,4 die Glucke führt ihr Völklein aus

voll (51) → *voller*

a) allgemein (38)
20,4 das Unrecht stürzt in vollem Lauf
20,7 ein Land voll Milch und Honig sein
36,1 hört, hört, wie mit vollen Chören
40,5 und sei des Weihnachtsglanzes voll
50,2 die Welt ist heut voll Freudenhall
65,6 so laß uns hören jenen vollen Klang
85,1 o Haupt voll Blut und Wunden
85,1 voll Schmerz und voller Hohn
95,4 und keiner, der voll Mitleid ist
126,6 daß wir des Glaubens werden voll
140,5 mach uns deins Lobs und Segens voll
171,2 voll Wärme und Licht im Angesicht
217,2 laß mit Trost es fließen voll
239,3 der im Bitten schon voll Freude dankt
244,7 und ist vielleicht das Maß jetzt voll
250,2 daß nicht dein Haus will werden voll
274,4 und schenkest voll ein meiner Seel
278,3 mit Frohlocken, Lob und voll Dank
283,7 und stets in vollem Schwange gehn
288,6 er ist voll Güt und Freundlichkeit
288,6 voll Lieb und Treu zu jeder Zeit
296,8 sind Weg und Steg auch voll Gefahr
298,1 unser Mund voll Lachens sein
319,1 Himmel und Erden ist der voll
332,3 vom Preise voll laß unser Herz dir singen

362,3 und wenn die Welt voll Teufel wär
365,7 ist aller Freuden voll
371,7 er hat ein Hand, voll aller Gaben
386,9 volles G'nügen, Fried und Freude
402,2 ihm hab ich voll Zuversicht
449,1 die güldne Sonne voll Freud und Wonne
451,7 gib mir ein Herz voll Zuversicht
452,5 will vollen Lohn mir zahlen
453,1 voll Demut fleht zu Gott empor
468,3 und werdest aller Tugend voll
479,2 ihr macht die Nacht des Lichtes voll
506,1 so weiß ich, von Bewundrung voll
509,2 singt dir aus voller Brust

b) von Gottes Gnade, Ehre (13)
1,4 voll Rat, voll Tat, voll Gnad
8,1 trägt Gottes Sohn voll Gnaden
70,1 voll Gnad und Wahrheit von dem Herrn
135,2 Geist voll Rat und Tat
185.1 voll sind Himmel und Erde seiner Herrlichkeit
185.2 alle Lande sind seiner Ehre voll
185.3 alle Lande sind seiner Ehre voll
218,1 denn der Herr voll Heil und Gnaden
270,1 Erde und Himmel sind voll deiner Ehre
333,4 und alle Welt ist seiner Ehre voll
371,2 er ist voll Lichtes, Trosts und Gnaden
399,2 voll Wahrheit und göttlicher Gnad
441,7 da du, Gott, strahlst voll Herrlichkeit

vollbringen (14)
9,3 im Leiden hat vollbracht
97,3 alles ist vollbracht
116,4 was Gott geboten, ist nun vollbracht
135,5 gib zu allen Dingen Wollen und Vollbringen
194,1 daß es sein Kraft und Schein vollbring
221,3 du wollest, Herr, dies große Werk vollbringen
223,5 der du am Kreuz das Heil vollbracht
294,3 ein Wunder hat der Herr vollbracht
318,5 daß wir vollbringen, was er heißt
331,8 nimm uns nach vollbrachtem Lauf
414,1 gib selbst das Wollen und Vollbringen
414,4 so will ich dir, wenn ich den Lauf vollbracht
494,2 was Gutes zu vollbringen
501,4 mein Arbeit hilf vollbringen

vollenden (15) → *vollführen*
66,9 Amen, o Jesu, du wollst uns vollenden
123,10 rühmt, vollendete Gerechte
144,2 zur Seligkeit vollenden
144,7 vollenden in aller Wahrheit
227,6 als Zeugen deiner Liebe uns zu senden und zu vollenden
239,4 er vollende euch in Ewigkeit
241,8 du wirst dein herrlich Werk vollenden
264,3 mit denen, die vollendet
318,3 zur Seligkeit vollenden
318,7 das will er auch vollenden
388,3 ach so mußt du uns vollenden
446,7 so wollst du nun vollenden dein Werk
476,1 und, was sie soll, auf diesen Tag vollendet
494,6 hilf, daß ich sie vollende
521,2 mein Zeit ist nun vollendet

Vollender (1)
64,2 sei du selbst der Vollender

voller (21) → *voll*
11,7 ist voller Lieb und Lust
36,12 voller Freud ohne Zeit
62,3 wird... alles voller Segen sein
85,1 voll Schmerz und voller Hohn
105,16 nun singet alle voller Freud
111,10 anschauen ewig voller Freud
127,2 man wähnt, sie wären voller Wein
133,7 die voller Zwietracht seind
137,5 und ein Herz, das voller Reue
212,1 voller Freude über dieses Wunder
212,6 staunend, unerschrocken, voller Freude
328,6 drum bin ich voller Trost und Freudigkeit
351,13 ist voller Freud und Singen
370,10 eine Hand voller Sand
380,5 voller Huld zu leiten
386,3 voller Andacht niederließ
500,1 das Feld ist voller Frücht
503,2 die Bäume stehen voller Laub
505,6 die Garben voller Lust
524,3 unser Lauf voller Beschwerden
524,4 wir sind voller Angst und Plag

vollführen (2) → *vollenden*
114,2 vollführe deinen Glaubenslauf
479,1 hat nun den Tag vollführet

völlig (3)
353,2 die Gnadenpforte ist hier völlig aufgetan
354,6 und scheine völlig ausgetan
386,8 dein Eingang die völlige Freiheit mir bringt

vollkommen (5)
281,3 dem Gott vollkommner Seligkeit
386,2 wo alle vollkommene Fülle erscheinet
386,5 so hab ich der Weisheit vollkommenen Preis
388,6 rein und frei und ganz vollkommen
455,2 grünende Frische, vollkommnes Blau

voran (1)
319,2 voran die liebe Nachtigall

vorangehen (8) → *folgen, fürgehen, leiten, nachfolgen*
90,2 du gehst den engen Weg voran
154,6 sie gingen auf dem Glaubensweg voran
210,5 und gehe du mir selbst voran
253,4 worin uns Christus vorangeht
385,4 fällt's euch zu schwer? Ich geh voran
385,4 sieht er voran den Feldherrn gehn
391,1 Jesu, geh voran
514,6 den Weg, den Jesus ging voran

voranziehen (1)
256,4 komm, Herr Jesu, zieh uns voran

vorauf (1)
394,4 er uns vorauf, er bricht uns Bahn

voraus (vor allem) (1)
343,2 voraus, wenn ich muß hier davon

voraussenden (1)
141,1 der Sankt Johann vorausgesandt

vorausschicken (1)
315,3 sein Herz hat er vorausgeschickt

vorbeigehen (1)
383,2 gehst im Dunkeln nicht vorbei

vorbeikommen (2)
313,1–2 vielleicht kommt er auch heut vorbei

Vorbild (3)
96,4 nach deinem Vorbild laut zum Vater flehen
384,1 seinem Vorbild folgen nach
384,2 seinem Vorbild werden gleich

vordem (1)
453,5 vordem, jetzt und in Ewigkeit

vordringen (1)
16,1 die Nacht ist vorgedrungen

vorgehen (1)
384,1 gehe vor, ich folge dir

Vorhaben (1)
444,4 er gebe mir Gaben zu meinem Vorhaben

vorhalten (1)
488,5 halt mir dein Kreuz vor, wenn mein Auge bricht

vorhanden (5)
66,2 unser Durchbrecher ist nunmehr vorhanden
117,1 wär vorm Gefängnis noch der schwere Stein vorhanden
371,14 es ist ein Ruhetag vorhanden
500,1 der Sommer ist vorhanden
522,1 wenn mein Stündlein vorhanden ist

Vorhang (1)
77,5 des Tempels Vorhang zerreißt

vorher (2)
8,5 muß vorher mit ihm leiden
73,10 als du vorher erkannt

vorherbestimmen (1)
184,4 und kommt am Tag, vorherbestimmt

Vorhof (2)
282,1 im Vorhof nah am Thron zu stehen
288,4 zu seinem Vorhof mit Gesang

vorig (1) → *vergehen b)*
380,5 denkt der vor'gen Zeiten

vorlängst (vor langem) (1)
243,5 was er vorlängst gedeut'

Vorläufer (1)
141,6 des Vorläufer Johannes ist

vorlegen (1)
168,2 du legst uns deine Worte und deine Taten vor

vormals (1)
283,1 Herr, der du vormals hast dein Land

Vormund (1)
471,4 sei selbst ihr Vormünder

vornehmen, sich (2)
361,5 was er sich vorgenommen
405,5 zu richten vorgenommen

Vorrat (1)
506,3 mit Vorrat uns zu segnen

Vorsatz (1)
200,6 laß diesen Vorsatz nimmer wanken

vorschreiben (1)
352,5 ich hab ihm nichts vorzuschreiben

vorstellen (4)
82,6 das du mir vorgestellt
166,4 und, was mir wird vorgestellt
331,7 du stellst uns dem Vater vor
519,3 den hast du allen vorgestellt

vorüberführen (1)
431,2 führ uns… vorüber, hilf der Hoffnung auf

vorwärts (3)
63,5 nur immer vorwärts sehen
394,1+5 und vorwärts fest den Schritt

vorzeiten (1)
377,1 wie du getan vorzeiten

W

wach (1)
266,3 ein Loblied wach, das vor dir steht

wachen (27)
46,1 alles schläft, einsam wacht
58,6 wo nicht dein Augen wachen
61,2 wenn ich schlafe, wenn ich wache
95,1 und keiner seiner Freunde wacht
147,2 sie wachet und steht eilend auf
151,1 auf, betet, kämpft und wachet
183,1 er sorget für uns, hüt' und wacht
245,2 die wachen stets, wie sich's gebühret
266,2 daß deine Kirche immer wacht
325,7 wenn ich schlafe, wacht sein Sorgen
364,2 er hüt' und wacht, stets für uns tracht'
373,4 Jesu, hilf siegen im Wachen und Beten
387,1 wache, fleh und bete
387,3 mitten in dem Wachen
387,6 wachen, flehen, beten
414,4 ach, hilf mir beten, wachen, ringen
431,2 sie wacht, wenn der Gedanken Lauf
468,2 es schlaf, es wach und wo es sei
474,1 über mich wacht bei Tag und Nacht
478,7 mein Gott wacht jetzt in meiner Ruh
480,2 dir will ich wachen
486,2 du bist's allein, Herr, der stets wacht
487,2 einer wacht und trägt allein
487,4 wenn dein Aug ob meinem wacht
506,1 die Liebe, die für alle wacht
512,3 über der dein Auge wacht
527,8 auf, Herz, wach und bedenke

Wachs (1)
351,4 wie Wachs in Feuershitz

wachsen (17)
60,5 zunehm und wachs ohn Widerstand
98,1–3 Liebe wächst wie Weizen, und ihr Halm ist grün
210,4 wenn Angst und Zweifel in mir wachsen
211,2 daß es behütet wachsen kann
228,3 steht auf und geht, die Hoffnung wächst
256,5 wächst ohne großen Schein
266,5 dein Reich besteht und wächst, bis allen
268,2 Zweige wachsen viele aus einem Stamm
284,4 wachsen werd ich wie die Zeder auf den Höhn
304,3 er läßt Gras wachsen hoch auf dürren Bergen
430,2 die Furcht wächst mehr und mehr
490,4 und wächst und wächst, bis endlich allen
503,7 der Weizen wächset mit Gewalt
512,4 ließest wachsen Frucht und Korn
527,6 so wachsen wir auf Erden

Wachstum (1)
508,1 doch Wachstum und Gedeihen

Wacht/Wache (9)
55,2 und Engel halten Wacht
258 und seiner heilgen Engel Wacht
296,2 hält über uns die Hut und Wacht
296,4 wird auch nicht müde von der Wacht
324,7 du hältst die Wach an unsrer Tür
408,3 wo ich bin, hält Gott die Wacht
467,4 dein Engel uns zur Wach bestell
478,3 den Schutz von deiner Wacht
487,1 denn sie weiß, es ist die Wacht

Wächter (12)
69,2 wacht auf, singt uns der Wächter Stimme
143,8 und uns die Wächter sendest
147,1 der Wächter sehr hoch auf der Zinne
147,2 Zion hört die Wächter singen
151,2 die Wächter Zions schreien
241,1 die auf der Mau'r als treue Wächter stehn
248,1 treuer Wächter Israel'
248,1 o du Wächter, der du nicht schläfst
437,2 unsre Hüter und Wächter sein
469,6 gib uns die lieben Wächter zu
477,7 du Aug und Wächter Israel'
480,2 du schläfst, mein Wächter, nie

wacker (1)
469,3 so laß das Herz doch wacker sein

Waffe (6)
136,2 die scharf geschliffnen Waffen
136,3 uns rüsten mit Waffen aus der Höh
283,3 des Krieges Schluß, der Waffen Ruh
362,1 ein gute Wehr und Waffen
426,2 da wird niemand Waffen mehr tragen
477,9 stell euch die güldnen Waffen

waffnen (1)
318,2 dich waffnet zum geistlichen Krieg

wagen, sich wagen (10)
81,9 ich werde dir zu Ehren alles wagen
87,4 daß wir auch uns zum Kampf und Leiden wagen
200,3 dein Eigentum zu sein gewagt
254,1 wir wolln uns gerne wagen
259,2 mit ihm wir wollen's wagen
311,3 auf das Wort hin will er's wagen
315,1 das ich wag, das ich wag
374,2 und darauf wagt mein Herz
393,11 drauf wollen wir's denn wagen
426,3 wenn wir heute mutig wagen

Wagen (2)
242,1 Herr, nun selbst den Wagen halt
248,6 der die Wagen gar verbrennt

wagenswert (1)
393,11 es ist wohl wagenswert

Wahl (1)
256,3 wohl dem, den deine Wahl beruft

wählen (3) → *erlesen*
83,2 und Sühner wollen wählen
264,1 und wählte sie zur Braut
273,2 der wählet dies, der andre das

Wahn (4)
72,2 in ihrem Sinn ein falscher Wahn
357,1 wo Wahn die Weisen treibet
372,5 der bitter ist nach meinem Wahn
527,2 ist nur ein falscher Wahn

wähnen, sich wähnen (2)
20,2 ihr dürft euch jetzt nicht mehr verlassen wähnen
127,2 man wähnt, sie wären voller Wein

wahr (61) → *recht (A)*

a) allgemein (11)
23,1 von einer Jungfrau, das ist wahr
138,1-3 Amen, Amen, das sei wahr
195,2 das ist vor Gott gewißlich wahr
234,1 so wahr ich lebe, spricht dein Gott
234,4 wahr ist's: Gott ist wohl stets bereit
249,3 so wahr Gott Gott ist und sein Wort
344,9 Amen, das ist: es werde wahr
382,3 sei du mein täglich Brot, so wahr du lebst
388,6 drum, so wahr du bist gestorben

b) von Gott (29)
25,4 ihr habt mit euch den wahren Gott
30,3 wahr' Mensch und wahrer Gott
45,2 Gott, wahrer Gott von Ewigkeit geboren
70,2 wahr' Gottes und Marien Sohn
72,1 o Jesu Christe, wahres Licht
78,2 Jesus, wahrer Gottessohn... erschienen
79,2 und bitten dich, wahr' Mensch und Gott
82,2 es hat sich selbst der wahre Gott
96,1 du bist der wahre Retter unsres Lebens
108,2 und durch den Tod als wahrer Gott
121,3 wahr' Gott und Mensch zu aller Frist
134,1 wahrer Gott von Ewigkeit
141,3 der Welt Heiland, der wahre Christ
141,5 wahrer Sohn Gotts er ist und heißt
183,2 ist ein wahrer Mensch geboren
218,6 Jesu, wahres Brot des Lebens
248,7 Jesu, wahrer Friedefürst
271,7 Jesus und ward zum wahren Menschensohne
275,6 o wahrer Gott, aus aller Not
281,4 sich dir, dem wahren Gotte, weihn
351,3 daß ich finde das ewge, wahre Gut
398,1 du der wahre Heiland bist
399,1 ein wahrer Gott ohn Ende
400,3 du höchstes Gut und wahre Ruh
400,5 ich danke dir, du wahre Sonne
422,1 wahr' Mensch und wahrer Gott
467,1 leucht uns, Herr Christ, du wahres Licht
470,1 ein wahrer Gott von Ewigkeit
519,2 das macht Christus, wahr' Gottes Sohn

c) von Glaube, Liebe, Reue usw. (21)
11,8 zu Trost und wahrem Heil
36,7 ist die Tür zu der wahren Freude
51,3 sein wahres Leben künden
113,6 wer täglich hier durch wahre Reu
122,3 daß mit dem wahren Glauben ich
130,2 dein wahres Zeugnis lehren
133,4 zum wahren Eigentum
217,3 den wahren Glauben, mit dem ich dich fasse
229,2 wahre Liebe schenkt Wort und Tat
232,3 den wahren Christenglauben
246,7 und deiner Kirche wahrer Schutz
346,1 sein Wort sind wahr, sein Werk sind klar
352,3 die mir wahre Ruhe bringen
364,2 sein Wort ist wahr, denn all mein Haar
366,3 zu dir in wahrer Reu und Schmerz
386,1 und dennoch kein wahres Vergnügen erjaget

405,6 mit wahrem Glauben fassen
413,1 ein wahrer Glaube Gotts Zorn stillt
415,2 wahren Dank für deine Huld verraten
473,3 dein Wort ist wahr und trüget nicht
486,1 ist wahre Rast beschieden

wahren (1)
259,1 seiner Wahrheit Schatz zu wahren anvertrauet

währen (39)
9,2 was ewig währen tut
64,3 nur Gottes Jahr währt für und für
71,1 dein Reich soll ewig währen
249,1 es wird nicht lange währen
256,3 da währt die Freud
288,6 sein Gnad währt immer dort und hier
293,2 und währet bis in Ewigkeit
294,1+4 und seine Gnad und Güte währen
299,4 und ob es währt bis in die Nacht
301,1–12 seine Huld währt alle Zeit
322,8 solange dieses Leben währt
325,1–9 alles Ding währt seine Zeit
333,1 und seine Güte währet ewiglich
336 seine Güt und Wahrheit währet ewiglich
363,5 solange währt die Gnadenzeit
393,10 es wird nicht lang mehr währen
472,2 die währt in Ewigkeit
513,2 ein Jahr, Allgüt'ger, ließest du es währen
524,1 die in Ewigkeit auch währet

wahrhaben (1)
273,1 dein Wort man läßt nicht haben wahr

wahrhaft/wahrhaftig (5)
118 er ist wahrhaftig auferstanden
374,2 die sich auf sein wahrhaftig Wort verlassen
385,2 wie man wahrhaftig wandeln soll
404,1 wahrhaftes Lebenslicht
521,3 wahrhaft durch Jesus Christ

Wahrheit (53)

a) allgemein (10)
24,12 die Wahrheit anzuzeigen mir
145,5 die Wahrheit wird jetzt unterdrückt
145,5 will niemand Wahrheit hören
145,5 die Wahrheit höhnisch auch verlacht
192 die Lästerer zur Wahrheit bekehren
267,4 laß dein Reich in Wahrheit kommen
373,3 und mit dem Scheine der Wahrheit sich schminken
412,1 der treibt mit Gottes Wahrheit Spott
423,2 die deiner Wahrheit spotten
428,5 deine Wahrheit uns verhülle

b) von Gott (26)
20,5 der Weg, die Wahrheit und das Leben
70,1 voll Gnad und Wahrheit von dem Herrn
74,3 du ewge Wahrheit, Gottes Bild
136,1 o komm, du Geist der Wahrheit
145,2 die Wahrheit und das Leben
147,2 von Gnaden stark, von Wahrheit mächtig
172 sende dein Licht und deine Wahrheit
182,9 Wahrheit und Licht und die Kraft, durch seinen Geist
207,3 der Weg, die Wahrheit bist
251,5 ja verbinde in der Wahrheit
259,1 er hat uns seiner Wahrheit Schatz
277 und deine Wahrheit, so weit die Wolken gehen
277,2 und deine Wahrheit mach mir bekannt
278,8 sende Licht, sende deine Wahrheit
284,2 noch zur Nachtzeit leuchtet deine Wahrheit mir
286,2 und seine Wahrheit stehet fest
288,6 und seine Wahrheit für und für
291,1 und deine Wahrheit, so weit die Wolken gehn
293,2 sein Wahrheit, Gnad und Gütigkeit erscheinet
295,4 dein Wahrheit bleibt zu aller Zeit
313,3 die Wahrheit und das Leben
336 seine Güt und Wahrheit währet ewiglich
347,3 dein Wahrheit uns umschanze
399,2 voll Wahrheit und göttlicher Gnad
401,4 Licht und Wahrheit, Geist und Wort
441,2 der ja die göttlich Wahrheit ist

c) von der Nachfolge des Menschen (17)
5,2 treten zu der Wahrheit
104,3 deiner Wahrheit gehorsam sind
127,4 in Wahrheit wollst uns leiten
137,7 laß die Wahrheit uns bekennen
144,7 vollenden in aller Wahrheit
155,1 und uns den Weg zur Wahrheit führ
165,7 schauen mag in Geist und Wahrheit
265,5 und in der Wahrheit frei
277,5 dein Wort der Wahrheit ist unsre Bewahrung
285,1 und des Nachts deine Wahrheit verkündigen
318,3 zu seiner Wahrheit wenden
320,8 erhalt uns in der Wahrheit
328,3 und ich bet dich im Geist und Wahrheit an

341,9 und in der Wahrheit leiten
358,3 in seiner Wahrheit Glanze
404,4 und in der Wahrheit bleibe
416 daß ich die Wahrheit sage, wo der Irrtum herrscht

wahrlich (5)
11,9 dem wahrlich alle Feind
48,3 wahrlich, die Engel verkündigen heut
136,6 o wahrlich, wir verdienen solch strenges Strafgericht
371,3 ist ihm wahrlich nicht verborgen
393,4 frei, bloß und wahrlich leer

wahrnehmen (5)
112,1 nimm wahr, was heut geschicht
182,9 freut euch, ihr Christen, nehmt wahr, was Gott verheißt
243,4 und dein selbst nehmen wahr
275,5 Herr, nimm mein wahr in dieser G'fahr
451,6 nimm meines Lebens gnädig wahr

Waise (5)
178.8 laß uns als Waisen nicht
281,2 will unsrer Waisen Vater sein
302,7 die Waisen nimmt er an
303,6 Witwen und Waisen hält er Schutz
423,7 die Witwen und die Waisen... speisen

Wald (9)
330,3 ihr grünen Blätter in den Wäldern
371,8 der allen Vöglein in den Wäldern
403,2 schön sind die Wälder
477,1 nun ruhen alle Wälder
482,1 der Wald steht schwarz und schweiget
503,3 und macht sich in die Wälder
504,3 Wälder, Felder, jedes Tier
507,4 dunkler Wald, grün gestalt'
515,4 sei gepriesen für Feld und Wald und Täler

wallen (sprudeln; veraltet für: pilgern) (11)

a) im Sinne von: innerlich bewegt sein (5)
70,3 nach dir wallt mir mein Gemüte
70,6 in steter Liebe wallen
330,2 o daß mein Blut mit Jauchzen wallte
399,6 in ewger Freud zu wallen
404,6 beständig möge wallen

b) im Sinne von: pilgern (6)
62,2 an den Ort, der nach ihm genannt ist, wallen
279,6 ich will zu deinem Tempel wallen
280,2 in rechter Bahn zu wallen
407,3 drum so will ich wallen
451,5 mich deine Wege wallen
529,8 je länger ich hier walle

walten (24) → *sich annehmen, herrschen, regieren*
243,6 und unser freundlich walten
249,2 und laß es ihn nur walten
280,2 und läßt die Sünd nicht walten
289,4 ihr starken Engel, waltet
293,2 tut über uns stets walten
301,1–12 waltet bis in Ewigkeit
326,3 mit seiner Güte walten
361,8 ihn, ihn laß tun und walten
369,1 wer nur den lieben Gott läßt walten
372,1+6 drum laß ich ihn nur walten
471,1 Gott walt's zu Frommen
473,1 dich will ich lassen walten

wälzen (3)
98,2 wälzte ihren Felsen vor der Liebe Grab
105,6 wer wälzt uns fort den schweren Stein
111,11 er wälzt ihn von des Herzens Tür

Wandel (6)
140,5 durchfließ Herz, Sinn und Wandel wohl
312,6 und macht mit eurem Wandel
318,7 all unsern Wandel wenden
385,1 auf euch, folgt meinem Wandel nach
386,7 was dienet zum göttlichen Wandel und Leben
488,2 umringt von Fall und Wandel leben wir

wandeln (19)

a) im Sinne von: leben (15)
20,1 das Volk, das noch im Finstern wandelt
40,5 wie ich im Lichte wandeln soll
61,1 daß aufs neu ich wandeln kann
81,5 der Fromme stirbt, der recht und richtig wandelt
104,3 daß wir wandeln, wie dir's gefällt
295,1 wohl denen, die da wandeln
385,2 wie man wahrhaftig wandeln soll
393,4 man muß wie Pilger wandeln
426,1–3 laßt uns wandeln im Lichte des Herrn
440,4 zu wandeln als am lichten Tag
441,5 und wandeln, wie's dem wohl ansteht
459,3 laßt wandeln uns in diesem Licht
510,3 wie sie wandeln, wie sie leuchten

b) im Sinne von: verwandeln (4)
64,1 und wandle sie in Segen
96,3 lieber Herr Jesus, wandle uns von Grund auf

279,3 ins Trockne wandelt er die Meere
513,3 in Staub uns wandeln, können wir nicht leben

wandern (13)
16,4 doch wandert nun mit allen
58,2 wir gehn dahin und wandern
167,4 so wolln wir fröhlich wandern
274,3 ob ich wandert im finstern Tal
282,4 wir wandern in der Pilgerschaft
393,1 zur Ewigkeit zu wandern
393,7 kommt, Kinder, laßt uns wandern
393,9 kommt, laßt uns munter wandern
395,1 weil Leben wandern heißt: sich regen
395,2 und wandert in die Zeit
418,1 die im Elend wandern
481,5 mein Leben sei ein Wandern
529,6 ich wandre meine Straße

Wanderschaft (1)
529,9 mach ein seligs Ende an meiner Wanderschaft

Wandersmann (1)
524,2 wie sich sehnt ein Wandersmann

Wange (2)
85,3 die Farbe deiner Wangen
302,5 macht schöne rote Wangen

wanken (15)
34,3 so laß mich von dir nicht wanken
61,5 Jesus lasse nie mich wanken
115,5 seine Treue wanket nicht
145,3 von seinem Wort nicht wanken
157 Herr, laß mich nur nicht wanken
179,2 regierst ohn alles Wanken
200,6 laß diesen Vorsatz nimmer wanken
215,4 du sollst glauben und nicht wanken
240,2 laß unsre Liebe ohne Wanken
357,1 wo alles wankt und fällt
357,4 der nimmermehr kann wanken
423,9 und die im Glauben wanken
449,8 ohn alles Wanken; seine Gedanken
471,3 und von dir nicht wanken
516,5 das hin und her tut wanken

wann (12)
37,5 wann oft mein Herz im Leibe weint
81,11 wann, o Herr Jesu, dort vor deinem Throne
150,2 wann wirst du kommen schier
234,3 wann ich des Lebens müde werd
296,1 wann mir mein Gott vom Himmelsthron
304,3 und gibet Regen, wann er will, auf Erden
352,5 wann Gott will, bin ich bereit
369,4 er weiß wohl, wann es nützlich sei
409,7 wann es ihm gefällt
414,3 gib Furcht und Demut, wann du mich beglückst
414,3 Geduld und Trost, wann du mir Trübsal schickst
449,2 wann sie mit Frieden von hinnen geschieden

wappnen (2)
66,3 bricht dem gewappneten Starken ins Haus
134,6 wappne uns in diesem Krieg

warm (1)
65,5 laß warm und hell die Kerzen heute flammen

Wärme (1)
171,2 voll Wärme und Licht im Angesicht

wärmen, sich wärmen (3)
128,5 wärm die kalten Herzen fein
324,5 wer wärmet uns in Kält und Frost
514,3 daran der Mensch sich wärmt und nährt

warnen (1)
145,6 Gott warnet täglich für und für

Warnung (2)
145,7 daß wir dein Warnung fassen
244,6 dein treue Warnung auch veracht'

warten (18) → *erwarten*

a) im eigentlichen Sinn (17)
6,2 kein Tag vergeht, wir warten dein
70,7 deiner wart ich mit Verlangen
95,1 weil Qual und Sterben auf ihn warten
113,7 hier sind wir still und warten fort
152,1 wir warten dein, o Gottes Sohn
152,2 wir warten deiner mit Geduld
152,3 wir warten dein; du hast uns ja
152,4 wir warten dein, du kommst gewiß
209,2 ich wart', daß einer mit mir geht
212,3 wartet auf die Kleinen und empfängt uns
297,5 die deiner Hilfe warten
392,4 er wartet noch auf mich, wer weiß, wie lang
430,2 die Erde wartet sehr
442,7 o Jesu Christ, wir warten dein
461 aller Augen warten auf dich, Herre
512,1 unser Warten ist gekrönet
517,3 dort wartet dein der Engel Schar

b) im Sinne von: pflegen (1)
191 wart und pfleg ihr' zu aller Zeit

warum (14)
54,2 Hirten, warum wird gesungen
63,2 warum es so viel Leiden
63,2 warum denn immer scheiden
63,2 du armes Herz, warum
97,5 warum zweifelst du
278,6 warum hast du mich so vergessen
278,7 warum verstößt du mich so
355,2 wo kam dies her, warum geschieht's
370,1 warum sollt ich mich denn grämen
381,1+3 Gott, mein Gott, warum hast du mich verlassen
381,2+4 Gott, mein Gott, warum gibst du keine Antwort
526,2 warum sollte mir denn grauen

waschen (4)
78,3 wusch ihn' ihre Füße
202,1 zu waschen uns von Sünden
250,1 durch Christi Blut gewaschen sein
351,5 der ist's, der mich rein wäschet

Wasser (15) → *Feuer*
77,6 daraus Blut und Wasser rann
143,7 mit Feuer, Wasser, Wind und Schnee
202,2 Gott spricht und will, daß Wasser sei
202,2 doch nicht allein schlicht Wasser
202,7 das Aug allein das Wasser sieht
202,7 wie Menschen Wasser gießen
206,2 wer durch Wasser und durch Geist
208,2 zum Wasser gabst du Wort und Geist
208,3 Geist, Wort und Wasser mach zum Samen
217,1 und zum frischen Wasser führn
274,2 zum reinen Wasser er mich weist
278,1 wie der Hirsch lechzt nach frischem Wasser
297,3 und über die groß Wasser läuft
424,1 schenkst uns Wasser, schenkst uns Brot
498,3 kein Wasser irrn uns überall

Wasserbach (1)
514,3 ihr Wasserbäche, klar und rein

Wasserflut (1)
511,2 sich kühlen in der hellen Wasserflut

Wasserquell (1)
83,6 im Durst soll's sein mein Wasserquell

Wasserschaden (1)
423,5 wend ab... so Feu'r- als Wasserschaden

Wassersnot (4)
192 vor Feuers- und Wassersnot
279,5 verlieren im Feuer und in Wassersnot
443,3 vor Feu'r und Wassersnot
475,7 wende Feu'r und Wassersnot

Wasserwelle (1)
504,5 seht der Wasserwellen Lauf

weben (2)
371,13 was webt und lebet auf der Erden
379,5 darfst in ihm atmen, weben

Wechsel (1)
27,5 das mag ein Wechsel sein

wechseln, sich wechseln (2)
27,4 er wechselt mit uns wunderlich
528,3 wie sich wechseln Stund und Zeiten

wecken (11) → *aufwachen, erwecken*
127,6 weckst uns am Jüngsten Tage
242,2 weck die Schaf mit deiner Stimm
259,3 zu wecken die Gemeine
262,2 weck die tote Christenheit
263,2 weck die tote Christenheit
373,4 wollst du mich, Jesu, ermuntern und wecken
383,4 soll sein Echo in mir wecken
416 daß ich die Hoffnung wecke, wo Verzweiflung quält
452,1 er weckt mich alle Morgen
452,1 er weckt mir selbst das Ohr
490,3 weckt ferne Menschen schon ihr Lauf

weder (7)
114,8 scheu weder Teufel, Welt noch Tod
296,4 er schläft nicht, weder Tag noch Nacht
325,10 weil denn weder Ziel noch Ende
366,1 und finden weder Hilf noch Rat
393,5 sonst weder Leib noch Haus
441,7 die weder Nacht noch Tage hat
487,2 weder Nacht noch Tag

weg (3)
396,4 weg mit allen Schätzen
396,4 weg, ihr eitlen Ehren
480,2 weg, Phantasie! Mein Herr und Gott ist hie

Weg (86) → *Bahn, Gasse, Lauf, Pfad, Straße*

a) allgemein (13)
130,3 die wir den Weg nicht wissen
196,3 am Weg der Same wird sofort
287,3 du kennst oftmals deinen Weg nicht
314,3 kommt und legt ihm Zweige von den Bäumen auf den Weg

353,1 auf verkehrten Weg verfallen
360,1 du gibst uns frei, wir laufen eigne Wege
394,2 und euern Weg beschwert
486,10 was du, als ich den Weg nicht sah
497,12 der Weg zum Guten ist gar wild
498,2 wehren dem Unfall auf dem Weg
505,3 den wir auf guten Wegen
524,2 daß sein Weg ein End mög han
529,3 mich hat auf meinen Wegen

b) von Gott (10)
241,8 so dunkel jetzt dein Weg, o Heilger, ist
290,5 den Weg zu weisen, in der Wolke
311,2 bin mit dir auf allen Wegen
330,5 wer schützet mich auf meinen Wegen
361,1 gibt Wege, Lauf und Bahn
361,1 der wird auch Wege finden
361,4 Weg hast du allerwegen
374,4 ich weiß: die Wege, die er geht
382,1 fremd wie dein Name sind mir deine Wege
506,1 die Weisheit deiner Wege

c) von Jesus Christus (10)
4,2 sein' Weg er zu laufen eilt
10,2 den Weg dem großen Gast
17,1 machet dem Herrn den Weg bereit
20,5 der Weg, die Wahrheit und das Leben
117,3 er hat den Weg erlitten
155,1 und uns den Weg zur Wahrheit führ
207,3 der Weg, die Wahrheit bist
385,2 ich bin der Weg, ich weise wohl
386,10 und leite mich, Höchster, auf ewigem Wege
498,4 Herr Christ, du bist der rechte Weg

d) zum Himmel, zu Gottes Thron (12)
1,5 den Weg zur ewgen Seligkeit
2,3 den Weg zur ewgen Seligkeit
14,2 den Weg zu deinem Throne sperren
73,10 der zeigt dir einen andern Weg
131,5 du zeigst den Weg zur Himmelspfort
296,8 sind Weg und Steg auch voll Gefahr
361,12 so gehen unsre Wege... zum Himmel
391,2 geht der Weg zu dir
393,9 der Weg kürzt immer ab
428,3 für den Weg durch Lärm und Streit
514,6 den Weg, den Jesus ging voran
524,7 Leben, Weg und Himmelspfort

e) von der Nachfolge des Menschen (41)
58,11 zu allen unsern Wegen
62,1 und auf seinen Wegen gehn
62,3 unsre Wege wollen wir
90,2 du gehst den engen Weg voran
93,4 sagt zu Christi Wegen: Ja
127,6 du leitest uns auf ebnem Weg
171,1 sei mit uns auf unsern Wegen
171,4 sei um uns auf unsern Wegen
178.8 daß das Herz entbrennt, deinen Weg erkennt
182,4 daß sie den Weg zu ihm findet
211,5 zeig uns den Weg und geh ihn mit
214,3 daß wir gehn auf seinen Wegen
224,1 wir tragen unsrer Wege Leid
228,1 steht auf und eßt, der Weg ist weit
235,4 den Weg zum andern finden
237,3 mein Weg und meine Ruh
245,4 es ist kein Weg, denn nur der Glaube
252,4 stärke sie in deinen Wegen
254,2 die Liebe wird uns leiten, den Weg bereiten
257,3 es ist kein Weg zu schwer
267,2 mühen, deinen Weg zu gehn
282,3 von Herzen deinen Weg erwählet
295,3 laufen den Weg deiner Gebot
360,6 gib uns die Wege frei, die zu dir führen
361,1 befiehl du deine Wege
369,7 sing, bet und geh auf Gottes Wegen
391,4 führst du uns durch rauhe Wege
393,7 uns auf dem Weg nicht streiten
395,1-3 vertraut den neuen Wegen
400,6 laß meinen Fuß in deinen Wegen
406,1 will auf deinen Wegen gehn
426,3 mutig wagen, auf Jesu Weg zu gehn
428,1 wende... auf den Weg des Friedens hin
428,4 daß er auf dem Weg noch ist
447,7 auf unsern Wegen unverhindert gehen
451,5 mich deine Wege wallen
472,5 Gotts Steg und Weg verlier
494,3 und bleibt auf seinen Wegen
497,1 auf rechten, guten Wegen

wegen (3)
149,5 von wegen deiner Wunden
149,7 von wegen vieler Plage
234,5 von wegen Christi Blut und Tod

weggehen (1)
73,2 geh weg aus deinem Vaterhaus

wegnehmen (4) → *entnehmen*
37,7 nehmt weg das Stroh, nehmt weg das Heu
127,5 nimm weg der Trennung Sünde
152,2 bis du es weg wirst nehmen
205,1 laß's sein dein Kind, nimm weg sein Sünd

wegreißen (1)
354,6 wird alles andre weggerissen

wegtragen (1)
113,3 trägt weg den Raub mit Prangen

wegtreiben (3)
40,2 er treibet weg der Höllen Macht
125,3 die Trübsal uns nicht wegtreiben
475,7 treibe weg des Krieges Schall

wegwerfen (1)
213,2 und werft die Ängste weg

weh (2)
35,2 nach dir ist mir so weh
149,4 o weh dem Menschen, welcher hat

Weh (5)
143,7 bereitet er der Menschheit Weh
148,4 von Trauern, Weh und Klagen
275,2 in Angst und Weh ich lieg und steh
351,2 und was mir bringet Weh
369,2 was hilft uns unser Weh und Ach

wehen (7)
127,3 weh rein vom Sündenstaube
289,3 der Wind nur drüber wehet
298,3 und des Sieges Palme weht
406,6 als dem kühlen, scharfen Wehen
508,1 der tut mit leisem Wehen
508,4 er läßt die Winde wehen
528,4 wenn ein rauhes Lüftlein wehet

Wehklage (1)
77,4 betet mit Wehklagen

Wehr (1) → *Schutz*
362,1 ein gute Wehr und Waffen

wehren, sich wehren (33) → *steuern, verwehren*
6,4 Herr Christ, dem alten Drachen wehr
34,1–4 Christus wehret allem Leide
36,3 Gott gibt, unserm Leid zu wehren
37,8 das will ich dir nicht wehren
71,5 mein' Feinden wollst du wehren
95,2 sie greifen ihn. Er wehrt sich nicht
125,3 und wehr des Fleisches Ängstlichkeit
143,7 wo ihm nicht wehrt der Engel Schar
183,1 allem Unfall will er wehren
192 allen Ärgernissen wehren
203,3 zu mir, ihn' niemand solches wehr
242,2 wehr und straf der Bösen Grimm
244,8 so wehr all derer Übermut
245,1 der seiner Menschen Jammer wehrt
246,4 und wehr des Teufels Trug und Mord
246,5 den stolzen Geistern wehre doch
247,3 Herr, wehre der Gewalt auf dieser Erde
262,3 der sonst niemand wehren kann
263,3 der kein Mensch sonst wehren kann
273,3 Gott wolle wehren allen gar
273,3 spricht: Trotz! Wer will's uns wehren
343,3 damit mein Seel zu nähren, mich zu wehren
343,5 kommt nun Anfechtung her, so wehr
344,4 wehr und steu'r allem Fleisch und Blut
358,2 und mit dem Wort sich wehrt
364,4 hilf, steu'r und wehr, ach Gott, mein Herr
397,2 des Satans Mord und Lügen wehr
446,2 Gott aber hat's gewehret
498,2 wehren dem Unfall auf dem Weg
500,2 und allem Unheil wehre

Weib (4)
231,10 du sollst deins Nächsten Weib und Haus
303,2 Fürsten sind Menschen, vom Weib geboren
362,4 Gut, Ehr, Kind und Weib
475,6 Weib und Kinder, Hab und Gut

weich (2)
50,4 dich aber bettet keiner weich
127,7 irden Geschirr sind wir und weich

weichen (20)
40,1 weicht hunderttausend Sonnen nicht
151,4 davor das Dunkle weicht
195,1 dem soll doch alles weichen
218,4 nein, Vernunft, die muß hier weichen
275,6 mein Gott, mein Gott, weich nicht von mir
283,4 bald wiche guten Tagen
346,5 weich nicht von mir, mein höchste Zier
351,1 weicht alles hinter sich
372,5 da weichen alle Schmerzen
396,6 weicht, ihr Trauergeister
402,3 Hören, Schmecken, Fühlen weichen
430,2 hilf, wenn wir weichen wollen
443,5 und weichen nicht von mir
444,1 die Finsternis weicht
444,3 und weiche nicht fern
470,1 die Sonn mit dem Tag von uns weicht
475,5 bin ich gleich von dir gewichen
478,6 weicht, nichtige Gedanken, hin
488,2 wie bald verebbt der Tag, das Leben weicht
527,2 sobald der Geist gewichen

Weide (8)
280,2 dein Wort die Hut und Weide ist
288,3 zu führen stets auf gute Weid
325,6 überall ist meine Weide
386,9 weil auf eine frische Weide
396,1 Jesu, meine Freude, meines Herzens Weide
501,1 mit Lust auf grüner Weid
502,3 zur grünen Weiden stellet euch willig ein
508,4 er gibt den Kühen Weide

weiden (4)
151,7 wo die Erlösten weiden
217,1 dein arm Schäflein wollest du weiden
274,1 er weidet mich ohn Unterlaß
519,4 zu 'rleuchten, die dich kennen nicht, und zu weiden

weidlich (1)
371,11 laß sie nur immer weidlich spotten

weihen, sich weihen (9)
137,6 Tempel und Altäre weiht
238,1 bis in den Tod zu weihn
251,5 vereine deine dir geweihte Schar
279,1 sei Stimm und Saite ihm geweiht
281,4 sich dir, dem wahren Gotte, weihn
300,1 ihr, seine Knechte, steht geweiht
414,1 auf deinen Willen sehn und dir mich weihn
414,4 dann werd ich heilig, rein und dir geweiht
490,1 dir sei die Stille nun geweiht

Weihnachtsengel (1)
55,3 die Weihnachtsengel singen

Weihnachtsglanz (1)
40,5 und sei des Weihnachtsglanzes voll

Weihnachtskunst (1)
40,5 und lehre mich die Weihnachtskunst

Weihnachtssonne (1)
40,5 drum, Jesu, schöne Weihnachtssonne

Weihnachtswonne (1)
40,5 dein Licht sei meine Weihnachtswonne

Weihnachtszeit (3)
44,1–3 gnadenbringende Weihnachtszeit

Weihrauch (3)
29,2 Gold, Weihrauch, Myrrhen brachten sie mitte
446,5 mein Weihrauch und mein Widder
449,3 dankbare Lieder sind Weihrauch und Widder

Weile (3)
361,9 er wird zwar eine Weile mit seinem Trost verziehn
378,2 eine Weile Meister ist
378,2 laß es Weile haben

Wein (10) → *Abendmahl*
127,2 man wähnt, sie wären voller Wein
215,2 und zu trinken sein Blut im Wein
218,2 daß in diesem Brot und Weine
223,3 gab zwiefach sich in Wein und Brot
224,3 nun segne, Herr, uns Brot und Wein
225,3 der Herr in Brot und Wein
228,1–3 er ist das Brot, er ist der Wein
229,1 er bricht Brot und reicht uns den Wein

weinen (13) → *feuchten*
9,6 und all eu'r Klag und Weinen
16,1 auch wer zur Nacht geweinet
37,5 wann oft mein Herz im Leibe weint
55,1 und die zuvor geweint
105,8 erschrecket nicht! Was weinet ihr
137,4 für sie seufzen, weinen, flehn
170,1+4 Lachen oder Weinen wird gesegnet sein
298,3 was wir weinend ausgesät
324,11 du zählst, wie oft ein Christe wein
478,1 und was zuvor geweint
524,5 ist nichts denn nur Klag und Weinen
531,1 wie auch mein Auge weint

Weinstock (3)
206,4 Weinstock, hilf, daß diese Rebe
406,1 wie der Weinstock seinen Reben
503,6 des süßen Weinstocks starker Saft

weise (8) → *klug*
271,2 verborgen hast du dich den klugen Weisen
301,4 Erd und Himmel weise schuf
333,3 sein Tun ist weise
357,1 wo Wahn die Weisen treibet
361,8 er ist ein weiser Fürst
451,7 ein weises Herz, das seine Pflicht erkenn
497,3 es fängt so mancher weise Mann
527,3 es hilft kein weises Wissen

Weise (Melodie) (4)
48,2 lasset uns preisen in frommen Weisen
69,4 wir preisen dich heute hoch mit frohen Weisen
332,4 einst kommt die Zeit, wo wir auf tausend Weisen
441,8 auf daß erklinge diese Weis

Weise (Art) (10)
107,3 dem Heilgen Geist in gleicher Weis
109,6 dem Heilgen Geist in gleicher Weis
143,1 auf viele Weisen wunderbar
213,2+6 die auf verborgne Weise
218,3 und die unerforschte Weise machet
302,5 er weiß viel tausend Weisen
502,4 nach Vaters Weise sättigt er allzumal
503,11 so wollt ich nach der Engel Weis
520,6 uns kommt in gleicher Weis der Tod

weisen, sich weisen (zeigen) (15) → *erweisen*
64,1 die Mitte fest gewiesen ist
71,2 der neu Stern auf dich weiset
129,1 und uns auf Christus weist
134,6 wenn des Satans Macht sich weist
274,2 zum reinen Wasser er mich weist
290,5 den Weg zu weisen, in der Wolke
302,3 das weisen die Geschäfte
311,1 in ein Land, das ich dir weise
371,8 ihr bescheidnes Körnlein weiset
384,1 in der Lieb den Glauben weisen
385,2 ich bin der Weg, ich weise wohl
395,1 auf die der Herr uns weist
472,5 der mich weise und lehre
501,3 und weist des Himmels Pfort
534,1 und weise uns, eh wir gehen müssen

Weisheit (13)
91,5 trotz allen frechen Spottes, die Weisheit Gottes
130,2 du Quell, draus alle Weisheit fließt
134,2 Weisheit, Rat, Verstand und Zucht
142,4 mit Weisheit sind sie angetan
195,1 auch menschlich Weisheit will ich nicht
386,5 aller Weisheit höchste Fülle
386,5 und mich zu der Weisheit, die himmlisch ist, führet
386,5 so hab ich der Weisheit vollkommenen Preis
388,2 aller Weisheit, Lieb und Stärk
389,4 gib Weisheit, Stärke, Rat, Verstand
497,4 und da der rechten Weisheit Kraft
497,9 durch Weisheit deiner Hände
506,1 die Weisheit deiner Wege

weisheitsreich (1)
130,5 von deiner weisheitsreichen Lehr

weislich (1)
414,3 der mir zum Besten alles weislich fügt

weiß (2)
482,1 steiget der weiße Nebel wunderbar
513,1 das Feld ist weiß; vor ihrem Schöpfer neigen

weit (57) → *breit, fern*

a) allgemein (29)
1,1+4 macht hoch die Tür, die Tor macht weit
50,5 das Herz uns zum Gesange weit
71,1 den Menschen weit und breit
71,4 dein Glanz erstreckt sich weit
108,3 mit Wort und Tat weit ausbreiten
114,7 er wird auch überwinden weit
142,2 sie stehen weit um deinen Thron
151,3 der Bräut'gam ist nicht weit
151,4 zeigt den schönen Tag von weitem
182,6 so wie die Körner, auf Erden weit verstreut
196,6 dein Wort sich weit ausbreiten
228,1 steht auf und eßt, der Weg ist weit
233,2 lief ich gleich weit zu dieser Zeit
244,1 Christ, sei mit deiner Hilf nicht weit
254,2 wir sehen schon von weitem
281,1 schreckt, die ihn hassen, weit zurück
298,2 ach, der Pfad ist steil und weit
308,2 des wird von nun an weit und breit
315,4 er ist's, der dir entgegenläuft weit, wie weit
323,3 und preisen weit und breit dich hier
354,6 ist die Errettung noch so weit
377,2 nur Mut, die Stund ist nimmer weit
387,6 denn die Zeit ist nicht weit
396,5 bleibet weit dahinten
454,1 auf und macht die Herzen weit
454,6 darum macht die Herzen weit
510,4 weites, glänzendes Gewand
527,3 dem wird ein enges Grab zu weit

b) von Himmel, Erde, Feld, Welt usw. (28)
17,3 weit in die dunkle Welt hinein
24,10 und wär die Welt vielmal so weit
29,1 im weiten Feld bewachten
37,4 und meine Seel ein weites Meer
54,1 klingen das weite Feld entlang
133,8 die ganze weite Welt
150,1 weit über Berg und Tale
150,1 weit über Flur und Feld
191 ehrt die Welt weit und breit
191 geht über Himmel und Erden weit
241,4 o breite, Herr, auf weitem Erdenkreis
255,8 entflamme doch bald die ganze weite Welt
257,3 ins weite Völkermeer
277 Herr, deine Güte reicht, so weit der Himmel ist
277 und deine Wahrheit, so weit die Wolken gehen
291,1 reicht, so weit der Himmel ist

291,1 reicht... so weit die Wolken gehn
291,2 Herr Gott, erhebe weit über den Himmel dich
291,2 und deine Ehre weit über alle Land
295,4 so weit der Himmel gehet
360,1 in diesem unermeßlich weiten Raum
395,3 das Land ist hell und weit
424,3 hilf, daß in der weiten Welt
426,3 in die Gottesstadt, leuchtend und weit
459,1 ihr Glanz über die Welt weit geht
506,3 Gott, deine Güte reicht so weit
506,3 so weit die Wolken reichen
507,5 tiefes Meer, weit umher

weiten, sich (1)
65,6 der Welt, die unsichtbar sich um uns weitet

weiter (3)
37,4 und weil ich nun nichts weiter kann
355,2 Erbarmung ist's und weiter nichts
482,4 und kommen weiter von dem Ziel

weitergehen (1)
168,4 wenn wir jetzt weitergehen

weitersagen (1)
225 komm, sag es allen weiter

weiterziehen (1)
490,2 der Morgen ewig weiterzieht

weithin (1)
511,1 weithin über alle Welt

Weizen (4)
98,1-3 Liebe wächst wie Weizen, und ihr Halm ist grün
503,7 der Weizen wächset mit Gewalt

Weizenkorn (1)
78,9 Jesus ist das Weizenkorn

welch (34)
30,2 welches uns selig macht
35,3 o welch große Gnad
54,2 welch ein Sieg ward denn errungen
62,4 welcher allen Kummer stillt
83,7 in welcher ich will vor den Thron... gehen
91,3 welch wundervoll hochheiliges Geschäfte
108,1 welchs er läßt reichlich verkünden
115,6 welchen Trost in Todesnot
123,9 welcher über alles Hoffen
149,4 o weh dem Menschen, welcher hat
154,3 welch ein Geheimnis wird an uns geschehn
239,4 und der Friede Gottes, welcher höher
251,4 Halleluja, welche Höhen
251,4 welche Tiefen reicher Gnad
254,1 wir wolln nach Arbeit fragen, wo welche ist
302,1 dem, welchem alle Dinge
303,3 welcher vom Glauben sich nicht läßt trennen
303,4 welcher uns ewig Treue hält
303,5 zeigen sich welche, die Unrecht leiden
327,4 welcher Christus nennet
328,5 durch welchen ich dein Kind und Erbe bin
331,7 steht... allen, welche glauben, offen
331,8 welche dich in Demut bitten
353,1 welche von der rechten Bahn
354,4 o Abgrund, welcher alle Sünden
365,5 welchs er uns beides schenkt
369,7 denn welcher seine Zuversicht
410,1-3 welch ein Grund zur Freude
449,3 an welchen er sich am meisten ergötzt
457,10 er segnet, welche Schuld auch trennt
503,10 welch hohe Lust, welch heller Schein
526,2 welches es nicht nach sich zieht

welk (1)
302,8 ich eine welke Blum

Welle (4)
117,3 wär er geblieben, wo des Todes Wellen branden
244,2 bedroh der Wellen wild Gebrüll
278,4 Wellen gehn über mich hin
351,2 und dämpfe Sturm und Wellen

Welt (290) → *Erde*

a) allgemein
b) alle Welt
ba) aller Welt
c) ganze Welt
d) die Welt → e), f)
e) die geschaffene Welt → d)
f) die gefallene Welt → d)
fa) in Verbindung mit Teufel, Sünde, Tod
g) die gerettete Welt,
h) vom Tod, von Gericht und Ende der Welt

a) allgemein (19)
3,3 da sich die Welt zum Abend wandt
24,10 und wär die Welt vielmal so weit
70,5 du hast mich ewig vor der Welt
114,8 und den Geringen in der Welt
127,5 die in der Welt zerstreuet sind
137,2 eine Welt mit ihren Schätzen
198,1 mir ist's nicht um tausend Welten

204,1 von Anbeginn der Welt
223,1 geht zu der Welten Abendzeit
282,3 wohl, wohl dem Menschen in der Welt
313,3 der durch die Welt geht und die Zeit
322,1 ihr Menschen in der Welt
354,1 da lag er vor der Zeit der Welt
402,5 nicht nach Welt, nach Himmel nicht
453,4 wir ledig aller Last der Welt
479,1 die Welt hat sich zur Ruh gemacht
514,2 du Sturm, der durch die Welten zieht
529,6 mein Leben durch die Welt
529,8 die Welt bin ich durchgangen

b) alle Welt (31)

4,1 daß sich wunder alle Welt
11,5 damit du alle Welt
12,1 Gott sei Dank durch alle Welt
15,4 sehet, sehet, alle Welt
24,5 das alle Welt erhält und trägt
29,4 das alle Welt mit seiner Gnad erfüllet
40,2 streckt sich in alle Welt hinein
58,3 die alle Welt bedecken
111,13 wenn mir gleich alle Welt stürb ab
111,15 Herr Jesu, dankt dir alle Welt
115,2 über alle Welt gegeben
127,2 all Welt sich drüber wundert
143,4 des Himmels Heer durch alle Welt
184,4 da alle Welt ihr Urteil nimmt
201 gehet hin in alle Welt
202,5 geht hin, all Welt zu lehren
244,10 und alle Welt des inne werd
248,4 daß dich alle Welt erkenn
280,2 und alle Welt, die freue sich
280,3 dem alle Welt die Ehre tu
288,1 nun jauchzt dem Herren, alle Welt
326,6 die alle Welt erzeiget
333,4 und alle Welt ist seiner Ehre voll
350,4 und hast für mich und alle Welt
409,7 nein, für alle Welt
476,1 bringt Menschen, Vieh und alle Welt zur Ruh
499,1 alle Welt soll hell erklingen
506,6 und alle Welt sag Amen
506,6 und alle Welt fürcht ihren Herrn
511,1 weithin über alle Welt
517,4 denn alle Welt ist dir zu klein

ba) aller Welt (Genitiv, Dativ) (23)

1,1 ein Heiland aller Welt zugleich
3,4 daß es in aller Welt erschallt
11,1 o aller Welt Verlangen
23,3 den aller Welt Kreis nie beschloß
24,12 wie aller Welt Macht, Ehr und Gut
29,1 die euch und aller Welt soll widerfahren
38,2 aller Welt wird offenbar
42,1+9 sein werd in aller Welt gedacht
66,9 Jesus ist kommen, sagt's aller Welt Enden
92,1 Christe, du Schöpfer aller Welt
105,1 der aller Welt ein Tröster ist
125,1 das Volk aus aller Welt Zungen
137,7 aller Welt trotz Spott und Drohen
149,2 an aller Welten Ende
178.4 Christe, aller Welt Trost
302,8 sein Lob vor aller Welt
303,4 er ist's, der Herrscher aller Welt
433 Frieden aller Welt
489,1+2 preist den Herrn aller Welten
497,14 vor deinem Volk und aller Welt
517,1 und aller Welte Trost entbehr

c) ganze Welt (27)

7,4 wo bleibst du, Trost der ganzen Welt
66,6 Sünden der ganzen Welt träget dies Lamm
110,1+6 die ganze Welt, Herr Jesu Christ
114,1 der ganzen Welt zur Wonne
133,8 die ganze weite Welt
141,4 das trägt die Sünd der ganzen Welt
146,2 so müßt die ganze Welt vergehn
146,4 die sind ja für die ganze Welt
156 die Völker der ganzen Welt versammelt hast
241,1 ja deren Schall die ganze Welt durchdringt
255,1 und bald die ganze Welt erkennte
255,8 doch bald die ganze weite Welt
270,5+6 die ganze Welt hast du ihm anvertraut
350,5 erbarme dich der ganzen Welt
360,1 die ganze Welt hast du uns überlassen
363,4 wenn einer hätt die ganze Welt
374,1 und wenn zerfällt die ganze Welt
375,1 sein wird die ganze Welt
394,3 begraben sei die ganze Welt
397,1 die ganze Welt erfreut mich nicht
441,3 er ist das Licht der ganzen Welt
442,1 und leuchtet in die ganze Welt
477,1 es schläft die ganze Welt
502,2 der Herr regieret über die ganze Welt
519,3 zu seinem Reich die ganze Welt heißen laden

d) diese Welt (33) → *e), f)*

9,3 sucht er auf dieser Welt
65,4 an dieser Welt und ihrer Sonne Glanz
74,4 bleib auch am Abend dieser Welt
82,6 daß ich verleugne diese Welt
111,7 sein Reich ist nicht von dieser Welt
167,4 durch diese Welt und Zeit

182,2	suchet zuerst Gottes Reich in dieser Welt
196,3	von Sorg und Lüsten dieser Welt
233,1	auf dieser Welt zu finden
274,3	in dieser Welte Tücke
282,6	Heil dem, der stets in dieser Welt
343,4	in dieser Welt abwenden
362,3	der Fürst dieser Welt
363,3	also wird diese schöne Welt
367,3	von dieser Welt abscheiden
378,1	daß die Burgen dieser Welt
399,1	aus dieser Welt Elende
402,3	mich auf dieser Welt erreichen
406,4	auch des Rufs aus dieser Welt
409,1–8	Gott liebt diese Welt
429,3	und diese Welt wird endlich bewohnbar für einen jeden
472,3	in dieser argen Welt
482,6	aus dieser Welt uns nehmen
495,6	soll ich auf dieser Welt
503,9	was will doch wohl nach dieser Welt
527,5	begrüßen diese Welt

e) die geschaffene Welt (28) → *d)*

14,3	der Welt hinaus und macht dir Bahn
23,5	ein Gast in der Welt hier ward
47,1	Gottes Sohn kam in die Welt
97,2	und die Welt bewahrt
123,4	in der Welt und Himmel Enden
142,5	dein Wort geht in die Welt hinaus
150,4	was in der Welt an Auserwählten war
199,1	es schuf aus Nichts die Welten
251,7	also wird die Welt erkennen
262,1	daß die Welt es sehen kann
263,1	daß die Welt es sehen kann
269,1	die Welt soll sehn, wem ihr vertraut
284,4	und dem Sturme trotzend leben in der Welt
408,1	meinem Gott gehört die Welt
409,2	Gott gehört die Welt
409,3	Gott ist in der Welt
412,4	Gott schuf die Welt nicht bloß für mich
426,2	Gott wird seine Welt bewahren
445,1	dessen starke Hand die Welt
451,3	du bist es, Herr und Gott der Welt
452,2	da er die Welt erschuf
454,2	Gottes Wort erschuf die Welt
459,1	ihr Glanz über die Welt weit geht
482,2	wie ist die Welt so stille
484,4	und die stille Welt besehn
487,1	schlafen geht die Welt
507,2	Gottes Welt, wohl bestellt
515,1	sei gepriesen, du hast die Welt geschaffen

f) die gefallene Welt (49) → *d)*

14,5	dagegen sich die Welt empört
17,3	weit in die dunkle Welt hinein
37,8	du fragest nicht nach Lust der Welt
51,1+5	also liebt Gott die arge Welt
53,1	als die Welt verloren
81,6	ich lebte mit der Welt in Lust und Freuden
83,1	die Schuld der Welt und ihrer Kinder
84,1	o Welt, sieh hier dein Leben
87,5	durch dein Kreuz Fleisch und Welt
92,5	die stolze Welt erblaßt vor dir
97,1	von der Welt verflucht
98,2	über Gottes Liebe brach die Welt den Stab
99	so wär die Welt vergangen
105,2	so wär die Welt vergangen
106,4	da der Welt Fürst darniederlag
111,4	jetzt ist der Tag, da mich die Welt
112,5	die Welt ist mir ein Lachen
114,3	tritt unter dich die böse Welt
137,8	mitten in der Angst der Welt
154,2	tief liegt des Todes Schatten auf der Welt
178.6	Trost der verlornen Welt
226,2	alle Hungernden der Welt
267,4	Herr, in unsre müde Welt
275,5	mir hat die Welt trüglich gericht'
282,5	als lang in stolzer Ruh der Welt
297,6	die Welt laß immer murren
325,8	und mich von der schnöden Welt
347,5	noch fäll die böse Welt
351,11	die Welt, die mag zerbrechen
352,3	die man in der Welt nicht find't
360,3	nach unserm Willen soll die Welt sich ordnen
370,9	was die Welt in sich hält
378,4	es mag sein – die Welt ist alt
381,3	so schrie der Welten Christus, blutend am Kreuz
384,1	in der Welt der Welt entfliehen
385,1	verleugnet euch, verlaßt die Welt
392,6	Fleisch, Welt, Vernunft, sag immer, was du willt
396,2	laß die Welt erzittern
396,3	tobe, Welt, und springe
396,5	das die Welt erlesen
424,2	unsre Welt ist wirr und bunt
424,3	hilf, daß in der weiten Welt
427,4	du holst die Welt aus ihrem Tod
428,1	komm in unsre stolze Welt
430,1	die Welt nimmt schlimmen Lauf
476,5	der argen Welt im Schlafen sicher sei

517,10 so flieh der Welte falschen Schein
527,9 verlache Welt und Ehre

fa) in Verbindung mit Teufel, Sünde, Tod (18)
42,7 durch eines Sünde fiel die Welt
112,6 durch Welt, durch Sünd, durch Not
114,8 scheu weder Teufel, Welt noch Tod
180.1 der du hinnimmst die Sünd der Welt
180.3 der du hinnimmst die Sünde der Welt
190.2 der du trägst die Sünd der Welt
190.3 du nimmst hinweg die Sünde der Welt
190.4 das der Welt Sünde trägt
192 o du Gotteslamm, das der Welt Sünde trägt
204,3 den Teufel, Welt und Sünden
249,3 muß Teufel, Welt und Höllenpfort
362,3 und wenn die Welt voll Teufel wär
370,6 Satan, Welt und ihre Rotten
387,4 Feind, Welt, Fleisch und Sünden
398,2 Teufel, Welt, Sünd oder Tod
405,2 Welt, Sünde, Teufel, Höll und Tod
524,4 Welt und Teufel, Sünd und Hölle
525,4 Tod, Teufel, Höll, die Welt und Sünd

g) die gerettete Welt (43)
10,1 der Welt zum Licht und Leben
20,5 der gute Hirt, das Licht der Welt
23,4 gibt der Welt ein' neuen Schein
28 also hat Gott die Welt geliebt
33,3 und hast die Welt bezwungen
36,2 Gottes Held, der die Welt
42,2 das Heil der Welt, dich, seinen Sohn
42,4 erniedrigst du dich, Herr der Welt
44,1 Welt ging verloren, Christ ist geboren
50,2 die Welt ist heut voll Freudenhall
50,3 die Welt liegt heut im Freudenlicht
50,4 die Welt ist heut an Liedern reich
65,6 der Welt, die unsichtbar sich um uns weitet
75,2 wäre nicht gekommen Christus in die Welt
91,4 Gott ist die Lieb und läßt die Welt erlösen
94,1 daß er das Heil der Welt
104,1–3 daß du bist sünd'ger Welt Heil und Held
110,5 und gibt der Welt ein' neuen Schein
136,7 der Welt und uns den Mund
141,3 der Welt Heiland, der wahre Christ
145,2 der für der Welt Sünd g'nug getan
182,4 laßt Gottes Licht durch euch scheinen in der Welt
182,7 Gott gibt die Welt nicht verloren
191 ehrt die Welt weit und breit
192 Herr Gott Sohn, der Welt Heiland
211,3 Dank sei dir, daß das Heil der Welt
223,4 gibt sich als Brot zum Heil der Welt
227,5 daß die Welt glaube
229,3 gibt uns Wort und Brot für die Welt
241,8 der du der Welten Heil und Richter bist
257,1 erkämpft das Heil der Welt
323,3 sehr herrlich in der Welt gemacht
331,6 zu uns auf die Welt gekommen
364,1 er tröst' die Welt ohn Maßen
383,3 Lobgesang durchströmt die Welt
409,4 kam sein Sohn zur Welt
409,5 Gott erneut die Welt
409,6 Leben für die Welt
410,1 Christus, das Licht der Welt
410,2 Christus, das Heil der Welt
410,3 Christus, der Herr der Welt

h) vom Tod, von Gericht und Ende der Welt (19)
16,5 so richtet er die Welt
61,6 wenn ich soll die Welt verlassen
122,3 mit Freuden scheiden aus der Welt
150,1 und eilt aus dieser Welt
153,3 das ist die Welt ohne Leid
325,4 durch die Welt zur Himmelspfort
358,6 da dich die Welt wird sehn
364,3 drum, muß ich Sünder von der Welt
365,6 auch wenn die Welt vergehet
387,6 und die Welt vernichten
393,11 Welt, du bist uns zu klein
399,7 in jener Welt zu hoffen
442,7 am End der Welt bleib nicht lang aus
450,5 leucht uns selbst in jener Welt
517,12 ade, Welt, Gott gesegne dich
521,1 o Welt, ich muß dich lassen
523,1 du arge, falsche Welt
525,5 gehab dich wohl, du schnöde Welt
527,3 dem hier die Welt zu enge

Weltall (3)
212,3 der das Weltall trägt mit seinen Tiefen
305,1 auch im Weltall ferne seine Ehre wohnt
306,1 auch im Weltall ferne seine Ehre wohnt

Weltgericht (2)
11,10 er kommt zum Weltgerichte
379,4 bangen vor Welt- und Endgericht

Weltgeschichte (1)
199,3 am Ziel der Weltgeschichte

Weltgewicht (1)
85,2 scheut das große Weltgewichte

weltlich (2)
308,1 daß du nicht fragst nach weltlich' Pracht
363,5 die weltlich Pracht ist gar umsonst

Weltlicht (1)
40,1 und dieses Welt- und Himmelslicht

Weltmeer (1)
286,4 das Weltmeer brause aller Enden

wenden, sich wenden (54)

a) im Sinne von: hinwenden (17)
3,3 da sich die Welt zum Abend wandt
67,4 das Herz uns zu dir wende
126,2 ein geistlich Salb an uns gewandt
145,1 bedenk, was Gott an dich gewandt
155,1 Herr Jesu Christ, dich zu uns wend
252,5 ganz und gar in dich gewandt
271,3 wenn ich den Blick zu deinen Sternen wende
283,5 schon wieder zu uns wenden
318,3 zu seiner Wahrheit wenden
341,1 was Gott an uns gewendet hat
341,4 er wandt zu mir das Vaterherz
393,9 gewandt zum ewgen Gut
394,1 nun aufwärts froh den Blick gewandt
394,5 drum aufwärts froh den Blick gewandt
399,1 dein lieb' Herz zu uns wende
481,1 mein Herz zu dir sich wendet
498,4 weil du dein Blut hast dran gewandt

b) im Sinne von: umkehren, sich wenden (9)
5,2 zur Buß sollen wenden
133,8 kannst Menschenherzen wenden
237,2 wie ich mich wend und drehe
248,6 und der Menschen Herzen wend't
318,7 all unsern Wandel wenden
398,2 kannst alles wenden
428,1 wende Haß und Feindessinn
446,8 ach Herr, zum besten wende
460 wo wir uns wenden

c) im Sinne von: abwenden, beenden (28)
29,2 daß er all euer Elend von euch wende
58,7 Lob sei... die alles Herzleid wenden
215,1 der von uns den Gotteszorn wandt
217,4 und die schwere Last von mir wende
232,3 des Teufels List sich von mir wend
233,2 würd ich es doch nicht wenden
241,8 du wirst der Menschheit Jammer wenden
248,3 Menschenhilf hat sich gewandt
271,7 und wendete der Menschheit Schand und Not
279,8 wend't seine Güte nie von mir
296,6 Gott wendet alle Trübsal schwer
345,1 mein Unglück kann er wenden
346,5 wend von mir nicht dein Angesicht
361,11 dem, der dein Leid gewandt
365,3 er wendet alles Leid
370,4 der es schickt, der wird es wenden
371,2 Kreuz, Angst und Not kann er bald wenden
372,2 er wird mein Unglück wenden
378,5 Angst und Sorge wird's nicht wenden
400,4 ich hatte mich von dir gewendet
404,8 wend allen Seelenschaden
445,7 List und Anschlag von mir wende
474,3 all Übel von uns wende
475,7 wende Feu'r und Wassersnot
476,1 die Sonn hat sich mit ihrem Glanz gewendet
501,2 drum wollst du von uns wenden
524,5 und der Schlaf von uns sich wend't
529,9 und was mich kränkt, das wende

Wendung (1)
393,2 mit ganzer Wendung richte

wenig (13) → *minder, mindsten*
11,9 auf Erden viel zu wenig
71,3 doch achtest du gar wenig
256,3 die Ernt ist groß, der Schnitter wenig
273,1 wie wenig sind der Heilgen dein
290,4 da sie noch fremd und wenig waren
302,8 ach ich bin viel zu wenig
369,3 man halte nur ein wenig stille
393,4 mit wenigem zufrieden
393,9 nur noch ein wenig Mut
393,9 nur noch ein wenig treuer
393,10 halt' noch ein wenig aus
513,5 gab er uns wenig, uns dabei bescheiden
529,8 je wen'ger find ich Freud

Werben (1)
428,1 Herr, mit deiner Liebe Werben

werden*) (179)

a) allgemein (36)
18,1 kommt, daß Friede werde
48,3 nun soll es werden Friede auf Erden
62,4 uns zur Freude werden müssen
71,1 dein Reich bekannt mög werden
73,9 zur Lust wird alle Pein
91,5 ein Ärgernis und eine Torheit werden
101,4 ein Spott aus dem Tod ist worden

*) siehe auch Fehlliste und Vorwort

106,3 das Leben siegt und ward ihm Herr
113,4 ihr Zorn ist kraftlos worden
134,2 dein Erkenntnis werde groß
149,1 da wird das Lachen werden teu'r
170,3 Frieden gabst du schon, Frieden muß noch werden
215,5 sein Kunst wird an ihm gar ein Spott
232,1 kein Trost mag mir sonst werden
247,3 daß Friede werde
248,2 täglich wird der Trübsal mehr
249,3 endlich werden zu Hohn und Spott
250,2 daß nicht dein Haus will werden voll
280,1 bekannt den Heiden werden
283,3 daß Friede... wo Christen wohnen, werden
297,6 gib, daß dein Licht uns helle werd
330,7 im Himmel soll es besser werden
344,9 Amen, das ist: es werde wahr
371,13 es kann und mag nicht anders werden
379,4 und alles wird zunichte
401,2 und mir gleich wardst ganz und gar
413,4 des wird die linke nicht gewahr
413,7 sie wird nicht müd, fährt immer fort
417,1+2 Herr, laß alles, alles hier auf Erden Liebe, Liebe werden
445,2 mein nicht mächtig worden ist
503,9 was will doch wohl nach dieser Welt... werden
519,1 der Tod ist mein Schlaf worden
521,2 das Ewge muß mir werden
527,3 dem wird ein enges Grab zu weit
532,3 und zum Loben wird unser Klagen

aa) neu werden (5)
38,3 täglich werden immer neu
148,5 und täglich werden neu
162,1 die Woche wird nun wieder neu
242,3 alte Treu wiederkehr und werde neu
369,7 so wird er bei dir werden neu

ab) von Tageszeiten (10)
241,5 o würd es doch nur bald vor Abend licht
246,1 weil es nun Abend worden ist
257,4 wo noch nicht Tag geworden
383,3 aus der Finsternis wird Tag
406,5 wenn es nun will Abend werden
445,1 der es Tag und Nacht läßt werden
473,4 es will nun Abend werden
487,1 Abend ward, bald kommt die Nacht
492 Nacht will es nun werden
530,2 es kann vor Nacht leicht anders werden

b) von Gott (10)
41,2 Gott und der Sünder, die sollen zu Freunden nun werden
137,9 auch bei uns werd offenbar
214,2 daß uns Gott ist worden hold
296,4 wird auch nicht müde von der Wacht
302,7 wird selbst ihr Trost und Mann
325,4 daß er werde mein Regierer
342,8 daß heilig werd sein Name
371,4 alsdann will er dein Treuster werden
512,2 dein Vermögen wird nicht matt
513,3 wenn du, Herr, sprichst dein göttliches „Es werde"

c) von Jesus Christus (39)
3,1 der für uns Mensch geworden ist
6,1 der unser Bruder worden ist
8,3 das Wort will Fleisch uns werden
16,2 wird nun ein Kind und Knecht
23,3 er ist ein Kindlein worden klein
23,5 ein Gast in der Welt hier ward
24,9 wie bist du worden so gering
25,3 daß Gott mit euch ist worden ein
25,4 Gotts Sohn ist worden eu'r Gesell
27,2 und wird ein Kindlein klein
27,3 wird niedrig und gering
27,5 er wird ein Knecht und ich ein Herr
29,2 ein' Menschen lassen werden
33,3 daß du mein Bruder worden bist
36,2 Gott wird Mensch dir, Mensch, zugute
36,4 unser Lamm zu werden
37,2 wie du mein wolltest werden
38,2 du wirst klein, du großer Gott
41,3 Gott wird ein Kind
41,6 König der Ehren, aus Liebe geworden zum Kinde
42,4 erscheinst im Fleisch und wirst uns Heil
42,6 wirst unser Freund und Bruder hier
57,1 daß er ganz arm geworden ist
57,2 daß er uns Bruder worden ist
76,1 er wollt der Mittler werden
84,5 du wirst ein Fluch, dagegen
91,2 und bis zum Tod am Kreuz gehorsam werden
93,2 als der Freie ward zum Knechte
127,2 daß er der Herr sei worden
203,1 der du ein Kindlein worden bist
231,12 der unser Mittler worden ist
271,7 Jesus und ward zum wahren Menschensohne
341,6 er sollt mein Bruder werden
342,1 er ist der Mittler worden

342,3 der selber Mensch ist worden
405,1 dein Bruder da zu werden
418,3 wird des Lebens Leben
515,7 sei gepriesen, du selbst bist Mensch geworden
521,3 und so mein Mittler worden ist

d) von Menschen, dem Herzen, Leib usw. (33)
17,4 auf, auf, ihr Herzen, und werdet licht
95,3 wenn wir an andern schuldig werden
113,7 der wir teilhaftig werden
113,7 bis unser Leib wird ähnlich dort
127,3 und unsre Zung ganz Feuer werd
133,13 wenn's mit uns hier wird aus
144,7 der Krone der Klarheit teilhaftig werden
204,2 wenn ich nun älter werd
221,3 eine Herde aus allen werde
234,3 wann ich des Lebens müde werd
247,3 wenn du ein Wort sprichst, werden sie bald Freunde
249,1 davon dir wird recht angst und bang
252,5 laß sie dadurch werden kleiner
257,2 sind deine Gäste worden
307,4 denn sie sollen satt werden
312,7 damit du Rufer wirst
343,2 daß ich nicht wieder werd zu Spott
392,5 dein Geist wird sonst in Ewigkeit nicht frei
396,1 nichts sonst Liebers werden
403,5 nichts soll mir werden lieber
406,2 könnt ich je getroster werden
406,6 wird mein Auge dunkler, trüber
424,1 gib auch, daß wir dankbar werden
452,3 ich werde nicht zuschanden
458 daß wir satt werden hier und dort
468,3 und werdest aller Tugend voll
475,1 werde munter, mein Gemüte
477,5 Herz, freu dich, du sollst werden
482,5 laß uns einfältig werden
494,3 da wird der Fromme froh und satt
526,4 auch einmal zu Asche werden
527,6 und denken groß zu werden
529,1 der Himmel soll mir werden

da) fromm, Gottes Kinder werden (18)
25,6 ihr seid nun worden Gotts Geschlecht
42,6 und Gottes Kinder werden wir
59,4 und fromm zu werden fangen an
126,6 daß wir des Glaubens werden voll
127,2 und durch die Tauf werd Gottes Kind
130,7 daß wir Himmelserben werden
165,8 dir ein Heiligtum noch werden
183,1 daß wir seine Kinder werden
196,4 ach hilf, Herr, daß wir werden gleich
206,3 und im Himmel möge werden
218,6 mög dein Gast im Himmel werden
245,3 und werden Gottes Hausgenossen
252,6 ganz nach deinem Herzen werden
384,2 seinem Vorbild werden gleich
414,4 dann werd ich heilig, rein und dir geweiht
441,4 doch werden noch des Tages Kind'
447,9 mit deinen Strafen, sondern fromm zu werden
503,14 daß ich dir werd ein guter Baum

db) selig werden, sein (10)
61,4 fromm und selig möge werden
72,1 daß ihre Seel auch selig werd
202,5 taufen läßt, soll dadurch selig werden
219,3 und ewig selig werden
245,3 die werden in Gott selig sein
257,4 daß viele selig werden
341,8 da bist du selig worden
365,5 wir sollen selig werden
441,3 an dem er selig werden mag
500,4 einst ewig selig werden

e) von Dingen, der Kreatur (18)
7,3 daß Berg und Tal grün alles werd
14,3 doch aller Erde Reiche werden... untertan
15,5 die Blüte sein wird bleich und blaß
94,2 zum Stern des Kreuzes werde
97,1+6 ward zum Baum des Lebens
148,1 all Kreatur soll werden ganz herrlich
182,6 so wie die Körner... zu einem Brote geworden
227,4 aus vielen Körnern ist ein Brot geworden
286,2 Gott will, daß sie ein Eden werde
342,9 das täglich Brot noch heut uns werd
379,2 und Sonnen werden sah
426,2 Schwerter werden zu Pflugscharen
429,3 und diese Welt wird endlich bewohnbar für einen jeden
429,5 dann wird die Steppe, dann wird die Wüste fruchtbarer Garten
449,7 Himmel und Erden die müssen das werden
509,1 du ließest alle werden
527,1 muß Rauch und Asche werden

werfen (8)
20,2 wo Tod den schwarzen Schatten wirft
114,4 wirf dein Anliegen auf den Herrn
302,7 das wirft er um und um
324,9 und wirfst sie in das Meer
327,3 wirf dich in den Staub darnieder

334,1 auf dich werfen mag
394,3 o werft es von euch ab
404,2 und wirf sie hinter dich

Werk (73) → *Können, Kunst, Tat*

a) allgemein (9)
145,2 kein Werk hilft sonst daneben
194,2 die Werk der Lieb sind dieser Schein
342,1 die Werk, die helfen nimmermehr
342,6 wenn er die Werk nicht lasset
342,7 die Werk, die kommen g'wißlich her
342,7 wolltst ihn der Werk berauben
342,7 die Werk, die sind des Nächsten Knecht
441,6 die Werk des Lichtes scheinen klar
497,2 daß sein Rat werd ins Werk gebracht

b) von Gott (30)
127,3 dein Werk richt aus, daß aufgeh
134,6 fördre in uns deine Werke
148,8 des Heilgen Geistes Werke
218,3 Herr, die Größe deiner Werke
221,3 du wollest, Herr, dies große Werk vollbringen
223,1 das Werk zu tun, das uns befreit
231,4 daß Gott sein Werk in dir hab
241,8 du wirst dein herrlich Werk vollenden
271,3 und zu dem Mond, den Werken deiner Hände
279,1 sprecht: Wunderbar sind deine Werke
279,2 kommt alle her, schaut Gottes Werke
280,1 daß wir erkennen seine Werk
281,4 mein Volk, sieh seine Werke
281,4 führ... dein Heil, dein Werk in Gnaden aus
284,3 du schufst alle deine Werke uns zugut
285,2 von den Werken, die, Herr, deine Hand gemacht
290,2 der Herr ist groß in seinem Werke
331,1 und bewundert deine Werke
346,1 sein Wort sind wahr, sein Werk sind klar
358,5 als seiner Gnade Werk
361,2 auf sein Werk mußt du schauen
361,4 dein Werk kann niemand hindern
361,8 das Werk hinausgeführet
380,5 ich am Werke war
388,2 daß du endest dieses Werk
438,3 auf daß dein Werk in uns erkannt
446,7 vollenden dein Werk an mir und senden
449,4 sind seine Werke und Taten allein
497,8 ist's Werk von dir, so hilf zu Glück
506,2 die Wunder deiner Werke

c) von Menschen (29)
64,3 der Mensch, sein Tag, sein Werk vergeht
81,8 wie kann ich... im Werk erstatten
84,10 betrüben mit Werken, so die Bosheit tut
196,4 und sein an guten Werken reich
202,1 sein Werk und Amt zu erfüllen
219,2 zu diesem hohen Werke
250,4 wir wolln uns nicht auf Werke gründen
256,2 und keiner ist zum Werke tüchtig
341,3 mein guten Werk, die galten nicht
343,4 durch Werke deine Gunst
358,5 am Werk der Gnadentriebe
361,2 wenn dein Werk soll bestehn
387,3 und sein Werk nicht treibest
400,1 ich will dich lieben mit dem Werke
413,2 an Werken wird erkannt ein Mann
437,4 laß unser Werk geraten wohl
439,5 daß unser Werk gerate gut
443,7 greif an das Werk mit Freuden
447,8 hilf uns gehorsam wirken deine Werke
450,3 unsre kalten Werke töte
457,10 die Werke deiner Hand
475,2 daß mir ist mein Werk gelungen
494,2 und läßt das Werk gelingen
494,4 hilf mir in meinen Werken
494,6 die Werke meiner Hände
497,1 und Werk in deinem Willen ruhn
497,3 fängt... ein gutes Werk zwar fröhlich an
497,7 in Werk und Tat verüben
513,4 nur segne, Vater, unsrer Hände Werke

d) vom Teufel, Fleisch (5)
104,2 hat zerstört des Teufels Werk
130,7 des Fleisches Lust und seine toten Werke
133,12 den Satans Reich und Werke
200,3 sagt ich... des Satans schnöden Werken ab
441,6 die Werk der Finsternis sind grob

Werkstatt (1)
241,7 die Werkstatt deines guten Geistes sein

Werkzeug (1)
416 o Herr, mach mich zu einem Werkzeug deines Friedens

wert (39)

a) allgemein (8)
37,3 o Sonne, die das werte Licht
299,3 die mir zusagt sein wertes Wort

308,3 dein Nam ist alles Rühmens wert
324,6 den güldnen, werten, edlen Fried
351,3 das ist der Liebe wert
394,2 ist wohl des Opfers wert
399,5 ist nicht im allerg'ringsten wert
510,1 denn sie ist wohl wert der Freud

b) von Gott (23)
1,2 er ist gerecht, ein Helfer wert
70,2 ei meine Perl, du werte Kron
124,2 du wertes Licht, gib uns deinen Schein
128,2 komm mit deinen Gaben wert
131,1 du Tröster wert in aller Not
135,5 wertes Pfand, mach uns bekannt
135,7 bis wir dort, du werter Hort
136,2 komm zu uns, werter Tröster
139,3 des Vaters werter Geist
139,4 und Gott der werte Geist
147,2 nun komm, du werte Kron
191 den Heilgen Geist und Tröster wert
193,3 Gott Heilger Geist, du Tröster wert
204,1 nach deinem Namen wert
205,3 und du, o werter Heilger Geist
232,4 und Gott, dem werten Heilgen Geist
274,2 das ist sein werter Heilger Geist
288,7 samt Gott, dem werten Heilgen Geist
341,5 fahr hin, meins Herzens werte Kron
347,2 bleib... bei uns, Erlöser wert
347,3 bleib... bei uns, du wertes Licht
399,6 mein Reichtum, Zierd und werte Kron
475,8 und mein Hort, du werter Geist

c) von der Christenheit (8)
39,1 wertes Volk der Christenheit
191 die ganze werte Christenheit
244,5 wiewohl wir deren keins sind wert
353,2 keiner Gnade sind wir wert
355,1 Erbarmung, deren ich nicht wert
385,5 ist mein nicht wert und meiner Zier
502,1 lob ihn mit Schalle, werteste Christenheit
502,5 sein Lob vermehre, werteste Christenheit

Wert (1)
64,5 laß Wert und Maß der Tage sein

wes/wessen (2)
24,7 wes ist das schöne Kindelein
527,8 was künftig, wessen wird es sein

Wesen (16)
6,5 das Wesen der Dreifaltigkeit
78,2 und verbarg ihr Wesen
113,6 und unvergänglich Wesen
165,4 majestätisch Wesen
165,8 komm, du nahes Wesen
251,5 die du selbst im Wesen bist
271,6 doch ach, der Mensch ist von den Wesen allen
302,2 sein Herz und ganzes Wesen
325,2 da er mir mein Wesen gab
361,3 und bringst zum Stand und Wesen
396,5 gute Nacht, o Wesen
417,1 senke sie in unser Wesen tief hinein
427,5 machst deinem Wesen uns verwandt
449,7 menschliches Wesen, was ist's gewesen
485,1 du Schöpfer aller Wesen
529,2 was ist mein ganzes Wesen

wesentlich (1)
481,4 so wesentlich, so reine

West (3) → *Abend, Ost*
255,2 jetzt hier, jetzt dort, in Ost und West
257,2 bis die von Ost und West
426,1 von Ost, West, Süd und Nord

Wette (2)
251,2 o so flehet um die Wette
330,1 so stimmt ich damit um die Wette

wettern (1)
396,2 laß den Satan wettern

wichtig (1)
481,4 laß früh und spät mir wichtig sein

Widder (2)
446,5 mein Weihrauch und mein Widder
449,3 dankbare Lieder sind Weihrauch und Widder

wider (8)
81,5 der Böse lebt, der wider Gott gehandelt
204,3 weil sie sind wider mich
247,3 und schaff uns Beistand wider unsre Feinde
308,6 was sie gedenken wider dich
320,5 dient wider alles Unheil
344,4 das wider deinen Willen tut
351,1 so trete gleich alles wider mich
388,1 wider unsern Adamssinn

widerfahren (9)
29,1 die euch und aller Welt soll widerfahren
144,4 in Sünden widerfahre
183,1 kein Leid soll uns widerfahren
204,2 laß mir's auch widerfahren
241,4 laß eilend Hilf uns widerfahren

355,1 mir ist Erbarmung widerfahren
365,7 mir widerfahren soll
438,2 daß uns kein Übel widerfahr
474,2 laß kein Leid widerfahren

Widerhall (1)
271,1 das Erdenrund erklingt im Widerhall

widerhallen (1)
54,1 und die Berge hallen wider

widerlegen (1)
271,2 den Leugner widerlegt des Säuglings Mund

Widerpart (1)
242,1 das brächt Freud dem Widerpart

Widersacher (1)
351,1 der Feinde und Widersacher Rott

Widerschein (1)
265,3 als seiner Liebe Widerschein

widersetzen, sich (1)
133,11 der dir sich widersetzet

Widerspiel (1)
244,6 haben das Widerspiel verschuld't

widersprechen (1)
412,3 nicht dem Verleumder widerspricht

Widerstand (5)
11,9 zum Widerstande seind
56,5 schreckt dich der Menschen Widerstand
60,5 zunehm und wachs ohn Widerstand
344,7 hilf uns tun starken Widerstand
360,2 und wir sind frei zu Trotz und Widerstand

widerstehen (3)
361,5 hier wollten widerstehn
377,3 und widerstehen bis aufs Blut
394,4 wer will ihm widerstehn

widerstreben (6)
115,4 bösen Lüsten widerstreben
275,4 wer mag mir widerstreben
343,5 ich lieg im Streit und widerstreb
352,6 will ich ihm nicht widerstreben
364,2 will ich nicht widerstreben
437,3 deim Wort und Willn nicht widerstreb

Widerstreit (1)
136,4 ein offenes Bekenntnis bei allem Widerstreit

Widerwärtigkeit (2)
243,1 ob du gleich hier mußt tragen viel Widerwärtigkeit
365,7 obwohl ich hier schon dulde viel Widerwärtigkeit

wieder (37)
4,3 und wieder zu Gottes Stuhl
14,6 vereint als Brüder wieder wohnen
27,6 heut schließt er wieder auf die Tür
34,4 und erquick uns alle wieder
41,6 dem ich auch wieder mein Herze in Liebe verbinde
65,5 führ, wenn es sein kann, wieder uns zusammen
73,8 Paradieses Pfort, die wieder offen steht
91,6 es stürzt mich tief, und es erhebt mich wieder
91,10 so laß dein Kreuz mir wieder Ruhe schenken
101,1 der ist wieder erstanden
112,2 ist Christus wieder frei
113,5 und sieh, er lebet wieder
130,4 daß wir wieder Trost empfinden
133,7 sich wieder tun zusammen
162,1 die Woche wird nun wieder neu
165,1 kommt, ergebt euch wieder
183,2 vom Tod wieder auferstanden durch Gott
183,3 das Fleisch soll auch wieder leben
219,3 nicht wieder von dir treiben
251,2 bis sie Jesus wieder stählt
281,5 er, er erhebt uns wieder
283,2 nun einmal wieder laben
283,2 nicht wieder Freude haben
283,5 schon wieder zu uns wenden
286,1 seht, seine Rechte sieget wieder
299,4 und wieder an den Morgen
325,2 also hat auch hin und wieder
328,2 damit dein Sohn mich wieder zieh zu dir
343,2 daß ich nicht wieder werd zu Spott
370,3 will er's wieder zu sich kehren
453,4 und Dunkel wieder uns umringt
475,5 stell ich mich doch wieder ein
517,4 du kommest denn erst wieder heim
517,8 und sehn dich allzeit wieder heim
526,7 sterbt ihr, Christus ruft euch wieder
528,1 und auch wieder bald vergehet
529,4 sie zogen hin und wieder

wiederbringen (14) → *erneuen*
36,5 ich bring alles wieder
67,2 das Leben wiederbracht

69,3 und wieder brächt ins Paradies
94,2 der sollte wiederbringen
106,3 Christ hat das Leben wiederbracht
107,1 und uns zum Leben wiederbracht
111,1 Licht, Heil und Leben wiederbracht
113,6 Unschuld und Leben wiederbracht
116,4 Christ hat das Leben wiedergebracht
133,9 bring wieder und erneu're
192 alle Irrenden und Verführten wiederbringen
248,7 wiederbracht den Fried bei Gott
401,1 nach dem Fall hast wiederbracht
405,3 sein Unschuld Leben wiederbracht

wiedererschaffen (1)
455,3 wiedererschaffen grüßt uns sein Licht

wiedergeben (1)
384,4 muß das Grab uns wiedergeben

wiederkehren (4)
4,3 und kehrt wieder zum Vater
242,3 wiederkehr und werde neu
383,1 alte Kräfte kehren wieder
490,1 der Tag ist um, die Nacht kehrt wieder

wiederkommen (4)
226,5 bis er wiederkommt in Kraft
239,5 Gott wird einst in Christus wiederkommen
405,5 der einst wird wiederkommen
409,7 er wird wiederkommen

wiederschelten (2)
91,8 wenn man mich schilt, nicht rächend wiederschelten
91,8 schaltst auch nicht wieder

wiederum (1)
520,2 und sich zur Erde wiedrum kehrt

Wiege/Wiegelein (2)
24,10 zu sein ein enges Wiegelein
37,6 gehören güldne Wiegen

Wiese (2)
482,1 und aus den Wiesen steiget
503,5 die Wiesen liegen hart dabei

wieviel (14)
316,3 in wieviel Not hat nicht der gnädige Gott
317,3 in wieviel Not hat nicht der gnädige Gott
507,1 wieviel zählst du Sternlein
507,2 wieviel zählst du Stäublein
507,3 wieviel zählst du Gräslein
507,4 wieviel zählst du Zweiglein
507,5 wieviel zählst du Tröpflein
507,6 wieviel zählst du Fünklein
507,7 wieviel zählst du Stündlein
511,1 weißt du, wieviel Sternlein stehen
511,1 weißt du, wieviel Wolken gehen
511,2 weißt du, wieviel Mücklein spielen
511,2 wieviel Fischlein auch sich kühlen
511,3 weißt du, wieviel Kinder frühe stehn... auf

wiewohl (4)
77,8 dafür, wiewohl arm und schwach
190.1 wiewohl du warest verachtet
244,5 wiewohl wir deren keins sind wert
320,3 wiewohl tödliche Wunden

wild (7)
112,4 und wär er noch so wild
133,3 ich war ein wilder Reben
244,2 bedroh der Wellen wild Gebrüll
271,5 machtest ihm untertan die wilden Tiere
302,3 im großen wilden Meer
393,7 in diesem wilden Land
497,12 der Weg zum Guten ist gar wild

Wille (53)

a) von Gott (22)
9,3 bis er des Vaters Willen
11,7 er kommt, er kommt mit Willen
76,2 nach seinem Willen leben
78,4 Jesus ging nach Gottes Will
202,1 kam nach seines Vaters Willen
221,2 dann würden wir den letzten heilgen Willen
234,1 vielmehr ist dies mein Wunsch und Will
269,5 nach Gottes Willen wird geschehn
276,4 das ist des Herren Will
302,1 zu Dienst und Willen stehn
342,9 sein Reich zukomm; sein Will auf Erd g'scheh
352,5 er weiß schon nach seinem Willen
364,1 sein Will, der ist der beste
364,3 hinfahrn nach Gottes Willen
365,8 das ist des Vaters Wille
368,2 nach seinem Willen machen
372,1 es bleibt gerecht sein Wille
408,3 muß sein Wille mir geschehn
449,8 sein Wort und Wille hat ewigen Grund
479,4 denn das ist Gottes Wille
504,4 seines Willens Diener sind
519,1 mit Fried und Freud ich fahr dahin in Gotts Wille

aa) dein Wille (24)
3,5 lehr uns zuvor dein' Willen tun
128,5 lenk uns nach dem Willen dein
134,2 als nur, was dein Wille sucht
166,6 und dein Wille werd erfüllt
186 dein Wille geschehe, wie im Himmel, so auf Erden
187 dein Wille geschehe, wie im Himmel, so auf Erden
188 dein Reich komme, dein Wille geschehe
200,5 der nicht, Herr, deinen Willen tut
200,6 bis mich dein Wille sterben heißt
251,5 wie's dein letzter Wille war
252,6 sanft, einfältig, wie dein Wille
328,5 das ist nach deinem Willen eingericht'
344,4 dein Will gescheh, Herr Gott, zugleich
344,4 das wider deinen Willen tut
367,1 denn dein Will ist der beste
388,2 ist's doch deines Vaters Wille
404,8 gib, daß ich deinen Willen
414,1 auf deinen Willen sehn und dir mich weihn
414,3 und deinem Willen mich ergeben
423,11 was wir nach deinem Willen
437,3 deim Wort und Willn nicht widerstreb
471,5 dein Will werd beweiset
497,1 und Werk in deinem Willen ruhn
516,6 nach deinem Rat und Willen

b) von Menschen (7)
91,7 wie könnt ich noch nach meinem Willen leben
165,3 da liegt unser Wille
341,3 der frei Will haßte Gotts Gericht
360,3 nach unserm Willen soll die Welt sich ordnen
386,5 gib nur, daß sich auch mein Wille
447,8 treib unsern Willen, dein Wort zu erfüllen
497,5 steh auf meinem eignen Willen

willen (um) (7)
180.1 um deiner großen Ehre willen
180.3 um deiner großen Ehre willen
253,4 um seines Hauptes willen
274,2 um seines Namens willen
307,8 selig sind, die um der Gerechtigkeit willen verfolgt werden
342,8 um dieser Guttat willen
472,5 um Christi willen seist

willens (1)
249,1 obschon die Feinde willens sein

willig/williglich (13)
75,2 für unsre Sünde gestorben williglich
84,1 läßt willig sich beschweren
84,11 verzeihen gern und williglich
92,3 darin zu leiden williglich
165,3 wir entsagen willig allen Eitelkeiten
165,6 willig sich entfalten
245,3 sind ihm auch willig untertan
279,2 dich bete jeder willig an
308,3 drum man dich willig preist und ehrt
363,2 und jeder, der sie willig faßt
451,7 erkenn und willig tue
500,3 damit wir willig tragen
502,3 zur grünen Weiden stellet euch willig ein

willkommen (8)
12,4 sei willkommen, o mein Heil
22 nun sei uns willkommen, Herre Christ
22 willkommen auf Erden
24,8 sei mir willkommen, edler Gast
33,2 willkommen, süßer Bräutigam
33,2 willkommen, Jesu, Gottes Lamm
442,2 sei uns willkommen, schöner Stern
442,6 sei uns willkommen, lieber Tag

Wind (14)
64,3 weil wir im Winde treiben
127,3 in Fried und Flehn dein sel'ger Wind
143,7 mit Feuer, Wasser, Wind und Schnee
289,3 der Wind nur drüber wehet
305,2 preist ihn, ihr Gewitter, Hagel, Schnee und Wind
306,2 preist ihn, ihr Gewitter, Hagel, Schnee und Wind
324,5 wer schützt uns vor dem Wind
361,1 der Wolken, Luft und Winden gibt Wege
504,4 Blitz und Donner, Hagel, Wind
506,3 wer mißt dem Winde seinen Lauf
508,4 er läßt die Winde wehen
515,3 sei gepriesen für Wolken, Wind und Regen
524,3 und der ungestüme Wind
529,3 Blitz, Donner, Wind und Regen

Windel/Windelein (3)
24,5 die Krippe, Windelein so schlecht
24,11 das ist grob Heu und Windelein
43,2 in reinlichen Windeln das himmlische Kind

winden (1)
92,2 das Adams Sünde um uns wand

Windessausen (1)
449,12 nach Meeresbrausen und Windessausen

Wink (2)
184,3 den Vater, dessen Wink und Ruf
406,4 deines Winks bin ich gewärtig

winken (1)
392,2 er winkte mir, ich habe nicht gewollt

Winter (3)
30,1 mitten im kalten Winter
325,9 wenn der Winter ausgeschneiet
500,1 der Winter ist vergangen

wirken (8)
83,3 mein Wirken ist dein Sagen
165,6 und dich wirken lassen
169,2 das wirkt im Alltag fort und fort
196,6 laß in uns wirken fort und fort
212,4 deine Liebe wirkt die neue Schöpfung
447,8 hilf uns gehorsam wirken deine Werke
497,8 was du nicht wirkst, das pflegt von selbst
512,6 alles, was wir Gutes wirken

wirr (1)
424,2 unsre Welt ist wirr und bunt

wissen (80)

a) allgemein (10)
11,2 so gut es kann und weiß
103,3 denn ich weiß wohl, was euch gebricht
392,4 er wartet noch auf mich; wer weiß, wie lang
487,1 denn sie weiß, es ist die Wacht
511,1 weißt du, wieviel Sternlein stehen
511,1 weißt du, wieviel Wolken gehen
511,2 weißt du, wieviel Mücklein spielen
511,3 weißt du, wieviel Kinder frühe stehn... auf
530,1 wer weiß, wie nahe mir mein Ende
532,3 und nur von dir gehalten weiß

b) von Gott (28)
63,1 was Gott der Herr nur weiß
64,6 und Anfang, Ziel und Mitte weißt
84,2 von Übeltaten weißt du nicht
123,7 Heilsöl weiß er auszuteilen
126,1 mit Gnaden sie füll, denn du weißt
224,1 du weißt die Not der Herzen
239,3 er weiß alles, was ihr hofft und bangt
248,1 der du weißt um alles Leid
249,2 den er wohl weiß, dir helfen schon
252,3 du weißt, wie mich's oft erquicket
289,3 und weiß, wir sind nur Staub
302,5 er weiß viel tausend Weisen
352,5 er weiß schon nach seinem Willen
361,3 o Vater, weiß und sieht
368,6 er weiß allein die rechte Zeit
368,7 der weiß zu allen Sachen Rat
369,3 der weiß auch sehr wohl, was uns fehlt
369,4 er weiß wohl, wann es nützlich sei
370,4 er weiß wohl, wie er soll
371,4 er weiß dein Leid und heimlich Grämen
371,4 auch weiß er Zeit, dir's abzunehmen
372,1 mich wohl weiß zu erhalten
379,2 will stündlich von dir wissen
380,2 ohne daß ich's weiß
446,6 denn du weißt, daß zur Gabe
449,11 meinem Gebeine, das weißt du alleine
457,3 er weiß die Beter überall
457,7 er weiß auch, daß du's nicht verstehst

c) von Menschen (15)
11,1 mir kund und wissend sei
52,1 wißt ihr noch, wie es geschehen
63,4 und wissen's: die geschieden
65,5 wir wissen es, dein Licht scheint in der Nacht
123,9 weiß, daß eine Zeit erscheine
130,3 die wir den Weg nicht wissen
144,6 tu uns durch sie zu wissen
152,1 wir wissen dich auf deinem Thron
284,1 deine Güte, von der ich zu singen weiß
287,3 und du weißt nicht recht, was du sollst
289,2 er hat uns wissen lassen
354,6 darf ich von keinem Troste wissen
366,1 und wissen nicht, wo aus noch ein
392,2 ich wußt es wohl: ich war nicht, wie ich sollt
482,4 und wissen gar nicht viel

ca) ich weiß (27)
111,13 ich weiß, daß er mich herzlich liebt
232,1 ich weiß, daß du mein Tröster bist
315,2 ich weiß, daß mich mein Vater liebt
324,2 ich weiß, daß du der Brunn der Gnad
325,9 das weiß ich fürwahr und lasse
328,6 und weiß, daß alle gute Gabe
343,5 ich weiß, du wirst's nicht lassen
351,2 nun weiß und glaub ich feste
355,1 nun weiß ich das und bin erfreut
357,1 ich weiß, woran ich glaube
357,1+5 ich weiß, was fest besteht
357,1 ich weiß, was ewig bleibet

357,2 ich weiß, was ewig dauert
357,2 ich weiß, was nimmer läßt
357,3 ich weiß und kenne ihn
357,5 so weiß ich, was ich glaube
357,5 ich weiß, was in dem Grauen
371,12 ich weiß durchaus von keinen Plagen
374,4 ich weiß: die Wege, die er geht
386,5 ach wenn ich nur Jesus recht kenne und weiß
486,9 ich weiß, daß auch der Tag, der kommt
487,4 weiß ich, daß auf gute Nacht
497,1 ich weiß, mein Gott, daß all mein Tun
506,1 so weiß ich, von Bewundrung voll
526,1 dieses weiß ich; sollt ich nicht
530,7 ich weiß, daß mir's mit Jesus glückt

Wissen (3)
161,2 unser Wissen und Verstand
512,5 unser Wissen und Gemüte
527,3 es hilft kein weises Wissen

Witwe (4)
281,2 will unsrer Witwen Helfer sein
302,7 erfüllt der Witwen Bitte
303,6 Witwen und Waisen hält er Schutz
423,7 die Witwen und die Waisen

Witz (2)
273,2 was eigen Witz erfindet
297,2 was Menschenkraft und -witz anfängt

Woche (2)
162,1 die Woche wird nun wieder neu
485,1 die Woche, die gewesen

wodurch (1)
357,2 wodurch die schwächsten Orte

Woge (1)
14,4 da ebnen sich des Meeres Wogen

wohin (11)
97,1–6 sieh, wohin wir gehn
184,2 der fährt, wohin er will und mag
261 Herr, wohin, Herr, wohin sollen wir gehen
409,1+8 wohin er uns stellt
506,2 mein Auge sieht, wohin es blickt

wohl (119) → *obwohl*

a) allgemein (35)
12,3 der wohl zweigestammte Held
23,4 es leucht' wohl mitten in der Nacht
30,1 wohl zu der halben Nacht
36,10 wohl zufrieden geben
76,1 wohl an dem Kreuze lange
81,3 was ist doch wohl die Ursach solcher Plagen
90,1 doch sieht mein Glaube wohl an dir
101,7 wir essen und leben wohl
105,13 wir sehen's wohl, das Grab ist leer
127,7 uns brennen wohl in deiner Glut
145,1 drum magst du wohl aufwachen
218,3 ist auch wohl ein Mensch zu finden
233,3 wie ich's wohl hab verdienet
233,4 wie's wohl geschicht
234,3 denk nicht: Zur Buß ist noch wohl Zeit
234,3 Gott wird wohl mein erbarmen sich
234,4 wahr ist's: Gott ist wohl stets bereit
234,6 ist morgen krank, ja wohl gar tot
249,2 den er wohl weiß, dir helfen schon
309,4 er denkt wohl der Barmherzigkeit und Güte
365,7 wie ich auch wohl verschulde
371,12 hat er doch selbst auch wohl das Seine
377,2 wohl gilt's zu streiten immerzu
386,4 was ist wohl, das man nicht in Jesus genießt
387,5 doch wohl gut, es muß uns schon... gehen
393,8 doch auch wohl gern der Reinste
393,11 es ist wohl wagenswert
394,2 ist wohl des Opfers wert
478,4 zwar fühl ich wohl der Sünden Schuld
482,3 so sind wohl manche Sachen
497,13 wohl halt und herrlich siege
503,9 was will doch wohl nach dieser Welt
503,10 wird wohl in Christi Garten sein
510,1 denn sie ist wohl wert der Freud
525,5 gehab dich wohl, du schnöde Welt

b) als Wunsch, Verheißung (14)
1,3 o wohl dem Land, o wohl der Stadt
1,3 wohl allen Herzen insgemein
179,2 wohl uns solch eines Herren
256,3 wohl dem, den deine Wahl beruft
258 lebt wohl, lebt wohl im Herrn
282,3 wohl, wohl dem Menschen in der Welt
295,1 wohl denen, die da wandeln
302,2 wohl dem, der einzig schauet
327,4 o wohl dir! Glaube mir
328,6 wohl mir, daß ich dies Zeugnis habe
328,7 wohl mir, ich bitt in Jesu Namen
328,7 wohl mir, Lob dir jetzt und in Ewigkeit
361,11 wohl dir, du Kind der Treue
527,10 wohl dem, der auf ihn trauet

c) im Sinne von: gut (32)
36,7 faßt ihn wohl, er wird euch führen
62,3 so wird alles wohl bestehen
85,7 und tut mir herzlich wohl
85,7 wie wohl geschähe mir
85,10 wer so stirbt, der stirbt wohl
140,5 durchfließ Herz, Sinn und Wandel wohl
148,9 Herr Christ, mich wohl behüte
183,1 Leib und Seel auch wohl bewahren
215,3 daß er dich so wohl wollt speisen
217,2 so wird meiner Seele wohl
252,7 wie es not; du kennst sie wohl
325,5 nimmt er's gleichfalls wohl in acht
342,6 mit Gott der Glaub ist wohl daran
346,3 sucht ihn allein; denn wohl wird sein
361,7 und führet alles wohl
365,1 tut er mich wohl versorgen
371,9 tritt er herzu, uns wohl zu führen
392,8 ergreif mich wohl, daß ich dich nie verlasse
393,10 wie wohl, wie wohl wird's tun
398,1 wer dir vertrauet, hat wohl gebauet
414,4 dir, der du alles hast so wohl gemacht
441,5 und wandeln, wie's dem wohl ansteht
446,3 schlaf wohl, laß dir nicht grauen
452,4 wie wohl hat's hier der Sklave
457,4 bleibt fortan wohl bestellt
468,3 er wolle, daß dir träume wohl
479,2 ihr hellen Sterne, leuchtet wohl
479,4 so wird der Schluß recht wohl gemacht
507,2 Gottes Welt, wohl bestellt
523,4 der ist wohl hier gewesen
525,5 weil ich so wohl bestehe
529,5 wer nicht hat wohl gerungen

ca) wohl bedenken, merken (8)
69,3 Christus im Himmel wohl bedachte
82,1 so laß mich wohl bedenken
202,2 so hört und merket alle wohl
288,3 er hat uns ferner wohl bedacht
325,5 hat er ja recht wohl bedacht
326,2 die alles also wohl bedacht
326,9 Gott hat es alles wohl bedacht
372,3 er wird mich wohl bedenken

cb) wohl geraten, gelingen (7)
161,3 laß, Herr Jesu, wohl gelingen
203,6 gib Gnad, daß es gerate wohl
294,3 hilf, Herr, o hilf, laß wohl gelingen
368,1 soll's anders wohl gelingen
437,4 laß unser Werk geraten wohl
495,2 daß es gerate wohl
501,4 und laß mir wohl gelingen

cc) wohl klingen (4)
81,11 da will ich dir, wenn alles wird wohl klingen
133,5 dein Singen klinget wohl
319,1 viel gut Gesang, der lautet wohl
503,10 wie muß es da wohl klingen

d) im Sinne von: gewiß, genau (19)
103,3 denn ich weiß wohl, was euch gebricht
126,6 lehr uns den Vater kennen wohl
200,4 bleibt dieser Bund wohl feste stehn
231,11 erkennen sollst und lernen wohl
289,2 sein' Zorn läßt er wohl fahren
341,9 und lehren mich erkennen wohl
343,2 du kannst es mir wohl geben
351,8 Gott aber wohl bewußt
357,3 auch kenn ich wohl den Meister
362,4 er ist bei uns wohl auf dem Plan
369,3 der weiß auch sehr wohl, was uns fehlt
369,4 er weiß wohl, wann es nützlich sei
370,4 er weiß wohl, wie er soll
372,1 mich wohl weiß zu erhalten
379,3 sind wohl von ihm gezählt
385,2 ich bin der Weg, ich weise wohl
392,2 ich wußt es wohl: ich war nicht, wie ich sollt
444,5 wird er mich wohl führen
497,6 prüf alles wohl, und was mir gut

Wohl (1)
170,3 wie du ihn versprichst uns zum Wohl auf Erden

wohlan (5)
29,4 die Hirten sprachen: Nun wohlan
151,3 wohlan, die Tür ist offen
388,7 doch wohlan, du wirst nicht säumen
449,11 wohlan, so mach es, wie dir es beliebt
505,4 wohlan, dich loben wir

wohlauf (7)
147,1 wohlauf, der Bräut'gam kommt
302,1 wohlauf und singe schön
324,13 wohlauf, mein Herze, sing und spring
377,1 wohlauf und hilf uns streiten
502,3 wohlauf, ihr Heiden, lasset das Trauern sein
517,3 wohlauf, mein Seel, und richt dich dar
517,7 wohlauf, mein Herz und all mein Mut

wohlbehalten (1)
374,1 wird wohlbehalten bleiben

wohlbekannt (1)
155,2 daß uns dein Nam werd wohlbekannt

wohlergehen (3)
325,5 meiner Seele Wohlergehen
361,2 wenn dir's soll wohlergehn
451,9 mich gern an andrer Wohlergehn freue

Wohlfahrt (1)
133,9 erneu're die Wohlfahrt deiner Herd

wohlgefallen (5) → *gefallen*
37,1 und laß dir's wohlgefallen
133,8 wie dir es wohlgefällt
159,1 und läßt sich's wohlgefallen
477,1 was eurem Schöpfer wohlgefällt
529,7 wie es ihm wohlgefällt

Wohlgefallen (17) → *Gefallen*
26 und den Menschen ein Wohlgefallen
29,3 und ein Wohlgefallen han
48,3 den Menschen allen ein Wohlgefallen
52,5 allen Menschen Wohlgefallen
53,3 mit dem Kind sein Wohlgefallen
119,4 dem Herren Christ zum Wohlgefalln
179,1 ein Wohlgefalln Gott an uns hat
180.1 den Menschen ein Wohlgefallen
180.3 bei den Menschen seines Wohlgefallens
203,6 zu deinen Ehrn und Wohlgefalln
279,6 bezahl mit frohem Wohlgefallen
399,6 mein Lust und Wohlgefallen
404,6 und dir zum Wohlgefallen
451,5 nach deinem Wohlgefallen
461 und sättigest alles, was da lebet, mit Wohlgefallen
471,1 nach seim Wohlgefallen
511,3 hat an allen seine Lust, sein Wohlgefallen

wohlgefällig (1)
232,4 daß wir ihm wohlgefällig sein

wohlgemut (3)
9,5 seid dennoch wohlgemut
274,2 der mich macht wohlgemute
385,6 und wohlgemut, getrost und gern

wohlgeraten (1)
280,3 dein Wort ist wohlgeraten

wohlgerüstet (1)
344,7 im Glauben fest und wohlgerüst'

wohlgeschickt (1)
215,7 so du bist recht wohlgeschickt

wohlgeschmückt (1)
83,7 als eine wohlgeschmückte Braut

wohlgetan (8)
129,3 das ist recht wohlgetan
372,1–6 was Gott tut, das ist wohlgetan
494,1 mit Gott wird alles wohlgetan

wohlschmecken (1)
274,1 da aufwächst das wohlschmeckend Gras

Wohltat (4) → *Gabe*
245,5 aus Christi Wohltat, Füll und Gnad
289,1 sein Wohltat tut er mehren
365,2 und Wohltat all verkehrt
500,4 durch Wohltat mancherlei

Wohltun (1)
512,1 von dem Wohltun deiner Hand

wohnen (40) → *bewohnen*

a) allgemein (6)
51,2 Gottseligkeit in unsern Herzen wohne
326,2 in deinem Schatten wohnen
416 daß ich Freude mache, wo der Kummer wohnt
429,6 dann wohnt das Recht unter den Menschen
514,5 ihr Herzen, drin die Liebe wohnt
523,1 im Himmel ist gut wohnen

b) von Gott (18)
16,5 Gott will im Dunkel wohnen
41,7 wohne in mir, mach mich ganz eines mit dir
90,1 Gottes… Zier in diesem Leibe wohne
135,5 wohn in unsrer Seele
165,8 Herr, komm in mir wohnen
180.2 du wohnst mit Gott dem Heilgen Geist
202,4 zu wohnen sich begeben
278,8 hin zu dem Ort, wo du wohnst
281,2 der Herr, der dort im Himmel wohnt
283,5 ja stetig bei uns wohne
305,1 auch im Weltall ferne seine Ehre wohnt
306,1 auch im Weltall ferne seine Ehre wohnt
313,2 und bei ihm wohnen wollte
328,2 dein Geist in meinem Herzen wohne
351,7 sein Geist wohnt mir im Herzen
379,1 Gott wohnt in einem Lichte
388,2 hierzu wohnt in dir die Fülle
389,2 ach komm und wohne du bei mir

c) von Menschen (16)
14,6 vereint als Brüder wieder wohnen
20,2 die ihr noch wohnt im Tal der Tränen
221,2 wenn wir in Frieden beieinander wohnten

245,3 die recht in dieser Kirche wohnen
252,2 wo sie hier zerstreuet wohnen
255,9 und alle, die auf Erden wohnen
256,4 die noch im Todesschatten wohnen
282,5 zu wohnen in der Bösen Zelt
283,3 wo Christen wohnen, werden
309,3 wer niedrig stand, darf hoch in Ehren wohnen
360,4 und wohnen hinter Gittern unsrer Angst
428,4 denn wer sicher wohnt, vergißt
474,1 damit ich sicher wohne
486,3 beschirmt und sicher wohne
505,2 daß jeder sicher wohnt
529,12 da will ich immer wohnen

Wohnung (6)
130,1 und laß uns deine Wohnung sein
166,2 wo du Wohnung hast genommen
172 daß sie mich leiten zu deiner Wohnung
281,2 und ihnen eine Wohnung gibt
282,1 ist deine Wohnung, o mein Gott
429,4 schuf sie zur Wohnung für alle Menschen

wölben, sich (2)
270,2+3 hoch wölbt dein Himmel sich auch über sie

Wolke (12)
7,2 ihr Wolken, brecht und regnet aus
277 und deine Wahrheit, so weit die Wolken gehen
290,5 den Weg zu weisen, in der Wolke
291,1 und deine Wahrheit, so weit die Wolken gehn
304,3 er kann den Himmel mit Wolken bedecken
361,1 der Wolken, Luft und Winden gibt Wege
409,3 Feuerschein und Wolke
504,2 wie es durch die Wolken bricht
506,3 so weit die Wolken reichen
511,1 weißt du, wieviel Wolken gehen
514,2 du Wolke, die am Himmel flieht
515,3 sei gepriesen für Wolken, Wind und Regen

wollen*) (83)

a) allgemein (12)
66,7 komme, wen dürstet, und trinke, wer will
250,2 daß nicht dein Haus will werden voll
273,5 es will durchs Kreuz bewähret sein
342,2 vom Fleisch wollt nicht heraus der Geist
390,2 und nichts sonst... will
393,4 wer will, der trag sich tot
406,5 wenn es nun will Abend werden
473,4 es will nun Abend werden
478,7 wer wollt doch traurig sein
483 denn es will Abend werden
492 Nacht will es nun werden
503,9 was will doch wohl nach dieser Welt

b) von Gott (34)
94,2 er wollte, daß die Erde
127,7 du willst und gibst, daß man dir trau
135,5 gib zu allen Dingen Wollen und Vollbringen
150,1 wollt Gott, ich wär in dir
184,2 der fährt, wohin er will und mag
200,2 du willst in aller Not und Pein
202,2 Gott spricht und will, daß Wasser sei
234,5 zusagen hat er nicht gewollt
277,1 Menschen und Tieren willst du, Herr, ein Helfer sein
280,1 es wolle Gott uns gnädig sein
281,2 will unsrer Waisen Vater sein
281,2 will unsrer Witwen Helfer sein
286,2 Gott will, daß sie ein Eden werde
290,3 er will von dir verherrlicht werden
352,5 wie Gott will, so muß es bleiben
352,5 wann Gott will, bin ich bereit
354,3 Gott will, uns soll geholfen sein
364,1 was mein Gott will, gescheh allzeit
364,2 was mein Gott will, das mir geschicht
367,1 Herr, wie du willst, so schick's mit mir
367,1 sonst wie du willst; gib mir Geduld
371,4 alsdann will er dein Treuster werden
378,2 wie Gott will, sind Gottes Gaben
379,1 will König tausendfaltig, Herr aller Herren sein
390,2 nichts sonst, als was du willst
392,6 Gott will mich ganz; nun länger nicht geteilet
392,8 führ, wie du willst, ich bin in deiner Macht
395,2 Gott will, daß ihr ein Segen
395,2 wo er uns will und braucht
412,1 Gott ist die Lieb und will, daß ich
452,3 er will, daß ich mich füge
498,2 Herr, du wollst uns Geleitsmann sein
529,9 löse mein Herz, wenn dein Herz will
530,4 Herr, wie du willst, so schick's mit mir

*) siehe auch Fehlliste und Vorwort

c) von Christus (16)
8,3 das Wort will Fleisch uns werden
24,3 er will eu'r Heiland selber sein
37,2 wie du mein wolltest werden
61,2 wollest du, Herr, bei mir sein
76,1 er wollt der Mittler werden
83,3 mein Wollen hängt an deinem Mund
99 Christ will unser Trost sein
101,7 Christus will die Kost uns sein
120 Christ will unser Trost sein
224,3 du selbst willst gegenwärtig sein
226,1 immer will er bei uns sein
229,1 fühlbar will er uns nahe sein
341,9 da will ich sein der Meister dein
388,3 willst und kannst ja anders nicht
397,1 ich bitt, wollst sein von mir nicht fern
468,3 er wolle, daß dir träume wohl

d) von Menschen (21)
6,2 und wollten gern bald bei dir sein
32,1 sein eigen will ich sein
86,8 will ich ewig dankbar sein
100,1 wir wollen alle fröhlich sein
106,5 drum wollen wir auch fröhlich sein
115,4 reines Herzens will ich sein
210,1-5 und will dir treu sein; gib du mir Kraft
233,2 wollt ledig sein des Kreuzes mein
234,3 ich will erst fröhlich sein auf Erd
288,4 die ihr nun wollet bei ihm sein
392,2 er winkte mir, ich habe nicht gewollt
414,1 gib selbst das Wollen und Vollbringen
424,2 jeder will das Beste haben
517,1 ich wollt, daß ich daheime wär
522,2 gedenken will ich an dein' Tod
529,5 was wollt ich denn lang traurig sein
525,8 da wollt ich gerne hin

womit (5)
81,8 womit doch dein Erbarmung zu vergleichen
443,2 womit in diesem Leben... erzürnet
449,10 willst du mir geben, womit mein Leben
467,3 womit wir heut erzürnet dich
495,3 womit ich kann bestehen

Wonne (35) → *Lust*

a) allgemein (18)
11,10 zum ewgen Licht und Wonne
34,1-4 Wonne, Wonne über Wonne
35,1 unsers Herzens Wonne
114,1 der ganzen Welt zur Wonne
130,1 Sonne, Wonne, himmlisch Leben willst du geben
151,8 o Jesu, meine Wonne
213,4 o Wonne kranker Herzen
371,1 scheint täglich hell zu deiner Wonne
399,5 mit ewger Wonne tränken
404,1 mit Leben, Licht und Wonne
444,1 bringt Leben und Wonne
450,5 in das Land der süßen Wonne
477,2 mein Jesus, meine Wonne
510,5 erst für Glanz und Wonne sein
529,11 ins Haus der ewgen Wonne

b) in Verbindung mit Freude (17)
1,3 bringt mit sich lauter Freud und Wonn
2,1 bringt mit sich lauter Freud und Wonn
24,2 das soll eu'r Freud und Wonne sein
37,3 Licht, Leben, Freud und Wonne
101,6 mit Herzensfreud und Wonne
111,2 aufgehn: nach Trauern Freud und Wonn
114,4 in Freud und Wonne leben
128,3 füll das Herz mit Freud und Wonn
130,1 zu steter Freud und Wonne
148,5 da wird sein Freud und Wonne
218,5 Jesu, meine Freud und Wonne
449,1 die güldne Sonne voll Freud und Wonne
497,12 wo Freud und Wonne stehet
516,7 geben des Himmels Wonn und Freud
519,4 Preis, Ehre, Freud und Wonne
520,5 in lauter Wonn und lauter Freud
531,3 führ mich zu Freud und Wonne

woran (1)
357,1 ich weiß, woran ich glaube

worauf (2)
198,1 worauf soll der Glaube ruhn
486,5 worauf die Menschen hoffen

woraus (1)
505,1 woraus Gott alle Stände

worin/worinnen (3)
253,4 worin uns Christus vorangeht
386,5 worinnen die Demut und Einfalt regieret
386,6 worinnen mein Glaube in Ewigkeit prangt

Wort (228) → *Same*

a) allgemein
b) von Gottes Wort
ba) „Gottes Wort"
c) von Jesus Christus und dem Heiligen Geist → d), e)
d) von Gott: dein Wort
da) auf, durch dein Wort, bei, nach deinem Wort usw.
e) von Jesus Christus und dem Heiligen Geist: dein Wort

ea) auf, durch dein Wort, bei, nach deinem Wort usw.
f) von Gott: sein Wort
fa) von Jesus Christus und dem Heiligen Geist: sein Wort
g) von Menschen

a) allgemein (16)
112,8 daran mit güldnen Worten
136,6 des Wortes lasse stehn
148,2 die Wort sind viel zu bloß
229,2 wahre Liebe schenkt Wort und Tat
253,4 in einem Worte: Liebe
334,4 danke für jedes gute Wort
362,3 ein Wörtlein kann ihn fällen
399,6 ja daß ich's sag mit einem Wort
420,1–3+5 sprich mit den Sprachlosen ein Wort
426,3 kann das Wort von den letzten Tagen
432,2 er gab uns Worte, daß wir verstehn
449,10 allzeit im Herzen dies heilige Wort
452,2 das Wort der ewgen Treue

b) von Gottes Wort (46)
14,3 bewaffnet mit des Glaubens Worten
71,2 dazu das göttlich Wort
73,5 halt dich im Glauben an das Wort
101,7 sein bei dem Wort der Gnaden
126,4 des Vaters Wort gibst du gar bald
149,4 des Herren Wort verachtet
192 alle Diener der Kirche im heilsamen Wort
192 deinen Geist und Kraft zum Worte geben
195,1 dem göttlich Wort vergleichen
196,1 daß wir dem Worte glauben
196,2 daß wir das Wort recht fassen
196,2 allein des Wortes, sondern Täter sein
196,3 in Fels und Steinen kann das Wort
199,1+2 Gott hat das erste Wort
199,3+4 Gott hat das letzte Wort
199,3 das Wort in dem Gerichte
202,2 sein heiligs Wort ist auch dabei
202,3 mit Bildern und mit Worten
206,2 dieses Wort in unsern Ohren
208,2 zum Wasser gabst du Wort und Geist
208,3 Geist, Wort und Wasser mach zum Samen
229,1–3 Wort, nimm deinen Lauf
229,3 gibt uns Wort und Brot für die Welt
234,2 dies Wort bedenk, o Menschenkind
243,5 durch Wort und Sakrament
247,3 wenn du ein Wort sprichst, werden sie bald Freunde
273,4 mein heilsam Wort soll auf den Plan
283,3 ach daß ich hören sollt das Wort
308,9 ein Wort, das hast du angesehn
311,3 auf das Wort hin will er's wagen
312,1 nach Gottes Wort und Plan
312,4 das Wort des Herren hören
357,2 die Steine sind die Worte
357,2 die Worte hell und rein
358,2 der aus dem Wort gezeuget
358,2 und durch das Wort sich nährt
358,2 und vor dem Wort sich beuget
358,2 und mit dem Wort sich wehrt
362,4 das Wort sie sollen lassen stahn
380,3 ist mein Wort gegeben
382,3 sprich du das Wort, das tröstet und befreit
455,1 Dank für das Wort, dem beides entspringt

ba) „Gottes Wort“ (15)
15,5 doch Gottes Wort bleibt ewiglich
76,2 weil uns Gotts Wort so helle scheint
104,2 wenn die Seel am Wort Gottes haft'
145,5 dadurch wird Gottes Wort veracht'
169,2 wir hören jetzt auf Gottes Wort
195,1 allein auf Gottes Wort will ich
195,1 was Gottes Wort klar spricht und richt'
273,2 in Gottes Wort gegründet
273,5 von Gotts Wort man erwarten soll
311,3 Richtung zeigt ihm Gottes Wort
426,1 zu fragen nach Gottes Wort
442,4 Gotts Wort, du bist der Morgenstern
454,2 Gottes Wort erschuf die Welt
454,5 Gottes Wort ruft Freund und Feind
512,6 durch Gebet und Gottes Wort

c) von Jesus Christus und dem Heiligen Geist (16) → *d), e)*
8,1 des Vaters ewigs Wort
8,3 das Wort will Fleisch uns werden
45,4 dir, fleischgewordnes Wort des ewgen Vaters
62,2 Jesu Name, Jesu Wort
113,5 so jemand Christi Worten glaubt
125,2 laß leuchten uns des Lebens Wort
129,1 der uns durchs Wort recht lehret
133,6 hast du mit süßen Worten
223,1 das Wort geht von dem Vater aus
241,3 dein Sohn hat ja mit klaren Worten
253,2 Wort, Tauf und Nachtmahl unsres Herrn
261 du hast Worte des ewigen Lebens
351,8 so seufzt und spricht er Worte
353,5 daß dies Wort mich trösten kann
401,4 Licht und Wahrheit, Geist und Wort
524,7 bist du doch mein Licht, mein Wort

d) von Gott: dein Wort (37)

129,3 hilf, daß wir dein Wort hören
142,5 dein Wort geht in die Welt hinaus
146,5 gib uns allzeit dein heilig Wort
166,5 halte mir dein Wort stets für
194,1 verleih, daß uns dein göttlich Wort
196,5 dein Wort, o Herr, laß allweg sein
196,6 dein Wort sich weit ausbreiten
197,1 laß mich dein Wort bewahren rein
197,2 dein Wort bewegt des Herzens Grund
197,2 dein Wort macht Leib und Seel gesund
197,2 dein Wort ist's, das mein Herz erfreut
197,2 dein Wort gibt Trost und Seligkeit
207,2 dein Wort recht tief ins Herz
235,2 wir glauben deinem Wort und fürchten doch das Morgen
241,4 so gib dein Wort mit großen Scharen
241,5 o daß dein Geist, so wie dein Wort verspricht
241,6 ach laß dein Wort recht schnelle laufen
241,6 und also segne deines Wortes Lauf
244,8 jedoch, dieweil dein Wort ist gut
250,5 dein heilig Wort und Sakrament
273,1 dein Wort man läßt nicht haben wahr
275,4 mein Schild, mein Kraft – sagt mir dein Wort
277,5 dein Wort der Wahrheit ist unsre Bewahrung
280,2 dein Wort die Hut und Weide ist
280,3 dein Wort ist wohlgeraten
295,3 an dem, was dein Wort lehrt
295,4 dein Wort, Herr, nicht vergehet
318,9 und gib dein Wort mit freiem Klang
334,5 danke, daß ich dein Wort verstehe
342,5 dein Wort kann nicht betrügen
344,2 dein Wort bei uns hilf halten rein
423,2 ach laß dein Wort uns allen
425,1 du hast uns dein Wort gegeben
427,2 solang dein Wort zum Frieden ruft
446,4 dein Wort, das ist geschehen
446,9 dein Wort sei meine Speise
447,8 treib unsern Willen, dein Wort zu erfüllen

da) auf, durch dein Wort, bei, nach deinem Wort usw. (16)

159,3 des Glaubens aus deim heilgen Wort
193,1 erhalt uns, Herr, bei deinem Wort
196,1 Herr, für dein Wort sei hoch gepreist
197,1 zieh mein Herz durch dein Wort zu dir
227,4 zu einer Kirche durch dein Wort zusammen
249,5 hilf, daß wir auch nach deinem Wort
274,3 auf dein Wort ich mich lasse
318,8 o leucht uns mit deim hellen Wort
344,9 auf dein Wort, in dem Namen dein
360,6 denn uns verlangt nach deinem guten Wort
366,7 gehorsam sein nach deinem Wort
367,2 und Lieb zu deinem Worte
445,5 leite meinen Gang nach deinem Wort
501,3 allein an deinem Wort
512,3 an dein Wort zu Noahs Zeit
519,3 durch dein teuer heilsam Wort

e) von Jesus Christus und dem Heiligen Geist: dein Wort (27)

19,3 bis dich, wie es dein Wort verheißt
59,3 entzieh uns nicht dein heilsam Wort
60,5 auf daß dein Wort in diesem Land
70,4 dein Wort, dein Geist, dein Leib und Blut
71,6 dein Wort, den schönen Stern
130,5 laß uns dein himmelsüßes Wort
134,7 laß dein Wort gewisser sein
135,4 wo dein Wort hinfällt
136,5 erschallt dein kräftig Wort
161,1 dich und dein Wort anzuhören
168,2 du legst uns deine Worte und deine Taten vor
196,6 o Heilger Geist, dein göttlich Wort
198,1 Herr, dein Wort, die edle Gabe
198,1 wenn dein Wort nicht mehr soll gelten
206,1 deinem Worte nachzuleben
246,1 dein göttlich Wort, das helle Licht
246,2 daß wir dein Wort und Sakrament
246,7 dein Wort ist unsers Herzens Trutz
343,1 dein Wort zu halten eben
343,3 dein Wort mein Speis laß allweg sein
346,4 bleib du mein Preis, dein Wort mich speis
346,4 bleib du mein Ehr, dein Wort mich lehr
386,4 denn dein Wort, o Jesu, ist Leben und Geist
422,3 laß uns hinfort dein göttlich Wort
437,3 deim Wort und Willn nicht widerstreb
442,7 dein heilig Wort leucht uns so fein
473,3 dein Wort ist wahr und trüget nicht

ea) auf, durch dein Wort, bei, nach deinem Wort usw. (12)

70,4 auf dein Wort komm ich geladen
131,2 gib uns die Lieb zu deinem Wort
131,4 erleucht uns durch dein göttlich Wort
158,1 mit deinem reinen Wort
198,1 aber um dein Wort zu tun

198,2 fest bei deinem Worte stehn
246,3 gib Glück und Heil zu deinem Wort
246,4 erhalt uns nur bei deinem Wort
262,2 sich zu deinem Wort bekehrt
347,2 ach bleib mit deinem Worte
399,2 o Lebensbrünnlein, durch dein Wort
404,4 Herr, durch dein heilig Wort

f) von Gott: sein Wort (24)
12,1 der sein Wort beständig hält
75,3 stets bleiben bei seinem heilgen Wort
145,3 von seinem Wort nicht wanken
145,3 dich halten, wie sein Wort dich lehrt
159,1 da wir jemals gehört sein Wort
243,2 durch sein Wort auferbaut
249,2 dich und sein Wort erhalten
249,3 so wahr Gott Gott ist und sein Wort
273,6 daß wir sein Wort behalten rein
274,1 seines heilsamen Wortes
289,4 und treibt sein heiligs Wort
295,1 nach seinem Worte handeln
299,3 die mir zusagt sein wertes Wort
302,4 Gott hält sein Wort mit Freuden
325,4 gibt er mir in seinem Wort
363,7 in seinem Wort versprochen hat
364,2 sein Wort ist wahr, denn all mein Haar
374,2 die sich auf sein wahrhaftig Wort verlassen
449,8 sein Wort und Wille hat ewigen Grund
452,1 daß ich mit seinem Worte
452,3 in seinem Wort mein Glück
452,5 mit seinem Wort und Licht
452,5 sein Wort will helle strahlen
458 und speisen uns mit seinem Wort

fa) von Jesus Christus und dem Heiligen Geist: sein Wort (9)
104,2 und sein Wort auf dem Berg
108,2 durch sein rein Wort, zur Himmelspfort
168,5 wir nehmen seine Worte und Taten mit nach Haus
320,5 sein Wort, sein Tauf, sein Nachtmahl dient
346,1 sein Wort sind wahr, sein Werk sind klar
353,2 doch hat er in seinem Worte
442,3 der uns leuchtet mit seinem Wort
459,2 das er uns heute durch sein Wort
502,3 da läßt er uns sein Wort verkünden

g) von Menschen (10)
108,3 mit Wort und Tat weit ausbreiten
240,2 halt uns in Worten und Gedanken
277,3 täglich umgeben mich Worte und Stimmen
315,1 er wird ein jedes Wort verstehn
413,7 kein' sauren Blick, kein bitter Wort
427,2 solang die Menschen Worte sprechen
439,5 daß du unser Herz, Wort und Tat
495,3 laß kein unnützlich Wort
495,3 so gib den Worten Kraft
516,4 und kann kein Wort mehr sprechen

wozu (2)
145,1 wozu er dich erschaffen
495,2 wozu mich dein Befehl

wuchern (1)
231,8 nicht wuchern jemands Schweiß und Blut

Wuchs (1)
508,1 und träuft... Wuchs und Gedeihen drauf

Wunde (27) → *Blut*
36,8 die vergift'ten Wunden
63,1 die Wunden brennend heiß
79,2 durch dein heilig fünf Wunden rot
82,8 laß endlich deine Wunden
83,1 Angst, Wunden, Striemen, Kreuz und Tod
85,1 o Haupt voll Blut und Wunden
86,3 du hast lassen Wunden schlagen
86,8 für die Wunden, für die Schmerzen
87,3 die Wunden unser Heil
87,6 laß deine Wunden sein
89,2 die Wunden alle, die du hast
123,7 Wunden müssen Wunden heilen
143,5 und schlägt uns manche Wunde
146,4 sieh an sein heilig Wunden rot
149,5 von wegen deiner Wunden
202,1 durch sein selbst Blut und Wunden
318,2 und deine Wunden heilet
320,3 wiewohl tödliche Wunden sind kommen
329,3 hilf mir durch Jesu Wunden
350,2 allein auf Jesu Wunden rot
354,1 wo anders als in Jesu Wunden
354,4 das heißt die Wunde recht verbinden
445,3 deine Wunden offen stehn
516,3 durch seine heilgen Wunden
522,2 Herr Jesu, und dein Wunden rot
530,3 die Seel in Jesu Wunden senken
532,2 die Wunden heilt, uns trägt und pflegt

Wunder (33)

a) von Gott (26)
41,3 sehet dies Wunder, wie tief sich der Höchste hier beuget
42,3 wenn ich dies Wunder fassen will

52,6 wie das Wunder einst geschehen
93,2 vor dem Wunder, das geschah
127,1 die Wunder Gotts mit Freud erzähl
142,5 dein Arm sind sie, der Wunder schafft
165,5 Wunder aller Wunder
176 daß sie sehen die Wunder an deinem Gesetz
212,1 voller Freude über dieses Wunder
218,4 kann dies Wunder nicht erreichen
236,6 der du Wunder tust
251,4 der der Wunder Abgrund ist
272 erzählen will ich von all seinen Wundern
286,1 er ist's allein, der Wunder tut
287 singet dem Herrn ein neues Lied, denn er tut Wunder
290,1 die Wunder, die der Herr getan
290,2 denkt an die Wunder, die er tat
290,5 tat Wunder durch sein Machtgebot
294,3 ein Wunder hat der Herr vollbracht
301,3 er tut Wunder, er allein
322,2 der seine Wunder überall... tut
326,1 dem Gott, der alle Wunder tut
374,2 und Wunder sollen schauen
490,3 steigt... die Kunde deiner Wunder auf
506,2 die Wunder deiner Werke
509,5 und alle deine Wunder

aa) große Wunder (7)
82,2 o Wunder ohne Maßen
111,11 o Wunder groß, o starker Held
214,2 daß dein Blut an uns groß Wunder tat
244,10 daß du groß Wunder tust auf Erd
303,8 des, der so große Wunder tut
323,2 der große Wunder tut
330,4 die großen Wunder zu erhöhn

wunderbar/wunderbarlich (34)
38,1 wunderbarer Gnadenthron
38,2 daß du, Gott, bist wunderbar
65,1 behütet und getröstet wunderbar
65,7 von guten Mächten wunderbar geborgen
81,4 wie wunderbarlich ist doch diese Strafe
143,1 auf viele Weisen wunderbar
213,1 und wunderbar gestalten
213,3 der wunderbar beglückt
224,3 und wunderbar uns laben
239,2 kündet fortan von dem Wunderbaren
279,1 sprecht: Wunderbar sind deine Werke
279,2 wie wunderbar ist seine Stärke
284,3 wunderbar ist's, wie du täglich Trost gewährst
327,1 wunderbarer König
352,2 der mich wunderbar geführet
355,1 das zähl ich zu dem Wunderbaren
358,3 die wunderbare Pflanze
361,8 mit wunderbarem Rat
369,1 den wird er wunderbar erhalten
379,3 er bleibt der Wunderbare
380,6 euch das Wunderbare... genaht
482,1 der weiße Nebel wunderbar
486,5 zur Seite warst und wunderbar
504,6 ach mein Gott, wie wunderbar
506,5 so wunderbar bereitet
515,1–9 sei gepriesen, denn du bist wunderbar, Herr

Wunderborn (1)
213,6 den Wunderborn im Blut

Wundergabe (1)
123,5 nur in ihm, o Wundergaben

Wundergütigkeit (1)
38,3 deine Wundergütigkeit schauen

wunderlich (aufsehenerregend) (2)
27,4 er wechselt mit uns wunderlich
101,4 es war ein wunderlich Krieg

Wunderlieb (1)
83,3 o Wunderlieb, o Liebesmacht

Wundermacht (1)
213,5 erzähle die tiefe Wundermacht

Wundermann (2)
369,6 Gott ist der rechte Wundermann
372,3 er als mein Arzt und Wundermann

wundern, sich (3)
4,1 daß sich wunder alle Welt
127,2 all Welt sich drüber wundert
361,8 daß du dich wundern wirst

Wunderrat (1)
20,6 er heißt Gottheld und Wunderrat

wunderreich (1)
510,2 wunderreiche Kreatur

wunderschön (3)
70,6 dem wunderschönen Bräut'gam mein
250,3 in einer wunderschönen Pracht
399,5 und wunderschönen Himmelsfreud

wunderstark (1)
10,1 der wunderstarke Held

Wunderstern (1)
73,1 der Wunderstern gibt dir Bericht

Wundertat (2)
308,6 das sind, Herr, deine Wundertat'
341,1 und seine süße Wundertat

Wundertäter (1)
239,3 ihr kennt den Wundertäter

wundervoll (1)
91,3 welch wundervoll hochheiliges Geschäfte

Wunderweg (1)
374,4 sind lauter Wunderwege

Wunsch (3)
12,2 höchster Wunsch und Sehnen war
234,1 vielmehr ist dies mein Wunsch und Will
283,5 nach Wunsch und also enden

wünschen, sich wünschen (9) → *erwünschen*
123,9 über alles Wünschen ist
231,10 du sollst ihm wünschen alles Gut
252,4 wünsch ich Zion tausend Segen
352,4 was ich wünsche, wird sich schicken
402,5 meine Seel sich wünscht und sehnet
402,5 Jesus wünscht sie und sein Licht
433 wir wünschen Frieden euch allen
449,12 leuchtet der Sonnen gewünschtes Gesicht
524,2 so hab ich gewünschet eben

Würde (1)
505,3 nach Würden rühmen kann

würdig/würdiglich (4)
90,1 und daß du hier so würdig seist
218,5 laß mich würdiglich genießen
219,2 hilf, daß wir würd'ge Gäste sein
344,2 nach deinem Namen würdiglich

Würgebank (1)
83,1 ergibt sich auf die Würgebank

würgen (1)
84,6 ja lässest dich gar würgen

Würger (1)
101,5 der Würger kann uns nicht rühren

Wurm (1)
506,4 bringt, ruft auch der geringste Wurm

Wurzel (7)
30,1 aus einer Wurzel zart
31 aus einer Wurzel zart
70,1 die süße Wurzel Jesse
196,3 die Wurzel nicht bekommen
417,1+2 laß die Wurzel unsers Handelns Liebe sein
503,14 und laß mich Wurzel treiben

Wüste (6)
141,2 die Buß er predigt in der Wüst
252,8 und in dieser Wüste schweben
281,1 fährest mit Hoheit durch die Wüste hin
301,8 durch die Wüste in sein Land
429,4 schuf sie zur Wohnung für alle Menschen, doch nicht zur Wüste
429,5 dann wird die Steppe, dann wird die Wüste fruchtbarer Garten

Wüstenei (1)
393,1 gefährlich stehen in dieser Wüstenei

Wüstennot (1)
171,1 sei Quelle und Brot in Wüstennot

wüten (4)
143,7 das hart und grausam wütet
244,1 das wütend ungestüme Meer
443,3 vors Teufels List und Wüten
444,2 vor Schrecken und Wüten

Z

zagen (4) → *verzagen*
15,1 mein Volk, daß es nicht zage mehr
42,7 was zagt der Mensch, wenn der ihn schützt
91,3 sinn ich ihm nach, so zagen meine Kräfte
346,5 laß mich im Kreuz nicht zagen

Zagen (4) → *verzagen*
58,3 durch Zittern und durch Zagen
86,8 für dein Zittern, für dein Zagen
148,4 von Schwermut, Sorg und Zagen
373,5 wenn ich vor Angst und vor Zagen vergeh

Zahl (17)
82,3 schaden der Sünden große Zahl
146,1 die wir mit Sünden ohne Zahl
148,3 bei ihm in großer Zahl
150,7 in Chören ohne Zahl
191 der heiligen zwölf Boten Zahl
241,2 die Ernt ist groß, die Zahl der Knechte klein
256,2 du selbst hast unsre Zahl gezählet
257,4 dir aus der Völker Zahl
478,8 zur Auserwählten Zahl
507,1–7 ohne Zahl, sovielmal
511,1 an der ganzen großen Zahl

zahlen (2) → *bezahlen*
37,5 ich zahle deine Schulden
452,5 will vollen Lohn mir zahlen

zählen (20)
64,5 nach ihnen sei die Zeit gezählt
200,1 ich bin gezählt zu deinem Samen
239,2 kund sein allen Menschen, die ihr zählt
256,2 du selbst hast unsre Zahl gezählet
264,2 doch als ein Volk gezählt
303,1 weil ich noch Stunden auf Erden zähle
324,11 du zählst, wie oft ein Christe wein
355,1 das zähl ich zu dem Wunderbaren
364,2 er selber hat gezählet
371,3 er zählt den Lauf der heißen Tränen
379,2 und zählt dir Tag und Jahr
379,3 sind wohl von ihm gezählt
507,1 wieviel zählst du Sternlein
507,2 wieviel zählst du Stäublein
507,3 wieviel zählst du Gräslein
507,4 wieviel zählst du Zweiglein
507,5 wieviel zählst du Tröpflein
507,6 wieviel zählst du Fünklein
507,7 wieviel zählst du Stündlein
511,1 Gott der Herr hat sie gezählet

Zahlung (1)
146,4 die Zahlung und das Lösegeld

zähmen, sich (1)
84,11 so will ich zähmen mich

Zährlein (1)
324,11 kein Zähr- und Tränlein ist so klein

Zank (1)
133,7 Zorn, Zank, Haß, Neid und Streit

zart/zärtlich (13)
24,2 ein Kindelein so zart und fein
25,1 sie sagten ihn': Ein Kindlein zart
30,1 aus einer Wurzel zart
31 aus einer Wurzel zart
35,2 o Kindlein zart und rein
76,1 von einer Jungfrau rein und zart
108,1 mit Freuden zart zu dieser Fahrt
165,6 wie die zarten Blumen
202,4 selber steht in seiner zarten Menschheit
281,5 wie er sein Volk so zärtlich liebt
341,6 von einer Jungfrau rein und zart
399,1 in unsrer Menschheit, rein und zart
508,2 wickelt... gar zart und künstlich ein

zäumen (1)
61,5 Jesus zäume mir die Sinnen

Zebaoth (14) → *Heer, Heerschar*
185.1 heilig, heilig, heilig ist Gott, der Herre Zebaoth
185.2 heilig, heilig, heilig ist Gott, der Herre Zebaoth
185.3 heilig, heilig, heilig ist der Herr Zebaoth
191 heilig ist unser Gott, der Herre Zebaoth
282,1 wie lieblich schön, Herr Zebaoth
282,2 Herr Zebaoth, du wirst auch mir
282,4 hör mein Gebet, Herr Zebaoth
282,6 Herr Zebaoth, an dich sich hält
323,1 des Rühmens... vor dir, o Herre Zebaoth
327,3 er ist Gott Zebaoth

330,5 du, du, o Herr Gott Zebaoth
331,3 heilig, Herr Gott Zebaoth
362,2 er heißt Jesus Christ, der Herr Zebaoth
478,9 du Herre Zebaoth

Zeder (1)
284,4 wachsen werd ich wie die Zeder auf den Höhn

zehn (2)
231,1 dies sind die heilgen zehn Gebot
285,1 auf den zehn Saiten und Psalter

Zeichen (9)
24,5 so merket nun das Zeichen recht
62,1 denen heut zum Zeichen dienen
94,1 in diesem Zeichen gründe
145,6 das zeugen seine Zeichen
226,3 ist ein Zeichen für den Frieden
325,8 sind es Zeichen, daß mein Freund
373,6 daß ich das Zeichen des Sieges erlang
413,2 Christus sie selbst das Zeichen nennt
430,4 und mach aus uns ein Zeichen

zeichnen (1)
101,5 des Blut zeichnet unsre Tür

zeigen, sich zeigen (33) → *erzeigen*

a) allgemein (12)
77,7 wie Matthäus zeiget
105,11 zeig uns den Herren Jesus Christ
151,1 zeigt eurer Lampen Schein
151,4 die Abendröte zeigt
303,5 zeigen sich welche, die Unrecht leiden
311,3 Richtung zeigt ihm Gottes Wort
409,1+8 sollen wir es zeigen
438,1 der Tag bricht an und zeiget sich
444,1 der Morgen sich zeiget
504,3 zeigen Gottes Finger hier
527,5 eh sich der Abend zeiget

b) von Gott (21)
3,4 gezeigt hat er sein groß Gewalt
41,3 sehet die Liebe, die endlich als Liebe sich zeiget
56,3 zeigt dir zugleich dein neues Bild
73,10 der zeigt dir einen andern Weg
131,5 du zeigst den Weg zur Himmelspfort
137,8 zeig uns Jesu Herrlichkeit
168,6 er hat mit seinem Leben gezeigt, was Liebe ist
169,4 zeigt uns damit, daß er uns liebt
178.8 zeig uns des Trösters Licht
191 zeig uns deine Barmherzigkeit
202,3 solchs hat er uns gezeiget klar
206,4 Himmelsweg, zeig ihm die Bahn
211,5 zeig uns den Weg und geh ihn mit
255,8 und zeig dich jedem Völkerstamme
322,9 und zeig uns drauf sein Angesicht
331,11 deine Treue zeige sich
385,3 ich zeig euch das, was schädlich ist
388,5 zeig doch nur die ersten Stufen
431,3 zeig uns, was neuen Frieden schafft
453,2 und zeige, was da eitel sei
498,2 und zeigen alle Steig und Steg

Zeit (166) → *Ewigkeit, Himmel*

a) allgemein (36)
36,12 voller Freud ohne Zeit
56,4 trag seinen Frieden in die Zeit
63,6 hilf du uns durch die Zeiten
64,1 der du die Zeit in Händen hast
64,5 nach ihnen sei die Zeit gezählt
114,10 sei hochgelobt in dieser Zeit
136,4 in dieser unsrer Zeit
137,6 wenn den Götzen dieser Zeit
145,6 tu rechte Buße in der Zeit
158,4 daß ich nach dieser Zeit
184,1 aus Gott geboren vor der Zeit
199,3 dann an der Zeiten Bord
225,2 er nimmt sich für uns Zeit
234,3 denk nicht: Zur Buß ist noch wohl Zeit
245,5 gepflegt, erhalten in der Zeit
254,2 die Grad und Zeiten verheißner Seligkeiten
262,6 sehen auch in dieser Zeit
263,6 ferner sehn in dieser Zeit
294,1 und wird uns tragen durch die Zeit
313,3 der durch die Welt geht und die Zeit
325,10 bis ich dich nach dieser Zeit
351,10 feuchten mit Tränen meine Zeit
354,1 da lag er vor der Zeit der Welt
356,2 gib Hoffnung uns in dieser Zeit
360,3 wir bauen selbstgerecht den Turm der Zeit
395,2 und wandert in die Zeit
408,1 ihm gehört der Raum, die Zeit
432,1 daß wir auf ihr die Zeit bestehn
481,2 die Zeit ist wie verschenket
490,1 auch sie, o Herr, ist deine Zeit
491,3 die Zeit, die du mir läßt
521,2 mein Zeit ist nun vollendet
527,8 daß dieser Zeit Geschenke
527,9 den keine Zeit vertreibet
528,3 wie sich wechseln Stund und Zeiten
533,3 auch hier in Raum und Zeit

aa) Zeitpunkt, kurze, hohe Zeit, zur... Zeit (35)

15,4 die Zeit ist hier, es schlägt die Stund
40,3 vielleicht noch in gar kurzer Zeit
76,1 bis sich die Zeit herdrange
100,1 in dieser österlichen Zeit
122,1 zur rechten Zeit nachholen
123,8 drückt... hier auf kurze Zeiten nieder
149,1 es ist gewißlich an der Zeit
149,5 o Jesu, hilf zur selben Zeit
150,3 wie große Zeit hat mich verlangt nach dir
233,2 lief ich gleich weit zu dieser Zeit
244,1 wach auf, wach auf, ‚s ist hohe Zeit
254,2 ob's etwa Zeit zu streiten
256,4 geh auf, denn es ist Zeit
262,1 gehe auf zu unsrer Zeit
263,1 gehe auf zu unsrer Zeit
308,8 das tust du, Herr, zu dieser Zeit
319,1 die beste Zeit im Jahr ist mein
324,5 zu seinen Zeiten find't
332,4 einst kommt die Zeit, wo wir auf tausend Weisen
341,5 die Zeit ist hier zu erbarmen
352,5 es hat alles seine Zeit
368,6 er weiß allein die rechte Zeit
371,4 auch weiß er Zeit, dir's abzunehmen
372,4 es kommt die Zeit, da öffentlich erscheinet
388,4 ob auch schon der Geist zu Zeiten
392,1 die kurze Freud, die kurze Zeit vergeht
395,2 der uns in frühen Zeiten
409,4 im Zenit der Zeiten
421 Herr Gott, zu unsern Zeiten
457,8 wenn Regen an der Zeit
461 und du gibest ihnen ihre Speise zu seiner Zeit
477,6 es kommen Stund und Zeiten
495,2 zu der Zeit, da ich soll
499,1 loben Gott zu dieser Zeit
512,3 an dein Wort zu Noahs Zeit

b) alle Zeit, jede Zeit (36)

7,7 zu aller Zeit und ewiglich
16,3 das aller Zeiten Lauf
60,5 befördert werd zu aller Zeit
74,1 du gingst vor aller Zeiten Lauf
81,7 ach großer König, groß zu allen Zeiten
83,6 zu allen Zeiten machen
108,3 unserm Herrn zu allen Zeiten
177.3 wie im Anfang, so auch jetzt und alle Zeit
191 wart und pfleg ihr' zu aller Zeit
209,1+3 der mich zu allen Zeiten
288,6 voll Lieb und Treu zu jeder Zeit
294,4 sei hochgelobt zu jeder Zeit
295,4 dein Wahrheit bleibt zu aller Zeit
301,1–12 seine Huld währt alle Zeit
331,1 wie du warst vor aller Zeit
331,10 und zu allen Zeiten dir
345,5 Herr Christ, zu allen Zeiten
354,5 da findet sich zu aller Zeit
365,5 denn sonst verdirbt all Zeit
378,5 deine Zeit und alle Zeit
485,1 du Lenker aller Zeit
499,2 loben Gott zu aller Zeit
499,3 lobe Gott zu aller Zeit
523,3 funkelt all Zeit und Stunde

c) gute, heilige, rechte Zeit usw. (8)

10,4 zu dieser heilgen Zeit
17,1 wir sagen euch an eine heilige Zeit
18,1 seht, die gute Zeit ist nah
36,1 dieser Zeit, da vor Freud
50,1 du Kind, zu dieser heilgen Zeit
137,2 Menschengunst und gute Zeit
485,2 wir bringen die anvertraute Zeit
505,5 gib friedevolle Zeit

d) böse, bittere, schwere Zeit usw. (16)

9,5 zu dieser bösen Zeit
20,3 nie Krieg, Verrat und bittre Zeit
136,2 und glaubensarmen Zeit
146,1 behüt vor Krieg und teurer Zeit
148,4 von aller bösen Zeit
148,9 in dieser bösen Zeit
171,2 sei nahe in schweren Zeiten
243,5 in dieser fährlichn Zeit
246,2 in dieser schwern, betrübten Zeit
283,4 ach daß doch diese böse Zeit
302,5 zur Zeit der Hungersnot
344,5 vor Seuchen und vor teurer Zeit
344,8 es sind die Zeit und Tage bös
365,3 in meiner schweren Zeit
387,1 damit nicht die böse Zeit
423,6 laß keine teuren Zeiten

e) vergehende Zeit (2)

152,4 die Zeit ist bald vergangen
528,2 so fährt unsre Zeit von hinnen

f) Zeit und Ewigkeit, erfüllte Zeit (33)

6,3 dieweil die Zeit erfüllet ist
42,2 bis daß die Zeit erfüllet ward
51,3 ein neu Geschlecht am End der Zeit
64,6 im Fluge unsrer Zeiten
67,2 im letzten Teil der Zeit
123,9 weiß, daß eine Zeit erscheine

167,4 durch diese Welt und Zeit
212,5 unsre Zeit kommt bald an ihre Grenze
222,3 bis nach der Zeit den Platz bereit'
232,4 hier in der Zeit und folgen ihm in Ewigkeit
325,1-9 alles Ding währt seine Zeit
331,9 führe es durch diese Zeit
344,3 es komm dein Reich zu dieser Zeit
361,6 erwarte nur die Zeit
380,5 denkt der vor'gen Zeiten
387,6 denn die Zeit ist nicht weit
395,3 hoffen in Zeit und Ewigkeit
401,3 und gestorben in der Zeit
406,4 dir verschreib ich mich für Zeit und Ewigkeit
426,3 aus einer längst vergangnen Zeit
458 nach dieser Zeit das ewig Leben
481,5 mein Heim ist nicht in dieser Zeit
491,1 die Zeit, sie eilt dahin
507,7 Ewigkeit, lange Zeit
530,1 hin geht die Zeit, her kommt der Tod

zeitlich (4)
9,2 er bringt kein zeitlich Gut
72,6 hier zeitlich und dort ewiglich
442,9 hier zeitlich und dort ewiglich
449,8 halten uns zeitlich und ewig gesund

Zelle (1)
117,1 brach heut aus seiner Zelle

Zelt (6)
114,3 und strebe nach des Himmels Zelt
282,5 zu wohnen in der Bösen Zelt
302,8 gen Zion in sein Zelt
409,3 und das heilge Zelt
428,4 mach ein leichtes Zelt daraus
529,6 in diesem fremden Zelt

Zenit (1)
409,4 im Zenit der Zeiten

Zepter (3)
1,2 sein Zepter ist Barmherzigkeit
9,3 kein Zepter, keine Krone
20,5 Sohn Gottes, der das Zepter hält

zerbrechen (8) → *zerstören*
67,2 den Tod für uns zerbrochen
77,6 die Schächer zerbrochen
113,3 zerbricht der Hölle Schloß und Tür
248,6 der da Spieß und Schwert zerbricht
325,4 das des Todes Macht zerbricht
344,3 zerbrich, vor ihm dein Kirch erhalt
351,11 die Welt, die mag zerbrechen
397,1 und wenn mir gleich mein Herz zerbricht

zerfallen (1)
374,1 und wenn zerfällt die ganze Welt

zergehen (1)
516,5 zergehen wie ein Licht

zerknicken (1) → *zertreten*
111,9 wie er der Schlangen Kopf zerknickt

zerreißen (3)
77,3 von Dornen zerrissen
77,5 des Tempels Vorhang zerreißt
130,3 was zerrissen und beflissen, dich zu schauen

zerrinnen (3)
64,2 vor seinen Augen noch zerrinnt
497,8 in kurzem zu zerrinnen
527,4 dies alles wird zerrinnen

zerrütten (1)
143,6 zerrüttet Gottes Ordnung bald

zerschlagen (4)
91,2 an unsrer Statt gemartert und zerschlagen
260,2 er hat mich gesandt zu predigen den Zerschlagenen
260,2 und ich sende euch zu predigen den Zerschlagenen
301,7 er zerschlug Pharaos Heer

zersplittern (1)
77,5 und manch Fels zersplittert

zerstäuben (1)
281,1 zerstäubt all ihr Bemühen

zerstieben (1)
407,2 ohne dich, zerstieben würden mir im Nu

zerstören (14) → *zerbrechen*
9,1 und gänzlich zu zerstören
39,5 und zerstört der Höllen Reich
100,3 er hat zerstört der Höllen Pfort
104,2 hat zerstört des Teufels Werk
106,3 zerstöret ist nun all sein Macht
107,1 und hast dem Tod zerstört sein Macht
109,2 zerstört, verheert ihm all Gestalt
111,9 die Höll zerstört, den Tod erdrückt
116,2 denn die Gewalt des Tods ist zerstört
133,9 die Kirchen, so zerstöret
143,6 mit Gewalt zerstören und besiegen
191 du hast dem Tod zerstört sein Macht
266,5 dein Thron allein wird nicht zerstört
432,2 Gott will nicht diese Erde zerstören

zerstreuen (4)
11,9 der Herr wird sie zerstreuen
72,5 versammle, die zerstreuet gehn
127,5 die in der Welt zerstreuet sind
252,2 wo sie hier zerstreuet wohnen

zerteilen (2)
127,1 zerteilt man Zungen sah im Saal
318,2 und deinen Schatz zerteile

Zertrennung (2)
262,3 schaue die Zertrennung an
263,3 schaue die Zertrennung an

zertreten (1) → *zerknicken*
113,2 der Kopf ist ihr zertreten

Zeuge (7) → *Bote*
123,10 und ihr Zeugen mit der Krone
132 und werdet meine Zeugen sein
137,6 sondern fest als deine Zeugen dastehn
227,6 als Zeugen deiner Liebe uns zu senden
231,9 du sollst kein falscher Zeuge sein
241,1 wach auf, du Geist der ersten Zeugen
256,3 drum sende treue Zeugen aus

zeugen (4) → *bezeugen, hervorgehen, verkünden*
71,2 von deinem Reich auch zeugen
145,6 das zeugen seine Zeichen
358,2 der aus dem Wort gezeuget
504,1 zeugen von des Schöpfers Ehr

Zeugenmut (1)
137,7 ungebeugten Zeugenmut

Zeugnis (9)
130,2 dein wahres Zeugnis lehren
134,3 laß uns stets dein Zeugnis fühlen
136,7 das Zeugnis von dem Herrn
137,1 Trieb und Kraft und Zeugnis war
144,6 gib Zeugnis dem Gewissen
265,5 der Einheit Zeugnis sei
295,1 und seine Zeugniss' halten
328,4 gibt Zeugnis meinem Geist, daß ich dein Kind
328,6 wohl mir, daß ich dies Zeugnis habe

ziehen (30)
11,7 wie ihr ihn wollet ziehen
14,3 zieht deine Schar nach allen Orten
35,2 zieh mich hin zu dir
39,4 Lieb und Gunst hat ihn gezogen
55,1 ziehn leise über dir
78,10 zieh uns allesamt zu dir
122,2 weil er gezogen himmelan
150,4 kommt dort gezogen schon
161,1 ganz zu dir gezogen werden
197,1 zieh mein Herz durch dein Wort zu dir
222,1 laß ziehn mich meine Straßen
257,4 und ziehn zum Abendmahl
258 zieht in Frieden eure Pfade
271,5 das seine Pfade zieht durchs große Meer
278,3 wie einst ich zum Hause Gottes zog
279,3 die uns hieß durch die Fluten ziehn
290,4 sie zogen unter Gottes Hand
290,5 Gott zog des Tages vor dem Volke
328,2 zieh mich, o Vater, zu dem Sohne
328,2 damit dein Sohn mich wieder zieh zu dir
384,1 lasset uns mit Jesus ziehen
388,7 Liebe, zieh uns in dein Sterben
392,3 er ziehet mich; mein armes Herze, lauf
423,8 und ziehe unsre Jugend
441,2 bis er die Herzen zu sich zeucht
503,13 viel Glaubensfrüchte ziehe
514,2 du Sturm, der durch die Welten zieht
526,2 welches es nicht nach sich zieht
529,11 du ziehst mich, wenn ich scheide
529,4 sie zogen hin und wieder

Ziel (18) → *Ende*
64,1 führ uns dem Ziel entgegen
64,6 und Anfang, Ziel und Mitte weißt
73,8 hier ist das Ziel, hier ist der Ort
199,3 am Ziel der Weltgeschichte
199,5 liegt Ursprung, Ziel und Sinn
299,5 sein Hand zu helfen hat kein Ziel
325,10 weil denn weder Ziel noch Ende
346,1 such, wer da will, ein ander Ziel
361,5 zu seinem Zweck und Ziel
369,5 und setzet jeglichem sein Ziel
376,3 du führst mich doch zum Ziele
407,1 Ziel, das ich erstrebe
420,2–5 such mit den Fertigen ein Ziel
482,4 und kommen weiter von dem Ziel
529,10 wenn mein Ziel ausgemessen

zielen (1)
134,3 die auf ihn alleine zielen

Zier (16)
11,1 o meiner Seelen Zier
36,10 laß mich dir, meine Zier
85,1 mit höchster Ehr und Zier
90,1 daß Gottes Majestät und Zier
284,2 deiner Ehre dient mein armes Lied zur Zier
330,3 ihr Blumen, laßt doch eure Zier

346,5 weich nicht von mir, mein höchste Zier
385,5 ist mein nicht wert und meiner Zier
396,1 Jesu, meine Zier
400,1 ich will dich lieben, meine Zier
473,1 mein schönste Zier und Kleinod bist
473,4 der Tag nimmt ab. Ach schönste Zier
480,3 es leuchte dir der Himmelslichter Zier
488,4 was ist der Tod, bist du mir Schild und Zier
497,7 o meiner Seelen Sonn und Zier
503,1 schau an der schönen Gärten Zier

Zierde (1) → *Schmuck*
399,6 mein Reichtum, Zierd und werte Kron

zieren (9) → *schmücken*
58,14 der uns hier herrlich ziere
71,4 doch bist du schön gezieret
78,5 und zu Hohn gezieret
84,10 wie ich mein Herz soll zieren
85,1 o Haupt, sonst schön gezieret
122,3 mag meine Nachfahrt zieren
183,3 und mit Gaben zieret schöne
349,3 gezieret und gesticket
504,3 hat gezieret überall

Zimbel (2)
147,3 mit Harfen und mit Zimbeln schön
535 mit Harfen und mit Zimbeln schön

Zinne (3)
69,2 vor Freuden auf der hohen Zinne
147,1 der Wächter sehr hoch auf der Zinne
359,5 Licht von höchster Zinne

Zion (15)
11,2 dein Zion streut dir Palmen
12,3 Zions Hilf und Abrams Lohn
13,1 Tochter Zion, freue dich
62,2 soll bei uns in Zion schallen
63,3 in Zions goldnen Hallen
135,6 trag nach Zions Hügeln
147,2 Zion hört die Wächter singen
151,2 die Wächter Zions schreien
151,5 ihr, die ihr Zion liebt
241,5 ach daß die Hilf aus Zion käme
252,4 wünsch ich Zion tausend Segen
282,4 vor Gott in Zion zu erscheinen
300,3 und segne dich von Zion aus
302,8 gen Zion in sein Zelt
303,7 Zion, dein Gott sorgt stets für dich

Zionsgott (1)
323,1 du hocherhabner Zionsgott

zischen (1)
509,2 zischt dir in Lebenslust

zittern (5)
58,3 durch Zittern und durch Zagen
65,3 so nehmen wir ihn dankbar ohne Zittern
86,8 für dein Zittern, für dein Zagen
248,3 er mit Zittern sie anschau
279,1 und zittern, Herr, vor deiner Macht

zögern (2)
17,4 Gott selber wird kommen, er zögert nicht
375,3 das zögert immer noch

Zoll (1)
313,2 den Mann vom Zoll zur Seite nahm

zollen (1)
312,5 dem Herrn die Ehre zollen

Zorn (27) → *Grimm, Strafe*
9,4 des Höchsten Zorn euch rührt
29,1–4 hat versöhnt des Vaters Zorn
64,4 wir fahren hin durch deinen Zorn
76,2 wie Gottes Zorn die Sünde schlägt
83,2 die Straf ist schwer, der Zorn ist groß
85,4 der Zorn verdienet hat
92,4 hast du mit Gnad den Zorn bedeckt
102,2 trug für uns Gottes Zorn
112,5 die Welt... mit ihrem großen Zorn
113,4 ihr Zorn ist kraftlos worden
133,7 Zorn, Zank, Haß, Neid und Streit
146,3 dein Zorn und Grimm fern von uns sei
231,12 verdienen doch eitel Zorn
240,2 von Zorn, Betrug und Lüge rein
244,6 zum Zorn gereizt oft dein Geduld
289,2 sein' Zorn läßt er wohl fahren
342,2 erhob sich Zorn und große Not
342,3 damit seins Vaters Zorn gestillt
344,3 des Satans Zorn und groß Gewalt zerbricht
351,11 kein Zorn der großen Fürsten
355,2 ich hatte nichts als Zorn verdienet
404,2 laß allen Zorn verschwinden
413,1 ein wahrer Glaube Gotts Zorn stillt
422,2 im Zorn mit uns verfahre

Zornesrute (1)
83,2 zur Straf und Zornesruten

zornig/zorniglich (2) → *zürnen*
231,6 du sollst nicht töten zorniglich
297,3 auf uns so zornig ist ihr Sinn

zubereiten (1)
1,4 eu'r Herz zum Tempel zubereit'

zubringen (3)
37,3 die Sonne, die mir zugebracht
365,5 die wir zubringn auf Erden
529,2 hab ich... des Herzens zugebracht

Zucht (9)
51,2 nimmt uns in Zucht, macht uns bereit
134,2 Weisheit, Rat, Verstand und Zucht
137,1+9 des Gehorsams und der Zucht
145,4 in Lieb und Treu, in Buß und Zucht
231,7 mit Zucht und Mäßigkeit fein
244,6 all Zucht und Ehrbarkeit verlacht
367,2 Zucht, Ehr und Treu verleih mir, Herr
471,3 laß uns mit Züchten unser Tun und Dichten

züchtig (1)
451,8 gottselig, züchtig und gerecht

züchtigen (1)
294,2 gezüchtigt wurde ich vom Herrn

Zuchtmeister (1)
438,4 hilf, daß der Geist Zuchtmeister bleib

zudecken (4)
231,9 und seine Schand decken zu
349,3 und zugedecket fein
413,8 o Herr Christ, deck zu unsre Sünd
475,6 decke mich mit Segen zu

zudrücken (1)
322,9 er drücke, wenn das Herze bricht... Augen zu

zueinander (1)
267,4 laß uns zueinander stehen

zuerst (1) → *endlich, erst*
182,2 suchet zuerst Gottes Reich in dieser Welt

zufallen (1)
297,1 und unsrer Sach er nicht zufällt

Zuflucht (1)
89,5 laß meine letzte Zuflucht sein

zufrieden (2) → *genügen*
254,4 wir sind in ihm zufrieden
393,4 mit wenigem zufrieden

zufriedengeben, sich (18) → *genügen, vergnügen*
36,10 ich mich durch dich wohl zufrieden geben
371,1 gib dich zufrieden und sei stille
371,1–15 gib dich zufrieden
526,1 darum mich zufrieden geben

zuführen (1)
207,1 dir zugeführet sein

Zug (Fischzug) (1)
494,2 so muß der Zug gesegnet sein

zugeben (2)
297,3 wo Gott hätt das zugeben
297,4 Gott Lob und Dank, der nicht zugab

zugedacht haben (1)
303,4 was er uns einmal zugedacht

zugegen (1)
449,4 wenn wir uns legen, so ist er zugegen

zugesellen (2)
74,4 als Hilf und Hort uns zugesellt
271,4 ganz nah ihn deiner Gottheit zugesellet

zugleich (16) → *allzugleich*
1,1 ein Heiland aller Welt zugleich
1,4 ja, Heil und Leben mit zugleich
3,6 dem heilgen Tröster auch zugleich
38,2 du bist arm und machst zugleich
56,3 zeigt dir zugleich dein neues Bild
72,6 so werden sie mit uns zugleich
108,1 laßt uns zugleich fröhlich singen
109,5 dafür wir danken all zugleich
115,2 mit ihm werd auch ich zugleich
148,7 trinken zugleich mit Gott
198,2 und zugleich zu deinen Füßen sitzen
289,4 waltet seins Lobs und dient zugleich
344,4 dein Will gescheh, Herr Gott, zugleich
345,4 auch uns allen zugleiche
389,4 und mache dann mein Herz zugleich
476,7 und laß hernach zugleich mit allen Frommen

zugreifen (2)
287,4 so greif doch zu und schlage sie nicht aus
393,8 so greif der Stärkre zu

zugrundegehen (4)
10,3 mit Angst zugrunde geht
244,2 zugrund wir müssen eilends gehn
423,9 laß nicht zugrunde gehn
449,7 in einer Stunde geht es zugrunde

zugut (12)
29,3 hat euch zugut das Fleisch an sich genommen
34,2 harte lieget dir zugut

36,2 Gott wird Mensch dir, Mensch, zugute
83,5 und was du mir zugut getan
91,9 unendlich Glück! Du littest uns zugute
214,1 das gib uns, Herr Gott, zugute
216 sein teures Blut, das uns zugut
284,3 du schufst alle deine Werke uns zugut
321,1 unzählig viel zugut
341,8 das leid ich alles dir zugut
370,11 und dein Blut mir zugut
405,1 vergiß nicht, daß er dir zugut

zugutekommen (3)
86,7 es kommt alles mir zugut
87,5 dein Angst komm uns zugut
123,5 kommt in Jesus uns zugut

zuhauf (4)
316,1 kommet zuhauf
317,1 kommet zuhauf
371,3 und faßt zuhauf all unser Sehnen
514,1 Gottes Geschöpfe, kommt zuhauf

Zuhause (1)
315,2 weil es noch ein Zuhause gibt

zukommen (2)
342,9 sein Reich zukomm; sein Will auf Erd
471,5 dein Reich zukomme

Zukunft (6)
212,2 bange vor der unbekannten Zukunft
382,1 bist du der Gott, der Zukunft mir verheißt
395,3 die Zukunft ist sein Land
429,6 für alle Völker - Spruch unsers Gottes - sichere Zukunft
447,9 vor deiner Zukunft uns bemühn auf Erden
515,9 sei gepriesen, du öffnest uns die Zukunft

zukünftig (2) → *künftig*
3,5 der du zukünftig Richter bist
191 ein Richter du zukünftig bist

zuletzt (7)
25,6 zuletzt müßt ihr doch haben recht
96,5 daß wir zuletzt von hier getröstet scheiden
150,6 wenn dann zuletzt ich angelanget bin
372,5 weil doch zuletzt ich werd ergötzt
375,3 so wird zuletzt aus allen Ketten
441,7 zuletzt hilf uns zur heilgen Stadt
531,3 zuletzt laß mich auch scheiden

zünden (1)
255,6 ach zünd in unsern Herzen auch

zunehmen (5)
3,5 und an dem Glauben nehmen zu
60,5 zunehm und wachs ohn Widerstand
67,3 Liebe und Kenntnis nehmen zu
194,3 in dein'r Erkenntnis nehmen zu
527,6 doch eh wir zugenommen

Zunge (22)
84,11 wenn böse Zungen stechen
123,1 aller Zunge soll bekennen
125,1 das Volk aus aller Welt Zungen
126,4 mit Zungen in alle Land
127,1 zerteilt man Zungen sah im Saal
127,2 in fremden Zungen reden sie
127,3 und unsre Zung ganz Feuer werd
135,3 laß die Zungen brennen
148,2 kein Zung kann je erreichen
148,6 mit himmelischen Zungen
150,7 mit hunderttausend Zungen
156 der du in Mannigfaltigkeit der Zungen
250,3 du, Gott, hast dir aus vielen Zungen
257,1 dir stimmen unsre Zungen
259,3 er lasse Herz und Zunge glühn
273,3 dazu ihr Zung stolz offenbar
279,7 auf meiner Zung ein Lobgesang
327,1 laß die Zunge singen
330,1 o daß ich tausend Zungen hätte
330,6 solange sich die Zunge regt
447,3 und Händ und Füße, Zung und Lippen regen
524,7 meine Zung nicht mehr kann sprechen

zunichte machen (3)
248,6 der die Bogen macht zunicht
308,6 du machst zunicht der Menschen Rat
423,5 und mache nicht zunichte

zunichte werden (1)
379,4 und alles wird zunichte

zunutz (1)
83,6 das soll und will ich mir zunutz

zurechnen (1)
467,3 und rechn es unsrer Seel nicht zu

zurechtbringen (1)
128,5 bring zurecht, die irrig sein

zurichten (6)
5,9 richte unsre Herzen zu
37,3 des Glaubens in mir zugericht'
84,2 wer hat dich... so übel zugericht'
85,2 so schändlich zugericht'

86,3 dich erbärmlich richten zu
351,10 mir prächtig zugericht'

zürnen (3) → *zornig*
25,4 laßt zürnen Teufel und die Höll
112,5 sie zürnt und kann nichts machen
233,3 ach Gott, zürn nicht

zurückbringen (2)
423,7 und bringe die zurücke
485,2 zu dir zurück wir bringen

zurückgehen (3)
104,3 und nicht mehr zurücke gehn
361,5 Gott nicht zurücke gehn
452,3 ich gehe nicht zurück

zurückkehren (2)
303,7 kehrt er mit starker Hand zurück
324,16 hat er zurückgekehrt

zurücknehmen (1)
491,4 nimm du den Tag zurück

zurückrufen (1)
298,2 rufe... bald ins Vaterland zurück

zurückschrecken (1)
281,1 schreckt, die ihn hassen, weit zurück

zurücktreiben (2)
449,5 Fallen und Tücke treib ferne zurücke
497,8 ist's Menschentun, so treib zurück

zurufen (2)
127,6 und rufst darin dem Vater zu
331,2 rufen dir stets ohne Ruh...zu

zusagen (10)
115,3 Gnade hat er zugesagt
136,2 o du, den unser größter Regent uns zugesagt
200,3 Treu und Gehorsam zugesagt
234,2 die Gott dir zugesaget hat
234,5 Gnad hat dir zugesaget Gott
234,5 zusagen hat er nicht gewollt
279,6 so feierlich hab zugesagt
283,3 ach daß uns doch Gott sagte zu
299,3 die mir zusagt sein wertes Wort
308,10 uns zugesagt das Himmelreich

zusammen (5)
114,9 daß wir zusammen insgemein
251,1 Herz und Herz vereint zusammen
286,3 auf, alle Völker, jauchzt zusammen
366,2 daß wir zusammen insgemein dich anrufen
443,7 Gott wird es alls zusammen

zusammenfügen (1)
238,3 zusammen füge Herz und Herz

zusammenführen (3)
65,5 führ, wenn es sein kann, wieder uns zusammen
182,6 so führt der Herr die zusammen, die er liebt
227,4 führ... zu einer Kirche durch dein Wort zusammen

zusammenhalten (1)
127,5 und halt zusammen Gottes Kind

zusammenkommen (1)
252,9 dort bei dir zusammenkommen

zusammenschmelzen (2)
255,7 schmelz alles, was sich trennt, zusammen
415,1 schmelz in Liebe Herz und Herz zusammen

zusammenstehen (1)
20,8 dann stehen Mensch und Mensch zusammen

zusammentun, sich (1)
133,7 sich wieder tun zusammen

zusamt (2) → *samt*
89,4 zusamt dem ganzen Himmelsheer
112,3 zusamt dem edlen Gut

zuschanden machen (2)
247,2 mache zuschanden alle, die dich hassen
370,6 sie zuschanden machen

zuschanden werden (6)
111,12 wer mich will halten, wird zuschand'
247,1 Herr, unser Gott, laß nicht zuschanden werden
248,5 laß sie werden nicht zuschand'
275,1 hilf, daß ich nicht zuschanden werd
295,3 sonst ich zuschanden werd
452,3 ich werde nicht zuschanden

Zuschauer (1)
77,4 die Zuschauer spott'ten sein

zuschließen, sich zuschließen (6)
58,10 schließ zu die Jammerpforten
389,1 schließ zu der Sünde Tor und Tür
479,4 ihr müden Augen, schließt euch zu
484,1 schließe meine Augen zu
484,4 nasse Augen schließe zu
529,1 die schließt all Arbeit zu

zuschreiben (1)
472,4 wenn du mir wollst zuschreiben

zustatten kommen (1)
296,1 mit seiner Hilf zustatten komm

zuströmen (1)
406,1 zuströmt Kraft und Lebenssaft

zuteil werden (3)
108,1 das ewig Heil wird uns zuteil
346,2 uns wird das Heil durch ihn zuteil
356,1 in dem uns Gnade wird zuteil

zutragen, sich (1)
440,4 damit, was immer sich zutrag

zutun (2)
474,1 und tu in Fried mein Augen zu
478,7 drauf tu ich meine Augen zu

Zuversicht (23) → *Hoffnung, Vertrauen*
25,5 setzt ihr auf ihn eu'r Zuversicht
79,4 und schöpfen draus die Zuversicht
115,1–5 dies ist meine Zuversicht
115,6 Herr, Herr, meine Zuversicht
134,4 und die Zuversicht vermehrt
245,2 durch Glauben, Lieb und Zuversicht
296,3 setz nur auf Gott dein Zuversicht
323,1 der Frommen Zuversicht
326,5 er bleibet ihre Zuversicht
360,6 das gibt uns Zuversicht für jeden Tag
364,2 Gott ist mein Trost, mein Zuversicht
369,7 denn welcher seine Zuversicht auf Gott setzt
374,5 er bleibet meine Zuversicht
397,1 so bist doch du mein Zuversicht
402,2 ihm hab ich voll Zuversicht
451,7 gib mir ein Herz voll Zuversicht
472,2 mein' Trost, mein Zuversicht
478,5 verloren sein in solcher Zuversicht
526,1 Jesus, meine Zuversicht

zuvor (10)
3,5 lehr uns zuvor dein' Willen tun
55,1 und die zuvor geweint
106,4 alls, was betrübet war zuvor
123,8 und das Leiden geht zuvor
133,9 laß blühen wie zuvor die Länder
206,2 nicht zuvor ist neu geboren
283,1 die es zuvor begangen hat
457,10 hat er zuvor erkannt
478,1 und was zuvor geweint
527,8 was du zuvor genossen

zuwenden (3)
56,5 bleib ihnen dennoch zugewandt
64,6 bleib du uns gnädig zugewandt
466 uns in Gnaden zugewandt

zuwider (1)
497,7 was dir zuwider, laß mich nicht

Zwang (1)
111,3 mein Heiland bleibt ins Todes Zwang

zwar (14)
9,1 zwar ohne stolze Pracht
90,1 hier hängst du zwar in lauter Not
123,8 zwar auch Kreuz drückt Christi Glieder
144,3 zwar unsre Schuld ist groß und schwer
152,3 du bist uns zwar im Geiste nah
234,2 und zwar mit einem teuern Eid
255,2 zwar brennt es schon in heller Flamme
279,8 zwar elend, dürftig bin ich immer
351,8 mir zwar und meinem Munde
361,9 er wird zwar eine Weile
478,4 zwar fühl ich wohl der Sünden Schuld
497,3 es fängt... ein gutes Werk zwar fröhlich an
505,3 zwar manchen schönen Segen
529,6 so will ich zwar nun treiben

Zweck (2)
361,5 zu seinem Zweck und Ziel
497,6 der höchste Zweck, das beste Teil

zwei/zweite (4)
17,2 sehet, die zweite Kerze brennt
238,1 Herr, vor dein Antlitz treten zwei
313,1 ruft mich und dich, zwei oder drei
313,2 fragt mich und dich, zwei oder drei

Zweifel (9)
72,5 mach feste, die im Zweifel stehn
122,1 und allen Zweifel, Angst und Pein
137,3 alle Zweifel siegend bricht
210,4 wenn Angst und Zweifel in mir wachsen
229,3 Frucht zu bringen, wo Zweifel quält
342,5 daran ich keinen Zweifel trag
361,5 so wird doch ohne Zweifel
382,2 von Zweifeln ist mein Leben übermannt
416 daß ich den Glauben bringe, wo der Zweifel drückt

zweifeln (6)
97,5 warum zweifelst du
149,5 daran ich denn auch zweifle nicht

202,4 daß wir nicht sollen zweifeln dran
344,9 auf daß wir ja nicht zweifeln dran
443,7 und zweifle nicht daran
520,1 und zweifeln nicht: durch Gottes Gab

Zweig/Zweiglein (7)
1,4 die Zweiglein der Gottseligkeit
11,2 und grüne Zweige hin
47,2 sprießt aus Jesses Zweig empor
70,3 ein Zweig an deinem Stamme
268,2 Zweige wachsen viele aus einem Stamm
314,3 kommt und legt ihm Zweige von den Bäumen auf den Weg
507,4 wieviel zählst du Zweiglein

zweigestammt (1)
12,3 der wohl zweigestammte Held

zwiefach (1)
223,3 gab zwiefach sich in Wein und Brot

Zwietracht (3)
14,6 und lösch der Zwietracht Glimmen aus
133,7 die voller Zwietracht seind
143,6 er stiftet uns zur Zwietracht an

zwingen (5)
33,1 dazu den Satan zwingen
70,6 zwingt die Saiten in Cythara
101,2 den Tod niemand zwingen konnt
214,2 Herr, dein Lieb so groß dich zwungen hat
438,4 das arge Fleisch so zwing und treib

zwischen (2)
286,4 und zwischen Recht und Unrecht schlichte
410,2 Gemeinschaft zwischen Gott und Menschen

zwölf (3)
147,3 von zwölf Perlen sind die Tore
191 der heiligen zwölf Boten Zahl
535 von zwölf Perlen sind die Tore

Fehlliste

Wörter im Evangelischen Gesangbuch, die nicht in die Konkordanz aufgenommen wurden*)

ab	24
aber	43
ach	136
allda	2
alle	930
als	144
an, am	513
auch	341
auf	532
aus	318
bei	236
bis	112
da	218
dafür	23
damit	40
dann	36
das	644
davor	7
dazu	24
daß	610
dein *siehe:* du	1276
denn	178
der	2767
die (Singular und Plural)	1246
dies	312
doch	201
du	1798
durch	268
ein,eine, einer	569
eleison *siehe:* kyrie	22
er, sie, es	1542
euer siehe: ihr	77
für	260
haben (nur in Hilfsverbfunktion)	962
ich *siehe:* mein	1501
ihr *siehe:* er, sie es	432
in im	1382
ja	83
jeder, jede, jedes	76
jener, jene, jenes	10
kein, keine	176
lassen (nur in Hilfsverbfunktion)	327
man	81
mein *siehe:* ich	894
mit	631
nach	278
nicht	590
noch	150
nun	210
nur	130
o	345
sein *siehe:* er	1002
sein (nur in Hilfsverbfunktion)	1486
sich (einschl. der reflexiven Verben)	337
so	393
sollen (nur in Hilfsverbfunktion)	200
solch	20
um	145
und	2072
unser *siehe:* wir	502
von	617
vor	259
was	356
weil	89
wenn	242
wer	112
werden (nur in Hilfsverbfunktion)	238
wie	324
wir, uns	1434
wo	107
wollen (nur in Hilfsverbfunktion)	359
zu	1051

*) Die flektierten Formen sind bei der Grundform mitgezählt (z. B. dich unter: du; mich unter: ich)

Verzeichnis der Strophenanfänge

A

449,4 Abend und Morgen sind seine Sorgen
487,1 Abend ward, bald kommt die Nacht
303,7 Aber der Gottesvergeßnen Tritte
88,3 Aber laß mich nicht allein
154,4 Aber noch tragen wir der Erde Kleid
387,2 Aber wache erst recht auf
311 Abraham, Abraham, verlaß dein Land *(Kehrvers)*
330,4 Ach alles, alles, was ein Leben
475,7 Ach bewahre mich vor Schrecken
246,1 Ach bleib bei uns, Herr Jesu Christ, weil es
347,3 Ach bleib mit deinem Glanze
347,5 Ach bleib mit deinem Schutze
347,4 Ach bleib mit deinem Segen
347,2 Ach bleib mit deinem Worte
347,1 Ach bleib mit deiner Gnade
347,6 Ach bleib mit deiner Treue
87,2 Ach das hat unsre Sünd
241,5 Ach daß die Hilf aus Zion käme
283,4 Ach daß doch diese böse Zeit
400,3 Ach, daß ich dich so spät erkannte
283,3 Ach daß ich hören sollt das Wort
221,3 Ach dazu müsse deine Lieb uns dringen
252,2 Ach dein Lebensgeist durchdringe
503,9 Ach, denk ich, bist du hier so schön
450,4 Ach du Aufgang aus der Höh
251,5 Ach du holder Freund, vereine
233,1 Ach Gott und Herr, wie groß und schwer
249,4 Ach Gott, gib indes deine Gnad
273,1 Ach Gott, vom Himmel sieh darein
81,7 Ach großer König, groß zu allen Zeiten
24,9 Ach Herr, du Schöpfer aller Ding
148,9 Ach Herr, durch deine Güte
146,3 Ach Herr Gott, durch die Treue dein
297,5 Ach Herr Gott, wie reich tröstest du
397,3 Ach Herr, laß dein lieb' Engelein
122,3 Ach Herr, laß diese Gnade mich
324,7 Ach Herr, mein Gott, das kommt von dir
127,3 Ach Herr, nun gib, daß uns auch find
244,3 Ach Herr, um deines Namens Ehr
224,2 Ach Herr, vor dir ist keiner reich
196,4 Ach hilf, Herr, daß wir werden gleich
414,4 Ach, hilf mir beten, wachen, ringen
58,6 Ach Hüter unsres Lebens
302,8 Ach ich bin viel zu wenig
241,6 Ach laß dein Wort recht schnelle laufen
423,2 Ach laß dein Wort uns allen
469,2 Ach lieber Herr, behüt uns heut
6,5 Ach lieber Herr, eil zum Gericht
203,1 Ach lieber Herre Jesu Christ, der du
468,1 Ach lieber Herre Jesu Christ, weil du
10,4 Ach mache du mich Armen
504,6 Ach mein Gott, wie wunderbar
114,9 Ach mein Herr Jesu, der du bist
24,13 Ach mein herzliebes Jesulein
330,7 Ach nimm das arme Lob auf Erden
392,8 Ach nimm mich hin, du Langmut ohne Maße
207,2 Ach präge jedem Kinde
73,6 Ach sinke du vor seinem Glanz
388,3 Ach so mußt du uns vollenden
346,3 Ach sucht doch den, laßt alles stehn
528,3 Ach wie flüchtig, ach wie nichtig ist der Menschen Freude
528,5 Ach wie flüchtig, ach wie nichtig ist der Menschen Glücke
528,1 Ach wie flüchtig, ach wie nichtig ist der Menschen Leben
528,7 Ach wie flüchtig, ach wie nichtig ist der Menschen Prangen
218,2 Ach wie hungert mein Gemüte
528,4 Ach wie nichtig, ach wie flüchtig ist der Menschen Schöne
528,8 Ach wie nichtig, ach wie flüchtig sind der Menschen Sachen
528,6 Ach wie nichtig, ach wie flüchtig sind der Menschen Schätze
528,2 Ach wie nichtig, ach wie flüchtig sind der Menschen Tage

388,6 Ach wie teu'r sind wir erworben
404,6 Ach zünde deine Liebe
517,12 Ade, Welt, Gott gesegne dich
185.4 Agios o Theos
217,2 All ander Speis und Trank ist ganz vergebens
231,11 All die Gebot uns geben sind
276,3 All, die im Glauben stehen
440,1 All Morgen ist ganz frisch und neu
349,3 All Sünd ist nun vergeben
399,5 All unser Leid auf dieser Erd
2,2 All unsre Not zum End er bringt *(Kanon)*
344,6 All unsre Schuld vergib uns, Herr
370,9 Allda will in süßen Schätzen
484,3 Alle, die mir sind verwandt
403,5 Alle die Schönheit
463 Alle guten Gaben, alles, was wir haben
62,4 Alle Sorgen, alles Leid
331,10 Alle Tage wollen wir
195,1 Allein auf Gottes Wort will ich
179,1 Allein Gott in der Höh sei Ehr
180.4 Allein Gott in der Höh sei Ehr *(Kanon)*
232,1 Allein zu dir, Herr Jesu Christ
195,2 Alleine Christus ist mein Trost
512,2 Aller Augen sind erhoben
461 Aller Augen warten auf dich, Herre
386,5 Aller Weisheit höchste Fülle
15,5 Alles, alles Fleisch ist Gras
352,1 Alles ist an Gottes Segen
449,8 Alles vergehet, Gott aber stehet
331,2 Alles, was dich preisen kann
53,1 Als die Welt verloren
516,6 alsdann laß sanft und stille
58,5 Also auch und nicht minder
28 Also hat Gott die Welt geliebt
386,4 also ist auch mein Verlangen
51,1 Also liebt Gott die arge Welt... den einzigen
51,5 Also liebt Gott die arge Welt... zum Heiland
148,4 Also wird Gott erlösen
245,5 Also wird nun Gottes Gemeine
338 Alte mit den Jungen sollen loben *(Kanon)*
513,7 Am End nimm, Jesu, in die Himmelsscheuern
111,6 Am Kreuz läßt Christus öffentlich
196,3 Am Weg der Same wird sofort
344,9 Amen, das ist: es werde wahr
345,5 Amen zu aller Stund
485,2 Anbetend, Herr, wir singen
281,3 Anbetung, Ehre, Dank und Ruhm
248,5 Andre traun auf ihre Kraft
308,10 Auch Abraham hast du geschworn
379,3 Auch deines Hauptes Haare
11,8 Auch dürft ihr nicht erschrecken
477,9 Auch euch, ihr meine Lieben
202,4 Auch Gottes Sohn hier selber steht
357,3 Auch kenn ich wohl den Meister
365,6 Auch wenn die Welt vergehet
361,7 Auf, auf, gib deinem Schmerze
112,1 Auf, auf, mein Herz, mit Freuden
122,1 Auf Christi Himmelfahrt allein
311,3 Auf das Wort hin will er's wagen
60,5 auf daß dein Wort in diesem Land
366,7 Auf daß von Herzen können wir
453,4 Auf daß, wenn dann die Sonne sinkt
390,3 Auf dich laß meine Sinne gehn
521,3 Auf Gott steht mein Vertrauen
527,8 Auf, Herz, wach und bedenke
365,3 Auf ihn will ich vertrauen
345,1 Auf meinen lieben Gott
73,1 Auf, Seele, auf und säume nicht
127,2 Auf tat sich ganz des Himmels Schrein
454,1 Auf und macht die Herzen weit
297,3 Auf uns so zornig ist ihr Sinn
312,4 Aufschaun, umkehren
236,2 Augen gabst du mir
244,5 aus deinem Geist ganz neu geborn
383,3 Aus der Finsternis wird Tag
443,1 Aus meines Herzens Grunde
144,1 Aus tiefer Not laßt uns zu Gott
299,1 Aus tiefer Not schrei ich zu dir
227,4 Aus vielen Körnern ist ein Brot geworden
175 Ausgang und Eingang *(Kanon)*

B

212,2 Bange vor der unbekannten Zukunft
469,6 Befiehl dem Engel, daß er komm
474,3 Befiehl den lieben Engeln dein
361,1 Befiehl du deine Wege
404,4 Befördre dein Erkenntnis
151,5 Begegnet ihm auf Erden
79,3 Behüt uns auch vor Sünd und Schand
354,7 Bei diesem Grunde will ich bleiben

299,2 Bei dir gilt nichts denn Gnad und Gunst
406,1 Bei dir, Jesu, will ich bleiben
244,10 Bekehr den Feind zu Christi Lehr
255,8 Beleb, erleucht, erwärm, entflamme
10,2 Bereitet doch fein tüchtig
517,11 Bereu dein Sünd und beßre dich
133,10 Beschirm die Obrigkeiten
387,3 Bete aber auch dabei
333,5 Betet ihn an! Anbetung dem Herrn
182,3 Betet, und ihr sollt es nicht vergeblich tun
491,2 Bevor die Sonne sinkt, will ich das Sorgen lassen
491,1 Bevor die Sonne sinkt, will ich den Tag bedenken
491,4 Bevor die Sonne sinkt, will ich dich herzlich bitten
491,3 Bevor die Sonne sinkt, will ich dir herzlich danken
171,1 Bewahre uns, Gott, behüte uns, Gott, sei mit uns auf unsern
171,4 Bewahre uns, Gott, behüte uns, Gott, sei mit uns durch deinen
171,2 Bewahre uns, Gott, behüte uns, Gott, sei mit uns in allem
171,3 Bewahre uns, Gott, behüte uns, Gott, sei mit uns vor allem
193,2 Beweis dein Macht, Herr Jesu Christ
475,5 Bin ich gleich von dir gewichen
329,1 Bis hierher hat mich Gott gebracht
252,9 bis wir einst mit allen Frommen
155,3 bis wir singen mit Gottes Heer
56,2 Bist du der eignen Rätsel müd
438,2 bitten dich auch: behüt uns heut
488,1 Bleib bei mir, Herr! Der Abend bricht herein
74,4 Bleib bei uns, Herr, verlaß uns nicht
423,10 Bleib der Verfolgten Stütze
219,3 Bleib du in uns, daß wir in dir
406,6 Bleib mir dann zur Seite stehen
406,5 Bleib mir nah auf dieser Erden
371,10 Bleibt gleich die Hilf in etwas lange
477,8 Breit aus die Flügel beide
33,1 Brich an, du schönes Morgenlicht
418,1 Brich dem Hungrigen dein Brot. Die im Elend
418,2 Brich dem Hungrigen dein Brot; du hast's auch
420,1 Brich mit den Hungrigen dein Brot
418,5 Brich uns Hungrigen dein Brot
140,1 Brunn alles Heils, dich ehren wir

C

120 Christ fuhr gen Himmel
99 Christ ist erstanden von der Marter alle
101,1 Christ lag in Todesbanden
202,1 Christ, unser Herr, zum Jordan kam
469,1 Christe, du bist der helle Tag
190.2 Christe, du Lamm Gottes
92,1 Christe, du Schöpfer aller Welt
350,1 Christi Blut und Gerechtigkeit
59,5 christlich zu leben, seliglich
410,2 Christus, das Heil der Welt
410,1 Christus, das Licht der Welt
410,3 Christus, der Herr der Welt
516,1 Christus, der ist mein Leben
77,1 Christus, der uns selig macht
229,2 Christus eint uns und gibt am Heil
104,2 Christus hat alle Schrift erfüllt
69,3 Christus im Himmel wohl bedachte
269,1 Christus ist König, jubelt laut
413,2 Christus sie selbst das Zeichen nennt

D

64,2 Da alles, was der Mensch beginnt
77,7 Da der Tag sein Ende nahm
91,7 Da du dich selbst für mich dahingegeben
517,10 Da es denn anders nicht mag sein
37,2 Da ich noch nicht geboren war
351,10 Da ist mein Teil und Erbe
341,4 Da jammert Gott in Ewigkeit
43,3 Da liegt es, das Kindlein, auf Heu und auf Stroh
77,6 Da man hatt' zur Vesperzeit
3,3 Da sich die Welt zum Abend wandt
517,6 Da sind doch tausend Jahr wie heut
223,2 Da von dem eignen Jünger gar
111,10 Da werd ich Christi Herrlichkeit
148,3 Da werden wir mit Freuden

529,12 Da will ich immer wohnen
5,8 Da wird er sie scheiden
148,6 Da wird man hören klingen
7,7 Da wollen wir all danken dir
349,4 Dafür will ich ihm sagen
109,5 Dafür wir danken all zugleich
517,5 Daheim ist Leben ohne Tod
42,4 Damit der Sünder Gnad erhält
68,5 Danach erlittest du den Tod
8,6 danach mit ihm auch sterben
149,3 Danach wird man ablesen bald
383,2 Dank für deinen Trost, o Herr
96,6 Dank sei dem Vater, unsrem Gott im Himmel
418,4 Dank sei dir, Herr Jesu Christ
227,1 Dank sei dir, Vater, für das ewge Leben
334,5 Danke, daß ich dein Wort verstehe
334,6 Danke, dein Heil kennt keine Schranken
334,2 Danke für alle guten Freunde
334,1 Danke für diesen guten Morgen
334,4 Danke für manche Traurigkeiten
334,3 Danke für meine Arbeitsstelle
336 Danket, danket dem Herrn *(Kanon)*
304,5 Danket dem Herren, Schöpfer aller Dinge
333,1 Danket dem Herrn! Wir danken dem Herrn
301,1+12 Danket Gott, denn er ist gut
301,9 Dankt ihm, der in dieser Nacht
288,5 Dankt unserm Gott, lobsinget ihm
20,8 Dann stehen Mensch und Mensch zusammen
255,9 Dann tönen dir von Millionen
20,7 Dann wird die arme Erde allen
429,6 Dann wohnt das Recht unter den Menschen
342,5 Daran ich keinen Zweifel trag
443,7 Darauf so sprech ich Amen
354,5 Darein will ich mich gläubig senken
244,4 Darüber auch das Allerbest
299,3 Darum auf Gott will hoffen ich
206,3 Darum eilen wir zu dir
499,3 Darum kannst auch du nicht schweigen
243,4 Darum laß dich nicht schrecken
454,6 Darum macht die Herzen weit
427,5 Darum muß jeder zu dir rufen
273,4 Darum spricht Gott: Ich muß auf sein
75,3 Darum wolln wir loben, danken allezeit
404,8 Darum, du Gott der Gnaden
58,15 Das alles wollst du geben
59,1 Das alte Jahr vergangen ist
202,7 Das Aug allein das Wasser sieht
30,3 Das Blümelein so kleine
30,2 Das Blümlein, das ich meine
439,6 Das bringen wir in deinem Sohn
23,4 Das ewig Licht geht da herein
513,1 Das Feld ist weiß; vor ihrem Schöpfer neigen
24,12 Das hat also gefallen dir
23,7 Das hat er alles uns getan
477,5 Das Haupt, die Füß und Hände
520,7 Das helf uns Christus, unser Trost
231,12 Das helf uns der Herr Jesus Christ
145,7 Das helfe Gott uns allen gleich
110,2 Das himmlisch Heer im Himmel singt
357,4 Das ist das Licht der Höhe
441,2 Das ist der Herre Jesus Christ
162,3 Das ist der rechte Sonnentag
162,2 Das ist der Tag, da Jesus Christ
365,8 Das ist des Vaters Wille
113,7 Das ist die reiche Osterbeut
285 Das ist ein köstlich Ding, dem Herren danken *(Kehrvers)*
284,1 Das ist köstlich, dir zu sagen Lob und Preis
112,3 Das ist mir anzuschauen
292,1 Das ist mir lieb, daß du mich hörst
63,1 Das Jahr geht still zu Ende
49,2 Das Kindlein auserkoren
94,1 Das Kreuz ist aufgerichtet
83,2 Das Lämmlein ist der große Freund
519,2 Das macht Christus, wahr' Gottes Sohn
355,3 Das muß ich dir, mein Gott, bekennen
8,2 Das Schiff geht still im Triebe
11,6 Das schreib dir in dein Herze
273,5 Das Silber, durchs Feu'r siebenmal
83,6 Das soll und will ich mir zunutz
221,1 Das sollt ihr, Jesu Jünger, nie vergessen
290,6 Das tat der Herr, weil er gedachte
308,8 Das tust du, Herr, zu dieser Zeit
509,2 Das Vöglein in den Lüften
20,1 Das Volk, das noch im Finstern wandelt
325,9 Das weiß ich fürwahr und lasse
286,4 Das Weltmeer brause aller Enden
223,1 Das Wort geht von dem Vater aus
362,4 Das Wort sie sollen lassen stahn
447,5 Daß Dieb und Räuber unser Gut und Leiber
443,2 daß du mich hast aus Gnaden
481,4 Daß du mich stets umgibest

60,2 daß er uns seinen liebsten Sohn
447,4 Daß Feuerflammen uns nicht allzusammen
451,8 daß ich als ein getreuer Knecht
451,10 daß ich das Glück der Lebenszeit
451,9 daß ich, dem Nächsten beizustehn
375,1 Daß Jesus siegt, bleibt ewig ausgemacht
63,3 Daß nicht vergessen werde
437,3 daß unser Herz in G'horsam leb
447,3 Daß unsre Sinnen wir noch brauchen können
215,2 Daß wir nimmer des vergessen
24,14 Davon ich allzeit fröhlich sei
32,4 Dazu dein Gnad mir gebe
87,5 Dein Angst komm uns zugut
231,7 Dein Eh' sollst du bewahren rein
443,5 Dein' Engel laß auch bleiben
467,4 Dein Engel uns zur Wach bestell
468,2 Dein Engelschar, die steh ihm bei
361,3 Dein ewge Treu und Gnade
275,2 Dein gnädig Ohr neig her zu mir
2,3 Dein Heilger Geist uns führ und leit *(Kanon)*
87,3 Dein Kampf ist unser Sieg
14,1 Dein König kommt in niedern Hüllen
485,6 Dein Kreuzeshand nun segne
4,4 Dein Krippen glänzt hell und klar
473,2 Dein Lieb und Treu vor allem geht
14,3 Dein Reich ist nicht von dieser Erden
84,13 Dein Seufzen und dein Stöhnen
241,3 Dein Sohn hat ja mit klaren Worten
497,14 Dein soll sein aller Ruhm und Ehr
486,3 Dein starker Arm ist ausgereckt
267,5 Dein Volk ist nicht unsre Kirche
344,4 Dein Will gescheh, Herr Gott, zugleich
197,2 Dein Wort bewegt des Herzens Grund
277,5 Dein Wort der Wahrheit ist unsre Bewahrung
246,7 Dein Wort ist unsers Herzens Trutz
473,3 Dein Wort ist wahr und trüget nicht
446,4 Dein Wort, das ist geschehen
295,4 Dein Wort, Herr, nicht vergehet
196,5 Dein Wort, o Herr, laß allweg sein
11,2 Dein Zion streut dir Palmen
86,7 Deine Demut hat gebüßet
277,1 Deine Gerechtigkeit steht wie die Berge
424,1 Deine Hände, großer Gott
212,4 Deine Liebe wirkt die neue Schöpfung
445,7 Deinen Engel zu mir sende
450,2 Deiner Güte Morgentau
248,4 Deines Vaters starker Arm
16,2 Dem alle Engel dienen
363,5 Dem G'lehrten hilft doch nicht sein Kunst
472,3 Dem hab ich mich ergeben
361,2 Dem Herren mußt du trauen
363,4 Dem Reichen hilft doch nicht sein Gut
319,4 Dem singt und springt sie Tag und Nacht
109,2 Dem Teufel hat er sein Gewalt
341,2 Dem Teufel ich gefangen lag
292,4 Dem Tod entriß mich deine Hand
139,5 Dem wir das Heilig jetzt mit Freuden lassen klingen
23,3 Den aller Welt Kreis nie beschloß
29,1 Den die Hirten lobeten sehre
184,5 Den Geist, der heilig insgemein
519,3 Den hast du allen vorgestellt
297,6 Den Himmel hast du und die Erd
320,2 Den Leib, die Seel, das Leben
315,5 Den Lumpenrock schafft man beiseit
478,5 Den setz ich dir zum Bürgen ein
246,5 Den stolzen Geistern wehre doch
441,4 Den Tag, Herr, deines lieben Sohns
72,4 Den Tauben öffne das Gehör
101,2 Den Tod niemand zwingen konnt
184,3 Den Vater, dessen Wink und Ruf
369,5 Denk nicht in deiner Drangsalshitze
380,6 Denkt der frühern Jahre
380,5 Denkt der vor'gen Zeiten
517,4 Denn alle Welt ist dir zu klein
5,6 Denn bald und behende
291,1 Denn deine Gnade reicht, so weit der Himmel ist
328,4 Denn der kann mich bei dir vertreten
97,5 Denn die Erde jagt uns
97,3 Denn die Erde klagt uns an
126,2 Denn du bist der Tröster genannt
5,4 Denn er tut ihn' schenken
3,2 Denn es ging dir zu Herzen sehr
524,3 Denn gleich wie die Rosen stehen
282,6 Denn Gott der Herr ist Sonn und Schild
253,2 Denn in der neuen Kreatur
293,2 Denn seine groß Barmherzigkeit
266,3 Denn unermüdlich, wie der Schimmer
58,4 Denn wie von treuen Müttern
304,4 Der allem Fleische gibet seine Speise
371,8 Der allen Vöglein in den Wäldern
143,5 Der alte Drache schlummert nicht
178.7 Der am Kreuze starb
8,3 Der Anker haft' auf Erden
331,4 Der Apostel heilger Chor
418,3 Der da ist des Lebens Brot

351,5 Der, der hat ausgelöschet
301,5 der die Sterne hat gemacht
64,6 Der du allein der Ewge heißt
223,5 Der du am Kreuz das Heil vollbracht
470,1 Der du bist drei in Einigkeit
64,1 Der du die Zeit in Händen hast
257,1 Der du in Todesnächten
313,3 Der durch die Welt geht und die Zeit
301,4 der durch seiner Allmacht Ruf
194,2 Der einig Glaub ist diese Kraft
116,3 Der Engel sagte: Fürchtet euch nicht
103,3 Der Engel sprach: Nun fürcht' euch nicht
321,2 Der ewigreiche Gott
434 Der Friede des Herrn geleite euch *(Kanon)*
265,2 der Frieden uns und Freude gibt
81,5 Der Fromme stirbt, der recht und richtig wandelt
49,4 Der Gnadenbrunn tut fließen
169,1+5 Der Gottesdienst soll fröhlich sein
351,3 Der Grund, da ich mich gründe
49,1 Der Heiland ist geboren
245,2 Der Heilig Geist darin regieret
214,2 Der heilig Leib, der ist für uns gegeben
119,5 Der Heiligen Dreieinigkeit
173 Der Herr behüte deinen Ausgang und Eingang *(Kanon)*
296,8 Der Herr dein' Ausgang stets bewahr
281,2 Der Herr, der dort im Himmel wohnt
140,3 Der Herr, der Heiland , unser Licht
140,2 Der Herr, der Schöpfer, bei uns bleib
140,4 Der Herr, der Tröster, ob uns schweb
286,2 Der Herr gedenkt an sein Erbarmen
118 Der Herr ist auferstanden *(Kanon)*
274,1 Der Herr ist mein getreuer Hirt
326,5 Der Herr ist noch und nimmer nicht
502,2 Der Herr regieret über die ganze Welt
283,7 Der Herr wird uns viel Gutes tun
153,1 Der Himmel, der ist, ist nicht der Himmel, der kommt
153,2 Der Himmel, der kommt, das ist der kommende Herr
153,4 Der Himmel, der kommt, das ist die fröhliche Stadt
153,3 Der Himmel, der kommt, das ist die Welt ohne Leid
153,5 Der Himmel, der kommt, grüßt schon die Erde, die ist
56,1 Der immer schon uns nahe war
6,2 Der Jüngste Tag ist nun nicht fern
111,9 Der Jüngste Tag wird's zeigen an
477,4 Der Leib eilt nun zur Ruhe
479,1 Der lieben Sonne Licht und Pracht
64,4 Der Mensch ahnt nichts von seiner Frist
506,5 Der Mensch, ein Leib, den deine Hand
308,5 Der Menschen Hoffart muß vergehn
352,2 Der mich bisher hat ernähret
457,3 Der Mittag kommt. So tritt zum Mahl
482,1 Der Mond ist aufgegangen
69,1 Der Morgenstern ist aufgedrungen
184,4 Der niederfuhr und auferstand
322,4 der, ob wir ihn gleich hoch betrübt
102,2 Der ohn Sünden war geboren
527,2 Der Ruhm, nach dem wir trachten
24,11 Der Sammet und die Seiden dein
117,1 Der schöne Ostertag
223,4 Der sich als Bruder zu uns stellt
341,6 Der Sohn dem Vater g'horsam ward
23,5 Der Sohn des Vaters, Gott von Art
296,6 Der Sonne Hitz, des Mondes Schein
110,5 Der Sonnenschein jetzt kommt herein
105,7 Der Stein ist fort! Das Grab ist leer
438,1 Der Tag bricht an und zeiget sich
472,1 Der Tag hat sich geneiget
477,3 Der Tag ist nun vergangen
457,1 Der Tag ist seiner Höhe nah. Nun blick
457,12 Der Tag ist seiner Höhe nah. Nun stärke
490,1 Der Tag ist um, die Nacht kehrt wieder
266,1 Der Tag, mein Gott, ist nun vergangen
473,4 Der Tag nimmt ab. Ach schönste Zier
6,4 Der Teufel brächt uns gern zu Fall
296,4 Der treue Hüter Israel'
301,10 der uns nicht verderben ließ
322,3 der uns von Mutterleibe an
447,2 Der unser Leben, das er uns gegeben
497,12 Der Weg zum Guten ist gar wild
503,7 Der Weizen wächset mit Gewalt
73,10 Der zeigt dir einen andern Weg
149,6 Derhalben mein Fürsprecher sei
23,2 Des ewgen Vaters einig Kind
126,5 Des Feindes List treib von uns fern
100,5 Des freu sich alle Christenheit
55,2 Des Herren heilige Geburt
113,4 Des Herren Rechte, die behält
143,4 Des Himmels Heer durch alle Welt
24,6 Des laßt uns alle fröhlich sein
285,1 Des Morgens deine Gnade
103,2 Des Morgens früh am dritten Tag
470,2 Des Morgens, Gott, dich loben wir

105,17 Des solln wir alle fröhlich sein
25,3 Des sollt ihr alle fröhlich sein
331,5 Dich, Gott Vater auf dem Thron
243,2 Dich hat er sich erkoren
506,4 Dich predigt Sonnenschein und Sturm
5,5 Die also fest glauben
106,2 Die alte Schlange, Sünd und Tod
503,5 Die Bächlein rauschen in dem Sand
503,2 Die Bäume stehen voller Laub
319,1 Die beste Zeit im Jahr ist mein
141,2 Die Buß er predigt in der Wüst
285,3 Die deine Rechte halten
366,4 die du verheißest gnädiglich
49,3 Die Engel lieblich singen
266,2 Die Erde rollt dem Tag entgegen
505,1 Die Ernt ist nun zu Ende
85,3 Die Farbe deiner Wangen
509,3 Die Fischlein, die da schwimmen
215,8 Die Frucht soll auch nicht ausbleiben
271,8 Die ganze Schöpfung soll sich vor ihm beugen
270,6 Die ganze Welt hast du ihm anvertraut
360,1 Die ganze Welt hast du uns überlassen
110,1+6 Die ganze Welt, Herr Jesu Christ
503,4 Die Glucke führt ihr Völklein aus
289,4 Die Gottesgnad alleine
444,1 Die güldene Sonne bringt Leben
449,1 Die güldne Sonne voll Freud und Wonne
283,6 Die Güt und Treue werden schön
92,4 Die Hand gebunden ausgestreckt
457,11 Die Hände, die zum Beten ruhn
437,1 Die helle Sonn leucht' jetzt herfür
529,9 Die Herberg ist zu böse
527,1 Die Herrlichkeit der Erden
112,4 Die Höll und ihre Rotten
423,7 Die Hungrigen erquicke
36,9 Die ihr arm seid und elende
151,6 Die ihr Geduld getragen
279,7 Die ihr Gott fürchtet, ich erzähle
20,2 Die ihr noch wohnt im Tal der Tränen
288,4 Die ihr nun wollet bei ihm sein
36,7 Die ihr schwebt in großem Leide
252,5 Die in Kreuz und Leiden leben
203,3 Die Kinder lasset kommen her
264,1 Die Kirche steht gegründet
503,3 Die Lerche schwingt sich in die Luft
413,6 Die Lieb ist freundlich, langmütig
413,3 Die Lieb nimmt sich des Nächsten an
20,4 Die Liebe geht nicht mehr verloren
254,2 Die Liebe wird uns leiten
269,4 Die Macht der Liebe neu vereint
267,3 die mit andern Stimmen loben
471,1 Die Nacht ist kommen
16,3 Die Nacht ist schon im Schwinden
16,1 Die Nacht ist vorgedrungen
245,3 Die recht in dieser Kirche wohnen
459,2 Die rechte Sonn ist Jesus Christ
246,6 Die Sach und Ehr, Herr Jesu Christ
485,5 Die Schuld will uns vertreiben
282,2 Die Schwalb, der Sperling find't ein Haus
5,3 Die sich sein nicht schämen
106,4 Die Sonn, die Erd, all Kreatur
476,1 Die Sonn hat sich mit ihrem Glanz gewendet
459,1 Die Sonn hoch an dem Himmel steht
266,4 Die Sonne, die uns sinkt, bringt drüben
503,6 Die unverdroßne Bienenschar
42,2 Die Völker haben dein geharrt
145,5 Die Wahrheit wird jetzt unterdrückt
351,11 Die Welt, die mag zerbrechen
50,4 Die Welt ist heut an Liedern reich
50,2 Die Welt ist heut voll Freudenhall
112,5 Die Welt ist mir ein Lachen
50,3 Die Welt liegt heut im Freudenlicht
441,6 Die Werk der Finsternis sind grob
342,7 Die Werk, die kommen g'wißlich her
446,6 Die wirst du nicht verschmähen
89,2 Die Wunden alle, die du hast
481,2 Die Zeit ist wie verschenket
268,4 Dienste leben viele aus einem Geist
527,4 Dies alles wird zerrinnen
42,1+9 Dies ist der Tag, den Gott gemacht
40,1 Dies ist die Nacht, da mir erschienen
355,4 Dies laß ich kein Geschöpf mir rauben
231,1 Dies sind die heilgen zehn Gebot
234,2 Dies Wort bedenk, o Menschenkind
303,4 Dieser hat Himmel, Meer und die Erden
526,5 Dieser meiner Augen Licht
475,3 Dieser Tag ist nun vergangen
279,2 Dir beuge sich der Kreis der Erde
328,1 Dir, dir, o Höchster, will ich singen
223,6 Dir, Herr, der drei in Einigkeit
389,2 Dir öffn ich, Jesu, meine Tür
467,2 Dir sei Dank, daß du uns den Tag
485,3 Dir sind wir ganz verschrieben
271,6 Doch ach, der Mensch ist von den Wesen allen
71,4 Doch bist du schön gezieret
503,12 Doch gleichwohl will ich, weil ich noch
200,3 Doch hab ich dir auch Furcht und Liebe

234,3 Doch hüte dich vor Sicherheit
278,3 Doch mein Herz hilft mir zu bedenken
342,3 Doch mußt das G'setz erfüllet sein
93,3 Doch ob tausend Todesnächte
65,4 Doch willst du uns noch einmal Freude schenken
387,5 Doch wohl gut, es muß uns schon
435 Dona nobis pacem *(Kanon)*
377,3 Drängt uns der Feind auch um und um
478,7 Drauf tu ich meine Augen zu
393,11 Drauf wollen wir's denn wagen
105,4 Drei Frauen gehn des Morgens früh
386,10 Drum auch, Jesu, du alleine
114,7 Drum auf, mein Herz, fang an den Streit
394,5 Drum aufwärts froh den Blick gewandt
51,4 Drum blicket auf: die Nacht vergeht
524,6 Drum, Herr Christ, du Morgensterne
213,6 Drum jauchze, meine Seele, drum jauchze
213,5 Drum jauchze, meine Seele, hell aus
119,4 Drum jauchzen wir mit großem Schalln
40,5 Drum, Jesu, schöne Weihnachtssonne
494,4 Drum komm, Herr Jesu, stärke mich
366,5 Drum kommen wir, o Herre Gott
73,4 Drum mache dich behende auf
364,3 Drum, muß ich Sünder von der Welt
502,5 Drum preis und ehre seine Barmherzigkeit
82,4 Drum sag ich dir von Herzen
387,6 Drum so laßt uns immerdar
407,3 Drum so will ich wallen
350,2 Drum soll auch dieses Blut allein
271,7 Drum stieg herab von seinem Himmelsthrone
89,4 Drum will ich jetzt in Dankbarkeit
106,5 Drum wollen wir auch fröhlich sein
529,11 Du aber, meine Freude
86,2 Du, ach du hast ausgestanden
274,4 Du b'reitest vor mir einen Tisch
38,2 Du bist arm und machst zugleich
308,3 Du bist auch mächtig, lieber Herr
308,4 Du bist barmherzig insgemein
133,4 Du bist das heilig Öle
427,4 Du bist das Licht, schenkst uns das Leben
442,8 Du bist die liebe Sonne klar
133,6 Du bist ein Geist der Freuden
133,7 Du bist ein Geist der Liebe
133,5 Du bist ein Geist, der lehret
71,3 Du bist ein großer König
451,3 Du bist es, Herr und Gott der Welt
248,6 Du bist ja der Held und Mann
275,4 Du bist mein Stärk, mein Fels, mein Hort
497,13 Du bist mein Vater, ich dein Kind
370,12 du bist mein, weil ich dich fasse
126,4 Du bist mit Gaben siebenfalt
212,6 Du bist reicher, als wir sagen können
486,2 Du bist's allein, Herr, der stets wacht
207,3 Du, der du selbst das Leben
514,6 Du, der empfängt in letzter Not, Halleluja
127,7 Du, der lebend'ge Brunnenquell
331,6 Du, des Vaters ewger Sohn
165,6 Du durchdringest alles
85,2 Du edles Angesichte
350,5 Du Ehrenkönig Jesu Christ
415,3 Du Erbarmer, lehr auch uns Erbarmen
74,3 Du ewge Wahrheit, Gottes Bild
37,8 Du fragest nicht nach Lust der Welt
422,1 Du Friedefürst, Herr Jesu Christ
324,12 Du füllst des Lebens Mangel aus
512,3 Du gedenkst in deiner Treue
250,3 Du, Gott, hast dir aus vielen Zungen
87,1 Du großer Schmerzensmann
265,4 Du guter Hirt, Herr Jesus Christ
92,5 Du hangst am Kreuze sterbend hier
86,6 Du hast dich in Not gestecket
203,2 Du hast die Kinder nicht veracht'
486,11 Du hast die Lider mir berührt
517,9 Du hast doch hier kein Bleiben nicht
158,3 Du hast für mich vergossen
68,2 Du hast gesehen unsre Not
270,5 Du hast ihn herrlich erhoben zu dir
86,3 Du hast lassen Wunden schlagen
210,1 Du hast mich, Herr, zu dir gerufen
168,1 Du hast uns, Herr, gerufen, und darum sind wir hier
240,1 Du hast uns, Herr, in dir verbunden
216 Du hast uns Leib und Seel gespeist
279,5 Du hast uns oft verstrickt in Schlingen
89,3 Du hast verlassen deinen Thron
86,5 Du hast wollen sein geschlagen
224,1 Du hast zu deinem Abendmahl
200,2 Du hast zu deinem Kind und Erben
136,7 Du Heilger Geist, bereite
125,3 Du heilige Glut, süßer Trost
125,2 Du heiliges Licht, edler Hort
133,8 Du, Herr, hast selbst in Händen
278,4 Du, Herr, kennst meiner Seele Trauer
124,4 Du höchster Tröster in aller Not
441,1 Du höchstes Licht, du ewger Schein
533,1 Du kannst nicht tiefer fallen

287,3 Du kennst oftmals deinen Weg nicht
50,1 Du Kind, zu dieser heilgen Zeit
45,2 Du König der Ehren, Herrscher der Heerscharen
360,2 Du läßt in deiner Liebe uns gewähren
285,2 Du läßt uns fröhlich singen
74,2 Du Lebensquell, wir danken dir
168,2 Du legst uns deine Worte und deine Taten vor
68,4 Du lehrest uns die neu Geburt
105,15 Du lieber Engel, Dank sei dir
105,9 Du lieber Engel, sag uns an
308,6 Du machst zunicht der Menschen Rat
60,3 Du mein herzliebstes Jesulein
302,1 Du meine Seele, singe
287,2 Du meinst, Gott sei sehr verborgen
74,1 Du Morgenstern, du Licht vom Licht
287,4 Du mußt nur zu sehen lernen
514,4 Du, Mutter Erde, gut und mild, Halleluja
324,8 Du nährest uns von Jahr zu Jahr
427,3 Du nährst die Vögel in den Bäumen
84,5 Du nimmst auf deinen Rücken
130,2 Du Quell, draus alle Weisheit fließt
217,4 Du rufest alle, Herr, zu dir in Gnaden
250,2 Du rufest auch noch heutzutage
96,1 Du schöner Lebensbaum des Paradieses
67,4 Du Schöpfer aller Dinge
485,1 Du Schöpfer aller Wesen
431,2 Du selbst bist Flamme, Gott, du bist
142,5 Du sendest sie als Boten aus
84,6 Du setzest dich zum Bürgen
231,10 Du sollst deins Nächsten Weib und Haus
231,5 Du sollst ehrn und gehorsam sein
215,4 Du sollst glauben und nicht wanken
215,3 Du sollst Gott den Vater preisen
231,4 Du sollst heilgen den siebten Tag
231,9 Du sollst kein falscher Zeuge sein
231,3 Du sollst nicht brauchen zu Unehrn
231,8 Du sollst nicht stehlen Geld noch Gut
231,6 Du sollst nicht töten zorniglich
145,4 Du solltest bringen gute Frucht
446,3 Du sprachst: Mein Kind, nun liege
68,6 Du stiegest auf zum höchsten Thron
324,9 Du strafst uns Sünder mit Geduld
514,2 Du Sturm, der durch die Welten zieht, Halleluja
124,3 Du süße Lieb, schenk uns deine Gunst
130,6 Du süßer Himmelstau, laß dich
6,3 Du treuer Heiland Jesu Christ
255,6 Du unerschöpfter Quell des Lebens
42,6 Du unser Heil und höchstes Gut
282,5 Du unser Schild, Gott, schau uns an
415,2 Du Versöhner, mach auch uns versöhnlich
124,2 Du wertes Licht, gib uns deinen Schein
446,5 Du willst ein Opfer haben
144,4 Du willst nicht, daß der Sünder sterb
241,8 Du wirst dein herrlich Werk vollenden
81,2 Du wirst gegeißelt und mit Dorn gekrönet
443,3 Du wollest auch behüten
439,4 du wollest uns durch deinen Sohn
71,5 Du wollst dich mein erbarmen
71,6 Du wollst in mir entzünden
324,11 Du zählst, wie oft ein Christe wein
507,4 Dunkler Wald, grün gestalt'
203,5 Durch deine Engel es bewahr
281,4 Durch deines Gottes Huld allein
127,6 Durch dich besteht der neue Bund
331,7 Durch dich steht das Himmelstor
42,7 Durch eines Sünde fiel die Welt
121,4 Durch ihn der Himmel unser ist
320,6 Durch ihn ist uns vergeben
58,3 Durch soviel Angst und Plagen

E

15,3 Ebnet, ebnet Gott die Bahn
211,3 Eh wir entscheiden Ja und Nein
291,3 Ehr sei dem Vater Gott, Ehr sei dem Sohne Gott
155,4 Ehr sei dem Vater und dem Sohn
177.1 Ehr sei dem Vater und dem Sohn
177.2 Ehr sei dem Vater und dem Sohn
197,3 Ehr sei dem Vater und dem Sohn
47,5 Ehr sei Gott im höchsten Thron
232,4 Ehr sei Gott in dem höchsten Thron
273,6 Ehr sei Gott Vater und dem Sohn
276,5 Ehr sei im Himmel droben
177.3 Ehre sei dem Vater und dem Sohn
75,1 Ehre sei dir, Christe, der du littest Not
180.1 Ehre sei Gott in der Höhe
180.3 Ehre sei Gott in der Höhe
26 Ehre sei Gott in der Höhe *(Kanon)*
70,2 Ei meine Perl, du werte Kron
5,9 Ei nun, Herre Jesu

324,18 Ei nun, so laß ihn ferner tun
36,6 Ei so kommt und laßt uns laufen
52,3 Eilte jeder, daß er's sähe
320,4 Ein Arzt ist uns gegeben
413,4 Ein Christ seim Nächsten hilft aus Not
362,1 Ein feste Burg ist unser Gott
468,4 Ein gute Nacht und guten Tag
412,5 Ein Heil ist unser aller Gut
10,3 Ein Herz, das Demut liebet
513,2 Ein Jahr, Allgüt'ger, ließest du es währen
83,1 Ein Lämmlein geht und trägt die Schuld
389,1 Ein reines Herz, Herr, schaff in mir
481,5 Ein Tag, der sagt dem andern
412,8 Ein unbarmherziges Gericht
413,1 Ein wahrer Glaube Gotts Zorn stillt
493 Eine ruhige Nacht *(Kanon)*
256,1 Einer ist's, an dem wir hangen
487,2 Einer wacht und trägt allein
37,9 Eins aber, hoff ich, wirst du mir
386,1 Eins ist not! Ach Herr, dies Eine
332,4 Einst kommt die Zeit, wo wir auf tausend Weisen
47,3 Engel zu den Hirten spricht
59,3 Entzieh uns nicht dein heilsam Wort
27,3 Er äußert sich all seiner G'walt
24,4 Er bringt euch alle Seligkeit
112,8 Er bringt mich an die Pforten
309,4 Er denkt wohl der Barmherzigkeit und Güte
294,4 Er, der da kommt in Gottes Namen
112,7 Er dringt zum Saal der Ehren
322,9 Er drücke, wenn das Herze bricht
296,3 Er führet dich auf rechter Bahn
322,5 Er gebe uns ein fröhlich Herz
502,4 Er gibet Speise reichlich und überall
318,5 Er gibt uns seinen guten Geist
4,2 Er ging aus der Kammer sein
453,2 Er halte uns die Lippen rein
309,2 Er hat auf meine Niedrigkeit gesehen
301,6 Er hat Israel befreit
260,1 Er hat mich gesandt zu predigen den Gefangenen
260,2 Er hat mich gesandt zu predigen den Zerschlagenen
168,6 Er hat mit seinem Leben gezeigt, was Liebe ist
324,17 Er hat noch niemals was versehn
288,3 Er hat uns ferner wohl bedacht
289,2 Er hat uns wissen lassen
100,3 Er hat zerstört der Höllen Pfort
371,5 Er hört die Seufzer deiner Seelen
23,6 Er ist auf Erden kommen arm
318,3 Er ist barmherzig und sehr gut
228,2 Er ist das Brot, er ist der Wein, kommt schmeckt und seht
228,1 Er ist das Brot, er ist der Wein, steht auf und eßt
228,3 Er ist das Brot, er ist der Wein, steht auf und geht
519,4 Er ist das Heil und selig Licht
302,6 Er ist das Licht der Blinden
441,3 Er ist das Licht der ganzen Welt
324,14 Er ist dein Schatz, dein Erb und Teil
108,2 Er ist der Erst, der stark und fest
302,7 Er ist der Fremden Hütte
2,1 Er ist die rechte Freudensonn *(Kanon)*
374,2 Er ist ein Fels, ein sichrer Hort
105,10 Er ist erstanden aus dem Grab
103,4 Er ist erstanden von dem Tod
116,1 Er ist erstanden, Halleluja
116,5 Er ist erstanden, hat uns befreit
1,2 Er ist gerecht, ein Helfer wert
452,4 Er ist mir täglich nahe
288,6 Er ist voll Güt und Freundlichkeit
371,2 Er ist voll Lichtes, Trosts und Gnaden
315,3 Er ist's, der dich von fern erblickt
318,2 Er ist's, der dich von Herzen liebt
315,4 Er ist's, der dir entgegenläuft
51,3 Er kam herab in unsre Not
304,3 Er kann den Himmel mit Wolken bedecken
358,2 Er kennet seine Scharen
369,4 Er kennt die rechten Freudenstunden
358,3 Er kennt sie als die Seinen
358,4 Er kennt sie an der Liebe
5,2 Er kommt auch noch heute
27,2 Er kommt aus seines Vaters Schoß
20,3 Er kommt mit Frieden. Nie mehr Klagen
9,2 Er kommt zu uns geritten
11,10 Er kommt zum Weltgerichte
322,7 Er lasse seine Lieb und Güt
322,6 Er lasse seinen Frieden ruhn
265,3 Er lasse uns Geschwister sein
129,2 Er lässet offenbaren
508,4 Er läßt die Sonn aufgehen
259,3 Er mache uns im Glauben kühn
379,4 Er macht die Völker bangen
36,4 Er nimmt auf sich, was auf Erden
94,3 Er schonte den Verräter
457,6 Er segnet deiner Bäume Frucht
457,4 Er segnet dich in Dorf und Stadt
457,5 Er segnet dir auch Korb und Krug
457,7 Er segnet, wenn du kommst und gehst
508,2 Er sendet Tau und Regen
287,1 Er sieget mit seiner Rechten

56,3 Er sieht dein Leben unverhüllt
119,2 Er sitzt zu Gottes rechter Hand
301,11 Er speist alles, was da lebt
341,7 Er sprach zu mir: Halt dich an mich
341,5 Er sprach zu seinem lieben Sohn
215,5 Er spricht selber: Kommt, ihr Armen
452,2 Er spricht wie an dem Tage
143,6 Er stiftet uns zur Zwietracht an
301,3 Er tut Wunder, er allein
116,2 Er war begraben drei Tage lang
112,2 Er war ins Grab gesenket
27,4 Er wechselt mit uns wunderlich
452,1 Er weckt mich alle Morgen
352,5 Er weiß schon nach seinem Willen
302,5 Er weiß viel tausend Weisen
452,3 Er will, daß ich mich füge
452,5 Er will mich früh umhüllen
25,5 Er will und kann euch lassen nicht
27,5 Er wird ein Knecht und ich ein Herr
306,4 Er wird Kraft uns geben
151,4 Er wird nicht lang verziehen
9,6 Er wird nun bald erscheinen
371,15 Er wird uns bringen zu den Scharen
148,5 Er wird uns fröhlich leiten
361,9 Er wird zwar eine Weile
368,5 Er wolle meiner Sünden
94,2 Er wollte, daß die Erde
141,4 Er zeigt ihn mit dem Finger an
301,7 Er zerschlug Pharaos Heer
146,2 Erbarm dich deiner bösen Knecht
499,1 Erd und Himmel sollen singen
133,11 Erfülle die Gemüter
72,2 Erfülle mit dem Gnadenschein
144,7 Erhalt in unsers Herzens Grund
320,8 Erhalt uns in der Wahrheit
246,4 Erhalt uns nur bei deinem Wort
193,1 Erhalt uns, Herr, bei deinem Wort
250,5 Erhalt uns, Herr, im rechten Glauben
400,6 Erhalte mich auf deinen Stegen
208,3 Erhalte uns bei deinem Namen
506,6 Erheb ihn ewig, o mein Geist
133,9 Erhebe dich und steu're
281,1 Erhebet er sich, unser Gott
85,5 Erkenne mich, mein Hüter
288,2 Erkennt, daß Gott ist unser Herr
264,2 Erkorn aus allen Völkern
72,5 Erleuchte, die da sind verblendt
322,2 Ermuntert euch und singt mit Schall
151,1 Ermuntert euch, ihr Frommen
390,1 Erneure mich, o ewigs Licht
298,3 Ernten werden wir mit Freuden
85,10 Erscheine mir zum Schilde
106,1 Erschienen ist der herrlich Tag
105,8 Erschrecket nicht! Was weinet ihr
105,1 Erstanden ist der heilig Christ
67,5 Ertöt uns durch dein Güte
503,15 Erwähle mich zum Paradeis
255,5 Erwecke, läutre und vereine
280,3 Es danke, Gott, und lobe dich
326,2 Es danken dir die Himmelsheer
85,7 Es dient zu meinen Freuden
497,3 Es fängt so mancher weise Mann
439,1 Es geht daher des Tages Schein
136,4 Es gilt ein frei Geständnis
114,6 Es hat der Löw aus Judas Stamm
209,3 Es heißt, daß einer mit mir geht
527,3 Es hilft kein weises Wissen
354,2 Es ist das ewige Erbarmen
342,1 Es ist das Heil uns kommen her
24,3 Es ist der Herr Christ, unser Gott
30,1 Es ist ein Ros entsprungen
31 Es ist ein Ros entsprungen *(Kanon)*
371,14 Es ist ein Ruhetag vorhanden
100,2 Es ist erstanden Jesus Christ
342,6 Es ist gerecht vor Gott allein
149,1 Es ist gewißlich an der Zeit
356,1 Es ist in keinem andern Heil
397,2 Es ist ja, Herr, dein G'schenk und Gab
368,3 Es kann mir nichts geschehen
371,13 Es kann und mag nicht anders werden
530,2 Es kann vor Nacht leicht anders werden
358,1 Es kennt der Herr die Seinen
344,3 Es komm dein Reich zu dieser Zeit
8,1 Es kommt ein Schiff, geladen
480,3 Es leuchte dir der Himmelslichter Zier
378,1 Es mag sein, daß alles fällt
378,3 Es mag sein, daß Frevel siegt
378,2 Es mag sein, daß Trug und List
378,4 Es mag sein – die Welt ist alt
378,5 Es mag sein, so soll es sein
533,2 Es münden alle Pfade
323,2 Es müssen, Herr, sich freuen
332,2 Es schall empor zu seinem Heiligtume
91,6 Es schlägt den Stolz und mein Verdienst darnieder
174 Es segne und behüte uns *(Kanon)*
444,4 Es sei ihm gegeben
369,6 Es sind ja Gott sehr leichte Sachen
110,4 Es singen jetzt die Vögel all
100,4 Es singt der ganze Erdenkreis
393,2 Es soll uns nicht gereuen
497,2 Es steht in keines Menschen Macht
365,4 Es tut ihm nichts gefallen
243,5 Es tut ihn nicht gereuen
101,4 Es war ein wunderlich Krieg
113,5 Es war getötet Jesus Christ
393,10 Es wird nicht lang mehr währen

426,2 Es wird sein in den letzten Tagen... geschaut
426,1 Es wird sein in den letzten Tagen... gesehn
280,1 Es wolle Gott uns gnädig sein
24,2 Euch ist ein Kindlein heut geborn
507,7 Ewigkeit, lange Zeit

F

385,4 Fällt's euch zu schwer? Ich geh voran
495,4 Find't sich Gefährlichkeit
290,2 Fragt nach dem Herrn und seiner Stärke
524,1 Freu dich sehr, o meine Seele... Aus Trübsal
524,8 Freu dich sehr, o meine Seele... Seine Freud
47,1 Freu dich, Erd und Sternenzelt
510,3 Freuet euch an Mond und Sonne
510,1 Freuet euch der schönen Erde
34,1 Freuet euch, ihr Christen alle
239,1 Freuet euch im Herren allewege
15,2 Freundlich, freundlich rede du
29,3 Freut euch heute mit Maria
239,5 Freut euch. Doch die Freude aller Frommen
129,1 Freut euch, ihr Christen alle
182,8 Freut euch, ihr Christen, erstanden ist der Herr
182,9 Freut euch, ihr Christen, nehmt wahr, was Gott verheißt
182,7 Freut euch, ihr Christen, verkündigt, was geschehn
60,1 Freut euch, ihr lieben Christen all
359,5 Friede höher als Vernunft
429,3 Friede wird sein für alle Menschen, Friede und Freiheit
170,3 Frieden gabst du schon, Frieden muß noch werden
36,1 Fröhlich soll mein Herze springen
159,1 Fröhlich wir nun all fangen an
286,3 Frohlocket, jauchzet, rühmet alle
111,1 Frühmorgens, da die Sonn aufgeht
128,7 Führ uns durch die Lebenszeit
344,7 Führ uns, Herr, in Versuchung nicht
445,5 Führe mich, o Herr, und leite
301,8 Führte es mit starker Hand
500,4 Füll unser Herz mit Freuden
96,4 Für diese alle wollen wir dich bitten
111,15 Für diesen Trost, o großer Held
145,3 Für solche Gnad und Güte groß
67,2 für uns ein Mensch geboren
303,2 Fürsten sind Menschen, vom Weib geboren
123,2 Fürstentümer und Gewalten

G

223,3 gab zwiefach sich in Wein und Brot
268,3 Gaben gibt es viele, Liebe vereint
271,5 Gabst ihm zum Dienst die Schafe und die Stiere
410,4 Gebt Gott die Ehre
123,7 Gebt, ihr Sünder, ihm die Herzen
146,4 Gedenk an deines Sohnes Tod
307 Gedenk an uns, o Herr *(Kehrvers)*
227,6 Gedenke, Herr, die Kirche zu erlösen
478,3 Gedenke, Herr, doch auch an mich
422,3 Gedenke, Herr, jetzt an dein Amt
503,1 Geh aus, mein Herz, und suche Freud
114,5 Geh mit Maria Magdalen
73,2 Geh weg aus deinem Vaterhaus
489,1 Gehe ein in deinen Frieden
344,2 Geheiligt werd der Name dein
189 Geheimnis des Glaubens
201 Gehet hin in alle Welt, Halleluja
116,4 Geht und verkündigt, daß Jesus lebt
393,3 Geht's der Natur entgegen
137,9 Geist des Glaubens, Geist der Stärke... Geist, du Geist
137,1 Geist des Glaubens, Geist der Stärke.. Geist, der einst
139,4 Gelobet sei der Herr, mein Gott, der ewig
139,2 Gelobet sei der Herr, mein Gott, mein Heil
139,1 Gelobet sei der Herr, mein Gott, mein Licht
139,3 Gelobet sei der Herr, mein Gott, mein Trost

451,4 Gelobet seist du, Gott der Macht
23,1 Gelobet seist du, Jesu Christ
350,4 Gelobet seist du, Jesu Christ
58,7 Gelobt sei deine Treue
103,1 Gelobt sei Gott im höchsten Thron
279,8 Gelobt sei Gott und hochgepriesen
121,3 Gen Himmel aufgefahren hoch
119,1 Gen Himmel aufgefahren ist
341,9 Gen Himmel zu dem Vater mein
525,2 Gern will ich folgen, liebster Herr
309,3 Gewaltige stößt er von ihren Thronen
3,4 Gezeigt hat er sein groß Gewalt
73,3 Gib acht auf diesen hellen Schein
88,6 Gib auch, Jesu, daß ich gern
450,3 Gib, daß deiner Liebe Glut
495,2 Gib, daß ich tu mit Fleiß
130,7 Gib, daß in reiner Heiligkeit
531,2 Gib, daß mit dir ich lebe
447,7 Gib, daß wir heute, Herr, durch dein Geleite
104,3 Gib, daß wir, alle Gottes Kind'
505,7 Gib, daß zu dir uns lenket
438,6 Gib deinen Segen unserm Tun
128,6 Gib dem Glauben Kraft und Halt
262,5 Gib den Boten Kraft und Mut
263,5 Gib den Boten Kraft und Mut
73,7 Gib dich ihm selbst zum Opfer dar
392,5 Gib dich, mein Herz, gib dich nun ganz gefangen
371,1 Gib dich zufrieden und sei stille
423,3 Gib du getreue Lehrer
137,6 Gib Elias heilge Strenge
133,12 Gib Freudigkeit und Stärke
430,1 Gib Frieden, Herr, gib Frieden, die Welt
430,4 Gib Frieden, Herr, gib Frieden: Denn trotzig
430,2 Gib Frieden, Herr, wir bitten! Die Erde
430,3 Gib Frieden, Herr, wir bitten! Du selbst
203,6 Gib Gnad, daß es gerate wohl
233,4 Gib, Herr, Geduld, vergiß die Schuld
134,2 Gib in unser Herz und Sinnen
405,6 Gib, Jesu, gib, daß ich dich kann
414,2 Gib meinem Glauben Mut und Stärke
210,3 Gib meinem Leben große Freude
232,3 Gib mir durch dein Barmherzigkeit
451,7 Gib mir ein Herz voll Zuversicht
58,9 Gib mir und allen denen
497,5 Gib mir Verstand aus deiner Höh
137,3 Gib uns Abrahams gewisse
500,3 Gib uns auch hier auf Erden
137,5 Gib uns Davids Mut, zu streiten
423,6 Gib uns den lieben Frieden
137,7 Gib uns der Apostel hohen
360,6 Gib uns die Wege frei, die zu dir führen
425,2 Gib uns Freiheit jeden Tag
425,3 Gib uns Freude jeden Tag
425,1 Gib uns Frieden jeden Tag
344,5 Gib uns heut unser täglich Brot
137,4 Gib uns Moses Flehn und Beten
135,5 Gib zu allen Dingen
70,3 Gieß sehr tief in das Herz hinein
215,7 Glaubst du das von Herzensgrunde
123,4 Gleicher Macht und gleicher Ehren
260 Gleichwie mich mein Vater gesandt hat *(Kehrvers)*
268,5 Glieder sind es viele, doch nur ein Leib
147,3 Gloria sei dir gesungen
535 Gloria sei dir gesungen
234,5 Gnad hat dir zugesaget Gott
512,4 Gnädig hast du ausgegossen
142,1 Gott, aller Schöpfung heilger Herr
211,1 Gott, der du alles Leben schufst
211,5 Gott, der du durch die Taufe jetzt
355,5 Gott, der du reich bist an Erbarmen
138,1 Gott der Vater steh uns bei
445,1 Gott des Himmels und der Erden
242,2 Gott, erhöh deins Namens Ehr
432,1 Gott gab uns Atem, damit wir leben
432,3 Gott gab uns Hände, damit wir handeln
432,2 Gott gab uns Ohren, damit wir hören
214,3 Gott geb uns allen seiner Gnade Segen
199,2 Gott hat das erste Wort. Eh wir
199,1 Gott hat das erste Wort. Es schuf
199,3 Gott hat das letzte Wort, das Wort
199,4 Gott hat das letzte Wort. Er wird
145,2 Gott hat dir Christus, seinen Sohn
370,5 Gott hat mich in guten Tagen
300,3 Gott heilge dich in seinem Haus
193,3 Gott Heilger Geist, du Tröster wert
3,1 Gott, heilger Schöpfer aller Stern
445,2 Gott, ich danke dir von Herzen
180.2 Gott in der Höh sei Preis und Ehr
165,2 Gott ist gegenwärtig, dem die Cherubinen
165,1 Gott ist gegenwärtig. Lasset uns anbeten
91,4 Gott ist gerecht, ein Rächer alles Bösen
123,3 Gott ist Herr, der Herr ist Einer
41,4 Gott ist im Fleische: wer kann dies Geheimnis verstehen
364,2 Gott ist mein Trost, mein Zuversicht
494,2 Gott ist's, der das Vermögen schafft

482,5 Gott, laß dein Heil uns schauen
409,5 Gott liebt diese Welt. Durch des
409,2 Gott liebt diese Welt. Er rief
409,7 Gott liebt diese Welt. Er wird
409,3 Gott liebt diese Welt. Feuerschein
409,4 Gott liebt diese Welt. Ihre Dunkelheiten
409,6 Gott liebt diese Welt. In den
409,1+8 Gott liebt diese Welt, und wir sind
162,1 Gott Lob, der Sonntag kommt herbei
297,4 Gott Lob und Dank, der nicht zugab
392,6 Gott locket mich; nun länger nicht verweilet
281,5 Gott, machtvoll in dem Heiligtum
381,2 Gott, mein Gott, warum gibst du keine Antwort... so klage
381,4 Gott, mein Gott, warum gibst du keine Antwort... So rufe
381,1 Gott, mein Gott, warum hast du mich verlassen... hörtest
381,3 Gott, mein Gott, warum hast du mich verlassen... So schrie
449,9 Gott, meine Krone, vergib und schone
392,4 Gott rufet noch. Ob ich mein Ohr verstopfet
392,1 Gott rufet noch. Sollt ich nicht endlich hören
392,2 Gott rufet noch. Sollt ich nicht endlich kommen
392,3 Gott rufet noch. Wie, daß ich mich nicht gebe
12,1 Gott sei Dank durch alle Welt
214,1 Gott sei gelobet und gebenedeiet
399,6 Gott selbst wird sein mein Speis und Trank
243,6 Gott solln wir fröhlich loben
199,5 Gott steht am Anbeginn
431,1 Gott, unser Ursprung, Herr des Raums
470,3 Gott Vater, dem sei ewig Ehr
160 Gott Vater, dir sei Dank gesagt und Ehre
208,1 Gott Vater, du hast deinen Namen
205,1 Gott Vater, höre unsre Bitt
107,3 Gott Vater in dem höchsten Thron
109,6 Gott Vater in dem höchsten Thron
288,7 Gott Vater in dem höchsten Thron
196,6 Gott Vater, laß zu deiner Ehr
126,7 Gott Vater sei Lob und dem Sohn
140,5 Gott Vater, Sohn und Heilger Geist
195,3 Gott Vater, Sohn und Heilger Geist
308,11 Gott Vater und dem ein'gen Sohn
348 Gott verspricht: Ich will dich segnen
145,6 Gott warnet täglich für und für
411 Gott, weil er groß ist *(Kanon)*
443,6 Gott will ich lassen raten
16,5 Gott will im Dunkel wohnen
379,1 Gott wohnt in einem Lichte
273,3 Gott wolle wehren allen gar
290,5 Gott zog des Tages vor dem Volke
514,1 Gottes Geschöpfe kommt zuhauf! Halleluja
454,4 Gottes Liebe deckt die Schuld
454,3 Gottes Macht schützt, was er schuf
5,1 Gottes Sohn ist kommen
507,2 Gottes Welt, wohl bestellt
454,2 Gottes Wort erschuf die Welt
454,5 Gottes Wort ruft Freund und Feind
442,4 Gotts Wort, du bist der Morgenstern
269,2 Groß ist der Herr, ihr Freunde, singt
333,4 Groß ist der Herr; ja groß ist der Herr
35,3 Groß ist des Vaters Huld
331,1 Großer Gott, wir loben dich
135,4 Güldner Himmelsregen
370,3 Gut und Blut, Leib, Seel und Leben
396,5 Gute Nacht, o Wesen
278,5 Güte schickt mir der Herr am Tage
274,5 Gutes und viel Barmherzigkeit

H

484,2 Hab ich Unrecht heut getan
329,2 Hab Lob und Ehr, hab Preis und Dank
244,6 Haben das Widerspiel verschuld't
388,5 Haben wir uns selbst gefangen
181.1 Halleluja
181.2 Halleluja
181.3 Halleluja
181.4 Halleluja
181.5 Halleluja
182,1 Halleluja
181.8 Halleluja, Amen *(Kanon)*
327,4 Halleluja bringe
198,2 Halleluja, Ja und Amen
251,4 Halleluja, welche Höhen
73,5 Halt dich im Glauben an das Wort
405,3 Halt im Gedächtnis Jesus Christ, der auch

405,5 Halt im Gedächtnis Jesus Christ, der einst
405,2 Halt im Gedächtnis Jesus Christ, der für dich
405,4 Halt im Gedächtnis Jesus Christ, der nach
405,1 Halt im Gedächtnis Jesus Christ, o Mensch
488,5 Halt mir dein Kreuz vor, wenn mein Auge bricht
236,3 Hände gabst du mir
233,5 Handle mit mir, wie's dünket dir
97,6 Hart auf deiner Schulter
41,5 Hast du denn, Höchster, auch meiner noch wollen gedenken
68,3 Hast in Marien Jungfrauschaft
324,16 Hat er dich nicht von Jugend auf
371,12 Hat er doch selbst auch wohl das Seine
215,6 Hättst du dir was ,konnt erwerben
15,6 Hebe deine Stimme, sprich
300,2 Hebt eure Hände auf und geht
256,5 Heiland, deine größten Dinge
218,3 Heilge Freude, tiefes Bangen
128,1 Heilger Geist, du Tröster mein
138,3 Heilig Geist, der steh uns bei
185.3 Heilig, heilig, heilig ist der Herr Zebaoth
185.1 Heilig, heilig, heilig ist Gott
185.2 Heilig, heilig, heilig ist Gott
331,3 Heilig, Herr Gott Zebaoth
185.4 Heiliger Herre Gott
45,1 Herbei, o ihr Gläub'gen, fröhlich triumphieret
134,7 Herr, bewahr auch unsern Glauben
483 Herr, bleibe bei uns *(Kanon)*
204,3 Herr Christ, dein bin ich eigen: den Glauben
204,2 Herr Christ, dein bin ich eigen: durch dein
204,4 Herr Christ, dein bin ich eigen: im Leben
204,1 Herr Christ, dein bin ich eigen: von Anbeginn
437,2 Herr Christ, den Tag uns auch behüt
67,1 Herr Christ, der einig Gotts Sohn
498,4 Herr Christ, du bist der rechte Weg
356,2 Herr Christ, um deines Namens Ehr
205,2 Herr Christe, nimm es gnädig auf
198,1 Herr, dein Wort, die edle Gabe
277 Herr, deine Güte reicht, so weit der Himmel ist *(Kehrvers)*
42,5 Herr, der du Mensch geboren wirst
283,1 Herr, der du vormals hast dein Land
512,1 Herr, die Erde ist gesegnet
501,2 Herr, dir sei Lob und Ehre
377,4 Herr, du bist Gott! In deine Hand
464,2 Herr, du bist unser täglich Brot
267,1 Herr, du hast darum gebetet
323,3 Herr, du hast deinen Namen
383,1 Herr, du hast mich angerührt
447,10 Herr, du wirst kommen und all deine Frommen
61,4 Herr, du wollest Gnade geben
220 Herr, du wollest uns bereiten
498,2 Herr, du wollst uns Geleitsmann sein
331,11 Herr, erbarm, erbarme dich
178.5 Herr, erbarme dich
178.10 Herr, erbarme dich
178.11 Herr, erbarme dich
298,2 Herr, erhebe deine Rechte
196,1 Herr, für dein Wort sei hoch gepreist
500,2 Herr, gib durch deinen Segen
436 Herr, gib uns deinen Frieden *(Kanon)*
464,1 Herr, gib uns unser täglich Brot
191 Herr Gott, dich loben wir (Te Deum)
291,2 Herr Gott, erhebe weit über den Himmel dich
70,5 Herr Gott Vater, mein starker Held
423,1 Herr, höre, Herr, erhöre
155,1 Herr Jesu Christ, dich zu uns wend
219,1 Herr Jesu Christ, du höchstes Gut
217,1 Herr Jesu Christe, mein getreuer Hirte
89,5 Herr Jesu, deine Angst und Pein... laß meine letzte
89,1 Herr Jesu, deine Angst und Pein... laß mir vor Augen
404,1 Herr Jesu, Gnadensonne
246,3 Herr Jesu, hilf, dein Kirch erhalt
165,8 Herr, komm in mir wohnen
82,5 Herr, laß dein heilig Leiden
501,3 Herr, laß die Sonne blicken
530,3 Herr, lehr mich stets mein End bedenken
534,1 Herr, lehre uns, daß wir sterben müssen
154,1 Herr, mach uns stark im Mut, der dich bekennt
265,5 Herr, mache uns im Glauben treu
370,11 Herr, mein Hirt, Brunn aller Freuden
275,6 Herr, meinen Geist befehl ich dir
242,1 Herr, nun selbst den Wagen halt
197,1 Herr, öffne mir die Herzenstür
168,3 Herr, sammle die Gedanken und schick uns deinen Geist
534,2 Herr, sei bei uns, wenn wir sterben müssen
210,5 Herr, sende mich wie deine Jünger

91,1 Herr, stärke mich, dein Leiden zu bedenken
331,8 Herr, steh deinen Dienern bei
247,1 Herr, unser Gott, laß nicht zuschanden werden
270,1 Herr, unser Herrscher, wie herrlich bist du
475,4 Herr, verzeihe mir aus Gnaden
238,1 Herr, vor dein Antlitz treten zwei
476,6 Herr, wenn mich wird die lange Nacht bedecken
367,1 Herr, wie du willst, so schick's mit mir
512,5 Herr, wir haben solche Güte
513,4 Herr, wir sind dein und wollen gern ertragen
261 Herr, wohin, Herr, wohin sollen wir gehen *(Kanon)*
251,1 Herz und Herz vereint zusammen
397,1 Herzlich lieb hab ich dich, o Herr
148,1 Herzlich tut mich erfreuen
81,1 Herzliebster Jesu, was hast du verbrochen
446,2 Heut, als die dunklen Schatten
363,3 Heut ist der Mensch schön, jung und rank
234,6 Heut lebst du, heut bekehre dich
27,6 Heut schließt er wieder auf die Tür
143,1 Heut singt die liebe Christenheit
109,1 Heut triumphieret Gottes Sohn
36,2 Heute geht aus seiner Kammer
433 Hevenu schalom alejchem *(Kanon)*
73,9 Hier fallen alle Sorgen hin
63,4 Hier gehen wir und streuen
101,5 Hier ist das recht Osterlamm
73,8 Hier ist das Ziel, hier ist der Ort
151,7 Hier ist die Stadt der Freuden
111,8 Hier ist noch nicht ganz kundgemacht
7,6 Hier leiden wir die größte Not
302,3 Hier sind die starken Kräfte
302,4 Hier sind die treuen Sinnen
520,5 Hier war er krank in Angst und Not
135,6 Hilf das Kreuz uns tragen
242,3 Hilf, daß alle Bitterkeit
438,4 Hilf, daß der Geist Zuchtmeister bleib
445,4 Hilf, daß ich mit diesem Morgen
495,3 Hilf, daß ich rede stets
424,3 Hilf, daß in der weiten Welt
249,5 Hilf, daß wir auch nach deinem Wort
512,6 Hilf, daß wir dies Gut der Erden
59,4 Hilf, daß wir fliehn der Sünde Bahn
63,6 Hilf du uns durch die Zeiten
68,8 Hilf durch dein Mühe und Arbeit
329,3 Hilf fernerweit, mein treuster Hort
58,13 Hilf gnädig allen Kranken
61,1 Hilf, Herr Jesu, laß gelingen
419,4 Hilf, Herr meiner Seele
419,3 Hilf, Herr meiner Stunden
419,2 Hilf, Herr meiner Tage
419,1+5 Hilf, Herr meines Lebens
503,13 Hilf mir und segne meinen Geist
234,7 Hilf, o Herr Jesu, hilf du mir
244,2 Hilfst du nicht bald, so ist's geschehn
325,6 Himmel, Erd und ihre Heere
504,1 Himmel, Erde, Luft und Meer
327,2 Himmel, lobe prächtig
507,1 Himmels Au, licht und blau
467,1 Hinunter ist der Sonne Schein
18,2 Hirt und König, Groß und Klein
206,4 Hirte, nimm das Schäflein an
54,2 Hirten, warum wird gesungen
315,6 Hoch hebt das Fest der Heimkehr an
309,1 Hoch hebt den Herrn mein Herz und meine Seele
294,3 Hoch tut euch auf, ihr heilgen Tore
270,3 Hoch wölbt dein Himmel sich auch über sie
361,6 Hoff, o du arme Seele
352,4 Hoffnung kann das Herz erquicken
97,1 Holz auf Jesu Schulter
363,6 Höret und merkt, ihr lieben Leut
47,4 Hört's, ihr Menschen groß und klein
54,1 Hört, der Engel helle Lieder
13,3 Hosianna, Davids Sohn, sei gegrüßet
13,2 Hosianna, Davids Sohn, sei gesegnet
399,7 Hüpf auf, mein Herz, spring, tanz und sing

I

486,7 Ich achte nicht der künft'gen Angst
123,11 Ich auch auf der tiefsten Stufen
353,5 Ich Betrübter komme hier
231,2 Ich bin allein dein Gott, der Herr
385,2 Ich bin das Licht, ich leucht euch für
526,3 Ich bin durch der Hoffnung Band
529,1 Ich bin ein Gast auf Erden
522,3 Ich bin ein Glied an deinem Leib
526,4 Ich bin Fleisch und muß daher
353,6 Ich bin ganz getrosten Muts

200,1 Ich bin getauft auf deinen Namen
166,2 Ich bin, Herr, zu dir gekommen
84,7 Ich bin, mein Heil, verbunden
36,11 Ich bin rein um deinetwillen
141,5 Ich bin viel zu gering dazu
84,4 Ich bin's, ich sollte büßen
472,5 Ich bitt, daß du mir gnädig
203,4 Ich bitt, laß dir befohlen sein
343,2 Ich bitt noch mehr, o Herre Gott
488,3 Ich brauch zu jeder Stund dein Nahesein
400,5 Ich danke dir, du wahre Sonne
85,8 Ich danke dir von Herzen
292,5 Ich danke dir von Herzensgrund
90,2 Ich folge dir durch Tod und Leid
392,7 Ich folge Gott, ich will ihm ganz genügen
349,1 Ich freu mich in dem Herren
200,5 Ich gebe dir, mein Gott, aufs neue
429,5 Ich gieße aus über die Menschen Geist aus der Höhe
253,1 Ich glaube, daß die Heiligen
90,1 Ich grüße dich am Kreuzesstamm
449,5 Ich hab erhoben zu dir hoch droben
516,3 Ich hab nun überwunden
530,6 Ich habe Jesu Leib gegessen
530,5 Ich habe Jesus angezogen
529,5 Ich habe mich ergeben
354,1 Ich habe nun den Grund gefunden
112,6 Ich hang und bleib auch hangen
355,2 Ich hatte nichts als Zorn verdienet
296,1 Ich heb mein Augen sehnlich auf
84,3 Ich, ich und meine Sünden
81,8 Ich kann's mit meinen Sinnen nicht erreichen
11,4 Ich lag in schweren Banden
37,3 Ich lag in tiefster Todesnacht
530,8 Ich leb indes in dir vergnüget
400,4 Ich lief verirrt und war verblendet
343,5 Ich lieg im Streit und widerstreb
486,1 Ich liege, Herr, in deiner Hut
250,1 Ich lobe dich von ganzer Seelen
272 Ich lobe meinen Gott von ganzem Herzen
517,2 Ich mein, daheim im Himmelreich
209,1 Ich möcht', daß einer mit mir geht
476,2 Ich preise dich, du Herr der Nächt und Tage
326,4 Ich rief zum Herrn in meiner Not
343,1 Ich ruf zu dir, Herr Jesu Christ
474,2 Ich ruf zu dir, Herr Jesu Christ
481,3 Ich schließe mich aufs neue
37,4 Ich sehe dich mit Freuden an
503,8 Ich selber kann und mag nicht ruhn
324,1 Ich singe dir mit Herz und Mund
37,1 Ich steh an deiner Krippen hier
374,1 Ich steh in meines Herren Hand
382,1 Ich steh vor dir mit leeren Händen, Herr
368,4 Ich traue seiner Gnaden
252,4 Ich umfasse, die dir dienen
311,2 Ich versprech dir meinen Segen
133,3 Ich war ein wilder Reben
209,2 Ich wart', daß einer mit mir geht
486,9 Ich weiß, daß auch der Tag, der kommt
324,2 Ich weiß, daß du der Brunn der Gnad
497,1 Ich weiß, mein Gott, daß all mein Tun
357,2 Ich weiß, was ewig dauert
357,1 Ich weiß, woran ich glaube
402,4 Ich werd ihn auch lassen nicht
81,9 Ich werde dir zu Ehren alles wagen
84,12 Ich will ans Kreuz mich schlagen
84,10 Ich will daraus studieren
340 Ich will dem Herrn singen mein Leben lang *(Kanon)*
335 Ich will den Herrn loben allezeit *(Kanon)*
326,7 Ich will dich all mein Leben lang
400,7 Ich will dich lieben, meine Krone
400,1 Ich will dich lieben, meine Stärke
400,2 Ich will dich lieben, o mein Leben
36,12 Ich will dich mit Fleiß bewahren
291 Ich will dir danken, Herr, unter den Völkern *(Kehrvers)*
85,6 Ich will hier bei dir stehen
253,5 Ich will mich der Gemeinschaft nicht
91,8 Ich will nicht Haß mit gleichem Haß vergelten
276,1 Ich will, solang ich lebe
330,6 Ich will von deiner Güte singen
83,5 Ich will von deiner Lieblichkeit
279,6 Ich will zu deinem Tempel wallen
315,1 Ich will zu meinem Vater gehn
84,9 Ich will's vor Augen setzen
517,1 Ich wollt, daß ich daheime wär
385,3 Ich zeig euch das, was schädlich ist
368,6 Ihm hab ich mich ergeben
361,8 Ihn, ihn laß tun und walten
489,2 Ihn, um den die Sterne kreisen
123,9 Ihnen steht der Himmel offen
9,5 Ihr Armen und Elenden
269,3 Ihr Christen alle, Frau und Mann
326,8 Ihr, die ihr Christi Namen nennt
11,7 Ihr dürft euch nicht bemühen
330,3 Ihr grünen Blätter in den Wäldern
479,2 Ihr hellen Sterne, leuchtet wohl
514,5 Ihr Herzen, drin die Liebe wohnt, Halleluja
442,3 Ihr Kinder sollt bei diesem Stern

43,1 Ihr Kinderlein, kommet, o kommet doch all
151,3 Ihr klugen Jungfraun alle
514,7 Ihr Kreaturen, singt im Chor: Halleluja
6,1 Ihr lieben Christen, freut euch nun
9,4 Ihr Mächtigen auf Erden
182,5 Ihr seid das Volk, das der Herr sich ausersehn
105,14 Ihr sollt nach Galiläa gehn
380,2 Ihr sollt nicht ergrauen
514,3 Ihr Wasserbäche, klar und rein, Halleluja
132 Ihr werdet die Kraft des Heiligen Geistes empfangen
222,1 Im Frieden dein, o Herre mein
98,3 Im Gestein verloren Gottes Samenkorn
257,2 Im Himmel und auf Erden
52,6 Immer werden wir's erzählen
368,1 In allen meinen Taten
136,5 In aller Heiden Lande
376,2 In dein Erbarmen hülle
359,1 In dem Herren freuet euch
77,2 In der ersten Stund am Tag
275,1 In dich hab ich gehoffet, Herr
40,3 In diesem Lichte kannst du sehen
246,2 In dieser schwern, betrübten Zeit
398,1 In dir ist Freude in allem Leide
516,7 In dir, Herr, laß mich leben
227,5 In einem Glauben laß uns dich erkennen
498,1 In Gottes Namen fahren wir
494,1 In Gottes Namen fang ich an
111,5 In kurzem wach ich fröhlich auf
444,5 In meinem Studieren
523,3 In meines Herzens Grunde
32,2 In seine Lieb versenken
349,2 In Sünd war ich verloren
279,3 Ins Trockne wandelt er die Meere
351,1 Ist Gott für mich, so trete
497,10 Ist ja der Anfang etwas schwer
380,3 Ist mein Wort gegeben
388,2 Ist's doch deines Vaters Wille
497,8 Ist's Werk von dir, so hilf zu Glück

J

45,4 Ja, dir, der du heute Mensch für uns geboren
387,4 Ja, er will gebeten sein
206,2 Ja, es schallet allermeist
406,4 Ja, Herr Jesu, bei dir bleib ich
380,1 Ja, ich will euch tragen
375,2 Ja, Jesus siegt, obschon das Volk des Herrn
375,3 Ja, Jesus siegt! Seufzt eine große Schar
375,4 Ja, Jesus siegt! Wir glauben es gewiß
83,3 Ja, Vater, ja von Herzensgrund
386,8 Ja was soll ich mehr verlangen
374,4 Ja wenn's am schlimmsten mit mir steht
39,5 Jakobs Stern ist aufgegangen
127,1 Jauchz, Erd und Himmel, juble hell
123,10 Jauchz ihm, Menge heilger Knechte
41,2 Jauchzet, ihr Himmel, frohlocket, ihr Enden der Erden
41,1 Jauchzet, ihr Himmel, frohlocket, ihr Engel, in Chören
279,1 Jauchzt, alle Lande, Gott zu Ehren
42,8 Jauchzt, Himmel, die ihr ihn erfuhrt
227,2 Jedes Geschöpf lebt von der Frucht der Erde
244,8 Jedoch, dieweil dein Wort ist gut
150,1 Jerusalem, du hochgebaute Stadt
487,3 Jesu Christ, mein Hort und Halt
88,1 Jesu, deine Passion
252,1 Jesu, der du bist alleine
248,3 Jesu, der du Jesus heißt
391,1 Jesu, geh voran
373,1 Jesu, hilf siegen, du Fürste des Lebens
373,4 Jesu, hilf siegen im Wachen und Beten
373,3 Jesu, hilf siegen und laß mich nicht sinken
373,6 Jesu, hilf siegen und laß mir's gelingen
373,5 Jesu, hilf siegen. Wenn alles verschwindet
373,2 Jesu, hilf siegen. Wenn in mir die Sünde
78,1 Jesu Kreuz, Leiden und Pein
61,6 Jesu, laß mich fröhlich enden
88,4 Jesu, lehr bedenken mich
396,1 Jesu, meine Freude
218,5 Jesu, meine Lebenssonne
86,1 Jesu, meines Lebens Leben
62,2 Jesu Name, Jesu Wort
34,4 Jesu, nimm dich deiner Glieder
164 Jesu, stärke deine Kinder
248,7 Jesu, wahrer Friedefürst

218,6 Jesu, wahres Brot des Lebens
78,10 Jesu, weil du bist erhöht
34,3 Jesu, wie soll ich dir danken
62,5 Jesus, aller Bürger Heil
101,3 Jesus Christus, Gottes Sohn
123,1 Jesus Christus herrscht als König
123,6 Jesus Christus ist der Eine
138,2 Jesus Christus steh uns bei
102,1 Jesus Christus, unser Heiland, der den Tod
215,1 Jesus Christus, unser Heiland, der von uns
78,5 Jesus da gefangen ward
313,2 Jesus, der durch die Straßen kam
313,1 Jesus, der zu den Fischern lief
526,2 Jesus, er mein Heiland, lebt
78,4 Jesus ging nach Gottes Will
78,9 Jesus ist das Weizenkorn
66,4 Jesus ist kommen, der Fürste des Lebens
66,5 Jesus ist kommen, der König der Ehren
66,3 Jesus ist kommen, der starke Erlöser
66,7 Jesus ist kommen, die Quelle der Gnaden
66,8 Jesus ist kommen, die Ursach zum Leben
66,6 Jesus ist kommen, ein Opfer für Sünden
66,1 Jesus ist kommen, Grund ewiger Freude
66,2 Jesus ist kommen, nun springen die Bande
66,9 Jesus ist kommen, sagt's aller Welt Enden
402,6 Jesus laß ich nicht von mir
402,2 Jesus laß ich nimmer nicht
115,5 Jesus lebt! Ich bin gewiß
115,2 Jesus lebt! Ihm ist das Reich
115,1 Jesus lebt, mit ihm auch ich
115,6 Jesus lebt! Nun ist der Tod
115,4 Jesus lebt! Sein Heil ist mein
115,3 Jesus lebt! Wer nun verzagt
526,1 Jesus, meine Zuversicht
353,8 Jesus nimmt die Sünder an; mich
353,1 Jesus nimmt die Sünder an. Saget
61,5 Jesus richte mein Beginnen
78,3 Jesus richtet aus sein Amt
78,8 Jesus rief am Kreuze laut
229,3 Jesus ruft uns. Wir sind erwählt
77,5 Jesus schrie zur neunten Stund
62,1 Jesus soll die Losung sein
78,7 Jesus, verurteilt zum Tod
78,2 Jesus, wahrer Gottessohn
78,6 Jesus ward früh dargestellt
314,1 Jesus zieht in Jerusalem ein... Alle Leute fangen
314,5 Jesus zieht in Jerusalem ein... Alle Leute rufen
314,4 Jesus zieht in Jerusalem ein... Kommt und breitet
314,6 Jesus zieht in Jerusalem ein... Kommt und laßt
314,3 Jesus zieht in Jerusalem ein... Kommt und legt
314,2 Jesus zieht in Jerusalem ein... Seht
110,3 Jetzt grünet, was nur grünen kann
111,4 Jetzt ist der Tag, da mich die Welt
92,6 Jetzt um dein Siegerangesicht
429,2 Jubel wird sein in allen Ländern, Jubel und Freude
181.7 Jubilate Deo *(Kanon)*

K

312,1 Kam einst zum Ufer
426,3 Kann das Wort von den letzten Tagen
243,3 Kann und mag auch verlassen
370,8 Kann uns doch kein Tod nicht töten
490,3 Kaum ist die Sonne uns entschwunden
351,12 Kein Engel, keine Freuden
92,2 Kein Maß hat deine Gnad gekannt
509,1 Kein Tierlein ist auf Erden
296,7 Kein Übel muß begegnen dir
9,3 Kein Zepter, keine Krone
148,2 Kein Zung kann je erreichen
353,2 Keiner Gnade sind wir wert
170,2 Keiner kann allein Segen sich bewahren
270,2 Kinder und Säuglinge künden dein Lob
423,9 Komm als ein Arzt der Kranken
127,4 Komm, Feuer Gottes, Heilger Geist
126,1 Komm, Gott Schöpfer, Heiliger Geist
156 Komm, Heiliger Geist, erfüll die Herzen
125,1 Komm, Heiliger Geist, Herre Gott
465 Komm, Herr Jesu, sei du unser Gast *(Kanon)*
170,1+4 Komm, Herr, segne uns, daß wir uns nicht trennen
428,5 Komm in unser dunkles Herz

428,4 Komm in unser festes Haus
428,2 Komm in unser reiches Land
428,3 Komm in unsre laute Stadt
428,1 Komm in unsre stolze Welt
134,1 Komm, o komm, du Geist des Lebens
1,5 Komm, o mein Heiland, Jesu Christ
225 Komm, sag es allen weiter *(Kehrvers)*
128,2 Komm, Vater der armen Herd
353,4 Kommet alle, kommet her
48,1 Kommet, ihr Hirten, ihr Männer und Fraun
251,2 Kommt, ach kommt, ihr Gnadenkinder
213,3 Kommt her, betrübte Seelen
259,1 Kommt her, des Königs Aufgebot
213,1 Kommt her, ihr seid geladen
213,2 Kommt her, verzagte Sünder
363,1 Kommt her zu mir, spricht Gottes Sohn
393,1 Kommt, Kinder, laßt uns gehen, der Abend
393,6 Kommt, Kinder, laßt uns gehen, der Vater
393,7 Kommt, Kinder, laßt uns wandern
444,3 Kommt, lasset uns singen
393,9 Kommt, laßt uns munter wandern
229,1 Kommt mit Gaben und Lobgesang
45,3 Kommt, singet dem Herren, singt, ihr Engelchöre
39,1 Kommt und laßt uns Christus ehren
505,6 Kommt unser Lebensende
41,6 König der Ehren, aus Liebe geworden zum Kinde
52,4 Könige aus Morgenlanden
406,2 Könnt ich's irgend besser haben
98,1 Korn, das in die Erde, in den Tod versinkt
263,7 Kraft, Lob, Ehr und Herrlichkeit
449,12 Kreuz und Elende, das nimmt ein Ende
359,3 Kündet eure Lindigkeit
178.1 Kyrie eleison
178.2 Kyrie eleison
178.3 Kyrie eleison
178.9 Kyrie eleison
178.13 Kyrie eleison
192 Kyrie eleison *(Litanei)*
178.4 Kyrie, Gott Vater in Ewigkeit
178.12 Kyrie, Kyrie eleison
178.14 Kyrie, Kyrie, Kyrie eleison *(Kanon)*

L

190.3 Lamm Gottes, du nimmst hinweg
383,4 Langer Nächte Unheilsschritt
423,4 Laß alle, die regieren
142,6 Laß deine Engel um uns sein
87,6 Laß deine Wunden sein
451,5 Laß deinen Segen auf mir ruhn
389,3 Laß deines guten Geistes Licht
267,2 Laß den Christen uns begegnen
371,6 Laß dich dein Elend nicht bezwingen
40,2 Laß dich erleuchten, meine Seele
496 Laß dich, Herr Jesu Christ
252,6 Laß die Deinen noch auf Erden
445,3 Laß die Nacht auch meiner Sünden
417,2 Laß die Wurzel unsers Handelns Liebe sein, dieser
417,1 Laß die Wurzel unsers Handelns Liebe sein, senke sie
135,3 Laß die Zungen brennen
61,3 Laß dies sein ein Jahr der Gnaden
200,6 Laß diesen Vorsatz nimmer wanken
82,8 Laß endlich deine Wunden
58,8 Laß ferner dich erbitten
166,3 Laß in Furcht mich vor dich treten
241,7 Laß jede hoh und niedre Schule
82,7 Laß mich an andern üben
495,7 Laß mich an meinem End
530,4 Laß mich beizeit' mein Haus bestellen
157 Laß mich dein sein und bleiben
475,6 Laß mich diese Nacht empfinden
292,3 Laß mich in Einfalt trauen dir
343,4 Laß mich kein Lust noch Furcht von dir
449,6 Laß mich mit Freuden ohn alles Neiden
495,5 Laß mich mit jedermann
414,1 Laß mich, o Herr, in allen Dingen
217,3 Laß mich recht trauern über meine Sünde
414,3 Laß mich, solang ich hier soll leben
38,3 Laß mir deine Güt und Treu
40,4 Laß nur indessen helle scheinen
130,4 Laß uns dein edle Balsamkraft
262,6 Laß uns deine Herrlichkeit
263,6 Laß uns deine Herrlichkeit
262,7 Laß uns eins sein, Jesu Christ
471,3 Laß uns einschlafen
135,7 Laß uns hier indessen
67,3 laß uns in deiner Liebe
251,7 Laß uns so vereinigt werden

134,3 Laß uns stets dein Zeugnis fühlen
267,4 Laß uns zueinander stehen
437,4 Laß unser Werk geraten wohl
240,2 Laß unsre Liebe ohne Wanken
402,3 Laß vergehen das Gesicht
65,5 Laß warm und hell die Kerzen heute flammen
384,4 Lasset uns mit Jesus leben
384,2 Lasset uns mit Jesus leiden
384,3 Lasset uns mit Jesus sterben
384,1 Lasset uns mit Jesus ziehen
48,2 Lasset uns sehen in Bethlehems Stall
449,3 Lasset uns singen, dem Schöpfer bringen
239,2 Laßt die Lindigkeit, die ihr erfahren
182,4 Laßt Gottes Licht durch euch scheinen in der Welt
380,7 Laßt nun euer Fragen
276,2 Laßt uns beisammen stehen
439,2 Laßt uns Gott bitten diese Stund
315,7 Laßt uns zu unserm Vater gehn
459,3 Laßt wandeln uns in diesem Licht
181.6 Laudate omnes gentes
515 Laudato si, o mi signore *(Kehrvers)*
408,6 Leb ich, Gott, bist du bei mir
236,5 Leben gabst du mir
113,3 Lebendig Christus kommt herfür
111,13 Lebt Christus, was bin ich betrübt
251,3 Legt es unter euch, ihr Glieder
415,4 Lehr uns auch der Feinde Bestes suchen
126,6 Lehr uns den Vater kennen wohl
240,3 Lehr uns, einander zu vergeben
146,5 Leit uns mit deiner rechten Hand
128,5 Lenk uns nach dem Willen dein
442,5 Leucht uns mit deinem Glänzen klar
450,5 Leucht uns selbst in jener Welt
401,4 Liebe, die du Kraft und Leben
401,2 Liebe, die du mich erkoren
401,1 Liebe, die du mich zum Bilde
401,3 Liebe, die für mich gelitten
401,6 Liebe, die mich ewig liebet
401,5 Liebe, die mich hat gebunden
401,7 Liebe, die mich wird erwecken
415,1 Liebe, du ans Kreuz für uns erhöhte
251,6 Liebe, hast du es geboten
388,7 Liebe, zieh uns in dein Sterben
408,5 Lieber Gott, du bist so groß
96,3 Lieber Herr Jesus, wandle uns von Grund auf
206,1 Liebster Jesu, wir sind hier, deinem Worte
161,1 Liebster Jesu, wir sind hier, dich und
233,2 Lief ich gleich weit zu dieser Zeit
236,4 Lippen gabst du mir
453,5 Lob dem, der unser Vater ist
24,15 Lob, Ehr sei Gott im höchsten Thron
321,3 Lob, Ehr und Preis sei Gott
243,1 Lob Gott getrost mit Singen
3,6 Lob, Preis sei, Vater, deiner Kraft
33,3 Lob, Preis und Dank, Herr Jesu Christ
4,5 Lob sei Gott dem Vater g'tan
475,2 Lob und Dank sei dir gesungen
316,1 Lobe den Herren, den mächtigen König der Ehren
317,1 Lobe den Herren, den mächtigen König der Ehren
316,2 Lobe den Herren, der alles so herrlich regieret
317,2 Lobe den Herren, der alles so herrlich regieret
317,4 Lobe den Herren, der deinen Stand sichtbar gesegnet
316,3 Lobe den Herren, der künstlich und fein dich bereitet
317,3 Lobe den Herren, der künstlich und fein dich bereitet
316,4 Lobe den Herren, der sichtbar dein Leben gesegnet
303,1 Lobe den Herren, o meine Seele
316,5 Lobe den Herren, was in mir ist, lobe den Namen
317,5 Lobe den Herren, was in mir ist, lobe den Namen
447,1 Lobet den Herren alle, die ihn ehren
448 Lobet den Herren alle, die ihn ehren *(Kanon)*
304,1 Lobet den Herren, denn er ist sehr freundlich
333,2 Lobet den Herrn! Ja, lobe den Herrn
460 Lobet den Herrn und dankt ihm seine Gaben
337 Lobet und preiset, ihr Völker, den Herrn *(Kanon)*
181.6 Lobsingt, ihr Völker alle
332,1 Lobt froh den Herrn, ihr jugendlichen Chöre
300,1 Lobt Gott, den Herrn der Herrlichkeit
293,1 Lobt Gott den Herrn, ihr Heiden all
27,1 Lobt Gott, ihr Christen alle gleich
500,1 Lobt Gott in allen Landen
365,5 Lobt ihn mit Herz und Munde
429 Lobt und preist die herrlichen Taten des Herrn *(Kehrvers)*
29,4 Lobt, ihr Menschen alle gleiche
165,5 Luft, die alles füllet

M

311,1 Mach dich auf die lange Reise
361,12 Mach End, o Herr, mach Ende
503,14 Mach in mir deinem Geiste Raum
244,9 Mach uns vor ihnen nicht zu Spott
387,1 Mache dich, mein Geist, bereit
165,7 Mache mich einfältig
166,4 Mache mich zum guten Lande
247,2 Mache zuschanden alle, die dich hassen
525,1 Mach's mit mir, Gott, nach deiner Güt
151,2 Macht eure Lampen fertig
1,4 Macht hoch die Tür, die Tor macht weit, eu'r Herz
1,1 Macht hoch die Tür, die Tor macht weit; es kommt
359,2 Mag der Feind mit Finsternis
165,4 Majestätisch Wesen
141,3 Man fragt ihn, ob er Christus wär
369,3 Man halte nur ein wenig stille
86,4 Man hat dich sehr hart verhöhnet
323,1 Man lobt dich in der Stille
393,4 Man muß wie Pilger wandeln
20,5 Man singt: Ein Sohn ist uns gegeben
501,4 Mein Arbeit hilf vollbringen
449,2 Mein Auge schauet, was Gott gebauet
506,2 Mein Auge sieht, wohin es blickt
477,7 Mein Augen stehn verdrossen
451,1 Mein erst Gefühl sei Preis und Dank
353,7 Mein Gewissen quält mich nicht
275,3 Mein Gott und Schirmer, steh mir bei
162,4 Mein Gott, laß mir dein Lebenswort
341,3 Mein guten Werk, die galten nicht
529,7 Mein Heimat ist dort droben
111,14 Mein Herz darf nicht entsetzen sich
295,3 Mein Herz hängt treu und feste
339 Mein Herz ist bereit, Gott *(Kanon)*
351,13 Mein Herze geht in Sprüngen
296,2 Mein Hilfe kommt mir von dem Herrn
455,2 Mein ist die Sonne, mein ist der Morgen
351,4 Mein Jesus ist mein Ehre
363,2 Mein Joch ist sanft, leicht meine Last
82,6 Mein Kreuz und meine Plagen
83,4 Mein Lebetage will ich dich
473,1 Mein schönste Zier und Kleinod bist
308,1 Mein Seel, o Herr, muß loben dich
522,2 Mein Sünd' mich werden kränken sehr
232,2 Mein Sünd' sind schwer und übergroß
200,4 Mein treuer Gott, auf deiner Seite
521,2 Mein Zeit ist nun vollendet
472,6 Mein' Leib, mein Seel, mein Leben
443,4 Mein' Leib und meine Seele
310 Meine Seele erhebt den Herren *(Kanon)*
88,2 Meine Seele sehen mach
408,1 Meinem Gott gehört die Welt
402,1 Meinen Jesus laß ich nicht
445,6 Meinen Leib und meine Seele
325,5 Meiner Seele Wohlergehen
346,4 Meins Herzens Kron, mein Freudensonn
236,6 Menschen gabst du mir
449,7 Menschliches Wesen, was ist's gewesen
24,7 Merk auf, mein Herz, und sieh dorthin
292,2 Mich banden Höllenangst und Tod
529,3 Mich hat auf meinen Wegen
446,9 Mich segne, mich behüte
451,2 Mich selbst zu schützen ohne Macht
222,2 Mir armem Gast bereitet hast
275,5 Mir hat die Welt trüglich gericht'
355,1 Mir ist Erbarmung widerfahren
385,1 Mir nach, spricht Christus, unser Held
154,6 Mit allen Heilgen beten wir dich an
404,5 Mit deiner Kraft mich rüste
377,2 Mit dir, du starker Heiland du
10,1 Mit Ernst, o Menschenkinder
516,2 Mit Freud fahr ich von dannen
108,1 Mit Freuden zart zu dieser Fahrt
519,1 Mit Fried und Freud ich fahr dahin
148,7 Mit Gott wir werden halten
150,7 Mit Jubelklang, mit Instrumenten schön
474,1 Mit meinem Gott geh ich zur Ruh
362,2 Mit unsrer Macht ist nichts getan
142,4 Mit Weisheit sind sie angetan
518,2 Mitten in dem Tod anficht
518,3 Mitten in der Hölle Angst
518,1 Mitten wir im Leben sind
450,1 Morgenglanz der Ewigkeit
455,1 Morgenlicht leuchtet, rein wie am Anfang
284,2 Morgens jauchz ich: Deine Gnade ist mein Lied
484,1 Müde bin ich, geh zur Ruh
484,4 Müden Herzen sende Ruh
117,3 Muß ich von hier nach dort

N

269,5 Nach Gottes Willen wird geschehn
318,6 Nach unsrer Ungerechtigkeit
370,2 Nackend lag ich auf dem Boden
320,3 Nahrung gibt er dem Leibe
37,7 Nehmt weg das Stroh, nehmt weg das Heu
218,4 Nein, Vernunft, die muß hier weichen
111,3 Nicht mehr als nur drei Tage lang
402,5 Nicht nach Welt, nach Himmel nicht
294,2 Nicht sterben werd ich, sondern leben
256,2 Nicht wir haben dich erwählet
472,2 Nichts ist auf dieser Erden
368,2 Nichts ist es spät und frühe
386,6 Nichts kann ich vor Gott ja bringen
11,5 Nichts, nichts hat dich getrieben
351,6 Nichts, nichts kann mich verdammen
56,4 Nimm an des Christus Freundlichkeit
451,6 Nimm meines Lebens gnädig wahr
371,11 Nimm nicht zu Herzen, was die Rotten
146,1 Nimm von uns, Herr, du treuer Gott
20,6 Noch andre Namen wird er führen
364,4 Noch eins, Herr, will ich bitten dich
531,1 Noch kann ich es nicht fassen
16,4 Noch manche Nacht wird fallen
257,3 Noch werden sie geladen
65,2 Noch will das alte unsre Herzen quälen
394,1 Nun aufwärts froh den Blick gewandt
124,1 Nun bitten wir den Heiligen Geist
103,5 Nun bitten wir dich, Jesu Christ
322,1 Nun danket all und bringet Ehr
321,1 Nun danket alle Gott
290,1 Nun danket Gott, erhebt und preiset
379,5 Nun darfst du in ihm leben
36,5 Nun er liegt in seiner Krippen
121,2 Nun freu sich alle Christenheit
341,1 Nun freut euch, lieben Christen g'mein
93,1 Nun gehören unsre Herzen
477,6 Nun geht, ihr matten Glieder
423,11 Nun, Herr, du wirst erfüllen
404,7 Nun, Herr, verleih mir Stärke
86,8 Nun, ich danke dir von Herzen
84,8 Nun, ich kann nicht viel geben
93,2 Nun in heilgem Stilleschweigen
119,3 Nun ist erfüllt, was g'schrieben ist
9,1 Nun jauchzet, all ihr Frommen
288,1 Nun jauchzt dem Herren, alle Welt
494,6 Nun, Jesu, komm und bleib bei mir
109,4 Nun kann uns kein Feind schaden mehr
4,1 Nun komm, der Heiden Heiland
58,1 Nun laßt uns gehn und treten
320,1 Nun laßt uns Gott dem Herren
520,1 Nun legen wir den Leib ins Grab
289,1 Nun lob, mein Seel, den Herren
479,4 Nun, matter Leib, gib dich zur Ruh
502,1 Nun preiset alle Gottes Barmherzigkeit
51,2 Nun preiset alle Gottes Tat
477,1 Nun ruhen alle Wälder
294,1 Nun saget Dank und lobt den Herren
468,3 Nun schlaf, nun schlaf, mein Kindelein
480,1 Nun schläfet man; und wer nicht schlafen kann
207,1 Nun schreib ins Buch des Lebens
224,3 Nun segne, Herr, uns Brot und Wein
22 Nun sei uns willkommen, Herre Christ *(Kanon)*
532,2 Nun sich das Herz in alles findet
532,1 Nun sich das Herz von allem löste
532,3 Nun sich das Herz zu dir erhoben
481,1 Nun sich der Tag geendet
478,1 Nun sich der Tag geendet hat
265,1 Nun singe Lob, du Christenheit
105,16 Nun singet alle voller Freud
35,1 Nun singet und seid froh
386,7 Nun so gib, daß meine Seele
444,2 Nun sollen wir loben
85,4 Nun, was du, Herr, erduldet
351,2 Nun weiß und glaub ich feste
206,5 Nun wir legen an dein Herz
478,2 Nur du, mein Gott, hast keine Rast
123,5 Nur in ihm, o Wundergaben
96,2 Nur unsretwegen hattest du zu leiden

O

354,4 O Abgrund, welcher alle Sünden
505,4 O allerliebster Vater
43,5 O betet: Du liebes, du göttliches Kind
55,1 O Bethlehem, du kleine Stadt

43,4 O beugt wie die Hirten anbetend die Knie
158,1 O Christe, Morgensterne
68,7 O Christe, versammle dein Heer
63,5 O das ist sichres Gehen
241,2 O daß dein Feuer bald entbrennte
255,1 O daß doch bald dein Feuer brennte
330,2 O daß doch meine Stimme schallte
37,6 O daß doch so ein lieber Stern
330,1 O daß ich tausend Zungen hätte
136,2 O du, den unser größter
44,1-3 O du fröhliche, o du selige
134,6 O du Geist der Kraft und Stärke
161,3 O du Glanz der Herrlichkeit
475,8 O du großer Gott, erhöre
39,6 O du hochgesegnete Stunde
327,3 O du meine Seele
128,3 O du sel'ge Gnadensonn
388,1 O Durchbrecher aller Bande
150,3 O Ehrenburg, nun sei gegrüßet mir
7,3 O Erd, schlag aus, schlag aus, o Erd
318,1 O gläubig Herz, gebenedei
495,1 O Gott, du frommer Gott
194,1 O Gott, du höchster Gnadenhort
440,2 O Gott, du schöner Morgenstern
7,2 O Gott, ein' Tau vom Himmel gieß
318,9 O Gott, nimm an zu Lob und Dank
159,3 O Gott, nimm an zu Lob und Preis
144,2 O Gott und Vater, sieh doch an
81,6 O große Lieb, o Lieb ohn alle Maße
80,2 O große Not! Gotts Sohn liegt tot
85,1 O Haupt voll Blut und Wunden
7,1 O Heiland, reiß die Himmel auf
179,4 O Heilger Geist, du höchstes Gut
130,1 O Heilger Geist, kehr bei uns ein
69,4 O heilger Morgenstern, wir preisen
55,3 O heilig Kind von Bethlehem
205,4 O Heilige Dreieinigkeit
131,1 O Heiliger Geist, o heiliger Gott, du Tröster
131,5 O Heiliger Geist, o heiliger Gott, du zeigst
131,4 O Heiliger Geist, o heiliger Gott, erleucht uns
131,2 O Heiliger Geist, o heiliger Gott, gib uns
131,3 O Heiliger Geist, o heiliger Gott, mehr' unsern
131,6 O Heiliger Geist, o heiliger Gott, verlaß uns nicht
413,8 O Herr Christ, deck zu unsre Sünd
256,3 O Herr Jesu, Ehrenkönig
416 O Herr, mach mich zu einem Werkzeug deines Friedens
235,4 O Herr, nimm unsre Schuld, die Dinge
235,1 O Herr, nimm unsre Schuld, mit der
222,3 O Herr, verleih, daß Lieb und Treu
14,5 O Herr von großer Huld und Treue
77,8 O hilf, Christe, Gottes Sohn
87,4 O hilf, daß wir auch uns
290,3 O Israel, Gott herrscht auf Erden
149,7 O Jesu Christ, du machst es lang
179,3 O Jesu Christ, Sohn eingeborn
442,7 O Jesu Christ, wir warten dein
304,6 O Jesu Christe, Sohn des Allerhöchsten
72,1 O Jesu Christe, wahres Licht
30,4 O Jesu, bis zum Scheiden
80,5 O Jesu, du mein Hilf und Ruh
149,5 O Jesu, hilf zur selben Zeit
158,4 O Jesu, Lob und Ehre
219,2 O Jesu, mach uns selbst bereit
151,8 O Jesu, meine Wonne
158,2 O Jesu, Trost der Armen
32,3 O Kindelein, von Herzen
7,5 O klare Sonn, du schöner Stern
136,1 O komm, du Geist der Wahrheit
19,2 O komm, du Sohn aus Davids Stamm
19,3 O komm, o Herr, bleib bis ans End
19,1 O komm, o komm, du Morgenstern
71,1 O König aller Ehren
190.1 O Lamm Gottes, unschuldig
14,6 O laß dein Licht auf Erden siegen
399,1 O Lebensbrünnlein tief und groß
399,2 O Lebensbrünnlein, durch dein Wort
399,4 O Lebensbrünnlein, Jesu Christ
68,1 O lieber Herre Jesu Christ
103,6 O mache unser Herz bereit
14,2 O mächt'ger Herrscher ohne Heere
345,4 O mein Herr Jesu Christ
76,1 O Mensch, bewein dein Sünde groß
80,3 O Menschenkind, nur deine Sünd
257,4 O sammle deine Herden
150,2 O schöner Tag und noch viel schönre Stund
43,2 O seht in der Krippe im nächtlichen Stall
290,7 O seht, wie Gott sein Volk regieret
80,4 O selig ist zu aller Frist
159,2 O selig über selig sind
359,6 O so freu dich in dem Herrn
441,8 O Sonn der Gnad ohn Niedergang
130,5 O starker Fels und Lebenshort
439,3 O starker Gott von Ewigkeit
109,3 O süßer Herre Jesu Christ
113,1+8 O Tod, wo ist dein Stachel nun
80,1 O Traurigkeit, o Herzeleid
447,6 O treuer Hüter, Brunnen aller Güter
318,8 O Vater, steh uns gnädig bei
136,6 O wahrlich, wir verdienen

503,11 O wär ich da! O stünd ich schon
149,4 O weh dem Menschen, welcher hat
521,1 O Welt, ich muß dich lassen
84,1 O Welt, sieh hier dein Leben
252,3 O wie lieb ich, Herr, die Deinen
1,3 O wohl dem Land, o wohl der Stadt
213,4 O Wonne kranker Herzen
111,11 O Wunder groß, o starker Held
82,2 O Wunder ohne Maßen
259,2 Ob auch der Feind mit großem Trutz
299,5 Ob bei uns ist der Sünden viel
274,3 Ob ich wandert im finstern Tal
345,3 Ob mich der Tod nimmt hin
345,2 Ob mich mein Sünd anficht
524,7 Ob mir schon die Augen brechen
469,3 Obschon die Augen schlafen ein
245,4 Obwohl die Pforten offen stehen
365,7 Obwohl ich hier schon dulde
196,2 Öffn uns die Ohren und das Herz
176 Öffne meine Augen
128,4 Ohn dein Beistand, Hilf und Gunst
407,2 Ohne dich, wo käme
236,1 Ohren gabst du mir
391,4 Ordne unsern Gang

P

471,4 Pfleg auch der Kranken
149,2 Posaunen wird man hören gehn
275,7 Preis, Ehre, Ruhm und Herrlichkeit
245,1 Preis, Lob und Dank sei Gott dem Herren
301,2 Preiset Gott und gebt ihm Ehr
306,1 Preist ihn, helle Sterne
306,2 Preist ihn, ihr Gewitter
150,5 Propheten groß und Patriarchen hoch
497,6 Prüf alles wohl, und was mir gut

Q

114,4 Quält dich ein schwerer Sorgenstein

R

523,2 Rat mir nach deinem Herzen
422,2 Recht große Not uns stößet an
166,6 Rede, Herr, so will ich hören
438,3 Regier du uns mit starker Hand
494,5 Regiere mich durch deinen Geist
134,4 Reiz uns, daß wir zu ihm treten
133,13 Richt unser ganzes Leben
447,9 Richt unsre Herzen, daß wir ja nicht scherzen
453,3 Ringt um des Herzens Lauterkeit
492 Ruhet von des Tages Müh *(Kanon)*
303,8 Rühmet, ihr Menschen, den hohen Namen
279,4 Rühmt, Völker, unsern Gott; lobsinget
391,3 Rühret eigner Schmerz
525,3 Ruht doch der Leib sanft in der Erd
137,2 Rüste du mit deinen Gaben

S

185.5 Sanctus, sanctus, sanctus *(Kanon)*
455,2 Sanft fallen Tropfen, sonnendurchleuchtet
370,6 Satan, Welt und ihre Rotten
476,4 Schaff, daß mein Geist dich ungehindert schaue
390,2 Schaff in mir, Herr, den neuen Geist
230 Schaffe in mir, Gott, ein reines Herze
278,7 Schaffe Recht, führe meine Sache
434 Schalom chaverim *(Kanon)*
388,4 Schau doch aber unsre Ketten
248,2 Schau, wie große Not und Qual
262,3 Schaue die Zertrennung an
263,3 Schaue die Zertrennung an

137,8 Schenk gleich Stephanus uns Frieden
114,8 Scheu weder Teufel, Welt noch Tod
370,4 Schickt er mir ein Kreuz zu tragen
58,10 Schließ zu die Jammerpforten
255,7 Schmelz alles, was sich trennt, zusammen
218,1 Schmücke dich, o liebe Seele
135,1 Schmückt das Fest mit Maien
393,5 Schmückt euer Herz aufs beste
453,1 Schon bricht des Tages Glanz hervor
264,3 Schon hier ist sie verbunden
403,3 Schön ist der Monde
403,4 Schön sind die Blumen
403,2 Schön sind die Wälder
403,1 Schönster Herr Jesu
39,7 Schönstes Kindlein in dem Stalle
56,5 Schreckt dich der Menschen Widerstand
523,5 Schreib meinen Nam aufs beste
93,4 Schweigen müssen nun die Feinde
386,2 Seele, willst du dieses finden
466 Segne, Herr, was deine Hand *(Kanon)*
91,5 Seh ich dein Kreuz den Klugen dieser Erden
303,6 Sehende Augen gibt er den Blinden
41,3 Sehet dies Wunder, wie tief sich der Höchste hier beuget
15,4 Sehet, sehet, alle Welt
39,3 Sehet, was hat Gott gegeben
21 Seht auf und erhebt eure Häupter
226,1 Seht, das Brot, das wir hier teilen... ist uns
226,2 Seht, das Brot, das wir hier teilen... ruft nach
504,2 Seht das große Sonnenlicht
226,3 Seht, der Kelch, den wir jetzt teilen... ist ein Zeichen
226,4 Seht, der Kelch, den wir jetzt teilen... mahnt uns
47,2 Seht, der schönsten Rose Flor
504,5 Seht der Wasserwellen Lauf
18,1 Seht, die gute Zeit ist nah
95,1 Seht hin, er ist allein im Garten
95,2 Seht hin, sie haben ihn gefunden
95,3 Seht hin, wie sie ihn hart verklagen
482,3 Seht ihr den Mond dort stehen
226,5 Seht, was wir hier heute feiern... will den Tod
226,6 Seht, was wir hier heute feiern... will uns neu
504,4 Seht, wie fliegt der Vögel Schar
504,3 Seht, wie Gott der Erde Ball
95,4 Seht, wie sie ihn mit Dornen krönen
423,8 Sei allen Kindern Vater
58,12 Sei der Verlaßnen Vater
515,6 Sei gepriesen, denn du, Herr, schufst den Menschen
515,1 Sei gepriesen, du hast die Welt geschaffen
515,5 Sei gepriesen, du läßt die Vögel singen
515,7 Sei gepriesen, du selbst bist Mensch geworden
515,8 Sei gepriesen, er hat zu uns gesprochen
515,4 Sei gepriesen für deine hohen Berge
515,2 Sei gepriesen für Licht und Dunkelheiten
515,3 Sei gepriesen für Wolken, Wind und Regen
515,9 Sei gepriesen, o Herr, für Tod und Leben
114,10 Sei hochgelobt in dieser Zeit
326,1 Sei Lob und Ehr dem höchsten Gut
342,8 Sei Lob und Ehr mit hohem Preis
289,5 Sei Lob und Preis mit Ehren
24,8 Sei mir willkommen, edler Gast
442,6 Sei uns willkommen, lieber Tag
442,2 Sei uns willkommen, schöner Stern
12,4 Sei willkommen, o mein Heil
526,7 Seid getrost und hocherfreut
351,9 Sein Geist spricht meinem Geiste
351,7 Sein Geist wohnt mir im Herzen
457,9 Sein guter Schatz ist aufgetan
225,1 Sein Haus hat offne Türen
333,3 Sein ist die Macht! Allmächtig ist Gott
520,4 Sein Jammer, Trübsal und Elend
202,5 Sein Jünger heißt der Herre Christ
4,3 Sein Lauf kam vom Vater her
111,7 Sein Reich ist nicht von dieser Welt
342,9 sein Reich zukomm; sein Will auf Erd
520,3 Sein Seel lebt ewiglich in Gott
513,6 Sein sind die Güter, wir nur die Verwalter
325,3 Sein Sohn ist ihm nicht zu teuer
106,3 Sein' Raub der Tod mußt geben her
320,5 Sein Wort, sein Tauf, sein Nachtmahl
39,4 Seine Seel ist uns gewogen
325,8 Seine Strafen, seine Schläge
325,4 Seinen Geist, den edlen Führer
303,3 Selig, ja selig ist der zu nennen
307,5 Selig sind die Barmherzigen
307,1 Selig sind, die da geistlich arm sind
307,4 Selig sind, die da hungern und dürsten nach der Gerechtigkeit
307,2 Selig sind, die da Leid tragen
307,7 Selig sind, die Frieden stiften
307,6 Selig sind, die reinen Herzens sind

307,3 Selig sind die Sanftmütigen
307,8 Selig sind, die um der Gerechtigkeit willen verfolgt werden
178.8 Send uns deinen Geist
172 Sende dein Licht und deine Wahrheit *(Kanon)*
278,8 Sende Licht, sende deine Wahrheit
143,2 Sie glänzen wie der Sonnenschein
290,4 Sie haben seine Treu erfahren
273,2 Sie lehren eitel falsche List
209,4 Sie nennen ihn den Herren Christ
142,2 Sie stehen weit um deinen Thron
143,3 Sie stehn vor Gottes Angesicht
105,5 Sie suchen den Herrn Jesus Christ
54,3 Sie verkünden uns mit Schalle
413,7 Sie wird nicht müd, fährt immer fort
256,4 Sieh auf deine Millionen
331,9 Sieh dein Volk in Gnaden an
366,6 Sieh nicht an unsre Sünde groß
190.4 Siehe, das ist Gottes Lamm *(Kanon)*
419 Siehe, ich bin bei euch alle Tage *(Kanon)*
34,2 Siehe, siehe, meine Seele
486,10 Sind nun die dunklen Stunden da
469,5 Sind wir doch dein ererbtes Gut
369,7 Sing, bet und geh auf Gottes Wegen
420,4 Sing mit den Traurigen ein Lied
104,1 Singen wir heut mit einem Mund
287 Singet dem Herrn ein neues Lied *(Kehrvers)*
333,6 Singet dem Herrn! Lobsinget dem Herrn
306 Singt das Lied der Freude, der Freude über Gott *(Kehrvers)*
305,4 Singt das Lied der Freude über Gott... Er wird Kraft
305,1 Singt das Lied der Freude über Gott... Preist ihn, helle
305,2 Singt das Lied der Freude über Gott... Preist ihn, ihr
305,3 Singt das Lied der Freude über Gott... Stimmt mit ein
108,3 Singt Lob und Dank mit freiem Klang
286,1 Singt, singt dem Herren neue Lieder
304,2 Singt umeinander dem Herren mit Danken
280,2 So danken, Gott, und loben dich
522,5 So fahr ich hin zu Jesus Christ
101,6 So feiern wir das hoh Fest
241,4 So gib dein Wort mit großen Scharen
529,4 So ging's den lieben Alten
94,4 So hat es Gott gefallen
358,6 So hilf uns, Herr, zum Glauben
202,2 So hört und merket alle wohl
366,2 so ist dies unser Trost allein
412,1 So jemand spricht: Ich liebe Gott
358,5 So kennt der Herr die Seinen
530,7 So komm mein End heut oder morgen
326,9 So kommet vor sein Angesicht
385,6 So laßt uns denn dem lieben Herrn
76,2 So laßt uns nun ihm dankbar sein
482,7 So legt euch denn, ihr Brüder
154,5 So mach uns stark im Mut, der dich bekennt
24,5 So merket nun das Zeichen recht
490,4 So mögen Erdenreiche fallen
376,1 So nimm denn meine Hände
43,6 So nimm unsre Herzen zum Opfer denn hin
208,2 So rufe dieses Kind mit Namen
469,7 So schlafen wir im Namen dein
211,4 So segne nun auch dieses Kind
266,5 So sei es, Herr: die Reiche fallen
368,7 So sei nun, Seele, deine
429,4 So spricht der Herr: Ich schuf den Himmel, ich schuf die Erde
429,1 So spricht der Herr: Neu will ich machen Himmel und Erde
312,2 So steht geschrieben
394,4 So steigt ihr frei mit ihm hinan
253,4 So trägt ein Glied des andern Last
105,12 So tret't herzu und seht die Statt
527,6 so wachsen wir auf Erden
249,3 So wahr Gott Gott ist und sein Wort
234,1 So wahr ich lebe, spricht dein Gott
357,5 So weiß ich, was ich glaube
72,6 So werden sie mit uns zugleich
182,6 So wie die Körner, auf Erden weit verstreut
389,5 So will ich deines Namens Ruhm
486,4 So will ich, wenn der Abend sinkt
529,6 So will ich zwar nun treiben
498,3 So wird kein Berg noch tiefes Tal
167,4 So wolln wir fröhlich wandern
446,7 So wollst du nun vollenden
35,2 Sohn Gottes in der Höh
427,2 Solang die Menschen Worte sprechen
427,1 Solang es Menschen gibt auf Erden
350,3 Solang ich noch hienieden bin
322,8 Solange dieses Leben währt
202,3 Solchs hat er uns gezeiget klar
478,8 Soll diese Nacht die letzte sein
495,6 Soll ich auf dieser Welt
367,3 Soll ich einmal nach deinem Rat
352,6 Soll ich hier noch länger leben
391,2 Soll's uns hart ergehn
325,1 Sollt ich meinem Gott nicht singen
352,3 Sollt ich mich bemühn um Sachen

36,3 Sollt uns Gott nun können hassen
393,8 Sollt wo ein Schwacher fallen
507,3 Sommerfeld, uns auch meld
252,7 Sonderlich gedenke deren
509,5 Sonn, Mond gehn auf und unter
262,1 Sonne der Gerechtigkeit
263,1 Sonne der Gerechtigkeit
499,2 Sonne, Mond und Stern sich neigen
507,6 Sonnenschein, klar und rein
239,3 Sorget nichts! Vielmehr in allen Dingen
58,11 Sprich deinen milden Segen
382,3 Sprich du das Wort, das tröstet und befreit
446,8 Sprich Ja zu meinen Taten
420,5 Sprich mit den Sprachlosen ein Wort
371,9 Sprich nicht: Ich sehe keine Mittel
238,2 Sprich selbst das Amen auf den Bund
144,6 Sprich uns durch deine Boten zu
166,5 Stärk in mir den schwachen Glauben
212,3 Staunend hören wir: Du bist ganz nahe
114,2 Steh aus dem Grab der Sünden auf
130,3 Steh uns stets bei mit deinem Rat
442,1 Steht auf, ihr lieben Kinderlein
407,1 Stern, auf den ich schaue
142,3 Stets schauen sie dein Angesicht
380,4 Stets will ich euch tragen
46,1 Stille Nacht, heilige Nacht! Alles schläft
46,3 Stille Nacht, heilige Nacht! Gottes Sohn
46,2 Stille Nacht, heilige Nacht! Hirten erst
52,2 Stille war es um die Herde
306,3 Stimmt mit ein, ihr Menschen
268,1 Strahlen brechen viele aus einem Licht
420,2 Such mit den Fertigen ein Ziel
346,1 Such, wer da will, ein ander Ziel
346,2 Such, wer da will, Nothelfer viel
182,2 Suchet zuerst Gottes Reich in dieser Welt
39,2 Sünd und Hölle mag sich grämen
41,7 Süßer Immanuel, werd auch in mir nun geboren
36,10 Süßes Heil, laß dich umfangen

T

524,2 Tag und Nacht hab ich gerufen
408,4 Täglich gibt er mir das Brot
277,3 Täglich umgeben mich Worte und Stimmen
178.6 Tau aus Himmelshöhn
312,3 Täufer, was liefst du
312,5 Täufer, was sollen
420,3 Teil mit den Einsamen dein Haus
312,6 Teilt Brot und Mantel
252,8 Teuer hast du uns erworben
154,2 Tief liegt des Todes Schatten auf der Welt
507,5 Tiefes Meer, weit umher
13,1 Tochter Zion, freue dich
102,3 Tod, Sünd, Leben und auch Gnad
525,4 Tod, Teufel, Höll, die Welt und Sünd
440,3 Treib aus, o Licht, all Finsternis
471,2 Treib, Herr, von uns fern
447,8 Treib unsern Willen, dein Wort zu erfüllen
248,1 Treuer Wächter Israel'
497,9 Tritt du zu mir und mache leicht
249,2 Tröste dich nur, daß deine Sach
135,2 Tröster der Betrübten
15,1 Tröstet, tröstet, spricht der Herr
396,3 Trotz dem alten Drachen
155,2 Tu auf den Mund zum Lobe dein
262,4 Tu der Völker Türen auf
263,4 Tu der Völker Türen auf
166,1 Tut mir auf die schöne Pforte

U

98,2 Über Gottes Liebe brach die Welt den Stab
77,3 Um Drei hat der Gottessohn
77,4 Um Sechs ward er nackt und bloß
478,9 Und also leb und sterb ich dir
308,2 Und angesehn mein Niedrigkeit
79,2 und bitten dich, wahr' Mensch und Gott
457,8 Und dennoch bleibt er ohn Verdruß
239,4 Und der Friede Gottes, welcher höher
53,2 Und die Engelscharen
64,5 Und diese Gaben, Herr, allein

379,2 Und doch bleibt er nicht ferne
271,4 Und doch hast du am höchsten ihn gestellet
510,2 Und doch ist sie seiner Füße
510,4 Und doch sind sie nur Geschöpfe
205,3 Und du, o werter Heilger Geist
58,14 Und endlich, was das meiste
52,5 Und es sang aus Himmelshallen
366,3 und heben unser Aug und Herz
244,7 Und ist vielleicht das Maß jetzt voll
476,7 Und laß hernach zugleich mit allen Frommen
389,4 und mache dann mein Herz zugleich
374,5 Und meines Glaubens Unterpfand
255,3 und noch entzünden Himmelsfunken
299,4 Und ob es währt bis in die Nacht
361,5 Und ob gleich alle Teufel
65,3 Und reichst du uns den schweren Kelch, den bittern
247,3 und schaff uns Beistand wider unsre Feinde
79,4 und schöpfen draus die Zuversicht
408,2 Und sein eigen bin auch ich
105,3 Und seit daß er erstanden ist
237,1 Und suchst du meine Sünde
441,5 und wandeln, wie's dem wohl ansteht
24,10 Und wär die Welt vielmal so weit
105,2 Und wär er nicht erstanden
363,7 Und was der ewig gütig Gott
374,3 Und was er mit mir machen will
394,3 Und was euch noch gefangen hält
72,3 und was sich sonst verlaufen hat
351,8 Und wenn an meinem Orte
362,3 Und wenn die Welt voll Teufel wär
342,4 Und wenn es nun erfüllet ist
8,5 Und wer dies Kind mit Freuden
14,4 Und wo du kommst herangezogen
91,9 Unendlich Glück! Du littest uns zugute
136,3 Unglaub und Torheit brüsten
57,1-5 Uns wird erzählt von Jesus Christ
161,2 Unser Wissen und Verstand
163 Unsern Ausgang segne Gott
62,3 Unsre Wege wollen wir
424,2 Unsre Welt ist wirr und bunt
212,5 Unsre Zeit kommt bald an ihre Grenze
396,2 Unter deinem Schirmen
370,7 Unverzagt und ohne Grauen

V

523,1 Valet will ich dir geben
471,5 Vater, dein Name
186 Vater unser im Himmel
344,1 Vater unser im Himmelreich
187 Vater unser in dem Himmel
188 Vater unser, Vater im Himmel
523,4 Verbirg mein Seel aus Gnaden
271,2 Verborgen hast du dich den klugen Weisen
91,2 Vereint mit Gott, ein Mensch gleich uns auf Erden
394,2 Vergesset, was dahinten liegt
472,4 Vergib mir, lieber Herre
404,2 Vergib mir meine Sünden
476,3 Vergib, wo ich bei Tage so gelebet
412,6 Vergibst mir täglich so viel Schuld
341,8 Vergießen wird er mir mein Blut
114,3 Vergiß nun, was dahinten ist
476,5 Vergönne, daß der lieben Engel Scharen
527,9 Verlache Welt und Ehre
343,3 Verleih, daß ich aus Herzensgrund
129,3 Verleih, daß wir dich lieben
328,3 Verleih mir, Höchster, solche Güte
421 Verleih uns Frieden gnädiglich
497,4 Verleihe mir das edle Licht
194,3 Verschaff bei uns auch, lieber Herr
479,3 Verschmähe nicht dies arme Lied
438,5 Versorg uns auch, o Herre Gott
395,1 Vertraut den neuen Wegen, auf die der Herr
395,3 Vertraut den neuen Wegen, auf die uns Gott
395,2 Vertraut den neuen Wegen und wandert
404,3 Vertreib aus meiner Seelen
249,1 Verzage nicht, du Häuflein klein
255,4 Verzehre Stolz und Eigenliebe
276,4 Viel muß der G'rechte leiden
319,3 Vielmehr der liebe Herre Gott
312,7 Volk, auserkoren
212,1 Voller Freude über dieses Wunder
386,9 Volles G'nügen, Fried und Freude
456 Vom Aufgang der Sonne *(Kanon)*
24,1 Vom Himmel hoch, da komm ich her
25,1 Vom Himmel kam der Engel Schar
332,3 Vom Preise voll laß unser Herz dir singen
344,8 Von allem Übel uns erlös
71,2 Von deinem Reich auch zeugen

488,4 Von deiner Hand geführt, fürcht ich kein Leid
237,3 Von dir zu dir mein Schreiten
70,4 Von Gott kommt mir ein Freudenschein
365,1 Von Gott will ich nicht lassen
65,1 Von guten Mächten treu und still umgeben
65,7 Von guten Mächten wunderbar geborgen
295,2 Von Herzensgrund ich spreche
129,4 Von oben her uns sende
382,2 Von Zweifeln ist mein Leben übermannt
296,5 Vor allem Unfall gnädiglich
92,3 Vor dem die Sterne neigen sich
509,4 Vor dir tanzt in der Sonne
319,2 Voran die liebe Nachtigall

W

241,1 Wach auf, du Geist der ersten Zeugen
114,1 Wach auf, mein Herz, die Nacht ist hin
446,1 Wach auf, mein Herz, und singe
145,1 Wach auf, wach auf, du deutsches Land
244,1 Wach auf, wach auf, 's ist hohe Zeit
147,1 Wachet auf, ruft uns die Stimme
69,2 Wacht auf, singt uns der Wächter Stimme
234,4 Wahr ist's: Gott ist wohl stets bereit
48,3 Wahrlich, die Engel verkündigen heut
81,11 Wann, o Herr Jesu, dort vor deinem Throne
37,5 Wann oft mein Herz im Leibe weint
75,2 Wäre nicht gekommen Christus in die Welt
63,2 Warum es so viel Leiden
278,6 Warum hast du mich so vergessen
370,1 Warum sollt ich mich denn grämen
278 Was betrübst du dich, meine Seele *(Kehrstrophe)*
517,8 Was das nicht ist, das schätz gar klein
277,2 Was deine Güte ist, lehr mich begreifen
12,2 Was der alten Väter Schar
497,7 Was dir gefällt, das laß auch mir
318,7 Was er nun angefangen hat
520,2 Was Erde ist und von der Erd
117,2 Was euch auch niederwirft
11,9 Was fragt ihr nach dem Schreien
150,4 Was für ein Volk, was für ein edle Schar
342,2 Was Gott im G'setz geboten hat
372,6 Was Gott tut, das ist wohlgetan, dabei will ich verbleiben
372,4 Was Gott tut, das ist wohlgetan, er ist mein Licht und Leben
372,2 Was Gott tut, das ist wohlgetan, er wird mich nicht betrügen
372,3 Was Gott tut, das ist wohlgetan, er wird mich wohl bedenken
372,1 Was Gott tut, das ist wohlgetan, es bleibt gerecht sein Wille
372,5 Was Gott tut, das ist wohlgetan; muß ich den Kelch gleich
11,3 Was hast du unterlassen
369,2 Was helfen uns die schweren Sorgen
526,6 Was hier kranket, seufzt und fleht
412,7 Was ich den Armen hier getan
341,10 Was ich getan hab und gelehrt
61,2 Was ich sinne, was ich mache
270,4 Was ist der Mensch, daß du seiner gedenkst
81,3 Was ist doch wohl die Ursach solcher Plagen
529,2 Was ist mein ganzes Wesen
25,4 Was kann euch tun die Sünd und Tod
82,3 Was kann mir denn nun schaden
324,15 Was kränkst du dich in deinem Sinn
364,1 Was mein Gott will, gescheh allzeit
297,2 Was Menschenkraft und -witz anfängt
328,5 Was mich dein Geist selbst bitten lehret
508,3 Was nah ist und was ferne
370,10 Was sind dieses Lebens Güter
324,3 Was sind wir doch? Was haben wir
371,7 Was sorgst du für dein armes Leben
326,3 Was unser Gott geschaffen hat
525,5 Was wollt ich denn lang traurig sein
262,2 Weck die tote Christenheit
263,2 Weck die tote Christenheit
361,4 Weg hast du allerwegen
396,4 Weg mit allen Schätzen
480,2 Weg, Phantasie! Mein Herr und Gott ist hie
396,6 Weicht, ihr Trauergeister

478,6 Weicht, nichtige Gedanken, hin
325,10 Weil denn weder Ziel noch Ende
486,6 Weil du der mächt'ge Helfer bist
522,4 Weil du vom Tod erstanden bist
122,2 Weil er gezogen himmelan
315,2 Weil es noch ein Zuhause gibt
56 Weil Gott in tiefster Nacht erschienen *(Kehrvers)*
81,10 Weil's aber nicht besteht in eignen Kräften
511,3 Weißt du, wieviel Kinder frühe
511,2 Weißt du, wieviel Mücklein spielen
511,1 Weißt du, wieviel Sternlein stehen
154,3 Welch ein Geheimnis wird an uns geschehn
503,10 Welch hohe Lust, welch heller Schein
91,3 welch wundervoll hochheiliges Geschäfte
524,4 Welt und Teufel, Sünd und Hölle
423,5 Wend ab in allen Gnaden
346,5 Wend von mir nicht dein Angesicht
510,5 Wenn am Schemel seiner Füße
210,4 Wenn Angst und Zweifel in mir wachsen
84,11 Wenn böse Zungen stechen
150,6 Wenn dann zuletzt ich angelanget bin
487,4 Wenn dein Aug ob meinem wacht
298,1 Wenn der Herr einst die Gefangnen
524,5 Wenn die Morgenröt herleuchtet
495,8 Wenn du die Toten wirst
513,3 Wenn du, Herr, sprichst dein göttliches „Es werde"
360,5 Wenn du uns richtest, Herr, sind wir verloren
353,3 Wenn ein Schaf verloren ist
91,10 Wenn endlich, Herr, mich meine Sünden kränken
83,7 Wenn endlich ich soll treten ein
371,4 Wenn gar kein einz'ger mehr auf Erden
376,3 Wenn ich auch gleich nichts fühle
271,3 Wenn ich den Blick zu deinen Sternen wende
111,2 Wenn ich des Nachts oft lieg in Not
42,3 Wenn ich dies Wunder fassen will
85,9 Wenn ich einmal soll scheiden
277,4 Wenn ich nichts hören kann, hilf mir dich rufen
506,1 Wenn ich, o Schöpfer, deine Macht
325,7 Wenn ich schlafe, wacht sein Sorgen
485,4 Wenn jetzt es um uns dunkelt
516,5 Wenn mein Herz und Gedanken
522,1 Wenn mein Stündlein vorhanden ist
516,4 Wenn meine Kräfte brechen
82,1 Wenn meine Sünd' mich kränken
88,5 Wenn mir meine Sünde will
365,2 Wenn sich der Menschen Hulde
65,6 Wenn sich die Stille nun tief um uns breitet
96,5 Wenn sich die Tage unsres Lebens neigen
326,6 Wenn Trost und Hilf ermangeln muß
324,10 Wenn unser Herze seufzt und schreit
398,2 Wenn wir dich haben, kann uns nicht schaden
134,8 Wenn wir endlich sollen sterben
221,2 Wenn wir in Frieden beieinander wohnten
366,1 Wenn wir in höchsten Nöten sein
168,4 Wenn wir jetzt weitergehen, dann sind wir nicht allein
50,5 Wenn wir mit dir einst auferstehn
283,5 Wenn wir nur fromm sind, wird sich Gott
412,2 Wer dieser Erde Güter hat
494,3 Wer erst nach Gottes Reiche tracht'
497,11 Wer fleißig betet und dir traut
324,6 Wer gibt uns Leben und Geblüt
324,4 Wer hat das schöne Himmelszelt
84,2 Wer hat dich so geschlagen
64,3 Wer ist hier, der vor dir besteht
506,3 Wer mißt dem Winde seinen Lauf
202,6 Wer nicht glaubt dieser großen Gnad
308,7 Wer niedrig ist und klein geacht'
369,1 Wer nur den lieben Gott läßt walten
385,5 Wer seine Seel zu finden meint
412,3 Wer seines Nächsten Ehre schmäht
36,8 Wer sich fühlt beschwert im Herzen
457,10 Wer sich nach seinem Namen nennt
113,6 Wer täglich hier durch wahre Reu
330,5 Wer überströmet mich mit Segen
105,6 Wer wälzt uns fort den schweren Stein
324,5 Wer wärmet uns in Kält und Frost
530,1 Wer weiß, wie nahe mir mein Ende
278,2 Werde ich endlich dahin kommen
475,1 Werde munter, mein Gemüte
359,4 Werft das stolze Sorgen fort
488,2 Wie bald verebbt der Tag, das Leben weicht
70,7 Wie bin ich doch so herzlich froh
278,1 Wie der Hirsch lechzt nach frischem Wasser
386,3 Wie, dies Eine zu genießen
371,3 Wie dir's und andern oft ergehe
210,2 Wie du gestorben und erstanden
486,5 wie du, wenn alles nichtig war
325,2 Wie ein Adler sein Gefieder
399,3 Wie ein Blümlein in dürrem Land

284,4 Wie ein Palmbaum grün und kräftig werd ich stehn
527,5 Wie eine Rose blühet
413,5 Wie Gott läßt scheinen seine Sonn
271,1 Wie herrlich gibst du, Herr, dich zu erkennen
237,2 Wie ich mich wend und drehe
482,2 Wie ist die Welt so stille
457,2 Wie laut dich auch der Tag umgibt
501,1 Wie lieblich ist der Maien
282,1 Wie lieblich schön, Herr Zebaoth
127,5 Wie mit dem Vater und dem Sohn
70,1 Wie schön leuchtet der Morgenstern
289,3 Wie sich ein Mann erbarmet
318,4 Wie sich ein treuer Vater neigt
11,1 Wie soll ich dich empfangen
113,2 Wie sträubte sich die alte Schlang
111,12 Wie tief Kreuz, Trübsal oder Pein
490,2 Wie über Länder, über Meere
81,4 Wie wunderbarlich ist doch diese Strafe
33,2 Willkommen, süßer Bräutigam
449,11 Willst du mich kränken, mit Galle tränken
449,10 Willst du mir geben, womit mein Leben
283,2 willst du, o Vater, uns denn nicht
320,7 Wir bitten deine Güte
107,2 Wir bitten dich durch deine Gnad
59,2 Wir bitten dich, ewigen Sohn
211,2 Wir bitten dich, Herr Jesu Christ
469,4 Wir bitten dich, Herr Jesu Christ
3,5 Wir bitten dich, o heilger Christ
143,8 Wir danken dir, Herr Jesu Christ, daß du der Herr
79,1 Wir danken dir, Herr Jesu Christ, daß du für uns
121,1 Wir danken dir, Herr Jesu Christ, daß du gen Himmel
462 Wir danken dir, Herr Jesu Christ, daß du unser Gast
107,1 Wir danken dir, Herr Jesu Christ, daß du vom Tod
141,6 Wir danken dir, Herr Jesu Christ, des Vorläufer
442,9 Wir danken dir, wir loben dich
458 Wir danken Gott für seine Gaben
227,3 Wir, die wir alle essen von dem Mahle
165,3 Wir entsagen willig
101,7 Wir essen und leben wohl
58,2 Wir gehn dahin und wandern
183,1 Wir glauben all an einen Gott
183,3 Wir glauben an den Heilgen Geist
183,2 Wir glauben auch an Jesus Christ
184,2 Wir glauben Gott, den Heilgen Geist
184,1 Wir glauben Gott im höchsten Thron
253,3 Wir haben alle überdies
412,4 Wir haben einen Gott und Herrn
247,4 Wir haben niemand, dem wir uns vertrauen
225,2 Wir haben sein Versprechen
308,9 Wir haben's nicht verdient um dich
169,2 Wir hören jetzt auf Gottes Wort
235,3 Wir kennen dein Gebot
520,6 Wir lassen ihn im Grabe ruhn
179,2 Wir loben, preisn, anbeten dich
168,5 Wir nehmen seine Worte und Taten mit nach Haus
144,5 Wir opfern uns dir arm und bloß
439,5 Wir opfern uns dir, Herre Gott
508,1 Wir pflügen, und wir streuen
431,3 Wir preisen dich, du Herr des Lichts
527,7 Wir rechnen Jahr auf Jahre
360,4 Wir richten Mauern auf, wir setzen Grenzen
505,2 Wir rühmen seine Güte
17,3 Wir sagen euch an den lieben Advent. Sehet, die dritte
17,1 Wir sagen euch an den lieben Advent. Sehet, die erste
17,4 Wir sagen euch an den lieben Advent. Sehet, die vierte
17,2 Wir sagen euch an den lieben Advent. Sehet, die zweite
169,3 Wir sagen Gott, was uns bedrückt
105,13 Wir sehen's wohl, das Grab ist leer
254,4 Wir sind in ihm zufrieden
254,3 Wir sind nicht einsam blieben
94,5 Wir sind nicht mehr die Knechte
533,3 Wir sind von Gott umgeben
169,4 Wir singen Gott ein schönes Lied
354,3 Wir sollen nicht verloren werden
482,4 Wir stolzen Menschenkinder
235,2 Wir trauen deiner Macht
282,4 Wir wandern in der Pilgerschaft
152,4 Wir warten dein, du kommst gewiß
152,3 Wir warten dein; du hast uns ja
152,1 Wir warten dein, o Gottes Sohn
152,2 Wir warten deiner mit Geduld
148,8 Wir werden stets mit Schalle
100,1 Wir wollen alle fröhlich sein
167,3 Wir wollen fröhlich fassen
167,2 Wir wollen fröhlich sagen
167,1 Wir wollen fröhlich singen
513,5 Wir wollen kindlich zu Gott Hoffnung hegen
360,3 Wir wollen leben und uns selbst behaupten

141,1 Wir wollen singn ein' Lobgesang
254,1 Wir wolln uns gerne wagen
250,4 Wir wolln uns nicht auf Werke gründen
433 Wir wünschen Frieden euch allen *(Kanon)*
354,6 Wird alles andre weggerissen
134,5 Wird uns auch nach Troste bange
5,7 Wird von dannen kommen
361,10 Wird's aber sich befinden
52,1 Wißt ihr noch, wie es geschehen
477,2 Wo bist du, Sonne, blieben
7,4 Wo bleibst du, Trost der ganzen Welt
297,1 Wo Gott der Herr nicht bei uns hält
408,3 Wo ich bin, hält Gott die Wacht
529,10 Wo ich bisher gesessen
143,7 Wo ihm nicht wehrt der Engel Schar
35,4 Wo ist der Freuden Ort
406,3 Wo ist solch ein Herr zu finden
527,10 Wohl dem, der auf ihn trauet
302,2 Wohl dem, der einzig schauet
295,1 Wohl denen, die da wandeln
361,11 Wohl dir, du Kind der Treue
328,6 Wohl mir, daß ich dies Zeugnis habe
328,7 Wohl mir, ich bitt in Jesu Namen
282,3 Wohl, wohl dem Menschen in der Welt
502,3 Wohlauf, ihr Heiden, lasset das Trauern sein
517,7 Wohlauf, mein Herz und all mein Mut
324,13 Wohlauf, mein Herze, sing und spring
517,3 Wohlauf, mein Seel, und richt dich dar
97,2 Wollen wir Gott bitten
97,4 Wollen wir Gott loben
482,6 Wollst endlich sonder Grämen
60,4 wollst uns auch dies angehend Jahr
467,3 Womit wir heut erzürnet dich
284,3 Wunderbar ist's, wie du täglich Trost gewährst
38,1 Wunderbarer Gnadenthron
327,1 Wunderbarer König

Z

105,11 Zeig uns den Herren Jesus Christ
303,5 Zeigen sich welche, die Unrecht leiden
377,1 Zieh an die Macht, du Arm des Herrn
133,2 Zieh ein, laß mich empfinden
133,1 Zieh ein zu deinen Toren
328,2 Zieh mich, o Vater, zu dem Sohne
258 Zieht in Frieden eure Pfade
147,2 Zion hört die Wächter singen
12,3 Zions Hilf und Abrams Lohn
8,4 Zu Bethlehem geboren im Stall ein Kindelein
32,1 Zu Bethlehem geboren ist uns ein Kindelein
25,2 Zu Bethlehem, in Davids Stadt
29,2 Zu dem die Könige kamen geritten
53,3 Zu dem heilgen Kinde
529,8 Zu dem steht mein Verlangen
233,3 Zu dir flieh ich; verstoß mich nicht
225,3 Zu jedem will er kommen
486,8 Zu kummerlosem, tiefem Schlaf
59,6 zu loben und zu preisen dich
440,4 zu wandeln als am lichten Tag
367,2 Zucht, Ehr und Treu verleih mir, Herr
441,7 Zuletzt hilf uns zur heilgen Stadt
531,3 Zuletzt laß mich auch scheiden
25,6 Zuletzt müßt ihr doch haben recht
278,9 Zum Altar Gottes will ich treten
505,5 Zum Danken kommt das Bitten
274,2 Zum reinen Wasser er mich weist
126,3 Zünd uns ein Licht an im Verstand
238,3 Zusammen füge Herz und Herz
123,8 Zwar auch Kreuz drückt Christi Glieder
255,2 Zwar brennt es schon in heller Flamme
478,4 Zwar fühl ich wohl der Sünden Schuld
505,3 Zwar manchen schönen Segen
144,3 Zwar unsre Schuld ist groß und schwer
268,2 Zweige wachsen viele aus einem Stamm
70,6 Zwingt die Saiten in Cythara

Kanons

180.4	Allein Gott in der Höh sei Ehr	Herbert Beuerle
338	Alte mit den Jungen sollen loben	Paul Ernst Ruppel
175	Ausgang und Eingang, Anfang und Ende	Joachim Schwarz
336	Danket, danket dem Herrn	18. Jh.
434	Der Friede des Herrn geleite euch	aus Israel
173	Der Herr behüte deinen Ausgang	Helmut Bornefeld
118	Der Herr ist auferstanden	Karl Marx
176B	Die Gott suchen, denen wird das Herz aufleben	Friedemann Gottschick
435	Dona nobis pacem	mündlich überliefert
26	Ehre sei Gott in der Höhe	Ludwig Ernst Gebhardi
493	Eine ruhige Nacht	Christian Lahusen
2	Er ist die rechte Freudensonn	Paul Ernst Ruppel
31	Es ist ein Ros entsprungen	Melchior Vulpius
174	Es segne und behüte uns	Hermann Stern
411	Gott, weil er groß ist	Johannes Petzold
181.8	Halleluja, Amen	mündlich überliefert
483	Herr, bleibe bei uns	Albert Thate
436	Herr, gib uns deinen Frieden	Ludger Edelkötter
261	Herr, wohin sollen wir gehen	Alfred Stier
340	Ich will dem Herrn singen mein Leben lang	Johannes Petzold
335	Ich will den Herrn loben allezeit	Georg Philipp Telemann
132	Ihr werdet die Kraft des Heiligen Geistes empfangen	Paul Ernst Ruppel
181.7	Jubilate Deo	Michael Praetorius
465	Komm, Herr Jesu, sei du unser Gast	mündlich überliefert
178.14	Kyrie eleison	Herbert Beuerle
448	Lobet den Herrn alle, die ihn ehren	Herbert Beuerle
337	Lobet und preiset, ihr Völker, den Herrn	mündlich überliefert
339	Mein Herz ist bereit, Gott, daß ich singe	Paul Ernst Ruppel
310	Meine Seele erhebt den Herren	Paul Ernst Ruppel
22	Nun sei uns willkommen, Herre Christ	Walter Rein
492	Ruhet von des Tages Müh	Martin Hesekiel
185.5	Sanctus	mündlich überliefert
434	Schalom chaverim	aus Israel
466	Segne, Herr, was deine Hand	Paul Ernst Ruppel
172	Sende dein Licht und deine Wahrheit	mündlich überliefert
190.4	Siehe, das ist Gottes Lamm	Rolf Schweizer
456	Vom Aufgang der Sonne	Paul Ernst Ruppel

Mehrstimmige Sätze

487	Abend ward, bald kommt die Nacht	Samuel Rothenberg
185.4	Agios o Theos	orthodoxe Liturgie aus Griechenland
463	Alle guten Gaben	Paul Ernst Ruppel
461	Aller Augen warten auf dich, Herre	Heinrich Schütz
140	Brunn alles Heils, dich ehren wir	Claude Goudimel
333	Danket dem Herrn! Wir danken dem Herrn	Karl Friedrich Schulz
29	Den die Hirten lobeten sehre (Kehrvers)	Michael Praetorius
482	Der Mond ist aufgegangen	Max Reger
69	Der Morgenstern ist aufgedrungen	Michael Praetorius
266	Der Tag, mein Gott, ist nun vergangen	Clement Cotterill Scholefield
437	Die helle Sonn leucht' jetzt herfür	Melchior Vulpius
30	Es ist ein Ros entsprungen	Michael Praetorius
307	Gedenk an uns, o Herr. Selig sind, die da geistlich arm sind	mündlich überliefert
103	Gelobt sei Gott im höchsten Thron	Melchior Vulpius
535	Gloria sei dir gesungen (Wachet auf, ruft uns die Stimme, Str. 3)	Johann Sebastian Bach
181.4	Halleluja	orthodoxe Liturgie aus Kiew
181.5	Halleluja	Abraham D. Maraire
182	Halleluja. Suchet zuerst Gottes Reich in dieser Welt	aus den USA
185.4	Heiliger Herre Gott	orthodoxe Liturgie aus Griechenland
178.10	Herr, erbarme dich	Josef Seuffert
155	Herr Jesu Christ, dich zu uns wend	Gotha 1651
467	Hinunter ist der Sonne Schein	Melchior Vulpius
54	Hört, der Engel helle Lieder	Theophil Rothenberg
324	Ich singe dir mit Herz und Mund	Johann Crüger
276	Ich will, solang ich lebe	Heinrich Schütz
398	In dir ist Freude	Giovanni Giacomo Gastoldi
380	Ja, ich will euch tragen	Samuel Rothenberg
178.9	Kyrie eleison	orthodoxe Liturgie aus der Ukraine
178.12	Kyrie, Kyrie eleison	Jacques Berthier
181.6	Laudate omnes gentes	Jacques Berthier
447	Lobet den Herrn alle, die ihn ehren	Johann Crüger
181.6	Lobsingt, ihr Völker alle	Jacques Berthier
320	Nun laßt uns Gott dem Herren	Johann Crüger
477	Nun ruhen alle Wälder	Bartholomäus Gesius
13	Tochter Zion, freue dich	Georg Friedrich Händel
65	Von guten Mächten wunderbar geborgen	Otto Abel
167	Wir wollen fröhlich singen	Erich Gruber
295	Wohl denen, die da wandeln	Heinrich Schütz
70	Zwingt die Saiten in Cythara (Wie schön leuchtet der Morgenstern, Str. 6)	Johann Sebastian Bach

Wochenlieder

246	Ach bleib bei uns, Herr Jesu Christ	5. So. nach Epiph.
347	Ach bleib mit deiner Gnade	Invokavit
273	Ach Gott, vom Himmel sieh darein	21. So. nach Trin.
232	Allein zu dir, Herr Jesu Christ	3. So. nach Trin.
51	Also liebt Gott die arge Welt	2. So. n. d. Christfest
345	Auf meinen lieben Gott	15. So. nach Trin.
144	Aus tiefer Not laßt uns zu Gott	Buß- und Bettag
299	Aus tiefer Not schrei ich zu dir	11. So. nach Trin.
99	Christ ist erstanden	Osternacht
101	Christ lag in Todesbanden	Ostersonntag *und* Ostermontag
92	Christe, du Schöpfer aller Welt	Karfreitag
59	Das alte Jahr vergangen ist	Altjahrsabend
221	Das sollt ihr, Jesu Jünger, nie vergessen	7. So. nach Trin.
223	Das Wort geht von dem Vater aus	Gründonnerstag
64	Der du die Zeit in Händen hast	Altjahrsabend *und* Neujahrstag
274	Der Herr ist mein getreuer Hirt	Miserikordias Domini
264	Die Kirche steht gegründet	Kirchweihe
16	Die Nacht ist vorgedrungen	1. Advent
87	Du großer Schmerzensmann	Palmsonntag
210	Du hast mich, Herr, zu dir gerufen	Konfirmation
441	Du höchstes Licht, du ewger Schein	1. So. nach Epiph.
96	Du schöner Lebensbaum des Paradieses	Okuli
362	Ein feste Burg ist unser Gott	Invokavit
83	Ein Lämmlein geht und trägt die Schuld	Karfreitag
413	Ein wahrer Glaube Gotts Zorn stillt	Estomihi
106	Erschienen ist der herrlich Tag	Ostersonntag
105	Erstanden ist der heilig Christ	Ostermontag
342	Es ist das Heil uns kommen her	Septuagesimä
149	Es ist gewißlich an der Zeit	Vorl. So. des Kirchenjahres
426	Es wird sein in den letzten Tagen	Bittgd. um Frieden
280	Es wolle Gott uns gnädig sein	Sexagesimä
34	Freuet euch, ihr Christen alle	1. So. n. d. Christfest
129	Freut euch, ihr Christen alle	Pfingstmontag
60	Freut euch, ihr lieben Christen all	1.1., Beschneidung Jesu
139	Gelobet sei der Herr	Trinitatis
23	Gelobet seist du, Jesu Christ	Christvesper *und* Christfest I *und* II
430	Gib Frieden, Herr, gib Frieden	Bittgd. um Frieden
138	Gott der Vater steh uns bei	10. So. nach Trin.
409	Gott liebt diese Welt	Septuagesimä
5	Gottes Sohn ist kommen	2. So. nach Epiph.
128	Heilger Geist, du Tröster mein	Exaudi
204	Herr Christ, dein bin ich eigen	Konfirmation
67	Herr Christ, der einig Gotts Sohn	Letzter So. nach Epiph.
196	Herr, für dein Wort sei hoch gepreist	Sexagesimä
404	Herr Jesu, Gnadensonne	22. So. nach Trin.

154	Herr, mach uns stark im Mut, der dich bekennt	29.6., Apostel Petrus und Paulus
397	Herzlich lieb hab ich dich, o Herr	18. So. nach Trin.
143	Heut singt die liebe Christenheit	29.9., Erzengel Michael
309	Hoch hebt den Herrn mein Herz	2.7., Heimsuchung Mariä
200	Ich bin getauft auf deinen Namen	6. So. nach Trin.
250	Ich lobe dich von ganzer Seelen	2. So. nach Trin. *und* Kirchweihe *und* 29.6., Apostel Petrus und Paulus
343	Ich ruf zu dir, Herr Jesu Christ	13. So. nach Trin.
324	Ich singe dir mit Herz und Mund	Erntedankfest
497	Ich weiß, mein Gott, daß all mein Tun	9. So. nach Trin.
6	Ihr lieben Christen freut euch nun	2. Advent
222	Im Frieden dein, o Herre mein	2.2., Darstellung des Herrn
275	In dich hab ich gehoffet, Herr	23. So. nach Trin.
398	In dir ist Freude	2. So. nach Epiph.
494	In Gottes Namen fang ich an	18. So. nach Trin.
351	Ist Gott für mich, so trete gleich alles wider mich	Reformationsfest *und* 1.11., Gedenktag der Heiligen
396	Jesu, meine Freude	Lätare
102	Jesus Christus, unser Heiland, der den Tod überwand	Quasimodogeniti
353	Jesus nimmt die Sünder an	3. So. nach Trin.
126	Komm, Gott Schöpfer, Heiliger Geist	Trinitatis
125	Komm, Heiliger Geist, Herre Gott	Pfingstsonntag *und* Pfingstmontag *und* Bittgd. Einheit der Kirche
428	Komm in unsre stolze Welt	4. So. nach Trin. *und* Bittgd. um Frieden
363	Kommt her zu mir, spricht Gottes Sohn	2. So. nach Trin.
98	Korn, das in die Erde	Lätare
384	Lasset uns mit Jesus ziehen	Estomihi
243	Lob Gott getrost mit Singen	Kantate
293	Lobt Gott den Herrn, ihr Heiden all	3. So. nach Epiph.
27	Lobt Gott, ihr Christen alle gleich	Christnacht
308	Mein Seel, o Herr, muß loben dich	2.7., Heimsuchung Mariä
10	Mit Ernst, o Menschenkinder	3. Advent
108	Mit Freuden zart zu dieser Fahrt	Jubilate
519	Mit Fried und Freud fahr ich dahin	2.2., Darstellung des Herrn
518	Mitten wir im Leben sind	24. nach Trin. *und* Drittl. Sonntag des Kirchenjahres
146	Nimm von uns, Herr, du treuer Gott	Buß- und Bettag
124	Nun bitten wir den Heiligen Geist	1. So. nach Trin.
290	Nun danket Gott, erhebt und preiset	10. So. nach Trin.
341	Nun freut euch, lieben Christen g'mein	Kantate *und* Reformationsfest
9	Nun jauchzet, all ihr Frommen	4. Advent
4	Nun komm, der Heiden Heiland	1. Advent
320	Nun laßt uns Gott dem Herren Dank sagen	19. So. nach Trin.
289	Nun lob, mein Seel, den Herren	12. So. nach Trin.
502	Nun preiset alle Gottes Barmherzigkeit	Erntedankfest
318	O gläubig Herz, gebenedei	8. nach Trin.
495	O Gott, du frommer Gott	4. nach Trin.
72	O Jesu Christe, wahres Licht	2. So. n. d. Christfest
71	O König aller Ehren	Epiphanias
68	O lieber Herre Jesu Christ	1. So. nach Epiph. *und* 5.3., Ankündigung der Geburt des Herrn

76	O Mensch, bewein dein Sünde groß	Judika
113	O Tod, wo ist dein Stachel nun	16. So. nach Trin.
245	Preis, Lob und Dank sei Gott dem Herren	5. So. nach Trin.
326	Sei Lob und Ehr dem höchsten Gut	7. So. nach Trin.
262	Sonne der Gerechtigkeit	Bittgd. Einheit der Kirche
346	Such, wer da will, ein ander Ziel	4. nach Epiph. *und* 17. So. nach Trin.
344	Vater unser im Himmelreich	Rogate
25	Vom Himmel kam der Engel Schar	1. So. n. d. Christfest *und* 26.12., Erzmärtyrer Stephanus *und* 28.12., Tag der unschuldigen Kinder
365	Von Gott will ich nicht lassen	14. So. nach Trin.
65	Von guten Mächten treu und still umgeben	Neujahrstag
241	Wach auf, du Geist der ersten Zeugen	5. So. nach Trin. *und* Bittgd. Ausbreitung des Evangeliums
244	Wach auf, wach auf, 's ist hohe Zeit	4. So. nach Epiph.
147	Wachet auf, ruft uns die Stimme	Ewigkeitssonntag
370	Warum sollt ich mich denn grämen	Gedenktag der Entschlafenen
364	Was mein Gott will, gescheh allzeit	16. So. nach Trin.
82	Wenn meine Sünd' mich kränken	Okuli
366	Wenn wir in höchsten Nöten sein	Reminiszere
369	Wer nur den lieben Gott läßt walten	15. So. nach Trin.
70	Wie schön leuchtet der Morgenstern	Epiphanias
79	Wir danken dir, Herr Jesu Christ, daß du für uns gestorben bist	Karsonnabend
121	Wir danken dir, Herr Jesu Christ, daß du gen Himmel g'fahren bist	Himmelfahrt
152	Wir warten dein, o Gottes Sohn	Drittl. So. des Kirchenjahres
141	Wir wollen singn ein' Lobgesang	24.6, Geburt Johannes des Täufers
295	Wohl denen, die da wandeln	20. So. nach Trin.
377	Zieh an die Macht, du Arm des Herrn	21. So. nach Trin.
133	Zieh ein zu deinen Toren	Rogate